实用教学艺术

（第4版）

王义智　曹大治　武春平
孔维军　　　　　尚雪艳　编著

内容提要

本书运用教育学、心理学、管理学等学科相关理论，着重探讨中、高等学校（含职业技术院校）教学过程中的备课、讲课、辅导、作业、考试、实验、实习、设计等八个主要教学环节以及启发、语言、教态、板书、环境、品德育人等方面的实施艺术。对教学实践中的问题，从理论及应用角度做了深入浅出的回答，注重理论与实践相结合，具有较强的知识性、艺术性、实用性及可操作性，既可作为教师继续教育的资料，也可作为师范院校学生的教材资料，还可供教学管理者和研究者参考。

图书在版编目(CIP)数据

实用教学艺术 / 王义智等编著. — 4版. — 天津：天津大学出版社，2014.7

ISBN 978-7-5618-5818-9

Ⅰ.①实… Ⅱ.①王… Ⅲ.①课程教学－教学艺术－高等学校－教材 Ⅳ. ①G424.21

中国版本图书馆CIP数据核字（2017）第072056号

出版发行 天津大学出版社
地　　址 天津市卫津路92号天津大学内(邮编:300072)
电　　话 发行部:022-27403647
网　　址 publish.tju.edu.cn
印　　刷 廊坊市海涛印刷有限公司
经　　销 全国各地新华书店
开　　本 210mm×285mm
印　　张 51.25
字　　数 1 660千
版　　次 2017年4月第1版
印　　次 2017年4月第1次
印　　数 1－1 000
定　　价 160.00元

编著者简介

王义智　1933年1月生，河北省深州市东马庄村人。北京师范大学物理系本科毕业。1947年9月在解放区投身教育工作，1958年任天津冶金工业学校（原天津大学冶金分校，后并入天津理工大学）副校长，后任天津冶金机电工业学校（现天津冶金职业技术学院）校长。1995年离休。曾为教育科学研究院兼职研究员，在天津大学和天津职业技术师范学院及研究生班兼课13年。曾任天津中华职业教育社研究部部长、研究委员会副主任兼秘书长，中国冶金职业技术教育学会副会长，中国教育国际交流学会原天津分会理事，美国北卡罗来纳州人才研究中心名誉顾问。现任天津市台联顾问。1986年9月随职业技术教育考察团赴联邦德国考察教育，后又赴德、荷、法、比、卢等国，再后赴美、墨、加等国大学参访。在京、津、沪、穗、冀、青、榕等地讲学80余次。在《中国高等教育》《中国职业技术教育》《教育与职业》和《中国教育报》等30种刊物发表论文140多篇（其中一级或核心刊物24篇，获省部级以上奖18篇）。领研与参研国家课题各3项，领研天津市课题3项。参编教育部主持的《中国教育改革大潮丛书职业教育卷》《职业教育教材建设研究》及《职业教育学》《职业技术教育管理学》等专著11部。专著与主编《实用教学艺术》（第1~3版）《应用职业技术教育学》《职业技术学校管理》《职业学校管理》《海峡两岸职业技术教育》和《（中外合著）中外职业技术教育》（212万字）等共10部。

曹大治　女，1977年2月生，天津市人，现为德籍华人。2005年毕业于德国吉森大学商业经济系（Justus-Liebig-Universitaet Giessen），获得商学硕士学位（该学位通过中国教育部认证）。2007—2009年担任欧洲空中客车公司（Airbus）天津总装配线基础设施组德语翻译。2008—2011年担任天津中德职业技术学院应用外语系德语专业教师。参与中华职业教育社组织的“中德职业教育比较研究”工作——中外合著《中外职业技术教育》一书中“德国职业技术教育”一章的主要撰稿者。2010年发表论文《行动导向式教学方法在高职高专院校德语教学中的应用》及《德国高等教育评估对我国高职教育评估的启示》。

武春平　1974年2月生，山西省霍州市人，现任天津商务职业学院教务处处长，研究员职称。1996年获南开大学经济学学士学位，2010年获天津财经大学经济学硕士学位，目前为天津大学教育学院职业技术教育学专业在读博士生。任中国职业技术教育学会国际商务教育研究会秘书长。曾获天津市高等教育优秀教学成果一等奖两项、二等奖一项，中国高等教育学会优秀高等教育科学研究成果三等奖一项，并获中华职业教育社评选的全国首届“黄炎培杰出教师奖”。在十余年间，先后发表教育研究论文14篇，其中《科学发展视阈下的高职院校教学管理实践探索》发表在《中国成人教育》，《天津承接离岸服务外包的SWOT分析及对策研究》发表在《国际商务（对外经济贸易大学学报）》，《我国承接服务外包面临的新挑战与战略转型探讨》发表在《对外经贸实务》。任中外合著《中外职业技术教育》编委，并参编美国部分共计 11 万字。

孔维军 1964 年 5 月生，天津市人，北京钢铁学院（现北京科技大学）热能工程系本科毕业。现任天津冶金职业技术学院副院长，兼任冶金材料研究所所长，教授级高级工程师。全国冶金职业教育教学指导委员会委员、全国职业院校学生技术技能、天津市高等职业教育研究会理事、天津市金属学会理事、天津市钢铁工业协会专家技术委员会委员、民盟天津市职业教育委员会副主任、天津市材料成型及控制技术和制冷工高级评委。2010 年随天津市职业技术教育代表团到澳大利亚访学，2013 年赴德观摩第 42 届世界技能大赛，后又到德国、瑞典、丹麦等国的大学参访。领研与参研国家课题各 1 项（领研“高职技能竞赛引领专业课程改革研究”）；领研与参研天津市课题 5 项（领研“职业教育发展模式和支持政策研究”“中职和高职教育有效衔接的研究”）。发表《工业炉节能与发展趋势》《铸造工厂的环保与节能》等 10 篇论文。主编《原料准备与加热》《制冷空调设备维修与操作》2 部教材，参编《制冷与空调作业》等 5 部教材。参编中外合著《中外职业技术教育》。

尚雪艳 女，1976 年 10 月生，河北省邢台人。天津大学职业技术教育学院（现名教育学院）硕士研究生毕业。现任天津市第一商业学校教学督导处主任，高级讲师。天津市中等职业学校校长联席会秘书长。教学成果“物流服务与管理专业‘多层交互式’人才培养模式的研究与实践”获 2014 国家级天津市职业教育教学成果一等奖；参与中外合著《中外职业技术教育》“加拿大职业技术教育”部分的编写工作；参研全国教育科学“十一五”规划重点课题“职业教育校企合作中工业文化对接的研究与实验”等国家级课题 5 个和省部级课题 2 个；发表论文《提高中职学校教科研水平的对策研究》等 7 篇；5 篇论文分别在中国职教学会教学工作委员会、中国职教学会商科专业委员会及全国中等职业教育校长联席会论文评审中获奖。案例“引企入校、交流合作、互惠互利、共同发展”在全国中等职业学校校长联席会组织的案例评选中获二等奖。

其他参与编撰者

赵雪倩、周　杨

序

王义智同志送来《实用教学艺术》书稿，嘱我写序。为难中开卷拜读，竟如获珍馐，不舍释手，读后受益良深。权以一点粗浅心得，姑妄为序。

教学过程是教师和学生共同活动的过程，古今中外的教育家，无不重视其研究，逐步形成独立的理论体系，世谓“教学论”，为教育科学的重要分支。孔丘主张“学思结合”“因材施教”，《学记》中倡导“乐学善教”“教学相长”，捷克人夸美纽斯提出“遵循自然”的教学原则，德国的赫尔巴特强调“统觉”的教学过程。直到现代，程序教学法、范例教学法、暗示数学法、发现教学法等新论林立、层出不穷，可见教学科学园地之纷繁茂盛。

教学过程作为一种社会活动现象有其自己特殊的规律和形式。人称“施教之功，贵在引导，要在转化，妙在开窍”。“妙”者，集美、好、巧之大成，是一种创造性的劳动过程及其成果。仅以讲课这一主要的教学环节而言，一名好的教师，要在通晓本门业务的基础上，博采精酿，巧妙构思，通过准确生动的语言，令人信赖的教态，严谨清晰的板书，形象恰当的手势，辅以相应的教具，寓文于形，寓理于情，精于启发，善于点拨，集讲、写、演于一体，合声、形、神于一身。所以，教学首先是一门科学，同时又是一种艺术。是科学，则切忌虚妄与夸张；是艺术，又要避免晦涩与呆板。所谓“教有定方”，是讲教学有自身的客观规律；所谓“教无定法”，是指教学要因不同的对象、不同的目标、不同的内容、不同的情况而异，要善于创造。而创造是无限的。

王义智同志从事教育工作近五十年，现任天津冶金机电工业学校校长。他长期致力于教学的实践和研究，又有丰富的办学经历，积多年的教学经验和研究成果，写成了这本《实用教学艺术》。其可贵之处，不仅在于深入浅出地阐述了教学过程的许多原理，更在于介绍了经过亲身实践认为可行而又有效的做法，故而“实用”。我想这部书不仅对青年教师具有自我提高和实用的价值，而且对于有相当教学经历的教师，读之也不无裨益。当然，对其中的某些观点和做法各持异议，那是十分正常和有益的。这正是教学科学得以不断发展的源泉，我相信这也会是王义智同志为之高兴的事。

杨金士

1994 年 5 月 10 日

再 版 序

《实用教学艺术》是一部探索与研究教学艺术的专著。它运用教育学、教学论、教育心理学、教育管理学和哲学、系统科学的原理，来探讨、回答了教学实践中提出的问题，也可以说，它是一部在教育理论与教育实践的“结合点”上做文章的著作。

《实用教学艺术》于1995年出版后，不到三个月，即被读者抢购一空，天津、上海、北京等地的读者要求再版。作者又对书中的内容，在框架基本不变的基础上作了一些修改、个别调整和适当补充，再次出版奉献给读者。

《实用教学艺术》为什么如此受读者的青睐？我以为首先因为它是应时之作。“振兴民族的希望在教育，振兴教育的希望在教师。”教师素质的提高是一项具有战略意义的大事。哪个国家、哪个地区、哪个学校的教育成功，其背后必有一支素质良好的教师队伍作支撑。我们要构建面向21世纪教育的新模式，首先要有一支与未来发展高度相适应的教师队伍。这本书就是应教育发展之需要，旨在提高教师素质而写作的，故是应时之作。

这本书能否适应提高教师素质的需要呢？经过上万名教师的使用，普遍认为此书是教师提高教学素质的应需之作。这本书之所以如此受欢迎，跟作者吸收了现代教育理论的成果，总结了本人与他人的丰富经验，使实践升华，使理论下嫁是分不开的，也就是这本书更贴近教师的实际需要，所以有的教师说：“一书在手，教学不愁。”

我以为这本书所阐述的内容，具有时代性、基础性、艺术性和可操作性的特点，因而它适用于基础教育、职业教育等各级各类教育的教学指导，它对初涉教坛的青年教师具有“启蒙”意义，对有相当积累的骨干教师具有“完善”作用，对独具教学风格的专家型教师具有“研究”价值。它不失为一部教师培训及自我提高的有益教材。

当然，正如作者在“后记”中所言，此书仍有需要进一步修改、完善之处。但瑕不掩瑜，我期待着这本书在不断完善中对教师素质的提高发挥更大的作用。

王宗敏

1996年7月31日

三 版 序

还在春节之前，王义智先生就曾打电话过来，说他的力作《实用教学艺术》一书自1995年初版以来颇得教师的欢迎，后虽再度出版，但仍供不应求，如今书已售罄，可索函依旧不断。因此，决定第三版付梓，并嘱我为其再写一序。

此事着实让我犯了些许犹豫，不过也平添了几分激动。我知道此书已有两位同志作了序，属于“序”应该讲的内容似乎已经全然说尽，并无遗漏了。若我再作一序忝列其中，不独怕给读者带来“狗尾续貂”的阅读之苦，而且也会使自己面对当年李白登黄鹤楼那种“眼前有景道不得，崔颢题诗在上头”一样的尴尬。不过，当听到这样一部探索教学艺术，研究教学规律的教育专著三年之内竟能三次出版印刷，不由得令人心头一震。谁都知道“学术著作出版难、销售难”已是一种普遍现象，教育专著则更如“阳春白雪”一样曲高和寡，知音寥寥。然而值此出版市场萧条冷寂的情况下，王义智先生所著的《实用教学艺术》却能如同出墙的红杏一样受到人们的喜爱，并且畅销如斯，这真是一个奇迹，也颇令人沉思。

人们常用“书如欲买不论金”“好书不厌百回读”来表达对名著佳作的钟情与爱怜。然而由于市场经济的冲击、人心的浮躁、学问的贬值、斯文的扫地等原因，似乎那些让人开卷有益、爱不释手、洛阳纸贵的著作实在是难以多见。而那些东拼西凑、无病呻吟、神侃胡聊的书刊和地摊文学作品却如山似海，充斥书市。人们尤其是广大教师多么希望能改变一下这一出版现状，推出一批给人以新知、启人以心智、强人以励志、愉人以神怡的好书来。无疑《实用教学艺术》一而再、再而三的出版，就使人们看到了这种希望。它如同其他好书一样，由于对广大的教师起到了“长知”“启智”和“激发兴趣”的良好作用，因此，该书产生了极好的社会价值。

所谓的“长知”，就是增长知识，开阔视野，提高人们的文化科学知识水平。教学是师生借助于一定的载体、手段和时空传授知识、培养能力、塑造素质的双向互动过程，是实现培养目标的主要途径，也是教育工作的中心任务。教学的每一个过程、每一个环节、每一个步骤都充满着知识。教师只有全面、系统地掌握好这些知识，并在此基础上形成较强的教学能力，才能在传授知识、培养学生技能中为他们架起一座金桥或荡起一叶扁舟，渡送学生去攀登书山，遨游学海。《实用教学艺术》就是将教学视为一个完整的工艺过程，将每一个过程分解成独立的工艺环节，然后针对每一个环节的实施任务、要求和做法，条分缕析地进行阐述、描绘与交代，把教学这一丰富的知识宝库全面、系统、完美地展现出来，使人如同获得了一部“教学小百科全书”，从中窥见到了教学知识的丰富多彩和教学艺术的光怪陆离，从而极大地开阔了教师的教学视野。

所谓的“启智”，就是启迪智慧，开发潜能，提高人们观察、判断、思维、想象等心智技能。一部教学专著，如果仅有教学知识的传授那还是远远不够的，它必须对知识进行科学概括、理论升华和规律抽象。这样才能使人们由“学知”到“学做”，从知识型上升为能力型，成为一名举一反三、举重若轻、驾轻就熟、游刃有余的优秀教师。《实用教学艺术》正是一部全面总结前人和今人丰富的教学实践经验，并使其理论化、规律化和艺术化的科学著述。人们在这里会强烈地感受到作者对每一个教学行为的理论性思考和科学设计，进而有力地增强人们的悟性与理性。

所谓的“兴趣”，就是引发志趣，愉悦心理，提高人们的美学情感和审美水平。《实用教学艺术》之所以受人们欢迎，除了它的实用价值外，恐怕与它的构思新颖、立题别致、语言流畅、文字优美等所形成的美学价值和可读性也不无关系。

我知道，王义智先生是学理科的，从事学校管理工作将近40年，是一位学者型的领导。他能在繁忙的领导工作之余，潜心研究教学艺术，并向社会推出这样一部优秀的研究成果，实令人钦佩。

古人说过：“欲为一代经纶手，须读几本要紧书。”我衷心地希望广大的教师尤其是职教战线的教师，能读一读此书，它对提高教学艺术修养和教学水平，推动教学领域的深化改革将会大有裨益。

刘春生

1998年3月8日于天津大学

四 版 序

本书第一版初稿，于 1994 年送教育部审阅三个月后，由时任司长杨金土作序。1995 年 10 月至 1998 年 8 月，不到 3 年间，先后出版第一版、第二版和第三版，共印刷三万余册，主要发行于北京（7000 册）、上海（8000 册）和天津（10000 余册）、山西（800 册）、吉林（500 册）以及河北、广州、福州、内蒙古、青岛等省市。20 世纪末，台北巨流出版公司曾向天津科学技术出版社购买 2000 册《实用教学艺术》（第三版）的出版权，因收费略高，无果……本书在短短时间内的快速发行，折射出读者对其兴趣。然而，作者本人却感到愧疚于读者。“文章千古事”，举笔为文总应给人一点信息、一点知识、一点启示，需有些新意、有些深度、有些艺术，方能不负读者“开卷有益”之厚望。然而，许多篇目写得不到位，其主因：《实用教学艺术》的“实用”“教学”和“艺术”三词，重点应在“艺术”，而作者却对“艺术”一词体验肤浅，领会不深，理解不够，缺乏透彻与深邃的认识和对艺术规律的悟性。故而，殷切希冀本版能有所进步。

“实用”是实际，是前提；“教学”是核心，是主体；“艺术”是追求，是佳境。“实用”至少包含五个因素：充实、求是、有用、方便、效益。“教学”有三种理解类型：教学——通常理解为“教师的教 ”与“学生的学”两个概念的组合。其实，教师教的同时，也含有教师自学的因素，亦即“教学相长”。教学——从难易层次来看“教”，有教知识、教能力、教品德。融合为一体，难解难分。教学——广义亦可包含教思想品德，亦即“教书育人”。“实用教学艺术”在学校教育中，是永恒课题。在三维（线、面、体）是无止境，或渐入佳境，但只有进行时，没有完成时！

本专著注重知识性和专业性，两者是艺术性的基础。而艺术性的高低取决于欣赏者的喜爱或痴迷程度以及思维深浅和思维能力的提升。

艺术不像科学技术那样日新月异，甚至突飞猛进地不断发展，而是稳定性较强、起伏性不大。如近百年来，京剧艺术家有哪位能赶上梅兰芳、马连良；几百年来，文学艺术有哪几部小说可与“四大名著”媲美；上千年来，书法艺术又有谁敢说超越王羲之！在本专著编撰过程中，刻意不跟风、不赶时髦，不吸纳时间性太强的语言或内容。而是基于 1970 年联合国教科文组织的《学会生存——教育世界的今天和明天》中提出的现代世界教育的最终目的：“走向科学的人道主义，培养创造性，培养承担社会义务的态度，培养完善的人。”这四项论述，完整地表述了现代教育的核心价值观，以其超越民族、国家的全球视野，具备了普适意义。反观我国的教育现状，仍未摆脱“共性”“统一”和“标准答案”，缺少鼓励独立思考、独特见解、质疑……这种学校教育与培养学生的个性、兴趣和自由发展相背驰，使学生更像是工业生产流水线制造的标准产品，限制着学生独立思考和自由发展的空间，束缚了教师对教学艺术的追求。尽管我国学生的应试能力独步天下，但缺乏想象力、创造力，这不符合现代教育的核心价值观。长此以往，创造型人才如何培养？又怎么用心思考、研究、论述和提升教学“艺术”？希望本书能为“实用教学艺术”的研究奉献微薄之力。

究竟什么是艺术？很难用语言表述，也非笔墨能形容。“艺术”一词，没有一个简明而确切的定义。前人对“艺术”已有表述，如“人类以情感和想象为特征的把握世界的一种特殊方式”“指富有创造性的方式、方法”和“形状独特而美观的”等，是否均是“艺术”定义的必要，而非充分、准确与易懂的表述？“实用教学艺术”亦然，只能粗略地解释为“教学实践经验的长期积累与创新运用相结合之升华”，或大致表述为：是指在教学实践中运用的妙语、优美、巧妙、奇特、殊姿、异态、灵动、奇观、特势、含蓄而有些神秘与朦胧等因素的描述、示意或表达方式，或形式形象，或感觉感知；也是以教学为载体，通过语言美、讲解美、教法美、教态美和教师心灵美等，使学生感到学习是一种美和心情愉悦的享受之方式。须知，艺术不必也不可能规格化，规格化的东西不可能成为艺术。作为实用教学艺术，虽可通过有计划、有组织及有目的地实施来实现自然之妙、变化之奇、和谐之美，实现智巧兼优、心手双畅……但教学实践无止境，教学艺术的探索、升华亦无止境！

究竟什么是艺术？至今，尽管尚未给予准确而清晰的定义，但可断定其内涵丰富、外延无限。有描画艺术，如图像、书法等；有表演艺术，如舞蹈、体操等；有说唱艺术，如相声、歌唱等；有编织艺术，如刺绣、编织等；有雕塑艺术，如雕刻、塑造等；还有弹奏艺术……教学艺术是多种艺术的综合，也是集多种艺术之大成。凡使受教育者具有美感、愉快感的语言、行为、举止、表情、动作以及声、色、影、像、图、物均含有教学艺术因素；高妙的教学艺术洋溢着诗情画意，奇思妙想，激励启发。众所周知的“教无定方”与“学无定方”，亦从另一个角度体现着各自的教学艺术！

艺术，有激发或激励功能，使人感到愉悦、舒畅；有吸引或聚集功能，令人产生留恋、喜悦；有启示或暗示功能，让人出现遐想、意境；有展示或靓丽功能，使人感到多姿、适称。托尔斯泰说：“只要作者所体验过的感情感染了观众或听众，那就是艺术。”第斯多惠说：“教学艺术的本质不在于传授的本领，而在于激励、唤醒和鼓舞。”美国布鲁巴克说：“最精湛的教学艺术，遵循的最高准则就是让学生自己提出问题。”可见，主动问答，善于质疑，既是教学目标，又是教学手段，还含教学艺术。科学是人与大自然之交流相处的艺术，教育是人同人之情感对话的艺术，教学是教师与学生的互动沟通的艺术。教学是科学，是技术，也是艺术。正因如此，教学艺术的真谛才显得高深莫测，难以捉摸，这一尚未清晰的课题，有待教育者坚持不懈地继续学习、探索和深究。

王义智

2015年1月26日

目　　录

论教学艺术

教学，既是技术，也是艺术；抑或，首先是技术，终究是艺术。技术是手段，艺术是目的。技术具有进步性，往往日新月异，甚至呈飞速发展的态势；艺术则呈现稳定性，在岁月的长河中虽有高低起伏，但鲜有突飞猛进的提升。教学从技术开始，走向艺术境界，以技术做基础，以艺术为巅峰。技术以科学做基础，是科学的应用。科学和艺术都是人类活动的成果，是人类认知世界的结晶。科学和艺术代表着两极。科学是运用逻辑思维，彰显理性的力量，有规定的程序可以遵循，能够重复，可以积累性超越，是一种逻辑性创造；艺术是运用形象思维，展现感性的魅力，无规定的程序可以遵循，不能重复，难以积累性超越，是一种灵感性创造。

早在1632年夸美纽斯在其《大教学论》中就开宗明义地提出：教学是“把一切事物教给一切人类的全部艺术”。教学的实质，就是引导学生实现文化、知识和技能的传承与创新。它存在着一定的科学规律和方法。正是对这一内在规律的研究，奠定了教学的科学地位。但教学在追求自身科学性的同时，更应追求其艺术性。因为，教育的最高境界是灵魂的感召。作为实施教育的主要途径或手段，教学或者说教学的过程及其结果，应触探到人的内心，使人获得艺术的感受与体验。因此，教学是科学，更是艺术。

教学是一门科学，是一门充实头脑的科学；教学更是一门艺术，是一门升华心灵的艺术。前者指，作为传授知识的教学活动，其本身在融汇了教育学、心理学、生理学、社会学等科学知识的基础上，已形成了完整的理论体系，成为一门独立学科；后者指，在教学活动中教师可以像艺术家那样，充分展现自己独特的个性和才能，因人、因地、因时、因事制宜，不囿于一个程式地创造出生动、和谐、丰富多彩的教学情境，使教学活动成为一门育人艺术。

教学的艺术性，是指教学活动是一项创造性很强的艺术活动，绝不容“一成不变”“千篇一律”，应在一定的科学知识基础上形成教学技能技巧。这种艺术性表现为灵活运用各种学科知识，具体分析和机智处理教学系统中各种因素特别是不确定因素的综合能力。这是因为，虽教学涉及一定的计划与准备，但教学的许多方面亦需即兴发挥；教学是一种动态活动，它有许多不确定因素，在教学活动的每个阶段，新情况都会不断出现，下一步将发生什么往往难以预料；对一个学生有用的方法，对另一个学生则可能无效；有时好计划会失败，而即兴增添的活动却会取得意想不到的成功；师生间的交流，需采取迅速而果断的措施，这就需教师具有综合能力和应变能力。

教学融科学性与艺术性于一体。无科学性的教学缺少根基；无艺术性的教学没有活力。尽管二者不能互相替代，但科学性与艺术性在教学中应相互渗透、相辅相成。科学性体现在它是客观、精确、严密的，与标准化、规范化、程序化紧密相连，但要把科学性转化为有效的教学实践，还需借助于艺术手段。如果说科学性重在揭示教学的客观规律，那么艺术性则着重解决如何灵活、巧妙、创造性地运用客观规律。由于接受科学知识的对象是朝气蓬勃的青少年学生，故须考虑如何适应他们身心发展的规律，运用文字、语言和表情等手段，激发他们的情感，感染他们的心灵。因而要求教师发挥独创精神，灵活运用教学原则，恰当选择教学方法，机智处理各种问题。从而引出教学既要遵循科学规律，又要讲究艺术手法。只有把两者结合起来才能圆满完成教学任务，才能取得最佳教学效果。

古今中外的教育家均从不同角度、不同侧面论述过教学艺术的重要性。但至今，人们对教学艺术的研究与探索还显得异常薄弱，对教学艺术的认识、掌握和运用尚处于不自觉的状态。

当今，无论是教育理论家，还是教育实践者，几乎都一致地认为教学是一门艺术。然而，对教学艺术的认识却众说纷纭：有的强调知识，认为教学艺术就是教师具有丰富的知识修养；有的强调方法，认为教学艺术就是教学方法的熟练运用；有的强调情感，认为教学艺术就是教师的灵感和热情；有的强调机智，认为教学艺术就是教师机敏、灵活地处理问题；也有的强调风格，认为教学艺术就是教师在教学中形成的独特风格等。丰富的知识是教学艺术赖以生长的根基，但知识渊博的教师并不必然具备精妙的教学艺术。

教学方法是教学艺术的骨骼和脉络，但教学方法不完全等于教学艺术。对某种教学方法的经常运用，并不必然形成独特的教学艺术。灵感和热情是一切艺术的灵魂，当然也是教学艺术的灵魂，但仅有灵感和热情，往往会使教学艺术显得空浮和矫饰。教学风格是教学思想、教学技巧、教学风度三者的结合，是教师教学特点、行为方式的集中反映，是教学艺术特色和教学个性的表现，是教学艺术与教师个性特征的有机结合，是教学艺术走向成熟的标志。然而，它与教学艺术也是既有联系又有区别的。

关于教学艺术的本质，国内外看法不一。有的强调审美性，认为教学艺术表现在教学的审美之中；有的强调表演性，认为教学艺术表现在教学的独特表演之中；有的强调技巧性，认为教学艺术表现在教学的娴熟技巧之中；有的强调创造性，认为教学艺术表现在教学的独特创造之中。这均从某个侧面论述了教学艺术的本质特征，但都存在不足之处，过于笼统或不够全面。

教学艺术是指为实现教学目标，巧妙地运用文字、语言、表情与动作以及色彩、音响、图像（文字、符号、图表、模型、实物、标本）和教学技术等，机智地运用教学方法和手段，遵循教学规律，依照教学原则，创造性地将知识传授、能力培养与审美教育融合起来，从而形成一整套精湛的教学技能和技巧。它是教师学识、智慧、能力和经验的结晶，是教师创造性地运用教学方法的深化和升华。

教学艺术的本质在于合乎教学规律并具有独创性。没有独创性的表演是苍白无力的，没有独创性的形象是干瘪不堪的，没有独创性的审美是没有风格的，没有独创性的情感是无法打动学生的。

教学艺术与教学方法，既有区别又有联系。教学方法是教学艺术的基础，教学艺术是教学方法的升华。二者区别在于以下三个方面。

层次不同　教学方法是教师实施教学的一般程序和手段，凡掌握了教材内容并具备一定教学能力的教师都能加以运用；教学艺术则必须对教学方法进行灵活与独特的运用和富有个性与魅力的处理。

特点不同　教学方法有相对固定的程序，比较规范，容易借鉴，而教学艺术则富于变化，比较灵活。若方法是从具体到抽象，是认识的第一次飞跃，艺术则是从抽象到具体，是认识的第二次飞跃。

效果不同　不掌握教学方法，就不能准确讲出教学内容；不掌握教学艺术，就不能使学生更好地接受知识、发展智力、提高能力、富有创造性。

教学艺术是培养人才、塑造灵魂的特殊艺术。它既具有艺术的一般特点，更具有自身的特性。

形象性　形象是艺术的灵魂，任何艺术都离不开形象。形象性是艺术的一个基本特征，也是教学艺术的重要特征。教学艺术的形象性重在“以形感人”。为把抽象理论形象化，增强教学的形象性，就要借助生动活泼的语言、富于情绪感染力的音调和多种修辞技巧，加之自然的表情、动作及板书、实物、图像等现代教学手段，以使学生“如闻其声”“如临其境”。有时也将具体生动的形象和丰富深刻的思想结合起来，以达“意得神传”“笔精形似”的效果。形象性会使学生对一些重点、难点立得要领，顿开茅塞。

情感性　情感是艺术的魅力所在，艺术总是通过激情去感染人。教师的教授和学生的学习都具有感情色彩，教学总是包含着师生的情感交流。这种交流与渗透贯穿于教学全过程。就教的方面看，不仅要晓之以理，以理育人，而且要动之以情，寓理于情，情理结合。教学艺术的情感性重在“以情感人”。“以情感人”是教学的基本要求，也是教学艺术魅力形成的关键因素。没有真挚、热烈的情感，就不可能有教学的成功。情感也是学生乐学、爱学、巧学的内在动力。

创造性　创造性是一切艺术的生命和共同的本质特征，也是教学艺术具有生命力的表现和最本质的特征。教学艺术的脉搏在创造中跳动，教学艺术的内涵在创造中强化和丰满。教学艺术如果停止了创造，就会失去其原有的风采。教学艺术需要创造，亦贵在创造。创造也是教学艺术的突出特点。教师可以被认为是艺术家，是因教师的劳动本身就是创作，而且比普通艺术家的创作更富有创造性。教学的创造性贯穿教学始终，主要表现在以下方面。一是备课时钻研教材所进行的创造性思维。有深邃的思考，才会引发思想的火花。在教材钻研上，教师有所得、有所悟，学生才有所得。这个“悟”的过程就是教师创造性思考的过程。二是设计教学方案的创造性。文无定体，教无定法。这就要求教师要根据教材内容、学生特点和自身经验，独具匠心地设计教学实施方案或课件。三是教学方案实施的创造性。由于教学是个动态过程，常有“意外”发生，这就要求教师能随机应变，灵活处理各种问题和偶发事件。总之，教学的创造性贵在体现活、新、独、特。这种创造性闪烁着教师创造性思维的灵光，使教学达到艺术的境界。

学术性　学术性是教学艺术的固有特征。教师从加工处理教材，精心编写教案和设计课件，到向学生讲授，这一系列活动都具极强的学术性。亦可说，教师是集“编、导、演”三者于一身。如何使讲授内容正确而又易于被学生接受，并能引导学生积极思考，使知识“内化”，都有赖于教师把教学艺术和学术内容完美结合。

审美性　美是艺术的真谛。一切艺术都有自己的审美特征。教学艺术的审美性重在“以美育人”。教学艺术的魅力，实质上是一种美感效应，教学艺术美是内在美与外在美的有机统一。内在美，主要表现在理性美、人格美、风格美和讲授内容富有科学美、思想美、意境美；外在美，主要表现在仪表美、教态美和言语美、节奏美、表达形式美，诸如字字珠玑、抑扬顿挫的语言美，层次清晰、简洁明快的板书美……教学美要求将外在美与内在美熔为一炉，使师生均得到愉快和欣慰，领略美的风光，得到美的享受，获得人生和智慧的启迪，给学生以强烈美感，并使丰富的审美情感升华为崇高的审美情操。

教学艺术是一门特殊的艺术，还表现在以下方面。一是教学是一种非常独特的艺术创造活动。因为创作主体和对象都是活生生的人，他们有思想、有情感、有个性、有差异，而且他们都面临一个共同的历史使命——继承过去，开拓未来。二是教学艺术在创作、表演、欣赏诸方面均具特殊性。创作的主体是教师，创作的构思主要体现在备课之中，创作的内容主要是表达教学内容的方式方法；表演要考虑伦理价值、教书育人及学生可接受的方式；欣赏的对象是有效的教学过程，欣赏的成果是学生的知识掌握、能力发展、技能熟练及觉悟提高等。三是教学艺术比一般艺术更复杂、更高超。它熔多种艺术表现手段于一炉，既有音乐表现手段，又有绘画、文字等表现手段。就教学而言，教学艺术也是将教材处理艺术、教学组织艺术、语言表达艺术、板书板图艺术、教育技术运用艺术等集于一身的综合性艺术。所以，教学艺术是一种高度的综合艺术。

教学之所以被称作是一门艺术，是因为它与艺术有许多相似之处。艺术在社会生活中具有认识、教育、审美三大功能。除此之外，教学艺术还具有自身的一些功能。

认识功能　艺术，作为人类社会生活的百科全书能向人们揭示关于周围世界的过去、现在和未来的丰富内容；教学艺术，可打开学生认识客观世界的大门，使之从对客观世界的无知到充分认识。

教育功能　艺术，使人们在精神上感到充实，为人们提供一种强大的精神武器；教学艺术，可授人以知识，发展其智能，树立辩证唯物主义世界观，形成良好的道德品质。

审美功能　艺术，使人们与作品的主人公产生共鸣，随其喜悲而喜悲，从中受到真、善、美的熏陶；教学艺术，讲究内容美、语言美、教态美、板书美等，可使学生在接受教育时如同欣赏艺术作品，沉浸在美的享受之中。

激发功能　艺术有时可使人受到某些激发；教学艺术可激发学生良好的学习动机和持久的学习兴趣。

陶冶功能　艺术，可影响某些人的思想认识；教学艺术，具有情理交融和感染力强的特点，具有不可忽视的、潜在的陶冶功能——教师的思想、志趣、人格，借助于艺术化的教学，能在学生心目中留下深刻印象，从而对学生的兴趣、爱好、理想、信念、意志等产生潜移默化的影响。

愉悦功能　艺术，确有明显的愉悦功能；教学艺术，特别是形象和幽默的教学艺术可形成愉快、和谐的气氛。“师善教，如坐春风之中”，愉悦教学能使气氛生动活泼、内容引人入胜、学生心情愉悦，从而使学生乐学不倦。

美育功能　艺术，可给人们以美的享受；教学艺术，渗透到教学活动的各个层面、各个角落，会使学生的品德、理性、审美融为一体，实现有机结合，和谐一致，并随着广大教师对教学艺术的追求，必将促使美育渗透到全部教学活动中去。

教学是一门艺术，也是一门技术，又是技术和艺术的结合。艺术部分只能通过教师自己长期摸索、领悟、提炼才能获得；而技术部分则需通过模仿和训练而掌握。技术是可分解、有计划地逐个加以模仿和训练。教学艺术是一门应用科学。每个教师的思想、气质、知识结构和教学个性不同，在教学中必定会反映出不同的教学风格。

教学风格是由教师的教学语言、教态、授课形象等构成，并通过教学活动体现出来的一种与众不同的教学个性。它是教学中科学性、艺术性的完美结合，也是一个教师趋向成熟的标志。

很多国内外院校的一流教师，讲课均能做到，一句废话、一个废字也没有，最后一个字吐出口，正是下课铃声响时。教学风格是教师教学个性特点、行为方式的集中反映：

有的长于观察，慧眼非凡；有的长于实验，深入细腻；有的长于操作，巧夺天工；

有的长于分析，剖析入微；有的长于综合，博取约用；有的长于运筹，丝丝入扣；

有的长于应用，心灵手巧；有的长于想象，化虚为实。

所以，不同的教师会表现出不同的艺术风格：

有的富于情感，时而急促，时而舒缓，配之抑扬顿挫，辅之表情万般，形成情感型教学风格；

有的治教严谨，强于逻辑，长于推理，呈现环环相连，展示丝丝入扣，形成逻辑型教学风格；

有的善于辞令，妙语连珠，出言不凡，巧配丰富词汇，妙用专业术语，形成词汇型教学风格；

有的沉稳练达，举止端庄，知识渊博，时时巧于导引，常常妙于剖析，形成哲理型教学风格；

有的大刀阔斧，能抓重点，善克难点，授业干脆利索，解惑语句明快，形成干练型教学风格；

有的精雕细刻，描绘逼真，令人神往，育人周到全面，教书天衣无缝，形成严谨型教学风格；

有的生动形象，比喻贴切，趣例引人，表达妙语迭出，语出余味无穷，形成愉悦型教学风格；

有的富幽默感，谈吐诙谐，语出成趣，令人忍俊不禁，让人笑声时起，形成幽默型教学风格；

有的颇有口才 出口成章，语惊四座，听者无不动容，洗涤人的心灵，形成演讲型教学风格；

有的高雅出众，寓文于形，寓理于情，讲解鞭辟入里，提笔稍动成文，形成儒雅型教学风格；

有的教书育人，甘当人梯，诲人不倦，言行均成楷模，奉献皆难忘怀，形成育人型教学风格；

有的心灵手巧，演示精彩，操作娴熟，吸引众生眼球，令人欲望生成，形成实践型教学风格；

有的气势恢宏，谈古论今，话语铿锵，韵声响之宇宙，评点独特不凡，形成评议型教学风格；

有的才思飞扬，见解独到，声韵惊世，善于独辟蹊径，探索未知领域，形成创新型教学风格；

有的慢条斯理，细声轻语，条分缕析，讲解出神入化，场景令人沉醉，形成沉稳型教学风格；

有的气质端庄，掷地有声，句句如钟，时而高亢激昂，旋而令人沉思，形成庄重型教学风格；

有的善用电教，声像并茂，意味无穷，音频视频出彩，互动牵人心灵，形成现代型教学风格。

有惊天动地之作，能发出黄钟大吕之声者，有针砭时弊的胆魄，更能以科学的精神去批驳某些有着相当恶劣影响的错误观念，这种超人的高见实乃大师泰斗型的艺术境界。

不同的风格各有千秋，只是类型不同，并无优劣之别，它们宛若教学百花园中的“奇花异草”，千姿百态，各具特色。

对于每位教师来说，要想形成自己的教学风格，就不能盲目崇拜别人，生搬硬套他人之“法”，也不能只求其形似而不管实效，如若牵强附会，徒增东施效颦之嫌，还不如回归本色，淋漓展现自身的教学特色。当然，强调形成个人风格，并不排斥博采众长，关键是除了学习、观摩、体会、领悟他人的教学艺术和吮吸有关的艺术乳汁外，更应通过教学实践、锐意探求和不懈努力，结合自身特长，创造性地形成自己独特的艺术风格。青年教师需要学习、揣摩和体验，尽快掌握应有的教学艺术，富有经验的中老年教师亦需概括、归纳和总结，并不断完善自己的教学艺术。广大教师均应经验实用、品味教学、感悟艺术，使自己的教学特性、特点、特长得到发挥，并不断积累、总结、创新，提高自己的教学艺术水平，为我国教学艺术的百花园增添新的奇葩，再辟蹊径、再谱新曲！

第一章　备课与教材

备课，是教师根据学科课程标准的要求和课程特点，结合学生的具体情况，选择最合适的表达方式和顺序，以保证学生有效地学习。备课，分个人备课和集体备课。前者，是教师自己钻研课程标准和教材的活动；后者，是由相同学科和相同年级的教师共同钻研教材，解决重点、难点和教学方法等活动。

备课，是上课前的准备，是上好课的前提和保证，是教学过程中八个基本环节（备、讲、作、辅、考、实验、实习、设计与论文）的起始环节，也是决定一堂课成功与否的关键环节。备课，乃教之需，讲之要，难之释，学之为，法之适。只有备好课，才能上好课；唯有备好课，方可强化教学的科学性、计划性、针对性和艺术性，才有利于教师充分发挥主导作用和充分显示学生的主体地位。备课，分为学年（或学期）备课、单元备课、课时备课，包括备教材、备学生、备方法、编写教案及选制课件。主要任务是根据教育方针和培养目标，在掌握教育特点、教育理念和发展趋势的基础上，做到了解学生、分析处理和整合教材、设计方法、编写教案；体现教学内容的科学性、教学方法的艺术性、教学组织的严密性、教学程序的合理性。只有具备注重教学艺术的备课思想，才能设计出具有创造性的教学艺术。备课艺术主要体现在：把握大纲和处理教材、搜集及运用教学资料、了解学生、确定教学程序和选择教法的艺术及结构设计艺术、教案撰写艺术、学法指导艺术、教书育人艺术。

教师应精心准备每一节（次）课，以便在课堂上用心、用情、用爱与学生共同演奏生命的乐章。备课时，教师应根据自己的经验，结合学生实际，对教材内容进行再加工。所以，备课的过程是一个创造性过程。尽管教材、教法、学生及教师的经验、风格等都具有相对稳定性，但把这四者尽可能完美地结合起来需要灵感，而这恰恰是创造的契机、创造的关键、创造的体现。

备课的主要表现：从教学的“抽象目的”转换到教学总体目标、阶段目标和具体目标；从科学知识的教学转换到促进人主动发展的教学；从机械地讲解教材转换到对教材多角度、多层次的解读和资源开发；从对“人”的忽视或“抽象个人”转换到对学生“具体个人”的解读；从点状的教学设计转换到结构的教学设计；从封闭的硬性设计转换到开放的弹性设计；从师生单向的“动”转换到师生双向互动等，以实现先进的教育理念、明确的教学目标、新颖的教学内容、灵活的教学方法、先进的教学手段。

教案，是教师为顺利而有效开展教学活动，根据课程标准、教材要求及学生实际情况，以课时或课题为单位，对教学内容、步骤、方法等进行具体设计和合理安排的一种实用性教学文件。

教材，是教学的材料，教学内容的主要载体，指导学生学习的材料，包含教科书、讲义、参考书刊、辅导材料、影像资料及教学辅助材料。它是备课的主要依据，也是教学的基础内容。在备课环节中，有三备（备内容、备学生、备方法）或五备（备大纲、备教材、备学生、备方法、备自己）和选用教法。备方法是为使学生更有效地理解和掌握教材；备自己是为结合自身特点与教学风格更好地把教材内容传授给学生。为此，有经验的教师总是废寝忘食地锐意探求，注重知识的积累，到备课时就有了对教材理解、掌握、处理的“高势能”，使查找资料左右逢源，课堂教学有声有色，教学魅力随之而生。

教师各种角色功能的发挥主要体现在课堂上（但须在备课中设计）。教师须具有课堂教学智慧：善于激发和维持学生的学习动机，顺势而为地引导其积极探索与思考；巧妙有效地帮助其深入理解教学内容的重难点；自然流畅地启发其展开思维翅膀，学会认知和善于思考；对教学中出现的新情况、新问题具有超乎寻常的敏感和感受力，以不寻常的手段便捷、高效、机智地处理突发事件；注重育人，生动愉悦地引导学生感悟人生……

备课的基本要求

备课，是学校教学过程的首要环节，也是教学过程的序幕或序曲。备课，在整个教学活动中起着至关重要的作用，是上好课的基础和前提。教师应针对学生特点，经营好课堂教学这块责任田，让讲课有效、有益、生动、鲜活，让学生勤思考、乐思辨。

一、清楚备课意义

备课的首要问题是清楚意义，明了为何备课——从出发点与教学实践看，备课与不备课，认真备课与不认真备课，其教学效果截然不同。备课是课堂教学的必要基础和前提，是构建良好课堂氛围与提高教学质量的可靠保证。只有备好课，才能使教学艺术亮点频闪、教学质量新高层出。有人说："不备（课），也能教好！"岂不知，不备（课）若能教好，备（课）则会教得更好！有人说："备课，会加重教师负担！"殊不知，"不经一番寒彻骨，怎得梅花扑鼻香"。凡有价值者，皆须付出心血！一分辛苦，一分收获；一分心血，一分见地！学无止境，教无止境。教学是一门科学、一门技术，也是一门艺术，无论是科学、技术，还是艺术，三者皆无止境，所以备课也无止境。

二、掌握指导思想

当今教学指导思想应具"四个意识"：①原点思维，即不忘"教书育人"的初衷，不忘"传道、授业、解惑"的古训，坚守"为人师表、教学相长"的本色；②创新意识，即打破固有模式的束缚，获得"教无定方、贵在有法"，依照学生实际，探索适合的教学模式；③换位思考，即站在学生的角度看问题，变教案为学案，变讲授为探讨，为学生提供"学"的空间和桥梁；④学生发展，即帮助学生树立正确的人生观、价值观，学会学习、生活和处世的哲理和思辨，给学生更多参与、模拟、辩论、思索的机会，自主发展。

三、明确备课目的

备课的根本问题是明确目的，清楚为谁备课——从着眼点看，是为教师"教"，还是为学生"学"？是为教师"教好"，还是为学生"学好"？是为备课而备课，还是为保证教学质量而备课？应该说：备课，是为教师，更是为学生；是为教师"教好"，更是为学生"学好"；要从教师活动的角度准备，更要从学生活动的角度准备；要把知识"讲出去"，更要让学生"学到手"；要认真考虑"教什么，怎样教"，更要精心设计"学什么，怎么学"。尽管二者是统一的两个方面，如能着眼于后者，目的性就更明确、精当，备课就更全面、准确、艺术、科学。教是为了学，教要落实到学，教师的"教"应服务于学生的"学"，"教好"是为了"学好"。故应"以学备教""以学导教"。

四、端正备课思想

备课的重要前提是端正思想。一是清楚备什么。从着重点看，教师既是知识的传播者、能力的培养者，也是思想灵魂的塑造者，应担当起"教书"与"育人"的双重任务，考虑如何教学生既会"求知""做事"，也会"做人""共处"，尤应着眼学生的全面发展和可持续发展。二是清楚怎样备。从着力点看，是把备课的出发点，由单纯完成备课任务与被动应付检查转到提高教学质量上来；把备课的立足点，由面向少数优秀生转到面向全体学生因材施教；把备课的侧重点，由只重传授知识与研究教法转到既重知识又重能力，既重教法又重学法；把备课的落脚点，由只着眼于智育、注重教书转到既重教书又重育人，既重智力因素也重非智力因素，既重智商也重情商，全面提高学生素质。同时做到：由精心安排如何"教"转向精心设计如何"学"和"练"；由重知识传授转向重学生智能、情感的全面发展；由重学习结果转向重体验知识生成过程；由忠实执行教材转向积极开发课程资源，创造性地使用教材。

五、遵循备课原则

要想备好课，必须遵循的基本准则即备课原则。主要包括如下几个方面。

（一）教学目标的决定性

教学目标，是一切教学活动的方针、大方向或总指针、总原则。应根据教学目标设计教学内容和教学方法、手段。凡不符合教学目标的内容要果断放弃，凡不利于教学目标的方法、手段均不采用。

（二）教学内容的规定性

应以教学大纲（课程标准）为主要依据，围绕如何使学生理解和掌握教学重点展开。不照本宣科，也不盲目以搜集的资料代替教材。应深入钻研教材，作必要的调整与充实，但不“喧宾夺主”。

（三）教学对象的可受性

应充分考虑学生的特点和接受能力，创造条件，使不易接受的教学重点、难点和关键点具可接受性。

（四）教学方法的适应性

选用教学方法、手段，应充分考虑适应教学目标和教学内容的需要，适应学生年龄特征和接受水平。

（五）教学活动的教育性

教学不只传授知识和技能，还须进行思想品德、职业道德、心理素质及综合能力的培养等。

（六）备课活动的超前性

撰写备课提纲及制作课件，均需一定的超前性，即早做准备，搜集资料，钻研课程标准和教材。

六、确定教学目标

教学目标，是指教学活动主体通过教学活动所要达到的预期结果或标准，说明通过教学要达到何种境界，解决什么问题；教学要求，是指通过教学达到何种程度，所要解决的问题要解决到什么程度。

（一）教学目标的内涵

主要包含品德性目标、修养性（自信、自尊、自律、勤奋等）目标、知识性目标、能力性目标、品德性目标、心理性目标、人文性目标等。这些方面是对课堂教学的总体而言。具体到每堂课，又可根据所授内容有所侧重，不一定每堂课都要全面实现，但又不限于某一个方面。备课的实质，就是瞄准教学目标，通过必要的“知识点”，找准思想教育的“渗透点”、能力培养的“落实点”、智力开发的“关键点”。

（二）教学目标的功能

明确的目标，既可集中人的精力，又能产生主体行为的动力。它对学生的学习行为、情感、意志等都有直接导向功能和调控作用。故备课时应认真考虑如何通过教学目标指导、激励、调控、评价教学活动。

（三）教学目标的特征

制订或陈述教学目标，应充分体现鲜明性、可度性、全面性、适度性、可行性等。

七、考虑周到全面

备课的核心问题是考虑周全，既要熟悉大纲的要求，又要清楚教材是怎么体现的，还要知晓参考书是如何提示的；既要备教科书，也要考虑教育对象、采用方法（教法与学法）、手段和潜心设计教学环节与过程。为此，要克服“传统病”：只重备教材，忽略备学生，轻视备方法；只重备知识，忽略备能力，轻视备育人；只重备书本，忽略备语言，轻视备实践。

（一）领会大纲

教学大纲（课程标准）是备课的基本依据，是教学的指导性文件，是教材编写和教学的指南，它是教材编排的主体框架、教学实施的直接要求、教学目标的具体体现、评价质量的明确标准。只有熟悉大纲，才能高屋建瓴地统观教材，明其地位，知其作用；才能把握内容之间的内在联系，明其体系，知其层次；才能明了学科的性质特点，知其目的，晓其要求；才能清楚教材的组织结构，知其范围，晓其重点。

（二）钻透教材

教师钻透教材是帮助学生建构最佳认知结构的前提。包括钻研教科书、阅读参考书和掌握有关资料三个内容，熟悉教材、分析教材、处理教材三个层次，按照教学大纲的基本要求（基本知识、基本技能、基本理论）和四个量级词（了解、理解、掌握、运用或巩固）进行知识分类。通过钻研教材，了解教学目标、内容和要求及重点、难点和关键；通过处理教材，把通用性转化为特殊性，把概括性转化为具体性，把学术性转化为通俗性，把静态性转化为动态性。应注意重新组织教材，且做到：条理清楚，层次分明；逻辑严谨，重点突出；观点鲜明，论据充足；难易适度，详略得当。

（三）了解学生

学生是教学的对象，教师应有明确的“备学生”意识。了解内容包含：心理特征、个性差异、兴趣爱好；品德行为、价值观念、理想追求；知识范围、技能程度、困惑疑点、障碍原因；学习态度、学习能力、学习方法、学习习惯。既要了解全班的整体情况、共性问题，还要了解每个学生的个性特点、知识缺陷、思维方式及在认知能力、兴趣焦点等方面的差异，以便因人备课、区别对待。在此基础上，既要预测他们在学习中可能出现的问题，拟定相应的措施，使教学过程和谐融洽，保证学生顺利步入知识的殿堂，又要关注个体差异，鼓励积极参与学习，以形成相互激励、教学相长的师生关系。

（四）选定方法

在钻研教材、了解学生的基础上，考虑用什么方法使之掌握这些知识以促进其能力、品德等方面的发展。教学方法受制于四个因素：教师个性支配教学方法，学生情况影响教学方法，教学目标决定教学方法，教学内容制约教学方法。为优化课堂教学、提高教学质量，须根据目的任务、学科性质、教学内容、学生特点及教师个性与教学风格，进行最佳方法的设计与选择。此外，还要准备教具、仪器、图表及板书设计、语言技巧和课件等电教设施。备课时，既需备好教学内容和教学方法，也要积极备好讲课时的仪态、姿势、动作、眼神等，通过不断的教学实践，使体态语言和有声语言融为一体，以无声胜有声，优化教学过程与环节。教学手段的采用，应从教学内容、对象、设备情况三个实际出发，并处理好三个关系：一是正确处理内容与手段的关系，应以需而定，“当用不省、当省不用”；二是正确处理传统手段与现代手段的关系，应发挥其长，形成互补；三是正确处理单独运用与综合运用的关系，应发挥最大效益，讲求实用、实效。

八、强调准备充分

备课的基本要求是准备得必要与充分。课堂教学能否成功，很大程度上取决于备课是否科学、充分。特别是课堂教学存在着很多不确定因素，必须做好多种准备，以应不时之需。

（一）宁可“备而不用”，不可“用而不备”

除认真、深入钻研教材外，还需广泛猎取、掌握丰富的相关知识，特别是注意吸收时代的强音，引进时代的“活水”（必要的新思想、新信息、新技术、新工艺），了解社会发展的“即时信息”、科技进步的“前沿知识”、日常生活的“有益新闻”和时代潮流的“兴趣热点”，以把握时代脉搏，贴近当今实际，不断以新鲜感知、新鲜理论来充实备课内容。

（二）提倡“博观而约取，厚积而薄发”

要“博取约用”，处理好“博”与“约”的关系。一是“由博返约”。既要多闻广识，又须有一主线；犹如用线绳串起散乱的珍珠制成一件完美的艺术品，有珠无线或有线无珠，都会降低其价值。二是“贵在博、善在约”。博而不精则杂，精而不博则陋；约而不博则无广度和深度，博而不约则无重点和要领。博，能旁征博引；约，可画龙点睛。要努力“博取”，可有“备而不用”的内容，但须“约用”，体现“少而精”和“惜时如金”原则。

（三）讲求千锤百炼、精雕细刻、仔细推敲

不论是讲解的内容、例题、问题、习题、作业……还是语句、比喻、举例……皆需仔细琢磨，应如贾岛琢磨“鸟宿池边树，僧敲月下门”诗句中是用“推”还是“敲”一样地认真推敲。

（四）注意科学、合理、巧妙地进行多种设计

1. 模式设计　根据学科或专业性质、教学目标设计课堂模式类型、进程结构和教学方式。

2. 层次设计　根据教学目标、教学重点和难点，精心构思怎样提出课题，先讲什么，后讲什么，重点内容如何步步深入，各个环节如何衔接，以做到层次分明，条理清楚。

3. 导语设计　考虑如何使导语充分发挥启动、提醒、吸引、鼓动及说明主题、明确任务的作用。

4. 语言设计　语言是教学的媒介、知识的载体，需要做到准确精练、易于理解、启发诱导和激发思维。

5. 结尾设计　应考虑如何使结尾语起归纳、概括、综合和伏笔、留疑以及与下次课的呼应作用，尤应注意设计“高潮过后即尾声”的艺术。

另外，还有育人设计、提问设计、板书设计、演示设计及电化教学与微课运用等。教师的教学策略，不是以“教”为中心去设计教学进程，而是以“学”为中心去组织教学过程。施教之功，贵在引导；进学之功，重在领悟。只有把“循循善诱”协调到学生“独立思考”上，才会使教与学和谐一致。

九、设计因材施教

因材施教，是千古不变的教育原则。备课的有效性在于讲究针对性。学生的差异大致可分为性格差异、兴趣差异、知识差异和能力差异。班级授课制既有利（强化目的性、计划性、互助性和效益性等）也有弊（不利因材施教、学生主动性发挥、师生互动等），如何扬长避短，克服不利因素？在考虑如何体现“三为主”（教师为主导、学生为主体、训练为主线）时，既要强调面向全体、兼顾差异、分类施教，都有提高，又要注意“下要保底、上不封顶”，“促尖子、推中等、拉后进”，对不同学生提出不同要求。为此，应考虑如何做到：目标相同，要求不同；教材相同，难度不同；时间相同，容量不同；过程相同，方法不同；作业相同，指导不同；班级相同，组合不同……以克服教学过程中的片面性、呆板式、模式化。

十、注重层次制订

备课的实质是强化计划。备课要体现概括性、条理性、计划性。故对学期（年）教材，每一章节、每一单元的知识点与教学点都要认真安排与梳理，并对分析判断的结果加以整理、归纳、书写成文。

（一）学期（学年）教学计划

在学期（学年）开始之前制订。学期（学年）教学计划是按时序编制的教学活动之蓝图，它与教学大纲和教材相配合，是学期（学年）教学活动内容的总体设计。其作用在于明确整个学期或学年教学的任务和范围，并做出通盘安排。它一般由两部分组成：一是总的说明，包括教学指导思想、课程性质和任务、教材重点和要求、学生情况及其分析，教学目的、教学总时数，预定复习、考试和考查、实验、实习、设计的时间及应注意事项与教学改革的探讨等；二是教学进度计划表，按周次日期安排进程，对跨学期的课程，还要做好衔接处理，在说明或表格中反映出来。

（二）单元（课题）教学计划

在一个单元或课题的教学开始之前制订。单元（课题）教学计划是对一门课程的章节或篇目教学活动的设计。其作用在于对一个单元的教学活动进行全面安排。它包括：单元名称、教学目标、课时分配、活动步骤、授课类型、教学方法、电化教学手段、多媒体运用以及教具、仪器和设备的利用，并确定单元教学的重点与难点、教学活动序列及与课时备课的衔接等。

（三）课时（节次）授课计划

在上课之前制订。课时（节次）授课计划（教案）是课前对每节（次）课进行缜密的设计，是教师讲授的依据，通常是以两节课为时限写出的教学实施计划。包括的项目一般有班级、学科、课题、教学目标、重点难点、上课时间、授课类型、教学方法、程序步骤、时间分配和课外作业，有的还列有教具、仪器和电化教学的利用、板书设计等。

十一、备好自主学习

自主学习，是指教学中坚持学生的主体地位，让其成为学习的主体。故须开发好课堂的“教学案”（教案和学案可合二为一，亦可分开），提高学生的学习能力和思维能力。

（一）精心准备教学案

“教学案”具有导学、导思、导练的功能。学什么，如何学，学到什么程度，在“教学案”中都要体现出来。如课标要求、知识点拨、学习自评、拓展延伸等，在编写“教学案”时，就应明确其起点要求。

（二）充分调动学生预习

良好的预习习惯是学生搞好学习的前提和基础，无此预习就不可能提高教学效果。为此，教师要制定科学合理的预习学案，使学生产生由“自发”到“自觉”的学习行为转变。

（三）注意优化教学环节

优化教学环节的前提是规范课堂管理。教师要有驾驭课堂、引领全班的能力。每堂课的教学环节，从形式和时间上做好优化，保证讲、问、练、做、评有机结合，互动有效。也可大致划分为“三个阶段”：讲授、互动、反思反馈，以硬性突破“一言堂”与“满堂灌”。

（四）安排好质疑设问

提问，是教师引导学生自主学习、推进教学的关键环节或方式，首先要想到几个基本问题：问题难度如何？由何种程度者回答？欲让学生注意的是什么？尽量避免直问直答，应精心设置有一定内涵的问题，注意灵活设问，保证相应教学目标的达成。

十二、不断改革创新

变革是永恒的，创新乃无限的。备课的真谛是不断创新，是一个不断改写、简化、充实、完善的创新过程。加之科技进步、社会发展、时代呼唤、教育改革，更要求教学持续不断地创新。创新，是对备课的高层次要求，是教学艺术的突出特点和体现。其表现：想前之未想，见前之未见，道前之未道，写前之未写。为此，首先应具有创造性思维，在钻研教材上应有所悟、有所得；然后创造性地设计教学实施方案。

（一）备出波澜

备出波澜才能活泼发展。因而，须巧妙构思、精心设计，使教学活动潮起潮落，高潮迭起；有起有伏，起伏有致。“伏”是在教师指导下认真思考，苦苦求索，或寻疑，或沉思；“起”是在教师指导下思维活跃，形成高潮，或讨论，或争辩，新意迭出。

（二）备出深度

备出深度才能促进发展。因而，须把教材钻深钻透，把蕴含在教材深处的思想情趣和内隐旨意体会出来，把隐潜在内容的本质联系和重要规律挖掘出来；把字里行间之语梳理出来，把文面背后之意开发出来。

（三）备出新意

备出新意才能创新发展。因而，须对教材内容有新发现、新体会、新见解，赋予新意，尤对因科技进步、社会发展而相对“落后”的题材或内容，更要挖掘其有时代意义的“闪光点”、科技发展的“前沿知识”、社会进步的“即时信息”和时代潮流的“现代观念”，老课新备，常备常新，以使讲解别具一格。

（四）备出高度

备出高度才能引导发展。因而，备课应源于教材、高于教材，是教材的提炼、升华。教材内容的稳定是相对的，而其变化、发展是绝对的；教学对象的不变是相对的，而其身心发展和知识增长是绝对的；教师的知识与能力是相对的，而其不断提高与更新是绝对的。所以，须厌其平庸，恶其重复，不使用旧教案。应把每堂课都当成是“第一次讲课”，不能因自己的一丝懈怠而造成学生终身遗憾。故须：讲前必备，教一遍，备一遍，写一遍；每课一案，精益求精，常写常新；遍遍有新的高度，次次有新的突破。

（五）备出学法

备出“学法”才能自觉发展。因而，既要为自己备教法，还要为学生备学法；不是以教为中心去设计教学结构与进程，而是以学为中心去组织教学过程。须知，施教之功，贵在诱导；进学之功，贵在领悟。只有把“循循善诱”与“因材施教”协调到学生的“独立思考”上，才会使教与学和谐一致。这就须：依据教材，设计学法；通过教学，渗透学法；抓准契机，点拨学法；利用教法，印证学法；示范引路，授以学法；揭示规律，指点学法。通过教其知，授其法，使学生逐步达到“以法求知”“无师自通”的境界。

备课，是一项长期、艰苦、细致的“灵魂塑造工程”，无“日间传授夜间思”的艰苦劳动和钻研是难以有所建树的。它既不能抄袭别人，囿于成法，也不宜沿袭自己，拘于定式。应在随时掌握先进教学理念之基础上，不断刻意求新，且不断超越自己。

教学目标的设计与确立

世界经济合作与发展组织（OECD）提出，未来人都应具备三本护照：第一本是学术性的，第二本是职业性的，第三本则是表明事业心、品质和开拓能力的。联合国教科文组织（UNESCO）于 1993 年将现代教育目的概括为：学会求知、学会做事、学会做人、学会共处。当今我国学校的教育目标是通过发现人的价值、发掘人的潜能、发展人的个性和创造性，提高实践、动手和探究性学习的能力，培养创新精神，成为应用型技术或管理方面的高素质创新人才。（有人提出：教育系统的基本目标，应是培养具有世界眼光和现代素质，德智体美全面发展的合格中国公民。还有人主张：教育系统的职能不仅是培养“劳动者”，也不能满足于培养出“高科技人才”，而要通过它的目的性和交往性活动，提供各种新思想、新制度、新组织，提供现代化需要的政治、行政、人文、科技及各行各业的人才）无论专业目标、课程目标或课时目标的设计、确立与实施，均须以上述总目标为基础或前提。教学目标，是指教学活动主体在综合与具体教学活动中分别所要达到的预期结果或标准。教学目的与教学目标，两者既有内在联系，也有些微区别。目的是原则的目标，目标是具体的目的；目的是目标的基础、依据，目标是目的的体现、具体。教学目的是一切教学活动的方针、大方向或总原则，教学目标则是各种各样教学活动分头并进过程中所应掌握的阶段性方向或具体要求。前者，是指教育的趋向及其预期结果，为最后的结局；后者则为教学过程中可观察之标的，为迈向结局的据点。目标逐一实现，目的终可达到。二者的区别在于：教学目的更抽象、更概括，教学目标则较具体、易操作；教学目的更接近理论层次，教学目标更靠近实践层次。教学目标是教学的首要问题，教学的动力来自于明确的目标。因此，备课时要认真策划、设计和确立所任课程的教学目标和每个课题或课时的教学目标。理论教学的目标较之实践教学更需引起注意和重视，因它不像实践教学的目标那样比较明确、易于把握。为使教学目标设计与确立得当、清晰、准确，应从以下几方面准备和探索。

一、设计教学目标的正确性

教学目标的正确性，是指教学目标必须有非常清晰而准确的界定，并精确表明学习者应达到的方向和结果。其内涵包括：①精确——指向清楚、准确，不偏不斜；②鲜明——清楚明白，不含糊，学什么，学会什么，提倡什么，反对什么，绝无模棱两可；③恰当——设计目标期望值的高低与深浅、难易与繁简、宽窄与范围均适宜，皆可“跳一跳，够得着”；④具体——指向什么，经过什么途径，达到什么程度，看得见，摸得着，可度量，能操作。

二、确立教学目标的全面性

要使学生的素质得到全面提高，培养他们的实践能力、综合能力和创新精神，在教学中绝不可只顾及知识性目标，应进行全面设计。教学目标不仅是知识的传授，还包括学生对学习过程的理解、学习方法的掌握及态度、情感和价值观或人文素质、健康人格的培养与形成。

（一）知识性目标

指让学生掌握知识的深度与广度，并以本课程的基本概念、基本理论、基本事实和基本方法为中心。

（二）技能性目标

指让学生掌握技能的种类及熟练程度，包括心智技能与动作技能、仿造技能与创造技能。

（三）能力性目标

指让学生受到何种能力培养或训练。它包括一般能力和特殊能力。前者，即智力，包括观察力（智慧的眼睛）、注意力（智慧的窗口）、记忆力（智慧的仓库）、想象力（智慧的翅膀）和思维力（智慧的中枢）、分析判断力、应变能力等；后者（职业能力），包括自学能力（会学能力）、解决问题能力和创新能力三大层次。能力范围有动手或操作能力、交往能力、管理能力和有关专业能力，还包括搜集、分析和处理信息的能力，发现、提出、分析和解决问题的能力，尤应注意自我发展能力、创新和创业能力。

（四）思想性目标

指对学生进行哪些思想、人品和道德的教育，包括情感、作风、修养和行为习惯的培养以及以敬业、乐业、勤业和爱岗为核心的职业精神、职业道德陶冶等。

（五）心理性目标

指塑造、开发或发展何种心理品质，尤应注意非智力因素、个性心理、个性发展诸方面的要求及竞争与合作、进取与忍耐、坚韧与果断和经受风险与挫折等良好品质的培养。

（六）人文性目标

指培养学生的人文精神。人文精神是自由、自觉、批判的精神，是对善恶、美丑、是非的判断能力及宽容，尊重、合作精神、人与自然的和谐相处等。

（七）方法性目标

指应教会学生“学会”与“会学”的方法，即培养学生“学会求知”的方法，使学生科学、自主、高效地学习。主要包括掌握知识的方法、运用知识的方法和创新知识的方法。

以上几个方面的教学目标，也可概括为知识、能力和情感等目标，或教养性目标、教育性目标和发展性目标。概言之，教学目标是对教学总体而言，具体到每堂课可根据所授内容而有所侧重，并非每堂课都要全面列出。当然，也不只限于一个方面，应根据教学内容和学生实际有所选定。其实，在教学中，几方面的教学目标是相互依存、相互渗透、难解难分的，只有轻重、多少和现隐之别，少有绝对有无之说。

三、注意教学目标的明确性

教学目标，不但教师要明确，学生也要明确。师生对每次教学应学什么，懂什么，学会什么，能做什么均须一清二楚。一是向学生明确教学目标而不是暗示，即明确指向什么，通过什么途径，达到什么目的。二是教学目标是表述心目中的预期结果而不是教学内容的摘要。要把目标表达清楚，学生应知要做什么，且在学生做的时候，教师能知道他在做。三是教学目标所描述的应是学生以前所不会的内容或以前所不会做的事情。四是每一教学目标要单独说明，最有效的说明是能使他人明了拟定教学目标的教学意图。

四、教学目标陈述的得当性

教学目标一旦确立之后，就应是明确、清晰的表述，即教学目标的设计、制订和陈述有如下特征。

（一）鲜明性

应明确让学生知道什么、掌握什么、学会什么、会做什么……表述应简明、扼要、清晰，切忌使用模棱两可、含糊不清、易生歧义的语句。

（二）全面性

应充分体现对学生综合能力、全面素质、全面发展的要求，从知识性、智能性、教育性和发展性诸方面陈述，并体现三者之联系。就一堂（次）课而言可有所侧重，就教学整体而言不可偏废。

（三）适度性

适度性，一是难度、宽度和繁度适宜；二是目标数量要适宜。每堂（次）课制订的教学目标，不仅难易要适度，而且数量要适度。通常，一次（堂）课可确立一至三个目标，过多则分散注意力。

（四）可度性

教学目标应尽量行为化，不可过于抽象，更不可玄虚莫测；提出的教学目标，为防止“希望终虚化”，不要“水中月”“镜中花”“寒塘渡鹤影”，应具体可度，即看得见、摸得着，落实的效果能度量。

（五）可行性

可行性，一是可实施、可操作、可落实；二是既非高不可攀、难以实现，也非一蹴而就、轻而易举，而应是在“临近开发区”使学生“跳一跳摘果子”。

五、教学目标实现的行为性

教学目标行为化，是指所确立的教学目标应是可操作、可观察、可测量的具体行为。若教学目标所用术语，使人不能直接观察到行为所涉及的过程或结果，便不能对是否达成教学目标进行判断。或若看不到“内化”的过程和听不到“思考”的声音，就须重新拟定可观察到的行为和产物，并注意如下几点。

（一）描述教学目标需使用具体而明确的术语

说出……的结构名称　画出……的结构图形　表示……的过程　区分……二者的特征

陈述……之间的关系　指出……的结果或结论　对……做出评价

（二）描述教学目标要使行为有可操作性

依据美国著名心理学家、教育学家布卢姆的认知目标分类，可提出行为目标的要求（教师对学生的积极期待，对学生的学习和发展具有积极的推动作用，即著名的布卢姆效应）：

1. 知识——界定描述指出标明列举说明背诵等；
2. 理解——区别解释举例摘要预测转换重写等；
3. 应用——改变计算操作示范解答运用证明等；
4. 分析——制表图示分辨指明区别举例猜测等；
5. 综合——联结组成计划设计重组重写总结等；
6. 评价——鉴别比较检验分辨综评指明阐述等。

（三）教学目标行为性的要素

为使教学目标成为明确、可测的具体行为应使它包含四个要素，可用 A、B、C、D 代表。

1. 谁——（学习者）也可称为行为者（Audience，或 Actor，简称 A）。
2. 做什么——（完成任务的行为）也称为实际行为（Behavior，简称 B）。
3. 在什么条件下——（行为条件）也可称为完成行为的相关条件（Condition，简称 C）。
4. 做到什么程度——（行为水平或标准）也称评价行为表现成功的“程度”或“标准”（Degree，简称 D）。

六、教学目标贯彻的全程性

教学目标，既是教学的出发点，也是教学的落脚点。它是全部教学活动的指导思想，是整个教学行为的灵魂。所以，师生不仅应明确教学目标，还应在教学过程中时刻牢记教学目标。教学的一切安排，都应有明确的目标，都是为了实现教学目标；教学的所有活动，都应围绕教学目标，都是为了服务教学目标。换言之，教学的各项活动、各个层面，均应体现教学目标的明确与落实。即整个教学过程应：①体现——明确目标→实施目标→实现目标→评价目标；②做到——确立得当→贯彻得力→得到落实→收效明显。

七、教学目标发挥的主导性

教学目标，在整个教学过程的各项活动中，应充分体现教学目标的支配地位、指导作用。在整个教学过程中具有定向、启动、激励、控制和评价五大功能。全部教学活动应自始至终体现其功能的充分发挥。

教学目标，是教学活动的定向性指南。

教学目标，是完成任务的启发性动力。

教学目标，是学生学习的激励性阶梯。

教学目标，是师生行为的调控性舵盘。

教学目标，是教学成果的评价性标准。

教学目标，既要符合社会发展的需求，也要结合学生成长的需求。只有制订正确、明确、可行的教学目标，充分发挥教学目标的功能和作用，才能把握教学内容的科学性和教学重点的突出性，才能选用或产生适宜、艺术的教学方法，才能做到重点准、方法巧、效果实。

如 何 备 课

备课，是教师教学的重要基本功，也是教师的职责和应遵守的规则。因而，作为一名教师不能不知道如何备课，不能不研究备课艺术。

一、为何备

“凡事预则立，不预则废”。为使教学获得成功，教师必须认真、充分、精心准备。有经验的教师都懂得：即使备课，有时还教得不理想，不备课就更无把握。因此，备课是教学工作中一个极为重要的环节。讲什么，怎样讲，事先都需周密考虑、精心设计。教师好比导演，如若对剧本不了如指掌，对演员不彻底了解，也就不会导演出内容生动、剧情感人的好戏。教师只有对教材内容、教学对象、教学方法深思熟虑，了然于胸，才能把课讲得妙趣横生、引人入胜。备好课既是讲好课的重要前提，是提高教学质量的基本保证，也是教师不断丰富教学经验，提高文化水平、专业知识和业务能力的重要途径。对青年教师来说，更是如此。对待备课采取什么态度是衡量教师思想觉悟、工作态度和职业道德的重要尺度。教无止境，备课也无止境，必须精益求精、坚持不懈。在科学技术突飞猛进、知识更新日益加快、教学管理不断加强、教育改革日趋深化的今天，更需如此。唯有备好课，方可强化教学的科学性、计划性、针对性和艺术性，才有利于教师充分发挥主导作用和充分显示学生的主体地位。

二、备什么

备课，不等于“背课”。尽管很多内容需教师牢记，但备课的含义远比背课要广泛、深刻得多。

（一）备内容

1. 备大纲　教学大纲（课程标准），是根据培养目标制定的指导性文件，是编写教科书和进行教学的基本依据，是检查教学质量的主要标尺。它规定了课程的性质、任务、目标、要求，确定了教学实施的原则、教学内容的安排、教学方法的指导及应注意的事项和理论教学与实践教学的比例、实践教学的方式、课内与课外的配合等，对整体教学工作有直接指导意义。即教师要清楚本学科的教学目标、教材体系、结构、基本内容和教学法的基本要求；要熟练掌握教科书的内容，包括其编写意图、组织结构、重点章节等；应在钻研教科书的基础上广泛阅读有关参考书，精选材料来充实教学内容。所以，学习、理解和熟悉教学大纲是备课的首要内容。只有钻研教学大纲，才能了解所授课程在本学科或专业教学计划中的地位和作用；了解所教课程与其他课程之间的联系；弄清课程的教学目标、任务、教材体系和“三基”内容及要求；掌握课程内容的深度、广度及重点、难点、疑点、弱点；从总体上明确在“加强基础、培养能力、发展智力、注重实践”上达到什么程度，合乎什么规格；考虑对知识、能力、品质等方面提出明确而恰当的要求。教师必须按照课程标准所规定的目标和提示的原则、方法，达到课标所要求的水准，把课程标准的要求贯彻到每一次课中去。

2. 备教材　教材是课程的载体，含教科书、参考资料、电化教材等，是教学大纲的具体、充实和拓展，反映教学大纲的内容和要求，把学科的整体和各部分的教学目标反映得更加清晰。有了教材，教师对教学大纲的精神更易领会，学生对教学内容体系更易掌握和理顺。丰富的素材是学生联系实际的桥梁。教师必须熟练掌握教材全部内容和组织结构，掌握三基（基本理论、基本知识、基本技能），三性（思想性、科学性、系统性），三点（重点、难点、疑点）。创造性地使用、整合教材。备教材或钻研教材，可分为四个层次。①熟悉教材——首先，通览教科书，熟悉其全部内容，包括编者意图、组织结构等；兼顾前后，了解与本学科有关的“已学教材”和“后续教材”的相应内容，即从教材体系上把握教学内容，弄清前后关系；然后，精通教科书，既知其结构、系统、梗概，也对插图的构思、练习的安排了如指掌，既对每一章节、单元明其宗旨，知其特点，也对每一字句、概念精通其文，搞懂其意，逐句“过堂”，多问几个为什么，把教材内容搞深搞透；最后，既掌握教材内容的系统性、科学性，也熟知教材内容的思想性、教育性，即从教书育人两个方面把握教材内容。②分析教材——首先，弄清章与章、节与节的本质联系，找出其内在规律，明确让学生掌握的基本知识、基本理论、基本技能，分清让学生掌握知识的三个不同要求，即了解（对知识的涵义有感性的、初步的认识，能知道“是什么”，并能在有关问题中识别它们）、理解（对概念和规律——定律、定理、公式、法则等，达到理性认识，能说清“为什么”，明了与其他概念和规律之间的关系）、运用（在理解的基础上，能运用所学知识迅速、灵活地解决一些问题，即知晓“做什么”“怎么做”从而形成能力）；然后，找出哪些是重点章节和各章节（单元）的重点、难点、弱点，进而根据每章节（单元）的教学目标，确定每节（次）课的教学要求；最后，带着问题阅读有关参考书、资料、文献，增加知识的深广度，寻求问题的讲解角度，同时做到深入挖掘教材的科学性，考虑如何突出重点、攻克难点、杜绝弱点，挖掘教材的思想性，使思想教育寓于教材讲解之中，挖掘教材中有利于学生智力发展的潜在因素，使智力发展寓于知识传授之中，挖掘教材的趣味性，寓教于乐，使学生处于要学、爱学、乐学之中，挖掘教材的实践性，考虑理论联系实际，使能力培养寓于知识运用之中。③处理教材——首先，按照教学目标，结合学生实际，恰当安排教学内容，先讲什么后讲什么，哪些精讲哪些略讲，补充哪些省略哪些，与已知有关部分怎样衔接，与其他学科相关内容如何分工；然后，根据科技进步与社会发展，把教材中滞后内容、欠妥之处、不符合要求的地方及各地区、各行业、各专业要求掌握的侧重点，进行慎重而必要的调整；对必要的新观点、新技术、新工艺，要科学结合，及时反映，但也要防止盲目删减或不必要的“拔高”，即应依据学生的认知过程，对教材进行科学剪裁和恰当调整，做到增删得当，详略适度，突出重点，把握关键，以形成一个崭新的、适宜的、完善的知识结构与体系；最后，根据教学目标和内容，设计教学程序，考虑相应方法，以使教材让学生易懂、爱学。④善用教材——一者能按教学大纲的要求选用知识系统、图文系统及作业系统三者俱佳的教材；二者能将文字语言变为教学语言，使学生乐学、易学、爱学，为此应以教材为依据，既不摆脱教材、天马行空，让学生理不出头绪，又不照本宣科，拘泥原文，使学生觉得索然无味。恰到好处地运用教材，既注意科学性，对教材内容进行再创造，又追求艺术性，对教学方法进行再加工；既使教材更有系统性、针对性，又使讲解更加通俗化、趣味化，成为学生能够接受、乐于接受的内容。

3. 备教参　“给学生一杯水，教师需有一桶水”。教师要广泛阅读有关教学参考资料，开拓知识领域，掌握必要的新知识、新理论、新技术、新工艺等新颖、时效和具时代气息的材料。教师知识丰富了，方能得心应手，讲解自如。在备教学参考资料时，要特别注意教材的“缝隙”，即潜伏在教材深处不易察觉的“隐蔽点”；要把握知识的“障碍点”“闪光点”，这些内容往往隐藏着开发学生智力的“引爆点”，常常能发挥意想不到的作用。所以，既要注意教材的“缝隙”是哪些、在哪里，它们常是一个词、一句话、一个标点、一幅简图或是一种构思、一种表现手法……也须用心搜集、整理和运用资料，勤查工具书，多做资料卡，以充实自己的知识仓库，建立一个与教材相关的“知识圈”；还须用心研究和分析学生的知识结构、学习志趣和思维方法，从中揣摩出学生可能出现的“意外发问”，做到知己知彼，方能“临危不乱”“处变不惊”。

4. 备问题　问题是引发学生思维的动力源，是实现师生互动的基础，是学生自主学习的必要条件，也是课堂教学艺术的精华所在。故需在备课时，设计出依次出现，分步解决的相关或系列之问题。

通过备内容，最终要做到：懂、透、化。所谓懂，就是对教材基本结构、基本思想、基本内容和基本概念都一清二楚；所谓透，就是对教材了解得详尽而深刻，熟悉而精确，能理清纵横关系，掌握“字里字外”之意，融会贯通，运用自如；所谓化，既指教学现代化，更指教师的思想情感和教材的思想性、科学性融化在一起，此乃备课要求的最高境界。

（二）备学生

在重视研究教材的同时，还要重视对学生的了解、分析和研究。这是教学取得成功必不可少的前提，也是备课的重要内容。要从学生的实际水平出发，因材施教，既要面向全体又要分层次提出要求，努力使教学切合学生实际。一个班级的学生，其学习水平和能力总是有差异的，要调动他们学习的积极性就需进行全面分析与正确对待。如果对学生的世界观、人生观、价值取向、理想目标等一无所知或知之甚少，教育教学则只能如“雾里看花”；反之，如了解学生就能防止因脱离实际、传授内容过深而使学生茫然不懂，或过浅而索然无味；就能抓住学生心理，进行有针对性的讲解与训练，使教和学有机结合起来；就能一把钥匙开一把锁，启发引导，达到教书育人的目的；就能准确把握难易与详略，恰当选用手段与方法。要言之，了解其知识水平、接受能力，以贯彻量力性、高难度；了解其思维方式、困惑疑点，以实施针对性、启发式；了解其心理特点、个性差异，以有的放矢、因材施教；了解其思想情况、精神状态，以陶冶情操、启迪觉悟；了解其喜怒哀乐、志趣爱好，进行必要的心理辅导，教育教学才能取得成功。那么应对学生了解什么，怎样了解呢？①了解学生的年龄特征、身心发展、个性差异、兴趣爱好、性格气质。②了解班级情况（如班风）、学生的思想情况、品德意志、学习态度、学习习惯、认识结构和思维方式。③了解学生的知识基础、接受能力、知识缺陷，即了解对所学知识与技能哪些已掌握、能运用；哪些不甚理解，用不太好；哪些虽已领会，但不深刻而易出错。④了解每个学生在学习上的疑问、难点及对教学的意见、建议。

了解学生，除课下调查、个别谈话及在劳动实习、课外活动中观察外，更多的是通过课堂提问、黑板演练、动手操作、测验考试、批改作业及分析试卷等多种渠道进行。有经验的教师还能从学生的眼神、表情及一些微小动作等方面洞察其心理。教师要重视对学生的了解，且贯穿于教学始终，掌握其动态情况。在获得准确的大量信息之后，便可及时、恰当地设计或修订教学方案，确定分类指导的目标与措施，以便因材施教。备课时不仅要考虑对优、中、差不同层次学生的不同要求，还应根据学生不同特点考虑如何进行个别指导。如对习惯于采取记忆方法学习的学生，要侧重于调动他们从不同角度理解知识的积极性，发展其思维的灵活性；对好动脑筋、理解能力较强的学生，则应防止其忽视基础知识积累的倾向，引导他们运用基础知识，发展创造性思维；对成绩较差的学生，视其实际，指导学法或思路，启迪智慧，让他们产生乐趣，奋发向上。

（三）备方法

备方法，就是在解决“教什么”的基础上，落实“怎么教”，即根据教学目标、教材内容和学生各种实际进行教法的设计、选定和加工。因为方法是集教师观念、知识、经验、能力、智慧之大成，最能体现教师的功底，所以它是备课中的高层次内容。备方法，实质是把教材个性、学生个性科学地组合并升华为一个大的个性化教学系统。其中，也包括教师“备自身”，即教师本人根据自己的教学才华主动调整、积极挖掘、充分施展，进入应有角色。备教法，要从实际出发，讲求实效，灵活运用“自主、合作、探究”等各种方法，形成自己的教学特色。

备方法应包括：根据学生的认识特点，考虑如何由浅入深、由近及远、从具体到抽象、从感性至理性，循序渐进地进行教学；怎样突出重点，分散难点，抓住关键，处理弱点；如何导入新课，讲授新课，复习巩固，课末小结；怎样引发兴趣，强化动机，吸引注意，启迪思索，鼓励创新；如何联系实际，使用什么仪器设备，采用哪些教学手段，如何运用课件，进行演示和示范；安排哪些练习和作业，采用怎样的语言组织、板书设计、例题筛选、教具使用等。

备方法的要求有三。一是灵活多样。根据青少年好奇求新的心理特征，教学方法必须因文而异，因人而异，富于变化，努力寻求适宜的新颖方法，尽力做到堂堂有异，课课有别，常教常新。比如：有时故布疑阵，以新奇吸引学生；有时绘声绘色，以形象感染学生；有时展示图物，以启迪学生展开想象……总之，根据不同目标、不同内容、不同对象应有不同的教学方法，但都必须以启发式和注重培养能力作为指导思想，坚持精讲巧练，使学生学得生动活泼。切忌形成定势、千篇一律、一成不变。二是不仅要备教法，还要备学法，研究学生如何“学”，从“学”的角度来研究教，以使学生能够“会学”。三是教师应有自己的教学风格，在教学实践中，应根据自己的特点“标新立异”“独辟蹊径”，创造出别具一格的教学方法……简言之，要注重方法的优化，实现教得得心应手、轻松自如，学得情趣盎然、喜闻乐“受”，从而以最少的时间与精力获得最佳教学效果。

（四）备课件

备课件，即选用与制作课件。凡需运用多媒体课件的教学内容，皆应在网上选择下载或购买相应的精品课件，或自己精心制作课件。虽非每一学科、所有内容都宜采用多媒体课件，但确有不少重点和难点内容需要运用课件。因此，备课时应根据某些难以理解的内容或专题，采用 PPT、Flash 和 Authorware 等软件设计与制作课件，以充分利用多媒体的丰富表现力和良好的交互性、共享性等特点，使教与学化难为易，化静为动，化抽象为具体，可把学生带入多姿多彩的知识殿堂。

三、怎样备

应以“十年磨一课”的精神打造理想课堂，或由精彩备课案例引出备课方法的思考与总结，或从不同视角、不同特色等方面实现“有效备课”。虽备课方法各有千秋，各具特色，但还应考虑以下几点。

（一）集体备课与个人备课相结合，以个人备课为主

备课时，对于需要统一和明确的各章、节（单元）或课时的目的、要求、重点等共性问题，同学科的教师可互相切磋，集思广益。但作为教师不能只依赖“集体备课”，而应在个人认真准备的基础上进行集体研讨。而且应根据自身情况、班级特点，决定对共同研究成果的取舍和运用，并要显示出自己的特色。只有在流下自己汗水的基础上，把集体智慧变成自己的东西，才能用起来得心应手，讲起来活泼生动。

（二）一般备课与重点备课相结合，以重点备课为主

备课范围，应广泛一些、全面一些，但要抓住重点。一是重点章节、单元、课时；二是主要概念、原理、规律；三是抓纲带目，备其“精华”“精要”“精辟”部分及“精练”语句。只有“点面结合”“点面相映”“轻重相宜”，才能取得良好的教学效果。

（三）单元备课与课时备课相结合，以课时备课为主

备课应将单元备课与课时备课结合起来，对每个单元（节）的知识点进行合理的布局、分配。备课应通览全部教材，注意其章节内部的系统性、因果性、关联性，同时注意与相关学科的联系，从而进行单元（节）备课，进而进行课时备课，以使前后呼应，首尾相连，承前启后，左右配合。否则，“备一节，讲一节”“讲哪节，备哪节”“明天课，今天备”等，孤立备课，教学效果势必失佳。

（四）集中备课与课前备课相结合，以课前备课为主

教师利用寒暑假时间集中、思考集中、大脑思维处于最佳状态的时机与特点，提前备出一学期或几周的课是非常必要的。但上课前的再备课，更不可少。如果说学期前备课是“粗备”，那么周前备课就是“细备”，而课前备课则属于“精备”。课前备课包括重温教案（把教案当成“剧本”，在脑海里“预演”一遍，预测一下效果）、掌握动态、准备教具、考虑教法，并充分估计讲课中可能出现的问题和采取相应对策等。这样，一可弥补遗忘，二可增强记忆，三可相机调整已有教学方案，四可做好上课心理与物质准备。

（五）编写教案与运用教案相结合，以运用教案为主

编写教案就是把备课中所研究的主要成果加以整理、概括、归纳，按照教学要求用文字书写出来。它记录了教师对教材的组织、安排和教学程序及教法设计、手段运用。这是课前准备的最后工序，也是教师业务基本功的集中体现，无论新教师还是老教师，对此都应做到一丝不苟。然而，教案大都是提前写成的，从某种意义上说，编是手段，用是目的。因此，在上课前还要熟记教案，以便更好运用，这是备课工序的最后一环，也是非常重要的一步。因课上情况多变，故在熟记教案的同时还应有各种思想准备，以便在上课过程中做到审时度势，随机应变，适应动态，灵活掌握。

（六）课前备课与课后备课相结合，以使备课更完善

课后备课，是指每讲完一节（次）课，要进行回顾、反思，做好小结；课后备课，是在课堂教学实施之后进行的，是备课和教案的重要组成部分。课后备课是通过“教后记”对课前备课与课上实践进行总结经验，吸取教训，调整修改，充实提高。这样，可使备课→上课→再备课→再上课，循环往复，螺旋上升，陆续登上新的台阶。

备一节课，通常用4倍以上的课堂时间；备一节好课，有可能“用一辈子的时间，花费毕生的精力”。要靠广博的知识积累，靠备课过程中的思维缜密，并与课堂教学内容的融会贯通。备课既要备在眼里、备在心上，又要备在口中、备在手上。它是教师创造性劳动的一个重要组成部分。虽说备课是艰苦的劳动过程，但其中也充满着艺术乐趣。当在这项劳动中真正付出心血、流出汗水后，必有相应收益，获得成功，并感到欣慰而乐趣无穷。

备 课 十 诀

优秀教师的经验之谈：教师备课，就是为了不上无准备之课，不上无把握之课，不上无效果之课。为此，需做到：脑中有纲，腹中有书，身中有践，目中有人，心中有的，步中有序，胸中有法，手中有案。

一、领会大纲

教学大纲（课程标准）是备课的基本依据，是教学的指导性文件。只有深入研究并熟悉大纲，才能高屋建瓴地把握教材；只有统观全局，抓纲带目，才能明晰各项教学内容之间的内在联系、编排体系和各自的地位与作用。故备课之前，须先认真学习、领会和掌握教学大纲，从而有效地提高备课水平和质量。

二、钻研教材

教材是教学内容的载体，所以钻研教材是备课的中心内容。教材是教学的主要依据，只有对它深入钻研、透彻理解，才能系统、完整、准确地掌握，并得心应手地讲解其内容。所以，在熟悉与掌握教材的基础上，还要广泛涉猎，掌握丰富的相关知识，并吸收新信息，充实新内容，使学生及时获得必要的新思想、新知识、新技能。钻研教材，首先，要钻研课程标准，即教师要清楚本学科的教学目的、教材体系、结构、基本内容和教学方法的基本要求；其次，要熟练掌握教材的内容，包括教材的编写意图、组织结构、重点章节等；再次，要在钻研教材的基础上，广泛阅读有关参考书，精选材料来充实教学内容。

三、了解学生

学生是教学的主体，也是教学的对象，教师要完全、彻底地了解他们，做到知己知彼。了解的内容包括：知识水平和接受能力，学习态度和兴趣爱好，思维方式和困惑疑点，思想品德和性格特点。平时，要注意从课堂教学、课外作业、实践教学及课外活动中了解学生情况。

四、确定目标

在领会大纲、钻研教材和了解学生的基础上，就可明确教学目标，即教学要达到的目标，它是检验教学效果的标尺。每节（次）课的活动安排都是围绕“目标”展开的。所以教学目标的确定务求：①准确——每节课选准 1~2 个目标，多则分散注意力，使精力难以集中；②鲜明——教学目标的表述应鲜明具体，简明扼要，切忌模棱两可；③可度——提出的目标应可观察，能度量，不可玄虚莫测，抽象笼统；④全面——不能重智育轻德育，重知识轻能力，重智商轻情商，重智力因素轻非智力因素……就一次课而言可有所侧重，就全部课而言则不能有所偏废。教学目标应体现：德育和智育的辩证关系，知识与能力的相互匹配，已修内容与后续内容的内在联系。教师只有清楚让学生了解什么，掌握什么，达到什么程度，才能做到目标明确，要求具体，重点突出，要领清晰，有的放矢。

五、研究方法

研究教学方法是获得良好教学效果的重要保证，也是备课中的高层次内容。所以，教师应认真研究并精心设计教学结构、教学步骤、教学方法。教无定法，贵在得法。运用什么样的教法，取决于教学目标、教学内容、教学对象及教师的教学风格与特点。不管运用何种方法，都须注重运用启发，充分调动学生学习的积极性和主动性。同时，要考虑如何指导学生的学法，既使学生“学会”，也使学生“会学”，并使“教”与“学”有机地结合起来。

六、把握重点

重点，是教学要点中最关键的知识点或中心内容，是贯穿一堂课的主线，它关系着教学的成败。所以，备课时要认真分析教材，确定和找准重点，然后围绕教学重点安排各个教学环节，选用相应的教学方法，并考虑如何把力气用在“刀刃”（重点和难点）上，即教师要在充分考虑如何系统传授知识、培养能力的基础上，集中较多的精力和时间研究如何发现特点、掌握要点、突出重点、化解难点，并围绕重点，设置提问、练习、举例，以点带线，以线促面，抓纲带目，提纲挈领，使学生得到启示、深入理解、加深印象、学会运用。

七、联系实际

注重联系生产实际、生活实际、社会实际、学生实际等，对各级各类教育特别是职业技术教育更具有意义。为了取得联系实际的良好效果，备课时可从如下几方面考虑：当前国家和地区的中心任务，行业产业的发展现状，本专业新技术、新工艺的前沿知识，学校和班级近期的主要活动，学生的思想状况、学习态度、知识水平及前沿知识等。联系实际要自然、贴切，不要生拉硬扯、穿靴戴帽。

八、设计板书

虽然现代化教学手段替代了板书的部分作用，但传统板书仍是教学的“窗口”，似“简约教案”，是教学设计的浓缩，乃教学内容的精华。好的板书，有利于学生对知识的兴趣、理解和掌握，也有利于学生对知识的思考、记忆和概括。为此，板书应力求条理清楚、简明扼要、布局合理、富于启发，充分显示教学内容的重点和难点及其诠释。同时应设法使教材编者的“思路”、教师讲解的“教路”和学生学习的“学路”三者融为一体。

九、精选练习

练习是学习的有机组成部分。学无厌方知诗书之妙，习不休才晓技能之巧。“学而时习之”，“学”与“习”是一个问题不可分割的两个方面。然而，练习不是越多越好，备课时要根据教学目标、课程内容与学生实际，抓住关键、要领，有目的、有针对性地设计练习题，使学生练在点子上，练在关键处。练的方法多种多样，但要练而有序、练而得法，以利学生掌握技能、形成技巧。

十、编写教案

编写教案（含电子教案或制作课件）既是备课的终结，又是讲课的前奏；教案是指导教学实施的具体方案，是授课的基本依据。它是教师备课工作的结晶，是教师对教材、学生和方法诸方面加以分析、判断、归纳、概括的结果。它是将备课的心得，上课的设想、步骤、方法进行归纳，并系统记录在案。教案是教学实施的蓝图，体现鲜明的目的性、切实的针对性、较强的实践性和明确的指导性。所以，要精心设计，巧妙构思，写出适用、实用的教案。教案要课前写，也要课后改，即课后要回顾、反思，及时认真地总结经验，将成功之处、失误之点及自我评价、新的构思记录下来，这样能较快地推陈出新，深化教案内容和提高教案质量。

个人备课和集体备课还应坚持如下原则：①超前性——撰写备课提纲和提供备课提纲要有超前性，提纲准备任务在制订学期教学计划时确定，以便早做准备；②统一性——集体备课的实质是同步教学，具体实施的教学目标、教学进度、作业训练、资料使用、检测评估等大致统一，特别是教学进度和目标检测，一旦失去统一，就不能在集体讨论中获得正确的信息，及时矫正教学实践；③完整性——确定备课任务应考虑到教材内容的内在联系，保持其内容的完整性。一般依据教材的单元或章节来划分，切忌人为将教材割裂开来。总之，备课的实质，就是瞄准教学目标，千方百计地通过“知识点”，找到思想品德的“渗透点”、能力培养的“落实点”、持续发展的“关键点”，以较少的时间较好地完成教学任务。

备课中若干关系的处理

备课，是教学过程的首要环节，直接关系到教学效果的好坏。因而，必须认真、全面、充分地备课。其实质，从某种意义上讲，就是处理好以下关系。

一、已知与未知的关系

未知的事情，总是能激发人们探索的欲望和求知的好奇。学者，在未知里寻找创造；作者，在未知里寻找创新；学生，在未知里寻找知识。教学使学生由“未知”转到“已知”，使教师将“已知”转为“他知”。可以说，教师的“已知”与学生的“未知”构成教学过程中的主要矛盾。所谓教师“已知”，是指对教材的理解和掌握。一个刚从教或从教不久任新课的教师，对所教课程虽有基本了解，但对某些基本概念的细微问题却不一定十分清楚，理解也未必非常深刻。因此，解决教师的“已知”与学生的“未知”的主要方法就是教师要对教材深入理解、明确重点、正确处理、抓住主线，形成一个清晰的知识网络和知识体系。

二、知识与能力的关系

知识与能力有区别又有联系。知识是有形的、较死的、后天的、可授的、易忘的，解决知与不知，属于认识世界范畴；能力是无形的、较活的、可培养与锻炼的、不易忘的，既有先天因素也有后天因素，解决会与不会，属于改造世界范畴。知识不等于能力，与能力也不成正比，知识可转化为能力，有能力可获得更多知识。所以，备课既要钻研如何传授知识，还应考虑如何通过传授知识来培养能力。知识是能力的基础，能力是知识的活化和运用。无知肯定无能，然而知识多并不等于能力强。因此，挖掘教材中有利于培养学生某种能力的因素，是钻研教材的一个重要课题。如研究并总结解题思路，既能使学生加深对规律和概念的理解，也能培养学生的概括能力；又如研讨和争论问题，既能提高学生的思维能力，还能培养学生的表达能力。通过传授知识，究竟需培养和可培养什么能力，是备课时应认真考虑的内容。

三、知识与品德的关系

教师的任务是教书育人。教育的根本目的是培养社会所需的人才，把学生培养成德、智、体、美、劳全面和谐发展的高素质建设人才。所以，在备课中须把“授业”和“传道”结合起来，这既是必需，也是完全可能。一者，教师在传授知识的过程中，总会以自己的思想与言行去影响学生的思想和世界观；另者，教材本身也确实有丰富的教育因素，诸如唯物主义观点、辩证思维方法、爱国主义思想及勤奋求实和开拓创新精神等，从教材中挖掘这些因素并把它渗透到教学中，有机地和知识传授相结合，是备课须处理好的重要原则。

四、全局和部分的关系

全局和部分的关系，即“宏观”和“微观”的关系。研究教材犹如下围棋，只有全局在胸才能下好每一步棋；反之，只有下好每一步棋才能把握全局。这个全局与部分的关系，在备课中亦不可忽视。若以物理学为一个全局，那么力、热、声、光、电、原子就是组成这个全局的各个部分；若以某一章为全局，那么该章中各节、各段就是组成这个全局的各个部分。教师只有胸中有全局，处理各章节教材时才能做到心中有数，才能知道功夫应下在何处；只有能统观全局，才能科学确定教学目标、恰当安排教学内容、合理设计教学环节、准确抓住教学关键。备课，既要对全篇、全章教材进行通读，又要对每节、每段教材深入钻研。先“宏”后“微”，首先从教材的整体结构入手理清知识体系，然后再逐节备课；接着以“宏”带“微”，顺着知识的主藤逐节逐段摸下去，找出其隶属关系和内在联系；最后，再“宏”“微”结合，搞清知识纲目和网络。全章设计得好，每节重点就能突出；备好每节内容，才能保证全章教学效果。

五、新知与旧知的关系

每学科各部分之间都有着密切的内在联系。对学生来说，这种知识间的内在联系可产生新知与旧知、已知与未知的关系问题；对教师来说，要研究在教学中如何引导学生充分利用旧知来获得新知的问题。钻研教材就要深入研究新知与旧知的关系，力求以“旧”引“新”，用“新”固“旧”。这种“新”与“旧”的辩证关系，是备课应遵循的一般原则。研究教材时，应把每一章节的“新知”列出，考虑如何使学生获得，又如何利用它加固已有知识。

六、难与易的关系

每个学科的专业理论都具较高的概括性和抽象性。因此，某些理论教学部分常存有难的一面。其“难”一般有两种：一是客观上“难”，二是人为的“难”。教师钻研教材就要设法化“难”为“易”。如分散难点、联系实际、由旧到新、搭桥过河、进行类比等，都是化难为易的有效方法，激发学的兴趣也是化难为易的重要手段；在讲解中使严密的科学性和讲述的通俗性相结合，更是化难为易的一个研究课题。因此，精练而形象的语言、通俗而贴切的实例、恰当而巧妙的比喻等都应认真而慎重地考虑。

七、“苦学”与“乐学”的关系

在世界上，西方国家如美国等主张“乐学”，东方国家如中、日、韩等国则偏重“苦学”。中国传统的学习方法也有两种：“苦学”与“乐学”。苦学代表是孙敬和苏秦，一个头悬梁，一个锥刺股；乐学的倡导者是孔子，“知之者不如好知者，好知者不如乐知者”。这两种方法互为补充。历代的教育家在倡导“苦学”的同时也主张“乐学”，认为“苦学”与“乐学”并行不悖。“乐学”是“苦学”的内在动力，“苦学”是“乐学”的具体体现；“苦学”是“乐学”的基础，“乐学”是“苦学”的发展。“苦学”，首先是由学习的本质和特点决定的，“书山有路勤为径，学海无涯苦作舟”，学习本身就是艰难、曲折、复杂的过程，只有付出辛勤的劳动，克服各种困难，才有望取得优异的成绩；其次是随着现代科学技术的飞速发展，相应增加了学习的深度和难度，需要付出更多的艰辛；再次是进行创造性学习尤需刻苦精神，学习不单是接受前人的知识经验，更重要的是其中蕴含着创造性，尤其是要想“前无古人”“独步天下”，没有“三更灯火五更鸡”的苦修苦练不可能奏效！综上所述，可见“苦学”的重要性和必要性。然而，过分强调“苦学”而不与“乐学”相配合，则会使学生过分紧张和负担沉重，容易造成心理障碍和大脑皮层抑制，挫伤其学习积极性；反之，过分强调“乐学”同样有害。所以，片面强调、夸大“苦学”或“乐学”，看不到二者之间的关系都会使教学出现失误。须知，兴趣是刻苦的动机，而刻苦是兴趣的结果；无兴趣则不能勉人刻苦，不刻苦则使萌生的兴趣也会转瞬即逝。可见“乐学”与“苦学”是辩证的统一。因而，备课的使命是考虑如何使二者恰当配合、互相促进，又如何使两者各展其长、各避其短。

八、“厚”与“薄”的关系

教案是写“厚”些，还是“薄”些？“厚”是“薄”的基础，“薄”是“厚”的升华；厚展现的是量，薄体现的是质。读书须经历一个从薄到厚、再从厚到薄的过程。备课和编写教案亦然，也要经历一个从详到略的步骤。通过对教材逐字、逐句、逐段、逐节地分析、归纳、综合、概括，以掌握教材的基本内容和基本思想，便是从量到质、从“厚”到“薄”的过程。对一个新教师或开新课者来说，因不太熟悉教材，没完全掌握教材规律，应把教案写得详细些。但随着教学实践与经验积累，也可由“厚”到“薄”、由“详”到“略”。但无论对教案写得厚薄或详略，均不强求拘泥一种形式，而应具有各自的风格。

备课还应处理：①个人钻研与集体研讨——集体备课通常采用个人钻研与集中讨论相结合，中心发言人的说课，也需所有成员讨论时各抒己见，这是“功夫在诗外”；②备课与试讲——集体备课后由1~3人试教，各展其长；③骨干领路与培养新教师——集体备课的中心发言人多是骨干教师，应给新教师压担子后再当中心发言人，并“青蓝结对”逐步放手。当然，需处理的不止于此，还有“博取”与“约用”。

教师备课的心理障碍

备课的主要阻力常来自教师自身心理障碍。要真正做到把课备好，须克服以下心理倾向和认识偏差。

一、“自我中心”倾向

以己度人，不从学生角度思考。对教材自认为简单，也以为学生一学就会，一听就懂，导致对重点一带而过，使难点略而未克；对自感兴趣点任意发挥，无兴致处则轻描淡写，导致学生朦朦胧胧。

二、“优生中心”倾向

着眼于优生，起点于高层，“以偏概全”。过高估计学生，甚至误为他们都同少数“优秀生”一样，一点就明、一说就懂，致使把着眼点放在少数“优秀生”上，以其为主要对象来准备讲课的量度、深度、难度，导致内容偏深，速度过快，造成两极分化，效果不佳。

三、“知识第一”倾向

认为教学就是传授知识，只考虑传授哪些知识和怎么传授，而不考虑如何培养能力、发展智力、陶冶情操、引导学法，形成重理论轻实践、重教书轻育人，导致“畸形”发展。

四、“形式主义”倾向

备课和编写教案，不是为自己教好和学生学好，而是为摆样子、装门面，给他人看，或应付学校检查，或为了上级评比，导致备课与教案华而不实，中看不中用。

五、“思维定势”心理

有的教师常受旧观念和老经验的影响而形成思维定势，导致跟不上先进教学思想的要求及教学形势的发展，不利于最佳教法的选用，不利于培养学生开放观念、开拓精神和创新意识。

六、“角色冲突”心理

备课时，缺“角色转换意识”而进入角色，以致发生“角色冲突”，导致教学语言不实用，以书面语言替代口语，教案设计与实施不协调，教态表现不自然，过于严肃、呆板。

七、“显示自己”心理

把讲台当成展示“才华”的舞台，认为教学是显示自己“知识渊博”或“脑子聪明”的机会，故弄玄虚，追求高难度、高速度，以致学生“吃不消”“化不了”。

八、“目的偏颇”心理

备课只为“教”时不出差错，只顾把知识“讲出去”，而不考虑学生如何“学到手”，不是为学生“学会”和“会学”去备课，不是从“学”的角度考虑教，形成“重教不重学”。

另外，还有“迷信名家”心理——盲目崇拜并迷信名家，自愧“功底”“经验”不如，只会临渊羡鱼，却不退而结网，或套搬名家模式，不能随机应变，导致教学态度和所用方法似东施效颦；“认识偏差”心理——认为“要是会，不用备；凡是备，因不会”，“教案，教案，教师负担，不写教案，省事轻闲”，以致态度不端正，不情愿备课或不认真备课，影响备课质量；“自我满足”心理——粗枝大叶，自以为不会出问题，忽视严密性而未认真准备，以致带来一些“意想不到”的漏洞。

集体备课的要求

集体备课，是备课的一种方式，是同一学科、同一年级任课教师的一项重要教学研究活动，是主备教师分工负责的一种备课形式。同一学科的教师坐在一起，将各人面前的教案、教参、手头资料及课程标准等摊开，对照课本内容逐字逐句进行分析研究，该穿插什么例题或内容来加深对课本知识的理解、掌握，哪些地方该详，哪些地方该略，哪些地方应该补充，哪些内容需用多媒体展现及在课堂上何时展现，课后如何练习……这种备课可释解个人困惑，集纳同行“高招”；能集中教师智慧，优化教学过程，提高教学效果；还能减少教师单打独斗式的备课麻烦和避免抄袭教案的低效及降低无效劳动时间。可谓一举多得。假若实行师生合作式集体备课制，则更有利于优化课堂教学效果。要提高集体备课的质量，必须从研究教材、分析学生、探讨教法和研究学法入手。

一、明——任务明确

集体备课应对需要统一和明确各章、节、单元的教学目标与要求及突出重点、化解难点等共性问题，共同进行研究，通过讨论，集思广益，相互交流。至于如何具体施教，则应由教师根据本人授课班级学生的具体情况来开展，以显示各自的教学特色和风格。每位教师都应重视集体备课，但不要“依赖”集体备课，更不能把别人的教案搬来套用或“再版”。

二、学——注重学习

集体备课本身也是教师相互学习的一种活动。学，是备好课的基础和先决条件；学，要从“广”和“深”两个方面努力方能奏效。“学”的内容，包括学大纲、学教材和研究教参。学大纲要弄清本学科的教学目标、教材体系及基本内容；学教材要做到融会贯通，把握知识结构，明晰重点、难点及关键，真正把教材中的教学内容变为自己实施教学的知识体系；研究教参是在学大纲与教材的基础上向纵深发展，以使构思的教学方案更深入、完整和充实。

三、议——充分议论

集体备课的主要方式是“议”。议，就是集体磋商、讨论和研究。它是集体备课的主要环节，是发挥集体智慧、集思广益的有效措施。其目的在于进一步切磋教材、吃透教材、把握教法、指导学法，以达相互学习、取长补短、共同提高之目的。议，应在备课组（学科教研室或组）中开展。要达到“议”的目的，应事先确定中心发言人，以便使大家围绕中心议题进行议论、商讨。要提高“议”的质量，不论是中心发言人，还是每个参与者，都应围绕如下三点进行准备和讨论：一是对教材的理解，即要分析教材的知识结构、内在联系及编排意图，提出教学目标、要求、重点、难点；二是对学生的分析，即要认真分析学生已有的知识结构，并从其现状出发，说明教学目标、教学内容与学生实际之间的“联结点”；三是对教材的处理，即要说明自己对课堂教学结构的构思，主要是对教材内容调整的考虑、教学程序的安排、教学方法的选择、课题训练的设计以及提出这些意见的主要依据。

四、做——制作课件

随着信息技术和计算机的普及应用，对教学内容，尤其是比较抽象或难以理解或难以看到的重点和难点需要大家进行精心安排和设计，共同研制出一份较为出色的多媒体教学课件。同时，在研制课件过程中，还应适当地增加一些探究性、实验性等内容。

五、说——认真说课

说课，是集体备课的新形式，也是集体备课的有效方式。它是在教师相互交流中，使备课与教研紧密结合。其具体做法是一人说大家评。说课，是在个人备课与集体议论的基础上，选一位教师谈自己的教学设想及其依据，既要说出怎样教，还要说出为何这样教。亦即，由授课者精心设计说课方案（或提纲），根据教学理论与上课实际或某一教学内容或专题进行：如说教材（所处地位及前后联系，教学目标及重点、难点的确定）、说教法（选用方法，教学要求、学生年龄阶段特点及如何调动学生积极性）、说学法（如何配合教法对不同层次学生进行学法指导，培养何种自学能力与学习习惯等）、说程序（步骤与时间安排、教学结构等某个或几个方面）。然后，围绕教学目标、重点和难点对说课者提出评价、意见和建议。

六、讲——示范讲解

示范讲解也是集体备课的一种方式。说好课是为了备好课，备好课是为了讲好课。说课与备课的“质量”如何，还须通过上课来印证。因此，集体备课与个人说课也要与讲课结合起来。为达到集体备课的目的，必要时可在集体备课与说课后指定中心发言人（或他人）承担研究课或示范课，让大家再看一看集体议定的方案是否切实可行、是否行之有效，再视实际情况予以修改、完善、充实和提高。

七、评——及时评议

评，就是对前述研究课或示范课进行集体评议。评的内容应与上述所说内容相对应。评议时，要围绕教学目标的确定与落实、教材处理的状况与效果、教学过程的设计、教学方法的选用、个人水平的发挥与创新及教学质量等主要问题进行深入讨论、评析。

（一）讲课者对教材的理解

它包括：对教材所处的地位及前后联系的理解、分析是否正确；教学目标的确定是否明确、具体；授课内容是否科学、正确，是否体现教书育人；教学重点、难点的确定是否恰当，能否分清主次、抓住主要矛盾。

（二）教法选与用是否合理

它包括：是否符合该课程的教学要求、特点；是否真正调动起学生学习的积极性，并能使学生独立思考，能否充分体现学生的主体地位，能否培养学生能力与创新精神。

（三）学法是否具有指导性

它包括：学法是否配合教法，与教法是否相适应；是否符合学生的实际情况，如对不同层次学生的不同指导；是否明确培养学生的某种能力和学习习惯。

（四）程序的设计是否科学

它包括：教学结构是否合理，层次是否分明，时间利用是否得当。关于评的形式，既可当场说、当场评，即课后在限定时间内（40~60 分钟）进行；也可撰写评议稿，即限时进行书面评议。无论评议内容或评议形式，都以达到交流经验、切磋技法、提高认识、拓宽思路为目的，以使备课较快地“推陈出新”、富有新意、得到深化和提高质量。

值得注意的是，集体备课也有三个层次。一是教材集体备课。就是使用教材前，针对整本教材中，主要应教哪些知识、培养哪种能力、渗透哪些思想品德等进行集体研究。二是章节（单元）集体备课。即在每单元（章节）教学前，针对单元教学目标、训练重点等进行集体研讨。三是课时（次）集体备课。即在上课前，结合课时教学内容，讨论教学目标、教学重难点，训练重点内容，使用教学方法、手段及大致的教案、学案等。在集体备课中，让学生帮助老师搜集资料，参与到备课与教学过程之中，就可调动学生学习的积极性。根据集体讨论的内容，中心发言人修改备课提纲，要充分体现：统一的教学思想，统一的“三基”“双力”（智力、能力）和“双育”（德、智）的内容与要求，统一课时安排，统一达标题目，统一考核要求。同时，集体备课，既要做到个人备课与集体备课相结合，也要形成集体商讨与“说课、讲课、评课”一条龙的教研活动。集体备课的几个环节是互相联系、相互制约的，各有其不同的作用，既可单独使用，也可综合运用。

如何开展说课

说课，是任课教师运用一定的教学理论、教学经验，把所任课程的某一章节或某一课题或某篇的教学目标、教学结构设计、教学实施方案等主要内容和基本思路说出来，供同行学习、交流、评议和修正，达到共同提高的教研过程；也是任课教师向同行或评委述说对教学目标的确定和为实现该目标的教学策略、程序、方法、手段、媒体等环节的过程。

一、说课的意义

说课，是一种具有“中国特色”的教学行为。说课，开辟了中国教师专业发展的独特而广阔的道路，使得教师可以将教学与研究有机结合在一起，将教学当做是一种充满智慧、挑战及不断反思与提升的行为，通过说课实现自身角色转变。说课，是教师个人备课与集体备课相结合的重要形式，是提高教师教学思想、业务水平和教学质量的有效措施。

二、说课的目的

说课活动的根本目的是使备课更加深入、全面、细致和有效；促进教师之间就如何提高课堂教学质量进行评议、借鉴、交流，促进学校课堂教学质量的全面提高。如请一些教学水平较高和教学质量较好的优秀教师，把他们多年积累的教学经验、教学艺术，以说课的形式展示，供大家学习与借鉴；或者安排一些教学经验较少、课堂教学水平与教学质量一般的教师，通过说课的形式把自己的教学思路、教学设计展现出来，让有经验的教师评议，帮助其发现不足并加以修正，达到促进这些教师课堂教学质量提高的目的。

三、说课的任务

说课活动的主要任务，着眼解决的是怎样教，为什么这样教，如何做到教学最优化，达到优质高效；着重体现的是教师的业务水平、教学能力和理解感悟。应使说课成为一种再创造的过程，成为业务能力提高的一种手段，成为一种有效的备课形式和教研活动。

四、说课的重点

说课的重点在于“说”，说出自己对教材的理解，说出自己综合应用教育理论和教学手段的能力，说出自己的教学意图、结构设计和对教材的处理，说出自己的教学经验和教学特色。说课，是一个对教材理解，对教学意图、结构设计和方案实施的表达过程。

五、说课的内容

说课活动的主要内容有如下几个方面。

（一）说意图

说意图，即说出对教学目标、教学重点和教学难点的确立、分析和判断及对教学内容的组织、教学结构的设计、教学方案的实施和教学过程的控制等。

（二）说教材

说教材，即说出本次教材内容的结构和对知识、能力和情感的涵盖及特点、重点、难点和弱点等。

（三）说教法

说教法，即说出怎样教这部分内容，为什么这样教，拟运用哪些教育理论、教学方法和教学手段实施自己的教学意图和教学设计，其中包括教具、演示、实验的选定和教育技术的运用。

（四）说学法

说学法，既要说出学生对教学内容掌握的难易程度和积极性调动的判断，又要说出打算采用哪些措施和方法引导学生学习，让学生怎样思维和学习才能保证掌握知识、提高能力。

（五）说过程

说过程，既要说出教学过程是怎样安排的，也要说出自己为什么要这样安排；如何使教学过程更加科学、严谨、合理，如何贯彻实施所设计的教学过程。

（六）说艺术

说艺术，即要说出自己的教学特点和艺术风格，如语言艺术、板书艺术及教育技术的运用技巧等。

上述说课几个方面并不是孤立的，可将它们融为一体来说，但要注意掌握先后、详略、难易得当，不同的学科、课程、课型、内容……均应有所不同。

六、说课的方式

说课的常用方式很多，根据专业特点和课程内容可分为以下几种类型。

（一）授课型

授课型，即说课者是针对课程进展的章节或课题内容，以课堂教学模式为依据，结合所教专业和班级的实际情况进行构思和设计，属于实体教学的说课。

（二）交流型

交流型，即不同层次的任教者把自己对教材的理解、处理及教学意图、教学设计等，通过说课的形式说出，其重点在于说课者可按自己的水平、能力和感悟说出自己的特色与缺陷，供大家评论，通过交流取长补短，达到共同提高的目的。

（三）研讨型

研讨型，即针对课堂教学中普遍存在的问题或某些特定的章节课题，请部分持不同观点并具有一定代表性的教师进行说课，供大家评议研讨，达成共识。

（四）表演型

表演型，即请一些经考核评议确认是经验丰富、课堂教学质量好的教师说课，让他们把自己的经验和做法说出，起示范和导向的作用。

七、说课的要求

应根据某一教学内容或专题，就教材、教法、学法和教学程序等某一个或几个方面，有分析、有设计、有依据地进行表述，并注意：一是说课者要了解自己所教专业的特点和要求，并据此设计出科学合理、优质高效的说课方案；二是说课者既要有较丰富的教学经验，又必须具备较广的专业知识，保证知识目标、能力目标、德育目标的统一和实现，保证创新教育的实施；三是说课的设计和实施要突出教师主导与学生主体的辩证关系，能充分调动学生学习的积极性；四是提高评课质量。说课与评课是不可分割的两个方面，既要说得好又要评得好。从某种意义上讲，评课质量是更重要的一个方面。

八、说课的防误

说课活动容易产生误区：①混淆说课与授课的概念——认为说课是授课的简化，弄得说课不像说课，授课不像授课；②为说课而说课——使说课的过程完全脱离教学内容、专业特点、学生实际，形成走过场，流于形式；③作为检查考核——把说课作为检查考核教师业务水平的手段，仅凭一两次说课就给教师的教学水平下结论；④只说不评——完全失去了“说课”教研和促进课堂教学质量共同提高的功能。凡此种种，都严重影响“说课”这一新颖的教研形式的健康发展。

总之，说课是把备课与教研紧密结合起来的新形式。它既是一种新颖且有益的教研活动形式，又是一种可以独立自成体系的备课措施。说课，对促进教研形式的改革和教学质量的提高均有着积极的现实意义与深刻影响。

备课中的几种教学设计

教学设计，是以各种学习和教学理论为基础，依据学生特点和自身教学风格，运用系统的观点和方法，对教学活动进行的规划、安排与策略。教学策略，是教学活动结构和教学方法的灵魂，分为三种：替代性教学策略、生成性教学策略、指导性教学策略。要优化课堂教学除巧妙设计教学目标、内容与学生认识水平的联结点外，还需精心构思教学模式、进程、层次和方式，以使学生主动参与新知识的认知过程。

一、模式设计

课时教学模式有课时进程结构模式和课时环节教学方式两个层次。设计模式时，应充分考虑如下制约因素：课程性质、教材特点、教学目标、教学条件（时间、设备、环境）、学生水平、教师自身条件与教学风格。课时进程结构模式有“传递与接受”模式、“示范与训练”模式、“指导与发现”模式等；课时环节教学方式有讲授法、讨论法、演示法、实验法、实习法及模拟操作法、影像电教法等。

二、导语设计

导语是课堂教学的第一内容结构与时间结构，如“序曲”，似“序幕”，犹“号角”。备课时，应考虑如何依据具体情况，抓住一些可借题发挥的外物词语，包括积累丽词佳句、名人轶事、中外趣闻等，结合所讲内容，恰到好处地拨动学生的心弦，点燃他们的思维火花，并考虑如何让它起如下作用：激发求知欲望，强化学习动机；引起课题关注，传达教学意图；承上启下，温故知新；激情入境，诱发思考；建立师生情感，形成良好氛围。从而使学生感到教师可亲、可敬、可信、可仿，为“传道、授业”铺平道路。

三、过程设计

课堂教学是一个连续过程，其设计内容是备课和编写教案的有机组成部分，包括引人入胜的导语、激发思考的设问、突出重点的策略、攻克难点的措施、恰到好处的练习、留有余味的结尾及为复习与巩固所学知识的课外作业。同时要着眼于优化，对每一过程、每一环节所分配的时间、所使用的语言都力求符合教学经济性原则，以最少时间取得最佳效果。如何“优化”？即在精心设计教学过程后，再对每一环节仔细推敲。当代人类工程学家蒙德尔提出“时动”设计的五个要点：①这一动作是否必要，能否取消；②这一动作能否与另一动作合并；③这一动作的进行次序是否恰当，可否改变；④这一动作能否改良；⑤正在进行的这个动作是否恰当。这五个要点运用在备课上，即根据教学目标，对原设计的教学流程、步骤重新审视，通过对某些环节的取消、合并、调整、简化和重新组合，使单位时间利用率得到充分提高。

四、问题设计

对提问与启发应作出总体设计，根据教学目标、重点和难点来设计问题，使学生有疑可思、循疑而进。为此，要激发学生学习兴趣，调动学生积极思维，把握教材的“教学点”，把思考题设计在课程内容的“重难点”、思想教育的“渗透点”、能力培养的“落实点”与智力开发的“启动点”上。提问或设问，要因人而异、因材制宜，从而使优生更优，使差生也能开动脑筋，点燃其智慧之火。同时，还要考虑在学生思考、回答问题的过程中，教师如何只起疏导、点拨、评价作用。

五、语言设计

语言是教学的媒介、知识的载体。因而，备课不可忽略备语言。教学语言不同于生活语言，也有别于书面语言。它是科学性、规范性和艺术性的统一。备语言主要是考虑如何做到字字珠玑，句句锦绣；韵味无尽，余香满口。具体讲：准确精练，易于理解；启发诱导，激发思考；生动形象，留有余味。尤其对起始语言、转折语言、启发语言、释疑语言、关键语言和结论语言，更要认真设计与推敲。万不可无准备地信口而语，以致欠妥、不准确或失真，影响讲解效果。

六、育人设计

育人设计要充分考虑如何使课堂教学闪现思想品德教育的火花。各学科教学都应力求熔知识传授、能力培养、智力发展和情操陶冶于一炉，以使课堂教学发挥多种功能，提高育人的整体效果。为此，要紧扣学科性质与特点及学生实际，把握传道与授业的“结合点”，洞察思想品德的“闪光点”，摸清学生关注的“兴趣点”，以设计品德教育的“渗透点”，开发积极进取的“动力点”。文科应着力探讨爱国主义精神的培养，高尚道德情操的感染，历史唯物主义观点的树立；理工学科应着力探讨辩证唯物主义的渗透，开拓、创造品质的培养等。同时，还要精心设计如何开展丰富多彩的课外活动，寓德育于各项活动之中。

七、板书设计

一幅简洁明了、新颖别致的板书或投影，既可省却教师的许多口舌，又能激发学生的学习兴趣，促进理解和记忆；它或体现教材结构特点，交代课文主要情节，或传递作者巧妙构思，突出所讲重点……都能殊途同归地揭示课的主题或内容本质，使学生更全面、深刻地理解教材，更清晰地接收教师所传递的主要信息。因而，备课时应根据不同教学目标、讲授内容、表述方法、重点难点进行板书或投影设计，或按讲授顺序，或从解题入手，或围绕重点，或攻克难点等。并应注意处理板书与讲解、板书与布局、板书与时间、板书与可视诸关系，并注意如何体现简约性、启发性、逻辑性、系统性、直观性、规范性、审美性。

八、结尾设计

结束语，是一堂课的尾声或“压轴语”，具有归纳、概括、综合、定论、伏笔、留疑的功能。应让它起以下作用：一是给学生留下一个美好的印象；二是把学生情绪推向一个新的高潮；三是为下次授课做好艺术性的铺垫；四是留下“且听下回分解”的悬念。它应含蓄而引人深思，简短而意味深长；不是主体内容的重复，而是对主体内容的综合、提炼、升华，是对主体内容的归纳、概括、深化，并为下次课业留下必要的“接口”。它要像古刹晚钟，余音袅袅，使听者“欲罢不能”。如“巧设疑阵”则悬念难消，“高潮煞尾”则余兴不尽，“唤起联想”则思绪不断……

九、手段设计

手段设计包括教具的准备与使用、电化教学的采用与配合等。巧妙地设计电化教学，有利于调动学生的积极性，提升教学效果。特别是以投影、幻灯、录音、录像、电影、电视、计算机辅助教学系统为代表的现代媒体与传统媒体的恰当结合，可更好地使教学内容化抽象为具体，化艰深为浅易，将平淡枯燥的教学过程变为生动活泼的教学活动。为此，正确处理教学内容与教学手段的关系，根据教学需要选定教学手段，使之服从和服务于内容，“当用不省，当省不用”；正确处理传统手段与现代手段的关系，各展其长形成互补；正确处理各种手段的单独运用与综合运用，“运用其时，运用其实”，以发挥其最大效用。

十、应用设计

应用设计应根据知识的不同层次，设计相应的练习。如仿效性应用，即与例题或结论基本相仿，学生直接运用所学知识解决问题的一种应用；巩固性应用，即采取多种练习形式，不拘于一种题型，以达到巩固知识的目的；针对性应用，即根据知识的应用范围及所在系统列举出其种种应用，或针对学生存在的倾向性问题，设计专项练习；变式性应用，即根据知识表达的可变程度，采用标准形式与变换形式，正向与逆向、单项思考与多项思考等多种方式，进行知识的运用。

另有课堂结构设计、教师行为结构设计、学生认知结构设计和教学活动步骤设计等。教学艺术可使课堂教学极富魅力，使听课者似被能工巧匠琢磨陶冶，感到是一种享受。这是教学艺术追求的理想境界。

教案特点与设计要求

教案，即课时计划，亦称备课笔记，是教师通过备课以课时（次）为单位设计的具体教学方案，简称教案，是教学设计和设想，是上课的重要依据；对每个课题或课时的教学内容、步骤安排、方法选择、板书设计、教具或现代化手段的应用、教学步骤与教学环节的时间分配等都经周密考虑、精心设计而确定。具有计划性、科学性、创新性、差异性、艺术性、可操作性和发展变化性等特点。一份优秀教案是教师的教育思想、智慧、经验、个性和教学艺术的综合展示。由于学科和教材的性质、教学目标和课的类型不同，教案不需固定模式，应体现客观性、适宜性、简要性、全面性和开放性等。具体而言，应与教学内容紧密相关，不宜有主观倾向，避免费解的术语，内容要准确，并留有拓展、想象、发挥和创意的空间。

一、面向全体学生

教案的最大特点是面向全体学生，可以说它不仅是教案，同时也是学案，而且应更关注学生的学。它遵循学生自身发展的特点，适应学生认识水平，密切联系学生的经验世界和想象世界，以激发他们的学习兴趣，培养他们的实践能力、创新意识和创造能力。

二、体现互动作用

教学目标和教学内容的确定、教学方法和评价方式的选择等都要充分考虑学生自主、合作、探究学习方式的形成与发展。教师除对知识点需有全面的把握外，还应具有一种“课堂机智”，针对教学中发生的“意外情况”，能适时调整教学策略和行为，随机应变地鼓励学生大胆质疑，激发他们的学习兴趣，将书本的句号变成问号，以满足不同层次、不同认知能力者的需求。教师不再是知识传授的机器，学生也不再是被动接受知识的容器，师生间是一种双向、互动的合作；课堂不再是教师侃侃而谈的“一言堂”，而是全班学生都主动、积极参与其中的“群英会”。学生学得有趣、有效，教师教得轻松、愉悦。特别是现代信息技术的广泛应用，对各学科课程的内容、教法、学法产生深刻的影响。如何使它为教学提供更多服务，是教案设计的重要方面。尤其是制作与运用课件的动态交互，除真实、美观、动感外，还强调其交互性，使课堂成为实验室，学生可上机设计与操作，还可留在课后进一步学习、实验、探索。

三、密切知能联系

知识的掌握固然重要，能力的培养却更重要。要密切知识与能力的联系，使知识与能力互为依托，相辅相成。虽不刻意追求知识的系统性与完整性，突出知识的典型性和代表性，使学生对所学知识能举一反三，触类旁通，但提高能力是根本，要注重培养学生搜集、筛选、运用信息的能力，特别是创新能力。教学要由知识本位向能力本位或发展本位转移。

四、注重过程整体

诚然，课堂是传授知识的最有效场所，但亦有明显的局限性。课堂教学时间有限，且不能解决学生的所有问题。因此，在教案设计时，要确立整体设计观念：在教学认知上，实现从整体到局部再到整体的循环往复，完成从感性思维到理性思维的飞跃，促成由外化到内化的精神体验；在教学方法上，不拘一格，灵活多变，启迪引导，以适应教材和适合学生；在教学评价上，注重赏识、激励或鼓舞教育，强调师生之间的情感交流和亲和力；在情感、态度、价值观上，尤应注意教学内容的价值取向，着力引导学生切身感悟和体验教材内在的人文因素，在潜移默化、熏陶感染中，将教材的精神内核转化为自身的真情实感。

五、呈现开放弹性

教案，具有较大的开放性和弹性，旨在给广大教师提供基本的教学模式和框架，不是禁锢教师活跃思维的索套，而是激发教师创新意识的鞭策。虽教学有法，但不必定法，应视课程不同情况，配有风格不同的A、B两案供选择使用。为满足不同实际需要，在教学内容和教学方法等设计上，要留有相当的选择和开发的空间，以充分发挥教师的教学个性和特长，形成自己独特的教学风格。

六、涵盖构成要素

教案的要素通常包括：班级、学科、课题（说明本课名称）、上课时间、课的类型（新授课，还是复习课）、授课教师、系科或专业、教材章节、教学目标、教学重点、教学难点、教学方法、教学过程（或课堂结构，说明进行的内容、方法步骤），课时安排、作业布置、教学反思，有的还列有教具和现代化教学手段（电影、投影、录像、录音等）的使用、作业题、板书设计和课后自我分析等项目。同时体现出：清晰而统一的课题，正确而具体的目标，准确而恰当的重点、难点，规范而实用的板书设计，有效而多样的教学方法，有序而相宜的教学步骤，体会而深刻的教学反思。

七、体现自主精神

教学设计中，应给予学生充分的选择机会和自主发展的空间，使他们通过能动性、创造性的学习活动，实现自主精神的充分发挥，改变传统教学过程的“讲→学→练”模式，强化通过问题解决来学习的“学→讲→练”方式，使学生“学会学习”。学生的自主精神是通过课堂上的互动来体现的，可采用实验、尝试、猜测、讨论等方式进行。为自主探索留有较充分的空间，以有利于学生经历观察、实验、猜测、推理、交流、反思等过程，对各学科学习均循序渐进、逐步发展，在已有知识的基础上逐步提高。

八、变教案为学案

崭新的教育理念犹如春风化雨，滋润着教师的心田，也给教育领域带来一股新鲜空气。教师应有重组教材的能力。许多教师正在努力革除传统备课教案撰写挤占时间长、实用效果差的弊端，转而更为关注和满足学生需求及个性特长的发挥。有经验的教师备课和教学设计不再写过去那种格式统一、项目齐全、大同小异的传统教案，而是在将知识点了然于胸后，在书上进行圈点、批注，形成“书案”或者“腹案”。这样教师可从繁重、机械性的教案“复写”中解脱出来，将更多的时间与精力投入到对课堂教学的精心设计和对课堂上有可能发生情况的预设上。“师案”变成“生案”，“教案”变成“学案”，“预成性”变成“生成性”反思。上课时，教师不是手捧教案照本宣科，不是带着教材走进学生，而是时刻关注学生的学习需求，带着学生走进教材。

要言之，虽各学科的教学形式和手段不尽相同，但在培养学生成为德智体美全面发展、适应社会需求的高素质人才之宗旨是一致的。对教案要求也有许多共性，如：①取材合理——切合课程宗旨，符合培养目标，适应现实需要，具有实用价值；②方法创新——给学生留出充分思考空间，调动其解决实际问题的积极性，在教师启引下，通过探索，既知本学科的核心知识“是什么”和“为什么”，还知“做什么”与“怎样做”；③不断更新——在教学的准备、实施及反思阶段，通过剪贴、圈点、注脚等方式，反映对教学内容的修正、更新、认识提升；④富有个性——立足自我，创出个性。在学科专业特点基础上，融入教师人格，体现个性和独特见解，彰显正在或已形成的教学风格；⑤借鉴精华——教案应有个性与特色，但不排斥借鉴别人教案的精华，以使自己教案不断改进、提升，趋于完美。另外，每节课后，都应进行教学反思，记录学生参与、师生互动交流情况及得失感受、成功之举、精彩之处和失误错漏，或者截取一段课堂实况，记录教学过程中闪现的思维火花、迸发的灵感、感悟，从而进行“二度设计”，进一步完善教学。这种备课使教师在课前思考得更多，付出的辛苦更多，结果使教案看似薄了，但知识“储存”却更多了。并具有明确目的性、实用性、适应性，与时俱进。

如何编写教案

教案，是针对教学内容编写的教学操作方案，是教师以书面文字描述如何进行一堂或一次课的教学安排，是备课成果的表现形式，是以课时或课题为单位，依据教学大纲和教材内容，结合学生实际，设计的授课具体实施方案。教案，是实施教学的重要依据，是保证教学质量的必要措施，是教学内容的艺术设计，是教学活动的文字反映，是课堂结构的精彩蓝图。教案，是备课的文字反映，是备课的系统整理、总结概括。通过编写教案，可使备课更加系统化、深刻化、科学化，避免教学的盲目性、随意性，加强教学的目的性、计划性。其作用体现：首先，可理顺教师思路，巩固备课成果，指导教学实施，保证授课质量；其次，可积累资料，总结经验，提高业务水平，改进教学工作；再次，可成为供教师相互学习和上级检查与指导的依据。一个完整、系统的教案是教师钻研教材、了解学生、考虑教法等所费心血的结晶，它既表现出教师对教学工作的责任感和事业心，又体现着教师在教学工作中的周密计划性和强烈进取心。

一、编写有依据

编写教案要依据教学大纲和教材，从学生实际情况出发，精心设计。一般要符合以下要求：明确地制订教学目标，具体规定传授基础知识、培养基本技能、发展能力及思想品德教育的任务，合理地组织教材，突出重点、解决难点、强化弱点，以便学生理解并掌握系统的知识；恰当地选择和运用教学方法，调动学生学习的积极性，面向大多数学生，同时注意培养优秀生和提高后进生，使全体学生都得到发展。

二、程序要清楚

教案编写程序可分三步：第一步，搜集资料，掌握信息。教师在明确教学目标和要求、深入钻研教材、了解学生状况、充分考虑教法的基础上，根据课程类型不同，结合自身情况积累与筛选资料。第二步，精心设计，巧妙构思。在掌握信息之后编写教案之前，必须“掩卷深思”，在头脑中先行思考，设计出一个基本框架。即在解决了教师教什么、怎样教，学生学什么、怎么学，形成一个系统、全面、可行的教学思路之后，构思编写提纲。第三步，认真编写，不断完善。不要随备随写，以免把教案写得支离破碎，应在构思前提下，根据课程性质、教学目标、授课类型写出相应形式的教案。它应是备课的成熟和完善、整理和归纳、分析和条理、重点和精华。归纳之：搜集信息，材积备前——精心构思，意在笔先——写在思后，编写成案。

三、项目要规范

教案的项目应包括时间、班级、学科、课题、课型及教学目标、教学进程、主要内容、采用方法、作业形式等，更重要的是：教学目标和要求的明确与实施，重点和难点的确定与处理，训练和练习的项目与措施，步骤和时间的安排与分配，方法和手段的设计与选择，仪器和教具的配备与使用，演示和板书的设计与配合，思考题和作业题的拟订与筛选等。

四、内涵要完整

教案的内容应体现：教学原则的科学性，教学方法的启发性，教学组织的严密性，教学过程的合理性。既教书又育人，既传授知识又培养能力，既有教法设计又有学法指导，既有教师教学行为的设定，又有学生学习行为的安排，并有根据教学内容确定的传统或现代教学手段……同时体现鲜明的目的性、较强的实践性、明确的针对性、切实的指导性。

五、整体要和谐

教案的整体要体现内容扼要、层次分明、文字精练、方法可行。教案主要用于指导教师的课堂活动。

教案既不可寥寥数语，只是标题或过于简略，也不能写成讲义底稿，或照抄教材。经验丰富的教师可写得简要些，青年教师应写得详尽点。平行班级可用同一或近似教案，但根据班级实际差异宜有所区别。应源于教材，高于教材，应是教材的分析和综合、提炼和补充、加工和改进、创新和发展。

六、种类可多样

教案，按详略程度可分为详案与简案两类，按内容不同可分为教案和讲稿合一与教案和讲稿分离两种，按形式不同可分为提纲式、分析式、综合式、标准式、表格式……在提倡启发式和注重培养能力及创新精神的要求下，具有代表性的有："剧本式""简明式""图表式"和"专题式"等。

（一）"剧本式"

整个教学的构思设计详细记录在"案"，既有整体进程的大致步骤，也有每个环节的技术细节，诸如怎样进行提问，何时呈现教具，怎样组织教学，如何设计板书，如何运用教育技术等。其优点：①真实写照——是整个教学活动的真实写照，体现教师的精心设计，充分估计了教学中各种可能性，从而真正做到心中有数；②格式鲜明——层次分明，条理清楚，内容完整，对教学有很强的指导性；③便于操作——能全面体现教学原则、教学方法的运用，对教学实施有很强的操作性；④锻炼教师——能对新教师进行全面锻炼。其缺点是用时较多，不够简洁。

（二）"简明式"

"简明式"是以精练的语言、明确的符号或象征性的图示表达出来，是一种简要实用的活页教案。其形态主要有：条文式，即通过非常概括的语言"跳跃"式表达，相对全面；框图式，即仅标示大意，通常只将变量的逻辑关系勾画出来。其优点：①简便易行——目的要求、重点难点、教学过程、主要练习等在一两页纸上都能清晰地展示出来，写时容易，用时方便；②节时省力——编写这种教案只需个半小时即可，可省出大量时间和精力去钻研教材、研究教法、博览群书、积累资料；③实用好用——这种简明教案思路清晰，用时放在讲台的桌面上，不需翻页便一目了然。但这种形式不适于新任课和任新课的教师。

（三）"图表式"

"图表式"是一种非常精彩的图表语言简案。它运用于复杂的结构分析、类比及总结、复习类的课型。其优点是直观形象、条理醒目，既便于教师把握教学中心，更易于显示教学内容之间的内在联系。

（四）"专题式"

"专题式"，或典型问题的分析，或特殊内容的推断，或重点公式的推导……由于专业课程、教材性质、教学目标和授课类型不同，无统一固定、完美无缺的"标准模式"。不同教师或不同课程应有不同特色的教案，即使是同一教师对不同章节所写出的教案也可呈不同形式。形式服务于目的、服从于内容，比如：理论知识的教学，重在如何传授知识内容和讲清逻辑关系；技能操作的教学，重在体现训练步骤和指导要领；有的教案主要用文字陈述，有的教案则用文字加图表反映。所以，不应墨守成规，不能强求划一，正如教育活动没有"包治百病"的教育处方一样，在教学实践中也不可能有一种对一切教学目标都适用的"万能教案"。再者，教案不能也无必要"千部一腔，千人一面"，以防刻板僵化，失去活力。它应结合实际，扬长避短，形成自己的风格，发展自己的特色或体现课程的特色。尤其对老教师来说，完全可冲破教案的框框。譬如，可只写重点、难点及分析难点、突破重点的方法，可只写对某个重点问题的分析、讲授过程，也可只写对某个特殊问题的新见解、新分析，还可只写对某些典型习题的分析、求解过程和指导方法等，不一而足。然而，不论何种的风格、特色，或详或简，或全或专，都须不苟且、不敷衍。

七、编写要适宜

好的教案是教师充分备课的体现，也是教师上好课的备忘录。它一般是记录教师对教学的组织、安排和设想。为此应注意：①繁简适当——编写方法要灵活，该简则简，当繁则繁，简繁适当，不可写得过于烦琐；②讲求实用——不应看成是为完成学校的某种规定或是为应付检查、摆样子而写教案，只图花样，不求实用，流于形式；③适当付出——不要把主要精力都用在编写教案上，要省出精力和时间去钻研教材，了解学生，研究教法。

八、掌握须娴熟

教师不仅应提前写出教案并在上课前再次重温和做必要的调整与补充，而且还要用心记忆，反复思考，仔细推敲，掌握娴熟。掌握娴熟的主要标志，就是在课堂讲授过程中能够做到尽量少翻看或不翻看教案，把注意力更多地放在学生接收信息后的反馈上，以相机调节教学活动，把课讲得不仅系统条理、脉络分明、重点突出、详略得当、恰到好处，而且能随机应变，做到对教学内容信手拈来、脱口而出、对答如流、思如泉涌。当然，这并非在上课时去背诵教案，而是要体现对教案用功之深、穷理之透，能熟中生巧、巧中生智。只有这样，才会思路清晰，运用自如，讲解精当，语出中的，并能自由发挥，有所创新。

九、可行重操作

教材是死的，不能随意更改。但教法是活的，课怎么上全凭教师的智慧和才干。编写教案，既要从实际出发，也要充分考虑从实际需要，更要考虑教案的可行性和可操作性，并做到该简就简，该繁则繁，简繁得当。

十、运用要艺术

所谓教案的艺术性就是构思巧妙，让学生在课堂上既能学到知识，又可得到艺术的欣赏和快乐的体验。在教学实施过程中，既发挥教案的指导作用，又不使已有方案束缚自己的手脚，要有临场应变、相机调整的艺术。为熟记教案的要点，可用彩笔按自己的习惯作出各种记号和标识。这样，一可增强教师本人的记忆；二可使记号如同路标一样醒目，使讲述连贯，表达自如。因教学活动呈动态，且多变，故运用教案时，还应有各种思想准备，如时间不够怎么办，多了怎么办……有了多种思想准备，就能在实施过程中做到审时度势、灵活掌握，使教学艺术达到炉火纯青的境界。教案要成为一篇独具特色的“课堂教学散文”或“课本剧”。所以开头、经过、结尾要层层递进，扣人心弦，达到立体教学效果。教师的说、谈、问、讲等课堂语言也要字斟句酌，该说的一字不少，不该说的一字也多，应恰到好处，恰如其分。

十一、质量要求精

为提高教案质量，应持“厌其平庸，恶其重复”的态度。尤应避免抄袭教案，既不抄袭别人的，也不抄袭自己的。有些教师喜欢“轻车熟路”或“贪懒求闲”而搬用旧教案。须知，教材在变，学生在变，如果原封不动地将旧教案搬来再用，依旧故我，新的教学目标就不易落实，也不能从学生现实出发而因材施教。何况，教师对教学的认识也在不断提高，总会有新的体会、新的见解；加之，教育改革不断深化、教育理论不断发展和教学手段进一步现代化，对教案的写法也不断提出新的要求。因而，一般说来，不能重复使用旧教案，应是教一遍、写一遍，每课一案，常写常新，遍遍有新意，次次有突破。

十二、用后需总结

编写的教案，既要在运用中根据具体情况做必要而适当的调整，随时记录主要问题，也要在运用后及时进行简要的反思、总结，并汇集成册妥善保存。反思课堂效果，将需改进之处进行修订与完善，为日后再用或同行资源共享提供借鉴与帮助，同时也可从繁重的单枪匹马的“笔耕”式传统备课中解放出来，将更多精力放在对相关信息的搜集、整合与思维的锤炼上，使自己从教书匠转为教育家，由被动变主动。这样，有助于积累经验，不断改进与完善教学方案，提高教学质量。

简言之，为提高教案的编写与运用水平，必须有一个明确的认识、正确的态度、科学的方法、求精的精神。教案是教师教学生涯的记录，每个教师，尤其是青年教师应有一本用自己心血谱写的“彩色画卷”——教案集，成为教育事业的有心人。教案的字里行间，各种颜色的修改和批注皆是反复推敲的印迹，凝结着教师的心血与汗水。

如何找准与确定教学重点

教学重点，含知识重点、技能重点、育人重点。重点不同于要点，可有多处。确定重点要精当，只能有一两个。处处皆重点，则处处不成重点。从其确定上，可窥视教师吃透教材的程度和教学能力的功底。

一、以教学目的和要求确定重点

按照每章、每节或每单元和课时的教学目标和要求，结合教材的具体内容，根据学生实际，便不难找出课时的教学重点。

二、以内容地位和作用确定重点

教材均有较强的系统性和逻辑性。应把握所教内容与新旧知识的联系，弄清其所处之地位和所起作用，把占重要地位和起较大作用并能承前启后的关键性知识定为教学重点。

三、以知识的生长点确定重点

教材的编排都是由故出新，新中有故，以新连故，故新结合。找出新旧知识的交接点，把主要的知识生长点作为教学重点。

四、以学生知识水平确定重点

教学效果取决于学生对教材的接受、理解和运用程度。因此，应根据学生对知识的掌握情况及接受能力，把他们不易理解、不易掌握的某些难点确定为教学重点。

五、以教材内容详略确定重点

教材的重点内容或较难之点，一般介绍得都比较详细，其所占篇幅也较大。所以，可根据教材内容的详略程度找出教学重点。

六、以练习题的设置确定重点

教材中的练习题是为复习、巩固新知识而设计的，往往体现着教学目标、要求，对重要内容都有形式多样、数量较多的练习题。因此，可从练习题的设置上考虑教学重点。

七、以学生疑点热点确定重点

在教学中，学生常常会出现一些困惑疑点，也会产生一些关心的热点问题。所以，应根据教学和“形势”的需要，从学生的疑点或热点中找出教学重点。

八、以当时社会需求确定重点

随着改革开放的深入发展和科学技术的日新月异，新思想、新理论、新技术、新工艺不断涌现。应根据教学要求和学生实际，将某些必要的新理念、新知识确定为教学重点。

另外，把启发的重点放在求异上，把记忆的重点放在方法上，把练习的重点放在应用上，把复习的重点放在规律上。需处理重点与全面：照顾全面不等于忽视重点，找准重点不等于只备重点；离开重点的全面不可想象，离开全面的重点不可思议。抓不住重点，讲不到点子上，就“收”不拢，难免流于散乱、空疏；抓住了重点，不联系新旧知识去引起对比思索，就“撒”不开，易使之狭窄、板滞。只有集教材之精华、穷造化之奇巧，才能到达“撒”得开、“收”得拢和高屋建瓴、举一反三的教学艺术的极高境界。

选用教学方法的依据

教学方法，既包括教法，也含学法。教学有法，教无定法。后者指教法，前者是选择教法的依据，是学科特点与学生心理特点的契合物。当今，突出实际操作能力和关键能力。在操作层面上，既重开发教法，更重开发学法；既探索方法本身，又研究方法的适应范围和使用媒体；既强调先进性，又强调实用性。教法的构建，坚持以下原则：一是将其建立在现代教育技术的平台之上；二是将其建立在教学模式的框架之中；三是将其建立在教学改革的整体背景之下。选择教学方法的主要依据如下。

一、教育思想与理念引导教学方法

教育思想与理念，直接引导教学采用符合其意愿的方式方法。以能力为本的理念，就注重对学生相关能力的培养；以人为本的理念，就会使教师注重“学”的方法，注重每一个学生的发展。

二、教师个性与风格支配教学方法

教师是教法的运用、控制和主导者。但信念、标准、风格、素质等因素，影响着教师的内在思维过程，支配着对教法的选择与使用。故只有教法适应教师的条件、能为其所掌握，才能发挥作用。教师要得心应手地支配教法，就需扬长避短，发挥优势；如为说明一个理论问题，形象思维水平高者，可用形象语言把事实和现象描绘得生动具体；但长于教具演示，也能讲清理论。前者运用讲述法，后者使用直观法。

三、学生年龄与知识影响教学方法

教法须通过学法体现，学法又需教师精心指导。针对不同学生，必然要求教师采取不同方法：学生年龄愈低，在一节课中运用同一方法的时间应愈短；长时间的讲授和练习，一般在高年级比较适用。一些独立活动较多或要求较高的方法，如实验、实习等，在初等学校很难选用；即使同一方法，如独立观察，对不同年级，在要求上也应有所不同。学生基础知识不同，在运用问答、演示等方法时，也应有所区别。

四、教学目标与任务决定教学方法

教学目标是体现师生全部活动的起点、过程和归宿。教学中选用何法，由教学目标决定。目标不同需选择不同教法。即教学中须选择与教学目标相适应、有利于和能够实现目标的方法。若使学生掌握新知识，常采用讲授法或演示法；若使学生掌握技能技巧，就采用实验、实习及练习或操作法；若提高口头表达能力则采用谈话法、讨论法。总之，离开教学目标，教学则成无舵之舟，随波逐流，难以定向与收效。

五、课程性质与内容制约教学方法

教学目标是通过学生在教学中掌握特定的教材内容来实现的。不同学科的教材有各自常用的教学方法，当某学科在特定阶段传授某些特定内容时，不同内容又要求采用与之相适应的教学方法，如语文、外语常采用读讲法，物理、化学常采用讲授与演示相结合及实验法，数学常用“三算”结合法，专业课常采用讲授与实验、实习等实践结合法。

六、学校环境与条件关联教学方法

城市学校与农村学校、工矿区学校与住宅区学校等，周围环境不同，设备条件不一，有些教学内容在此校可通过参观法进行，在彼校则只能选用演示法实施……

综上所述，在实际教学中，往往是依据可能和需要不拘一格地使用多种方法，即多法兼用。值得注意的是，教学方法也随着科学技术和教学媒体的发展而不断变化、充实和丰富。

课件的概念与种类

课件，是课程软件的简称；课件，是根据教学大纲的要求，经过教学目标确定，教学内容和任务分析，教学活动结构及界面设计等环节，而加以制作的课程软件。随着以计算机应用为基本特征的信息时代的来临与现代化教学的全面实施，制作高水平课件已成为广大教育工作者提高教学质量的重要途径之一。我国在1980年代后期开始出现和引入课件。1990年代末，特别是21世纪以来，各级各类院校几乎普遍采用课件辅助教学。随着电脑的普及和多媒体技术的发展，运用多媒体课件已成为一种趋势。因而，制作课件已成为当前教师的一项基本功。

一、基本概念

课件（Courseware），是一套或一个有关课程某一部分内容的多媒体学习材料。包括有关的教科书、参考书、录音带、录像带、幻灯片、影片等，附有如何使用的说明与建议，供学生个人或集体学习时使用。单元教学、个别教学、程序教学等成套学习材料均属此。课件就是内容特定的计算机教学软件，是针对具体学科的学习内容而开发设计的教学软件；是在一定的学习理论指导下，根据教学目标设计的、反映某种教学策略和教学内容的计算机软件。它是根据课程标准要求和教学需要，经过严格的教学设计，并以多种媒体的表现方式和超文本结构制作而成的某课程的教学软件。课件是专为教学活动设计的计算机软件，包括用于控制和进行教育活动的程序，帮助开放、维护程序的文档资料。课件是用计算机应用软件制作的文字、声音、图像、视频等，用大屏幕投影方式，辅助各科教学的现代化程序性教具。课件是教师进行教学的辅助教学之工具，既是教具或教学手段，也含有教学内容。课件是备课内容之一，而备课内容的传统形式则是教案，故而课件又是教案的一种新形式，或者是教案的一个组成部分。因课件的内容可多可少，演示时间可长可短。一套大的课件可包括一门完整的课程内容，运行数十个课时；小的课件只运行10~30分钟，甚至更少。课件的基本模式，有练习型、指导型、咨询型、模拟型、游戏型、问题求解型、发现学习型等。无论哪种类型的课件，都是教学内容与教学处理策略两大类信息的有机结合。

1. 课件作用　传统教学中，强调教师的主导性，忽视学生的主体性；教师是知识的“讲述人”，信息的“传播者”，教学活动的“领导者”。而课件的应用，使传统教师角色定位和教学模式受到冲击，需从“教”变为“导”，成为课堂教学的“指导者、设计者、合作者”和“帮助者”。课件不仅给教师提供方便，而且给学生学习带来新意：①向学习者提示各种教学信息，信息容量大，更加直观和形象的缩短与先哲理论的距离。②用于对学习过程进行诊断、评价、处理和学习引导的各种信息和信息处理。③为提高学习积极性，制造激发学习动机，用于强化学习刺激的学习评价信息。④用于更新学习数据、实现学习过程控制的教学策略和学习过程的控制方法。

2. 课件的来源　软件分为系统软件和应用软件。课件属于应用软件，其来源主要有教师自己制作，网上下载，又分收费和不收费两种；向专门公司购买应用软件；有些随教材配发的光盘具有课件功能。

3. 课件开发工具　Authorware、Director等外国大型多媒体创作工具有难度，现在利用这些工具制作课件的人绝大部分是计算机教师及部分骨干学科教师。虽这些开发工具比使用计算机语言（如C语言、Visual Basic语言）方便多了，在某种程度上也减轻了烦琐的“底层”设计之苦。但这几种开发工具都是英文版软件（虽都有汉化版，但所有参考书都是针对英文版写的），加之每种软件都提供了较为丰富的函数及脚本设计语言，所以不太适合初学课件制作者使用。奥思、凯迪、课件大师等国产多媒体开发工具（当然也包括国产的洪图、易思等多媒体创作工具），功能强大，直面我国教育实际，操作简单，创作效率与质量高，因此比较适合普通学科教师使用。大力倡导使用这些国产软件，不仅可打破国外多媒体创作平台一统课件制作天下的局面，也为广大教师找到了一条课件制作的捷径。

（二）多媒体元素与多媒体课件

所谓多媒体是指多重媒体的意思，指能同时采集、处理、编辑、存储或展示两个以上不同类型信息媒体的技术，这些信息媒体包括直接作用于人感官的文字、声音、图形、图像、动画和活动影像等。

1. 多媒体元素　多媒体信息表达元素（Multimedia Elements）包括文本、图像、动画、声音（音频）及视频影像。这些多媒体元素在多媒体演示中扮演重要角色。①文本（Text）——是指以文字和各种专用符号表达的信息形式。它是现实生活中使用最多的一种信息存储和传递方式，主要用于对知识的描述性表示，如阐述概念、定义、原理和问题及显示标题、菜单等内容。文本是书面语言的表现形式，从文学角度说，是由具有完整、系统含义的一个或多个句子的组合。文本可以是一个句子、一个段落或者一个篇章。②图像（Image）——指静图（即静态图像），是多媒体课件中最重要的教学信息表达元素。可分为图形和图像两类。它是决定多媒体课件视觉效果的关键因素。③动画（Animation）——是利用人的视觉暂留特性，快速播放一系列连续运动变化的图形图像，包括画面的缩放、旋转、变换、淡入淡出等特殊效果。通过动画可把抽象的内容形象化，使许多难以理解的教学内容变得生动有趣。合理使用动画可达到事半功倍的效果。④声音（Audio）——即音频，是用来传递信息、交流感情最方便、最熟悉的方式之一。多媒体课件按其表达形式，可将声音分为讲解、音乐、效果三类。通常计算机表达和处理声音的方式有三种：波形声音、MIDI 音频、数字化音频。⑤视频影像（Video）——视频影像具有时序性与丰富的信息内涵，常用于交代事物的发展过程。视频，非常类似于人们熟知的电影电视，有声有色，在多媒体中充当重要角色。以上多种信息，经单独或合成的形态表现出来，向教者、学者传达多层次的信息。

2. 多媒体课件　多媒体课件，简单说即教师用来辅助教学的工具，创作者根据自己的创意，先从总体上对信息进行分类组织，然后把文字、图形、图像、声音、动画、影像等多种媒体素材在时间和空间两方面进行集成，使其融为一体，并赋予交互特性，从而制作出各种精彩纷呈的多媒体应用软件产品，用以辅助教学。它可生动、形象地描述各种教学内容或问题，营造课堂的教学气氛，提高学生的学习兴趣，拓宽学生的知识视野，是辅助教学的教具。多媒体技术能提供多种文字信息（文字、数字、数据库等）、多种声音信息（音乐、语音、音响效果和背景声等）、多种图像信息（图形、图像、动画、视频等）的输入、输出、存储和处理，使表现的信息图、文、声、像并茂，更加直观和自然。可见，多媒体技术是计算机技术、音频技术、图像压缩技术和文字处理技术等多种技术的一种结合。随着多媒体技术在教育教学中的应用，多媒体课件制作也越来越受到各方面的重视。一个好的多媒体课件既能更好地辅助学生掌握知识，又能提高教学效率。①多媒体课件的教学优势——能优化课堂教学结构；有利于突出重点，突破难点；能培养学生多维化的思维方式；可有效提高教学效率；能给学生创造多层次的学习目标。②多媒体课件有四种类型——助教型：这类多媒体课件主要用于教师的课堂教学；助学型：主要用于学生的自主学习；综合型：具有助教和助学两种功能；素材型：是为教师或学生提供一个丰富的教材和素材组合的软件平台。③多媒体课件的发展有三个主流趋势——网络化、智能化、虚拟现实化。

（三）网页课件

网页课件，是指以网页形式呈现的课件。它可从网上寻找并引用他人制作或开发的文稿、图像、动画、视频等素材，也可使用专用工具自行制作、开发并上传至网络供自己使用或与他人分享。网页课件具有如下特点与优势。

1. 占用空间少　传统课件动辄上百兆，多则一个光盘还刻录不下，给异地运行带来极大不便。而网页课件根植于互联网络，若没有较多媒体的话，一个课件只有几百 KB 大小，极易在网上传输。

2. 链接容量大互联网络上凡能链接的地方，都是新内容的入口。每个网页可无限制地链接下去，信息容量可谓无休无止。

3. 交互性强　网页课件的交互性强、在线练习、实时反馈，被称为网络远程教育的经典所在。可充分利用网页课件的优势，先将网页制作好，然后放在学校服务器上，给它分配一个内网 IP，课前让学生输入这个 IP 地址，即可进入网页进行学习，相当方便。

4. 软件易学易用　目前主流的网页制作软件是 FrontPage 和 Dreamwcavcr。前者简单易学，后者较为专业，功能更为强大。对初学者更为有利的是，这方面的学习资料在网络上比比皆是，随处都可找到。一旦入门，奥妙无穷。

5. 素材兼容性高　网页课件对素材的兼容性相当高，支持常见的各种媒体格式。gif、jpg、bmp 等图像；mid、mp3 等声音；flash、gif 等动画；avi、rm 等媒体，运用网页制作软件，便可将这些图像、音频、视频素材组织起来。

6. 平台兼容性强　网页课件的运行非常方便，采用主流浏览器（如 IE、FireFox 等）均可轻松实现，兼容性很强。

在网络课件中引用他人著作中的文稿、图像、动画、视频等素材，需特别注意版权问题。在制作过程中涉及的版权侵权行为，由课题负责人、课件制作和发布者负责。凡立项的网络课件，版权归学校所有，作者可用于教学活动和学术交流。验收后的网络课件可由学校收入教学资源库，统一传至校园网，供全校教师课堂教学、网上备课、远程教学和学生自学，达到资源共享的目的。另外，网络资源虽广泛，但因不能随心所欲地进行二次编辑，所以有一定制约性。

二、几个概念的区别

（一）电子教案与传统教案的异同

传统教案通常都以纸质的书面文字表现。它往往是个人成果，是教师按照自己对知识内容的理解和教学设计而成，其缺点是不能及时共享和修改。在当今的信息化时代，上好一节课不再是单个教师的智慧体现，而是多位教师通力合作进行教学设计的结果，使教案成为多人智慧的结晶。教案是教师的教学设计和设想，是设计者教育思想、智慧、动机、经验、个性和教学艺术性的综合体现，所以它具有鲜明的个性。教法不同，教案各异，可参考别人但不能照搬别人的教案，即使是设计者本人用同一个教案，也会因时间、地点和学生的变化而变化。因此，教案在本质上是封闭的。

电子教案的基本要求，应注意趣味性，主体性，目标性，技术性，美学性和共享性等。

电子教案的设计，既包括教材分析、教学设计（复习引入、师生交流互动、练习巩固等）、板书、教学反思等传统环节，又包括能够充分发挥信息技术优势的新环节。电子教案是全部存储在计算机中的，通常也是教师自己上课所备的内容与措施。即在一个电子教案中，充分整合图、文、声、像等各种媒体的作用，激发学生的学习兴趣。其最大的特点是提供链接，便于调用，生动直观。

电子教案与传统教案有很大的不同，其主要区别：电子教案不仅是教师自己上课要看，还要把很多内容投影到屏幕上，让学生也能看。所以它包括了教师上课的全部板书、板画与一些用语言难以表达的动感情景。用电子教案上课，可增大课堂容量，让学生在美妙的声、光、电环境中学习知识，增强学习效果。当然，电子教案也非十全十美，也有许多具体问题尚需克服：一是如何解决教学中的突发问题；二是如何解决传统的固定板书与活动板书间的安排，因为只有一个屏幕；三是如何解决好学生长时间看屏幕所引起的视觉疲劳；四是如何安排好课堂的容量与节奏，等等。

（二）电子教案与课件的异同

目前，存在把电子教案与课件相混淆的现象。实质上电子教案仍然是教案，而课件则是计算机辅助教学的一种手段，仅属于教案内容中的一部分。然而，在网上任意一个搜索引擎中输入“电子教案”，搜索结果就有上万条，但大多都是用 PPT 制作的演示文稿，即实质是一种演示型的“课件”。其中，不乏各级“精品课程”，即使这些“精品课程”中也有设计者认为电子教案是等同于课件的。

相对多媒体课件来说，电子教案可做得简单些。电子教案除无纸（环保）外，更方便修改、完善。优秀的电子教案，对整个教学过程起着至关重要的作用，这往往跟教师的教学经验有关。

电子课件是对教学过程的辅助，特别是在多媒体网络技术环境下，对引导学生研究性学习，发挥学生的主体地位等有重要作用。优秀课件是可交互的。

（三）多媒体课件和电子教案的区别

电子教案就是在 Word 中打出一个电子版的提纲，相对多媒体课件来说、电子教案可做得相对简单。

假若多媒体课件按教案制作——根据教案制作的课件也就保留了教案的基因，必然封闭、不可移植。这样的课件只为制作者专用，缺乏能移植、能重组的特点。经常出现在参加“比赛”或完成“公开课”的任务后，便束之高阁，成为“一次性”用品，因此按教案制作的课件缺乏生命力，只是一个花盆而已。

电子教案是教师备课的课案。电子教案的设计应为学生提供直觉的可视性导航，即使用者不必考虑技术细节和学习新技术，无须阅读说明，就可凭简单明了的导航指导下一步怎么做，从而有效地获取信息。

三、软件及课件的种类

电脑有硬件和软件，二者既有分工，又有配合。硬件是物质基础，软件担负指挥功能。硬件是指看得见、摸得着的实体物质，如主机箱、显示器、键盘、鼠标、音箱、声卡、显卡等。软件是指在电脑开机后才能看得见、摸不着的装在硬盘里的数据，通过计算机运行和通过屏幕或音箱才能感觉到，如玩游戏、听歌、看电影等的程序。软件是用户与硬件之间的接口界面，用户主要通过软件与计算机进行交互。软件是计算机系统中的指挥者，是计算机的灵魂。它使计算机具有非凡的灵活性和通用性。人们针对某一需要而为计算机编制的指令序列称为程序。程序及有关说明资料称为软件。程序是软件的主体。软件按用途可分为两大类：系统软件和应用软件。

（一）系统软件

系统软件是管理、调度和协调、监控和维护电脑资源，使电脑能够正常、高效工作的程序，包括操作系统（软件的核心）、各种语言处理程序和数据库管理系统三类。系统软件在为应用软件提供上述基本功能的同时，也进行着对硬件的管理，使在一台计算机上同时或先后运行的不同应用软件有条不紊地合用硬件设备。具有代表性的系统软件有：操作系统、数据库管理系统和编译软件。系统软件是负责管理计算机系统中各种独立的硬件，使得它们可协调工作，分为操作系统和支撑软件，其中操作系统是最基本的软件。操作系统是管理电脑硬件与软件资源的程序，同时也是计算机系统的内核与基石。支撑软件支撑各种软件的开发与维护，又称为软件开发环境（SDE），主要包括环境数据库、各种接口软件和工具组。

（二）应用软件

应用软件是为针对某一特定问题或需要而开发的实用程序，或为解决计算机各类问题而编写的程序，是用户可使用的各种程序设计语言及用各种程序设计语言编制的应用程序的集合。应用软件是为了某种特定的用途而被开发的软件。它可是一个特定的程序，比如一个图像浏览器，也可是一组功能联系紧密、互相协作的程序的集合，比如微软的 Office 软件；还可是一个由众多独立程序组成的庞大的软件系统，如数据库管理系统。应用软件又可分为应用软件包与用户程序。

（三）教学课件

教学课件是一种根据教学目标设计的，表现特定教学内容，反映相应教学策略的计算机教学程序，属于应用软件范围的用户程序，又可称为教学程序。

近些年来，多媒体技术涌入教育领域速度之快，使许多教育工作者始料不及。1990 年代后期，课件涌入各级各类院校的课堂之中，至今仍长盛不衰。多媒体课件制作软件有很多种，但目前比较常用的工具主要有两大类：一是可视化编程语言，如 Visual Basic；二是多媒体创作工具，如 Authorware。相较而言，可视化编程语言更加灵活，适用范围更广，运算和控制能力更强，但利用编程语言来制作课件，创作人员需具有较强的逻辑运算能力和编程调试技巧。这常常令制作和使用课件的教师望而却步。如从多媒体课件制作工具或软件来看随时都有新软件的诞生，又不断有旧软件被淘汰，令人眼花缭乱，不胜枚举。

多媒体课件的特点

随着多媒体技术和网络技术的快速发展，多媒体技术不断被引入教学中。根据不同的学科特点、内容，充分利用声、画、视频等多媒体手段创设情境，化不可见为可见，化静为动，化抽象为形象，最大限度地调动学生积极性，激发学生学习兴趣。它有板书授课所不具备的种种优势，能够丰富课堂教学内容，吸引学生的注意力，提高教学效率。多媒体课件有如下特点。

一、作用的辅助性

辅助性是课件固有的特征。由于它属于辅助性教学工具，在整个教学过程中，无论是内容、方式和手段等，只能处于辅助地位，其目的也只能是弥补教师授课时“一支粉笔、一块黑板、一本书、一张嘴”的不足，其只能发挥教师主导作用的辅助手段，而不能代替教师的教学活动。

二、教学的可受性

制作多媒体课件的目的是优化课堂教学结构，提高课堂教学效率，既要有利于教师的教，又要有利于学生的学。

（一）化难为易

化难为易，并具教学的方便性，扫除非教学因素的学习障碍，不让学习者迷失在技术障碍中。

（二）突出重点

利于突出重点，通过屏幕上相关图形、图表、图案、圈点、鼠标箭头指向以及字体大小、标题显示、内容摘要，使重点内容更加醒目、清晰、突出。

（三）信息具体

变抽象为具体，能提供多样化和多维化的教学信息，图文声像结合，使教师用语言很难或无法描述的问题变得形象、生动、直观、明了。

（四）多种感官

通过音频、视频等多种感官的刺激，既可以吸引注意、增强感知、加深印象、激发思考、深化理解、强化记忆、启发联想、增强想象，又可以提高学生的学习兴趣、增强学习信心、提升探索精神、坚定学习意志。

（五）反复实践

变传统教学中“点对面”的教学方式，为对学生“点对点”的授课形式，使学生能进行积极有效的思考，并可把所学知识进行归纳、综合，得出有价值的新信息。同时，因现代教学媒体可反复操作，学生可大胆想象、反复实践，完成其他教学手段难以或无法完成的实验和动作过程，可重复进行传统手段不便或无法重复的操作过程。

总之，运用课件可使教学具有开放性、实时性、交互性、仿真性、大容量和跨时空等优点。另外，可受性还表现为在最短的时间内，让学生清晰、透彻了解所需掌握的知识，并能灵活运用。可受性是可教性的另一方面，课件的主要任务是把重点、难点既是重点又是难点的内容，变为学生易于理解和愿意接受的内容；或者说，课件是把教学的重点、难点和多媒体手段充分结合起来，变为让学生最易理解的方式。应用课件在于变抽象为直观，便于学生观察和认识，利于学生理解和掌握教材；化繁为简，化难为易，加快教学速度、节省课时，减轻教师的劳动。

师生的易用性，又是教和学两者的综合反映。有限课堂时间，要求制作的课件须简单易用，能提供一目了然的教学目标、教学步骤及操作方法。同时，课件运行要稳定，防止因课件问题在课堂上花费大量的时间。多媒体课件极大地丰富了学习的认知环境，激起学生的学习兴趣，使学生能更加有效地获取和保持知识。在教学过程中，可以集图、文、声于一体，能生动形象地把教学内容展示出来，这样就更能刺激学生的多种感官，使学生更容易理解。所以，一个优秀的课件，产生的效果高于传统的教材。

三、多方的可视性

多媒体教学的显著特点之一，就是对感官功能的延伸及对科学思维能力的培养，使运用传统教学手段难以讲清楚、甚至无法讲清的知识重点、难点能迎刃而解。因可视化教学将学生置于多媒体动画、图片、图表、音频、视频等视听资料和计算机网络所创造的多媒体环境中，使学生在“虚拟的真实”中探索、理解教学内容，从而在潜移默化中达到培养学生创造能力的目的。多媒体教育教学素材是对感官的延伸，其重要内容之一，就是实现可视化教学，主要包括以下方面。

（一）感知可视化

使用多媒体开展教学，可使学生对见所未见、闻所未闻的事物得到形象化感知。学生可观察到事物存在和变化的实质性细节，能够透过现象看本质，可大大缩短认知过程，减少学生由于经验和观察兴趣的差异所导致的“先天性”基础差距带来的学习疑难和教学困惑。例如，按照传统方式教学，学生无法通过静态图形准确深入地理解血液流动，但利用多媒体教学，既可看到血液流动模型，还可通过调节心跳频率，更深入掌握运动中血液加速输送氧气的原理。

（二）想象可视化

想象力是培养创造力的主要内容。想象思维的基础对象是事物存在及变化的时空。通过多媒体教学中的可视化时空图像，可对学生进行想象思维能力的科学训练。例如，一般学生很难理解“黑洞”概念，多媒体教学可通过专门的图像演示和深入浅出的科普文章，较好地拓展学生的想象空间。

（三）知识可视化

知识是人类对事物存在方式及其变化规律的认识，具体表现为概念、方法、规律等各种抽象形式。一般情况下，学生往往死记硬背，或者习惯于对知识内涵的逻辑性理解，而不注重知识所描述对象的真正行为和行为背后的规律性。

四、课件的仿真性

在理工类课程教学中，不仅要让学生掌握书本知识，更要培养学生实际动手操作能力。为此，可利用相应的软件在计算机上建立虚拟实验室，如虚拟化学实验室、数理平台、几何画板等。教师首先要教会学生正确使用这些软件，让学生充分利用软件的功能进行实验，提高学生的思维能力和锻炼动手操作能力。课件具有形象、直观、生动等特点，能充分发挥图文并茂、声情交融、有声有色等优势，学生通过图文、声像、动画等多种信息感知，能使抽象的概念与事物的内涵变得更形象，让抽象的文字与符号的意义显得更明确，从而使学生颇有临其境、见其形、闻其声、触其体之感，尤其是多媒体技术提供实际情景之模拟教学，可展现那些结构复杂、动态变化、声像同现的内容，可显示微观的变化过程，可使难以描述的现象通过演示而一目了然，能帮助学生看到书本上看不到的内容，让学生感受课堂上感受不到的情景，把用书本、黑板无法体现的空间动态画面展示出来。近些年，随着三维技术的发展，三维动画甚至可达到以假乱真的逼真效果。

五、兴趣的激发性

相对来说，传统的教学手段枯燥无味，欠缺直观形态；课件教学，使古板变生动，抽象变形象，深奥变浅显，沉闷变愉悦……优美的画面、悦耳的音乐，可把学生吸引住，在观赏的同时可激发出学生的学习兴趣，原本枯燥的内容立即变得生动有趣。优良的课件，能把语言文字所描绘的情境更直观、形象和逼真地展现出来，吸引学生注意力，激发学习情绪，诱发学生学习的兴趣。精美课件改变了以往单调、机械、枯燥的教学模式，结束了只用“一支粉笔打天下”的局面，使教学向现代化的方式转变。信息技术使教学中音画交融、声情并茂，这种视觉和听觉上的组合优势，可充分调动学生的各种感官，使学生能以饱满的精神状态和亢奋的学习情绪参与到教学中，使学生由原先的被动学习变为主动学习，使他们的聪明才智得以充分发展和升华。

六、学习的自主性

多媒体课件与传统教科书相比，其优势在于资源的丰富性和学习的自主性。课件内容非常丰富，包括课本、教案、练习、自测、参考书和相关案例等，就像一个小型图书馆，给学生学习带来极大便利，学生可根据自己学习的具体情况自由把握学习进度；学生任何时候都能清楚地知道自己所处的位置和进度，控制自己的学习进程，并能提供多种模式和习惯的选择，让每门课程给每个学生带来最贴心的学习感受。

七、良好的交互性

充分的互动性，可形成人与机器、人与人及机器间的互动操作环境及身临其境的场景，并可根据需要进行控制。其中，人机交互是多媒体最大的特点。多媒体课件，既可在内容的学习使用上提供良好的交互控制，也可运用适当的教学策略指导学生学习，更好地体现出“因材施教”的个性化教学。良好的交互式模拟仿真课件，更好地实现了人机间的交互和教师的参与组织，通过知识形成过程的充分展示，培养学生的观察能力和思维能力及动手能力，使学生变得轻松愉快，从而为学生的创新意识和探索精神的培养提供了良好的环境。交互性使学生更充分地参与到教学过程中，进而加深理解和记忆。

八、信息的丰富性

多媒体课件由文本、图片、声音、视频、动画等多媒体信息组成，图文声像并茂，给学生提供了多种感官的综合刺激，能引起学生的学习兴趣，提高其学习积极性，并能高效率地获得知识。实验心理学家赤瑞特拉（Treicher）做过两个著名实验。第一个实验是关于人类获取信息的来源之主要途径。他通过大量的实验证实：人类获取信息 83% 来自视觉，11% 来自听觉，3.5% 来自嗅觉，1.5% 来自触觉，1% 来自味觉。多媒体既能看到又能听到，还能用手操作。通过多种感官刺激获取的信息量，比单一听老师讲解强得多。第二个实验是关于知识保持记忆持久性的实验。结果是：一般能记住自己阅读内容的 10%、听到内容的 20%、看到内容的 30%，听到和看到内容的 50%，在交流过程中自己所说内容的 70%。即若既能听到又能看到，再通过讨论、交流，并用自己的语言表达出来，知识的保持将大大优于传统教学的效果。这说明多媒体应用于教学过程既非常有利于知识的获取，也非常有利于知识的保持。多媒体课件既可更加自然、逼真地表现多姿多彩的视听世界，还可对宏观和微观事物进行模拟，对抽象、无形事物进行生动、直观地表现，对复杂的过程进行简化再现等。这样，就使原本艰难的教学活动充满魅力。交互式模拟仿真课件，具有模拟仿真技术及文、声、像、影并茂的特点，把说不清道不明，只靠挂图或黑板作图又难讲解清楚的知识，通过形象生动的画面、声像同步的情境、言简意赅的解说、悦耳动听的音乐、及时有效的反馈，将知识一目了然地展现在学生面前。它有强大的功能，尤其在动画方面有更为精彩的表现能力。多媒体课件由于能够吸取丰富的信息资源，所以往往会创设丰富的教学情境，并提供大量的多媒体信息和资料。这既有利于学生对知识的获取和保持，极大地扩大学生的知识面，还能深化学生对知识的认知深度。

九、功能的综合性

多媒体课件将计算机、声像、通信技术合为一体，是计算机、电视机、录像机、录音机、音响、传真机等作用的大综合。但对制作者的技术要求较高，需花费较多时间学习和练习。与文字教材和实物教具相比，课件可帮助学生体验多媒体信息的强烈感染力、超文本阅读的随意性和高效率检索式阅读的快捷性等全新感受。它所显示出的对教学活动的巨大改造力和对教学适应信息时代挑战的积极推动力，使教师更加认真地透视其巨大潜能，使之成为有效沟通的手段，是连接“此岸”与理想“彼岸”的一座桥梁。

十、资源的共享性

网络技术的发展，多媒体信息的自由传输，使得教育在全球范围内交换、共享成为可能。以网络为载体的多媒体课件，提供了教学资源的共享。多媒体课件在教学中使用，改善了教学媒体的表现力和交互性，促进了课堂教学内容、教学方法、教学过程的全面优化，提高了教学效果。教师可方便、快速地获得更多有用的教学资源，而且多媒体课件的共享整合及教学资源库的建立，可最大限度地避免重复建设。同时，多媒体课件在教学中的使用，改善了教学媒体的表现力和交互性、促进了课堂教学内容、教学方法、教学过程的全面优化，提高教学效果。交互式模拟仿真课件运用网络技术，使课件可通过网络进行传递，实现资源共享。

十一、软件的多样性

通常，虽有用一款软件就能制作一个课件的实例，但要作出一个效果良好的课件往往需使用多个软件才能创作而成。常用的软件有Powerpoint、Flash、Authorware、Premiere、Photoshop、Cool3D、Frontpage、Dreamweaver、方正奥思、课件王、蒙泰瑶光等，它们均有所长。不同教师会因各自教学需要和对不同软件的熟悉程度，去选择某几个软件进行创作。比如，首先可用 Cool 3D 做片头字幕，用 Flash 或 gif 编辑器编辑动画，接着用 Premiere 对所采集的音频视频或图片素材进行编辑，生成 avi 文件，再用 PPT 幻灯片模式或 Authorware、方正奥思进行组合，这样制作出来的课件会更加生动、直观，可视性强，且具有一定的艺术性。再如，网页制作三剑客是一套强大的网页编辑工具。之所以称为三剑客，是因这三种软件能相互无缝链接。它们由 Dreamweaver、Flash、Fireworks 三个软件组成。Dreamweaver 主要或专门用于制作动态网页、网页图片与网页编辑，Flash 主要或专门用来制作网页动画，Fireworks 主要或专门用来矢量图形制作和图像处理。现在制作网页，通常先由 Fireworks 导出切片、图片等，然后在 Dreamweaver 中绘制表格。较为流行的是在 Fireworks 中做好主要页面，然后导出，在 Dreamweaver 中加以修改，添加链接等，便成为一个非常好看的页面。又如，把蒙泰瑶光多媒体编著系统和 Flash 结合起来，完全可以制作任何科目的课件。

十二、制作的原则性

（一）趣味性

虽内容是课件质量高低的关键，但对学生来说，插入一些动画或声音十分必要，可使之更具吸引力。

（二）主体性

教学应为学生创造一个自主学习、自主探索的环境。所以，课件既要立足于教师，更要立足于学生，为学生的独立思考、相互合作和创造性作业提供条件，并依据其学习能力、认知风格、性格特征等差异，针对个性设计富有层次的问题，提出不同难度的任务。

（三）目标性

选择制作课件的基本类型要有目标，以使多媒体技术是为教学服务，是基于课堂教学的课件；选题上要有明确的目标，并非所有内容都须制作成课件，许多一目了然的知识，或可通过其他教学手段来实现的知识，就无须制作成课件。否则，课件的运用就是“机械化”，虽“新”而不“实”。

（四）技术性

多媒体课件既可靠性强，界面要好，效率高，通用性好；又能充分发挥计算机多媒体的特点，视听效果好；还能充分发挥交互作用，易操作。

（五）美学性

多媒体课件制作是一个艺术化的制作过程，其色彩的搭配、声音与画面的组合、动画与视频效果的运用，对多媒体课件最终的效果起到决定性作用。

另外，多媒体课件还有自身的动态性。各种课件制作软件大多随着时间的推移和制作者的认知之发展而不断升级，进而成为一种新的软件，也有的被新生的、更加完善的软件所替代。

课件的设计与制作艺术

课件制作的基本原则是内容与形式美的统一。形式美，能激发学生的学习兴趣，更好地表现教学内容；形式美，要求结构对称，色彩柔和，搭配合理，有审美性。在不违反简约性原则的前提下，使对象更加逼真。艺术性和简约性既统一又矛盾，简约本身就是一种美，但过于求美又可能破坏简约，所以要在简约性和艺术性相统一的前提下，追求一种和谐美。要制作一个精美的课件，需要考虑多方因素，比如版面设计，文字和背景色彩的搭配，模板的应用，动画的自定义设计，视频、音频和图片的应用及声音的添加等内容。

一、首页要整洁

首页，是一个课件等待正式上课前使用的一个页面，也是一个课件给予学生第一印象的“镜头”。一般来说，是一个欢迎页面，不需太多内容，但应稍华丽一点，一幅优美的风景画或一个符合主题的画面，加上一段简洁的欢迎词和一个按钮就可以了。为了让等待的过程不至于太枯燥，可设置让欢迎词动起来。另外，由于这是一个等待的时间，最好能插上一段轻音乐或符合主题的其他音乐。但要设置完整，让音乐能循环播放，并且在开始上课时能自动停止。

二、目录要简洁

课件的目录就像一个导向牌，指向学生要去的地方，所以完整的目录至少应具备标题、导航条和退出按钮。该页面最重要的就是要有丰富的内容，但尽量做到简洁、统一，最好有一定的风格，整体色调比较平和，内容也很丰富，可有导航条、校景图及名人名言等等，让学生一目了然。有些教师的课件虽有目录，但从内容上看过于简单，有的甚至连课件的主题也没有；有的虽然目录结构比较有特点，但各导航条形状、字体不一，色调混乱，让人眼花缭乱。从简洁、统一角度来看，有的目录色彩缤纷，形状各异；有的目录各导航条采用的是不同形式的艺术字，规格、样式也各不统一，布局凌乱，这些都是不可取的。在目录里应插入一个退出按钮，使整个课件随时可通过目录退到结束界面，而不是一路播放到最后一张。

三、文字要美化

在课件制作过程中，文字处理是一个重要方面。通过对文字进行各种形式的美化，可使课件更加美观，引起学生注意。通常，多媒体课件制作软件都会自带一个文字处理工具，可输入文本，调节字体、字号、文字风格、对齐方式、字体的颜色、设置段落等，可满足一般效果的需求。但总的来说，这样制作出的文字是平面的，缺乏层次、变化和立体感的。如果运用一些特殊的方法进行处理，效果就大不同了。

（一）字的立体效果

为方便起见，有些软件设有立体艺术字的功能，如微软公司的Office组件中都有艺术字选项。

（二）特效字

在课件制作过程中，有时运用软件中的功能对文字进行加工。如Flash就可制作出多种特效字。

1. *填充文字*　在Flash中，输入一定内容的文字，设置好文字的大小和字体（一般设置笔画较粗的字体，如琥珀字），选中文字，用修改菜单下的分解组件把文字打散变为图形，选中所有文字，选择适当的颜色和图形进行填充，可得到不同效果。

2. *动态字*　在Flash中，还可运用动画效果制作动态的镂空字、遮罩字、倒角光影字等。在进行课件制作时，可在不同的软件中编辑艺术字，然后在一个多媒体软件中合成。对于艺术字的处理，各个软件各有其特点和功能。可采运用复制的手段调取所需的效果。

（三）文字内容要力争简洁，突出重点，以提纲式为主

1. *合理留白*　不要把幻灯片制作得太满，周围要合理留白。

2. 留出空隙 根据文字多少设定字间距和行间距，要留出适当的空隙。一段文字首行应当缩进（英文段落首行不缩进）。行首不可有标点符号。文字版式要符合学生的浏览习惯。

3. 字体醒目 使用字体时，字体要醒目、清晰。文档中勿使用过多的字体。对关键性的标题、结论、总结等，要用不同的字体、字号、字形和颜色加以区别，也可使用字号的变化来代替字体的变化。

4. 颜色搭配 题目字体的颜色要和文本字体颜色区别开来，同一级别的标题要用相同字体颜色和大小。一个句子内尽量用一种颜色，个别需要突出显示的文字，可用另一种颜色或加粗显示。文档内文字的颜色一般使用3种字体颜色，要求搭配醒目、和谐。文字和背景的颜色搭配要合理，文字的颜色选择是和背景颜色息息相关的，搭配要求醒目、易读，避免视觉疲劳。

5. 动画显示 字体的动画显示。为提高演示效果，整版文字不一定全部同时出现。可采用自定义动画，随着讲课的进行，逐步显示出文字内容。一般选用“出现”“擦除”“切入”等几种即可，不必使用过于华丽的动画。

6. 排列整齐 各行文字内容排列要整齐。同一段落的文字，可在一个文本框中显示，这样便于统一进行格式及自定义动画的设置。如果使用多个文本框，可利用“绘图”中的“对齐或分布”，使对象对齐或均分排列。当然，也可在一个文本框中有不同的段落，这样可方便设置整体格式。

7. 艺术字式 艺术字的应用。在选择“艺术字”样式时勿过于繁杂，对于各类艺术字，要进行合理加工，包括艺术字的“样式”“填充颜色”和“线条”等，还可通过对艺术字进行倾斜、旋转或加阴影、三维效果等，增强文本的艺术魅力。但要适当运用，不可使用太多。

四、图片需处理

在课件制作中，图片是最常用的素材之一。然而，根据课件内容和教学需要，不一定能找到非常合适的图片。这就要求教师在课件制作时自己绘制图片或对已有图片进行加工处理，以适应课件制作的需求。

（一）丰富多彩的自绘图形

1. 自行手绘 在计算机软件系统中，用于绘图的软件很多。如 Windows 附件中的画图程序，可以根据需要，运用工具箱中的工具，用鼠标操作画出各式各样、色彩丰富的图画。

2. 自选图形 在绘画时，由于用鼠标操作不便或操作者的美术功底较差时，图形的精美度是一大难题。为解决这一难题，各个软件设置了许多基本图形，画图时可直接插入，如自选图形与剪贴画。

（二）图形的处理

在课件制作过程中，图片要符合课件的内容。因此，大量运用原始图片的可能性不大，一般都要经过加工处理。处理图形的专业软件很多，如 Photoshop、Flash 等，Windows 附件中的画图程序也具有一定的图形处理功能。图形的处理包括背景、选取、拼合、图形上的文字及色彩调整等。

（三）幻灯片中使用的图片、图表要清晰，大小要适当

1. 图片的采用 图片的选择，一般使用 JPEG 和 GIF 格式。

2. 图片的压缩 要注意图片的文件大小，对于用到的插图，首先应使用 ACDSee 等软件进行压缩，或者在幻灯片的编辑过程中，通过调用图像工具栏对一个或几个图片进行压缩，如果需要进行复杂处理，可使用 Photoshop 等。

3. 图片的要求 图片的位置、大小、颜色等都需要符合要求，背景的选择以图片为主，界面布局要合理，整体风格要统一，色彩搭配要协调，界面内容要简洁、美观，符合视觉心理。要注意课件展示的画面应符合学生的心理，突出重点，构图匀称、均衡。整个作品风格既要统一又要有变化。

4. 图片的适宜 使用淡雅的背景作出的模板其实也是不错的选择。同一画面对象不宜太多，注意动与静的色彩对比、前景与背景的色彩对比、线条粗细的对比等。在选用图片时模糊、变形的图片不能选用，应选清晰度高的图片，像素不能太低，尽量少用剪贴画，多利用绘图工具可绘制出效果很好的图片。

五、声音要动听

声音是构成多媒体的必要元素之一。课件中的声音包括音乐、语音（如解说）、各种效果声和背景声

等。其中解说常用于说明事物和现象，并进行概括和总结，对学习者给予指导、引导或启发，补充图像或文本的不足等；音乐则用于烘托特定的内容情节，对学习的节奏和氛围给予一定程度的调节，但要根据教学进行恰当选择，否则会产生负效果；背景声和效果声主要用于丰富教学内容所涉及的事物和现象，增强内容的表现力，在教学过程中让学习者既观其形，又闻其声。一个多媒体课件拥有动听的背景音乐及解说，可使呆板的文字和静态的画面生动活泼起来，极大增强课件的感染力。课件中的声音，是为烘托气氛、渲染情绪、增强艺术感染力、深化教学主题、描写背景、激发联想、组合画面、转换时空、强化节奏等。在课件中，对声音的选择和使用要目的明确，格调和谐。

（一）恰当的音乐和音响效果

课件中恰当地插入音乐，可更好地表达教学内容，吸引学生注意力，激发学生的学习兴趣。所以应根据课件内容，选择相应的乐曲。多媒体课件中的解说、音响和音乐三者之间是相互补充、相互联系、相互配合的，都从属于教学、服务于教学，都是为课件的画面内容和主题思想服务的。三种声音互相配合，才能创造出一种多层面、立体感的总体效果，才能使课件得到更好的烘托、渲染和深化。

（二）合理的音乐和音响效果

使用音乐和音响效果要合理，舒缓的背景音乐，可很好地调节课堂的紧张气氛，有利于学生思考。注意音乐的节奏要与教学内容相符，重点处要选择舒缓、节奏较慢的音乐，以增强感染力，过渡性内容处要选择轻快的音乐。要尽量设置播放开关按钮或菜单，以便控制。

（三）得当的音乐素材选择

音乐素材的选择要适合主题和气氛。背景以轻音乐为最好，钢琴曲就是不错的选择。Mp3、wma 等格式的都可以，声音的选用不可太多。

（四）必要的多种声音合成

在课件制作时，有时需要将几个声音文件进行合成，如解说时加上背景音乐。用 Windows 附件内的“录音机”即能很好地解决此问题。

六、色彩要协调

颜色激发感情，色彩传递情感。适合的颜色具有说服与增进的效能。颜色能提高愉悦兴趣，改良学习进程中的懂得与记忆功能。一般颜色可分为两类：冷色（如蓝和绿）和暖色（如橙或红）。前者合适做背景，因为它不会引起注意；后者适于用在明显地位的主题上（如文本），因为它可造成扑面而来的效果。因此，大多数 PPT 的颜色都使用蓝色背景、黄色文字也就不足为奇了。在具体运用中也可灵活掌握，假如将在暗室（如大厅）中进行演示，应用深色背景（深蓝、灰等）再配上白或浅色文字可取得不错的效果；在灯光明亮的房间内，用深色背景配浅色文字则效果不佳，但浅色背景配深色文字会更好地保持视觉效果。

（一）保持视觉效果

1. 颜色反差要大　文字颜色应与背景颜色反差大，易使学生看清文字、图像、图形，达到直观的效果。尽量避免两者色调相近，否则将导致文字和图像看不清楚。

2. 色调内容结合　背景色调应与所讲内容的时节相结合。如讲座在夏季举行，则适宜选用清凉、清爽的冷色调，同时配有冰雪等图案；如果讲座在冬季进行，那么背景色调应尽量选用暖色调并配以太阳、火焰等图案。

3. 注意颜色搭配　注意字体色和背景色搭配。蓝底白字或黑底黄字或白底黑字都将引人注目。

4. 注重整体色调　注意画面的整体色调，深蓝色和灰色给人以力量和稳定的感觉，红色一般意味着警告或者紧急，绿色代表生命和活力。如商业应用一般要选择蓝或灰色系。

5. 颜色黄金法则　背景采用深蓝色，标题采用金黄色，副标题采用淡蓝色，文字采用白色，项目符号为金黄色。

（二）色调要协调

一个优秀课件的整体色调风格应该是统一的，主要体现在对背景色的处理上，切忌花哨、凌乱。无特别需要一般不要更改背景设置的色调或风格。在 PPT 里有许多自带模板，可选择所需要的风格，网上也能搜索到非常多的课件模板。另外，还可通过设置“背景→填充→效果→双色渐变”来设置课件的背景风格，设置时尽量不要改变基本色彩，但可采用不同的渐变来达到和谐却不单调的目的。

（三）搭配要和谐

在制作过程中，模板与色彩搭配要和谐。过多的颜色会显得杂乱，并分散学生的注意力。每个课件可准备两种色彩搭配以适应不同的环境光线。第一种蓝底白字，适合在环境光线比较强的情况下使用，这种色彩搭配既能让学生看清文字，又不易产生视觉疲劳；第二种白底黑字，适合在较暗的环境下使用，因为白色的底版让学生可以看清教师“肢体语言”。

教学是以学生为主体、以教师为主导的活动过程，任何类型的多媒体课件在这个过程中都只是一个辅助手段。PPT 能帮助教师把一堂课的重点突出、难点分散，把难以用语言描述的原理和过程用多媒体素材形象、直观地演示出来。但课件不是一节课的全部，整个课程仍要以教师为主导，所以不必把课件做得面面俱到，更不能把应该由学生思考的问题轻易地展示出来。

（四）配色讲技巧

1. 讲究线条　保持视觉平衡，讲究线条流畅，使整体形状美观。

2. 利用反差　用反差、对比或边框等强调主题。

3. 选择字体　选择恰当的字体。

4. 适当留白　注意留白，能给人想象空间。

5. 运用色彩　因为人们对色彩的反应比对形状的反应更为敏锐、直接和深刻，更能激发情感。

（五）色彩运用技巧

1. 基色要相对稳定。

2. 强调色彩的形式感，比如重色块、线条的组合。

3. 强调色彩的记忆感和感情规律，比如黄色代表富丽、明快，橙红给人温暖、热烈感，蓝色、紫色、绿色使人凉爽、沉静，茶色、熟褐色令人联想到浓郁的香味。

4. 合理使用色彩的对比关系，色彩对比能产生强烈的视觉效果，而色彩的调和则构成空间层次。

七、动画要精彩

以 Powerpoint 为例，各种动画主要是由“自定义动画”设置的。虽有多种动画可供选择，但不宜用过多的动画形式。一般来讲，“出现”常用“擦除”“切入”“百叶窗”“渐变式缩放”等少数几种动画效果。回旋用来添加悬疑的效果；从屏幕中心渐变式放大效果表示揭示谜底，缩小效果表示强调观点；使用切入效果用来比较数据；若想要重点突出某些文字，就用“闪烁”强调效果；若是正在读的一段文字或公式，可采用向右擦除的效果；若想控制文字出现的节奏，可以设定为“按字母”的方式出现……

八、布局要合理

以 Powerpoint 为例，其合理布局应考虑如下几点。①要有标题幻灯片——告诉观众，演讲者是谁，准备谈什么内容。②让学生容易辨认——每张幻灯片最多 5~6 个项目符号，并且每段的句子要短，这样才能使文字变大，容易辨认。③格式应保持一致——整套幻灯片的格式应该一致，含颜色、字体、背景等。④统一的横向或竖向——同一套幻灯片使用统一的横向或者竖向，不要混杂使用。⑤应能吸引听众——每页幻灯片应注意尽量采用文字、图表和图形的搭配。这样更能吸引听众。⑥要留有适当的空间——不要每张幻灯片都塞满了信息，不要把整段的文字搬上幻灯片。⑦准备一张结论幻灯片——准备一张结论幻灯片，这样可在结束演讲之前再次强调有关的信息。⑧要注意重点突出——图文混排时要注意重点突出，不要让陪衬的其他配件喧宾夺主，文字尽量不覆盖在图案上。

课件制作和设计的过程涉及图、文、影、音等方面，不仅要求教师具备基本的多媒体技术知识，也需要良好的艺术品位，是一项需要长期积累的工作。

制作课件需掌握色彩技巧

由于色彩在课件中扮演着举足轻重的角色，所以教师需要了解色彩知识。色彩的魅力是无限的，它可让平淡无味的东西瞬间变得生动有趣。信息时代快速到来，网络也开始变得多姿多彩。所以，设计者不仅需要掌握基本的网站制作技术，还需要掌握网站的风格、配色设计等技巧。其中配色设计在课件设计中占有相当重要的地位。如果不使用语言进行交流，颜色则是传递信息和表达意思最快捷而有效的方法。为能更好地应用色彩来设计课件、吸引学生，必须掌握色彩的基本知识与色彩的运用。

一、色彩的基本概念

自然界有很多种色彩，比如：玫瑰是红色，大海是蓝色，橘子是橙色……但最基本的颜色只有三种：红色、黄色和蓝色。其他颜色均由此三种颜色调和而成，故称其为颜料的三原色。现实中的色彩还可分为：无彩色和有彩色。白色和黑色，还有它们之间所产生的全部灰色段都称为无彩色，它没有色相的种类，只有明暗的变化。无彩色只能用明度的差异来区分，白色是最鲜亮的，黑色是最灰暗的。有彩色指的是无彩色以外所有的颜色。

客观世界的有彩色（即色彩）千变万化、各不相同，但任何色彩都有色相、明度、纯度三种性质，又称色彩的三要素。当色彩间发生作用时，除以上三种基本条件外，各种色彩彼此间形成色调，并显现出自己的特性。色相指色彩的相貌，是区别色彩种类的名称。明度（色彩的明暗程度）即色彩的深浅差别，明度差别即指同色的深浅变化，又指不同色相之间存在的明度差别。纯度（色彩的纯净程度）又称彩度或饱和度，某一纯净色加上白或黑，可降低其纯度，或趋于柔和，或趋于沉重。色调指的是画面中总是由具有某种内在联系的各种色彩组成一个完整统一的整体，形成画面色彩总的趋向。色性指色彩的冷暖倾向。

二、各种颜色的效果

色彩是人体第一视觉语言，具有影响人们心理、唤起人们感情的作用，更能左右人们的感情和行动，这与大部分人的经验与联想有关，人们通过与自然界和社会的接触，逐步形成色彩的概念和联想。因此，色彩的象征意义和印象表现是具有世界性的，不同民族之间的差异不大。这里，通过分析日常生活中的几种主调颜色，来探究一下在课件制作中设计色彩的印象表现及效果。

（一）红　色

红色是最引人注目的色彩，具有强烈的感染力，它是火的色、血的色。红色象征热情、喜庆、幸福，又象征警觉、危险。红色色感刺激强烈，在网页与课件色彩配合中常起着主色和重要的调和对比作用，是使用得最多的颜色。

（二）黄　色

黄色是阳光的色彩，象征光明、希望、高贵、愉快、活泼。浅黄色表示柔弱，灰黄色表示病态。黄色在纯色中明度最高，与红色色系配合产生辉煌华丽、热烈喜庆的效果，与蓝色色系配合产生淡雅宁静、柔和清爽的效果。在网页色彩配合中，一般黄色与节日礼品等有关。

（三）蓝　色

蓝色是天空的色彩，象征和平、安静、纯洁、理智，另一方面又有消极、冷淡、保守等意味。蓝色与红、黄等颜色搭配得当，能构成和谐的对比调和关系。

（四）绿　色

绿色是植物的色彩，象征平静与安全，灰褐绿色则象征衰老和终止。绿色和蓝色配合显得柔和宁静，和黄色配合显得明快清新。在网页与课件色彩配合中，因绿色的视认性不高，多做陪衬的中性色彩运用。

（五）橙　色

橙色是秋天收获的颜色，比红色更为温暖、华美，是色彩中最温暖的色彩，象征快乐、健康、勇敢。

（六）紫 色

紫色象征优美、高贵、尊严；又有孤独、神秘等意味。在网页与课件配色中，紫色与红色配合显得华丽和谐，与蓝色配合显得华贵低沉，与绿色配合显得热情成熟。紫色运用得当能实现新颖别致的效果。

（七）黑 色

黑色是暗色，是明度最低的非彩色，象征着力量，有时又意味着不吉祥和罪恶。在网页与课件设计中，黑色能和许多色彩构成良好的对比调和关系，运用范围很广。

（八）白 色

白色表示纯粹与洁白的颜色，象征纯洁、朴素、高雅等。作为非彩色的极色，白色与黑色一样，与所有的色彩构成明快的对比调和关系，与黑色相配，构成简洁明确、朴素有力的效果，给人以重量感和稳定感，有很好的视觉传达能力。

三、不同色彩的不同感应

设计精良的课件除了要有色调构成的整体倾向，还要具有和谐统一的色彩倾向。通常设计制作课件时，首先需决定整个课件的色彩倾向，这样可确定课件给予学习者的第一印象。页面色调有活泼或庄重，雅致或热烈的趋向。比如 Disney 公司网站的页面设计色彩艳丽，假如选择比较素的颜色可能无法营造出欢快的气氛；而 Apple 公司网站页面色调则是以素淡为主，晶莹剔透的按钮等细节则突出了产品及公司自身的高贵典雅、超凡脱俗、简约明快的形象。

制作课件在用色方面也有繁简之分，不同性质的课件在这个方面会有不同。在确定课件风格和色彩基调后，从内容出发要让学习者受到吸引和震撼，从日常生活中人们的视角出发，要重视色彩的应用心理效应，这是课件配色设计中最关键的一步，也是最后一步。

色彩的直接心理效应来自色彩的光刺激对人的生理产生的直接影响。心理学家对此曾做过许多实验。他们发现，在红色环境中，人的脉搏会加快，血压会有所升高，情绪会兴奋冲动；在蓝色环境中，脉搏会减缓，血压会有所降低，情绪也较沉静。有的科学家发现，颜色能影响脑电波，脑电波对红色的反应是警觉，对蓝色的反应则是放松。自 19 世纪中叶以后，心理学已从哲学转入科学的范畴，心理学家开始注重实验所验证的色彩心理效果。不少色彩理论都对此做过专门介绍，这些经验都向我们明确了色彩对人们心理的影响。

冷色与暖色是依据心理错觉对色彩的物理性分类。对于颜色的物质性印象，大致由冷暖两个色系产生。波长长的红光和橙色光、黄色光，本身有暖和感，因此光照射到他们都会有暖和感。相反，波长短的紫色光、蓝色光、绿色光，有寒冷的感觉。夏日，人们关掉室内的白炽灯，打开日光灯，就会有一种变凉爽的感觉。颜料也是如此，在冷食或冷的饮料包装上使用冷色，视觉上会引起对这些食物冰冷的感觉。冬日，把卧室的窗帘换成暖色，就会增加室内的暖和感。

以上的冷暖感觉，并非来自物理上的真实温度，而是与我们的视觉与心理联想有关。总的来说，人们在日常生活中既需要暖色，又需要冷色，在课件色彩的表现上也是如此。通过对课件配色设计的探究不难发现，设计的重要任务在于科学准确把握主题的内涵，追求卓越的设计创意，同时也要不断探索新的艺术形式，才能提升设计作品的表现力，增强其打动人心的力量。

通过了解色彩原理、配色技术和艺术审美要求，可发现网页与课件制作中关于配色设计的要求是十分重要的。要善于运用色彩和非色彩的调和功能，在页面上明确基调，同时注意丰富页面构成的空间层次，注重色彩对人心理的影响，只有将色彩自然和谐地运用在网页与课件设计中才会使网页与课件获得生命的力量，像一颗朝气蓬勃、绿意盎然的大树将生命的气息通过无限延伸的枝条传送给旅行者，让他们不得不驻足惊叹。

课件设计与制作的要求

多媒体技术迅速兴起，并已进入课堂，将传统的课堂教学引入全新境界。尤其随着计算机辅助教学的逐渐推广和应用，多媒体课件的制作也越来越成为广大教师必须掌握的一项技术。按课件设计制作的基本要求做出好的课件，对促进课堂教学新模式的应用，加快教育现代化的进程有着十分重要和深远意义。

一、准备需充要

作为一种现代化的教学手段，多媒体辅助教学已越来越受重视。但在实际应用中，从网上下载或从教材配套光盘中找到的课件，完全适合一线教学的并不多，因此很多时候教师需自己制作课件。通常，课件的前期准备工作比实际制作所花费的时间还要多些。教师要根据课程需要，找到所需的各种素材，如图像、动画、声音、视频等，这样才可在较短的时间内完成一个课件的制作。

（一）选题与设计

课件是为教学服务的，运用多媒体主要是解决一些传统教学中不能或难以解决的问题。所以，在选择课件内容时，应是教学中的重点、难点，或较抽象、难理解的部分，切忌为多媒体而多媒体。确定内容后要写好脚本、制定好课件的整体框架，这是制作一个优秀课件必不可少的前提。

（二）搜集与制作

框架确定后，便要着手搜集相关素材，并将这些素材分别归置到各个文件夹中。素材一般包括制作课件所用的图片、声音、动画、视频等。

1. 图片的获取与处理　图片一般可通过从互联网、素材库（包括教材配套光盘）或扫描仪、数码相机等及自身制作方式获取。如需要对图片进一步处理，可采用 Windows 自有的画图程序或 Photoshop 等图像处理软件来处理。

2. 声音的录取与方式　有两种方式：一是利用电脑话筒直接录入，最好用专门的声音处理软件（如 Cool Edit Pro 等）来录制；二是将磁带声音转录至电脑，可用录音机播放磁带，将录音机的音频信号通过连线送至声卡上的线路输入，由声卡将模拟信号转变成数字信号。如果要对声音进行处理，可采用声音处理软件。教材配套光盘中也有一些声音文件，从 DVD、VCD 等光盘及互联网上也能找到很多声音文件。

3. 动画的制作与效果　如果要制作二维（平面）动画可采用 Flash ，制作三维（立体）动画可用 Cool3D（文字类）或 3DMAX（物体类），制作 Gif 动画可用 Ulead Gif 或 Animator。PPT 也能添加很多自定义动画，功能非常强大。用 PPT 制作动画，步骤简单，修改方便，效果明显，效率很高。

视频可在 DVD、VCD 或互联网上查找，也可用摄像机自己拍摄。如果需要视频中的某一个片段，可用视频编辑软件如 Premiere 进行剪辑。

二、结构要清晰

在黑板时代，一节 45 分钟的课程，教师的板书一般是两到三个版面，而相同时间内可播放幻灯片 15~20 张，甚至更多，课堂的信息量大为丰富。但随之而来的问题是，如果没有清晰的层次结构，巨大的信息量会让学生晕头转向，记笔记也很困难。要做到结构清晰，首先，要选取本课时中的重点内容和必须要用多媒体展示的部分，非重点和不必要的动画会分散学生注意力而降低课堂教学效率。且课件中的文字要精练，教材上大段文字阐述不必在课件中重复出现，即使出现，也尽量浓缩，以浅显、精练的文字归纳出要点。其次，在课件中可多次重复目录页，每讲完一个大问题，都重复播放目录页，使走神的学生也能追上教学的思路。另外，整个课程的项目符号和编号要统一，并尽量与教材保持一致，方便学生做笔记。

三、风格要统一

课件的特点是图、文、声、像并茂，提供形式多样、功能各异的感性材料，形象生动的画面、标准逼真的情境、悦耳动听的音乐背景、妙趣横生的益智游戏，把学生带入宽松愉快的环境，主动探索，积极进取。但如不注重课件制作的精美，做出的课件花哨而杂乱，既让使用效果大打折扣，又影响教学效果。

（一）统一风格，画面简洁

风格统一，是指要注重图片之间的整体性与协调性。不同教学内容要对应不同的风格，切忌这里找一张图片，那里找一张图片。因有的图片是水彩画风格，有的是水粉画风格，有的是实景照片，还有的则是卡通图片，放在一起就像一个大杂烩。让人看起来很繁杂，很俗气。同时，每一个画面也要简洁，突出主题，内容不宜过多，不要将文字、图形、动画、按钮等布满整张画面，否则会使课件非常花哨、凌乱。

（二）字体合理，搭配颜色

课件中的字体要便于识别，颜色搭配要合理。有的教师为把课件做得漂亮，用了很多不同字体甚至不太常见的艺术字，虽好看，但难以辨认。还有过多使用鲜艳色彩，既易造成学生眼睛疲劳，又易分散其注意力。

（三）界面友好，易于操作

所谓界面友好，是指使用者与课件之间有良好的人机对话界面，使用者看到软件，即可清楚地知道如何使用。因此，在制作课件时，应注意同一功能的按钮使用同一种图形，并放在同一个位置。

（四）加入动画，增强效果

动画是课件制作常用的重要手段，它会使课件更加活泼、生动、有趣，能调动学生的学习热情，表现出其他教具无法表现的内容。故大多优秀课件都离不开动画，但使用动画必须把握好“度”。有的课件出示板书时，不断改变文字或图片进入画面动作，把板书变得新奇和有趣，使学生眼花缭乱，但课件却失去重点。

四、节奏要合理

授课中，应注意把握课堂节奏，虽翻页比板书要快得多，但不能赶进度，要紧紧抓住学生的注意力。每张幻灯片的文字数以 30~60 个汉字为宜，讲述时间以 2~5 分钟为宜，若一个问题或概念的内容较多，一张幻灯片放不下就拆为两张，切忌强把文字堆积在一张幻灯片上。心理学研究表明，学生注意力集中的时间一般为 15~25 分钟，有经验教师在发现学生注意力分散时就插入一个“包袱”，把其注意力重新集中起来。制作课件也可有意识地在学生易走神时段，插入动画、声音或视频等能引起注意的素材。

五、重点要突出

在具体到制作每一个课件时，既要考虑适用、适量和适当等要求，更要注意突出重点原则。

（一）充分利用先进软硬件技术

利用声、光、动等听觉和视觉效果设计课件，会使之更加生动。但很多课件的制作，把搜集的图片、动画、声音等，不管是否与课程内容有关，是否有助于学生理解和掌握知识，统统堆砌在课件之中，甚至一些“获奖”课件亦然。课件毕竟是服务教学的，过多过于花哨的多媒体素材反会分散学生注意力。

（二）模板与色彩搭配要讲究

和网页设计一样，课件也忌讳“五颜六色”，过多的颜色会显得杂乱，并分散学生的注意力。一般来讲，除黑色和白色外，最多搭配 3 种颜色。每个课件应有两种色彩搭配以适应不同的环境光线。

六、技巧要讲究

目前，制作多媒体课件的工具软件很多，如 PowerPoint、Flash、Authorware 等，也有些大型网页课件制作工具。其中，PowerPoint 因其制作手法简单易学、体积小、播放容易等特点，很多教师用它来做课堂内容提纲。Flash 作为专业的动画制作软件，一般只用来制作短小的效果课件，以生动的动画形式演示某种效果，如弹性碰撞、月食的产生过程等。在制作简单小型课件时，Authorware 比起上两款软件并没有什么优势，但要制作内容形式丰富、容纳多种媒体信息的高水平课件时，使用 Authorware 就要简单方便得多。前面提到过的网页制作三剑客也是制作课件的得力助手。

七、弊端要防止

课件的设计与制作，须与课程相结合。在课件设计与制作的基本原则方面，很多教师存在一些误区，例如演示文稿（PPT）的内容结构层次不清晰，幻灯片中加入很多与课程内容无关的图片和动画，选用不恰当的模板和色彩搭配等等，致使很多学生起初觉得多媒体授课很花哨，但不久就失去兴趣，而开始怀念以前的“黑板”。多媒体课件可多种多样、丰富多彩，但应防止出现以下情况。

（一）耗时费力，制作嫌烦

课件的制作对教师提出较高的信息技术素养要求：一是要求教师会应用一些多媒体课件制作软件，如PowerPoint、Flash等；二是要求教师要具备一定的整合能力，会搜集、加工、处理、整合课件制作时所需的各类信息，会精心设计、统筹搭配、科学整合；三是要求教师要围绕学生的学习兴趣激发、综合能力培养、思想觉悟提高恰当应用，巧妙应用。如果过“高”的要求与教师较低的信息技术素养形成明显的反差，再加之多媒体课件制作费力、耗时，会使部分教师见“机”生畏，“烦”于课件制作。

（二）界面花哨，华而不实

多媒体课件需借助一定的艺术形式，但不能单纯地为艺术而艺术，仅仅停留于表面文章。如色彩过于艳丽的界面、美观好看的按钮、字体变化多样的文本，美化界面、方便教师的操作，却成了学生的视觉中心，影响学生对教学内容的注意力，而长时间注视色彩明丽的画面还会影响学生的视力。只有充实的内容与完美的外在形成有机结合，才能真正达到传授知识、调动学生积极性、改善教学环境的目的。经常看到，教师所用的课件从图片处理、文字选择到播放的艺术效果，都经过精心设计。追求细节完美固然是好，但也很易将学生注意力拉向一些无关紧要的事物上。可以想象，学生强烈的好奇心和新鲜感会将他们的注意力自然地分散到热闹的场景上，从而降低课堂学习效率。大部分教师在教学中都使用课件，其中有些课件大量运用Flash动画效果，虽是精彩，但若运用到课堂上，学生只会被其眼花缭乱的动画所吸引，而具体的内容可能还是学不到。这些课件在技术上虽无可挑剔，但与内容脱节，起不到辅助教学的作用。当然，也有些非常好的课件得到教师认可，它们都是一些既能体现教材内容，又适合教学的高水准课件。

（三）呆板单调，索然无味

多媒体教学是以文字为基础，配合图像、声音、动画等手段，从多方面刺激学生感官，引起兴趣，从而提高教学效率和提升教育效果。而一个形式呆板的多媒体课件与黑板加粉笔的教学方式没有什么区别，其教学效果自然也不会显著。一些教师利用多媒体课件，从引入到新课，从概念到规律，从举例到练习均投影在屏幕上，学生看得多、听得多，走马观花，思考就少，只强调过多的外部刺激，不留给学生足够的独立思维空间。多媒体教学应注重能力培养，教师应是教学过程的组织者、指导者，而不是知识的灌输者，学生应是学习的主体，而不是知识的被动接受者。另外，有的教师在制作课件时，存在“单一化”“文字化”“过量化”等现象，课件过于追求“系统性”，集板书、过程、练习为一体，形式单一。多媒体辅助教学具有其独特性、先进性、高效性，并非所有教学内容都适用，而应根据实际需要合理使用，才能发挥最佳效果。只有将多媒体辅助教学与传统教学模式有机结合，才能相得益彰。

（四）生硬拼接，胡拼乱凑

课件制作讲求取材合适，用材得当。如在讲授“历代各个朝代的建立”时，若在课件中插入现代流行音乐就显得不伦不类，甚至破坏整个课件的韵味。需要柔和的背景音乐时却插入节奏强劲的摇滚乐，甚至不该有音乐时出现音乐，会大大影响课件整体的效果。课件的优势在于超文本功能、人机互动功能、网络功能。许多教师制作的课件，大多不能体现这三大功能，只不过把图片、视频、文本的内容转为计算机演示，这不是真正的课件。然而，不少人制作课件，却是为应付差事、为比赛、为职称等；不是多种知识的有机融合，而是几种内容的拼凑。要完成一个好的课件，是需花时间和精力的。粗制滥造的东西，既完不成教学任务，也浪费学生时间，更会使教学质量得不到应有的提高。

一份优秀的、经得起时间考验的课件需要制作教师仔细考量，注意到上述问题并合理运用，才能真正让多媒体课件为教学所用。

课件制作过程及技巧

多媒体课件多种多样，不同类型的多媒体课件对应不同的教学策略。多媒体课件类型有课堂演示型、发现学习型、练习训练型、问题求解型、辅助指导型、模拟实验型、测试型和资料型。我国目前应用较多的还是针对具体学科内容设计的演示型多媒体课件，它支持以教为主的教学模式，以教师课堂教学的辅助手段出现，强调的是用于解决教学中的重点和难点，一般是由教师控制，向学生展示。

一、制作的准备

（一）做好制作的准备

课件制作的前期准备工作应是实际制作时间的几倍，因为此环节包括教学设计、编写脚本和素材搜集等。教学设计水平的高低，在很大程度上决定课件成功与否；编写脚本则主要是将教学设计编写成思路清晰、流程精练的“剧本”，而这两者也是真正意义上教师的智慧体现；课件中所使用的素材质量也非常重要，它可以极大地影响学生对新知的认识从而影响教学效果。在制作前期准备过程中，应注意如下几点。

遵循教学规律　教学设计应遵循心理学、教育学规律，使课件按照由浅入深、由易到难、由简到繁、循序渐进地实现。

2. 优化课件结构　力求课件的内容准确、丰富、图文并茂。由于授课者和授课对象不同，教学内容的安排应有所差异，开放式系统应能满足各个层次的学生需要。对教师而言，备课时要充分考虑到学生的现有水平和可能达到的水平，即“最近发展区”。要做到结构清晰，首先要选取本课中的重点内容和必须要用多媒体展示的部分。而且文字要精练，以浅显、精练的文字归纳出要点。其次，在课件中可添加阶段总结性内容的幻灯片，使走神的学生也能追上课程的思路。

（二）提高制作课件的能力

除去信息量丰富外，图片的插入和文本框的动画进出效果，也许是大部分教师喜爱 PPT 的重要原因，但这两种功能却仅限于对文字呈现的变化和图片静态的呈现，并不能长时间保持学生的兴趣。当然，恰到好处的图片及适当的动画效果，也可使课件为一节好课画龙点睛，但这对教师的整体设计能力和审美能力也提出一定要求。通常，一节生动课还需辅以动态图片、声音、Flash 动画甚至是视频文件，而 PPT 可通过插入方式来实现此类功能。前提是需教师具备一定网络信息搜索能力和对资源简单加工的能力，如果教师会使用诸如 Photoshop、Flash 等图像、声音和动画软件，就能更大限度地改善和优化课件。

二、制作的过程

多媒体课件一般是选择多媒体软件创作而成。制作过程包括：分析教学目标、制订课时计划、编写脚本、编制程序、运行调试和课堂实践运用。制作课件是对已创意好的脚本进行最终加工完善并形成产品的过程。它不是简单媒体组合，而是一个复杂、需要较强动手能力进行艺术加工的过程。制作时，应依据脚本，遵循制作原则，耐心细致，熟练运用各种软件，及时排除各种可能出现的故障；要做到文字规范、图像清晰稳定、构图与色彩合理，保证运行平稳流畅，可控性好，可靠性强，利于学生仔细观察和分析，便于教师操作使用。

（一）设计脚本

根据课题要达到的目的，设计好脚本，即课件的蓝本。搜集媒体素材，包括图形、动画、图像、文本和声音等。搜集素材要根据脚本的需要进行。然后，就可开始制作合成了。这一步是课件的核心。要根据脚本要求和意图设计出整个过程，选择合适的软件，将各种媒体素材编辑起来，制作成交互性强、操作方便、视听效果好的课件。这一过程的技术性很强，往往需要多次修改，才能设计制作出来。

（二）选择课题，确定教学目标

一般来讲，课程内容比较抽象、难以理解、教师用语言不易描述、某些规律难以捕捉、需要学习者反复练习的内容适合使用多媒体课件。选题的同时，还必须分析和确定课题实施所能达到的目标，应符合教学目标的要求。特别注意要发挥多媒体的特长，根据教学内容的特点，精心设计、制作多媒体素材，集图、文、声、像于一体，有效调动和激发学生学习的积极性和创造性，提高学习效率。

三、素材的积累

（一）素材的搜集

短时间内要找齐所有高质量的素材是不可能的，平时就应注意积累声音、图片和动画文件，或者将较好的相关网站放入收藏夹中。当然素材的搜集也可是自己对文件的再加工，如声音录制、图像处理及动画制作合成等。由于兼容性问题，素材存储的文件格式一定是常用的，如声音存储格式应以 WAV 为主，图像存储格式应以 BMP 或 JPG 为主等。此外，还需要将搜集的各种素材进行加工处理，使素材更生动。在获取素材时通常有以下几种方法。①转换图片——用数码照相机来采集画面，然后用相应软件将其转换为需要的图片，并进行加工处理。②视频转换——在计算机中配置视频采集卡，然后可将录像机、视盘机或摄像机播放的视频转换为数字视频，并通过视频制作软件将数字视频信号存为 AVI 或 MPEG 等适宜利用计算机直接播放的格式视频文件。③扫描采集——用图形扫描仪采集图像和文字。④捕获图像——捕获计算机显示屏中的图像。⑤网上下载——从网上下载素材。⑥软件制作——使用相应的软件制作素材。

（二）素材的选取

在课件制作中，素材选取是个难点。随着软件技术的更新，各种格式的图形、音频、视频在多媒体合成软件中得到充分的应用。而音频、视频的应用使得课件更加生动、活泼、形象。现代信息网络提供了大量的可视影像，如电视、光盘、资源库等。同时，也可用摄像机、数码相机等工具进行实地取材。但总的说来，这些素材皆为原始素材，不能直接在课件中运用，需用工具软件对其进行裁剪、编辑。

四、重点的突出

教学过程中，无论采用什么形式，组织什么活动，都必须与讲授的内容和要突出的重点紧密联系起来。比如，某校曾经组织一个对比测试，两个水平差不多的班级，A 班教学课件中对课文内容使用的是几幅朴实无华的简单图片示例，B 班使用的是一个精彩的 Flash 动画。上课结束后的随堂测验表明，A 班学生对这部分知识的掌握好于 B 班。对学生的访谈也表明，B 班的很多学生只记得那个 Flash 中的卡通人物和视觉效果，而真正重要的知识却没有留意太多。在摄影作品中，构图的基本原则是“减法”，即尽量把与主题无关的元素从中减去。课件的制作可借鉴这个原则，先用“加法”把平时搜集的与教学内容有关的素材放到 PPT 中，然后再做“减法”把重复和相关性不大的素材摒除。

五、难点的突破

课堂教学最基本的要求就是扣紧教材中的重点和难点及两者兼具的重难点。在教学活动中，教师要抓住重点和难点，充分发挥自身的主导作用和学生的主体作用，引导学生积极参与。多媒体教学手段给我们提供了有利条件，通过设计课件，分化难点，化难为易，逐步解决问题。在制作课件时可通过以下方式实现有效突破。

（一）化抽象为形象，化概括为具体

多媒体可直接提供声画并茂、视听结合的客观世界的表象，将抽象、概括的文字符号转化为形象具体可感的东西，使文字与客观事物之间建立联系，化难为易。比如，运用色彩，能突出教学内容的重点或难点，给学生一个视觉上的冲击，引起学生的注意力，使学生能更快地接受知识。教师在准备课件时，可以标好所讲内容的难点。讲课时放到屏幕上，学生一目了然，就能有针对性地进行学习。

（二）化静为动，化虚为实

以多媒体为载体，引导学生理解作者的主观感受，化虚为实，化静为动。教师可从丰富的网络资源中截取适合于本课堂的教学内容，如相关图片或视频，通过重新编辑，让教学内容变成一部动态、有声的“电影片段”。学生通过画面，对所学内容有直观的了解。这样直观演示、动静结合的效果，可降低学生理解的难度，使学生成为学习的主动者，将学生原有的机械记忆的肤浅认识转为深刻全面的理解，从而加深认知形象。

六、内容的编排

重视课件的内容设计，既要考虑课型（如新授课与复习课）。更要考虑目的。编制课件只掌握制作技术还不够，必须用现代教育理论来武装自己。就当前的教育情势和发展趋势，使用课件旨在构建有利于创新人才的教育模式，它应激发学生思考和想象、提供学生选择和讨论、方便学生创新。

（一）讲求构思

以 PPT 为例，在设计课件方案时，要根据 PPT 的特点，把方案写成分页式，即按照幻灯片一张一张的样式，按屏幕页面的方式写出，同时要考虑模板的选取、版式的选择、效果的设置、动画出现的时间及放映时的链接等。然后精心构思场景，写出课件制作的方案。

（二）坚持简略

PPT 幻灯片本身不是演示主角，学生才是主角。幻灯片仅仅是用来辅助倾听、感受或接收所转达的信息，所以不要让幻灯片喧宾夺主，不要制作得过于复杂或充斥图表“垃圾”，应力求简练。幻灯片应留有充足的空白空间，不要用不必要的图形或文本框来填满这些空白区域。幻灯片上凌乱的部分越少，提供给学生的视觉信息就越直观、越清晰，学生就越能抓住课堂的精髓和重点。

（三）选择模板

为制作统一风格的幻灯片模式课件，需要根据教案的设计，精心选择设计模板。PPT 提供了几十种经过专家精心制作、构思精巧、设计合理的模板。利用模板，可在最短时间内创建出较为理想的幻灯片，大大节省时间和精力。当然，模板在制作课件的过程中，可随时更换，并可修改。从网上也可搜索大量精彩的模板。

（四）添加文本

文本可在幻灯片视图中输入，亦可在大纲视图中输入，还可输入竖向文本。文字输入后可编辑和格式化文本，如设置字体、字号、颜色等。可改变文本框位置和大小。

（五）标题和模板

1. 幻灯片的所有标题应当采用相同的字体、大小、格式、位置和颜色。

2. 标题字体的大小在该幻灯片中应最大。副标题字体比正标题小些，放置的位置也要每张都一致。

3. 幻灯片页面和文字的配色要考虑和模板色系一致。

4. 页面设置为 35 mm 幻灯片，并且四周保持 0.5 英寸的空白边缘，以防内容被幻灯片框所覆盖。

5. 根据对象和环境，选择适宜模板，如商业项目建议书模板宜选择蓝色或灰色系，节日主题的课件宜使用红色或黄色系。

七、实用的注重

多媒体能模拟仿真，化抽象为形象，将学生带进形象、生动、色彩缤纷的教学情境之中，使学生感官接受刺激，发展思维能力，拓展空间概念，加深对事物的理解。使用多媒体课件辅助教学确实能为教学注入活力，但若使用不当或过度则会成为教学的干扰源。要提高课件的实用性，可从以下两个方面进行。

（一）课件应以服务教学为前提

一个课件制作得是否成功，既要看它是否渗透了科学的教学理念和思维方式，能否有效达到预期的教学效果，还要看它在多媒体技术方面运用得好坏。所以在设计制作课件时，应清楚地认识到运用多媒体课件进行教学，只是实施教学的一种手段，多媒体本身只是教学工具，课件的作用只能定位于“辅助”上。因此，在实施多媒体教学的过程中，教师工作重心还应放在认真钻研传统教学当中的心理学、教育学知识方面，并深入研讨如何将最科学、最先进的理念、思想和思维方式融入到多媒体课件之中。

（二）课件应该以提高效率为目的

提高教学效率是计算机辅助教学（CAI）的最终目的。提高教学效率包括两层意思：从教师角度说，是借助 CAI 教得更轻松省力；从学生角度说，就是在最短时间内学到最多东西。多媒体计算机教学变静态的挂图为可操作的动态画面，变教师的单一说教为形象的视听刺激，变抽象复杂的问题为简单具体的问题，使学生的学习变得主动，这样教学效率势必会提高，教学容量也会相应扩大。

八、制作的过程

教学课件制作，不仅仅是课件本身，还有教学资源、设计理念、教学策略、教学目标、教学媒体的选择及对教学资源、教学手段的熟练程度等也需要在制作课件的过程中加以考虑。

（一）前期确定目标

先要确定教学目标，从教学实际出发，体现以学生为主体，教师为主导。明确的教学目标和学习目标，应符合教学规律，体现教师的教学思想和教学艺术。同时确定采用什么方式，突出重点，突破难点，以达到教学目标等，并按要求写出教学方案及教学过程结构的流程图。

（二）中期准备素材

要设计创作脚本，根据设计，分析可行性程度、必备条件及还需增补的材料，确定课件类型，进而选择硬件和软件环境，选用适合的媒体，收集、采集素材资料，完成课件的编辑制作。

（三）后期调整修改

课件制作完成后须做整体检查和修改。为避免错误和理顺教学思路，为以后课堂教学顺利展开做好准备，任何一个课件制作完成后，都要经多次调试、试用、修改。这是确保课件质量的最后一关。

九、后期的集成

当所有素材都制作完成后，还需用专门的课件工具（软件）将这些素材集成在一起，做成一个易操作、可交互的课件（教师与课件交互，学生与课件交互）。

在制作课件后期的集成中，要特别注意使制作的课件应符合教学规律、易操作、具有交互性、能实时反馈。制作完毕后可保存在 U 盘中，对于比较大的课件应刻录到光盘上。好的课件少不了精心设计，教师要花费更多的时间在备课上，认真钻研教材，找到重难点；撰写脚本，不断修改，并具有创造性，大胆突破，闯出一片新的天地。

十、反馈的修改

为保证课件的正常使用，还需要多次测试，以便能够发现课件在运行中存在的问题，及时修改，不断完善。测试完毕后，通常还要将制作好的源文件打包，使之生成可执行文件。一个课件的好坏，只有通过实践才能真正得出结论。课件制作完成后，应用于课堂教学，根据学生的反馈信息，再对课件加以修改，从而使其更优化。如果制作的课件引不起学生兴趣，在课堂上起不到应有的效果，没有达到预想的目的，那么这个课件无疑是失败的。这就需要反复修改。为此，还需注意以下两点。①观察调整——在使用多媒体课件的课堂上，要仔细观察学生的反应，根据情况对课件做适当调整。②插入板书——不能放弃板书，幻灯片的呈现转瞬即逝，教师需将教学重点写在黑板上。常见的错误是，很多英语课堂上，教师甚至连单元的标题也没有写在黑板上。

当今，是一个充满创新精神的时代，也是一个创新精神永远都不多余的时代，做创新型教师是时代的要求。一个有创新精神的课件制作者永远都不乏充满创意的课件作品；相反，制作出来的课件可能永远都是一种陈旧的模式，总能让人一眼就看出这样或那样的缺憾。多媒体课件的制作是一个艰苦的创作过程，不仅需多人的团结协作，而且还要听取别人的意见，只有综合多方面的观点，并付出辛勤的劳动，才能达到良好的效果，实现教学目标。

教材的概念　性质　种类

教材有狭义和广义之分。前者，主要是指教科书。后者，是指在教育教学活动中用于教师“教”和学生“学”的一切材料。通常，是指体现有关教学内容的所有材料，即教师指导学生学习的一切教学材料，是为师生教学活动而编选的材料。教材，是教师从事教学时所使用的材料，也是指导学生学习时所使用的材料；是规定学生应掌握和具有的知识、能力和思想品德之结构体系，是全部教学内容的载体。具体包括：教科书、讲义、讲授提纲、教学参考书、学习辅导书、实物、模型、音像制品、计算机教学软件、多媒体课件、网络资源、计算机试题库等。教科书并非相当于全部教材，它只是众多教材中的一种；亦即，教育行政部门或学校根据一定教育目标、课程任务和学生特点为师生所设计、编选的较为规范、系统而简明的书面教学材料称为教科书，而其他讲义、实物、音像与网络等媒体，均属于另一种形式的教材。

一、教材的概念

任何概念都不是永恒不变的，而是随着社会历史和人类认识的发展而变化的。①动态概念——许多概念特别是社会科学领域的概念会随着社会发展、科技进步和人们认识的深化而变化。②集合概念——教材不是一个、一件或一种物品，而是一个集合体，包含多种多类。③范畴概念——教材不是局限于一本书、一类书，而是一种多元化、系列化、立体化、多种多类、相互衔接、相互沟通的体系。④结构概念——教材，是相关教材相互支持、相互配合的统称。例如：基础教育的教材是由德育、体育、语、数、理、化、外等不同学科（科目）相互渗透与协调而构成，职业技术教育和高等教育的教材则是由普通文化课、专业基础课、专业课和实践课的多种教材相互支持与配合而构成。⑤范围概念——教材，尽管是一个集合体，但它仍具有一定的范围性。例如：口头教材是口语的一部分，文字教材是书籍或者报刊的一部分，实物教材是物品的一部分，电子教材则是信息技术、通信技术和计算机技术的一部分。⑥层次概念——教材，既有深浅程度和使用年级之不同，也有初、中、高等学校层次之不同。

二、教材的性质

教材，是一种特殊的书籍或材料，是一种具有最鲜明、最充要、最积极而有目的的教育性和学习性的书籍或材料；是凝聚了人类文明和人类知识的精华，是一种用于为国家、为社会培养、塑造各级各类专门人才的书籍或材料；是依据国家制定的教学大纲编写的反映学科内容的教学用书；是为实现一定教育目标的极为重要的依据，是教师施教和学生学习从而获得知识与能力的重要工具，是培养各类专门人才的基本工具；是反映教学内容的重要手段，也是考核与评价教学成绩的重要标准。教材，是实现培养目标的重要保证，是进行教与学的主要依据，是组织教学、进行教学活动和完成教学任务的有效工具。

（一）从教育目的讲，教材具有基础性和实用性的双重属性

基础性既指一个公民应具有的文化科学素质，也指为学好专业所必需的基础知识与基本技能，还指为持续发展所必备的基础知识与能力；实用性是指一个职业专门人才应具有的职业知识与技能、职业能力、就业能力和创业能力。通过有效的处理和有效教育教学原则与方法的运用，可使基础性与实用性结合起来，尤其可以通过必要的基础性提升其可持续发展性，从而可使两者有机地统一起来。

（二）从教育内容讲，教材具有经济性和教育性的双重属性

教材是教学经验的总结，是科研、生产、经营、管理等经验的总结，也是人们生产实践、社会实践和科研实践的综合产物。教材内容既要符合经济规律，又要遵循教育规律，通过有效的管理和调控，可使两者有机地结合并统一起来。

（三）从效益角度讲，教材有经济效益和社会效益的双重属性

通过有效的管理和调控及有效市场规则的运用，可使两者结合起来，尤其可以通过实现教材的经济效益提高其社会效益，可使两者有机地统一起来。

（四）从人才角度讲，教材在培养人才中具有基础性与先导性

教材直接关系知识结构、能力结构、人才规格和人才素质；是提高劳动者素质，促进人才成长，培养各类专门人才的关键资源；是加强精神文明建设，提高人们思想道德水平，促进经济发展的重要工具。教材均具有明显的科学性、思想性、教学性、适应性、针对性和先导性。

三、教材的种类

教材，是一个集合概念、范围概念和结构概念，可分为若干种类：从使用范围和层级上，可分为国家教材、地方教材、校本教材三种；从使用对象和用途上，可分为教师用书、学生用书（读物）和师生兼用或共享教材三种；从功能和作用上，可分为掌握教材、熟悉教材和评价教材三种；从呈现形式上，除存有一些口头教材（如讲演、口头答问、教练说唱、个别谈话等）外，可归纳为文字教材、实物教材、电子教材三大类。每一类中又包含若干种。

（一）文字教材

文字教材也称为印刷教材。它大致包括：①教科书、讲义、讲授提纲、教学大纲、教学参考书；②学习辅导书、补充读物、习题集、练习册、试题集；③实验指导书、实习指导书、课程设计指导书、毕业设计指导书；④技术图纸、技术规程、技术资料、说明书、统计表及各种形象化图表；⑤挂图、卡片、书报、杂志、图书；⑥法帖、画谱、曲谱。⑦辞书、年鉴、教学手册、质量标准、产品目录等。以上这些大都通过文字、表格、制图或绘像等呈现，其中教科书、讲义、讲授提纲是教材的主体，教科书是重点。从表现形式上看，文字教材包括：装潢精美印制漂亮的成册教材、提纲挈领的讲授提纲、临时编辑的活页文选和随时编写的补充教材。文字教材最大的优点是不仅方便随身携带，而且便于重复阅读。

（二）实物教材

实物教材也称为实际教材，多用于辅助教学或实验、实习等实践教学，但在职业技术教育中却是专业教材和实践教材的主要组成部分，较其他两类其品种数量最多，大致包括：①平面的绘画、图像、图纸、照片等；②模拟实物（模型、标本和其他复制品，如地球仪、人体模型、工程设备模型等）；③仪器、仪表、器材及相关教具等；④实验设备、实验准备、实验过程、实验操作、实验技巧；⑤教练车、教练机、教练机械、实习操作的机器与设备；⑥现场实景、生产材料、实际操作、示范表演、生产工序、工艺流程、相关产品及设备维修、故障排除、典型事故；⑦艺术作品、艺术表演、雕刻、塑像等；⑧教育基地、名胜古迹、文物、相关展览等；⑨相关星球、天体、宇宙现象，相关动物、植物、矿物以及气体、液体、固体等；⑩社会生活中的相关物品、人物、行为、典型事件。

（三）电子教材

电子教材也称为电化教材，既非文字教材的简单电子化，也不完全等同于课件。它是多媒体形式的知识载体，是具有很强交互能力的知识载体，是由众多知识点组成的非线性结构的知识载体。其物理载体，主要为电脑的存储设备，如硬盘、U盘、光盘和网络。特别是近些年来，电子教材迅速发展，种类繁多，大致包括：①投影片教材——投影片、电影片是一种使用频率相当高的教材。它能以渐进的方式将信息展现给学习者。它制作简便，也便于保存。②幻灯片教材——可将书籍、杂志、期刊上的资料、图片、表格，翻拍成幻灯片供学习者观察。它体积小、收藏易，在更新信息或调整内容上弹性很大。③录像带教材——录像带教材属于放映性之动态教材。当教材内容需要呈现动态画面时，可考虑用此。它操作简便，易于拍摄。④录音带教材——录音带教材也属于放映性之动态教材。当教材内容需呈现听觉及配乐效果时，可考虑用此。它可自行录制，操作简便。⑤计算机辅助教材——通常有三种：辅导模式；用于向学生讲授知识和技能等内容；练习与操作模式：通过学生与计算机的频繁交互来训练学生的解题能力，借以加深对所学概念的理解；对话模式：通过与学生的相互提问和答问，来训练学生的理解力。⑥多媒体教材——包括计算机软件、多媒体软件、助教课件、助学课件、试题库等资料。⑦网上教材——依托互联网的网上教材，为学生网上学习、教师网上备课及空中课堂教学、空中教育活动等项目的开展创造了条件，远程教育也成为现实。其特点是可以共享极为丰富的资源。

以上三类教材，每两者之间的界限皆难以划清，即均有些相互交叉，或品种重叠，或内容重叠。

教材的特点与要求

教材，特别是教科书，是教学活动的依据或范本，不仅具有理论性、知识性和思想性，而且也具有一定的规范性、法定性和权威性。凡是优质教科书或教材均具有基础性、科学性、典型性、时代性、思想性、适应性、针对性、可教性和可受性及适度的弹性。

一、正确性

正确性，是教材的基本特点。教材并非一般书籍，它是向人们传递知识的范本，特别是作为教育者来说，尽管要鼓励学生大胆质疑、敢于怀疑，但对所选用的教材必须立足于使学生深信不疑。尤其是年级层次较低的教科书中绝对不允许出现错误的知识、结论、观点和例证；说理不清，论证不明，或似是而非、模棱两可，或未经验证和尚未结论的内容均不宜引入教材。教材内容要求绝对正确，是科学的真理。所谓正确，包括广义和狭义两个方面。前者，是指教材内容，即传授的知识、训练的技能、培养的能力及灌输的思想品德观点、养成的行为习惯等，均需符合学生身心发展和认知规律，符合知识本身和教育规律，符合社会经济对教育的需求规律，符合国家方针、政策和法律的要求；后者，是指教科书内容既要内涵正确——各种概念（定义）、规律（定理）、事实（实例）、规范（标准）、价值（应用）均准确无误；外延正确——知识技能正确、思想观点正确、方法手段正确、行为习惯正确。另外，教科书中无论是定义的论述、概念的说明、原理的论证、公式的推导，都须准确严谨，数据引用、现象叙述、图表表达都有可靠的依据，文字表述、插图设计、印刷质量等均合乎相关法规、规则和规范及有关行业、国家和国际标准。

二、典型性

典型性，是教材的必要特点。所谓典型性，是指具有代表性、概括性，或能表现某类事物本质特征的内容。教科书或教材内容不应包罗万象，而应是本课程的知识精华，是该学科中最基础、最基本、最关键的知识内容，以使学生在学习时或学习后，能抓住要领、启迪思维，增强联想，进行迁移，从而产生“举一反三”或“触类旁通”之效，进而增强其智能、开发其潜能和发展其能力。这是因为愈是典型的东西，就愈具有普遍意义，愈具有适应性，愈受师生的青睐，愈能满足学生多方面发展和可持续发展的需要。唯有典型的材料，才能更深刻、更透彻、更全面地说明理论或观点；才能帮助学生理解理论的内涵，使学生对理论产生准确、具体、清晰的感受。典型材料能突出表现同类事物的共同属性，因而最易找到它与理论之间的内在联系，从而对理论能做出最透彻的说明，打开思维进入概念、原理内部的通道。

再者，教学中的学习是一个特殊的认识过程：①已知性——从本质上说，它具有已知性，不是认识人类的未知，而是学习人类的已知；②选择性——从内容上看，它具有选择性，不是什么都学，而是选取含有培养目标、教育和发展的内容；③简洁性——从方法上看，它具有简洁性，不是任意和盲目地学习，而是在教师指导下的学习；④典型性——所谓典型，除传授的知识内容要典型外，还包括典型案例、典型例题、典型习题、典型作业、典型练习、典型训练……

三、特色性

特色性，是教材的本质特点，也是对教材的独特要求。特色，须建立在对教育教学规律及相关学习领域或专业（职业）做深入分析的基础之上，建立在对新课程教材理念的正确理解和把握的基础之上。每套教材都需有自己的特色（专业特色、职业特色、时代特色……），有自己独特的价值和功能。比如，有特定的使用对象，在框架结构的安排、教学活动的设计、知识内容的阐述及活动形式的选择等方面具有独到之处。具体体现：①技能与能力要求上——在专业性质、特点、目标和人才规格，在技能与能力要求及实用性上体现特色；②实践性教学环节上——在内容结构、体系、风格、理论与实践的结合及实践性教学环节的安排上体现特色；③学习需求和发展上——在学生的学习需求和发展个性特长上体现特色；④教师群体的特点上——在结合学校教学资源或教师群体特点上体现特色。⑤语言与图表示意上——在语言表达、图表表现、曲线示意等方面体现特色。

教材，特别是职业技术教育教材需要非雷同的“多本化”，不是大同小异的“多样化”，而是有独到之处的更能体现时代、职业或专业特点、适应市场需要的自身特色——或有特定适用对象，或有特定功能，或有特定价值……尤其“校本教材”更应也最易体现特色；其价值追求就在于“个性”与“特色”。

四、实用性

实用性，是理工科高等院校教材，尤其职业技术教育教材的突出特点。教材应以实用为原则，以应用为主线，从理论和实践的结合上着重阐述适应社会需求的知识、技能及能力的培养。教材中所包含的知识、技能、能力、情感、态度、世界观、人生观、价值观与人文精神等均具实用价值。教材的实用性具体体现在以下几个方面。

（一）服务性

知识、技能或能力、情感、态度等，有的或有时是直接体现实用性，有的或有时是用来服务其他而间接体现实用性。

（二）职业性

专业知识根据实际需要，主要教给学生如何去“实施”与“应用”，重在让学生知道“做什么”和“怎么做”；专业知识、技能和能力，注重与实际内容的契合，培养学生的职业精神和就业能力。

（三）实践性

实践性知识、技能和能力的实用性最为明显，职业技术教育的教材对此体现最多：一是尽量采用实物教材或仿真教材；二是既重理论联系实际，也重实际联系理论，使二者有机结合、密切配合，尤注重其应用；三是注重结合生产实际，突出实际操作能力的培养；四是注重增加场景、设备、环境介绍内容。

（四）适应性

强化基础知识教学。学生的基础知识越扎实，其应变就越快、越强、越宽广、越持久。所以，基础知识具有稳定性、迁移性和适应性，抓住这个“万变中的不变”就能“以不变应万变”。

（五）及时性

注重高新技术迅速发展的需要，紧随科技进步、经济发展和社会变迁而不断调整教材内容，并突出以面向国内和国际市场为导向，以密切跟踪国际潮流、国内形势和技术领域的实际发展。

五、先进性

先进性，是现代教材的重要特点。所谓先进性，是指先进的理念、内容、结构、模式、编排、体系。教材的先进性具体体现为如下几个方面。

（一）时代性

与时俱进，跟上时代的步伐，紧扣时代的脉搏，增加时代的气息，使新鲜的时代因素融入教材之中。

（二）新颖性

具有新理念、新理论、新技术、新工艺，应用新设备、新材料、新方法，反映新思路、新趋势、新潮流，紧跟新标准、新规范、新规则，紧密联系现代化建设实际，给学生以耳目一新之感。

（三）前瞻性

注重“前沿知识”，研究未来，预测未来，反映未来，适应未来，体现文化、科技、经济和社会的发展方向。

（四）现代性

充分利用电化教学设备、多媒体技术、网络技术等现代教学手段。

六、教育性

教材的教育性比其他任何书籍更为明显、突出。各种教材都渗透着思想品德教育、劳动观念教育和人格品质教育；都蕴含着职业意识、职业理想和职业道德的成分；都包含着人生观、世界观、价值观的因素和人文精神；注重把德育渗透于各科教材之中，力图通过渗透激发、唤醒学生的自主性和责任感，引导学生将知识内化为力量，升华为情感态度，进而形成稳定的基本品质与素养。其教育性具体体现：

（一）奠定基本与发展潜能

注重教材的功能在于培养学生全面素质的提高，为奠定学生基本学力、提升发展潜能创造条件。

（二）打造创新与创业能力

注重实践能力、创新精神和创业能力的培养。

（三）强化意志与坚定理想

注重开放性，体现时代感，充分考虑学生兴趣和需要，以强化其意志、坚定其理想。

（四）注重敬业与质量意识

注重培养学生的时间意识、敬业意识、质量意识。

（五）培养品德与爱国情操

通过事实的叙述、原理的论证和观点的阐明，对学生思想品德起潜移默化的作用，培养学生的科学精神、爱国情操等。

总之，教材均巧妙地渗透思想品德教育因素，不是牵强附会，而是水乳交融，使学生受到春雨润物似的影响，以激励其立志为祖国的富强和现代化建设而努力奋进。

七、教学性

教学性，是教材区别于其他书籍的明显特点。任何教材都既具可授性，又有可受性。具体体现：

（一）可授性

教材的内容是需要教师传授、指点、引领的。可授性包括：在编排上，具有高度的逻辑性、层次性和系统性，由易到难，也注意提高的速度、跳跃的跨度，接近学生智能的“最近开发区”；在结构上，有典型的正文、例题、事例和案例，有适当的练习、作业或操作，有启发性的思考题、讨论题和探究题；在教法上，注重为多媒体的使用留有空间，也注意电子教材配合教科书，发挥印制媒体所不能具备的特长。

（二）可受性

教材的内容是要学生接受、汲取或容纳的。可受性包括：在内容上，注意知识点和能力符合学生的认知规律，学生可以承受的，贴近学生生活实际，是学生关心的、感兴趣的；在编排上，注意以教学基本要求为准绳，在充分体现教学基本要求的前提下，尽可能地使教材内容严谨、结构合理、篇幅适中，符合学生年龄特点和阅读能力；在文字上，既注意所用语言、术语、图像、图形等所有呈现的信息符号都须在学生能明白范围之内，又注重准确、通顺、流利、简练、生动、形象、有趣，深入浅出，具有可读性，并注意融知识性、趣味性和思想性于一体，以利于学生理解、掌握、内化并促进其身心发展。

八、启发性

启发性，是高质量教材的关键所在，是衡量教材水平的重要方面。其目的在于引起学生的学习兴趣和动机，鼓励其独立思考，进行联想和想象，能触类旁通、举一反三，开发学生潜能。其具体体现：

（一）文字表达

从文字表达上，意境深邃、寓意深刻、情感丰腴、言近旨远、词简味长，富于激发作用，以使学生能思考、分析和发现问题，并有利于使教学形成互动式、参与式、讨论式和探索式。

（二）图文并茂

从图文并茂上，注重使用图表比文字更清晰、直观、形象，以增强兴趣而激发思考，也考虑利用图表含有更大信息量、蕴含更多启迪因素，具有浓厚趣味性，以调动学生思考的积极性。

（三）发展智力

从编写理念上，有良好的逻辑性、辩证性与哲理性，以激发与引导学生从不同角度去开发潜能与发展智力，甚至能令其掩卷深思，悟后拍案称奇。

（四）内容安排

从内容安排上，设置得当的“悬念”与“空白”，给学生以自学、思考、发挥、想象、探究的空间。

（5） 练习设计

从练习题设计上，有高质量的例题、思考题、作业题和讨论题，以从不同角度发人深思、耐人寻味、予人启迪。

九、综合性

综合性，是教材固有的特点。具体体现在如下方面。

（一）多种学科的综合

即使某一门学科或课程的教材，也可贯穿几种课程的知识，或说将几门课程的内容综合在一起。

（二）多种内容的综合

某些知识之间的综合，知识与技能和能力的综合，各种技能的综合，各种能力的综合，既包含知识、理论、事例、习题等内容，也包含实验、实习、操作、训练等动手内容。

（三）多种媒体的综合

各种教材几乎都是文字、表格、图像、照片……或同时，或结合，或穿插使用，并强调多种媒体的一体化设计与综合运用。

（四）内容方式的综合

教材内容具有弹性，与学分制或弹性学制、工学交替、半工半读相适应。尤其职业技术教育教材内容更应注重实践，并与职业资格证书制度相联系。

（五）德智体美的综合

既传授专业知识与技术技能，也培养人文知识与人文精神；既提升社会责任感及艰苦创业精神，也陶冶良好的心理品质和健全人格；既体现学生身心发展的特点，反映社会、经济、科技的发展需求特点，又充分体现“既教书又育人”的宗旨，注重培养学生全面发展，以适应学生个人发展和社会发展的需要。

十、创新性

创新性，是现代教材应具有的重要特点，具体体现在如下方面。

（一）教材本身的创新

力求使教材能体现该学科的最新成果，以培养学生的创新意识、创新精神、创新思维、创新和创业能力为最终目标。

（二）教师教学的创新

教材要留有进行创造性教学的余地，给教师留有发挥创造力的空间，以便引领和培养学生的发散思维、创造精神。

（三）学生学习的创新

提高学生学习的独立性、思考性和创造性，使其扬长避短，从而激发个人的潜能，充分发展个性特长及创业意识、创业心理、创业能力。

（四）教材载体的创新

计算机网络技术的发展，给传统教材的创新带来机遇。多媒体电化教学教材和传统书本教材相结合，是当今教材的创新方向。

教材，与相关教学用书有密切联系，未来教材应是教学用书、学生读物和教学辞书的合理配套和同步发展。教材、读物、辞书三者具有同一性，即都受制于教学大纲，为不同层次、不同类型的教育对象服务。但三者又有不同：就内容而言，教材和读物的知识是分散的、具体的，辞书则是集约的、概括的；就功能而言，教材是教学的基础，读物是教材的补充、拓展和延伸，而辞书则取材于教材和读物，又略高和略深于教材和读物，具有备查性，起“无声之师”的指导作用。

教材的地位与功能

在世界上，不同种类的事物具有不同的地位与功能，不同种类的教材亦然。通过文字教材、实物教材和电子教材的功能，可进一步了解和理解教材的地位、作用和重要意义。

一、教材的地位

教材是教学系统中的重要组成部分，故在教学系统中占据重要地位。

（一）在教学活动中处于核心地位

教材是全部教学内容的载体，教师与学生进行教学实践活动的中心。教师主要通过教材向学生传授知识与技能、观念，学生主要通过教材获取知识与技能、观点，教学需要依据教材内容确定采用何种方法，学校需要依据教材内容评价教学成效，确定改进措施。

（二）在教学活动中处于中介地位

教材是为实现教育目标而把教师与学生连接起来的媒介物。教材是教育部门、学校教育机构和培训教育机构的三大支柱（教材、教师、教学设施）之一，是组成教学活动三大要素（教师、教材、学生）之一。教材在教育教学活动中的地位仅次于教师，教学活动无教材是不可思议的，也是难以想象的。没有教材，教学活动无法进行。教材居教学活动的中介地位和关键地位。

（三）在社会经济中处举足轻重地位

尤其是职业技术教育的教材，一直为经济结构调整、社会发展和技术进步服务，为培养各种专门应用型人才服务，为促进就业、再就业和创业服务。教材在教育教学舞台和经济建设舞台上皆扮演着一个重要角色。它是构建高质量、高水平职业技术教育体系的重要内容，直接关系到职业技术教育培养目标的实现，是全面提高教育质量，使职业技术教育适应社会主义市场经济发展需要的重要保证。

（四）从不同角度看教材的重要地位

1. 基础性与实用性　教材是教学目标最直接的体现者，可见其在教育教学中及为社会发展培养各级各类专门人才中所处的重要地位。

2. 经济性与教育性　教材在教育事业及经济建设中所处的重要地位。

3. 经济效益与社会效益　教材在社会发展和经济建设中所处的重要位置。

4. 基础性与先导性　教材在提高公民素质，加强精神文明建设，培养各类专门人才及构建具有中国特色的现代教育体系和建设学习型社会中具有的重要地位。

教材不仅在学校教育中处于举足轻重的地位，同时还承担着向“学习型社会”中的众多学习者传播先进文化和科学技术，提高劳动者劳动技能、实践能力、就业能力和创业能力的重要任务。所以，教材质量直接关系到各级各类人才的培养水平和整体教育事业发展，关系到全民素质的提高和国家的兴旺、繁荣、发达。国家振兴要依赖科技进步、依赖教育发展。然而，教育的发展离不开教材，教材的质量更是影响教育质量的主要因素之一。

二、文字教材的功能

传统教材观和现代教材观有所不同。前者，认为教材是权威的学术著作，是教学的唯一依据，其呈现方式是严肃的、陈述性的，学生的学习过程就是对这些知识的获取和积累，这种模式基本上是以知识传授为主的；后者，认为教材不再是完成教学活动的纲领性权威文本，而是一种参考性、提示性的材料，是辅助学生学习的工具，是给学生起跳提供的一个“踏板”或拓宽教学思路的一个“支点”。然而，传统教材观与现代教材观并非完全对立而不可协调，实际上持传统教材观者正在越来越多地汲取现代教材观的理念，持现代教材观者也不可能摒弃传统教材观的优良因素作基础而“另起炉灶”。所以，应“择善而从”“择优而用”。

（一）使教与学和学校管理有依据、更方便

教材，提供了学生应具备的知识范围和体系，提供了学生应掌握的技能范围和体系，并提供了学生应培养的思想品德的范围和体系。教材有助于教师主导作用的发挥，有助于学生主体地位的形成。

（二）使教学活动由单向传输变为双向互动

当今，既然不再过分强调教材的精华性、权威性和学术性，而强调教材只是一种教与学的材料和资源，一种帮助学生学习的工具，是教与学的一种媒介；那么就不必把教材看成是神圣、不能质疑的，须不折不扣地照此执教。教材、教师和学生三者之间，学生是主体，教师应围绕学生怎样学好这个中心施教。

（三）使学生学会学习、学会做事和学会做人

教材主要是使学生懂得怎样掌握新知识、新技能，使学生的头脑不是知识的容器，而是知识和信息的处理和加工中心。教材内容有利于使学生学会与会学，便于学生自主学习、探究学习，从而培养学生的创新意识、创新能力和创业能力；教材内容是在潜移默化地陶冶学生的思想品质、高尚人格、团队精神；教材在知识的陈述，尤其是问题的设计上，充分贯穿着情感的熏陶、价值观的培养和人文精神的教育。

（四）使学生形成与发展多种能力

“能力本位”的教材较“学科本位”教材更易使学生通过独立思考、探索、运用所学知识进行创造性学习，形成和发展相关能力，尤其是学习能力、实践能力、创新能力和创业能力。

（五）使教育活动由封闭走向开放

教材提供大量的教学材料，如教师用书、学生读物、活动手册等，其中涉及大量与生产实际和社会生活有关的问题、活动和作业；教材不是僵化和封闭性的，而是呈现出较大的弹性和开放度，为教师的教学提供更大的发挥空间，以便创造性地选择和应用这些教学材料。

（六）地方教材尤乡土教材有其独特功能

因乡土教材是根据学校所在地区的经济、文化、地理、历史、民族、民俗及自然环境等为内容而编写的补充材料，故有利于激发学生的学习兴趣，培养热爱家乡的思想感情，进而增强爱国主义精神。

三、实物教材的功能

实物教材，是教育尤其是工科、农科、医科及职业技术教育教学更为需要的重要部分。其中的重点随着专业的不同需有所侧重。实物教材具有实践性、直观性、真实性或仿真性，供学生观察、聆听、触摸、闻尝或操作，最易引起学生的学习兴趣，丰富感性知识，形成明确的概念，给学生留下深刻记忆，发展学生的观察能力和思维能力，增强动手或操作能力。

（一）观察性

实物教材具有可观察性，提供学生不能直接感受的知识，分析形式、现象的实质，使感性知识与理性知识结合起来，更能够培养学生的观察能力、发现能力、分析能力和判断能力。

（二）操作性

实物教材具有可操作性，通过操作、运用，更能够培养学生的动手能力、实践能力和创造能力。

（三）欣赏性

实物教材具有可欣赏性，通过观察与欣赏，更能够陶冶学生的审美能力、技能技巧和艺术能力。

（四）实践性

实物教材具有可实践性，通过脑体结合进行实验或实习、练习，更能够训练学生的实践能力、创新精神和创业能力。

四、电子教材的功能

（一）多方互动，高度开放

电子教材已极大地改变了单向传递和封闭状态的传统教学模式，呼唤着一种多方互动、高度开放的全新教学模式：①可实现双向交互——即通过多媒体教学，师与生或生与生之间进行沟通、交流和获取信息；②可实现实时交互——即在多功能教室，师和生可“面对面”地进行声音、图像、文字、数据方面的

实时交流；③可实现社校交互——即校园内的智力资源会不断辐射社会，社会的相关资源也可随时被学校采用。

（二）多官感知，增强记忆

电子教材改变了传统教学的单一、呆板的方式，把传统静态的教学内容转化为既可听到声音，又能看到图文，并有色彩、动画等动态信息；把单调、信息有限、节奏缓慢、气氛沉闷的教学模式转换为大容量、快节奏、有动感的立体性教学形式，形成视听同步化、媒体多样化的特点。即通过影像、录音、文字、图形等多种媒体，充分调动学生眼、耳、口、手、脑等多种感官吸纳信息。既增加了教学的生动性、形象性和仿真性，又强化了学习的兴趣性、理解性、深刻性，还可通过指示方向箭头与相关图解及特殊排序，使学生更易掌握事物的关系、知识的来龙去脉，进而加速对科学概念的形成与促进思维的发展。

（三）形态改变，模式新颖

电子教材强烈冲击着传统的教学方式，改变着传统的教学形态，加速推动新型教学模式的诞生和完善。这种教学模式是以教育技术为依托，以学生为中心，无校园围墙的开放式教育模式，诸如多媒体教室、电脑教室、虚拟课堂、数字校园、远程教育网、校园局域网等。这意味着传统意义上的校园、教室不再是教学之必需。在这种新方式中，可实现名师共享、名校共进，学生自主选课、选师、选校的新气象，将会使"班级"的概念淡化。概言之，电子教材，从学习方式和学习场所的变化到师生关系和教师作用的转变，从班级组织的变化到相关企业的参与，从课程设置的全球化到教学评估成果的导向等都在呈现出新姿态、新面貌。

（四）随时随地，时空不限

电子教材的发展，使教育教学轻而易举地超越时间与空间的阻碍：①教师——能通过电脑和多媒体资源开发，进行教学的软件研制、备课和上课，利用网络技术可开发、收集、编排教学资源；②学生——利用网络技术、多媒体课件，可在任何时间地点选取教材的任何章节进行学习，也可在网上完成听课、提问和作业等一系列学习活动，还可进行自学、自考、训练、设计和模拟实验；③教育——技术达到最大限度的延伸，使传统的电大、函授等教育方式产生了革命性变化，使远程教育进入一个崭新的阶段。

（五）信息丰富，资源共享

网上信息的门类之多、范畴之广、图文之清难以言表。互联网基本实现了信息财富的"共享"，教育资源亦然，不仅图书馆、实验室、教学软件等可在一定范围内共享，而且也可在世界范围内实现教育资源的共享。通过网络技术把世界上最优秀的教育资源放在网上，使每个学习者均可自由享用，从而提高了教育资源的利用率和效益，避免了教育资源的重复和浪费。

（六）因材施教，个别教育

电子教材的发展，使教学方式由以"教"为主变为以"学"为主，以课堂讲授为主变为独立求索为主，从被动学习变为主动学习，充分体现学生的主体地位。而且，可通过网络和电脑辅助教学，提供和控制个别化的学习环境，学生完全可按照自己的意愿选择学习内容，按照自己的进度或需要将某一内容"调出"或"下载"，根据自己的知识经验、兴趣爱好、学习风格主动选择学习方式、路径，既可随时终止、随时记录学习历程和结果，又可通过网络查询、采集和享受各种信息，并可根据需要反复使用某些材料。同时，也可自由选择学校、课程和教师，选听全国乃至全世界最好的教师讲课。网络教学可充分发挥计算机超强"记忆"的优势，全程跟踪学生的学习过程，全面了解学生的成绩，提供"个性化"的教学服务。所以，电子教材有利于提供个别化教育，便于进行针对性指导；有利于向学生进行最个性化的悉心指导，有利于挖掘学生的最大潜力，使其个性和创造性得到充分发挥。

（七）优化教学，形象逼真

电子教材具有形象、直观、生动等特点，能充分发挥图文并茂、声情交融、有声有色等优势。学生通过图文、声像、动静等多种感知，能使抽象的概念与事物的内涵变得更形象，让抽象的文字与符号的意义显得更明确，从而使学生颇有临其境、见其形、闻其声、触其体之感。尤其是现代教育技术提供实际情景模拟教学，更可展现那些结构复杂、动态变化、声像同现的内容，可显示微观的变化过程，可使难以描述的现象通过演示而一目了然，能帮助学生看到书本上看不到的内容，能感受课堂上感受不到的情景，把用书本、黑板无法体现的空间动态画面展示出来。

（八）更新方式，充实内容

电子教材既使教学方法和手段得到改革、充实和完善，也实现了教学内容的更新、扩展、深入，使计算机技术、教学软件资料等均可作为学生学习的内容和资源，特别是计算机技术、网络技术已成为各级各类院校教学的重要内容和必修课程。由于把多媒体课件引入教学现场，为课堂教学的大容量、高密度提供了物质条件，使学生可掌握的信息正在飞速增长。学生用电脑学习，会根据自己的兴趣和需要，探索事态纷繁、盘根错节的有关问题的本质，而这种使用电脑探索解决问题的尝试，蕴涵着教育机能的巨大转变，即从被动地记忆“答案”的传统学习转向主动学习，由信息来源渠道的单一转为教育资源丰富，由消极的接受者变为积极的求索者。

（九）减轻负担，良性循环

电子教材的采用，省却了板书和画图的时间，极大提高了课堂教学效率。教师备课可采用编制软件方式，教案也可通过网络借鉴或调用，因而使教师从繁重、重复性的劳动中解脱出来，而有精力去探索运用电子教材的教学规律，并结合自己的教学实践开发出集科学性、教育性、知识性和趣味性于一体的各种课件，使教学的投入与产出形成良性循环。电子教材，尤其是网络技术的融入可通过科学与先进的教学方法与学习方法帮助学生“减负”；学生通过网上学习，博览群书，可提高学习效率，并利用网上丰富的信息，拓宽视野，提高综合能力。

（十）教学共进，质量提高

电子教材最重要的功能是提高教学质量。一是利于突出重点，二是多样化和多维化的教学信息，以及图文声像结合的教学方式，使教师在课堂上用语言难以说清或无法描述的抽象疑难问题变得形象、生动、直观、明了，既可吸引注意、增强感知、加深印象、激发思考、深化理解、强化记忆、启发联想、增强想象，又可提高学生的学习兴趣、学习信心、探索精神和坚定学习意志。三是改变传统教学中“点对面”的授课方式，形成教师对学生“点对点”的相应指导，以更具针对性。四是因现代教学媒体可反复操作，使学生反复实践，从而提高对知识的运用能力。最后，以现代教学媒体为介质的新型教学系统，使师生之间形成双向参与、双向沟通、平等和谐的交互关系，改变了过去单调、呆板、教师“一言堂”的局面，加之学习资源对学生的全面开放，提高了学生发现、分析和解决问题的能力及创新能力，从而既有利于学生形成合理的知识结构、技能结构、能力结构，也有利于学生形成获取新知识和信息的能力，从而不断充实自己、发展自己，使自己具有终生学习的能力。

然而，任何先进教材皆非万能，对电子教材的过分神化和盲目崇拜皆不可取。必须看到，电子教材并不适用于所有的内容或课程：比如，它不能完全代替实践或实训，对于逻辑性强的课程特别是数学未必能取得较好效果。更值得提出的是，学生通过人机交互进行学习，使得教师在情感、人格、精神方面的陶冶和影响减少了，师生之间缺乏心理上的交流，对学生思想、个性、品质及心理的健康成长也带来一些负面影响。

教材的编制与开发

教材，是课程的载体与具体形式，是课程在不同层次院校、系科、专业及时代、地域所需内容的具体体现。通常，教材是依据国家或地区（部委行业）权威教育机构或各级院校按照人才培养目标制定的“课程标准”（教学大纲）进行编制与开发的。是依据“课程标准”中的培养目标、教育对象、教学时数、教育理念及教学要求等进行编制与开发，同时要体现人的全面发展理论、多元智力理论、认知学习理论、建构主义理论和终身学习理念。

一、编制与开发的特点

教材编制与开发，需要教师（或编者）具有教材设计、编制、开发、选用和使用能力。

（一）有特定与明确的目的

明确培养目标，知晓人才规格。教材是为完成教学任务，以达培养目标的主要载体，教材的编制与开发是在教学计划、课程标准已确定的基础上进行的。

（二）有遵守与执行的规则

依据相关标准，遵循有关规则。教材编制与开发必须遵照学校层次、学制、专业、办学模式等规定；其中图表、数据等必须遵守有关行业、国家、国际标准。

（三）有特定的读者对象

明确使用对象，了解学生需求。高等教育教材的编制与开发应对高校学生的知识结构及相邻、相关的教材有所了解；中等教育教应对相应中等学校学生的知识结构及相邻、相关的课程有所了解。

（四）有既定的指导思想

知晓适用范围，体现教育理念。应充分体现以学生为主体、以能力为中心，以分析和解决实际问题能力为目标，以学生认知特点为依据，以学生实际需要为出发点，并根据各个专业的不同要求设计知识结构、能力结构、情感态度及典型例题、相关案例与练习、实训等。

（五）有相关的系列与组合

依据计划安排，结合课程开发。教材作为实施专业培养目标的主要媒体，离不开教学计划的制订，也离不开实施教学计划的课程开发。课程开发主要由课程分析、设计、编制和评价四个阶段组合而成。

二、编制与开发的原则

教材编制与开发应以一定的学制与教育目标为根据，以一定的教育理论，特别是课程理论为指导，并遵守以下原则。

（一）需求原则

教材编制与开发的首要原则是需求的导向性。教材内容须充分反映社会经济发展、用人单位和学生发展的需求。即应根据市场或现代化建设需求的知识、能力、技能、职业习惯、职业态度及职业道德、职业理想等进行编制与开发，并侧重以职业和学生需求为目标的编写与开发。

（二）适应原则

教材编制与开发是在一定的教育思想、教育理论指导下进行的。教材内容既要适应社会经济发展的需要，更要适合本地区或本行业经济发展的需要；既要考虑眼前急需，又需含有战略思想；既体现长远需要，又符合现实需要；既适应国内市场需要，也适应国际市场需要，还适应不同培养目标与学生多方面发展的需要。为此应从社会发展和经济建设所需人才规格的实际出发，建立相应的知识体系，采用新的编排方法，以有助于培养学生思维能力、综合能力、思想品德、人文精神，使学生全面、和谐的可持续发展。

（三）能力原则

“以能力为本”的教育，最突出的特点是从职业能力要求入手，编制与开发相应的课程与教材。“以能力为本”与其说是一种课程模式，不如说是一种教育思想，一种不同于“以学科为本位”的课程开发思路。亦即，教材编制与开发的指导思想，应以能力为中心，形成以培养发现、分析和解决实际问题的能力、创新和创业能力为最终目标的教材模式。“能力”的依据，应是较广义的职业分析而不宜是较狭义的岗位分析。后者，只适合多数短期培训教育，因学校教育更应考虑学生的后续发展所需的某类职业群的共同基础能力和继续发展的能力。另外，因能力通常非“学”中获得，是在“做”中形成，故教材应着眼给学生提供自学机会、运用知识和动手操作机会，以技能与技术培养为基本出发点，以技能与技术发展为目标，以技能与技术创新为升华，组织合理的知识结构、技能结构和能力结构，以有利于开发和发挥学生的最大潜能。然而，“以能力为本”中的“能力”是一个广义的概念。它是劳动者知识、技能和态度等要素的整合，是与一定的职业活动或工作情景相联系的一种广义概念。“能力”不仅是“技能”，还包括胜任某个职业所需的思想品德、职业道德、科学文化基础、人文素质、专业能力、身心健康要求等；亦即，提倡“能力本位”不宜排斥知识传授和学科教育，因能力的形成和发展，离不开知识的掌握，而应在知识的运用中提高学生的能力。

（四）职业原则

教材的编制与开发，应充分体现“以职业素质为基础，以职业能力为核心，以职业技能为重点的全面素质教育”的思想。要考虑以职业标准为导向，将职业标准转化为课程标准，并以此制订教材标准。教材内容体系应以国家职业标准为主线，体现职业标准的细化与延伸。教材编制要以国家职业标准为导向，教材内容要以某一职业或职业群为基本导向，反映职业的基本需求，体现职业技能、职业习惯、职业道德的养成和职业能力的提高。同时既要包含国际职业理念和国际职业标准，也要针对某一职业群体的素质结构确定教材的知识与技能结构，瞄准人才定位组织合理的知识与技能结构，并适量增加职业岗位所需的有关实例、案例和题目内容，增加现场环境、运行管理方式的介绍，以激发学生的学习兴趣和增强职业意识。

（五）顺序原则

教材编制与开发的安排必须注重编排顺序。应以学生的生活经验和知识水平为起点，依照他们的认知规律，由浅入深、由易到难、由简单到复杂、由具体到抽象、由已知到未知进行编制。其顺序，应参照课程性质与教学要求，依循下列方式考虑：①年代顺序——即依时间先后编排教材。②逻辑顺序——即注意科学的逻辑性，先建立大前提，再论述小前提。③难易顺序——即以内容之难易为基础，由易到难、由浅而深、由简入繁。④工作顺序——即以工作先后顺序、需要程度高低顺序予以处理。⑤发展顺序——即依学生主观兴趣、经验与能力发展来决定编排先后，或依学生身心发展、学习经历等进行编制。另外，有的课程也可按主题或体裁编排。

（六）科学原则

应依据社会需求、学生特性、教学目标、课程结构等编制教材。首先，要理顺各部分内容之间的逻辑关系，尽量适应学生的认识过程和认识能力。其次，既处理好各课程之间教学内容的相互衔接，避免内容重复，又考虑教材之间的分工，在内容上相互配合，减少不必要的交叉。须注意：①建立教材体系——考虑如何建立教材体系，并采用现代信息技术，进行立体化建设。②建立精品课程——建立一个精品课程库，将精品课程的教案、教材、参考书、习题、课件等教育资源放到教育科研网上。③培养应用人才——培养“应用型”人才，要体现“应用”的系统性、严密性、完整性，不必与造就“科学家”教材之系统性、严密性、完整性相比。④符合教学规律——无论是目的确定、内容的选择、重点的安排、难点的分布，还是插图的构思、练习的设置，均需仔细推敲，妥善安排，以使编排结构符合“教”与“学”的规律。⑤注意教材统整——统整，应建立分化后各自独立的教材之间的统整线索，以让学生能获得完整概念和综合能力。

（七）直观原则

直观性在教材中应得到充分体现，以把各种信息直接传输给学生。教材的编制与开发尤须考虑学生的心理特点，注重生动性、趣味性和形象性，以利学生理解、吸纳、体验和自学。应充分利用：①图表教材——图形、表格、曲线，它比文字阐述更具有清晰、直观、明确的表达作用，且含有更大的信息量和想象空间，故可选用相关图片、表格、内容结构图或各种透视图来描述复杂的过程，说明机器或设备的构造及生产过程等。②实物教材——实物教材较印刷教材更具有直观性、真实性或仿真性。③电子教材——信息技术的发展为实现直观化提供了可靠的保证。

（八）实践原则

教材编写须突破传统学科课程的羁绊，形成有职业技术教育特色的内容与结构体系。①有机结合——教材编写应避免将理论课、实验课、实习课、实训课、习题课完全割裂开来的传统方式，应探索将它们有机结合的新模式；②增加实例——适度减少纯定量分析和纯推理计算的内容，增加“实例”和“案例”分析内容，增加现场排除故障、解决实际问题的内容，将定性分析内容以形象、有趣的形式表现出来。③服务建设——将教材内容植根于经济建设、社会生活和企业实际。

三、编制与开发的程序

教材编制与开发的一般程序或步骤如下：①进行必要论证——拟订教材编制与开发计划，进行必要性与可行性之评估或论证。②明确层次规格——明确教育层次、培养目标、人才规格及相关教学原则，了解课程标准。③进行职业分析——进行行业或职业分析，找出其必需技能、相关知识与工作态度及应用设备、工具、材料等。④拟订目标模式——拟订课程目标、章节和单元（模块或课题或课）目标（知识、能力、情感三方面目标）和覆盖范围、课程模式。⑤制定能力标准——制订能力标准（应由政府或行业和教师代表共同制定），并根据课程性质、内容特点和教学需要确定编写体例。⑥确定编写体例——设计教学单元（模块或课题或课）和每一教学单元中的知识点与能力要求及受教育者要达到能力标准所应具备的知识、技能、态度。⑦编写教材内容——编写与编排单元（模块或课题或课）教材，使所要求的知识、技能与态度形成最佳组合及最优结构。

四、编制与开发的技术

教材编制与开发的技术，主要有如下几个方面。①选材——选材应注意内容的深广度、正确性、典型性、先进性，应注意教材在提高学生素质方面的多种功能；注意理论知识与实践技能之间的选择、结合与照应。②结构——即考虑教材由哪几个部分、哪几种形式组成。正文、公式、表格、插图、例题、案例、练习、实验等多种表达形式要相互配合，各章节或模块之间要注意必要的衔接。③组织——组织是指把各类内容（知识点的分布、技能训练安排、能力培养措施、思想品德陶冶、人文精神渗透等）排列成便于教学的“序”，组成一个系统或网络。④表达——表达的关键是文字表达，特别是专业教师编写专业教材更应在文字表达上多下功夫，充分挖掘语言的魅力，以提高学生的阅读兴趣、理解水平、记忆程度、运用艺术和教学效果。

五、编制与开发的要求

要把教材编活。过去，专业教材往往写得干干巴巴，讲起来也枯燥无味。为何诗歌小说可引人入胜，让人听起来津津有味？其实，除语言表述外，还有哲学抽象与通俗的问题，讲解科技术语，也可有比喻，有形象思维。教材更应提高到艺术角度来阐述，以便考虑在专业词汇中引进“诗词意境”。

六、编制与开发的模式

教材是按照教学大纲对课程的要求，系统、全面地阐述学科知识与技能的最具体、最主要的表现形式。教材模式与课程模式同是多种多样，常见与带有普遍性者有如下几种。①学科式——学科式教材，是按学科领域分科设置的，注重学科的分化和系统的科学文化知识的传递。它有利于系统科学文化和技术技能知识的掌握，对于普通教育尤其是普通高等教育是适合的，职业技术教育中的某些文化课教材亦可采用。②综合式——综合式教材，是打破学科界限，把相关学科的二至三门，甚至四到五门课程的教材合并为包含广阔领域知识的一门新的课程教材。它注重与生活、社会或生产实践紧密联系，有利于解决生产中的实际问题，有利于把多种知识技能围绕培养目标形成合理的结构体系。综合式教材对职业技术教育领域会有更多的需求，更广的适用性。③模块式——教材内容，特别是实践课教材应尽量以模块式组成。这种模块可分三个层次：公共平台、基础平台和专门化平台。有的构建成基础模块、提高模块和特色模块。它们皆具有一定的可剪裁性和可拼接性，并便于根据不同培养目标和人才规格将内容模块剪裁拼接成不同类型的知识（模块）体系。专业基础课教材，特别是专业课教材，尤其是实践训练教材更宜于采用模块式，以使教材具有更大的实施性、适应性、针对性和灵活性等。④电子式——电子式教材是现代信息技术、通信技术和教育技术发展使然，主要体现在多媒体辅助教学。这种模式包括课堂讲授式和网络交互式。前者，沿用传统的课堂教学模式；后者，则利用网络优势，在计算机局域网或互联网上双向传输有关课程的多媒体信息，以实现交互式教学。所以，凡是科技含量较高的内容、比较复杂的设备和难以看到的工艺均宜采用电子教材。以上几种教材模式均含渐进性、循序性和逻辑性，并呈现阶梯式、层级式和分段式。在教材编制与开发中，应注意教材模式要适应课程模式的变化，形成多样、灵活、开放的教材模式。

七、编制与开发的组织

教材，可由教育管理部门组织编写（随市场经济的深入发展，行政部门的力量将逐渐弱化）、相关学校联合编写、校企联合编写或学校组织编写。无论哪种组织编写，均应是专职和兼职人员相结合，应由教材专家、科技专家、企业一线专家和有丰富经验的“双师型”教师组成，也可根据市场运作规律，采用招标形式，以调动相关专家和教师的竞争积极性，提升教材质量。①教育部门组织编写——教材编制与开发，做好规划是基础，加强领导是保证。国家教育行政部门可组织专门力量，制定通用性强的各级各类普通文化课、公共基础课的课程标准和专业大类的基本要求，并组织各类专家编写出版适合各级各类教育教学的文化理论课、专业基础课的教材。地方或行业教育行政部门应加强对地方或行业特色或专业教材建设的领导，按照专业基础课教材的基本要求和专业培养规格编写教材，以适应本地区或本行业的特殊要求。②相关学校联合编写——相同层次和类型的学校基于共同的需要，可建立校际间的友好交流和密切合作关系，本着办好教育的共同目标，从各自学校选取那些理论基础扎实、实践经验丰富、编写教材能力强的教师，联合编写一些应用面不太宽广的专业基础课、专业课及实践训练的教材。③学校自己组织编写——教育的多样性和复杂性之特殊情况显示，乡土教材、职业能力训练方面的教材，特别是稀有的通用性较差甚至没有通用性及急需补充的临时教材，即校本教材，皆宜学校自行编写。它是以学校为基地，以校内教师为主体，根据办学宗旨及时更新教学内容，开发教学资源，编写反映自身特色的临时教材、补充教材和讲义。校本教材主要是编写与开发国家、地方或行业尚未编制的教材、稀有教材、补充教材和某些多媒体课件等。一是活页文选——对必要的科技“前沿知识”，例如新技术、新工艺、新材料、新设备等，可根据需要及时撰写为活页文选形式，作为某些专业教材的补充材料。二是授课提纲——某些综合性专业教材，除具备讲义的特点外，还必须紧密联系实际，有操作规程、维护说明及产品目录等，宜写成提纲或使用多媒体教学。这类教材可根据科技和社会进步而年年滚动修改。三是课程讲义——学校组织有教学和实践经验的教师，编写一些可在本校较长期使用或校际之间交流的专业课程及岗位能力训练的讲义。四是正式教材——上述讲义，通过一定时期的试用和修改，当认为比较完善，并有相对的稳定性时，即可印刷、出版，作为正式教材使用。五是部分课件——某些课程和某些课程的部分内容，宜制作相应的助教课件或助学课件。④自主编制和自主选用——某些专业课程教材的编写可仿效美、日等国，实行自主编写和自主选用制度。自主编制有利于调动学校、专家和教师编写教材的积极性、创造性，自主选用则有利于促进编写之间、出版之间的竞争，编写出质量较高、特点突出、适合需求的千姿百态的教学用书。

八、编制与开发应注意的关系

课程开发与教材编写不同，开设校本课程与学校自编教材并非一回事。校本课程可采传统意义上的教材，也可不用；开发校本课程有时需编教材，有时不需。教材只是课程内容的重要因素，但并非必备因素。①知识传授与能力培养的关系——知识，特别是基础知识，尤其是本专业基础知识是不可忽略的；能力，特别是综合能力、适应能力，尤其是创新和创业能力更应是教材的主线。两者的关系，应根据培养目标与人才规格予以恰当安排。每个章节让学生获得哪些知识与能力，教材编制与开发者需认真思索，独具匠心。值得注意的是，这里的“能力”应是人的终生可持续发展的能力，其核心是指学生的智力水平而非单指胜任某种岗位的职业能力或职业技能。这种能力离不开知识，能力是知识的转化形态；亦即，知识与能力不是一种非此即彼的对立关系，不存在“鱼和熊掌不可兼得”的矛盾性。所以提倡“能力本位”不可排斥学科教学，应在学科教学中注意提高学生的能力。现代教学价值观非常重视能力培养，但仍看重知识的基础地位，使两者形成相辅相成、互为前提和互相促进的关系，将知识的教学目标与能力的教学目标有机结合起来，将知识的教材体系与能力的教材体系融为一体，建立一种知识与能力兼顾新的教材体系。②理论教学与实践训练的关系——理论性内容如何结合实践性知识，实践性教材怎样选择必要的理论知识，理论与实践如何穿插配合，又如何相互支持与照应是教材处理中的关键问题，重要内容、不注重实践就不是职业技术教育，就不能形成职业教育的特色。然而，强调也需有个“度”，过分地强调实践，亦难免有短视之嫌。③传统内容与现代材料的关系——传统教育与现代教育两者总是相对存在的。前者，是后者发展的条件和基础；后者，是前者的创新和发展。前者，不一定都是陈腐的；后者，也未必全是科学的。在教材编写中，应关注如何取舍传统知识，特别是经典知识与现代知识之间的取舍更需审慎周密。只有取舍得当，才能突出教材特色。尤其对各类专业教材涉及的某些必要的新规范、新工艺、新设备、新技术，必须引进来，以保证教材内容的先进性。④科学性与思想性的关系——科学性，要求让学生掌握经过实践验证的技能、知识和理论，并适当吸收科技发展的新成就。思想性，要求体现科学的世界观、正确的人生观和积极的价值观，提供培养学生爱国主义、团队精神的思想品质及职业道德的材料。科学性要由思想性来指导和保证，思想性要贯穿和渗透于教材的知识体系之中。⑤逻辑顺序与认知顺序的关系——教材既要按照科学系统本身的内在逻辑来组织，又要根据学生认知过程的客观规律来安排。所以，应重视教材整体设计，注意学段之间和各科之间的相互联系、前后衔接、层次清楚及课程内部的合理结构；重视教材对发展学生智能的作用，加强实践教学，改革习题设计。教材的知识逻辑必须符合学生的心理逻辑。教材应有弹性，可适当增加选学内容，尤应为学生兴趣和个性发展创造条件。⑥相关教材的接口和配合关系——教材的联系有两种：一是同一学科（课程）的纵向前后连贯，二是几门学科（课程）横向互相联系。教材的选择应注意与先开课和后续课的接口关系，即纵向的一贯性与衔接性；应注意本教材与同时所开课相关内容的配合关系，即横向的联系性与统整性。两者均需处理恰当，以免造成教学内容的脱节或重复。⑦直线式与螺旋式的关系——教材的编排方式一般有两种：螺旋式编排和直线式编排。前者，又称圆周式编排，采取循环加深程度和扩大范围的方法排列教材内容；后者，采取一往直前的方法编排教材。采取哪种方式，取决于学科性质、学生接受能力、教学阶段划分等多种因素。⑧借鉴与继承的关系——在教材编写与开发中，需处理好纵向继承与横向借鉴的关系。历史经验表明，二者之间总是像网络般地交织在一起。只有纵向继承，易形成封闭；只有横向借鉴，则难以形成独自的特色。因此，二者须有机结合才能使教材建设得到新的发展。所以，应积极汲取国外先进的编排方式和新颖内容。但不宜照搬照抄，需“择善而从”、择优而用，即使已确认是先进的课程（教材）模式，也须认清其适用范围与适用对象。⑨必修和选修的关系——要注意学校课程开设的计划性、目的性与学生自由选择相结合。校本课程开发要考虑学校统一的计划、目的，体现学校的主导价值理念，要充分考虑学生发展的多元需求，给学生留出自由选择的空间。不同特点、不同层次的学生需求不同，单一的校本课程很难适应学生需要。因此，开发的校本课程最好能多样化，既有体现学校计划性、目的性的课程——必修课程，又有适应学生多样化需求的课程——选修课程。⑩教材与“学本”的关系——教材与“学本”的关系之背后，隐藏着谁是教学主体的问题。有学者说：“学生是学习和发展的主体，是学习的主人。”有教师说：“教师是学习的组织者和引导者。”而不是“主导”，更不是“主体”或“主宰”。当今选材更加照顾学生的可接受性。但有的教师身处教学改革潮流之中不知如何扮演自己的角色，教学依然故我，恐非个别。变教材为“学本”非方法问题，是观念问题：怕课堂乱，怕完不成教学任务，于是就成了教学的“主体”或“主宰”，讲台成了表演的舞台，学生成了听众和看客。其实只要转换观念，局面就为之一变，教材自可成为“学本”，“讲堂”自可成为“学堂”，方法、技巧不寻自生，不招自来。

另外，还要处理好校本课程与办学特色的关系。应突出学校特色，根据学校资源优势开发具有学校特色的校本课程。首先要具体分析学校的资源优势。如管理资源优势、教师资源优势、教科研资源优势等，哪些真能称得上是优势，真能成为自己的特色。其次是弄清楚学校办学的核心理念，在育人目标上想突出什么特色，然后才是通过开发什么样的校本课程来突出办学特色。

九、编制与开发的趋势

当今，世界各国正在对课程教材进行积极的改革，并已呈现出多样化、多规格、多层次的异彩纷呈之势，使人们从不同侧面对教育有了一个全新印象，即全新的教育理念，刷新了编制与开发教材指导思想。综观其变化与发展，在贯穿“以能力为本”的教育理念同时，具有如下趋势。①人本化——以人为本，即以人的发展为本，让每个学生都能得到自由、和谐而全面的发展，使教材更加关注生活和心理世界、重视个性和终身发展，给其选择的自由及选择发展的自由，使人本思想贯穿教材始终。②人文化——在全球化、网络化和科技迅猛发展形势下，道德品质教育的重要性和难度越发凸显。要用好科技这把双刃剑，须依靠人文精神指导，重视人文社会科学教育，已成教材编制与开发的最大特点。③人性化——传统教材多是呆板的内容与冰冷的文字，只有视觉的单方面交流，缺乏反馈信息。未来的教材应按照人的生理、心理特点设计，融入人的思想、态度和情感，更具人性化、人情味。④个性化——注重不同年龄、个性、兴趣和不同发展水平。个别教学的应用，教育媒体的运用，促进了教材形式、媒体内容的开发。特别是多媒体技术的进步，为教材个性化提供了更大的可能与空间。⑤综合化——单一的教材内容会形成单一的认识，单一的教材模式易形成单一的思维。单科教育易使知识条块化，不利于知识间的广泛迁移，妨碍学生形成科学的世界观。现代科学发展呈现综合化趋势，交叉科学、边缘科学不断涌现，这就需将最精华的知识纳入教材系统，使教材综合化。⑥信息化——信息技术不仅成为一门独立课程，而且已渗透到各科教学中。一些发达国家早已使用电子教材，我国也已在部分地区、部分课程中试用电子教科书，今后将继续向深广度方面发展。⑦立体化——未来教材范围将大大扩展，把声音、图像、动静、文字等材料融合在一起，向学生提多重刺激，使其获得多种感觉渠道的信息，从而产生“如闻其声”“如临其境”“如见其形”的感觉。⑧国际化——随着经济全球化的加速和国际交流与合作的加强，使教材融入和适应国际教育的大市场，在编制与开发教材时，要积极参考国外同类院校相近专业的教材，尽量采用先进的理念与国际标准，利用国外教育资源，引进先进教材，让学生掌握世界最新科学知识、发展动态，使人才培养的规格、类型、标准国际化。

另外，还有主体参与化，现代教材观将教材开发与利用视为一种发展性活动。其中起决定作用的是主体参与。只有参与其中，才能对教材内容有深刻理解。

教材的编制与开发水平决定着教育教学质量，对加快教育教学改革进程、提高人才培养质量具有至关重要的作用。同时，编写人员应满足如下要求：一是具有扎实的专业功底，掌握系统的专业理论知识，能对本学科知识融会贯通。二是具有丰富的教学经验，了解学生认知特点，知晓学生实际情况。三是具有一定的写作能力，能够将自己的教学思想、教学理念充分表达出来。

教材的选用与使用

无论教材编制得多么出色，依然只是在教学过程中的“教材”和学生学习过程中的“学材”；尽管它是教与学的一种必备资源、主要资源，但还需教师认真地选择与解读。当今，随着实行教材多样化政策，涌现出一批有创新、有特色的优质教材，如何选好、用好，已成为使教材发挥更大效益的关键一步。

一、选用的原则

随着教材建设与发展和多样化的推进，教材选用尤为重要。选材是一项政策性极强之事，也是师生、学校和社会非常关注之要。为保证能使用优质教材，既应建立严格、完备的审查制度，以规范教材的编辑、鉴定、出版、印刷、发行，也应进一步建立、完善选材的管理体制、运行机制和选用制度。对此应根据有关法规、政策和规章，加强对教材的管理，建立规范有序、公正透明、民主科学的选用机制。

（一）适应原则

教材应适应学校层次、专业性质、课程目标与学生实际（身心发展、年龄特点、学习经历等）。

（二）质量原则

教材的内容、文字、编排和装订的质量应属上乘：文字表达要准确、简洁、流畅，表格、图像、照片的色彩均鲜明、美观、悦目，包含应有信息，令人兴趣浓生；外观、版面和纸张的质量、色泽、大小、厚薄及印刷字体的清晰、色彩等均有利教学，且耐用而不易破损；装帧技术符合心理学和卫生学的要求。衡量教材质量的主要标准：一是能否处理好社会需求、学科体系与学生发展这三者之相互关系；二是能否把知识传授、能力培养和思想教育这三大功能融为一体；三是是否有利于进行创造性教学和学习。

（三）经济原则

在同样质量、规格下，应有合理的价格或投入较低的人力、物力、财力、时间等成本。

（四）竞争原则

教材的选用需建立一个合理、公平、公正、透明、有效的竞争机制，为教材选用创造一个有效竞争的环境。既要完善教材出版发行的行规行约，做到规范有序，又要真正为教材选用建立一个科学规则。只有通过竞争，才能孵化出一批高水平的教材，只有拒绝暗箱操作，才能促使更多、更优秀的教材脱颖而出。

二、选用的主体

教材的选用，除国家规定必选的教材外，可将选用权下放到学校和教师，在“多样化”的基础上从已审定的合格教材（教育行政部门或相关行业、专业团体定期评选与推荐教材）中进行选择。具体选用视各校教学需求的不同有如下几种：其一，由学生与教师共同选用（学生的学材）；其二，由任课教师自由选用；其三，由课程或学科教研室（组）集体选用；其四，由系（科）主任和任课教师共同选用；其五，由校长与系（科）主任和任课教师共同选择；其六，由课程教学研究会、教材建设委员会等学术机构选择。当然，也可由以上多种结合的方式来选用。

三、选用的要求

每种教材均具优缺点，皆有其适用范围和对象，没有一种教材能涵盖所有的优点及功能。因而，须根据培养目标和学生实际，选择那些结构严谨、内容充实、文字通达、印刷精美、制作精良的教材。

（一）符合标准

应符合国家课程标准，配合科技时代需要，适应行业变迁，具有多功能、多成效具正面影响的教材。

（二）结构合理

教材的章节、模块或单元，有醒目的教学目标、重点内容标识，章节（模块）转换处应以趣味性事例过渡，以引起学习动机；有精美的插图、适当的图解、必要的表格、确切的注释；有趣味化、实用化的实例及实用价值的示例、案例，有适量、适度的思考题、探究题；章节结束处，附有习题、思考题。

（三）图文并茂

教材版式或格式设计，注重突出重点内容，教材体例新颖、活泼，有必要的结构图、数据表和插图及高质量的照片；尽量以表格、曲线、图像和照片说明教材内容；图表中，两色图、三色图居多，用不同颜色的底衬表示不同内容，以直观、清晰、鲜明、醒目，可省却许多文字阐述。西方国家有“一图抵千字”之说，能有效地使用图表来精简文字叙述，插图和表格所包含的信息量远远大于同样篇幅的文字描述，尤其是印刷精美的彩图更会给读者留下深刻印象；图文既应清晰精美，文辞流畅、生动、形象，还应成为多媒体的龙头，并能对多媒体进行补充、归纳和提高；增加学生学习的兴趣性、积极性。

（四）语言艺术

教材在语言上应体现：①知识性——经验表明，空话连篇、言之无物的语言不受学生欢迎；只有饱含知识信息的语言，才能强化学生的求知欲，使学生享受学习的快乐。②准确性——教材的知识是科学的，不容出现错误或模棱两可。③简明性——语言要言简意赅，深入浅出，通俗易懂，具有化解疑难的功能。④生动性——语言表达要有趣、形象，从而更加深刻地理解教材、掌握教材。

（五）内容科学

内容应深入浅出，难易适中，易于掌握、生动有趣，具有可读性；内容应丰富多彩，有启发性，为教师的启发式、讨论式和研究性教学进行铺垫；内容需有适应性，应简明扼要，启发学生积极思考；应有贴近学生实际的案例，有发人深省的“评析”。

（六）富有弹性

留出空间，最大限度地适应不同地区、学校、专业和个体的需求，根据本地、本校、本专业和本班级的条件实施教学。从教材编制上体现教材观的转变，减少教材的法定性使用要求，以便或配合学分制、弹性制和工学交替制的实行，能为创造性教学和创造性学习开辟空间，给不同特点者提供不同的发展空间。

（七）具有趣味

教材编选要生动、形象、巧妙，具新鲜感、趣味性，使学生在轻松和美的欣赏中，潜移默化地接受理论知识和思想观点。教材语言应尽量贴近学生，以激发学生的学习兴趣，让其有一种亲切感，喜欢读；应图文并茂，有美丽的图片、优美的语言，充满诗情画意，以增加教材的可读性、趣味性。

四、选用的方法

（一）判断法

根据培养目标、社会需求、学生实际考虑与确定选择教材。此法纯粹依据个人意见，难免有所偏颇。

（二）实验法

在实际实验基础上，鉴定某些教材能否满足教学目标和要求，而后给予适当取舍。此法比较科学，可避免主观成见，但因实验情境不易控制，影响可靠性。

（三）咨询法

通过咨询，研究社会或有关人士对教材的取舍意见。咨询对象的选择，是决定此法能否成功的因素，须注意所选对象的普遍性和与教材的相关性。

（四）分析法

以科学分析所从事的教育任务与教学活动，究竟应需何种教材。此法是选用教材、尤其选用行业技术和实践教材最为有效的方法。

从实际教材选用情况看，公共课程或有联考要求的课程大都选用国内有一定影响的正式出版之教材；体系较稳定的专业基础课程多选用有专业特色、行业出版的权威教材；变化较大的专业课程，或选用国外最新原版教材，或选用教师自编或编译的教材，或配合教师即时采编的活页教材。教材选择还须注意：传统的教学模式，往往非“教师带着教材走向学生”，即“学生带着教材走向教师”，教学空间只局限在教师、学生、学校；现代教学要求学生带着教材走向实验室、图书馆、工厂、农村、大自然，教材已渐渐由传统模式转向充分发挥学生主体作用的自主求索的现代开放模式。

五、使用的方式

教材，除组织有关专家和教师进行编写外，还可有选择性地采用国内外已出版的相关教材和行业的有关专业书刊，以弥补教材之不足，其具体措施如下：

（一）现　用

有些知名度较高的出版社出版的优质专业教材，其内容强调职业适应能力、综合职业能力的培养和基本操作技能的训练，对此类教材可以现购现用。

（二）转　用

同类或他类学校比较成功的教材，且基本具有本类专业教材的大部分特性，可以转用为自己的教材。

（三）借　用

同类性质而层次不同或接近的学校之教材，可借用为自己的教材。但使用这类教材，要注意理论层次的删减及内容的加深和拓宽，以达专业知识和专业能力结构的要求。

（四）合　用

对综合性强的课程，可综合使用几本专业教材，但须注意合并后内容的取舍、结合和统整。

（五）引　用

对那些综合性强的专业产品、专利、技术课程，可把相应的产品介绍书和使用、维护、说明书的内容引用为教材。

（六）摘用

一些综合性强的、介绍本专业最新发展动向和成果的课程，有些内容分散在不同的书刊、论文集、杂志或网络中，可摘录、剪贴、打印或复印、下载出来，作为自己的教材。

（七）鉴　用

教材国际化已成必然，引进国际某些必要且先进教材，甚至是原汁原味的外文教材，即可借鉴原版教材，实行双语教学也是可行方案。但借鉴非照搬，应结合学生实际，以弥补国内空白，又能再开发利用。

六、使用的要求

选定教材之后，如何妥善地使用，亦因是影响教学效果的重要因素而成为教学领域的重要课题。教师作为教学资源的设计者、实施者和组织者，应积极主动地去选择、增添、调整和运用教学资源。

（一）灵活性运用

教师在教学中须对教材进行再加工，以灵活运用。在固定学年制中，实行的是刚性教学计划；在学分制、弹性制和工学交替制中，实行的则是柔性教学计划。后者，要求根据用人单位反馈信息和职业需求变化及时调整教学内容，这种变化反映在教材使用上：不仅要及时汲取必要的新技术、新工艺、新设备等，而且需要用现代教育观重新审视、选择和组织经典的、传统的教材内容，还必须针对学科性质、教学对象、教学环境，因事制宜、因人制宜和因地制宜地采用相关教学方式，指导学生灵活应用教科书或教材。

（二）得当性调整

因教材编写多具滞后性，又有一定适应范围，且学生具有差异性，所以在使用时常常采用如下策略：

1. 斟酌删减　对能力不足的学生，可考虑删除部分内容或代以较浅的教材；对教材中不适宜教学对象的内容，可考虑省略或删减。

2. 斟酌修改　因编撰者疏忽，造成错误或不当，或因校对疏漏，或因译述词不达意，均需斟酌修正。

3. 应时调整　应学生差异或特殊需求而弹性调整；应紧随科技创新、经济发展和社会进步而不断调整，既需增补国际、国内或地区近期使用的成熟技术，又要淘汰不适应时代需求的陈旧内容，并将必要的新兴技术引进教材。

4. 因需加工　把教材内容与本地、专业和学生实际相结合，针对实际需求对教材内容进行加工调整。

（三）斟酌性补充

教材因受篇幅的限制，有时内容不够详尽，叙述有欠清晰；或因其滞后性而短缺某些新内容，或因通用教材而不能顾及地方或行业特色……其时，应多方搜集有关资料，并应考虑适时补充最新科学知识与技术内容；尤其在稀有科目和乡土教材方面更需如此。补充教材，要有利于教师教学与学生学习。补充方式大致有口述补充、板书补充、图表补充、投影补充、网络补充及印发讲义等。

（四）创造性使用

要突破教材对教育教学的禁锢，不能成为教材的奴隶，而应成为教材的主人：既遵循教材，又不囿于教材；既要凭借教材，又要跳出教材。

1. 挖掘隐含性　挖掘教材字里行间隐含的思想教育因素与能力培养因素，进行创新能力的梯度设计和思想教育的渗透。

2. 富有挑战性　使教材富有挑战性，应有利于引导学生进行观察、实验、猜测、验证、推理等。

3. 具有实用性　利用教材的生动性、有趣性和实用性，使学生主动参与意识增强，自学能力、探究能力和解决问题的能力得到发展。

4. 注重探究性　倡导学生自主、合作、探究性学习教材。

（五）综合性使用

文字教材、实物教材和电子教材或同时使用，或穿插使用，或配合使用，或交替使用，以充分发挥教材的多种功能。对教材内容的重新组合是使用教材的重要方面。由于教材内容的“知识结构序列”未必符合学生的“认知过程序列”，所以，应进行适合学生认知和学习过程的内容组合。

1. 侧重知识传授的教学内容组合　其方式有：①顺序式——基本按教材“知识结构序列”的编排，只对部分内容稍作调整与增删；②逆序式——按教材“知识结构序列”的逆过程编排；③中心要点式——提出教材知识结构的重点和关键，以带动全部教学内容；④要点陈列式——将内容要点列出，给学生以概括性印象，再对照、归纳、总结。

2. 侧重能力培养的教学内容组合　其方式有：①问题带动式——通过一个或多个前后联系、有探讨价值的问题，带动对教学内容的磋商、讨论、研究；②重点突破式——讲好典型范例，让学生迁移于相似内容，举一反三；③方法归纳式——按陈述、描述或讲解、研讨规律，归纳编排。

3. 侧重品德教育的教学内容组合　其方式有：①结合实际式——把教材中能结合德育实际的内容，并列或串联在一起；②实践锻炼式——结合教学内容，让学生通过生产实践和社会实践进行实地锻炼；③示范带动式——结合教材内容，教师通过以身作则带动并影响学生。

（六）实践性强化

实践性环节、课程，尤其实践性教材，是实践教学体系的主体，是形成实践性教学体系：点（实验）——线（课程设计、实习）——面（综合实训、实习）——体（毕业实习、设计、职业资格证书考核）各实践环节连接、递进的系统过程。学生综合能力的培养，就在由点连线、由线到面、由面扩体的实践教学过程中形成。学生的创新能力，只有在创新实践中，才能得到培养、锻炼、提升和发展。

（七）改革性使用

教材是教育改革的核心，教育思想、课程体系、教法和学法的改革最终须通过教材的改革才能落实。教材改革须针对其“时弊”抓住重点。现行教材有的还远未摆脱传统教育思想的影响，尤其是不少专业基础课和专业课的教材依然存在重已有结论，轻最新理论；强调技术观点，忽略经济效益；注重纵向衔接，忽略横向联系；只重系统性、完整性，忽视应用性、实践性；充满叙述性、记忆性常识，缺少启发性、先进性内容；教材形式呆板，文字多，图表少，结构陈旧。故应变陈旧性为先进性，变记忆性为启发性。

教材的选用与使用具有开放性，难以有广为认同之说法。然而，在教学中要处理好教师、学生和教材的关系。按照建构主义的理论，教材只是教师教学活动的一条线索，并非教学活动的圣经；教材只是参考，符合学生情况的就参考，否则就去完善或者去改变，甚至自己设计。亦即，应改变“以教材为本”的习惯，教材非神圣不可侵犯的，教师应对教材进行创造性处理，把学生作为处理教材的基本出发点。教材编者是考虑广泛需要和一般对象而编写的，但广大教师面对的却是种种特异的需要和水平参差不齐、条件迥异的学生，故对教材做某些切合实际的处理，确为审时度势之举。

处理教材的艺术

理解教材是备好课的基础，处理教材是上好课的前提。处理教材是备课的重要内容，具有较高的艺术性。处理教材，即在钻研大纲和精通教材的基础上，结合学生的知识水平及实际需要与可能，把教材内容进行精心的剪裁、梳理和调整，包括结构的安排、体系的组合、内容的增删、实践的穿插、课时的分配；处理教材，应在教学大纲要求之内、教学计划范围之内、学生能力限度之内，应源于教材、基于教材，而又高于教材、优于教材。最终体现：条理清楚，层次分明；逻辑严谨，重点突出；观点鲜明，论据充足；难易适度，简繁得当；以使备课和讲课更充实、更精练、更完美，更能结合学生实际，使学生受益。

一、明确目的把握“三点”

一堂课的宗旨究竟要解决什么问题，即教学目标；这个问题要解决到什么程度，即教学要求。若教师对此心中无数，学生必不知所云。故处理教材，首先需明确所教学科及其每章、节、课时的目标和要求。所谓“三点”是指教材内容的重点、难点和弱点。它是课堂教学的精髓，决定着教学效果的好差，反映着教师水平的高低。准确地把握“三点”，应做到如下几点。

（一）目标适宜，要求适度

教学目标的确定，应根据教学大纲和学生实际，准确选定一两个主要问题。实现教学目标是一堂课的中心任务，备课内容应受教学目标的制约，各个教学环节应为它服务。教学目标的表述要简明扼要，且能观察、可衡量。教学要求的拟定，要结合学生的实际，考虑需要与可能，提出适当的具体要求。那种把各种教学参考资料中的教学要求照抄的做法是不可取的，因它未必符合实际情况。教学要求不能“一视同仁”，应根据班级学生的知识水平、能力大小、智力高低来区别对待，不可强求一致。

（二）统观全面，确定重点

重点，即在教材中举足轻重的、关键性的、最基本的、最重要的内容，是教师设计讲课结构的主要线索。所以，确定教学重点是教师处理教材的关键一环。一般说，整个教材有重点章，每章有重点节，每节中有重点内容，即使非重点章节，仍有其相对的重点。确定重点后，应考虑通过各个教学环节和各种教学手段，像众星捧月一样让它明确显现，即常说的“突出重点”。重点确定之后，还应对教材内容权衡轻重、分清主次、有增有删、有详有略。

（三）化难为易，分散难点

难点，或较抽象，或较复杂，或较深奥，或较隐蔽。通常在处理教材中采用分散难点的办法来化难为易。所谓分散：一是难点不集中在一个课时内解决，而是分散到若干课时或若干阶段中去逐一解决；二是把难点分解成若干个较易理解的问题，各个击破。对于不同的难点应采用不同的方法去攻破。

（四）防患未然，杜绝弱点

弱点，是指学生在学习过程中易混、易错或易疏忽、易误解的问题。它是教材内容中的“小砂粒”，但它可使学生“走弯路”“入歧途”。解决这类问题多是靠教师平时教学经验的积累，或是以往失败教训的总结。所以，有经验的教师都能事先指出学生在理解、作业、运用或考试中，容易出现错误的细枝末节，以提高学生学习效果。

综上所述，“三点”之间既有区别又有联系。突出重点，是为达到教学目标；攻克难点，是为突出重点而扫清障碍与疏通思路；杜绝弱点，是为突出重点破攻克难点时少走弯路，或免入“歧途”。有些知识与技能既是重点，也是难点，又存在若干弱点。所以，在处理教材时，只有认真把握“三点”，才能更好地完成备课任务。

二、权衡轻重适当增删

把教学内容不分轻重地全部“灌”给学生，是不会收到良好效果的。因在讲课中若平铺直叙，千头万绪，面面俱到，则很难集中学生的注意力，所以对教材应该权衡轻重，适当增删。

（一）重其所重，轻其所轻

轻与重，都是相对而言，有所轻才有所重，有所详必有所略。所谓轻重，都要根据教材性质和学生实际而定。重，即针对教学中所要解决的主要问题，在讲授上要搞深搞透，在时间上应比例稍大，在手段上需多方配合（如演示、挂图、模型、电化手段），在描绘上宜浓墨重彩；轻，即针对次要内容，可简可略，可轻描淡写。因此，在处理教材时，应进行“三基划线，知识分类”，明确哪些是让学生了解的，哪些是让学生理解的，哪些是让学生掌握的，哪些是让学生应用的……应分清主次，轻重有别，详略有致；否则，难免造成蜻蜓点水、浅尝辄止和平淡枯燥的后果。必须指出：权衡轻重，不能以教材篇幅长短为依据，即使占的篇幅较大，但学生能够自学理解的内容，仍可从略；有时叙述不多，虽只一两句话，但学生不易理解或与前后内容有密切联系，处理时亦不可从略，而应强化。

（二）增要慎重，删要“放心”

写书，有写书人的观点和技巧；讲课，有讲课者的艺术和风格。因此，处理教材必然有所增删。增，就是充实一些必要内容；删，就是不讲或略讲那些学生一看就懂的内容。例如，为了沟通新旧知识，适当插入一些过渡性知识；为了丰富学生的感性认识，参观现场或实践、操作；为了示范某种类型计算，补充一些典型例题；为了激发学生的学习兴趣，设计一些有趣实验；为了扩大学生知识面，增添一些现代科学知识；为了进行爱国主义教育，介绍一些我国现代化建设成就……但要慎重考虑增补内容，绝不是超越教材越深越好。对于那些学生自学可以理解的内容，要相信学生，要勇于“割爱”，消除“不讲不放心”的顾虑。“不讲”不等于“不要”，更不等于“放弃”。

三、琢磨深浅考虑宽窄

人们对事物的认识总是由感性到理性、由表及里、由浅入深、由此及彼的，学生学习的过程也是如此。因此，在处理教材时，教师应当遵循这一规律，根据学生的年龄特征和知识水平，正确把握所授知识的深度和广度，做出恰如其分的安排。

（一）深有限度，浅有分寸

教师要根据学生的认识规律权衡教学内容的深浅。所谓深，是相对而言，因为不同学生接受知识的能力有所不同，所以在某一阶段只能达到某种程度，才能使多数学生能够接受，因而知识的深度应随着学习阶段的不同而不同。初上讲台的教师，往往感到讲得太浅而不过瘾，总希望给学生讲深一点，其意虽好，但收效不佳。所谓浅，不是越浅越好，而要深浅适度，由浅入深。对学生暂时不能理解的问题，可采取逐步深入的学法，也可使他们先“知其然”而后再“知其所以然”。

（二）宽有范围，窄有尺度

应当根据学生的年龄特征和知识基础考虑教学内容的宽窄。所谓宽，并非漫无边际，而是有一定的范围。通常要求学生能举一反三，触类旁通，也不是一切能“反”，所有皆“通”。所谓窄，要有尺度，并不是学一知一，学二知二，一切依靠机械记忆。窄是跟宽相对而言，考虑教学内容不能太宽，否则会造成学生学而不精，在疑难问题面前能果断判断解决；也不宜太窄，否则会使学生思维僵化，在问题变换角度出现时缺乏应变能力。

四、处理顺序讲求艺术

教材编写者有他们的考虑，教学设计者有自己的构思，这两者的思路并不尽相同。一般来讲，编写教材时应该考虑教学顺序，实施教学时应该遵循教材顺序。但是，编写教材注意其文字叙述的系统性和逻辑性，而实施教学要根据学生的实际情况强调教学的现实性和艺术性，这往往导致教学顺序与教材顺序发生矛盾。教师在处理教材时应认真考虑如何做到：便于诱导，发挥教师的主导作用；利于自学，体现学生的主体地位；便于实践，促使理论与实际紧密结合；利于教改，能对教学方法改革进行探索。教材顺序和教学顺序的矛盾往往是必然存在的，教师应对教材内容进行精心设计，重新组织，合理剪裁，恰当安排，使自己的教学艺术得以充分发挥。此外，有些教学方法改革的实验，也与教材顺序产生较大的矛盾。例如，单元结构教学法、边实验边讨论教学法等，都要对教材顺序做较大的变动。但它只是改变教材内容的顺序，而不是脱离教材内容另搞一套，这是处理教材的基本原则。

五、适应需求补充新意

由于教材的编排和编写要受到书面形式、区域共性等因素的限制，所以总存在一定的局限性，不是学习者现成的完善的知识结构。故备课的主要任务是处理教材。处理教材的出发点和落脚点都是使教材更具教学性，符合教学规律和学生认知规律。教材内容必须随着科技进步、社会发展与学生需求，适时调整。一是内容现代化，应注意教学内容的现代化，及时补充一些必要的新知识、新技术、新工艺、新设备、新材料；二是内容现实化，应依据本地区、本学校和本专业的迫切需要，选取学生所熟悉的事实、例证及有关乡土教材，以保证教学与社会生活、企业生产的密切联系，更好地为经济建设服务。

（一）教育性和教学性

处理后的教材，既利于知识的传授、能力的培养，也在知识传授和能力培养中能很好地体现思想品德教育、职业道德教育和世界观、人生观、价值观的陶冶及全面素质的培养。

（二）系统性和衔接性

处理后的教材，不仅更能体现知识之间的本质联系和逻辑关系，而且更能展示学科间的相互关联和新旧知识之间的衔接关系及理论与实际的结合。

（三）针对性和实践性

处理后的教材，不仅应体现对专业要求与学生实际具有很强的针对性，而且要体现适应专业需要与适应职业需要的实践性。

（四）必要性与易受性

处理后的教材，不仅更有利于使学生掌握更丰富、更主要、更精辟、更实用的知识和技能，而且能使学生感到易于学习、易于接受、易于理解、易于记忆、易于运用。

六、注重需要实现转变

备课就是对教材进行各种加工，把教材转变为适于专业需要、学生易受的教学内容。这种转变越彻底、越恰当，备课也就越成熟、越成功。

（一）通用性向特殊性的转变

即把全国通用的教材转变为适应于本地区、学校、专业、班级的特殊教材。教材的通用性越强就越需进行转变，包括宏观与微观两方面。前者，指篇章结构或体系的调整；后者，指词句结构及举例、应用和程序的安排。

（二）概括性向具体性的转变

即把抽象概括的教材转变为细微具体的教学内容。教材，尤其是教科书都具有很强的概括性、简约性故需做一番化难为易、细致入微的转化。以使概括落实到具体，共性显示于个体；大台阶变为小台阶，以使简约含蓄的论述变为丰富具体的说明。

（三）学术性向通俗性的转变

各种教材多是一本严谨的学术著作，在解释定义、界定概念、演绎推理、归纳概括和叙事状物时，多采用专业术语，以使语义准确，经得推敲，但专业术语过多或集中，易使初学者感到艰难，甚至会出现新难点。为使其通俗化需对深奥概念做通俗解释，对抽象事物做形象化处理，对复杂内容做简明化叙述。

（四）书面语向口头语的转变

通常，教材特别是文字教材都使用书面语言，遣词用句多是文白相间，故需转变成：①口语和书面语的结合——前者，有自然、亲切、灵活的特点，用来阐释事理、描绘情景、启发诱导；后者，有简约、条理、规范的特点，用来讲授定义、定理、结论等；②口头语和身态语的结合——教学中，应让学生既听其声、见其形和感其情；③口头语和哲学语的结合——前者，在解释概念时，以生动形象的语言去吸引学生；后者，在说明观点时，以逻辑系统的语言去征服学生。

（五）静态性向动态性的转变

教材在展现事物结构和描述动态过程时均使用静态文图，故应考虑如何借助生动形象的语言和借助模型、实物或手势、动作予以解释。具体说可采用：①描述式——边演示边讲解，适用于结合观察做详细介绍和分析；②导游式——辅以手势，引导学生沿着正确顺序观察；③注解式——对个别观察点做简或略介绍；④提示式——演示前对观察点和现象做些提示；⑤设问式——用提问或设问指出值得注意、需要辨别之处；⑥手语式——辅以手势、以达引导暗示之目的；⑦电化式——尤应用影像设备、多媒体计算机技术和网络技术，使之转化为立体、动态和仿真。

（六）单向性向多向性的转变

传统的文字教材只能向学生单向性地反映书面内容，备课或教学是把这种单向性转变为师生互动或教师、学生、教材多向交流的不断反馈的过程。它常常是通过多种方式刺激和吸引学生主动参与这种双向活动。比如，设疑就是刺激学生产生求知欲而积极参与教学活动的有效方法，而备课就是要找到恰当的设疑点和设疑方式，安排一个合理的“设疑→质疑→释疑”过程。当然，疑点不能过深，使学生思而无解；亦不能庸俗浅陋，使学生思而无益。再如，还应考虑如何用讨论、训练、对话、操作等形式吸引学生参与，以有效地完成这一转变。又如，利用多媒体计算机技术和网络技术，更可形成多向交互教学。

七、依据要求重新组合

对教材内容的重新组合是处理教材的重要方面。因教材内容的“知识结构序列”未必符合学生“认知过程序列”，故需分析教材的知识结构，明确学习难点之所在，进行适合认知和学习过程的内容组合。

（一）侧重知识传授的教学内容组合

这类组合的方式有：①顺序式——基本按教材“知识结构序列”的编排，只对部分内容稍作调整与增删；②逆序式——按教材“知识结构序列”的逆过程编排；③中心要点式——提出教材知识结构的重点和关键，以带动全部内容；④要点陈列式——将内容要点列出，给学生概括性印象，再对照、归纳、总结。

（二）侧重能力培养的教学内容组合

这类组合的方式有：①问题带动式——通过一个或多个前后联系的、有探讨价值的问题，带动对教学内容的磋商、讨论、研究；②重点突破式——讲好典型范例，让学生迁移于相似内容，举一反三；③方法归纳式——陈述、描述或讲解、研讨规律，归纳编排。

（三）侧重品德教育的教学内容组合

这类组合的方式有：①结合实际式——把教材中能结合德育实际的内容，并列或串联在一起；②实践锻炼式——结合教学内容，让学生通过生产实践和社会实践进行实地锻炼；③示范带动式——结合教材内容，教师通过以身作则带动与影响学生。

八、用教材教非“教教材”

教学是“用教材教”而非“教教材”。教学实际不同，教学的目标有别，使用的材料就不可能完全相同。教学目标是教学活动的出发点和归宿，使用教材的目的是实现教学目标。教材是为教学服务的，而非用来束缚限制教学的。教师应当从教学实际出发灵活、创造性地使用教材，而不应甘做教材的奴隶。教材不只是课本（教科书）。课本往往只是教材的核心部分。教师应从教学的实际需要出发，自主地选择、组织适合需要的教材，而不过分依赖现成的课本。教科书和教参凝聚着教材编写者的心血和智慧，吸取了广大教师长期教学实践中探索的宝贵经验。教师应潜心研究教材，了解教材的编写特点和意图，分析教材的优势和弱点，认真用好教材，充分发挥教材的积极作用。尽管教材编写会尽可能地考虑不同教学实际的需要，但这种努力必会受到很多限制；何况，教材编写者也难免失误。故不能盲目崇拜教材、迷信教参。

教材只是教师教学活动的依据，并非教学活动的圣经。教材编者是考虑广泛需要和一般对象而编写的。广大教师远离教材编者，故对教材做某些切合实际的处理，确为审时度势之举。教材不是神圣不可侵犯的，教师应把学生作为处理教材的基本出发点，对教材进行创造性处理。

第二章　授课与课堂

三尺讲台论古今，一支粉笔写中外；教学互动浓书香，道业惑解韵课堂。授课，是教学过程的中心环节，也是教学活动的基本形式。课堂，是教师实现价值的主要舞台，是教书育人的主要场所，也是学生学习的主要阵地。课堂教学，是学校一切工作的重中之重；课堂教学质量，是人才培养质量的关节点和生长点。优化课堂教学，是完成教学任务和提高教学质量的根本保证。

课堂，传统教育认为属于教师，现代教育认为属于学生。若无学生，课堂和教师就失去存在的必要和意义。故而，学生才是课堂教学的终极目标和对象，教师只是实现目标的引领和途径，或比喻为桥梁和纽带。既然教育是为学生更好地生存和发展，所以可把教师定位于“护卫者”“服务者”“促进者”“咨询者”“引导者”。“课堂属于学生”的要义之一就是“课堂属于每一个鲜活而富有个性的生命体”。三尺讲台韵四方，道业惑解是课堂。课堂教学既是教学过程的中心环节，也是教育人的核心地带。故要坚持育人为本、德育为先，把传道立德树人作为教育教学的根本任务，培养德智体美全面发展的各种人才。

课堂教学，是以学生为主体，使之获得知识、发展智力、培养品德、提高能力的创造性过程，是教师遵循教育规律、教学法则和美学要求，运用语言、教态、板书及教育技术，提高教学质量的一项独具风格的创造性活动。课堂教学艺术，既具有科学性，又体现艺术性，并具有形象性、情感性、审美性，且以创造性为灵魂。要求教师艺术地集“编、导、演”于一身，恰当地将“舞台的形象、戏剧的冲突和相声的幽默”有机交融在一起。包括：语言表达、启发诱导、方法运用及应变机智等方面。如趣味盎然的开场白，巧设疑阵的结束语；引人入胜的表述，画龙点睛的概括；有张有弛的节奏，回味无穷的空白；恰到好处的课堂练习，留有余味的课外作业；简洁明快的板书，潇洒端庄的教态，幽默的谈吐，有趣的讲解……高明的教师都非常讲求教学艺术，使教学颇具魅力，妙语连珠，挥洒自如，很有囊括百代风云、悉数万物奥妙的气势，使课堂包容四海、辉映人生；高明的教师各有千秋、各具特长，有的教学形式新颖，有的语言形象生动，有的强于逻辑，有的治教严谨，有的善于处理教材，有的巧于启发诱导，有的富于创设情境等。高明的教师能放飞学生的天性，让学生的心灵充满自由；能营造民主的氛围，让学生的疑问得到鼓励；能激发学生的想象，让学生的想象长出翅膀；能搭建实践的舞台，让学生的实践助长创造，技能得到锻造；让课堂教学极富魅力，使之如同被能工巧匠琢磨陶冶，完全成为一种享受。

课堂教学过程，应变无趣为有趣，变无形为有形，让课堂出现生机盎然的景象。①导语——“未成曲调先有情”。优佳的导入既让学生明白当堂的学习任务，激发其求知欲望，在短短一两分钟就能使之进入角色，伴随师生产生共鸣，一堂优质课基础即奠定。②过渡——“嫁与春风不用媒”。如若导语是一堂课的第一针兴奋剂，那么过渡语则是让学生继续保持旺盛求知欲的第二针强心剂。每个教学环节的衔接处都需一个适当的过渡，层次清晰，环环相扣。③讲述——“语不惊人死不休”。要达到高潮迭起，关键是创建教学情境，如轻柔和谐的优美，奋发激越的壮美，诙谐睿智的幽默美。平淡如水的说明可借助形象风趣的话语解说其中事理，严谨简明的议论可运用哲理性语言引入严密的逻辑。④巩固——“会当凌绝顶，一览众山小”。凌绝顶是怎样的风光？当教师用一系列富有艺术情趣、层层递进的总括，把学生从一个波峰送到另一个波峰时，似有“山登绝顶我为峰”的意境。将学生从一个浪尖带到另一个波峰，这就将教学内容转换和课堂整体结构安排得天衣无缝。⑤小结——“似曾相识燕归来”。极佳的结尾语，会起到事半功倍或画龙点睛之效。“言已尽而意无穷”，使之绕梁三日，甚至终生难忘——开篇一鸣惊人，中间跌宕起伏，结尾回味无穷。课堂教学，庄严而又神圣。深入浅出，讲好每一节课。

讲课的基本要求

对教师而言，课堂教学需三个着力点：学科知识的掌控力、课堂组织的驾驭力、主干知识的执行力。上好一堂课，既是对教师的要求，也是教师努力的方向，更是教学艺术水平的展现，怎样才算一堂好课呢？总的要求是在育人为本、质量第一、突出特色、全面发展的教学理念的基础上，正确贯彻教育方针，严格遵循教学规律，积极体现教学原则，恰当选择教学方法，同时体现：教学目标的明确性、实效性；教学内容的科学性、思想性；教学重点的准确性、突出性；教学方法的启发性、适应性；学生学习的主体性、积极性；课堂组织的严密性、纪律性；教学过程的合理性，有序性；教学艺术的审美性、创造性。扼要举其大者，应注意以下几点。

一、目标明确

教学目标，是教学的出发点，也是教学的落脚点。教学目标正确、鲜明、具体、恰当，直接关系到教学任务的落实、教学质量的提高和学生身心的发展，并决定着教学活动的性质和方向。一堂好课表现在：课堂的一切安排，都有一个明确的目标，都是为了实现预期的目标；课堂的所有活动，都是围绕目标进行，都是为目标服务。教学目标在教学过程中居支配地位，具有启动、导向、控制、激励、评价等功能。

从目标确定的内容来说，它应包括：传授知识（严格地说，不能仅仅停留在传递知识上，而应燃起学生探索的欲望，开发学生的创造潜能，这才是课堂教学的真正价值所在）、发展智力、提高能力、培养品德几个方面。从目标贯彻的情况来说，它应体现：确立得当、贯彻得力、得到落实、收效明显。所以教学目标不仅教师自己要明确，而且也要让学生清楚，将它“贯彻”与“体现”到教学过程的各个环节，教学活动的每个层面，使师生双边活动始终围绕教学目标展开，做到教有方向，学有目标，从而使整个教学过程顺利进行，最后取得成功。

二、内容正确

教学内容正确，既是对一堂课的起码要求，也是一堂课的基本标准。内容正确，是指传授给学生的知识、技能、规则、思想、观点，应准确、完整、严谨、可靠，是指观点鲜明、内容无误、思想端正、求实求真，并具科学性、思想性、系统性、逻辑性；是指对教材的分析、概念的解释、原理的论证、理论的阐述，都要符合客观事物发展规律，经得住实践的检验；是指讲授准确精当，举例贴切自然，论述严密周到，解释一语中的；是指无含糊不清的概念、模棱两可的判断、自相矛盾的推理、牵强附会的结论；是指正确而无偏差、错误，系统而不杂乱无章，易受而不深浅失当；是指应符合辩证和历史唯物主义的世界观和方法论。

三、重点突出

任何工作都有轻重之分，课堂教学亦然，应“有所为，有所不为”。既要找准重点，也要突出重点，并要处理好重点与一般的关系。为此，一堂课的内容要详略得当、严谨有序，但不能面面俱到、平分秋色：对次要的、易懂的，或轻描淡写，或简或略；对重点、难点，或浓墨重彩，或重锤敲打。应做到：突出重点如众星捧月、分散难点似迂回包剿、明晰疑点犹剥茧抽丝、讲出特点像别出机杼。对重点、难点要有比较清晰的阐述，配置稍多的练习。而且要着力讲好主体内容和基本内容，注意摘其重点、选其精要、抓其主线、张其纲目。在讲授上要体现：讲规律、讲要领、讲思路、讲本质；讲准重点、讲懂难点、讲明疑点、讲好热点、讲清知识点、讲透关键点、讲活育人点、讲出特色点，并使每点成珠，串珠成链，结链成网，形成相对完整的知识体系；同时在内容讲解上要注意深浅适度、多少适量、详略得体、疏密有致。并须知：离开重点的全面不可想象，离开全面的重点不可思议；突出重点不等于只讲重点，照顾全面不等于忽视重点；突出重点要兼顾一般，兼顾一般为突出重点。要懂得“着力有先后，用功有深浅”的运作，要体现“绿叶映衬红花”的作用，要体现“万绿丛中一点红”的效应。

四、方法适当

教要有方，教无定方，贵在得方。前者着眼于科学性，中者着眼于艺术性，后者着眼于实效性。方法的设计，要从教学目标出发，为教学内容服务，激发学生学习的主动性、积极性和创造性。方法的运用并非越新越好，也非越奇越好，更非越多越好，而是恰到好处，用在关节。教学方法的选用要符合教学目标、教材性质、学生实际和教师个性，要因课型而异、因对象而异、因内容而异。教师要善于组织、长于启发、相机引导、适度点拨，体现自己的教学风格：

或富于情感，时而急促，时而舒缓，配之抑扬顿挫，辅之表情万般，体现情感型教学风格；

或善于辞令，妙语连珠，出言不凡，巧配丰富词汇，妙用专业术语，体现词汇型教学风格；

或富于幽默，谈吐诙谐，妙趣横生，令人忍俊不禁，让人笑声时起，体现幽默型教学风格；

或治教严谨，强于逻辑，长于推理，呈现环环相连，展示丝丝入扣，体现逻辑型教学风格。

概言之，要善于运用不同方法，诱导学生从不同角度思考问题，要善于利用各种教学手段，包括现代化教学手段，使学生动脑、动口、动眼、动手，体现教学方法和学习方法的最优组合、相互联系和渗透，形成积极主动、师生互动、生生互动、人机互动、生动活泼的教学局面。

五、语言艺术

语言、文字、情态是传递知识的三种媒介，特别是语言表达是进行教学的主要工具。教学语言应是多种语言的融汇。①口头语言与书面语言的结合——既有书面语言条理、简括、规范等特点，用来讲授定义、定理、结论等，也有口头语言自然、亲切、灵活等特点，用来阐释事理、描绘情境、启发诱导等。②独白语言与会话语言的结合——在系统论证、讲述时，主要用独白语言；在平时问答、商讨时，主要用会话语言。③口头语言与态势语言的结合——学生既听教师的讲授、解答，也看教师的眼神、表情；教师既要用口头语言塑造各种听觉形象，又要借助态势语言塑造各种视觉形象。④文学语言与哲学语言的结合——在说明观点和进行教育时，常以逻辑性强的哲学语言征服学生；在阐述事实和进行教学时，多用生动形象的文学语言去吸引学生。⑤现代语言与古代语言的结合——现代语言是教学语言的主体，多用以叙述、说明、论议；古代语言是教学语言的补充，可用以概括、归纳、画龙点睛。⑥普通话与地方话的结合——普通话是教师的职业语言，用于为框架、当主体、做示范；地方话是叙述中的补充语言，用以释疑解难，使人易懂，使人感到亲切。

教学语言的要求：准确——确切无误，逻辑严密，言出中的；精练——言简意赅，提纲挈领领，要言不烦；鲜明——口齿清楚，语言简练，观点明确；生动——情真意切，风趣幽默，富有魅力；形象——情态逼真，描绘贴切，声情并茂；朴雅——通俗易懂，雅而不俗，清隽无华，把许多原本枯燥无味的知识以深入浅出的形式被学生所接受；节奏——抑扬顿挫，轻重缓急，跌宕有致。

理想教学语言的层次：连贯性——课始，简要重述前次课的相关要点，以“启动”学生思维，保持前后内容的连续性；引发性——在“开场白”先声夺人，吸引住学生之后，注意提炼能激发、启迪学生求知欲的语言；主导性——引导思维的指南针，指明教学目标，引导思维方向，令人寻因问果，点拨积极想象；控制性——通过指导性语言，控制注意、思维、情绪、纪律，通过激励性语言调节与控制课堂气氛的严肃、紧张、和谐、活跃，不使学生情绪“冷却”，如诱发兴趣则好学不厌、巧设悬念则紧扣心弦、学以致用则情趣浓厚、质疑问难则触动思绪；结尾性——简短而味长，言尽意不尽，使听者欲罢不能，如“巧设疑阵”则悬念难消、“高调煞尾”则余兴不尽、“节外生枝”则跃跃欲试、“尾如撞钟”则思绪不断。

六、板书合理

板书是教学的“窗口”，是简约的“教案”，是教师的基本功之一。即使在多媒体课件日益普及的今天，强调板书的重要性仍有重要意义。它不仅要系统体现教材的知识结构，展现教学程序，而且要能帮助学生记忆，启迪其思维，引发其联想。板书应熔教材编者的“思路”、教师的“教路”和学生的“学路”

于一炉，形成三者熔铸的结晶。对板书的要求是：周密的计划性——编排有序、布局合理、重点突出、板满课完；严密的科学性——正确无误、准确迅速、简明扼要、形象规范，呈现教材内容的内在联系或规律；深刻的启发性——条理系统、层次分明、似解剖图，如思路网，含蓄蕴藉而寓意深刻；简约的凝练性——书演于学、字凝于要、语约意丰、寓理于形，不是教材的翻版而是其提炼、概括、升华，不是讲解的记录而是讲解的重点、要领、要诀，不是教案的重复而是教案的主旨、精髓、结论；整洁的美观性——清晰醒目、色彩协调、图文工整、篇幅精巧。同时要体现：精——精心布局，精选内容，精练文字；巧——构思奇巧，篇幅精巧，出示时巧；美——文字美，图画美，色彩美。优秀板书颇像一幅美丽的教学“布景”，犹如一首诗、一幅画，形不绝于思，色不绝于目，意不绝于脑，令人百看不厌，使人浮想联翩。

七、联系实际

教学要联系实际，而且必须联系实际，尤其是职业技术教育，理论联系实际更具有重要意义。这既是职业教育的原则，也是专业教学的特点。所谓实际，包括生产实际、学习实际、思想实际、社会实际……特别是我国社会主义现代化建设的实际；所谓联系实际，就是把理论应用于生产、经营、管理、技术、技能、技巧以及国家相关形势、社会重大动态、学校近期活动、班内典型实例。它还包括：合理运用教具、仪器、设备，恰当结合演示、实验、模拟；科学安排练习、作业、训练，组织必要的参观、调查、访问，引导学生运用所学知识去解决各种实际问题。同时，绝不容理论脱离实际，尤其是专业基础课和专业课，更不能形成“黑板上开机器，教室里学种田”。优质的联系实际表现为：理论讲授与实践活动的界限变得十分模糊。在讲解理论时，通过具体的实践活动，使枯燥、抽象的知识变得生动、易懂，并使学生对所讲理论十分信服；在实践训练中，一旦出现问题就从理论上加以说明、剖析，从而使训练现场形成浓厚的理论指导与实践活动水乳交融。联系实际既强调理论联系实际，也注意实际联系理论，以体现寓用于学、寓学于用；学做统一、学以致用；产教结合，手脑并用；学用结合、活学活用。

八、教书育人

课堂教学作为学校教育的主要形式，必须肩负“教书育人”的双重任务，即在传播知识的同时，更应注重“立人立德”，以使学生树立科学的世界观、正确的人生观、高尚的道德观。教师不仅是知识的传播者和能力的培养者，更是思想品德的塑造者。所以，任何学科的教学都要把如何做人的教育内容贯穿课堂教学始终。为此，要挖掘教材内容的思想性，使“教书”与“育人”、“授业”与“传道”有机结合，使专业技术教育与职业道德教育有机结合，使所讲授的内容能够陶冶学生的情操，所选用的方法能够激励学生的意志，寓思想于知识之内，寓德育于智育之中。同时注意：①客观性——尊重学科特点，不牵强附会，不搞形式主义；②自然性——让学生自然地接受，心服口服地接受；③渗透性——围绕教学内容，把育人贯穿和渗透于教学之中；④主动性——教师主动地实施，学生迅速地接受；⑤实效性——不搞急功近利，讲求见实效、见长效。

教师要成为学生学习上的指导、思想上的向导，无论是授知识还是教技能，都要体现教育学生立志成材，使其明确学习目的，端正学习态度；教师对学生中出现的各种不良思想、行为，如纪律、卫生、品德等方面存在的问题也应晓之以理、导之以行；教师要真正为人师表，既当“经师”也为“人师”，先教学生成人，再教他们成材，不仅应工作认真、教学严谨，而且要言语为楷模、举止成榜样。

九、气氛良好

课堂，既是教师的“讲堂”，更是学生的“学堂”；不应成为“一言堂”，而应成为“群言堂”；不能只限于“小课堂”，而应转向“大课堂”，把课堂空间扩展到生产现场、社会实践。在整个课堂教学中，教师和学生都应处于积极状态，教师发挥主导作用，学生体现主体地位。教师应是教学活动的策划者、组织者、咨询者，而不是主宰者、代言人、裁判员。因为教学是一门艺术，所以好的教师应是一位艺术大师，既要显示导演之才，又要具备演员之功。教师由“演员”变“导演”，学生由“观众”变“演员”。使师生的双边活动思维同步，相互呼应，配合默契，并善于组织教学“高潮”，让学生在“关键点”上玩味不已；激发学生思维“热点”，学生在“疑难点”上深思广想；讲解扣人心弦，让学生在“困惑点”上相互切磋；描述引人入胜，让学生在“兴趣点”上求实识真。概言之，良好的气氛是教师、学生和文本在知识、情感和思维上进行的高层对话，是一个互相影响，共同提升的过程。它包括气氛活跃、积极思考、起伏相间（或起伏有序或跌宕有致）三个基本方面。具体讲，应使课堂形成有疑问、有猜想、有困惑、有沉思、有惊讶、有争议、有欢乐、有大悟的气氛。气氛活跃分表层与内在两种：后者，学生的思维处于高度集中状态，对教师提出的问题不断思考、判断、创新。教师布置和创设问题情景，学生跟着问题走，积极尝试、相互讨论、合作磋商、主动质疑。

十、组织有序

课堂教学要体现清晰的教学思路，合理而紧凑的教学结构；体现周密的计划性、条理的指导性、衔接的程序性、得当的节奏性、合理的时间性、严密的组织性、良好的纪律性。组织有序表现在对课堂调控的性质：管理性组织——主要指课堂纪律的管理；指导性组织——主要是学习方法的指导；诱导性组织——主要指思维情绪的诱导，使学生全神融入教学情境之中。组织有序表现在对课堂调控的内容上。①教学目标的定向控制——教学要有目的和重点，应体现始终围绕教学目标安排教学活动，并突出重点，以达到一节课求“一意”。②教学内容的定量控制——教学内容要体现“少而精”，精讲、精练、精密安排，以使课堂教学在严格预定的轨道上运行。③教学方法的优化控制——既体现根据教学目标、教学内容、教学对象和教师个性选用教学方法，又体现能灵活运用有关方法，并能认真探索、创新教学方法。④教学环节的逻辑过渡——使教学环节的衔接和过渡能给人以浑然天成之感，主要是过渡语言，能融归纳、推理与设问于一体，具有定位和导向双重作用，并具有思想深度、情感浓度和表达清晰度。所以，教学程序应安排得当，从课程的导入，经中间步骤（讲解、练习、演示、操作）到总结、结束，都有条不紊。课终小结要体现对学生有针对性地再指导，要握简驭繁，高度概括。⑤突发事件的艺术化调控——课堂突发事件迫使调整教学内容和策略时，能充分发挥教学机智，用灵活的决断艺术进行巧妙调控。⑥时间利用的合理化调配——各个环节，各项活动能分配与合理运用时间，并能科学掌握进程，起伏有致，张弛得当。⑦课堂秩序的有序化组织——不仅纪律良好，秩序井然，而且能运用目光暗示、声调变化、手势指点等教育方式，及时防止、避免和克服非课堂行为及不良现象的发生。

另外，教师的教态、仪表，如精神饱满、热情洋溢、亲切和蔼、举止大方、朴素端庄、服饰高雅以及良好的心理素质和善于控制自己的情绪等也不可忽视，以便给学生积极的影响和感染。当然，所谓一堂好课，不一定拘泥于上述十个方面，也不一定面面俱佳、十全十美，只要在几个方面甚至在一个方面表现突出且有独到之处，即不失为一堂好课。总之，一堂好课，不仅应体现在教师的教学艺术水平上，更要体现在教学效果与目标的实现上。①学生精神振奋——学生兴致勃勃，兴趣浓浓，甚至兴高采烈，这是教学的最佳精神状态。②学生思维活跃——教学主体（学生）的活动主要是思维活动，其核心是思维活跃，学生思维活跃，才可能掌握知识、发展智力、锻炼技能，才可能学会、学好。③学生学有所得——每堂（次）课应让学生看到自己学习的成绩，看到自己思想的进步，这是使学生精神振奋和思维活跃的推动力和保持力。④体现创新精神——不仅教师的教学具有创造性，而且促使学生增强创新意识，提高创新能力。⑤在“学会”的同时变得“会学”——“学会”可使学生得到鼓舞，而“会学”则会使他们乐在其中，取得更多的主动权，更充分地驰骋在知识的自由王国。一堂好课也可概括为三个基本要求：一是师生角色的转化；二是教师教材观的转化；三是课堂教学的实际效果。课堂教学的实质是学生与教师之间、学生与学生之间、学生与教材之间、学生与媒体之间进行信息交换与传递的过程。

课堂教学中若干因素与关系

学校应是一所不断具有全新理念的教育机构，课堂应是一个充满多元互动活动的教学场所。如今，课堂教学正由重“知识传授”向重“学生发展”转变，由统一规格教育向差异性教育转变，由重教师“教”向重学生“学”转变，使教学过程同时成为学会学习和形成良好价值观的过程。当前，课堂教学的新理念是：教学是课程创新、开发的过程，是师生积极互动、和谐发展的过程；教学既要关注学科，更要关注学生；教学既要看重结论，更要重视过程。

一、以学生发展为本

在课堂教学中，应始终把学生放在主体地位，且在各个不同的阶段积极发挥学生作用，即一切教学活动都应围绕学生这个中心来进行；强调教师恰当的主导作用，使师生共同活跃在探索认识的认知过程中，促使学生真正做到主动学习、自主发展，让他们成为课堂的主体，学习的主人；对学生的评价除结果外更重视过程，让学生及时看到自己每一步的发展。这样，会增强师生之间的感情，使学生敢于向老师发问，老师也能积极指导不同程度的学生学习。在这种情感互动的情况下，课堂气氛活跃，师生沟通真诚。不知不觉中，师生共同创造一个良好的学习氛围。每位教师都要像名师那样，一切以学生发展为本，一切为了学生的发展。

二、应变的教学过程

教学过程不应是一个不变的程式，更不应成为僵死的模式，而应是一个随机应变的模块，知识与能力、过程与方法、情感态度与价值观三者浑然一体的过程，应是一个充满创造性、神奇而又多变的过程。一堂课究竟需要一个什么样的教学过程，已远远不是在备课时就能完全了然于胸、把握在手的。它需要教师循着学生认知的曲线、思维的张弛或情感的波澜，以自己的教育机智随时增删相关环节，三步、五环、七程序并不重要，须看重有没有完成教学任务，学生的思维会不会真正被激活，课堂里是不是充满学生成长的气息。

三、结论与过程的统一

“重结果轻过程”是传统课堂教学中的一个弊端。过程是不可忽略的，过程与结果同样重要。没有过程的结果是无源之水，无本之木。实践表明，压缩或省略学生的思维过程，直接让他们得出结论或识记前人提供的答案，是舍本逐末，对学生学习十分有害。所谓重结果就是在教学中只重视知识的结论、问题的结果，忽略知识的来龙去脉，有意无意压抑了学生对新知识学习的思维过程，而让学生去死背“标准答案”。所谓重过程就是把教学重点放在揭示知识形成的规律上，让学生通过“感知→概括→应用”的思维过程去发现真理，掌握规律。在此过程中，学生既掌握了知识，又提高了能力。所以重视过程的教学要求教师在教学设计中揭示知识的发生过程，展示知识的思维过程，从而使学生的思维在教学过程中得到训练，既增长知识，又增长才干。

四、教师与学生的互动

在新的教学理念下，课堂管理方面最显著的变化是学生主体地位的确定及“参与式”学习活动的广泛采用，使课堂出现师生互动、平等参与的生动局面。

（一）注意教的时机，激发互动

在教学过程中，学生肯定会遇到这样或那样的问题，有些问题在讨论中可以解决，而有些经讨论后还是似懂非懂，这正是学生渴望启发最强烈的时刻。要抓住此时机，对学生进行得当的点拨和引导，抓住问题的要害，一语道破天机，使学生在渴望的心理状态下，明晰事理，收到高效。

（二）注意教的艺术，乐于互动

对于疑难问题，不是直接讲授，也不将自己或前人较深的思维过程强加给学生，而是讲究教的艺术，精心设置，创设类似的、简明的、呈现梯度的问题情境，从而使学生真正领悟。

（三）注意教的对象，全体互动

可将疑难问题分解成不同层次的小问题，针对不同学生进行分类指导，真正实现面向全体互动：为后进生创设低台阶、高密度的问题情境，层层递进，逐渐触及问题的实质或对问题全面理解；对中等生则采取高台阶、跳跃式诱导；对优等生则运用蜻蜓点水，仅点拨关键。这样才能使学生全体互动，得到发展。

五、提出与解决问题

上课就是为解决问题。学生每天都面对很多真实或接近真实的问题，他们上课的目的就是解决问题。因此，应大力提倡以“解决问题”为导向的教学。一是引导学生积极和努力寻找最优解。为此，学生之间免不了展开辩论，从中发现最佳答案。二是使学生成为主动学习者，教师应扮演“教练”角色，若学生在解决问题过程中迷失了方向，应及时予以提示。三是采用案例教学法，教师设计探索性问题，培养学生质疑能力，并引导学生多层次地思考，寻求多种解决问题的方法。四是实施目标教学法，建立由专业培养目标、课程教学目标、课堂教学目标三个层次组成的目标教学体系，真正在教与学两方面做到有的放矢。

六、因材施教的实施

因材施教是教育过程中追求的方式，每位教师都应实施个性教学，把对学生因材施教的目的科学、完整地体现出来。为此，一是应根据每个学生的学习特长和学习需要，进行相应的分类，并注意尊重学生，利用各种途径或方式发挥学生特长。二是在教学评价及批改作业时使用个性评语。三是积极发挥现代教学手段的作用，以投影仪、计算机、多媒体等现代化教学工具调动学生积极性，使课堂内容丰富，容量加大，气氛活跃，以提高学生的学习兴趣。四是抓住每个学生的自身特点，因势利导，启发学生树立个人的远大理想。总之，各个教学环节都根据学生的特点设置，这就是因材施教，也是以人为本。

七、网教成为新模式

网络教育的特点在于它不受时间、空间的限制。通过互联网学生可在弹指间获得所需的知识。同时，可让他们享有更大的学习自主权，自己决定在何时何地寻找新信息、获取新知识。现在，已有许多院校在互联网上开班上课。其中，有的是将部分课文及参考资料搬上网络，并让师生通过网络联系；有的则是开发网络课程，让学生在网上“上课”、讨论、做作业。在这种虚拟课堂中，学生可根据个人情况，自由掌握时间，在家中或其他场所“上课”，并能按照个人需要选择修读课程。这对一些有特殊情况的学生来说是极有意义的。

值得注意的是，网络教学模式也有不足之处：一是教育网站水平参差不齐，有的是鱼目混珠的“学店”；二是在缺乏导师当面督导的情况下，有些学生可能会懒散下来，甚至可能在作业、考试中作弊；三是网上教育无法取代师生在课堂上的互动——在课堂上，教师可从学生的眼睛或举止了解到是否应放慢讲课速度或重复讲过的某些内容，及时调整。

八、搭建学生发展平台

课堂教学要注意为学生搭建发展的平台，实现学生发展的多起点和多落点。

（一）为不同层次的学生搭建实现自我的平台

面对学习成绩的参差不齐，实行课堂教学因人制宜、因地制宜、因时制宜的教学措施，最大限度地为不同层次学生搭建不同的学习平台。如实行班内分层教学、学科分层教学等，使不同水平学生在不同的平台上，享受成功的喜悦。

（二）为学生搭建信息收集处理能力的平台

培养学生收集信息、处理信息的素养，形成关注社会、挖掘信息资源、学会利用资源的能力和习惯。

（三）为学生搭建培养自学能力的平台

终身学习，需要有较强的自学能力。

（四）为学生搭建品德成长的平台

坚持把德育放在首位，使教学过程充分体现人文精神，让学生在道德形成、知识掌握、能力提高和个性发展等方面得到协调发展。

九、教会学生自主学习

在教学过程中，要注意使学生学会学习，即在教师引导下学会思考，学会比较，学会联想，学会归纳，学会反思，学会发现新旧知识之间的联系，使知识在学生头脑里活起来，达到自主学习的目的，以使学生终身受益。在教学过程中，要培养学生自学能力，发挥学生的独立性，挖掘其自身潜能，掌握获取知识的方法，使学生在学习过程中获得成功的喜悦，建立对学习的兴趣，也使学生的学习过程成为巩固已学知识的过程，一个自我发展、不断提高的过程，一遇到对任何问题都能进行思考、分析、判断并能得出正确答案的过程，一个让学生不断自我发展提高的过程。

十、优质课的基本要求

评课，不必以“全面”的要求来衡量一堂课，也不应用“完善”来评议一堂课的质量。真正的一堂好课，有承上启下的过渡，有恰到好处的衔接，有波澜不惊的平实……说到底是教学规律的映照，而无须形式上的完善。

（一）评课以讨论方式进行，少些点评的“居高临下”

按常规，执教者总是处于被动状态，课上完了，要等待专家或同行代表“说三道四”。而且由于点评者都有些头衔，老师很难“说明陈述”，否则会被误认为“强词夺理”。以讨论的方式开展评课，可从客观上为“百家争鸣”创造条件。课，或许是同一内容，但怎样上可千姿百态，各有侧重，而讨论最重要的是把背后话放到台前来，进行自由交谈，这利于“兼听则明”。

（二）不以完人态度苛求一堂课，不用单一眼光评判是非

公开课，有的注重学习注意力的培养，有的重在小组合作学习的引导，有的调动学生感悟生活的能力，有的重在理论联系实际……各有特点。只凭一堂课很难衡量讲课教师的实际教学水平，作为听课者要着重取人之长，而不是以偏概全。由于展示的需要，人们所能看到的公开课只能是整个教学环节中的极小部分：或是上节课的继续，或为下节课的铺垫，也许是教师出于某种考虑而特意安排的“一言堂”……

（三）“好课”不必面面俱到，只要有一点独到之处

课堂教学的一个重要任务就是处理好各个教学环节，既有引人入胜的开头，又需高潮迭起的中场，还要画龙点睛的结尾。许多教师在讲课或评课时，往往看重的也是各个环节是否具备，“起承转合”是否连贯。因此，不少教师在上课时，特别是示范课、公开课，常常会在每个教学环节上精雕细琢。

（四）调动学习积极性是一种手段而非目的

充分调动学生的学习积极性，对上好一堂课来说是必不可少的，也是十分重要的，但更重要的是学生学到什么知识、受到什么启发，而不应仅仅是为了形式上的需要。

（五）“好课”的主要标准是创新

应允许课堂“不完整”，让教师的自主创造空间更大些，只要在课堂教学的某个方面有所新意，就应当是一堂好课。

另外，应该考虑开放性，这里的所谓开放，是指课堂教学不能期望有固定模式，不能恪守一种预定方案，不能用一把尺子衡量，不能按部就班或照本宣科。课堂教学强调在教师和学生、学生和学生、学生和环境相互作用中产生问题和解决问题。这是教材难以包含的教学内容，也是给课堂教学设下的巨大空间。

导入新课的要求

导入，是引导学生进入良好学习行为的方式，既是课堂教学过程的“起步程序”或起始环节，也是为学生即将进行的思维活动做好心理准备，又是形成良好课堂氛围的重要一环。对该环节的精心设计、巧妙安排和恰当运用，可起到先声夺人的作用，能展示教学目标，启引学生思考，拨动学生心弦，激发学习兴趣，引起求知欲望，促成情绪高涨，为整个课堂教学打好基础，直接关系到学生对教学内容的感知效果。

一、须有目的性

为提高课堂教学质量，特别是提高教学之始的导入质量，导语必须有助于学生初步明确将学什么、为什么学、怎么学。所以教师应以通俗、简洁的语言表达教学意图，包括提示学习目标、指出学习方向、交代学习方式、勾画内容轮廓等。换言之，良好地导入新课，应充分发挥其主要功能：一是激发求知兴趣，引起学习动机；二是引起对课题的关注，传达教学意图；三是实现情感交流，缩短师生距离；四是奠定思想基础，做好新课铺垫。这样，可使学生迅速进入特定的教学活动轨道。作为教师，应不失时机地点燃学生的兴趣之火，变学生被动、消极的“要我学”为热情、主动的“我要学”，从而更好地实现教学目标和教学效果，以收到事半功倍的效果。

二、必有针对性

导入新课应针对教学实际进行。一是针对不同教学内容的性质、深浅、难易，确定不同的导入方式，并充分考虑与教学内容建立有机联系，因课设计，不能游离于教学内容之外，否则就会成为课堂教学的赘疣。二是针对学生的年龄特点、心理状态、知识基础、爱好兴趣的差异，有的放矢进行。教师导入的内容若是学生喜闻乐见的日常事理，一定使他们似入胜境而贪瞻新姿。

三、要有启发性

教学需要教师给予学生适时的点拨和寓意深长的开导。上课伊始，就应从学生的知识、能力、情感的实际出发，采用揭示矛盾、设置悬念、提出问题等方式，即运用启发性教学来激发学生的思维活动，以有效地引起他们对新知识、新内容的积极探求。导入新课，应给学生留下适当的思考与想象余地，让学生能由此想彼，由因溯果，由表思里，由个别想一般，收到“一石激起千层浪”的效应。在习题课、练习课和实验课的开头也应如此，当学生急于要解决问题而未找到途径时，教师应巧用匠心，适当启示，以点燃学生智慧的火种，叩开探索的大门。学生一旦领悟了意图，一种因看到希望而带来的喜悦和兴奋心情会进一步激发他们的求知欲。

四、需有新颖性

“善导”的教师，在教学之始，总是千方百计给予学生较强烈且较新颖的刺激，一方面帮助学生收敛课前各种干扰学习的思维活动，另一方面以新颖的材料或语言让学生的注意力迅速转向对所学课题的关注。导入新课时所用的材料与所授内容的类比点越新颖、越奇特，就越能留下疑案，引人注意。虽新颖性往往能“出奇制胜”，但切忌单为新颖猎奇而走向荒诞不经。

五、要有趣味性

趣味，是既有情趣又有意味。运用趣味性语言或事例导入新课，能使学生愉悦之后，引起深思，成为导入的上乘佳作。趣味与好奇紧密相关。好奇是对新异事物进行探究的一种心理倾向，它能推动学生主动、积极和深刻地认识事物。所以，在导入新课时，应充分利用学生对新奇事物的好奇心，通过自己的教学艺术魅力，将其转化为求知欲。日常生活、学习活动、生产过程和社会实践中都存有许多新鲜的实例，蕴藏着有趣的规律和未被学生发现的奥秘，也有许多事物，学生只知现象而不明本质，如能从中提出一些有意义的问题，则能引起好奇、激起兴趣。

六、当有简洁性

导入，意在牵引学生思维进入新授内容领域，故宜简短不宜冗长，宜精当不宜烦琐。导入新课所用语言越少、越精越好，力争用最短的语言，扣住学生的心弦，迅速而巧妙地缩短师生思维之间的距离以及学生与教材间的距离，将他们的注意力集中到听课与思考上来，使他们对新课产生浓厚的兴趣和求知欲望。为此，导语应提要钩玄、简明凝练，能迅速进入正文，不要绕弯太大，力戒东拉西扯，以免“喧宾夺主”干扰思维、冲淡主题、影响课堂进程。

七、要有情境性

导入要引导学生进入学习情境，引起学生对学习内容的关注。通常，学生刚上课时心理处于紧张、消极状态，注意力易受外界影响。此时，若使学生进入最佳学习状态，形成对新学习内容的“兴奋中心”之关键——学生情感的触发往往与一定的情境有关。教师在导入新课时应根据教材特点和自己真切感人的浓厚情感，创设一定情境——或引入其他材料以映衬或渲染或烘托课堂气氛，让学生置身于特定的情境之中，深入体验教材内涵。这种“未入其文，先动其情”的导入方式，会生动地再现某种形象，唤起学生无尽联想或触及学生内心深处而激发他们积极想象。

八、具有引导性

导入新课的自身特点，即具有突出的“引”和“导”的特色，而且得体自如。因此，导入应特别注意前后呼应，在“引”“导”与“接”上大显神通。无论是直截了当，还是迂回曲折；是娓娓道来，还是高谈阔论；是循规蹈矩，还是出其不意……都要在自然得体上下功夫，使“导语”至“正文”为水到渠成之“杰作”。

九、常有多样性

导入新课的方式和内容，要紧扣教学目标、教学内容、学生实际和教师风格而不拘一格，或从已知引起、从课题引起、从事例引起、从环境引起，或因课型而异、因内容而异、因学生而异，巧用引趣式、诱导式、悬念式、提问式、观察式……

十、要有时间性

导入新课意在启示、引路，并不是讲授的主要内容，因而所用时间不宜太长，一般应控制在两三分钟或更短。即在最短时间内，有效激发学生产生浓厚兴趣、积极思维和求知欲望。

导入新课乃课堂教学的一个有机组成部分，导入新课的艺术必须与课堂教学整体艺术融洽和谐。否则，若只强调导入而忽略教学整体，就不能成为一堂成功的教学。因此，设计导语应注意：一是求精，有概括性；二是求妙，有趣味性；三是求准，有严密性；四是求巧，有启发性。当然，那些删繁就简，选精拔萃，要义陡观，精神突起与简洁、热情而标准的普通话以及抑扬顿挫，铿锵起伏，那种语言的魅力和声韵的美感，也可不知不觉地将学生引入特定的教学氛围之中。

导入新课的艺术

在教学过程中，引人入胜的课堂导入，不仅可吸引学生的注意力，而且能激发起学生的求知欲，为整堂课的和谐发展奠定基调，有如“春色初展，鲜花含露，叫人钟情”。良好的戏剧，总要有前场或序幕，演出才能烘托情节，超俗不凡；优美的乐曲，总要有前奏或序曲，演奏才会和谐、悦耳，俨然一体。课堂教学亦然。导入新课，是课堂教学过程的首要环节，是高层的组织教学。它不仅如同桥梁，联系旧课与新课；如同路标，引导思维方向；而且犹如乐曲的“前奏”、戏剧的“序幕”，具有酝酿情绪、集中注意、渗透主题和带入情境的功能，起着“承上启下”的奠基作用，使整个教学进程协调自然，浑然一体。新颖、精湛、巧妙、得体地导入新课，既可营造一种轻松、和谐的气氛，沟通师生之间的思想感情，诱发学生进行积极思维，还可使学生感到新鲜、有趣，从而集中注意力，提高学习兴趣，迅速进入角色。这种“先声夺人”和“未成曲调先有情”的艺术，可达到“课方始，趣即生”的良好效果。概言之，从课伊始，通过形成悬念、展开意境、激发情感等活动，便可把学生迅速转入特定的教学活动轨道，使他们进入课堂教学的最佳状态，产生急欲一学的内动力。那么，究竟如何导入新课？应讲求“新”“趣”“巧”等艺术手法，或以问致思，或设障布疑，或倒果为因，或旁敲侧击，或温故探新……

一、以旧引新连贯性导入

当新授内容与学生已学内容有着密切联系，甚至是以前所学内容的扩展与延伸，或者前后因果关系比较明确时，教师应以有序性、针对性地引导学生复习已学知识，使之掌握学习新课内容所应具备的知识基础，再经启发、点拨，使“复习”到“新授”过渡得自然、连贯。复习巩固已学知识，有利于新旧知识间的衔接，便于循序渐进地开展教学。这样，用已知做铺垫，在新旧知识间架渡桥，顺着事物发展的规律导入新课，既调整了学生思维方向，又为讲授新课创设良好情境；既使学生感到新知识并不陌生，又使学生顺利掌握新知识，起到顺水推舟、以旧拓新的作用。应注意的是，这种导入新课中的“温故”只是一种手段，导入新课才是真正的目的，切不可颠倒主次，喧宾夺主。

二、适时开导点拨性导入

当学生预习发现问题急欲解决而又百思不得其解时，可采用点拨开导之法：拨开眼前的迷雾，拨亮心中的明灯，拨动震颤的心弦，拨除纱幕的笼罩，以帮助他们解除求知的障碍，由不知向知的方向转化，直到叩开探索的大门。在教师的开导下解开疑团，一种因胜利而带来的乐趣将会进一步激起对新知的渴求。

三、立疑激趣悬念性导入

“思维自疑问和惊奇开始”，侦探小说之所以引人入胜、令人神往，其主因之一是小说的开头就设置了“悬念”。悬念是思维活动的“诱发剂”，能把学生潜伏的求知欲诱发出来。据此要抓住学生好奇、喜异和求新的心理特点，依据教材内容，特别是对一些似懂非懂的知识，有目的、有计划、有方向地巧设疑问。将学生从一个浪尖带到另一个波峰，既能创造诱人的情境，使其勤于思索、全神贯注，又能实现向新课的自然过渡。这样可使学生犹如听到“冲锋的号角”和“催战的鼓声”而奋力进击；可牵制学生的注意力，撩拨学生的好奇心，激发他们探求新知识的兴趣。但悬念的设置要恰当、适度，并根据教材特点及学生水平而设置。否则，悬念不“悬”，让学生一眼看穿，“食之无味”，达不到激发学习积极性的目的；悬念“太玄”，使其无从下手，望而生畏，反而挫伤他们学习的积极性。只有埋下纤纤隐线，“玄”中寓“实”，“收”中寓“展”，“悬”而可“解”，才能使之攀有门路，趣味盎然，令人跃跃欲试。

四、析题解意释疑性导入

课题（标题）是课文的窗户，通过课题常常可以窥视全文的奥妙。释疑性导入，能充分调动学生感知新课的渴望，也意味着一堂成功课的诞生；可帮助学生审析题意，思维迅速定向，使他们了解所学内容的概况，为进入新课做好准备。然而，运用释疑性导入，应对课题进行具体分析，那些通过释疑能引起学生注意并发人深省的，才可采用此法。凡课题与内容关系不言自明的，就无须解释了。

五、开门见山直接性导入

在导入新课时，如果学生的知识积累已到一定程度，教师就不必“旁征博引”，尤其是当讲授内容“全新”而不需介绍基础知识时，就可开门见山地讲授新课。提出学习目标，使学生思维迅速定向。这种直接性导入，尽管显得“波澜不惊”，但便于学生立即接触新课内容，引起积极思维，也便于保持讲授的系统性，使教学一气呵成。单刀直入，干净利落，入题迅速，一语中的，会给人以清醒的提示。简捷、明快地讲述或讲解，是直接导入成功的关键。有些课题内容运用此法，既能节时、速效，又能立即引起积极思维，抓住教学重点。

六、演示操作实践性导入

感知是思维发展的基础。对青年学生来说，有时抽象思维还需依靠形象感知的帮助。所以，在概念解释、公式推理、原理运用及规律探索中，特别是对一些比较抽象的教学内容，在新课之始，宜从直观演示（图片、图表、幻灯、实物、模型、仪器）录像，或从一些启发性较强的实验、练习、操作，或运用多媒体技术入手，使学生在感官上承受色、形、声、动和静诸方面的刺激。即通过演示向学生提供形象、生动、可观察的现象，使其获得感性认识，让瞬时兴趣凝固下来，为深入学习新课、发展抽象思维奠定基础，为理解和掌握概念、原理打下基础。实践性导入，必须使直观演示与语言讲解相结合，并须师生共同参与才能取得理想效果。

七、鼓动褒奖激励性导入

鼓动褒奖是激发学生情感和意志的一种有效手段。有些课，在一开头就可以满腔热忱地给学生以鼓动和激励，使之萌发一定的好胜心，增强克服困难的意志，知难而进，大胆探索。因此，应结合新课内容，对学生的答卷或作业中出现的好思路、好方法给予充分的肯定和鼓励，对于出现的错误从正面引导，既可使学生认识错误，又能使他们树立信心，重整旗鼓。

八、比较分析对比式导入

比较是辨认事物异同的一种逻辑方法。结合新课内容，适时、适当地运用比较，引导学生同中找异，异中求同，可让学生产生联想，使求知欲油然而生。有时还可针对新课例题进行先拆后并、改换数量、补充条件或改换方法导入新课，即以先分解做铺垫，再组合来过渡。这样导入，可突出重点、分散难点、降低坡度、扫清障碍，既符合学生认知规律，又疏通学生学习思路。

九、巧设疑难问答式导入

“学起于思，思源于疑”，为了激起学生主动探索的学习动机，可采用“巧设疑难”的导入方法，使学生产生强烈的期待心理，从始而疑之，继而思之，到终而知之。疑问、矛盾、问题是思维的“启发剂”，它能使学生求知欲由潜伏状态转入活跃状态，有力地调动学生思维的积极性和主动性，激发学生思维的活跃。所以教师可根据教学目标及重点，恰当地设疑问难，以激发学生的求知欲而导入新课；或把新授内容转化为学生所熟悉的旧知识，进行对比性提问，促进知识的正迁移而导入新课。这种方法，可引导学生在已有的知识基础上积极思维，沿“路”思索、“顺藤摸瓜”寻求规律，使学生产生急切的“愿闻其详”的心情，从而提高获得新知欲望。

十、错中识真逆反式导入

有时，有意识地用错误观点、不完整结论、不精确的叙述或反面实例让学生修改、补充、纠正，也不失为一种积极的导入方法。有时也可“以误引正”，即根据学生存在的一些错误认识，沿着他们的思路导出荒谬的结果，使他们悟出“我错在哪里”，这是用以展开讨论，解决教材难点的导入方法。使用这种方法，教师要抓住关键进行引导，使学生从错误的迷雾中解脱出来，通过扬正抑误进入正题。

十一、说明情况　介绍性导入

有时在新课开头要做一番概括性的介绍，扼要地向学生说明要讲的内容，这种“介绍性导入”，能使学生心中有数，起到“安民告示”的作用。

十二、出示议题　讨论性导入

有时可由教师提出议题，让学生各抒己见。这种“讨论性导入”，有利于使学生快速进入最佳思维状态。当然，导入方法远不只这些。还有：

有时以饱满的热情，朗读一首小诗、短词或富有哲理的格言，这种“情感式导入”，能极大地激发学生的学习热情；

有时提出改错题，让学生用几分钟时间进行修改，这种“改错式导入”，会使他们带着问题全神贯注地进入新课学习；

有时从当时发生在学生身边的事情说起，这种“即兴式导入”，能使学生从平凡的小事中发现不平凡的道理，从而更好地理解内容；

有时从与新授内容有关的寓言、典故或掌故开始，这种“故事性导入”，能吸引学生更好地感知与理解教材内容；

有时引用名言、警句或哲理，这种“警句式导入”，可使学生在富有表现力的名句中产生对新知的欲望和追求；

有时恰当得体地使用幽默、诙谐、风趣的话语，这种“幽默式导入”，可大大吸引学生情不自禁地把全部精力投入听课；

有时也可使用演示或“表演导入法”，根据教学内容，由教师设计实验演示或动作表演，从而准确切入主题。

简而言之，或导之以情，或导之以趣，或导之以疑，或导之以理……应灵活运用。同时，要紧扣主题。主题是“纲”，导入是“目”，要以“纲”统“目”，不可离“纲”夺“目”，并尽可能用最少的话语，在最短时间内完成这一环节，切勿喧宾夺主，影响新课进行。“知之者不如好之者，好之者不如乐之者”。成功的导入，是教学取得成功的重要催化剂，恰当精妙的导入就会为整节课的教学起到良好的铺垫或桥梁作用，能使教学收到意想不到的效果。

精讲要讲在“点子”上

“精讲”既非多讲，更非少讲，而是讲到“点子”上，讲得恰到好处，即在最恰当的时机用最恰当的语词，解决学生最需解决之题——内容精要、教法精巧、语言精练、比喻精当，分析精辟和描述精彩。

一、讲在知识的“引发点”

引发点是可引发出许多知识的基础知识点（基本概念、基本原理、基本规律等）。在引入新知阶段多是基础概念，以后知识多建于此基础之上。故重点概念要讲深、讲透、讲活，为后面学习铺路、奠基。

二、讲在知识的“衔接点”

衔接点，即由旧知向新知过渡处。它像一座桥，架设得好能使学生顺利通过，掌握知识整体；反之，便不易通过，掌握知识零散。故需精讲、精练，为知识正迁移做好助导。

三、讲在学生的“疑难点”

疑难点，即难理解、难掌握或感困惑处。是教学的“暗礁”，易成学习障碍，影响教学顺利进行。对此要讲明疑点，讲清疑因。以理解、掌握和消化疑难点，进而把新知纳入原认知结构和原知识系统之中。

四、讲在知识的“关键点”

关键点，即教学重点、要点的精华，是牵一发而动全身之处。对此若能目标集中，语语中的，就使学生深得“三昧”，举一反三，收到以少胜多和“灯亮一盏，光照一片”的效果。

五、讲在知识的“薄弱点”

薄弱点，即教材中潜隐的易错、易混、易误解和易忽略处。它像前进路上的“绊脚石”或“陷阱”，如不“搬掉”就会影响教学进程；如适时扫清这些“障碍”，才会少“走弯路”，免“入歧途”。

六、讲在知识的“特色点”

特色点，即章节内容的本质特征。任何教材都有其特色，任何物质、事物都有其特性，任何工艺都有其特点。在讲解中，若能抓准其特色，就能使学生清晰了解所学内容，收到事半功倍之效。

七、讲在知识的“浓缩点”

浓缩点，即“增加浓度，缩小体积”处，使不需成分减少，所需成分增加的内容。它是扩大教学含量，在单位时间内教会更多的知识、技能；是缩短教学时间，用一节课完成一节半、二节课甚至更多的教学任务。故须抓住精要，紧扣教材精华，该舍则舍，需略则略。

八、讲在道业的“交汇点”

交汇点，即“道”与“业”相交处、“文”与“道”结合处，能寓德育于智育处。是思想境界升高、道德观念增强、世界观和人生观形成的内容。故须挖掘教材的思想性，使职业教育与职业道德教育相结合，使科学世界观与正确人生观相结合，以端正学风、改善品质。

讲在“点子”上；须使用准确、鲜明、具有概括性的教学语言；大可不必在无须讲处讲得“口干舌燥”，反复咀嚼学生已知材料；否则，长此以往，只会造成学生“胃功能”衰退，或兴趣降低，或处于一种半睡眠的抑制状态，甚至损害教学效果。

重点　难点　疑点　弱点

一堂课究竟要解决什么问题是教学目标，问题要解决到什么程度是教学要求，妥善处理重点、难点、疑点、弱点则是教学之精髓。这“四点”决定教学效果的好坏，反映教师功底的深浅与水平的高低。

一、重点

重点，是指本章、节（次）课或单元知识的核心及后续学习的基石，是指教材中最主要、最关键、最基本的内容、最精华的部分，是指讲授的主要内容，即那些稳定性、概括性较强的内容，是指对学习其他内容起决定作用或对学习相关知识起主导作用或应用最广泛的知识。重点，是举足轻重，有重大意义、作用和影响的知识点，是能关联多方面内容的“牵一发而动全身”的关节点，是阻碍学习后续知识、技能等内容的疑难点，是处于知识传授、能力培养和品格提升的交汇点，是将要学习高深知识的过渡点，也是许多知识的生长点。重点，是建构学科逻辑体系所必需的基本因素（概念、原则、原理和规律等）。突出重点，抓住要害而关键环节！突出重点，即让重点超过一般点，使之异乎寻常地显现出来，以引人注目。抓住重点，就能提纲挈领，纲举目张，使知识“各归其位”；就能总体上高屋建瓴地把握通篇的主要精神，不被枝节问题所纠缠，以免浪费精力。所谓关键，是指在重点中对进一步学习其他知识起着十分重要的作用的“重中之重”；就教材讲，是处主导地位，起支配作用的内容；就学生学习讲，抓住这个“节骨眼”，就能把分散的、零碎的知识串联起来。重点，是教师设计课题结构、考虑教学方法的主要线索和依据，学生掌握了它，对于巩固旧知识、学习新知识都起着决定性作用。因而，抓住重点是处理教材内容中起着决策作用的一环。通常，教材的各个章节在教学中所起的作用和所处的地位是不同的，它有重点和一般、主干和枝节、基本和非基本的区别。这就要根据培养目标、教学任务、教材特点和学生实际，去分析处理。一般来说，整个教材有重点章，每章有重点节，每节有重点课时，每课时有其重点内容。重点具有相对性，它可能不止一个，但也不能太多，若都是重点则等于无重点。每个课时都有其教学目标，每个课时也必有其重点，即使是非重点课时，仍有其相对的重点。教学重点，既是教师“教”的重点，也是学生“学”的重点，抓住重点训练学生智力，可费时少而收效大。每个章、节（次）课的教学重点要准确、清晰。不同教师讲授同一章、节（次）课的内容时，教学重点应相同。

重点确定后，应考虑通过各个教学环节和各种教学手段，像众星捧月一样加以突出。这是对教学的一项基本要求，因为只有抓住关键，其他问题才会迎刃而解；只有突出重点，使教学紧凑精练，才能使学生便于理解、掌握好所学内容和实质。为做到突出重点，教师首先要吃透教材，找准重点，并解决好重点内容与其他内容的关系，分配好它们所需时间。然后，要考虑如何讲清重点，要从正面、反面、侧面去说明，力求讲清楚、讲完整，并在不同地方反复强调，使学生理解透彻。有时重点不突出，不是枝节问题讲得太多、喧宾夺主，就是所讲重点内容太分散、不集中。这些，在备课时就要精心设计，以使讲解时做到条理清楚、逻辑严密、例证适宜、方法得当。为突出重点，可围绕重点内容启发诱导，可将重点内容“问题化”，让学生带着问题去学。通过“愤”而“启”，即围绕重点内容进行启发诱导，运用“激疑→生疑→质疑→释疑”步步深入、环环相扣的方法，充分调动学生积极思考，加深对重点的理解。讲授重点内容时，语言要生动，用词要恰当，避免东拉西扯，海阔天空，分散学生注意力；在板书中或投影时，重点内容要书写在醒目、突出的位置，字迹要清楚、工整。总之，从启发到提问、从举例到练习、从辅导到作业，均注意重点内容的处理。

在讲解重点内容时应浓墨重彩，在时间分配上应比例稍大，在教学手段上应多方配合（如实验、幻灯、图表、模型等），做到重其所重，轻其所轻，以保证重点。有人顾虑突出重点会影响知识的整体性，而不善于压缩应压缩的内容，不敢突出应突出的内容，常常是秋色平分，面面俱到。这种思想及做法的结果往往是平铺直叙，平淡无奇，看似完整周到，实际给学生印象不深刻，所得无多。

值得注意的是，那种对重点内容要“讲深讲透”的说法看来欠妥，确切地说应是“搞深搞透”。前者，立足于教师“讲”、学生“听”，学生处于被动状态；后者，意味着“教”为主导，“学”为主体，师生互动。至于对重点内容讲得“毫发毕现，一览无余”，确无必要。

还要注意：择其重点选其精要，讲要领，讲诀窍，讲规律，讲本质，讲精品。包括讲清知识点，讲活育人点，讲透关键点，讲出特色点。突出重点的方法：语气加重，速度放慢，声调提高，适当重复。

二、难　点

难点，是指问题不易解决之处。就是学生难于理解、不易接受和难于掌握的困难问题或高深内容，或抽象概括程度高而使学生难以把握之处，也是学生学习中阻力大、障碍高，需经一定的努力方能理解的地方。它们或较抽象，或较复杂，或较深奥，或较隐蔽。难点不一定是重点，重点也不一定是难点，也有二者兼备的。难点包括学生难学和教师难教的两方面因素，一般多是由于学生难学而导致教师难教，或由于教师难教而造成学生难学，二者往往是相互影响、相互制约的。难点，亦有相对性。发现难点，就等于明确了攻坚的方向和内容，非常有利于开发思路。确定难点，要根据学生实际水平，不能主观臆断，否则就会脱离实际；攻克难点，须师生相互配合、思维同步，否则就会事倍功半。值得注意的是，同一教师所教授的同一章、节（次）课，在甲班不是难点的地方，在乙班就可能是教学的难点。

对于不同的难点应采用不同的方法去攻破。对抽象问题，要设法通过实物演示或语言描述使问题具体化、形象化，以使具体感知与抽象感知相结合，减少学生理解抽象问题的困难；对复杂问题，要设法简单化，进行“拆开”“组装”，以便于学生理解和掌握；对隐蔽问题，要引导学生进行观察分析、揭示现象、抓住本质；对于深奥问题，即难点集中的内容，可采取分散难点、各个击破的方法。分散难点，可用“长化短、大化小、难化易、繁化简”，通过减轻“长、大、难、繁”给学生造成的心理压力来达到攻克难点的目的。攻破难点还可科学合理地运用“渗透法”，把难点渗透到专门性练习或诱导性练习中，以收到由繁变简、由难变易的效果；或从日常生活、生产中学生所熟悉、所掌握的知识入手，由浅入深、由旧到新、由易到难逐一解决；或通过实验、进行实践、搭桥过河、进行类比，以化难为易。此外，激发学生学习兴趣，注重理论联系实际，使内容上严密的科学性与讲述上的通俗性相结合，通过形象的语言、通俗的实例、恰当的比喻、透彻的讲析，亦可化难为易。

通常解决难点要注意两个方面：第一，在同一章节中新概念、新方法出现太多或马上应用时，往往会形成难点。因之，要采用分散的办法，化难为易，以免难点过于集中，让学生生吞活剥，不利于消化吸收。所谓分散，即不集中在一个课时内解决难点，而是分散到若干课时或若干阶段中去解决，同时尽量把难点分解成若干个较易理解的子问题，逐一解决。第二，凡与其他课程有联系但叙述角度和方式不大一致的内容，如处理不当亦会形成难点，使学生产生疑问，妨碍理解。这时既要说明与其他课程的关系，又要讲清本课程内容自身的理论知识，使学生在已掌握的概念基础上理解本课程的新概念。无论怎样出现的难点，都要注意使用通俗的语言和贴切的例证，把问题严密地解释清楚。

三、疑　点

疑点与难点是交叉概念，是指怀疑的地方，不太明了之处。是指学生在学习过程中存在的疑问之处。它可分成两种：一种是对教材本身尚不完全理解的疑问，即对教材本身尚未完全消化所引起的疑问；另一种是对教材本身已理解，但从旧知识的基础上产生的新疑问，个别思维能力较强的学生还会提出较新颖并有创建性的疑问。所谓“学问”，既“学”且“问”。“问”从何来？从疑而来。只有多疑、善疑、质疑、探疑，才能获得渊博学识。“学贵置疑，小疑则小进，大疑则大进。疑者，觉悟之机也。”巴尔扎克说：“打开一切科学的钥匙毫无疑义是问号，而生活的智慧，大概就在于逢事都问个为什么。”然而，许多学生相信，凡是书上写的便是正确的，凡是前人说的便是真理。他们迷信书本，崇拜前人，不敢越雷池一步。李四光说：“不怀疑就不能见真理。”质疑，最能调动学生读书、思索、答问的积极性，发展创新思维能力；质疑，也最能发现学生不懂或不太懂的问题。教师应善于引导、鼓励学生大胆质疑、敢于质疑、勤于质疑、勇于质疑，并通过引导，教以质疑方法，从而激发学生的创新精神。教学可从疑点开始，在教学过程中，不断把学生推进到教材深处或“悬崖”面前，使之不断达到“山重水复疑无路，柳暗花明又一村”

的境界。为此，一是课前预习质疑；二是课始扣题质疑；三是课中讲解质疑；四是课末结束质疑；五是课后回顾质疑。

概言之，让学生带着问题进入课堂，再带着新问题走出课堂。通过研读课外书以及各种途径查阅、获取新信息，自主释疑。培养质疑能力是一个长期的过程，教师在教学实践中抓住契机，开启学生好问的思维。同时，采取行之有效的方法，创造质疑的时空与气氛。

四、弱　点

教学内容除了有重点、难点、疑点之外，往往还有一类问题也是需要充分考虑之点，可称之为弱点。弱点，是指学生在学习过程中易混、易错或易疏忽、易误解的问题，通常表现为在作业中出现错误的内容。弱点，实际上也是教材中的一些“缝隙”或“细节”。从表面上看，它好像是教材中的缺陷和弊端，其实往往是隐藏在教材深处不易察觉和把握的知识“闪光点”，是教师提高教学效率的“支力点”，是备课时容易忽略的“小沙粒”，它一旦黏合在学生学习过程中，便会起到意外的不良影响。这类问题的发现通常是靠教师平时教学经验的积累，也有的是失败教训的总结。所以，高明的教师都能事先指出学生在理解、作业、实践或考试中容易出现漏洞与错误的细枝末节处，以提高教学效果。究竟怎样指出这些弱点，还应研究方法。

有时可采用开门见山、单刀直入的方法，直截了当地指出容易发生错误之处；

有时宜使用设问激疑的方法，使学生见疑生智，自己发现与解决错误之处；

有时要提高音调“重锤敲打”，引起学生注意、关切，以便牢记错误原因；

有时将错就错，使学生“误入歧途”，通过“吃苦头”加深印象，引以为戒。

这些做法的目的只有一个，就是把学生易犯、常见的弱点或错误，在未犯之前就予以杜绝，即所谓防患于未然。

综上所述，“四点”之间既有区别，又有联系。突出重点，是为了达到教学目标；攻克难点，是为突出重点而扫清障碍，疏通思路；明晰疑点，是将迷惑变为心明眼亮；杜绝弱点，是为突出重点或攻克难点而少走弯路，或避免误入“歧途”。有些教材内容，既是重点，也是难点，又存在若干弱点。所以，首先要抓住重点、弄清难点、想到弱点，然后再考虑如何突出重点、攻破难点、杜绝弱点。重点、难点、疑点、弱点解决了，其余部分会不攻自破。教师必须直面学生的学习现实，找准教学的起点、突出教学的重点、突破教学的难点、解破教学的疑点、认清教学的弱点，捕捉教学的生长点。

突破难点的方法

教学难点犹如学生学习道路上的“绊脚石”“拦路虎”，直接影响学生对新知识的理解和掌握。教学中选择恰当的教学方法突破教学难点，是优化课堂教学，提高教学质量的重要方面。教学难点具有生成性，有的可事先预知并作充分准备，有的在处理过程中往往有很多未知的因素，事先不可预知，因此，对教师的要求更高，也是广大教师特别是青年教师必须掌握的基本功之一。教学难点具有随机性。通常，难点由两方面决定，一是所学知识的难易程度，二是学生知识基础、生活经验和接受能力。同一问题，在不同班级不同学生中，却不一定都是难点。突破难点，首先要认真研究和分析难点，弄清为何学生会感到困难，难在哪里；再根据难点所在，抓住教材中一些关键性的问题采取对策，由于难点的形成有很多因素，所以突破教学难点所采取的方法颇多，手段各异，或化抽象为具体，或化复杂为简单，或变生疏为熟悉，或变深奥为通俗，或化冗繁为明快，等等。如何突破难点有如下几种方法。

一、以旧促新突破难点

知识的科学性和系统性决定学生学习应循序渐进。新知是旧知的延伸或继续，学生对每一类知识的学习，一般都要以一个或几个旧知识为“支撑点”“垫脚石”。因此，教授新知前，要运用学生的已有知识对新知识的学习产生积极影响，复习与之相关的旧知识，运用新旧知识的“相同因素”或相似之处，可起到以旧促新的作用。这是扫除学生学习新知识的障碍，减少学习新知识的困难，从而顺利突破难点、掌握新知的常用方法。

二、设计渡桥突破难点

学生头脑里的认知结构是由教材的知识结构转化而来的，学生对新知识的理解都是在原有认知结构基础上产生的。在教学中抓住新知识的生长点、新旧知识的联结点，利用旧知同化新知，特别是在新旧知识之间搭桥铺路是突破难点的有效方法。

三、启发点拨突破难点

在教学中，由于知识难度大或学生心理障碍等因素，学生思维受阻的现象时有发生。此时，如能看破并抓住症结所在，“对症下药”，设计巧妙的问题或上乘的例证，启发学生思考，指引思维方向，点拨解决方法，就能使学生在理解知识的迷茫困惑中豁然开朗、大有所悟。

四、直观演示化难为易

为帮助学生理解和掌握较抽象的新知识，教师可采取多举实例、直观演示、绘制图形及运用生动形象的语言手段和现代教育技术等，这些方法方便快捷，在课件教学中也比较常用，如介绍电脑病毒知识时，学生对病毒的印象是神秘而陌生的，甚至认为是一种生物病毒——这时可用直观演示法，找一个病毒的代码或一段视频观看，可很快让学生认识到，原来病毒就是一段程序代码，从而突破难点。亦即，给学生提供丰富的感性材料，使抽象问题具体化。这样，以恰当地演示直观材料给学生鲜明具体的表象，有利于学生思维能力的发展，有利于具体形象思维逐步向抽象思维过渡，为其顺利掌握知识创造有利条件，从而达到化难为易、突破难点的目的。

五、动手操作突破难点

有很多知识在学习过程中，要完成从感性到理性认识的飞跃是有困难的，尤其对抽象概念的学习难度更大。对此，若让学生动手操作，首先形成表象，再利用表象的中介作用把具体形象思维上升到抽象逻辑思维，是突破教学难点的有效方法。

六、质疑问难突破难点

根据教材内容和学生水平采取不同方法和手段突破难点，是教师备课中必须顾及的。然而在实际教学中，由于学生基础不同，智力水平各异，又会出现教师事先估计不到的问题。因此，应给学生质疑问难的机会，由学生提出疑难，再让学生集思广益，然后因势利导，析难剖疑解决难点，是一举两得的好方法。

七、分散难点各个击破

对于难点比较集中或难度较大或比较复杂的内容，可在教学前及早蕴伏，为学习新知扫清障碍；教学中“化整为零”，逐一攻克，即将难点分散，各个击破，整个难点就易突破；或先将问题层层分解，然后再联系学生实际，逐步将复杂问题转化为几个简单而又基本的问题，使学生易于接受，突破教学难点。为此，还要在技巧、角度上下功夫，拿出能吸引学生的方法与语言。

八、分析对比突出本质

学生学习新知时，常常由于受到与其相似或类同又十分牢固的旧知的干扰而发生障碍。因此，应充分地运用分析、对比或类比的方法，引导学生全方位、多角度、多层次地认识新知，使其本质突出显示出来，划清“形似质异”或“形异质同”的新旧知识界限，以利形成深刻而清晰的认识，明了它们的区别与联系，这样可使学生很好地掌握这类内容的结构特征及特点。还有些难点需教师去直接讲授，而有些难点要通过设疑、提问、比较等方式予以解决。

九、共同切磋讨论争辩

切磋是思维共振，讨论是优势互补。只有讨论才能碰撞出思想火花；只有“横挑鼻子竖挑眼”，才能找到“阿喀琉斯之踵”，修正错误，弥补缺陷。只有切磋，才能求得对焦点问题有明晰的认识，对常态有全新的视角，对学问有通俗的了解，对知识有不断的充实和对人生有更深刻的体悟。所以，对某些较难理解和较难掌握的教学难点，可先由教师提出与其相关的问题，有目的地组织学生共同讨论，各抒己见，相互切磋，必要时，教师给以适当引导。这样，既可开阔思路，集思广益，又可加深印象，使学生牢固掌握难点。

十、练习讲评巩固深化

突破教学难点除采取有效措施外，还须精心设计练习题，对学生的疑难和易发的错误要有效施行反馈矫正，让学生在练习中发现错误，再经过识错、改错，把错误消灭在练习中或萌芽状态，以进一步巩固深化新知，使难点得以彻底突破。

十一、选择范例举一反三

范例教学，举一反三，是指教师通过“范例”内容的讲授，使学生达到举一反三地掌握同一类知识的规律的方法。运用此法的目的在于促使学生独立学习，使之对所学的知识能迁移到其他方面而突破难点。

十二、思维导图引领认知

在处理有关知识间联系的难点时，可恰当设置思维导图，把各种难题的关系用相互隶属与相关层级表现出来，提供一个正确而快速的认知方法和工具，有利于通过阅读、理解和记忆，突破难点。

当然突破难点还有许多方法，如微课及其他电教手段的运用等，但无论运用何种手段都要在“引思”“助思”“促思”上下功夫。总之只要教师在真正理解和掌握教材的基础上，摸准难点的“脉搏”，善于设计切合实际的克服难点的方法，就能“对症下药”，做到“手到病除”，才能真正提高课堂教学效果。

教学中的辩证法
——正确处理几种关系

教学中存在着许许多多的矛盾，也就是问题。解决它的关键，就是分析。教学，尤其是课堂教学是师生双方的认识活动，它充满了辩证法。我们应当遵循唯物主义辩证法的认识论和方法论，深入探讨教学规律，正确处理教学中的各种关系，努力提高教学的科学水平、艺术水平，创设良好的课堂教学环境，以培养学生的思想品德，开发学生智能，增强学生体魄，提高教学质量。

一、多与少

多与少，是指传授的知识容量。在教学中“多多”并非“益善”。因为，检验教学效果的好坏，并非看教师“教出去”多少，而是看学生“学到手”多少。在“满堂灌”的教学中，教师讲得越多，学生在心理上越易产生抑制，进而产生厌倦情绪；反之，“少”并非越少越好，一味求少。求知本身是一个积少成多、聚沙成塔的过程；涓涓之水可以成川，星星之火可以燎原；“少则得，多则惑”。所以，教师要认真备课、精心设计、删繁就简、去粗取精，从“多”中提炼出“少”（数量上由大变小，浓度上由小转大），“少而精”地进行讲解。对学生一看就懂和比较熟悉的内容可一带而过；对重点、难点和关键，则进行必要的“精讲”。精讲不是细解详说，而是抓住精髓，讲得精辟、精当、精彩，讲在点子上，释在疑难处，该讲的一定讲透，不该讲的坚决不讲，做到恰如其分。精讲的主要特征是主次分明、重点突出、目标集中、要言不烦。这样，既使学生思维活跃、学习深入，也能给学生留下清晰而深刻的印象。结果，教师的“少”换取了学生的“多”。整个教学过程是：教师在课前付出的劳动多，才能在课堂上把“多”凝聚为“少”，让学生由“少”求“多”。这个“多→少→多”的转化过程，就是“多”与“少”的辩证法。精由多中来，巧自功夫出。在教学中，不可不遵循这个普遍存在的客观规律。

二、死与活

“死”与“活”，是指传授知识的方法。有的知识须教“死”，如：东是东，西是西，不能混为一谈；直是直，曲是曲，不能模棱两可。在教学中，学生对知识、方法的掌握，有一个“先死后活”的过程。所谓“先死”就是开始可比较直接、死板、程式化地学习；所谓“后活”就是最后要能间接、灵活、有变化地掌握。“死”的过程，可以发挥思维定势的积极作用；“活”的阶段，在于克服思维定势的消极影响。没有“死”的过程，“三基”难以落实；缺少“活”的训练，能力无法提高。“先死后活”是教学的一般程序，二者缺一不可。只死不活，学习僵化；只活不死，难固基础。然而，更多的知识应该教“活”。一词可多解，一理可多用，一题可多证。再如：欣欣向荣，指的岂止是草木生长；乘风破浪，指的岂止是扬帆远航；物质会影响精神，运动乃普遍现象；因果必有联系，创造需要想象。有些问题要注意其特殊性与相对性，有的问题应以多种办法进行解答，不要满足于一个答案。这种知识和那种知识一线相连就得见莲思藕；高深理论和基础知识一脉相承就得饮水思源；普通文化要结合于实践应用，专业技术要渗透于基础理论。对所学知识能融会贯通，举一反三，使用起来得心应手，就不至于遇到形式稍异的难题就目瞪口呆，碰到似熟非熟的关卡就束手无策。知识的“死”与“活”，有时各有作用，有时相辅相成。“死”是“活”的基础，“活”是“死”的发展，只有辩证掌握、恰当处理，才能使“死”中生“活”，“活”中带“死”。书不可不背，也不必尽背。诗词歌赋、深含哲理与文采的范文以及定理、公式，不可不背。而背书之法不可滥用，真理朝前跨越一步就会变成谬误，更多的知识应强调弄通原理、注重分析、掌握规律。

三、得与失

得与失，是指学生知识的积累。每个教师都希望通过教学使学生学有所得。然而，事实上总是有得有失，或得大于失，或失大于得；或得利失弊，或得弊失利。如果以习题为中心，只注重“掌握解题规律”，

“以习题带概念”，得到的是机械的解题“诀窍”，失去的是分析与解决问题能力的培养和系统基础知识的掌握，这是得末失本；只有重视基础知识、基础理论的教学和基本技能的训练，努力开发学生的潜能、发展学生智能，才能得大失小。如果教师过于迷信自己讲的功效，实行“满堂灌”，不开动学生的大脑，灌输的就是死知识，且往往不牢固，有得而复失的危险；只有重视自学能力的培养，虽在初期要花些时间，影响一点进度，但随着自学能力的增强，学习进度会逐步加快，这是得利失弊。如果课堂上满足于少数人的积极活动，而置大多数学生于不顾，或者长时间在个别问题上纠缠，势必造成得少失多。如果只一味追求考试分数、及格率，而忽略对学生之科学的世界观、正确的人生观、智力发展和能力培养，就会得近失远，使教学工作出现战略性错误。所以，教学要权衡得失利弊，注意掌握得失的辩证关系。

四、同与异

同与异，是指思维“求同”与“求异”的辩证关系。古往今来，大凡可名为“创造性成果”者，无不是求同思维和求异思维的结晶，或两者“联姻”的产物。要创造，当求异，须扩散。求异思维，如光源四周发散，若热点八方辐射；由一点扩展出众多设想，从一处探寻到多条途径。思维定势不除，陈规陋习不破，新设想何从涌现，新思路怎么开拓？海阔天空、异想天开，方能才思泉涌、妙方咸集。要创造，应求同，须集中。求同思维，像众辐集于一毂，似万箭射于一的；从无数信息里筛选出有效信息，由众多方案中遴选出最佳方案。不作比较，不加鉴别，不善评价，不经筛选，就会把偶然当做必然，把可能看成可行，把假想视为现实，把谬误视为真理。只有从“风马牛不相及”中找出内在联系，从浑然无序中寻出规律，才能摒伪弃劣，选佳择优。求异思维是求同思维的尖兵和先导，求同思维是求异思维的起点和归宿。要发展学生的创造能力，忽视求异思维将贻害匪浅，贬斥求同思维会后患无穷。一味求同，容易构成思维定势的负效应；单纯求异，可能导致随意性和盲目性。同中求异，异中求同，是创造性思维链条中首尾相连的环扣，是施展才智、披荆斩棘的双刃利剑。同中求异的本领大小，是检测创新能力强弱的尺度；异中见同的功底深浅，是衡量创造水平高低的标杆。教学活动在不同方面、不同阶段，或侧重求异，或着力求同。纵观教学活动的全过程，求同与求异不可分割，不可对立，应相辅相成，相生相发。

五、宽与严

宽与严，是指教学中的要求。宽与严，是指应该严格要求的必须一丝不苟，不应过严要求的则力求宽松。宽，是使教学有一个宽松自如的环境，民主和谐的气氛，师生关系融洽，配合默契，听不到呵斥的声音，看不到僵化和苦恼的阴影，学习不是紧张、恐惧、对抗、压抑的，而是轻松、愉快和情绪饱满的。严，是有严格的标准、严格的要求、严格的措施、严格的纪律，比如作业，须按时完成，不得拖欠，不得草率马虎，但如何完成不必强求划一，完成作业后，允许其自由活动。学习的安排，该严则严，该宽则宽，宽、严结合越适当，学习效果才越好，生活节奏才越和谐，偏执任何一端，都是不科学的。只宽不严就会混乱，只严不宽就会僵化。有人认为学习、生活的安排越紧张越好，越严格越好。实践证明，适当的严紧是必要的，过分的严紧则不利于学生的身心健康发展。过于紧张，不仅会使学生失去思考的机会，而且也会挫伤其积极性；反之，松松垮垮，散散漫漫，也无法激发学生的学习和生活热情。所以，应注意宽严并济、张弛有度，做到宽松而不涣散，严谨而不紧张，这便是理想教学气氛的重要标志之一。

六、疏与堵

疏与堵，是指进行思想教育的辩证法。教师肩负“教书”与“育人”的双重职责，在育人过程中，要处理好疏与堵的关系。疏，是指进行思想教育时，要因势利导、水到渠成，特别是对思想认识问题，更应坚持摆事实、讲道理，以理服人的疏导原则。然而，疏导之外，不能绝对排斥“堵”，比如对黄色录像、黄色书刊之类就不能听之任之，不予查禁。可见，疏与堵相辅相成，缺一不可。没有必要的堵，便没有顺利的疏；堵中有疏，疏中有堵，互为依存，这就是疏与堵的辩证法。当然，疏导也有一个导向问题。热时降温，冷时加热，是一种导向；火上加油，冰上加霜，也是一种导向。导向如果偏离了正确的方向，则“疏”得越起劲越坏事；而堵也只能去堵“漏水”的缺口，如果将本当走水的航道给堵起来，也会造成洪水横溢的局面。因之，疏与堵本身，也有其学问。治水要识水性、查水势，对学生的思想教育也要讲究针对性、艺术性。只要做到方法得当，疏堵相济，掌握两者的辩证关系，就能使教育教学出现一个生动活泼、生龙活虎的全新局面。

七、灌与启

灌与启，是指教学方法，是“传道、授业、解惑”过程中不可偏废的两个方面。“当灌则灌”，“当启则启”教师要完成教学任务需进行深入细致的讲解。俗语说“听君一席话，胜读十年书”就是此道理，要把抽象深奥的理论变成具体形象和浅显通俗的知识，使学生易见、易晓、易接受，没有教师的讲是不行的。无论是定义、定理、规律、道理的传授，还是品德的培养、世界观的形成，均需教师的灌输和陶冶。然而，“灌”有“死灌”“活灌”之分。前者，是照本宣科，不加工、不改造，一堂课下来，满口术语，天马行空，就如海市蜃楼，学生被“灌”得如坠云中，浑然不知所指。这种“灌”无论是“满堂”还是“半堂”，都不利于学生的学习和发展。后者，是把知识化死为活，化远为近，使学生听得兴致盎然，津津有味，一个个进入最佳思考状态，即通过教师具体生动、条分缕析地讲解，充分调动学生的生活积累，启发学生的思维，排除他们对知识的神秘感和畏难情绪，使其全面、系统、正确地掌握知识。启，是要求教师把书本知识与自己的学识、经验和方法有机融合，用生动形象、接近学生生活、受学生欢迎而又富有启发性的语言传达给学生；是要求教师作为引路人，把学生领进一个由语言创设的、引人入胜的情境中，使他们尽情地驰骋畅想，充分展示学习才能；是要求教师通过一定方式，引起学生共鸣，进而引发其逆向思维和发散思维，自觉接受或得出科学的结论。为此，一是激发学生的学习兴趣，使其思维活动处于积极状态；二是创设诱发学生发现问题和解决问题的情境（由“愤”“悱”引起的情境、由激奋引起的情境、由悬念引起的情境）；三是把学生的注意力集中到教师输出的教学信息之点，把学生引导于“困而学之”和“欲罢不能”的境地。衡量“灌”与“启”，既不在数量上，也不在形式上，关键是看本质和效果。若“讲”是死讲，“练”是死练，则同样是“死灌”；启发学生思考，也并非是简单的问问答答，而应通过教师高超的启发艺术，使学生把教学中的问题或疑难，从听进入到想，从课上带到课下，真正做到“言虽尽而意无穷”。

另外，还有快与慢、质与量、详与略、有与无、大与小、直与曲、深与广以及无趣与有趣，无声与有声，无形与有形、变量与常量、现象与本质、知识与能力，等等。由此可知，课堂教学是师生双方的认识活动，它充满了辩证法。应当遵循唯物辩证法的认识论和方法论，深入探讨课堂教学的规律，正确处理课堂教学中的各种关系，努力提高课堂教学的科学水平、艺术水平，以培养学生的思想品德、开发学生的心理智能，增强他们的多种能力，特别是创新能力。

正确掌握和处理教学中的“度”

凡事都有个“度”。文学艺术刻意追求“入木三分”，思想工作非常注重“恰如其分”。为人处世也讲求“适度”，不可“过度”。认真过了头，就显得死板；节约过了头，就成为吝啬；清高过了头，就变为傲慢；快乐过了头，就出现轻浮……如有人评《三国演义》，欲显刘备之仁厚而近似伪，欲状诸葛之多智则如妖。这些都说明“真理向前发展一步就是谬误”。“度”，是哲理性、科学性与艺术性的结合点。首先，要有“度”的观念，不搞绝对化，不办过头事，即哲理性；然后，要努力寻找“度”的界限、分寸，即科学性；最后，讲求把“度”掌握好，使之恰到好处，即艺术性。教学须臾也离不开“度”，如程度、广度、深度、难度、速度、角度……既相互制约又相辅相成，纵横交错，尤为复杂，更需做全方位的处理。

一、程度——指教学对象的实际水平

教师既要掌握学生德智体的实际程度，也要设计使他们达到什么程度。要使教学收到预期效果，必须“因材施教”，即须根据学生实际水平、年龄特征和心理特点设计教学方案。即使是对同一章节内容的施教，也应有不同的要求，采用不同的方法，这主要视学生的已有基础、各项发展水平及学习方法等而定。

二、广度——指教学内容的涉及范围

有的教师总想增加课时数、加大授课量、提高训练度，多多益善、面面俱到，什么都想讲一下，所有内容都想教给学生，结果往往导致学生难以承受，收获寥寥。有经验的教师都很注意钻研教材、处理教材，大胆舍取，突出重点，力求使教学目标鲜明、单一，即一堂课集中解决一两个问题，讲准、讲清、讲透，使学生有所得。孤立地看，“一课一得”的教法似乎会有所偏废，其实不然。今天“一得”，明天“一得”，长此下去就有无数个“一得”，而且正是由于这“一课一得”扎扎实实，天长日久才会使学生基础雄厚、知识宽广。

三、深度——指对教材的恰当挖掘

在教学中，要充分挖掘教材字里行间或文面背后所蕴含的本质问题和精华所在，再用通俗、生动、形象或含蓄、隐晦、启发性语言表达出来，这就是所谓深度。这种深度不是绝对的，而是浅中见深，是隐藏在教材深处的教学内容与生动妥帖的教学方法的统一，即“深入浅出”。“深入浅出”的对立面是“浅入深出”，即教学中抓不住教材的本质和精华，浮光掠影，语言干瘪，把简单易明的问题讲得复杂费解。

四、难度——指教学内容的难易程度

难度不能没有，也不能太大。难度如何，主要取决于教材中难点的性质和多寡。对难点的处理有两种：一是教材中极为关键内容，在教学中非突破不可，否则就很难继续进行，尤其是数理基础学科和技术理论内容，系统性、逻辑性、因果性极强，前面难点不突破，后面内容即无法学下去；二是先挂起来存疑，或绕着走、或跳过去，以后再回过头释疑解惑，即把一时阻塞不通的思绪暂搁一边，待些时候，再引导学生分析一下原来的思路有什么疏忽、缺陷，而另立设想，再谋出路，就可能在“山重水复疑无路”的困顿中，进入“柳暗花明又一村”的新境界。另外，值得注意的是，要在“难”又“不太难”中，寻找学生知识发展的“适宜线”“开发区”，即适当加大难度，让学生“跳一跳”才能摘“果子”。这样，既不使学生感到平淡乏味，又能强化分析问题和解决问题的深刻性、灵活性和创造性。

五、速度——指教学节奏和表述快慢

速度，不能太快，也不能太慢。在单位时间内教学信息量过多或过少，都会造成低质少效。一般来说，课堂输出知识信息应达到适当的“快节奏”，以使学生思维的敏捷性、熟练性得到锻炼。为此，教师要对教学内容的重点、难点和弱点了如指掌，从而以凌厉的教风培养学生快速学习的习惯。同时，教师语言的表达速度也要适当：太慢、太拖沓，显得松散、不紧凑，收不到好的教学效果；太快，如连珠炮发，会使学生思维跟不上而感到迷茫。所以，教学语言必须根据不同的教学内容，有时舒缓徐慢，有时高亢激奋，有时停顿间歇，有时一泻千里。如果只是等速地流淌，易对学生起催眠作用。

六、进度——指教学内容的课时分配

在教学中必须把握住基本要求，编制具有可操作性的授课计划。授课计划和课时分配一经确定，就不能随意变动，以维护其严肃性。然而，随机应变不同于随意变动。“不变动”是暂时的、相对的、有条件的；“变动”是绝对的、经常的。进度是个变量，而不是绝对值。因此，授课计划和课时分配除注意其“严肃性”外，还允许有“可变性”，相机调整可使进度计划更切合实际。对授课计划和课时安排，既防止盲目性和随意性，也防止神秘化和绝对化。可因实际情况的变化，修订授课计划和课时分配。当然，也应有一个量的限制范围。

七、密度——指向学生输出的信息量

教学要讲求密度，即在课堂上尽可能向学生输出足够的知识信息，安排适中的训练项目，让学生得以充分思考、演练和吸收，努力消除课堂上的无效或低效劳动，在允许范围内，尽力增加学生活动量。当然，密度大并不等于把几节课的内容合并在一节课内，而应从学生实际承受能力出发来确定适当的密度。

八、精度——指对教学内容的精练性

在教学中讲求精度，是指教学内容要精讲，所举例题要精当，训练题目要精选，语言要精练，板书和投影设计要精简……以保证输出有效信息和有效地输出信息。在教学内容上，要按照“少而精”的原则，进行精选与精讲；在练习与作业上，要精选训练题目，同时注意整体性、层次性和对比性；在语言表达上，要精练、扼要、简明，同时讲求系统性、知识性和教育性；在板书和多媒体课件上，安排要得体、适时具有鲜明性、合理性和启发性。

九、坡度——指教学难度上升的快慢

知识，特别是理工科类的系统性很强，在教学中，常常是新中有旧，旧中见新；以高待低，以低辅高。新知识是旧知识的延伸、扩展，而“准备题”就是从旧知识到新知识的台阶。若干个“台阶”之连接就有一个坡度问题。这个坡度，既是处理好新旧知识的过渡，又要注意从本班学生的实际知识水平出发。所以，处理好坡度的“陡平”问题也是一种教学艺术。

十、角度——指从不同侧面考虑问题

由于很多知识之间、问题之间有紧密的内在联系，所以在教学中，要多层次、多侧面、多视角地进行深入的剖析、透视，探求解决问题的思路、途径和方法；要从不同角度、使用不同方法，训练思维的广阔性、灵活性、系统性，使学生的逆向思维、侧向思维、顺向思维均得到发展，把学到的知识形成网络，融会贯通。

以上“十度”，一要讲求适时适度，二要讲求合理分配。这是课堂教学优化的必要因素。如果能从“十度”要求去处理教学内容，设计课堂结构，改进教学方法，就会使教学收到良好效果：教师是“低消耗、高效率”，学生是“轻负担、多收获”。掌握和处理好教学中的“度”不只是教学方法问题，也是教学指导思想问题，目的是使课堂教学找到一些“参照物”作为“定量”标准，以突破“经验”与“定性”的局限，实现教学艺术的“定量化”与“科学化”。

课堂教学的结构与节奏

教学，是一门科学，也是一门艺术，而且是任何艺术所不能比拟的高度综合的艺术。它熔铸于整个教学过程之中，并成为教学的主旋律。其中，严谨的结构包括准确、连续、跌宕三要素。所谓准确，既指传授知识正确无误，也指不传授远离教材的内容；所谓连续，是指环环相扣，逻辑条理；所谓跌宕，是指在教学过程中，让学生的兴奋沿着“抑制→高亢→兴奋→抑制”的曲线移动。所以，严谨的结构和得当的节奏是课堂教学艺术的重要体现。一堂成功的课应如奏乐，曲调抑扬顿挫，音节疏密相间，结构组织合理，节奏和谐优美，使整个环节有机相连，流畅有致，体现出自然、匀称、完美。这样，就会增强教学的吸引力、感染力，使学生在乐趣和艺术享受中提高感知效果和学习质量。讲求课堂节奏，适应教学内容，如影随形，相得益彰，是教学性质和规律的要求，是学生年龄特点和用脑卫生的要求。节奏不当、无度无序、无休无止、平铺直叙，会影响教学效果。因此，必须依据学生心理特点、智力特点，设计课堂教学的结构与节奏。

一、快与慢

快与慢，是指教学速度。速度太快，急于求成，没有间断，没有喘息，犹如“匆匆赶路”或“连珠炮发”，把学生弄得晕头转向，紧张疲劳，容易造成“消化不良”，其结果必然是欲速不达。速度过慢，举止拖沓，或留下过多的“空白”：跟不上学生的思维，或过长地“慢条斯理”，烦琐说明，会使学生心烦意乱，厌倦无聊，精神松懈。即使快慢适中，若一成不变，没有节奏，也易引起学生的惯性抑制心理，而削弱学习兴趣，降低学习热情。成功的教学速度应是因文而定和因不同对象，做到抑抑扬扬，有波有澜，有时像飞流直下的瀑布，有时像涓涓而去的溪流，即快慢交替，该快则快，宜慢则慢，注意节奏的快慢缓急，错落有致，形成有规律的相间前进。

二、详与略

详与略，是指教学内容。教学内容面面俱到，平分秋色，处处平摆，像小河流水平平而过，无起无伏，这样学生不仅印象不深，而且不得要领。教师应从内容特点和学生实际出发，对教材权衡轻重，有所增删，有重有轻，做到突出重点，分散难点，明晰疑点，掌握关键。对重点要“重锤敲打”，对难点要“迂回攻克”，对疑点要“仔细推敲”，对关键要“浓墨重彩”。任何一门学科，都是由主干知识和说明主干知识的辅助知识两部分构成。前者应精讲，后者可略讲或不讲，即对次要部分，学生能理解的内容，或“画龙点睛”，或“轻描淡写”，或“略而不谈”。这样有详有略，详有限度，略有分寸，详略得当，就能获得“点亮一盏灯，照亮一大片”的效果。

三、张与弛

张与弛，是指教学紧张程度。张，是指教学达到高潮时，学生思维处于兴奋状态的阶段。一堂课有了高潮就能使学生保持一种良好的精神状态，通过紧张而有序的积极思维，可迅速、准确地掌握知识、技能。有张必有弛。弛，是指教学中相对“停顿”“休整”的阶段，此时学生思维处于相对静止状态。一首动人的乐曲要有休止，一场紧张的战斗要有休整，教学亦然，要讲究“文武之道，一张一弛”。要避免单一化，应张弛相间，变而有度，变而有序，形成一个环环相扣的有机整体。教师在精讲之后，应有让学生精心回味的时间；提出疑难问题之后，要给学生充分思考时间；学习到一定阶段，要让学生有自由支配的时间……这样就能达到“此时无声胜有声”的功效。

四、展与缩

展与缩，是指教学始终。展，即开头。开头要开好，导言要精当，或开宗明义，单刀直入；或巧设比喻，故布疑阵。导入有：

连贯性导入——以“旧”拓新；

兴趣性导入——以“例”引理；

悬念性导入——以“疑”激趣；

逆反性导入——以“错”识真。

这些都要因人制宜，因时制宜，因情制宜，因课制宜，且要用语生动有趣，谈吐言简意赅，设问悬而不玄，解题若即若离。

有展必有缩。缩，即结束。要缩成横断面，简洁明快。当情节发展到高潮，矛盾上升到顶点时，急转直下，“欲知后事如何，且听下回分解”；做到言尽意不尽，使学生思不断、索不绝，给学生造成一种一定急切要知下文如何的心境。

五、静与动

静与动，是指教学活动。静，是指课堂纪律良好，气氛庄重，学生注意力集中，思维专注。为了使学生能“静”悄悄地从事紧张的脑力劳动，不因受到某种干扰而打断思维，课堂需要有个宁静的状态。然而，这个静不是要学生正襟危坐，暮气沉沉，无精打采，而是静中有动，动中之静，此时由于渴求知识、探索规律，学生脑海里应激荡着智慧的浪花，教师要给“静”者提示方法，排忧解难，启示指点，补充内容，使学生不仅有安静的感受，而且有深刻的思考。动，是指生动活泼的局面。师生之间的思想在自由交流，学生智慧的火花在迸发和燃烧，议论和争辩在热烈地进行，这是一种课堂气氛活跃的状态。但是，这个动不能是“凑凑热闹”，更不是秩序混乱，而应是动中有静，静中有动，任何一种见解、质疑，都是认真思考和交流切磋的结果。静与动，既对立又统一，静是动的基础，动是静的本质表现。

教学活动应恰当地处理动与静的关系，做到动静结合，动静互补，动静有致，动静有格。有致，指课堂气氛热烈而有秩序，有起有伏，有涨有落，静中有动，动而不乱，动中有静，静而不死；有格，指教学遵循教育规律与学生身心发展特点，既有高度集中注意、紧张思维，又有豁然开朗、轻松活跃。

六、放与收

放与收，是指教学组织。放，是指在教师启发与引导下学生踊跃发言、热烈争辩、畅所欲言、驰骋想象，通过分析、讨论和争辩，攻克一个个“堡垒”，使学生洋溢着愉快、激动、喜悦、兴奋的情绪。收，是指课堂气氛要严谨，由于长时间地讨论和质疑，难免出现“走神”“离题”的松散现象，甚至有的学生思维游离于教学内容之外，出现“走调”现象。这时，需要教师及时进行调控，通过适时提示、恰当点拨、正确引导，使议题集中，保持思维的紧张度和严密性，保持思维活动的集中度和持续性。在教学中要处理好放与收的关系：放不开，容易失之狭窄呆滞；收不拢，难免流于散乱空疏。原则上应放中有收，收中有放。前者，是说在特定知识领域内的“放”，在教学过程中一定发展阶段上的“放”，在教师所控制的尺度内敞开思路，畅所欲言；后者，是说教师控制的范围也不能一成不变，有时可根据教学进展情况灵活调整，放宽或缩小所控制的尺度，同时也允许少数学生冲破这个“禁区”，向高端或更深的层次进行开发与探讨。处理好放与收的关系，就会使教学有条不紊，放而不散，收而不板。

七、密与疏

密与疏，是指教学安排。密，是指当学生学习积极性高涨时，教师要趁其方兴未艾的兴致，牵动那勃勃奋发的思绪，顺水推舟，扬帆破浪，或讲或辩，或议或练，使教学重点完成于此，强化于此。大密之后，继以小疏，疏放得体，松弛有度，使整个教学过程的安排有时似断续相连，有时像长流水、不断线的“续”，有时又有“五里一站，十里一驿”似的断。要学生记录的内容，应放慢速度，恰当配以板书；让学生驰骋想象的地方，应以声传情，并辅以适当手势；有时在一番绘声绘色描述之后，稍事停顿，让学生张开想象的“羽翼”；有时在一段情感浓重的叙讲之时，戛然而止，让学生深长味之。处理好密与疏的关系，使课堂气氛疏密相间，断续相连，有起有伏，起伏绵延。

八、浓与淡

浓与淡，是指教学情感。它包括教师的神、色、行、声。

就“神”而言，应以豪放、热情、庄重、聪颖为佳；

就“色”而言，应以慈祥、恬静、雍容、文雅为上；

就“行”而言，应以潇洒、大方、爽利、敏捷为好；

就“声”而言，应以清晰、生动、幽默、洪亮为优。

艺术只有以情动人，才具有魅力；教学只有寓理于情、寓文于形、情感奔放、妙趣横生，才能吸引和保持学生的注意力。教师要通过生动的语言、真切的教态、形象的手势、传神的目光，使讲解情随“景”迁、情以文异，时有气吞山河之慨，时有满面含春之雅，时有拔地而起之动，时有寒塘映月之静；有时慷慨激昂，有时平心静气，有时严肃庄重，有时和蔼细腻；时而像小河流水娓娓动听，时而像江河奔腾郑重陈词，到关键之处要有逻辑重音以加深印象，遇重点之时要“重锤敲打”适当重复；要用回味无穷、弦外有音的语言激发学生深思，以诱导学生从“一览无余”中展现新的疑点，要用语言空白，留有余地，让学生去遐想，以展现更广阔的思维空间。通过教师描绘得有浓有淡，使学生在教师语言和情感的感染下，情绪波澜起伏，一浪推动一浪地持续前进。

九、增与减

在优良传统教育继承中，应知明代哲人张载所言：“为往圣继绝学，为万世开太平。”孔子的“和而不同”与“和而不流”也强调在泛化旅程中不要轻视强劲无敌的异军突起。从众意识、趋群效应不全然是褒义。当今，面面俱到的重复授课，其量极其庞大，此言教师；而学生课时、作业量也太大，故减负声音震惊社会。况且所谓的减负指向侧重的是“量大”而非“质高”。须知：物质可“量”计，精神不可“量”计。那么“减”与“增”从非物质角度看便是不可逆转的。减中可增，增中可减。不过如何增减就涉及“有余”与“不足”之关系。老子说：“高者仰之，下者举之，有余者损之，不足者补之。天之道，损有余者而补不足，人之道，则不然，损不足以奉有余。”在教学中，学生作业量之大，可谓“有余”，其趣味活动却少之又少，可谓“不足”。减负，减的是有余，增的是不足；减的是压力，增的是趣味；减的是数量，增的是质量。

简言之，一个良好的课堂节奏和气氛，应适当地有疑问、有猜想、有困惑、有沉思、有紧张、有轻松、有争议、有大悟……为此，要特别注意把握好开始、中间和结尾的前后贯通和紧密相连的三个关键环节：①引人入胜——“引”，是指“引出课题”和“进行指引”，“入”，是指让学生处于某种状态或境界。“引”是手段，“入”是目的，两者体现教师主导与学生主体的和谐统一。引人入胜，就是在一节（次）课的起始阶段，根据教学目标，创设情境、激发兴趣，让学生对课题处于最佳学习状态或境界的教学行为。“好的开头是成功的一半”。所以，一节（次）课是否优秀，首先要看是否有一个引人入胜的开头。②精导妙引——“精导”即精心指导，“妙引”即巧妙引领。精导妙引就是一节课的进行中，运用各种有效的手段和方法，对学生的阅读、问答、讨论、评判等学习活动，给予精心指导、巧妙引领的教学行为。目的是掀起学习高潮，调动学生的积极性和主动性，促进课堂教学目标的实现。因此，一节课是否优秀，要看是否有一个教与学的高潮。③结尾无穷——是指一节课的结束阶段，教师在引导学生对本节课进行总结、升华的同时，激发学生对相关内容或问题产生继续学习的欲望，并在课后主动收集信息、解决问题的一种教学行为。如果开头的艺术是为将学生引到教学胜境之中，以求收到最佳效果，那么结尾艺术，就是将教学小课堂带入人生大课堂，将最佳效果从课堂之点辐射到课后之面，从而使学生步入人文精神之胜境。故而，要做到：引人入胜，开头形式美；此起彼伏，知识内容美；画龙点睛，引导思维美；水到渠成，衔接自然美；抑扬顿挫，语调声音美；问答适宜，讲解得当美；端庄雅重，风度教态美；节奏得当，课堂结构美；简洁明快，结束概括美；回味无穷，教学意境美。

良好课堂氛围的表现及创设

课堂气氛，是指课上教师语言情感、学生精神状态、教学媒体等综合表现，是师生关系、同学关系的实际反映。良好课堂气氛是靠教师通过有效调节和艺术手法，引导学生沉浸在所规定的情感气氛中。

一、有疑问

疑问是引起思维的第一步。在教学中，首先要创设问题情境，用疑问开启学生的心扉。然后，使他们生疑、质疑、释疑。让学生带着疑问进入学习境地，为解决疑问而积极探索。

二、有猜想

学生有了疑问，即可据疑而思，循疑而想，根据已有知识经验，对事物的情景展开猜想→是什么样的→应该怎么办。通过猜想在头脑中形成一种求知的心理定势。

三、有困惑

学生已有知识是有限的，往往会与目前遇到的新问题发生矛盾、出现障碍，这便产生困惑，出现“愤”“悱”状态。“愤”者，心求通而未得之意；“悱”者，口欲言而未能之貌。

四、有期待

学生遇到疑难问题且感到棘手时，就期待教师指教。期待，是希望教师的“点拨”，而非要教师把现成“果子”和盘托出；是希望教师教给使用“猎枪”之方，而不是现成的“猎物”。

五、有惊讶

学生在迷惘中经教师点拨后，茅塞顿开，感到惊讶！又伴有喜悦之情，“山重水复疑无路，柳暗花明又一村”。一次次迷惘，一次次省悟，矛盾不断解决，困难一再克服。

六、有笑声

教师的教学艺术炉火纯青，语言讲述情真意切、绘声绘色、幽默诙谐、生动有趣，就会使学生在艺术享受中获知，不时发出会心的笑声，课堂气氛和谐，师生关系融洽。

七、有争议

对疑难点，教师除必要的分析、对比和指点外，应留“悬念”、挑“战火”，让学生大胆质疑问难，形成争议，鼓励“标新立异”“别出心裁”。把问题弄明白，把疑虑消除掉。

八、有沉思

对貌似领悟或一时难解之题或不明之疑点，需认真思考，反复琢磨；教师讲解应做到“弦外有音”“言外有意”，留“空白”，设“悬念”，让学生沉思、深思，进而深刻理解与领会。

另外，还需有联想——教，要留有余味，言尽意不尽；透过有限展现无限，启发学生运用已有知识、经验展开多种联想，如类比联想、对比联想、因果联想，以“不全”引出“全面”。有欢乐——课堂应始终形成趣味横溢的情境，构成愉悦和兴奋状态，以饱满精神进入角色，形成轻松、风趣、活泼等欢乐气氛。课堂气氛无一成不变的固定模式。还需处理好恬静与活跃、热烈与凝重、宽松与严谨的关系，使动与静、热与冷、宽与严和谐统一，保持动静结合、张弛有序、紧凑而又和谐、轻松而又新鲜的气氛。

“引　导”艺　术

引导，是教师在教学中正确发挥主导作用的标志，主要体现在：激发意向，点拨思路，促使学生积极有效地发展。施教之功，贵在引导，要在转化，精在点拨，妙在开窍；施教之能，在于激发情感、兴趣和意志；施教之的，重在指点学习方法和思维方式，培养获取新知及创新的本领。

一、示范性引导

当学生一时不解或百思不解时，可深入浅出地示范或演示，引导其在知识、能力上向高层次发展，使之听、看后既得以释疑，又在观察、分析和思考上得到启示、仿效和借鉴。

二、例证性引导

为使学生理解某些概念、原理、法则、规律，可举正反两面的实例做启发。经打比方、举实例、用动画，将该理论生动、形象地摆在其面前。既利于其理解知识，也利于其思维能力及联系实际能力的发展。

三、展望性引导

通过对问题或课题前景的介绍和描述，引导学生对它产生兴趣，使学生思维方向明确。然后，根据可能，把达到这一前景的途径、方法、依据等留给学生自己去研究解决。

四、逻辑性引导

不少学科，特别是逻辑性极强的理工类课程，学生的思维及智力活动是按一定的逻辑机制、原理、法则等进行的。因此，教学中应注重逻辑性引导，如由因导果，即根据条件推测可能产生的结论；执果索因，即根据结论追溯其产生的条件……

五、反驳性引导

学生作答、讨论或作业中，常因对某些概念、定理等基础知识理解不透，或误解、曲解，或因缺乏严密的思维、考虑不周而出现失误。对此，可通过举反例给予反驳，说明原先的概括因“失之过宽”或“失之过窄”而铸成错误，启发产生寻找正确答案的要求。

六、诱误性引导

针对学生学习中容易发生的错误，编选一些含有易错因素的习题，制造一些“陷阱”让学生通过做错吃到“苦”头，总结经验教训，从而诱发学生进一步思考，以达获得深刻而又正确的概念或结论的目的。

七、先退性引导

欲进先退。可把学生不熟悉的知识或难以理解的问题引退到其熟悉的地步，然后用老问题引出新问题，使学生思维在“欲进先退”的过程中活跃起来，教师在适当时机再稍加引导，可收到事半功倍之效。

八、探究性引导

当学生思维发展到某点而停滞时，可列举些矛盾现象，提些设想，让其产生强烈的求知欲，从而富有激情、兴致勃勃地去钻研，直到有所发现。此引导可使之自始至终参与思维活动，提高与发展思维能力。

引导的方法是多种多样、相互联系的，只有灵活、巧妙地将各种方法进行组合、交叉或综合运用，才能收到预期效果。

激趣 空白 悬念

在教学中，激趣、空白和悬念的艺术常常是优秀教师的经验之谈。三者皆能使教学活动渐入佳境，吸引学生的眼球和浸润学生的心田。

一、“激趣”艺术

教师应想方设法把课上得有趣，以引发学生的学习兴趣，使他们的兴趣被激发，突破课本的约束，走向课外的广阔天地，涉猎更广博与更深刻的知识。

（一）设悬念以激趣

悬念，就是给人心理上造成一种强烈的想念和挂念。它具有很强的诱惑力，能给人造成一种跃跃欲试和急于求知的紧迫感。在教学过程中，善于运用激起悬念的艺术来激发学生的兴趣，就是使学生对问题、事物或事件产生“欲知后事如何”的好奇心，对教学内容有一种“追下去”的悬念心理，使他们带着一种期待心理去学习。这样，就可达到启迪智慧的目的。具体做法：一是要善于用巧妙的提问，激起学生急切地追根寻底的悬念心理，特别是从不易理解的一些情节上提出问题来引起情绪上的激荡，以引发兴趣；二是要善于从教材中引起一些令人担心的故事情节来激起学生的悬念，以引发兴趣；三是要善于从教材的深刻内涵出发，引出其对社会或生活的巨大作用，以激发学生对问题的震惊和产生兴趣。

（二）创情境以荡趣

情趣，就是既有情又有趣。情，就是感情，深沉浓厚的感情；趣，就是趣味、乐趣，饶有风趣或妙趣横生。教学中的情趣，是调动学生学习积极性的重要因素，是激发兴趣的催化剂。如果教师能把课上的感情充沛、趣味盎然，学生就会情绪高昂，产生一种强烈的求知欲，内心总是充盈着跃跃欲试的冲动。那么，教学的情趣从何而来呢？“情随心动”“趣从内生”。这个“心动”与“内生”的主要来源有三。其一，从教材的潜在内容上去寻找情趣，即要通过深挖教材内容的精妙之处去吸引、调动和激发学生的情趣。其二，从教学的内在因素去寻找情趣，教师在讲课时一定要充满激情，能进入角色；讲话要饶有风趣，富有感情，要用动听的精言妙语来拨动学生感情的心弦，激发他们的情趣。其三，要千方百计地使学生内心充满喜悦，体验到上课的愉快，体验到学习中取得进步的乐趣，从而保持一种高昂的学习情绪。

（三）激求知以获趣

兴趣的源泉之一，在于求得新知，亦即兴趣与求知欲是紧密联系在一起的。实践证明，当学生的兴趣唤起之后，学生便被兴趣所引，进行深思广想。在教学中，如何通过激发求知的兴趣，来达到启迪学生智慧的目的呢？第一，善于用惊奇感来激发学生的 “情感区”，通过具体事物与抽象概念之间的相互关系，揭示它们之间的一定联系。第二，善于揭示未知同新材料、新知识之间的内在联系，以获得求知、求新的能力。第三，善于设置疑难，引导探究，激发求知欲，鼓励质疑，激发兴趣，启迪智慧。

（四）励求新以得趣

激励学生在学习过程中，主动求新：求新意、求新解，探求新的知识领域，永远保持一种求新的诱惑力，这也是引发学生学习兴趣，并把直接兴趣转化为意向兴趣的重要方法和原则。教学艺术高超之处，就在于在学生面前揭示一种新鲜或罕见的东西，激发他们在各种事物奥秘面前的惊奇感。这样，学习的兴趣就愈发浓烈。一者，时刻注意对学生进行求新意、求新解的思维训练，以帮助学生把知识学习得更深刻，也可使学生在学习中大展才能，有所发现、有所创建地探索知识、理解知识。二者，要经常训练学生向新的知识领域探究求新。这是一种比任何东西都更强有力的激发求知兴趣的刺激物，也可以说是一种启迪学生智慧的最高超的教学艺术。三者，要善于培养学生永远保持一种内在求新的 “诱惑力”。实践证明，从内容安排和讲授形式上不断给学生新鲜感、惊奇感、回味感，是保持学习兴趣行之有效的方法。

（五）探发现得情趣

学习者的心灵深处都有一种根深蒂固的需要，就是希望自己是一个发现者、研究者、探索者。鉴此，应善于培养学生在学习过程中求得发现、求得探索，使他们不断巩固和实现自己成为发现者的愿望，从中享受到无比的乐趣。一则，要努力使课堂提问能更好地促进学生自己去发现兴趣的源泉，使他们在这种发现中感到自己有了进步，从中尝到劳动和收获的欢乐。二则，要善于用精巧的提问，促使学生运用已有的知识分析问题和解决新问题，从而获得新的能力，取得新的知识。三则，至关重要的是要善于激发学生的智慧“权力感”，引导学生敢于用自己的智慧和创造精神，去发现新的问题、新的知识，敢于向“权威”挑战，提出自己的独立见解。

（六）质疑难寻乐趣

“学贵有疑”，是智力发展的一个起点，是智慧之花迸发出的一闪火花。因此，要开辟学生的“最近发展区”，让学生通过努力在智力的阶梯上“跳一跳，摘下果子”。激发疑难可贵之处就在于不断地刺激学生思考，开拓思路，以激发兴趣。首先，要通过激疑问难去激发学生的学习兴趣。让学生在积极思考，想一想、做一做的过程中体验到愉快的情感，这种情感反过来又会激发其学习兴趣。其次，要使学生在质疑问难中求得乐趣，即抓住关键，提出疑问，引起争论，相互质疑，以激起他们进行深思。最后，要在质疑问难中，既要抓住重大线索提出问题，也要注意从平淡中激起浪花，激起疑点，于普通中发现奇特。

（七）寻规律保兴趣

激发学生的学习兴趣有章可循、有规可依。只要探究、寻求、掌握了它的发展规律，就可引导学生遵循其特殊规律去培养兴趣、激发兴趣，使他们保持旺盛、强烈与浓厚的兴趣去学习。一些优秀教师正是运用兴趣规律进行教学的，他们通过“课始激趣、课中荡趣、课末存趣”的方法，使自己的教学取得良好效果。其中注意做到：首先，上课伊始，导之以趣。伊始，含义有二：一是每次上课之始，二是新生入学第一次课之始。这两个都是很重要的环节，也可以说是诱导学生学习兴趣的第一个环节。然后，讲课之中，兴趣正浓。讲课使学生保持浓厚兴趣有多种方法，如感染法、点化法、势导法、激励法、设疑法、比较法等。最后，上课结束，兴趣犹存。上课结尾，千方百计让学生留下无穷的韵味和趣味，如“以疑存趣、以画存趣、以做存趣”，使之从课内到课外保持一种乐于思考和勇于追求的精神。

（八）勇探索得佳趣

激励学生在探索中求取乐趣，是激发兴趣、启迪智慧的高层次教学艺术。实践证明，让学生在探索、创造中求趣，既可增强其同困难做斗争的信心，又可激励其不断吸取新的知识，还可使意志得到锻炼，特别是精神生活可得到最大的满足和快乐。为此：第一，要经常抓住学生思想、学习上的闪光点，加以激发、诱导，促使其智力和智慧不断进行升华；第二，想方设法使学生品尝到自己思考的欢乐和创造精神上的满足，这也是激励创新求趣的一种良好方法；第三，要不断激励递进创新，使探究精神不断提升，从而学习兴趣愈加浓厚。

兴趣是一种动力。若对某件事情感兴趣，那一定非常愿意去做。即使再苦再累，都会心甘情愿地去做。事实说明，兴趣可使人不怕吃苦，废寝忘食，执著而愿意付出努力。若对某种事情产生兴趣，就会全身心投入其中。兴趣，也是学生主动学习、积极思维、大胆质疑、勇于探索的强大动力。因此，对学生学习兴趣的培养是教师的重要课题。如何激发学生的学习兴趣，让他们主动参与，全身心投入到学习活动中，是一项十分重要的任务。教学实践表明：把培养兴趣、启迪思维贯穿于教学全过程，使教学每个环节都对学生产生吸引力，就能充分调动学生积极性，向知识的高峰不断攀登！

二、“空白”艺术

“空白”艺术是美学理论体系中关于文学艺术作品审美欣赏的一个概念，是指作品未明确写（或画）出来的部分，亦指作品已写（或画）出部分向欣赏者或阅读者所提示或暗示的东西。欣赏者或阅读者可透过已写（或画）出部分去想象、去思考，从而获得对作品更深刻的理解和把握。高明画师往往把画面的美妙之点放在“空白”之处，语言大师也不主张把话讲透而是给听者或读者留下想象的余地。恰到好处地留些空白，会“留”给人以诗的想象、弦的余音。“留白天地宽”是画画的意境，也是教学的意境。教学上的“空白”，从内容上说，指教师未明确讲出的部分，暗示给学生的东西；从时间上说，指在课中或课末有意给学生留下的一点自由支配时间；从空间上说，指在课堂教学中，故意给学生留下的思考或想象空间。正确、适当、灵活地运用“空白”艺术是启发式教学的一个重要形式。有目的、有计划地留出“空白”，可使学生想象力、思考力、创造力得以充分发挥。那么，怎样在教学中讲究“空白”艺术呢？

（一）引而不发

在教学中，教师的启发、引导如同指导射箭一样，教师拉开弓，做出指点，箭让学生自己射出去。比如，有的教师可在知识的谜底面前引而不发，让学生自己去思索通向答案的途径。即结合教材内容提出带有一定难度，需要深入思考的问题，在学生头脑中激起波澜，然后引导学生从各方面揭示问题的秘密与本质，最后找出正确结论。

（二）画龙点睛

“龙无睛待生点”在教学过程中，有时应似“画龙点睛”一样，“龙”由教师帮助“画”，“睛”让学生自己“点”。比如，教师讲现象，让学生说本质；教师罗列情况，让学生概括归纳；教师介绍经验，让学生上升为理论；教师在帮助学生温习旧课、扫除障碍、做出铺垫、唤起联想的基础上提出问题，让学生自己去解决，结论由学生自己去得出。

（三）教例留类

教师选准典型范例，解剖条理，揭示规律，教给方法，同类或近似内容和习题留给学生自己去理解、解决和完成。当学生思维受阻时，教师可及时启发、引导，并可将分析、综合、比较、判断、推理和归纳等思维方式传授给学生，让他们用这把钥匙自己去打开思维的大门。

（四）结果推测

教师只讲出欲传授内容的一部分或大部分，或只讲出问题的原因，或只提供必要的素材、条件和要求，即留下“空白”，让学生去分析、想象、推测、探讨、索取真知，找出事物发展变化的可能和结果。

（五）延迟评价

在测验、答题和集体讨论中，当学生做出了一些结论、设想或答案时，教师不是急于做出评价，予以肯定或否定，而是留下“空白”，启发学生再思考，从而使之有更多的创造性设想。

（六）于无声处

一堂课中，教师声不绝、语不断，只着眼于自己的“讲”而不考虑学生的“听”或“想”，不一定是好课。高明的教师在讲授新课或解决疑难问题时，总是给学生留点时间和回旋余地，让学生思考，让学生实践。这种无声的静思中孕育着贯通的种子，能产生一种“无声胜有声”的效果。

（七）、余地生辉

教师授课，切忌滔滔不绝，事无巨细地从头讲到尾，形成“满堂灌”。应在教学过程中的适当时机，有意识地提出耐人寻味的课题，留出几分钟时间，让学生自由地细细咀嚼，去思索、去消化、去升华，或反复品味，或变式练习，或广泛演绎，或提出问题……实践证明，这样做往往能产生更好的学习效果。

（八）停顿思考

停顿，是一种意识信号，是表情达意的需要，运用得当，可收到“此时无声胜有声”之效。比如，当学生不注意听讲时，教师可别具匠心，巧妙地使用停顿，即由突然停顿造成的时间空白，可产生“惊堂木一拍，举座皆惊”之效，使学生注意力集中起来。再如，有时提出有一定难度的问题，留下“空白”让学生展开积极的思维；有时在一番绘声绘色的描述之后，稍事停顿，让学生鼓起想象的“羽翼”；有时在一段情感浓重的讲述或朗读之后，戛然而止，让学生深长回味。

（九）悬念催化

悬念，是文艺作品中按情节的需要由作者设置的悬而待解的疑点。设置悬念，能紧紧抓住读者或观众探索、推论最终结局的心理，吸引人们注意阅读或分析直至“真相大白”。这种“悬念”应用在教学中，亦能收到良好的教学效果。教师若能针对学生求知欲强、好奇心切的心理，利用或创设具有科学性、趣味性、新颖性，足以引起学生探索活动的各种疑问心理，让学生的心“悬”起来，使他们自发产生“解谜”的要求，有助于学生思维的活跃、开拓与发展。

（十）模糊语言

越是朦胧模糊的形象越能令人积极思考，越是真真假假的语言越可引起人们好奇。在教学中，讲解是必要的，然而有些教师总喜欢讲细讲透，即使是一些简单明了的句子也要反复挖掘其“微言大义”，结果是讲得越细，学生听得越“糊涂”。所以，讲解应讲究点模糊美，“犹抱琵琶半遮面”，给学生留有广阔的想象天地，引导学生自悟教材文词之美、色彩之美、形象之美、含义之美；引导学生以整体感受，或设喻类比，或模仿动作……为思维的突变和飞跃创造条件。简言之，讲解与分析不要面面俱到、一览无余，要讲究模糊语言的运用，让学生自己去感悟、去品评。

空白，是一道风景，也是一道色彩；空白，是等待着色而富有的自然存在。空白艺术运用恰当，能增添神韵，趣味盎然；运用不当，将黯然失色，大伤雅兴。故需注意：一是目的性和针对性要强，防止随意性、盲目性；二是时间性和频次要当，因课堂授课时间有限，“空白”不宜过“白”，只能占据有限的活动空间，时间不可过长，次数不可过频；三是避免节奏迟缓，用语生涩，举止拖沓，速度跟不上学生的思维，留下过多的“空白”，会使学生产生七零八落、散佚不全之感，而觉得厌倦无聊；四是“空白”不等于“空想”，应引导学生有序地活动，不能让他们信马由缰地驰骋或漫游遐想，所讲内容应与“空白”衔接，为之谱好前奏曲。只有科学地规范好学生思维运行的轨迹，才能使之避免“山重水复疑无路”的困惑，达到“柳暗花明又一村”的洞天境地。为此，教师应兼采绘画、演戏、作诗、奏乐的诀窍，言尽意不尽，给学生留下思考的余地；不越俎代庖，给学生一点自己动手的机会；巧妙留下“空白”，让学生展开积极思维，鼓起想象的“羽翼”，任意翱翔。

三、“悬念”艺术

“悬念”是文艺作品中按情节的需要，由作者设置的悬而待解疑点。即在情节进展的关键处，有意创造一些激发欣赏者兴趣和紧张心理的未知数或情节，而将详情留在后面交代。“悬念”是欣赏戏剧、电影或其他文艺作品时的一种心理活动，即关切故事发展和人物命运的紧张心理。作家和导演为体现作品中的矛盾冲突，在处理情节结构时常用各种手法引起观众或读者的悬念，以加强作品的艺术感染力。为什么章回小说和电视连续剧能吸引读者与观众，看了这一回（集）还想看下一回（集）？一个很重要的原因就是作者（编导）在每回（集）结尾时设置了悬念。悬念能紧紧抓住读者或观众探索、推论最终结局的心理状态，吸引人们阅读、观看、分析，直至“真相大白”。悬念，本是一种艺术创作手法。其实，除了艺术之外，悬念可以说无所不在。这种被“悬念”诱发的探究心理，应用在学生探求新知的过程中，亦能让学生在各种猜测狐疑中看到或听到或思考到最后恍然大悟，拍案叫绝，使所有答案都是在意料之外，情理之中，从而收到良好的教学效果。

（一）顺理成章法

这种方法是根据事物发展的客观规律来设置悬念。首先给出一种显而易见的结果，然后提出为什么产生这样的结果，从而引发学生探讨事物发展规律的好奇心。一位教师在讲植物吸水原理时说：“俗话说：‘水往低处流’，那么植物怎样把土壤中的水分吸收到它的体内呢？”这样给学生留下了一种“究其原因”的念头，促使学生去思考、去预习，非得继续学下去不可。

（二）层层递进法

这种方法适用多种方法解决同一个问题的教学。一位教师在讲“汉字输入方法”，已将五笔字型的标准输入法讲完，开始讲简码输入时说：“上节课已把五笔字型标准码的输入讲完了，那么有无更加简便、快捷的汉字输入方法呢？有！那就是简码输入。如何进行简码输入就是本节课讲的内容。”这样，一层一层地抖开“包袱”，不仅能使学生对本节课的内容产生兴趣，从而认真听讲，而且能使学生思维波澜起伏，激荡心弦，获得悬念尽释后的欢乐。

（三）逆向思维法

这种方法是在讲完一个内容后，引导学生从相反的方向进行思考，这对开拓学生的思路具有一定的作用。一位教师在讲电磁感应时说：“我们已知在通电导线的周围能够产生磁场，那么利用磁场能不能产生电流呢？今天就来讨论这个问题。”这样使学生产生想认识磁场与电流之间的关系之欲望。

（四）触类旁通法

这种方法非常适用于用类似的方法解决不同的问题，或者用不同的方法解决类似的问题。一位有经验的教师在讲“立体几何”中“角的求法”之前，首先指明立体几何中求角的关键，在于将立体几何中的角转化为平面几何的角。然后，他向学生提出相关问题：“如何将立体几何问题转化为平面几何问题？”这样留下悬念后，能引导学生注意问题的关键所在。

（五）寻根问底法

这种方法常用于一节课的开始，以抓住学生的注意力，促进他们的思维活动。一位教师在讲“阿基米德定律”时，提出：“木板放在水里，为什么浮在水面上？铁板放在水里，为什么会沉下去？”学生回答：“因为铁重。”“用铁板制成的巨轮很重，为什么能浮在水面上？”这就造成了学生经验体系中新旧知识的冲突，激起了学生思维的矛盾，从而产生了了解问题和解决问题的兴趣与需要。于是，教师就在学生这种“愤悱”的探索情绪和心理状态中开始了“阿基米德定律”的教学。

（六）深究探索法

这种方法大多用于教学中的重点或难点或重难点之处，寓难于趣味之中，解除学生的畏难心理，引导他们对重点与难点的关注，从而产生探索活动的自觉性。比如，一位教师在讲“植入式人工心脏”这一疑难点时说：“人的心脏每分钟跳 70 次左右，一年约 3679 万次，十年就约达 3.6 亿次。这种长期受血液冲击的人工心脏瓣膜，用什么材料才合适呢？这涉及一系列尖端科技问题……”学生听了深感生物学科领域之广泛，同时产生了浓厚的学习兴趣。这样，不仅有利于学生探索教学中的重点和难点，而且也可使他们的思维得以活跃、拓宽与发展。

（七）下回分解法

这种方法常用于一节（次）课结束前，以便学生继续保持探索知识的兴趣，为接纳新知识奠定基础。一位物理教师讲“运动中物体的摩擦力”时，抓住物体运动速度和阻力的关系这一关键，在结束课前并未小结概念、原理及定律等等，而是紧扣物体运动的惯性原理，设计了一个“悬念”。他说：“这里有个杯子，上面盖有一块塑料板，板子上面有一枚硬币。要求在抽出塑料板的同时，让硬币掉在杯子中，能否做到？为什么？”在学生跃跃欲试的气氛中，他却宣布：“下节课专门讲述这个问题！”这样，虽然未要求学生预习，却给学生留下了一个“悬念”，使学生对硬币问题着迷，便自觉预习新课，为下一节课教学创设了条件。

（八）理想追求法

这种方法多用于唤起学生对某一“遥远”的具体学习目标的向往与追求，并不懈地去攀登，以培养学生的想象力和创造力。比如，陈景润上高中时，清华大学的教授来兼课，这位教授在讲数学课时用通俗的语言提出了“哥德巴赫猜想”的难题，激发了学生的悬念心理，而陈景润的兴趣尤为强烈，以致产生了夺取这个“数学皇冠上的明珠”的理想，并终于实现了愿望。

教学过程中，就不同时机设置悬念所起的作用是不同的：课始设悬念，可引发学生对本节课内容的兴趣，以促使他们认真听讲；课中设悬念，可提醒或提高学生集中注意力；课末设悬念，可引导学生去思考、去探索、去预习下次课内容。不论何时设置悬念都应注意：第一，要尽量从学生所熟悉的现象、事例中挖掘其所未知而又应掌握的内容，让他们觉得找到的答案有实用性；第二，应注意教学过程的完整性和系统性，不能为了设置悬念，把连贯的内容人为地割裂开来；第三，不能故弄玄虚，随心所欲，任意编造，扑朔迷离，使学生如堕云雾；第四，悬念太玄、太滥不好，太平淡太直露也不好。教师要善于设置悬念，激发学生对“已知”产生疑问，对“未知”发生兴趣。人生充满悬念，没有悬念的人生是枯燥乏味的人生；世界充满悬念，没有悬念的世界是死板暗淡的世界；教学充满悬念，没有悬念的教学是平庸低效的教学。

激趣、空白和悬念，三者都是进行启发式教学的重要形式，是激发思考，强化想象，进而使教学渐入佳境，促成创新思维形成的有效行为。

“暗　示”艺　术

暗示，是一种心理影响，是一种特殊的信息传递，是用含蓄、间接的方式，对学生的情感、观念、心理和行为产生迅速影响的过程，对事物表达看法时，不是直说而是曲说，沟通学生意识与潜意识之间的桥梁。暗示，对学生来说，因年龄小，更易受暗示左右，使其在不知不觉中调整其情感、语言和行动。暗示作为一种心理现象，是环境和个人间连续不断地交流信息的一种形式。神奇的心理暗示，能调动学生的心理潜能，创造强烈的学习动机，从而提高注意力、记忆力、想象力和创造力。在教学中，微妙的暗示，既对学生不付诸压力，又使他们受到积极、主动和潜移默化的影响，甚至能出现意想不到的效果。因此，合理、适当、适时、巧妙地运用眼神、表情、手势、语言和其他暗号来表达的暗示法，可使师生之间产生默契，使学生处于最佳思维和超强记忆状态，从而达到激发心理潜力、提高学习效率和教学效果的目的。

一、环境暗示

环境暗示，是一种经常的、不知不觉的“熏陶”方式，是利用客观具体的设施对学生产生的微妙暗示。为此，课堂环境要保持采光适宜、布局适宜和色彩适宜，以形成一个整洁幽雅的教学氛围。坚持制定切合实际的《行为规范》《课堂常规》，既能美化教室，又可使学生时时接受“训导”；悬挂著名科学家和有突出贡献伟人的画像无疑是学生崇拜的偶像，在“名人效应”中发掘其内蕴的教育功能，或许成为学生树立高尚理想、产生良好动机及克服缺点、战胜困难的动力源和催化力；配置学习园地，提出近期班级奋斗目标，及时表彰好人好事，以给学生积极与深远的影响。

二、表情暗示

蕴含着丰富信息的教师面孔常常是学生最关注的，时时从教师的面部表情上得到有关信息，以确定自己应做何反应。实践表明，当教师表情温和、亲切时，师生间的角色差异给学生造成的心理压力就会减少，甚至消失，从而沟通师生感情通道，学生的思维之门也为之大开，接受信息的灵敏度也随之提高。即在教师美好表情的暗示下，能使学生产生平静愉快的心境，有利于充分挖掘感受力、记忆力、思维力。

三、目光暗示

眼睛是心灵的窗口，应恰当使用“目光暗示”。如把目光落在不专心听课的学生身上，与之目光接触，可引起其警觉，使之意识到教师用目光批评自己，从而矫正行为。再如，对正在回答问题的学生，应报之信任和期待的目光，在相当程度上减轻其紧张情绪，使之充满信心，大胆回答问题，当回答完善或有独特见解时，应投以赞许目光，使之受到鼓励。

四、动作暗示

示范动作对学生有重要的暗示作用。学生的动作，首先是通过观察教师的示范在头脑中建立起该动作的视觉表象，然后依靠教师示范所形成的表象为线索进行模仿性练习。因此，教师示范动作的准确、轻松、优美，有助于提高学生学习这项动作的强烈愿望和掌握动作的信心；反之，就会给学生一个危险的暗示，使之产生畏难情绪和恐惧感，从而妨碍学习和掌握动作。习惯性动作也常常给人以暗示：准确、有力而得体的动作，如同画龙点睛，会使师生间的交流顿时生辉，或领悟所指，或茅塞顿开。还有，教师的一举一动都应大方、坦荡、自然和潇洒，而不应拘谨、扭捏和失仪。仪态端庄、稳重大方，既能给学生以美的享受，产生舒适感，也有利于教师威信的形成，进而对教师所授内容产生浓厚兴趣。

五、手势暗示

手是会说话的“工具”。掌握运用手势或“手语”技巧，可科学、巧妙利用学生的无意识活动，使之处于超强记忆和最佳思维状态。在教学中运用手势，可使教师的主导形象更加鲜明，比有声语言更能传情达意，使学生透过视觉获得具体形象增强感受。有时一个得当手势表达可胜过“千言万语”的描绘，有时一个得体手势指向比语言表达更加鲜明、准确。

六、语态暗示

不同的语态会给学生不同的影响。语态的亲切、热情、谦虚，能使对方产生强烈的亲切感和信任感；语态的文雅、博采、幽默，会使对方产生浓厚的学习兴趣和积极动机；语态的灵巧多变、优美动听，可给对方以听觉上的美感，从而产生感染效应，使之专心听课；语调的抑扬顿挫、节奏明快，可把无意识心理活动之潜力开掘出来，使之加强理解和记忆。对不同性格、气质、天赋的学生，用恰当间接的语态暗示“言外之意”或表达感情，能使学生体验更深，更易接受，更易沟通情感，实现教育目的。

七、期待暗示

“皮格马利翁效应”表明：在教学中作为期待者的教师，若以自己的全身心（认识、情感、态度等）投向作为被期待者，即对学生倾注超乎寻常的关心与爱护，总是期待他们不断进步、品学兼优，过一段时间之后，其中原来学习较差者会有长足的进步，较好者的成绩会更好。期待暗示运用得好，可收到意想不到的效果，甚至可“感天动地”，创造奇迹。

八、风度暗示

风度体现自身的情绪、性格、能力、素养和意志等心理特征。教师着装朴实、举止庄重、谈吐文雅、态度和蔼，就会使学生从中感到力量、意志、修养和个性美，从而产生敬佩心理和行为模仿，进而跟随教师圆满地完成教学任务。另外，得体的衣着打扮，既可对自己形体、容貌、仪态、风度起着衬托作用，也会给学生某种暗示。服装整洁，穿着得当，会使学生觉得教师容光焕发，富有学识和修养，感到亲切、舒心、悦目，听起课来自然会情绪高昂。故教师的穿着应朴素、整洁、得体，于朴实大方中见高雅，于整洁得体中见修养，从而给学生以质朴美的熏陶和感染。

九、行为暗示

行为暗示即遵循“身教重于言教”的原则，用实际行动去影响或提醒学生。以行为代替语言，其影响比语言更为有力，可收到不教而从之效。例如，一位教师发现几位同学的桌椅歪斜不齐，不是用语言指令，而是默无声息走过去亲手把其中一个学生的桌椅放正，这种行为提醒了其他几位同学立即动手把桌椅摆齐。又如，有学生在教室里乱扔废纸，教师未直接批评，而是把废纸拾起来放进垃圾篓里，这使乱扔废纸的学生再也不好意思乱扔了。

十、权威暗示

所谓“权威”，是指某个机构或某个人物赢得了人们尊重的那种敬佩感、信任感。在教育中，权威有增加讲授者的暗示力、加强学生记忆力及积极模仿的效果。恰如其分地利用伟人或著名科学家的名言论断，使学生加深理解和记忆，就是经常使用的权威暗示法。对于难以理解或记忆，或重要的定义、定律、原理等，利用权威暗示也可收到较好的效果。

还有接触暗示，如走到不认真听课或有小动作的学生身边，暗地在他身上轻轻摸触一下或敲击桌面，提醒其专心听讲……无论哪种暗示都对教学情境的衬托有“点睛”之效，使师生间的交流顿时生辉；无论哪种暗示都是一种无声的教育手段，均能对学生心理产生奇妙的影响。但暗示总是受反暗示的抵制，凡是在逻辑上、感情上、伦理上与个人意愿相违的暗示，都是不能接受的。所以，应潜心研究暗示艺术，以通过成功的暗示，充分发掘蕴藏在学生身上巨大的生理和心理潜力，使之在有限时间内获得更多的知识，在思路上得到更多的启发，在情操上受到更多的陶冶，在行为上得到更多的感染。

应变与特殊艺术

在课堂教学中，常见的突发或偶发事件，通常包括三种：一是学生提出一些教师意想不到的疑难问题使教师一时难于回答；二是突然出现的学生不良行为扰乱课堂秩序；三是教师出现一些意想不到的自身失误。作为一名合格的教师，应具有教学问题的预见能力。但这种预见能力不等于也不可能料事如神。由于课堂教学情况瞬息万变，原因错综复杂；面对精力旺盛、思维敏捷、活泼好动的青少年学生，出现一些突发或偶发事件不足为奇。然而，对此既不可束手无策，影响教学任务的完成，又不能放任自流，听任秩序混乱，也不宜采取“高压政策”，对稍有“越轨”的学生严加训斥，因这样处理虽可控制课堂纪律，但却同时泯灭了学生的思维火花，挫伤了其自尊心。高明的教师都把此情况看做一个不可多得的机会：不仅有助于打破课堂的沉闷气氛，而且使自己教学艺术有用武之地。所以，处理教学中的突发、偶发或特殊事件应遵循下列原则：有利于良好教学效果的取得；有利于学生积极性的调动；有利于教师威信的树立；有利于良好师生关系的形成。教师应有良好的课堂应变素质，练就一套摆脱困境、从容机智的应变本领。

一、妙语补失法

常言道“马有失蹄，人有失言。”教师讲解难免失言，演示、实验也难免失败。一位物理教师妙语补失：“为了证实大气压的存在，这个抽空了空气的马德堡半球当年用了八对马都未能将它拉开，现在请两位同学来试一试。”结果球被两位同学拉开了！这位教师随机应变，妙语一补：“早知你二人力气比八对马的力气还大，我就该换一个较大的马德堡半球。”说完教室里充满了活跃的气氛，解除了教师的窘境。

二、巧给台阶法

当学生主动回答问题或上台演算题时，即使答错了，教师也应给予鼓励或采用妙打圆场、岔题转移等方法给学生一个避免难堪的台阶。语文课上，一位同学主动争取背古诗，可他背诵了两句就背不下去了，这时教师若让他坐下找别人背诵就会使他感到难堪。高明的教师巧妙地给了这样一个台阶：“好！停一下，请下一位同学接着背诵。”待下一同学背诵完，请这两位同学一起坐下。可见巧给台阶法，既能化解尴尬场面，又可完成教学活动。

三、将错就错法

教师解题失误常常有之。失误之后主动纠正自然会赢得学生谅解和尊重，但妙用将错就错法，可稳定情绪“掩饰”差错，使教学活动顺利进行。如一位力学教师讲解例题时，因板书推导有误导致最终答案不妥，自己意识到出了差错，学生也有所察觉，但他不慌不忙，采用将错就错法，话锋一转反问同学：“这样推导出的答案合理吗？错在哪里？我们不妨来分析一下。”经这样一变，写错的板书变为给学生出的改错题，就此活跃了课堂气氛。

四、自我调侃法

教师讲课难免有一些习惯性动作或不规范的语言，也有的因其貌不扬，可能会引起哄堂大笑，是停课整顿还是退出课堂？一位身材矮小的教师到新任班级上课，刚进教室就有学生失口而笑，也有调皮的则故意出反语“呀！这么高！”该教师对此冷静地微笑应对：“同学们，今天我能博得大家开心一笑，证明我们之间的感情交流已迈开了可喜的一步。今后我将取同学们之长补我之短，努力提高自己！”一席幽默调侃之言道出了教师宽阔的胸怀，课堂上充满了和谐友好的气氛。

五、妙用逆反法

巧妙运用某种逆反心理，有时能收到比正面引导更好的效果。教师要使自己的教育要求获得学生的心理认同，当然有赖于师生感情的融合与共鸣，有赖于转化学生的逆反心理，使学生不至于反师之道而行。但事情往往有“歪打正着”的一面。在特定情境中，学生的逆反心理有时还可利用。某教师在讲授新课时，考虑到一个定理是解决本课疑难问题的关键，为使学生尽快掌握它，便说：“在第 ×× 页有两行黑体字，请不要阅读！”结果大多数学生与此告诫相反，偏偏首先翻阅那两行阐述定理的黑体字，并进行了认真的思考。

六、促假成真法

教师监考要尽职尽责，发现学生作弊应坚决制止并予以处理，同时也必须考虑处理的目的要有利于教育。有位教师在一次期中考试后，发现一位平时不怎么用功的学生居然取得十分突出的成绩，经了解证实，这“成绩”是作弊得来的。教师考虑到该生有较强的自尊心和上进心，并爱耍小聪明。于是，这位教师不但不捅破这层“窗户纸”，反而公开表扬他取得很大“进步”，并向他提出希望：“不要骄傲，期末时是否名列前茅才能说明这次是否侥幸取胜！”此后，该生果然发生了很大变化，在期末考试中凭真才实学考出了好成绩。教师用自己的特殊教育艺术，终于“促假成真”。

七、冷却推迟法

课堂上有时会出现学生持不同意见，而教师一时又难断是非的情况。如一位教师见两个学生各持己见，偏执一词争论不休，他未急于判断谁是谁非，而是说：“请你们在课下把这个问题争论出一个结果，在下次课上向全班同学做个汇报好吗？”这种做法不失主动地既避免了在课上占时过多而影响教学进程，又保护了学生学习的主动性、积极性和创造性。

八、顺水推舟法

一位教师在给学生答疑却不能使学生尽解其惑而产生不满时说：“我的解答未能使你们解渴，但我并不感到惭愧，反而感到异常兴奋。青出于蓝而胜于蓝，后来者居上是事物发展的必然规律。现在你们对问题就已想得这么深，那么……”这番话，即使是隔墙而听，也令人感受到“此时未教已胜教”。因它的确像犁尖翻了学生心田，于传授知识中把握住了激发他们进取的契机。

九、故说“闲话”法

当课堂上秩序混乱，或多数学生精神不集中，或意想不到的突发事件出现后，既不能置之不理，又不能纠缠于此。这时可运用故说“闲话”法或“即兴闲聊法”吸引学生，或委婉暗示使之不该兴奋的区域受到抑制，该兴奋的区域兴奋起来，进而稳定情绪，安定秩序。这种方法，既不伤个人的自尊心，不影响教学整体，又唤回了“离群的孤雁”，可谓两全其美。运用此法，需要教师具有广博的知识配以精妙的语言去临场发挥。当然，“闲话”应与教学内容或学生思想实际巧妙联系，否则就达不到预期的效果。

在教学过程中遇到突发事件，正确的态度和做法是处变不惊，镇定自若，“每临大事有静气”，以保持清醒头脑，迅速作出判断，采取有效措施。为此，首先要有敏锐的观察力，对课堂上的“气候变化”有敏感性，能发现学生细微的心理变化；其次要有准确迅速的判断力；第三要有果断采取适当措施的机智。及时巧妙，随机应变，随机处置，相机引导，及时调节，是机智的表现；遇事不慌，善于驾驭，变被动为主动，变坏事为好事，是业务素质高超的重要标志。为此，需在实践中不断积累经验，积累多种“案例”和“处方”，就可游刃有余，机智应对各种意外情况。

处理“意外发问”艺术

教师在备课时尽管费尽心血，进行了充分而周详的考虑与设计，甚至课讲得也很精彩，但在教学实施中，由于客观情况的变化，常常会出现意想不到的问题。特别在师生双向交流中，常常被一些学生“旁逸斜出”的问题问得瞠目结舌。对此，教师应围绕教学目标适当修正或调整原有计划，亦即在教学过程中，要相机处理好发生的各种问题，尤其对学生突如其来的发问，应及时敏锐地洞悉学生思维活动的态势，当机立断，作出明确回答，或肯定、或否定，以鼓励学生对真理的追求，对知识的探索。事实上，学生的“意外发问”往往是他们思想火花的迸发、主动探索的标志，如果教师未能满足其要求，只会使这点火花过早熄灭，也许会扼杀一个伟大的发现。所以，对学生的“意外发问”不可等闲视之，如果实在不能回答或一时不能回答，应随机应变，善于转移，以使教学沿着师生所期望的轨道运行。

一、推延法

对学生的发问，如果一时不能解答，特别是学生所提问题是以后所要讲的内容时，就可采用推延法，以“这个问题以后要讲到”为结，不再回答。这样，既不失面子，又不影响教学进度，也不挫伤学生的积极性，还可使教师自己把握住教学主动性。

二、讨论法

对学生的发问，教师如果来不及考虑，猝不及防，可顺水推舟，借题发挥，因势利导地组织学生进行讨论，互相切磋，使问题在共同讨论、集思广益中得以解决。这样，教师既可以获得回旋余地和思考时间，又可能在讨论中受到启发，以得出恰当的结论。

三、复读法

对学生的发问，如果只要复读教材或某参考书就能解决时，可建议或引导学生复读教材某一章节，或参阅某些资料，让学生自解。这样，既能使学生得到满意的回答，又能促使学生进一步学习钻研，提高其自学能力。

四、反思法

如果学生提出的问题似是而非，从正面又不易用几句话讲清楚时，教师可举一些生动而又能击中要害的反例或喻例，以引起学生联想与深思，让学生通过反思或对比，澄清问题，找出答案，收到正面回答的良好效果。

五、转移法

如果学生提出的问题比较重要，并有助于理解和掌握本课所讲教材内容时，教师就不应固执己见和坚持原来的教学设计，而应借梯上楼，终止原拟计划，就所提问题重新组织教学，以期收到意想不到的良好效果。

六、比较法

当学生发问，教师一时语塞不能作答时，可先让其他优秀学生起来作答，然后将学生的回答归纳分类，引导学生相互比较，使之在比较鉴别中得到新的启迪，获得正确的结论。

七、纠正法

当学生指出在讲授知识和传授技能中确实出现的错误时，教师切不可碍于面子，不接受意见或有意掩饰，而应态度诚恳，或立即纠正或待下次课重新做出正确讲解。这样，不但不会失掉威信，而且会赢得学生尊重，并可为学生树立实事求是、知错必改的道德楷模。

八、推舟法

有时学生可能提出意想不到的问题使教师陷入窘境，倘若能充分认识其中的积极因素，采用顺水推舟法，去顺应当时的趋势，就可让其自然地朝着有利于教育目标的方向发展。如对学生提出的问题自己没有思想准备不能立即作答，可机敏地说："是呀！谁来回答这个问题？"这样顺水推舟的巧妙语言，有惊讶、有肯定、有赞赏，更有对全班学生的激发，会使大家随教师的反问而陷入沉思，心底为此起波澜，共同寻求答案。

九、求是法

庄子有言："吾生也有涯，而知也无涯。"2005 年诺贝尔奖获得者在北京论坛期间，约翰·纳什竟举手向经济学家菲尔普斯提问，令在场者惊讶不已。尤其令人尴尬的是，纳什演讲结束后，面对一位学生的问题，思考后坦诚地说："我没有能力回答这个问题。"导致大师当众露出"不知道"实情的因素，除了学生的问题很"中国化"（即从博弈的角度，如何看待人与人之间的关系问题以及这些对社会制度转型和演化的影响）之外，更主要还是出自大师的坦诚和严谨。诺奖得主的大师级人物，毕竟也不是无所不知、无所不晓的"神人"，他肯定也有自己相对陌生的领域，在这些领域，他与普通人一样没有"发言权"。

学生来自四面八方，他们博览群书，纵观古今，旺盛的求知欲使其广泛猎取各种信息，把遇到的新问题、新疑点反馈给教师，加之他们各有专长、爱好，甚至在某些方面的造诣较深。因此，学生提出的问题难住教师是正常现象。教师的知识总是有限的，而学生的发问却是无限的。"弟子不必不如师，师不必贤于弟子。"不想超过老师的学生是没出息的学生，不愿让学生超过自己的老师是不合格的老师。学生将老师问住，只能说明青出于蓝而胜于蓝，一代胜过一代，这正是老师的光荣和骄傲，应视为好事。对学生的这种"挑战"，应表示欢迎，而不应有任何作难的表现。所以，当学生提出的问题教师确实不知"所以然"时，既不必"难堪"，也不要紧张，可坦诚地说"我不知道"或"我也不太清楚，咱们一起研究"。即只要如实向学生说明，等查阅资料或请教别人后再回答，或实事求是地在学生面前袒露自己的不足。这样，学生不但不会因此而责怪老师，反而会对老师肃然起敬；否则，那种不懂装懂、借故推诿，或不负责任地乱作解答，甚至采用难为学生的做法，倒会遭到学生的反感。至于经常被学生问倒，却也值得反躬自问，特别是功底较差的教师，则应唤起加强自身学习的责任感，这应当别论。

怎样避免上述场面？首先，教师要有感知新事物、新变化的敏锐性。当今世界处于瞬息万变的动态中，新概念、新事物、新问题层出不穷，作为"学高为师"的"人类灵魂工程师"，理所当然应抱着从零开始的态度，认真学习、研究……其次，要有开拓新领域、新边缘的主动性。作为学生的"引路人"，在挖透本课程知识的前提下，有意识地向与之关联的新领域、新边缘"渗透"，时时给课堂送点新构思、新想法……第三，要有与学生平起平坐、民主交流的谦虚性。互联网时代的到来，正在深刻影响着新型师生关系的形成。与其不知为知之，因循守旧死要面子地保持所谓"师道尊严"，不如与学生共"执干戚舞"，上下求索结为"知交"，创设"畅所欲言、自由讨论"的教学氛围，以同学的身份参与争鸣，使课堂教学进入一种教学相长的境界。为处理好"意外发问"，须经常分析学生的学习志趣、知识结构和思维方法，从中揣摩出学生可能提出的"意外发问"：哪些人爱问哪些问题，爱在哪个时间问……只有知己知彼，才可及时排除意外的影响和干扰，化难为易，"化险为夷"，还学生一个"明明白白"，才能在各种情况下"处变不惊""临阵不乱"而"稳操胜券"。第四，要对学生意外发生的问题有一定的预见性。由于学生具有自控力差、个性张扬的天性，在课堂上难免各式各样的小插曲，尤其在活动性较强的某些课上，"意外发问"更是此起彼伏。只有在课前做好多方面思想准备，才能把课堂的"意外问题"变成"教育契机"。

课件的选择与运用

二十年来计算机多媒体技术快速发展并走向成熟，使得视频、音频、图像、动画和图形文字可一起在计算机中进行处理。因此，计算机所处理和表达的信息量急剧增加，从而为多媒体计算机在辅助课堂教学中的应用提供了可能。课件如何选，如何用，如何求精，成为广大教师在多媒体教学中最为关心的问题。

一、运用课件的意义

课件在教育教学中的应用是最有前途、令人振奋的发展领域。利用课件所具有的高度集成性、良好的交互性、信息容量大、反馈及时等特点，将多种信息同时或交替作用于学习者感官，从根本上改变了传统教学的许多弊端，使之更加趣味化、自然化、人性化。故在教育教学中应用多媒体技术的意义相当深远。

（一）教学内容由抽象变为直观

多媒体课件所提供的刺激不是单一的，而是对多种感官的综合，这对学生获取和掌握知识非常重要。

（二）化繁为简、化难为易

多媒体课件充分体现了现代化教学手段的优势和特点，一方面强化了学生对学习内容的理解，增加了学生的学习兴趣；同时，提高了教师的教学速度，减轻了劳动强度，提高了整体工作效率。教师可以共享课件内容，从而有更多时间进行课外讨论，教学研讨，辅导答疑，科研创新。

（三）利用课件，提升兴趣

现代化的教学手段是刺激学生学习兴趣的良好策略，在各科教学过程中，都可通过听录音、看录像、学电脑等手段来培养学生的学习兴趣。学生为什么对学电脑、上网很感兴趣，就是因为这门课有新、奇、美的特点。所以，可通过电教媒体及各种实验演示等，培养学生的学习兴趣，其效果必佳。

二、运用课件的优势

多媒体课件的优势在于其资源的丰富性和学习的自主性，充分了解其特点，有助于合理、有效运用优势，将多媒体特性实践于课堂，提高课堂教学效果。课件作为课堂教学的辅助手段，其优势可概括为以下几点。

（一）内容丰富

包括课本、教案、练习、自测、参考书和相关案例等，就像一个小型图书馆，给学生的学习带来极大便利，学生可根据自己具体情况自由把握学习进度。

（二）节省时间

多媒体课件是在课前制作的，包括重点内容和笔记等，省去在黑板上板书的时间，而学生观看课件的内容更加清晰，不必像传统教学中既要听讲，又要记笔记。

（三）师生交互

教师少写板书与学生省略笔记。特别是工件的零件图和一些归纳的表格、图表等均由课件提供，不必现画。学生只专心听讲，能够听懂并能和教师互动即可。

（四）易于吸收

课件既是教师讲课的工具，更是学生学习的帮手。多媒体课件中知识量很大，难点、重点均含其内。学生在课件逐一放映时，对内容的理解逐步加深。同时，学生在一堂课过后，若没有完全吸收，还可把课件拷回去再慢慢琢磨，有利于学生对知识的消化和真正吸收。

三、选择课件的原则

如何恰当有效选择、运用课件是教师准备、制作、运用课件中始终需要遵循的标准。何为好课件，教师应遵循下列原则。

（一）启发性教学的原则

课件是课堂教学的辅助手段，目的是优化课堂结构，提高课堂教学效果，对课堂教学的作用应该是启发、点拨，因此必须坚持启发性教学的原则。将抽象的知识直观演示出来，以新异刺激学生的感受，激发学生的学习积极性，从而促使学生理解、掌握其本质。

（二）可操作性的原则

课件在设计中要考虑到可操作性，要直观、形象，但更重要的是实用。不能将它演变成固定的程序，束缚学生的思维。

1. 课件的操作界面　运用课件操作界面上鼠标操作按钮，可方便地向前、向后“跳跃”，避免各部分内容之间链接混乱。较复杂的课件，应注意界面是否有帮助按钮或其他帮助键。

2. 课件的交互性　课件不能是电影，一放到底，要注重学生的学，循序渐进，给学生留有思考的余地。所以课件必须有交互，可以有选择地在课堂上使用课件的各部分，如果能制作出跟数据库结合的交互功能，将更能促进学生的横向思维，同时延长课件的生命周期。

（三）教学与艺术相结合

一曲优美动听的音乐、一幅赏心悦目的图片，无疑将更能吸引学生的注意力，也能极大地提高教学质量。教学是一种艺术，教学本身就应该渗透着艺术，课件也应是教学与艺术的完美结合。很多教师自制的多媒体课件中，粗制滥造已成为一种通病，奇形怪状、大小不一的字体、未加任何处理的模糊图片、糟糕的界面，有些教师甚至懒于将各元素排列整齐，不仅不会给学生带来美的享受，长此以往，还会使学生逐渐失去对这门课程的兴趣。除了界面缺乏美感，部分课件在制作中没有处理好教学与艺术的结合，还表现在“过犹不及”。

1. 色彩的搭配　色彩鲜明、生动活泼的图片，会刺激学生的感官，激发他们学习的兴趣。但过多的插图，容易使学生注意力分散，色彩过于鲜艳也容易造成学生的视觉疲劳。因此，课件制作讲求色彩的合理搭配。在使用课件时，可以将元素以色彩柔和的直角边框或圆角边框来突出重点，适时搭配元素多的界面，刺激学生的感官。

2. 提示音选取　课件中有声音的出现，会更增添一份吸引力。因此在选择是否运用和用什么样的提示音，应注意配合界面，选择优美、轻松、恰当的提示音。

四、拓宽课件应用空间

虽然多媒体在教学运用上还存在缺点，但多媒体在教学中的应用必将越来越广泛。

（一）课堂实践——多媒体教室

作为多媒体技术在教学中应用的一个尝试，很多学校建立了多媒体教室。在系统上主要包括计算机、投影仪、屏幕、音响等；在教学内容上采用循序渐进、逐步开展的原则，将传统的教学方法与现代化的教学实践相结合。教师讲解、指导，结合系统显示模拟。合理安排时间，并留下足够时间给学生讨论。

多媒体教室的实践活动，以真实的实例反映多媒体技术在教学运用的优势。精心制作的多媒体课件，不但加深了学生对内容的理解，增加了学生的兴趣和信心，而且提高了教师的工作效率，减轻了劳动强度，使教师得以安排更多的时间组织讨论、辅导答疑和进行教学创造。它的使用给教师的备课和组织教学带来了更多方便。

（二）课外实践——互动练习

教师在使用课件进行课堂教学的同时，还可结合课堂教学内容，利用多媒体提供的软件，或者通过网络资源，选取合适的片段设计课外互动练习或课外项目作业，让学生自主学习，加深对课堂内容的理解。

课外互动实践可以是网络在线练习，也可让学生利用电脑进行构思、设计，根据教学要求完成多媒体作业。

五、课堂使用课件的技巧

制作课件需要技巧，这样才能让课件更好为课堂教学所用。不同的教师使用同样的课件，产生的教学效果也不同。同样，如何使用好课件，也需要技巧。

（一）要求根据课件记笔记

课件，不应是课本知识的简单罗列，而是本课内容的总结、提炼。教师在使用多媒体课件时，应注意到这点，督促学生根据课件做好笔记。要求学生记笔记，并不是机械抄写，而是通过老师对课件的讲解，通过给学生传递信息，做好总结，记下授课要点。要求学生记笔记不仅可加深学生对知识的理解，也是教师掌握授课速度，调整课堂节奏的方法。

（二）应站在投影屏幕前

良好的教态是对教师的基本要求，也是联系学生的纽带。教师站在讲台上，应和学生同时关注同一个媒体，在用多媒体课件教学时，应和学生同时看投影屏幕，应尽量站在屏幕前而非计算机旁对学生讲课。如果教师把所讲的内容展示在大屏幕上，而自己坐或站在计算机前上课，眼睛不离电脑，整个教学过程会给人一种“作报告”的感觉。学生看不到教师在讲授中所扮演的角色，也看不到教师。而对教师来说，一直在计算机旁不利于掌控课堂，不利于观察学生的反应，也就不能更好地及时调整教学内容和进度。

（三）幻灯片切换适时停顿

多媒体引入课堂后，学生的主体性变得更为突出，但不可淡化教师的主导作用。由于多媒体课件呈现信息的速度快，教师容易不自觉地加快课堂教学速度，忽视与学生思维节奏的合拍。因此，课堂教学过程中教师应该善用停顿——何时使用多媒体，使用多长时间，何处精讲，都应该准确把握。如果教师发现有的学生在教学中思维跟不上教师的讲解，或信息呈现的速度让学生无法完整地做好自己的笔记，应及时利用课件切换适时停顿。否则，节奏过快或过慢，都会让学生因疑问增加或精神涣散降低学习效果。

（四）黑板投影共同使用

多媒体课件使用也有一些缺点。比如，随着课件的切换，前面的内容会消失，没有使用板书停留的时间长。因此，教师应适时加入板书，将本课重要的内容写在黑板上，既可以方便学生找出重点，也方便后面讲解时随时回顾重点。此外，大多数教师会根据学生课堂吸收情况调整教学进度，或即兴提出问题。因此，也不能完全依赖投影仪呈现，而是多使用黑板，把投影仪展示和黑板辅助结合起来。

（五）师生共同设计使用课件

对一些操作性、实践性较强的课程，教师不应只是作为讲授人，还可通过一些启发性问题，或实践性任务，让学生参与到课堂活动中。学生可通过练习制作课件，展示自己的学习成果和学习心得。展示既可以面向全班，也可以是小组内部展示。这样，一堂课使用课件的就不仅是教师，而是扩展到了学生

教师掌握课件运用的背景和原则，根据教学内容选择恰当的课件，并高效地运用课件辅助教学，扩展教学内容，丰富教学方式，有助于全面提升教学效果，是现代化教学中多媒体技术优越性的集中体现。

课件运用的若干误区

随着现代科技的飞速发展，多媒体这一新的科技手段正以令人始料未及的速度渗透到教育教学领域。这一新技术在呈现教学内容，创设教学情境，调动学生的多种感官功能等方面均发挥着越来越重要的作用，使学生的学习更加直观、形象、生动。为此，很多地区、学校和教师对多媒体手段推崇备至，甚至将现代教学手段的运用列为评课标准之一。应该说，以积极的姿态看待新生事物是无可厚非的，但若不顾实际、不看现状、不问实情，任意“拔高”多媒体技术在课堂教学中的地位和作用，势必会带来一些负面影响，而形成课件使用的误区。

一、以辅代主难免偏颇

多媒体教学手段只能是一种辅助手段，即使电脑有极强的智能性，即使是面对交互性极强的网络教学，也不能取代课堂讲解和师生交流。因为，教学过程是个十分复杂、微妙的过程，教师的一个手势、一次微笑、一句赞语对学生来说，都是不可缺少的体态语，对提高教学效果有着不容忽视的作用。更何况教学是一个动态的、发展的过程，时常会产生一些不可预见的情况。

教师如果过分依赖多媒体技术，把所有的教学环节全部使用多媒体手段显现出来，那么就少了粉笔的随心所欲、得心应手，也就不可避免地会压制教师和学生的一些突发灵感和创造性思维，限制教师的临场发挥，使教师不能根据课堂教学的实际情况、动态变化及时灵活地调整教学程序、教学内容、教学方法。

二、为用而用只求形式

在当前课堂上，不少教师往往抱着“不怕胡用，只怕不用”的心理，强拉硬扯，将多媒体这一新方式拖进课堂。比如，一位教师在讲授《我的空中楼阁》时，请美术教师画了大量意在表现“空中楼阁”独特意境的图片。然而，图片有限的表现力与文字提供给读者的无限想象空间的强烈反差只能引起学生的不满。教学实际中，这样的例子并不鲜见，教师往往出于狭隘的功利主义，以多媒体手段的运用来迎合某些已走入形式主义泥淖的评课标准，而全然不顾所选题材是否与课文的主题合拍，所用图片能否帮助学生进一步理解课文。这种“拉郎配”式的硬用，只能使课堂徒增无效信息，干扰学生注意力，不仅不能辅助教学，反而会影响课堂教学效率。

三、过分依赖过多过滥

这种误区表现在过分依赖使用多媒体教学，而束缚学生的想象力。有些教师认为上课必须用多媒体，否则不为好课、优质课，大用特用，甚至把简单的问题复杂化，运用过多过滥。比如，一个在一般教室里几分钟就能完成的演示实验，就决不应去制作一个 Flash 来完成；一个知识点用一个简明扼要的动画就能说得清楚，学生也容易懂得，就不该用许多动画去阐明它，否则事倍功半。教师须知，课件的作用只能是辅助而非取代。由于多媒体教学具有区别于传统教学所特有的优点，在实施教学过程中，教师往往对多媒体依赖过度，大量运用，以致多媒体辅助教学完全取代了原有的传统教学手段，从而不知不觉步入多媒体教学的误区。

教学是一门艺术，需要时常更新。如果上课总是老一套，千课一面，久而久之，学生就会失去兴趣，课堂教学就会宛如一潭死水，毫无波澜。要知晓运用多媒体的目的是为辅助教学，能使复杂的问题浅显化、直观化，便于学生理解、掌握。因此，提倡教师将各种教学手段交互使用，既有多媒体，也有传统板书、教具等，以防学生形成习惯性疲劳，而失去新鲜感。

四、盲目 “拿来”生搬硬套

“拿来主义”省时省力，但如果不分析学情，不明了学生间存在的主客观条件上的差别，不注重所教学生的实际情况，“不管三七二十一，拿来就用”，就是不负责任的具体表现。现在市场上、互联网上课件颇多，有心者自然能主动拿来。但是有些教师对课件的制作缺乏必要的认识，尚未认识到一个成功的课件是制作者在深入钻研教材、认真分析学生情况的基础上，结合教学理念、教学环节安排等诸多因素设计制作而成的。因此，一个优秀又适合授课对象的课件必然凝聚着制作者的教学习惯、教学思想、教学风格及其对教材的理解、对学生学习水平的认识等主观因素。就此角度而言，课件是具有个别性的（不可移植的）。教学中对象不同、地区不同、学校不同、教师不同，甚至班级不同，课件的内容、流程也应不同。如果忽视了这一点，盲目引进的结果只能是使教学机械、僵化、缺乏个性。

网络丰富的课件资源为我们学习、借鉴和使用提供了便利。然而，部分教师在使用网络下载的课件时往往不假思索、不注意修改完善，不顾学生实际情况，便直接生搬硬套，反而使得课堂教学偏离自己的教学设计，囿于别人的思想模式，难以驾驭。再者，有的学校为督促教师熟练掌握和运用信息技术，便强化要求、细化制度、硬化指标，要求教师堂堂课都要使用多媒体课件，置教师课件制作水平、繁忙的工作实际和教学内容于不顾，这不但没有提高课堂教学的当堂效益，反而使得一些传统而优良的教学用具也被束之高阁，弃而不用。

此外，有的教师在制作多媒体课件时，对所搜集的资料，不择良莠、不论取舍，凡是与其教学内容相关的各类图像、文字、声音信息均取而用之，不合逻辑地堆而砌之，搞大拼盘，反而降低了课堂教学应有的效果。

五、华而不实过于炫目

编制课件最易犯的错误是过于重视其“外表”，采用过多的“新潮”技术，致喧“形式”而夺“内容”。亦即，有些课件界面过于花哨，含有过多色彩艳丽的插图，光彩夺目，似有吸引学生注目之嫌。好奇是学生的天性。教学课件中的一组动画、一个声音乃至一幅图片都可能让学生浮想联翩。但有的教师在制作课件时却恰恰忽视了学生身心发展这一特点，反而竭尽全力在课件的呈现方式上求新、求异、求变，力求字字有动画、帧帧有特效，处处与众不同，致使学生在听讲学习时，不是应接不暇，走马观花，缺失思维，身心俱疲；就是窥其一斑，移情别恋，思绪万千，“身在曹营心在汉”。鉴于此，一个优秀的课件，应尽量少用与表现内容无关的图像、声音。课件应是内容与形式的高度统一，在设计时应把重心放在教学内容重点、难点突破和方法的推敲上。否则，如果多媒体课件操作界面重形式美，轻内容实，这无异于舍本逐末、买椟还珠。

六、新瓶旧酒依旧灌输

现代教育理论认为，课堂教学过程应该是学生活动的过程，是师生交往互动的过程。任何教学手段的应用，都应以此为准则，即使作为现代化教学手段运用的多媒体技术也不能例外。但是，有些课堂却出现了将教师讲解改为多媒体演示，一些所谓的课件也没能摆脱“书本搬家”“板书搬家”“习题集搬家”的窠臼。

课堂上，教师手按鼠标只管一路点来，学生则随着屏幕呈现内容，步步紧跟，失去了积极参与教学和思考问题的时间，学生的主体地位没能得到充分体现。这种做法，虽有现代化教学手段包装，但其实质仍是“满堂灌”。更有教师，还会将一些多媒体课件当做加大课堂教学容量、增强练习密度的“法宝”，使之成为加重学生课业负担的“帮凶”，成为禁锢甚至扼杀学生想象力与创造力的“现代杀手”。

七、应用失当人随“机”转

课件只是一种优化课堂教学组织与设计的手段，而不是课堂教学的全部。然而，在教学过程中，有的教师自认为所制课件设计新颖、内容全面、环环相扣，所以在教学中就按照课件设计思路按部就班，层层推进，完全抛弃了其他教学手段，全然不顾学生的学情及所思所想，机械点击，不停放映，过于突出课件的作用，反而使教师缺失了教学的能动性、创造性和灵活性，教学中的机智、灵感闪而复失，教学之深入浅出、教学艺术的锤炼也便无从谈起。

有些教师认为：既然要推动教育现代化，就必须运用计算机辅助教学。于是在上课时不管是否用得上，从头到尾均使用计算机，把传统教学的“满堂灌"发展为"满堂电”。教育心理学认为：教师在课堂上过多使用计算机辅助教学，反而会分散学生的注意力，学生的无意注意越多，教学信息的传递过程受到的干扰也就越大。因此，教师应根据需要选择合适的媒体，而不要一味地追求“满堂电”。如果过于追求动态效果，在小处做大文章，把它搞成教学内容的“图解式连环画”或“魔幻式戏法”，反而分散了学生的注意力，影响了课堂教学。一堂课能否上好，主要看教师能否灵活运用课件。

在人机教学交流中，教学机器无法给学生树立人格榜样，不能给予品德人格教育，疏于品德人格的自我完善。教书的本质是育人。而“人教人”的作用是机器叫人难以替代的。因此，应该把多媒体教学定位在和以往教育媒体平等的地位上，把它作为常规教学的辅助手段，该用时就用，不该用时则不用，从而有效配合教师、学生，使教师更好地发挥主导作用，不断提高学生学习的成效。

八、用完即毕昙花一现

每一课件从构思到设计，从选材到制作都融入了教师的智慧，渗透着教师的汗水，是勤劳和智慧的结晶。作为教师个人应该将其收藏，以备后续使用；作为学校应由专人负责，进行收集整理，作为一种教学资源，让更多的教师分享。然而，现实却是有的教师用过即忘，既不注意修改完善，也不重视整理收藏，往往为节省硬盘空间，提升电脑运行速度，便毫不迟疑地删除。这样，再美的课件，再好的结晶，也只能是昙花一现。

九、公开课用非则隐匿

有些学校或地区误认为多媒体课件“只是公开课用一用”。于是，为了一堂公开课或示范课，让一名教师甚至全教研室（组）的教师费尽心力制作一个仅为一堂公开课使用的课件；之后的非公开课上所用课件制作粗糙甚至鲜见或根本见不到课件的踪影。使用多媒体课件不能以场合论，而应将其作为一种有效辅助教学的手段，从始至终贯穿到某门课的讲授进程中。

综观现实，多媒体课件运用的现状中有些方面不容乐观：在课件制作和运用时应避免“板书搬家”，而教学方法依旧；防止制造“信息海洋”，不管学生能否来得及阅读和消化；克服教学课件内容零乱而缺乏逻辑，甚至与教学内容无关的弊端；避免讲述内容与编排内容不相符、不同步现象的发生；不应完全依靠多媒体，导致学生自助学习或完全抛弃传统教学的现象时有发生。

微课的特点　类型　作用

微课，是微型课的简称，是指微小的课。因其内容更加精简，故又称“微课堂”，也称为“课例片段”或“微课例”。微课，是指以视频为主要载体，记录教师在课堂内外的教育过程中围绕某个知识点（重点、难点、疑点、弱点）或技能点等单一教学任务而开展教学活动的方式，是指为使学生自主学习获得最佳效果，通过精心的信息化教学设计，以流媒体形式展示的围绕某个知识点的简短、完整的教学活动，是指基于教学设计思想，使用多媒体技术在几分钟内就一个知识点进行针对性讲解的一段音频与视频的过程。微课的核心组成内容是课堂教学视频（课例片段），并包含与该教学主题相关的教学设计、素材课件、教学反思、练习测试及学生反馈、教师点评等辅助性教学资源。它们以一定的组织关系和呈现方式共同“营造”了一个半结构化、主题式的资源单元应用“小环境”。因此，微课既有别于传统单一资源类型的教学课例、教学课件、教学设计、教学反思等教学资源，又是在其基础上继承和发展起来的一种新型教学资源。

一、主要特点

微课之“微”主要在“短、小、精、悍”，只讲授一个知识点（或紧密相连的两个知识点），看似无系统、不全面，实则自身仍具系统性，一组微课所表达的知识亦有全面性，并具目标明确、针对性强等特点。①教学时间较短——根据学生认知特点和学习规律，时长为5~10分钟，最短1~2分钟，最长不超15分钟。②教学内容较少——问题聚集，主题突出。主要突出知识点或技能点，或某个教学环节、主题的教与学活动。③资源容量较小——其视频及配套资源的总容量一般在几十兆左右。④精致教学设计——完全、精心的信息化教学设计。⑤经典示范案例——真实、具体典型案例的教与学情景。⑥制作简便实用——可通过电脑、手机等移动设备进行制作，操作简单方便。⑦主持人讲授性——主持人可出镜，亦可通过话外音的形式进行讲授。⑧流媒体播放——可用视频、动画等基于网络流媒体的形式播放。要言之，微课是见微知著，小课堂大教学；以小见大，用微课堂带动学生的学习积极性；关注学生每一个微变化，从小处着手，创建一个真正属于学生自己的课堂。微课要“微”，“位微不卑”，虽短小，比不上一般课程宏大丰富，但意义非凡，效果明显，是一个非常重要的教学资源。“课微不小”，虽短小，但知识内涵和教学意义非常巨大，有时一个短小微课比几十节课都有效。“步微不慢”，都是小步子迈进，一个微课讲解一个知识点，看似很慢，但稳步推进，实际效果并不慢。“效微不薄”，有积少成多、聚沙成塔之效，以不断积累的微知识、微学习达学习大道理、大智慧的目的。

二、主要类型

按教学方法可将微课分为：①讲授类——适于教师运用口头语言传授知识，如描绘情境、叙述事实、解释概念、论证原理、阐明规律。乃最常见、最主要的微课类型。②问答类——适于教师按一定教学要求向学生提出问题，引导学生获取或巩固检查知识。③讨论类——适于在教师指导下，全班或小组围绕某一中心问题发表己见，共同研讨，相互启发。④启发类——适于根据教学任务，从学生实际出发，启发学生思维，调动学习主动性和积极性。⑤演示类——适于把实物或教具直接展示给学生，或通过示范性实验、现代化教学手段、实际观察获得感性知识。⑥表演类——适于教师引导、组织学生对教学内容进行戏剧化的模仿和再现，达到学习交流和娱乐的目的，促进审美感受，提高学习兴趣。⑦实验类——适于在教师指导下，借助相关设备和材料，通过控制条件，引起实验对象的某些变化，在观察这些变化中获取新知识或验证知识。⑧自主类——适于通过学生独立的分析、实践、质疑、探索、创造等方式来达到学习目标。

三、意义作用

微课，讲授的知识点，可是教材解读、题型精讲、考点归纳，也可是方法传授、技能的知识讲解和展示。其总体功能：翻转了传统教学结构、方式和模式，优化了课堂结构，提高了课堂效率。是传统课堂教学的有效补充、拓展资源和辅助形式，既适合移动学习时代知识的传播，也能满足学习个性化、深度学习的需求。可使任何知识点、技能点更易于学生理解、接受和掌握，尤其更能突出重点，突破难点，化解疑点，弥补弱点。可将教学重点、难点、考点等精彩片段录制提供给学生，既方便学生随时随地通过网络下载或点播，能重复使用，也可满足个性化教与学的需求。对学生既可查漏补缺，又能强化巩固所学知识与技能。

（一）在教与学的诸环节上

微课作为颠倒课堂（翻转课堂）中课前预习环节的重要载体，迅速成为教育关注的热点。包括：①课前预习——根据学生已有知识基础和新知识所需的衔接知识点设计制作微课，可让学生在课前先阅览，为新课做好准备。②新课导入——据新课知识点设计新颖问题，吸引学生的注意力，为新课的讲解做好铺垫；③知识理解——教师对本节重难点做点拨，通过典型例题引导学生探究规律。④练习巩固——设计少而精的习题，制作成微课，巩固本节知识。⑤小结拓展——引导学生总结本节重点及规律，让其将新知识纳入已有知识体系；再适当设计些适应不同层次学生的拓展延伸练习。以上环节可单独或联合在一堂微课使用。

（二）在学生自主学习中

计算机的普及和网络的发展，已使自主学习成为可能，教师把学习中的重点、疑点、难点制成微课，上传至网络，学生可随时点播，其优点是：①微课短小精悍，一个议题，一个重点，都是针对学习中的疑难问题设计，非常适合自学。②时间和地点可选择，有很大的自主空间，只要有学习愿望即可实现。③适应不同的学生，视频播放快慢可调，次数可设定，让不同程度的学生根据自己的基础和接受程度控制学习速度。④视频可反复播放，使那些平时反应慢又羞于发问的学生能从容的重播，较好的解决后进生的转化。

（三）在教师业务和教研上

微课在促进教师业务成长和教学研究中的作用：①制作微课就是微研究的过程，在实际教学中把发现、分析和解决问题的过程制成微课，简单实用，本身就是一个教学反思的过程，能有效促进自身的业务成长。②微课可在互联网和移动设备上进行传播，便于教师之间交流教学经验和方法。③微课可有效促进教师的专业发展，提高教学效果。④微课制作简单，形式新颖，通过微课可积累、分享和交流资源，可培养学科教学与信息技术的整合能力，有效提高自信心和成就感。并非常适合于教师的观摩、评课、反思和研究。

四、注意事项

①微课与微课程——两者既有联系又有区别。微课源于现实课堂教学模式的浓缩与点化，属于新一代课件范畴；微课程则是微型课程的简称源于翻转课堂的实验，是将原有课程按学生学习规律分解为一系列具有目标、任务、方法、资源、作业、互动与反思等的微型课程体系。属于课程序列。含课程设计、开发、实施、评价四大范畴。而微课，只是微课程配套资源之一。故微课程中包含微课，或微课被包含于微课程之中，两者紧密相关，但不等同。②微课的制作——根据培养目标、内容特点及学生认知实际，首先在所选题材上下大功夫，从学生的学习程度和易出现的问题入手，通过典型例题和深入浅出的讲解使学生迅速掌握知识点；其次在制作视频时要动静结合，图文并茂，字体字号和颜色搭配，错落有致，文字尽量少，使整个视频简洁清新流畅；再次讲解时心中有学生，声音响亮，节奏感强，不用古板、枯燥的书面语，使讲解通俗易懂。③微课的检验——作为学生学习的一种新形式，最终还需接受学生的检验，是否具普适性、解决疑难或改进学习方法。④微课的评价——首先内容至上，要求选材得当、重点突出、一个主题、一个中心，并使形式与内容相得益彰。勿过于追求制作的高难度动画等，但对形式的两大要素（画面颜值与声音尤佳）精益求精。画面要清晰、美妙，色彩和谐、动静结合。

网络时代，随着信息与通迅技术快速发展，微课也将面对一个十分广阔的教育应用前景。对学校教育而言，微课既成为教师和学生的重要教育资源，也构成了学校教育教学模式改革的基础。故而，应扎实推进信息技术与教育的深度融合，探索微课在课堂教与学创新应用中的有效模式和方法，挖掘和推广各地区的典型案例和先进经验，推动教育信息技术创新应用并促进教育均衡发展。

例题的选择与讲解

例题是指说明某一定理或定律时用来做例子的问题。在教学中，几乎所有的课程都离不开讲解例题这一重要的教学手段。好的例题，加之恰到好处的讲解，不仅能有效帮助学生消化所学知识，加深对概念、定理、公式的理解，为突出教学重点、攻克教学难点服务，而且能有效培养学生运用知识发现、分析和解决问题的能力。因此，恰如其分地选择和讲解例题，不失为改进教学方法、提高教学质量的有效途径。

一、选好和讲好例题的意义

一道好的例题并非轻易而得，教材中的例题也未必均具有典型意义。要想得到好的例题，需教师广采博览，认真研究，付出艰辛劳动。然而，有人认为：例题的讲解，多在讲清概念、定理、定律、公式之后，是一个无关大局的“扫尾”工作，只要讲清了概念……例题多一点、少一点、好一点、差一点，无关紧要。于是，讲课时信手抓两个例题用来应付，时间不够了就取消例题的现象时有发生。教学时，讲清了概念、定理、公式，只是完成了教学任务的一半。从某种意义上说，还不是主要的一半。更重要的，是要善于引导学生运用所学的知识去发现问题、分析问题和解决问题。通常，这个任务主要由“讲解例题”这一环节来承担。在这里，教师不仅可以与学生共同建造运用知识的桥梁，学生可以学会发现问题、分析问题和解决问题的方法、步骤和技巧，而且教师的教学效果将得到检验，学生对知识的理解正确与否将在此得到自我印证，教与学的信息将借此互相反馈；在这里，不仅概念、定理、公式之类将得到及时复习、巩固，而且其内涵可得到拓展，未尽事宜可得以交代。教师的经验、才华，学生的积极性、创造性，都可得到发挥和施展。因此，“讲解例题”不是无关大局的“扫尾”工作，相反它应是课堂教学的高潮，是名副其实的“压台戏”。错过这个应“及时收割的黄金季节”，教学效果会功亏一篑。

二、确立正确而鲜明的选例目的

这是选好和用好例题的关键。教材为什么选用这个例题，想达到什么目的？教师为什么讲解这个例题，要实现什么目标……诸如此类问题，有的教师认为无须过多考虑，教材已经作出安排。然而，这正是教师选好例题、用好例题的关键所在。诚然，教材已对此慎重考虑。但是，教师不去思索这些问题，何以领会教材意图，又何谈贯彻教材意图？再者，教材的编写，无疑是以反映共性为主，不可能顾到各地区、各学校、各专业，甚至各个班级的差异，更不可能针对各个班级、各个学生的具体情况。因此，不论是选用教材中的例题，还是教师补充乃至设计例题，均应先确立正确的、鲜明的选例目的。好的例题应具备下列标准：紧扣教学大纲，为实现教学目标和要求服务；紧扣教学重点和难点，为突出重点、攻克难点服务；针对专业特点，理论联系实际，为运用知识服务；针对常见错误、疑难，为学生“排忧解难”服务。同时，有利于克服薄弱环节，养成钻研习惯；有利于学生将前后知识贯通，掌握解题步骤、方法、要点和技巧；有利于启发辩证思维，培养分析能力；有利于学生温故知新，使其所学知识得到及时复习、巩固；能弥补教学中对某些知识必须教好而一时又不便讲清之缺陷，等等。当然，要求每个例题同时满足上述所有要求是困难的，甚至是不可能的，但确立这个标准，明确选取例题的出发点和目的，必将使例题教学质量得到逐步提高。

三、做好例题功能分析及例题分类

这是选好和用好例题的基础。总体上看，例题的作用是广泛的、多方面的，但具体到每一个例题，其作用又是有限的。因此，正确区分例题的功能，是使其恰到好处地服务于选题目的所必须做好的基础工作。根据例题功能来分类大致有以下几种：

（一）示范型

此类例题对应用概念、定理、定律、公式来求解一些实际问题时，对揭示分析问题、解决问题的方法、步骤等能作出恰如其分的示范。

（一）纠错型

此类例题能较好地引起学生释疑，并认识在运用概念、定理、定律、公式中的错误，达到纠正错误认识、加深对知识正确理解的目的。

（二）释疑型

此类例题能有效帮助学生抓住和掌握概念、定理、定律、公式等的本质特征及解决问题的关键、要点及注意事项。

（三）实用型

此类例题能紧密联系学生的学习实际、生活实际和生产实际，提高他们运用知识于实践中的能力。

（四）分解型

此类例题能让学生由浅入深、由易到难，逐步消化、理解、掌握复杂的知识体系。

（五）综合型

此类例题对培养、锻炼学生综合、分析及灵活运用知识的能力，对帮助学生进行及时复习、巩固所学知识颇具功力。当然，具体选用何种题型，需由选题目的决定。

四、选择例题应遵循的基本原则

为提高教学效率，用最少时间获得最佳效果，在确定选例目的和题型时，还应遵循下述原则。

（一）突出主要矛盾的原则

有些课题内容丰富，所要达到的教学目标、要求较多，但受教学时间限制不能过多地讲解例题。这就需本着突出主要矛盾的原则来确定选例目的，并由其主要目的来确定选择题型。

（二）一能为主一题多用的原则

在对服务于主要选例目的上具有同等功能的例题中，有的还可能同时具有另外的功能。在此情况下，应选取那些具有一种主要功能，并有其他功能的例题。这样可收到一举多得的效果。然而，必须注意的是，不要让其辅助的功能淹没了主要目的。

（三）分工协调避免重复的原则

每例应有其侧重面，彼此之间要合理分工、互相照应，使之构成一个有机整体，勾画出所要解决问题的总体轮廓，从各个侧面揭示问题的本质特点。

（四）坚持运用“少而精”的原则

例题不可不讲，也不可滥用。多、杂反而使学生抓不住要领，理不出头绪。要让学生从题海中跳出来，教师必须先跳出来。例题不在多而在精，在于其贴切性、典型性、代表性。

（五）不超纲以教材为主的原则

按照教学大纲要求，教师可自己设计例题、选择例题，但不能远离教材。当教材上的例题与自选的例题功能相同或近似时，应以教材为主，便于学生复习；即使自选例题对阐明概念、定理、公式之类的本质特点具有明显优势，但仍以不超大纲为限。

五、常用例题的几种来源和渠道

选好例题、讲好例题可使学生兴趣倍增，并收到举一反三的效果。据此选例必须“少而精”。然而，“少而精”需要出自“多而广”，没有“多而广”就无选择余地，也就谈不上“少而精”。为此，每位教师必须建立起一个“多而广”的“例题库”，并经常充实、更新，不断从“挖潜”“引进”“自编”三个方面扩大“题源”，使例题库不断得到丰富、完善。

（一）挖　潜

教材上的例题要充分利用，但未必个个都讲，有的可留给学生自己去研究；选中的，也要区别对待，有的详细讲解，有的则是简略一谈，引导思路；对于典型例题讲过一次之后，根据需要，以后还可拿出来再讲，继续发挥其作用。实践证明，同一例题在不同章节里，从不同角度、用不同的方法进行剖析，不但有利于启发学生进行发散思维，融会贯通地掌握知识，灵活自如地应用知识，而且能大大节省教学时间。

（二）引　进

从其他参考书、习题集中筛选、摘取例题；向同行取经，互相商讨，博采众长，选择例题；从报刊、杂志上搜集例题等，都是例题的重要来源。引进例题，一可弥补教材例题之不足，二可更好激发学生学习兴趣，三可防止漏掉容易被忽略的例题。教师平时应把寻找典型贴切的例题，组织生动活泼的课堂教学，作为备课之必需。

（三）自　编

按照大纲要求，从学生实际出发，结合生产和生活实际，教师自编一些更具针对性、实用性的例题。对此，要在备课时切实寻求具有高效作用的例题，万不可凭课堂上的“灵机一动”而杜撰例题；否则，一是常不贴切，二是易有副作用。

六、讲解例题应处理好几个关系

选好例题并不等于讲好例题。要使例题发挥最大效能，在讲解例题时应处理好以下关系。

（一）“师”与“生”的关系

例题的传统讲法是教师讲、学生听，结果往往是“教”与“学”的信息互不沟通，互不反馈。有时，尽管教师讲得口焦舌燥，学生却听得索然无味。为改变这种局面，例题的讲解应变教师的单边活动为师生的双边互动，建立师生共同讨论问题的平等关系，充分调动学生思维积极性，让学生自己去摘取丰硕的果实。为建立这种平等关系，要鼓励学生敢于发表自己的意见，即使错了也不批评指责，更不耻笑挖苦，而应善于及时从反面抓住有益的东西，为讨论问题服务。

（二）“引”与“发”的关系

讲解例题时，教师不能包办代替，不能“把馍嚼碎喂给学生”，而应是提出问题、分析问题、指点思路、“引”发思维，由学生自己“发”出问题的结论或答案。只有那些难度大、连优秀学生经启发也难以答出的例题才由教师做些必要的讲解。

（三）“解”与“算”的关系

许多例题属于应用计算题，其工作量主要集中在两方面：一是解题步骤、方法、技巧的分析；二是数学演算。处理此两者关系时，一般应以前者为重点，以免学生觉得讲解例题太细、太碎、乏味。

（四）“点”与“面”的关系

教师细心挑选乃至精心设计例题，怎样才能使学生体会其良苦用心，而不致把这些例题当做孤立的普通题目看待呢？如果就事论事、例不证理或例不明理，而只满足于得出例题答案，那再好的例题也发挥不了多大作用。因此，必须处理好“点”与“面”的关系，即不能仅是就题讲题，而应善于做讲完例题后的升华工作。应以例题作为“点”，做好引子，揭示求解同类问题的普遍规律、要领及注意事项，以指导解题方法、步骤和技巧，从而使学生敢于并善于从例题出发触类旁通，灵活运用知识。

例题不在于深、难、巧，而在于基础、典型。要从讲解中体现学科的思想，知识的总结，方法的归纳，题型的分类。从某种意义上说，例题是理解和掌握基本知识与技能的有效方法，尤其是对于较抽象难学的学科来说显得更为突出。

举例的要求与艺术

教师在教学过程中对于某些新的、抽象的概念及难以理解的内容适时地援用精当的例子，往往会使学生茅塞顿开，恍然大悟；反之，若举例失之不精、失之不准或失之无味，势必影响教学效果。所以，恰当的举例是教学不可缺少的手段，尤其是对于某些枯燥的理工科教学更能显示出它特有的效力。精当的例子，是教学的催化剂，能加速学生对知识的消化；是学生思维的向导，有助于智能训练；是学习的调味品，提高学习兴趣。“君子之教，喻也”，故不能不探究举例艺术。举例，从内容上看不外乎三类。一是实例，即真实的例子，有工程实例、自然实例、社会实例和生活实例等。它是有直接针对性的典型事实，用来说明某一理论概念。对于学生来说，教材上的例子大多陌生费解，如果只限书中例子，会影响教学效果。因此，需要援用学生容易观察到的或熟知的实例，来帮助学生理解理论问题。二是喻例，即含有比喻义之例，有些像平时说的“打比方”。它是有间接针对性和类比价值的客观事物，用来说明一些抽象概念，这种例子与所讲内容虽不能完全对应，但在主要方面颇有相似之处。把相似之处适度夸张，便能引出所需之理。有时一个恰当的比喻会使学生茅塞顿开；一个巧妙的比方胜过长篇解说。三是荒诞例，即用虚拟的、不合常理的、夸张变形的，但有间接针对性和反证价值的虚拟事物来说明某些基本概念和原理，让学生从荒诞事例或错误结论中领悟道理。教学中，无论援用哪种例子，都要注意以下几点。

一、目的性

举例，是为说明抽象的概念、难懂的原理、费解的难题、深奥的规律，是为训练和提高学生理论联系实际的能力，分析问题与解决问题的能力。为此，举例应注意两点：一是尽量选择学生所熟悉、关心的例子，使学生在头脑中产生鲜明的形象，使学生有实感，有发言权，这样才能调动他们的思考积极性；二是尽量选用能够多角度、多层次说明问题的实例。

二、针对性

举例，必须有明确的针对性：一是针对学生的知识水平、理解能力、心理状态；二是针对问题的症结或实质，选择能表现事物本质属性的例子。否则，无的放矢，举例不当，或为迎合学生猎奇心理举一些无关紧要的事例，反而会干扰学生正常的逻辑思维进程。

三、贴切性

举例的任务重在释难解疑。因此，所举之例必须紧扣要说明的概念、原理或问题，不能生拉硬扯、不着边际、牵强附会。但贴切不同于确切，贴切是指例子内容与所说明的问题要一致，确切是指例子本身的严密程度。例子本身可以十分确切，也可以不十分确切，有时后者贴切较前者确切更能激发起学生的想象思维。

四、准确性

举例要准确，是指所举的事例能贴切地说明所要阐述的概念、原理或道理，即为说明论点的举例要扣题、要对路，或者说举例不能让人感到模棱两可或似是而非。模棱两可的事例容易使人对论点感到模糊，似是而非的事例则使论点难以确立。

五、典型性

能为一个论点做论据或为一疑点做解释的事例虽然很多，但并非每个事例都能取得良好的教育效果。因而，必须选择最能表现同类事物本质特征、最具有代表性的典型事例，以使其能产生很强的说服力、说明力，能获得“一叶知秋”的论证效果。

六、生动性

举例要生动，包括两个方面：一是例子本身要新颖，要有吸引力；二是讲解例子的语言要生动，有感情色彩，教师要进入“角色”，既是推理又是抒情，做到情理渗透。生动性要求以上二者兼备，否则，例子本身不生动而专门注意感情色彩则是矫揉造作；例子虽生动而讲解的语言乏味，就会失去魅力。

七、适当性

举例要适当的要求如下。

（一）适 度

举例要从学生实际水平和理解能力出发，过简引不起学生的兴趣，过难则不能被理解。

（二）适 机

举例要把握好时机。学生对知识难以理解时，运用例子可解疑排难；学生学习畏难时，运用例子以使学生领悟教师用意。

（三）适 时

举例的时间安排要得当。有些例子不宜放在课题之前，以免学生摸不着头脑；有些例子不宜置于课题之中，以免破坏学生思维的连贯性；有些例子不宜放在课题之后，以免过迟而收不到应有效果。究竟何时举例，这取决于举例的目的及教学内容的需要。

八、教育性

无论选用哪类例子，都应注意与思想品德教育紧密而又恰当地联系起来，尽量做到寓德育于举例之中；应注意援用能启迪觉悟、激励进取的例子；应注意例子的思想性，力求格调高雅，富有教育意义。不能只为引起兴趣，只图逗乐而援用平庸粗俗，特别是低级趣味的例子。

九、通俗性

举例要从学生的知识水平、年龄特点、理解能力出发，力求通俗易懂，寓意明确，形象生动，可见度大。比如，一克黄金拉成的细丝大约可绕地球三圈，一句话就说明了黄金具有很好的延展性。举例，切忌脱离学生实际或例不证理，使学生感到玄奥不解，摸不着头脑。

十、科学性

科学性举例要原理正确，比喻恰当，用词准确，表达完整，并力求短小精悍，言简意赅，条理清晰，逻辑严密。举例，不仅要对所讲授论点摆出不可辩驳的论据，增强教学效果，而且又可培养学生具有严谨的科学态度、思维方法和学习兴趣。

所以，既要选好例，又要用好例。选好例的前提是教师具有广泛的兴趣、渊博的学识和对学生深入的了解。如果说，这些能保证选例典型、准确，那么具有一定表达能力和教学艺术水平，则能保证讲例的形象生动、启发及时、寓教于趣。否则，语言贫乏、平淡、含混不清或表达不佳，造成失时、失真、失味，即使选例精当，也不会收到好的教学效果。“以其昏昏”是不会“使人昭昭”的。一个优良的例子，可能在某一特点上更为突出，但全面分析之，它往往是典型性、准确性、生动性等的有机统一体。我国古代一些名家论著中的举例，如“自相矛盾”“拔苗助长”“刻舟求剑”等，其所以能历千年而不衰，成为千古绝唱，主要就是因其在典型性、准确性、生动性诸方面达到完美的、令人叹为观止的统一，因而具有很强的生命力。

如何进行复习课教学

复习课，是在一个单元、一个章节，甚至一个学期或一门课程学完之后进行。通常，一次复习课比一次新授课的难度要大得多。它需要教师具有深厚的功底和丰富的经验。复习课不等于重复上课！复习课，不是简单的重复，不是“纲目”系统的列出，不是复杂内容的罗列，不是“重点”的再讲解，也不是“弱点”的补充，更不是“难点”的细解释。

一、明确复习目的

复习课的目的既“温故”，又“知新”。这个“新”，既含学生知识、技能的深化与熟练，还包括是否学会合作探索、复习，学会知识的运用和创新以及思维有无深度与广度，实际经验和能力有无提高等。德国哲学家狄慈根说：“重复是学习之母。”所以应关注学生知识的形成、巩固和深化，使知识条理化、系统化。比如在复习课教学中，要注重梳理知识，充分发挥学生的主体作用，使之对所学知识能够进行系统的掌握，形成一个较完整的知识体系。再如，要将问题尽量解决在课堂上，练出新花样，做一题，学一法，会一类，通一片，使学生有常学常新之感。这样，学生不仅主动、有趣，而且学习效果会不断拓展。

二、确定复习任务

既然复习的目的是“巩固”所学，则教师的主要任务有三：首先是发现，其次是帮助重现，最后才是“使之巩固”。因复习既是“重复学习学过的东西”，就不能像新授课那样引领学生去认识新知，而是要采取一切可以采取的手段和方法去发现学生“学过的东西”能否重现或掌握。如果对“学过的东西”能重现或掌握，就“使之巩固”；否则，就帮助重现或掌握，然后再“使之巩固”。具体说，就是让学生能重现知识、梳理知识，形成网络，使知识系统化、结构化；能熟悉并掌握大纲所规定的基本技能与技巧；帮助学生摸索和总结出解题规律、答题方法，形成能力。

三、知晓复习要求

复习，是指学生自己或在教师指导下，对所学知识进行再学习，解决尚未解决的问题；是指对所学知识进行整理、归纳、概括，使认识再提高。因此，每次复习都应从新的角度使旧知重现，并使旧知逐步结成紧密的锁链，以牢固地保留在学生记忆中；或掺入一些新成分，旧中带新，使每一概念在新旧联系中重现，并用以解决新的问题，有新“得”。切忌搞成只是知识的简单重复和同类型或同层次的反复操练。当然，一定的重复和练习是必要的，但过多一遍又一遍的无谓重复和一次又一次的机械练习却是不利的，它只能导致内容乏味，兴趣下降。所以，复习应做到如下几点。

（一）基础知识系统化

复习的意义在于使已学知识通过再现、归纳，由点带面，串珠成线，结线成网，形成完整而系统的知识结构，使基础知识系统化。第一，要弥补知识的缺陷，以查漏补缺，因教师讲得再佳也会有知识漏洞，学生学得再好也会有知识缺陷。平时授课，或许有想不到的内容而形成疏漏，或许从一节课来看是完整无缺的，但在进行完一个单元或一个章节之后，发现有不衔接之处，这些均需在复习中予以补充。第二，教师在平时教学时往往把注意力集中在讲授新课上，不太注意教学生掌握知识的内在联系。教材的编排虽有其系统性，但因兼顾了学生认识过程和年龄特征，各章节内容或重复或零散。所以，在复习时应注意突出其内在联系。第三，通过复习要使教材由“厚”到“薄”，由纷繁复杂到线索鲜明。把概念、公式、法则、定理等串联起来，指导学生对已学知识按内在结构加工、归类，或列提纲、或作表解、或以图式，以对所学过的基础知识、理论、技能有全面系统的认识和掌握。

（二）重点内容突出化

根据复习目的确定重点复习内容。切忌把时间、精力平均分配，形成泛泛复习，或只将复习内容简单罗列、平铺直叙，这样主次不分，重点不明，就不能收到较好的复习效果。应将课程内容分为不必复习、简单复习和重点复习三类。在复习中突出重点，击中要害，抓住关键，兼顾一般；对重要理论、关键内容做进一步的强化，使学生牢固掌握，做到运用自如，举一反三；对一些既是重点又是难点的内容，更应突出重点，分散难点。遇到“卡壳”或“断链”时，就要抓住主线，纵横联系，分层次和多题型地加以练习；做到重点理论反复训练，难点内容专项训练，易混概念对比训练。

（三）能力培养阶梯化

在复习教学中应注意培养学生的能力。第一，应培养自学能力及良好的解题习惯，认真审题，优选步骤，细心解题，耐心检查等；第二，应培养思维能力，能熟练、灵活地运用分析、综合、抽象、概括、类比、归纳、演绎等逻辑思维方法处理问题；第三，应培养想象能力，并逐步形成立体概念、结构概念、创造概念；第四，应培养解决实际问题的能力，通过精练习、多应用，逐步形成独立处理问题的能力。为此，复习内容要有合理的层次、坡度和一定的难度，通过多启发、开思路，引导学生养成全面处理问题的习惯，发展灵活运用知识的能力。

（四）编选例题题组化

复习课要防止过多做题而形成题海战术。复习例题要精选，使其具有代表性、灵活性，并多少适量，难易适度。同时要注意典型性，通过解一题，达到举一反三的目的；要注意针对性，击中学生薄弱环节；要注意综合性，有一定的广度和深度。每做一题，让学生总结此题包括的知识和解题规律。并注意变形式、变坡度、变结构，引导学生在解题思路上求异、求活，在解题方法上求新、求简。精选例题题组化，有利于将问题引向深入，有利于研究问题的各种情况，有利于铺设必要的台阶。当然，对某些不宜或不易编成题组的典型题，仍可单独进行复习讲解。

（五）解题复习多功化

复习教学要充分利用一题多解、一题多变、一题多思，培养学生发散思维能力，以收到触类旁通、举一反三的效果。一题多解，即同一题目从不同角度，用不同方法解答，它既能增强学生学习兴趣，使其养成多思善想的良好习惯，又能使其广泛地综合运用基础知识，找到最简洁的解题途径，提高基本技能，更能有效地培养求异思维，发展逻辑思维，增进全面分析和解决问题的能力。一题多变，即根据题目条件之间存在的关系，变化条件或问题的提法，引导学生察同观异，在解题过程中进行联想、猜测、判断，对内容、形式、条件、结论等做进一步的探索，从不同侧面深入分析、论证各种变化形式，寻求解题规律。促进学生思维流畅，锻炼变通能力，使学生思维灵活、深刻、广阔，培养灵活运用所学知识的能力。一题多思，即在问题解决后对题目本身进行思考：此题能否进行推广，它的一般情形如何，特殊情形如何，从此题的解法中能总结出怎样的规律，用此规律能解决哪些类型的问题，自己在解题中显露出哪些知识或能力上的缺陷；应吸取什么教训……在复习中，若能引导学生多思，做到“学一题，会一类”与“知一点，通一片”，必能取得较好的复习效果。

（六）因材施教具体化

复习教学，既要着眼于课程的总体，也要区别学生个体。一个班级的学生由于学习基础和认识能力的差异，加之气质、性格、天赋诸方面的不同，发展总是不平衡的。在复习时教师应全面了解学生千差万别的个性特点，从他们的实际情况出发，区别对待，采取适合每个学生特点的教学措施，以有的放矢，激发其兴趣，发挥其潜能。同时，应针对不同层次学生的不同情况，因材施教。对成绩优秀者，可布置一些有一定难度的题目让他们攻关，还可指导他们写解题小结或小论文，以使其才智得到充分发挥。对于成绩较差，学习吃力者，要给予更多具体的帮助和学法上的指导，并充分肯定其点滴进步，使其树立信心，不断进步。

（七）复习方式多样化

复习时，应根据教学内容及特点，采用多种多样的复习方法，引导学生从不同方向、不同角度思考问题，以使他们开阔思路，灵活地掌握和运用知识。同时，引导学生既要“独思”又要“共商”，三两学生你问我答，彼此切磋，相互启迪，以提高复习效率。为防止复习方式的单调和复习内容的简单重复，复习方法应尽可能多样化。通常，复习题要做到基本型、灵活型和综合型配套，还应结合教材和学生实际，采用问答、磋商、讨论、论述、论证等多种形式，也可采用画图、制表、整理笔记等多种方法，使学生进一步加深对知识的理解和记忆。对易错、易混的内容，可进行正、误比较，提高学生分析与鉴别能力；对有关概念的复习，可用图示或表格总结，既减少学生抄写笔记等的时间，也有利于教师进行教学；对重点、难点及学生易忽略和易混淆的内容可加以提示；对有关标准化题型可用幻灯片或印发材料给学生；对某些专题可出一部分思考题，让学生独立思考并写出解题小结。概言之，根据内容不同可相应选用下列方法。

提纲式——把所有知识点分层次按递进顺序排列引导学生复习；

列表式——把同一体系的概念和原理列成图表引导学生复习；

分解式——把概念和原理的内容分成若干相互联系的点（或方面），通过理解这些及其相互关系来理解概念和原理；

对比式——把文字上相近、意义上相连的内容进行对比复习；

讨论式——提出问题让学生通过相互质疑、议论或讨论以复习知识，达到共同提高的目的；

问答式——教师有计划地系统提问及学生答问的复习；

抢答式——把学生分成若干小组，对事先设计的问题采取具有竞争特点的抢答计分法来复习；

总结式——把学生平时作业、测验中易错、易混的知识集中讲解，或出题练习，或进行讲评。

这样，通过形式多样的复习，把学生引入一个兴趣盎然的境界，以有效地提高复习效率。另外，不仅要交给学生复习的方法，还要培养学生自我测试、自我调节的学习习惯。

（八）复习安排合理化

通过复习可强化联系，促进理解，增强记忆。然而，复习的效果并不完全取决于复习时间长短和次数多少，关键在于合理安排，使之符合认识规律。一是及时复习。遗忘的规律是先快后慢。因而，要在遗忘将要开始时及时复习，以阻止记忆后的急剧遗忘。如不重视平时的及时复习，只是到“考试”前才突击复习，只能是事倍功半。二是分散复习。一般说，花费同样多的时间，有间隔地分散复习比无间隔地集中复习效果要好。因为集中复习容易有抑制过程的积累，而分散复习可使抑制得以清除。同时，分散复习有较多的间隔使联系得以巩固，而集中复习则“剥夺”了这个机会。至于复习间隔的长短应视具体情况而定。通常，最初的复习间隔要短些，以后逐渐加长。特别是总复习时，要组织学生分散复习，切忌“连续作战”。三是穿插复习。如有多种课程需要复习，要交替穿插进行。变换复习内容可使大脑兴奋点转移，否则较长时间复习同一种内容，单一刺激容易引起抑制。在穿插复习中，还要注意不把性质相近的课程前后衔接，而尽量使性质差异较大的课程相邻。至于复习的时间后移多久才算合理，如何处理复习时间的“及时性”与“间隔性”,“集中性”与“分散性”的关系，这须根据不同内容、不同对象在实践中摸索其规律。

上复习课时，复习的进度、内容的深广度总是针对多数同学制定的。由于受课时的影响，其复习的节奏和详略可能不符合某些同学的“胃口”,“吃不了”和“吃不饱”的现象难以避免，这就需要教师根据每个同学实际学习情况及早制定详尽的复习安排。

课堂教学结尾艺术

课堂教学结尾艺术，是指课堂教学在完成一定的内容或活动后，教师对知识技能进行归纳、总结，使学生对所学知识形成系统，并转化与升华的方式。要想把课讲到出神入化的境地，除要精心设计一个引人入胜的开场白，还需巧妙安排一个留有余味的结束语。课堂教学，当止则止，该收则收，最好有一个恰当的结尾，这不是画蛇添足，而是增加感染力和情趣的需要。结尾巧妙，能起到前后呼应、春华秋实的作用；而草草收兵，只能给学生造成“孤帆远影碧空尽”的印象。结尾的主要任务，是归纳结果、纠正错误、补充遗漏、理顺知识的来龙去脉，构建知识的框架体系，使新知识同化于原知识结构中。结尾的主要要求，是引导学生概括、归纳知识，对学生进行鼓励、启发，使之消除疲劳而精神饱满，为课后及下次课做好铺垫。结尾，像一台文艺节目的“压轴戏”，为课堂教学锦上添花；能紧紧吸引学生，令之回味无穷；使之“执卷留连，若难遽别”，总想看“临去秋波那一转也”。若结尾自然有力，可收到言有尽而意无穷发人深思，或言尽而意不止引人回味，或“曲终韵未了，花谢香犹存”的效果，使“全课”在“尾声”中愈加嘹亮而悦耳，更加激昂而动人。这种特定场合的“压轴语”，既直接关系到是否留给学生一个美好的印象，又可把学生学习情绪推向一个新的高潮。

一、归纳式结尾

归纳，即引导学生以简练、准确、明了的语言，对本堂课的主要知识内容、技能技巧，用提纲、表格或图示等进行提纲挈领、全面准确、简明扼要和生动有力的概括、归纳、梳理，总结大意、强化重点、明确关键、理清脉络、寻找规律，使学生对所学内容有一个完整、清晰、深刻的印象，形成一个系统、有效的知识网络，把零散的知识“串联”和“并联”起来，以起到突出主题、升华认识的作用，并利于学生掌握、巩固所学内容。

二、回应式结尾

回应，即在教学收尾时，运用所教的理论知识回答开课时或讲解中提出的问题。回应的方式有：开头与结尾回应，即“首尾呼应”；前伏与后垫照应，即“前后呼应”；内容与题目照应，即“纲目照应”。与疑难照应，可使学生豁然开朗；与课题遥相照应，可使教学结构显得紧凑；与起始呼应，可使教学过程浑然一体；前有“伏笔”，后有“应笔”，可使教学程序和谐完整。回应的内容，一是预习中的疑问，二是开讲时的悬念，三是讲授中的“问号”。结尾时，化疑问为肯定，化“问号”为“句号”。

三、练习式结尾

练习，即在课堂教学收尾前，根据教学内容中阐明的原理、原则、规律和方法等，安排相应的练习。这种练习，既是对本课学习的检查，也是对新学内容的巩固；既是对讲解的运用，也是对教学的总结；既要突出重点，又要深化主题。

四、启导式结尾

启导，即在课堂教学收尾时，对有一定难度的疑问、作业或思考题，在兴趣与解题思路上给予一定指点、暗示、引导和启发，以唤起学生新的求知欲和新的思维高潮，或把学生情绪推向一个新的高峰，激励他们树立信念并付诸实践。

五、悬念式结尾

悬念，即一种“欲知后事如何，且听下回分解”的讲述方式。根据本课的特点，设置富有启发性问题，但暂不解答，旨在预示新知，给学生留下悬念和思考空间，使之产生“言犹尽而意无穷”的感觉。这样，既可激发学生运用所学知识的兴趣，又可提示下次预习的重点，还可架起新旧知识的桥梁，让学生带着探求问题答案的急切心情在课后主动学习。

六、引趣式结尾

引趣，即运用一些新奇而有趣的问题，培养学生的学习兴趣及分析辨别能力。特别是当讲课临近尾声，学生由于久坐而精力困乏时，结尾只有比开头和主体更吸引人才能促人一振，将其思维推向一个新的高峰。如在教学收尾时，提出一些似是而非、易混易错的问题，让学生辨是非、说根据；或作为课外作业让他们去思考、去讨论。回味无穷的尾声是深化所学内容的有效途径。

七、推测式结尾

推测，即在讲课结束时，引导学生对一些未解之疑及一些言已尽而意无穷的内容进行推测、猜想或想象。有时结尾可戛然而止，如截奔马；有时收尾则要像古刹晚钟，余音袅袅，使学生思不断、声不绝，清音不绝于耳，思绪萦回于脑。

八、迁移式结尾

迁移，即已有的知识经验对解决新知识或对新问题的影响。在授课结束时，根据知识重点，适度地向学生提供与所学内容相关的训练材料，让学生举一反三、触类旁通，在新的训练中运用、巩固新学知识，以促进知识向新领域或能力转化。

九、应用式结尾

应用，即学以致用。根据教学目标，精心设计一些应用题诱导学生动脑动手，将所学知识技能和实际问题结合起来，应用新知识、新理论、新技能、新观点解决新问题，就会使学生兴趣盎然，乐此不疲，下课铃响亦不能止。

十、续后式结尾

续后，即针对下次新课的中心内容，提出学生未知、难易适度的课题，引导学生先思考、后预习。这既架起学生进一步学习新知的“桥梁”和“阶梯”，也对发展学生思维能力和自学能力有兼顾双收之效。

十一、伏笔式结尾

伏笔，即结尾时有意留一个“尾巴”，收中寓展，使学生感到言犹未尽，或用简短而意味深长之语，使听者“欲罢不能”。如“巧设疑阵”则悬念难消，“节外生枝”则跃跃欲试，凡此种种，都能引起学生探索的好奇心，为今后教学埋下伏笔，在“掩卷之后，余味无穷”。

十二、扩展延伸式结尾

扩展，即将所学知识与其他学科和现实生活紧密联系起来；延伸，就是根据所学内容，多方设法激起波澜，将教学要求适当延伸；扩展延伸，就是使学生思路向前、向外纵横开拓，在深度、广度上去思考、去探索、去钻研，既有助于加深对所学内容的理解，又能扩大视野。此方式如运用得好，可引起学生浓厚探索兴趣，可点燃学生创造性思维的火花。

另外，还有讨论式结尾、竞赛式结尾、设疑式结尾……从内容形式上看，或梳理概括，或串联结块，或区别对比……因各课程性质不同，每堂课内容不一，结尾方式也无固定模式，即“结尾无定法，妙在巧用中”。课堂教学结尾应是最精彩、最感人、最令人难以忘怀的。绝妙精彩的结尾，是教学科学与艺术形式完美的结合。运用得好，即可归纳全篇、深化题旨，又可巧布悬念，使学生展开联想与想象的翅膀，收到扣人心弦、启思发智的效果。然而，真正超人的课堂结尾艺术，需在教学实践中去探索、总结、创新。

课堂教学的反思

注重课堂教学的反思是优化教师整体素质的重要手段；是教师着眼于自己的活动过程来分析做出某种行为、决策及所产生的结果的过程，是通过提高参与者的自我觉察水平来促进教学能力发展的手段。美国学者波斯纳曾提出一个教师成长的公式：经验 + 反思 = 成长。该公式表明，教师成长应是一个总结经验、捕捉问题、反思实践的过程。有学者论述教师的三种境界：教书匠、能师、人师。教书匠——灌输型教师；能师——智慧型教师；人师——教师的最高境界。可这样理解：教书匠，处于新手型教师的水平；能师，处于专家型教师的水平；人师，处于艺术家型教师的水平，是塑造人、促进人全面发展的教育家。故在完成每次课堂教学后，及时进行教学反思。

一、反思的主要内容

应知道从哪些方面对课堂教学进行分析，去判断哪些内容和方法是合理的，哪些内容和方法是不合理的，哪些因素是有效的，哪些是低效或无效的。

（一）教学理念的反思

教学理念是指教师在课堂教学中所持的起支配作用的认识，这种认识是教师在教学过程中所形成的制约教学行为的、简单明确的概念性认识。它是影响教学效果诸因素中的关键因素，有时作为有意识因素，有时作为无意识因素对教学构成影响。而教学理念却并非千篇一律，每个教师由于经验不同、认知水平不同、教育信念不同等，对教学会形成不同的看法。教师的教学理念是教师理解教学的一种方式，主要有：教师与学生地位的认识、教与学关系的认识、学会与会学关系的认识。

（二）教学目标的反思

教学目标是教学所要达到的结果。在课后反思时应考虑本节课的教学目标是什么，然后回顾为实现目标做了哪些努力，分析与判断目标是否实现。课堂教学目标的价值取向可分为两种：单一知识取向和多元价值取向。前者，是把教学目标定位于学生对知识的掌握，舍此别无其他，是传统教学所强调的；后者，既是把教学目标视为掌握知识的过程，也是促进学生身心素质综合发展的过程。这需教师在教学中“揭开知识的幕布，看到掩藏其下的能力、品格、方法等”。教学目标通常含认知目标、情感目标和技能目标。

1. 三维教学目标的落实　知识、能力、情感三维教学目标是否全面落实。对基础知识的讲解透彻，分析有理有据，否则将直接导致学生的基础知识不扎实，并为以后的继续学习埋下祸根。对学生能力的训练意识要强化，有的教师为增加课堂容量，只顾自己滔滔不绝地讲，恨不得把所有知识都灌输到“学生头脑”中，而留给学生思考、训练的时间甚少，使学生的思维能力未得到有效的引导训练，导致其分析问题和解决问题能力的下降。当然，并非每节课都须有这三种目标。

课堂目标多元化，是现代教学的一个特征。不同的教学目标引发不同的教学设计，产生不同的教学效果。所设计的教学目标除体现学科特色外，是否考虑社会和时代对学生的需求，是否考虑学生发展的整体性和长远性的结合，是否兼顾不同学生的个体性和差异性，在目标的难易度方面是否体现适度性原则，即是否符合维果茨基的“最近发展区”理论。

2. 重点、难点是否把握　对重点、难点是否把握准确。一节（次）课的教学重点、难点在教学目标中已非常明确，但具体落实却出现对重点知识未重点讲，对难点知识未突破，致使学生渴望无法满足，不懂的知识还是不明不白，该掌握的知识仍未拓宽加深。

3. 知识动态和心理动态　对学生的知识状况与心理状态是否了解，教师要掌握学生的知识动态和心理动态，对一些知识，不要自以为很容易，或满以为自己讲得清晰到位，而一笔带过。因此，要随时获取学生的反馈信息，调整教学方法，准确流畅地将知识传授给学生，使之在愉快的课堂中学习、成长。

（三）教学内容的反思

教学内容不等同于教材内容，优化教学内容设计过程就是教师科学、艺术地处理教材的过程，优化教学内容设计的水平是教师成熟度的一种标志。选择的内容是否符合所设计的教学目标？教学内容是否符合学生的实际情况？教学内容能否激发学生学习的兴趣？另外在教学内容中是否突出重点、突破难点，是否善于寻找新知识的“生长点”也是应反思的地方。

（四）教学过程的反思

首先，根据设定的教学目标，选择合适的课堂教学模式。要善于运用各种教学模式，既要掌握其基本精神，又不拘于模式，根据教材和学生实际活用模式，使模式有助于教清事物的规律，使学生通过模式能够理解所学知识内容的规律，并运用这种模式进一步探求新的知识，获得新的技能，发展自己的能力。

其次，根据教学模式，选择最优化的教学策略。通常的教学策略有三类：以教师活动为主的策略，如讲授法、谈话法和演示法等；以学生活动为主的策略，如自学法、讨论法和实验法等；以教育活动为主的策略，如说理法、陶冶法和锻炼法等。上述教学策略既可单独运用，又可综合运用。

一台好戏演好序幕，一篇新闻写好导语，一部乐章奏好序曲，先声夺人，能激发人的兴趣和注意力。同理，新奇多趣、引人入胜的课堂导入，能把学生带入一个跃跃欲试，美不胜收的学习天地。同样，一节好课不仅要巧设导入，还应该处理好结尾。明代文学家谢榛说：“起句当如爆，骤响易彻；结句当如撞钟，清音如余”。一堂课如一乐曲，结尾好犹如曲终时留下袅袅不尽的余音。

（五）教学效果的反思

教学效果的评价通常包括：课堂教学目标的达成度，学生对学科知识的掌握程度和学生在课堂教学中的参与程度。学生在课堂教学中的参与程度既有量的要求又有质的要求。

二、反思的主要途径与方式

教师应在教学实践中不断探索和掌握教学反思的途径和方式。在此，试图从教师个人反思的角度来讨论课堂教学反思的途径与方式。

（一）陈述式反思

陈述式反思，是指教师在课堂教学行为结束后，对课堂教学过程中自己的行为进行全景式回顾，以旁观者的立场对课堂教学过程的合理性与有效性进行分析评价的方式。

（二）对比式反思

对比式反思，是指教师主动与其他教师的课堂教学进行对比的方法。这需有虚心求教的态度去观摩其他教师的课，全程记录被观摩教师的课堂行为与学生反应，然后与自己的教学过程进行对比。

（三）讨论式反思

讨论式反思，是指教师主动与其他教师进行教学讨论，共同探讨教学中一些带有共性问题的方法。

（四）课题式反思

课题式反思，是指教师针对自己课堂教学中突出的问题，把它作为一个研究课题来进行深入探讨的方法。尽管课题有大有小，但都能帮助教师对问题进行深入探讨，获得全面的认识。

（五）模拟式反思

模拟式反思，是指教师在分析课堂教学得失的基础上，对本节课进行重新设计，在头脑中按新设计的方案模拟课堂教学情境的方式。由于这种方式是在每节课后进行的，即时效应明显，能使教师产生跃跃欲试的心理，以便在下一次课堂教学时在吸收自己满意的成分基础上，演奏出一场新颖模式。

三、教学行为的反思

课堂教学行为是为实现教学目标而采取的一系列行为的总称，包括课前准备行为、课堂师生互动行为、课末（后）评价行为。对此进行反思，能够提高教学行为的合理性，减少无关、低效的教学行为，促进教学艺术性。

（一）教师教的行为

1. 显示行为　包括讲述行为、板书行为、音像显示行为和动作显示行为。讲述行为应注意：语音准确，词语恰当，语流清楚，语速适中。板书和音像显示行为应注意：板书布局的合理性、板书的适时性和根据教学目标、学习任务、学生特点、媒体的功能与特点等因素选择恰当的显示媒体或媒体组合。动作显示行为应注意：选择恰当的示范方式，创造学习情境，让学生对动作有细致的观察机会，通过重复示范和演练，使动作达到熟练化、精确化的程度。

2. 对话行为　包括问答行为和讨论行为。问答行为应注意：问题清晰，针对性强，留有学生思考的时间，保证每个学生有尽量多且均等的回答机会，根据回答不同，灵活采用不同的理答策略。讨论行为应注意：确定并精确表述有待讨论的主题，科学、合理地划分讨论小组，帮助学生做好讨论准备。密切关注学生讨论，适时、适量地介入讨论，适时做出简短的阶段小结，并对出现的某些特殊情况及时给予处理。

3. 指导行为　包括练习指导、阅读指导和活动指导。

（二）学生学的行为

学生的学习行为包括：注意、参与、交往、思维、情绪等行为。

1. 注意　可看学生的目光是否追随教师或发言者的一举一动；学生的回答是否针对所问；倾听是否全神贯注等。

2. 参与　可看学生是否全程参与学习；是否积极投入思考或踊跃发言；是否兴致勃勃地阅读讨论；还可以看有无一些学生参与教学，比如，在小组学习讨论时给予别人指点帮助或大胆发表与众不同的见解；也可以看是否自觉地进行练习等。

3. 交往　可看学生之间在学习过程中是否有友好的合作；也可观察整个课堂教学气氛是否民主、和谐、愉悦、主动；还可看师生之间、生生之间互动交流是否建立在互相尊重的基础上。

4. 思维　观察学生思维的敏捷性，语言是否流畅，是否有条理，是否善于用自己的语言解释说明所学知识；在观察学生思维的批判性时，看学生是否善于质疑，提出有价值的问题，并展开激烈争论，呈现出“唇枪舌剑”场面；观察学生思维的独特性、创造性时，看学生的回答或见解是否标新立异，是否具有自己的思想或创意等。

5. 情绪　在课堂上感受到他们张扬的活泼生气，可通过捕捉学生细微的表情变化去分析评判。在学生个别回答问题时，还可观察其他学生的反应来调控，如摇头否定，则表明他有异议；如情绪激动、跃跃欲试，则表明他还有独到见解。也可看学生能否自我控制与调节学习情绪。比如，学生能从激烈的争论瞬间转入到专注地聆听，能从会心的“哄堂大笑”一下子转入到悄然无声的静心思考，这就表明学生进入了一种自发并能自控的良好情绪之中。

四、教学问题的反思

教学问题有别于教学事故，是可探讨的问题。可从学生角度、听课教师角度和自我反省角度进行。

（一）学生学习的角度

通常，学生课后的情绪、作业的正确程度、后续课中对前一课知识的再现程度，都能反映上一节课的教学效果，也都能找出上一节课存在的问题。另外，也可找不同类别的同学进行访谈，在访谈中直接寻找问题进行反思。

（二）听课教师的角度

旁观者清，当局者迷。尤其来自一个教研组同行的评价。上公开课固然重要，但评课比上课更重要，不管是对执教者还是听课者，其收获更大。在国外，把这种方法称为“头脑风暴”——一群人围绕一个特定的兴趣领域产生新观点。因会议使用无拘束的规则，人们就能更自由地思考，从而产生很多的新观点和问题解决方法。当参加者有了新观点和想法时，就会大声说出来，然后在他人提出的观点之上建立新观点。所有的观点被记录但不进行批评。只有头脑风暴会议结束时，才对这些观点和想法进行评估。

（三）自我反省的角度

即看自己的课堂教学录像。许多老师都有这样的体会，看自己的录像看不下去，甚至用“惨不忍睹”来形容。“我的手放得多难看！”“我的话真多！真啰嗦！”“这个问题怎么可这样提问？”……自我反省等于自我教育，且心服口服，纠正的速度很快。所以，应给教师分阶段拍一些教学录像片，建立教师成长记录档案，以有利于教师的反思、成长和成熟。

五、对教学技能的反思

（一）讲授的知识是否正确，语言是否规范

良好的语言功底对一名教师非常重要，是一名合格教师的基本功。一是任何学科都有着严密逻辑性，首先教师传授的知识不能错，推导要严谨、有理论根据，使学生信服，层次之间过渡自然。二是语言（普通话）要规范简练，词意表达清晰，语气抑扬顿挫，充满热情和感染力，能“抓住”学生的注意力。

（二）板书的设计是否合理，书写是否工整

好的板书有助于将教学内容分清段落，明晰主次，便于学生掌握教学内容的知识体系，重点知识一目了然，便于学生的课后复习。所以板书要布局合理、提纲挈领、层次清楚，端庄大方，切勿潦草。

（三）教具的使用是否得当，操作是否熟练

尤其理工科的化学学科，是一门以实验为基础的课程，化学离不开实验，实验离不开化学仪器。教师在上课之前应对教具和实验仪器等功能了如指掌，使用轻车熟路，操作规范得当，避免在实验演示时因操作不当或操作错误，误导学生。所以在学生实验之前，教师一定要熟悉实验的操作要领，规范操作。

六、对教学方法和手段的反思

（一）是否面向全体学生兼顾两头

班级授课是面向全体学生的，要照顾到绝大多数同学，要因“班”施教，课后还要因“人”施教，对学习能力强者要满足其学习欲望，可课后提供些参考资料或布置些有利于发展能力的习题，让他们的知识拓宽加深；对学习有困难者，要加强课后辅导。在教学过程中，教师会有意无意地将太多精力和荣誉给予成绩优秀学生，教学的重心向成绩好的学生倾斜，将学习有困难的学生视为差生，对他们关注的太少，缺乏对他们的鼓励和帮助，从而使得好学生昂首阔步，越学越好；学习有困难的学生信心不足，越来越差，直接导致班级成绩的两极分化。

（二）是否注重学生的参与意识

一堂课若无学生的参与，很难想象效果怎样。学生是学习的主体，在课堂教学中教师应改变以往那种以讲解知识为主的传授者的角色，让学生发表自己的看法，即便错误也要倾听，切勿妄加指责，挫伤学生的学习积极性，还要随时观察学生的课堂反应，及时调整自己的教学方法。要让学生有充分动手、动口、动脑的时间，发挥其主体作用。在教学过程中，须加强师生的互动，积极让学生参与到教学活动中。

（三）教学方式、手段是否多样化

恰当运用现代化教学手段，可提高教学效果，增大教学容量。科技的发展，为教育提供了现代化的教学平台，为“一支粉笔，一张嘴，一块黑板，一本教材”的传统教学模式注入新鲜血液。适当地运用电化教学手段，如网络、投影仪、录音录像、多媒体课件，特别是将复杂抽象知识制成动画，除增强对学生的吸引力、趣味性，还为学生提供了丰富的感性材料，突破传统教学手段在时空上的限制，将传统教学手段不能表现的许多过程和现象进行形象而生动的模拟表现，它是传统教学手段的补充和延伸，能取到更好的教学效果，因而广泛地被广大教师采用。在新形势下，教师也要对自身提出更高要求，提高科学素养和教学技能，提高计算机水平，特别是加强一些常用教学软件的学习和使用，对自己教学水平的提高大有帮助。所选用的媒体，要最大限度地开发其功能，做到用足用活。每一种媒体均有其长处和短处，关键是使用者能否扬长避短。媒体是为教学服务的，一切取决于教学的需要，切忌为用媒体而选用媒体。

师生互动行为可参考弗兰德斯师生行为互动“十项分类法”进行反思，“十项分类法”为：①接纳学生的感情；②表扬或鼓励学生；③接受或采纳学生的意见；④提问；⑤讲授；⑥给予指导；⑦批评或维护自己的权威；⑧学生应答反应；⑧学生自发提问；⑩安静或混乱。

如何写好“教后记”

反思得失，吸取教训。注意总结，能积累资料，丰富头脑，开阔思路；善于总结，可发现新知，掌握规律，预测未来。万事如此，教学亦然。备课的实质是规划教学，讲课的过程是实施教学，辅导的目的是补充教学……写好“教后记”则是小结教学。这是教师对教学实践的再认识，是对教学中成功与失败、经验与教训、缺误与创获的回顾；是教师对自己教学的一种反思，一种自我监督。可促使教师克服教学中的不足、巩固实践中的经验。是一种心得，一种灵感的记录，一种潜意识经验或一种默会知识经验再现为显性知识经验的过程，一种由感性认知上升为理性思维的过程，是一种十分独特而宝贵的财富。每当教完一次（节）课后，如能及时分析其成败得失，写出心得体会（或感于事，或启于理，或激于义，或动于情），就可不断优化课堂教学，使教学水平与日俱增，坚持几年在积累中探索，在探索中积累，必获得累累硕果。

一、为何写

教后记是教师处理教材、研究教法、分析学生诸方面的总结，是教师积累经验的有效途径。写好“教后记”的好处很多。

（一）为订正补救

一次课下来，教案的实施效果如何，好在何处，差在哪里及时记录下来，无论是对以后该节教案的调整与充实，还是对下一次教案的安排与设计，都会提供有益的依据，从而达到逐步优化的目的。所以，“教后记”就是课后的“再备课”。它既是本次课的总结，又是下次课的起点；既是对课前备课的检验，也是对课前备课的再认识；既便于下堂课订正、补救，也能使自己教学长善救失，还是对课前备课的发展和深化，它有利于教师丰富教学经验，将自己的感觉、体验升华到理论高度。

（二）需吸取教训

真实记录教学过程中的失误，可汲取教训，引以为戒，防止失误重复出现。同时会使自己逐渐聪明起来，考虑问题更周密，从而使教学成效不断提高。

（三）应掌握规律

经常记载好的教法、成功的体验，能加强自己的经验积累，从而摸索教学规律，掌握教学规律，运用教学规律。

（四）要因材施教

认真记载学生学习中出现的普遍性问题有助于日后在教学过程中抓共性；记载某些特殊问题，有助于因材施教，优化学生的个性。

（五）可记录学法

学生是个智力群体，他们具有多视角的思维视野，在他们的瞬间灵感中，不乏真知灼见的流星和有益见解。注意记载学生提出的好建议，有助于发扬教学民主，密切师生关系，促进教学相长；注意记载学生学习的好方法，有助于处理好教与学的关系，丰富教学内容；注意记载受学生欢迎的教学方法，则可有意识地去完善教学，提高教学艺术。

（六）以积累资料

及时收集、处理和运用教学实践中有价值的资料，既有助对教育规律的探索，也有益于今后教学工作的发展，还有益于提高教学水平，乃至逐步形成自己独特的教学风格。

（七）宜坚持不懈

坚持写“教后记”，能使自己自觉地学习教育理论。通过理论联系实际，一可运用理论，指导实践；二可在实践中验证理论，总结理论。这样能较好地做到科学性与教育性的统一、理论性与艺术性的统一，还有利于端正教育思想，树立科学的教学观，可使自己由“经验型”教师逐步成为“教育家型”教师。教后记对于教师来说是多功能的。它是一面镜子，能帮助教师在自我检测、自我剖析中敦品励学，加强职业道德修养；它是一块笔耕的园地，可使教师自由地发表议论，抒发见解与感情，提高自己的思维能力与文字表达能力；它是一个材料库、百宝箱、信息簿，一切来自课堂教学活动、实践体验中的趣闻轶事、随感而得，都可储存其中，随时引用和查找；它是对自己教育生涯的记录，篇篇与己休戚相关，句句都浸透着自己耕耘的心血与汗水。所有这些，无论是自我教育还是自我评价，无论是总结经验还是著书立说等等，都是不可多得的珍贵材料。

二、写什么

一般地说，教后记应通过眼之所见、心之所想，总结经验教训及从提高本身素质和能力的目标出发，记载心得体会及反馈信息、原因分析、矫正措施。具体讲可写如下内容。

（一）写效果

教学目标是否明确，教学任务是否完成，基本训练是否落实，思想教育效果如何，能力培养做了哪几项工作及效果如何。

（二）重方法

教学效益及突出重点、分散难点，掌握关键是否得法，选择了什么有效的方法，是否具有启发性、趣味性，是否符合学生年龄特征和实际水平，在使用教具和仪器、设计习题和练习中掌握了哪些规律。

（三）载亮点

设疑是否得当，激疑是否得法，在质疑与释疑中教师的新体会、学生的好见解及能反映学生认识水平和学习深度、广度的“晶点”与“亮点”。

（四）拾漏洞

教学中的疏漏、失误（讲解的差错、演示实验的失败、难点突破的不力、时间调控不当等）及其原因和尚未解决的问题更要记录下来，以待日后予以补充、修正和完善。

（五）记征兆

学生灵感思维的火花、学习的闪光点、创新火花、可喜进步，特别是后进生的进步“征兆”和下降“信号”更要及时发现、随时记载，以便采取有效措施予以激励或帮助。

（六）偶发事

教学效果如何，还要看学生的反映和意见，把其中有价值的见解或“亮点”记录下来。这些“智慧的火花”往往是不由自主、突然而至，若不及时捕捉，便会时过境迁而烟消云散，令人后悔莫及。

（七）现灵感

自己的“灵感顿生”“一闪之念”“一孔之见”“一时之得”“超常发挥”和“点滴体验”及深层次思考和独特见解，或因特殊或偶发事件而产生瞬间灵感，这些“灵感”有稍纵即逝的特点，常常是“忽有好诗生眼底，安排句法已难寻”。故要善于捕捉那些转瞬即逝的好想法、好点子，把许多似过眼烟云而有益的实践和奇想，如课上的偶发事件，自己偶然感受及闪过的“灵感”记录下来，把瞬间思维凝固成永久的纪念，可作为教学、科研的参考。

（八）珍典例

教学中意外发生的一些典型事例和足以反映学生发展的典例或“珍闻要案”，或出现的规律性问题，需加以尝试和完善。

在备课中有的急用资料一时拿不到手，而平时有许多资料又在眼前悄悄溜掉，故要以高度的敏感性注意积累并记载有关资料。当然，教后记的内容不限于此，还有同行和领导听课、评课的意见和建议，与学生交换的看法……在写教后记时，可借助相关的教育教学理论来分析教学感受，帮助自己消化疑点。“他山之石，可以攻玉。”在听课之后，随手记录同行的“亮点”，可视为自己教学积累的一笔宝贵经验。

三、怎样写

（一）从内容形式分，有四种写法

1. 加批注　教师可在备课笔记（教案）的空白处（即教案旁边特意留出的空白），对应某个教学环节或教学内容，不拘形式地加以批语或注解，既可从“教”的方面批注，也可从“学”的方面批注，这种方式记得简单，看得明白。

2. 记实事　教学中有些精彩的“场面”，如师生问答、学生辩论、独到见解、高明评议等，对那些印象深刻、颇具回味的内容，可精选其片断作为教例及时记录下来。可三言两语分点陈述，亦可一事一议，就某一问题专题记载。这种方式真实、简便。

3. 列心得　在讲课过程中，若偶有所思、积有所得，有一是一，有二则二，可随时记在备课笔记之后。这种方式是点滴小结、随感记录。

4. 写体会　为提高教后记的质量和利用率，在加批注、记事实、列心得的基础上，过一段时间后，对这些材料进行分析、归纳、整理、总结，去粗取精，去伪存真，写出一点或几点最深体会以及提出新见解、新思路，无疑对今后教学工作具有重要意义。

（二）从内容性质分，有如下方式

1. 概括评价式　即对本节教案实施情况作整体性概括评价。

2. 问题感想式　即由产生的问题而引出的新解法与新见解。

3. 专题总结式　即较系统地总结某项经验或专项体会。

4. 全面总结式即对本课系统、全面地回顾与分析、总结。

另外，还有自我诊断调节式、经验总结式、实况摘录式、体验感受式等等。写教后记，既要重视点点滴滴的记载，又要不惜花费时间进行详细、系统的整理，还要伴以教育理论的学习与研究。只有如此，才能把自己取得的点滴经验加以系统化和理论化，否则，即使有好的经验，也会视而不见，任其流逝。

（三）从记载要求分，需注意几点

1. 明目的，讲认真　不能应付塞责，不能求形式、做样子，为记而记。为此，要格外留神，审视过程，寻其问题，择其要点收入笔下，免得无的放矢，劳而无获。

2. 重内容，求实效　要从正反两方面全面审视自己的教学过程，但要有感而发，不作无病呻吟，感多则长，感少则短，要实事求是，绝不生编硬造。

3. 有主题，有重点　文不求长，事不求全。但观点须明确，事实须详尽。

4. 少而精，简而明　有话则长，无话则短，有什么感受就写什么；不同章节内容，不同专业班级，可有所侧重。防止烦琐，不记空话。不能不加选择地每事必录，面面俱到，形成流水账，也不要长篇大论，而要在课后掩卷静思，“抽筋剥笋”，扼要记下。

5. 注点滴，重选择　只有点滴积累，才能聚少成多。日积月累，就能构筑起一个任何书籍难以替代的知识宝库。只有这样，才能日有所记，日有所得，日有所进。

6. 及时记载，趁热打铁　课刚完，整个教学的过程和状态都在大脑中留下清晰印象，此时思维最活跃，感受最丰富，体验最深刻，是写教后记的最佳时机。否则，待“时过境迁”“情消意散”之后，再追忆、补记教学中的“闪念”“灵感”，效果往往不佳。

7. 持以恒，常不懈　只有经常写，不断总结成败得失，才会形成独特教学风格，不能一曝十寒、有始无终。只要锲而不舍，日积月累，年复一年，久而久之，必有所得。

8. 善总结，宜拔高教后记是一种重要的科研类型和方法。因此，写时不能停留在就事论事上，而应总结出规律性的东西——从成功的经验和失败的教训中揭示和认识教学规律及发展方向。只有如此，方可使自己由“教书匠”成为教育者、教育家。

经过一定时间教学实践的尝试、沉淀和反思的点滴感悟，可为今后教学有所提示。故而要常整理、常回忆，对先前教后记要“温故而知新”，以从点点滴滴的收获中悟出大道理，以更好指导自己的教学实践，形成从实践到理论的升华。学无止境，教亦无止境。坚持写好教后记会促使自己成为不畏劳苦、积极探索的有心人。这不仅对青年教师显得格外重要，即使富有多年教学经验的中老年教师也不可忽视。它既能积累大量的教学资料，也能逐步把自己磨炼成科研型的教师。

课堂上的经验与技巧“点滴”

艺术的力量是难以估量的。一个个单独的音符，本来平庸无奇，但经过作曲家的精心安排、巧妙组合，就变成了优美动听的旋律；纸、笔、颜料，乃是普通之物，可经过画家的调色勾勒，就变成了美不胜收的画卷。可见，艺术的力量是无穷的，它可以出神入化，化平庸为神奇，从而创造奇迹。各门艺术如此，教学艺术亦然。所以，教师不但要科学施教，而且要艺术施教。然而，从某种意义上讲，艺术又是经验的升华，是点滴经验的积累，其中也包括一些特殊的经验。

1. 手表可放在讲台的桌子上或粉笔盒内，免得伸手看表给学生造成紧迫感。

2. 课前准备的挂图、标本、小黑板及教具，不用时尽量背着学生，以免分散学生注意力。

3. 向学生提问时最好使用事先准备好的卡片，卡片的背面即是答案，这样既方便又准确。

4. 若备课不太充分时，可用短粉笔，借换粉笔之机扫视教案，以减少学生对教师的不信任感。

5. 对迟到学生一般不要求他（她）喊报告再进教堂，免得打断教师讲授及其他学生思路、思维。（注：中小学教学基本规范要求学生迟到打报告）

6. 少数学生缺课或迟到，要等他来了再处理，因已在座的是守纪律的学生，不要批评错了人。

7. 偶遇个别学生“捣乱”，不要停下课来“热处理”，以免教师汹汹、学生惶惶，干扰教学气氛，影响教学效果。

8. 讲解遇有“拦路虎”或难于回答学生提问时，千万不要不懂装懂，装模作样，以免局面被动而出现难堪。

9. 着装要整洁协调，冬天不要戴着手套、围巾上课，夏天不要穿着短裤、背心进入教室，以免影响自己的形象和威信。

10. 突然换了新衣服或刚烫了发，可在上课前找机会在教室转转，免得上课时分散学生的注意力。

11. 上课时突然忘了上次讲到什么地方，可以说：“现在我们复习一下旧课，哪位同学说说上节课所讲的内容？”待同学回答完毕，也就提醒了教师。

12. 如果对学生提出的问题，自己无思想准备而不能立即予以释疑时，可用顺水推舟的方法，将学生向教师的发问转为教师向学生的反问，既有惊讶、有肯定之含义，更有对全班学生的激发，使大家都进入沉思，共同寻求答案。

13. 若是连续讲解有些累了，可借喝水之机喘喘气，稍事休息。

当然，课堂经验还有许多，而且各有千秋，不一一列举。涓涓之水能成川，星星之火可燎原。艺术的成熟是个积少成多、聚沙成塔的过程。天长日久，经验可丰富，艺术可纯青。

第三章　作业与练习

作业与练习都是教学过程的重要组成部分，两者皆是课堂教学的“实践”与“行为”；是学生及时复习、理解、巩固和运用所学知识并形成能力的必要措施；是发挥学生主体作用的具体实践，是教师发现“学”与“教”中存在问题的重要依据；是培养学生创新精神与实践能力的重要途径。因此，应精置、精改、精批、精评。

作业，从整体来说可分为三大类：课前作业、课上（当堂）作业和课后作业。前者，数量虽少，但有“预则立”的意义；中者，数量不多，但有积极意义，是重点、是主体；后者，为主要部分，必不可缺，是教学过程的重要环节。

课前作业，是上课之前，使学生对将要学习之内容，通过调查、访问、查阅资料、数据、尝试实验等活动来完成的作业。它可激发学生学习的欲望，主动在课前获取初步的相关知识，扩大见识，开阔视野，锻炼思维。

课上作业，主要作用在于检验学生对知识点的掌握度，以及时调整教学方案；有利于增强课堂互动氛围，更易激发学生尝试的欲望；可及时获得教学反馈，并可“趁热打铁”给予必要补救；有利于学生及时领会所学的新概念、新知识、新规则、重难点，并能及时反映学生理解、认识的真正轨迹；口头和书面的公开作业，既可培养学生思维能力及敢想、敢说、敢做的精神，还可对全班同学起示范、借鉴作用。

课后作业，总体要求是内容精当，多少适量，难易适度，且要做到：设计作业要科学，布置作业要适当，批改作业要认真，讲评作业要及时。课后作业的形式要灵活多样，不应局限于书面的，可以是用脑思考、动手操作，也可以是对大自然、生产现场的观察和记录等。无论是口头、书面、实践作业，还是其他形式的作业，都应注意合理组合、适当搭配。同时，要特别注意使其有利于培养学生独立完成作业的良好习惯。课后作业的内容主要有三个方面：其一，是根据本节课所学知识和技能，进行具有拓展性、迁移性的探究性学习和实践；其二，是检测学生在课上的学习效果；其三，是为下节课的教学内容做铺垫或作为下一节课的预习内容。

练习，是学生在教师指导下，靠自己独立、反复地完成适量训练或活动的方式，也是借以形成技能、技巧或行为习惯的方法。各科教学都需学生充分练习。学，是为了获得知识；习，是为了巩固知识。光“习”不“学”知识不充实，光“学”不“习”知识不牢固。“讲之功有限，习之功无已”，说明了练习的重要意义。按其性质和特点说，练习可分为三类：一是心智技能练习，如作文、计算技能和计算机编程的练习；二是动作技能练习，如体育技能、操作技能的练习；三是文明习惯练习，如卫生习惯、文明礼貌行为的练习。按其先后和长短说，练习分课后练习、单元练习。练习，在各学科教学中得到广泛运用，尤其是工具性学科（语文、外语、数学等）、技能性学科（体育、美术、音乐等）和技术性学科（电、机、医、计算机等）更需充分的练习。练习，既可锻炼学生自主学习能力，也可培养学生分析判断能力，并可强化学生对所学知识的巩固和掌握。

复习，是练习的一种形式，有利于巩固旧知，也有利于记忆新知，还能使新旧知识相互交融；既可对习题更加熟悉和规范，在原有基础上提高一步，也能从认知结构上让学习水平登上一个新台阶；既可使所学知识系统化、条理化，也可把所学知识自觉运用于新情境，更好地掌握驾驭知识的“逻辑锁链”。另外，如能带着新发现的疑问进行再复习，犹如有“庐山地形图”，就不必担心庐山之上山路弯曲和满山迷雾。同时，也可强化所学知识，获得事半功倍之效。

课堂作业的作用与设计

课堂作业，是在课内进行的练习，是课堂教学过程中的一个环节，而非简单任务式的程序。其作用是当堂复习与巩固所学的新知识，是服务于教学目的的重要手段。内容应以该课的重点与难点来确定，做到学什么练什么，可边讲边练，也可在新课讲授后集中练习。

一、课堂作业的作用

（一）提高教学质量

课堂作业是当堂完成，是针对当堂课的教学目标和重难点而进行的巩固与拓展性练习。其指向性明确，通过及时复习，既可检验学生对知识点的掌握程度，以便及时调整教学方案，也能检验教学效果，为教学积累经验。当堂作业更为重要的是有利于形成课堂良好氛围。它是一种学生都能积极参与的群体活动；加之教师监督、指导、鼓励，能很快获得正确与否的结果。在此氛围下，学生经过讨论、交流、归纳后，形成自己的解题策略和巩固新认知。

（二）提高教学效率

课堂作业能及时反映当堂知识点，又能让学生从中获得分析和独立解决问题的能力。这个过程给了学生思索的时间和空间，让他们能积极地回顾知识，并在独立解决问题中获得快乐，体会到自己是一个发现者、探索者、研究者。课堂作业，更易激发学生进一步尝试的欲望，既不会增加学生的负担，又能成为他们再一次体验成功的自觉行动。学生心理上这种需要越强烈，就越会积极完成课堂作业，有效地提高教与学的效率。

（三）促进个性发展

若把作业都放在课后去完成，而课堂时间全部被讲解占用，学生就没有足够时间对当堂知识进行复习和巩固，就会错过温故而知新的时机。其实，学生的学习总有一定阶段性，如果课堂上所有的精力都投入到学习或吸收新知中，自然就希望课后先有一段放松的机会，这时若偏偏让他们进入题海，自然因不情愿而导致使作业效果不佳。再者，每个学生的个性不同，喜欢的事物不一，课后作业占用了发展自己爱好的时间，不利于学生个性发展。

（四）有效利用时间

在每节课上，一般可用 10 分钟左右让学生完成适量的作业，并利用此时间批改部分提前做完的或全班学生的作业……这无形中节约了时间，使学生课后自由支配的时间增多，从而为自身的学习提供充足的时间保证。

（五）及时反馈效果

一节课的效果如何，很大程度上可透过当堂作业来反映。通过当堂批改作业，既可及时了解学生完成作业的速度，也可发现学生作业的正确率与错误率，还可及时发现其问题是个别问题，还是普遍性问题。若是前者，可及时给予个别纠正；若是后者，则宜当众予以补救。

（六）有利师生互动

课堂当面批改作业，师生可相互交流，如教师可简要询问学生上课情况：对本课是否感兴趣，需要老师怎样讲等；还可指出作业中的错误和应该如何改正，并用鼓励语言让学生加以改进。同时，就作业中有争议的问题，进行探讨性争论，让学生发表自己的不同见解，有助于培养学生的创新思维能力。当今，有许多作业的答案并非“唯一”，甚至有些题目本身就带有探讨性和研究性，如若师生都各抒己见，无疑会产生教学相长的效应。

（七）激发学习热情

在课堂上批改作业往往可发现，只要给学生指出作业中的错误点，并和教材的相关知识进行比较，他们就会马上醒悟过来，以最快的速度订正出现的错误，然后把订正过的答题向教师汇报，呈现出教师指导的“点睛”效应，让学生心服口服。

（八）培养竞争意识

学生都希望得到表扬，因此最想让老师给自己当堂当面批改作业。这也恰好符合学生争强好胜的心理特点。于是，课堂作业无形中变为小竞赛。这样，既提高学生的积极性，也促进学生又快又好地完成作业。久而久之，学生逐渐认识到，作业成败的关键在于是否认真听课，能否勤于动脑动手。由此，上课的兴趣就会明显大增，教学效率也明显提高。

二、课堂作业的设计

如何设计课堂作业，确保优质、高效？首先是充分了解学生，对其基础知识、兴趣爱好、智力水平、潜在能力等差异都要做到心中有数。假如只按中等学生的水平设计与布置作业，采取“一刀切”的方法，势必造成“优秀生吃不饱，中等生吃不好，学困生吃不了”的结果。因此，了解学生是教师实施教学的基础工作，也是有效设计与布置的前提。所以，应探求有效作业设计，以让学生乐做、愿做，点燃其创造的灵感火花。此外，还要注意练后讲，做中学，思后问。

（一）作业精选、保质适量

作业只有在保证质量和有一定准确率的前提下，才可称得上是有效的作业。有效的课堂作业设计，不在于习题数量的多少，而是要保证作业的质量。因此，作业的内容要围绕教学目标精心选编，努力做到少而精。那些只为完成任务或盲目应付的作业，即使教师设计得再好，对学生也是无效的。故在设计课堂作业时，须少而精，以确保学生有完成课堂作业的时间。

（二）因材施教，注重层次

因学生之间存有差异，就不应设计“完全统一”的作业。而应设计阶梯性作业，给学生留下自主选择的空间，使不同层次的学生都能在自己“最近发展区”得到充分发展。

（三）激活思维，体现个性

课堂作业，除巩固基础知识外，还应注重思维训练，有一定的思考价值。这类作业练习题的设计要尽量做到能激活思维，突出个性的特点。

（四）新颖别致，提升趣味

学生行为大多受情绪影响，对感兴趣的事情干得起劲；反之，则消极对待。因此，作业设计要放进一些有味的“佐料”，使作业灵活多样，如角色对话，评头论足，展开辩论，练笔表达等等。

（五）拓展延伸，凸显探究

在必要时，不妨设计一些带有探究性的课堂作业，以引导学生质疑与深究，使之更深刻领悟课堂知识疑难点，也可适当地将智力、品德、科学等综合起来，设计与探究多元化的作业。

三、当堂批改是关键

课堂作业设计的难度，在于课堂时间的分配。课堂作业实施的关键，在于教师当堂批改评议。课堂作业须当堂批改，形成师生互动、生生互动的教学氛围，否则就失去课堂作业的意义。由于课时紧张，课堂作业排不上或被挤占的现象时常出现。这就要求教师深刻认识课堂作业的地位和作用，把课堂作业作为落实以“学生为主体”的教育理念，提高教学艺术的重要一环。在设计教学程序和节奏时，对课堂作业给予充分的重视。应本着切切实实为学生着想的精神，优化设计和实施课堂作业。同时，应注重讲评课堂作业与练习，当今，教学越来越注重交互性。平时，在作业练习做完之后，还可将某个学生的课堂作业放在视频展台上，针对其解题过程逐步批改讲评，这样教学的实效性或许更会加以强化。

必须清楚地认识到作业是课堂教学中的一个重要环节，是来自于学生学习的需要。因此，教师应本着切切实实地以学生为本，为学生着想的精神，从学生的发展出发，敢于创新，博采众长，优化课堂作业的设计。

作业的种类

作业，从时间上可分为课前作业、课堂作业和课后作业（课外作业），从形式上可分为阅读作业（含为预习或复习而阅读教科书、参考书等）、口头作业（含熟读、背诵、复述等）、书面作业（含问答、论证、作文、演算、绘制图表等）、实验和操作作业（含实验、操作、观察、测绘、计量和制作等）、社会实践作业（含参观、访问、调查、锻炼等）；从性质上可分为心智技能作业（含作文、计算技能和计算机编程）、动作技能作业（含体育技能、操作技能）、文明习惯练习（含卫生习惯、礼貌行为）。课堂作业，常以提问、板演和书面练习的方式进行。课堂的书面作业，带有半独立或独立的性质。课外作业，由学生独自思考，独自完成，并与课堂作业保持内在联系。课外作业是作业的主流，从目的和性质上看，可分为如下类型。

一、预习型作业

预习型作业，是上课前的准备，有助于引起学生对新知识的兴趣，使课内学习顺利进行。其内容包括：解答疑难（靠工具书）初步了解学习内容，复习旧知识，引入新知识等。这类作业有三种：①基础型作业——也称自学型作业，即在讲授新课之前，让学生根据教材和有关工具书，预习、自学一些自己能弄懂的基础知识。这既可培养学生自学习惯，又可节省课堂教学时间。②过渡型作业——即在授新课前，依照新旧知识的联结点，让学生沿着“复习旧知识——引入新知识——掌握新知识”的阶梯，复习与新授内容相衔接的已有知识，为学习新知识引路、搭桥，减小学习新知识的坡度。③质疑型作业——即在授新课前，为突破教学难点而设计的不是强令学生“要思考”，而是使之感到“需要思考”并动手、动脑，从而通过信息反馈，把握学生的认识水平，了解其思维障碍点，以便在教学时有的放矢地进行精讲或点拨。

二、巩固型作业

巩固型作业，也称复习型作业，是根据新授内容设计的作业。其目的是让学生通过必要的重复性练习对所学新知识、新技能加深记忆，减少遗忘。如汉语的诗词背诵、外语的单词练习等，多属此。学生对所学知识会逐渐遗忘，是因在学习中建立起来的神经联系没有得到强化和巩固，通过复习可使记忆的痕迹得到加强。针对遗忘规律，练习必须在遗忘之前及时进行，若等到遗忘后再练习，那就近于重新学习。根据遗忘的规律——遗忘速度是先快后慢，应及时并适时做些必要、反复的复习型作业。但反复练习，并非简单、机械地再现。正确做法是把新旧知识结合起来，让学生采用分类、对比、列表等方式归纳已学知识，梳理知识网络，进一步掌握各种知识之间的联系和区别，以使其在大脑中将新旧痕迹彼此联系起来，形成知识网络，以达巩固记忆的目的。

三、练习型作业

练习型作业，即设计与新授内容一致的作业，让学生进行仿照性练习。按照知识迁移的原理，使学生通过观察、比较、理解、思考和动手操作，掌握技巧。练习型作业的目的是使学生对所学知识、技能，熟练掌握，以达熟能生巧。如体育、演奏、美术、书法、计算机操作等动手作业及训练学生解题速度的作业多属此。由于学生对所学知识、技能的掌握不一定熟练、精巧，所以要通过练习加强大脑及手脚等器官的自然协调能力，以期达到熟巧甚至“炉火纯青”的程度。为此，在作业中要有能保证形成熟练技巧所必需的足够数量的作业练习。它包括仿照性训练、重点性训练、矫正性训练、技巧性训练、锤炼性训练等。

四、应用型作业

应用型作业，是让学生利用已学知识、技能，在运用中加深理解的作业。应用型作业的目的是让学生完成“知”与“能”的转化过程，即通过理论联系实际，让学生运用所学知识、原理、法则、规律等解决日常生活和生产中的实际问题。如作文、理科的应用题及工科的课程设计、大型作业，多属此。通过应用型练习不仅可使所学知识得以巩固、技能得以熟练、技巧得以形成，而且能提高学生继续学习的兴趣，激发学生进一步学习的积极性。

五、检查型作业

检查型作业，也称测验（含自测）作业。其目的是通过一定数量且具有代表性的作业，了解学生对所学内容掌握和理解的程度，了解教学效果，依此来修订、补充、调整下一步的教学活动。在一个单元或一个章节完结后常采用的小测验，多属此。检查型作业，或侧重于某阶段所学内容，或侧重于某方面所学知识。检查型作业的设计应能暴露问题，以达“诊断”或“测验”的目的。自测型作业，即学生给自己留的测验作业，是学生根据学习目的、学习内容，自主出题，自我检测，自我反馈；亦即，根据自己的课外时间、学业水平等实际，从课后练习、教辅材料中自主选择典型题进行测验。实践证明，这种作业方式有利于充分发挥学生的主观能动性，培养他们的兴趣、爱好和特长。

六、观察型作业

观察，是认识事物，获得知识的源泉。通过观察型作业，可使学生学会观察方法，养成认真仔细观察的习惯，并提高观察能力与思维能力。比如，在学习“摩擦力”后就可观察一辆自行车或一架缝纫机，说出它们各自的哪些部分是增大摩擦，哪些部分是减小摩擦。

七、搭桥型作业

搭桥型作业，是针对学生某些知识缺陷或后进生的某些不足而设计的过渡型作业。学生的学习规律是在掌握旧知识的基础上去学好新知识。然而，一些差生常因对已学知识掌握得不系统、不完整，在整个知识的链条中断断续续，丢掉关键几环以致学路不畅通。所以，教师要提前通过搭桥型作业或辅导后再留下作业，做些有针对性的铺垫，以便使学生能听懂新课，跟上进程，并能增强学习的兴趣和信心，克服学习道路上的困难，继续前进。

八、诱误型作业

诱误型作业，是针对学生学习过程中容易发生的错误，编选一些习题，制造一些“陷阱”（含有易错的因素），让学生通过出错误、吃“苦头”，自己总结教训，引以为戒，从而诱发学生多角度、多方向地思维，以达对知识、技能获得深刻、完整而又正确理解的目的。

九、操作型作业

操作型作业，是指既需动脑又需动手才能完成的作业，其目的是使学生通过实际操作来培养和提高动手能力，掌握操作技能，进而形成技巧，以成为既有理论又有实践、既能用脑又能动手、能说能干、能文能武的建设人才。如计算机的使用、实验操作及工科类的岗位操作等等，多属此。根据学科特点，特别是工科类和职业技术教育，操作型作业必不可少。

十、综合型作业

综合型作业，即让学生将所学知识与技能前后联系、融会贯通并使其迁移的作业。其目的在于培养学生运用所学知识解决实际问题的能力。如工科的课程设计和毕业设计等，多属此。这类作业也带有总结性质，它通常要比前几种作业难度大、范围广。从心理学角度讲，它可使已初步形成的知识网络得到巩固和延伸；从学习效果上看，它可培养学生分析问题、解决问题的能力。

十一、总结型作业

总结型作业，即组织和指导学生对自己的作业进行经常性的总结反思。可在一周或一个阶段后，认真回顾、反思作业的情况，总结取得的成绩和进步，分析存在的问题和困难。具体说，可指导学生在总结分析的基础上，在作业本上简单记一些感想，提一些问题。平时在作业练习过程中引入反思性学习，既有利于提高作业练习的效率，也是培养学生自主学习能力的重要途径。

十二、探索型作业

探索型作业，是指具有一定深度和难度的作业，是为培养创造性思维而设计的作业。其目的是使学生通过深入探索或研究所学内容，培养创造意识、创造精神和创造能力，为科研奠定初步基础。探索型作业是高层次作业，多用于高年级或高材生。此类作业不是停留在对所学知识的理解和掌握上，而是通过多角度思考、多样性解答、多途径探索、多方案选择，培养思维的敏捷性、灵活性、深刻性和创造性。某些探索性试验、毕业设计、毕业论文、发明制作及某些综合性较强且难度大的变式题等，多属此。因为此类作业能引导学生从不同角度、不同方向，用不同方法，通过不同途径思考和解决问题，故专为“学有余力”的学生而设计，解决优等生“吃不饱”的问题，锻炼学生思维的流畅性、变通性、独创性。

十三、竞赛型作业

竞赛型作业，为提高学生应用知识的能力，发展学生的学科兴趣，可布置并组织一些趣味竞赛活动。如某学科常识类知识竞赛，这些活动性的作业，须让学生课后充分准备，查阅资料，相互配合，能全面发挥学生的主观能动性和创造精神。

十四、演讲型作业

演讲型作业，是由教师提出几种题目，让学生从中选择，或由学生自己出题，发表个人意见或阐述题目事理。经常组织学生进行“演讲”活动。久而久之，就可使学生不断提升语商——口语表达能力，形成“即兴演讲”和生成“出口成章”之才能。

十五、实践型作业

实践型作业，根据不同的内容布置不同形式的实践作业：①做一做，感同身受——学生亲自动手实验和实习，既可巩固所学知识，还能感悟到其中蕴含的道理，也会提升解决问题的能力。②画一画，身临其境——让学生结合生活实践，动手画一画，在内容情境的再现中加深理解，获得新知。③演一演，锻炼能力——语言交际能力唯有在交际实践中才能形成、提高。④练一练，提高制作——为提升学生的动手能力和创造能力，由学校提供制作工具与所需材料等，在规定的时间（几天、几周、几月）内，让学生根据自己的兴趣、爱好和特长，自己设计、自己动手、自己制作一种具有一定技术水平并具有实际意义的玩具、工具、生活用品或生产用品。

概言之，作业种类繁多，除锻炼作业、阅读作业、思维作业、鉴赏作业外，还有合作型作业、指导型作业、验证型作业等。无论何种作业均须讲求典型性、代表性和精品性，让学生对已学知识增强熟悉度、理解度和记忆度，如许多学科的理论课通过演示、实验加以印证和深化。

作业与练习的原则

作业与练习的最终目的是为实现教学目标。故需根据教学目标来设计作业与练习。既要落实在课堂教学上，还须贯彻于作业与练习中。既要精心选择、合理安排，给学生以自主学习、发展个人爱好及特长和参加实践的时间和空间，也要着眼于认知、情感、能力的协调发展，使之都有实际价值和意义。

一、必要性

不是任何教学内容均需作业或练习的，不要为作业而作业、为练习而练习。除非技能性、技巧（技艺）性等内容需考虑留适当做业外，一般知识性、理论性等内容，能不留作业或练习的就不留；有些内容只要记住、理解或学会即可，不必让学生把大量的精力和时间用在完成作业上，而应用来学习新的内容；同时，教师也不必把大量的精力和时间用在批改作业上，而应用于学习和研究有关参考资料和备课上。

二、简约性

要珍惜学生的时间，精留作业，优质的课堂教学和精而适量的课外作业，更可收到事半功倍之效；否则，将使学生陷入茫茫题海，失去复习的主动权和积极性。简约性要求如下：一是尽管在知识、技能上可以重复，但在题型、设问等方面必须不断变换和更新。二是在少而精的基础上，指导学生做些探索性作业与练习。三是改变当前课外作业既过多过滥使学生疲于应付；又大多是简单重复、机械训练，严重影响教学效率和质量，抑制学生的主体意识；还忽略学习能力、实践能力、创新精神的培养。应提高课外作业练习的质量，使之不仅是知识、技能的巩固和训练，而且成为学生再学习、再实践，探究问题的学习活动。

三、整体性

设计作业与练习，还需注重作业与练习的整体性。既要关注一节课作业与练习对本节课教学任务之整体性目标的适切度，又要关注作业与练习对本学科教学任务之整体性目标的适切度，比如理工学科知识结构本身逻辑性、连贯性都比较强，需认真分析作业与练习在本单元（或章节）、本课程结构中的地位和作用，有的放矢地予以设计，注意知识系统的整体性。

四、针对性

针对性，是指要根据教材和学科或专业的性质、教学目标与要求，考虑作业，也要根据学生年龄、心理特点、兴趣、爱好及个性差异，设计作业。一是应抓住教材的重点和难点，设计专项作业或练习；二是针对学生学习中的疑问点和薄弱点，设计专项作业或练习；三是要根据教学内容，考虑需要的作业；四是依据学生的认知基础和掌握技能的实际，布置作业。概言之，必须依据教学目标来定位，固可有所拓宽延伸，但须建立在既定目标的基础上，并注重在主干知识、重点问题、学习难点上进行检测和训练。

五、系统性

系统性，是指设计作业与练习，要与课前预习、课堂讲解、问题探究结合起来，统一策划，避免过多重复。为此，备课时，就把课前预习、课堂练习和课后作业予以统一设计，使之形成由浅入深、前后连贯的作业系列。

六、层次性

层次性，是指设计具有不同层次的分档作业。学生的学习程度和发展水平不同，在作业设计时要考虑不同程度者的不同需求，设计不同层次并有一定坡度或难度的分档作业，让学生自由选择。突出作业的层次性，可使优秀生能充分施展才华，中等生能尽量发挥水平，后进生也能独立完成任务。为此，在设计上应做到“上不封顶下保底”，以让不同层次的学生均可在“跳一跳”的过程中各有所得。①体现层次——根据不同层次学生设计不同层次的作业，以因材施教，满足不同学生对作业或练习的不同要求；②由易到难——作业的内容要做到由易到难，从模仿到再造，再到创造性发展；③循序渐进——按照循序渐进的原则，精心设计作业与练习，并注意其内容难易的递进性。这既是学生能力转化的客观规律，又是学生认知规律的反映，还是实施差异教学，适应不同程度学生学习需要的重要途径。

七、多元性

多元性，是指不局限于书面作业而有多种题型：观察、分析、操作等，可与动眼、动耳、动口、动脑、动手及综合实践活动相结合，设计专题探索性作业，并以多种形式：需观察的，需动手操作的，需口语表达的，需人际合作的等呈现。为此，可探索“作业超市”，构建多元作业模式。充分发挥资源优势，有效利用现有校园网络功能，随时搜集和设计较好的作业形式。每个教师都应将自己的优秀作业集中储存在电脑中，以便与其他教师随时交流、相互补充与借鉴，达到资源共享。

八、选择性

选择性，就是给学生一定自主选择的余地，亦即依据自己的学力、需要和兴趣，选择作业与练习。这样能更好地发挥学生的主体性，更加贴近学生的实际，适合学生个体的需求，实施差异教学。教师面对具有丰富个性差异的学生，在设计作业与练习时，要兼顾和尊重学生的个体差异，并对有些类型的作业与练习要允许学生有自己的不同理解和表达。

九、科学性

科学性，是指设计与布置作业和练习必须科学、适量。不留机械性、重复性、枯燥性、惩罚性作业与练习；对学生完成作业的要求应合理，在会做与做对的基础上，再求“快、准、好”。随着作业形式的丰富，在评价上，也应相对丰富多样，如自我评价、相互评价、教师评价等；在讲评时，要及时总结、肯定学生的进步和成绩，鼓励有独特见解和创新者。充分发挥作业与练习的训练、检测、导向等功能，并切实改变那种匆匆忙忙的批阅、简简单单的讲评。教师批阅后可先让学生自己订正，再行二次批阅。教师的批改，不能只是判断对与错、好与差，只给出一个正误和等级，更要善于发现作业与练习中的优点和思维中的亮点，进而引导学生总结、反思自己的学习和思维方法，发现失误、改正失误。

十、开放性

开放性，是指设计开放性的作业与练习，从内容选取到形式呈现都给学生留有充分的思考余地。这有利于发展学生的智力因素与非智力因素，激活潜在的思维，培养创造性思维品质。因学生知识水平不同、社会经历不同，对同一问题的理解和把握也不同。所以，作业要摆脱机械重复、枯燥乏味的练习，让学生通过多种渠道，寓丰富知识、训练和发展创造性思维于趣味之中；拓宽学生的知识面，让生动有趣的作业内容取代重复呆板的机械练习，以激发其兴趣，使其自主完成作业。作业要克服封闭性，追求探索性与开放性，须把学生从不利于他们发展的“题海”中解放出来，从过多过滥的作业中解脱出来，精心设计能体现运用能力、发展良好思维和人文教育的探索性、开放性作业，使学生作业以趣味性训练、体验成功、探索创新、自主选择为主，让学生情感、意志、兴趣、学习习惯与方法在完成作业过程中得到培养。

另外，为学生提供一个良好的作业与练习环境，如光线明亮、没有噪声、没有干扰，以利于学生集中注意力。也应调动学生的内在动机，激发其学习潜能，帮助他们在作业中获得成功的体验，养成良好的作业与练习之习惯，还应有意识、有计划地设计些实践性的教学活动，并注重作业与练习的自主性与合作性相结合。

作业的功能

在传统教学中，作业是对学生所学知识掌握程度的一种检测，也是对所学知识的一种巩固方式。当今，伴随新的教学理念，作业的形式和作用也发生相应的变革，以充分发挥作业的真正功能。作业，应能帮助学生巩固和运用知识，形成分析问题、解决问题的实际能力。概言之，有意义的作业不应是知识的简单重复，也不应只是检查学习效果的方式；而应是学生巩固与运用所学知识，加深对知识的理解和记忆，提高思维能力的重要方式，也是教师实施督促、检查、激励学生的重要环节。所以，作业应讲求具有多种教学功能。

一、帮助学生理解、消化、巩固所学知识

温故而知新。老师给学生布置一定量的作业，可以督促学生及时去复习所学，整理听课笔记，消化老师的讲解，从而起到加深理解与记忆，巩固新学知识的作用。遗忘的规律是先快后慢。如果老师在每次上完课之后布置一些作业，让学生及时去练习，可以大大减少遗忘的内容。但作业不应是教科书内容的简单重复，而应成为教材的补充和课堂的延伸，以有利于知识的拓展和迁移。

二、学生掌握新学知识与技能的重要手段

从作业中除可发现学生的知识掌握情况外，还可了解学生的心理变化。学生的作业书写、作业质量可反映出学生的学习习惯、学习态度及学生对相应知识的理解和掌握程度。作业是学生掌握新学知识的重要手段，也是教师发现学生存在问题的重要渠道，是对学生学习进行评价和反馈的主要形式，同时还可通过作业加强师生间的情感交流。

三、有利于及时反馈与调整教学行为

教以学为对象、为目的，教是为了学、帮助学。但教的效果如何，需通过作业来反映。老师授课后，学生理解、掌握程度如何，只有通过布置作业、评阅作业，才能得到及时有效的反馈。作业应符合讲练结合的要求，且形式、类型多样，既有课堂作业，也有课外作业；既有口头作业，也有书面作业，还有实践作业。各种作业都有利于老师调整自己的教学行为与方式。

四、可以培养学生自主学习的能力

学生天性好玩，学习自觉性较差，若没有作业，可能不会主动学习。老师给学生布置适量的作业，让他们独立思考、完成，可促使他们读书学习，思考问题。学生必须独立完成，不能抄袭同学，也不能网上搜索答案，更不能由他人代劳，只有如此，才能养成独立思考的习惯和增进自主学习的能力。

五、培养学生解决实际问题的能力

布置作业，不应只是书面作业，不应全是知识性作业，还应适当布置些实践性、情感性作业，比如科学小实验、生活小观察、问题小讨论等。要求学生理论联系实际，学以致用，运用所学知识、原理和方法，提出问题、发现问题、解决问题。在面向实际、解决问题的过程中提高实际动手能力。

六、激发学生探究和创新的兴趣

作业在教学过程中的功能不容置疑、不容小觑。学生的作业得到肯定的评价，能使他们在课堂上显得更加自信，更有勇气，并可让自己摸索出一条学习的路径，积累些许自学的方法。课堂或课外作业，不只对学生思考是一种训练，而且对他们的应变能力、即兴讲演能力也是一种训练。关键是作业的形式要灵活多样，并尽可能趣味化、行动化，以利于培养学习兴趣，激发学习情感及提高学习能力、探究能力。

七、培养学生的思维、品质和行为

作业题目涉及的范围可非常广泛，比如你希望学校有什么变化，最近你看过的书中最喜欢的是哪种，你认为自己是什么样的人，什么对你影响最大……这样，才能使作业的着眼点不仅限于记住什么，也不是教学生应该做什么，不应该做什么，而是培养学生对自己的思维、品质、态度、行为不断反思，并能自觉地进行自我调控，以提升独立思考、独立应对各种问题的能力。

八、锻炼学生实践能力和创新精神

作业，尤其是假期作业更应精心设计与合理布置。许多学生出于无奈应付假期作业，且对形式单一、内容呆板、与生活联系不大的作业表示不满。所以，作业也应不断创新，使之更符合学生心理。须知，布置适度假期作业是必要的，但若换个角度，也可看作是学生走出校园、融入社会学习的机会。故应当突破课本局限，鼓励学生投入丰富多彩的社会生活中，多做实践型、活动型作业，从中获得更多体验，以培养创新精神和动手能力。

九、提供学生与教师情感交流“平台”

随着教育新观念的产生，作业已不再是传统的那种“只供学生写，写好交教师改”的模式。应是既具有传统的功能，还能在老师与学生之间传递友谊和关爱。亦即，除在课堂上的师生互动外，作业也是师生交流的有效途径。教师通过作业了解学生对所学知识的掌握情况，来改善自己的教学方式，让学生真正学懂，学生可根据教师的评价确定自己的学习方式和方法，作业成为老师和学生交流的一个无言的平台。通过这个平台可让教师了解学生，让学生理解教师，对培养学生的学习行为习惯，培养学生的学习兴趣都有很大的帮助。学生的作业就好比教师的信息港，教出什么样的学生，怎样才能教好学生等都可从学生作业上得到反映。

十、创建学生“表扬稿”与“鞭策书”

从一本作业中，可看出学生的知识水平及修养和个人性格方面的信息。换言之，在作业中体现了学生德、智、体、美诸方面的内容，当老师批阅作业时，必将对此有所印象和评价。从优差角度可分为两种。一是优秀学生的“表扬稿”——从优秀学生的作业本中反映出其活泼、公正、聪明、向上的征兆。在批改作业后给予适当的评语：好在什么地方，有什么值得大家借鉴。优秀作业可作为后进生学习的榜样，充分肯定优秀学生的作业、能发挥的正能量，允许和鼓励他们指导和帮助暂时后进生，让“后进赶先进”。二是暂时后进生的“鞭策书”——从后进生的作业本中可看到错误和需要改进的地方在哪里，教师可通过简短评语，给予指出。这“无声胜有声”也是让学生很易接受的方式，其效果比说服要好得多，比当众批评更好得多。其实，后进生并非真正的落后，只是知识学习的暂时落后，也有闪光点。老师批改其作业时，应“循序渐进”地帮助他们。让作业本成为后进生的鞭策书，让后进生有自知之明，主动承认不足，提高成绩。

总之，作业应由单一书面练习向多层次、多形式、开放型转变，将课堂学习最大限度向课外延伸，模糊课内、课外的界限。作业作为教学过程中的一个基本环节，是促使学生认知能力、情感方面等全面协调发展的重要途径。作业具有较强的教学功能，不仅表明教育的进步，更说明时代的发展。

作业的基本要求

作业，是巩固知识、培养能力、发展个性、提高素养的手段，是培养学生创新精神与实践能力的重要途径。作业系统是课程与教学系统的重要组成部分。作业的设计与布置、批改与讲评等，均体现了教育者的教育思想与教育机智，体现了对受教育主体的深刻认识。

一、在作业认识上应注重全面性与能力性

所谓全面性，是指设计与布置作业应注重“面向全体学生，促进学生的全面发展”。具体说，一是要关注所有学生的发展，特别要关注较差成绩和学习处境不利的学生；二是作业不只是教学过程的一个环节，而且是课程、教材与教学的一种组织方式。现代教学论强调教学过程不仅是学生掌握知识的过程，还是学生实践、发展的过程；教学过程不仅是讲授的过程，而且是学生解决问题或主动设计的过程；教学过程也是师生、生生之间交往的过程。因而，作业不只是教师指导下的独立学习，也是师生、生生之间的一种互动方式。这种互动方式可多种多样，如共同的探究、设计、体验、交流及相互之间的检查等，作业不应是惩罚、控制和鉴别学生的手段，而应是学生重要的发展方式，通过作业为学生提供自我表现、自我反思的时空。

二、在作业功能上应强调形成性和发展性

作业的主要功能，不仅定位于巩固和检查知识掌握情况，而且更应将知识与技能、过程和方法以及情感、态度与价值观的“三维”课程目标全面或有侧重地体现在作业系统之中，相应的作业功能应定位于三个层次。

（一）巩固和检查功能

此功能侧重于基础知识和基本技能，目的是强化记忆和获得反馈信息，重在知识技能的巩固。

（二）深化和提高功能

此功能侧重于过程和方法，目的在于促进知识的形成和能力的发展，重在新情境和思维过程。

（三）体验和发展功能

此功能侧重于知识、能力、情感、态度及价值观的整合，目的在于促进更全面的发展，重在体验和实践，着眼于学生的终身发展。

三、在作业内容上应突出开放性和探究性

作业内容，不应过于强调答案的唯一性和确定性，应突出开发性和探究性，如一题多解、一题多答等即学生解答问题时要有一定的思考、实践和探究，作业答案要有一定的迁移性、开放性和不确定性。

四、在作业形式上应体现新颖性和多样性

那些不顾学生实际差异、千篇一律的作业，抑制学生的个性、兴趣和创造力，并使其陷入疲于应付的状态中。为增强学生作业的兴趣与积极性，培养学生的思维能力和创造能力，尊重和发展学生的个性，作业形式可是文字的，也可是操作式、实物式和口头式的；可是课内完成的，也可是课外完成的；可是教材和教师提供的，也可是同学甚至是学生本人拟订的；可由个人独立完成，也可由学习小组合作完成，甚至可由学生与教师共同完成。作业不应仅限于文字摘抄和解题练习，可赋予新的练习内容和实践课题，如一项研究任务、一篇小论文、一次专题采访、一个调查报告、一个项目设计、一项工作方案制定、一个主题绘画、一套摄影作品等。这些，都是锻炼学生设计、分析、思考、创新诸方面能力的机会。作业可采取练习、思考、观察、调查、探究、小实验、小制作等不同面目出现，但在题目的表述上要避免成人化和程式化，应尽量趣味化和心理化。

五、在作业容量上应考虑量力性与差异性

应注重作业的“质”而不是“量”，以免形成“题海战术”，应更多关注作业的质量与作业的功能和内容。在作业容量上，一是要考虑量力性，作业分量要适当，难度要适中，既不加重学生负担，又能尽力发挥学生潜能；二是要有差异性，作业安排要因材施教，因人而异，如部分题目只要求部分有余力或有特别兴趣的学生去完成。总之，作业量遵循的不是“多多益善”，而是“少而精”和“少而有效”的原则。

六、在作业设计上应体现思考性和趣味性

作业量、作业难度合适与否及质量的高低都深深影响着学生的发展：或能激发其学习兴趣，诱发其强烈的求知欲，使其身心得到较快发展；或扼杀学生的创造性，抹杀其鲜明的个性，制造一个高分低能的庸才。因而，作业的设计与布置应具有高度的科学性和深刻的思考性。为此，一是要科学、合理设计作业，控制数量，讲求质量，使作业分量适当，难度适中。既符合全班学生的水平，也照顾到全体学生的发展，布置可供选择且有一定难度的作业。二是作业安排要因材施教，因人而异。既要注重多样性，又要注重层次性。不仅承认学生的差异，而且尊重学生的客观情况。三是作业内容要有趣味性，能激发学习兴趣。四是作业应巧妙安排，能引发学生思考。五是作业应引发学生想象，培养发散思维。同时，要充分突出学生在学习过程中的主体地位，始终关注其个性、兴趣和创造性，要努力体现趣味性、实践性、开放性与选择性，重视学生的经历、体验、感悟学习的过程而不强调最终的结果，注重跨学科的学习、内容和形式，文理渗透，多科兼顾，具有综合性。

七、在作业评判上应重视过程性和激励性

对作业的评判，不应仅限于结论性和鉴别性，也不应仅限于由教师批改。作业评判应具过程性和激励性，其基本出发点是如何才能更有利于学生的进一步发展。在作业评判过程中，教师是主体，学生也应是主体，应提供机会让学生参与到作业评判的过程中来。学生参与作业批改，既可给学生提供更深入的学习机会，也可创造一种民主的教学氛围。在作业评判结果上，要尽量使用鼓励性的语言表述，既指出不足，又保护学生的自尊心和学习的积极性。要给学生提供作业展示的“舞台”，并及时进行激励性评价。

八、在作业要求上应设有创意性和自主性

设置创意性和自主性作业旨在体现“以人为本”的精神，营造师生共同学习、探索和研究问题的气氛；同时，让学生联系生活、生产实际，给其提供创作和实践的机会；再者，为鼓励学生读书，可让学生根据教材内容，通过查阅资料、上网等渠道了解与教材内容有关的知识，作为补充教材。这样，既可极大激发起学生的兴趣，又可激发学生认真研究的创新精神。

另外，为减轻学生过重的作业负担，可多采用口头作业、自主作业、演讲作业、兴趣作业等形式，并创设和谐愉快的课堂氛围。还可留“教作业”，即把讲台“让”出来，让学生走上讲台——提前一天把上课内容布置给学生，转天以抽签的方式决定由哪个学生来讲。教师在其后进行补充和点评，这样会使学生热情高涨——就是为第二天在课堂上能“露一手”，尽力展示自己的学习与相关能力。

作业的设计艺术

认真、巧妙地设计作业，是搞好作业环节的前提。设计作业要本着突出重点、突破难点、注意特点、解决疑点的原则，按照质量高、数量少、内容精、方法活的要求，处理好以下关系。

一、目的性与针对性

目的性，是指设计作业必须以明确的目的（巩固知识、掌握技能、发展智能、提高觉悟）确定其内容和重点，避免盲目性，以节省学生的精力和时间。

针对性，既指根据不同学生设计不同作业，也指根据课程中的重点、难点、关键点及易错、易混、易忽略的内容设计作业。

目的性与针对性联系密切。目的性是针对性的依据，针对性是目的性的体现，是为更好地实现目的。

二、趣味性与启发性

趣味性，是指设计作业要注意使其有吸引力：既使学生高高兴兴地做作业，又使学生在练习中去“品味”，以更好地发挥其智力潜能。

启发性，是指使学生在解答作业时，有一定的思维灵敏性和足够的思维活动量，而不是靠死记硬背、死套公式。

趣味性与启发性有密切联系。当对作业感兴趣时，思维就活跃，反应就灵敏，对思维的启发性有促进作用；启发性作业，又能吸引和诱发学生产生愉悦感。所以两者是相互促进，相辅相成的。

三、代表性与典型性

代表性，是指作业具有某一类作业特点的综合性，通过具有代表性的一系列作业，可让学生有重点、有坡度、有程序地练习。

典型性，是指作业能表现同类作业本质特征，它可使学生在理解和接受知识中获得“一叶知秋”的效果，可使学生融会贯通“学一题会十题”，起到“以点带面”的作用。

代表性与典型性是一对相似的概念，代表性注意“面”，典型性强调“质”，都可使学生提高举一反三、触类旁通的能力。

四、阶梯性与系统性

阶梯性，是指设计作业的难度要有序地步步提高、层层递进。梯度的大小，要依据学生年龄特征、接受水平而定。

系统性，是指作业内容既要前后连贯，又要循序渐进，既注意各阶段、各次作业之间的系统性，又注意在同一次作业中也要体现系统性。

阶梯性与系统性是相辅相成的，前者，须建立在系统性基础之上，后者，须体现由低到高的阶梯性。

五、高难性与量力性

高难性，是指作业要有一定的高度与难度，学生须经足够努力才能完成，而不是轻而易举就能作答。过易，会使学生徒劳无益，起不到锻炼思维的作用；过难，则使学生欲解不能，挫伤其积极性。

量力性，是指根据学生年龄特征和接受水平，确定作业量的多少。过少，达不到巩固、运用知识的目的；过多，则会加重学生负担，影响身心健康。

高难性和量力性有不可分割的联系，应在量力性的幅度内考虑高难性，在考虑高难性时也不能脱离量力性。

六、时间性与重现性

时间性，是指要考虑学生完成作业所需的时间。作业分量大小不是以作业题数多少衡量，而是以完成作业所需时间为尺度，要注意分量适当，用时合理。

重现性，是指某些作业有必要重复出现，以使学生加深理解，增强记忆，形成技巧或增加清晰度和稳定性。某些关键性内容，要有选择地安排重现性作业，但过多的机械重复却会浪费时间并导致兴趣下降。

时间性与重现性似乎是一对矛盾，其实两者是辩证的统一。在考虑重现性作业的同时，要注意时间性。处理好两者关系是提高质量与负担合理的关键。

七、及时性与经常性

及时性，是指根据教学目的、要求或发现的学生知识缺陷，及时设计与布置作业，并要求学生尽快完成，这对巩固知识、防止遗忘有明显效果。

经常性，是指设计与布置作业要坚持不懈，不能一曝十寒，要巩固某些知识或掌握某些技能，经常的练习必不可少。

及时性与经常性存在相互促进、相互依存的关系，每次及时就体现了经常性，如能坚持经常也就反映了及时性。

八、统一性与差异性

统一性，是指设计作业要面向全班学生，有统一的基本要求，使每个学生都能基本做到。

差异性，是指作业设计要分出层次，建立优化的弹性作业结构；要从不同学生的实际出发，有的放矢地设计作业；针对不同水平的学生，分层次设计必做题、选做题、附加题，或基本作业、变通作业、提高作业，分别使他们“吃得饱”“吃得好”“吃得了”，以取得“下可保底，上不封顶”因材施教的效果。

统一性与差异性是互相联系、互相补充的两方面。前者着眼于共性，后者侧重于个性。

九、基础性与专业性

基础性，是指设计作业必须为学习专业技术奠定根基，使其为掌握职业综合能力服务。

专业性，是指设计作业要针对专业特点、职业需要为专业实践服务，以达到熟练、巩固、加深专业知识、提高职业能力的目的。

基础性与专业性是手段与目的的关系，基础为专业服务，专业利于巩固基础，两者不可偏颇。

十、技能性与实用性

技能性，是指设计作业时要考虑有利于职业技能的训练与提高。

实用性，是指设计作业要注意其实用价值，有利于提高学生运用知识的实际能力，有利于提高学生发现问题、分析问题和解决问题的实际能力。

技能性强调技巧，实用性注重应用，两者都需紧密联系生产实际、社会实际，这是职业教育特色的又一体现。

作业的形式，要灵活多样，不局限于书面，可是用脑思考、动手操作，抑或是对大自然、生产现场的观察和记录等。无论是口头、书面、实践作业，还是其他形式的作业，都应注意合理组合、适当搭配。同时要注意使其有利于培养学生独立完成作业的良好习惯。

作业布置的要求

作业布置是课堂教学的延续，是引导学生巩固知识、形成技能、提高能力的必要措施，是师生之间交流信息、培养学生良好习惯、促进学生个性发展的有效途径，也是及时检查教学效果，实现教学信息反馈的重要手段。布置作业，应摒弃“只求量，不求质；只求形式，不求实效”的做法，须在难度、宽度与实践度上下功夫。所谓难度，即让学生在课本上抄不到答案，必须进行独立思考；所谓宽度，即促使学生阅读教材和相关书籍，扩充和丰富知识面；所谓实践度，即推动学生密切联系实际，在实践中去寻找答案。

一、目的明确性

明确作业目的是搞好作业这一环节的灵魂。目的明确包含三层意思：其一，教师要明确设计、布置、批改和讲评作业的目的，既是为巩固知识、形成技能、提高能力，也是为提高思想、陶冶情操、启发觉悟，所以要注意知识、能力、情感三者的综合训练；其二，学生要明确做作业的目的与要求，懂得做作业对提高学习质量的必要性与重要性；其三，使作业成为学生学习兴趣的激发点，成为理论联系实际的纽带，成为学生参与社会活动的媒介。换言之，每次作业与练习都应有目的而不盲目，有重点而不随意。作业与练习的直接目的是：使学生加深对所学知识的理解，形成技能与技巧；激发学生的学习兴趣，促进学生学习的积极性、主动性；培养学生思想品德、职业素质。

二、循序渐进性

作业题目之内容要符合学生的年龄特点，符合学生的接受能力和认识规律。作业题目在难度上要有一定的坡度或弹性，先易后难，由浅入深，循序渐进，层层递进，使学生体验“欲穷千里目，更上一层楼”的愉悦，从而不断拾级而上。

三、高难适度性

布置的作业应有一定的高难性，接近学生的“最新开发区”，让他们“跳一跳”才能“摘下果子”，使其体验成功的愉快，以激发进一步探索的热情。这种作业不只是巩固新旧知识，而着重使学生多思、深思，使学习“更上一层楼”，但要难得适度，即不能过难，或出偏题、怪题，使学生感到无从下手、高不可攀、深不可测，以免造成心理负担，达不到作业的目的。

四、多少适量性

作业既要量学生之力，也要量教师之力。故应准确把握作业的数量。既不应过少也不宜过多。过少，使学生“吃不饱”就会放松学习，不能实现教学目标；过多，则会形成题海战术，加重学生负担，或为赶进度应付“差事”，既不能帮助学生理解和巩固新知识，还妨碍学生身心健康，甚至会使无精力完成者产生厌恶情绪而降低学习积极性。所以作业量要注重合理、适当，既能突出重点又能实现“提质”的目的。

五、典型代表性

作业布置过繁，面面俱到，杂乱无章，容易干扰新知识或重点知识的巩固与提高。所以，要尽量减少多而杂的作业，选择启发性强、“含金量”高、能促进学生智能发展的作业。为此，对作业题要优化、要精选，使其具有典型性、代表性，并努力扩大每道题的覆盖面，同时能“以点带面”“以一当十”“举一反三”。切忌不分轻重、主次，以免事倍功半。

六、形式多样性

作业应丰富多彩，新颖有趣，以调节学生精神，减轻疲劳程度，唤起学习兴趣，调动思维积极性。要多样性，一是作业方式要多样化，如口头练习、书面作业、操作练习等，单独使用与交替使用相结合；二是作业题型多样化，如计算、论述、选择、作答等，各种题型单独练习与交叉练习相结合；三是作业形式多样化，如课堂作业、课外作业、自主作业和互相检测紧密结合。这样，可使学生用不同方法从不同角度、不同侧面、不同层次去掌握知识与技能，以提高认识的广度、深度以及应变能力和练习效果。

七、实践教育性

教材的知识内容多是前人实践认识的结晶，要使学生真正认识这些事物，必要时还应让学生动手实践，对课本知识进行再认识。因而，作业题的内容要注意理论联系实际，既联系当前形势，又联系学生思想；既联系社会实际，又联系生产实际。这样，既巩固课堂所学知识、技能，培养学生发现问题、分析问题和解决问题的能力，又提高学生的思想觉悟、道德水平和职业观念；还能学以致用，形成综合能力，为学生终身发展奠定坚实的基础。

八、功能综合性

要根据教材特点精心设计作业，尽量将思想性、知识性、智力和能力的培养凝结在作业里，发挥一举多得的作用。为此，要求作业本身应具有渗透性、综合性、扩展性和开拓性，充满内在活力，使它不仅能深化概念、丰富内涵、开阔思路、拓宽视野，而且能使学生增长才干、坚定意志、提高觉悟。

九、精置活化性

精置活化既指调控难度，即根据学生实际能力选定作业，难易搭配，由易到难，突出典型性、启发性和系统性；也指优化结构，坚持量适质高，控制作业总量，突出重点，灵活增减。还指分层实施，既关注优秀生，也关注中等生和后进生，对不同班级、不同学生在作业数量、难易和完成方法上提出相应要求。

十、凸显学科性

要从不同学科自身的特点出发，设计可操作的具有学科特色的作业形式。各学科应制订本学科的作业方案。布置和设计养成性作业时，要从培养学生良好学习习惯出发，促进学生健康成长，保障学校与家庭、社会之间的联系和沟通。

十一、探索创造性

创造性作业，是指有一定启发性的课外作业，或由教师布置，或让学生命题，让他们从心理上感到自己是作业的主人。因探索创造性作业的范围很广，对不同的课型、不同的内容、不同的学生都可发挥自己的潜能，故能为学生发展特长提供有利条件。该种作业，可使学生萌发独特的见解，实现知识的升华，可使学生展开想象的翅膀，培养创造精神。

布置作业要从教学目标出发，精选题目，避免错题、偏题、怪题；多些层次、自主和养成性作业；减少过量的、重复性作业，不留随意性、惩罚性作业，注重操作性和展示性作业。认真筛选、提炼和优化，可让学生自选难度、量度、形式和完成方式。教师应潜心研究，巧妙安排，既符合教学大纲要求，又适合学生认知水平和承受能力，还培养其认真作业的良好习惯和优秀品质，以充分发挥作业的多种功能。

批改作业的原则

批改作业，是教学过程中的一个重要环节，是课堂教学的信息反馈、了解学生的必要措施，是检查教学效果的一种重要手段，是对学生进行有效指导的重要方式，也是教师应具有的一项基本功。批改作业的主要目的是考查学生对基本知识、基本理论和基本技能的理解、巩固与应用情况，考查学生思维发展程度，检验教学效果，了解学生中存在的共性与个性问题，促使他们按时间、有计划地掌握教学内容，为下次教学搜集信息、奠定基础、提供依据。如何批改作业，除要掌握各种各样的方式方法外，还应遵循一定的基本原则，以保证批改作业的质量及批改作业的效果。

一、正确性原则

批改作业，不可马虎草率、含糊不清，尤其是不能出现误批、错改，这是教师批改作业的起码准则。否则，不仅影响教师形象，降低教师威信，甚至造成学生学习上的不良后果，误人子弟。

二、公正性原则

批改作业，不能受“亲疏”好恶的影响，也不能根据学生平日学习成绩好坏，或依照学生其他方面的表现随意抬高或压低对其作业的评价。批改作业一定要客观公正，一视同仁。同时，要全面衡量学生的作业，不仅看其作业的结果，更要看其完成的过程；既要注重数量，更要保证质量。客观公正，还表现在宽严适度，既不过宽也不过严，既肯定成绩又指出不足，以使学生心理平衡，明确方向、继续前进。

三、及时性原则

批改作业，不可拖拖拉拉，必须增强时效观念，及时进行。所谓及时，一般是指在作业交来之后，两天内或下一次上课前批改完毕，有评语、等级或分数，教师签字，注明时间，发还学生。心理学家曾经做过如下实验，他把学生分为三个组，第一组每日被告知做题结果，第二组每周被告知做题结果，第三组不被告知任何结果。到第八周时对三组分别进行测查，第一组成绩明显优于第三组。测查后对换第一组和第三组的反馈时间，即第三组每日被告知做题结果，第一组不被告知任何结果。再过八周（即第十六周）又进行一次测查，结果表明，原第一组的成绩下降，而原第三组的成绩很快提高。由此可见，及时批改作业可提高练习效率和学习质量。据此，应坚持做到把批改作业放在每次备课之前，把讲评作业放在每次讲课之前，以及时发现问题、纠正错误。这样，及时批改作业和发还作业，可及时了解学生的学习情况，及时解决学习中的问题；学生可及时获得反馈信息，及时改正错误和发扬优点，也有助于培养学生良好的学习习惯和按时完成任务的责任感。

四、适度性原则

批改作业是教学过程中的重要一环，万不可等闲视之，但过分强调批改作业的地位和作用，片面追求批改数量和精批细改，却又不妥当、不必要。究其原因，一是过多过细地批改作业，不利于学生独立思考能力和自学能力的培养；二是批改作业毕竟不是提高教学质量之最关键所在，若教师把过多的时间和精力投入到批改作业之中，甚至成倍地超过备课时间，无疑是本末倒置。

五、启发性原则

批改作业常见的通病，是重改轻批，忽视启发。批改作业时，不能只画“√”或“×”，给一个简单的判断，而应在错误的关键处略加启发性指点，给学生留出思考余地，让他们通过自己的努力，发现错在哪里，原因何在，如何改正，以发展学生的思维能力。因此，在批改作业时应注意引导学生思维，而不要代替学生思维。通常采用的启发方法是在作业批改时，多加些启发性评价，或做适当的提示、点拨，或只是指出其误、促其自悟，或顺着学生错误思路问下去，将错就错，直到让学生“醒悟”错误所在为止。

六、针对性原则

批改作业要讲究针对性。既要特别注意那些闪烁着智慧火花的思路、解法或答案，鼓励学生的求异性和创造性，尤其是对优等生要严格要求，提出一些难度较大的问题，令其思考，对后进生也要格外关注，除鼓励其“闪光点”外，还应给予更多的具体方法指导；除对不同水平学生的作业有不同批改方法外，还应根据学生个性差异有不同要求和不同指点方法。这就是坚持区别对待、因材施教的原则。

七、鼓励性原则

批改作业，不可一味指责、批评，而要多鼓励少指责，肯定为主、否定为辅。美国哈佛大学心理学家詹姆士曾用实验证明，通过激励，人的积极性甚至可以增加三四倍。所以，对学生的优秀作业或进步之点，除了用一些表示肯定与表扬的符号鼓励外，还应给学生多写一些富有赞赏性（使学生看到这种评语后，胸中涌起涓涓暖流，平添几分学习热情）和希望性（使学生得悉老师对自己的殷切希望后，无形中增添动力）的评语，以提高他们的兴趣性和积极性。

八、严格性原则

批改作业，除对其不足或错误不迁就、不姑息，严格要求外，还应要求格式正确、书写工整、绘图清晰、语言简洁，并及时检查、及时指导，以培养学生认真、按时、独立、整洁完成作业的习惯。为此，对作业错误处要自纠，迟交的要催促，缺少或拖欠的要补做，马虎的要重做，抄袭的要教育。同时，要注意培养学生养成先复习后作业、先思考后动手、先求对后求快的习惯。

九、必批性原则

通常，尤对低年级或新任课或第一次作业，凡做必批。即对作业必须全面批改或有选择、有重点地批阅。不仅要正确规范，不在作业上只打个“√”或“×”了事，而且不得只批写个日期或“阅”字。精批到位：着重看概念是否清晰，方法是否正确，思路是否合乎逻辑，结论是否科学合理等。避免错批：防止误批、漏批现象发生，应用一定符号或文字标注作业中出现的错误或不足，并记录和分析作业中的典型错误和性质，积极寻求解决问题的办法。及时反馈，不可拖拉，坚持“不隔课”反馈。

十、督促性原则

按时收发作业，对未交、拖欠、缺交、马虎、抄袭等现象，应查明原因，督促学生及时补交或予以批评教育，对故意遗漏、潦草凌乱等不符合要求的作业，应退还补做或重做。另外，还应督促学生建立错题集。此外，还要做好作业批改记录，对暴露出的主要问题及解决这些问题的措施，及时进行讲评与指导。

批改作业，除应遵守上述原则外，还应注意反馈及时性，将作业情况与练习效果及时反馈给学生。这样，既使学生逐步学会检查自己的练习，及时知道自己作业的正误，又使成功者不因此而骄傲、停步不前，使不足者不因此而沮丧、灰心、气馁。同时，促进学生知识的掌握和能力的提高，而且对学生的世界观、人生观和价值观的形成有积极意义；不仅要对学生作业的过程和答案作出判断，而且也应重视学生的思维素质、解题思路变化。解题思路，既反映着学生对知识的掌握情况，又折射着学生的思维水平。因此，若能重视分析学生的解题思路的变化和思维素质的提高，给出恰如其分的评价，既可让学生变得更聪明，感到学习的乐趣，对学习充满自信心；又会影响他们观察周围世界的角度和看法，以积极的态度面对未来；有利于培养他们解题的合理性、灵活性及思维的深刻性、独创性。

作业的批改艺术

通过作业这个“窗口”，教师既能看到自己设计与布置作业的数量和质量如何，又能看到学生完成作业的情况及学习中存在的问题，还可了解教学效果，从而做到胸中有数、及时指导和完善教学。在批改作业过程中，批与改是两个非常重要且紧密联系的环节。批，是教师对学生作业的评判，即做出正确与错误的判断，这一阶段尽量是批而不改；改，是让学生自己改正教师批改标出的错误，这一阶段是让学生自己去寻找错误的原因，让他们有一个重新审识的过程，从而自己得出正确答案。其实，批是改的基础，批为改服务，改才是批的目的。只有处理好作业的批与改的关系，才能有效提高学生改正作业的能力，使学生的作业水平有一个质的飞跃。因此，应加强学生改正作业这一环节的工作，提高质量，调动学生学习的积极性，启迪学生思考的深刻性，培养学生思维的灵活性，诱发学生探索的创造性，使其从教师批改的作业中获得乐趣，进而更加扎实地掌握所学知识，增强学习效果。

一、及时批改而不敷衍

批改作业艺术的前提是及时。所谓及时，一般是指在作业交来之后，两天内或下一次上课前批改完毕，教师签字，注明时间，发还学生。对作业的批改不能敷衍塞责，拖拖拉拉，错过时机。及时批改作业，可及时了解学生对所学知识的理解和技能、技巧的形成情况，发现他们的进步和存在的问题，找出教学中的薄弱环节，及时调整教学活动；可使学生及时了解作业的结果，看到自己的正误及不足，清楚努力方向，明确主攻重点。这些信息的及时反馈，对进一步激发学生学习动机和兴趣具有重要意义，也有利于培养学生及时独立完成作业的良好习惯，形成学风。

二、认真批改而不马虎

批改作业艺术的关键是认真。对作业的批改不能草草了事、马马虎虎，不能应付差事、得过且过，而应严肃认真，一丝不苟。要以教师批改作业的认真态度，来影响学生对作业的重视，培养学生认真完成作业的良好学习习惯。认真，体现在讲求方法，批改时宜用红笔，用科学、简明、统一的符号，书写规范、工整，且批语要简明扼要，富有启发性，或指出需阅看教材的有关内容，或指出解题的基本思路，或对于正确工整的作业给予赞赏，或对于有独特见解的作业给予鼓励。只有这样，才能给学生指明努力方向，学生对教师才能由衷信服，进而才能把学习热情最大限度地调动起来。有的教师由于长期不认真，致使学生也不认真；有的教师只让学生做作业，而不批改作业，或只画“√”打“×”，或只写个“阅”字、附带日期。这样，学生对此固然一看就懂，教师随手而画也容易得很，但对学生无所启迪，应尽量避免。认真的教师，都善于从作业中发现学生在掌握知识和技能上的普遍性缺陷和特殊性问题，并善于对共性问题、典型问题和个别严重的缺陷进行分析，且将这些情况进行详细记录，今后教学提供依据，或及时采取必要的补救措施。

三、注意启发而不包办

批改作业艺术的真谛是启发。对作业中的错误和致错原因是完全依赖教师的批和学生的被动改，还是注重培养学生自己“改正”的能力？这是批改作业的一个重要指导思想。一般来说，除教新课与教新班外，对学生的作业不宜采取全批全改和详批细改的做法。因为，其一，教师花费大量时间批改作业，会导致无足够时间去钻研教材和备课，影响教学效果。其二，教师对作业中一点一滴的问题都做精心改正，必然酿成学生只“看”不“想”，这同课堂上的注入式，学生只“听”不“想”完全一样处于被动状态。有的教师煞费苦心地对作业详批细改，发还后，有些懒惰学生只瞧一下画的“√”或“×”，甚至不看一眼就不以为然地扔到一边；即使勤奋的学生，仔细看一遍，印象也不会深刻，因为那些错处，老师已给改好，似乎“一目了然”。教师的“好心”包办，会造成学生的依赖心理，久而久之学生的学习能力得不到锻炼，更谈不上自学能力的提高。因此，批改作业要防止不批不改和详批细改的两个极端，应因人制宜、因题制宜、采取灵活多样的批改作业方法。其要点在于启发引导学生自己检查、思考错误原因，自己改正，以便形成难忘的印象。须知，批改作业是“批改”，而不是“修改”。“批”的本意为判断是非，略加指点，并无“粗、细”之意。因此，对学生作业中的错误，不宜把正确的答案直接告诉学生，不宜直接替学生改正，只要对错误的关键地方略加启发性的指点即可，要留出思维余地，让学生自己去找根源、找答案。这样，才能使教师的批改成为学生再学习的机会，才能起到引发学生思考、发展学生能力的作用。为在批改作业中加强诱导，体现启发，对作业中的问题可采用给出标记的办法，给予提示、指点、启迪。比如：在错误处或缺陷处“画线”或“点红”或加注批语，然后发还，让学生通过自己的思维去找错改错，第二次审查作业时，只看学生是否更正了“画、点”之处即可。另外，还要鼓励学生在完成作业之后进行再思考（解此题运用了什么方法？受到了什么启发？积累了什么经验？还有无更佳的思路和方法？）以鼓励学生自己归纳总结解题技巧，引导他们在作业中追求“最美的图形，最佳的设计，最好的思路，最优的解法”。

四、方法灵活而不呆板

批改作业艺术的体现是灵活多样。批改作业时，应根据教材特点、习题性质、学生情况，灵活运用多种方法，不能形成固定模式，也不能单一地只由教师去判断对错，以免学生形成依赖思想。应逐步培养学生自我检查的习惯。这种能力的培养，既靠课堂教学，也靠批改作业灵活多样的方法。

（一）师批生改

教师批，是教师在认真审阅学生作业的过程中，发现需要修改之处并做上各种符号或加以眉批，发现独到做法或妙词佳句加以鼓励。学生改，是学生细心体验所画的符号、所加的批语，据此加以修改。

（二）全批全改

全批全改，即将所有学生的作业予以全部批改。其优点是可全面了解和掌握学生学习中的问题和情况，使学生普遍受益；其缺点是既会造成教师花费时间精力较多、负担过重，又易养成学生的依赖思想。所以，在一般情况下，不宜全批全改和详批细改，只有在教新班或开新课的初期，为全面了解和掌握情况，或对极为关键性作业才进行全批全改。对作文更提倡全批全改。

（三）选批选改

选批选改，即从各类有代表性的学生或习题中，选取一定数量作业轮换批改，或选择重点题，或选择重点人，有侧重地选批选改，以便重其所重，轻其所轻。其优点是目标明确，精力集中，省时省力，能使批改围绕训练目的，集中力量解决一两个问题。

（四）互批互改

互批互改，即学生间互相批改或与邻座同学交换批改。其优点是能引起学生兴趣，激发学生学习的主动性和积极性，培养他们鉴别和分析问题的能力，同时可收互相借鉴和自我教育之效；其缺点：一是水平较低者不能很好地批改对方作业，二是有的改动不好，或把同学未错的改错了，或可改可不改的改得似是而非。采用此法的价值主要不在于批改作业的结果，而在于批改过程本身。它可使水平较低者从中发现自己的差距，激发奋起直追的心理；批改有误者则多了一次思考机会，在正误对比的深刻印象中得到提高。所以，对综合性、论证性或计算烦琐、容易出错的习题，可组织学生互批互改，以达到互相切磋、共同提高的目的。

（五）自批自改

教师首先把学生作业划分为几个层次，每个层次各批改一份，然后教学生掌握批改方法，再让学生自行批改。其优点是能培养学生自我检查、自学能力和认真细致的学风，并可使其从中悟出一些道理；其缺点是有些学生达不到自行批改的水平，得不到这方面的锻炼。

（六）面批面改

面批面改，即教师与学生一对一或一对多，一起来批改作业，这是与个别辅导相结合的一种方式，也是教学中最典型的因材施教的举措。其方法，先由学生叙述作业过程及思路，然后指出问题让学生解答；

或对有错误的作业，先让学生思考、找出错误所在；必要时也可由教师直接指出错误之处及其原因。面批面改是师生互动、直接沟通的教学行为，既可使师生心领神会，又可及时并有针对性地相互反馈，可使知识得以巩固提高。对优等生可启发鼓励他们提出问题，深钻、广想，对后进生可针对其作业问题加以辅导。同时，能让学生感觉到老师对他重视，既可密切师生关系，且能及时发现其他方式所无法发现的问题。所以，它是批改作业最有效的方式之一。然而，它需要教师付出较多的精力和时间。

（七）共同批改

对有代表性、典型性或能反映全班倾向性问题的作业，可书写或张贴于黑板，或投影于屏幕，师生共同批改。这是“面批面改”的扩大。其优点，是通过互相质疑问难，使学生的问题得以充分暴露，彻底解决。“他山之石，可以攻玉”，全班学生都能由此获得教益，收到优于教师批改作业的效果，也是批改作业最有效的方式之一。它除兼有上述几种方法的长处之外，还具有扩大范围、扩大效果和减轻教师负担的优点；缺点是不易掌握和组织，且需要更多的时间。所以，要有目的、有选择地使用此法。

五、因材施教而不统一

批改作业的实质是因材施教。批改作业要避免“一刀切”或“千部一腔，千人一面”。有效的方法是对不同学生提出不同要求，采用不同的批改方法。

（一）对优秀学生

对基础好的学生可采取略批自改或互相批改的办法，或略加指点令其自悟。对此类学生的作业，不仅要求做对，而且要求方法简便，思路新颖。

（二）对中等学生

对中等学生可采取有批有改或共同批改的办法，或在做错之处加注批语，指出错误原因，提示如何入手，鼓励求异思维。

（三）对稍差学生

对基础差的学生则采取多改多批和面批面改的办法，指导他们知道怎样去做，同时要善于发现他们的思维火花，鼓励他们的点滴进步。

六、区别对待而不划一

批改作业的高超之处是区别对待，表现在根据习题性质或类型的不同而采取不同的批改方法。

（一）概念、定理、法则

对于巩固基本概念、定理、法则等习题，可在不同水平学生中各选部分作业批改，以了解他们对基础知识的掌握情况。

（二）典型题或论证题

对于典型题或论证题的练习，可批改每类学生作业的1／3至1／2，从中了解全班的错误率和各种不同的解法和证法。

（三）基本运算或重复性

对于培养学生基本运算能力，要求准确迅速完成或一些重复性练习，可不批不改，而适时公布答案，让学生自己检查或集体订正。同时，选看几份未全对的作业，从中了解致错原因。

（四）代表性与典型性

对于学生学习过程中感到问题较多的重要概念题，特别是具有代表性与典型性的关键习题，可全批全改以全面了解情况，帮助学生掌握这些重要内容，或师生共同批改以便学生理解更全面、记忆更深刻。

（五）综合性、论证性

对于综合性、论证性或计算过程繁杂且易出错的习题，可组织学生互批互改以达到互相切磋的目的。

七、针对辅导而不笼统

批改作业的有效措施，是在批改中善于发现具有普遍意义或普遍存在的问题，分析研究学生在解题中出现差错的原因，以有助于教师对学生进行针对性启迪与辅导。学生在作业或答题时，常因在信息的感知、辨认、贮存、处理、输出诸环节中的某处失误，而导致解答出现差错。究其原因，有时是单一性的，有时是综合性的。因而，应采取多种方法和措施培养学生思维的缜密性、流畅性、深刻性和变通性。其中，发现的共性问题可对学生进行集体辅导；对个别人或个别问题，应给予个别辅导，如对缺课的学生和理解能力迟钝的学生“开小灶”，以利更好地因材施教。辅导时，还应分析学生出现解题差错的主因，是智力因素限制，还是贪玩粗心所致，以便对症下药。前者，应帮助其掌握适合的学习方法；后者，则应帮助其端正学习态度。

八、语出爱心而不违心

批改作业的根本是教师对学生的爱心，表现在作业的评语上。批改作业时，更需注重适时、适当地使用鼓励性、期待性、商榷性和启发性、指导性评语，激发与引导学生的主动性、积极性和创造性。

（一）鼓励性评语

如“你的作业令老师赏心悦目”“你的点滴进步，老师都看在眼里，喜在心里”；再如，“分析得很好，试一试，语言能否再简练一些”？

（二）期待性评语

比如，“你是一个聪明的孩子，如果书写得再认真一点，就更好了”。

（三）商榷性评语

如：“想一想，是方法错了，还是运算失误？”“再想一想，这道题究竟要你分析什么？”“仔细想一想，还有没有其他更快捷的解法？”“认真想一想，看能不能发现错在哪里？”“你自己把错题再重做一遍好吗？”

同时，除课堂上统一讲评外，还要加强个别指导，可在作业本上多做指导性、启发性的批注，不轻易给予改正错误；应先让学生自查和启发他们自己修正。作业的批改，妙在激发兴趣。为此，粗指导——开拓思路，激起兴趣，不罗列过多要求，框多则僵，趣多则活；略批改——少找茬，多鼓励，专找“闪光点”，指引思维方向；多点赞——有益学生提高对作业完成的积极性；简讲评——紧扣要求，指出倾向，激励思考，鼓励前进。此外，还要注重思维指导，包括顺向、逆向、侧向及逻辑推理等各种思维，尤其对创造性思维更要注重，以给学生提供独特角度，从而去发现和创新。

作业的讲评艺术

作业讲评，即把学生作业或练习中的成绩和问题提升到“认识规律”上进行分析。作业教学环节的最后一步是讲评，是批改作业的继续和扩展，是批改作业的重要措施，也是批改作业的总结。要充分发挥讲评作业的作用，因为：其一，学生对作业中出现的问题和错误，在教师批改后不一定都有所认识，也不可能完全得到纠正；其二，针对作业问题和学生知识与能力上的缺陷或由于思维不严密、考虑不周到、方法不妥当而出现的错误，还须给予补救，尤其是对普遍存在的问题或典型错误，也应追根溯源，彻底纠正，或提出来以引起学生重视，从而吸取教训，防止再犯；其三，由于学生思路不同，同一问题的见解或解法不一，会涌现出富有创见的思路与方法，对此应予推广交流，给他生以启发。因此，须适时进行讲评。要根据学生实际和教学需要，有目的、有计划地利用习题课、自习课或授新课前的时间及时进行讲评。讲评时，不能笼统，要认真分析出现错误的原因，相机指导解题思路和方法。通常，专业课作业量较少，答案及错误的类型比较单一，可在讲授新课前进行讲评；文化课及技术基础课作业量较大，讲评占时较多，可在单元结束后集中评析，但与新课有密切关系的问题，亦应放在讲授新课之前，以扫清障碍。讲评时，还应特别注意对学生作业中共性错误的纠正以及对学生不同思路、不同解法的指点、总结和介绍，尤其是对具有创建性的见解和带有创新性的思路及闪烁着智慧火花的答案更要注意提炼、鼓励和引导。讲评作业是教学基本功的一项硬功夫，应做充分准备，褒贬要分明，分寸要掌握，时机要相宜，方法要得当。

一、讲评出是非来

讲评作业，要讲评出是非来。教师的讲评要指向清楚，态度鲜明。要有针对性，不必面面俱到，对那些普遍存在的问题要作为重头戏，耐心细致地分析讲评，是什么、不是什么，怎样对、怎样不对，提倡什么、反对什么都要说得一清二楚，不容模棱两可，不能含糊其辞。

二、讲评出兴趣来

讲评作业，要讲评出兴趣来。教师的本领在于因势利导，抓住时机激励学生，即使是点滴所见，也应充分肯定，让学生感到自己的进步，肯定学生的成绩，激励和表扬学生的进步，这可使学生分外珍惜自己独立思考的结果。显然，对作业优差的适时讲评与激励，能让学生了解自己的知识、能力所达到的程度，能够纠正错误，弥补缺陷，激发学生的学习兴趣。

三、讲评出气氛来

讲评作业，要讲评出气氛来。要引导学生积极参与讲评，可让他们自己说出解题的思维过程，发现问题的症结，并由此得出正确的解法，而且允许他们与老师持不同见解，教师给予鼓励性讲评。在师生共同讲评中，教师应以平等的态度对待学生，使讲评有争议、有沉思、有大悟、有欢乐。

四、讲评出规律来

讲评作业，要讲评出规律来。教师在讲评时，不能只做简单的肯定或否定，也不能只是弥补知识上的缺陷，应首先分析寻找学生在应用知识上存在的症结，挖掘学生存在的共同性问题，通过抓住典型，带动相关问题，有计划、有步骤地引导学生在知识内容或解题方法上发现规律、理清规律、掌握规律、运用规律，以发现个别因知识点应用不熟练、思维形式不合理、思想方法不到位的地方，提高学生的应用和辨析能力。

五、讲评出风度来

讲评作业，要讲评出风度来。讲评时引导学生从不同角度去思考问题，锻炼和培养创造性思维能力，鼓励学生提出质疑，对教师的讲评提出看法。在批改作业时，教师若发现自己有不如学生的地方，要有勇气说出：或从知识角度、或从思维角度、或从解法角度、或从表达角度……道出“自愧弗如”之处。教师虚怀若谷，对学生来说，是一种影响深远的熏陶。

六、讲评出智慧来

讲评作业，要讲评出智慧来。评出智慧是指通过教师的智慧引导，使学生在课堂上能够主动地学，愉悦地学，高效地学，进而培养对事物能认识、辨析、判断处理，提高和发展创新能力。具体讲，通过讲评，使学生会解（阅、审、做）题、会学习、会思维、会探索、会创新。

七、讲评出方向来

讲评作业，要讲评出方向来。教师在讲评时，还应讲出不同类型学生各自的努力方向和发展方向来，给他以正确的评价并和他找出努力的方向，且让学生看清与看准自己前进的康庄大道，以能阔步前进。

八、讲评出信心来

讲评作业，要讲评出信心来。教师在讲评时，应对学生的表现经常做总结，多鼓励他们要有信心，使之知道“信心是命运的主宰”。只有满怀自信的人，才能在任何地方任何时候都怀有自信。有信心的人，可化渺小为伟大，化平庸为神奇。自信是成功的第一秘诀。自信是向成功迈出的第一步。坚决的信心，能使平凡的人做出惊人的事业。拥有坚定信念的人才是不可战胜的。

九、讲评出道理来

突出讲评重点内容和学生普遍存在的问题，分析得失原因。要分析、评判学生作业中典型错误和适当激励学生作业中的独特见解，拓展学生思维宽度与理解、分析问题的深度，提高他们分析问题和解决问题的能力。而且要恰当讲评，明确具体，实事求是，既要肯定优点，也要指出缺点，更要指明方向。

十、讲评出多彩来

有时可采用师生共同讲评、师生轮流讲评、学生自评等丰富多彩的讲评方式，以切实提高讲评效率。

当然，以上十个方面是对作业讲评的总体要求，而不是对某一次作业讲评的具体要求。作业讲评是巩固教学效果的重要手段，是教学工作的一个有机组成部分。讲评作业以人为本，以学生的发展为前提，学生是学习的主人，教师是学生学习的引导者、组织者和合作者。所以，对作业不仅应做到精心设计、认真编选、合理布置、严格要求、认真批改，而且应做到及时讲评。

作业批语的要求

批改，是“批”和“改”的合称。“批”的本意为判断是非，略加指点，解决作业的整体性问题；是陈述教师对作业的审视意见，概括地指出作业中的优缺点，解决作业的整体性问题。“改”是改正作业中的病误和做一些必要的加工润色，是发现作业中的病误并作出提示，针对性地引导学生自我改正，解决作业的个别性问题。写好批语是教师进行作业指导和作业评价的有效方法，是提高教学效果的有力措施。

一、严肃认真忌潦草从事

作业批语是教师对学生作业所做的正规的、书面的评价和指导。所以，不能潦草从事、应付了事，而应以对工作负责、对学生负责的态度，认真书写：一是抓住主要问题，批在点子上；二是用语要准确，字体要工整；三是保持连续性，注意学生对批语的反应，以便写好下次批语。

二、因人而异忌千篇一律

为使每个学生都能有一个奋斗目标，教师应针对其个性特点、具体情况因材而异地指导，写出相应的作业批语：对基础好、作业一贯认真的学生，可“批”重于“改”，应在充分肯定成绩的同时，指出其作业中存在的细微差错，并提出更高的要求，促使其“更上一层楼”；对基础差、作业时好时坏的学生，可“改”重于“批”，应在指出其错误的同时，及时发现、表扬其正确及进步之处，以激励其奋发向上。

三、评价完善忌只划等级

作业评价，不仅有评定功能，更需有激励作用。实践表明，在评价上，既划等级更重批语，比只划等级更为有效。而给出的批语若具有针对性、激励性、具体性则更为有效。因而，在作业本或练习册上，不能只分甲、乙、丙、丁，或优、良、中、差，或100、90、80、70……作业评价一旦摆脱了仅是抽象而枯燥的百分制、等级式的单一模式，而增添一些按学生特点而生动形象的矫正与激励批语，就会“如虎添翼”，产生更大的激励作用，强化学生非智力因素，开发学生的智力潜能。

四、生动活泼忌死板教条

若对学生的作业无中肯的分析而只写一些公式化的批语，如“作业认真”“字体工整”“叙述清楚”等大同小异的“套话”“官话”，则让人读起来味同嚼蜡，没有吸引力、感染力和号召力。所以，应使用生动活泼的语言写作业批语，给学生留下深刻的印象，从而起到较好的启发、激励和鞭策作用。所以，对不同学生还应予以不同评语。希望型：“你进步很大，望继续努力！”鼓励型：“第几题答得好，很有新意！”激将型：“别的同学超过你了，难道你甘心落后？”赞赏型：“你的点滴进步，老师都看在眼里，喜在心里。”期待型：“作业正确，如果书写得再认真一点就更好了。”商榷型：“认真想一想，看能不能发现错在哪里？”等等。评语要实事求是，针对性强，勿一般化，既指出缺点和不足之处，又肯定优点，鼓励前进，特别是对差生的点滴进步要及时指出，并给予肯定，积极鼓励其上进心。

五、具体鲜明忌笼统模糊

写作业批语的目的之一是指导学生正确、完整地掌握有关知识和技能。因此，批语应针对作业中存在的问题和不足给予观点鲜明、详细具体的指正，好在哪里，错在何处，不足是什么……都要有板有眼，并明确提出今后的要求；对作业中独到之处，闪光之点给予贴切具体的肯定，以使学生得到鼓舞。

六、表扬为主忌一味批评

作业批语是教师写给学生的一种书面评语，学生及家长、其他同学都有看到的机会。因此，作业批语直接影响着学生的自我估价和他人的评价。如果一味地进行批评和指责，势必会挫伤学生的自尊心，给学生造成心理负担，甚至产生逆反心理，最终导致丧失学习兴趣、热情和信心。所以，写作业批语应在语意诚恳的基础上以表扬为主，对作业中的优点及新颖、独特的见解、思路和解法，要给予充分肯定，对存在的缺点和不足，要及时、客观地指出，但不可过分渲染，更不可抓住一点就批得一无是处，也不容使用刻薄、生硬的语言。

七、讲究启发忌越俎代庖

作业批语要精当，具有启发性和导向性，三言两语，切中要害，指点迷津，使学生看后能引起深思、多思、联思，并有所得、有所悟。作业批语应引导学生对正确处深思，对错误处再思，对不足处多思，这是作业批语的主要功能之一。作业批语不能形成包办代替，直接告之答案。

八、考虑承受忌批语失度

批语是教师对学生进行有针对性的作业指导，所以必须着眼于学生对这些信息的接受效应。为此，一要语言通俗。使语句口气、措辞、缀句适应学生的知识水平和理解水平。二要指正示误。指出应肯定的地方，点示应修正之错误。三要文字规范。不仅让学生看得懂，而且能为学生做楷模。四要把握适度。褒贬要得当，批评有分寸；入情入理，易于接受。亦即，批语必须适应学生的认知水平，才能增强批语的接受效应。

九、注重教育忌忽视育人

教师要把作业批语视为“教书育人”的一个重要途径。作业批语习惯上侧重作业技术技巧的评价，这对作业的指导当然是不容忽视的，但作业本身也是思想品德内容和科学文化的有机统一。所以，批语不能只是评价知识、技能和技巧，还应引导思想，留意教育学生“做人之道”；在批语中应帮助学生纠正偏见，启迪思想，点拨方向，激励进取。这样，能把学生的直觉思维引向正途，使学生的知识学习和道德品质都能从批语中获得启迪，受到鼓舞。

十、实事求是忌形式主义

批语的恰当和准确，从某种角度说会直接影响学生的学习情绪，因而要讲究科学性和艺术性，要从学生的实际出发，分别给予实事求是的批语。要抓重点，针对作业中的重点练习或主要问题进行指导，不必面面俱到；使批语起到评中有导、导中有评、既评又导的双重作用。同时，要从学生的实际出发，需写则写，无需就免，不求形式，只求实效。

为使作业批语起到促进学生发扬优点、改正错误、提高质量的作用，达到提高教学效果的目的，每位教师都要根据学生及其作业的不同情况，分别给予希望型、鼓励型、激将型、谈心型、提醒型、批评型多种类型批语，并力争写好作业批语，既注意普遍性与典型性的结合、循环性与递进性的结合，又使之具有科学性、针对性、启发性、艺术性、鼓动性、指导性。

作业的若干症结或误区

大千世界，无奇不有，无误不有，作业亦然。提高作业质量远比减少作业数量艰巨、复杂得多。当今至少有六大症结困扰着学生的作业。

一、统一作业多分层作业少

给学生留作业，是帮助学生巩固知识，提高学习能力。然而，不同学生的学习基础、智力水平、接受能力、性格爱好不同，有的教师很少考虑这些因素，使有差异学生做无差异的作业，势必造成有的“吃不饱”，有的“吃不了”，形成会与懂者也要做，不会不懂者抄袭别人的现象，从而失去了做作业的意义。

二、知识巩固多应用实践少

教师布置的作业大多用于巩固学过的知识。因此，文科教师要求学生大量抄写生字、新词等，理科教师给学生留重复性的练习题，让学生大量完成教科书、教辅资料上的题目，搞题海战术，还振振有词地说“熟能生巧”。这些机械呆板的作业占用了学生大量的学习时间，而着重于把学过的知识应用于社会生活、生产工作、发展个性，提高实践能力的作业内容则相对较少。

三、书面作业多其他作业少

教师习惯于让学生完成书面作业，因为这种作业便于教师、家长了解学生完成作业的情况，也易于教师的教学和评判。目前，绝大多数学生的作业仍然为书面形式，以课本作业及教辅资料上的习题构成了学生作业的主要内容。久而久之，在学生的心目中，口头作业、动手作业、社会实践等综合性作业的概念就会荡然无存，致使课外作业缺失了最具有活力、最利于学生发挥潜能的一部分。

四、教师布置多学生选择少

事实表明，大多数学生把作业当做任务完成。他们最讨厌重复性作业、已经掌握但还必须做的作业及偏难和无趣的作业。但教师很少考虑学生的感受，要求学生一律完成，学生无选择的自由。

五、求同思维多求异思维少

社会科学不同于自然科学。但目前文科作业中的一些客观题限制了学生的自由发挥，抹杀了他们的想象力。久而久之，会造成学生在一起对答案、抄答案的现象，不利于培养其创新精神。

六、家长管得多孩子自主少

为了提高子女的考试分数，很多家长不经孩子同意，就请家教，报各类补习班，使他们除了完成学校作业外，还要完成更多额外的作业，加重了学习负担，久而久之，造成厌学情绪。

七、课后作业多　课前作业少

有的教师往往注重布置课后作业，而对保障本次课顺利实施需学生提前所准备的课前作业布置较少。

布置作业应注意：一是给学生留出空间，让学生有时间、有机会去思考、去体验、去感悟；为此，作业的形式应灵活多样，不拘一格，与听、说、读、写、演、画等训练形式结合起来；二是与生活生产结合起来，贴近生活生产的课外作业在培养学生学习兴趣、毅力、自信心与成就感方面有着积极的作用；同时，教师也可从作业中发现和发展学生从学校无法获得的才能；三是作业应有一定的梯度，难易不同而分层次的作业，可使不同程度的学生增强学习信心，真正达到做作业的目的。

学生解题差错的分析

分析研究学生在解题中出现差错的原因，有助于教师进行针对性指导，也有利于改进教学。学生在做作业或答题时，常因在信息的感知、辨认、贮存、处理、输出诸环节中的某处失误而导致解答出现差错。

一、选择性差错

有的学生在感知与题意有关信息中，因受某相似因素的迷惑而不分真伪或辨别不清，导致此类差错。其主因是“错觉”，即受过去经验或一定心理因素的影响，把两个貌似相同而实存差异的问题混为一谈。

二、遗忘性差错

有的学生在贮存信息的过程中，由于生理、时间、复习量等方面的种种原因，造成已贮存信息间的联系中断，从而“丢头忘尾”或“记忘断续”，而出现遗忘性差错。造成这种差错的主要原因是长时记忆能力薄弱，痕迹模糊。也往往与注意力的分配不当有关。

三、粗放性差错

有的学生在处理信息的过程中，因观察、思考、判断的粗放，常常只看到或只想到问题的某一方面，而忽略问题的另一方面，或只看到显露部分而忽略隐含部分。产生这类差错的主因是思维缺乏缜密性。

四、习惯性差错

有的学生在信息处理中，因旧知识旧经验的习惯性，使学生习惯于按一种思维方式去考虑某类问题，不知不觉将思维活动引上歧途。这种差错主因源于已有知识、技能的负迁移作用而造成解题的思维定势。

五、猜度性差错

有的学生在回答或解答时，常受其他伴随信息的影响，如教师的语气、同学态度、命题者心理等。易受此干扰者因缺乏自信，易受别人“暗示”而进行猜测，结果造成差错。

六、默认性差错

有的学生在解答问题中，不知不觉误将某些条件作为已知条件，或漏证某些应证明的关键，从而造成默认性差错。该差错常与解题中“求易心理”或发散思维薄弱有直接关系。

七、阻滞性差错

有的学生在解答问题时，常因思维阻滞而出现差错。掌握信息不足，不善于发散思维，即不善于多角度思维，如对正向思维易接受，对逆向思维则生疏；不善于集中思维，即不善于从多种方案中进行筛选，不能从题目的语言或图形中得到的若干信息中排除不必要因素，也不能把选择信息集中起来。常因所得信息不同、判断不一，而集中到自己所熟悉的“兴奋点”，但此“兴奋点”并非“目的点”，造成差错。

八、特殊性差错

有的学生在解题中，只注意对问题的常规解答，而对问题的特殊性注意不够，误以为解题终止，忽略问题的特殊性，未进一步分析、讨论重要部分，结果因欠缺性而出现差错。

学生解题差错的原因，有时是单一性的，有时是综合性的。因而，应采取多种方法或措施培养学生思维的缜密性、流畅性、深刻性和变通性。

让学生自主或创新作业

作业应具有“创造性的学习过程”的本质。“学而时习之，不亦乐乎”“温故而知新，可以为师矣”，这两句流传了两千多年的古话，其蕴意已把“作业”的意义阐述得很透彻。如何使学生在作业的过程中提高创新能力，是诸多教师应不断探讨的课题。“学生自主作业”或“创新作业”，主要是指结合教材内容，在教师非指令性引导下，学生自主设计、自主进行、自愿完成，并有一定创新性的课外作业。

一、自主或创新作业的意义

由学生给自己设计与布置作业，即自主作业或创新作业。自主作业，是体现学生的主体性、培养学生创造精神的有效方式。第一，学生自主作业，是一个综合性创新，包括由学生决定自己需不需做作业，需做哪些作业，以什么方式完成及以什么方式表现作业的结果。在这些方面的决定、选择等行为会逐步发展为自主学习的能力，并从中表现和发展创造性。第二，学生自主作业，体现关于主体性、自主性的教育法则和个性化的教育理念。学生决定、选择真正适合自己学习需要的作业，合乎自己的个性特点和行为方式，从而提高作业的教育教学效果。第三，学生自主作业，使过去的心理“负担”变为一种快乐的需求。

二、自主或创新作业的原则

自主作业或创新作业的原则和指导思想至少应把握以下几点：其一，作业内容和形式的设计应依据所学教材；其二，要依据自身学习经验和学习基础“因学设作”；其三，作业方式力求多样、新颖、具有吸引力，内容具有启发性、思考性和创新性；其四，作业答案允许打破固定的单一标准。

三、自主或创新作业的做法

一是先发散后集中，即按创新作业的原则和形式引导学生随意设计（发散），然后在交流展示中比较选择（集中）；二是自主开放，即根据实际需要和妙想随意设计，实现作业的开放和课程资源的开发；三是合作交流，即以小组为单位进行创新作业设计交流、展示、选择，或以小组合作的方式设计作业方案。

四、自主或创新作业的形式

从实践中总结的作业形式主要有如下几个方面。

（一）习得式

习得式，即向同学汇报自己的学习与做作业的心得体会。

（二）演练式

演练式，把作业作品中的人物，以课本剧的形式进行表演，或配曲将课文改写后演唱。

（三）争辩式

争辩式，即针对某个问题进行不同意见的交流、磋商、讨论和不同情感的沟通、不同见解的辩论。通过争辩，拓展视野，开阔思路，激发思辨。

（四）操作式

操作式，即根据自己的特长，通过制作、实验、演示、绘画、表演等表现所学技能与技巧等内容。

（五）实践式

实践式，即将课堂的道德认识，通过社会实践活动转化为道德行为。

（六）调查式

调查式，即走向社会调查、访问或上网查询资料。

（七）检测式

检测式，即上网查找题库或自行拟出检测试卷。

五、自主或创新作业的策略

为提高学生的自主学习及创新能力，可在作业设计、布置、批改、讲评诸方面做大胆的尝试。

（一）作业的布置要体现学生的自主创新

创造性地改编、续编故事，改编课本剧，改编导游剧，给古诗配上图画，创造性地复述课文……要求学生自拟练习、巩固。要求学生根据内容自编习题。这样，学生做作业时就会主动，因作业难或易都由自己做主，差生可以编写些简单的，成绩优秀者可以拟些较难题型。这是一种积极向上、富于激情和趣味体现的自主性学习。

（二）作业的批改要体现学生的自主学习

批改作业原为教师的常规工作之一。作业的批改方式可有多种，对于学生自主作业或创新作业，应灵活运用多种方式批改。如采取学生自评，小组内互评，最后教师总评。这种评价方式可把主动权还给学生，体现学生的主体地位，并使学生从不同角度获得激励，获得自信和成功的体验，从而激起兴趣的浪花，进而形成主动与创新学习。

（三）作业的讲评要体现学生的自主创新

作业讲评是让学生及时了解自己的学习结果，针对作业中存在的共性问题引导学生分析原因，帮助学生总结规律的过程。在讲评作业时，先让学生指出作业中的错误，不会改正者可向全班同学提出疑问，然后请班上其他同学分析错误的原因，说明正确的解答，最后让学生简单总结：再遇到这类题目时应注意什么问题。在作业讲评过程中，学生自始至终处于主体地位，教师只需适当引导即可。这样，教师在轻松之余又能激发学生对作业解答的创新见解，提高了学生分析和解决问题的能力，可谓一举多得。

六、自主或创新作业的指导

（一）师生互换角色，激发学生兴趣

要使学生能设计出高质量的作业，首先应激发他们对这项活动的兴趣。师生互换角色提示学生思考：“假如我是老师，应为学生设计出一份怎样的作业？”这样，可使学生兴趣盎然地积极参与到“今天我出题”的行列中来。有了兴趣，就有了成功的基石。在此基础上，教师便可适当划定出题范围，对题型及数量加以限制和引导。

（二）由“扶”到“放”，相机点拨

让学生设计作业是一种新的尝试，教师应采取由“扶”到“放”的方式；可先让学生对老师设计的作业进行评价，使他们对“设计作业”有感性认识，再具体教以“出题”的思路与方法。同时，因材施教，相机点拨。对掌握较快的学生，应放手让他们设计，鼓励创新；对有一定困难者，应更多地给予指导，鼓励其开动脑筋，根据自身情况设计作业，也可几个人共同设计一份作业。

七、自主或创新作业的讲评

对学生设计的每一份作业，教师都应及时讲评，加以鼓励，从而激发他们的创造热情，特别是对学困生设计和交来的作业，哪怕是一个造句、一段填空，都要给予肯定，以鼓励学生在自己搭建起的“作业”舞台上尽情挥洒，并使他们的创新精神和创新能力在自己设计作业的过程中得以充分展示。

让学生在自主作业，尝试设置问题、解决问题、订正问题的方式中，敢想、敢说、敢议，并能提出自己的见解，甚至是颇为新颖的见解或独出心裁的解题思路，从而获取极大的学习兴趣和成功的愉悦。

练习的设计艺术

练习，是学生在教师指导下，掌握、深化理解、巩固和灵活运用知识，培养技能、技巧的一种重要方法，也是培养学生创新意识的基本方式，还是把知识转化为技能技巧，发展智力、提高能力的必要途径。练习设计的优化，对学生系统地、有序地掌握、巩固所学知识及启发思维，发展智力和创新能力等都起着十分重要的作用。因此，要优化练习设计，讲究练习艺术。

一、明确目的性

每次练习都要有目的而不盲目，有重点而不随意，把练习的意图集中、明确地体现出来。练习的直接目的，是使学生加深对所学知识的理解、巩固和运用，形成技巧、技能与相关能力；同时，通过练习还可激发学生的学习兴趣，促进学生学习的积极性、主动性和创造性。

二、突出重要性

设计练习时，须突出重点，抓住关键，并注意整体配合及前后联系，形成合理的练习结构体系。同时考虑练习的阶梯性、系统性和重现性。这样，可使练习起到“以点带面”、“以一当十”的作用。

三、注意针对性

设计与布置练习时，不能不分轻重，一味盲目安排重复多练。练习的安排：一是针对课程中的重点、难点和关键点，尤其是对易混、易错、易忽略的内容，通过练习进行反复强化，即练在点子上，练在关键处；二是针对学生的知识水平、实际能力和发展潜力，有的放矢。

四、力求多样性

心理学指出，学生的注意力难以长时间保持稳定。所以，练习的形式应多样化，以生动活泼的练习项目和多种多样的练习方式来调节学生心态，维持和激发学生的练习兴趣；同时，使学生用不同方法、从不同角度、不同侧面去理解和掌握同一内容，以提高他们认识的广度、深度及应变能力和练习效果。

五、富于启发性

练习的设计不仅本身应具有很强的启发性（变式练习、比较练习、改错练习……），而且应对解答其他问题有所启迪，使学生通过练习，娴熟内容，掌握方法，开拓思路，发现规律。

六、具有趣味性

兴趣是学习活动中一个重要的心理因素，可以起到定向、维持和强化的作用。所以设计的练习要新颖、有趣，要摆脱陈旧、呆板、单调、重复的习惯模式，以促使学生跃跃欲试。一些新颖有趣的练习，既可调节教学气氛，又可使新旧知识自然、和谐地得到衔接和统一，组成新的知识体系。

七、渗透思想性

练习，应结合教学内容对学生进行道德教育，即做到有机渗透，使学生在练习中潜移默化地受到教育。所以，在设计练习时，应适当地安排一些教育内容，如学习的目的性教育，良好的行为习惯教育，有针对性的职业道德教育……以使他们既学到了知识，又陶冶了情操。

八、体现层次性

注重练习的经常性、阶梯性和渐进性。练习的安排应由易到难，体现层次。设计好每个层次的练习，能帮助学生组建、巩固、完善和发展新的知识结构。练习的层次一般可分为：①会——模仿练习，是为了掌握和巩固新学知识、形成必要技能和思维定势的一种练习，有利于形成正确的概念，掌握基本方法，这是知识的内化过程。②熟——变式练习题是指变换标准习题的表现形式，而其本质属性不变的题型，因此要根据教学目的，不断变换角度，以更深刻地触及新知的本质，把知识转化为技能，即设计一些带有灵活性和综合性的练习，这是知识的同化过程。③活——引申练习，即设计一些带有思考性、求异性、创造性的练习，既可使学生摆脱“常规”的束缚，消除思维定势和惰性，培养学生思维的深刻性；又可使学生知识结构更好地向智能结构转化，从模仿型学习向创造型学习的方向发展，这是知识的优化过程。

九、讲求有序性

在设计练习时，必须注意练习难易的顺序和梯度。

（一）先单项，后综合

设计和安排练习时，必须认真分析其包含知识点的多少，要先少后多，逐步增加，不要囊括太多，跳跃太大，更不能颠倒次序，应遵循如下练习顺序：单项型→双项型→多项型。

（二）先标准，后变式

运用变式练习，让学生认识事物的属性，其思维难度较大，故练习时应遵循如下练习顺序：标准型→过渡型→变式型。

（三）先基本，后展伸

对新学知识，应首先练好基本题，再视学生掌握情况适当展伸。一般可遵循如下练习顺序：基本型→引申型→扩展型。

（四）先正例，后反例

在设计练习时，既要注重通过肯定事例的练习从正面强化所学知识，又要注意通过对否定事例的辨析从反面深化对所学知识的理解。否定错误依赖掌握正确知识，故应先练习正例习题，后练习反例习题。

（五）先直观，后抽象

依据学生的思维特点，不仅学习新知识要注意由直观到抽象，设计练习亦应如此。一般可遵循如下练习顺序：直观型→再现型→想象型。

（六）先正向，后逆向

注重正向思维向逆向思维转化的训练，是全面提高学生能力的需要，因逆向思维难度较大，恰如上坡走路、逆水行舟。故而应先练正向习题，后练逆向习题。

十、促进创新性

练习是学生掌握知识、形成技能、发展智力的重要手段，也是培养学生创新意识的基本途径。为此，可通过一题多解，让学生从不同角度思维，用不同方法解答；可通过一题多变，使学生弄清知识的来龙去脉，培养举一反三的能力；可通过一题多问，激发学生的好奇心与多向思维……这些练习在培养学生创新意识和创新能力方面都有明显优势，在练习教学中要不失时机地进行这方面训练。

只要教师精心构思，认真准备，巧妙安排，优化设计，就能提高学生的练习兴趣，使学生感到练习是一种享受，是一种需要，以成功的喜悦迎接新的练习。

练习类型与指导艺术

不同课程有不同的练习要求和方法。语文和外语有文字语言和口头语言的练习，数学和理化有解答问题和推理运算的练习，艺术和体育有绘画、演奏和动作技能的练习，职业和专业则有实践与操作的练习……练习，是学生巩固知识、运用知识的基本手段，是学生在理解和掌握知识的过程中，加速“懂→用→熟→巧”进程的有力措施，是把知识转化为技能技巧，提高分析问题、解决问题能力的重要途径。所以，合理组织和指导练习，对于培养学生深刻理解、牢固掌握和灵活运用知识以及发展思维能力都具有重要意义。从练习的目的看，主要有如下几种。

一、基本练习重在明理

一项新知识学完，教材中都会安排一定量的基本练习。基本练习是使学生把刚刚习得的概念、法则、规律首次应用于例题之中。对此，必须通过有效的指导，使学生掌握一般原理，并将其纳入原有认识结构，成为后面“发展”“综合”“发散”等练习及向新知识迁移的基础。

（一）加强说理

加强说理，以唤起有关表象再现，加深理解。

（二）改变题型

改变题型，即对教材中的基本练习适当改编引起学生判断思考，使练习落实在对一般规律的领悟上。

（三）注意总结

注意总结，即对教材中的某些内容进行概括、归纳、提炼。

二、变式练习重在固本

变式练习可安排在基本练习之后，是指在不改变知识本质特征的前提下，变换其非本质特征，让学生在不同情境的应用中突出对本质特征的理解，提高对知识的概括能力。

（一）认真设计变式题

可以从位置、方向及特殊性等多方面变换非本质特征。

（二）要通过变式练习

要通过变式练习，引导学生更深地挖掘共同的本质特征。

（三）变式中穿插反例

在变式题中穿插反例，使学生通过对变式的概括与对反例的辨析，提高对知识本质特征的掌握水平。

三、比较练习重在思辨

对相近易混的概念或相反、不易分清的内容进行比较练习，是为了把握知识间的联系和区别。

（一）注重比较

比较题组要典型，让学生思辨其具有代表性的问题。

（二）抓住关键

画龙点睛地引导学生比较分析。

（三）抓住本质

在比较异同中，找出联系，抓住本质，掌握规律。

四、改错练习重在扶正

把学生可能出现的错误，设计成改错题让学生练习，可使他们在改错练习中强化正确认识。为此，指导改错练习应注意如下几点。

（一）针对易犯

改错题应有针对性，要在学生普遍易混、易忽略处设错，让学生改错。

（二）错中识真

改错练习应着重引导学生找错议错，挖出错“根”，错中识真，使之成为强化正确认识的过程。

（三）检验错误

改错练习应在基本练习、变式练习、比较练习之后安排，以便于学生用已获得的正确知识去检验错误，并通过改错从反面强化正确认识。

五、操作练习重在内化

实践操作，可使学生置身于运动之中而强化感知，进而把外部的动态过程转化为内部语言形态的概念，展开“动作思维”。通过眼、手、脑并用，以深化理解、加深印象、启迪新思、娴熟生巧，使心理活动可靠地掌握行为的进行，进而形成操作过程“熟练化”。

（一）明确要求

要提出明确的操作要求，保证操作姿势、程序和要领能够内化为有意义的信息。

（二）注重思维

要在学生操作中或结束时，让学生述说操作过程和所得结论，把操作时的思维过程外显出来。

（三）开拓思路

操作既可安排在学习新知前做课前预习用，也可安排在学习新知后做巩固深化用，其主要目的在于开拓学生思路，提高学生动手能力与实践能力。

六、发展练习重在层次

发展练习是在学生较好地掌握了基本原理和一般方法后向纵深发展的练习。有层次、成梯度的发展练习，可使学生的思维得以由简单到复杂和由求同到求异的发展。指导发展练习，既须遵循循序渐进的原则，在基本练习基础上逐步发展，要积极地、审时度势地把学生引向他们的“最近开发区”；也不可急功近利、拔苗助长，基础不牢或梯度过陡都不利于发展。

七、综合练习重抓联系

综合练习是学生较好地掌握了基本原理和一般规律之后，与以前学过的知识实行横向沟通、有机结合的练习。在综合练习中，因多种知识交织在一起，增加了难度。指导综合练习，既要鼓励和引导学生把刚学过的新知识与原来有关知识联系起来思考，也要在解题遇到困难时，如因新知识掌握不牢、应用不活，或相关知识的“可供利用”不够，就需在新知上加温、旧知中提供“原型”，唤起旧知重现，促其把新知与旧知联系起来思考。

八、发散练习重在引发

为使学生既长知识又增智慧、能力，不仅要引导学生通过严密的逻辑推理，进行集中思维，指向一个目标，而且要鼓励学生在思考时不拘常规，从不同角度、不同方向推测和猜想，通过多种途径用多种方法解决问题。教学中常用的一题多议、一题多解、一题多变、一错多改、一图多编、一事多写等都是引导学生发散思维的方法。发散思维，既重引发，不“守株待兔”、坐等新的思路和新的方法，当学生思维囿于固定思路时可适当排除思维定势的消极影响，在引发上下功夫；也重发散练习，不能仅满足于解法之多，要在多种解法中择佳选优，使学生在对各种关系的权衡比较中优化认知结构，发展求异思维和创新能力。

“温故而知新”是复习教学中已证明的规律，“习新而强故”也是练习教学的一条重要规律。学生对旧知识掌握得越牢固，领会新知识就越容易，掌握了新知识，对旧知识便会理解得更深刻。

“练”需得法

练习，要讲究明确的指导思想和掌握科学的方式方法。练习，是对所学知识进行消化巩固、深化理解、灵活运用及掌握技巧、发展智力、提高能力的基本途径。尤其是工科和职业技术教育对“练”的要求更为突出。然而，当前在练习中还存在以下误区：一是重讲轻练，习惯于“教师讲，学生听”，形成一讲到底的注入式教学，而对通过练习提高能力重视不够；二是讲练分离，不是讲练结合，而是讲三节练一节，或堂上讲堂下练，既加重了学生负担，也很难收到良好效果；三是为练而练，虽安排学生练习，但针对性不强，或片面追求活动量，该讲亦练，费时不少，收效不大；四是题海战术，不精心设计和筛选习题，而是“多多益善”，打耗时之仗，搞题海战术，结果是做题不少，收效甚微；五是内容雷同，不是有针对、有侧重地安排练习序列和层次，而是形式单一、机械重复，结果往往是事倍功半。为提高练习质量，除对广度、深度、坡度进行精心安排外，还应注意以下要点。

一、注重精练

应提倡精练，精选典型、精心设计、精于指导。重精不重多，根据专业特点，精心取舍与提炼，注意习题的典型性、代表性、灵活性及新颖性，力求每一项练习都能“练”在点子上，“练”在关键处。为此，要注意精选题目，并要求教师事先亲自动手演练一遍，从而选出最典型题目或最主要部分。实践证明，教师在精选习题上多下一番功夫，学生在练习中就可多收一分成效。

二、强调巧练

要注重巧练，巧练又高于精练。一味“多”不是巧，单纯“少”也不等于巧。巧练，是巧在方案上，巧在方法上，巧在形式上；巧练，是巧设计、巧安排、巧指点，以少胜多。巧练，即“善练”，就是力求以最少的时间达到最佳的效果，并要善于在练的角度、形式和方法诸方面下功夫。巧练要尽量做到：分类设计、有的放矢；注意序列，讲求层次；选题典型，内容新颖。还要掌握和运用必要的技巧，诸如：①频次要有规律——开始练习的次数要多些，每次间隔随着技能的掌握而逐渐延长；②时间分散集中——时间上的分散练习比集中练习更为有效；③系统深入练习——它不会很快被遗忘，且取得更大成效；④适当交替变换——按照改变了的条件和目标进行练习，不仅学生不易疲劳，而且可使知识与技能进行“迁移”；⑤注意避免干扰——练习时，应把类似的练习相间进行，避免不同的练习互相干扰；⑥考虑有利迁移——适当改变条件会促使学生进行思考，且能把知识或技能引申到类似情境中去。

三、周密计划

练习，必须有周密的计划。既要有学年、学期的整体考虑，又要有单元、课时的具体安排。何者先练，何者后练，都要考虑周到；什么着重练，什么附带练，均需心中有数；设置问题讲前练，探讨问题讲中练，综合问题讲后练。只有如此，才能收到理想的效果。

四、讲求实效

应认真筛选习题，以通过练习实现教学目的。原则是学生已掌握的无须重复，重点练习那些有利于发展学生思维及促进能力转化的内容，做到新学知识重点练，易混内容对比练，关键问题专题练，相关技能综合练。通过动脑、动手、动眼、动口的练习，促使学生多思、好问，提出问题，从而掌握规律性知识，并学会思考问题及处理问题的方法，进而提高动手能力、自学能力、分析问题和解决问题的能力。

五、必要重复

重复是熟练的手段，熟能生巧。很多知识、技能只有经多次观察、思考，乃至重复实践，才能成为牢固的学习成果。“书要读透，题要做够”。所谓“够”，即是必要的重复。适当的重复练习，可使大脑中枢可靠地控制操作的进行，进而形成操作过程“熟练化”。然而，也不能盲目地练习、机械地重复，必须讲方法、有限度、有目的、讲针对，以使练习形成一个不断提高的过程。

六、安排梯度

练习内容除形式多变、内容新颖，以唤起学生学习兴趣外，还要根据学生情况和习题难易，合理安排练习的序列、层次，使练习逐步深化和提高，从感性到理性，从具体到抽象，由现象到本质，从一般到特殊。同时还要考虑练习层次：一是基本性练习，二是变通性练习，三是提高性练习。这三类练习都要面向全体学生，对优等生可增加些思考性较高的题目，对后进生可选择重点的基本题。这样考虑练习的阶梯性，可激发每个学生奋发向上，提高练习效果。

七、讲练结合

讲，是练的基础和前提；练，是讲的继续和发展。为提高教学质量，不能把希望全部寄于教师滔滔不绝地讲，而是既需教师循循善诱地讲，又须让学生跃跃欲试地练。把讲和练有机结合起来，把教师活动和学生活动紧密结合起来，形成既讲也练。讲者抓住关键，讲得精当、精彩，适可而止；练者把握时机，抓住节骨，练得适时、适度，恰如其分。

八、适当点拨

智力的发展和技能的形成，都须经有步骤的培养和训练。教师对某些重点练习的指导，不宜“面面俱到”，要注意启发学生的思维，点拨学生的思路。在练习之前，教师在思路上可予以提示和指导；在练习中，对某些难点可予以引导和点拨；在练习之后，对有代表性的问题要适时进行总结和讲评，且褒贬要分明，分寸要适度，同时要认真分析练习中错误的原因，总结寻求规律的方法，鼓励练习中的独特见解。有了练前、练中和练后的点拨，练的效果就会更好。

九、讲究启发

教师对某些重点练习内容或项目的指导，不宜“一览无余”，应有意识地留下“练”的余地，让学生在练中去品味、去钻研。为了启迪学生思考，还应选择他们感兴趣的要点、重点和疑难点去练习。同时，在练习过程中，也要注意启发学生的思考、思路。

除上所述外，得法的练习还要从深、广、纵、横、用五个方面下功夫。深，即通过练习，深入理解概念、原理的实质；广，即通过练习，掌握定理、法则能否推论和推广；纵，即通过练习，熟知所学的概念、原理，应用之间的因果关系；横，即通过练习，抓住平行的概念、原理之间的相互联系；用，即通过练习，能够理论联系实际，把所学知识与技能运用到生产、经营、管理和生活实际中去。

设计创新练习　培养创造性思维

练习是识记、理解、分析、综合、运用所学知识解决问题的过程，又是思维活动的外显。创造性思维是所有思维活动中最活跃、最可贵者。应精心设计能激发学生创造性思维的新颖练习，以强化其能力的训练。

一、设计探索性练习培养质疑思维能力

学贵知疑，小疑则小进，大疑则大进。疑者，觉悟之机也，一番觉悟，一番长进。为使学生敢于怀疑已成定论的东西，敢于怀疑常识和权威，多设计带有探索性的练习。

二、设计组合性练习培养求同思维能力

把一些相同内容之问题，通过组合性练习的设计，使学生从中悟出组合能产生的新事物、新理论、新效益的道理，进而培养和提高求同思维能力。

三、设计多维性练习培养发散思维能力

多维性练习设计的关键是积极诱导学生多思路、多侧面、多层次、多结果地去思考，寻求多种正确答案，而后对其中合情合理成分给予充分肯定，以培养发散思维能力。

四、设计因果性练习培养求异思维能力

大千世界的万事万物不可能无缘无故地产生及消亡。有时一因多果，或一果多因。设计练习时可根据思维的无固定方向、无固定模式的特点，由已知探索未知，高屋建瓴，洞幽察微，寻求变异。

五、设计比较性练习培养侧向思维能力

进行比较，可找出不同内容与形式的相同与不同点，认识其特殊性与差异性。这种练习，能把思维的触角伸入相近、相关、相连的事物与领域。故能训练学生的侧向思维能力。

六、设计辐射性练习培养联想思维能力

辐射性练习，主要是让学生在深刻理解教材的基础上，对其中的“潜台词”“空白”意境及未丰情节，进行丰富合理的思考，“在有限中求无限”。

七、设计迁移性练习培养迁移思维能力

当教会学生解决某个问题的方法后，可设计让学生运用已学知识和技能来解决新的类似问题。这样，可培养学生的迁移思维能力。

八、设计反意性练习培养逆向思维能力

反意性练习的设计，意在引导学生改变常规思考程序，朝着原事物的相反方向、相对角度去进行思考，得出富有新意的结论。这样，有利于培养学生的逆向思维能力。

还有设计筛选性练习，培养聚合思维能力——要撞击出创造性火花离不开聚合思维。为使某问题只有少数或唯一解法，这种分析判断的思考有方向、组织、条理就是聚合思维。为此，需设计筛选性练习，如解决某问题可通过发散、逆向思维提炼出若干观点，用聚合思维来确定哪一思路最佳。设计归纳性练习，培养统摄思维能力——归纳性练习的设计，在于启发形成对某种知识或某个事物的普通本质和整体性的认识，或对其内在规律的探求，以形成新的概念与系统。归纳性练习可培养统摄思维能力，提高思维深度。

复习的概念　种类　方法

复习，是学生进一步巩固知识、发展知识的过程。复习的功能在于对已学知识和与能力的反馈、矫正、巩固和提高，对提高学习质量，培养创新精神和实践能力有着重要意义。孔子说“学而时习之”“温故而知新”；夸美纽斯则把不注意复习巩固比喻成“往米筛上泼水”……这些都说明指导学生复习的重要性和必要性。然而，复习的效果，或知识的系统梳理、整合和升华，并不完全取决于复习时间的长短和次数的多少，而是取决于复习的合理组织、最佳方式。究竟怎样复习才能事半功倍？可概括为：认真及时、把握重点、弄懂难点、注意新旧知识的融会贯通与对新知识结构的归纳梳理。

一、复习的概念

（一）什么是复习

复习，就是重复学习学过的东西，即温习以前所学的知识，就是将学过的知识重新、系统地再学习一遍；就是将以前学过的知识理论从头至尾梳理一遍，掌握其中的知识点并通过练习加以巩固。学习过的东西有很多，复习不可能面面俱到。所以，复习最需目的性。明确到底要复习些什么，即“使学生巩固些什么”；认真研究学生，明确大部分学生具体需要复习些什么。“温故而知新”就是这个道理，但“温故”指好好地看，并不是简单地翻翻书。

（二）复习的目的

复习，是上课的继续，是把学过的知识系统化、条理化、网络化，是不仅知其然，且知其所以然的过程。达到对知识的深刻理解和掌握，提高运用的技能技巧，进而在运用过程中，使知识融会贯通，举一反三，并通过归纳、整理达到系统化，使知识真正成为自己知识链条中的一个有机组成部分。通常，复习的目的有三：一是使学生系统、深刻和全面地掌握、巩固和运用所学知识、技能和能力；二是为学期、学年、毕业和升学或就业考试做准备；三是为某一竞赛或选拔性活动而准备。

（三）复习的作用

复习，即怎样“使巩固”，是对以前学过的内容进行再学习的过程。复习的主要作用是把以前学过内容的漏洞和缺欠补上，使知识更加完整；使所学内容融会贯通，使知识系统化，对问题的理解更深刻。

（四）复习的重点

由于每个学生的学习情况不一，所以复习会有所侧重，但也应有共同注意之“点”。复习应抓住学科的重要内容、主要规律和基本方法，而不是把精力和时间用在解决、攻克一些疑难问题上，或用在不必要的记忆上。复习，要着重掌握分析问题、解决问题的最基本思路和方法，要搞清楚问题解决的全过程，而少追求特殊的巧解，更不可在不理解或一知半解的记忆上花功夫、费时间。

（五）复习的质量

复习，要注意“质”和“量”。这里的质，一是要求复习是真正通过独立分析而解答正确，并力求能举一反三；二是平时复习要注意训练自己思维、表达及运算的准确度。这里的“量”，要求做题速度要快。快速而准确地解决问题，除要对学科知识、规律透彻理解、熟练掌握外，还要有科学的学习方法和良好的学习习惯。因此，平时复习时就应注意速度，有意识地训练思维、表达和运算的敏捷性。

从狭义上看，复习就是查漏补缺，找到自己知识的不足，订正错误，把不会的学会，未掌握的掌握。然而，复习的含义并非如此狭窄。应通过复习，“温故”，应有“知新”的感觉和感受，应有“知新”的收获和收益。如果复习只是使学生在知识“量”上的增补，而无“质”上的变化；或只是在“知识”上发生变化，而未在“能力”“素养”“习惯”“体验”等方面产生改观，那复习的价值或意义就会打折扣！

二、复习的种类

复习，一定要有针对性，学生要针对自己知识、技能上存在的问题进行相应的复习。复习的基本种类有：阶段性复习、系统性复习、重点性复习。

（一）按时间先后可分为三种

1. 新课复习　是指把新课中有联系的知识进行复习，正所谓“温故而知新”。

2. 阶段复习　是指按照教材的章节，学完一章或一节后进行的复习，整理归纳章节内容，做题测试掌握程度，找出错误，解决问题。

3. 学年总复习　是指在课程结束后，针对教材全部内容，系统梳理知识点。

（二）按方式不同可分为五种

1. 专题复习　就是将题型归类，按类别复习。这种专题复习，往往要打破章节之间的界限，搞清章节之间的内在联系，把所学的知识“串”起来，使之成为一个有机的整体，或在头脑中形成一个学科知识的总体框架和主线。

2. 轮回复习　就是把复习分为一轮复习、二轮复习、三轮复习。一轮复习是最全面、最重要的复习，能接触到每一个知识点；二轮复习是在一轮复习的基础上进行的，是对一轮复习知识的提升，难度也会加大，把握住二轮复习，成绩将有一个飞跃；三轮复习则是由点到面、再由面到体的复习阶段，会将所有的知识化为一体。

3. 三轮复习　①全面复习——主要是根据大纲规定的考试范围和要求，对有关内容做全面、系统的复习，抓住各科的知识体系，不遗漏任何有关的知识点。②重点复习——在全面复习的基础上，抓住各科、各章节的重点、难点进行复习。结合自己理解掌握的情况，以大纲所要求的内容为重点；在练习上，要精选习题，做一些有代表性的练习，力求做到举一反三、触类旁通。③综合复习——在前两阶段复习的基础上，将各科知识融会贯通，并做些综合性习题。综合题能够检查对各种知识的理解程度和灵活运用水平，可锻炼综合分析能力和解决问题的能力。

4. 循环复习　不断重复的学习就是循环复习，其功效是：弥补及时复习中零散、不系统的缺陷；加强知识内在的逻辑性、系统性；实现知识巩固到能力提高的跨越。

5. 系统复习　即按照知识体系，先后进行复习。应注意三点：由强到弱，心理放松，不盲目做题！

三、复习的步骤

（一）做好复习准备

在每次复习前须做好复习准备。例如，一个晚上自学两小时，就应根据一天学习的学科内容和学科性质，科学安排，即内容相似的不要前后相连，应间隔复习。这是因为从心理学上讲，相似的学科相连复习往往引起干扰，降低复习效果。

（二）先回忆后复习

复习时最好先回忆，根据听课所记要点回忆当天学习了哪些内容，主要教材是什么，进行了哪些实验等。然后再复习课文。此时，可根据回忆，有困难或不明确的地方多复习，理解的少复习，这样既可节省时间又可集中力量掌握重点。然后，再合上书本思考一遍，特别要明确重点、难点部分，最后才做作业。

（三）关注实验过程

理工科是以实验为基础的。因此，在复习时，对每一项实验，须注意它的变化、现象及仪器装置、操作程序，从现象到本质去认识它、理解它。同时，须对所做过的实验中已观察到的变化，从现象到本质地进行回忆。

四、复习的要求

（一）目标明确，合理计划

复习目标要明确、具体，复习时间要适当、合理。复习，要掌握正确的方法，善于发现自己的问题，及时总结复习要领、解题规律，合理变换复习内容，适当确定复习重点，才能提高复习效率。复习，要有计划性，制定每月或某次的复习要求。长计划、短安排，不如制定每周或每天的计划。无论哪类复习计划，均需注意留有一定的余地。

（二）及时复习，经常复习

遗忘的规律是“先快后慢”。据此，听课后或新学知识，要及时复习，即在遗忘将要开始或遗忘还未开始之前进行复习，即“趁热打铁”。使识记材料在最初记忆时得以强化，就可使之巩固下来。如若等遗忘后再去复习，就等于重新学习。所以“当天的功课要当天复习”，而且要坚持平时经常复习。经验表明：记忆后的两小时、记忆后的第一周、记忆后的第二周、记忆后的一个月……都是最佳复习时间。

（三）既重结论，更重探索

现在的学生几乎普遍存在重书本结论，重老师归纳现成结论之倾向。认为这是学习的捷径，所以整日背定律、背概念、记公式。诚然，结论性的内容是前人智慧的结晶，应予继承；但只记、只背，或死记硬背地“死学”，就不可能再生出新的知识，更培养不出创新精神。因此，复习应在看重结论的基础上，更看重探索结论的过程，学到从纷繁的客观事物中找出内在联系，进而学到创新的科学方法。

（四）适当做题，拓宽知识

在老师的指导下，每门课程可选定一本参考书作为主要的阅读资料，同时自选一些参考资料。复习时，将参考书和教材、课堂笔记相互对照，做好精彩的摘录，并选择适量适当的习题予以练习，以拓宽知识面。

（五）需要俯瞰战略视野

谁在复习方法上技高一筹，谁就能在学习中领先一步。如何判断复习能否成功，不完全取决于考试分数，而应是一种成竹在胸的感受：宏观有轮廓，微观有印象，解题有思路。宏观有轮廓，就是有俯瞰境界与俯瞰技法。有人把学习描述为三个境界：乌龟境界、野兔境界和雄鹰境界，三者分别代表爬起来、跳起来和飞起来。爬起来代表一步一个脚印的扎实前进，跳起来代表左右逢源的跨越，但经验表明更多学生所缺少的是雄鹰般的俯瞰。学习者离不开居高临下的俯瞰能力。从此意义上讲，复习的过程也是一种艰难的起飞，每个学生都可成为一只直冲云天的雄鹰。复习的乐趣之一便是一次次将众多的知识尽收眼底。

五、复习的方法

（一）实例法

通过实例，认识物质的制法、用途，存在决定其性质。因此，在复习某一物质的性质的同时，应根据此性质认识它的制法与用途，联系它的存在。同样，复习用途与制法，也须充分了解它们所根据的是该物质的哪些性质。

（二）对比法

对比，即对知识点之异同进行比较分析，加深理解和记忆。各科复习时均可进行对比。对比的方法既加深、扩大、巩固新旧知识，也是培养学生分析、综合及概括能力的过程。

（三）归纳法

归纳，即把零散的知识、复杂的内容整理成提纲或图表。如氧化物、酸、碱、盐之间，通过学习可摸索出它们相互间的转化规律，归纳成图表，成为全章知识的概括和小结。

（四）联系实际法

要反复通过实例，联系实际。对生产与生活中的各种事物和现象，要结合教学加以联系，使学生逐步学会联系。

（五）时间分配法

复习时间是有限的又是人人平等的。在有限的时间内复习多门学科知识，只有根据自己的学习情况合理分配各科所用学时总数，才能取得最佳回报。每人情况不同，复习时间应视各自实际而定。但总的分配原则是：①教材篇幅越小，单位时间复习效果越大；②考题灵活、能力要求层次较高科目，题量要超出教材的范畴；③记忆量大的科目，可把时间化整为零，用零星时间做到“曲不离口”，每天反复多背多读。

六、复习的四忌

（一）多而不精，顾此失彼

许多学生为了领先于其他人，总是绞尽脑汁想方设法要比别人学得多。这种想法虽好，但若采用多做题的方法，花去比别人多得多的时间，往往达不到应有的效果。

（二）学而不思，囫囵吞枣

复习时，往往题目是知识的载体，有的学生做了很多题目，却仍不能举一反三，甚至举三不能反一，其真正的原因是没有养成积极思考、总结规律的习惯。

（三）好高骛远，忽视基础

许多学生在复习中有“好高骛远”之嫌，而忽视基础知识的复习。

（四）大搞突击，常搞夜战

复习时，不搞突击、不搞夜战，以免使大脑处于极度的疲劳状态，使神经机能减弱，导致不能有效地回忆与思维，使解题出现严重障碍。

七、建错题档案

建立错题档案，即把自己容易出现的错误整理记录，分析容易在哪里出错误，并且勤加查阅，避免下次再犯类似错误。

另外，在复习中，特别是对数理专业的内容的复习时要：先想后算，审清题目；多想少算，理清思路；反思巧算，抓住本质；当即验算，确保无误。应做到：做题，不拘泥于题；复习，不局限于书。

复习的艺术

复习，是指把学过的东西再行温习，使之巩固，也可引申为再次经历、体验。复习，是强化和巩固记忆、防止产生遗忘的主要途径，是获得知识、技能的必不可少的手段。经常复习是使学习材料长期保持记忆的一个基本方法。复习既能增强记忆，也能促进理解，还能融会贯通。复习在整个教学过程中占有重要地位，不仅可防止遗忘，同时可诊断和弥补学习上的缺陷，发展学生的记忆能力和思维能力。

一、注意全面系统复习

由于知识本身内在的联系性，在指导学生复习时，必须对所学知识内容进行全面而系统的复习。既可依据教材、讲义或课本组织学生全面复习，也可结合整理课堂笔记、拟订复习提纲或制作图表等进行系统复习，还可抓住教学内容的重点、难点、关键点，把握好知识点之间的纵向联系与横向联系，以达到对所学知识、技能和能力进行全面、系统复习。亦可对学过的知识材料，按其内部结构加工、归纳、归类，把各课、各节的知识点进行梳理，使之系统化、条理化和网络化，有助于提高记忆效果。

二、科学安排分散复习

所谓分散复习，也叫分步复习，是指平常分次进行的复习。比如，某次学习任务需要 5 小时的复习时间。可一次将 5 小时用完，这样的复习叫集中复习；也可每次复习 1 小时，分 5 次完成，这样的复习称分散复习。复习，既可集中进行，也可分散进行。但研究证明，花费同样的时间，有间隔地分散复习的效果明显优于无间隔地集中复习。原因是复习时间过于集中、内容过多，会抑制思维，引起大脑皮层细胞疲劳，降低兴奋状态，从而不能获得良好效果；而分散复习可使抑制得以消失，不易疲劳。所以，应指导学生科学地安排复习时间，重在平时分散复习，不把复习时间集中在期末或其他考试之前“临时抱佛脚”“连续作战”。至于分散复习的每次间隔，既不宜太短，否则即近似集中复习，也不宜太长，否则就难免有所遗忘。通常，在开始时间隔短些，以后逐渐拉长。至于具体间隔，应在既“集中歼灭”又“化整为零”的原则下，根据学习内容的性质、数量及识记所要达到的水平而定。

三、进行必要穿插复习

怎样独立复习，也有一个科学与技巧问题。总的原则是交替与穿插复习。即在一段时间里若复习多种材料，应使不同学科、材料交替或穿插进行。因较长时间复习一种材料，单一刺激易使大脑相应区域负担过重而产生疲劳，会由兴奋状态转为抑制状态，表现为头昏脑胀、注意力不集中。而不同学科、材料的穿插与交替复习，可使大脑皮层的不同功能得到轮流休息，即可保持刺激的新异性；可调节精神，唤起兴趣，减轻疲劳，增强记忆。为此，第一，要进行复习内容穿插，比如文、理搭配，总复习应指导不同课程的交替穿插复习，不搞“各个击破”，即不要复习好一门课程后再复习另一门课程；在穿插复习中，还要注意不把内容或性质相近的课程前后衔接，而尽量使差异较大的课程前后相邻。第二，要进行复习方式穿插，比如阅、听、读、写结合；口头复习、书面复习、操作复习等单独使用与交叉使用相结合。第三，要进行题型搭配，比如计算、论述、作答等，各种题型单独使用和交叉使用相结合。

四、适当进行“过度复习”

所谓“过度复习”（又称“超额学习”）是指在“记得”和“学会”的基础上，学习一种材料，达到一次完全正确背诵后，仍继续学习，称“过度学习”。过度学习对巩固识记效果有重要作用，但复习次数不是越多越好，那么过度学习达到何种程度，才能取得最佳学习效果？心理学家列维斯认为，过度学习程度为 150% 时，其效果最好（具体说，一项学习完成后，如刚好能复述 100%，花了 30 分钟，则最好是再多复习 15 分钟，即可增加 50%，总共用 45 分钟，即为 150% 的过度学习；又如学习 10 个词语，经过四次练习就会背会写了，在四次练习后再加两次就称过度学习 150%）。因此，要适当地让学生进行一些过度复习。但不能过分，那种超负荷的过度复习，不仅浪费时间，而且会带来注意分散、厌倦、疲劳等不良因素而导致学习效率“递减”。可谓“过犹不及”。

五、灵活使用变化复习

实验证明，如果刺激的频率总是一样的，神经细胞就很易疲劳，致使学习效率降低；如果略微变化刺激频率，神经细胞又会兴奋起来。因此，指导学生变换不同的复习方式，教给学生必要的记忆方法，是取得良好复习效果的重要条件。所谓变化复习：一是变化复习内容；二是变化复习方法（有理解记忆法、机械记忆法、归纳记忆法、分类记忆法、对比记忆法、图表记忆法、尝试记忆法、运用记忆法和趣味记忆法等）；三是力求使复习生动、形象、富有情趣，或根据教学目的、知识内容和学生情况选用适宜的复习手段，如影像、视频、投影等。

六、巧妙运用忆读复习

在复习时如果单纯地一遍又一遍地读，效果往往不佳。应在材料还未完全记住前就积极地试图回忆（尝试回忆），回忆不起来就再阅读。这样，边读边忆、边忆边读，不仅容易记忆，而且保持的时间也长。心理学家发现，试图回忆比反复阅读是一种更为积极的能力活动过程，它要求大脑更积极地活动，易于建立新的暂时的神经联系和恢复旧的神经联系，此即忆读复习。同时，试图回忆又是一个自我检查的过程，能清楚地了解不能回忆的部分和回忆中的错误，从而集中力量掌握或纠正它。换言之，它使整个复习更具有目的性和针对性，因而也有更好的复习效果。

七、多种感官参与复习

注意调动多种感官参与复习，把视、听、读、写、忆、思等结合起来，既可变单调为有趣，又可变化角度去理解。参与复习的感官越多，就越容易在大脑皮层建立多通道的神经联系，记忆效果也就越好。亦即，各种感官活动越多，所得到的感性认识就越丰富，在此基础上建立起来的理性认识就越深刻、越全面，记忆也就越牢固。

八、努力实现创新复习

为使所学知识“简化”“序化”“网络化”，应不断创新复习方法，如：①浓缩法——即依据各科知识本身内在的逻辑关系，按章节内容浓缩提炼要掌握两条线索：一是新旧知识的联系，二是各部分知识内在联系，将二者进行“串联”，可扩大和加密知识网络；②归纳法——即对概念定理比较，找出异同和规律，进行分类整理；③图表法——如历史课可用列表法梳理。

另外，还可在重要处画上圈、杠、点等符号，或在书页的天地空白处写上有关批注，并专门写出读书笔记和心得体会，且隔些时日重温笔记及查读书上打记号的地方和批注。这种复习，既是克服遗忘、巩固记忆的有效方法，还可收到温故知新的效果。同时，要充分发挥以下复习功能：①巩固功能——通过“过一遍”巩固知识，但“过一遍”至多可保证学习不落后，但不能促使学习“领先”；②寻疑功能——通过复习可发现新疑难或漏洞；③释疑功能——在复习中解决疑难，弥补缺陷，杜绝漏洞；④梳理功能——通过复习找到知识的内在联系，实现知识的条理化、系统化。总之，巩固知识应和发现问题、解决问题、知识梳理相结合；通过“过一遍”的同时，应问一遍、思一遍、解一遍、梳理一遍。这样，就会使复习后有一种登高望远“一览众山小”的感觉。

练后评析的方式

学生在练习中，总会有对有错、有心得有失意、有经验有教训，教师如能针对不同情况，抓住要害，进行及时、得当，且鞭辟入里、娓娓动听的评析，必能使练习登上一个新台阶，达到一个新的高度。

一、评论式

练习后，先指定学生述说解题思路、方法和结论；再引导其他学生进行议论、评价是否正确、简便，是否为最优方案或解法；最后教师适时做出小结。这样可使师生间加强信息交流，同学间进行相互切磋。

二、改错式

练习后，教师将巡视时发现学生练习中存在的普遍性问题和典型性错例，抄录到黑板上或投影在银幕上，引导学生进行自我分析，找出错误，讨论订正的方法。这样，可有的放矢地对症下药，使学生能很快吸取教训，建立起清晰、正确的概念和思维方法。

三、对比式

练习后，将形同实异、形异实同、概念易混或顺逆不同的解题思路或典型习题放在一起，引导学生进行辨别比较，同中寻异、异中寻同。选样，可提高学生审题、剖题、解题及综合分析能力，并养成从不同角度去探索奥秘的良好思维习惯。

四、概括式

练习后，让学生述说通过练习懂得了什么，有何见解，如引导其归纳习题的结构特点、解题规律和练习方法等。这样可促使学生去抽象、去概括，将所学知识连点成线、结线成网。

五、点拨式

练习后，教师对解决重点、突破难点和掌握关键的方法及注意点，应做适当剖析、揭示和点拨，以引起学生注意。这样，可抓住主要矛盾，起到画龙点睛的作用。

六、联想式

练习后，让学生回想所做习题与以前所学哪些知识有联系，有何联系，新旧知识的连接点是什么，不同点在哪里。这样启发联想可帮助学生将新知识纳入已有的知识体系之中。

七、互评式

练习后评析，要让学生成为主体，教师主要是组织学生开展讨论，总结归纳，对比纠错，自评互评；即组织学生分组，互评互议，切磋研讨，寻因问果，刨根究底，找出问题所在，让学生互相取长补短，共同努力，共同提高。同时，教师在适当时机给予引导和点拨，把握练习评析的方向，控制练习评析的范围，使练习评析达到提高教学质量的效果。这样，可提高学生比较鉴别、分析和解决问题的能力。

另外，对不同学生应予不同评析，如，希望型——对学习有进步者："你进步很大，望力争上游！"学生看到教师的殷切期望，会增添动力。鼓励型——"第几题答得好，很有新意！"学生得悉此评，胸中会涌起涓涓暖流，平添几分学习热情。激将型——对头脑灵敏，但用功不勤者，可激其竞争意识，"某同学原比你差，现领先于你，难道你甘心落后？"提醒型——对取得成绩沾沾自喜、盲目乐观者，给予及时提醒："纵向看你有进步，横向比你在班里还不够先进，应奋起直追，早日跨进先进行列！"

第四章　辅导与答疑

辅导与答疑，是课堂教学之后一个必不可少的重要环节，尤其是进行因材施教的一个最佳环节。

辅导，即启发、引领、指点、帮助和指导，是课堂教学的延续、补充、细化、深化与拓展，是课堂教学的辅助形式，对尊重个性、自主学习、因材施教和提高教学质量起着重要作用。辅导，是实验、实习、实训、设计等实践性教学的主要手段，是个体教育的主流方式，也是了解教学情况、改进教学的有效途径。辅导，通常采用答疑、质疑、微课、上辅导课、举行辅导报告等方式进行，是在教师指导下，使学生通过独立思考或自主学习而掌握知识和技能的教学方式，是帮助学生解决疑难或促进学生学习深化的教学活动。辅导，分课内辅导和课外辅导，或集体辅导和个体辅导。前者，着眼于多数学生；后者，侧重于个别学生。即可针对学生的不同情况个别进行，或针对某些共性问题，组织某些学生或全班（级）集体进行。辅导前，应对学生进行了解、分析，掌握全班学生的学习情况及个性特点，确定辅导对象和辅导重点；辅导中，要根据学生差异，既有统一要求，更要区别对待；既要面向多数，更要兼顾两头。辅导得当，成绩好者，可百尺竿头更进一步；成绩差者，可得到指点走出迷津；使优等生“吃得饱”，中等生“吃得好”，后进生“吃得了”。同时，既鼓励学生发现问题、提出问题，更注重进行启发、指点思路与适当答疑，让学生自己去发现、分析、解决与回答问题。辅导是一个过程，包括：预习→上课→复习→作业→实验→实习→考试等等。

答疑，是教师用口头或书面（如函授）的方式解答学生学习中的不解之疑难问题（非简单直接地给予答案，而是帮助学生克服困难，纠正错误，引导他们自己解决问题），是辅导的主要方式和重要组成部分，是不可或缺的教学环节，也是教学过程中的一个辅助性方式。其中，暗含许多技巧，堪称一种综合艺术。“师者，传道授业解惑也。”解惑即答疑。答疑的过程，除做必要的回答或解释外，主要是引导和启发学生“质疑→释疑→再质疑→再释疑”。书到疑处翻成悟。在求知的征途上，敢于和善于质疑是打开灵感宝库和科学大门的金钥匙，质疑是产生新的学习和研究的开始。学生提出疑难问题是为了追求、探索真理。巴尔扎克说：“打开一切科学的钥匙毫无异议是问号。”真知灼见，首先来自善疑。“学贵多疑，小疑小进，大疑大进。”为学患无疑。因而，教师对学生质疑的正确态度是：不怕有，就怕无；不怕多，就怕少。求知的过程就是一个不断“生疑→质疑→释疑”的循环往复过程。教学无疑需有疑，有疑定要求无疑，无疑本自有疑始，有疑方能达无疑。答疑，在中等学校由任课教师承担，在高等学校由助教（或讲师）于特定时间回答学生关于当前所学课程内容的提问、疑难。

习题课，主要是高等学校理工等学科教学课程的一个版块。即以讲解习题为主要内容的课程，是学生在教师面对面的指导下，对指定的习题进行解题作业的教学形式。一般来说，主课教师讲授一段时期的课程之后，即会安排助教或讲师开设一堂习题课。通常以班（组）的方式集体进行，一般以小组为宜。旨在培养学生运用所学知识、理论解决实际问题的能力，并通过解题帮助学生正确理解和消化、巩固所学的有关知识和理论，并学习解决实际问题的正确方法和技巧。

答疑和习题课相比，具有许多不同之处：①答疑是由学生提出具体的问题，由教师或助教进行有针对性的回答；②答疑过程中，教师与学生的互动性较强，基本是一对一的直接交流；③答疑形式比较自由，对教师或助教的教学规范要求较少；④答疑时间不记入教学工作量中，带有某种义务性质。⑤答疑有三大优势：专业——一线教师解答，质量有保证；及时——随时提问，立即解答；“一对一”——专注服务，个性化答疑解惑。

辅导的基本要求

辅导，是指引导、帮助、指导。是课堂教学后由教师安排一定时间帮助学生学习的一种教学形式，也是学生在教师指导下，自行学习某些内容的一种教学方法。辅导是一个过程：预习→上课→复习→作业→系统复习→考试，是一个长期的有人指导的学习过程。辅导的实质，是传播知识、培养技能和发展能力的过程。其特点是重视个性差异与个性发展。它对于贯彻因材施教的原则，对丁学生消化、理解、巩固和深化所学知识，对于学生个性发展和潜能发挥，对于教师了解授课的客观效果都起着积极作用。其总的要求是：着眼差优诸生，因材施教；注重优化个性，强调发展专长。

一、认识要正确

教学是指导学生学习，而不是代替学生学习。教师的责任是：激发学生兴趣，指导学生作业，提供参考资料，点拨自学方法，解答学习疑难，评价学习成绩。作为教师，既要重讲课，也要重辅导。因学生对每次所学知识和技能不可能都一听就懂、一学就会，何况在兴趣、爱好、天赋及学习基础、态度、条件等方面均有差异，其学习效果必然参差不齐。由于课堂教学及知识传授的规定性、学生思想及知识基础的差异性、教学进程的统一性和课堂时间的有限性以及班级授课制弊端的影响，教师不可能完全兼顾因自身差异而出现的千差万别。所以，要使后进生补其所缺，逐步赶上，使优等生锦上添花，展其所长，使特殊才能者满足要求，尚需进行课外辅导。课外辅导也是教师修正授课缺陷、弥补课堂教学之不足的重要途径。同时，辅导也是试验、寻找、解决学生问题的重要途径。有时这样讲学生易懂，那样讲不易懂，可在辅导中摸索出思路，以便再讲此类内容时修改教学方案、调整授课程序和改进讲授方法。此外，辅导还是教师检验自己教学效果的一个途径。当然也应认识到，课外辅导仅是弥补课堂教学之不足，应在抓好备课、搞好上课的基础上进行，而不能本末倒置，忽视提高课堂质量，把主要精力花在课外辅导上。实践证明，提高课堂教学质量，是减少辅导量的根本途径。但若因辅导而削弱上课质量，就会使更多学生需要辅导，造成恶性循环，影响大面积教学质量。

二、态度要端正

积极辅导和认真辅导，是态度端正的主要体现。所谓积极是指在时间上及时而不拖延，所谓认真是指在态度上负责而不马虎。有的教师缺乏这种精神，或懒于动作，或畏于艰难，不做辅导；有的教师是“前门进，后门跑，遛一圈，就拉倒”的应付辅导；也有的教师是“有问即答”“不问不辅”的被动辅导；还有的教师当被学生问住时，怕丢面子、失威信，或不懂装懂，或反过来训斥学生提得不是地方……凡此种种，都是辅导中不应出现的现象，应纠正与防止。同时注意辅导时不可显露出厌烦和无奈的表情，以免降低学生学习兴趣；避免只把时间花费在某些学生身上，以免引起众多学生心理不平衡；要不断鼓励学生，以免使他们的学习兴趣中途降低或中断。

三、目的要明确

辅导的目的，主要有：①指导、督促、检查学生预习、复习和作业情况以及技能形成情况，使学生有计划、高质量、按时间完成预定的学习任务；②帮助学生解决学习中的疑难问题，解决学习道路上的“拦路虎”“绊脚石”；③帮助学生明确学习目的，端正学习态度，树立学习信心，调动学习积极性；④指导学习方法，介绍学习经验，培养独立思考能力和养成良好的学习习惯；⑤让所有学生都学有所得，鼓励优秀学生深入钻研，有所创见，形成特长，帮助成绩较差者解决学习中的实际困难，能随班同步前进。

四、准备要充分

要搞好课外辅导，应在提高认识、明确目的的基础上，做好充分准备。一是研究课程标准，从整体上把握教材。把教材所涉及的知识进行归类，掌握各部分知识的结构，认识各知识之间的阶段性、连续性，确定教材在本学科体系中的位置。二是熟悉教材，掌握重点、难点及其突破方法，同时了解与本次课程有关的知识、技能及与前导课、后继课的联系。三是充分掌握学生情况，通过课堂教学、批改作业、平时接触及与其他任课教师交流，了解学生学习中的共性和不同学生的个别问题，并由此确定辅导对象和主要内容，以使辅导具有针对性，切中要害，抓住关键。四是应有渊博知识和广阔视野，因辅导与课堂教学不同，不是按自己的思路去设计与分析问题，而是要即时解答学生千奇百怪的问题。只有知识宽厚，才能迅速、灵活、准确地将问题讲得通俗易懂，使学生易于理解。五是在调查研究的基础上，制订切实可行的辅导计划，计划越具体，辅导就越主动，辅导效果也就越好。

五、施辅要因材

辅导，切不可忽视学生的个性差别，要依据学生的自学能力和个性差异，激发他们的自学热情和动机兴趣。辅导，在面向多数学生的前提下，既要狠抓中下，也要注意中上，既不埋没一个尖子生，也不放弃一个学困生。通过有的放矢的辅导，培养尖子生，提升中间生，厚爱学困生。既给优等生锦上添花，又给后进生雪中送炭，使各层次学生各有所得，即根据学生的共性与差异，既有统一要求，又要区别对待；既要面向多数，又要兼顾两头，使优等生“吃得饱”，中等生“吃得好”，后进生“吃得了”。尤其对那些“后进生”要重点辅导、耐心辅导，既要给他们补讲缺少的基础知识，又要教以科学的学习方法，更要培养他们的刻苦精神和自学能力。

六、方法要灵活

学生除在学习方面有差异，在德、智、体几方面发展有不平衡之外，其心理、气质、性格诸方面也各具特征。在注重课上分层次推进，课下分类辅导的同时，要根据学生的不同特点采取不同的方法辅导。为此，教师要手执各种各样的“金钥匙”，一把钥匙开一把锁。对学生提出的问题，迅速判断其性质，辨明是提问题还是问答案，是概念不清还是方法不对，是教材知识还是超纲内容……从中了解学生思路、疑难之点与成疑之因，进而施以相应的引导和启发。比如：有的学生性格内向，虚荣心较强，不懂也不问，就需主动关心接近，造成宽松气氛，使之克服恐惧心理，增强提问的勇气；有的学生性格直率，不会就问，但考虑问题过于简单，对此不能有求必应，而应先反问几个为什么让其思考，继而循循善诱，直至达到问题的圆满解决；有的学生聪颖有余、反应灵敏，可用“画龙点睛”方法给予指点，还可授以新意或给予难度较高的题目让其“吃饱”；有的学生反应缓慢、接受能力差，不能横加指责，因其心理状态多是不敢问或不会问，怕提出一个很简单的问题被老师嫌弃、同学耻笑；也有的是提不出问题或不知从何提起，所以应特别耐心、主动、热情地启发与鼓励他们敢于提出问题。不论对哪种学生，当一个质疑、释疑过程完结之后，还可采用反诘形式，或变换一种方式考察其是否真正理解，如未理解，就需反复地、交叉地进行启发诱导，直至把疑难彻底弄通为止。另外，在辅导中，也可发动学生互相切磋或由学习较好者帮助学习较差者。总之，应根据具体情况，灵活运用个别教学法、自学辅导法、合作学习法……这里，没有呆板的说教，没有烦琐的解题，只有恰到好处的点拨，刻骨铭心的提醒，巧妙方法的指导，理清思绪的引路。

七、重点要抓住

辅导重点，应是高屋建瓴、提纲挈领的内容、方法和思路，并关注学生是否做好下一步学习任务所需的准备。同时，还应注意：①学生预习、复习和作业遇到困难时；②学完单元或章节后，学生不会概括、归纳、总结，不能掌握知识之间联系时；③考试前，学生不会全面复习和复习中遇到疑难时；④专业技能考核期间，学生对实践操作把握不准时；⑤学习目标不明，失去方向，遇有困扰时；⑥培养学生自学能力，尤应重视对特殊学生的辅导，做到不放弃每一个学生，使每一个学生的困难都得到解决。

八、内容要全面

课外辅导的任务或内容包括讲解内容、提出问题、要求响应、分析疑难、提供反馈、帮助练习等。既是知识与技能，也有思路与方法；既要有教书或启智，也要有树德或育人；既要激发正确动机、学习兴趣，也要激发积极思维、求知欲望；不只限于学习范围，也应注意创设情境；除解决现实具体问题，还指导选择专业与将来就业，尤应注意根据学科特点，加强自学方法的指导。如指导学生阅读、使用工具书、搜集资料、写读书笔记及发现问题、分析问题、解决问题等，同时注意观察与分析学生的学习情况，及时检查和评价学生自学成果，解决学生自学中的疑难问题。辅导内容，绝不可只做狭义的解释、理解，要更注重思维方式、学习能力、学习心理、学习方法及学习做人等方面的引导、点拨。

九、形式要多样

辅导时可选用教师专门编写的辅导材料，也使用是计算机辅助教学软件。在方式上，既可通过网络进行网上辅导答疑，让学生都能接受名师名家指导，也可进行传统的面对面辅导。由于辅导对象和内容不同，辅导形式不拘一格，集体、个别皆宜；系统、零散均可；课上、课后酌定。从辅导对象看，可分个别辅导（是辅导的基本形式）、分类辅导（按程度划分，或按个性划分，或按任务划分等，即针对具有同样问题者进行）、小组辅导和全班辅导。集体辅导在解决共性问题时使用，但次数要少，时间要短，防止形成“课堂讲课”；个别辅导是针对个别学生的特殊情况、个别问题进行的专门指导。从辅导地点看，可在课堂、实验室、实训室、实习场所，也可在教研室（组）辅导，必要时还可到学生宿舍或家中进行辅导。从辅导组织看，注意发挥学生班、组、集体的作用，提倡和鼓励同学间互相帮助、共同提高。从辅导方式看，学生在学习中遇到疑难问题，既可用传统方式，也可在网上向教师提问，通过网络及时获得解答。从活动交流看，师生交流由被动的集体课堂讲授转变为主动的面对面课下互动。

十、安排要适当

任何一门课程都有其开设的目的和任务，而且每个学生都需在德、智、体诸方面和谐发展。因此，每位任课教师安排课外辅导时，应全面考虑，顾全大局，既要照顾到学生德、智、体诸方面的全面发展，又要兼顾到各学科的协调发展，还要照顾到学生作业负担的适度适量。不能过分强调自任课程的重要而排斥其他课程，不能争时间、抢学生，甚至不允许学生复习其他教师所教课程，或挤掉其他课程的辅导时间，以免使学生违心地荒疏了应该弥补或加强的课程。要从全局出发，适当安排自己所任课程的辅导，必要时还应主动与有关教师协商辅导时间，同时注意尊重学生的自习计划。

十一、原则要掌握

辅导也应遵循一定的原则。① 趣味性——爱因斯坦说：“兴趣是最好的老师。”课外辅导也不例外。这就要求教师在进行课外辅导时多费心思，把辅导材料尽量设计成新颖有趣的形式。②少而精——作业量尽可能少，但次数可重复多次，尤其是对低水平学生和差生更应如此，使其在熟能的基础上生巧。③能力性——通过教师的课外辅导，学生应学会知识迁移，而不应就事论事，就题论题，讲过见过的题型学生知道，没有讲的就一窍不通，不能举一反三。④养成良好习惯——课堂教学也好，课外辅导也罢，都应该注重学生良好习惯的培养，为学生的终身学习打好基础。⑤持久性——学生的进步往往是一个漫长的渐变过程，差生更是如此，需师生双方的每天坚持，才能达到集小溪以成江河的效果。

概言之，辅导既强调个体化的因材施教，也注重群体化的全面发展，辅导为广大学生创造了发展个人才智与特长的时空。由此可见，辅导是必要的，但它只有在提高课堂教学质量的前提下，才能发挥更大的作用。同时，在教学实践中需采取撷趣生疑、猜想质疑、讨论析疑、竞赛查疑、小结思疑等方式。

辅导的基本任务

辅导，分为集体辅导与个别辅导两种。其主要目的是有针对性地帮助学生解决疑难、困惑与欠缺，以便使每个学生都能跟上教学前进的步伐。据此，辅导的基本任务，主要有如下几个方面。

一、答疑解惑

答疑解惑，是指教师用口头（或书面）的方式解答学生提出的疑难问题。这是辅导的基本形式，也是辅导的主要任务。答疑解惑，是使学生掌握重点、化解难点、消除疑点、杜绝弱点，理解和深化对课堂所学知识，或提示技能、技巧的辅助教学活动。答疑解惑的方式，可根据面向多数、培养优秀、狠抓后进生的原则，区别对待，灵活掌握：或采取反问，启发联想，诱发结论；或直截了当，一语道破，和盘托出；或告以答案，讲清思路，指点方法；或根据症结，指出方向，抛出线索，让学生自寻答案。在答疑解惑中，切忌一问即答、凡问必答，以免学生养成不动脑筋、不求甚解、吃“现成饭”的依赖心理。对学生的提问，要具体分析，区别对待，该详答的详答，该简答的简答，该不答的不答，而只起“画龙点睛”的作用。教师这样的“偷懒”，恰恰是为了达到使学生不能偷懒的目的。

二、释困指迷

释困指迷，是辅导中的重要内容。对学生学习中的困难，特别是“百思不解”或“久攻不克”的难点、难题，教师要助“一臂之力”，但不能越俎代庖，只能是给予提示或指点。值得注意的是，当学生失去学习目标，或面临种种抉择而不知所措或迷惑不决时，应及时、适时地启发思维，指点方向，打开认知思路，或为学生选择途径提供“路标”和“航向”。

三、回课指点

回课，即老师在这节课检查上节课的内容。回课，是一种教学手段，更是个别指导的有效措施，能给教与学双方带来意想不到的效果。回课首先是促进师生双向互动的极好形式，既可促使教师认真备课，也可从中了解学生对所学课程的掌握情况，另一方面也使学生有一种动力，即为接受老师的回课要求，课下要认真练习，争取完成回课内容。其次，是对学生的测验，要完成好每次回课，必须在做好练习的同时做好充分的心理准备和思想准备，因即使课下练习做得很好，回课时仍会出错，回课也是对学生心理素质的考验，只有对回课内容很熟练，并有充分的心理准备的情况下，才能完成好回课。第三，是一次得到老师单独指导的机会，不容错过，所以要珍惜每一次回课。几乎所有学科，特别是音乐、美术等实践性较强的课程，在课堂教学后可让每个学生分别单独回课，如让学生弹一段钢琴，由老师亲自指点，收效甚佳。

四、查漏补缺

查漏补缺，是辅导中不可缺少的内容。一般来讲，应力争把学习中的问题、难点解决在课堂内，但在课堂教学中教师讲得再好也难免有知识漏洞，学生学得再好也会存在知识缺陷。因此，查漏补缺是教师在辅导中责无旁贷的事情，教师应对学生在练习、作业、操作甚至谈话中暴露出的问题采取必要措施，予以补救；对自己在教学中的失误，也应有勇气大胆地公开改正。同时，给学习后进和因事、因病缺课者进行必要的补课，或重点辅导，让其“吃小灶”，也是查漏补缺的重要方式。

五、帮差助后

辅导的重点对象是学习较差或被称为“后进生”的学生。教师应根据他们的后进方面，或知识欠缺，或技能偏差，或智力弱点，或某种非智力因素，进行相应指导、疏导或开导，进行必要的启发、激发或开发、发现、发挥或发展其潜能。

六、善喻巧问

有经验的教师在辅导中，总是精心设计提问，竭力启迪学生的思维，激发自学热情和兴趣，促进他们积极学习、理解和应用知识，并有意识地为他们发现疑难、解决疑难提供“桥梁”和“阶梯”。善于比喻，运用有趣而贴切的比喻，可引导学生产生联想，化解难以理解的问题。通过生动、形象、恰当的比喻，可化难为易，并使学生心理轻松，思维活跃，收到事半功倍之效。但若喻体不当，非但难以奏效，还会将原本就难以理解的问题复杂化，出现事与愿违的结果。

七、传方授法

传方授法，是辅导中不可忽视的重要方面。学生学习不好或停滞不前，往往是未得其方。因而，教师不仅要教学生“学会”，还必须根据学生的实际情况和特点对他们进行学法指导，使他们“会学”，培养其学习能力和养成良好的学习习惯。比如，教以预习方法、听课方法、复习方法、作业方法及如何思考、阅读、使用工具书、搜集资料、写好笔记等。

八、指错纠偏

在学生作业、练习或操作时，教师应注意观察与指点，及时检查、指出或肯定他们的问题与进步。在作业练习时，特别是在动手操作的辅导中，重点是指错纠偏。如进行绘画、珠算、弹奏、体操及理工类的实验、测量、实习时，对学生的手法、姿势、动作及使用工具、仪器、设备中的错误，或不当、不规范之处，应及时指出，助其纠正，以使其尽快抓住要领，掌握关键。

九、创设环境

相关环境为教育要素之一。教学要达到预定目标，并提高学习效率，亦需良好环境之创设。良好的学习氛围、学习环境和自学条件，如保持教室的安静，妥善准备学生必需的学具、仪器设备、参考书等，可使他们不受干扰与心无旁骛而专心致志于学习，提高自学效率。

十、选业定向

辅导的另一任务，就是引导或帮助学生确定选修课程，选择适合学生特点的专业或主攻方向，树立正确的职业观，即对未来的职业意向、职业选择给予指导，并帮助他们形成良好的职业理想、职业习惯、职业责任和职业道德，以适应就业需要和缩短就职的适应期。

无论是解答疑难，指导做好课外作业或技能训练，还是查漏补缺，协助后进生弥补不足及进行必要训练，或是培养优秀、指点特长形成和启迪潜能发挥……均应因人而异，因课而异。同时，为使辅导任务圆满完成，教师还需与学校有关教师、职工和校外人员协同配合。另外，还要充分发挥辅导的功能，巩固课堂知识，使学生对所学知识技能掌握到位。无论是集体辅导或个别化辅导，都能有效地调动学生参与的积极性，激发其热情与动力，培养其学习能力与学习观念，形成良好的学习方法和习惯，能把所学学科艺术化、立体化、动态化。

个别辅导及其优势

个别辅导，又称个别教学，是在课堂教学的基础上针对不同学生的情况进行个别辅导的教学组织形式。但在现实教学活动中，每个学生对问题的理解和掌握程度不同，兴奋点、疑难点也各不相同，这就需教师针对学生的特性进行个别辅导。个别辅导的基本形式，是一位教师对一位学生进行的辅导，区别于很多学生听一个教师的集体形式。从教育的本质看，只有互动才能够达到有效的教育效果，而个别辅导是教育能够互动的基本要求之一。一对一个性化辅导，是针对每个学生的学习情况和心理状态，有针对性地制订出一套独特、行之有效的教学辅导方案和心理辅导策略。通过全方位、策略性的辅导，不仅使学生掌握一种切合自身的学习方法，改善不良学习习惯，稳固与提升学科知识，而且能在树立自信、完善人格、为人处世等方面均得以提升。

一、个别辅导的由来

中国自古就有个别辅导。过去两千多年的私塾教育，几乎都是采用个别教育，进行个别辅导。“一对一辅导”在国内兴起于20世纪末至21世纪初，因其充分针对学生个性需求、着力于解决学生具体问题而吸引了公众的注意，并广受赞誉。因相关概念受到广泛接受和追捧，一对一个性化家教呈现井喷态势。

二、个别辅导的实质

个别辅导的本质是个性化，个性化即指通过对被教育者进行综合测试、分析、研究和诊断，根据社会或未来发展趋势、被教育者的潜质特征和自我价值倾向及被教育者的要求，量身定制教育目标、教育计划、辅导方案，并从潜能开发、素养教育等多方面，对被教育者的知识、心态、观念、信念、思维力、学习力、创新力等进行教育和训练，从而帮助被教育者释放生命潜能，突破限制，实现量身定制的自我成长、自我实现和自我超越。

三、个别辅导的优点

（一）及时补上欠缺知识

学生的学习负担较重。新知识多，作业量大，难免有些消化不了的东西。所以，如不能及时把所欠缺的知识技能补上，势必造成恶性循环，不理解的东西越压越多。对此，个别辅导能给予及时弥补。

（二）增强学生兴趣和信心

教师在面对一个学生单独授课时，情绪相应地也十分放松，不会有紧张、急躁等情绪。而且经验丰富的教师会用幽默的语言提高学生的学习兴趣。学习较差的学生大多有一定的自卑心理，教师会在授课中帮助他们树立起自信心，这些都是平时在课堂上难以做到的。

（三）纠正不良学习习惯

学习较差者，除少数的智力因素外，大多在长时间里形成了这样或那样的不良学习习惯。一对一辅导教师则不同，他们凭着专业的本领和丰富的经验，会立即发现问题所在，并在潜移默化中帮助学生纠正不良习惯，使他们在补上功课的同时逐渐掌握正确的学习方法。

（四）可针对性单独授课

教师在课堂上，只能面对大多数学生水平和进度授课，不可能对每个学生照顾得面面俱到。而思维较慢、接受能力较弱的同学，在此情况下，会感觉听起课来很吃力；相反，一对一辅导的老师面对面地讲课，且讲课之前对学生水平已有了解，针对性较强，并给学生留有充分考虑的余地。学生在此种环境中学习，情绪会放松下来，学习的效率自然会大大提高。

（五）有广阔的发展前景

个别辅导是课堂教育的重要补充手段，经由个性化定制的方案有针对地对学生进行系统专业辅导，可有效强化学生的知识系统，提升学生的学习能力。放眼整个人类社会的发展变革，由古代的“代代相传”到近代的“大规模集中教育”，再发展到“个性化辅导”，是因为社会分工越来越细，知识及经济发展对专业化人才提出了越来越高的要求。根据每个人拥有的不同能力，对人才进行个性化的专业教育是符合整个社会发展的趋势和需要的，已经成为教育发展的大趋势。随着人们对学习、教育的需求日益多样化和个性化，统一化和集中式的班级式学校教育正面临越来越多的问题。人们越来越多地希望学习能够在各种时间、各种场合以各种方式进行，所以量身定制的一对一辅导也越来越多地为学习者所了解和接受，已经成为受教育者的必然选择。

（六）实施多种教学方法

“授人以鱼”不如“授人以渔”。个别辅导在帮助学生攻克难点、易错点、薄弱点的同时，更应注重传授学习方法，培养学习习惯。对学生而言，掌握学习方法要比“题海战术”的提分效果更为明显。

1. 充分了解　要充分了解学生的情况，进行学情分析，找到其某些知识掌握不好的原因，以便对症下药，因材施教，这也是进行有效辅导的前提。

2. 目标蓝图　帮助学生设立明确的目标，并将目标转化为学习的动力。

3. 当堂消化　帮助学生养成集中注意力、心无旁骛进行思考等良好的听课习惯，提高课堂效率。

4. 默想记忆　帮助学生养成默想记忆的习惯，构建完整的知识体系，储存在脑海中。

5. 关联整合　帮助学生学会对已学相关知识进行关联整合，不再着眼于零散的知识点。

6. 思维导图　通过逻辑关系图的形式，可引导或帮助学生梳理知识点，增强记忆效果。

7. 右脑记忆　通过开发右脑的功能增强记忆力，也增加记忆的趣味性。

8. 题组训练　帮助学生掌握基本知识，积累解题经验，总结解题方法，催生解题灵感。

9. 意群训练　帮助学生扩大阅读视幅广度，提高眼脑直映能力，缩短思维的转化时间。

10. 总结反思　平时的总结反思，可为做作业或考试时快速准确提取解题思路带来方便。

四、个别辅导的策略

教师工作无论多么细致，多么有效，班级授课都会产生个体差异。这些差异在课堂，尤其在课后作业中皆会一一显现出来。为保证学生都健康发展，只有从作业反馈信息中寻找适合学生需要的个别辅导。

（一）多方挖掘潜能

罗森塔尔效应早已证明，每个学生的学习潜能都是巨大的。作为教师鼓励学生开发其潜能，有时转换说话的角度，有时顺势激发，有时给予重新创造机会……都可能有意外的收获。实践不断表明：一个被认为学习成绩差的学生，恢复了自信心的价值是无法估量的。

（二）及时对症辅导

若把作业反馈比作医生给病人诊断，个别辅导就是给病人治病。治病须及时，并对症下药。有位教师对学生既耐心又负责，其所教学生的成绩几乎都位列于专业或年级的前茅。经过观察，发现她每节课下课都准时在教室门口，把作业中出现错误的学生逐一叫到面前，当面讲解错题。坚持每个学生的错题不过夜，尽量在最短时间内予以纠正。所以，其成功得益于“对症、及时”四字。

（三）学生互助辅导

个别辅导，完全可利用班内学习较好的学生参与。如安排座位时有意进行好差搭配，或四人组成一个学习小组，只要安排一定的时间，同桌或小组同学就能基本解决教师一人长时间的辅导工作。当然，这须有前提：学生作业速度不太慢，理解力不是很差。这一过程，几乎使所有学生学习的有效性、学习的兴趣与动机等都有所提升。如若再辅之以比比作业哪组快、比比成绩哪组好等起催化作用的学习竞赛活动，即能产生事半功倍之效。

教学是“慎慢”的艺术，对学困生尤其如此。在同一标尺下，学困生达不到要求时，不必着急也不必叹息，给他们时间，进行及时与对症的辅导，只要每天有点进步，何愁没有希望的明天！

个别心理辅导的策略

进行个别心理辅导，必须有学识与思想两手准备。在必备的心理学知识和心理教育技巧的基础上，始终遵循两个原则：一是以发展学生的独立思考与决策能力，达到自我完善为根本目标，与学生平等交流，切忌指责与说教；二是无论学生出现什么状况，都看作正常而可能，要绝对保护学生的自信心和自尊心。

一、学会倾听——在倾听中把握学生内心世界

倾听，分为“外在表现上的倾听”和“内在心理上的倾听”。前者，是指在行为上采取一种积极参与的姿态，倾听学生的谈话，与其交流。这种行为足以让学生感到亲切、信赖，觉得自己正在得到教师的接纳和关注，故乐意敞开心扉。倾听须做到面善心慈，注意力集中，目光与学生适度接触，身体略微前倾，手足位置得当，避免无关动作。后者，是层次提升、要求更高，既主动倾听学生的言语表达，也细心观察其非语言信息的传递，从其眼神、语气、手势、表情等行为动作中，“听”出其言语中所隐含的深层意义。

二、学会接纳——在接纳中表明自己正确意见

心理上的“接纳”是无条件的，同时又是有原则的。在接纳中最难以把握的因素有二：第一，无论学生出现什么状况，都要看作是正常的和可能的，教师对学生所表达的信息要全盘吸收，绝对不可表露出丝毫的反感；第二，接纳并不等于放弃教师的自我见解或一味地认可学生所讲的一切，必须在适当时机恰到好处地表明自己的观点和意见。

三、学会同感——在同感中引导学生走出困境

同感，又称“同理心”，是指教师能放下主观的态度和认识，设身处地去感受学生的内心体验，了解其所思所为的缘由，是教师给予所辅导学生的一种平等的共鸣式反应。但同感不等于同情安慰，也不等于替当事学生分担痛苦忧伤。作为教师，去感受所辅导学生的处境、心情并表示关切，其目的既要让学生走出心灵低谷，走出心理情绪的阴影，更重要的是要暗示、指点和启发学生学会自己思考分析问题，学会自我安慰、自我解脱、自我成长。

四、学会欣赏——在重视评价中鼓励学生进步

渴望获得他人的认同、赞赏是每个人的心理需要，认同与赞赏对青少年学生更加至关重要。优秀教师都懂得：所有学生都值得去欣赏、去发现、去唤醒、去表扬、去激励。因此，应确立并完善以欣赏为主的评价制度，以表扬来强化学生的思想道德行为。

五、学会谈心——在交谈中提高学生思想水平

学生的好或差与其思想或心理状态有关。有因心灵手巧、聪颖有余而骄傲自满的；有因基础较差，丧失信心而自暴自弃的；有因缺课太多难跟进程而不好好学习的；有因偏科严重或讨厌某位教师而学不进去的，凡此种种，教师要结合不同的思想和心理，有针对性地进行理想教育、专业教育，使其明确学习目的，端正态度，增强信心。另外，还须帮助学生明辨是非、善恶，关注其心理、行为，予以适当辅导；排除青春期的各种心理疾病，矫正出现的不良行为。这样可使知识释疑和思想解惑并行，把思想品德教育寓于知识，或心理辅导之中。

心理辅导，重在“导”，难也在“导”。引导，需通过合适的话题来“引”与“导”。故在进行心理辅导时，除把握诸如倾听、接纳、同感等基本策略外，还要善于抓住契机，因势利导，及时提出一些引导性的问题，让学生自己去体味而悟出方向……

辅导更需因材施教

至今，我们还在从孔夫子那里继承和吸取教育之精华和营养，比如有教无类和因材施教。前者，说的是所有人都应该受到教育；后者，说的是在教育上要量体裁衣，要按每个学生的特点，包括个性、智力、气质、禀赋、反应和思维特点来进行教育。人才的标准或教育的成功，也应当和必然是多元化的。要把学生培养成才，最重要的就是因材施教。教育者，首先应知道和认识到受教育者是一种什么材，是一块什么料，然后，因材施教。因材施教是培养人才的核心要诀，是实施个性化和快乐教育的体现。根据美国心理学家加德那的多元智能理论，每个人都具有不同的发展潜力和成功潜质，那些成绩差的学生同样有过人之处，教育者的责任就在于发现和挖掘学生的潜能，为每个人的成功创造条件。

一、督促型辅导

对学习自觉性较差的学生，督促他在规定的时间内进行学习，完成教师布置的作业或练习。在未完成规定时间的学习任务和作业之前，说服学生不要做其他无关的事情。

二、检查型辅导

对具有学习自觉性的学生，在完成作业后，可以适当搜集一些课外练习题，或在参考书中选择一些习题，让学生试着练习做题，以发现他们的不足之处或薄弱环节，提醒学生注意。

三、答题型辅导

具有学习自觉性的学生，喜欢多学且好提问题。对他们提出的问题，能及时回答解释最好，如果做不到，可先记录下来，然后查找资料或请别人给学生做出适当的解答。应多给予鼓励支持，不可置之不理。

四、扩展型辅导

对那些基础和智力比较好的学生，完成作业后尚有时间和精力。教师可根据其情况，适当选择有难度、有提高的参考书和习题让学生选做，但要同步、适量，不要过多地加重他们的负担。

五、深化型辅导

对基础扎实、智力突出和学习有潜力的学生，扩展型辅导不能满足他们的求知欲。为促进这些学生智力发展，可以在他们能接受的前提下，选择一些高年级课程让其提前进行自学。

六、疑难型辅导

当学生遇到重大疑难问题时，不是直接帮助学生解答，而是对其进行启发性点拨，或予以思路上的指点、引导。

七、兴趣型辅导

尊重兴趣，并把兴趣当成最好的“教师”和动力。正如两次获得诺贝尔奖的英国科学家桑格所言，兴趣是他走向科学殿堂并获得成功的最重要原因，他在实验室心无旁骛地捣鼓他的瓶瓶罐罐时，就是他最感兴趣和最高兴的时候。

总之，教师应通过观察、了解、调查分析等途径，对学生进行全面深入的了解，找出各类学生的积极因素和消极因素，根据学生的学习特点，区别对待不同层次学生，掌握各种学生的思想和学习方法，采取相应的措施，调动他们的学习主动性和积极性。

提示　引导　点拨　点化

提示、引导、点拨和点化，是教师在教学中的重要任务，也是在辅导中的主要方法，又是进行思想品德教育不可缺少的策略之一。无论是在集体辅导或个别辅导中，都须讲求和实施提示艺术、引导艺术、点拨艺术和点化艺术。

一、提　示

提示，是指用解决当前问题的原则、原理给人以启发的方法，是在教学中调整注意力的一种手段，也是纠正认知马虎，培养认真学习习惯的措施。认知过程是靠大脑积极思考逐渐将信息吸收内化的过程。有时随着教学深入和时间延长，其智力越过“波峰”逐渐向“波谷”回落，有意注意向无意注意转移，易出现“走私”“跑偏”的松散表现。此时提示，可使思维游离得以收拢，保持必要的紧张度。提示是调整学生注意力的杠杆，是学生认知过程中的“微调”。提示，须适时、适度。适时，是指需要教师具有高度的洞察力，切准其注意力的“脉搏”，及时把握“转舵”的时机，错过时机，就会减效；适度，指程度不及则无效，过之则失效，故须以善意、婉转的语言，使学生有所悟、有所思，变消极为积极，变被动为主动。

二、引　导

引导，是组织学生实现教学目标的一种思维导向的方法，是帮助学生认识客观世界的“捷径”，是传授规律性知识和发展思维能力的“良方”，是学生进行认知的“向导”，是转换为学习动力的“媒介”，是指导如何学习的“秘诀”，是教学机体的“主动脉”，是教与学的“纽带”，是沟通师生情感的“金桥”。教学辅导的真谛是引导、施救之功，贵在引导。引导有助于知识的“增殖”、思维发展、学习动力的转换。引导，必须体现其目的性、准确性、连续性和方向性，其出发点和落脚点是教学目标。有序、可控的引导是教学实施成功的保证，科学、准确的引导是增强教学效果的关键。应在正确处理共性与个性、教与学的关系前提下，精心设计引导艺术，并准确运用，使引导和学生的思维并行交错，亦步亦趋地协调运行。

三、点　拨

点拨，是指点、点明之意，是帮助学生在分析和解决问题时理清思路、找到最佳途径的手段，是针对学生学习中存在的知识与心理障碍，给予开动脑筋，寻找解决问题的途径之方法。是在学生认知过程中思维受阻、联想中断、智力受抑制、对疑难百思不得其解时，所给予的必要指点，是使之“顿悟”的手段与开窍的“点金术”。点，是画龙点睛（多指文章传神之处为“点睛之笔”），把知识间的联系指点给学生，从而豁然贯通；拨，是消除头脑中形成的模糊认识，“拨云雾睹青天”，把某些迷人的外壳剥去让真知展示在学生面前。尤在个体思考、演算、操作中，因智力的差异，个别学生难免出现苦苦思索、莫衷一是，就需教师“雪中送炭”，以体现点拨是疏通思维阻塞的“良药”，是排除思维障碍的有力导向。教学是以教师为主导、学生为主体共同完成的一部交响乐，如说教师是乐队的指挥，学生是队员，点拨就是教师手中的指挥棒，就是对指挥棒的艺术运用。若能依情因势创造性地采用灵活多变的点拨，必使课堂奏出张弛有序、动静结合、抑扬顿挫的优美旋律。点拨，是教师以强烈的教法指导意识，结合疑难实际，抓准最佳契机，用留有余味的方法，使学生知识消化、技能熟练。善于点拨，也是一种良好的启发艺术。点拨得当，可使学生对其所思考的疑难问题豁然开朗，但更重要的还在于给学生开启新视野和新思路。

（一）点拨的要求

点拨，有整体的，也有局部的；有面向全体的，也有针对个别的。无论何种点拨，都应有周密计划、精巧设计，并做到：点拨之前，善于创设一种心理环境，使学生注意力高度集中；点拨之中，教学语言要简明扼要，语速快慢适宜，语气强弱得当，力求使学生听得清楚、激起思考、受到启迪；点拨之后，要利用学生的反馈信息，进行及时调控，该重复的重复，该强调的强调，该提醒的提醒，该补充的补充，并注重实效。精心设计“点拨”点，可使学生巩固、深化所学知识和技能。切忌无主次、无轻重。同时，及时选定点拨时机，在学生最易忽略之处和百思不得其解之时，都是点拨的最佳契机。

点拨，须做到准确、及时、耐心、热情。准确，是，点得切中肯綮，拨得切中要害，这需有“火眼金睛”，既对学生已有水平了如指掌，又谙熟整个知识体系，并知晓哪些是主要关节，哪些是精妙之处；及时，是要眼观学生认知中的“遇难者”，耳闻无力自拔的“求救声”，通过其面目表情的“晴雨表”，随时接收其情绪的反馈信息，及时采取措施；耐心，是不简单急躁，尤对本来就有自卑感的后进生，更应“和风细雨”；热情，是有良好师德，不“厚此薄彼”，不只顾少数“佼佼者”，也关照那些“落伍者”，更顾及每个学生都能在学习上“开花”“结果”。

（二）点拨的特点

点拨的功效在于激发学生的学习兴趣，发展思维，培养好学、善思的品质。①以教师为主导的教学原则——既要有点拨意识，又要有点拨计划，并有周密的组织和实施，但不以讲授为主，而以指点为主。②培养现代人才的基本要求——不重在传播知识，而重在激发、引导、训练和发展思维，使学生养成好思、多思、善思的品质。③不断提高教与学的效率——要求教师既要理解教材、熟悉教材，又要抓住教材的重点、难点、关键和内在规律，学生不是掌握现成的答案，死记硬背一些零散知识，而是弄清知识的来龙去脉及相互关系，揭示内在规律。④方法简便而有广泛的适应性——不仅其方法简单方便，或三言两语，或一个动作，或一个眼神……而且对各种学科、各种学生、各种思想、各种言行及各种场合都能适用。

（三）点拨的内容

教学需点拨，特别是指导学生“学会”与“会学”方面更需点拨。①知识点拨——即在知识上给予启迪，开启学习的门径。当学生对教材不理解或理解不深时，需点拨；当学生对难点、疑点百思不解时，需点拨；当学生抓不到要领时，需点拨；当学生找不到“文眼”或本质性规律时，需点拨。②情感点拨——即在情感、意志活动上的点拨，使学生“进入角色”或“入境”，使之产生情感共鸣或激起欲罢不能的求知欲。③方法点拨——即对学习方式方法予以提醒、启示、指点，使学生在“学会”的同时，也达到“会学”。④思维点拨——这是点拨的核心。需点拨思维方向和思维方法，以优化思维过程，提高思维品质。⑤智力点拨——在智力活动上需要点拨，在非智力活动中也需要点拨，教学艺术就是这种“点拨”之功。运用这种点拨，可促使学生智力活动与非智力活动都能燃起熊熊烈火，放出道道光芒。

（四）点拨的种类

①语言点拨——语言点拨，是指在学生的思维或语言产生障碍时，教师采用精当的语言进行点拨，帮助学生突破障碍，使之思维进程加快，语言表达流畅。②体态点拨——体态点拨，也称非语言交流。它主要包括面部表情，肢体移动及讲话的速度、音量等。体态语言的交流作用和效果不但远远大于语言，也是任何语言无法比拟和代替的。常见的体态点拨有以下几种：一是动作点拨，即教师借助形象生动的动作、手势启发学生积极思维的点拨方式。以使抽象的语言转化为具体、直观、形象的体态语言，既加深了对所学知识的理解，也增添了学习的乐趣。二是目光点拨，即教师以目光为载体，十分巧妙地把要表达的十分复杂的愿望、态度、情感迅速传递给学生的点拨方式。如教师让学生回答问题时，若给予信任的目光，学生便会信心百倍；学生紧张时，教师若给予鼓励的目光，便会勇气倍增；学生回答问题成功时，教师若投之以赞许的目光，学生会因尝到成功的喜悦而幸福万分。三是表情点拨，马卡连柯曾说过，“做教师的决不能没有表情，不善于表情的人不能做教师”。表情点拨正是教师借助面部表情潜在的调控作用，把一些“只可意会不可言传”，十分微妙、复杂、深刻的思想感情表达出来的艺术手段。如学生在回答问题时因思维定向出现差错，教师若用迷惑的表情加以暗示点拨，学生会十分敏锐地调整思维角度，另辟蹊径，走出误区，找到正确的思路。③符号点拨——符号点拨，就是以符号代替语言的点拨方法。如教师讲到疑点之处，为引起学生的深思，可在黑板上画一个大“？”；讲到动情处，为调动学生情绪，激发学生情感，可在黑板上画一个大“！”；讲遗传基因时，可借用数学符号来表示：细胞（细胞核）。

（五）点拨的策略

点拨，是以启发诱导为基础，以“画龙点睛”为手段，以点拨思路激发思维为重点的教学方法。①直观性点拨——即直截了当、开门见山、一语破的的点拨方法，或采用与所讲问题在某点上有近似或间接联系的直观演示以畅通学生的联想思维。②情境性点拨——即用形象语言做情境描述，让学生张开想象“双翼”，做各种探求性想象，以拓宽想象思维的渠道。③推理性点拨——即抓住一些关键性问题，引导学生进行推理，从而促其逻辑思维、创造性思维、多维思维的迅速发展。④逆向性点拨——即从问题的反面或侧面进行点拨，它能把学生的思维引向活跃境地，可使充满创造性智慧的求异思维得到极好的培养、锻炼。⑤旁侧性点拨——即教师采用间接的、从旁的、曲折的点拨，或言在此意在彼的启发；或旁敲侧击的暗示；或迂回曲折的诱导；或在峰回路转处巧设标志，使其洞天迭出、曲径通幽；或从旧知孕育出新知的生长点；或在解决问题时找到与之有联系的相似点、相关点，受到启发，展开联想，产生灵感，找到解决问题的最佳途径。⑥辅助性点拨——即学生的思维活动因智力水平或努力不够，在解决难度较大问题力不从心时，就需教师助一臂之力。⑦辐射性点拨——即以某一教学内容为中心进而引发出与之相关或相同的内容，由点到面点拨，以使其想得更多、看得更远，思维呈辐射状态，具有扩散性、广阔性。⑧聚集性点拨——即与辐射性点拨相反的一种点拨方法，是教师为集中解决某一问题由面到点、由此及彼进行点拨。

在辅导过程中，运用点拨方法，要有点石成金之功、画龙点睛之妙和金针点穴之效；讲究点拨艺术，启发学生从多角度、多层次、多侧面展开思考，从多方面分析问题。这样，就可提高他们独立思考、发现问题、分析问题和解决问题的能力。

四、点　化

点化，是指点与感化，多指用语言启发人；是指教师在学生认知过程中思维受阻而中断，或智力受到抑制，或思想一时“执迷不悟”时，所给予的必要指点与启示，从而使其顿悟的一种手段；是使学生把已知和未知接通或融会的方法。恰当而及时的点化，是解决学生疑窦、疑团，引起学习兴趣、激发学习热情的有效措施，是因材施教的一项基本功。点化，有别于费时费力的讲授解释，有别于简单粗暴的批评训斥。其特点是用三言两语，或一个表情，或一个手势就能使学生顿然醒悟，有“一语惊醒梦中人”之功效；可随时、随地、随机而发，遇事而发，脱口而出；使学生易于接受、心悦诚服、乐意改正、闻一知十。为提高点化水平，一是注重自身的修养，生活的积累，学识的提高，以使自己具有“点石成金”之功，“画龙点睛”之妙；二是对学生有细微的观察，深刻的了解；三是认真备课，除要弄清教材的重点、难点、弱点外，还要弄清前后知识的内在联系，掌握其本质与规律。这样才会使点化“快、稳、准”，不致点而不化。

（一）激将法

通常，男生表现欲旺盛，喜欢争强而不服输，逞能而不示弱，大有一展雄风的心理，宜用激将法。如一位教师返试卷时对某生说：“你父母看了这成绩会怎样想？”该生脸色骤变，教师再没说什么，可学生从此很努力，成绩提高很快。然而，激将法须慎用，当用则用，不当用则不用。激将，激的是“将”，不是“将”则不宜去激，如对基础不好、成绩太差者，往往是越激越会增加其畏难情绪，会适得其反。激将的目标也不能定得过高，应根据对象实际，把握“激”的力度。激将所用言语，应体现教师关怀与爱护。

（二）激励法

对基础不好、学习较差的学生，应多鼓励，如作业进步了，写上几句鼓励的话；回答正确或基本正确了，用语言、目光、表情表示赞许，或给一个满意的微笑。对那些反应较慢、临阵胆怯、容易紧张者，更应耐心等待思考。即使只能回答一部分也应给予肯定，让其体会到自己也“有点门儿”，从而逐步树立自信心，消除自卑感，增加克服困难的勇气。对那些善于思考及“标新立异”者，给以“很有见解”之类的点评，会使之胸中涌起涓涓暖流，平添几分学习热情，从而产生极大积极性，以致影响其一生的事业。

（三）治骄法

有些学生在稍有成绩或赞誉纷至时，易产生骄傲自满情绪。骄傲自满必然导致学习上出现缺陷，教师对此可“乘隙而入”，揪其“陷隙”而借机“点化”。即针对此类学生的知识缺陷进行提问，有意在公开场合暴露其知识上的缺陷，当他答不上来时，选择成绩比他稍差或同等的学生（估计能答对的）回答，把他的骄气“打掉”，教育他本人及其他学生懂得骄傲自满的危害性。

（四）指迷法

指迷法，就是指点迷津。当有的学生学习失去钻研目标或面临种种抉择时，是教师点化的良机。教师的点化，旨在为其指明方向，示意思路，但不是代替学生抉择，而是根据情况，为学生自身选择提供“路标”和“航向”。教师可提出某一问题，让其思考或选做，或只是点到为止，或介绍一个方向或轮廓，引导他们深钻广想，提高其知识层次。大凡善于因材施教的教师，都注意做到“深入浅出”，既能使后进生感到入门容易，达到基本要求，又能使优秀生感到钻有余地，学无止境。

（五）旁敲法

旁敲法，就是旁敲侧击。“你脑子是很聪明的，考八九十分还能成问题？我看你是没把心思全放在学习上！”这是在批评学生，但听者觉得顺耳，老师都说我聪明呢。这样，不但对批评容易接受，有时还会主动向教师谈出自己学习成绩上不去的原因。这类听起来是赞赏，实质是批评的点化，适用于自尊心较强的学生。说东指西，贬彼褒此，给个高帽戴，面子上让他过得去，既激发了他的积极性，又不客气地指出其不足，语气亲切自然，使学生易化易悟。

（六）榜样法

表扬那些基础虽差但能刻苦学习、主动接受教师指导、掌握正确学习方法且进步显著者，来刺激那些基础虽好或脑子聪明却不肯努力钻研的学生。虽往往是用三言两语，但能起到“一石激起千层浪”的作用；“他都能学会，难道你就不行？”树立这类榜样，比树学习一贯优秀的学生为榜样产生的反响更大。

（七）移志法

青年学生的志向，多受学校教育的影响。教师，特别是职业技术学校的专业教师，其影响更为直接。多数学生在专业学习之前，并不十分清楚自己的专业，不太明白自己毕业后能做什么，对专业的爱好常是一种朦胧状态。教师应抓住这种时机及时点化，即以精彩的课堂教学和实践教学为先导，将学生带入专业技术的广阔天地，从而使他们热爱专业、热爱知识，进而立志学好专业知识。

（八）预警法

预警法即预先提醒学生，常有“警告”的意味。在学生错误或缺点初露端倪时，有经验的教师总要捕捉时机“点一点”。运用此法，要善于抓两头：一是对受表扬学生，要提醒他不能骄傲，“取得更好的成绩不容易，可要往下滑很容易”；二是对学习较差的学生，要提醒他不能松劲，“六十分下面就是不及格”，特别是对差生要经常注意点化，这是促进、巩固和保持其进步所必需。

（九）直观法

直观法，即为了使学生较快较深地领悟一个概念或认识一个原理，经过细心观察，摸清脉搏，做好准备，选准时机，提供与其思考疑难在某点上有近似之处或有直接联系的实物、演示、现场、情境，通过感知而后指点，使之思路畅通，疑难顿悟。

（十）反诘法

反诘，指反问，追问。有反问之意，但又不同于反问，有追问、责问的意味。反诘是用疑问的形式表达确定的意思以加强语气。教学中，反诘现象比比皆是，教师往往会就某一点或某一个问题进行深入剖析，利用反诘澄清思维、分析重点难点、让课堂出彩或利用反诘扭转课堂。好的反诘会让学生有茅塞顿开、柳暗花明的感觉，能让教学向纵深发展，起到解决症点、顺利过渡的作用。但失败的反诘也常常让人莫名其妙，适得其反，或自陷尴尬，或让学生反感，或打击学生的积极性，使课堂陷于被动。而大部分反诘则往往是在成功的背后有值得反思的东西，其中不乏遗憾。各位教师应合理利用反诘句来达到理想的教学效果。

点化的方法远远不止于上述十点，有进一步挖掘和丰富的余地。各种方法不可拘泥死板，应根据实际情况变通施行或综合穿插运用。必须注意：一是目的性、准确性，只要选准目标、点中要害，就可收到“抓住一点、带动一串”的奇妙成效；二是适时、适度，就能收到“开发一点，影响一片”之成效；三是耐心、灵活，只要耐心而灵活地运用明点、暗点、直点、曲点，就可收到“令人深思、启人领悟”。

提示、引导、点拨和点化是启发式的主体，四者是形式、角度不同而实质相同的指导或辅导。提示，是从提醒角度引起注意；引导，是有程序、有方向的导向；点拨，是通过指点，排除思维障碍的暗引；点化，是点中要害，或点通灵犀、点破迷津。四者的灵活运用，就能发挥“主导”作用和体现“主体”地位，使教学时短效高。

设疑　质疑　释疑

疑，从学中生、思中出、做中见。设疑、质疑、释疑，三者既是启发教学原则的具体体现，也是辅导答疑环节的具体措施。三者均有各自的特点，也均有其不同功能。教学过程，是特殊的认识过程，是复杂的思维过程，也是不断“生疑→质疑→释疑”的过程。“学起于思，思源于疑”。故而，如何诱导学生发现疑难、产生疑问是教学中的关键环节，引导这个思维过程的重要措施是“设疑”，为学生发现疑难、解决疑难铺架桥梁和阶梯，引导他们走进知识的殿堂。

一、设疑生疑艺术

设疑与生疑，前者着眼于“教”，后者着眼于“学”，均可在疑难、关键、细微、含蓄、传神等处设疑或生疑。这种“淡而藏味”在“无疑”处“设疑”，于“不疑”处“生疑”，可激活学生思维，调动思维潜能，逐步由表层进入深层，由兴味淡然的心态进入兴味盎然的佳境。同时，还应引导、启发学生见人之所未见，思人之所未思，进而有独到新颖的创见。设（生）疑，是指不断设置疑难问题，激发学生思维的教学方法，是教学中的重要手段，目的是促使学生注意教材的重点、难点及疑点，加深印象，增强记忆，提高教学效果。“设疑”是“激疑”的有效方法，能激发学生的学习兴趣；是一种点燃学生思想火花，进而开发他们智力的教学艺术。设疑，不同于一般的课堂提问，不是让学生马上回答，而是设法造成思维上的悬念，使学生处于暂时的困惑状态。

设疑贵在“三巧”。一是设疑内容要巧。将疑设在教学的重点和难点或关键处，使学生带着问题学习与钻研教材和听课。为掌握重点、攻克难点埋下伏笔，使学生既须思，又欲思，还应可思。这样每设一疑，就使学生的智力得到一次有效激发。二是设疑方法要巧。讲课开头的方法很多，最有效的莫过于巧设疑难，创设“心愤口悱”情境，使学生产生迫不及待的渴望或欲求。同时，设疑应使学生通过“须思”“可思”“善思”“乐思”来提高学习兴趣。三是设疑时间要巧。重大技巧在于集中与保持学生的注意力于适当时机。由于种种因素的影响，学生不可能自始至终保持专一的注意力。适时设疑，可起到吸引学生注意力的作用。

设疑须讲“四性”。其一，明确目的性。设疑是为了引导学生敲开知识的大门，激发学生勤思、多思和深思的欲望。因此，必须根据教材内容和形式，教学目标和要求，有目的地设疑。其二，要注意科学性。必须针对学生的年龄特点、生活经验和接受水平：一是适度设疑，对抽象和难以理解的概念，可采用“分段”设疑，既有适当的难度，又有适当的坡度，亦即设疑应设在学生知识和能力的“最近开发区”；二是兴趣设疑，即设疑要与学生的学习、生活和实际联系起来，以提高其兴趣；三是难度设疑，对于不易掌握又易与其他概念混淆的难点，采用难度设疑。只有设疑的科学性，才能使之既能开动脑筋，又有可能由“已知”想“未知”，把“未知”变“已知”。其三，要强调多样性。设疑切忌千篇一律，根据实际情况可采用“悬念设疑”“导谬设疑”“递进设疑”“比较设疑”“转化设疑”“串联设疑”“观察设疑”“实践设疑”等方法。其四，要倡导创造性。教师要善于启发学生在无疑处生疑，有疑处释疑，并有独到见解，见人之未见，言人之未言。

在教学过程中，只有不断设疑、质疑、释疑，才能促使学生产生疑问，才能调动、促进、发展学生的思维。因此，必须精心设置疑点。那么，究竟在哪些地方设疑？

（一）设疑于矛盾处

在知识或问题的矛盾处设疑，有助于发展学生的聚合思维，培养他们思维的深刻性，使他们能从纷繁复杂的表面现象中探求事物的本质与规律。

（二）设疑于反常处

俗语说“顺理成章”，至于“反常”则是“逆理成章”。于反常处设疑，有助于引导学生在看似违反常情、常理之处深入思考，发现“逆理成章”中的“理”，这是一种更为新颖、深刻的合理。

（三）设疑于深奥处

在教材中，常常有学生不易理解的深奥内容，这种疑难点往往又是教材内容的重点所在。在此深奥处设疑，更有助于学生把握教材中心，掌握教材重点，深入理解教材内容，清楚深奥原因。

（四）设疑于跳跃处

教材内容中，有的地方跨度较大，表面看来似不衔接、有断裂。在这种“跳跃”处设疑、质疑、释疑，可把教材的“断裂处”连接起来，使学生思维的广阔性、全面性得到培养和延伸。

（五）设疑于易混处

在教学过程中，经常遇到表面类似或相近而实质各异的知识和问题。在这种含混地方设疑，可提高学生的辨别能力，培养学生思维的严密性、科学性。

（六）设疑于新奇处

随着科学技术的日新月异，新概念、新设备、新工艺、新技术被不断引入教材和教学过程之中。在教学内容新奇处设疑，可使学生及时得到新知识、新技术，培养他们的发展意识、创新观念。

（七）设疑于分歧处

不同学生对一些问题内涵的理解或解决的途径、方法往往有不同见解，在这种分歧处设疑、质疑，会使学生在切磋、讨论、争辩中发现问题的本质，对问题的认识会更加深刻、全面。

（八）设疑于关键处

每个章节及课时的教学内容都有相应的重点，即关键内容。设疑应围绕这些“关键点”“肯綮点”，使教学重点突出，以利学生理解重点、掌握关键。

要善于设疑、精心设疑、巧妙设疑、多样设疑。无论如何设疑，均需围绕教学目标与教学重点及难点，符合学生实际，富有启发性，并注意科学、准确、恰当，以开启学生心扉，激发思维波澜，点燃求知欲望。通过选设疑点，可使学生思维活跃起来，多思、多问，在探求知识的道路上不断前进，在能力培养的道路上不断提升，在价值观形成的道路上不断成长；通过多疑、多思，才能从平淡中找新奇，在死水里起波澜，由边缘处见新域。

二、质疑问难艺术

质疑，就是提出疑问，或不懂的问题，请人解答；问难，就是与教师、同学讨论争辩。质疑，单字解释：质，是询问、责问，此处“质”为动词，有反诘反问之意；疑，疑问、疑惑。详解：谓心有所疑，就正于人。或“谓心有所疑，以求得解答”。质疑与置疑的区别——前者，表示“对对方的语言表示怀疑，且有质问，逼迫的情绪”；后者，表示 “对某问题存在怀疑，没有强烈情绪”。“质疑思辨”，顾名思义，有引导学生于无疑处提出问题，并通过分析所有蛛丝马迹运用已有知识、借助合作学习方式，找到解决问题的方法和问题的结果。笛卡儿说：怀疑一切，认知的好奇心开始于疑问，包括“何处质疑”和“怎样质疑”。质疑，是指请人解答疑难，亦指提出疑问请人解答的教学方法。质疑，是学习的一个重要手段，是探究真知的钥匙，是思考问题的先导，其目的是培养学生敏捷、主动、灵活的思维，发展学生的思维，从而使之在“质疑”中猎取知识、驾驭知识。学贵多疑，有“疑”才能有“思”，有“思”才能有“问”，有“问”才能有“悟”，如此循环往复，不断积累知识成果——学问。“于无疑处有疑方是进矣”，发现问题本身是一种重要的能力，是思维敏捷的体现。因此，在教学过程中要鼓励和引导学生大胆质疑、勤于质疑、勇于执经问难，善于提疑发问。在难点处质疑、困惑出求疑，关键处找疑。爱因斯坦说：“我没有什么特别的才能，只是喜欢寻根问底，追求问题罢了。”故而，教师应启发学生“打破砂锅问到底”。

质疑强调“三问”。一是提倡“先思后问”（对已学内容，未经复习演练的不问，未找到主要矛盾的不问，未经深入思考的不问）。疑而不思，势必疑而不解。只有思而后问，才能豁然开朗、理解详透、记忆深刻。二是鼓励“不耻下问”。有人对胜己者愿问，类己者可问，自以为不如己者就不屑一问，这是一种偏见。人各有所长，往往他人之长正是己所不足。故不懂不要装懂，要向一切人求教，“入泽问渔夫，进山问樵子”。只有不耻下问，才能从知识海洋中汲取源源不断的营养。三是倡导“距师以问”。鼓励学生敢向教师提出不同见解，进行求异思维，鼓励学生“独出心裁”，不“唯师”、不“唯书”，只“唯是”进行创造性思维。质疑是创新的前提，没有质疑就不可能创新。

质疑讲求“四法”。一是启发。应为学生“质疑”创造环境，设置情境，启迪学生多疑好问。二是诱导。要把学生引进“质疑”的大门，诱发提问思路。三是鼓励。要尊重学生的发问，鼓励学生大胆质疑，在学生说错或提了“怪问题”、出了“怪点子”时，都应看成是思维活跃的表现，不要训斥责备，需热情诱导，以保护其积极性。四是赏识。对能提出一些不寻常或有创见性问题的学生，要及时予以肯定与表扬，还可将“质疑”次数多少作为评价学生的参考。

质疑问难是学生获得知识和技能的起点。“疑而能问，已得知识之半”。然而，不少学生不爱提问题，不善提问题，不敢提问题；不能用“问号”这把金钥匙去开启知识宝库的大门，甚至对教师的提问，也常常无意去究根刨底，往往是坐等教师给出现成的答案知识。为了调动学生思维的主动性，启发学生大胆质疑问难，应勉励他们多思考、多质疑，并给他们创设一方自由质疑问难的天地或平台，使他们从中感受到经过自己苦思冥想后获得知识的乐趣，乐于到“疑惑”的空间里寻觅新知。故应教其一些质疑问难的方法。

（一）查寻异常

教材中常常有些不同寻常、不依常规的内容，只要稍加留意就可找到，诸如：不需写出的却偏要写出，需要写出的却偏偏不写；本应这样写的，却偏那样写……这些情况，如果不是由于作者水平所限，就是高明作者的精心安排，其中有需琢磨的深刻含义，如果查到这些情况，并思考一下“为什么”，问题就提出来了。

（二）揭示矛盾

两个相反或相对的意思，如果出现在同一章节，就形成了一对矛盾，诸如：内容之间的矛盾，叙述之间的矛盾，内容与形式之间的矛盾……这些矛盾现象，常常是作者的特意安排，有其特殊用意，如能在教材中发现这些矛盾，并进一步追问个“为什么”，也是发现问题和提出问题的一种有效方法。

（三）假设对照

假设一个对立的内容或观点，并进一步将它与已知内容或观点比较、对照，思考二者的不同、优劣及原因，这便是假设对照的质疑方法。假设对照主要有三类。一是增减类，即把某一概念、定理、公式有意识地增加或减去一些因素而得到一些新疑问；二是更替类，即置换已知概念、定理、公式的部分要素，或更换顺序，从而得到一些新发现；三是进退类，退，即退到最特殊的场合、条件，研究最特殊的情况；进，即进一步研究最一般的或极端的情况，从而诱发学生提出问题。

（四）比较异同

把内容相似或形式相似的知识或论述进行比较，就可发现其异同，引导学生从差异中发现疑点，问题很自然地就会提出来。这种比较，既可将自己的想法与之相比，也可将不同作者关于同一问题的论述进行相比；既可将书本上说的与实际生活问题相比，也可将同类著作中同一问题的立论依据相比；当然，还可将同一作者对同一问题的论述进行比较。

（五）验证真伪

验证就是自己动手去检查、实验或演算，从而证实真伪。一般说来，可从三方面着手：一是认真检查其所引证的各种原始材料，查其有无断章取义，忽略前提或将推论当做事实来引用的情况；二是按教材介绍的方法、步骤，自己重复实验或演算一次，看能否得出相同的结果；三是用教材中的理论去解决具体问题，或指导实践活动，以验证其是否正确、合理或存在问题。

（六）归谬推理

对某些易生“歧义”的内容，或对一个前提若推出矛盾的结论，虽推理过程是严谨的，但与事实不符，或在推理中出现了互相反对或互相矛盾的两个判断，使思维前后的一贯性和无矛盾性受到破坏，从而引导学生产生疑问，提出问题。

（七）设置障碍

教师结合教材内容设计接近学生智力的“开发区”，但对带有一定难度、需要深入思考的问题，或推敲选择，或辨别是非，或判断优劣……从而让学生从各方面揭示矛盾，提出问题。

（八）引导观察

给学生提供产生与存在问题的材料，或结合教材内容组织学生进行观察，通过观察发现与自己经验有矛盾的现象，同时培养学生的问题意识，教给学生发现和分析问题的方法，从而使学生产生疑问，提出问题；或给学生提供足够的资料、数据，使他们从感性认识上升到理性认识，进而得出应有结论中的疑问。

（九）创设悬念

教师在讲解中，不一定讲全、讲透，不妨藏头露尾，不点破，或设置一座迷宫，创造一点神秘气氛。这样可激发学生的好奇心和悬念心理，为学生提供想象的空间，增强学生自己去探索、去发现问题的兴趣，促使学生围绕“悬念”而逐渐延伸、拓展，从而提出各种各样的问题。

（十）引奇诱趣

趣中生奇，奇中生疑，疑中生问。把教学内容与学生的生活或学习实际联系起来，使学生感到诧异、困惑，产生“惊奇”或“矛盾”心理，让学生感到“须思”“可思”和“乐思”，从而产生疑问，进而提出问题。

（十一）注意空白

教材中往往有些地方是编者独具匠心而留下的空白，这些笔未到而意到或言有尽而意无穷的留白处每每能成为激发思维、驰骋想象的益智因素。教师应引导学生从教材“留白”处质疑问难，当学生通过想象与联想，反复咀嚼、品味留白处产生的朦胧的美学境界时，会产生无限意趣，这对激发其积极思维、发展想象力、培养创造意识，无疑会大有裨益。

（十二）务重无疑

宋代学者朱熹说：“读书无疑者，须教有疑，有疑者，却要无疑，方是进矣。”教材中的“无疑处”往往是理解教材的枢纽，或是易发生差错的要端。教师若能引导学生在“无疑处”质疑问难，既可激发学生深思而释疑，又可促进学生对教材的深入理解。

在求知的道路上，疑问是一颗思想的种子。敢于和善于提出疑问，是打开知识宝库的钥匙，是取得进步的源泉。因此，教师要为学生“质疑问难”创设环境，注意在启发、诱导、鼓励、表扬几个方面下功夫。启发，即启迪学生敢于提出疑问；诱导，即把学生引进“质疑问难”的大门，找到质疑的思路；鼓励，即鼓动与奖励学生大胆“质疑问难”，在学生提问出错时，注意保护他们的积极性；表扬，即对能提出一些有创见性问题的学生给予肯定和赞扬。倘若能经常鼓励学生大胆质疑问难，并给质疑问难创设良好的环境，善于在适当的时机进行激疑促思的适宜点拨，又注意教会质疑问难的技巧，那就能极大激发学生质疑问难的主动性和积极性。勇于质疑问难，表现为一种求知欲，包含着智慧；敢于质疑问难，体现了一种探究精神，孕育着创造。久而久之就能使学生养成积极思维、大胆思维、认真深思、反复多思的良好习惯。只有既勇于对教材内容质疑，也敢于对教师的讲授问难，才有利于培养学生的创造意识，发展学生的创新思维。

三、释疑解惑艺术

释疑，是指解释疑难，解惑是指解答疑惑。就教学全过程来说，使学生生疑、质疑不是目的，释疑、解惑才是学习的归宿。怎样“释疑”也颇有学问。

释疑重在“四引”。第一，引导思维。学习是一种主动、积极思维的活动，“疑”既是思维的结果，又是再思维的起点。教师答疑，不是仅让学生知道结论而不再提问，而是让学生的思维更加活跃，向更深、更广的层次开拓，全面发展学生的思维结构，发展求同思维、求异思维和创造性思维。凡是能让学生思考的问题，尽量让他们独立思考；凡是能让学生得出结论的，尽量让他们探索归纳，教师只是释疑解惑的组织者、引导者。第二，引发深问。“生活的智慧就在于逢事都问个为什么”。粗枝大叶，浅尝辄止，是不可能涉足学问深处的。因此，教师要热情开导学生，激发他们的求索精神。让学生知道，若真想在学问上得到一点什么，就得“究根问底”，既知怎么提出问题，还知怎样去论证问题；既知问题的结论，还知结论是怎么得来的。只有如此，才能掌握书中精蕴。第三，引疏思路。虽学生的思维活动具有其独立性，但不能放任自流，而应恰当引导，使其不盲目、不茫然。对学生来说，知道释疑思路，掌握思维方法，要比仅知道结论更为重要。所以，释疑伊始，就要引导学生把握思考重点，明确思考任务，还要为学生思考疏难解困，恰当点拨，扫清障碍，疏通思路。第四，引发激思。学生学习带有情绪色彩，教师要千方百计激发情趣，并注意做到：①趣味性——善于创设情境，引发学习情趣；②竞赛性——把评比精神贯穿到释疑中去，以调动学生思考的积极性；③创造性——注意引导学生求异思维，诱发多样性解答、多角度回答，唤起不同看法、不同见解，并对其创造性思考及独特见解给以适当评价。

释疑做到“三因”。第一，因材施教。善于辨别学生中的千差万别，根据他们的接受能力和非智力因素的特点，采取不同措施，进行不同释疑。第二，因疑施教。根据疑难程度及不同水平特点，采取不同释疑。第三，因时施教。要及时捕捉学生理解疑难的有利时机，进行适当点拨，以收到事半功倍的效果。

如何释疑？无非是：看，补充各路活水，在多种信息中交汇融合；想，深思熟虑，唤醒沉睡于深层的意识；辩，通过争论，反复修正，求取严谨；做，通过实践找答案或验真假。

（一）多路交叉

要引导学生在信息的纵横、时空、深广等多路交叉点上进行综合比较，并做系统、整体、灵活的思考，以跳出点的孤立、线的狭窄和面的单薄。此种交叉思考易让信息高度流畅，攫取各个自由度上的多方验证。

（二）无限逼近

引导学生先用初步方略试解疑题，再将试解情况和结果采回，调整初步方略。如此反复多次可趋近最优解疑方略。此法源于控制论的反馈思想，以“内反馈信息”和“外反馈信息”有效调节策略来提高解疑效率。

（三）越轨思考

在指导学生揭示已知和未知的矛盾中打破习惯思维程式，如用反诘归谬，寻找原说矛盾；通过正反比较，获取相反相成；生发稚化想法，力求突破框框；抑或颠倒逆取，探索极端情况等等，都能将释疑解难推向纵深。

（四）以疑释疑

根据思维产生于疑问，疑问可激发思维之道，对待学生质疑，应先弄清其疑难所在，抓住思维关键或问题实质，创设激发其思维情境，进行“以疑释疑”，即向其提出诱导性反问，使之通过思考，自解疑团，并在解惑中发前人之未发，“抛却常解，另辟新径”。

（五）启思释疑

从智育看，教学旨在培养学生科学的思维方法。所以释疑，既让其知道结论，更让其思维活跃，发现与提出更多问题向更深层次开拓。鼓励学生求异思维，在争辩中磨砺思维锋芒，以更好地激发其智力潜能。

（六）点拨要旨

教师在释疑解难中不能越俎代庖，应是释难的组织和引路者。解惑时，对学生疑难主要是“点拨”使之自悟，以收“拨云见日”之效。点拨时，重指方向、点思路、抓要害、提关键，以收“金针点穴”之效。

（七）视情而释

释疑，应有针对性地评答、略答、直答或不答而只给指点。不论采取何种方法均需学生对疑问深入钻研和认真思考后进行，更应在“道而弗牵，强而弗抑，开而弗达”上下功夫，从“教师提问，学生回答”到“学生提问，教师解答”，进而达“自己提问，自己解答”。

（八）辨疑解难

在学生思考的基础上组织对疑难进行讨论，使之通过辨识而解难。首先，让学生辨析问题，教师不包办代替；然后，指出难点或分歧点，让其充分辩论；最后，集中思考，共同得出结论。

要言之，即“集疑”（归纳学生疑问）、“布疑”（教师再提疑）、“辩疑”（组织讨论）、“释疑”。设疑贵速，引疑须巧，释疑应达。教学的根本目的是增长学生的知和智及品德。因此，释疑既要讲究方法、注重技巧，又应有些深度，以让学生有大彻大悟之感，既知其然，又知其所以然。

从教学而言，教学过程即“设疑→质疑→释疑”的过程；从学习来说，学习过程即“生疑→质疑→释疑”的过程。设（生）疑、质疑和释疑的教学活动，既要注意“恰逢其时”，又要考虑“正当其时”，给学生搭建自由平台，在德智体诸育中皆得到发展，并能发现自我、认识自我、调整自我和发展自我。

引 疑 艺 术

引疑是提出适当问题，使学生在知与不知的矛盾中产生好奇心与求知欲。大凡成功之教，有效之导，总是创设出使学生生疑的学习意境，促其产生急欲释疑心理，并把磨砺其思维锋芒贯穿于教学始终，使之思维更活跃地向纵深处开拓。学贵“多疑”，有疑方能有思、有悟。唯有教师抛出条条“疑线”，才能“迷住”学生思路，引起“痴疑”。设疑要“活”，引疑需“巧”。需有目的、有方向和灵活多变的思维。

一、诱发式引疑

诱发式引疑，是教师根据辅导内容及学生感兴趣的问题，设置带有诱导性的谈话或提问，使学生依照教师释疑路线，通过自己的思维活动，对难点或疑点形成表象，从而达到对疑难的理解。

二、情境式引疑

情境式引疑，是教师结合辅导或答疑内容，把学生的情感引进教材境地，使学生的情感与教学内容融为一体，进而对疑难进行深刻理解。

三、悬念式引疑

悬念式引疑，是教师提出新的设问，引起学生急欲求知和欲罢不能的心理。这样，一个悬念接着一个悬念，一层一层地揭开“包袱”，使之且惊、且急、且疑、且悟，获得悬念尽释后的欢乐。

四、对比式引疑

对比式引疑，是教师根据辅导或答疑内容，将相似或形似及相近或相反的知识，交给学生去比较、鉴别、对照、联想。这样将矛盾摆在学生面前，就会使其思维进入活跃状态，最后使问题得以消解。

五、指点式引疑

指点式引疑，是对学生提出的问题不是一问即答、凡问必答，而是区别不同情况，该简答的简答，该不答的不答，或提醒要害，或指出关键，或“画龙点睛”，或指点思路，给予恰如其分的引思、引导。

六、设疑式引疑

设疑式引疑，是在辅导中精心设疑，且富有启发性。否则，信口盲目地设疑，会使学生浪费精力，无益而思；平庸陈俗地设疑，会使学生感到乏味，无趣而思；高深莫测地设疑，会使学生瞠目结舌，无解而思。只有巧妙设计，符合学生实际且有情趣地设疑，才能激起学生脑海波涛、思维浪花，进行深思广想。

七、变换式引疑

变换式引疑，是教师置换已知概念、定理、公式、原理的一部分要素，或增减条件，或更换顺序，从而得到新的疑问，使学生进行广阔思维与纵深思维，从中分析与领悟。

八、进退式引疑

进退式引疑，是指教师引导学生把问题进或退到最特殊的极限、场合、条件，研究其最特殊或最极端的情况；然后，再研究最一般的情况，并诱发学生产生疑问，提出问题，从而弄清其中的全部疑难。

有时还要根据辅导对象，有意识地将其思维触角诱向新概念、新技术、新工艺的前沿，生出更多“未来之疑”。当然这需教师平时注意掌握与跟踪新信息，有“小荷才露尖尖角，早有蜻蜓立上头”的敏感性。

导　思　解　疑

教师需善导学生的思维活动，掌握有效的思维方法，养成良好的思维习惯；以趣诱思、以疑激思、以比促思、以变活思，开发其智力和潜能。如：引导“乐思”，激发思维兴趣；指导“会思”，抓顺序、重联系、知特点；激励“善思”，能质疑、善联想、会分析。解疑中，教师不“代庖”应启发、导思。不将答案和盘托出，而让其先述己见，展现思维过程；再依问题性质、难易，助其再思考与独辟解疑新径。

一、点睛法

质疑者并非一无所知，往往仅是一两个疑点，教师可在其陈述过程中适当引导、提示、点化，帮其纵深思考，助其解开疑团。但提示应少，点到为止，以学生能够独立解决问题为度。

二、集疑法

集疑法即以纲带目法。某一疑点（纲）不解开，影响多个疑点（目）也不能释然，即该疑点是其他疑点的集中表现和反映。此时，可帮助学生先找出该疑点并助其解开，则其余疑点便明朗易解了。

三、分进法

若某一疑难涉及疑点多、范围广、难度大，可将其化为难度和范围较小之疑，分别突破。若各个小问题之间存在着紧密的逻辑关系或因果关系，又呈逐步深化之势，则宜按逻辑顺序提示思路，分步释疑。

四、示范法

有的问题复杂、深奥，而又不能分解，需综合运用多种方法或技巧。此时，可暗示薄弱环节，间接地示范方法和适当提供技巧，以资借鉴，引导学生沿着正确途径解决问题。

五、示错法

对某些疑难，可与展示正确的范例相反，向学生展示典型错例，剖析其中的纰漏，暴露思维的混乱，以对质疑者起警示作用，导其向正确的思路前进。

六、类推法

对某些疑难，不是直接点明本问题的解法、结论或条件，而是向学生提供类似问题的解决途径、结论或条件，使之模仿、套用与迁移，以触类旁通地解决问题。

七、排错法

对某些疑难，不是直接揭示正确的方法，而是罗列所有可能的判断，帮助学生排除错误或不佳的判断，以留下正确的判断或最佳的选择。

八、反诘法

对粗心大意或一时“糊涂”者，可针对其疑问或错误之点提出反诘，以期引起关注，从而转向正确思路，再做进一步的思考，进行寻因问果，剖疑析难，直至解决问题。

还有比喻法——对抽象、深奥问题或缺乏想象力者，可借助形象、生动的比喻，找出解疑思路。集思法——以商讨、互相切磋、集思广益来解决问题；归谬法——顺其自然推出显而易见或已知荒谬结论来否定其误，这虽不能肯定何者为对，亦不失为有效导思之方。

解 惑 之 术

一事不解曰疑，多事不解曰惑。当学生遇到疑惑时，如何予以解决，对“疑惑”——解惑（不只限于答疑）的要求是什么？怎样才能收到良好的教学效果？

一、指点通途

疑惑，如属学生未认真复习或未加思索而提出的，则应让其去复习教材的有关章节，并提示他应思考的有关问题。事实说明，经学生努力思考所得学问，比“廉价”从教师口中听来的知识要牢固而深刻。

二、抓住关键

在答疑解惑时，不要就事论事罗列现象，而要抓住关键和问题的实质，然后画龙点睛地启发学生解惑思路，使之不仅要明确是什么和应怎样解答，还要明确为什么和如何解答。

三、注重迁移

解惑答疑，重在培养学生分析问题、解决问题和探求知识的能力。即解惑答疑，既通过迁移使学生了解所问的具体知识，也启发学生开阔思路、掌握规律，以“一叶知秋”、举一反三，学会独立探求新疑。

四、善用曲答

曲答，即对疑惑，不直接回答，不和盘托出，不从正面解释，而是巧妙、委婉、曲折地指点思路、诱导联想，或通过变角度，或反问，让学生沿着指点轨迹，迎疑而思，自寻答案。以耐人寻味，发人深省。

五、指路点驿

允许并鼓励学生思维活动的独立性，虽不放任自流，但进行必要、适时和恰当指点。解惑伊始，把握思考重点，明确思考任务，再指点思路，避免盲目、茫然；然后，为其排难解惑、恰当点拨、扫清障碍。

六、诱发激思

要千方百计诱发和激励学生积极思考。一是趣味性，善于创设情境，诱发解惑情趣；二是鼓舞性，及时鼓励思考的微小进步；三是指引性，引导找关键、抓要害，选突破口，以起“一石击破水中天”之效。

七、历练训思

思考能力靠训练形成。对学生的学习要求应做到眼到、耳到、口到、手到和心到，只有多种器官协调活动，才能提高思考的效率。教师要训练学生的思考能力，就要在解惑中加强练眼、练耳、练口、练手，以培养其发现、辨析及解决问题的能力，找到解惑思路。

八、实践启思

解惑时，引用具体实物或实验、实训、实习、操作，可使学生通过视、听、触等感官，转入思维，理解疑惑。只要留下质疑问难的自由时空，鼓励学生进行深入思考，就会从中享受到亲身体验和苦思冥想后解释疑惑的乐趣，并乐于到“疑惑”的天地里寻觅新知。

欲使解惑取得良好效果，靠什么？精由手中来，巧自笨功出。一分耕耘，一分收获，一番思索，一层见地。以艰苦的劳动为基础，深入钻研教材，勤于思考问题，认真改进方法，就能不断提高“解惑”的教学水平。

如何上好习题课

习题课，是理工类课堂教学的重要组成部分，是课堂教学的一种课型，是集体辅导的一个主要形式，是学生理解、掌握、巩固习题知识的有效手段，是培养和提高学生分析和解决问题能力、技能和技巧的重要途径，也是查漏补缺、开阔思路和提升思考能力的有效方式。习题课的种类有：以掌握课堂所学基础知识为目的的巩固型习题课；以沟通所学各部分知识间的内在联系、提高综合运用知识能力为目的的综合型习题课；收集、整理、分析、展示学生作业、常见错误，点拨纠错的讲评型习题课。上好习题课，对于提高教学质量、高效率培养人才具有决定性意义。如何使习题课达到最佳效果？需有效地把握其程序：整理前阶段课程的知识要点——分析作业题中的错误——归纳与综合讲解习题——让学生上讲台做题。其实，习题课也同新课一样，要把握好准备、上课和作业三个环节。

一、备习题课

习题课的课前准备是必需的，特别是对讲评课教学目标的定位更为重要。应从以下几个方面入手。

（一）备知“点”，充分了解学生

首先，应对作业（需精心选题、注重习题的基础性和可行性、典型性和针对性）训练题、测试题等进行认真研究，对同类型习题跳跃性地进行讲解，对题目中的知识、方法进行梳理归类，安排好讲评题目的顺序，哪些按章节纵向顺序讲评，哪些从横向的角度归类讲评。但不应按习题的顺序逐题讲。另外，哪个题同出一策，可捆绑在一起，由点成面。同时，应对学生习题或作业进行批阅，批阅的过程不能只动手不动脑。应注重共性问题和个体情况，并做好答题情况的统计，知晓各类题的对错数字及错误类型、性质和原因，从而确定习题课及其讲评的内容和重点，以避免平均用力，不分主次，应加强针对性，提高实效性。

（二）依据“纲”，关注精选题目

首先要通盘考虑该让学生练什么题型的题目，做多少题，用何教法，达到什么目的等。其关键是课前先编选出一套合适的题目。除按照课程标准且与教材内容紧密配合外，还需考虑：①档次适中性——因习题课的功能与作用是进一步加强学生对教材知识的理解和掌握，并灵活运用所学知识解决一些学科问题，故其题目除具一定的典型性和代表性外，还应有一定的灵活性及难度；②具有针对性——针对某些容易混淆的概念和产生的错误，或某些实际问题如何转化为教学问题等方面的困难，可编选出相应的题目，进行专题训练；③新旧结合性——将新旧知识融会贯通，重新结合加以训练，实现知识和技能的正迁移，形成知识的系统化；④横向联系性——加强知识的横向联系，扩大学生知识面。总之，应经过认真地分析，严格按照课程标准，紧密联系教材内容，结合其他参考书，编选出一套具有知识功能、教育功能、发展功能的习题系统，从根本上改变那种不分优劣、大容量的练习，走出题海、减轻负担，提高质量。

（三）设计“精”，体现以少求精

一堂较好的习题课就是一大类习题的综合。所以应选用有实际科技背景、概念规律为依托的问题作为习题课，以激发学生的学习兴趣，调动其积极性和主动性，在解决问题的过程中，梳理知识；在解决问题的过程中，对基本概念进行辨析；在解决问题的过程中，掌握规律，从而培养其分析解决综合问题的能力。

（四）重视“阅”，了解症结所在

“阅”就是“摸底”，摸清学生掌握知识之底，学习习惯之底，学习方法之底。这是教师掌握第一手可靠资料的最佳途径。“阅”的要求是对学生的作业全批全改，并做好统计和归类。“阅”的关键是了解和收集。具体做法是：选择题既要统计出全班学生集中的错题，还要将每一道错题中学生集中错误的选项记录下来；解答题要“阅”答题步骤和答题习惯。“阅”的质量要高，对错分明，评判规范，不出现错批、误批，这样才能给学生营造出严谨、严肃、认真的氛围。

（五）仔细“查”，设计“治疗”方案

“查”易错点、马虎点、遗忘点、易混点和思考盲点，针对这些“点”来设计符合学生实际的“治疗”方案。马虎“点”要重锤敲击；知识遗忘“点”应变换角度重新记忆；思考盲“点”要设立“支架”，让其步入其内；易混“点”要对比强化，明晰其内涵和外延。

（六）缜密“析”，构建讲评目标

“析”是分析学生的错误选项、失误根源、做题习惯和态度。根据分析结果要有针对性地确立本节课的教学目标。教学目标也应同新授课一样有知识与技能、过程与方法、情感态度与价值观等，特别是情感价值观方面，要对学生进行信心教育。对有进步的学生要适时表扬，给予鼓励，培养学科情感，使其积极投入到学习中去。知识目标的确立更为重要，这需缜密分析学生的错题，对错误仔细把脉，确立教学的重点和难点。

（七）精心“选”，予以“滋补调养”

“选”即挑选题目，精心选好补偿题、反馈题、巩固题，旨在对学生知识结构进行“滋补”，对思维习惯进行“调养”，同时给其提供一个消化的时间。题目选择要有针对性：针对学生的错题，需要加强的知识点、习惯的养成和能力的培养。题量不可过多，要少而精，既有“面”的覆盖，也有“点”的深化。

（八）认真“备”，讲求“有效策略”

“备”就是认真准备好习题课，并讲究上习题课的策略。

1. 先思后导，关注生成　回顾知识，在习题教学中，对涉及的重要知识，应不失时机地进行主动回顾，根据学生的掌握程度进行强化，以让习题教学达到巩固知识的目的。

2. 学会等待，返璞归真　学生是学习的主体，在习题讲评中，教师要留给学生合理的时间进行思考与分析，使学生在勤思多变中提高思维的灵活性和创新性。

3. 精心设计，循循善诱　要善于把大题目分解为环环相扣的小问题，按思维的进程，向学生依次提出。鼓励学生发表己见，既讲正确也谈误区，既讲常规解法也谈解题技巧，从而激发学生的学习兴趣。

4. 引导分析，启迪思维　在引导学生分析中，应让他们知道怎样利用条件，如何剖析结论，怎样沟通条件和结论，体验思维深入的过程，领悟问题探索的方法。

5. 分析错因，及时指导　应了解学生在知识理解、方法运用等方面的不足，给予必要且及时的校正，既要指出错在哪里，更要分析产生错误的原因，避免再犯类似错误。

6. 整理思路，触类旁通　首先让学生个体进行思路探索，然后在引导小组合作的基础上，让学生学会运用批判性思维进行选择，用比较合理而简洁的思路完成解题过程，并做好“回头望”，且把相关问题的解决方法进行归纳整理，形成系统。

7. 心理诱导，主动参与　课程的三维目标，尤其强调情感、态度、价值观的培养。在解题过程中，学生会遇到重重困难或出现多种错误，还可能产生不良情绪，甚至对学科失去兴趣，对此教师应在习题讲评中采取相应的策略，有针对性地进行心理或情感指导。

二、上习题课

可根据学生作业的实际情况，引导分析存在的问题和原因，学习解决实际问题的正确方法和技巧。

（一）情感交融，以生为本

在有效教学策略中，重要的是体现教师与学生的情感沟通，当学生爱上了、想上了、怀有责任感地上课了，这样的课才会有效！为此，在习题设计与习题课上应体现以学生为主，注重学生个体在智力水平、理解能力和学习特点上的差异，并予以相应培养，使之全面发展。习题教学要有助于学生对分析问题、解决问题、发现问题能力的提高。习题教学过程须体现师生互动，给予学生充分的时间和空间参与其中。有的学生对于解题方法的掌握、优选单靠教师是教不会的，需学生自己通过实践去总结、去体会，才能留下深刻的印象，最终感悟到今后再遇到此类问题应如何处理。

（二）教法灵活，因材施教

时下的习题课，教法比较单一，基本上均采用“讲练式”。当然，不可否认，采用“讲练式”的习题课，只要教师组织得好，把握得好，其效果也会不错。但若教师在给学生起示范作用，向学生讲解典型例题时，仅以一个具体题目为目标，就题讲题；学生练习时，教师又不进行具体指导，这样的习题课充其量只能是使学生“依葫芦画瓢”，往往是知其然而不知其所以然。如若在习题课上，把重点放在解题思路的探索上，放在解题方法的发现上，充分发挥学生的主体作用，引导他们去发现新情境中的基本关系，重新组合已有的知识经验，把握解决问题的方向，寻找解题的途径，这样就能真正起到示范和引导的作用，进而收到触类旁通、举一反三的效果。

（三）鼓励创新，开阔思维

现代教学理论认为，教学是思维活动的教学，其中习题教学占有重要地位。造成当今学生学习困难的一大因素是思维定势的消极影响。所以，要引领学生不墨守成规，鼓励大胆创新，需帮助他们克服思维定势，提高解题能力，这是习题课的重要任务。在习题课教学中，不妨让学生多练些一题多解的题目，利用多种方法解同一题目，培养学生观察思考能力，加强学生思维训练，使之思维不受经验的束缚，遇到问题能结合已知条件，从不同角度去思考，并产生联想，变换解题思路，寻找最简单的解题方法，从而突破思维定势。

（四）巡回指导，画龙点睛

上好习题课并非轻而易举。有的习题课仅仅把习题发放给学生去做，教师并不做具体指导，只等一定时间后把答案公布出去或做简单讲评，这样的习题课无疑难于收到良好效果。事实上，在学生独立答题或进行集体讨论时，教师需适时参与并进行巡视，这样对学生的学习自觉性、积极性无形中起着鞭策作用，同时，可发现存在问题，以便采取措施及时弥补和调整，还可发现学生的创造性，及时肯定并向大家介绍。教师在巡视中，发现学生有疑难或思维障碍时，也可适时提示，给学生思考问题的钥匙，画龙点睛，使之“跳一跳，能摘到桃子”，这种结果也正是教育所期待的。

（五）由易到难，逐层递进

习题课，尽量避免让学生做更多的习题、教师讲更多的习题。在讲解例题和习题时应从知识的基本应用开始，要求学生掌握基本的解题方法。习题教学要由易到难，逐层递进。

可把习题设计为“必做”和“选做”两个层次，“必做”题要求学生全都完成，以达到教学的基本要求；“选做”题可根据自己的情况选择完成，并说明“选做”题难度较大，对于完成者将进行鼓励和表扬，让他们获得更大的自信心。常规型习题尽量布置得少而精。

（六）搜集典型，讲究解法

首先根据学生情况特点，选例题时要坚持以下原则：一是加强基础，即通过这些题目，加深学生对基本概念和基本规律的理解、掌握；二是加强针对性训练，克服缺点，即选用足以暴露缺点的各种题目，进行有针对性的专门训练；三是拓宽视野，增强适应性，即选题不仅内容上力求齐全，而且尽可能设计不同形式、提问角度乃至叙述方法的各类题目，使学生遇到各类问题题目时，有似曾相识的感觉，就可降低题目的难度，增强解题的自信心。主要从以下三个方面帮助学生搜集和整理题目：一是对教材中原有的习题改变提问角度和条件；二是对学生含混不清的问题编一些思考题；三是有的题目尽量和生活中的实际相联系。对于解题方法的总结，虽一道题有多种解法，但对于程度较差的学生来说，选一种易理解并解题过程简洁的方法让其掌握更重要。

（七）巧用提问，激活思维

根据心理学原理，学生的“注意力”和“兴奋点”不可能持续较长或很长时间。据观察，学生一节课能集中注意力 25~35 分钟，所以应把一节课中最需要提问的精心设计成两三个问题，并设置一定的情景，加以提问，让学生有兴趣地参与思考、讨论。提问时要有所讲究。问得太白，学生不用思考就能答，会养成思维惰性；问得太深奥，学生一头雾水，倒腾半天不知所问，既不利于课堂教学的继续推进，还会使学生产生畏难心理，教师要善于把题目分解为系列环环相扣的问题，按思维进程面向全体学生依次提出，分别由不同的学生作答，由问题寻找突破口，依次展开过程分析、规律选用、结果讨论等，要鼓励学生发表自己的见解，既讲正确也讲误区，既讲常规方法也讲技巧捷径。

（八）师生互动，独立思考

教师及时点拨，学生始终积极地进行思维活动，才真正体现教师为主导，学生为主体的学习方式。教师要精讲，但对学生易犯的错误要及时纠正，对学困生的解题思路要及时点拨，对方法技巧要引导总结。在习题课上除分析解题思路外，还要留给学生独立思考的时间。可让学生自己讲说一些解题思路，再由教师点评，鼓励学生独立思考。经过不断地锻炼和积累，才能养成较好的思考习惯，掌握解题思路。

（九）题目延伸，一题多变

训练学生思维的发散，提炼解题技巧，把思维引向深入。在解题思路上，无论是顺推还是逆推，每一步推导都不外乎根据概念、性质、公式、定理等。对学生来说，逆推法是一种行之有效、最基本的解题方法，应该在习题课时将逆推过程的思路用板书清晰、形象地表示出来。当然，还应注意适当使用些“非常规题”去培养学生非常规的思维方式，如：有多余已知条件的题型、有多个答案的题目、答案不确定模糊解的题目、设计实验方案的题目、根据平时生活积累进行估算的题目、解决日常生活实际问题的应用题、跨学科综合型的题目等。

（十）思路点拨，技能培养

在习题课教学中，教师点拨学生思路要及时、恰当、击中要害，让学生茅塞顿开、恍然大悟。培养学生技能的方式有：特殊到一般的归纳推理训练和一般到特殊的演绎推理训练以及类比、联想、猜想、证明的思维训练，发散思维与聚合思维训练，正向思维与逆向思维，分析综合思维和创新应用思维训练等等。

三、作业反馈

习题讲评课后，可抽查学生的答案订正情况，并要求学生将习题保存好，将典型的问题，收集在“错题集”中；教师可再设计几个针对性练习题，作为矫正补偿练习，让易错易混的问题多次在练习中出现，达到矫正、巩固的目的。作业量要适当，题目要有启发性，避免使学生陷入题海，穷于应付；否则，效果只会适得其反。当前习题课中的主要问题如下：①“一言堂”式——“填鸭式”的教学，忽略了“习题课主体仍然是学生”，把课堂变成教师讲题课或学生做题课。有的教师虽注意到主体的参与，但超前提示多，等待思考少，学生不能深入思维，教师越俎代庖，学生有效参与较少，加重了学生的依赖心理。②“顺次讲解，无重点”——习题课进行时，教师按题目序号依次讲解，不分主次轻重。因没有习题讲评的针对性，就没有学生参与的积极性，所以如过眼烟云，印象不深，同类型的题一错再错。③就题论题，直接讲解——教师只注重正确的解题方法或只分析答案的正确性质。忽略引导学生得知答案的思维过程，缺乏基础知识或思维方法的拓展、归纳与延伸，不利于提升学生的分析能力。④只“纠错”而不“究错”——教师只讲解学生解题过程中出现的错误，不从师生双方挖掘产生错误的原因，对学情了解不够，薄弱环节不能深入讲解，缺乏针对性。⑤教师对自身的反思不足——有效的习题课，可使学生进一步深化、强化基础知识和基本技能，达到牢固掌握概念，深刻理解规律的目的，同时通过习题课，教师还可更好地分析学情，查漏补缺，得以调整教学内容、方法和进程。

总之，提高习题课的有效途径很多，这需教师不断提高自身，善于探索发现，总结解题规律方法，改进习题教法，把习题课当成一种创造性及艺术性的教学活动，不懈努力，精益求精；善于总结、勇于探索和不断创新。

第五章　考试与考查

考试（科举）制度，是中国文明史上的一项重大发明，起始于隋炀帝大业二年（606），经隋唐的萌芽、建立，两宋的发展、成熟，明清的鼎盛到衰落，历经1300年，到清光绪三十一年（1905）“废科举、兴学堂”后，继续实行考试制度。延续至今，传入国外。仍是无法替代的比较公平的一种制度。

考试，是一种严格的知识水平鉴定方法。“考”与“试”是意义相近的两个概念，皆有考查、检测、考核等多重含义。将“考”与“试”二字连用，始于西汉董仲舒的《春秋繁露》。考试是中国人的一项重大发明。由于考试的实质具有客观、公正、公平的特征，所以至今各国学校依然坚持采用考试制度。考试，尽管有其固有的不足，但时至今日仍没有更为公平的制度可以将其替代。

考试，根据学科特点和年级不同可选择相应而合适的方式——口试、笔试、面试和实际操作等以及开卷考试与闭卷考试；根据教学阶段，可分期中考试、学期考试、学年考试、毕业考试、升学考试及就业考试等。考试主要有两种目的：一是检测被考者对某方面知识或技能的掌握程度；二是检验被考者是否已具备获得某种资格的基本能力。由此，考试又可分为效果考试（水平考试）和资格考试（选拔考试）两种。

考试，是评定学习者学业成绩水平的基本方式，是考核学生的主要方式，是检查教与学效果的重要方法，是进一步巩固所学知识和发展综合能力的特殊过程，是教学检测的关键环节。考试，可检测教师“教”的质量，借以调整教学方案，改进教学方法；也可检测学生“学”的质量，促使学生改进学习方法，进行查遗补漏。所以，考试这一环节对促进和巩固教学效果，保证和提高教学质量及改革与完善教学管理，都有重要的作用和意义。至今，考试仍是检验学习效果最公平的办法，考试分数仍是最好的评价尺度。考试固然具有公平性，但却有一定局限性；分数固然是最客观的评价尺度，但却有不小的片面性。因此，如何改革考试方法，使之发挥提高教学质量的导向作用；如何使考试能客观、准确、有效地评价出学生的知识和技能水平；如何利用考试对教学过程进行调控、平衡，使之成为促进教学良性循环的手段，是值得研究的未竟课题。

考试环节尤应注重：科学命题、考场纪律、客观评分和考试分析。

考查，是用一定的标准来检查、衡量或评定学生的学业成绩，或行为或活动，是考核的重要方式，是检查教与学效果的一种常用方法。考查的目的在于检查学生掌握知识、技能的数量和质量；督促学生复习、巩固、加深所学知识，掌握好所学技能；培养学生端正的学习态度与良好的学习习惯，以及相关品德。考查，常用的方法有：平时观测、口头提问、面谈、自评、他评、书面作业、阶段测验、现场操作、实践性作业或工件制作等。

考查，通常包括日常考查、学期、学年或总结性考查。日常考查常用的方法有口头提问、书面作业、书面测验和实践性作业等。口头提问，是常用的一种考查方式，其特点是便于教师直接了解学生的反应和回答的质量，同时可以根据需要，进行适当的启发或追问。书面作业，包括课内和课外作业。它可使教师确切了解学生掌握知识、技能的质量，并能在较短的时间内，就较广泛的问题同时考查班级的每个学生。实践性作业主要考查学生能否把所学知识和科学原理运用于实践；是否掌握了相应的技能和技巧。在学期或学年结束时，学校对学生的学业成绩进行总结性考查，可了解他们掌握课程标准规定内容的广度和深度。这种考查有助于学生知识的系统化。

考查环节要做到：及时评定、客观分析、随时记载，并指出优缺点、注意事项和努力方向。

考核的基本含义是考试，考定核查。亦作，考查核实。又作，考查审核。

考试的基本要求

当代学校的考试，必须从端正教育思想入手，遵循教育教学规律，使考试安排、方式选择和内容设计有利于促进学生学习和教师改进教学，有利于人才培养和学生身心发展。严格、规范、科学的管理和操作，是考试的基本要求。为此考试前，要根据教学大纲（课程标准）要求，培养学生正确的学习方法，帮助他们端正对考试的态度。考试时，要对学生进行知识和能力的综合考核，着重检查他们对基本概念、原理和规律性知识的掌握情况；应注重检查他们发现问题、分析问题、解决问题的能力和创新水平；应突出考核学生的适应能力、应用能力及理论联系实际能力，有些学科还应侧重对操作技能的考核。考试后，需进行质量分析，并反馈考试信息，以改进以后的教与学及考试，使之更加科学化、合理化。对考试质量的检验，可通过定性分析和定量分析来进行。前者，是对考试做出基本估价；后者，是对试卷的效度、信度和难度的计算与分析。

一、弄清性质

考试，是衡量考生知识、能力、智慧力及思想品德、身心健康和社会实践的天平。这个天平本身，有的质量较好，可基本准确地反映考生的智能水平；有的质量较差，在测量过程中存在很大误差，“高分低能”的出现就是因为考试质量出现了偏差问题。

二、明确目的

考试是考核的一种重要方式。其主要目的可概括为：①激励——激励学生积极学习，持续发展；②引导——引导学生注重实践能力与创新精神；③检查——直接检查学生“学”的质量，间接检查教师“教”的质量；④反馈——考试无疑是一面镜子，既照到了学生也照到了教师，教师可利用考试提供的信息，调整和改进教学工作；⑤督促——通过考试可督促学生复习已学知识，使之全面、系统和深化，并可取得学业上的自我认识，从而明确努力方向。概言之，考试的目的是为充分发挥考试的多种功能。教师要明确考试目的，对考试要严肃运用，决不可误用、滥用，更不能将其作为管教学生的武器、整治学生的法宝。

三、侧重能力

试题设计应增加应用性和能力型题目，变知识立意为能力立意（如理科是为更好地考查与促进理性思维能力的发展），转变传统封闭的学科观念，在考查学科能力同时，还要注意考查跨学科的综合能力。注重能力考核，永远是考试与考查的主题，是命题应始终坚持的方向，即考核学生已有的和潜在的学习能力；在运用知识和方法的过程中所表现的专业（特殊）能力和一般心理能力；综合利用所学知识、思路和方法解决问题的能力；具有发现、分析和解决实际问题的能力；具有应变能力、表达能力、综合思维能力和创新能力等。当然，也不可忽视智力的考查。重视学以致用，强调善于运用知识解决现实问题；试题应具有鲜明的时代性，特别重视学科知识与当前科技、经济、文化、环境、自然等热点、焦点问题相联系。

四、注意方式

考试次数不宜过多，方式不宜单一。其主要方式有：笔试（闭卷和开卷）、口试、操作、分析并处理典型问题（或工件、材料）等。应根据不同对象、不同学科及不同目的采取不同的考试方式。如外语和政治等宜采用口试；数学、力学等宜采用笔试；技能、技巧的宜采用操作考核方式。有时还可开卷和闭卷相结合，或口试和笔试相结合，或书面考试和其他考试方式相结合，或综合运用两种以上的考试方式。值得研究的是：应逐步实现理论课程考试标准化和实践能力考试社会化。前者，需实行“教考分离”，以促进和客观评价教学质量；后者，应突出综合能力和全面素质考核，以获取社会认可的职业资格证书或技术技能等级证书。

五、讲究科学

考试的科学性，主要是指要建立一系列考试过程的测定标准，减少或控制各种误差，尽量避免各种主客观，特别是主观因素的干扰。通常，判断一种理论或一种方法是否科学，一是看它是否“言之有理”，二是看它是否“行之有效”。当今，考试的科学性主要体现为四个指标。①信度——可靠性指标，反映考试的稳定性、一致性与可靠性，能反映学生真实水平。用同一试题或同一试卷，去测验水平相同的不同班级的学生，得出的成绩基本相同，则此题或试卷的信度就高。提高考试信度的主要途径是适当增加试题数量和考试次数，寻找最佳考试形式，减少偶然因素的影响。②效度——准确性指标，反映考试的准确性和有效性。用同一试题或试卷，去测验一个班的学生，其考试的成绩与这个班学生的水平是相适应的，试题或试卷的水平与学生的水平越相近，则该试题或试卷的效度就越高。提高效度的主要途径是测试内容和范围要涉及教学的主要部分，减少出错成分。③难度——难易性指标，反映试题的难易程度。难易适当能反映学生掌握、运用知识的程度。试题偏难或偏易，不但影响命题的信度和效度，也会影响命题的区分度。④区分度——鉴别性指标，反映试题对于学生水平的区分能力。区分度高则可使学生之间的考分拉开档次，能准确鉴别不同学生的水平。提高区分度的主要途径是使整个试题难易区间适宜，且题目之间要有难易梯度。上述中，尤应讲求信度与效度。前者，系指测验分数的一致性或稳定性，亦即相同的个人在不同的时间，以相同的测验测量，或重复本测验测量，或在不同情况下测量，所得结果的一致性；后者乃是测量最重要的特征，比信度更受重视，亦即高效度代表高信度（反之亦然）。因此，效度是指一个测验在使用目的上的有效性，效度愈高，表示它愈能测量所欲测量之特征。

六、把握公正

阅卷教师要坚持以人为本，认真负责，切实做到“给分有理、扣分有据、宽严适度、公正公平”。亦即，考试除应遵循有效性、可靠性外，还应注重公正性。公正性，是要求参加同一考试的应试者应有相同的竞争环境和条件，即应试者的资格条件、考试环境、应答时限、答题机遇等等都不能因人而异；而且应有严密的程序和切实有效的抗干扰措施，把整个考试过程置于科学的控制之中，以保证应试者在真正的科学、合理、公平环境下参与竞争。

七、确定标准

任何考试都是测量教学的一把尺子。要使这把尺子测量得准确，就必须有一个统一而客观、规范的标准，或实行标准化考试。在命题、考试、阅卷、评分、计分等环节中都应力求减少误差，以测出比较客观真实的成绩。为此，一是有考试大纲或考试指导书；二是命题要标准化；三是试题要经过预测和筛选（建题库）；四是考试过程要严格而规范；五是有的题目可有标准答案；六是提供评分及计分标准；七是考试实施标准化。任何一种理论或方法都有其使用范围，都有其利与弊。标准化考试虽有许多优点，但有其明显不足：只适合考查求同思维，不宜于考查求异思维；只适合考查思维结果，不能考查思维过程；常用符号标记代替书写操作，很难反映语言的实际运用能力，等等。

八、重视命题

命题，是考试的首要问题，也是考试环节的核心工作。命题直接影响考试成绩的客观性及准确性。高质量的命题不仅可巩固学生所学知识、提高运用能力、拓宽学生思路，而且能检验综合能力、培养求异思维，还能指明学习方向。为此，对命题的要求：一是要符合课程标准，遵循但不拘泥教学大纲；二是紧扣教材，围绕但不囿于教材内容，能在其中找到根据，却又抄不到现成答案；三是难易适度，有一定的难度，但难而不怪；四是多少适量，有一定的综合性，但跨度不远；五是减少单纯记忆性内容，应包含变式，有一定的灵活性，但活而不乱；六是宽窄得当，有一定的覆盖面，但广而不偏；七是形成“阶梯”，有一定的坡度，但坡而不陡。试题，还应包括基本题、综合题、提高题三类。同时，要注意通过命题充分发挥考试的导向作用，克服“重知识、轻能力”及由此带来的“高分低能”的现象。因而，要坚持“出活题、考能力”的原则及考试方向，突出能力和综合素质的考查，侧重检查学生对知识的理解和运用以及发现问题、分析问题和解决问题的能力，尤其是创新思维和创新能力。

九、严格考纪

在加强管理，精心组织，严格纪律，在对学生进行学习目的教育、端正对考试认识的基础上，要优化考风考纪，加强考务管理，实行科学化、透明化管理，特别是提出考试纪律，严格考场制度，制定监考措施；考场要按单人独座、单排单桌的安排，按考号顺序依次就座。防止搞小动作，还考场一个“清白”，克服对考试客观性和准确性有干扰的各种行为。除监考教师应尽职尽责外，学校一方面派人巡视各考场，监督检查考风考纪；另一方面从多个层面，尽量为考生服务、为考生着想，以营造一个比较温馨、适合考生正常发挥的考试环境。这是使考试秩序正常并能实现考试目的的重要保证，也是使考试得以顺利进行的关键所在。

十、客观评分

对考试成绩的评等级或评分数，要认真、公道、实事求是。然而不可否认的是，评分，尤其是作文评改中的误差，与学生的热切期望还有差距，同一份试卷在不同的评卷者眼中有所不同，其症结不仅在评卷方式上，更在评卷者心理。为此，在评卷过程中除严格依据标准外，要克服导致试卷评分误差的心理原因，如：参照效应、类群效应、成见效应、模式效应、感情效应、晕轮效应、暗示效应、近因效应、疲劳效应、趋中效应、投射效应、首因效应、情绪效应、逻辑误差。

十一、考后反馈

考试的目的不单纯是为检查教学质量，更重要的是为提高教学质量。因而，每次考试后，尤其是期中、期末考试后，不能让学生只见分数多少，不知答案如何。只有让学生对答卷状况非常清楚，并做具体分析，才能对改进学习方法、提高教学质量具有更积极和深远的意义。①反馈的含义——是指教师阅卷、评分后，把试卷及时发还给学生，让他们用自己的答卷教育自己。即让学生自己通过审答卷、查漏洞、挑错误、找原因。②反馈的做法——在让学生逐题或针对重点题找出错误原因，交给教师的同时和在对试卷做初步分析的基础上，再由教师讲解典型问题、共性错误，分析原因，总结规律，宣布正确答案。然后，学生根据教师的分析、讲评、指导，再重新认识自己的答卷，找出差距。③反馈的方式——根据班级实际，可让邻座学生四人一组讨论答卷，互相切磋，找出最佳解法；可把优秀答案写在黑板上或投影到屏幕上，大家共同评析，或让成绩好者介绍解题思路及体会；也可把错误的解法写在黑板上或投影到屏幕上，师生共同“会诊”，找出致错原因及解决方案；还可让学生用彩笔互相在对方的试卷上标错、改错或提出建议。④反馈的益处——可使学生弄懂答题出错的原因，加深对试题所含知识和技能的理解，明确努力方向；通过师生共同评析，找差距，谈心得；利用学生急于想知道分数的心理，马上返卷，使学生的需要及时得到满足。如果教师引导得法，启迪对路，可使学生受益匪浅，甚至终生难忘。反馈活动还能使学生的心理得到平衡，使考得好者不骄傲，考得差者不气馁，消除压力，减少消极情绪；对有创见性的答卷给予肯定时，可使学生体验到成功的快乐，有利于培养学生的创造性思维。青少年学生都有强烈的自尊心、荣誉感，对自己的“失败”很敏感。因此，教师应成为捕捉学生智慧火花的有心人，选择最佳时机，上好“反馈课”，尤应注意对后进生的激励，要善于发现他们答卷中的“闪光点”，加以“点赞”，以增强其前进的勇气和信心。

在考后阅卷评分的基础上，教师要及时进行试卷评析与考试总结，向学生讲评好的思路、典型错误及共性问题，分析出现错误与问题的原因；讲解审题和剖题方法，训练解题技巧和思路；注意前后联系，纵横对比，引申扩展，总结规律，宣布答案。教师的分析、讲评是对学生学习的一次再指导。若能抓住学生的“兴奋点”和“关注点”，可使学生对差错记忆深刻，甚至终生难忘。

考核的基本形式

当今，考核主要有考查、考试两大类。考试又可分为水平考试和选拔考试两类。升学考试和招聘考试均属选拔考试。这是为高一级学校选拔新生或为用人单位选录人员设置的，它不在于检测考生的水平，而是在好中选优。因此，这种考试特别重视区分度，即让考生所得分数，形成明显的梯次，以按不同的分数段录取新生或人员。同学科同年级的学校考试和区域性的会考均属水平考试，这类考试重在检测考生是否达到相应水平。课程标准的要求是命题的依据。达到，即为合格；达不到，即为不合格。为客观、公正、准确测量和评估教学质量及对每个学生作出准确的评价，无数教育家和教育工作者对考核做了大量的研究和实验，提出多种考核形式。

一、考 查

考查属于日常检查的一种考核方式，一般贯穿在教学过程的各个环节之中。其方式通常有如下几种。

（一）课堂复习提问

课堂复习提问是考查学生掌握知识情况最简便、最直接、最常用的方式。它的特点是便于教师直接了解学生的反应和答题质量。由于提问时师生直接接触，带有口试、面试性质，还可根据需要进行启发、补问或补答及归纳，所以最易于了解学生对知识的掌握程度、存在缺陷和能力高低。课堂提问，一般是在讲新课前或复习旧课时进行，也可在一个单元学习结束后进行。当课堂提问作为检查学生学习情况的手段时，教师应在学生回答后，肯定成绩，指出不足，并给予口头评价或分数评定。

（二）检查书面作业

检查课内和课外书面作业，可确切了解学生掌握知识、技能的质与量，并能在较短的时间内，就较广泛的问题同时考查班级内的每个学生。收阅书面作业、实验报告及实习报告，还可了解每个学生的学习态度和方法。这些都是平时考查的重要形式，应有计划、持之以恒地认真进行，并配以确切的评语和评分。

（三）黑板演示和小测绘

平时考查还可采用在课堂上让学生到黑板演示习题，或搞一些小型实物测绘；或实验或演示某一部分实验内容，通过这些方式，对学生进行知识、技能、技巧和能力的考核。

（四）独立作业和小测验

独立作业和小测验并无本质区别，都是由教师根据一定教学内容和考查目的，拟订题目让学生书面作答。其区别在于：前者，一般题量较大、难度较高、综合性强、用时较多，侧重于考查学生对知识的理解深度和运用能力，允许学生查看教科书和笔记，但不能相互抄袭；后者，实行闭卷方式，题量小、难度低，多系单项性测验，侧重检查学生对所学知识的记忆和运用。两者均是为了督促学生平时注意消化、巩固、汇集和系统知识。因此，次数不宜过多，每次占时不宜太长，分量、难度不宜过大、过高；且各种独立作业与随堂小测验要统一安排，相对分散，以免学生负担过重。独立作业和小测验后，应及时批阅或评定成绩，并予登记。

（五）实践或操作性作业

这种作业主要是考核学生能否把所学知识和科技原理运用于实践；是否掌握了技能、形成了技巧。除信息技术和某些实验操作外，其常见的形式是在实习现场实际操作，或加工某一零件，对学生进行技能、技巧和动手能力的考核。

（六）注意日常观察

日常观察也是考查学生学习情况的一条重要途径。教师要通过经常接触学生，有计划、有目的地了解其学习态度、学习方法、学习效果。包括课前是否预习，上课是否专心，课后是否复习，答问是否流畅、严密，对问题理解是否清楚、深透以及阅读、写作、计算、运用工具书等能力的高低，从而对学生学习质量进行综合评定。

（七）撰写小论文

通过撰写小论文可考查学生能否将所学知识进行实际应用；怎样应对他人的批评，阐述自己的主张；能否将自己的意见论述富于感染力地传达给他人，并对考生的逻辑思考能力、语言表达能力、独创性、知识面等进行考查。

另外，某些智力性小测验也是促进学生智力发展的一种考查形式。学生的平时学习成绩，就是通过以上几种考查方法综合平衡而得出的，基本上可较客观地反映每个学生的学习质量。若把它和总结性考查、考试结合起来，就更能比较全面、客观地反映学生学业成绩和教学效果。

二、考　试

考试属于阶段性考核，一般是指在完成教学过程的一个阶段之后进行的总结检查。学校考试主要有期中、期末、学年、毕业考试和升学考试等。其方式，既可采用网络远程考核，也可采取传统考核方式，其主要有笔试、口试、答辩、现场测验和实际操作等。

（一）笔　试

笔试，可较准确地评价和比较学生的成绩。它分为闭卷和开卷（限定时间，可以看参考资料，但不可以讨论，更不允许抄袭）两种。前者，多用于检查基本知识或记忆性内容，也用于限时性考试；后者，多用于分析性、综合性或创造性题目。两者各有利弊，应根据实际情况加以选用或结合运用。

（二）口　试

口试，可较深入确切地了解学生的学习质量，也可对考生的问题意识、知识面、口头表达能力、判断能力、理解能力和分析与解决问题能力等进行考查；可是知识性的，也可作为考核实际操作的辅助手段。单纯使用口试的课程考核是不多的，一般都是在口试的同时辅以笔试或操作考试。其优点是可根据每个被测对象的具体情况，随机提出针对性强并能顾及个别差异的问题，而且真实性也高（很难弄虚作假），能较准确地测定学生的学习质量，尤其是在测定知识深度方面有其特殊作用，如认为学生的回答不足以判明其掌握知识的程度时，还可补充提问……但口试评定的基准往往很难统一，而且费时较多，考试的结果容易受学生口头表达能力和教师情感的影响。

（三）面　试

面试，常与口试相结合。它可较真切地了解到考生的非语言行为——由于心理活动或习惯行为可体现在面部、肢体的有意识或无意识动作。面试的非语言行为，如积极的眼睛接触、笑意、倾听姿态、较小的人际距离等都有益于面试评价。面试，也可较准确地了解到考生的某些心理素质。面谈时，注视对方在三分之一以下，表示不诚实、恐慌；三分之二以上，表示真诚、友好；面试时，多注视考试者，也是给其一个信号——对他的谈话很感兴趣。面试与口试相结合，更为有效的是与几个被考者现场讨论。这种考试形式，还可较清楚地了解到考生的人际交往能力、创新能力等。

（四）操作考试

操作考试多用于检查学生掌握技能的情况和理论联系实际的能力。职业技术教育的实践性教学（实验、实训、测绘、上机等）及许多用笔试和口试不易或无法考核的内容，如对操作技能、动作技巧、工作态度及应变能力、反应敏捷程度的判断等，都可通过操作考试来实现。

口试可较深入确切地了解学生的学习质量，笔试能较准确评价和比较学生的成绩，操作考试则可真实地测定学生理论联系实际和掌握技能的情况，面试则可直接观察到被试者的心理状态和人际交往能力……各种考试方式，在实际运用时，往往是互相结合的；当然，也可单独使用。具体采用什么方式，应根据教学内容、课程特点和考试目的及学校设备、条件等来确定。另外，还可据某些专业或学科需要，考虑心理测试、个性化考核。

考试的基本功能

考试，是检验学生水平的一根标尺，也是选拔人才的一种比较客观公正的方法，更是引导学生发展和教师改进教学的有效措施。如今，考试的触角几乎延伸到人类社会的任何处所。在社会上，考试决定着人们职业资格的获取和专业职位的录用，并为职称晋升和承担特别任务提供依据；考试规定着人们步入社会的初始位置和人生走向，制约着人们的认知结构和价值追求，甚至也塑造着人们的性格。在学校中，考试可为教学提供反馈信息，区分学习成绩的优劣等级，规定学生年级的升留和毕业后的去向。在教学过程中，考试对学生的学习和健康成长，具有积极作用和指导意义：是教育质量的一种监控手段，是对知识、智力、技能的一种测量，具有评价、诊断、反馈、预测、激励、促进及引导学生持续发展的功能。所以，恰当地运用考试，可为教学增添积极因素，充分发挥其多种功能。

一、导向功能

考试对学生的学习目的、态度、方法和精力分配等均起着导向作用。从某种意义上讲，考试具有“指挥棒”的作用。考什么，学生就重视什么；“指挥棒”指向哪里，学生就积极奔向那里。由于考试要求和采用方法不同，既可把学生引向“重知识”，也可将学生引向“重能力”；既可把学生引向死记硬背，把教学搞死，窒息学生才智发展，造就书呆子，也可将学生引向积极思考，主动学习，注重创新和发展，把教学搞活，促使学生生动活泼地学习，在成材之路上阔步奋进。所以，正确运用考试手段，既可激发学生学习的主动性、积极性和创造性，培养独立思考和独立工作能力，又可使学生掌握正确的学习方法，既知“学什么”，也知“怎样学”。因此，考试对学生的成长与成才起着十分重要的导向作用。

二、检测功能

无论是单元测验，还是期中、期末及毕业考试，均属目标参照性考试。强调每一教学阶段要有具体而明确的教学目标，强调对教学的诊断意义，即通过考试能较全面了解学生对知识与技能的掌握及达到目标的程度。考试是检查教学质量最常用的手段。直接检查学生“学”的质量，间接检查教师“教”的质量；“学”的质量，常常是“教”的质量的准确反映。通过对考试及其结果的分析，可清楚看到教学的成功之处与不足之点以及学生掌握知识和形成能力的情况。所以，考试像一面镜子，既“照”见了学生，又“照”见了教师。

三、督促功能

从学生的生理、心理特点来看，学习是一种艰苦劳动。在学生由被动向主动发展的过程中，考试是一种不可忽视的促进力量。另外，学生都有很强的自尊心，考试既是他们汇报自己学习收获的重要方式，也是他们发挥才能、表现自己的大好时机。在强烈的自尊心驱使下，能促进学生全面复习、巩固和深化所学知识，使学过的知识更加系统化、深刻化、全面化。因此，考试能促动教与学两方面的积极性，以达到完成预期教学目标之目的。

四、调整功能

考试是教师检查自身教学效果和学生进行自我评价的重要手段。利用考试结果提供的信息，可调整与改进教学工作，既可使教师调整教学内容和改进教学方法，帮助学生查漏补缺，也可使学生认清自己学习的长短优缺，从而知晓努力方向和侧重点，改进学习方法。

五、激励功能

每次考试的结果，对广大学生，尤其是对考试成绩较好者和较前有所进步者，无疑是有力的激励，可增强其学习的自觉性、主动性和积极性。但考试的激励功能更主要的是启发学生在继承性学习的基础上进一步发展独立见解和创新能力，培养学生的比较、鉴别、判断、推理及求异思维、创造性思维的能力。

六、选拔功能

通过对考试结果的分析与鉴定，可筛选或选拔出那些基础扎实、素质高、能力强、有潜力，或有各种不同特长的学生或人才。升级考试、升学考试、就业考试等均属选拔性考试；学校内部的各种选优，如评选三好生、确定奖学金获得者及某些单项奖励均属于选拔功能。

七、管理功能

教学管理的主要职能，就是了解教学动态，检测教学水平，掌握教学效果，把握教学质量，及时发现问题、解决问题。然而，这种职能的实现，需依赖考试功能。课程标准是否科学，需经教学实践检验；教学是否达到课程标准的要求，能否实现规定的教学目标，则需通过考试检测。对教学成效的检测，又为教学管理提供信息，帮助管理者查明问题的症结，及时采取针对性措施，以使教学管理工作适时调整、充实和完善。

八、督导功能

考试能强化目标意识，能促使师生向目标进取。在教学过程中的每一次考试，都是为实现教学目标而设置的，都反映着教学目标的一定要求。其检测结果包含两方面内容：一是学生掌握知识的数量与质量、技能的准确与熟练程度和能力、素质及思想品德发展水平；二是教师的教学质量与效果达到目标的程度。通过考试，教师可了解前段教学是否符合教学目标的要求，深化对教学目标的理解，从而把教学目标的实现寓于教学之中。

九、促发功能

以考试促进学生发展是考试最主要的功能。考试理念不同，决定考试的作用不同。从教育的重要功能之一是“发展人”的本质出发，应努力为学生创造一个轻松的考试气氛和环境，使考试不单纯是检测成绩，更重要的是为学生提供展示优势、长项的机会，成为展示才华和学习成果的舞台，成为教育教学活动的有机组成部分，既促进知识和能力的提高，也促进情感发展和个性培养，即体现以“考试也是学习，考试促进发展”为指导的原则。

十、综合功能

对学生而言，可了解学习目标，激发学习动机，增进自我了解，改进学习方法及培养良好习惯与态度；对教师而言，可明确学生学习起点行为，了解教学效率，实施补充、调整、修改教学及作为改进教学内容和教学方法的依据；对学校而言，可作为评量教师教学成果的依据，改进课程结构与教材内容的参考，改进教学技术的参考及为学校提供管理与改进管理的依据。考试的功能是无可厚非的，问题在于怎样运用。善用之，可收到良好教育效果；误用之，则会给教育带来种种损失。所以，要充分发挥考试的功能，还需进行大胆探索。值得注意的是：现行考试制度过分强调甄别与选拔功能，忽视改进与激励功能；过分注重学业成绩，忽视全面发展和个体差异；过分看重结果与终结性评价，忽视过程与发展功能；同时，尚未形成健全的教师、学校评价制度。人工智能支持下的考试系统，将教师评价与自我评价有机地融为一体，使考试贯穿在学习过程和创造过程之中，真正实现了考试的及时反馈功能和诊断、激励功能，使考试成为每个学生最好的学习伙伴。

考试，也是一种评价手段。除基本知识与基本技能外，应更有利于学生的成长性、发展性和导向性。通过表演、展示、竞赛等新颖方式，提高学习质量。好的考试是考出学生的长处和优点。实践证明，考试应过渡到评价，使评价发挥越来越重要的作用。

命题的原则　类型　方法

命题是考试环节的重要组成部分，也是考试工作的关键所在。命题质量高低可从定性和定量两个方面分析，前者是指内容、题型和文字表述等；后者是指信度、效度、难度和区分度等。命题是否科学，不仅直接影响考试成绩的客观性及准确性，而且在很大程度上影响学生的学习方法，关系到是否能把学生引向正确方向，成为合格人才。优质的命题有利于学生巩固知识，拓宽思路，启迪智慧，发展能力，也有利于教师明确教学方向，把握教学重点，提高教学质量。

一、命题原则

在命题上，试题要科学、规范，测试目标明确；题目的立意、情境、设问的角度及方式要科学、可信、新颖、灵活；题目表达方式要合理、有效、准确、简洁，既体现对学生的基本要求，又关注个性差异与发展的不同要求；试题要有代表性，考试内容、层次要求等与课时比例要大体相对应；重视试题取材的文化价值取向，对学生应具备的基本文化素质和能力水平进行较全面的考查，并重视学生多方面潜能的发展；注重对学生分析问题和解决问题的能力和素质的考查，注重创新，以促进学生个性和能力的发展。

（一）命题要符合教学目标

命题最重要的依据是教学目标，拟定具体的标准来衡量教学成效是否符合既定目标。应注重职业型、应用型、能力型题目，应突出综合运用所学知识解决实际问题的能力。

（二）命题要符合大纲要求

命题要遵循大纲，而不拘泥大纲。教学大纲（课程标准）规定的内容是衡量教学质量的尺度，所以命题必须按照大纲的要求，分析每个知识点的考核目标，经过周密细致的考虑，进行选择和组织。否则，若超出大纲，提高要求，就会脱离“规定目标”；反之，则又无助于教学任务的完成。尤其是随意拟题，猎奇求异，不仅达不到准确、全面地检查教学质量的目的，而且对学生智力发展会产生不良影响。

（三）命题要紧扣教材内容

命题应紧扣教材，但不拘泥于教材。教材是进行教学、传授知识和培养能力的依据，也是学生学习的依据。教材是课程标准的具体体现，反映了各专业、各年级学生所学知识的范围、数量和程度。因此，命题时必须根据课程特点，紧扣教材内容，不出偏题、怪题；既不超出大纲之外，也不拘泥教材之内；取“稳中有变，变中求新”“源于课本，高于课本”及“题在书外，理在书中”的原则；既源于教材，又不照搬教材，“出乎意料之外，合乎情理之中”，以测定学生知识的迁移能力，准确评定其实际水平。

（四）命题要瞄准课程重点

考试只有着重于基础知识、基础理论和基本技能的内容，才能真正了解学生在学习上是否达到基本要求。因此，一份试卷中应有较多“三基”内容的题目，学生必须能完成这些题目方能及格。

（五）命题的难易度要适当

命题，既要具有较好的区分度，又要难易适度。试题过难或过易，绝大多数学生不会做或都会做，均不能检测出真正的教学效果。所以，通常一份试卷中，“三基”题目可占60%左右，中等难度的综合题目可占30%左右，提高题目可占10%左右。按学生的实际水平，后两类题目的比重可稍作调节。试题难度比例适当，既可拉开学生成绩的档次，使学生成绩形成正态分布，也有利于让不同程度的学生都能考出自己的水平。

（六）命题分量多少要恰当

坚持合格水平测验，改变只重难度，忽视速度的倾向，开发速度测验的功能。为此，试题量应恰当设计，让多数学生在规定时间内能较充裕地完成。题量过多或太少，都不利于区分同一层次学生的不同水平。为掌握好分量，通常按参与命题的任课教师用正规的步骤解题所需时间与考试时间之比（1：2左右）来控制试题的分量。

（七）体现理解与记忆结合

学生在理解的基础上记住一些重要的定义、定理、公式、原理、法则等都是十分必要的，但不能形成死记硬背。在命题上，要坚持知识和能力并重，要坚持出活题、考基础、考能力的方向；在试题中适当安排，利用已学定理、公式来证明其他命题的题目，或用已学原理、规律来论述其他问题的题目，以利于学生理解和记忆相结合，防止死记硬背，以增强学生思考、判断、分析、综合等能力。命题要体现“为学而考”，要有利于学生成长，形成个性，以至终身持续发展；要有利于面向全体学生，使不同层面的学生都得到提高。

（八）命题的涵盖面要大

试题应体现三性：一是基础性，即不超纲，不超范围；二是科学性，即试题规范；三是全面性，即覆盖面大。应覆盖所学的每个章节，并突出重点部分。应该说，知识覆盖面越宽，试题的信度、效度就越高。试题对大纲所规定的重点内容要尽量涉及，不可偏废某些主要内容。既要注意全面，又要突出重点，在全面的前提下体现重点。这样，可促使学生全面系统地复习所学内容，也可使考试减少偶然性因素。

（九）命题要具有阶梯性

命题既考虑难易适度，也考虑区分度。在不出怪题、偏题，并考虑每一道试题应有相对独立性的同时，还要注意设计各题之间由易到难、由简到繁的梯度。这既有利于引导学生学习，也有利于形成考试结果的区分度；既能测定多数，又能鼓励冒尖。

（十）命题要具有启发性

精心编制一些新颖试题，着重考查学生的潜能。注意设计和筛选具有典型性、代表性，并能启迪学生智慧的试题；坚持“出活题，考能力”的方向。这样，有利学生运用知识举一反三，触类旁通；有利于学生思维开拓、形成创新能力。同时，考试方式有开卷、闭卷之分，有口试、笔试、操作之别。试题类型也不单一化，力求新颖、灵活、多样，如判断、说明、分析、计算、证明、论述、评鉴……每次考试都应出现一些让人意想不到的新颖题型，给人以领悟、启迪，让人在新奇感的基础上有顿开茅塞之感；让考试妙趣迭出，变成“激活”学生学习兴趣的“催化剂”，变成“激活”学生想象力与创造力的“及时雨”。

此外，试题还需语言明确，表达清晰，概念严谨，准确反映本意，不生歧义。

二、试题类型

（一）基础题

这类试题主要考查学生对基本知识、基本理论和基本技能的掌握情况。其具体题型有：填空题、选择题、问答题、证明题、辨析题、计算题、作图题……

（二）综合题

这类试题着眼于使知识转化为能力，考查学生运用掌握的知识去分析和解决问题的能力。这种题目可是学科内的综合，也可是跨学科的综合，当然可涉及一个单元的几个内容或几个单元的内容，其具体题目或是计算比较复杂，或有较强的综合性。真正意义上的综合，应融会贯通地运用几个学科或同学科几个章节的知识来共同解决一个实际问题。

（三）提高题

这类试题应是学生在平时未直接接触过的内容，解答这类题目要求能灵活运用学过的知识，且需有一定的解题技巧。

（四）附加题

为调动学有余力之学生的积极性，试卷中可有一定的附加题。当然这类题目应具有一定难度、深度，但不宜过多。

三、命题方法

（一）任课教师单独命题

这种方法较为普遍，但弊端较多，有的教师在帮助学生复习时会无意地讲解与试题相似的例题，有的教师图省事，连续几批学生用同一试卷，以致无法测得学生的实际水平，而且这样命题的考试结果也难以得到公认。

（二）由非任课教师命题

由教研组（室）组织有经验的教师根据教学大纲、教材进行命题。这样命题比较公正、客观，任课教师也可不参加阅卷评分。但也会出现因命题者对教学情况不够熟悉而形成脱离教学实际的现象。

（三）任课教师集体命题

所有任课教师各出几题，经教研组（室）讨论，由组长（主任）选定或审定。这样集思广益能克服上述命题的弊端，但会加重任课教师的负担，而且在讨论时往往会对某些题目看法不一，形成矛盾。

（四）任课教师分工命题

由任课教师按题型及单元内容分工命题，再集体讨论筛选。一般确定两套试题，一套作考试题，另一套作补考题。这样命题也有很多好处。

（五）学校统一命题

特别是结业或毕业考试，试题的难易及要求直接影响着学校办学质量，故应由学校统一命题。

（六）实行“教考分离”

为使考试更为客观，可请校外同行命题，或由上级主管部门命题，或请有关企业及用人单位命题。实行“教考分离”，既使考试具有客观性，提高学校在社会上的声誉，也可充分发挥考试功能，促使教学更好地适应用人单位的需要。

（七）非人工命题

特别是国家或地方、地区统一考试的题目可从国家、地方、地区或学校考试题库中选取。这种采用非人工出题的题库方式，可以保证试题的科学性、稳定性和保密性，同时也相对增加了考试的客观性、公正性和公平性。

综上所述，命题是一项十分复杂而细致的工程，有很强的科学性和艺术性，必须根据课程标准，在明确命题原则的基础上，精心设计试题规格、范围、形式及难度、分量等。每次考试后，应对试卷的质量指标进行分析，积累经验，以不断提高命题质量。考试，总是在众人瞩目中一次次落下帷幕，总是带着赞美与批评谢幕。然而，不要因考试屡屡出现问题而削减对它的关注与热情，毕竟它是那么的重要，毕竟它还会披着神秘的面纱卷土重来。同时，对它下一次的表现，也在思索着、探究着。

考试命题的要求

为发挥考试的功能，特别是发挥其激励、引导和促进功能，调动学生学习的积极性、主动性和自觉性，使他们得到全面、充分和持续的发展，应不断探讨考试命题要求，使它向能力型、综合型、开放型、研究型等各个方向扩展。

一、注重稳定性

考试命题工作的宗旨不是不断变化，而是要保持一定的稳定性，但要突出体现“稳中求进、稳中有变、稳中求改、稳中求新”的特点，以保证考试内容得以稳步、深入、健康发展。其主要是指考试测量的稳定，包括考试信度、难度、区分度等，都要适中。

二、应有综合性

现实问题是错综复杂的，是各种因素的集合，对这些相关因素的揭示，则必然涉及多门学科、多种知识。特别是在科学技术突飞猛进、知识经济初见端倪的当今，综合运用多学科知识解决问题的要求显得更加突出。所以考试命题，强调多种内容的渗透、交叉与综合。综合，有学科内的综合与跨学科综合。从命题角度看，应以本学科内综合为主，跨学科综合为辅；先注重学科内综合，其次是跨学科综合。为此，可多以现实生产、生活中的相关理论问题和实际问题立意命题，要求学生不是对事物的局部或某一侧面进行描述，而是注重对事物整体结构、功能和作用的认识及对事物发展过程的分析理解。这就要求学生从多角度、多层面运用多种知识与能力，分析和解决有关的理论问题和实际问题。综合性所涉及的知识，多以多样性、复杂性和综合性呈现出来，所强调的能力主要是学习能力。在考查基础知识的同时，注重对专业知识的综合性理解、掌握和运用的能力测试；在知识网络的交汇处命题，以注重学科的内在联系和综合。

三、以能力为主

考试内容包括知识要求和能力要求。现对科学知识已有明确的认识和界定，但对能力的认识还存在许多不同理解。现在更加注重对考生能力的考查，注意在试题设计上要逐步实现由过去比较注重知识立意向能力立意转变的命题原则。要求以能力考核为主线，调整学科考查重点，确定各部分的比例结构，注重基础性和衔接性，特别要注意新增加内容的要求层次、考查特点和命题方法。应更多地从知识网络的交汇点上设计题目，从学科的整体意义、思想含义上考虑问题；激励学生利用已学知识，去分析解决实际问题；要想使学生在考核能力的面前应对自如，就需在平时的学习中保持一种“知其然，知其所以然”的学习习惯，在每一个知识点面前多问几个为什么，提高分析问题、解决问题的能力；增加应用性和能力型试题，命题取材需更加密切联系我国和世界经济、科技、社会的发展；知识的迁移、组合、融合的程度越高，展示能力的区域就越宽，创造性就越强。

四、注重研究题

研究性试题的特点是带有极大的分析、综合、探索和研究性质，往往不存在绝对、唯一及确定性的标准答案。它可提高学生寻找问题、发现问题、分析问题和解决问题的能力；使考试从单一的机械重复书本知识、死记硬背中解脱出来；对开展研究性学习，对学生创新精神和实践能力的发展起到积极的作用。它是培养学生主动学习，提高综合素质，特别是创新精神和创新能力的一种行之有效的方法。突破传统模式，不设标准答案；以主观题为主，很少考虑客观知识；给学生充分的答题空间，使其有更大的发挥余地；具有很强的开放性，答案不唯一；题目看似简单，但涉及很多信息量；想答全答对并不容易——这样的命题是为了考查学生对学习内容整体性、全面性的把握，学生要脱颖而出必须有相当的积累；这种题目没有标准答案，学生只要能自圆其说、有独特创意，就可给予高分；这样的命题会使一些有个性、有灵气的学生以更大的思考和表达空间，从而令其崭露头角。

五、增加应用题

注重理论和实际相结合，贯彻学以致用的原则和方法，必将进一步激发学生学习的积极性和创造性。为此，适当增加应用试题，引导学生重视实际、关心社会；重视联系生产实际、生活实际和社会实际。据此，考试命题应结合实际，突出理论与实际的结合。通过应用试题的考核，引导学生从所熟悉的生活、生产和其他学科的实际问题出发，通过观察、比较、分析、综合、抽象、概括和必要的逻辑推理，得出概念和规律，从中提高分析和解决问题的能力。

六、控制试题难度

在“遵循教学大纲，但在应用与选材上又不拘泥于大纲”的命题指导思想下，试题应体现各科教学最基本的知识和能力要求，体现与后续教学的衔接性，控制试题的绝对难度。同时，合理控制试题的相对难度，有效区分各层次的考生，即在试卷总体难度控制上，要保持其固有的甄别功能和区分能力。应充分关注个体差异。因而考试的命题既要考虑全体学生的共性，又要关注个体差异，以顾及“偏才”“怪才”和特长人才。但不出过难、过偏、过繁、过怪和过旧的试题，以免对学生学习产生误导。

七、掌握考核重点

要区分不同学科的考核重点。例如：语文考核在注重掌握知识的同时，更应进行理解能力、分析综合能力、语言表达能力、创新思维能力和鉴赏评价能力的考查；数学考核在考虑数学原理和数学方法的同时，更应将考查重点放在思考和推理、运算和应用上，或应注重四种能力——思维能力、运算能力、空间想象能力和解决实际问题能力的考查；外语考核应加强交际能力的考查，注重听力测试部分……总之，文科应注重综合能力的记忆、理解、应用三个层次；理科应注重以思维能力为核心，突出考查综合应用能力；工科应注重实际动手能力和分析问题、解决实际问题的能力等。

八、强调现代意识

“科教兴国”“可持续发展”是我国经济和社会发展的两大战略，它能否顺利实施，关键在于是否拥有大量具有现代意识的高素质人才。它强调人与自然、社会的协调发展，是未来社会的一个重要特征。所以，命题必须与时俱进，不仅准确反映改革的新要求，而且必须十分贴切地反映课程标准的修订变化情况及教材改革的新动态；试题应具有鲜明的时代性，重视与当前经济、文化、社会形势等热点、焦点问题相联系；在试卷中应反映出人们在社会生产活动中，人类在生存与发展过程中所面临的问题和遇到的挑战；充分体现人文精神内容的增加。显然，对现代意识或问题本身的定位及其在命题工作中的反映非常重要。

考试的重要目标，是探索更加有利于学校能够培养学生融会贯通所学知识、具有创新意识和创新潜能的途径和方法，同时引导学校不断改进教学、提高教学质量。

考试命题的艺术

考试是教育测量的一种做法。要使测量有效、可靠，使考试充分发挥多种功能，既可成为教师了解教学效果、总结经验、改进教学的依据，又能成为学生了解学业情况、存在问题、明确努力方向的措施，并使考试达到客观、公正、准确测量及对学生作出准确的评价，就须使命题、组卷科学化、规范化和艺术化。

第一，无论是水平考试还是选拔考试，都应让考生“各得其所”，即学得好者得高分，学得差者得低分。如果一份试题（卷）考生答卷后其成绩优劣无法区分，或者出现学习差者得高分，学习好者得低分的“错位”现象，那就说明这份试题（卷）不合格。由于它不能真正体现和达到考试的目的，因而也就失去了它应有的意义和作用。

第二，一份好的试题（卷），应是“出乎意料之外，合乎情理之中”。前者，即试题的内容是考生（含考生的指导者）无法在考前猜测到的。如若猜测得到，考生就可在考试前做“定向”准备，考出的成绩就欠真实；后者，即试题内容未超出规定范围，既不深浅失度，也不古怪冷僻。考生就可在同等条件下进行竞争，显示各自的真实水平。为此，在出试题（卷）时，就应注意“稳中有变、稳中求新、稳中求进”；特别是“稳中求进”，即“稳中求发展”，具体表现在内容的难度、能力检测趋向相对稳定，题目不偏、不怪，并年年在创新意、求发展。如果试题的题型每年或每学期都是“老面孔”，形成“定式”，那就有可能被“高明”的应考者摸到“脉搏”，来个“重点”“定向”准备，从而可形成年年考试的“分数看涨”，而考生的实际水平并未提高。为考出真实成绩，促使学生“沿纲”或“按标”复习，而不是按某些“固定”的题型练习备考，试题的题型不能固定不变，也不能不讲求命题艺术。

第三，一份好的试题（卷），应是“题在书外，理在书中”。这不仅有利于试题创设新的情境，而且有利于促使学生持续发展、培养学生的创新精神和实践能力。

第四，试题内容应遵循课程标准，但应用与选材又不拘泥于课程标准；不超出课程标准范围，但对答题要求又不只满足于现成知识的简单记忆；应变知识立意为能力立意，增加能力型题目，以利于创新精神、创造能力的培养。优质试题，应在检测基础知识的同时，检测是否具备某种能力；在检测能力的同时，检测基础知识掌握是否牢固。故试题有时应同中有异，或异中有同；有时要“移花接木”，有时或“究根刨底”；有时需新旧联系，有时或举一反三；有时把学过的知识汇总在一起进行比较筛选，有时又要求把知识整体分解而“各个击破”。唯此，才有可能把学生的真实水平考出来，才能真正发挥试题的“导向”作用，把学生从单纯死记硬背的“框框”中引向对知识的理解、掌握和灵活运用的正确轨道。

第五，试题应有难易的合理配比、知识和能力的兼容并蓄，注意识记、理解、运用、分析、评价等认知层次的搭配，认知、情感、技能和检测的兼顾以及覆盖面的合理性和针对性。一份优质试卷应像一首乐曲的曲谱，有合理而和谐的“旋律”和“结构”。有时还可从学生实际出发，有意在某些方面加以“强化”，以引起其平时对有关知识的重视。

综上所述，好试题不是单纯技巧问题，而是牵涉命题者的教育思想、学识水平和职业道德修养等。另外，在平时教学中，只有将考试作为教学过程中的一个有机组成部分，用它来检查学习质量和教学效果，才能保证试题的质量。故出好试题的确大有学问，需很强的艺术性，既需理论探索，也需反复实践。应当把它作为一门科学与艺术，不断深入地探索。

成绩的评定

成绩的检查与评定，是根据教学目标，控制、激励和调节师生的教学活动及鉴定教学效果的重要环节。通过成绩的评定，教师可发现教学的成败，研究如何改进教学；学生能从中获得矫正性信息，调整自己的学习；学校领导可了解教学情况，采取相应措施，不断加强教学管理。

一、成绩评定的功能

成绩评定是根据教学目标、任务对教学效果作出价值判断的手段，又是提供教学活动所需信息的途径。经常利用考试和考查提供反馈信息，可增强学生学习的自觉性和兴趣，改进学习方法，可逐步培养学生自我检查和评定学业成绩的能力。成绩评定所提供的反馈信息有三种功能：①调节功能——依据评定结果，可不断调节教与学的活动；②动力功能——通过反馈信息，可激起学生学习的自觉性、主动性、积极性；③鉴定功能——通过成绩评定，可评价学生的学习质量及教师的教学效果。

二、成绩评定的种类

（一）从评定角度上分类

由于对学业成绩的评定所依据的参照系不同，可分为：从绝对评价立场出发的评定值、由相对评价立场产生的评定值和由个人自身评价所产生的评定值。当用教育目标来衡量学生某发展阶段的知识、技能、能力及适应性等情况时，用绝对评价衡量达到了何种程度，用相对评价表示其程度在整个集体中所处的位置，而用个人自身评价说明其本身与以前某点相比的发展程度。①绝对评价又称目标性评价——是建立在评价对象所在的集体之外。通常是以教育目标作为评价的判据。这种评定方法也称“绝对评分法”，是以教学计划与课程标准的要求作为评分的基准，亦可依行业或职业岗位能力要求作为评分标准。亦即，以学生对所考核的知识、技能和能力掌握的质量和数量作为评分的依据。换言之，绝对评价是按照预定目标的标准为参照系，故又称为目标参照测验。它是以学生对考核所要求的全部知识、技能和能力所掌握的程度作为评价依据。它所关心的是学生所能做的是什么，而不是要决定其名次。只要考核具有适当的难度和区分度，又有较高的信度和效度，即使全体学生都达到优秀或大部分不及格，其考核成绩也是有效的。当然，此乃鲜见的特例。绝对评分的优点是标准比较客观，可用于对每个学生的诊断性评价，可使评价者和评价对象看到与客观标准之差距，既可使前者较客观地做出决策，又可使后者看到自己与客观标准之差距而励其上进。绝对评价的缺点主要在于客观评价指标体系和标准的难度上。②相对评价又称集体内评价——是建立在评价对象所在的集体（班级或年级）之中。通常是选择该集体学生学习的平均水平作为评价的基准，依此来判断该集体中的每一个学生所处的相对位置。这种评定方法也称“相对评分法”，是以该生成绩在这一特定集体中所处的地位来判断的，也就是以学生的考核成绩相互比较，按其在全班（或年级）中的地位来作为评定依据。换言之，相对评价是以某一学生集体在该测定中平均成绩为参照系来衡量学生相对水平的评价方法。它把集体内部得分的平均值作为评价依据，称为常模，故又称为常模参照测验（在此“常模”和“标准”不同：“常模”是某学生集体在事实上已达到的程度；“标准”是学生集体理想上应达到的程度）。相对评价法的优点是适用面广，不受集体、整体的限制，较易评定某生在该集体中的优势。其缺点是由于评价标准取决于评价对象的实际情况，因此评价法的客观性较差，不能进行集体之间的横向比较；即使某生经过努力成绩比以前有所提高，但有可能因进步幅度不大或因班级的平均成绩提高，使其仍停留在原来的层次上，反映不出个人进步的实际情况。③自身评价又称自我评价——是指学生与自己过去某个基准点相比较，来判断该生进步或落后的状况，这种评定方法也称“自我评分法”。换言之，自身评价的标准是以每个学生个人变化的差别为依据，以学生个人为参照系。此评分法，是根据每个学生的过去和现在的情况进行比较，或者对评价对象的几个侧面进行比较。如某生某门课现在成绩是85分，而一年之前是75分，这说明他在进步；另一名学生实习课成绩优秀，理论课刚刚及格，证明该生的动手和实践能力较强，而抽象思维能力或理论知识较差。自我评价的优点是尊重个性特点，照顾了个体差异，不会对评价对象带来心理压力，弥补了相对评价不利于调动学生学习积极性的不足。其缺点是每个人具体的标准不易选择，缺少客观评价基准，而不便与不同人之间的比较。

各种评价方法各有特点、互有所长。绝对评分法容易在指导之前就确定目标，能直接鉴别各类教学目标是否完成，起到诊断学习缺点、难点，主动调节努力方向的作用，但容易受教师的教育观、经验等主观因素的影响；相对评分法具有一定的客观性、可比性、准确性，能获得个别差异的有用信息，有利于发现人才，还可促进学生间的比学赶帮，调动学生竞争积极性，但判据的选择易随所选集体不同而发生变化；自身评分法，具有尊重个性、适应个体发展、顾及个别差异等优点，但每个人具体的判据往往不易选择，且人与人之间也难进行比较。至于选择什么评分法，往往取决于考核的性质与目的。通常，在鉴别学生学习程度、目标达到程度的考核（升级考核、毕业考核）中宜用绝对评分法；在选拔性考试（如招生考试、各种竞赛）中宜用相对评分法……由于它们各有利弊，在实际运用时，常常是几种评定方式相互结合、相互交叉、取长补短、优势互补。另外，绝对评分、相对评分和自我评分，当三者皆高或皆低时，均表其实；当三者不同时则不然，须做具体分析。

（二）从评定目的上分类

成绩的检查与评定既有联系又有区别，往往是结合在一起进行的。前者，主要着眼于正确地把学生达到教学目标的程度加以数量化；后者，是根据合理的标准，以检查的结果有多大价值为着眼点。把成绩评定与教学联系起来，评定可分为三类：①配置性评定——通常在学年、学期开始或结束时进行。其目的是了解学生是否具有达到新的教学目标所必需的知识和技能，以便更好地进行编班、分组。②形成性评定——通常在教学过程中进行。其目的在于了解教学的效果，以便对教学工作进行调整，帮助学生达到预期的学习目的。③总结性评定——通常在学年或学期末进行。其目的是了解学生通过学年或学期的学习，是否达到教学目标的要求，以便作出较全面的评定。

三、成绩评定的方法

评定学生成绩，一般采用百分制或等级制计分法。百分制实际上也是一种等级计分法，以 100 分为满分，60 分为及格。我国传统的等级制计分法有甲、乙、丙、丁，优、良、中、差、劣等，现在常采用优、良、及格、不及格，也有采用 5、4、3、2、1 的（国外如耶鲁大学只有三个档次：优秀、及格、不及格。一般很难得优秀，但不及格实际上也是极少的），属于数字等级计分法，或属于文字等级计分法。成绩评定，在必要时，还需具体指出学生的优缺点和努力方向。因此，除评分或分等级外，还应写出评语。

四、成绩评定的标准

成绩评定要客观、公正、准确、全面，排除各种主客观因素的干扰，并着眼于激励学生。因此，需注意：①内容的正确性——无内容的正确性就谈不上成绩，故答案是否正确是成绩评定的首要标准；②回答的完整性——有时答案正确但不全面，仍不属于完整的答案，只有答案正确且全面，才是最佳；③错误的程度性——在答案或操作中出现错误的性质越轻和数量越少，说明成绩越好；④进步的幅度性——要注意评定学生的努力程度、进步幅度，幅度越大，说明上进越快；⑤智力的发展性——不仅要看答案的正确与否，且要注意答案的思维过程，从中看其智力潜能和发展情况；⑥思维的创见性——允许有不同见解，特别是灵活性、综合性试题，更要鼓励学生独立思考，从不同方向以不同思维模式进行探索、创新。

五、成绩评定的要求

事实表明，即使试题质量很高，若评卷不细，仍然不能准确鉴别学生的知识水平和能力层次的高低。为尽可能排除评卷中主客观因素的影响，必须做到以下几点。①评定目的要明确——评定不是为了证明，而是为了改进；不是为评而评，而是教学的一种方式，是为促进教学、改进教学。②制定出统一的评卷标准——因各学科的特点不同，评分的具体要求不一。通常，评卷标准包括每题的正确答案或答案要点、题目间的分数分配、每题的给分依据和掌握尺度，以及评卷中应注意事项。评卷标准要力求具体、明确、严密，并应预计到学生答卷中会出现的种种情况。评卷前要组织阅卷者对评卷标准认真研讨，统一认识，以尽量做到在评阅中目标一致、尺度统一。③个人评与集体评相结合——同年级同专业的试卷评阅，应先预选几份有代表性的上、中、下三类等级的试卷，由集体研究试评，明确给分尺度，然后由个人分头评阅。或采取流水作业评卷，以使各种不同的影响因素得到“中和”，相互补偿。④定性评与定量评相结合——在保留定量评定的基础上，增加定性评语，以较全面地反映每个学生的学习水平、质量和特点。⑤终结性与形成性相结合——教学效果评价是形成性评价和终结性评价的统一。两者　评价方法有机结合才能取得更为理想的教与学的效果。因此，应该采用终结性评价和形成性评价相结合的方式，两种评价各自在总成绩中占一定比例，比如6：4或7：3……从而全面反映学生的学习效果和教师的教学效果。⑥注意鼓励独特创见性——对有创见性答案，或有意义的不同见解，或有根据的深刻分析……即体现创新精神与创新能力者，从制度、评分上均应予以鼓励和倾斜，给予较高的分数，以激励学生创造性地学习。

六、成绩评定的过程

通常，可采用流水作业方式评卷。在评卷前，根据答案和评分标准，制订出评分细则，统一评分要求。论述题由两人分别评卷，在一定幅度内取两个分数的平均值，超出一定幅度由评卷组讨论确定。作文评分，采用分项、分等评分方法进行，其他题目每人一题单独评阅。疑难问题，由评卷组讨论解决，实行两级或三级复查制。各题组长全部复查，由评卷小组抽调部分有经验的评卷人员组成质量复查组，复查数量不低于评卷总数的20%。学科业务指导组进行抽查。近年来，作文评卷中采用了计算机监控，利用“作文评分监控”软件，对作文评分进行监控，控制了评分误差，减少了作文评卷的随意性和盲目性。

七、成绩计分与积分

在初评的基础上，应进行复评、复查，通盘考虑。把不同的答卷相互比较，发现评分偏高或偏低时，及时纠正；对漏评、漏计的分数及时补上。计分要准确、工整。评卷计分，只计得分，不计因答题有错误而应扣除的分数，在有错误的地方可作“——”记号。完全答错或未答的，计大型“0”记号。每题得分，应写在本试题的计分栏内，同时记入卷首分题成绩栏内。所计分数必须清楚、正确，不得涂改。需要更正的，由题组长和评卷教师共同签字。计算分数时，对每题和小题中小数点以后的分数不作四舍五入；分卷考试的科目在主、客观题试卷分别合分时，也不四舍五入；只在每科累计总分时，才作四舍五入处理。对有异常的试卷（如雷同、字迹前后不一致等）可先评分，同时填写《试卷问题处理记录表》，由评卷领导小组裁定、复核。确有舞弊行为的，按《考试管理处罚规定》严肃处理。

八、成绩评定的复查

各题组都要组织复查教师对已评试卷逐份进行复查。认真复查掌握评分标准情况，核对本题卷面分数，纠正错评、漏评、偏宽、偏严等问题。在复查中，如发现评阅错误必须及时纠正，并由本题复查教师和题组长共同在改正之处签字。如意见不一，应请示学科评卷领导小组裁定。

九、学生参与阅卷的探讨

评阅试卷后发还给学生，望其能认真从中汲取经验教训，但有时是一种低效劳动，收效甚微，因学生关心的是自己的分数。为改变此状况，有些学科或某些考试可让学生参与评阅试卷，教师着重做好“三评”：评分、评语和讲评。讲评要抓住典型问题深入精辟的剖析，注重思维方式和解题思路的指导。

这种评定方法，能扩大师生之间以及学生之间的信息交流。它有利于及时纠正学生学习中的各种病误，能改变学生对考试的情感，并能使学生有效地加深对知识、技能的理解与掌握，开拓思路，扩大视野，增加学习兴趣；也能使学生逐步学会自我评价，使他们在信心、行为、意志等方面得到培养和锻炼。

评分误差心理探因

对考试成绩的评定，要认真公道，实事求是。然而，不可否认评分，尤其是作文评分中的误差与人们的热切期望还有一些差距，同一份试卷在不同的评卷者心目中的估价有所不同，其症结不仅在评卷方式上，更在于评卷者心理因素。为此，在评卷过程中除严依标准，还要克服导致试卷评分误差的心理原因。

一、参照效应

它使得在某些较好的试卷影响下，其他试卷相形见绌，因而评分偏低；或者相反。

二、类群效应

不同层次、类型的学校或班级的教师互相评卷时，较高者间的教师可能认为彼此是竞争对象，较差者之间的教师可能认为彼此是同病相怜。于是前者可能互相评分偏低，后者可能互相评分偏高。

三、成见效应

如考生答卷涂改多或书写较乱，使评卷教师认为该生学习成绩不好而不再仔细评阅其解题过程，造成评分偏低。

四、模式效应

评卷教师的主观倾向乃至个人好恶，往往对评分产生某些微妙影响，如有的教师喜欢文字华美而对朴实无华的文章就易评分偏低。

五、感情效应

教师与评定对象的情感因素无疑是造成偏差的一个心理因素，感情好，自觉不自觉地评分偏高；反之，则评分偏低。

六、晕轮效应

教师对学生的某些特性过于重视，从而影响对其他特性的正确评分。

七、暗示效应

评卷教师受到其他教师或舆论的暗示时，尤其是资格较老、权力较大或某些权威人士的言行，很可能产生好的或坏的影响。

八、近因效应

评卷教师对被评者近期表现印象深刻，记忆清楚，而对远期表现印象模糊，记忆不清，因而易以近期印象代替全部表现，导致评分误差较大。

九、疲劳效应

由于评卷任务重，引起评卷教师疲劳、厌倦，造成评卷差错增加，或标准前后不一。

十、趋中效应

常常看到这样的现象，即作文能力相差悬殊的学生，在一次考试中得分相差并不大，即考试中作文分数的离散程度不大。造成此现象的一个重要原因，在于评卷者避免使用极值。结果使优秀者难以满分，特差者也难以得零分，考生的分数向中间集中。

十一、投射效应

心理学研究表明，人往往有一种倾向，即总是假设他人与自己是相同的。心理学把这种将自己的属性归属到他人身上的现象称为“投射效应”。这一效应在评判主观性试题时较为明显，往往导致评卷者以“自己的标准”（非指考试中刚得的评分标准）去衡量考生的试卷，于是不同的评卷者由于彼此之间存在差异，使得他们即使面对同一试卷，也会作出不同甚至相差甚远的判断。

十二、首因效应

古今都十分强调文章的开头。明末清初文学家、戏曲家李渔说：“开卷之初，当以奇句夺目，使人一见而惊，不敢弃去。”这对“取悦”阅卷者而言也是非常有效的，即因为精彩的开篇而吸引阅卷者的注意而重视，最终使得评卷者的评分产生误差。

十三、情绪效应

心理学研究证明，人们对事物的感知往往受情绪（包括评卷环境、评卷、分进度及由此产生的工作压力和突发事件等）的影响，评卷者或喜悦、或抑郁，常会直接作用于考生的试卷评判，以分数的形式表现出来。

十四、逻辑误差

所谓逻辑误差，是指在对两个没有必然联系的属性进行评价时，由于对其中某一属性肯定或否定的评价而产生的对另一属性肯定或否定的评价。一张试卷尤其是一篇作文可能或主题、或选材、或结构、或语音、或书写等某一方面比较突出，而其他方面平平，甚至拙劣，但仍可能取得较高的分数；反之，一篇仅由于某一方面不足，就可能使分数受到过大的影响。

考核评价要注重能力 过程 发展

长期以来，考试一直是检验学生学习优差的唯一形式。半分之差决胜负，一张考卷定终身。传统评价与考试的弊端，突出反映在强调甄别与选拔功能，忽视促进与激励功能，注重学习知识，忽视全面发展和个体差异；关注结果而忽视过程，评价方式单一等应建立以促进学生发展为目标的评价体系。

一、注重个性与特色的发展

评价标准既应注意对学生、教师和学校的统一要求，也要关注个体差异及对发展的不同需求，为学生、教师和学校有个性、有特色的发展提供一定的空间。

二、采用多样与开放的评价

在教学过程中，采用多样、开放的评价方法（行为观察、情景测验、成长记录等），了解每个学生的优点、潜能、不足以及发展需要。

三、实行分项与综合的评价

打破以往用一张考卷考核之策，代之以分项测评和综合评价，只有评价手段与方式多样化，才有可能准确评价学生的综合能力。为此，既要评价主体多元，学生、教师、社会共同参与；又要评价形式多样，自评、互评、师评、社会评；还要评价时空开放化，允许学生不满意，进行复评。综合评价既重基础性学习能力的提高，也重过程与方法，情感、态度、价值观及用所学知识、技能和方法解决实际问题的能力。

四、评价内容应多元化

以“多元智力理论”为指导，开展多元评价，既重学习成绩，也重思想品质及潜能发展，并重创新和实践能力。多元评价主要分四方面：思想品德素质、科学文化素质、身心健康素质和个性特长表现。其中，科学文化素质也要多元评价：学习兴趣、学习态度、学习方法、学习能力及各学科目标的落实。

五、要注重能力的评价

评价与考核要注重学生学习能力的培养，使其有学习的愿望与兴趣，能运用各种学习方式提高学习水平，有对自己的学习过程和学习结果进行反思的习惯；能结合所学各学科的知识，运用已有经验和技能，独立分析并解决问题；具有初步或一定的创新能力。

六、要重视过程性评价

在传统的考核与评价中是重知识、轻方法，重结果、轻过程。须知，过程评价是能力评价的一条重要渠道，也是促使学生能力发展的一种措施。过去的考核与评价往往关注结果而忽视过程，现在既要注重结果，更要关注发展和变化的过程；既看解答的结果，还重解答的过程。

七、要体现改进教与学的功能

考核评价应注重改进教师“教”和学生“学”的功能。无论哪种考核与评价都应有利于挖掘学生的潜力，有利于因材施教与每个学生的成长。

八、要以促进学生发展为目的

应给学生提供表现所知所能的机会，让其在原有基础上谋求实实在在的提高，使之获得属于自己的成就，以激发并保持学习兴趣，获得新的发展目标。故要善于发现其强势并为之不断搭设走向成功的台阶。

审题　剖题　解题

在考试环节中，指导学生分析题目是培养其独立思考及分析问题和解决问题能力的重要途径。然而，它并非朝夕之功，而是一项长期而细致的工作，尤须在指导学生审题、剖题和解题几个主要方面下功夫。

一、审　题

审题是解题的钥匙。审题，就是仔细研究题目的意思、主旨。审题是做题的第一步，关键是通过仔细审题把握出题者的考查意图，找准题目对内容、形式、角度的要求，使答案做到准确、到位；即了解题意，找出题目的中心思想，找出题目的切入点，理顺答题思路。审题程序一般包括：①认真阅题，了解题意；②扣住题目中心、重点；③分析题目所给条件；④把握题目提出的问题，明确题目要求；⑤思考题目与已学知识有哪些关系。简言之，即要弄清题目给出哪些条件，需要回答什么问题。只有审清题意、明确所问，才能有的放矢、准确回答。为此，应注意：有的不注重审题，题目未看完，就看一段做一段，往往是半途中止或思路不对而“返工”；有的审题粗枝大叶，一掠而过，结果不是答非所问，便是误漏百出；有的是求速图快，以致忙中出错；有的因对概念或原理掌握得不好，分辨不清，以致张冠李戴；有的由于语文基础差，不能理解字、词含义，常常误解题意，结果是徒劳无益。要加强对学生审题能力的培养，引导学生养成严肃认真、仔细阅题的良好习惯。故应经常用具体事例说明审题的重要性，使学生懂得“因”是条件，“果”是要求，审题就是要掌握条件，明确要求。然而，题目给的条件，有的展示得很明显，有的暗示得很巧妙，有的是同义词，有的是等价量，有的是易混的俗名，有的是难辨的概念……这些很易发生误解，务必认真审查。“年年岁岁花相似，岁岁年年‘题’不同”。如今试题，不断从知识立意向能力立意转化，题目的思考价值不断增大。题目的立意虽有变化，但审题却有章可循。审题正确，考试就成功了一半；相反，审题失误就会使考前的努力前功尽弃。考试丢分的首因，是审题不准；各种丢分中最让人惋惜的，是审题失误；提高考试成绩最有效的办法，是审题、审题、再审题。所以审题的准确性、深刻性就成为答对题的关键。

（一）读懂试题，找准条件

看到题目后，特别是看到“陌生”的题目，千万别慌，应静下心来仔细认真审题，做到“去粗取精、去伪存真”，从而找准、找全题目中所给出的信息点和已知条件，这是答准、答好的基础。

（二）分析要点，明确要求

信息点和已知点，做到以点带面，逐层阐述。这样，不仅重点突出，而且全面细致。

（三）理解意图，解答确切

理解命题的意图，就是弄清题目要考查什么内容，达到什么目的。做到问什么答什么，以保证回答准确。防止“漫无边际，随心所欲”。

（四）明察秋毫，注意隐情

通常，考试题目中有时会有一些隐含条件，考生必须明察秋毫，看清有关线索，严密审视试题前后左右的联系，找出“隐情”。试题中常见到有隐含意义的词语，如：“冰水混合物”隐含着温度为0℃；将工用电器接在“家用电路”中隐含着电压220V；“灯泡正常发光”隐含着灯泡两端的电压是额定电压，灯泡的电功率为额定电功率；“轻质滑轮”隐含着滑轮的质量不计；物体在光屏上成放大的像，隐含着放大的像是倒立的放大的实像等等。

（五）理解未说，巧用如果

理解“没说出来的”，巧用“如果”进行补充。有些题目在其自述中显然隐含了一些条件，需要考生自己根据已学知识进行补充才能做出正确答案。

（六）识破陷阱，谨防上当

见到试题，匆忙求解是解任何试题的最大误区；然而，浏览中发现是熟题，单凭印象解答更易落入陷阱。日常做过的题目往往给自己留下深刻的记忆，当在考题中再见到类似的题目时，常常将已经形成的思维定势拿出照搬，很容易导致错误。

（七）辨别题意，排除干扰

在选择题中多项选择题比单项选择题难度大，如何迅速准确地解答？认真审题辨明题意是关键。应全面考虑题设条件，对关键的字、词、句要反复推敲，勿一看而过，凭印象或想象去草草选择，否则极易出错。特别是干扰选项，其特点往往似是而非，关键的字、词表示有误，有很强的迷惑性，故须认真辨别。

审题中容易出现的问题一般有两种：一是看不懂题，二是看错题。两者相比，后者危害大。看错题有粗心、马虎的原因，但更多的是审题能力不高。审题能力是一种综合能力，它不但包括阅读、理解、分析、综合等多种能力，而且包含严肃认真细致的态度等非智力因素。提高审题能力主要靠自己，一方面要注意克服思维定势的负面影响，养成良好的思维习惯；另一方面在具体审题时特别要注意读懂题、审清题、理解题意、找准已知，挖掘隐含条件、排除干扰因素……概言之，重视审题要做到仔细认真，明确所求，分清条件，找出“因”“果”。

二、剖　题

剖题就是解剖原题，分析题意，也就是为解题找出根据与解决途径。这是解题过程中最关键的一步。学生在这方面易出现的毛病，一是听起来懂，做起来懵；二是生吞活剥，消化不良；三是不能独立思考，只会照葫画瓢；四是思路不清，易入“歧途”。产生这些毛病的主因之一，即缺乏剖题能力和素养。剖题应根据题目类型不同而异。一般原则是：化整为零，联系基础，从“果”到“因”，理清脉络。化整为零、联系基础，即将原题解剖成若干部分和各种因素、各个方面、已知条件和未知条件，然后联系有关知识。从“果”到“因”、理清脉络，即根据题目要求回答的问题，先追索需应用哪些条件才能解决；再追索题目中是否给出这些条件，如果未给出，那么要满足这些条件又需哪些知识；最后追索到题目所给的条件为止。实践说明，培养学生认真剖题的能力，是复习和巩固“三基”的有效措施，也是提高学生分析和解决问题能力的基本途径。

三、解　题

在审题、剖题基础上进行解题。解题的要求是：从“因”到“果”，层次分明，简明准确，运算无讹。与剖题顺序相反，解题要从“因”到“果”，亦即从已知条件着手，依次解到要求的答案。对简答题、解释题，要文字精练，逻辑性强；对实验题、鉴别题，要用语正确，层次分明；对计算题、证明题，要格式规范，运算无误；对综合题、概括题，要条理清楚，快速准确。解题后，要进行自我检查、修正和完善，这是保证做题正确不可或缺的一步。认真检查，自觉改正错误，既可提高作业质量，又能养成严谨学风，培养鉴别事物的能力。

（一）逐步法

逐步法，即从审题开始，一步一步检查下来，检查运算步骤是否齐全合理，计算结果是否正确无误。

（二）重做法

重做法，在时间允许的情况下，将题目重做一遍，看前后两次答案是否一致。

（三）他解法

他解法，一题多解的练习，在使用一种方法做完后，再用另一种方法求出结果，进行对照，以验证是否正确。

（四）代入法

代入法，将计算的结果代入公式中，看是否合理。

（五）联系法

联系法，把做题与实际生活、生产联系起来，看结果是否符合实际。

审题、剖题、解题密切联系，互相促进，往往交织在一起，有时难以绝对区分。就整体来说，一要引导学生养成良好的解题习惯，如审题要确切，表达要严谨，书写要规范，运算要准确；二要及时解决出现的问题，并在不断解决问题的过程中提高学习能力；三要在头脑中建立起一些常用的解题方法。

四、审题艺术

宋朝的翰林画院，常以诗句为题进行科举考试。有一年，是宋徽宗出的题目："竹锁桥边卖酒家"。应考者接到题目后都认真地画起来。有的画了一所酒店，顾客们出出进进，旁边点缀些横桥竹丛，即匆匆交了卷；有的画竹林扶疏，隐隐约约地可见一所酒馆，即交了卷；还有的画了一家酒店，店门上了锁，店后店旁有竹林，店前有小桥流水，也交了卷。结果这些应考者都未能榜上题名。而获得第一名的是李唐（后来成为宋朝著名画家）。为何他人都不行，唯李唐能独占鳌头？第一类应考者，根本没有把"锁"字画出来，可以说是跑了题；第二类和第三类应考者，又误解了"锁"字的意义，机械地画了一把锁，实际上是曲解了题意。李唐画的是：一座小桥，桥边是茂密的竹林，竹林高处挑着一面酒旗，旗上写个大大的"酒"字。李唐审题准确，琢磨出"锁"字的含义，于是画面上不是以酒店为主，而是通过竹林高处挑起一面酒旗含蓄展示竹林深处有酒店。宋徽宗见到此答卷非常高兴地赞叹说："此画始得'锁'字之意。"

画画如此，作文亦如此。面临考试，尤其是升学考试，几乎每个同学都将生活素材进行精心的筛选、加工，以备临场作文。但在考试时，有些同学受心理素质的影响、考试时间的限制，慌于完成作文而忽略了审题。于是，再好的生活素材也难以成为切题的好文。那么如何进行审题呢？

（一）读懂要求写什么

例如《我和老师》，可是写我和老师之间发生的事情，即记事，也可是写老师这个人，即写人。《我的好伙伴》其中的"好伙伴"既可是朋友、同学（人），又可是小闹钟、电脑（物），还可是小狗、小猫（动物），选材范围较广，写人、状物均可。

（二）读懂限定了什么

题目中可能从不同的方面做限定，比如时间、地点、数量、内容等。例如《我亲身经历的一件事》中，第一个限定是"一件事"，如写两件甚至更多，那就违背了题目的要求；第二个限定是"我亲身经历的"，也就是我是事中人，不是旁观者，不能只对事情发表看法。

（三）主要是抓住题眼

"题眼"是指题目的关键性词语，抓住了"题眼"，就意味着抓到了作文的重点。题目如果是一句话构成的，这句话中表示陈述作用的动词或形容词就是"题眼"。例如《我爱中华》，其中的"爱"就是"题眼"，文章应始终突出一个"爱"字。题目如果是由名词性短语构成的，其中用来表示修饰或限制性的词语就是"题眼"。比如《难忘的一件事》，其中"难忘"是"一件事"的修饰词，审题时抓住了"难忘"，就明确了这个题目要写的"一件事"不是"一般"的一件事，而是"难忘"的一件事。强调题目中的"题眼"并不是"题眼"以外的词语就可放弃。例如《学校趣事》，其中"趣"是"题眼"但"学校"规定了写作的范围。如果只注意"趣"，忽略"学校"，同样会存在离题问题。

对于宽题（限制条件较少的题目），审题时可将题目适当扩充完善，补足成狭题。诸如：《榜样》《和同学们在一起的日子里》《我印象最深刻的一堂课》……对这样的题目，审题时可给它补足，补足的内容可在"题目"的前面或后面，也可在中间。《榜样》题目，可在"榜样"前面加上"我的""我们的"或"青年人的"；《和同学们在一起的日子里》题目，可在它的前后补足"我→和同学们在一起的日子里→感到愉快"；《我印象最深刻的一堂课》题目，可在它的中间部位补足"我印象最深刻的一堂（外语）课"。这样可使题目更具体、更具针对性，行文时就有明确的目标。

另外，还要看清附加题目，那是对写作做出的一些具体规定。常见附加要求大致有：①字数限制，如5000字以上，那就不能低于5000字，如5000字左右，那就不能超出或少得过多；②对写作数量的规定，有的只要求写一件事表现中心，有的要求写二、三件事来表现；③对文章的结构、详略、语言的要求，如首尾要呼应，结构要合理，详略要得当，语句要通顺……在谋篇布局上要注意。总之，应把作文题目和附加要求，认真读懂，详细审题，然后再进行构思、行文、修改，才能写出切题的文章。

几种题型的答题策略

答题，是对问题的回应，是作业或考试的重要组成部分。答题优劣直接反映学生学习的水平。应教给学生如何抓住答题的关键，如紧扣题意、分析方法、总结答案等。

一、选择题的答题策略

选择题的难度在加大，由原来单纯的知识再现转为对学生分析、理解、综合判断能力的考查。因此，学会选择题特别是不定项选择题的答题思路和技巧，提高选择题的准确率，成为影响成绩的关键环节。下面就单项选择题和不定项选择题的题型特点，介绍几种做好选择题的答题方法。

（一）单项选择题的题型特点和解题思路

1. 题型特点　单项选择题是一种考查学生记忆、理解、辨别能力的题型，主要考查识记和理解水平较低的基础知识，侧重于知识的再认能力。单项选择题由题干和题支组成。题干是一个不完整的陈述或缺少某些成分的句子，一般情况下，单项选择题可变形为简答题。单项选择题的主要特点是答案具有唯一性和最佳性，因而也是较为容易的题型。

2. 解题思路　单项选择题可采用以下解题步骤：审→忆→选→查。审，通过仔细读题，认真审题，找出题干的关键词，将单项选择题变形为简答题，采取直答法，即“问什么”就“答什么”；忆，根据题干关键词的要求，回忆确认正确知识；选，根据回忆确认的知识，对照备选题支，选择正确答案；查，根据目的要求，逐一分析、比较对照备选题支，采用排除方法，检查前面的选择是否正确。

做好单项选择题，最重要的是做好认真审题，审题目、审题干、审题支。对基础知识、基本原理和一些易混淆的知识要掌握得准确、扎实、到位。

（二）不定项选择题的题型特点和解题思路

1. 题型特点　不定项选择题主要是考查记忆、理解、综合、分析的能力。既可考查识记的内容，又可考查理解、运用知识的层次。可从不同侧面、不同角度进行题支的设置，综合性较强。因而，难度较大，也是重要的题型。不定项选择题的最大特点在于其备选题支常是正误混杂，所选答案不唯一，既可是单选（即只有一个正确答案），也可是多选（即有两个或两个以上的题支正确并符合题意的正确答案）。所以，要注重对知识、原理的理解，能够从整体上把握知识。

2. 解题思路　①审题干——在审题干时要注意三点。一是明确选择的方向，即题干要求是正向还是逆向选择。正向选择一般用“什么是”“包括什么”“产生以上现象的原因”“这表明”等表示；逆向选择一般用“不属于”“不正确”“不是”等表示。二是明确题干的要求，即找出关键词——“题眼”，它决定着题支的选择方向。三是明确题干规定的限制条件，即通过分析题干的限制条件，明确题支选择的具体范围、层次、角度和侧面。②审题支——对所有备选题支进行认真分析和判断，运用排除法，将有科学性错误和表述错误的题支排除在选择范围之外。③审题干和题支的关系——这是做好不定项选择题的一个重要方面。常见不定项选择题中题干与题支的关系有下列几种情形需引起注意：一是题支本身正确，但与题干没有关系，此情形下的题支不选；二是题支本身正确，且与题干有关系，但题支与题干是并列关系，或题支包含题干，或题干与题支的因果关系颠倒，此情形下的题支不选；三是题支并不是教材的原文，但意思与教材中的知识点相同或近似，或是题干所含知识的深层次表达或解释，或是对某一题支的进一步解释和说明，此情形下的题支可选；四是单个题支只是教材知识的一部分，不完整，但几个题支组在一起即表达一个完整的知识点，此情形下的题支可选。

二、简答题的方法点拨

这种题型要比传统的直来直去的简答题要难得多。它需要学生认真审题、读懂题意，用自己的切身体验通过分析、综合，理性地提取有效的知识，从而完成解答。

三、辨析题的解题方法

辨析题是由判断说明题变化而来。命题可表述为正确型、错误型、片面型、正误混合型。解答辨析题，不必拘泥于判断说明题所要求的那样，必须首先做出判断正误的程序。其基本的解题思路为：第一步，明确题日立意，清楚题目要考什么；第二步，运用应考知识，对命题进行逐层次的推理分析；第三步，对命题做出合乎逻辑的结论或评价。现通过下列例题，来加深体会辨析题的特点和解题的基本思路。

例题：我国在现代化建设中实施可持续发展战略，只需处理经济发展与环境的关系。

解析：这是一道辨析题，采用结论片面型的命题方式。该题立意于可持续发展战略，旨在考查学生是否全面理解可持续发展的含义及要求。需依据所掌握的可持续发展战略的知识，对命题只涉及经济与环境的界定进行分析。最后，形成正确的结论并对命题做出评价。

答案：①我国人口过多和总体素质不高，已成为制约经济发展和社会发展的重要因素。同时，现代化建设还面临着资源相对不足和环境污染严重、生态恶化的沉重压力。②为了既满足当今现代化建设的需要，又不损害后代人的需求，现代化建设必须走一条经济发展与人口、资源、环境相协调的可持续发展道路，处理好经济发展与人口、资源、环境的关系。③要坚持保护资源和环境的基本国策。④题目所讲，我国的现代化建设实施可持续发展只需处理好经济发展与环境的关系，是片面的。

四、分析说明题的答题思路

（一）审题步骤

1. 通读背景材料，分清层次，提取有价值的信息。
2. 归纳中心内容，寻找背景材料与“理解和运用”层次所含的知识点。
3. 对设问进行审析，抓对答题内容的限定条件及指向。
4. 紧扣设问，科学论证。

（二）答题技巧

1. 将背景材料和设问结合起来进行思考，注意知识的综合和迁移，避免材料与答案两张皮。
2. 答案要力争逻辑清楚，层次分明，答案要全面（点多），内容要简明扼要（字少）。同时，避免所答非所问，或不审题而死搬总复习上的原题，而造成误答。
3. 通过典型题的训练，使之达到同类题的“触类旁通、举一反三”的效果。

在客观测试中，应试者总是在猜测主考者的想法；而在想象力测试中，则往往是主考者在猜测应试者的想法。

教学生掌握答题技巧

考场如赛场，终点前冲刺阶段的战术，往往决定着最后胜负。因此，只有平时学得好，考场上发挥得好，战略战术运用得当，才能稳操胜券。这需具备三个条件：一是拥有雄厚的知识和较强的能力；二是有科学合理的应试技巧；三是有健康的心理素质。实力是关键，心态是保证，技巧是辅佐。当临考时已做好一切准备，即万事俱备、只欠东风之时，还需掌握一些答题的技巧。

一、自信心态考前准备

疲劳、睡眠不足，或考前做剧烈活动，都会导致在考场上发挥失常，影响答题质量。因而，一要在考前的一段时间除保持充沛精力、调整好情绪和自信的心态外，要提前到达考点，熟悉环境，稳定情绪；二要在考前不过量饮水，以免因着急进厕所而耽误时间，甚至影响考试的正常发挥；三要考试中保持轻松自然的状态，心中默念："我一定能考好！"耐心等待发放试卷，细致做好考前准备；四要把考试的细节考虑周到，做到万无一失（如备好应考的文具及各种必需物品）。这样，能给心理上带来"一切准备就绪"的稳定感——有备而来，处惊不乱，有助于调整心态，提前进入"角色"，净化考试心境。

二、冷静沉着良好心态

要想在考试中正常甚至超常发挥，必须保持一种良好的心态，它包括：积极进取的态度，合理的期望水平，适度的放松身心和适当的紧张感，对自己学习状况全面而准确地把握以及在此基础上所形成的客观自我评价等。具体讲：一是舒畅愉快，二是平和自信，三是冷静沉着。舒畅愉悦的良好心境和适度的兴奋，往往预示着考场上的高水平发挥，而烦躁的心绪和过度的紧张、焦虑、恐惧等则常常是考试失败的先兆。因而，应注意临场和考时的心理调控，希冀着与高水平发挥相伴随着的最佳心理状态。考前，适度紧张些是好事：首先，能保持一定的警觉性，保持注意力的高度集中，并具有一种明确的考试意识，会珍惜每一分钟；其次，适度紧张会调动身体的能量，会使出平时难以想象的力量，并有助于战胜困难；再次，有助于保持大脑的兴奋性。考前，过分的紧张则需要调整：若在进考场之前与人闲聊或做镇静操，可消除紧张而稳定情绪；若进行缓慢呼吸，可消除紧张情绪，使人感到心情轻松；若闭眼轻按眼球，会使心率减慢，使人的烦躁心情镇静下来；若想到别人也和自己一样有点紧张时，自己的紧张感就会解除大半；若环顾四周，做深呼吸，活动脖子和双臂，也利于自我放松。考试前，心态必须要平和自信，抱定一个坚定的信念：我一定会赢！我必须要赢！考试时，精神状态应是轻度的兴奋，有跃跃欲试的心情，稍微紧张中带有愉快感；万不可一进考场，心情就格外紧张，总担心考不了高分会挨批评或丢面子，以免导致本来会做的题也做不出来。为此，应学会自我心理调节，在考试时沉着冷静，轻松应试，"旁若无人"，见到易题不疏忽大意，以免"大意失荆州"，遇到难题不心慌意乱，须知"我易人易、我难人难"，再说，遇有难题是正常情况，无难题的考试不是考试。只要持正确心态进入角色，便会发挥自如，成功在望。

三、把握试题听清要求

正确理解考试说明，能克服答题中的盲目性、增强自觉性和减轻不必要的负担，这对把握试题方向，取得最佳成绩至关重要。所以，进入考场对号入座后，要仔细倾听监考教师宣布考场纪律、考试要求、答题要求及注意事项等。这样，可避免因不熟悉有关规则而使答题有损或产生不必要的麻烦。在接到试卷后，不可立即作答，应先检查试卷是否完整，是否有缺页、粘页或印刷不清等问题，如发现有上述情况，应立即向监考教师反映。根据规定，开考信号发出后才能开始答题。

四、浏览试卷概括了解

在一般情况下，拿到试卷后，不要急于动笔匆匆作答，应先在试卷或答题卡填涂或写上姓名、考号；

然后，将试卷从头到尾浏览一遍（全套试题），迅速摸清“题情”，了解卷面的长度、宽度、题型、类别及分类安排；翻阅一下全部试卷，浏览每个题目的要求和内容，注意试题的分数比重、题量多少和难易程度，做到心中有数。初步判断各项试题的分量和难易程度，看一下各试题所占的分数比例，以便心中有数；再后考虑“攻关”策略，并大致安排一下答题程序和有限时间的合理分配。此间，看到难题时不要急躁，应想到试题难度对每个考生都是一样，应以平常心进入角色，才是明智之举。①把握全局最重要——试卷发下后，应先利用 2 至 3 分钟时间迅速把试卷浏览一遍，检查试卷有无遗漏或差错，了解考题的难易程度、分值多少等概况以及试题的数目、类型、占分比例，哪些是难题、重题等，以便下一步合理安排答题顺序和时间。注意一定要在保证客观性试题得分率的基础上，给主观性试题较充裕的时间。如作文要留足够时间，数学的答题要分步骤写等，做到“时间要有余，空格不能留”。②答题顺序要排好——在浏览完试卷后，尽快排出答题顺序，根据自己对考试内容所掌握的程度和试题分值来确定答题顺序；也可根据自己认为的难易程度，按“先易后难”“先小后大”“先熟后生”的原则排序进行答题：会做的题→似乎做过的题→答案简单的题→大题、长题和自己感到吃力的题。然后，合理安排每一道题的解答时间限度，不要在某一试题上花太多的时间而影响其他题的解答时间。

五、仔细审题准确答题

在考试中，有时考生并非不会作答而是由于审题不细，理解不准，而将相近、相似甚至相反的内容答出，形成答非所问。为了保证答题正确，不管是难题、易题，还是没见过的新题，审题一定要稳妥、要仔细，弄清题意，看清题目所给的条件和提出的要求。审题时特别要注意：试题陷阱、隐含条件、模糊概念、思维漏洞等；答题时尤应防止审题不清、思维定势、思维障碍以及漏题。为此，可在审题时把题中的关键性词语划下来，然后认真思考，在充分理解题意的基础上，迅速构思答案。千万不要见题就下笔，或简单扫视一下就匆忙作答，因为审题不准，常会把题答错。只有审清题意、理解题意，方能答题准确。对于陌生题要冷静思考，陌生题并不一定是难题。但确有既陌生又复杂，让人难以看懂之题，这就要反复理解题意，努力展开联想，注意可能存在的隐蔽条件，或考虑题目是否可分解。从思考方法上，一般先使用综合法，如此法受阻，再采用“执果索因”的逆推法。经过不断综合与分析终会搭起通向已知的桥梁，使问题得到解决。对于看上去似乎“眼熟”或简单的题，应加倍仔细，不要掉以轻心；对于貌似容易、“眼”熟，但已暗中增减条件的题，更要仔细辨认，万不可忽视之；尤其要注意那些和课本上、习题中相似的题，很可能是一个“陷阱”，更应提高警惕，对此要“逐字逐句”审题，避免思维定势。对待难题要慢慢回忆课本知识，检索所有的解题信息，稳住心神，努力寻找突破口。应避免审题错漏，审题是答题的关键，动笔之前，要弄清题目含义和要求，防止答非所问，因小失大。首先，看清题注，明确注解，特别要注意题中的关键词汇和术语。然后，注意题分，看分作答。同时，不要和以前做过的题比较，消除“定势思维”，机械模仿原题的方法来解答，避免生搬硬套造成失误。最后，弄清每题的四大组成部分：解题条件、发问事项、解题规则和写出答案的地方。

六、先易后难先准后快

遇到难题可跳过去先做别的题；对于那些拿不准或有困难的题，也可不急于作答，而先标上记号，暂时放一放，即甩下不会的，跨过障碍继续前进。若在继续解题中，因联想得到启发要马上补答甩下的题。有几年，为加强对考生心理素质的考查，试卷题目设置不再保持由易到难的顺序梯度，开头难、波浪式排列难易度的试卷屡见不鲜。一般来讲，考试通常是遵循先易后难、先简后繁的顺序，即先用较短的时间准确地完成那些比较简单、自己确有把握的试题，这可培养自信和思维的流畅感，再做难题往往就容易了。总之，遇到难题或不会做的题，不要死盯硬钻不放、空耗时间，可先做完会答之题，返回来再集中精力和时间，打攻歼战、攻克难题；否则，若是为苦思某一难题耗时太多，常会造成易答之题因时间关系只能草草应付，甚至来不及作答。运用先易后难的顺序，既有利于掌握时间，也有利于情绪稳定，开阔思路；通过“旗开得胜”的心理效应，促使思维活动及时进入最佳竞技状态，以顺利完成较难之题。但须特别注意，千万不要把中等难度的题当做难题也跳过去，此时应认真思考一下，如仍没思路，也可能是真正的难题，再跳过去也不迟。再者，不要和自己较劲：本来平时记得很熟的东西，突然忘了，也可采取先跳过去，兴许在做其他题时突然想起来。另外，对选择题，做完后要立即涂机读卡，且涂完后再检查一遍。

（一）考虑难易，规划时间

要注意速度，控制时间。不在难度较小的题目上过多纠缠，应给难题和大题留足时间；不犯犟，在短时间内找不到思路的题可暂时跳过去，做后面的题。把所有能做出的题都做出后，再回过头琢磨暂时跳过去的题，也许就会产生“柳暗花明”的效应。

（二）根据难易，三步完成

第一步，按顺序做，将会做的试题认真完成，力争少失误，顺便将其余试题分成经过努力可以完成和根本不会做两类；第二步，集中精力攻做能够完成的题；第三步，在检查前两种试题的基础上，选择可以突破的试题。

（三）平衡心理，对待难题

没有难题的考试不是考试，每次考试都会有不会做的题，这是正常情况，勿因此而烦恼，也不要在难题上多费思量，耽误时间过多，否则可能会做的题时间也不够了，而且在高度紧张的心理状态下，使解难题的能力下降，结果使难题更难解。丢掉难题很遗憾，但不是损失；如果不该丢的丢了就是最大的损失。所以，只要将会做的试题较好地完成就是发挥了较高水平，不要总是企求突破你根本不会做的试题。

另外，还要处理好准与快的关系。首先要求准，在求准的基础上再求快。保证在能得分的地方绝不丢分，不易得分的地方争取得分。要时刻意识到，与其花 5 分钟去攻克一道分值 1 分的选择题，不如花 10 分钟去攻克一道分值为 15 分的大题。只要不倒扣分，尝试回答所有问题。在选择题中，对那些认识模糊、自己拿不定主意的题，只要不倒扣分，可以猜测，绝对不要留一道空白题。

七、辩证思考辩证分析

考试时，要使用多种思维方式；答题时，要有辩证的思维。一是对理工科试题的思考与解答，更需注意：试题一般都包括已知和未知两个部分，要求回答的是未知部分，已知和未知可能是因果关系，也可能是互补关系，或是局部与整体关系等。因此，切忌孤立地对未知部分进行思考，而应把两者联系起来。二是正确对待容易之题，特别是过分自信者，往往认为容易之题是“小菜一碟”而不假思索顺手答上。这样掉以轻心，会出现“小题”铸成大错的后果，所以不可轻视容易之题，麻痹大意。三是要处理好快和准的关系。计算题一定要准字当头，争取一次成功，要在“准”的基础上求快。四是要善抓重点和基本精神，有些试题牵涉内容较广，在答题时若能抓住其中重点就能迎刃而解。比如缩写、扩写、作文，若不紧紧掌握原文的重点段落，不抓住原文的基本精神，就会造成文不对题。总之，要认真分析题目的已知条件和解题目标，迅速思考。为实现解题目标需要什么，而题目条件提供了什么可能？这样，由未知找需知，由已知推可知，需知可知一“握手”，问题也就解决了。注意善于辨析词义——对一些同义词和近义词必须分辨清楚，比如地理名词中的地形、地势、地貌都是近义词，但具体内涵有所不同，如果把地形当做地势看，就会答错；再如，把石灰看成石灰石，把质量当做重量，把氧化亚铁看成氧化铁，把异同点看成不同点等等，由于一步错，造成步步错，甚至全题皆错的后果。

八、题型不同要求不同

看透所问，服务所答。不论是做辨析题还是分析题，首先忌讳的是答非所问，答案跑题，在没有领会题目主旨的前提下不可草率提笔。

做主观题时，要留意试题的类型、知识区域、题目主题。目的是在大脑中建立个体印象，在全力解答主观题时，促使大脑进行潜意识的思索。主观题的特点是材料新颖，设问灵活，答案不唯一，在教材中找不到现成的答案，仅靠拼凑教材上的知识点又很难拿到高分。其实，解答主观性试题也非无章可循，只要掌握一定方法，亦可收到良好效果。①掌握基本——无论考试形式怎样变，但万变不离其宗，教材上的基本理论和观点必须掌握，以备在考试中灵活运用。②联系实际——主观性试题一般与当前时事热点或生活实际密不可分。要学会运用教材中的观点和原理来进行分析和说明，使二者有机结合起来，避免死记硬背。③敢于创新——因主观性试题的答案不是固定的、唯一的，所以，答题时在结合材料与教材的同时，不要拘泥于教材，要敢于发表自己独到的见解，多角度地思考问题。④语言流畅——在前三点的基础上，注意知识之间的逻辑顺序，条理清楚、层次分明地把自己的观点表述出来。

做选择题时，答题的关键是题干与题支要求一致，排除不一致的和似是而非的题支。既要保证正确率，又要节省时间，碰到一时难以判断的题目，可暂时搁置（须做个醒目记号），等候一定时间待解答其他题有启发时再作补答。概言之，要答好选择题，应遵循如下步骤：①准确理解题干设问；②清理选项之间的关系，认识选项之间的区别；③作出选择，即根据自己掌握的知识对其理解判断。对各科选择题，做完后要立即涂机读卡，涂完后再检查一遍，切不可等做完题后再涂卡，以免因时间紧涂不完而留遗憾；对一时搞不清的主观试题，也可将有把握的要点先作答，再将与题目有关的要点尽量写全，但切不可天马行空，与主题无关地漫天撒网。

对于简答题，要把主要的内容答出来，并不一定要与大纲、教材上的词语完全一样，只要主要意思相同即可。

对于案例分析题，要注意题干后面设问的层次，有针对性地答题，学会分析案例，从认识的角度、层次和答题的重点等几个方面领会。

解答辨析题的基本思路为：①明确题目立意，清楚题目要考什么；②运用应考知识，对命题进行逐层次的推理分析；③对命题做出合乎逻辑的结论或评价。

做论述题时，一定要仔细审题，逐字逐句推敲问题的核心是什么，出题人的目的是什么，该题所要考的知识点有哪些，然后在大脑里迅速整理思路、搜集并融合相关知识点，逐层展开，一一作答。通常，在回答论述题时，需对涉及的相关概念、原理等首先做出界定。总之，回答论述题时，一定要有论有述，不能只论不述或只述不论，要答出是什么、为什么、怎么样，有的还要联系实际作答。

面对实验题，最重要的是明确实验目的，因运用什么原理、使用哪些仪器设备等均是为目的服务的。

九、卷面整洁语言规范

注意书写规范化。卷面有限，书写潦草，既会影响试题得分，更会给自己造成紧张情绪。因此，字要清楚，能单独辨认，语句要详略得当，层次分明，逻辑系统；要使用专业术语、符号；用作答案时的字母必须是已知的，不能用未知量作答。特别是易混、易错的数字、字母、符号，更要书写准确。作答时，书写要尽可能快些，对选择题、填空题要善于压缩时间。除语文试卷中的字迹一定要规范外，一般科目不必追求字体漂亮，但要争取卷面分和感情分，书写要整洁大方、格式有序，不能龙飞凤舞；要字迹清楚，卷面整洁，语句通顺，给阅卷老师一个好的印象；否则，易使阅卷教师觉得“天书难辨”，无奈之际，只好不管其答案正确与否，惋惜地摇头判错，这种失分令人遗憾。

十、避免漏错完后复查

答完考卷后，不必提前交卷，必须认真检查。针对不同的题型分配检查时间、决定检查方式。一般来说，填空题、选择题要多安排一点时间。对论述题、分析题，重点放在对题目要求的理解是否正确。漏题是考场中的大失误，千万避免。漏题有两种：一是没有看见；二是答不出来的。没有来得及做的题目一定打上记号，答不出来的题目不可轻易放弃。为克服“会而不对，对而不全”的毛病，答完全套试题后，如果还有时间，一定要自行审卷，对把握较大的题先审，对把握不大的题后审，千万不要把审题的时间都用在不能解答、毫无把握的难题上；亦即，先检查易题、省时题，或错误率高的题，不要图分值，把时间都用在大题、难题上而忽略可较易就能检查出来的错题。复查时，要仔细检查一下是否有漏掉的题，或写错了的答案，有无误解题意，答非所问；已答好的题，步骤是否完整，要点是否齐全；对于疑难问题是否还有更好的解法，哪怕改一个字、一个标点也好。最后，对一时答不上的题，应先做高分题，当然亦应防止“高分题久攻不下，低分题无暇顾及”现象的发生；经仔细回忆已学知识和已做习题，仍解答不出，且时间又所剩无几时，不妨就能做几步是几步，能写几行是几行，即不完备的解法也要写上去，或许有“意外”的收获。补遗纠错要全面——检查时间以 15 分钟左右为宜。考生在考场上处于高度紧张状态，思维阅读速度加快，而思维广度、视觉角度缩小，所以失误点会增加，全面检查是补遗纠错的最好方法。提前交卷更不可取，有些错误往往都是在最后几分钟才发现的，要用有限的时间对试卷、试题反复认真检查和验证，决不能放弃考场上的每一分钟。

十一、突发情况沉着应对

（一）如何应对突然慌乱

突然慌乱，尽管它存在的时间是短暂的、易逝的，但不可无对策。这种心理症状典型表现在：心跳加速、呼吸加快、出汗或四肢颤抖。对此，应采取哪些措施呢？

第一种方法是放松。一旦出现突然慌乱的最初症状，最好暂停作答，闭合双目，轻轻地对自己说“放松”，重复六次，并注意体验全身松弛的感觉；也可以先全身绷紧十秒钟，然后突然放松。这样，就可以有效消除慌乱的感觉。

第二种方法是深呼吸。一旦发现了忧虑和慌乱的最初征兆，就要特别注意调节呼吸。放慢呼吸率，在吸气时做到绵长、缓慢、深沉，在呼气时也应达到同样的要求。只要坚持有规律的呼吸，就很快恢复到心理平衡状态。

第三种方法是思路中断。一旦产生慌乱现象，就中断原来的思路。把注意力集中在较容易的试题上。

（二）如何应对记忆堵塞

在考试中常会遇到记忆堵塞、“卡壳”或思维暂时出现空白的现象，此时不妨尝试下面几种方法。

第一，保持镇静。记忆堵塞在非常紧张的环境里似乎更严重，更易发生。遇此，要保持镇静，注意调节自己的呼吸率。在完成缓慢呼吸时，再考虑正在努力回忆的问题，如果仍不能回想起来，就暂时搁下这道题，开始做别的题，过一段时间再回过头来做这道题。

第二，进行联想。不妨回忆老师讲课时的情景或自己的复习笔记，然后看能否从中挑出一些有用的材料或线索。如果不能找出任何联系，就从另一方面进行联想，仔细分析并捕捉其中能为你正在发生记忆堵塞的问题提供线索或启发。

第三，利用其他试题。克服记忆堵塞的最后一个方法是把记忆搁置起来，先去解答其他问题，即利用试卷上的其他试题。尤其在标准化考试中，可能会要求考生做大量试题，后面的试题也许会给你提供某些线索。联想与此题相关的知识内容，或跳过此题稍后再做，相信你回过头来再做，定有“柳暗花明又一村”的惊喜。

各种类型的考试都具有诊断、训练、总结、验收等多种意义，是进行总结复习和了解学习效果的最佳手段。因此，做好考后总结，利用头脑中留下对考试内容的鲜明记忆，进行及时的自我评价，使每一次考试都能获得新知识、新经验，真正发挥考试的最大效率，就会使学习不断迈上新台阶。考试后的总结过程是思考的过程，是知识加工、梳理的过程。智慧的火花往往在思考中点燃！概言之，应试三部曲：微笑从容进考场，冷静沉着答试题，糊涂孤独出考场。同时要：一忌审题粗心大意，漏题、漏句、漏看要求；二忌解题思路单一，或误仿例题及做过的习题，或胡乱套用公式，以致张冠李戴；三忌书写格式不规范，结构紊乱、字迹潦草或乱涂乱改。另外，每科考试完毕，要尽快把精力转移到下一科考试。走出考场后应做到：一是“越糊涂越好”，不应回想哪道题答得对或不对，疑惑的试题不应急于请教老师或翻书去验证，而应坚持“忘掉一切”，考完一门放下一门，即“考一科忘一科”。二是交卷后，知与不知结果已不重要，免得知道自己答错了题，影响下一科的考试情绪；也无必要互相打听情况、议论考试内容，以免因“与众不同”时，引起自己对考试的回想和怀疑，促使情绪波动。三是如果一科没考好，也不要总想为什么没考好，而应把全部注意力迅速转移到下一科目，为下一场考试思维高潮的出现打好基础，或集中精力准备后面的考试。

考试作弊的原因 方式与防止

考试是检验学生水平的手段，学校是实施教书育人的圣地，公平竞争是每个学子的希望，严格考纪是管理考试的原则。考试虽不是检查学生学习效果的唯一手段，也不是万能的法宝，但却是不可缺少的重要教学环节，不可替代的重要措施；分数虽不是成绩的唯一标准，也不是学生命根，但通常被公认是学生学习成效较为客观的一种反映。要使考试成绩具有真实性、可靠性和可比性，就必须做到条件公平、标准统一、考风良好。作弊行为恰恰破坏了这种公平性和统一性，其危害也由此而生。

一、作弊的原因

作弊是一种投机取巧的表现，更是一种违纪行为，给学生心灵留下的污点是无法洗刷的，非常不利于学生的健康成长。对此，虽人们早有共识，教师更深知其害，但考试作弊现象却屡有发生、屡禁不止，至今在个别地方或学校甚至仍屡发或悄然成风，其原因何在？

如今，在众人的心目中，分数仍是衡量学习水平的唯一标准。分数高，教师赞扬、同学羡慕、家长鼓励接踵而来；分数低，教师批评、同学鄙视、家长斥责不期而至。经学校多年教育，学生都知道作弊是欺骗行为，自欺欺人。但人的行为往往受环境的制约，在校风或班风不正时，别人作弊，你不作即“假正经”；别人要你帮助作弊，你不帮即“不够朋友”；若是再来个检举、揭发，那简直就是“落井下石”，从此必将失去“群众”。于是，某些学生觉得大家彼此彼此，自己也是小巫见大巫，便一再放纵自己，这是造成学生作弊的“仿效心理”。

有的监考教师是“菩萨心肠”，或看在学生平时“读书不易”的份上，或由于不愿得罪学生，或碍于师生情面，或由于缺乏责任感，或由于师德欠缺，在监考时往往是“睁一眼，闭一眼”，或制止力度不够，于是给了作弊者可乘之机，甚至个别教师为本班级或本学科取得“好成绩”绞尽脑汁，面授机宜，或泄露试题，或“协同动作”，形成的“非常成绩”竟然是用“非常手段”获得的不良局面。这是造成学生作弊的条件因素。

有的学校或班级课程排得满满的，再加上今天考试、明天测验，过多过滥的考试使学生无法招架，只好采取应付过关的办法；加之，假如有人作弊得了高分，教师因不明真相而夸奖一番，而有的学生确实老老实实复习了，可能成绩不佳，不但未得到老师和同学的青睐，反而挨批。于是，不作弊者觉得自己下了功夫，还不如作弊者考分高，似乎吃了亏。所以，别人作弊我也作弊，这样的“竞争”才“公平合理”。这是造成学生作弊的“攀比心理”与“补偿心理”的心理因素。

有的学生在学习过程中前松后紧，平时轻松自在，临考挑灯夜战，结果搞得自己非常被动与紧张，要念的念不会，要做的做不完，考试时便弄虚作假。一旦第一次作弊未被发现而获得成功，下次就“照方抓药”，竟致以后一发不可收拾，胆子越来越大。这是造成学生作弊的侥幸心理因素。

有的学生在复习不充分而信心不足时担心“考砸了”就会在同学中得不到“尊重”，这时求胜心切或求胜心理得不到满足的矛盾，促使他一旦“条件”允许，就尝试性地采取不正当手段（作弊）。这是造成作弊的“冒险心理”与“自我保护”心理因素。

有的学生学习属中上水平，平时能刻苦学习，考前也能认真复习，但在考试中，因记不准某个问题而怕考不好丢面子，于是抱着试试看一眼的心态而作弊。这是在虚荣心支配下，企图“锦上添花”而作弊的心理。

在一定时期内，分数仍是社会评价学生优差的重要尺度。在这把“冷酷无情”的“尺子”面前，有些考生为达某种目的不得不铤而走险。尽管学校不断采取措施加强对考试的管理，但“上有政策”，“下有对策”；有人为了取得一个好分数，仍不断改变作弊手段，以适应“形势”的发展。这是造成学生作弊的恶陋习惯与丑恶心理因素。作弊者有的很难悔改，第一次作弊，往往是面红耳赤，心惊胆战，好像做贼，可一旦上了“贼船”，在百分之百的自信中，就“乘风破浪”远离诚实的彼岸。他们不懂得不能把希望寄托在用不正当的手段取得一两次高分上，弄虚作假不仅辜负了学校、老师的苦心教育，也辜负了家长的殷切厚望；同时，最终也毁了自己——不仅虚度年华，且连“诚信”这个做人的根本也丧失殆尽，只会使自己理想、道德、信念和情操滑坡，逐渐消沉，迅速落后。

二、作弊的方式

屡屡作弊的考生，很多已“身经百战”，将考试中的“花花肠肠”“曲曲弯弯”悟出不少，可把它概括为“天龙八部”。

（一）狡兔三窟

考时，规定课桌、抽屉、墙壁和文具盒里不准放任何与考试无关的东西；于是，就怀里揣一本，屁股下坐一本，暖气后塞一本，“失之东隅，收之桑榆”。

（二）金针度人

考时，让学习较好者坐在自己的前座或近旁，将答案悄声道来，“无线传真”，或对座距较近者进行旁窥“左顾右盼式”“交头接耳式”私语及“打手势”“使眼色”“暗号联络式”等，不管是从旁人的试卷上“拷贝”答案，还是从“手势”“眼色”或“暗号”中领悟其涵义，或者请他人将试卷铺开，露出半张，这边快速扫描，全息录入。

（三）掌上乾坤

考前，把大概要考的内容抄在掌心大小的纸上，分装于左右口袋或袖筒里，考试时握于手心，将手放于桌上，佯装压着试卷，伺机抄写。

（四）狸猫换子

考前，事先偷偷邀好一位高手，在他答到一多半时，趁监考教师不注意，与他交换试卷。当然，他若能多领一份试卷，成功率就会更高。

（五）虚而实之

考前，在草稿纸上用无水钢笔摘好重点内容，考试时置于桌上，只要位置放得合理，就能清晰地看到所写内容。

（六）瞒天过海

考前，在课桌上写上公式、要点等，考试时用试卷盖上，多不易被察觉。手心里也写上两三个公式，以备抄用。

（七）兵贵神速

考前，将笔记、作业等拆零后散放在口袋里，趁监考教师不注意时，拿出一张迅速放在试卷下，随用随换，得心应手。

（八）乱云飞渡

考试的最后10分钟很重要。此时，有人交卷、有人离场……趁老师不注意时，“打电话”、扔纸团，最易得手。总之，作弊者往往是从偷偷摸摸、遮遮掩掩、“犹抱琵琶半遮面”到明目张胆，作弊方法五花八门。广为流行的作弊方式还有：①“传接物品式”——“传递纸条式”或“交换草稿纸”（胆大者传接试卷、交换答卷、抄袭答卷或交换答题卡），这是相对隐蔽的联络方式，但容易被“人赃俱获”；②“大胆抄袭式”——即“公开”抄书、抄笔记、抄袭他人，或将书一页一页撕下裁成小纸条以备抄写，或公开抄答案或与考试内容相关的资料；③“秘密夹带式”——携带与考试内容相关的文字材料或者存储与考试内容相关的资料进入考场，即考前把难以记忆或不甚熟悉的内容写在纸条上甚至缩印，将它藏在兜里、怀里、袖里等衣物或攥在手里，夹带与考试内容有关的笔记、复习提纲以备抄袭，尤其是裙子内衬等不便检查之处也成为“携带”资料的最佳部位。

值得注意的是，作弊不仅屡禁不止，而且愈演愈烈，作弊手段越来越“高明”，方法越来越“现代化”，尤其是一些高科技作弊器的出现。作弊者利用现代通讯工具（电子存储记忆录放设备等无线通讯工具及涂改液、隐形笔、无线隐形耳机等）进行秘密联络，在考场内接听或使用手机等无线电讯信工具查看信息或传递信息。监考手段永远滞后于作弊工具的进化速度。作弊工具每年都会有所创新，科技含量不断提高，有些作弊工具闻所未闻，监考教师根本无法识别。

此外，还有考生使用规定以外的笔或纸答题，或在试卷规定以外的地方书写姓名、考号或标记信息。在考试之后再对有关人员进行央求、送礼、请客或公关等，以便获取不合理利益。此法“优点”是不会留下“罪证”，“缺点”是局限性大。

三、作弊的防止

学校是社会的一角，学生不是生活在真空中。作弊现象乃伴随着考试制度的产生而出现，古来有之，从有“考试”起，作弊现象便如影随形。它是世界各国存在的一种普遍现象，并非我国的“特产”。随着考场越来越像命运的“分水岭”，考试作弊也就越来越加重了铤而走险的砝码。今天的考试，在一场人才角逐的背后，也隐含着一场作弊与反作弊的对峙，更潜隐着一场捍卫公正与诚信的道德与法律的较量。为尽量减少或防止作弊，近些年来有关学校和考试组织机构已注意控制外部条件，不断加强反作弊举措。

（一）强化预防

除不断强化监考措施外，一是实行“AB 卷”——1980 年代，为防止考生左顾右盼找答案，开始采用 A、B 两套试题；二是实行“诚信档案”——近些年开始，考生签订诚信保证书，有关的违规记录将记入其电子档案。

（二）严密监督

为防止作弊，曾采取多种措施：①“金属探测”——从 2005 年开始运用，只要与金属有关的作弊用具都会被检测到；②“指纹验证”——从 2005 年开始，为防范替考，一些考点在报名时采集考生左右手指纹，入考场时进行验证以防止替考；③“电子眼监控”——从 2006 年开始，一块超大监视屏和遍布考场的电子眼将考场各个角落尽收眼底。④“手机屏蔽仪”——2006 年最受争议的反作弊工具，主要通过释放无线电干扰电波，在一定范围内屏蔽手机信号。

（三）加强疏导

针对作弊心理着重改进内在心态，采取有力措施加以疏导：一是端正学生学习态度和对考试的认识，使他们真正理解学习的目的和作弊的危害；二是严明考试纪律，考场是神圣而严肃的场合，教师是公正严明的化身，既让学生知道考试是对他们道德品质的检验，又不姑息迁就其错误行为，不给任何投机取巧的机会；三是树立良好班风、学风，既加强引导，使学生形成“作弊可耻”的意识，又鼓励班干部等充分发挥模范带头作用；四是在作弊工具不断翻新的情况下，应加强对监考教师的培训，系统地学习识别作弊工具极其方法。五是加强正确舆论的引导、监督和教育，在加强正面教育、树立榜样、鼓励先进、弘扬正气的同时，还要严肃处理种种违纪违法者，堵死那些缺乏自觉性者的退路。

必须看到控制与防止作弊的措施正在加强和完善，还必须看到学生正处在身心发育的高峰期，在思想品德上可塑性很强，只要进行精心“治疗”，就可能使考场成为一个“清白的世界”，就可能还学校素有的“教育圣地”之清名。

面试应注意与防止的事项

当今，各种面试往往是考试中不可缺少的环节。如何在面试中取得成功或能有较好的发挥，这是每个学生和求职者共同关心的问题。在准备充分、全面的基础上，还应具备如下几点。

一、应该具备的“四心”

（一）要有信心

信心就是拥有成功和胜利的把握，也是做好任何事情的起码条件和必备条件。信心会给人以力量，使人不会怯场，并有最佳的发挥。信心对于急躁者，是一种安慰剂；对于自卑者，是一种强心剂。在自信的良好情绪影响下，完成的工作量可大大提高。至于高层次、创造性的复杂应试等智力劳动就更需要积极的情绪去支撑与驱动。拥有信心，就是自信能够通过努力取得胜利。此外，为了增强信心，应试者还应该包装一下自己，换上一身整洁、大方、合体的服装，满面春风地走进面试场所，微笑地面对每一个人，尤其是主考官。挺胸抬头，勇敢地面对主考官是自信的表现，这表明你已经适应这里的环境，没有压力和负担，乃至胜券在握。

（二）要有细心

拥有自信是战略上藐视面试，因而能够轻松地投入面试，并可能有好的发挥，但是战术上还要以细心应对。一旦进入面试场所，就要认真又不紧张地回答每一个问题，同时在回答每一个问题前先要弄清已知条件以及问题的性质是什么、为什么和怎么办。回答的每一句话、每一个词都要经过推敲和思考，特别要注意关键词的使用：准确地使用每个句子、每个词，一丝不苟；语言要利落，结构要严谨；语调要有波澜，不平铺直叙，要根据内容有抑扬顿挫的声调变化；充分运用设问、反问、比喻和层递等修辞方法，根据内容的需要，使你的回答波澜迭起，具有音乐的美感。

（三）要有专心

做任何事情都需要专心致志、聚精会神，排除一切不必要的干扰，尤其不要有“考不好将会带来怎样的不利后果”的心理。事实上，越是有此类想法，发挥就会越差，就越有可能名落孙山。而专心，使人能够全身心地投入到面试中并能有最佳的发挥。在面试时若能全身心投入，其效果必然甚佳。

（四）要有匠心

匠心，就是运筹帷幄，按照逻辑关系科学地安排好回答问题的顺序，先易后难、先大后小、先主后次、先概括后展开，或先抽象后具体地回答问题，详略得当。为了不使回答问题过于简单，还要有必要的恰到好处的肢体语言，包括手势和面部表情。当然，在整个面试过程之中，应该始终面带微笑，示以友好、自信和善良，一张笑脸往往就是一个通向成功之路的通行证。

上述“四心”缺一不可。信心是细心、专心和匠心的前提和基础；匠心、专心和细心是信心的体现。有了信心才可能有匠心、专心和细心。

二、面试的基本礼仪

面试时，在与他人交谈中，要表现出自己在聚精会神地倾听。使对方感到自己的谈话被人关注和理解后，才能愉快专心地听取你的谈话，并产生好感。一般表示关注的手势：双手交合放在嘴前，或把手指搁在耳下；或双手交叉，身体前倾。同时，注意了以下基本礼仪和技巧，才能达到事半功倍，增强面试的有效性。

（一）提前到场以示诚意

一旦和用人单位约好面试时间后，一定要提前 5~10 分钟到达面试地点，以表示诚意，给对方以信任感，同时要调整自己的心态，做一些简单的仪表准备，以免仓促上阵，手忙脚乱。为此，要牢记面试的时间地点，有条件者最好提前去一趟，以免因一时找不到地点或途中延误而迟到。

（二）面试时不要紧张

进门时，应先敲门，得到允许再进去。开关门的动作要轻，以从容、自然为好。见面时，先向招聘者主动打招呼、问好致意，称呼应当得体。在用人单位没有请你坐下时，切勿急于落座。用人单位请你坐下时，应道声“谢谢”。坐下后保持良好体态，切忌大大咧咧，左顾右盼，满不在乎，以免引起反感。离去时应询问“还有什么要问的吗”，得到允许后应微笑起立，道谢并说“再见”。

（三）对问题要逐一回答

对方介绍情况时，要认真聆听。为表示已听懂并感兴趣，可在适当时点头或适当提问、答话。回答时，口齿要清晰，声音要适度，答话要简练。不要打断用人单位的问话或抢问、抢答；否则会给人急躁、鲁莽、不礼貌的印象。问话完毕，听不懂时可要求重复。当不能回答某一问题时，应如实告诉用人单位。对重复的问题要有耐心，不要表现出不耐烦。

（四）应保持文雅大方

在整个面试过程中，要保持举止文雅大方，谈吐谦虚谨慎，态度积极热情。如果用人单位有两位以上主试人时，回答谁的问题，目光就应注视谁，并应适时地环顾其他主试人，以表示对他们的尊重。谈话时，眼睛要适时注意对方，不要东张西望，显得漫不经心，也不要眼皮低望，显得缺乏自信，激动地与用人单位争辩某个问题也是不明智的举动，冷静地保持不卑不亢的风度是有益的。有的用人单位专门提一些无理的问题试探你的反应，如果处理不好，容易乱了分寸，降低面试效果。

三、语言技巧与细节

面试场上的语言表达艺术，标志着被试者成熟程度和综合素养。对求职应试者来说，掌握语言表达的技巧无疑是重要的。

（一）口齿清晰，语言流利，文雅大方

交谈时要注意发音准确，吐字清晰。还要注意控制说话的速度，以免磕磕绊绊，影响语言的流畅。为增添语言的魅力，应注意修辞美妙，忌用口头禅，更不能有不文明的语言。

（二）语气平和，语调恰当，音量适中

要注意语言、语调、语气的正确运用。打招呼时，宜用上扬语调，加重语气并带拖音，以引起对方的注意。自我介绍时，最好多用平缓的陈述语气，不宜使用感叹语或祈使句。声音过大令人厌烦，声音过小则难以听清。音量的大小要依面试现场情况而定。两人面谈相距较近时声音不宜过大，群体面试场地开阔时声音不宜过小，以听者听清为原则。

（三）语言含蓄，机智灵动，幽默风趣

说话时，除表达清晰外，适当的时候可以插进幽默语言，创造轻松愉快的气氛，也会展示自己的优越气质和从容风度。尤其是当遇到难以回答的问题时，机智幽默的语言会显示自己的聪明智慧，有助于化险为夷，而给人以良好的印象。

（四）注意反应，转移话题，调整言语

面试不同于演讲，而更接近于一般交谈。应随时注意听者的反应。比如，听者心不在焉，可能表示他对这段话没兴趣，就得设法转移话题；如若侧耳倾听，可能说明因音量过小使对方难于听清；皱眉、摆头可能表示自己言语有不当处。根据对方的反应，需适时调整自己的语言、语调、语气、音量及陈述内容。

四、回答问题的技巧

（一）把握重点，简洁明了

条理清楚，有理有据。一般情况下，回答问题应结论在先，议论在后，先将自己的中心意思表达清晰，然后再做叙述和论证。否则，长篇大论，会让人不得要领。面试时间有限，神经有些紧张，多余的话太多，如若走题，反而会将主题冲淡或漏掉。

（二）讲清原委，避免抽象

用人单位提问总是想了解一些应试者的具体情况，切不可简单地仅以“是”和“否”作答。针对所提问题的不同，或解释原因，或说明程度。不讲原委，过于抽象的回答，往往不会给主试者留下具体印象。

（三）确认提问内容，忌答非所问

面试中，如果对用人单位提出的问题，一时摸不到边际，以致不知从何答起或难以理解对方问题的含义时，可将问题复述一遍，并先谈自己对这一问题的理解，请教对方以确认内容。对不太明确的问题，一定要搞清楚，这样才会有的放矢，不致答非所问。

（四）有自己见解，有个人特色

用人单位有时接待应试者若干名，相同的问题问若干遍，类似的回答也要听若干遍。因此，用人单位会有乏味、枯燥之感。只有具有独特的个人见解和个性特色的回答，才会引起对方的兴趣和注意。

五、需要注意的细节

在面试程中，一定要注意细节。说话时每句话应该强调哪个词，举手讲解中手应该举多高，在台上与评委交流时的眼神运用，在舞台上的站姿，应该怎么站才既优雅又自然，这些都是指导教师关注的细节。“做好细节，才能赢得成功”。

除讲解之外，还应在普通话和英语发声、沟通方式、才艺技巧、礼仪与形体等技能上做重点训练。在强化培训过程中，针对他们的不同特点，不同风格进行有针对性、一对一的辅导，并多次组织预演，力求精益求精。

六、应防止的“小动作”

面试，特别是求职的面试应避免或防止一些“小动作”，以免影响形象，导致求职失败。

（一）手

双手总是不安稳，忙个不停，做些玩弄领带、挖鼻、抚弄头发、掰关节的动作。

（二）脚

神经质般地不停地晃动、前伸、翘起，不仅人为地制造紧张气氛，而且显得心不在焉，相当不礼貌。

（三）背

哈着腰，弓着背，似一个“刘罗锅”，主考者如何对你有信心？

（四）眼

或惊慌失措，或躲躲闪闪，该正视时却目光游移不定，给人缺乏自信或者隐藏不可告人秘密的印象，极易使主考者产生反感。另外，如果死盯着主考者又难免给人一种压迫感，招致主考者不满。

（五）脸

因面试时，一张活泼动人的脸很重要。或呆滞死板，或冷漠无生气，如此“僵尸”般的表情怎么能打动人？

（六）手足无措

动作手足无措，慌里慌张，明显缺乏自信；反应迟钝，不知所措，不仅会自贬身价，而且主考者也会将你看“扁”。

以上几个方面的小动作，属于不文明、或举止或气质方面的欠缺，需尽量避免。同时，还应正确对待面试中的失误和失败。切不可因此而灰心丧气。要记住，一时失误不等于面试失败，重要的是要战胜自己，不要轻易地放弃机会。即使一次面试没有成功，也要分析具体原因，总结经验和吸取教训，以新的姿态迎接下一次的面试。

如何进行试卷评析

考试后，有经验的教师不仅认真阅卷，给每个考生评出客观的分数或等级，而且能够注意及时进行试卷分析和讲评，以进一步巩固学生的学习成绩，激发学生的学习热情。

一、评析的目的

为筛选与修改试题提供依据，提高试卷质量，使考试逐渐实现科学化；为改进和提高教学质量提供信息，促进教学目标的实现。

二、评析的作用

考试过程可分为五个阶段：出好试题→组织考试→评阅试卷→试卷分析→考后讲评。其中试卷分析与讲评是考试过程不可缺少的组成部分。试卷评析的作用是：及时肯定学生的进步及所取得的成绩，并就学生答卷中反映出来的问题，如知识掌握的缺陷、答题的思维偏差、推导中的错误及其产生的原因等进行分析，并指出今后努力方向；对教师来说，可总结教学上的成败与得失，提出改进措施。

从心理学角度看，试卷评析可进一步激发学生学习的积极性。考试不是目的，而是一种手段。借助考试这种手段，使学生在规定的时间内尽可能地把自己的真实水平反映到试卷上。考试后，绝大多数学生对自己的得分十分关心，但不同程度学生的心理却有很大差异。教师此时若能及时把握学生的不同心理，利用考试结果的反馈作用趁热打铁，认真评析，便可进一步激发他们的学习积极性。

三、评析的大类

客观存在的一切事物无不是质和量的统一体。因而，对所分析的对象，不仅应有定性分析，而且应有定量分析。定性分析常是定量分析的基础，定量分析则是定性分析的精华。定性分析——就是根据认识的经验，确定分析对象是否具有某种性质或某一现象变化过程和变化因素，是侧重于对象质的方面的分析评价；定量分析——就是对事物属性进行数量上的分析，从而判断事物的性质和变化。前者，是指对试卷做出基本评价；后者，是通过对试卷的成绩，考试的效度、信度、难度及区分度等数据的计算和分析来反映考试质量。前者，是对存在问题的性质分析；后者，是对成绩分布情况的统计分析。

四、评析的形式

按试卷性质分，有单元测验的试卷分析，期中、期末考试的试卷分析，地区统考的试卷分析。

按师生活动分，有以教师评析为主，以学生自评为主，师生交叉或共同评析。

按试卷顺序分，有按试题顺序逐题分析，对重点试题进行分析，按知识系统归纳分析。

五、评析的内容

期中、期末考试后，都应认真进行试卷分析——定性分析与定量分析。要着重分析错误产生的原因、试卷本身的难易程度等。试题多具代表性、灵活性、综合性，其分析的内容应注重以下几方面。

（一）分析方式

1. 定性分析方面　①分析学生掌握知识及能力的状况；②分析教学是否达到了大纲要求，对教学重点是否进行了主要考核；③具体分析试题有无错误，试题类型选择是否适宜，试题叙述是否正确、清晰，试题印刷是否清楚、准确；④用统计的方法，找出学生在学习中存在的普遍性问题及教学中的薄弱环节。

2. 定量分析方面　①考试的效度——通过考试检查教学是否达到了课程标准的要求，以此来分析考试的有效程度。②考试的信度——分析考试结果是否可靠、稳定。③考试的难度——检查各试题的难度及试卷的平均难度是否合适，分析考试的平均分数及分数的分布形态是否符合要求。④考试的区分度——分析试题是否能将学生按其实际程度区分开来，即分数能否拉开档次。⑤试题的数量——检查试题的数量与所规定的考试时间是否适应。在限定的时间内应有 90% 的学生答完所有试题或所有学生都能答完全部试题的 90% 以上。

（二）分析目的

1. 对试题质量的分析　分析试题的范围、要求和难度，考试内容中新、旧知识的比例，基本题、综合题的比例；分析每一教学单元的内容在试题分配中是否占有相应的比例，考试时间和分数分配是否合理等。据此，进一步分析试题是否符合课程标准要求和学生实际、考试的有效性和可信度如何、对指导学生学习方向产生的影响等。

2. 成绩的统计与分析　对考试成绩进行量和质的分析。除从总体上统计考生的总分、平均分数和各分数段（满分、中数、不及格）的分布率外，还应逐题统计正误率。对错误率高的试题要进行原因分析，也可画出考试成绩分布曲线图及主次因素排列图进行分析。

3. 试卷存在问题分析　主要是对普遍性和典型性错误及其原因进行分析。当发现学生学习成绩分布不理想时，应从试题的难度、评分标准方面找原因。分析存在问题也可借助因果分析图来进行。

4. 提出今后改进措施　针对学生试卷中存在的错误及产生的原因，提出改进教学、提高质量的措施。试卷分析一般应写成文字材料，作为教学档案，连同试卷一起归档保存。

六、评析的步骤

首先，公布本次考试成绩、各分数段人数、班级平均成绩，表扬成绩优秀者和进步幅度较大者及有独特见解者。其次，对试题的优劣做出适当评价。严格说来，对试题的评价应在对试卷进行抽样统计分析的基础上，计算出信度、效度、难度、区分度。再次，对试题中不严密的地方甚至缺乏科学性之处，更要讲清说透。最后，对学生答题成败优劣进行分析，这是试卷评析中的“重头戏”。

七、评析的要求

阅卷评分后，既要及时把试卷发还给学生本人，让其自我查阅，查进步、查漏洞、找错误、找原因；又要进行试卷评析与考试总结，向学生讲评好的思路、典型错误及共性问题，分析出现错误与问题的原因；讲解审题和剖题方法，训练解题技巧和思路；注意前后联系，纵横对比，引申扩展，总结规律。教师的分析、讲解、评价是对学生学习的一次再指导。若能抓住学生的“兴奋点”和“关注点”，可使之记忆深刻。评析要有事实、有数据、有观点，得出合乎逻辑的结论；找出教学中的薄弱环节及存在问题，提出改进措施。并注意以下问题：①切忌反馈过慢——考试后，如拖上一段时间再进行评析，因学生对试题已淡忘，考试引起的兴奋状态已变为抑制状态，再重新激发起其学习热情就困难得多，其效果也不佳。②切忌就题论题——有经验的教师在评析时，既讲知识，更把着眼点放在解题思路和技巧上，以使学生举一反三，触类旁通。③切忌责备过多——对学生要多鼓励、多表扬、多疏导，其效果比多责备、多批评、多限制要好得多。若评析后，学生死气沉沉、闷闷不乐，无疑是一次失败的评析。因此，教师应慎用或禁用“不及格”一词，如若学生的成绩确实没有通过，学生在得知自己“不及格”之后，会遭受打击，从而对学习失去兴趣。因而，当学生未通过考试时，不要说他“不及格”，应换一个概念如“推迟成功”，使之感到一次考试不通过，只不过是“推迟成功”。④切忌教师唱“独角戏”——在试卷评析时，如果只是教师讲，即使讲得头头是道，也不易激发学生的热情。若由师生共同进行评析，则一句设问、点拨、鼓励的话或善意的批评都能使学生在心灵上产生共鸣。如果先让学生分析和讨论考试的体会、产生错误的原因以及对教师的要求和建议等则能反映出许多在卷面上发现不了的问题。然后，教师再进行归纳、分类、概括、评析。这样既能调动学生学习积极性，又能全面掌握其思想和学习情况，还会收到意想不到的效果。

通过对考试的有效性、可靠性、可比性、实用性之评析，可比较清楚地了解学生掌握知识和形成技能与能力的各种情况，从而总结教学中的经验和不足，进而促进教学的改革与发展。

第六章　实验与演示

强化理论教育，拓展实践平台。实践教学是相对于理论教学的总称。包括实验、实习或实训、设计、工程测绘、社会调查等形式。实验，是根据一定目的，运用必要手段，在人为控制条件下，观察研究事物的实践活动。实验教学，是学生在教师指导下，使用一定的设备、仪器、材料，就某些特定问题进行观察、测量、数据处理与分析得出或验证其结论的教学活动，是利用设备和器材，引起实验对象的变化，通过观察、测定和分析，获得知识与发展能力的实践过程。它是实践性教学环节的重要组成部分，是教学过程中培养学生实验技能、优化能力结构的主要环节。其目的既着重于验证书本知识，更着重于培养学生正确使用仪器设备进行测验、调整、分析、综合和设计实验方案，编写实验报告等能力。旨在使学生获得较完全的知识，学会运用所学知识、理论解决实际问题，培养学生运用实验方法，观察、了解各种运动现象，研究、探索其运动规律的技能。实验，既可帮助学生形成概念，理解、验证和巩固有关基础理论、技术理论和专业理论，促进知识向技能的迁移，也能培养学生的观察能力、分析能力、动手能力、实验能力和探索能力。在理工科高等学校和职业技术院校的基础课和专业课中广泛应用。实验分为实验室实验和自然实验。前者，是学生在教师指导下使用仪器、设备和材料，通过控制条件的操作过程，引起实验对象的某些变化，从中获取新知、验证理论、提高能力的教学方法；后者，是在自然现场的一定条件下进行教学的方法。实验，一般在实验室、实验农场或生物实验园及其他实验场所进行，有的也可在教室里进行。实验教学，按其目的与作用，可由学生做，也可由教师做。前者称为学生实验，后者称为演示实验。实验前，教师需编写实验指导书，并在课前发给学生预习；实验中发现问题，加强个别指导；结束后，认真评阅实验报告，作为成绩考核的主要依据。实验所遵循的是从实践到理论再到实践的认识规律，它是自然规律在教学上真实反映的一个缩影或某一客观现实在某种程度上的再现。

实验，区别于试验。实验是为了解决文化、政治、经济及社会、自然问题，而在其对应的科学研究中用来检验某种新的假说、假设、原理、理论或验证某种已存在的假说、假设、原理、理论而进行的明确、具体、可操作、有数据、有算法、有责任的技术操作行为。通常实验要预设“实验目的”“实验环境”，进行“实验操作”，最终以“实验报告”的形式发表“实验结果”。而试验则是对未知事物，或对别人已知的某种事物而在自己未知时，为了解它的性能或者结果而进行的试探性操作。

演示，是利用实验或实物、图表把事物的过程显示出来，让人有所认识或理解的行为方式。演示，常与说明、谈话或讲解配合使用。根据演示材料的不同，可分为：实物演示（含标本、模型及其他仿制品）、图片演示（照片、图画、图表、设计图纸）、电化演示（电视、幻灯、录像、电影、视频）和实验演示、模拟演示等。演示教学，是教师利用实物、教具、仪器等向学生进行展示性、示范性的表演或操作，或通过现代教学手段使学生获取知识的教学方法，是通过展示实物或教具进行示范性实验，向学生介绍技术功能、工作过程或加工程序等较难理解的教学内容之教学方法，是进行直观教学让学生获得感性认识的重要手段，是使抽象、复杂的教学内容变得直观、易于理解的方式，是启迪学生思维、培养观察能力的重要途径，是教学中常用的不可或缺的教学手段。演示教学对提高学生的学习兴趣，发展他们的观察能力和抽象思维能力均有重要作用。它主要用于了解学习难点和表明问题解决的途径。适合采用演示教学的内容，多具有关系复杂、不宜直观、不能被直接感受或体会的特点。在演示教学中教师的主要任务是：①传授必要的预备知识，唤醒学生对某一问题的求知欲望；②利用实物、仪器、教具和教育技术进行演示；③通过解释、引导、启发或说明，吸引、指导和控制学生的感觉和认识过程。

实验教学的类型

实验教学，既是一种认识活动，又是一种实践活动；是学生在教师指导下，利用仪器、设备和材料，通过亲自操作，对事物或现象的某些变化进行观察、分析和研究，以获得直接知识的一种实践性教学形式，其主要目的是培养学生的动手操作能力、观察思考能力、实验设计能力、分析问题能力、研究探索和创新能力等。与理论教学相比，学生具有更大的独立性、自主性和探索性。通过实验教学可增强学生的直接知识，使其掌握实验技能；促进理论联系实际，发展学生智能；培养某些心理品质，提高基本素质。在实验教学内容上，应适当减少演示性、验证性和认识性实验，因它虽然锻炼了学生的感性认识能力，但很难发挥学生的创新性和创造性。因此，应增加工艺性、设计性和综合性实验，逐步形成基本实验能力与操作技能、专业技术应用能力与专业技能、综合实践能力与综合技能有机结合的实验教学体系。为加强实验教学，应明确实验教学的类型及其作用。

一、验证性实验

除学习理论知识前奠定学习基础的实验外，还有学习理论知识后的验证性实验，这是实验教学的基本类型，也是理论联系实际的一种体现。

（一）演示实验

演示实验，是教师在教学中所做的表演性或示范性实验。在演示中，指导学生观察现象，进行思考，获得理性认识。它在教学过程的不同阶段所起的作用不同，在引入新课、巩固新知、阐述概念、验证理论或导出定律时，都可安排不同的演示实验。

（二）随堂实验

随堂实验，又称边讲解边实验。当教学中需要通过实验来认识某一物质的性质、结构及其变化，或形成某一新的概念，或理解实验原理时，教师一边进行讲解，一边指导学生做相应的实验。它与演示实验不同之处是学生能亲手进行实验，因而能更深入地理解和巩固所学知识。

（三）分组实验

分组实验，是学生在教师指导下，在实验室里利用半节课或整节课的时间，分成若干个小组进行实验的教学形式。它往往是在一章或一个单元结束后进行，旨在让学生通过“实践”，验证理性认识，进一步巩固和加深已获知识。

二、观察性实验

观察性实验，是实验教学的基本组成部分。通过对研究对象的位置、分布、状态、结构、运动、性能、特征等进行细致、周密、系统、反复的观察，可寻求研究对象的特有规律，从而认识事物的本质。所以，它可使学生形成良好的观察习惯，注意观察实验现象的各个细节，培养学生的注意力、观察力、思考能力、辨别能力和想象能力。

三、操作性实验

操作性实验，是培养学生根据实验研究目的正确选取、应用仪器和设备的教学形式。操作性实验可使学生在学会各类参数的测试方法的同时，能正确、熟练地使用、检验最基本的实验仪器、设备，能独立安装、调试必要的仪器、设备，能分析和排除所用仪器、设备的一般故障，能维修一般仪器，制作简单设备。它可培养学生的动手能力，提高操作技能。

四、分析性实验

分析性实验，是训练学生对实验现象和实验结果进行定性分析和定量分析的教学形式。要求学生注意观察实验现象的变化规律、认真记录实验数据与结果，在实验后运用专业理论知识，对实验现象和实验结果进行数据处理、误差分析、归纳综合、推理判断，可提高学生处理数据、分析问题和解决问题的能力。

五、设计性实验

设计性实验，是在教师引导下，由学生自行设计的实验。即让学生根据实验目的和要求，通过查阅文献资料进行实验设计（包括确定方案、安排步骤、选择流程、提出设备、编制实验数据处理程序和方法）并独立操作，直至完成全部实验，处理实验结果，写出实验报告。它可培养学生的思维能力、设计能力、独立工作能力和创新能力。

六、综合性实验

综合性实验，是指一些蕴含多方面知识、多学科内容、多因素要求的复杂程度较高的教学实验。它要求学生综合运用多门课程和多种实验技能，并发掘所学的知识，设计方案，实施实验，进行论证，写出报告。它可培养学生的概括、归纳和综合运用多种知识的能力。

七、研究性实验

研究性实验，是指带有探索性的实验。它虽不是职业技术院校学生的重点实验，但职业技术院校的学生，特别是中等专业学校和高等职业院校的学生也应具有从事研究的基本能力。因而，必要的研究性实验仍是不可缺少的。学生可通过参加科研项目、社会调查及毕业设计等活动，进行研究性实验。验证性实验与之相比，前者倾向于从特殊到一般，后者侧重于从一般到特殊；前者倾向于求实，后者偏重于探新。它可培养学生的开拓意识、探索精神与创造能力，为科学研究打下初步基础。

八、考核性实验

考核性实验，是指依据实验内容和学科特点对学生实验操作技能及实验效果的考核和测评。其成绩，依据不同权重在实验多个环节上体现。主要考核依据有：实验报告、实验操作技能水平、实验过程中是否有违章事故、设计和综合实验的创新性、开放实验中的表现和实验结果等；有些实验还需配合试卷进行综合评定。

实验教学的优点，在于学生通过实验、亲自观察在实验对象实验条件下的变化过程，可获得直接的感性认识，验证理论知识，培养独立的实验能力、严谨的科学态度和求实的创新精神。另外，按照目的不同实验还可分为：①定性实验——用以判定某些因素是否存在，某些因素间有无联系；②定量实验——用以测出某对象的数值，或求出对象与因素间的数量关系；③析因实验——用以寻求主要原因或因素的实验；④模拟实验——用以模拟某项工作或某学科的自然环境或自然演变过程；⑤模型实验——根据观察、设想某对象的大致轮廓，从而提出或制作一个模型，它在某些方面又反映了对象的特征。总之，实验可从不同的角度分类，不论怎样分类都是为教学与研究的方便和需要，各种分类只具有相对意义，而不能把它们截然分开。

实验教学的原则

所谓实验教学原则，就是在实验教学过程中必须遵循的基本要求和进行实验的指导准则。实验教学是根据实验教学的特点、规律和教学目标制定出来的，是实验教学规律和教学目标的具体体现和直接反映，是实验教学质量和安全实施的保障。

一、科学性原则

科学性，既指要依据“面向现代化，面向世界，面向未来”和专业培养目标的要求，来确定实验教学体系和实验教学内容，让学生掌握基本实验技能，提高实验能力；也指实验教学的组织安排要符合由浅入深、循序渐进和“实践→认识→再实践→再认识”的认识规律。实验教学的方式方法要适合学生心理特征和实验教学特点。

二、思想性原则

思想性，既指在实验教学过程中，教师对学生进行热爱实验教育和及时对表现好差者予以表扬或批评，同时进行热爱集体、热爱祖国、振兴中华的思想品德教育，也指通过实验教学让学生学习辩证唯物主义观点，树立艰苦奋斗的精神，养成实事求是、一丝不苟的严谨作风。

三、先进性原则

先进性，既指给学生提供当前所拥有的仪器设备，紧跟实验技术的进展，及时购进最新、最先进的仪器、设备，使实验的测试手段处于先进水平，并使学生通过实验掌握先进仪器设备使用的技能和学习现代实验技术的知识，又指实验教学要适应现代化教学的要求，不断更新实验内容；也指采用现代化仪器设备，改革或更新陈旧落后的实验手段，让学生掌握和设计先进的实验方法，以培养学生先进的实验思想、实验知识和实验能力。

四、直观性原则

直观性，既指实验项目要保持实验原理易于理解和实验方法的可视性，也指要保持实验过程的透明度，使实验现象易于观察，实验原理便于掌握，使实验内容和过程一目了然。

五、系统性原则

系统性，即指实验教学要依据内在逻辑系统确定教学的内容、方式和方法。由于科学技术的快速发展，实验手段的现代化，实验理论、实验技术、实验方法已逐步形成一门新的学科，所以实验教学也有其本身固有的规律和自身的完整性、独立性和系统性；也指随着教学改革的不断深入，不少学校提出了建立实验教学体系，重视各学科、各阶段实验训练的相互衔接，防止脱节和重复，借以改革那种把实验课分散在各门课程中，单纯依附于理论教学的局面。

六、“三主性”原则

要取得高质量的实验教学效果，主要取决于学生的参与程度。吸引学生兴趣的关键点是将“实验”转化为“试验”，将注入式教学改为师生互动的讨论式教学，增强学生学习的积极性与主动性，调动学生的实验兴趣和培养他们的参与意识。也可称为“三主性”原则，即：在实验教学过程中，教师要充分发挥主导作用，主要表现在根据教学计划制定实验教学大纲和确定实验课题等方面；实验操作要体现学生的主体地位，即在教师指导下主要依靠学生的自身实践去完成；实验教学展示应以训练为主线，即实验教学不但不同于演示教学，而且有别于理论教学，必须以训练学生直接操作为主，并贯穿于实验教学的全过程。

七、“少而精”原则

少而精，是指在实验教学过程中，正确处理数量与质量的关系。亦即在既定的有限实验学时内，要做到：恰当精选实验内容、确定实验数量、控制实验项目、保证实验质量；并注意选择具有先进性、典型性和代表性的实验课题。不盲目追求实验项目的数量，要在有限学时内，采取有效方法，使学生把实验知识和实验技能学到手。

八、联系实际原则

联系实际，既指要求学生能在理论上弄清有关原理，并运用这些原理去指导实验操作，以顺利、有条不紊地进行实验，不至于陷入盲目动手的境地；也指能对在实验中所观察到的现象，从理论上做出正确的分析和解释。所以，在实验教学中要注意培养学生理论联系实际的能力。坚持引领，入脑入心；坚持实践，知行合一；营造氛围，落细落实。

九、因材施教原则

因材施教，是指在实验教学中承认学生心理特征、知识水平、动手能力等方面的差异性。对此，既不能用同一种方法进行指导，也不能实行同一要求，必须区别对待，以使每个学生各得其所、各有所获。因此，可根据实验内容的难易程度划分为高、中、初三个层次，把实验项目分为固定式、菜谱式、开放式，或必修、指定选修和任意选修三种类型。必修实验项目为基本的实验内容，是全体学生都必须掌握的；指定选修实验项目为基本要求的加宽内容，要求绝大多数学生必须掌握；任意选修实验项目为较高或较深的实验内容及难度较大的实验方法，只要求少数优秀学生掌握。在保证大多数学生达到基本培养目标的前提下，要注意培养优等生，一是多给予指点，二是实验室开放，三是为他们任意选修实验、进行专题研究创造必要的条件。

十、循序渐进原则

循序渐进，是指在实验教学过程中，要按照学生的认知规律和智力发展规律确定实验教学内容、方式、方法，连贯、渐进地引导学生掌握实验技术和技能。实验教学的组织实施要有层次性、阶段性、连续性。如按时间的先后，可将实验教学分为三个阶段。

第一阶段，先从简单实验开始，使学生掌握仪器的使用方法，熟悉基本操作和基本实验方法，培养学生观察实验现象、整理数据的能力。

第二阶段，除完成某些基本实验外，适当增加设计性实验。教师给定实验题目，学生在教师指导下查阅有关资料，设计实验方案，确定实验步骤，选择、调试仪器设备，自己动手做实验，以此培养学生综合实验能力。

第三阶段，可让学生自选实验课题，自拟实验方案，并自行实施；或让学生结合毕业设计进行实验，以进一步提高学生综合实验能力，使其受到科学研究方法的初步训练。

实验教学，应按照“实验技术先进、实验方法标准、仪器设备适用”的原则，在实验项目设置、仪器设备配置、实验方法等方面，及时根据国家与行业相关技术标准的变化，进行调整与更新。尽可能紧密联系工程实际，依托信息技术，更新改造实验设备和技术，反映现代科学技术的发展趋势。同时，采用多种类型实验并举，又以综合性、设计性和开放性实验为重点，促进学生综合素质的提高和注重学生创新能力的培养。依据课程和学科特点，在某些实验指导过程中，配合可视化的影音材料供学生参考，增强教学效果。在教师指导下，采取集中讲解和个别指导相结合，建立以教师为主导、学生为中心和学生自我训练为主线的实验原则。

实验教学的准备

实验教学与理论教学的准备有所不同，要求教师既能掌握相关的理论知识，又能把理论应用于实践，并用实验来验证、巩固和发展理论；同时，需要相应的仪器、设备、材料，并需注意安全。因此，实验教学的准备较一般理论教学的准备要求更高，也更复杂。为保证和提高实验教学质量，在实验大纲的统一性、实验教材的系统性、实验内容的针对性和实验计划的明确性之基础上，必须充分做好如下各项准备。

一、准备教学文件

单独设课的实验教学要准备或编制实验教学大纲，明确实验目的、任务、要求、内容（项目）、时间分配、教学方式及成绩评定标准等。附属于理论课的实验教学，应根据课程标准的要求选择或编写实验讲义及实验指导书，其主要内容包括：实验目的、实验内容、实验原理、实验步骤、操作方法、注意事项及对实验报告的要求等。实验指导书，不宜过于详尽，否则学生只需“照方取药”就可完成任务，达不到培养其实验技能和独立工作能力的目的。编写实验指导书是为了增强学生实验的目的性、计划性，保持学生实验的有序性，减少盲目性、出错率。此外，还应准备好有关仪器与设备的使用说明书、参考手册、图册、计量标准等。

二、明确实验目的

在实验教学备课时应明确：为了更好地说明某个问题、讲清某个概念、验证某个原理、分析某个事项、研究某个规律，应选择哪个实验才更恰当、更贴切，要联系哪些理论，要学生熟悉、掌握哪些实验装置和操作技能，在实验作风和道德品质上，应对学生进行哪些教育、训练和养成。

三、钻研实验内容

教师要根据实验教学的目的和要求，结合具体实验项目钻研实验内容，对有关原理务必透彻理解，不能只看看课本和参考书，或只做一遍实验就完事大吉。否则，就不能及时、正确、深刻地解释实验过程中出现的各种现象（特别是意外现象），同时也不能针对实验教学中的关键问题进行有效指导。因此，教师必须透彻地掌握实验内容，钻研有关理论，进行必要计算，并反复加以验证。

四、课前进行试做

教师课前试做的目的是为胸有成竹，防止不测事故发生及考虑对复杂实验如何选取教学方案，对简单实验如何丰富内容。同时，清楚了解仪器的性能、构造，熟练运用仪器、设备，牢固掌握操作技术、技巧，以便更主动、有效地指导学生。为此，在实验课之前，教师必须先行试做。这样既可对实验仪器了如指掌，又能全面检查实验准备情况；既可恰当安排实验程序，又可准确估计实验各阶段及全程所需时间。

五、做好组织准备

每次实验教学之前，教师均需详尽考虑组织和实验内容的安排。比如，合理的编组可确保每个学生都有动手机会，又便于教师个别指导。编组时可根据实验目的、性质，使“优等生”与“优等生”结合，或使“优等生”与“后进生”匹配，也可根据学生实际情况，在实验前或实验中培养“小先生”，或互教互学。同时，还应考虑怎样指导学生进行操作，怎样合理安排时间……以使整个实验教学组织得当，指导及时和进行有序。

六、备好实验用品

“工欲善其事，必先利其器”。实验教学所用的各种工具、仪器、设备、材料、药品和其他物品，都必须事先准备齐全，并使之处于准确、完好状态。为此，每次上课前均需仔细检查所用的仪器、设备、材料，安装好所需软件，调试好仪器等，以保证实验效果和操作安全。

七、编写实验教案

教师要改变“只有理论教学需要教案，实验教学不需教案”的错误观念。从某种意义上讲，实验教学比理论教学的备课更复杂，更需花费时间，更需付出精力。因这种备课不是在书房，而是要走出斋门；不仅是理论知识，而且要联系实际；不仅是文字资料，而且有仪器设备，还有意外情况和安全因素。只有拟订出具有应变功能的指导方案，才能做到临阵不乱，应付自如。

八、指导学生预习

对学生实验前的准备工作也不可忽视。指导学生课前应认真阅读实验指导书，了解实验内容，明确实验目的，弄懂实验原理。强化学生在实验前的准备——主要是预习，是上好实验课的前提和关键。由于时间所限，在实验进程中，教师没有也不可能用过多的时间去进行详细讲解。所以，在实验前除教师进行必要的讲解外，更重要的是学生要认真预习，包括认识和熟悉仪器性能、仪表装置，建立初步感性知识，阅读实验指导书，并掌握与实验有关的理论知识，明确实验目的和要求，了解实验步骤和操作方法等。又因学生往往面对内容较多的实验指导书不知如何看起，或只是背记实验目的以应付教师提问，因而预习应在教师指导下进行。教师对学生预习的内容、方法及要求，应针对实验教学所要达到的不同目的进行设计，其框架方案如下表所示。

类型	验证性实验	综合性实验	设计性实验
预习内容	仪器、仪表的性能、使用方法及注意事项	原理、内容、步骤、方法及注意事项	设计方案，自选仪器；自拟实验内容、步骤方法及注意事项
预习方法	学生到实验室进行预习	学生以阅读教材和实验讲义为主	到图书馆或阅览室查找资料
预习要求	写出预习报告	写出预习报告	写出设计报告

概言之，应注意：①教师事前做好充分准备，进行先行实验，对实验的仪器、设备、材料等要仔细检查，以保证实验的效果和安全，并做好生理和心理准备，如适当休息，以保持旺盛的精力，全身心地投入，才可在指导中手疾眼快、动作敏捷，一旦发现问题能迅速处理；②在学生实验开始前，对实验的目的和要求、依据的原理、仪器设备安装的使用方法、操作过程等等，通过讲授或谈话作出充分说明，必要时进行示范，以增强学生实验的自觉性；③在实验过程中，教师要巡视指导，及时发现和纠正出现的问题，促使学生巩固理论知识、锻炼动手能力、学习操作技能，培养学生的协作精神和严谨态度，培养学生发现问题、解决问题的能力及未来行业与从业的实际能力，故而要加强师生互动，给学生更多的发言权，鼓励他们大胆提出问题、发表各自见解；④实验结束后，需组织学生对实验过程、内容、方法和结果等进行现场讨论，教师适当提出问题，引导学生主动思考，培养学生对实验过程和结果的分析能力。同时，由教师或师生进行小结，并由学生写出实验报告。

实验过程的指导

实验，是在教师的指导下，让学生使用一定的仪器、设备和材料，进行独立操作，通过控制条件的操作过程，引起实验对象的某些变化，从观察这些现象的变化中获取新知识、新技能或验证规律、理论的方式。在某些理工学科的教学中，实验是一种极为重要的实践方式。这种实验教学是随着近代自然科学的发展而兴起的，并随着现代科学技术和实验手段的飞跃发展，发挥越来越大的作用。通过实验教学，可使学生获得比较完全的知识，又能培养他们的独立探索能力、实验操作能力和科学研究兴趣。实验，是通过观察的变化而获取知识与技能的方法。实验教学的成功在于教师的得当指导和学生独立实践的妥善配合。只有教师指导好，学生才能实践好；只有学生实践好，才能达到预期效果。教师的指导，一般分为如下三个阶段。

一、课始讲解

实验开始前，教师应做必要的讲解，并应做到重点突出、内容扼要、语言精练、板书简明。讲解时间不宜过长，通常要控制在 15 分钟以内，以便留出更多时间让学生动手操作。

（一）讲解内容

1. 实验目的和要求　使学生带着问题进行实验，以充分调动其自觉性和积极性。

2. 实验依据和原理　使学生知其然，也知其所以然。

3. 实验仪器和设备　使学生知晓其性能与构造，掌握其安装、调试及使用方法。

4. 实验内容和方法　即实验内容、方法及操作步骤。

5. 实验过程的安全　实验中应特别注意的问题，如防止事故发生，保证人身、设备安全等。

教师应注意针对实验类型和学生预习情况，有选择地讲解实验目的和要求、重点和难点，以避免因讲解时间过长、内容过多而导致减少学生实验操作时间，或使学生抓不住要领，影响动脑分析问题。为了培养学生各种实验技能，讲解的不应是实验的具体步骤或具体操作方法，而应告之怎样根据实验目的和要求去设计实验方案，怎样去选择仪器、元件，怎样获取和处理有用数据。

（二）讲解方式

1. 直观性讲解　利用教具、仪器和设备进行讲解，使学生易于听懂、易于理解。一般适用于实验难度较大，或初次上某一类型实验，或只靠口述使学生难以理解的实验课题。这种将口述式讲解变成表演式解说，由于改变了那种呆板的讲解方式，既能吸引学生的注意力，又能提高学生的理解力、观察力和记忆力，还能做到有的放矢，提高实验效果。

2. 示范性讲解　教师的示范操作和讲解，可增强学生实验的自觉性，克服盲目性。无论边实验边讲解，还是先示范后讲解或先讲解后示范，都是使学生先行掌握实验所需的必要知识。

3. 启发式讲解　当学生进入实验室后，教师应尽可能地使用各种启发式讲解来引起学生兴趣，调动他们的积极性。比如：采用提问方式，把实验前要讲的内容分作几个问题提出来，或设问学生认为本次实验的难点是什么，根据学生回答的情况，再做“画龙点睛”的补充和指正。这样，一是有利于培养学生阅读实验讲义能力、语言表达能力和逻辑思维能力；二是可引起学生对实验的重视，同时也可及时发现他们在预习实验时存在的问题；三是可充分了解学生，特别是优等生对本次实验掌握的程度，进而帮助他们发挥其专长，激发其潜能。

二、课中指导

在学生实验开始前，对实验的目的和要求、依据的原理、仪器设备安装使用的方法、实验的操作过程等，通过教师讲授或谈话作出充分说明，必要时进行示范。在学生进行实验操作过程中，教师要进行巡视，及时发现问题和纠正出现的问题，随时给予必要的指导，并进行科学态度和方法的教育。指导的方法可归纳为如下几类。

（一）演示示范法

先由学生集中或分组观察教师的操作示范，再让他们自行实验，目的是培养学生规范的操作技能。例如，在培养学生正确接线，合理放置仪器、工具及测取数据时，宜采用这种方法；学生初上实验课也宜使用这种方法。

（二）逐步引导法

按照实验的步骤和程序，首先教师讲做一步，学生跟做一步，教师再讲做一步，学生再跟做一步……逐步完成实验的全部内容。然后变换条件或要求，让学生用相同的方法和步骤重做。

（三）跟随指导法

在教师巡查学生分组实验时，除解答学生提出的问题外，还应注意随时发现各组学生出现的错误，及时给予纠正和指导。若发现普遍性问题，可暂停实验，集中分析、指点；若发现是个别学生或个别问题，可进行个别指导。

（四）启发指导法

从培养学生独立操作能力的目标出发，对其操作中出现的问题，不宜直接帮助解决，更不宜包办代替，而应尽量启发学生自己分析问题症结及产生的原因，找到妥善解决的办法。

（五）讲评指导法

教师对“优秀”生的操作情况或实验技能技巧，既要给予肯定、表扬，也可评定操作分数。这样，既可使学生受到鼓励，又可使别人得到启示。

三、课后小结

在实验结束时，除学生要写出实验报告外，还应由师生或教师利用较短的时间做实验小结。其内容一般包括以下几个方面：①各组完成实验的情况及成功率；②本次实验取得的主要收获；③实验中出现的问题及今后的防止办法；④实验中学生的态度、纪律及出勤情况；⑤学生在实验中的独到之处及“闪光点”。教师不仅要在课上给学生做出实验小结，还要在课后认真做好记录，以利于总结经验教训，不断提高实验教学的质量。

综上所述，在几乎所有实验教学过程中，均包含实验前、实验中和实验后三个阶段，皆需结合教师的讲解或指导、启发，设置让学生进行思考、提出问题与参与讨论的环节。然而，在此过程中，应避免教师过细过多讲授，使学生形成被动的接受；只有如此，才能避免影响实验教学效果。

演示实验的原则　类型　技能

演示实验，是新实验或新操作开始时教师为学生所做的操作示范，起着引路作用。演示实验，是教师演示实验过程，展示相关现象，引导学生观察、思考、分析实验现象，得出结论。也可由学生来台上演示，其他学生在台下自己进行，演示内容不仅包括教材规定要演示的，还应包括教师根据教学需要自行设计的演示内容及实验标本、投影片等演示。演示实验，在实践教学与理论教学中所处地位及功能有所不同。在实践教学中，演示实验是重要组成部分，对教师的专业能力要求较高，如教师必须把复杂的专业问题进行直观化处理和显示，而教学内容或模型不能存在任何错误；在理论教学中，演示实验是课堂教学中最常用的教学辅助手段。正确、合理地使用演示实验可以显著提高教学效率。

一、演示实验的意义

演示实验，是教学的重要手段，是课堂教学的有机组成部分；是教师进行表演操作的实验，给学生以生动鲜明而又深刻的感受。在此基础上，再经分析、综合、抽象、概括等思维加工过程，使学生直接有效地获得知识。它可化抽象为具体，化枯燥为生动，使学生在获得生动感性认识的基础上，更好地理解和掌握其概念和规律。能为学生实验的正确操作起示范作用，常常达到事半功倍之效。所以，演示的内容选择、构思设计、演示过程等对学生掌握知识、培养能力和学习科学方法均有重要意义。

（一）演示实验在教学过程中具有重要的作用

1. *可激发学生学习兴趣*　集中学生注意力，明确将要解决的问题，调动学生的学习积极性；学生的特点就是好奇心强与兴趣广泛。“兴趣是最好的老师”，有兴趣，学习起来就有劲头、肯钻研。

2. *便于教学内容的讲解*　演示实验的形象、直观，能快速切入主题，并可揭露事物的来龙去脉，引发学生思考，是为学生认识与建立某些概念和规律、理解和掌握某些知识不可缺少的环节，帮助学生形成正确的概念、理解物质变化的本质和规律。

3. *培养学生的多种能力*　主要是培养学生的观察能力、分析综合能力、记忆综合能力和逻辑思维能力以及提升实验技能等。

4. *培养学生的实验技能*　通过教师的示范操作，教会学生正确使用仪器、材料和进行实验操作的方法。

5. *启迪学生的解题思路*　在学生解答习题时，根据需要将其设计成演示实验，可启迪学生的解题思路和方法。

6. *严肃认真的科学态度*　教师严谨的科学实验作风对学生能起到“言传身教”作用，能启发和影响学生严格要求自己，形成严肃认真的科学态度和实验习惯。

由上述可见，演示实验同时具有直观性、示范性、启发性和教育性。它在各类实验中处于主导地位，在教学中的作用是任何其他类实验所无法替代的。

（二）演示实验可充分发挥学生主体作用

教师可把具有普遍性且易于操作、效果明显的演示实验改由学生操作，这样更可增加结论的真实性、普遍性，并能培养学生的动手能力和细心观察能力，且能调动他们参与的积极性。

（三）巧妙设计演示以培养学生思维能力

发展思维能力，是培养学生能力的核心和关键。思维源于问题或质疑。由于演示的生动、鲜明、新奇，能使学生处于“观察→兴趣→疑问→思维”的积极有序状态，使注意和思维达到高度集中与活跃，要善于抓住此时机引导他们分析、推理、判断、概括，将感性知识上升为理性知识，从而提升认识能力，养成良好的思维习惯。遵守如下做法：①巧妙设计实验——在实验中层层诱导，调动学生主动性；②组织学生磋商——学生讨论分析，提出可能的结论；③改为探索实验——尽可能将验证性实验改为探索性试验，让学生从中发现问题，积极思考，提升分析和解决问题的能力。

实践证明，演示实验能以其独特的魅力激发起学生的求知欲，唤起新奇感，引导学生从实际观察过渡到建立概念，理解原理，培养思维能力，不仅可保障演示实验的成功，而且使演示实验收到良好效果。

（四）可解决实验器材不足的现实问题

只需一套装置就能满足全班学生观察需要，在教学中的目标明确，能较清晰地传授教学内容。演示实验能很好地配合讲授或课堂讨论，对提高教学质量具有重要作用。

二、演示实验的原则

（一）目的性

实验现象是认识真知的向导。所以教师在做演示实验时，要考虑怎样引导学生观察和分析实验现象，以达到预定的教学目的。

（二）准确性

为了使演示实验达到应有的效果，教师要精心准备每一个演示实验，并在实验中准确操作，这样才能使学生获得鲜明、准确的直观认识。

（三）示范性

在实验中，教师的一举一动都对学生有很大的影响。教师在演示实验中的每一步，对学生来说都是一个示范操作过程。所以教师操作时必须讲究实验规范，切不可随便行事。

（四）明显性

演示实验既然是做给学生看的，就必须使实验现象明显，使每个学生看清实验现象，所以教师要尽量采用较大规格的仪器和较多量试剂完成实验，有颜色变化、沉淀产生或消失的实验可用白纸或黑纸衬托。

（五）了然性

演示过程和结果，应使学生一目了然。即避免大段文字，那样会使学生觉得很累，而没有办法集中精神看下去。

（六）视觉性

演示是实验式教学中最常用的直观手段，其主要特点之一在于视觉性。在教学中，必须注重如何通过演示实验使概念、原理、规律的引入。比如所配图片一定要与所表达的文字相互联系。

（七）现代性

随着现代电子信息技术的加速发展，大多演示实验皆配备多媒体设备，实行多媒体教学，演示实验课程中的讲授部分也多采用多媒体教学。即通过精心制作和合理使用图文并茂的多媒体课件和视频录像，增强演示实验讲解的直观性、扩大了信息量，使学生更好地理解演示实验原理，掌握仪器操作。

三、演示实验的类型

从演示实验的目的看，可把演示实验分成传授新知识的演示实验、验证或巩固所学知识的演示实验、指导性演示实验和探究型演示实验四种类型。

（一）传授新知识的演示实验

这是以让学生获取新知识为目的而进行的演示实验，通常是边讲解边演示。从逻辑上看，这往往是一个由特殊到一般的学习过程。教师在演示实验时，先讲述演示实验原理、条件和注意事项；当学生观察到演示实验现象后，教师再通过语言启发学生对所观察到的现象进行解释，引导学生得出正确的结论。使用传授新知识的演示实验进行教学时，应注意以下几点。

1. 在演示实验开始时　学生未必掌握有关实验的理论知识，在没有理论的指导下，学生观察实验时往往会忽略掉最关键的内容。因此，教师要有意识地引导学生注意实验的条件、环节和主要结果（亦即告诉学生观察什么、如何去观察），使学生能看懂实验，准确地观察实验的现象和结果。这是演示实验的感性阶段。

2. 在演示实验结束后　教师不要急于做出结论，应通过讲解或指点启发学生做出结论，以培养学生的思维能力，促进他们对知识的消化理解，并加强对所学知识的巩固。

3. 对特殊或个别结论　要注意把实验中所得出的特殊（或个别）的结论推广到一般（或同类的其他对象）中去，使学生类推并掌握带有规律性的知识。

4. 要记录实验的结论　应要求学生用文字或图表把实验结论记录下来，或结合指导学生把教材中有关内容做上记号或摘录下来以巩固知识。

（二）验证或巩固所学知识的演示实验

这是以验证或巩固已学过的知识为目的而进行的演示实验，通常是在讲授完新知识后进行的实验。从逻辑上看，这是一个由一般到特殊的学习过程。教师讲课时，先通过新旧知识的联系与对比，结合使用各种直观教具讲授新知识，待学生初步掌握这些知识后，再进行有关的演示实验以验证和巩固所学过的知识。使用这种演示实验法进行教学时，应注意以下几点。

1. 演示实验之前　因学生对有关内容已有初步印象，所以教师在演示时，要引导学生运用已初步掌握的知识来观察实验的过程及现象，同时应该强调操作过程中的关键步骤，即有目的、有针对性地观察。

2. 演示实验之中　在演示实验过程中，教师要启发学生积极思考。

3. 演示实验结束　教师要敦促学生用学过的知识来解释实验现象和结果。

（三）指导性演示实验

这是指以指导学生进行正确实验、实习等实践活动为目的而进行的演示实验。例如，在学生上分组实验课时，为使学生能正确而迅速地进行实验操作和观察，避免在实验方法或使用实验仪器和试剂方面出现大错误，教师一般都要先进行部分实验的演示，应注意讲清操作要领。

（四）探索型演示实验

探索型教学的模式是以“问题→实验→原理→结论”的程序进行的。探索型实验教学的过程，同科学研究过程在认知规律和逻辑思维上具有共同性。这种教学模式，无疑对发展学生的能力特别是思维能力培养学生的科学研究素质具有重要意义。因此，演示实验的教学应该以探索型实验教学模式为主。并注意以下原则。①实验操作的规范性——即演示过程中，教师的操作要合乎规程，做到准确、规范，使学生在观看教师的演示后能了解正确的实验操作方法。②实验结果的准确性——在演示前，教师应做认真充分准备，选择效果最佳、结果最佳的实验方案，要以严肃、认真、实事求是的科学态度，使实验达到准确的预期结果。③实验过程的全局性——演示过程中，教师既要认真实验，又要讲清实验的原理和步骤；既要组织学生观察实验现象和结果，又要启发学生积极思维，使学生观察与思考同步进行，紧密结合，达到启智养能的目的。

四、演示教学的种类

在教学中，一般有以下几种演示教学。

（一）实物演示

在生物教学过程中，有些实物材料不易得到或数量少，一般由教师进行示范演示，在课桌间巡回演示，边演示边讲解。这样，使学生能够具体感知所讲授对象的有关构造和性能，以获得知识和巩固知识。此过程能激发学生的好奇心和求知欲，使学生在轻松的氛围中自主学习，有利于提高学生的观察能力和分析问题的能力。

（二）图片演示

图片，是生物等学科课堂教学中最基本的教具。图片演示教学，是指在课堂上采用一系列的相关图片进行生物构造及特点讲解的教学方法。演示挂图，能帮助学生认识生物体的外部形态、内部构造，认识生物与生物之间、生物与环境之间的关系。教师在展示挂图时，首先要对挂图做一简短概括说明，如挂图和实物的比例、纵切还是横切等。然后，要边讲解边在图中指出相应的结构，这对提高学生的认知能力、理解能力和巩固知识有很大帮助。教师也可以在黑板上绘出简图，或拿出已绘好的图、幻灯图片加以讲解，帮助学生理解知识。

（三）视频演示

视频演示，是指在课堂中插入相关视频，让学生在观看视频中学习相关知识。在演示过程中，教师还可适时穿插富有启发性的设问、讲解，引导学生观察，启发学生思考。通过这种方法获得新知识远比教师平铺直叙讲课的效果要好得多。利用视频演示，既使学生能获取大量的信息，还能有效提升其观察能力、分析问题和归纳问题的能力。

（四）实验演示

实验演示，是指教师在课前、课上或课后进行的演示实验。教师要引导学生观察实验的详细过程、实验现象，并不断利用讲解和谈话的方式组织学生进行科学观察。例如：在讲解“淀粉遇碘液变蓝”时可将碘液滴在米饭或馒头碎屑上，让学生观察颜色的变化。这样感性直观的演示更有利于学生的记忆。通过观察实验，让学生亲身感受，了解变化现象，印象深刻，效果极佳。

（五）模型演示

模型，课堂教学中常用的教具。它能把实物放大或缩小，为学生建立立体概念，还能反映模型整体或局部的运动原理。利用模型教学时，应向学生指出它和实物的比例及颜色是实差别等。

五、演示实验的进行

实验的准备工作可带领学生一起进行，这种“手脑双全”的实践过程既能培养学生的实验能力和创造能力，还可培养他们不怕吃苦、勇于探索和合作互助的精神。

（一）需做精心选择，欲达预期效果

教材中每个演示实验皆有一个明确的目标，如说明同一概念或规律的演示实验可以有好几个，但教师不必一一演示，而要根据教材要求及设备条件精心选择。

（二）注重学生参与，提高学生兴趣

演示实验是教师利用课堂时间为学生演示，在操作的同时又引导学生对实验进行观察、思考和分析的一种实验教学方式。传统的课堂演示实验通常是教师演示，学生观看，但多数学生根本看不清，特别是坐在后边的学生，不同程度地限制和阻碍了学生智能和潜能的发展。因此，在演示实验教学过程中，应积极引导学生观察、猜想、分析、归纳总结，让学生积极参与实验操作，使之充分了解实验内容，提高兴趣，加深印象和巩固记忆。

（三）进行实验分析，以达最佳效果

实验时教师可先做演示，再做分析，并在学生获得感性知识的基础上进行理论分析，往往能取得比较满意的效果。

（四）注重实验过程，启发学生思维

教师应设计富有启发性的问题，在关键时刻提问学生，使其边观察、边思考，边分析，以达到培养学生思维的目的。通过一系列的边演示边启发，师生共同讨论，既活跃课堂气氛，又能较好地使学生掌握和理解相关知识点和技能。

六、演示技能的使用

（一）实物、模型演示

在教学过程中，使用演示实物、模型的目的是使学生充分感知教学内容所反映的主要事物，了解其形态和结构的基本特征，获得对有关事物直接的感性认识。为使学生观察更有效，教师在恰当使用演示技能的同时，还要用简洁语言适时引导和启发学生思维，使其更好掌握所观察内容。具体说要注意以下问题。

1. 材料的演示与语言讲解恰当结合　教师把实物、模型等展示给学生之后，不做讲解只让学生自己观察的做法是不足取的。同样，在学生观察时，教师滔滔不绝地进行详尽讲解，不给学生留下思考的余地，也是不可取的。讲解应与演示有机结合，与学生的思维有机结合，这样才能体现演示的教学艺术。

2. 实物的演示与其他演示手段恰当结合　实物和模型所表现的现象，有时在结构上界线不清，影响学生清晰而准确地感知。为深化学生的直观感觉，加深对所学知识的理解，凡是外部结构界线不清的，内部结构和生理过程难于观察的，都应配合挂图、黑板画、幻灯、投影、电视录像等演示手段，从而引导学生深入观察。

3. 模型的演示要做必要的说明　一般可按标本的演示方法进行。但有时它的大小比例及表示颜色等与实物有所不同，必须向学生交代清楚。

4. 进行必要的重复演示和观察　在教授新的教学内容后，学生已获得了一定的知识，必要时可再次演示，以便起到验证、巩固、检查，已获得的知识的作用。

（二）挂图演示

挂图是教学中最早使用的一种辅助手段。它既制作简单，且使用灵活方便，不受地点的限制。挂图包括两类：一是正规的印刷挂图，二是教师自制的简略图、设计图、结构图、分类图、表格图和像形图等。挂图是教学中最常用的直观教具，在演示时注意以下问题。

1. 演示要及时、准时　挂图不能在课前就展示给学生，以免分散注意力。上课前应把挂图背面朝外挂在挂图架上或黑板上，需要时再挂在明显的位置让学生观察，使用完毕再把它翻过去或取下来放回原处。这样，学生就不至于被挂图分散注意力，观察时也会有一种新鲜感。

2. 挂图、文字要结合　在演示过程中，一方面要进行必要的讲解，另一方面还需板书，使语言、图像、文字密切结合，发挥多种符号的作用，帮助学生理解。为使这三者配合得既恰当又自然，应注意缩短挂图与板书间距离，在图的旁边对应图中各部分的位置写板书。演示挂图时不需板书，总结时再进行板书，使板书起到归纳总结的作用，做到讲解、演示、板书有主有从，同时也充分发挥语言和挂图有机结合的作用。

3. 略图、辅助图配合主图　挂图的大小是有限的，尤其图形比较复杂时，不管多大的挂图都难免有个别细小的部分，不易被学生看清楚。例如，挂地图，坐在最后排和左右两侧的某些学生是不易看清楚的。如果在挂图上没有局部放大内容时，教师就应再在黑板上画一些略图，或使用辅助挂图，把局部放大，帮助学生配合主图看清一些重要而细小的部分。

总之，在具体的教学过程中，可根据学科性质、教学内容和学生对象的不同，而选取适当演示实验的教学方式。

演示实验的教学艺术

演示，是指教师通过展示或操作仪器、教具、实物等，进行示范性操作或实验，或通过现代化教学手段把所教内容之形态、结构、特点和性质或发展变化过程展示出来，使学生获取知识和技能的教学方法。教学实践告诉我们，抽象、空洞的讲授，即使讲得再详细，如果没有鲜明直观令人信服的演示实验，学生也不会得到深刻的理解，形成具体的印象。所以，一个只需几分钟做完的简单实验，绝不可用长篇大论的口头讲述来代替，尤其像物理、化学、电工、电子、计算机、力学、机械等理工课程，更需做好必要的演示实验。因为它不仅使学生对本课程建立起浓厚的学习兴趣，产生学习的积极性，而且能将正确使用仪器、仪表的技能技巧示范给学生，为学生自己动手实验奠定良好的基础，还能激发学生借助直观的形象进行广泛的联想，从而开拓丰富的形象思维，发展深刻的抽象思维。因此，必须把演示实验作为提高教学质量的重要教学手段予以重视和加强，并切实注意以下几点。

一、演示实验的直观性

演示的直观性，有助于解决专业术语脱离具体事物、抽象概念脱离具体形象、理论脱离感知等矛盾。鲜明生动的形象，容易吸引学生注意，激发学习热情，促进知识的理解和巩固。演示实验的目的是让学生观察、感知，所以教师应将演示实验过程中所发生的现象让每个学生都看得清清楚楚。为此，一切妨碍学生观察的障碍物都应移开，以免妨碍学生的观察和分散其注意力。对于一些细微部分，为使远处学生看得清，可借助投影放大设备或电视录像将其分解成几个片段或环节，用慢镜头放映。另外，还要考虑到视力较差学生的观察效果，采取必要措施。

二、演示实验的简便性

演示实验所用的仪器和装置应力求简单、携带方便、运用简便。众所周知，有许多先前出现在科学研究室的实验，后来都逐渐变成简单的演示实验，而丝毫没有歪曲或降低原实验的所得结果。所以，课堂演示实验不能一味追求“高、大、全”，应根据教学要求、演示条件，尽量施行简而明的演示实验。当然，这里说的简便性，不是不顾科学性的简单化。比如，在电子技术中对一些精密设备的调试，如果放着一些现成的工具不用，而用手去拧就不可取。

三、演示实验的可靠性

演示实验的可靠性，是指教师演示的每一个实验都应力求成功。否则，教师威信将会降低，即使以后的演示实验再成功，学生也难免持有怀疑心理。若演示经常失败，就会使学生的怀疑心理发展为不感兴趣。故实验须保证其可靠性。为此，教师须认真准备，包括拟订演示方案、确定演示步骤、熟悉演示方法、选用演示器材，并在此基础上预演一遍。上课前，再次检查演示设备、仪器的完好性、可靠性，以确保演示成功。但偶尔的失败也是难免的，遇此，教师应注意：一是不能“行骗”，有人怕演示实验失败，事先采取一些不正当措施，这绝对不允许；二是对问题不能似是而非地解释，有的经过很大努力仍未成功时还说“是否是这样”这种似是而非、模棱两可的语言也是不允许的；三是在演示实验暂时失败时，正确的态度和方法是当着学生面查找失败的原因，及时排除故障，然后向学生说明失败原因；四是比较困难、复杂的实验，可事先告诉学生：在某种情况下或由于某种原因可能不成功，应持实事求是的态度。

四、伴随讲解的必要性

演示法常配合讲授法、解释法一起使用，对激发学生的学习兴趣，丰富感性知识，形成明确概念，发展观察能力和抽象思维能力及培养辩证唯物主义观点等具有重要作用。所以，在演示实验过程中，应伴随必要的讲解，边演示边讲解，或演示与讲解相间进行，不能只顾演示而不讲解。因为：一是单凭感观不能保证学生获得正确的认识，有的学生在观察中，可能没把注意力放在事物或现象的本质特征上；二是不能过高地估计学生能力，不能以为他们一看就懂、一学就会；三是视觉和听觉同时运用可获得最佳效果。实践表明，要使演示实验获得最佳效果，除保证直观性、可靠性之外，应伴以最优的讲解，即在演示的各个环节中附以有声有色有节奏的必要说明。如演示开始前，应向学生讲清演示的目的、观察的重点、应得的结论，并提醒大家注意，宣布演示开始；在进行每一步时，应向学生讲解正在做什么，应注意观察什么；当演示实验的主要特征与本质现象出现时，应提醒学生精力集中、细致观察；演示结束，应向学生解释实验中观察到的本质现象与验证结论的一致性。这样，就如同在可见、可感的事物与抽象认识之间架起一座桥梁。

五、演示解说的一致性

教师的示范动作要与语言讲授一致，步骤有条不紊，速度快慢适当，动作准确协调，突出关键动作，指明操作要领，以使学生具体、形象、直观地感受到演示内容，加深理解，增强记忆。演示本身不是目的而是手段，是使学生形成生动表象并借以形成概念，促进抽象思维的发展。同时要求：①符合教学的需要和学生的实际，有明确的目的；②使学生都能清晰地感知到演示的对象、过程与变化；③引导学生把注意力集中于观察对象的主要特征、主要方面；④重视演示的适时性、指向的准确性和操作的正确性；⑤结合演示进行讲解，使演示的事物和理论知识的学习密切结合；⑥演示与讲解和启发思考结合起来，进行有针对性的启发；⑦指导学生分析现象的实质，使感性知识与理性知识结合起来；⑧引导学生对演示的现象、过程、结果进行分析，启示学生进行比较、综合、抽象、概括等思维活动，以掌握事物的本质和规律。

六、演示实验的启发性

对演示实验的具体指导可采用“认知理解、融会贯通、深入探索”三步启发式。①认知理解——让学生在演示实验起始阶段认识与理解实验原理、基本技术、基本方法及可能出现的结果；②融会贯通——在取得验证基本数据的基础上，理解相关专业知识、科学信息及实验过程隐含的规律，并理解揭示这些现象基本方法的科学性、合理性与有效性；③深入探索——针对已有的实验过程与结果，引导、鼓励学生进一步思考，从更广阔领域对相关知识进行质疑，并围绕所提出问题的内涵，设计进一步实验方案，深入、系统实施，以有效激发学生的争辩意识与创新能力。

七、演示实验的规范性

演示实验，是为学生提供一个视觉形象和模仿依据。所以，演示和示范应留给学生深刻的第一印象，使之此后独立操作时能积极仿效。即教师示范对学生实验操作的态度及严谨科学学风的形成，均具潜移默化的作用。故须注意：①操作规范，准确无误，动作大方，协调得当；②演示与教材内容一致，创新实验要加以说明；③注意演示的可视性，演示快慢适中，解说简明，语气和蔼；④保护演示台（桌）的整洁，避免“脏、乱、差”的不良现象，使学生失去观察模仿的兴趣。总之，示范与演示须到位。使学生通过“看”示范、“听”讲解、“做”练习，加深对示范与演示内容的记忆和理解。

八、演示实验的成效性

实验功能的体现在于获得“正确”的结论或结果，更重要的是使学生经历和体验获得结论或结果的探索过程，受到科学过程和学习方法的训练，形成科学的态度、情感和价值观。为此，在教学过程中应增加探索性实验，注重探索的过程。对演示实验更需关注其“过程”，让学生提出问题、分析问题，这些都需教师在课前精心设计。实验的演示不拘于形式，应以学生为中心，多方面多角度增加演示效果。通常，演示都是教师亲自操作。其实，有些实验或演示完全可由学生代替教师上台演示，教师只在关键处、关键时给以点拨、指导和纠正。这样会使台下学生相应产生一种亲切感和愉快感，学习积极性得到充分发挥，课堂气氛也会异常活跃。

演示实验的教学设计

演示实验是加强直观教学，提高学生观察能力、思维能力和实验技能的重要手段。它既可使学生获得丰富的感性材料，加深对事物、现象的印象，又能使学生形成深刻正确的概念，确信所学各种原理、法则的正确性，还可激发学生的学习兴趣，提高他们学习的积极性、主动性和创造性。

一、激趣性演示实验

学习的最好动力，乃是对所学知识内容发生兴趣。在讲序言（绪论）课和单元起始课时，教师做一些以培养兴趣为主要目的的演示实验，对唤起学生的好奇心、求知欲，集中其注意力，激发其想象力不无裨益。设计这类实验时，一是紧紧联系本节课或本单元的教学内容，为实验教学目的服务；二是实验现象要清晰、鲜明、有趣，能使学生立即产生好奇和疑问，使思维活跃，从而较好地导入新课。

二、说明性演示实验

为说明或解释某一理论、原理或规律，常进行演示实验，以增强学生的感知和理解。设计这类实验，既注意简便，使学生易看懂；也配以精练的解说词，边演示边解说或演示与解说相间进行。它主要是教给学生如何验证已学知识与理论，其步骤是：一是简要向学生说明实验目的、观察重点及有关操作注意事项；二是做好演示，让学生全面、准确感知实验现象；三是引导学生分析实验现象，从一般到特殊，从宏观到微观，从现象到本质，从具体到抽象，以形成概念、加深认识、抓住要领、掌握实质。

三、制备性演示实验

这类实验不仅让学生掌握原理，而且要掌握实验装置特点、操作要领和注意事项，强调实验的规范性和安全性，同时注意引导学生研究实验装置的选择。

四、对比性演示实验

在讲述某些理论知识的异同时，宜设计一些对比性演示实验。一般可按“对比实验→设问讨论→得出新知”程序进行，关键是抓住新旧知识的连接点设置寻求异同的讨论题。

五、释疑性演示实验

在实验教学中，特别应针对学生存在的普遍性疑难问题，设计一些释疑性演示实验。一般可采取“问题→讨论→实验→再讨论”程序进行，尽可能让学生发表意见，自得结论。

六、程序性演示实验

对一些复杂的知识理论或实验，可设计程序实验。对此，一般可采取“分步实验→对比讨论→归纳贯穿”的程序，最后积零为整，形成完整、系统的知识。

七、探索性演示实验

根据学生的认识能力，可把一些验证性实验改为探索性实验，既能启迪和激发学生的积极思维，又有利于培养其探索精神。对此，可采取“提出问题→设计方案→实验研究→讨论总结”的程序。

随着科学技术的发展，演示手段和种类日益繁多。根据演示材料的不同，可分为实物演示、图片演示、操作演示、实验演示、电化演示等。以演示内容和要求不同，可分为事物现象的演示和以形象化手段呈现事物内部情况及变化过程的演示等。

实验操作技能的培养

实验教学，既是培养学生验证已学理论知识和提高探索与研究能力的重要方式，也是练习实验技能和增强动手能力的主要途径。如何提高学生的实验操作能力？由于理工科是以实验为主的一门学科，所以决定了实验在理工课中占有很重要位置。培养学生的实验操作能力，不仅教师要明确它的重要性，而且也要让学生知道它的重要意义，只有师生共同努力，才能培养出具有较强实验操作能力的学生，培养出较强社会实践能力的高质学生。通过实验教学，不仅使学生学会使用本学科常用的仪器仪表，也可掌握本专业常用的实验操作方法。实验操作技能，既是实验教学的基本要求，也是完成实验的基本保证。所以，在进行实验教学时，应注意从多方面培养学生的操作技能和职业素质。

一、联系实际讲演结合

教师在进行实验演示时，必须把复杂的操作动作分解成若干简单的操作动作，缓慢地做给学生看；同时，联系生产实际或日常生活中的事例进行讲解。当演示到关键处时，要停下来讲清“为何这样操作”，以使学生获得较深刻的印象，掌握其中的要领，形成正确的概念，在自己动手时不会发生大问题。教师在示范时不仅要教会学生正确操作要领、操作姿势和操作方法，同时还要使学生把某些被分解的动作逐步连接起来，培养、锻炼学生动作的速度和准确度，打好技能的基础。

二、循序渐进由易到难

实验的安排，应尽量先易后难，先简后繁。从系统性来讲，前面实验技能是后面的基础，后面实验技能是前面的发展和提高。这样，由浅入深、循序渐进地对学生进行训练，便于学生对实验操作技能的记忆、巩固和熟练。

三、讲解示范从严要求

在实验操作教学中，既要通过教师示范和讲解仪器的使用方法及操作要领，使学生观察规范的操作姿势和方法，又要及时发现、指出并矫正学生操作练习过程中的不正确动作或姿势。其中，对许多复杂实验仪器或设备的操作还必须从小处着眼，抓住每个环节、每个动作，严格把关，以使学生按照要求人人过关、项项过关。

四、创造条件多加参与

培养学生正确熟练地使用仪器、设备和材料的能力，除了发挥教师的主导作用外，还要创造条件，多给学生动手操作的机会和空间。为此，一是在学生分组时应使每组人数越少越好；二是遇到仪器不足时，可分期分批轮流操作；三是适当扩大实验项目，增加学生动手操作的次数和密度；四是利用有关院校和企业的仪器设备，增加学生动手操作的机会；五是边学边实验，是学生亲自操作仪器与设备的活动，是培养学生动手能力的主要渠道；六是改演示为学生实验，多让学生做，既能提高其学习兴趣，调动其积极性，还能培养他们的操作能力；七是对操作简单的演示可改为学生实验，让学生更多地参与教师的演示，使之从中提高操作能力和活跃课堂气氛，并能全面提高学生实验操作能力。另外，在学生参与的过程中，总会把其常犯的操作错误“演示”出来，但要及时给以矫正。

五、独立操作启发思维

在实验教学中，要注意克服统得过死、指导过详等弊端。教师在指导学生实验时，应抓住实验中出现的矛盾，启发学生思考、分析。应尽量放手让学生自己安装、调试实验仪器与设备，出现故障应引导学生自己动手排除、解决。这样，有利于学生实验操作技能的形成与巩固。

六、培养典型互教互学

榜样的力量是很有说服力的，特别是学生中的榜样更是如此。对一些要求既准确又迅速，且难度较大的实验操作，教师一方面要多演示、多指导，另一方面要及时发现学生中对操作技能掌握较好的典型，让他们做表演，供他人仿照；还可让他们去帮助操作能力较差的同学。这种培养典型、树立榜样、互教互学、共同提高的实验教学方法，有利于广大学生较快地掌握操作技能。

七、因材施教加强指导

对不同的学生，应有不同的实验项目、不同的深度要求和不同的指导方法。根据学生各自特点因材施教，进行分类辅导和个别指导，有利于绝大多数学生迅速掌握操作技能。正确地对待学生中的个体差异，采取不同的教学方法，对提高学生的实验操作技能大有益处。尤其是对个别操作技能较差或接受能力较低的学生，则应针对其弱点，多做个别指导，必要时可适当延长实验时间，以使他们较好地完成实验项目与掌握操作技能。

八、激发兴趣寓教于乐

学生学习兴趣的高低，对操作技能的掌握与否有极大影响。为培养学生的实验兴趣，可联系实际，或讲述工厂生产过程中的情况，或组织学生到有关单位参观，或组织操作兴趣小组；或组织操作技能竞赛，比准确，比速度，比协调，比实验结果的正确程度。这些激发兴趣，寓教于乐的方法，对提高学生实验操作技能会大有帮助。

九、反复练习熟能生巧

学生在做实验操作时，往往仅满足于会做，而忽视求精、求巧。要掌握稳定、正确和熟练的操作技能，必须在实验操作中反复练习，而且要有目的性和针对性。对某些重要而复杂且难以掌握的操作技能，应先掌握局部动作，再把数个局部动作交替地反复练习，并使各个局部动作有机地联系起来，然后使之相互协调，逐渐自如，最终达到准确、迅速、完美的程度。

十、注重求异鼓励创新

在实验操作教学中，要注意培养学生的求异思维和创新能力。为此，可在明确实验目的的基础上，鼓励学生独立设计实验方案，正确选择实验仪器，预测观察现象，得出有关结论。具体讲，首先要引导学生弄清课题含义，明确实验目的，启发他们运用已有知识和技能设计实验方案；然后让他们“八仙过海，各显其能”。对此，教师不要轻易裁决，可引导学生从步骤是否简便、操作是否准确、技能是否熟练、结论是否可靠等方面进行比较、分析；最后再让学生去实践，在实践中去探索、去创新。

对学生掌握实验操作技能层次的要求是：懂、熟、精。懂，即懂得仪器设备的性能、用途，使用方法；熟，即熟练地掌握仪器设备的特点、技术指标和要求；精，即对操作中发生的故障能判断在何处、是何因，并能予以处理、解决。对于综合性和创新性实验，强调以学生为主，对于自主设计的创新性实验则采用项目驱动方式——选题、论证、实施、验收等方式进行。在此过程中，教师只对解决问题的思路和可能的途径给予引导与启发，使学生在分析与解决实验问题的过程中提高实践能力。

传统实验教学的弊端

实验教学的目的在于培养学生观察能力、分析能力和动手操作技能及对学生进行科学实验的基本训练。然而，过去的实验教学不仅时数偏少、内容偏简、知识偏旧，而且大都以传授知识、验证理论为主。这种传统实验教学的弊端表现如下。

一、从属理论未成体系

长期以来，实验教学都附属于理论教学，只为理论教学服务，而不是整个教学的一个重要组成部分。由于受“重理论轻实践”与“重知识轻能力”的传统教育思想影响和长期以来形成的从属地位的巨大惯性，实验教学尚未摆脱陈旧的模式，没有自己的独立体系。大部分实验课仍然是作为理论课的一个从属部分，各门课程的实验及各个环节都缺乏明确、具体的要求。

二、设置分散缺乏完善

实验教学仍设置分散，缺少由低到高的系统训练过程。因实验课尚从属于理论课程，划归基础课和各专业课分管，就必然要出现各门实验课相互独立、内容重复及交错、遗漏现象。在方法上违背实验教学体系固有的循序渐进规律，在过程中只注意单项环节的独立性而忽略各环节在能力和技能训练的整体功能。

三、多为验证少有创新

实验教学以验证理论为主，形成了一种验证性的固定模式。从实验内容看，相当多的实验仍然是着眼于一门学科内容的理论验证，很少有设计性、综合性、探索性的内容，影响了对学生实验能力的培养，降低了实验教学的质量。

四、机械模仿照方抓药

实验教学多是“注入式”“包办式”或教师操作学生看的“示范式”。即使让学生动手，也往往是按照教师事先规定的程序，照搬统一而详细的实验指导书，统一操作，最后写出雷同的实验报告。在实验方法上，形成或存在“按按电钮，读读数据，套套公式，算算结果”的模式程序。这种“照方抓药”或“照猫画虎”式的机械模仿，只能让学生充当“记录员”或“观察员”，处于被动而得不到技能技术的训练。

五、设备简陋实验时少

实验教学时数过少，缺乏实验训练的必要时间，且实验设备较差，致使实验教学难以做到由学生独立实验、独立操作，只能采取多人一组的“轮流式”或一人操作多人看的“观摩式”。这种“设备简陋”加之实验较少的状况，很难提高学生的实验技能。

六、各自为政孤军作战

实验教学分散在各门课程和各个环节之中，孤立行事，缺乏纵向与横向的“联系”与“照应”；在教学管理上，各门实验各自为政，显得杂乱无章，对实验环节也缺少严格的监控。这种“各自为政”与“孤军作战”的实验没有形成自身的体系，不利于学生综合能力的培养。

七、未予重视缺乏指导

实验教学缺乏独立的实验大纲，在“重知识轻能力”的传统教育思想影响下，课程标准等指导性文件对培养学生的操作技能和实验能力没有明确要求和具体措施，更没有对实验教学提出单独要求，实验教学没有被摆到应有的位置。

教具的使用艺术

教具是教学时用来讲解说明某事某物的模型、实物、图表和幻灯等的总称。在教学过程中，除经常运用实验加强直观教学外，还经常运用现代化教学手段及使用各种传统的教具。教具的种类很多，小至粉笔、板擦、教鞭、挂图、标本和模型等，大至投影仪、幻灯、电影、录像设备和计算机等电化教具。它们是教学中不可或缺的工具，即使在现代教学活动中，仍需充分发挥传统教具与现代教育技术优势互补而融汇发展的作用。运用教具，可使抽象内容形象化，以增强学生的感知。它有助于学生对知识的理解、巩固和记忆，有助于激发学生的学习兴趣，培养他们的观察力、思维力和想象力。严格地讲，不论是文科、理科还是工科教学都离不开教具。一堂语文课如配以涉及课文情景的挂图、诗文朗诵的录音、片断教学录像片，会使学生感到身临其境；理科的物理、化学等课程，都有大量的演示及学生独立进行的观察、实验，这些活动离开相应的教具根本无法进行；工科课程重在实践，既要观察实物、分析实体，还要进行实习操作，更离不开教具。实践证明，实物教学可起到单纯讲授所起不到的作用。所以运用教具是教学活动不可缺少的组成部分。运用教具除了要注意设计合理、结构简单、材料易得、结实耐用及引起兴趣等一般要求外，还要特别讲究使用艺术。

一、注意充分必要

在教学中要充分且必要地利用教具。然而，有不少教师不注重使用教具，如有的教师在写错了字或画错了图，不是用板擦擦净后再改正，而是用粉笔随意勾画，或顺手一抹；有的教师很少使用挂图、模型，以致使讲解费了许多口舌，学生还很费解；也有的教师“因循守旧”，对现代教具如投影、录像诸设备不习惯使用或不愿使用。出现这些现象，多数属于对教具使用的意义和作用认识不足、重视不够。当然，在强调充分使用教具的同时，也应斟酌其必要性。因使用教具是一种教学手段，而非教学目的。所以，教具应尽量简单，而非“多多益善”，为用而用，形成喧宾夺主或形式主义。选用教具要根据有利于教学的原则，舍其可有可无及毫不相关的多余部分，使其重点突出，一目了然，以产生相得益彰的最佳教学效果。

二、注意规范准确

在教学过程中使用教具，操作要规范，结果要准确。比如：画图须用圆规、直尺，这不仅可使画出的图形清晰、准确，而且对学生来说，还可起到正确使用画图工具及正确画图方法的示范作用；当指示图表、模型、标本的某一部位或动作时，不可草率从事、一挥了之，指示点必须鲜明、准确，以使学生对所讲内容容易理解，正确掌握；对于实物的使用，模型的演示，图表的展示，设备的操作，都要紧密结合教学内容，且准确无误，以使学生在感知的基础上认识事物的本质，形成正确的概念；至于板书的字体、图形都应工整无误、清秀鲜明，不能龙飞凤舞、乱写乱画，更不能出现错字错形。这些具体细小的事情，对能否使学生养成科学严谨的治学态度都有着潜移默化的影响。

三、适应年龄特征

在教学中，不同年龄的学生感受和掌握知识具有不同的层次。使用教具时，应按照学生的认识水平，选取和运用适当的教具。一般来说，年龄小的学生是依靠“形式、声音、色彩和感觉”来进行思维的。因而，在教学中要广泛地使用直观教具，使他们在看得见、听得清、感受到具体形象的过程中进行思维。随着年龄的增长和理解水平的提高，学生的抽象思维和逻辑思维逐渐提升与发展，教具的使用也可随之减少和有目的地深化和转换。

四、注意掌握时机

在教学过程中，使用教具的有利时机：一是在教学进行到某个阶段需演示时，二是在学生思维火花闪光时，三是学生产生悬念、兴趣、渴望求知时。在上述时机，辅以教具的使用效果最佳。例如，当学生急于一睹为快时，展示模型、标本，或打出幻灯片、录像片，会给学生留下深刻印象。有的教师不注意出示教具的时机，上课前就把教具放在教室，使学生围观、触摸，或上课时过早展现出来，都会使学生分散注意力，削弱新鲜感，待到真正需要展示或演示教具时，往往兴趣索然。教具使用完毕，有的还应及时收藏起来，以免分散学生对下一步学习的注意力和兴趣。经验表明，同样的教具使用时机不同，其效果迥异。适时、巧妙地使用教具，能使抽象概念具体化，深奥道理形象化，枯燥知识趣味化，欲解问题及时化。

五、结合语言讲解

教具运用效果如何，往往与教师的语言引导有关。在使用教具过程中，教师配以恰当的语言，可调节学生的感知过程，提高感知的自觉性，集中注意力，有时语言讲解需在演示教具之前，它主要是起说明、提示的作用，如向学生说明演示目的、解释所教内容，或提出一些问题，以诱发学生注意教具的作用；有时语言讲解需在演示教具之后，主要起概括、强化的作用，如引导和启发概括出结论，或提出思考问题；有时语言讲解需与演示教具同时或相间进行，主要是在解释某些部件或现象时，让形象直观及时地向抽象概括方面转化，以使学生获得清晰深刻的概念。

六、多种感官参与

教具不应由教师所独有专用，应把某些教具“转让”给学生，变教具为“学具”。这样更有利于学生充分利用“教具”，使抽象内容直观化、具体化。为此，使用某些教具时，课前可让学生做些准备，课间可组织学生动手演示，并让学生充分地感知演示过程，使学生来得及观察，有时间思考，有机会操作。在演示过程中，让学生眼看、手动、脑想、口讲，通过多种感官获取信息。这样不仅增强了教具的作用，而且有利于调动学生学习积极性、主动性，进而增强掌握和运用知识的能力。

七、讲究美学艺术

使用教具的文雅优美，体现在对教具的选用、放置、操作、爱护及板书的设计、字体的秀丽、图画的整洁、色彩的协调等方面。即要选取设计科学、形象讲究、色彩鲜明的教具；不杂乱堆放教具，使用时要讲求位置角度；配以合理的板书布局，注意色彩搭配；对教具的操作要规范、优美，如对某些轻小教具要二指夹捏，不一把攥握等。这样，不仅可使学生一目了然，而且可使学生赏心悦目，产生美感，留下美好的印象，于无声无息中陶冶学生的情操。

八、用与自制结合

提倡自制教具，既可补充已有教具之不足，以满足教学急需的大量效果明显、演示方便、显效迅速、直观性强的教具的需要，又是对学生进行科学启蒙教育的有效途径。通过自制教具可培养学生思维能力和爱科学、学科学的兴趣。思维能力是培养学生诸能力中起根本作用的要素，而兴趣又是学好知识的向导，师生自制教具可使这两个方面都得到发展。自制教具还是师生共同进行教学研究的一种好形式。对教师来说，可更加深入地钻研教材，熟悉所教内容，亦可提高设计、制作能力，有助于改进教法，提高教学质量；对学生来说，极大地调动他们探索的积极性，促使他们动手与动脑相结合，勤动脑思考问题，多动手去获取知识和技能，激发其聪明才智和创造灵感，有助于专门人才的成长。还可对学生进行勤俭节约、艰苦奋斗和自力更生的教育，同时也丰富了学生的课外科技活动。自制教具一举多得，好处甚多。

总之，充分而合理地使用教具，恰当地配合运用不同教具，不仅在突出重点、突破难点及节省教学语言与缩短教学时间上有明显的作用，而且可调动学生的多种感官参与教学活动，促进学生头脑多方位“开放”，以利于在单位时间里接收更多的信息，形成多角度的立体思维。同时会使学生从鲜明生动的形象中获得深刻的印象，通过理论联系实际引起学生的注意和兴趣，提高学生的观察、思维和动手能力。

第七章　实习与操作

实习，顾名思义是在实践中学习，是实践教学的主要方式之一，是培养学生工程意识和实践能力、实现专业培养目标的重要实践性教学环节，是经过几年学习之后，或当技术基础理论或某专业课程学习告一段落时，需了解自己所学如何在实践中应用的组成部分，是学生以学习和工作相结合的形式作为从学校走向就业的过渡环节。实习几乎存在于所有领域，但从行业划分来说，主要包括教学实习、临床实习和工、农、商等实业方面的实习；从现实情况来说，主要指工、农、商与服务（第三产业）等实业领域在生产、管理和服务等方面的实习。实习，是指学生有目的、有计划进行手脑并用的学习活动，是学生到企事业或其他组织进行实践的一个过程，是学生以工人或技术员、管理员等身份直接参与生产或相关工作的过程，是专业知识与生产实际相结合的教学形式，是技术或专业理论的验证、巩固和运用之有效途径；是学生在教师的组织和指导下，从事一定的实践工作或生产操作，借以掌握一定的技术、技能或综合运用知识于实践的教学方式。实习教学，是指围绕完成一定实务作业的一种教学方式，是工科院校和职业技术院校最基本的一种实践性教学形式。由于培养目标、专业（或工种）性质不同，实习内容要求和方式等多种多样，有教学实习、生产实习、临床实习等等。虽因专业性质、特点不同而有不同的内容和方式，但都是结合实际进行，有的到工厂、农场或其他现场进行实践，有的到野外进行测量或勘探。至于实习教学的分类、要求和做法，视学校类别、培养目标和业务范围不同而异。比如 1950~1990 年代中期，中专与技校的实习差别很大，名称不一；同是生产实习，其内涵有别。工科高校和中专学校，一般把实习分为：认识实习、生产实习（专业实习）和毕业实习。技工学校和中专学校的金工实习，一般分为：基本技能训练、生产实习教学。1990 年代后期，除高等院校仍沿用“实习”一词外，在职业技术教育领域“实训”一词出现后开始替代“实习”一词。但两者并不完全等同，在工科职业技术院校的“参观实习”则不能被“实训”涵盖。至今，实训只在职业技术院校教育和培训教育领域中才有此称谓。

实训，即“实习”加“培训”，是实际训练的简称，是在职业院校控制状态下，按照人才培养规律与目标对学生进行职业技术应用能力训练的教学过程。是职业技术院校对学生进行动手能力实际训练的教学活动（用真实项目做实际的训练）。与实习不同的是实训只是去实践、不是工作，是对已学理论、事实的检验，主要用于加深对知识技能的理解和认识及对动手或实践能力的提升。实训也有多种：从时空上分，有校内实训和校外实训，包括教学实训和生产性实训；从形式上分，有技能鉴定达标实训和岗位素质达标实训，含通用技能实训和专项技能实训；从内容上分，有动手操作技能实训和心智技能实训，含综合素质要求（跨岗位能力）实训。实训的目的是全面提高学生的职业素质，最终达到就业顺利、企业用人满意的目的。对学生来说，通过实训，既可增加实践经验，又能降低就业的成本和风险，并可增加就业的机会。

操作，是对设备、器具按照一定的程序和技术要求的肢体劳动，是实习教学尤其是工、农、医等专业实习教学中的核心部分，也是脑力劳动与体力劳动相结合的具体体现。其质量高低，主要取决于操作者技能形成的优劣。技能，按其本身的性质和特点可分为动作技能和心智技能。当然，两者不能截然分开，它们有一定的联系。不同工种和岗位，由于作业方式不同，所需技能结构不同；同一工种，不同职业等级者，因其技能项目和应达技能水准不同，其技能结构也不同。心智技能与动作技能有时相对独立，平分秋色；有时又分主次，比例不一；有时则互相渗透，难解难分。技能的高度熟练，称技巧，显现动作非常迅速、精确、流利和娴熟，其精高性、准确性和灵活性都达出神入化之境界，甚观察不出动作过程中一些次要程序或步骤。

实习教学的特点

实习，是指把学到的理论知识拿到实际工作中去应用和检验，以锻炼工作能力。实习，是整个教学过程的重要组成部分，越来越多地引起各有关方面的重视。实习教学，是实现高等教育和职业技术教育人才培养目标的重要途径和手段。实习教学，需通过身体实践活动承受适量负荷，促进身体机能、器官的发展，并掌握其相关知识与技能；与此同时，心理承受力得到锻炼，强化吃苦耐劳的精神，磨炼意志品质，真实体验成与败、苦与乐的心理感受。实习教学与理论教学，既有相同之处，也有不同之点。因而，不同层次、不同性质的学校，其实习教学也各具特点。

一、目的的复合性

目的的复合性，是指实习教学的教学目标并非只具有单一性。实习教学是集知识、技能、多种能力以及意志品质等一体的教学形式，担负着培养学生综合运用所学理论知识和实践技能去解决工作中实际问题的能力，是培养学生全面掌握生产基础知识和基本操作技能技巧，养成文明生产，安全生产的良好习惯；养成理论联系实际的学风，引导学生运用技术理论知识指导实践活动，并在实践中巩固和提高理论知识水平，培养懂理论、会操作、手脑并用的各种复合型人才。

二、锻炼的全面性

实习教学，不仅重视对学生如何做人、做事、求知和劳动等一般能力的培养，而且关注学生操作技能、职业能力和创业能力的培养，使之具有扎实的职业知识和过硬的职业技能，具有较强的综合职业能力和应变能力，同时注重职业道德的培养，使之具有与社会发展相适应的价值观念、行为模式和健全人格、与人交往和协作的能力。

三、方式的开放性

实习教学的开放性体现在三个方面。一是面向专业开放。专业的理论教学和实习教学有着密切联系，往往是通过专业理论知识来指导实习教学，而实习教学又验证和扩展专业理论知识，因而二者是相互开放的。二是面向同行开放。实习教学因各专业特点不同，无统一、规范的教学大纲可循，所以不同学校同一专业的教师应相互切磋、不断交流、共同探讨和完善实践教学的方法、管理及评价体系。三是面向行业和社会开放。实习教学的成果最终要服务于社会，接受社会的检验与评判，故需关注行业与社会的需求，使实习教学的目标、方法和评定标准能与社会需求、行业标准接轨。

四、学生的主体性

在实习教学中，学生的主体性表现十分突出。教师既不宜发表长篇大论，也不能越俎代庖，而应让学生自觉、积极学习，既主动模仿、练习，也积极思考，充分体现学生主体性、自主性；教师只处于启示、指点、提醒、咨询等辅助地位。主体的实习活动是学生职业素质形成和发展的必由之路，是实习教学的固有特征。

五、饱满的情感性

情感性可从两层含义上来说：其一，实践教学是一门表现艺术，也是一种情感活动，一个简单的动作、一个重复的姿态常常含有某种内涵，故而在实习教学过程中，要教会学生用情感支配每个动作；其二，师生之间始终处于情感交流之中，无论是学习部分，辅导答疑时间，还是练习环节，师生之间或是存在融洽合作的顺向情感交流，或是严格要求而形成的逆向情感刺激，均可表明此教学活动本身就是一种情感交流活动。

六、特殊的集体性

实习教学的“集体”有其特殊性。主要是从数量上说要适宜。这个集体的人数不宜过多，否则不便指导；而人数过少，又难以形成应有的气氛。采用适宜的集体教学，便于相互观摩、相互评价、相互帮助，有利于培养学生团结、友爱的精神，也有利于提升实习教学的质量。

七、教学的差异性

在实习教学的过程中，在需要与可能的原则基础上，既要考虑地域、设施、条件等等，也要根据学生的年龄特征、个性差异、兴趣爱好及身体、性别的不同，因人而异、因材施教，开发他们的潜能、发展不同学生的爱好与特长。

八、直观的形象性

实习教学的动作或操作技能，是一种形象艺术，而这个“形象”主要是人体形象。学习一个动作等于学一个字或一个词，学习一个组合动作等于学一个短语或一个长句，而这些字、词、语、句的符号都是由形象动作构成的，它显示出来的不是声韵，而是神韵和形韵，是人体形象。具体说，形象性是指某一动作，有时用语言表达可能不是很确切、很到位，而最能说明或充分表现其神韵的是动作本身。因此，语言只起辅助作用，主要靠直观形象性。特别是示范性教学，既要动作准确，更要赋予表现力，将满意言传的内容用身教表现出来。

九、固有的实践性

实习教学的知识很特别。它不是来自于书本而是主要来自于自身的实践。实践知识，尤其是实践技能，必须通过长期不间断的刻苦演练才能获得。学生不必把人类某种实践经验形成的过程或者某种实践动作及技能形成的过程再重新总结一遍，而可从教师那里直接继承其中精华。实习教学，是指“寓教于动”。实习教学与理论教学的主要区别是：①教学任务不同——理论教学是传授某一职业所需要的知识及对该职业的规律性认识；而实习教学是培养学生职业技能、技巧和职业经验等；②教学环境不同——教学环境主要包括自然环境、物质环境、社会信息、人际关系、校风班风等，两者的教学环境不同体现在以上各项内容中，如实习教学的自然环境和社会信息来源都比理论教学复杂；实习教学的人际关系也较理论教学复杂等；③教学方法不同——理论教学主要采用视觉、听觉参与的方法，而实习教学在此基础上还广泛采用触觉甚至嗅觉来获得实践能力的方法；④组织形式不同——理论教学大多采用课堂教学，而实习教学则主要采用现场教学。

十、效果的创造性

实习教学的深层含义是培养学生的创造意识、创造精神和创造能力。对学生而言，所谓创造性不在于发现多少未知领域，创造多少人间奇迹，而在于能用已有知识和智慧，主动认识一件新事物，获得一种新体验，提出一种新见解，进行一项新设计等这种低层次的创造，正是未来从事创造性工作的前提和基础。

实习教学，既是知识与技能、理论与实践的有机结合，也是课内外学习与训练的有机结合……实习，是使学生知识得到完善的一种整体性教学。学生的技能是经过训练学习而逐步形成的，而实习教学是形成心智技能和动作技能的基本途径。实习与见习不同：①见习非正式工作，也非试用期，见习期结束后，个人和企业均可双向选择，签署正式劳动合同或另谋职业；②并非每个企业都可提供见习岗位，能提供见习岗位的企事业单位都需经政府劳动和就业部门审核，并专门授予“就业见习基地”称号；③“实习”在毕业前，“见习”是毕业后——毕业后尚未找到工作的大学生，可申请到就业见习基地“见习”，“实习”和“见习”的共同点是都可帮助学生增加工作经验，提高就业能力，为正式就业做好准备。

实习教学的目的和意义

实习教学，是在教师指导下让学生运用某一技术基础或专业基础课程的知识与实际相联系，以增强感性认识、验证某些理论、提高某些技能、掌握有关基本操作方法和在劳动中接受思想品德教育的实践教学。实习教学，是实现培养目标，形成办学特色的主要途径；是培养适应社会需求、具有综合职业能力与适应能力的实用型人才的主要手段；是教授内容与实际技能存在某些错位的纠正。

一、实习教学的目的

实习教学，是培养学生工程实践能力的实践性教学环节，是增强学生群众观点、劳动观点和祖国建设的责任心和使命感的途径，其重点是基本功训练。具体而言，是使学生受到相关方面的训练，要因人而异。只有首先明确自己的目的，后面的路才会变得清晰明亮。①强化理论联系实际——将课本知识与实践相结合，将书本知识融会贯通，形成在某领域或某方面的知识体系，并了解这些知识在工程中的应用。同时，培养学生理论联系实际的作风，将理论知识加以验证、深化、巩固；培养学生调查、研究、分析、发现问题与解决实际问题的能力，以及创新能力的培养和训练。通过现场讲授、参观、座谈、讨论等形式，巩固理论知识，也可获得在书本上不易了解和不易学到的现场实际知识，使之在实践中得到提高和锻炼。②实现专业培养目标——熟悉相关技术领域的工程设施与相关设备，了解工程项目的设计思路与过程。使学生获得本专业基础知识，为学习专业理论知识做准备。掌握本专业主要基本操作技能，正确调整和使用该专业的通用设备及其附件，根据零件图和工艺文件独立进行中等复杂程度的加工，并了解与本专业有关工种的基本操作方法。③做好设计准备——通过实习为课程设计和毕业设计做准备。在资料收集、方案确定、技术查询等环节获得必要的训练；也可根据实习单位的具体情况，初选课程设计或毕业设计题目。④提高综合能力——受到适应现场、社会活动与人际交往能力的训练，提高综合素质，还可拓宽知识面，把所学知识条理化、系统化，并获得本专业国内外科技发展的最新信息，加强发现问题、解决问题及创新能力的训练。⑤培养专业情感——培养学生的职业情感、职业意志、职业道德及尊重他人、学习他人与人合作的良好品质。

二、实习教学的意义

实习教学，是完成学习到就业的过渡，是培养技能型人才的主要途径。无实习教学，就无完整的教育。其成功与否，直接影响学校的兴衰及学生就业前途，间接影响现代化建设。①巩固专业理论——实习既为学习专业理论提供感性认识，动手与动脑相结合，又可重温、验证、运用、加深、巩固和强化所学理论知识，还可了解、学习和掌握课堂上没有和难以学到的实践知识。②获得最新知识——教材特别是专业技术类教材均有一定的滞后性，其内容多是若干年前总结出来的，而当今的新技术、新工艺、新设备和新材料皆是日新月异，层出不穷。通过实习，可使学生在生产、科研单位的工程现场向业务行家学习，获得教材中没有的最新知识、最新思想。③激发学习自觉性——在实习中，总会碰到一些问题促使学生探索某些原理，从而提高思维积极性或增进对某些专业课和基础课的兴趣。这种积极性和兴趣比课堂理论教学由语言或教具所激发的热情更持久、更深刻。④提升良好的品质——欲完成实习任务，需付出艰巨的劳动。比如，为掌握一个准确得体的动作需排除多种干扰因素进行多次训练，除细心、耐心和信心外，还需坚韧的毅力和勇气，更需经受起失败与挫折。因而，会使学生的意志得到锻炼，形成良好的意志品质。⑤培养良好职业道德——实习既使学生进一步理解职业的涵义，认识职业的意义，增强职业的情感，感受职业的价值，从而形成敬业、乐业和爱业精神，也使学生懂得职业纪律，遵守职业公德，爱护公共财产，形成特定的职业道德，养成尊重别人、热爱集体、学会与他人合作与协商的团队精神，获得与人共处的良好品德。⑥提高职业教育效益——通过实习，很可能将实习成果转化为有一定价值的产品或商品，产生一定的经济效益；同时，还可使班级、专业和学校获得良好信誉，从而取得一定社会效益。⑦检验教学质量尺度——实践是检验和衡量知识正确性的标准、掌握程度或水平的标志。通过实习可对学生所学的基础理论和专业知识进行检验，从中发现教学过程中的不足、偏差和漏洞，为下一步改进教学提供可靠的依据。⑧发展综合职业能力——实习，可形成和发展学生的动作技能和心智技能，开发潜能，从而形成多种能力，特别是职业能力，包括从业能力、适应能力和创业能力。实习是形成和发展学生动作技能的基本途径，是使学生达到形成动作技能的教学形式、方法和手段；实习也是形成和发展学生心智技能的重要手段，可培养学生的注意力、观察力、记忆力、思维力和想象力。

实习的意义在于为未来选择职业，与未来的职业理想直接相关。实习得好，可给自己日后职业发展加分。实习应注意结合个人状况，在明确自己当下最需补充的知识、技能去选择针对性的实习；同时，要结合有利于自己职业发展的外在机遇，虽不可能立即见效，但只要着眼于长远的准备都是有意义的。

三、实习教学的要求

实习教学的要求如下：①加强实际调研作风——了解课程设计或毕业设计课题研究的对象及生产、科研的实际，加强理论与实际的联系，培养深入实际调查研究的作风，提高工程技术素质；②收集有关数据资料——深入到与课程设计或毕业设计课题有关的单位、部门，了解课题的来源，提出依据，了解与课题有关的生产设备、生产过程、检测手段、生产特点的实际知识，收集有关的数据、图表、文献、资料，并进行分析、归纳、整理及研究；③提交书面实习报告——实习状况要有记录，在实习结束后，均需按规定的格式提交书面实习报告，实习报告要求封面、内容格式统一。

四、实习教学的作用

实习，主要是验证自己职业抉择，了解职业内容，学习工作及企业标准，找到自身职业的差距。①验证自己职业抉择——在了解自我的基础上确定未来的职业理想，需以身试水，在真刀真枪的实践中检验自己是否真正喜欢此职业。例如，想从事文案，但当你在广告公司实习之后发现自己不是很喜欢那种文字工作，那你就要反思自己的职业抉择了，这样可及时纠正自己的职业发展轨迹。②学习工作及企业标准——知道了文案工作都要做什么后，就要了解企业及业内对每个工作内容所要求的流程和标准，就要以业内及企业的最高标准要求自己，用这种高标准来要求自己时无疑就是向业内的一流人物发展。③找到自身职业的差距——实习不只是为落实工作，更要明确自己与岗位的差距及自己与职业理想的差距，并在实习结束时制定详细可行的计划。当从明确差距、弥补不足的高度来看实习时，就会在实习中得到更多。

五、实习的类型

实习，是生产、经营、服务等行业的职业行为。广义上包括生产实习、教学实习、临床实习等。狭义的实习，是学完在校规定的课程，到企事业单位去实践作业。大体有以下几种：①参观和认识实习——在实习初期进行，并与有关的理论课程相结合。②学科的教学实习——结合专业课进行，处于学习职业技能的开始阶段。③专业的教学实习——确定一至两个专业的主要工种，有一定的技能水平要求。实习结束后经过考核可颁发相应的技术等级证书。这种教学实习在学生掌握基本技能后可以适当与实际生产结合进行。④轮换的教学实习——包括专业范围内几种常见的工种，对每个工种安排一定的操作时间，要求学生通过实习对设备与操作程序具有一定的认识。⑤综合性教学实习——通常在生产条件下进行。学生在进行这种实习前，必须具有多门学科的知识。例如，对设备的安装、调试、维修等。

总之，只要认真组织实习教学的每个阶段，精心安排实习教学的每个环节，就能使学生有效地掌握所要求的职业知识、职业技能，形成良好的职业道德和持续发展能力，从而能顺利地进入人才市场，找到适合自己的坐标点，并在各自的职业岗位中获得发展。

实习教学的原则

实习教学的原则是由其目的、任务和性质及规律决定的。实习既应反映教学的要求，又要反映生产的要求；既不同于课堂那样组织教学，又有别于企业那般组织生产。它有自身的特点和独特的原则。

一、操作性原则

此原则强调实习是以培养操作能力为重点的实践活动。通过实习把学生已学的专业理论知识转化为技能、技巧，形成操作能力。贯彻此原则，一是教师须掌握丰富的专业知识，熟悉生产实际，能指导学生操作练习；二是要教会学生运用理论去指导操作，去思考、分析、解决操作中遇到的困难和问题；三是使学生知道这是掌握专业技术的根本途径，是形成技能、技巧的主要手段。

二、科学性原则

此原则强调传授的知识、技术、技能应准确、系统，并具有现代技术的先进性、生产工艺的连贯性，使理论与操作有机结合，且适应学生接受能力，并注意循序渐进。贯彻此原则，一是传授知识与技术要正确、系统，讲解、示范要精练、规范；二是能根据学生年龄层次、心理特征因材施教；三是及时纠正学生不正确的操作程序、方法和姿势；四是严格遵守操作规程，保安全、求效益、重质量。

三、教育性原则

此原则强调结合实习对学生进行品德教育。要求指导教师充分挖掘实习教学和实习环境的教育因素，进行爱国主义和职业道德教育，使学生在专业知识、操作技能及道德品质等方面均有所进步。贯彻此原则，一是重视德育，把“实习”和“育人”有机结合；二是教师要以身作则，处处、事事、时时起到楷模、表率作用；三是有明确的教育目的，善于运用实习内外的各种教育因素对学生进行职业理想、职业责任、职业道德及文明礼貌和劳动纪律教育。

四、计划性原则

此原则强调实习教学要周密考虑、精心安排，有目的、有组织、有步骤、有条不紊地实施。因“基本功”的技能结构犹如无数技能环节所构成的技能链条，技能的形成十分复杂，练习的成绩并不只取决于练习的次数和时间。练习重复次数过少，会使技能半途中断，甚至前功尽弃；重复次数过多，既浪费时间和精力，还会使兴趣消失。贯彻此原则，一是适当安排练习数量，合理分配练习时间；二是按技能动作的形成，安排练习顺序，划分练习阶段；三是提高练习的自觉性、积极性，有效地避免盲目性、机械性及不必要的重复性活动；四是有目的、有计划地运用不同的练习方法，以收事半功倍之效。

五、示范性原则

此原则要求在进行实习时，通过对实物和动作的简要讲解和示范操作，使学生明白“做什么”“怎样做”，引导认真观察动作的发生和变化过程，获得清晰的视觉形象，从而掌握操作的方法、要领及正确姿势，避免过多地尝试性错误，以提高练习效率，缩短练习过程。贯彻此原则，一是教师事先要有充分的准备，使语言讲解和示范动作具有一致性；二是妥善安排示范程序，一般按先分解后连贯、先慢速后常速的顺序进行，并考虑何时何处重点重复示范及边讲解边示范；三是在操作示范过程中要指导学生认真观察和模仿，使视觉与触觉密切结合，并充分利用实习的环境和条件，开展直观、形象的教学活动。

六、安全性原则

此原则要求在组织学生实习时，严格按照工艺过程和安全制度进行操作，维护工具、设备的良好状态，遵守操作规程和劳动纪律。贯彻此原则，一是加强遵纪守规和安全技术教育；二是培养学生的注意力和机敏性，防止事故发生；三是实习前和实习中要检查实习设备，经常或定期保养和维修，并建立规章制度，采取安全作业和劳动保护措施；四是在旅途中要注意安全，有自我保护意识。

七、适应性原则

此原则要求在实习中，要有意识地培养学生适应各种劳动环境和条件的思想和能力。因学生毕业后可能接触到各种各样的劳动环境，在实习时注意此原则，有助于就业后的思想稳定和岗位环境的适应。贯彻此原则，一是在专业划分和课程设置上要有利于适应性的形成；二是在实习中要为学生创造多种劳动环境和条件，使之得到多方面锻炼；三是注意培养学生的坚强意志、吃苦耐劳、勇敢作风和适应能力。

八、手脑并用原则

此原则强调在实习中，引导学生动脑与动手相结合，以达应知、应会双重目的。贯彻此原则，一是无论运用何种教法均须引导学生“想一想”，通过分析、综合、抽象、概括获得事物之间的本质联系；二是处理好理论知识和操作技能的关系，并以掌握的基本知识与基本技能为中介去思维、发掘未知的内容；三是教师做到边讲解、边示范，学生做到边练习、边思考。

九、循序渐进原则

此原则强调实习教学要遵循认识规律。技能的培养也是一种认识活动，须以学生的认识规律、身心发展规律和专业技能的逻辑关系为基础。贯彻此原则，一是技能训练须由浅入深，由简到繁，从低级到高级；二是每个练习须为以后的练习做好准备，而后面的练习须有助于解决新任务，同时能巩固前一练习；三是处理好单项操作和综合性工序的关系。

十、生产性原则

此原则要求在保证完成教学任务的前提下，实行产教结合，尽量进行产品生产，做到育人与生产相结合，培养人才和创造价值并收兼得。贯彻此原则，一是生产产品与实习教学相结合；二是教学组织与生产组织相结合；三是指导教师与实习场所的工人、技术人员密切配合；四是建立必要的制度予以保证。

十一、针对性原则

此原则强调要针对学生的个性差异、心理特征，有的放矢、有所侧重地进行指导，充分发挥每个学生的聪明才智，挖掘其潜能，以使他们各有所得、各优其长，在技能、技巧、技术上有所提升。同时，做到普遍培养与重点培养相结合，全面发展与因材施教相结合。贯彻此原则，一是加强个别指导，使优秀生出类拔萃，对较差学生补其不足，达到应会水平；二是指导学生扬长避短，形成各自特长，让各种“高招”“绝技”在不同学生身上得到继承和发扬；三是细心观察，深入了解每个学生的兴趣、爱好、特点，有目的、有针对性地进行指导。

十二、自觉性原则

此原则要求注意培养学生的学习兴趣，极大调动他们的主动性、积极性。贯彻此原则，一是加强实习的目的性教育，讲清实习的重要意义；二是提出的要求既不过难，也不过易，经过努力即可实现，以激发学生向上的积极性；三是展望本专业的广阔前景，认识其在现代化建设中的重要地位；四是介绍本专业技术革新能手的模范事迹或请他们进行表演、介绍经验，以激发学生浓厚的兴趣；五是组织学生参观新设备、新工艺、新技术，以诱发他们对专业技术、技能的执著追求。

以上诸原则，虽是分别论述，但在实际运用时却是不可分割的。任何实习都需同时遵守多个原则，并体现“三为主”（教师为主导、学生为主体、训练为主线）的要求。

实习教学的组织程序

实习教学与理论教学相比，有同有异。从传授知识技能角度看，都是“教”与“学”的关系，但在教学管理、环节、方法和条件等方面却有一定差异。为提高实习教学效率，可尽量使实习教学“课堂化”，尤其是基本功训练更应如此。因这是最基本、最经济、最有效的一种教学形式，而且它能更好地发挥教师的主导作用，能保证教学设备、教学时间、教学方法得到充分而有效的利用，能更好地围绕培养目标对学生进行有计划、有组织的训练，获得许多现场实习达不到的效果。所谓实习教学“课堂化”，主要是指遵循实习教学规律，按照实习大纲的要求，在规定的课时内，对学生进行有组织、有计划的实习教学。它要求具备现场、项目、课时、教法和班级学生五个要素，这样即可称为实习教学“课堂化”。实习教学“课堂化”的几个环节，虽有不同内容和要求，但它们却是紧密相连，环环相扣。在实习教学中，应结合专业特点和实习内容，随机应变，灵活运用。实习教学的基本环节一般由下列五个程序组成。

一、实习准备

这是实习教学的基础环节。它主要包括如下三个方面。

（一）教师教学准备

编写实习授课计划、课日授课计划和教学方案，尤需做好实习教学的备课和熟练操作技能及操作规程等。同时，需全面了解学生水平、特点和个性差异，以便因材施教、安排岗位、重点指导。

（二）学生习前准备

应指导学生在思想、知识、物质诸方面做好实习前的准备工作。有的还需指导学生做好预习及在学生中培养实习骨干等等。

（三）物质条件准备

设计与布置好实习现场、实习环境，并准备好设备、器具、材料、工具、教具和学具。

二、引入指导

引入指导，是实习教学的入门环节，是在实习教学开始时，教师对学生进行的提示和引导。通过组织教学、复习检查、分配岗位和布置练习，把学生引入到实习教学活动的环境中来，使之集中注意力，认识和理解新课题。在此环节中，要进行明目标、讲意义、解程序、提要求的指导，即在学生进行每一种工艺实习操作前讲清是什么、为什么、做什么、怎么做，讲清课题意义与任务、学习内容、操作程序、工艺流程、技术要求、安全规程、注意事项及设备、工具、材料的使用方法、操作要点等。它的任务是使学生明确实习目标、要求、做法，进一步做好思想、物质、技术设备。此间，在指导方法上是以教师讲述为主。

三、讲解示范

教师要讲清实习课题的意义、任务和要求及设备、工具、材料的使用方法、操作要点、注意事项等。教师在讲解操作的过程中，针对真实或模拟的实训设备或仪器，形象地展示技能动作的全部或局部，帮助学生理解构成技能的理论基础，提出技能目标和技能标准，从而为掌握这些技能奠定基础。学生通过在旁边学习掌握整个的实训步骤与操作过程中注意事项，真正做到理论与实训融会贯通。这是学生获得感性知识、明确操作要领的关键环节。指导教师在讲清学习意义、目标与要求后，便进入边讲解边示范阶段。其次是做好示范。包括正常示范、慢速示范、分解示范、重点重复示范、纠错示范、边讲解边示范和单项工序示范等，且能把握要领、动作准确、操作规范。

四、巡回指导

学生动手操作练习，是实习教学的中心环节，是培养学生技能技巧的关键阶段。为搞好基本训练，应倡导“苦、严、硬”三字精神，即在训练过程中强调一个“苦”字、坚持一个“严”字、达到一个“硬”字，以使学生练就一身过硬的操作本领。其间，教师应以巡回方式对学生进行全面检查、提醒指导、纠错扶正。即在学生练习技能的过程中，对其掌握、运用技能的效果及时加以指导、评判，包括个别指导和集中指导。个别指导突出体现因材施教，及时帮助学生排除实习中的障碍，保证每个学生准确掌握课题内容。集中指导是对全班或集中有关学生，对实训过程中出现的共性问题进行指导。集中指导可在统一规定的时间进行，也可随时集中进行。这是学生通过练习获得操作技能的主要环节。在一准备、二讲述、三示范之后，就可开始让学生自己动手操作。此环节是以学生操作为主，教师指导为辅。这是实习“课堂化”教学的主要部分，也是实习教学的中心环节，用时最长、花力最大，有时还要通过轮换岗位或练习项目，以培养学生掌握各道工序的操作要领。教师的巡回观察、检查、指导，着重检查学生的操作姿势和操作要领以及产品质量，但重点是纠偏，及时发现与纠正不规范的基本动作和不符合要求的操作方法。教师每巡回一次，都应有不同的目的和要求，指导方法也应有所变化，教师要多次巡回，并本着由浅到深、由简到繁、由易到难的认识过程进行指导。发现共性问题及时进行集中统一的示范指导，同时针对学生的个性差异进行个别指导。总之，要依据不同情况，采取个别纠正及集体指导、典型表演等灵活多样的指导方式，注意发现典型带动全体，尤其要关心技能、技巧形成较慢的学生，不厌其烦地帮助他们，直至学会弄懂为止。

五、评价指导

评价是指教师演示、学生练习、教师指导后，对学生掌握、运用技能效果的检验和评判。包括现场考核（课题考核）和社会考核（技能鉴定）两种。现场考核，是指教师在课题结束前，对学生的掌握、理解与技能程度等进行的检查，有口试、笔试、现场操作等。这是实习课程结束前进行的检查、验收、评定和总结的教学环节。它的主要内容是：根据教学大纲（或课程标准），比照练习效果，检查学生是否完成了规定的实习任务，是否做到了安全文明生产，劳动态度是否端正，产品质量是否合格及对实习设备的维护保养和遵守实习纪律的情况，尤其要重视考查学生的技能和技巧是否形成；然后围绕重点，抓住关键，评定学习成绩，表扬先进，总结收获，讲评长短，提出努力方向，布置作业或思考题，提出下次实习要点。

实习结束时，教师应对学生实习中操作技能的掌握、实习产品及工作质量、实习设备的维护保养、实习纪律的遵守和文明工作等进行综合总结，提出存在问题和改进意见。总结的目的是使学生对实习的重点和要领再次留下深刻的印象。为此，教师掌握情况要全面、准确、具体，分析要中肯，重点要突出，要善于把感性认识上升到理性认识，以把实习教学的成果推向一个新的高度。

实习教学的方法

实习教学方法的特点，是结合生产实际进行教学。这类方法常用于理论教学之中或之后与技能训练的开始和进行之中，以使学生理论联系实际，手脑并用，通过看、听、做、练，达到应知、应会的双重目的，以提高运用所学理论知识去分析、解决技术及管理中实际问题的能力。常用的方法有如下几种。

一、练习法

练习法，是指学生根据教师的讲解、演示，自己动手实践、操作，亲身体验技能操作要领的教学活动；是在教师的指导下，有意识地多次重复同一动作，以便形成并牢固掌握某种技能而采用的一种教学方法。这种方法，可使学生应用所学知识，经过多次实践，形成熟练的技能技巧，并可养成克服困难的意志品质。在采用该法时应注意：使学生明确练习目的，在其力所能及的范围内逐渐增加练习难度；及时纠正学生不规范或不正确姿势和动作并因材施教；练习的系统性和先后顺序、频度和时间的长度要适宜；有计划、有指导地由简单到复杂，由单项到综合，由低级到高级。

二、参观法

参观法，是指根据教学目的与要求，组织和指导学生到自然界、农场、展览馆、实验场所、工地或生产现场，对实际事物或现象进行直接观察、学习、访问、调查，从而获得感性知识或巩固、验证并丰富扩大所学知识的一种教学方法。通过参观可使学生了解、熟悉本专业、本工种的社会工作情况、企业生产过程和职业岗位要求，以利于培养学生热爱专业、巩固专业思想和敬业、乐业精神及进行职业道德教育。在不同阶段的实习中参观的目的和方式不同，比如：认识实习，是使学生形成感性认识；生产实习，是为理论联系实际，加深理解所学理论知识；毕业实习，是为毕业设计收集资料，巩固、运用和拓展专业知识。

三、讲授法

讲授法，是指教师运用口头语言系统而连贯向学生传授专业知识、职业技能的教学方法。这种方法比课堂理论讲授更富有实践性和指导性。实践性是指讲中有练，练中有讲，讲练结合；指导性是指向学生提出应当怎样，不应当怎样，要求学生遵照执行。在实习教学中采用讲授法，通常伴以演示直观教具、产品样品、工具、仪器及电化设备等其他直观手段。讲授法包括讲述、讲解和讲演三种方式，通常是三种方法结合运用。在叙述劳动对象、劳动资料、说明劳动组织和生产程序时常采用讲述法；在介绍操作要领、分析事故产生的原因和废品避免方法时常采用讲解法；在做专题报告、介绍经验时常采用讲演法，讲演法又可分为引言性讲演、概述性讲演、总结性讲演等。

四、讨论法

讨论法，是指在教师指导下，由学生就实习中某一问题进行共同切磋、讨论、争辩，通过各抒己见、相互学习、相互启发获得专业知识与职业技能的一种教学方法。这种方法可引起学生对实习的注意和重视，培养学生分析、判断和想象能力。使用这种方法，要有目的、有计划、有准备、有组织地进行。

五、示范法

示范法，就是指教师在讲解过程中，针对真实或模拟的实习设备或仪器，形象地展示技能动作的全部或局部，使学生熟悉事物的形态、结构和变化的过程，是向学生展示操作过程并进行表演，以引导学生进行仔细、系统的观察，在感性认识的基础上形成操作技能的一种教学方法。通常是请具有某种技能特长的师傅或由教师进行实际操作表演，供学生观摩、仿效。教师或师傅在示范时要边示范边讲解，要有“慢动作”，以使学生看清操作中的要领和关键，必要时可重复示范。

六、模拟法

模拟法，是因某些条件的限制，有些工艺、设备或材料不能直接用于教学时，采用模拟的工艺、设备或材料，运用同样的原理、方式进行模拟训练、强化练习，从而达到同样效果的一种教学方法。模拟，可通过计算机、仪器、模型等，设置与实际工作（生产）相仿的环境、程序或设备，并可人为地制造一些日常实际工作（生产）中难以看到的故障，让学生判断、排除；或设置一些实际操作中不容许学生动手的项目，让学生进行演练。模拟法在很大程度上弥补客观条件的不足，为学生提供近似真实的训练环境。模拟教学法，强调学生直接实践（只有教师的实践而无学生的实践，只能称为“演示”）。

七、作业法

作业法，是根据课程标准的要求，在实习场所组织学生进行实际操作的一种教学方法。首先，让学生学习几个最简单的工序，组成简单作业；然后，教学生学习几个新的工序，组成较复杂作业；最后，把简单作业和较复杂作业组合在一起，进行复合、应用、制作。这样，不断把简单作业和复杂作业结合在一起反复练习，对学生完成复合性作业和学习新工序及综合能力的培养都大有裨益。

八、现场法

现场法，是指打破在教室上课的传统模式，超越时空界限，到生产（或工作）现场进行教学的一种教学方法。现场法的组织，是以车间、厂房、田园等为基地，聘请有实践经验的工程师、农艺师、技师或车间主任担任指导教师。现场法是以生产设备、产品零件、材料性能、使用方法、工艺流程等为主要内容，常采用岗位练兵、操作示范、实物知识讲解等形式，并注重几者相互结合。现场法的实践，服从生产安排，见缝插针，使所学与生产（或工作）实际紧密结合。

九、师徒法

师徒法，是指在指定的师傅带领与指导下，让学生在实际岗位上进行技术、技能、专业或职业实践训练的一种教学方法。通过这种岗位实训可使学生掌握本专业某一岗位的操作技能或作业方法，熟悉有关规章制度，增强学生对未来职业的了解，热爱所学专业，并培养良好的职业道德。同时，还可使师傅的某些“诀窍”或“秘方”通过这种方法，让学生学到手、掌握住。

十、电教法

电教法，是指通过幻灯、投影、电视、录像、电影、多媒体或课件等现代教学设施达到实习教学目的的一种方法。其特点是声情并茂、形象生动，不受学生人数的限制，不受时空的限制，传递信息丰富，通过重现实际操作，强化直观认识，感染力强，能使学生在极有兴趣的心态下，接受新知识、掌握新技能和新工艺。它能使无形变有形、枯燥变有趣、繁杂变简明、抽象变直观，并可使学生看到某些在日常难以看到的现象，帮助学生理解某些难以理解的知识，剖析工件内部、分析实际变化、反复展现难点。它和其他教学方法相比，既节省时间，更引起学生的兴趣；既减轻指导教师的工作，又便于学生理解、加深记忆；还可使技能培养达到标准化、规范化、现代化、科学化，进而达到教师很难或无法达到的教学效果，特别是电脑的引入和网络的发展使计算机辅助教学发挥着越来越大的作用，并促使电教法不断发展和更新。

另外，还有调查访问法、专题讲座法、书面指导法、技术竞赛法等。一般说来，任何方法都有局限性，在实际教学过程中，往往根据实际需要把几种教学方法结合起来综合运用。

示范操作的特性

示范，是指做出某种行为或动作供别人学习或模仿。教学示范，是指教师通过自身形之于言行的德识才学，展示教育内容的本质，把知识、技能、行为规范转化为学生的知识、才能、品行。教师的示范，是指教师的学识、思想、情感、性格、意志、言行等，都对学生产生影响并受到学生严格监督的行为。学生无所不在，消息无所不通，教师的任何言行都会影响到教师的威信，影响到教育教学的效果。所以，在教育教学中，教师必须以身作则，注意自己的仪表教态，言行举止，处处、时时、事事为学生做出表率，成为示范。示范，是一种视觉重于听觉的教学方法；示范操作，是实习教学的重要环节，通常包含行动、程序、技巧和知识。示范操作，常被用于理工学科和职业技术教育的教学过程之中。没有示范，学生就难以了解技术、技能、工艺等具体操作。凡难以用“说”的方式让学生理解的内容，可“做”给他们看，这个“做”就是示范操作。它以形象的语言、规范的动作，帮助学生理解并形成深刻的印象，把理论知识和实际操作有机地联系起来。它能把抽象问题具体化，理论问题感性化，深奥问题通俗化，复杂问题简单化。

一、实践性

动作实践是示范操作固有的根本属性。某些学科教学，学生掌握的知识主要来源于间接经验，即来源于书本的知识；而操作技能却必须来自于自身实践。亦即，操作知识，特别是操作技能与技巧只能通过自身的实际演练才能获得。

二、规范性

动作规范是示范操作固有的基本属性。示范操作必须按照正确的姿势去准确地操作，教师的肢体移动，一招一式，举手投足，乃至指向解说，均须标准、规范，经得起推敲，不能有任何多余动作、不良动作，更不能有错误动作，以免造成学生错误模仿。当然，更高境界是每个动作都做得精确到位，层次分明，使学生赏心悦目。

三、直观性

示范操作具有极强的直观性。一个鲜明准确的手势，能给人经久难忘的印象；一个寓意深刻的身姿，能说明难以口述的问题。示范操作不仅为了展示操作过程的现象，使学生获得表象知识，更使学生凭借示范动作所直接得到的印象，通过观察、模仿和练习逐步掌握操作要领。

四、形象性

形象性亦是示范操作的重要属性。形象，主要是指人体形象。学一个动作等于学一个字或一个词，学一个组合动作等于学一个短句或长句，而这些字、词、句的符号都是由形象的动作构成的，显示出来的不是声韵，而是神韵和形韵，是人体形象。示范时，有时用语言表达无法很确切到位，而最能表现其神韵是动作本身。因此，语言只起辅助作用，主要手段要靠直观形象的示范。为了做好示范，不仅动作要准确，更要赋予表现力，将不能言表之意表现出来。

五、具体性

具体性是指使抽象笼统的变成具体明确的。示范动作，不但注重操作顺序、要领，还应让学生能充分看清教师每个操作的细节。为此，还需用投影、电视或计算机辅助等电教法加以具体显示，加深印象。

六、针对性

任何操作示范都是有目的、有针对性进行的。教师通过讲中示范、做中讲解、讲解和示范结合的形式，使学生把观察过的操作形象在头脑中重现，逐步掌握规范动作，减少多余动作，消除不良动作，纠正错误动作。通过教师的针对性示范操作，还可使学生不良动作禁之于未发。

七、指示性

教师在示范操作过程中，形象地指明在操作时，必须这样或那样，必须注意什么问题及避免出现哪些错误；否则，会影响技能形成，甚至还可能造成设备事故或人身伤亡事故。示范中的指示性语言，要求学生一定要像对待“军令”那样照办，决不容违反、讨价还价或稍有疏忽。

八、循序性

操作技能的形成，一般都要经过掌握局部动作阶段、动作交替阶段、动作协调阶段和动作完善阶段。在示范操作过程中，必须遵循课题的逻辑顺序，由浅入深、由易到难、由简到繁、由局部到整体、由慢速到快速进行，以使学生易于理解、记忆，便于掌握和巩固所学的基本操作技能。

九、极强性

各种实践教学活动，皆具有很强的示范性。各种实验、实习，其过程就是教师亲手演示并指导学生参加的教学过程，每一个环节、每一个步骤，都离不开教师的示范与讲解。

十、广泛性

在自然学科的教学中，从小学的加减乘除运算、几何图形辨认，到中学、大学的定理、规则的证明与演算以及演示与实习的过程都具有示范性。教师必须设计出一定的教学方案，绘制图表、制作教具，甚至使用电子仪器设备，一步步地推理论证，一步步地操作，一步步地剖析，一步步地演算，一步步地将抽象定理内部的各种程序、联系、规律展示给学生，使学生由具体、形象、感性认识开始，进而简单明了地掌握抽象的事物、原理、本质。在这里，教师是否注意运用示范性手段及示范性手段运用得如何，都直接影响着教学的效果。当代电教手段在课堂教学中的广泛运用，更使教师的示范锦上添花。

应注意，示范不是越多越好，而应恰到好处，每一次示范都要有目的地给学生以启发。随着现代化教学手段的发展，示范操作教学也在不断发展。在很多院校，已不限于学生对教师的直接模仿和教师的亲自示范，而是采用某方面或某领域优秀专业人员的标准动作的录像为示范。学生会的动作也可录制下来由他人去观察、评价并与示范者比较。教师可通过慢镜头或重复播放等手段清楚地讲析学生在操作中的偏差或错误等问题之所在，这样可大大提升示范操作的效应。

示范操作的类型

理工科高等院校，特别是职业技术院校是以培养手脑并用的技术劳动者为目标的。它主要是通过实习教学活动训练学生动手能力的基本要素，即操作技能。学生操作技能是否训练有素，主要体现在操作动作是否准确、规范、熟练，这些技能素质只有经过教师对技能技巧的培养和学生多次反复练习才能掌握。无论什么专业的操作技能训练，都需教师给学生做出清晰、准确的示范，使学生直观、具体、形象、生动地进行学习。教师示范得好，学生不但易于理解和接受，还可以留下深刻的烙印。一般说来，学生对操作技能的学习和掌握，都有一个对教师示范动作的闪现→再现→重现的接受和模仿过程。在示范操作中，无论是全班示范、小组示范，还是个别示范，教师对操作技能的示范操作，大体都可分为以下几种。

一、慢速操作示范

慢速操作示范，就是把正常的完整操作过程分解为几个简单，并用慢动作进行演示的示范，让学生先学慢动作，学会后再加快速度。通常，操作都是连续动作的过程，给学生做示范操作若采用通常速度连贯进行，他们就不易看清操作的步骤和动作的要领。所以，需要采用放慢的、渐进的连续过程展示操作技能，把操作过程沿着时序慢慢展现出来。在电影或电视中，必要的慢镜头所显示的画面给人以出神入化和身临其境之感，观众对其一举一动、一招一式均有清晰而深刻的印象。采用慢速示范，使学生透过“慢镜头”可清楚地观察到操作过程和其中的要领，然后模仿、练习，进而成为技能技巧。尤其是技术性较高实习课题的开始阶段，即学生由不会到会的入门时期，教师的慢速示范就更为必要。采用慢速示范，学生看得真切，易于看懂、理解、学会、掌握和运用，亦可加深学生的印象，熟悉动作过程和步骤，抓住操作要领，有利模仿学习，特别是对示范动作的细节看得越仔细，理解得越清楚，其掌握和运用动作的自觉水平就越快、越高。

二、分解操作示范

一般的连续操作过程，尤其是复杂的操作过程，都是由若干个不同的简单动作组成。假如一古脑儿地教给学生，不仅教师觉得言无所指，学生也会感到索然无味，特别是其中的某些细微之处容易被忽略，学生难以学好。所以，较好的办法是把操作的动作过程分解成几个片断，每个片断又分解为几个最基本、最简单的动作，即单元动作。把其作为最小的教学单位，教师从单元动作教起，学生从单元动作一个一个地学习。这样，可给学生以清晰的印象，使学生有模仿的样板。每个单元动作都学会了，连起来也就容易多了。即先局部后整体，先静态后动态，先分解后复合，逐步做到协调一致。实习操作教学的目的之一，就是训练学生的操作技能技巧，使每个动作协调、轻松、均匀和循序渐进地互相交替进行。操作动作本身就具有独立性和可分性。分解操作示范，有助于学生品味出教师操作时每一个动作的趋势、转体、用力、呼吸、旋臂、间歇、手脚配合、双手协调等等，从简单动作开始，由浅入深和由慢到快地使学生循序渐进地练就准确操作的基本功。

三、重复重点示范

重复动作示范，即对操作中的关键部分进行反复演示，尤其对动作的难点和易出错地方，更需通过多次示范，让学生在观察、揣摩的基础上，真正“心领手会”。由于有些操作过程是在极短时间内完成的，因而学生很难一次观察清楚，这就需教师反复、重复示范或把动作分解“定格”示范，有的动作不能分解“定格”，可采用多媒体课件等现代教学方式进行反复观察分析。即把操作的关键部分和不易掌握的复杂动作突出出来，做重点示范，即多次反复、多次示范，以加深学生理解和记忆，形成深刻的印象。因为动作具有难易之分和主次之别，且具有可重复性，所以动手操作示范，不能从头到尾一个样地进行，应有轻重之分。重其所重，轻其所轻，对动作的疑难点和操作的易错点，要多次示范，或从不同角度用不同手法示范给学生，让学生在观察、揣摩的基础上，亲自动手尝试、体验，以有利于他们迅速掌握其操作要领，真正“心领”“手会”，提高技术、技能和技巧。

四、边讲解边示范

就是把动口讲解和动手操作结合、交错或穿插进行的演示，既让学生看清动作要领和关键，还要讲明操作过程中如何防止出现废品和避免发生事故。因为操作技能本身就包含动作技能和心智技能，所以教师在操作教学时也要把动口和动手统一起来，七即把讲解法和示范法结合起来。因为实习教学就是以专业理论知识的统一性和工艺过程的连贯性为技术技能的有效传授方式，所以在给学生做操作示范的过程中，应辅以必要的“解说词”，交代动作的顺序和要领，讲清操作的关键和理由。讲解的语言，应当注意逻辑性和专业术语化。对技术上的关键地方，要让学生听得清楚，看得明白，记得牢固。示范时，既要讲清动作的要点和关键，还要讲明在操作过程中，如何防止出现废品和发生人身及设备事故。在整个示范讲解过程中，对操作姿势、操作方法、工件装夹、刀具安装及工、夹、量具的放置等都要进行讲解和示范，以培养学生的良好习惯。只有通过边讲解、边示范，注意讲、做一致，才能使学生知道应该理解什么、掌握什么、防止什么、杜绝什么，从而为切实掌握本专业（工种）的操作技能打下良好的基础。

五、常速操作示范

常速操作示范，就是按照产品生产的正常速度操作示范给学生，使他们对操作过程有一个完整的认识。示范的开始和结束，均要以正常的速度，将多个不同的部分操作动作进行有机衔接，形成一个连续、完整的操作过程，使学生获得完整、正确的印象。为此，教师示范动作的指向要准确，操作要正确，动作要规范，肢体移动的轨迹要明晰，而且五官四肢也要配合得及时、紧密，协调迅速，运用娴熟的技能进行表演。这样，不但能促进学生学会要领、练就技能和掌握技巧，而且有利于激励学生勤学苦练，使他们在观察教师示范的全过程中获得完整的总体概念。在此还须提及一点，就是在常速操作示范结束时，最好能把所示范的工件全部加工完毕，这样不仅可强化学生对动手操作的兴趣，而且有利于培养学生善始善终的良好职业习惯。

六、慢速分解示范

慢速分解示范，即演示操作较慢的示范。此法有助于学生品味出教师操作时每一动作的起势、转体、用力、呼吸、旋臂、间歇、手脚配合、双手协调等。采用慢速分解示范，可使学生看得真切，易于感知，易于掌握操作的程序和方法。

七、改错纠偏示范

当学生进行操作练习时，教师在巡回指导过程中和结束指导时，对不规范的操作动作要及时发现、及时纠偏、及时示范。一般来说，对共性的偏差宜采取集中指导、集中纠偏，对个别学生个别问题则宜做个别示范、个别纠偏。在改错纠偏示范的同时，必须使学生明白偏差原因及其危害，以免再犯，使他们形成规范的操作动作。

以上七种示范操作在教学中要互相配合、互相补充、互相渗透、互相融合，不能割裂其中的有机联系。只有灵活地运用各种示范操作，才能使学生直观、具体、形象、生动地进行学习。总之，操作技能的示范，是直观教学的有效途径之一，也是培养、训练学生“手上功夫”的必由之路。指导教师每一个准确、利索的示范动作，都能激起学生浓厚的学习兴趣，促使他们牢记所学的工艺和加工方法。所以，要提高职业技术教育的教学质量特别是实际操作技能的质量，操作技能示范教学是十分关键的一环。随着信息技术的发展，当今世界科学技术高速发展，人类已进入信息时代。所以，传统的示范操作的类型，亦需增添新的内涵，出现新的类型。

操作技能的练习与指导

任何专业技术和职业技能都是通过学习并不断练习逐渐获得的。因此，练习是掌握专业技术和职业技能的基本途径。练习着眼点应放在学生自己动手的基点上，教师只在学生容易出现错、漏、不规范等关键地方加以提示、指点。这里着重介绍怎样指导学生操作练习。

一、明确目的要求

明确练习的目的要求，可开启学生练习的内部动因，提高学生练习的方向性、计划性、自觉性和积极性，有效避免练习的盲目性、随意性、机械性和重复性，使整个练习按照预定的目标有序进行。

二、进行讲解示范

教师的讲解和示范是培养学生动作技能的基础。通过讲解和示范，首先使学生形成清晰的表象和正确动作的视觉形象。教师讲解要简明扼要，使学生明白“为何要这样做”；示范动作要规范，使学生明白“应该怎样做”。其次让学生理解并掌握正确的姿势、程序和方法，掌握操作的要领和注意事项，从而使学生在练习过程中避免过多地尝试错误，提高练习效率，缩短练习过程。

三、注意循序渐进

练习，是学生应当学会的某些动作之多次重复，但并不是单纯或机械地重复。练习，应抱着不断提高的目的，有计划、有步骤地进行。所以，要求教师在帮助学生选择练习内容时，必须遵守循序渐进的原则。一般从模仿开始，由低级到高级，由简单到复杂，逐步增加新的内容，提出新的要求。每一练习必须为以后的练习做好准备，而后面的练习必须能巩固先前练习，并有助于解决新问题。

四、要求先对后快

开始练习的速度不宜太快，应以能保持操作练习的正确性为前提，要注意及时发现错误并进行纠正。当练习到一定的时间后，就要加快速度。即先要求操作正确，待学生掌握了正确的方法后，再提出加快速度的要求。此后，还可开展竞赛，以达到既有速度又有质量的目的。

五、强调严格要求

“严格要求”是对学生技能训练的一个重要原则。严师出高徒。在练习过程中绝不允许采取不正确的动作或心智活动方式。在技能训练的过程中，该重做时要重做，该返工时要返工；同时，必须严格遵守操作规程和掌握操作要领。对此，必须一丝不苟，不能敷衍马虎。

六、讲求科学练习

实践证明，练习成绩的好坏不但取决于练习的次数和时间，还与适当规定练习数量和合理分配练习时间及按动作技能形成的过程和特征去划分练习阶段直接相关。因此，要合理分配练习时间和次数。心理学实验证明：在时间上，分散练习比集中练习效果更好——开始阶段，练习时间不宜太长，每次练习间隔应短些；随着技能的掌握，逐渐延长间隔时间，每次练习的时间也可适当加长。

七、丰富练习方式

练习方式多样化，是保持练习兴趣和注意力的重要条件，有利于培养学生在实践中灵活运用知识与技能。练习多样化是指设置从正面、反面、侧面强化对概念理解的练习；既有半独立性的，也有独立性的；既有模仿性的，也有创造性的。只有有目的、有计划运用不同的练习方法，才会收到事半功倍之效果。

八、加强指向针对

即在实践教学中，要根据学科或专业领域和未来工作岗位进行有针对性的专业技能训练，使学生掌握所需的专业技能的操作。对心灵手巧者，稍加指点或提醒；对领悟较慢者则给予示范，并步步引导，甚至“耳提面命”。

九、注重个别指导

基本操作技能是专业技能分解后的局部动作，这些动作相对较简单，易掌握。通过教师讲解重点、示范要领，使学生由简单模仿到逐渐熟练掌握。在此过程中，学生会出现失误和多余动作。教师若不能及时发现，一旦养成习惯就难以纠正。因此，在练习伊始，就注意观察学生姿势动作的正确性并及时给予提醒或指导。亦即，在技能练习中，不仅要对发现的问题或学生提出的问题，随时予以指导或解答，而且要根据学生的年龄、心智、特长给予个别指导，以充分挖掘每个学生的潜在能力，让他们在操作技能练习中各有所学、各有所得、各展其智、各优其长，使他们的技术、技能和技巧在不同的方面得以不断提高。

十、展现灵活姿态

操作技能的练习与指导，无论内容和方式方法都应体现灵活多样。从人员上说，可以点带面式与全员参与式相结合；从时间上，假期中实践与学期内实践相结合；从空间上说，校内练习指导与校外练习指导相结合，等等。

十一、讲评练习结果

在“练”这一环节上，教师的主导作用体现在能及时、恰当地对学生的练习情况作出评价、点拨。所以，在练习时要进行认真巡视与检查，随时加以必要的指导，练习后要认真总结，并作出适当的评价。必要时进行全面讲评，肯定成绩和优点，指出缺点、错误及其产生原因，提出应注意的问题和努力方向，鼓励学生不断前进。

十二、促使技能迁移

技能也存在着迁移，即先前掌握的技能对学习新的技能产生的影响。它包括：①两侧性迁移——即身体一侧器官进行的学习向另一侧器官的迁移。最明显的是人体对称部位，其次是同侧部位。两侧性迁移对需要双手或四肢协调的动作技能的学习具有促进作用。②语言迁移——在指导动作技能的学习过程中，存在这种迁移。③动作迁移——此类迁移在日常生活和学习中的事例最多。如会骑摩托车的人就比较容易学会驾驶汽车的技能。所以，教师应利用技能的迁移原理，提高训练效果和促进新技能的形成。为减少对技能形成的干扰，除练习的内容要单一、专注外，还要在练习过程中正确利用对比的方法。实践证明，技能迁移原理在“基本功”训练中的积极运用对培养学生灵活的思维品质、促进新技能的形成和加强新旧技能的联系均有重要意义。

技术、技能和技巧的形成，并非一劳永逸。如果不经常加以强化，就会逐渐消退。“拳不离手，曲不离口”确为经验之谈。为此，在技能训练中，应以高强度、高密度、高效度的强化训练思想和方法，精心设计操作程序，严格进行技能训练，以取得良好的操作技能。同时，除指导技巧是最明显的有效指导外，教师还应表现出热心、耐心、细心及亲和力、观察力、影响力，并具有健康的人性观、乐观的人生态度、积极的人文关怀，且相信学生均具很大的潜能，均愿意积极上进。

操作技能的培养方法

技能培养，既是一门技术科学，又是一门教学艺术。结合实习教学的特点，研究技能培养方法，总结技能培养规律，对提高操作技能和实习教学质量，会起到积极作用。

一、讲授指导法

讲授指导法，是培养操作技能的基本方法，是指教师根据课程标准、实习计划、课题要求，讲解实习内容、操作要领、劳动顺序及其他内容的方法。在实习教学中，教师要向学生说明或论证原理、概念和公式，说明或解释图纸、模型和工具，说明或讲解要掌握的技能要领、避免发生事故及防止出现废品的方法，说明或讲解项目的理论知识、工艺过程、技术规律、操作方法及注意事项等。讲授指导要做到内容正确、指向准确、重点突出、层次分明，具有逻辑性、针对性和艺术性。这种方法要求比课堂理论讲授更富有实践性和指导性。实践性是指理论联系实际，实际联系理论，讲中有练，练中有讲，讲练结合；指导性是指向学生提出做什么、怎么做，应当怎样、不应当怎样，学生必须认真执行。

二、参观指导法

参观指导法，是感觉技能培养的重要方式，是根据教学目的，组织学生对实际事物进行实地观察、研究，从而获得新知识或巩固、验证已学知识的一种教学方法；是指根据教学要求，有组织、有计划地安排学生去企事业及有关单位，对设备、技术、工艺、材料等，有目的、有重点地进行观察、访问、调查、研究，从而获得感性知识的教学方法；也是学习新工艺、新技术、新方法，用新的科学技术不断充实教学内容、开阔学生视野的教学方法；还是认识理论学习和实际工作的差距，及早了解将来职业知识、技术、设备与工作环境，帮助学生做好更实际的职业选择的教学方法。根据不同的教学目的，参观可分为准备性参观、并行性参观和总结性参观。准备性参观是在讲授之前，为使学生获得有关感性知识和经验，引起学习兴趣所进行的参观；并行性参观是在讲授过程中，为使学生对所学知识和技能加深理解所进行的参观；总结性参观是在讲授之后，为验证和加深所学知识、技能，提高认识所进行的参观。

三、示范指导法

示范指导法是技能培养的主要指导方法，是指教师根据授课或训练内容，为学生进行操作演示、教具演示和产品展示，使之通过直观、具体、形象、生动地观察，在感性认识的基础上掌握操作知识、程序和要领的方法；亦即通过教师演示的慢速动作、分解动作、边讲解边示范、连续动作，讲清动作的特点及要领，培养学生的观察力、想象力和动手能力的方法。在示范指导中，通常是请具有某种技能特长的师傅或教师，在现场或教学场所，进行实际操作表演。它要求动作标准化、规范化，当好学生的“典范”“楷模”或“榜样”，给学生以鲜明、正确、深刻的形象，供学生观摩、仿效，进而掌握技术、技能和技巧。

四、练习指导法

练习指导法是动作技能形成的重要手段，是指反复、多样运用专业技术理论知识进行实际操作，从而巩固知识、熟练动作、形成技能和技巧的方法。它不是机械地重复动作，而是由低级到高级、由简单到复杂、由单项到综合，有目的、有步骤、有指导的实践活动。通过此法，可使学生完成基本功练习、项目练习、综合练习，逐步掌握感觉技能、心智技能、动作技能；从一招一式开始，经多次练习，逐步做到动作娴熟、准确、协调、稳定、灵活，进而有机、自然地结合起来，最后达到自动化过程及熟能生巧的目的。

五、实习指导法

实习指导法是使学生熟悉生产工艺、掌握设备性能和训练操作技能的主要方式，是指结合教学要求，让学生分别到车间、生产现场或实习基地，在实际生产岗位上进行实地锻炼的方法。在实习中，尽量做到教学与生产相结合，课题与产品相结合，并且定岗位、定师傅、定轮作、定考核，以保证学生在生产实践中得到锻炼和提高。同时，还要注意不断学习新技术、新工艺，不断扩大知识领域，掌握生产规律，提高分析与解决实际问题的能力。

六、电教指导法

电教指导法是近年来培养学生知识技能的新方式，是运用投影、电影、电视、录音、录像等现代化教学手段，打破空间、时间、宏观、微观的局限，通过模拟或重现实际操作，以做到动静结合，强化直观认识的方法。它具有生动、形象、感染力强的特点，能调动学生学习积极性，使其在极大兴趣中接受新知识，掌握新技能。它能使无形变有形、枯燥变有趣、繁杂变简明、抽象变直观，并使学生看到某些日常难以看到的现象，帮助学生理解某些难以理解的知识，可剖析工件内部、分析组织变化、反复展现难点、深化技能培养。

七、模拟训练法

模拟训练法是某些专业（工种）在技能训练中广泛采用的接近实际演练的一种实习方式，是指当受某些条件的限制，有些工艺、设备或材料不能直接用于教学时，采用模拟的工艺、设备或材料，运用同样的原理、方式进行模拟训练，强化练习，从而达到同样效果的一种教学方法。模拟教学具有教学“实践性”、教师“主导性”、条件“真实性”、环境“模仿性”等特点。模拟训练法，强调学生直接实践（只有教师实践而无学生实践，只能称为“演示”）。模拟训练，就是采用仿效、效法或模仿的方式训练，模拟的环境和条件均应力求接近真实，达到“以假乱真”的效果，使学生有亲临其境的感受。

八、案例教学法

案例教学法是培养学生心智技能和动作技能的重要方式，是在教师指导下，通过对生产、经营、设备、事件等典型案例或有代表性的技术问题进行认真思考、分析、研究和讨论，提高理论联系实际、独立思考及分析和解决问题的能力，使学生掌握与提高技术、技能、技巧和法则、规律的方法。根据教学目的选好案例是案例教学的前提。没有紧密结合教材、适应课程标准要求的案例，就难以取得应有的效果。筛选案例的关键在于取材新颖和典型，使之能配合教学的重点、难点。组织案例讨论是案例教学的核心与手段，其方法有讲授式、讨论式、辩论式、研讨式；其步骤是：提出问题→分析问题→找出原因→提出对策→筛选方案。案例可有唯一结论，也可有多种结论。然而，案例是没有标准答案的，只要能抓住问题的实质，分析方法对路，逻辑推理正确，就应予以肯定。

除此之外，还有许多方法，如观摩比赛法是技能训练中相互学习的措施，是通过观摩、竞赛、评比、选优等，促进学生提高技能的方法。实施此法，可在不同范围内，有组织、有计划地开展班级、专业、学校之间不同形式的表演赛、达标赛、擂台赛、对抗赛等，或开展最佳工件评比、产品质量分析等。这样从各方面调动学生学习技术技能的积极性，促进动手能力、分析问题和解决实际问题能力的提高。

实习成绩的考核

成绩考核，是实习教学的重要环节，也是提高实习质量的重要手段。考核应根据实习教学大纲的要求及国家有关部门制定的技术等级标准，结合生产现场的具体条件进行。为掌握实习效果，考查实习成绩，鉴定技术业务水平，调动学生生产劳动及学习技术业务的积极性，培养具有实际、实用、实践能力的实用型人才，必须搞好实习的考核工作。

一、考核特点

实习考核，既有同理论教学考核的共性，又有其自身的特性。由于它具有以实践为核心，采用手脑并用，且与生产结合的特点，所以在考核上有其自身的特点。

（一）经常性

实习的实践性，学生在掌握知识与技能上，是由易到难、循序渐进的过程。所以单凭期末一次性考试很难了解学生掌握操作技能水平的实际情况，必须有计划地经常进行考核。

（二）全面性

实习考核，除了操作技能、产品质量、任务完成情况外，还应考核专业知识、劳动态度和文明安全等方面。某些专业为了达到某种技术等级标准或取得某种职业资格证书，采用规定的“应知”与“应会”标准进行考核。

（三）复杂性

考核前，需做大量的准备工作，特别是现场考核，工作量大，用时较长；考核时，要根据不同专业或工种、不同要求，采用笔试、口试、操作及书写小论文等相结合的形式；考核后，评分标准也很难统一。

二、考核内容

（一）实习成果

实习教学计划和大纲的执行效果；生产计划完成情况；产品的合格率和废品率等。

（二）专业知识

专业技术理论知识的掌握、理解及运用程度。

（三）操作技能

操作能力和技能、技巧的掌握与熟练程度。

（四）工作能力

发现、分析和解决现场实际问题及处理一般事故和一般技术问题的能力。

（五）劳动态度

对实习工作的认真程度、实干精神及职业道德和遵章守纪等情况。

（六）安全文明

安全生产与文明生产的执行情况。

（七）团结协作

与工人师傅、技术人员、管理人员、同学之间的团队精神和团结协作情况。

三、考核原则

考核应遵循有效性、可靠性、公平性和灵活性等原则。

（一）坚持及时性和经常性

这样可以掌握教学效果，了解学生实习态度和进度，以便不断调控和改进教学的内容与方法，提高实习教学质量，同时也有助于全面、准确地评定实习成绩。

（二）坚持统一性和客观性

要有一个相当合理的评分标准，在评定时进行全面而客观的分析，防止主观臆断、随意性和无根据的评定。这有助于学生正确地自我评价，以调动学生实习的积极性。

（三）坚持真实性和公平性

要防止和杜绝考核评定中不正当行为，要以对国家、对学生负责的态度，严肃对待考核工作。在评定成绩时，要认真、客观、公平地反映学生掌握知识和技能的水平。

四、考核标准

（一）产品标准

把学生完成的产品（或工件）质量作为考核成绩的首要标准。因产品（工件）的质量是反映学生掌握知识、技能、技巧程度的全面和客观的标志。

（二）定额标准

把学生完成产品的工时定额作为考核成绩的第二个标准。因在一定的生产技术条件下，完成产品所用工时多少，反映着学生的操作技能的熟练程度、劳动效率和劳动态度。

（三）操作标准

把学生的操作方法、执行操作规程、选择操作位置的正确性与合理性作为考核成绩的第三个标准。因这些方面与学生的技术程度、安全生产、产品质量息息相关。

（四）安全标准

把安全、文明生产作为考核成绩的第四个标准。因没有安全、文明生产，人身、设备、技能形成及产品质量都将失去保证。小则影响生产，大则造成恶性事故。

以上四个基本标准，考核时不可偏废，必须兼顾，全面衡量，综合评价。但由于实习阶段及其内容不同，考核标准也要相应有所侧重。

五、考核方式

（一）平时考核

这种考核直接在教学过程中进行，是实习教学中普遍采用的形式。它能使教师及时、全面地了解学生掌握专业（工种）知识、技能、技巧的程度，并及时起到反馈作用，有助于改进实习教学。这种考核，要求教师每天做好实习记录，填写实习成绩考核簿，并一周进行一次综合分析，或者一个实习项目结束后进行一次综合分析。

（二）阶段考核

主要是指一个实习项目结束或劳动岗位轮换前及学期末的考核形式，是在系统练习或复合作业后按照课程标准对该阶段所规定的考核内容进行。要结合生产实际，按应达到的技术与技能要求评定成绩。常用考核方法是选择一至几个典型工件，先口试或笔试技术理论知识，然后考核实际操作技能。

（三）毕业考核

毕业考核是一件非常严肃的工作，应吸收社会、企业、用人单位等各方面权威、有代表性的人员组成考核委员会，采取口试、笔试、实际操作三种办法进行。结合上述各项情况，由指导老师按五级记分制（优、良、中、及格、不及格）给出恰当成绩。评定成绩时要认真、公平、实事求是。

六、考核要求

（一）加强组织管理

应加强实习考核的组织管理。成立考核委员会或领导小组。各专业（工种）的考核组织成员中，应有一半至2/3的专业技术人员、技师、高级技术工人。同时，应制定必要的考核制度、规则和纪律。

（二）明确考核标准

可采用定量为主、定性为辅的方法，明确评分标准。操作技能考核可结合生产或作业项目分期分批进行，也可选择典型工件或作业项目专门组织进行。

（三）实行等级考核

有的专业除进行学业考核外，还应进行技术等级考核，使学生既获得毕业证书，又获得技术等级或职业资格证书。技术等级考核应以国家有关部门规定的技术等级标准为依据，通常由有关部门主持命题、监考、评分和发证；有些地方在有条件的骨干学校设立技术等级考核站（点），负责本地区或本行业职业学校的同类专业技术等级考核、发证工作。

（四）严格考核纪律

严格执行考核制度、规则和纪律。对不具备考核条件或未按要求做好考核准备者，不准参加考核；对考核不合格者，准予延期补考；对考核中弄虚作假者，视情节轻重提出批评或予以严肃处理。

（五）建立考核档案

应该建立健全实习考核办法及考核档案。对学生在实习中表现出来的技术水平、生产成绩、职业道德和思想状况等，不仅要进行认真考核，而且要予以如实记载，并装入考核档案。

七、考核方法

对学生实习成绩的评定、实践能力的考核，特别是对科技含量较高和技能性较强的科目，若采用书面测验，往往比较困难，而且难以得出确切的考核结果，所以通常采用过程观察法和作品评价法。

（一）过程观察法

当学生进行练习和操作时，教师应进行认真、全面的观察，注意学生的动作和操作的技能技巧形成。在观察时，必须将学生表现的客观行为如实予以记录，以便正确、准确、客观地评定成绩。常用的记录方法是行动摘录法，为了易于捕捉观察目标，还可设计观察图表。

（二）作品评价法

这种方法用于技能性较强的科目之考核，是以技术成果——作品，作为评定的主要依据。成果或作品是学生以其掌握的技能结合专业知识的运用，通过作品这个媒介来表现的技术效果。因此，可通过对作品的评价，达到评定学生技能熟练程度及技术水平高低的目的。作品评价法一般有两种：其一，是项目分解评价法，根据评价标准分析评价项目，分别评定之后再做综合评价；其二，是整体效果评价法，一般是主考者凭借自己的经验对学生的作品从整体上给予概括的总体评价。

评定实习成绩的标准，应根据不同专业、不同工种、不同阶段等来制定：考核评定兼顾定量与定性，统一和灵活，及时性和经常性等原则；采用多样的评定法，综合评定学生的实习成绩，最终将促进学生的全面发展。

如何进行案例教学

案例，是指对具代表性的典型事件的内容、情节、过程和处理方法的客观描述，以备查询和再现。案例教学，是指在教师指导下，在课堂或其他形式的教学中，运用若干个典型案例，把学生带入特定事件的"现场"，深入角色，再现案例情境，以提高学生实际运作能力的教学方法。案例教学，是以案例为教材，让学生处于当事人的位置，在教师的指导下运用相关理论知识分析案例中的各种问题，所以能充分体现教师为主导和学生为主体，可培养学生积极主动地分析、综合和解决问题的能力，可培养学生理论联系实际和正确指导实践的能力。

一、案例教学的特点

案例教学之所以能在世界范围内产生如此巨大的影响和作用，是由其自身所具有的特点决定的。

（一）具有鲜明的目的性

在案例教学中，无论是案例的编写与选择，还是每一案例教学环节的设计，都是紧紧围绕着一定的教学目标，为达到一定教学目的而进行的。这种目的就是让学生通过一个个独特又具代表性的典型事件的情境再现与角色体验，建立起一套适合自己的完整而又严密的逻辑思维方法和工作体系，以提高学生的实践能力和运作技巧，加速理论与实际的结合过程。

（二）具有极强的启发性

案例具有开发智能的功效。在任何一个案例中都有供学生思考、分析和探寻的许多问题。这些问题有的是外露的，有的是隐晦的，有的甚至是零乱的、不完全的、真真假假的。实施案例教学就是使学生透过众多看来好似互不相关的案例所描述的情境去观察、分析和体验，从而形成自己的概念，并以此为起点，作出判断、推理和论证，提高学生的智能水平。

（三）具有明显的客观性

案例是对已发生的典型事件的真实写照，具有高度的客观性。它包括两方面内涵：一是案例所描述的事件是完全真实的，虽有时为某种需要可能会虚拟一些情节，但其基本事实均可靠，结构合理、符合逻辑；二是案例描述不加入编写者的评论性和分析性语言，编写者只是原原本本描述事实发生的情节和过程。在案例教学中，提供给学生的是事件的真实素材，学生根据自己所学的理论知识，在不受任何外界因素的干扰与影响下对案例进行客观分析与评价，其结果客观真实。

（四）具有较大的实践性

案例教学不是简单告诉学生一个真实的社会组织正在干或将干什么，而是告诉学生如何在已经经过实践了的真实事件中充当角色，进行"实践"操演，以最快的速度、最高的效率使学生实现从理论向实际的转化，达到理论与实际相结合，使学生在不离开学校的条件下能在短期内接触并认识到大量的各种各样的实际问题，以弥补实践经验的不足和实际运作能力匮乏的缺陷。

（五）具有较多的综合性

随着社会发展、科技进步，社会组织面临的环境形势越来越复杂多变，管理者的成败不仅取决于对理论知识的掌握，还取决于是否具有审时度势、权衡应变、果断决策的能力。这种能力绝不是单靠读书听课就能达到的，而实施案例教学就是使学生突破原有的知识范围，拓宽知识领域，从角色的扮演中学会综合运用更多知识和更加灵活的技巧来处理各种各样的案例问题，提高实际运作能力，增加新的知识，弥补学习中知识片面的缺陷。

二、案例教学的方法

在案例教学中，案例有时是作为教师课堂讲授的内容，用来说明或例证某一基本理论；有时是作为学生实践性教学的一个环节，用来实现理论与实际的结合。因此，其方法可归纳为两类。

（一）讲授法

讲授法是以教师为主，对案例进行讲解，以加深学生对课程内容的理解和印象。根据教学计划要求不同它又分为两种。

1. 以讲授案例为主来说明课程内容　按教学计划的规定，教师选择一系列有代表性的典型案例，通过对案例的全面分析与讲解，将课程内容完全融于一个个案例所描述的事件之中，使案例与整个课程的基本理论有机结合起来，构成一个完整的课程内容体系。这种方法完全是通过案例来表现课程的内容，具体生动，有助于学生对基本理论的理解与掌握，避免了抽象的纯理论教学使学生不易接受的弊端，防止了理论与实际相脱离的现象。

2. 以讲授基本理论为主用案例做例证　按教学计划规定的教学内容，教师结合课堂理论讲授的需要，随机插入一两个简单案例，说明某一观点或基本理论，以加深学生对课程内容的理解与印象。这种方法具有较大的灵活性，容易结合课程内容，但案例所例证的问题比较单一、简单。

（二）讨论法

讨论法是案例教学的一种主要方法，已广为采用。它是在教师指导下以学生为主体进行讨论的一种教学方法。它能充分调动学生的主动性和积极性，增强参与意识，提高独立思考、分析和解决问题的能力。讨论法在施教过程中又可分为三种。

1. 讨论式　由教师根据案例内容提出要求和讨论题，学生有目的地进行准备后，在课堂上开展讨论，最后由教师作出总结。这种方式虽有利于学生思考问题，培养学生的语言表达能力，但往往受讨论题的束缚，影响学生对案例的全面理解和认识，容易在讨论中形成一致意见和结论，出现一边倒现象，不利于学生独立发现问题和系统分析问题。讨论式最适宜于刚刚开始学习案例分析的低年级学生。

2. 辩论式　教师只提供案例材料，不做具体解释说明，也不提供讨论题，而是由学生根据案例所描述的内容把自己带入“现场”，深入角色，独自进行准备，然后各自阐述自己的观点、论据，并在相互提问、回答、反问的辩论中，使所发生事件的情境“再现”，最后由教师总结发言。这种方式有利于学生以角色者的身份置身于“现场”，独立发现问题、思考问题，全面考察角色当时所处的环境状态，在辩论中作出判断与抉择。它还有利于培养学生敏锐的应变能力、思维能力和语言表达能力。辩论式适宜于具有一定专业知识和对案例分析比较熟悉的中高年级学生。

3. 研讨式　教师只提出具体的活动内容和背景材料，指定一些参考文献或资料，学生以角色者的身份直接参与活动“现场”，“实地”考察该活动的全过程，写出活动分析报告，由教师随机抽出一定数量的考察分析报告让学生自己在课堂上发言，供全班学生一起研讨。在研讨中，每位学生根据活动的内容对对方所发表的见解、观点、论证等展开辩论，随着讨论的深入和思考的冷静，最后由教师总结，引导出有意义的结论。此方式，除具有上述方式的优点外，还有利于培养学生理论联系实际的能力和策划能力。但此方式的实施难度较大，只适宜于已系统学完基本理论和专业知识的高年级学生。

三、案例教学的实施程序

为有效运用案例，达到案例教学的预期目标，实施案例教学一般应遵循以下程序。

（一）案例教学的准备

实施案例教学时，应根据教学内容的需要和案例教学的目的，认真选好案例，拟定好案例讨论要求，并做好讨论前的一切准备工作，包括教师对案例的理解、认识和具体分析，案例讨论题的答案准确等。

1. 结合教学内容精选案例　教师应根据不同的教学目的、教学内容选好案例，这是案例教学成功与否的关键，故所选案例应具有如下特点：①典型——具有一定的代表性，通常能集中概括、反映社会关注的热点问题，以有助于学生深刻理解、掌握相关方面基本原则和理论知识；②新颖——新颖的事件能激发学生好奇心和教师授课的新鲜感；③就近——既指时间上新近发生的事件，更指贴近生活、发生在学生身边的案例，以使学生有一种亲近感，进而使他们对分析、运用更加透彻、深入；④精悍——案例不宜多而杂，通常应围绕授课内容，以一个案例贯穿授课始终，既便于把案例讲深讲透，也利于在实践中具体运用和帮助学生提高应变能力。

2. 围绕教学内容介绍案例　介绍案例就是将学生的思路从理论、书本知识引导至教师设置的“实践”中。故案例介绍应紧扣教学主题，并形象生动。案例导入在时机选择上有两种方法：“引证法”，即用案例进一步说明、论证前面的理论；“导出法”，即先介绍案例，然后由案例提出带有规律性的理论。

3. 根据教学要求阅读案例　学生应根据教师提出的要求，认真阅读案例；充分理解案例所描述的事实和情节，在反复思考的基础上前后联系、归纳整理，分析出案例所给出的条件和存在的问题，抓住本质，分清主次，提出经得起别人反驳的见解与对策。对于一些复杂的案例，学生可按学习小组或在自愿结合的基础上进行集体准备，以利集思广益，取长补短，加深理解。

（二）案例的讨论

案例讨论应以学生为主体，让学生独立承担主要角色，充分发挥其主动性、积极性和创造性，自主运用所学知识来分析与处理案例中的问题。讨论时：教师首先要为学生创造出一个自由讨论的良好氛围，启发学生积极参与，主动进取；其次，在讨论的过程中进行必要引导，使讨论紧紧围绕主题展开，避免跑题或乱侃；再次，应及时发现讨论中的分歧意见，使之引起辩论，促进问题的解决和深化。

学生在讨论中应积极发言，展开辩论，既要善于充分表明自己对问题的认识和见解，又要善于维护自己的观点和意见，敢于与人争辩。但必须做到：以事实为依据，有理、有据、有节，逻辑清晰，语意准确，言简意赅。同时，还应注意倾听他人的意见和观点，从中比较出自己的思路与见解有哪些长处与不足，以便从中综合提炼出更加完善、正确的结果。

（三）案例讨论的总结

善于总结是提高学习成效、不断进取的基础。案例讨论后，教师和学生都应作出总结。教师的总结包括：对讨论情况的总结、对案例本身的总结、对案例讨论题的总结等。学生的总结包括：在阅读案例、发言准备、案例讨论中取得了哪些收获，解决了哪些问题，还存在哪些问题；同时还应对讨论情况进行分析整理，写出案例分析报告。这样，既可提高对案例的认识程度，又可锻炼文字阐述能力和表达技巧。

四、案例教学应注意的问题

（一）案例运用不能替代基础理论教学

案例教学对理论联系实际，提高实际运作能力确实具有很大作用，但它毕竟是通过一个个具体的典型事件来实现的，离开基本理论和专业知识的指导与支持，案例教学活动就无法进行。因此，案例绝不能完全替代系统的基本理论教学，而对于每一具体的课程内容，仍需通过教师的课堂理论讲授、做作业等教学活动使学生得到系统的学习和掌握。

（二）坚持以教材为主、以案例为辅

案例是完成教材讲授的辅助手段，是教材内容的补充。教材具有一定的科学性、系统性和严谨性。案例既增加了教材内容的知识性、实践性和趣味性，又起到画龙点睛的作用。案例，只有与教材内容完美结合，才能启发学生的思维，才能使学生的感性认识上升为理性认识，才能对日后的工作实践具指导作用。

（三）案例教学必须以学生为主体

案例教学具有很强的实践性和客观性，实施案例教学是为了加速学生理论联系实际的进程，提高学生的实际运作能力。因此，只有在教师的必要引导下，学生独立自主地深入案例，充分体验角色，才能真正实现案例情境“再现”，达到案例教学的预期目标。

（四）案例教学的关键是精心策划

构建案例一般都要花费较多的时间，教师必须进行精心策划，包括选好案例（按使用时间可分为预习性、复习性和巩固性实例；按内容作用可分为结合性、说明性和结论性实例等），把握学生基本理论知识的具备程度，教学环节的安排组织（在教学过程中精选案例，在解题释惑时巧用案例，在模拟训练中展现案例等）。如果案例教学策划不周，就达不到预期目的。

五、案例教学的评价

对案例教学的评价就是对学生案例讨论结果的评价。一般来说，评价一个案例的讨论结果是需要遵循一定的答案标准来进行的。由于案例本身往往具有多种可行的答案，所以答案也只能用作参考，绝不能把讨论结果限制得太死。否则就会使学生热衷于死记硬背书本上的知识，成为死读书、读死书的再现，不利于开发学生的智能。教师的评价应侧重于课堂效果的评价、教师自我评价与对学生行为变化的评价。针对学生的评价，比较提倡真实性评价和档案评价。所谓真实性评价，与实际评价同义，与传统测验的主要差别在于，它要求学生“自做”答案，而非选择答案，所以对某一问题而言答案可能不止一种，评价不仅看成果，也要查过程，能了解学生造成错误的原因及学生对某一问题考查的层面、思路过程及逻辑方式。而评价问题的取材常与实际生产和实际生活问题有关，使学生能学以致用。所谓档案评价，是把学生的表现，放进个人文件里，并加入学生自评、教师评语、同学互评等，以展现个人学习的历程与意义。以“学生行为档案”来评价学生的学习成果，评价之层面可分为三方面：①心智发展层面——强调学生思考的能力，评价学生在案例教学活动的过程中，思考方式及知识与技能的运作方式是否达到标准；②技能层面——评价学生在案例教学进行中，是否在表达意见、分析信息、人际关系及问题解决等方面的能力获得成长。③态度层面——焦点在于学生态度的表现，强调个人的眼界、信念与价值及自我评鉴。总之，实施案例教学，对教师与学生来说并不轻松，教师和学生都必须具备相应的素质与能力，才能在案例教学过程中承担起各自的责任。理想的案例教学成效有赖于对案例教学过程诸阶段实施精心的设计。

在教学过程中运用案例，基本作用有四：一是辅证，二是训练，三是模拟，四是测量。只有事先精细准备、现场灵活处置、事后不断总结，才能达到生动、准确、富有启发性地向学生传授理论知识、培养实践能力的目的。

第八章　设计与论文

课程设计，是工科高等院校和其他需培养设计能力的专业或学科及职业技术院校与原中专学校培养设计能力的实践性教学环节，是教学过程中的综合性实践环节，是理论联系实际的重要方式，是安排在技术基础课或某些专业课结束后的独立作业。通常是选自与生产实际有关的综合性课题，其繁、简、难、易程度因人而异，旨在培养学生综合运用一门课程及有关理论和技术知识解决工艺与技术的实际问题，包括设计、计算、绘图、工艺技术、经济论证、查阅工具书与使用技术资料等使学生得到一次设计的基础训练，并将学过的理论技术知识与经验系统化，且获得巩固与发展。

毕业设计，是工科高等院校和原中专学校及高等院校某些专业及其他需要培养设计能力的专业或学科在教学过程中最后阶段采用的一种综合性的实践教学环节，是毕业离校前的总结性独立作业；是培养学生综合运用所学的基础理论、基本知识和基本技能或专业技术分析解决实际问题的一个重要环节，也是其他各个教学环节的继续和深化，是总结、检查学生在校期间的学习成果，更是评定毕业成绩的重要依据；同时，毕业设计也使学生对某一课题做专门、深入系统的研究，巩固、扩大、加深已有知识，培养综合运用已有知识独立解决问题的能力。毕业设计还是学生走上工作岗位前的一次重要实习。通过毕业设计，能使学生综合应用所学的各种理论知识和技能，进行全面、系统、严格的技术及基本能力的练习。世界上一些国家根据学生的毕业设计，授予一定的学衔，如建筑师、农艺师、摄影师等。中国高等院校把毕业设计和毕业考试结合起来，作为授予学士学位的依据。

课程设计和毕业设计，都是培养学生实践能力和创新精神的重要途径。前者，是使学生综合运用本门课程的知识和技能，进行某一方面或某一部件的技术基本能力的训练；后者，是使学生针对某一课题综合运用本专业所学的知识和技能，按照培养目标的业务要求进行全面、系统、严格的专业技术与基本能力的训练。故毕业设计在运用知识和技能及训练目的方面，无论广度或深度都比课程设计有更高要求。

毕业论文，是高等学校和原中专学校文科类系科或专业学生毕业前夕的总结性独立作业，是实践性教学最后一个环节，也是学业成绩考核和评定的重要方式。毕业论文的目的在于总结学生在校期间的学习成果，培养学生具有综合创造性运用所学的全部专业知识和技能解决较为复杂问题的能力。在教师指导下要求选定与所学专业有关的论文题目，通过毕业实习期间实地调查，作出分析和评价，写成专题报告或论文。其论点、论据、结论或建议要具有一定的理论与应用价值。论文完成后，经评定成绩及格才能毕业。

毕业论文与毕业设计，均是强化学生实践技能、提高全面素质和综合职业能力的重要环节，也是应届毕业生的总结性独立作业，旨在巩固、扩大、深化、发展专业知识，培养综合运用所学知识去发现、分析和解决问题的能力。对内容的要求有一定技术或理论难度，并具先进性，且显示工作量，能反映所掌握知识的深广度。一般来讲，对工科类专业称毕业设计为宜，对文、理等科类专业称毕业论文则更为贴切。前者，强调工程实际；后者，侧重理论探讨。此前，同是工科类专业其称谓也不尽相同，有的课题称毕业设计，有的课题称毕业论文，其区别是依据工程实际与理论研究的比例；也有的把完成总结性独立作业的过程称毕业设计，而将其成果称为毕业论文。近些年，一些院校也把总结性独立作业视为毕业设计。严格地说，毕业设计不同于毕业论文，其组成部分不只是一篇论文，以“机械毕业设计”为例：2004 年以前的毕业设计内容一般包括：毕业设计图纸 + 说明书（毕业论文）；2005 年以后，国家教育部门提出新要求，结合企业需求加入了三维设计，模拟仿真及程序分析研究。其中包括：毕业设计图纸（三维）+ 开题报告 + 任务书 + 实习报告 + 说明书正文。

课程设计教学

对某些培养基本技能和专业能力要求较高的基础课及主干专业课，一般都安排课程设计。它是在相关专业基础和某些专业理论教学之后，集中一段时间，以不同于课堂教学形式的一种综合运用本课程已学知识的一个实践性教学环节，也是在教师指导下由学生各自独立完成设计任务的一种实践性教学形式。

一、课程设计的目的

课程设计，是结合某一课程内容和特点设立的一种专业训练。它所应用的知识和技能往往超出课程的范围，对学生基本能力的发展也远远超出课程的局限。其目的是：①综合运用知识——使学生全面、综合运用从该课程及其他已修课程中所学的理论知识和实践能力，使理论知识与生产实践密切结合，使这些知识得到进一步的巩固、深化和发展；②掌握设计方法——使学生初步树立正确的课程设计思想，掌握设计的基本方法，培养初步设计能力和解决实际问题的能力，训练设计的合理构思和创新精神，为毕业设计及实际工程设计奠定必要的基础；③得到综合训练——使学生在计算、绘图、运用技术资料（包括手册、标准和规范）、进行经验估算及运用计算机等方面的基本技能得到一次综合训练；④了解经济政策——使学生了解国内外当前有关技术、经济方面的法规和政策，并应用到所进行的课程设计中去。

二、课程设计的选题

为达到课程设计的目的，合理选定设计课题十分重要。选择设计课题应符合以下几个方面的要求。

（一）应满足教学的要求

课题设计的题目和内容应有利于学生综合运用所学知识，要紧密结合课程性质和基本内容，而不是要包括课程的全部内容。课程设计的题目和内容：应是“基本的”，有利于学生基本训练；应是“典型的”，有利于学生触类旁通。脱离课程基本内容的课题，从表面上看似乎拓宽了学生的知识面，但因学生欠缺完成题目所要求的知识，势必需在设计过程中补充大量新知识，这将耗费过多的时间和精力，削弱基本能力的训练，而且对课程本身也起不到巩固和深化作用。课程设计的价值不在于设计本身，而在于它能否起到专业训练的作用。因此，对设计的深度和广度都应从教学要求的尺度上恰当掌握，在保持题目工程性的前提下，对其深度、广度均应按教学要求做适当调整。原封不动地照搬工程设计，会给教学造成较大困难，甚至导致出现难以克服的困难。

（二）应满足相对完整性

这里所指的完整性其内涵有二。一是训练的完整。要求通过课程设计能使学生受到论述、计算、绘图及资料应用等方面的训练，有的还需安排一定的计算机训练。能力训练过于单调的题目，如纯计算的题目，虽能在实践中有可取之处，或不乏应用价值，但作为课程设计的题目并不可取。二是内容上的完整。课程设计一般应自成体系，既有总体设计的内容，又有技术设计的内容，并能体现两者之间的内在联系。

（三）应满足实用性要求

课程设计题目和内容选择，既要建立在科学理论的基础上，又要符合生产实际的要求。一般讲，课程设计题目大多是模拟性的，但并不排斥联系实际的真实性。因而，要求课程设计的内容，包括设计原理、选择方法、引用资料及设计结果的验证和评价等，不仅要建立在科学理论的基础之上，而且要合乎实际工程的要求，经得起实践检验，具有实用性价值。

（四）应满足可能性要求

课程设计的难易程度和分量大小，应根据教学计划规定的学时数和学生的实际程度来确定。一般以多数学生在规定时间内经过努力能够完成为宜。课程设计属于教学设计，不完全等于现场的过程设计，不宜涉及太多的专业知识。最好能保证学生在规定的时间内完成设计的全过程。题目过大，会造成学生在规定时间内完不成设计任务或疲于设计而挤掉查阅资料及独立思考的时间；题目过小，则会使学生轻而易举，达不到教学目标。如今多采用一些典型及成熟的课题，如机械零件课程设计长时间内多采用以齿轮减速器为主的机械传动装置作为设计课题，无疑就符合上述要求，但非唯一的课题。从因材施教原则出发和为适应专业教学改革及今后发展的需要，设计课题应力求多样、灵活，并可选定一些难度较高而又非高不可攀的课题。根据需要与可能，还可鼓励学生自行选题。

三、课程设计的任务

课程设计的具体任务依课程的不同而异，一般包括三部分。①进行设计和计算——如运动计算、机械零件结构的确定及校核等；又如按年生产能力计算所需设备的型号和台数、所需原材料和辅助材料的数量及有关工艺参数等；再如确定电动机容量、选择控制电气等。②绘图和编制工艺文件——比如绘制机械零部件的装配图和主要零件图、电气控制原理图、液压系统图、工艺设备的平面布置图、设备的传动系统图等等。有的课程设计，还要编制加工或装配的工艺文件。③编写说明书——说明书中应详尽写明整个设计的一切计算及与计算有关的必要简图，并阐明设计过程中所考虑的问题，如方案的论证、设计的依据及技术经济效果等。

四、课程设计的指导

课程设计应以任课者为主要指导教师，再配备一至两名教师协助，在教师指导下由学生独立完成。教师的主导作用主要在于指明设计思路、启发独立思考、解答疑难问题和按进度进行阶段审查。

（一）了解学生，掌握情况

事先了解学生对相关已修课程掌握的程度与知识缺欠，以便在选题及指导中进行补救，如机械零件课程设计，若金属工艺学未学好则应加强这方面的辅导，并在设计中安排参观零件的加工及装配。

（二）充分准备，进行试做

对变动较大的旧题目或新题，教师要先行试做，以便熟悉各部分内容，了解完成各部分内容的工作量及所需时间。试做时应考虑多种方案，以便指导学生时能比较从容；应注意体会和考虑如何突破难点，抓住关键，分析学生的易发错误。

（三）阐明要求，分配任务

教师应事先编写出课程设计任务书，阐明任务、内容及要求，以便学生搜集资料，早做准备，且在进行课程设计时有所遵循。应根据每个学生的水平适当分配设计任务，通常每个班只有几题，但可通过改变技术条件（或参数）化为几组题，尽量使每个学生的任务各不相同，以利于独立思考，又避免互相抄袭。

（四）编指导书，制定进度

教师应编写课程设计指导书发给学生，并准备好设计手册和技术资料。指导书主要是给予学生方法及设计思路的指导，应列明设计目的和要求、设计内容和基本步骤、注意事项、设计要点、设计图纸和说明书的具体要求及设计的参考资料目录等。但不要将设计所需参考资料（标准、规范、参考图纸等）列入指导书中，因这样不利于对学生设计能力的培养。在课程设计的准备阶段，要组织学生认真阅读和研究设计任务书，以明确设计内容和要求；阐明目的和意义，使学生认识到课程设计的重要性；通过对课题的分析，使学生了解设计的原始条件；通过组织学生进行参观（模型、实物、生产现场），看录像及阅读设计资料等方式了解设计对象。然后，在教师指导下，每个学生制订出自己的设计进度计划。

（五）分段实施，各有侧重

1. 设计开始阶段　多为拟订设计方案和确定技术参数。由于学生缺乏实践经验且知识面较窄，故有些学生会感到难于下手，希望教师给予指导或帮助。此时教师应着重启发、引导、鼓励和支持学生提出自己的观点和设想，必要时可针对现有方案的设计思想和优缺点进行分析，使学生在分析比较现有方案的基础上形成自己的一个或几个设计方案。然后组织学生进行讨论，反复推敲，从中选出最佳方案。切忌将教师拟订的方案出示给学生，否则将不利于学生形成正确的设计思想。在拟订方案过程中，教师要引导学生正确处理参考已有资料与创新的关系，使学生明白设计是一项复杂、细致的脑力劳动，熟识和利用已有资料，既可避免许多重复工作，加快设计进程，也是提高设计质量的重要保证。善于掌握和使用各种资料，如参考和分析已有的方案，合理选用已有的经验设计数据，也是设计工作的重要基础。然而，任何新的设计任务均有其特定的设计要求和具体条件，因而不能盲目、机械地抄袭，必须有创造性地进行设计。对有原则错误的设计方案，教师应及时指出，避免以后返工；对稍有不足的方案，可留到后面让学生自己发现并采取补救措施。

2. 设计中间阶段　教师要注意掌握进度，督促学生按预定计划循序渐进、保质保量地完成设计任务。通常只要抓住“两头”即可，使几个能力较强学生的进度稍快于预定计划，以带动“中间”，当其进度过快时，可酌情增加某些任务；对能力较差的学生要加强辅导，酌情减免某些次要任务。此阶段指导的重点是检查与辅导，及时掌握情况，发现问题，对一些普遍性问题，及时在全班做必要的提示或启发。设计一般分阶段进行，每一阶段的设计需经教师检查无误后，方可进行。教师通常每一天或两天在全班做一次辅导性讲课，时间一般不超过一节课，就检查中发现的问题及对后面设计的要求进行讲解。其他时间，教师主要是进行检查及个别辅导、答疑。答疑时，对课程内的问题一般不直接回答，可循序诱导，引而不发；对超出课程范围的问题可简略回答，同时提示参考资料。对学生应始终严格要求，发现学生设计有不符合要求的地方不能迁就，该重做的一定重做；对学生在设计中产生的思想问题，如畏难、不认真、抄袭等，应随时进行教育，以保证设计质量，并养成良好的工作作风或习惯。在设计进入正常轨道后，对能力较强的学生，要早放手；对能力较差的学生要多送几步；对自我要求不高、依赖性较大的学生，要多提醒，勤“敲打”。对学生在设计时表现出来的独立工作能力、提出的问题及完成任务情况，教师要随时记录，以便设计结束时给予正确的评价，并作为评定成绩的依据。

3. 设计后期阶段　教师要对学生的设计进行全面审查，指导学生编写课程设计说明书及组织答辩。

五、课程设计的评定

由于影响课程设计质量的因素很多，因而可采用先分项评分、最后累计为总分的办法，评定学生的设计成绩。分项的内容，各专业可根据自身的特点而定，一般可分为以下几方面：对基本理论、基本概念与基本技能掌握的程度；设计任务完成的情况；在设计中表现出来的分析问题、解决问题的能力和创新能力；设计及计算能力的熟练程度；图纸、说明书质量的高低；使用工具书、查阅参考资料的能力；在设计理论、方法上有无创见；工作态度、遵守纪律情况；答辩水平等。考核方法应是多方位的、综合性，一般可从以下几方面综合考核。

（一）设计过程考核

不同的设计阶段，都从不同角度反映着学生不同的能力。所以，要分段综合考查学生的基本能力，根据学生在设计准备、制订方案和设计实施诸阶段的表现（含业务、态度和品德）及完成图纸、计算和设计说明书的质量来评定。在制订方案阶段，着重考核学生独立思考、分析问题和运用技术资料解决实际问题的能力；在设计阶段，除考核学生对本课程基本知识和基本技能的运用情况外，还要考查其查阅资料和独立工作能力。设计过程的考核，是督促学生认真、按时、保质及创新地完成各项设计内容的主要措施。

（二）卷面质量考核

学生完成的设计说明书和全套图纸，既反映了设计质量，也从一个侧面折射出其基本能力。

（三）重点内容考核

由指导教师主持对学生设计中的主要内容进行质疑问难，以考查学生对设计中主要技术问题的理解深度和见解。

（四）单项能力考核

对那些便于进行单项能力考核的项目应单独考核。比如，考核查找规定项目的资料和标准所用时间长短和正确程度等。

多方位考核，不仅使成绩评定更为客观和准确，而且能体现专业训练的特点，体现以考核基本能力或综合能力为主的指导思想。当然，对于应从哪几方面进行考核及各项考核应占多少比重，还需在探索中去完善。

毕业设计的目的　特点　途径

毕业设计是高等院校教学过程的重要环节，是学生即将结束在校学习的最后阶段进行的一种总结性的实践教学环节，是应届毕业生的总结性独立作业。毕业设计也是学生走上国家建设岗位前的一次重要实习。毕业设计，可使知识承上启下，有助于学生进一步消化原有知识，提升自己。

一、毕业设计的目的

毕业设计，可使学生将学过的理论知识获得巩固、扩大、加深，发展已有知识及培养综合运用已有知识去独立解决问题的能力，为其将来独立进行实际工作提供必要的素质修养。

（一）进一步巩固所学

毕业设计，可使学生进一步巩固加深所学的基本理论、基本技能和专业知识，且系统化、综合化。

（二）提升设计能力

设计能力，是理论与实践相结合、相融合的能力，不同于理论分析能力、表达能力和动手能力，是一种如何将思维形式的知识转化为客观尚未存在但可实现的物质实体的创造能力；是认识客观与表达客观，又是创造客观的能力。故设计能力的培养对工科学生尤为重要。

（三）培养实际能力

毕业设计，可培养学生独立工作、独立思考，并运用已学理论知识解决实际工程技术问题的能力，且加强实验能力、绘图、编辑设计文件、使用规范手册等基本工作的实际能力，以及外语水平等。

（四）增进创新能力

毕业设计既可结合课题需要培养学生独立获得新知的能力，还有利于其创新意识和创新能力的增进。

（五）孕育人格品德

毕业设计可使学生树立严谨、负责、求是，刻苦钻研、勇于探索，与他人合作等方面的能力与品格。

三、毕业设计的特点

毕业设计的课题应具备任务明确，要求具体，难度适当等特点。其特点主要体现在如下几个方面。

（一）过渡性

毕业设计，一般安排在专业课程学完之后，学生走上工作岗位之前进行。因此，具有承前启后的特点：使前期课程所学知识得到巩固、深化和运用，并与未来工作需要及完成技术员基本训练相连接。它是使学生过渡到技术人员的重要阶段，是由学业、专业过渡到就业、创业的重要桥梁。

（二）综合性

毕业设计是以学生为主体、教师参与为辅的一项综合实践活动。完整的毕业设计过程包括专业实习、资料搜集、题目选择、具体实现、论文写作与答辩，这些环节是赋予学生综合能力的载体，使之受到完成一个实际项目所必需的综合训练。它集基础知识、专业理论、基本技能于一体，使之在计算、绘图、运用技术资料及发现问题、分析问题和解决问题的能力均得到综合训练，是培养学生设计能力的综合性环节。

（三）实践性

毕业设计之前，一般均通过毕业实习取得生产现场的工艺、设备和管理等实际知识，搜集有关技术、生产等方面的数据和资料。在毕业设计中，从选题到设计，是结合科研实际、生产实际，甚至为生产现场所需而进行的“真刀真枪”的设计，帮助企业解决生产实际问题，所以它具有很强的实践性。

（四）独立性

毕业设计从实习调研、搜集资料到确定方案、进行设计及实验测试、结果分析、书写设计报告（论文）等，都是学生在教师指导下独立进行学习和实践；加之，师生交流的“个体化”，更显示学生担任“主角”，靠自己独立思考、独立操作、独立完成，教师的作用主要是通过引导、指点、启迪、辅导、咨询，激发学生的创新性思维，使其独立意识、独立工作能力和独立活动能力得到较好的锻炼。

（五）探索性

文化课、基础课与专业课知识是前人经验的积累与结晶，有特定的知识内容，问题的求解也多具确定性；而毕业设计则是多目标的整体安排，根据目标的侧重点不同可设计出不同的方案，得出不同的结果。正如“天机云锦用在我，剪裁妙处非刀尺”。所以，它是在学习中研究，以研究带学习，是结合专业技术与综合能力进行的一次探索性演习，能促使学生在设计中想得多、想得新、想得巧，想得深。

（六）创造性

毕业设计是一种创造性教学活动，能促使学生通过专业实习、查阅文献等对所要解决的问题进行深入的分析和研究，会发现、认识有意义的新知识、新技术、新工艺和新思想、新方法，最后创造性地提出解决问题的思路和策略。

（七）学术性

特别是本科院校的毕业设计，要以科学理论和科研实践为基础，以严谨求实的态度去探索未知世界。体现在毕业设计上，就是逻辑要严密、分析要客观、论据要充分，这个过程本身就是一种学术性活动。

三、提高设计质量的途径

重视毕业设计是提高设计质量的前提。在整个设计工作中，师生应明确目的，掌握特点，知晓途径，学校与院系应加强领导，提高工作效率，不断完善管理规定和评估指标，为设计提供必要的实验设备和条件，从而达到提高设计质量的目的。

（一）严格选择设计题目是提高设计质量的基础

选定毕业设计题目应从专业培养目标出发，力求巩固、深化和拓展学生所学知识，以得到较全面的训练及独立工作能力的培养。题目要尽可能结合生产、科研或工作实际；题目应多样化，内容应新颖，从学生实际水平和教师专业特长出发，充分利用现有教学、设施，并鼓励学生依自己兴趣提出题目。

（二）发挥学生积极和创造性是提高设计质量的根本

在确定毕业设计课题时，要突出学生的主体地位，尽量满足学生个人选题的要求，本着因材施教、扬长避短的原则，采取“公布题目、双向选择、院系调控”的做法，充分调动学生的积极性。也可尝试“校企联合”的途径，即通过毕业就业环节，使更多的毕业设计与学生将要从事的工作紧密结合。

（三）依靠教师科学指导是提高设计质量的关键

教师要加强对学生的指导，要投入足够精力、时间与学生互动。在关键时刻，起到指导与把关的作用，在具体细节上大胆放手，充分发挥学生的积极性和创造力。一要提高对毕业设计指导的创新能力，由传统的设计教学体系向新的设计教学体系转变，是教师由“主导”向“咨询”的转变，但作为整个创新能力培养的引导者，教师须具备很强的对设计指导的创新能力。二要提高专业素质，具备深厚的专业知识与很强的专业教学能力。这些知识和能力既要全面，又要结构合理。三要提高科研能力。唯此才能把学科前沿的知识和问题介绍给学生，才能把新的科研手段和方法传授给学生。四要提高人格魅力。设计的过程是教师与学生近距离交流最多的时期，故教师严谨的治学态度和作风都会对学生人格的形成产生深远影响。

（四）规范各个环节管理是培养学生综合能力的保证

毕业设计内容可多元化，但设计过程须规范化。设计应结合专业特点，对设计的基本内容和基本过程都要提出明确的规范和要求。完整的设计应包含以下基本内容：本专业设计的基本内容、能力培养的基本环节、设计和指导设计的基本过程及本专业设计表达的基本要求。应注意的是，规范化并不意味着不分轻重，而是有繁有简，有的环节要深入细致，有的环节只需学生在自行设计时加以参考即可。

（五）严格成绩考核是提高设计质量的有效手段

毕业设计的评定是对完成设计的综合、全面考核。严格的评定，既能客观评价学生掌握知识和运用知识解决问题的能力，还可反映其综合素质。要进行单独评定，不受平时学习成绩的影响。对未完成设计者、有原则性错误者、设计说明书及附件不完整者、答辩时概念性错误较多者，均应严格执行评定标准。

毕业设计的选题类型　原则　方式

选题是毕业设计的关键。选好的课题能强化理论知识及实践技能，使学生充分发挥其创造力，圆满地完成毕业设计。只有遵循毕业设计的原则，运用恰当方法，才能使学生得到全面锻炼，培养符合社会需要的应用型、创新型人才。

一、选题类型

毕业设计，首先遇到的就是选题。恰当的选题是做好毕业设计的前提，而且对毕业设计质量有直接影响。毕业设计的课题类型主要有三种。

（一）探索型课题

探索型课题，是指具有一定深度和广度，跟踪本专业某个研究方向而设计的课题。这类课题要求学生掌握深厚的基础理论知识，并且需要补充一定量的新知识。指导教师在制定设计内容时，应充分考虑学生的理论基础和接受新知识的能力，使其在规定时间内完成毕业设计任务，并得到全面锻炼。

（二）实践型课题

实践型课题，是指源于本专业生产实践所需要的实际课题，这类课题的选择要经过“调查→筛选→定题”三个阶段。指导教师要到相关企事业单位深入调查，了解和搜集各种与本专业有关的待解问题，依据选题原则，再进行筛选，拟定详细的设计任务书确定课题。实践型课题内容和形式十分广泛，工作量大，时间紧，往往需要多名学生分工合作，能使学生得到既全面系统又深入具体的实际锻炼。而且，对于此类课题，学生会表现出较高的热情和兴趣，能唤起他们的主观能动性。设计完成后若能投入应用，更会使学生产生莫大的成就感，增强自信心，从而激发极大的学习和工作热情。

（三）模拟型课题

模拟型课题，是指为达到教学目的，根据本专业要求，假设或模拟一些技术参数而设置的题目，也可是从企事业单位正在或已完成的项目中抽取出来的课题。这类课题参考资料丰富，经过详细周密的计划编排，难度适中，学生可从中得到较系统、较全面的训练。

另外，还可通过考察历年的毕业设计课题，筛选出有利于学生综合素质训练的课题，形成毕业设计课题库，保证课题的充足性和连续性，之后可根据科学技术的发展水平进行适当调整，增加新课题或修改原有课题的技术要求。

二、选题原则

毕业设计的课题选择，应本着量力而行的求实原则，既要考虑企业急需解决的实际问题，又要注意使题目具有一定的创造性、前沿性。既要满足教学及生产需要，又要注意具有典型性、先进性、综合性等。

毕业设计的选题可从以下几个方面综合考虑：

（一）教学性原则

教学性原则，即符合培养目标、结合学科特点及教学基本要求原则。题目内容要同所学专业一致，尽量覆盖本专业的主干课程或专业研究方向，并在一定程度上符合学科的发展趋势，符合培养目标的业务要求，满足毕业设计的教学要求，体现在校期间所学知识与能力的要求，以达到综合训练的目的。来源于生产实际的课题并不都适宜作毕业设计，可根据教学需要适当筛选、简化、浓缩、改造，使其与教学要求相一致。为此，所选课题应力求满足如下要求：其一，使学生能较全面地运用所学知识，有助于巩固、深化已有知识，并有助于扩大知识领域；其二，使学生受到发现、分析与解决实际问题等多方面的基本训练，有利于学生综合能力的形成；其三，使学生掌握正确的设计思想，有利于培养严谨的科学作风和实事求是的科学态度；其四，使学生得到本专业工作的实际锻炼，有利于毕业后尽快适应职业岗位需要；其五，使学生受到技术人员和工人优良作风的熏陶、企业各项管理制度的影响，对于劳动和劳动者感情的培养，树立良好的职业道德及事业心，形成较强的竞争意识和协作精神等皆大有裨益。

（二）生产性原则

题目的选择在满足教学基本要求的同时，可与企业联合，共同开发一批有实用价值、适合学生设计的课题，甚至可以以某些单位的某项生产任务作为设计课题，为解决生产中的实际问题服务。这样，一是可让学生处于技术员工作环境之中，使之更具设计真实感，有利于调动学生的主观能动性；二是可促进学校与企业的密切联系，有利于实现教育为经济建设服务；三是不仅能培养学生发现、分析和解决实际问题的能力，而且会使学生有自豪感、责任感；四是便于学生学习工人师傅的优秀品质、技术人员的优良作风及企业的各项管理制度；五是可得到企业和工程技术人员的直接支持和帮助，并且通过为企业完成部分任务，使教学、生产、技术服务三结合，使学生、教师、工程技术人员三结合。值得注意的是，题目选自生产实际绝不只是为了完成生产任务，而是一种手段，其成果则是必然的“副产品”——能为企业完成部分任务。

（三）典型性原则

选择的题目要有典型性。由于学生初次接触与生产实际联系紧密的设计任务，所以可搞模仿性、改造性设计。为使设计能顺利进行，所选题目的资料要充分一些、齐全一些、成熟一些、典型一些，以使学生不仅易于掌握，而且能做到举一反三。题目的类型不宜过多，过多则使准备工作复杂、实习场地分散，教师指导困难，但也不宜全班做一种题目。通常，四至八人做一种题目较妥。在同一题目内，通过改变技术条件（或参数）可分为几组题目，尽量使每个学生的任务各不相同，以避免互相抄袭。当然，有些毕业设计题目也可定型化，以利积累资料，增强经验，提高质量。

（四）量力性原则

毕业设计题目的选择应适合专业人才的层次标准，应以中等复杂程度的工艺设计或常规设备设计为主。所谓量力性，一是题目分量要恰当。分量不宜太重也不宜太轻。过重，势必使学生忙于数量上的任务而降低质量；过轻，则满足不了教学要求。二是题目难易要适度。应有一定的难度，以使学生有思考空间、钻研余地。过难，学生做不了；过易，满足不了训练要求。所以，题目的难易程度应根据学生的不同水平而有所不同。换言之，工作量和难易程度要适中。对于工作量大、难度大的课题可以拆分成几个子课题，由几个学生分工合作，锻炼学生的协作能力。

（五）针对性原则

针对性原则，即因材施教原则。毕业设计课题有明确的工作任务和研究对象，既要能达到培养训练的目的，又要保留发挥学生创造性的余地。课题的多样性，使指导教师能针对学生的理论知识和基本技能的掌握情况，有选择地分配课题。由于学生知识积累程度有高有低，实际能力相差悬殊。因而选题应满足不同水平学生的要求，因人而异。若题目较大，应使学生力量互相搭配，合理分配工作任务，做到各得其所，各尽所能，各有所得。通常，毕业设计题目由指导教师拟定，考虑因材施教，分发给不同学生；对学习成绩优秀者和独立工作能力较强者，也可让其自行选题，经指导教师同意后可进行设计，还可鼓励学生自主命题，学生既可根据自己的实际调查结果命题，也可根据就业趋向命题。这种自主命题，比其他来源的课题具有的实际价值更大，使其毕业设计真正能与社会需求接轨。

（六）先进性原则

当今，科学技术发展迅猛异常。工艺的改进、产品的换代、设备的更新、技术的进步日新月异。因此，毕业设计的课题必须与时俱进，符合超前性、先进性、远瞻性，每年都应有新课题或新因素。选题科学而新颖，不仅吸引力大，而且能使学生学到一些新理论、新技术、新设施，同时有利于培养与发挥学生的潜能与创造性。

（七）实用性原则

学习的最终目的是为了应用，与实际结合的课程能激发学生的学习动力，产生强烈的学习爱好与兴趣。毕业设计的题目要有实用价值或应用价值，有条件的应结合科研、实验室建设项目进行，或选择学生毕业后可能从事的工作为题。有此基础，可使学生就业后较短时间就可胜任难度较高的技术工作。毕业设计若仅限于“纸上谈兵”，学生往往不会认真对待；反之，则会使学生兴趣大增，积极性提高，责任心增强。拿到实用性强的课题的学生积极性明显高于其他学生。

（八）综合性原则

所谓综合，包含：①多种学科的综合——结合某专业学科确定一个综合课题，若课题较大，涉及多个学科，可分解为几个子课题，交由不同的小组（或个人）完成，最后再整合成一个完整的课题。②学科教学的延伸——如结合电气控制线路，要求学生设计机械动力头控制电路并安装调试。结合数字电路进行逻辑电路的设计与装接。③多种能力的综合——毕业设计是对学生多种能力的综合培养。所以课题的选择应有利于巩固、深化学生所学知识，提高其查阅文献资料能力、绘图能力、计算机应用能力、动手操作能力、综合分析和独立解决实际问题的能力及写作表达能力等，以使学生得到较全面的训练，达到对多种能力的综合培养。总之，选题要体现综合性原则，并达到以下目标：①提高综合运用专业知识分析和解决问题的能力；②掌握文献检索、资料查询的基本方法和获取新知识的能力；③掌握应用系统的设计开发能力；④提高书面和口头表达能力；⑤提高协作配合工作的能力。毕业设计题目的确定和设计任务的下达，应有严格的审批制度。一般做法是：首先，由指导教师填写毕业设计报告，说明课题名称、性质、内容及价值；然后，教研室（组）根据课题情况逐个审查；最后，报学院、系审批。审批后，一般不容随意变更，应统一给学生下达设计任务书。这样，可有效保证设计进程和设计质量。

三、选题方式

原则上每生一题。由几位学生共同完成大型任务的课题，须明确每个学生应独立完成的子课题，以便他们都受到较全面的锻炼。经验表明，指导教师与学生之间对毕业设计的课题进行双向选择更有利于毕业设计质量的提高。

（一）双向选择实施

首先，各位指导教师将自己所拟定的课题名称、设计内容、所需人数、理论知识储备、相关基本技能和需拓展的新知识领域等向全体学生公布；学生在充分了解所有指导教师的毕业设计课题情况之后，根据自身情况填写选择表，可选择程度取决于课题的具体数目和可操作程度。然后，毕业设计领导小组根据学生填报的志愿情况，整理成表格发给指导教师，由教师按学生志愿进行挑选。在上面两个阶段中，未被学生选择的教师和未被教师选中的学生统称为落选者，需经由毕业设计领导小组进行综合平衡、调剂。

（二）双向选择优势

学生选择指导教师，可促使教师提高自己的选题质量及自身业务素质，促使教师在平时教学过程中，努力改善教学方法，提高教学水平，给学生留下严谨治学的良好印象，以便被学生选中。同时，还可促使教师在平时的科研工作中，加强与企事业单位的联系，收集整理出受学生欢迎的实践型课题。指导教师选择学生，一方面可促进学生努力学习，提高平时的学习成绩和基本技能水平；另一方面也可促使教师加强与学生之间的交流，对学生的学习成绩、能力和道德品质等方面有更深入的了解。

毕业设计既涉及理论知识又涉及实际操作技能。因此，指导教师既要能从理论上指导，又能给予实践上的帮助，并且应提前做好毕业设计的准备工作，编写具有一定格式的毕业设计指导书。学校也可考虑聘请有经验的技术人员参与这一过程，以提高设计的质量。

毕业设计的资料搜集

资料，就是为某一写作目的，从生产、生活中搜集、摄取并写入文章之中的一系列事实或证据。有关资料，是进行毕业设计的素材、基础和依据。掌握充分而可靠的设计资料，是顺利完成毕业设计和保证设计质量的重要条件。无资料，设计（论文）就成了无源之水，无本之木。同时，资料又是表现主题的支柱。无资料，主题就不能得到充分有力的表现。为此，应指导学生在毕业实习期间就着手进行周密、细致的调查，并引导学生学会运用现代化手段获取有关方面的大量信息，广泛搜集与毕业设计课题有关的技术或业务资料。指导教师在此期间应注重培养学生搜集、查阅、分析、筛选和整理资料的能力。

一、毕业设计资料的来源

毕业设计所需资料，既要依靠学生通过毕业实习进行搜集，又需教师提供必需的资料。

（一）设计指导书

其内容一般包括：设计题目、设计要求、设计步骤、设计方法及其中涉及的学生未学知识之提示。

（二）指定参考资料

它通常包括：设计手册、图册及与设计有关的参考书。

（三）设计的工艺资料

生产现场中同类题目的设计与工艺资料，如设备图纸、设备说明书、工艺规程、技术标准、产品样品、产品说明书、实验记录、技术报告、技术总结、技术规划、技术报表及技术经济指标等。

（四）现场测定与写实

如实测的重要数据、重要零部件的绘制草图、有关设备或工艺的新理论与新技术的采用情况等。

另外还有：①现场工程技术人员做的技术报告或专题讲座，技术部门的规程、规划、总结、技术措施等；②通过访问工程技术人员、老技术工人及与之座谈、交流得到的信息资料；③教科书及毕业实习报告、实习日志等；④有关期刊、学术（技术）会议论文集等。⑤通过互联网查阅较新颖和较全面的资料。

二、搜集资料的组织与指导

为避免调查的盲目性，毕业实习之前应使学生明确调查及搜集资料的目的。因而，应提前将设计任务书发给学生，组织学生认真研究和分析设计的原始条件，明确设计要求及内容，并做到以下几点。

（一）拟定搜集资料的计划

帮助学生拟定搜集资料的计划，并在优化设计方案的过程中不断调整搜集资料的计划。把指导重点放在引导学生如何围绕设计内容搜集资料上，并指出资料的范围及应如何进行搜集。

（二）提前与有关部门联系

指导教师应提前主动与企事业有关部门进行联系，以争取对方支持与配合，并为学生疏通搜集资料的渠道。

（三）组织学生的现场活动

组织好学生在现场的活动，如聘请工程技术人员做现场技术指导或进行专题讲座，召开调查会；组织学生进行现场测定与写实，组织学生讨论设计方案。

（四）随时对学生进行指导

在学生搜集资料的过程中，指导教师要经常到现场了解学生工作情况，并就调查方法、资料来源和有关技术问题进行答疑及针对性指导。在答疑过程中切忌把教师参考用的设计图纸、工艺资料出示给学生。

（五）检查学生实习日志

在学生搜集资料的过程中，指导教师应经常检查学生的实习日志，并就检查中发现的问题有针对性地进行指导。

（六）按时整理搜集的资料

督促学生按时整理搜集到的资料，整理工作最好不要在离开调查地点之后再做，因在原地点便于进行订正与补充。

三、毕业设计资料的积累与应用

资料有两类：一是“活资料”，是自己的亲身经历和体验，故又称第一手资料；二是“死资料”，是从书本或其他文献中得到的，故又称第二手资料。在毕业设计之前，要千方百计地搜集和积累资料。这项工作大致有四个环节。

（一）资料占有

原则上要求“多”。要多搜集、多积累，就得做一个勤观察、多思考的有心人。勤观察，是搜集和积累资料的前提。所以，要重视培养学生“独具慧眼”的本领。所谓“慧眼”就是敏锐深刻的观察能力，善于捕捉常人不易发现的问题。通过勤观察，做到见多识广，加之多思考、善理解，方能加深记忆。因而，观察与思考不可分割；否则，不动脑的观察，即便面对很有价值的事例、现象或信息，也似过眼云烟，稍纵即逝。

（二）资料鉴别

原则上要求“准”。对已占有的资料，必须进行认真鉴别，这是搜集与积累资料的中心环节。通过分类、比较和分析，鉴别资料的真伪、主次和作用大小。鉴别如何，关系到设计的质量与成败。

（三）资料选择

原则上要求“精”。对占有的资料进行鉴别之后，即进入选择阶段，这是从搜集到使用资料的关键环节。怎样选择，选择什么？一是“真实”，最好是自己获取的第一手“活资料”，第二手资料的来源必须可靠；二是“典型”，不是有闻必录、凡材必取，而是选择最能说明问题本质、特点的最具有代表性的资料；三是“新颖”，富有“时代气息”，具有新意或别具一格的资料。

（四）资料使用

原则上要求“当”。在占有、鉴别和选择资料的基础上，还有一个如何使用资料的问题，即哪些资料用在哪里，或从哪个角度表现得更有说服力，或表现得更加鲜明，亦即资料如何灵活运用和怎样运用更为得当。

四、毕业设计资料的保存

搜集资料，要求学生记在专用本上，待毕业设计结束后连同设计题目一并交学校档案室或资料室处理：比较、筛选，将好的题目与资料交专人严格保管。这样，使有价值的毕业设计资料完整保存下来，既可备查，又可为下届学生毕业设计时提供参考。

学生完成毕业设计后，要写出报告，即编制毕业设计说明书和绘制工程图纸。说明书的内容主要包括：总论（概述、文献综述，设计人物的依据或项目来源）；设计产品所需的重要材料规格、来源；其他（如交通、节能和环境等）；生产流程或生产方案确定；生产流程简述；工艺计算（主要设备的工艺计算和设备选型）；原始材料、动力消耗定额；车间布置设计；环境保护与安全措施；设计体会与收获；参考文献等。同时注意书写格式及要求：①文字与标准——使用正式公布的简体汉字，外文字母一律用仿印刷书写；计量单位以国际单位制（ISO）为基础；注释用页末注（即把注文放在加注处一页的下端）；公式、图表应按顺序编号，并与正文对应。②图纸尺寸按国家标准——图面整洁、布局合理、线条粗细均匀、圆弧连接光滑、尺寸标注规范、文字注释用工程字书写，图表须按规定要求或工程要求绘制。③参考文献格式——科技书籍和专著：主要作者、书名、出版单位、出版时间、页码；科技论文：作者、论文篇名、刊物名、年、卷（期）、页码。

毕业设计的几个阶段

学生在完成教学计划所规定的理论课程、专业课程、课程设计、教学实习及生产实习，并经考试考查全都及格后，方可参加毕业设计。为搞好毕业设计的组织和指导工作，应把握好其过程中每个阶段的目的、要求及重点。

一、组　织

毕业设计周期较长，是一次重要的综合教学活动，必须进行严密组织。一是要成立以主管院校长为首的指导委员会，负责组织领导全校各专业的毕业设计工作，协调各部门的力量，提供人力、财力和物力保证。二是要选配指导教师，他们除精通本专业课程，具有较强的理论联系实际的能力外，还应熟悉生产现场和社会实际，并具有较强的事业心、责任感。

二、准　备

（一）任务书的编制

任务书的内容一般包括：课题名称、技术性能指标、设计原始资料、承担设计人的姓名、指导教师的姓名和职称等。任务书由专业科、系编制，上报主管校长审批后下达。

（二）指导书的编写

指导书由指导教师根据课程标准和设计题目进行编写，除按任务书写出课题完成的具体目标及各项技术、经济性能指标外，还应对学生完成课题的计划（分阶段安排）、方法（调查研究、比较论证等）、主要参数和设备选型及计算方法等提出可供参考的指导性意见，启发与鼓励学生独立完成课题。

（三）参加者的分组

要根据设计题目内容、分量进行分组，成员要适当搭配，既考虑个人智慧的发挥，又考虑集体力量的分工合作，还要顾及学生特长，并注意避免忙闲不均。

三、选　题

正确、合理地选好毕业设计题目，是搞好毕业设计的重要前提。选题当否将影响毕业设计全局，选题应围绕专业培养目标的业务要求来考虑，坚持与生产实际相结合，以给学生全面训练。据此，一是可结合学校的实验室建设，做一些专门实验设备的设计；二是可结合科研，选择适宜部分作为课题；三是尽量选择来自生产实际，且应经教师按教学要求进行加工的课题。这样既可使师生感受到实际的需要，自然萌生出责任心和成果欲；又能得到企业的支持和帮助，有丰富的技术资料；还使教学紧密结合生产实际，提高教学质量。

四、调　研

学生深入实际、亲身实践，进行充分而细致的调查研究是毕业设计的基础。社会调查内容为毕业设计需确定的对象，调查方式为蹲点、跑面、提问等，这种调研侧重培养学生自我获取知识的能力。对此，一是应尽早向学生介绍毕业设计课题的情况、技术关键和发展趋势，使学生尽早进入角色，主动查阅文献，搜集资料；二是应尽早联系和选定调研单位和明确调研目的，减少调研的盲目性。为了提高调研质量，还应注意选择与设计题目有关、有一定代表性，且设备与工艺较先进的单位进行毕业实习，以使学生开阔眼界、拓宽知识，搜集毕业设计所需的各种有效资料。此间，指导教师应善于组织和指导学生科学地搜集充分而可靠的资料，把主要精力用于对现场的观察、生产的了解及与技术人员和工人交谈、请教、商讨，必要时聘请有关工程技术人员做专题报告或讲座，然后在消化吸收的基础上进行分析研究，进而选摘要点、观点，为我所用。

五、指　导

教师要指导学生分析课题，确定设计思路，充分利用技术资料，注重设计方法和合理使用工具书。学生设计时应注重理论与实际的差距，充分考虑设计的可行性。要注重学生完成任务的质量和速度，及时指出其存在的不足，启发其独立思考。指导学生养成良好的安全意识和严谨的工作作风。设计完成后应撰写毕业设计论文，对自己的设计过程作全面的总结。此阶段主要是学生的独立学习、独立思考和创造活动，教师的指导方法较一般辅导有所不同，侧重于引导、启发、服务。

（一）引导上路

一是介绍课题概况，使学生获得对课题的总体认识；二是帮助学生拟定设计进度表，使学生明确毕业设计的具体程序与内容；三是适当展示历届学生的毕业设计图纸、文件，并分析其优劣，使学生从中博采众长，加以借鉴。

（二）因材施教

根据学生的特长、爱好及能力，分配不同的任务，或在完成基本任务的前提下增加不同内容。在设计指导上，对能力强和弱的学生分别给予“粗”和“细”的“处方”。

（三）启发深入

学生入门后，应放手让他们自己去做。教师的指导讲解不宜“多而细”而应“少而粗”，对学生提出的问题可据情况做不同处理。对专业课程中讲授过的问题不直接作答，可循序诱导，引而不发；对专业课程未涉及的问题可做简略回答，提出参考文献，以锻炼其独立分析与解决问题的能力。

（四）组织指导

在进行设计中，教师主要起组织、指点作用，既要有精心的组织工作，又要有细致的业务指导。它要求教师有高度的责任心和较强的业务能力。

（五）鼓励创新

一是引导学生在广泛搜集资料的基础上，对各种方案进行讨论，既要看每个方案的优点，也要看到其不足，抓住不足之处做文章；二是鼓励学生“求异”，对一些不寻常的构思、方法，如果无明显错误就应予以鼓励，不轻易否定或强行拉入教师设想的“框架”。

（六）严格要求

学生临近毕业，思想异常活跃，各种想法亦多，必须加强领导，严格要求。注意抓进度，保质量；抓优生，高标准；抓差生，严要求；严禁互相抄袭。在整个设计过程中，指导教师要配合班主任或辅导员做好学生的思想工作，随时了解其思想动态，及时帮助他们解决各种问题。

六、答　辩

答辩，是检查学生毕业设计质量的一场“口试”，是经过专家与教师点评使学生提高认识的过程，是全面考核学生掌握知识程度及综合能力的重要手段，是由学生在众多专家面前回答与论证设计方案的正确性与可行性的考核形式，是对毕业设计成绩的检阅。答辩，可使学生进一步总结设计过程，检验其应变能力及自信心，为真正走上社会打下坚实的基础。答辩主要考查学生的一些专业基础知识和基本理论，也是帮助学生总结的过程。要积极引导学生总结在设计过程中积累起来的经验，分析设计效果，找出不足及改进方法，帮助学生把实践转化成知识和技能。通过答辩可考核学生的知识水平及表达、思维、概括和创新等能力。为使每个学生都有答辩机会，既要克服因答辩时间过短而形成走过场的现象，又不致用时过长，通常采用大型公开答辩与小型个别答辩相结合的方式。大型公开答辩可聘请校外有关设计院、用人单位、有关工程技术人员和权威人士、指导教师及学校领导组成答辩委员会（或小组）主审，由专业科（系）主持，选取少数成绩较好、设计任务有典型性的学生进行，并吸收本专业同年级或全班同学参加旁听，也允许他们提出问题。为使答辩进行有序，应制定答辩要求、答辩纪律、考核标准和进程安排。同时，答辩者应将有关资料、参考书、相应图纸等随身带上，以便张挂和随时查阅参考。每个答辩者均应在规定时间（约 1 小时）内完成。答辩主要考查学生的一些专业基础知识和基本理论，以有助于学生进一步总结设计过程，检验应变能力及自信心，为真正走上社会打下坚实基础。答辩程序一般分为自我汇报、回答提问、集体评议、宣布结果几个阶段。

（一）提交毕业论文

学生必须在答辩举行之前半个月，将经过指导老师审定并签署意见的毕业论文按照要求的份数（一式三份）连同提纲、草稿等交给答辩委员会，答辩委员会的主答辩教师在仔细研读毕业论文的基础上，拟出要提问的问题，然后举行答辩会。

（二）进行论文答辩

在答辩会上，首先，由答辩学生用约 15 分钟时间，简要叙述如下内容。

1. 自我介绍　包括姓名、专业、班级。

2. 课题介绍　课题名称及选择该题目的原因、目的、内容及要求。

3. 设计方案　拟定的设计方案和根据。

4. 主要特点　设计的特点。

5. 课题结论　计算、分析的理论依据及最后结论。

6. 有何创新　有哪些创新之处。

7. 论点论据　主要论点、论据和个人心得体会。

8. 其他事项　自认为其他需要汇报的问题。

当然，使用视频进行介绍亦可，但亦需注意简洁有力、突出重点、忌空洞冗长、言之无物。

（三）主答辩教师提问

答辩委员会成员围绕与设计课题有关的内容进行提问。提问范围以设计内容所涉及的问题为限，除设计的基本思想、方案分析和设计中存在的问题外，还可提出与此课题有关的基本概念、理论知识和灵活运用能力等方面的问题。提问者应事先拟好提纲，恰当把握问题的深度与广度，不过于深奥或肤浅，防止现想现问，漫无边际，离题太远，要“提在点子上，问到要害处”。主答辩教师一般提三个问题，问完后，可让学生独立准备 15~20 分钟，再当场回答。可对话式，也可是主答辩教师一次性提出三个问题，学生按顺序逐一作出回答。根据回答情况，主答辩教师和其他答辩专家及教师随时可有适当的插问。

（四）集体评定答辩

学生逐一回答完所有问题后退场，答辩委员会集体根据设计（论文）质量和答辩情况，商定是否通过，并拟定成绩和评语。

（五）宣布是否通过

由主答辩教师当面向学生就设计（论文）和答辩情况加以总结，肯定其优点和长处，指出其错误或不足，并加以必要的补充和指点，同时当面向学生宣布通过与否。至于答辩的成绩，一般不当场宣布。

毕业设计的各个阶段均应注重培养学生的独立学习能力与合作探究能力，具备了这两种能力，对其在今后的深造中学习与研究或工作岗位上主动发现并解决实际问题皆受益无穷。

毕业设计的成绩评定

对毕业设计的考核要全面、细致、准确。评定毕业设计成绩的根据是学生对毕业设计的态度、思想、业务能力、应变能力与独立工作情况。诸如：对设计有无透彻的分析，表述有无严密的逻辑，演算是否精确，构思是否合理，设计是否可行和实用及答辩能力、工作量大小等。也可概括为：设计思想的先进性和经济性、设计质量的可靠性与独创性、图纸质量的完整性和正确性、说明书的计算正确性和文字通顺性、答辩中的概括能力和表达能力、答辩水平的独特见解和思维创新等。

一、评定的准则

（一）设计思想正确

学生有无整体观念，能否结合生产实际，是否结合厂情和国情，综合地运用科学性、先进性、经济性、可行性、实用性、安全性等诸方面的要求，进行认真设计，并有突破和创新。

（二）独立完成设计

在设计中遇到问题时，是简单地向教师索取答案或抄袭他人的设计，还是认真查阅资料、积极思考，充分发挥自己的主观能动性和创造性，独立完成毕业设计。

（三）设计保质保量

设计质量，关键在于是否具合理性、准确性、可靠性、独创性以及保质、保量、按时完成设计任务。

（四）说明书质量

设计说明书应内容正确、文字通顺、计算准确、层次清晰、重点突出，推理具有逻辑性，论据充分。

（五）图纸质量

绘制的图纸是否符合制图标准，其中包括：零部件的结构、尺寸及技术要求的标注，图面干净清晰、线条均匀，标注正确无误且充分、齐全等。

（六）答辩水平

答辩水平，取决于学生答辩的概括能力、表达能力如何，态度是否端正、谦虚，能否正确、简明地叙述设计思想、设计要点，能否较为准确、完整地回答提问，有无独到见解和不寻常的思维。

二、评定的等级

评定成绩等级的根据主要有两个方面，一是毕业设计的质量；二是答辩的表现，而答辩表现的重要性不低于毕业设计的质量。成绩评定大多采用优、良、中、及格和不及格五级制。

（一）优　秀

按期且圆满完成任务书中规定的项目，能熟练综合运用所学理论和专业知识，有结合实际的某具体项目的设计或对某具体课题有独立见解的论证，并有较高技术含量。立论正确，计算、分析、实验正确、严谨，结论合理，独立工作能力较强，科学作风严谨，毕业设计或论文有些独到之处，显示出较强的独立性、创造性，答辩时能正确、全面、迅速回答问题。①全面完成毕业设计任务，能灵活、正确综合运用本专业的理论知识，较好地结合生产实际，分析和解决设计中的问题，能熟练使用参考书和技术资料，表现出较好的基本技能训练素质，有较强的独立工作能力；②熟练掌握设计计算方法，设计说明条理清楚，文字通顺，解说简练，正确无误；③图面清楚整洁，构造合理，能很好地表达设计意图，符合国家标准；④答辩自述简明扼要，概念清楚，能熟练正确回答问题，表明很好地掌握设计内容和有关理论知识；⑤态度认真，遵守纪律，虚心好学肯钻研，设计和答辩中仅有个别非原则性缺点和错误，经指出后能立即纠正。

（二）优　良

按期且较好地完成任务书中规定的项目，能较好地运用所学理论和专业知识，有一定结合实际的某具体项目的设计或对某具体课题有独立见解的论证，并有一定的技术含量。立论正确，计算、分析、实验正确，结论合理，有一定的独立工作能力，科学作风好，设计论文有一定的水平。①可较好地全面完成毕业设计任务、能综合运用本专业的理论知识，基本能结合生产实际分析和解决设计中的问题。较好地使用参考书和技术资料，表现出一定的独立工作能力；②能够正确掌握设计计算方法，设计说明书条理清楚，计算分析基本正确；③图面清楚整洁，构造基本合理，能表达设计意图，基本符合国家制图标准并与说明书基本一致；④答辩时，自述较简明，能准确地回答主要问题，一些非原则性缺点和错误，经提示能讲清楚，表明较好地掌握了设计内容和有关理论知识；⑤学习态度较认真，遵守纪律较好。

（三）中　等

介于良好和及格的标准之间。

（四）及　格

可按期完成任务，基本达到毕业设计任务书所规定的设计要求，能结合实际完成某具体项目的设计或对某具体课题有独立见解的论证，但技术含量不高。在运用理论和专业知识中无大的原则性错误；论点、论据基本成立；计算、分析、实验基本正确。毕业设计（论文）基本符合要求。在非主要问题上存在某些错误或欠缺，答辩时有些问题回答迟钝或需经启发方能回答。①能基本上完成毕业设计任务，在运用基本理论知识解决设计问题时，无大原则性错误；②能基本上掌握设计计算方法，设计说明书书写不够整洁，计算分析稍有错误，但修改补充后能满足要求；③图面不太整洁，有些表达不够明确，图面与说明有矛盾，制图有错误，但经修改后能符合要求；④答辩时，自述缺乏重点，答问有些错误，但经启示能够更正，表明仍掌握主要的设计内容和有关理论知识；⑤迟到、早退或无故缺勤较多，累计不超设计全程时 1/3。

（五）不及格

未按期完成任务书规定的项目，未达到任务书所规定的基本要求，设计中存在原则性错误，缺乏工程设计的基本能力，基础知识掌握较差，答辩不能解释毕业设计的基本论点，不能正确、完整地回答提问或基本概念和基本技能未掌握。没有结合实际的具体设计内容或独立见解的论证，只是一些文件、资料内容的摘抄。毕业设计（论文）未达到最低要求。有下列情况之一者视为不及格。①未完成毕业设计教学要求者；②未在规定时间内完成毕业设计者；③未掌握设计计算方法，计算分析有严重错误，表达不清楚，不合乎起码要求；图面与说明严重不符，不符合制图标准，修补后仍不能满足要求者；④答辩时，概念不清，不能正确回答主要问题乃至简单问题，经启发仍不能更正，表明未掌握设计内容和有关理论知识，未达到基本要求者；⑤学习态度差，不遵守纪律，经常迟到、早退，累计缺勤达或超过设计全程时间 1/3 者；⑥弄虚作假、伪造实验（设计）数据，有严重抄袭行为者。

成绩评定时，对“优秀”者要严格，优秀率不超 20%，必须参加公开答辩。对“不及格”者要慎重，“不及格”者需要重修。

三、评定的评语

在对毕业设计成绩进行评定时，指导教师还要会同班主任或辅导员写出恰当的评语。其内容主要包括实际表现、业务能力两个方面。一是实际表现方面，包括对专业活动、业务学习和毕业设计的态度，在思想品质、尊师守纪、团结互助和文明生产方面的表现，在职业道德、职业责任及职业信念方面的表现等。二是业务能力方面，包括毕业设计工作量和内容是否符合任务书的要求，设计中的特点、优点和缺点，基础理论、基础知识、基本技能、独立工作能力、组织管理能力、开拓创新能力等。

评定成绩时，对优等生要从严掌握，并防止出现评分过宽、过严或前后不一的现象。确定成绩和评价前，答辩委员会要认真评议、鉴定毕业设计及答辩质量。参加个别答辩学生的成绩由答辩教师确定；公开答辩学生的成绩由指导教师提出初步意见，经答辩委员会研究决定。不论是小型个别答辩还是大型公开答辩，均不宜当场宣布成绩，应在全班学生答辩结束并经平衡斟酌之后再由指导教师作出决定，写出评语。

概言之，毕业设计的质量，应从五方面衡量：①实用性——理论联系实际；②技术性——提炼、分析和解决问题的能力；③逻辑性——结构、层次前后呼应，论点、论据、结论，均令人赞同；④科学性——有一定学术水平；⑤创新性——观点新颖或具有前瞻性。

毕业论文的选题原则

毕业论文，是综合运用所学知识解决实际问题能力的一个检验；是某些专业应届毕业生的综合性或专题性的独立作业，是学生在校期间全部学习成果的显现，是毕业实习（或见习实习）与调研结果的专题论述是检验学生在校学习成果的重要措施，是结束学习生活走向社会的一个中介和桥梁。毕业论文，重在“论”。从文体而言，它应是对某一专业领域的理论问题或现实问题进行科学研究的具有一定意义的论说文；它应注重思维的缜密性、语言的逻辑性、学术的严肃性。选题，即在撰写论文之前，先确定要研究和解决什么问题，选题得当与否直接影响着论文质量，关系着论文成败。因此，选题时一定要多做调查研究，从客观需要出发，从主客观条件考虑，特别是对初次进行论文写作的学生来说，认真做好选题则显得尤为重要。为此，应遵循以下几个原则。

一、科学性原则

科学性，即论文题目（课题）及其任务应能运用科学的原理和方法，研究客观事物的发展规律，探求客观真理。这是衡量论文质量的首要标准，也是选题必须遵循的原则。衡量所选之题是否科学，还要看根据该题将要写出的论文是否具有充足的事实依据，是否能得出正确的实验结论。

二、教学性原则

教学性，即论文题目（课题）要符合专业教学目标的业务要求，要有利于培养学生综合运用所学知识去发现、分析和解决本专业实际问题的能力，要有利于使学生受到一次本专业管理或技术人员所从事的业务或技术工作的基本训练。同时，通过毕业论文的撰写，应能使学生取得论文写作的经验和基本知识，初步掌握撰写论文的基本方法与技巧。

三、理论性原则

理论性，即论文题目能使学生通过研究新问题、新实践，进行抽象的概括与归纳，得出有价值的理论观点和结论，并对其进行严密的分析和论证，揭示事物内在联系和变化规律。理论性是论文的价值所在，如果论文只是就事论事，对研究对象提不出具有本质性、规律性的认识，就没有价值，也就不成为论文。

四、创造性原则

创造性，即选题应是新领域的探索、空白的填补、通说的纠正、前说的补充（丰实完善），或在选题时要能预先估计到未来论文中的新观点、新建议、新见解及将如何体现，并注意所选之题应是当前技术或管理中亟待解决的问题，在改革中创新；要熟悉课题背景，着重放在别人没有涉及或他人虽已研究但深度还不够的问题上，在此基础上创新。创造性是衡量论文价值的根本标准。当然，在选题时不可能完全估计出未来论文的结局，但如果所选题目不能包含半点新意，则写出的论文难免落入俗套。由于学生是初次撰写论文，虽然不应对他们提出不恰当的过高要求，但也应有一定的创造因素或新见解。对工科类专业来说，这种“新见解”一般应体现在：其一，利用已有的理论和方法解决本专业领域内有理论意义或实际意义的问题；其二，将其他学科领域中的理论或方法引入本学科（或专业），以解决本学科（专业）中的理论或实际问题；其三，对现场产品或工艺能进行改进，并有一定的理论分析；其四，采用新的实验方法、测试手段，获得有意义的实验结果。

五、价值性原则

价值性，即选定的毕业论文题目，其基本论点、建议和结论，应具有一定的理论意义、科研价值、实用价值和社会需求。为此，选题要建立在对问题进行深入调查的基础上，只有通过深入细致的调查研究，获得丰富翔实的材料，才能进行可靠的分析、比较和权衡，从而选定具有价值性，比较理想的论文题目。价值性原则也可称为实用性或应用性原则。应从本系统、本专业、本学科和社会发展现实需要出发，结合企业或工作的实际情况，着重选择一些对国民经济及生产现场有一定实用价值或指导意义的课题。特别是要选择本地区、本系统、本专业、本学科领域改革与发展中亟待解决的实际课题。

六、适中性原则

适中性，即论文题目（课题）的大小、难易要适中，题目太大、太难，力不胜任，拿得起放不下，势必中途改题，延误完成时间；题目太小、太易，轻而易举，则不能发挥潜能，也不利于锻炼提高。论文的篇幅一般在5000字左右。初写论文者应避免的毛病是选题过于宽泛、大而不当，论述起来面面俱到，不能就某一重点问题进行深入研究，写不出独到东西，甚至淹没在材料堆里不能自拔。所以，应把握紧扣本专业，确有感受的“小而专”课题——“小”是量力而行，“专”是便于发挥自己的业务专长。

七、可行性原则

可行性，即选题时必须对完成课题所需要的主客观条件进行可行性估量，即要认真考虑：一是学生是否具有相应的业务知识和相应的专业特长、研究能力；二是学校是否具有相应的指导教师；三是学校能否提供课题研究所需要的资料、设备、经费、时间……这些，都会直接影响课题完成的速度与质量。所以，对题目的选择，万不可明知其不可为而为之。

八、兴趣性原则

兴趣性，即承担课题的学生应对该学科领域中的某一问题或课题，已经产生或必能产生强烈的研究欲望，具有跃跃欲试的心态。如果不感兴趣，硬要去研究，即便题目选定了，也难以写出有分量的论文来。所以，学生撰写论文的题目，既可选用教师分配的题目，也可自拟（选）论文题目（经教师同意）——选择自己最感兴趣、欲望最强、感受最多、体会最深的课题。在写作方法上，既可综合、全面地论述，也可就某一方面或某一问题进行专门或重点论述。

九、先进性原则

先进性，即选题应具有前瞻性眼光，所选课题必须在理论或技术上对当今社会发展、经济建设或科技进步能够起到领先或促进作用。

十、综合性原则

综合性，即所选课题应具有多学科、多方面、多种类与多维向的综合因素，能够培养或锻炼学生综合地运用所学知识和技能分析和解决实际问题的能力。

另外，毕业论文的选题还应注意：①尽可能选择工程性较强的课题，以保证有足够的工程训练；②尽量结合本地、本行业、本校的教学、科研、技术开发项目，在实际环境中进行。③选定课题后，除较大或复杂项目外，原则上一人一题。总之，应根据所学专业培养目标的教学要求，选定毕业论文题目，并使论文的基本论点、建议和结论具有一定的理论意义和实用价值。

毕业论文的写作准备

毕业论文的题目确定或选择之后，即进入论文写作的准备阶段。论文写作的准备，虽说应因人、因学科（专业）不同而有所不同，但一般都需认真考虑以下几点。

一、明确目的要求

目的，是培养学生综合运用所学知识、独立完成课题的能力，是学生掌握的知识面与深度运用理论结合实际去处理问题的能力及实验、外语、计算机运用、书面和口头表达的能力。要求，是要结合某些具体项目的设计，进行有独立见解的论证，要求技术含量较高；毕业论文应在教学计划所规定的时限内完成；其框架及字数均应符合要求。继承性是科研的基础，应用性是科研的目的，创新性是科研的灵魂。

（一）科学性

论文从立论、论点、论证等方面都必须符合客观规律，并准确无误，即论点正确、深刻，论据充足、联系实际，论证有力、实事求是，能准确完整地表达本专业各课程的有关概念、原理、规律等。

（二）实践性

论文的认识、建议和研究成果均应有实践价值，体现理论联系实际或结合实际的原则，对企业的生产、技术、管理或经营等工作具有一定的指导意义或参考价值；能启迪人们的意识，优化人们的行为。

（三）创造性

创造性是论文的真谛。体现在时代性、先进性上，体现在有新见、有突破，也体现在理念、内容或方式方面；能发现、提出和解决新问题；有独特见解，独特方法，独特思路，独特措施，能开他人未开之境，涉他人未涉之地，道他人之未道，言他人之未言。敢思考悬而未决的问题，能提出言而成理的假设。

二、制定写作计划

开始写作之前，为保证在整个写作过程中目标明确、系统协调、井然有序、富有成效，最好先制订一份写作计划而考虑：需哪些资料，查询、搜集、调查、阅读资料各需多少时间；整理资料、研究资料、确立论点需用多少时间；拟定写作提纲、撰写初稿及修改、定稿各需多少时间；准备答辩所需时间。

三、搜集整理资料

课题研究，首先是搜集资料并尽可能全面、系统地了解本课题的研究历史与现状。搜集方式可通过查阅有关文献、资料，也可实地调查。为使调查有目的、有重点，应拟定调查提纲，列出所要调查的项目及采取的方式。在调查过程中要随时记载所获取的资料，同时或稍后选取资料。既要舍弃那些一般、陈旧的又要将与课题有关的资料（含本人的见解、感想及创见）记录下来并明其来源（作者、书名、篇名、页码等），以便核查。资料越搜集越多，就越需进行整理：一是资料的分类，二是确定各组资料的顺序和目次。

四、确定中心论点

对搜集到的资料，在进行筛选、比较、鉴别、归纳、分类的过程中，随着资料的条理化和思考的深刻化，事物的本质、关键性问题就逐渐显露出来，论点也逐渐明朗。在此基础上，再对各种有关资料进行综合性分析研究，进一步去粗取精、去伪存真，由此及彼、由表及里地深入发掘，从而确立论点。

五、再次筛选资料

对搜集来的资料，在整理时已进行了初次筛选。但经过整理或初次筛选的资料，并不都是撰写论文要使用的。究竟要使用哪些材料，还要根据立论的需要，再次去芜存菁、汰劣存优，即要围绕说明主题这个轴心，选取那些最能说明问题、最典型、最确凿、最新颖的材料。

六、掌握写作知识

论文是一种高级写作文体，又是一种艰苦而复杂的创造性劳动。故须让初写论文者掌握写作的基础知识和方法，以免在写作中走弯路和遭受不必要的挫折。撰写毕业论文需掌握的多方面知识可从下述途径获得：一是阅读有关指导科学研究和学术论文写作的文章和专著；二是指导教师要向学生提示和传授写作思路、方法和知识；三是挑选几篇本专业的优秀论文，进行解剖分析，从中了解其逻辑结构和表达方式。

七、知晓论文类型

毕业论文的类型有：观察报告、测量报告、调查报告、实验报告、实习总结、实践总结、专题研究等。其中观察报告、测量报告都是直接采用第一手资料写成的，也可称为实证性研究报告，这些论文的格式要求较为规范，必须将研究对象、方法和过程交代清楚，用确凿的事实与科学的操作为研究结果和结论提供科学论据，也便于他人根据同样的条件进行验证或做更深入的研究。经验总结、专题研究，多是综合运用第一、二手资料来撰写的论文，既有实证的内容，也有理论的分析。

八、考虑组织结构

论文的组织和结构，即谋篇布局。①结构的原则——一是与论文的内容和主题思想紧密联系，须按主题的要求把全文贯穿起来，使论文成为有系统、有条理的统一体；二是主题是论文的灵魂，结构须服从主题的需要。三是安排结构要抓住主要脉络，同时要层次清楚，线索清晰，详略得当，过渡自然，前后照应。②结构的方式——一是并列结构，各部分之间表现为并列关系；二是递进结构，各部分之间表现为递进关系；三是总分结构，各部分之间表现为先“总”后“分”或先“分”后“总”的关系。③结构的要求——一是严谨，要严谨细密，无懈可击；二是自然，要顺理成章，行止自如；三是完整，要匀称饱满，首尾呼应；四是统一，要形式与内容和谐，通篇一贯，浑然一体，格调一致。④层次和段落——层次是论文中材料安排的次序，又叫“意义段”“结构段”或“部分”；应注意：要确定材料之间的逻辑关系，不能从材料的形式看，要从材料的本质内部联系看。要确定层次和段落间的关系，段落划分主要由层次决定，但段落不等于层次。段落是构成文章的基本单位，具有换行另起的明显标志，又叫“自然段”，其作用：既表现逻辑思维进程的每一转折、间歇，清晰反映文章层次；又使文章纲目清晰，便于读者阅读、理解，并有思索回味的余地；还能强调重点，加深印象，传达感情。⑤分段的原则——注意段落的单一性和完整性。前者是指一个段落只有一个中心意思，后者是指一个意思在一个段落内集中完成。注意段落间的连贯与整体的匀称，并做到轻重相宜，长短适当。

自古以来，许多名人追求文章结构的优佳。乐府写作讲究“凤头、猪肚、豹尾”。这六个字被后世文人奉为布局谋篇的圭臬。清人王之绩说，文章作法“一曰鼠头，欲精而锐；一曰豕项，欲肥而缩；一曰牛腹，欲壮而大；一曰蜂尾，欲尖而峭”。此说可谓别开生面，而人多不知。

毕业论文的内容结构

撰写毕业论文的目的，是使学生总结在校期间的学习成果，是培养学生具有综合性、创造性运用所学全部专业知识和技能去分析和解决较为复杂实际问题的能力。所以，学会和写好毕业论文，既是把所学理论知识转化为能力的有效方式，也是对学生今后从事技术、管理及其他工作具有十分重要意义的教学环节。为此，通常先明确毕业实习的任务：一是在教师或技术人员或管理人员的指导下，实习相当于技术员（管理员）的工作；二是提高学生组织生产、管理经营或从事专业技术工作的能力；三是为撰写毕业论文搜集有关资料和素材。管理类及经济类等专业的毕业实习，一般是结合一项较完整的作业实践或社会调查，参加一些相应的生产、管理或专业实践等活动，从事实际工作和解决实际问题的基本训练。所以，毕业实习或社会实践是毕业论文的基础。毕业论文的撰写是按照课程标准的要求，遵照理论与实际相结合的原则，运用所学专业的基本概念、基本理论和基本方法，针对当前企业管理与经济活动中所出现的实际问题，加以剖析和论证、分析和归纳。毕业论文的基本内容结构，按照顺序，一般包括以下内容。

一、题　目

题目也称标题或课题，是论文的名称。论文的题目非常重要，它与全文内容有着“勾魂摄魄”的联系。因而，它应简短明了、鲜明生动，且准确、精练、新颖、艺术地表达论文的主旨和精神风采；它应既概括整个论文的中心内容，又引人注目、有吸引力，能给读者以新鲜感和深刻印象，并能切实而具体地概括全文——通常用一句话点明所要研究的问题。题目与主题，既有区别又有联系。前者是论文的命名，后者是论文的中心思想；前者可以改换，后者应为固定；题目可不止一个，主题只有一个。写论文必须先有明确的主题，题目可在下笔之前确定，也可在论文写好之后再确定。

论文的题目，一要贴切，与内容相符，准确地表现论文的内容；二要简洁，言简意赅，高度概括；三要新颖，只有新颖，才能醒目生动。此外，有的论文还有副标题和小标题。当一个短标题不足以概括论文的内容时，可加副标题予以补充，一般是说明论文写作的原因、内容、范围等。小标题，一般用在篇幅较长、内容较丰富的论文中。

论文的题目，应写在稿纸第二行的中间部位，不要加书名号，两边所留空格要对等。如有副标题，就写在正标题的下面一行，前面用破折号标明。在行文中如有小标题，写法与总标题相同。如有需要，标题中间可使用标点符号，但标题末尾一般不用标点。

二、摘　要

摘要，是放在论文前面的简要提示，是毕业论文主要信息的简要陈述，具有独立性和完整性。应以简短的篇幅，说明毕业论文选题的目的、意义及作者的主要贡献，国内外文献综述、研究的内容及预期目标，要求突出重点，实事求是。摘要的内容，包括对论文课题的来源、目的、方法、结果、结论等部分做一个综合的概述。摘要，分中文摘要和外文摘要，中文摘要在前，一般100~200字，写成一段；外文摘要另起一页，内容要与中文摘要对应。摘要，概言之，它应包括以下内容。

1. 阐明论文所研究的主题和选题的原因及课题背景。
2. 说明课题的目的、性质和重要意义。
3. 对论文研究主题范围内已有文献的评述。
4. 说明论文所要解决的问题、贡献和特色。
5. 将论文的主要论点及新见解提示出来，即引出全文的重点内容，令人一目了然。

三、关键词

关键词，主要是论文面向的主要对象和使用的关键技术的词汇特征提取，一般选取关键词4~7个。

四、正　文

正文含前言、主体和结论。前言作为开场白，应简短的说明毕业论文选题的目的和意义、国内外文献综述、研究的内容及预期目标。主体是毕业论文的核心部分，占主要篇幅。正文字数通常要求5000~15000字以上（字数随学历而提升）。有创新的论文，字数不限。文中插入的图表要符合国家标准，经过精心设计后用计算机绘制，尽量避免扫描图表。正文的主要内容包括提出论点、深入分析、科学论证、得出结论，即证实自己的论点、假说或推翻某观点。要求材料精确、概念清楚、判断恰当、推理严密、逻辑性强、文笔简练。通常，完整的论述由论点、论据和论证构成。所以，正文要体现论点、论据和论证三大要素，突出论点、提供论据和展开论证。

（一）论　点

论点是对材料进行分析研究后得出的判断，是论文的基本观点和全文之“纲”。论点应正确、鲜明。

（二）论　据

论据是用来证明论点的材料和根据，是证明论点的典型事实，或是恰当的理论根据，或是论点的确切原因。论据需充分、可靠。

（三）论　证

论证是运用论据来说明论点的过程，是论点的典型证明，是论点的确切依据，是把论据围绕中心论点组织起来，揭示二者之间的逻辑关系，证明论点正确性的种种方法。论证的方法很多，如实例论证、引用论证、比喻论证、举例论证、类比论证等等。论证要严密、简明。

概言之，正文是以充分运用搜集的资料，推论出科学结论为最终目的。从逻辑结构上看，可用直线推论方法，即循着基本观点，步步深入，层层展开；也可用并列分论方法，把从属基本观点的几个下位论点并列起来，分别论述。当然，也可使两者相互结合或采用其他方法。工科类专业毕业论文的正文一般包括：理论分析；试验装置和测试方法；对试验结果的分析、结论及与理论计算结果的比较。

五、结　论

结论，是整个毕业论文的最后总结，既是全文的核心，也是对全文的总结；既是全文的出发点，又是全文的落脚点；既是理论分析和实践结果的逻辑发展，又是整篇论文的归宿。结论，主要是对课题研究成果作出明确、简要的概括；结论，是在论证基础上作出的概括性论述，或简要归纳所获得的成果或观点，也可提出今后进一步研究的问题。应着重提出有价值的建议和对今后发展趋势的展望。结论不仅要具有科学性，而且要具有较强的说服力，必须完整、准确、鲜明。结论，绝不是研究成果的罗列，而是在理论分析、实验结果的基础上，经过推理、判断、概括、归纳而形成的总观点。结论要完整、准确、简洁地指出以下内容：

1. 毕业论文得到的结果所揭示的原理及其普遍规律。
2. 研究中有无发现例外或本文尚难以解释和解决的问题。
3. 与同类研究工作的异同。
4. 进一步深入研究本课题的建议。

六、引　文

引文，是引自其他书籍或文献的语句，也叫引语。引文有“段中引文”和“提行引文”两种。段中引文不独立成段，但在书写时要在原文上加引号，引号前加冒号；如仅仅是大概意思，仅在引文前加冒号即可。提行引文一般是被强调的内容，不加引号，书写时要另起一行，开头空四格，行文要比正文缩两格，以示区别。提行引文完结，下文如不是段首，则恢复顶格书写。引文要简短、清楚，能说明问题。凡是引用他人的著作，均应注明引文的出处和文献。其必要性如下。

1. 表示尊重别人的劳动成果。
2. 为了说明自己的论文是有根据的。

3. 便于读者和后来研究者追本穷源，进一步探索。
4. 便于编辑校对人员核对引文。

七、加 注

加注，即注释，一般是说明引文出处或对正文不好理解的字句加以解释。加注形式有如下四种。
1. 段中注 亦称夹注，写在行文中需要注释字句之后，用括号括起即可。
2. 脚 注 写在需要注释字句所在页的最下端（与正文之间隔一横线）。
3. 章节注 写在被注释字句所在章节之最后。
4. 尾 注 写在全文最后。
对引文的注释，一般要注明作者、书名（或篇名）、出版者、出版时间、页码等。

八、附 录

附录，是一种辅助性文字。它与正文没有直接关系，或是虽与正文内容有关但不适宜放入正文的各种材料。在毕业论文中，以下内容可以放在附录之内。
1. 论文中使用的主要符号及其意义和单位；
2. 放在正文内过分冗长的公式推导；
3. 为他人阅读方便起见所列的辅助性表格；
4. 重要数据和图表；
5. 必要的注释和说明。

九、参考文献

参考文献主要书写设计中曾经参考的书籍、文献等资料。本科生的毕业设计（论文）要求有 10 篇以上的中外文参考文献，其中至少有一篇与设计（论文）内容相关的外文文献。

十、结束语

结束语，主要书写的是学生对整个毕业论文或设计过程的体会，包括设计过程的回顾与总结，设计中的主要问题和难点的处理，使用的关键技术，设计成果的亮点、不足等内容。

后记，是一种辅助性文字，放在全部正文之后，主要说明论文完成过程中和完成后需要记载或说明的几个重要事宜以及表达对曾帮助自己完成毕业论文的人员或单位的感谢和敬意。

毕业论文的撰写程序

撰写一篇质量较高的毕业论文，是一种创造性很强的脑力劳动过程。要想较好地完成这项工作，除必须有丰富的实质性内容外，对于初次撰写论文者来说，重要的是严格遵循开题与撰写的原则、要求和环节安排，对论文的主题、构架等有清晰而准确的逻辑判别，并掌握撰写的方法和程序。

一、确定题目

确定题目是毕业论文的关键，是写好论文的前提。论文题目应具方向性、针对性、预见性、指导性，立意要新；要在所学专业范围内选定，应充分体现课程标准的要求，充分反映应掌握的基本理论知识和职业综合能力，强调理论与实践的结合，应是目前企业中普遍存在并亟待解决的实际问题。

二、深入学习

根据确定的题目进行深入学习，是撰写论文的准备阶段。课题本身涉及的基本理论，应从所学专业的课程内选择或查询；同时，还要学习有关政策与法规。在学习中，要边学习，边摘录，边分析，边整理，但切忌照抄照搬。

三、搜集资料

在论文题目确定之后，就要围绕课题，紧扣主题，对论文所涉及问题的历史和现状做周密的调查研究。搜集资料的过程，不是简单地为自己的论文寻找论据的过程，而是了解把握问题的过程，是形成观点和论点的过程。必须明确，论文的论点是在对资料的分析研究中产生的，不能先定论点，后找适合论点的资料；必须明确，论文是通过对事实材料的分析研究论证出来的，绝非凭空想出来的。

四、构思布局

构思布局，孕育于搜集资料之中，见诸于搜集资料之后，也就是平常说的要打腹稿。亦即，构思论文的主体框架、结构、“谋篇布局”。以使论文能正确地反映客观事物发展的内在规律，应服从于表现主题的需要。

五、编拟提纲

编拟提纲，就是以句子或纲目的形式把所孕育的腹稿，即构思谋篇写在纸上，形成论文的主体框架，成为动笔写作的宏观依据。编拟提纲，可对论文作出周密的总体构思，对论点、论据、论证步骤作出系统的全面安排；编拟提纲，可事先确定论文每一部分所处的位置、所起的作用和所占的比例；编拟提纲，可做到心中有数，纵观全局，减少盲目性，增加主动性；编拟提纲，可使在写作过程中，保持思路清晰，论述连贯，从而顺利完成撰写论文的任务。

（一）提纲的主要项目

论文提纲一般包括三项：一是全文的中心论题；二是阐明组成中心论题的各个论题及其主要论据；三是全文的基本结构安排。其项目有：①拟定题目、写出基本论点、内容纲要；②确定层次，分出段落，即大项目（分论点、大段段旨）、小项目（段中一个个材料）；③理顺文脉合理布局。

（二）编写提纲的方法

1. 先拟标题　标题，是论文的名字。作者在拟标题时应尽可能以简洁、鲜明、准确的语言概括论文的内容，便于读者对论文阅读价值作出判断。通常，论文的标题有两种类型：一种是揭示论点的标题，就是把论文的基本论点概括出来作为标题；另一种是揭示课题内容的标题，即标题不是揭示论点，而是揭示论述的是什么问题。

2. 注重论点　需简明扼要地写出论文的基本论点和要阐述的几个主要问题。

3. 安排结构　作出整篇论文的轮廓安排，即从几个方面阐述基本论点及阐述问题的次序，构建起全文的基本骨架。

4. 分出从属　在每一个方面的项目下，拟出各自的从属论点。

5. 考虑内容　按顺序考虑各段的大致内容安排，将选定的材料按总体构思分别归类到适当或相应的部位，同时将记录的资料卡片标上适当的号码，以备使用。

六、撰写初稿

撰写论文，是调查、实践或实习成果的升华。酝酿提纲，实际上是论文腹稿的初步形成。执笔起草，即按提纲的线索、要求，把粗略的腹稿思考得更细致、更具体、更深刻，根据已确定的论点，采用已选定的论据和论证方法，用恰当的表述方式书写出来。论文初稿，不应写得太粗略，但也不必抠得太细腻，最好一气呵成，应尽量避免写写停停，要排除一切干扰，构思一成，就全神贯注地写下去，直到写完为止。

论文写作一般有两种顺序。一是自然顺序，即从头到尾依绪言、正文、结论之序而写，一贯到底。这是按照人们思考问题的逻辑顺序（即提出问题、分析问题、解决问题）写作。一般说来，这样思路比较连贯，部分与部分、层次与层次之间衔接自然。二是分部分写作，即先从正文入手，后写结论和序言。这种写法的好处是：先避开难写的概括性之开头，从作者思考最多、最熟悉，充分反映研究成果的正文写起。这样，容易起笔，易于展开，主体一旦完成，其他也就不难了。在顺着事先构想的思路写作时，很可能会发现原提纲中某些地方不够恰当，如论点不够正确、例证不够确凿、说理不够充分等，这就需针对存在问题重新查核资料或做实地调查，进行补充、修改和调整。

七、修改定稿

修改，是指初稿写作到定稿完成这个过程中的修饰、润色、补充、删改。但从某种意义上讲，修改并不是初稿完成之后才开始，而是贯穿在写作始终。如主题的反复提炼，材料的精心选择，结构的细心安排，词句的推敲琢磨等，难免有所改变。只有反复研究、修改，才能把纷繁复杂的事物反映准确、恰当。实践证明，没有一次就能撰写成型的文章。一篇优质论文须经反复修改，逐步完善。修改既是文字上的推敲，更是内容上的斟酌。对论文初稿的修改是不断锤炼使之趋于完善的过程。论文初稿完成后，要经过再三推敲、修改，才能定稿。初稿写完，一时发现不了毛病，不妨先放一放，等头脑冷静下来，再翻阅一些有助于客观评审所写论文的资料文献，从侧面、反面给自己提出问题，促使自己再思考、审查。此间，可将初稿送请指导教师审阅。

（一）修改什么

1. 订正观点　要推敲大小论点，有无错误，有无片面性，有无不妥之处。

2. 增删材料　需对材料进行删、增、改、换，一是删去多余的材料、不典型的材料；二是补充新材料，使论文丰满起来；三是改换材料，对不够准确、翔实的材料要订正或改换。

3. 调整结构　主要是层次的安排，段落的划分，开头和结尾的方式，前后的照应、过渡和衔接及各部分的详略轻重等。

4. 润色文字　一是剪去闲文，使语言更为精练；二是通顺文字，使论述更加通畅；三是改准词句，使行文更好表现内容；四是锤炼字句，使语言更加准确、精练、优美。

（二）怎样修改

1. 先审查论文的主要内容　通过仔细通读全文，注意审查：主要思想是否表达清楚，基本论点和从属论点是否正确、准确表述，材料选用是否妥当，论证理由是否充分，论证方法是否恰当等。如若发现上述哪一方面有缺陷，均需及时改正。在修改时，不要只满足于除缺陷、堵漏洞，要力求使论文表达得更有说服力，更精彩、亮丽。

2. 认真推敲论文表达形式　通过仔细通读全文，主要考虑：论文的结构是否妥当，从大的部分到小的段落的安排是否符合表达主题的需要，部分与局部、段落与段落之间衔接是否自然、紧密；句子表达的意思是否准确、周密，用词是否准确，语句是否通顺；把含混的修清晰，把拗口改的顺畅，把可有可无的删除、把错别与漏字订正；同时注意标点符号是否正确，文面是否合乎规范。

3. 查阅各种术语和款式　对是否正确使用科学术语、专业术语和图形语言，是否写引文和加注，是否列示参考文献，是否正确运用行款格式等，均须注意审查，以免出现差错。

只有对论文反复推敲、修改和充实，才能使论文充分体现其要义、主旨和真谛。

（三）修改要点

标题是否“画龙点睛”；中心论点是否正确、鲜明、深刻，是否有所创新；. 论证是否充分、求是（摆事实、讲道理）；结构是否完整、严谨；层次是否清楚、条理；思路是否连贯、流畅；布局是否合理（详略得当）；语言是否符合论文的要求；文字是否正确；标点运用是否恰当、准确；书写是否规范。

（四）基本要求

论文的文字与词句表达应准确、简明、精练、严谨、规范，既要平实、自然质朴（与文学作品不同）、语言鲜明、富有生气，立意新颖，有说服力。具体说：①观点明确——观点鲜明，理由充分，经验可靠，说服力强；②论点突出——论据充分，论证清楚，富于哲理，发人深思；③论述严谨——分析深刻，结构严谨，层次分明，逻辑性强；④语言准确——文字通顺，言简意赅，用词妥当，表达得体。

清朝学者袁枚说：“爱好由来落笔难，一诗千改始心安。”托尔斯泰说：“应该抛弃写作无需修改的念头，修改三遍、四遍还嫌少。”这些名言，都说明毕业论文和其他作品一样，需要进行修改或修订，尽量使之达到比较理想的水平。

第九章　语言与板书

语言，是人类最重要的交际工具，是最常用、最重要的沟通方式。语言是有声的思维，思维是无声的语言。语言，包括口头语言、文字语言、身体语言和物体语言（旗语、灯语、影像语、绘画语、音乐语和舞蹈语等）。语言，是传递知识的媒介。教学语言，是教学的精髓，无语言何谈教学　。教学语言，对学生起着引导、指导和疏导作用，为学习“导航”与“开窍”。教学语言极大程度决定着学生学习的效果，呆板、冷漠、枯燥无味、单调冗长的教学语言会使学生厌倦，形成接受知识的障碍；准确、精练、生动、形象、幽默的教学语言则能为学生创造良好的学习情境。语言学问，变化万端、高妙无际。为提高教学语言的质量，必须博采众长，进而做到：有新颖醒目的标题，引人入胜的导语，扣人心弦的高潮，令人深思的结尾，并能以高度的逻辑思维能力、深厚的专业知识功底、准确流畅的表述、风趣幽默的谈吐，语惊四座，启人深思。身体语言是指教师使用眼神、表情、手势、闻听、动作等器官和肢体的示意及交流行为，如目光注视、面部表情、肢体动作、声音特性、空间距离、衣着步态等。教师的身体语言，称为教态，是身体语言的主流。教态语言伴随言语出现，对言语做些补充、修正，或独立出现，代表独立的意义。它能提供许多言语不能直接提供的信息。教态，可反映教师的思想、行为和能力。言语是有声的行为，教态是无声的语言，前者使人信服，后者令人佩服。这种身体语言与口头语言的有机配合，以音显形，以形扬音，便会产生具有立体感的审美效应。口头语言与身体语言相互为用，再加之板书文字语言的密切配合，就会提高教学语言的整体效应。

板书，是据教学需要，在黑板上用文字、图形、线条、符号等要素再现和突出主要内容的活动，是课堂教学的重要组成部分，是实现课堂教学结构优化的重要手段，是依据教学目标设计而成的服务学生学习之书面语言。板书，是教学的“窗口”，是“简约教案”，是教学设计的浓缩，是教师讲解的精华及创造性思维的结晶。板书，展开于空间，表现为静态，字凝于要，书演于学，寓动于静，寓理于形，并诉之于视觉，展示知识的“精”“核”于黑板上的一种艺术，是教学艺术主旋律中不可缺少的组成部分。直观性、纲要性、美观性是板书艺术的主要特征。若把教师比作演员，那工整、清秀、多彩的板书则犹如一幅美丽的“布景”，可烘托“演出”效果，美化课堂情境。其形式美可强化教学效应，能高度吸引学生注意力，激发学生想象力，并有利于陶冶学生情操，活跃课堂气氛。

板书是工具，为此，须有自己鲜明的“目标”。任何一幅好的板书都是为一定的教学目标服务的。那种毫无章法地在黑板上胡乱涂鸦的所谓板书当然要反对，而看似整齐却目的不明的板书也不足取。板书的目的要明确、集中、合理。明确，是指板书为什么服务、为谁服务、怎样服务，要具体明白、正确鲜明；集中，是指板书目的单一，“高度集中”地为一个目标服务；合理，是指板书目的定位合理、方向明确，符合教学总目标，不游离于整体教学，书之有理。优秀板书，既有利于传授知识，又能发展学生的智力；既能产生美感、陶冶情操，又能影响学生形成良好习惯；既能激发学习兴趣，又能启迪学生智慧，活跃学生思维；并能促进教学内容完美呈现，更准确、更清晰地被学生接受，且条理清楚、层次分明地提示一节课的主要内容。运用板书讲解重点、难点时，可在关键处圈圈点点，或用不同颜色粉笔表示或绘画，以突出教学难点、关键点，具有增强记忆、语言效果的作用。板书内容主要有三：内在逻辑结构、教学重点和难点、教学内容的补充。事实上，许多教师的精妙板书总是具有蕴神情于笔触之外的意境，洋洋洒洒地书写在黑板上，场景令人陶醉，下课铃声难以撼动恋恋不舍之情，仍围观凝视而不忍擦去，甚至留恋忘离。时间已经证明，这种传统板书不会因电教技术和多媒体课件的出现而退出教学舞台。

教学语言的特点

语言，是人类最直接、最有效的交流方式，是用来表达意思、交流思想、互通心灵的工具。教学语言则更深一层，对学生产生着特殊作用；是教师思想、品质、智慧的综合性体现；是教师进行知识信息传递的载体，是师生在教学中的特殊交际语言。若把教师比为耕作于学生心田的园艺师，那教学语言则是耕耘于学生心田的犁尖。教学语言包括口语、文字、身体三种媒体。口头语言，具活泼性、亲切性和灵活性等特点；文字语言，具简练性、稳定性和可思性等特点；身体语言，具直观性、真实性和情感性等特点。教学语言，既不同于哲学、政治用语，也有别于文学、艺术用语；既不是纯粹的书面语言，也不是普通的日常用语，是“严谨”的书面语言和“声情”的口头语言的高度统一。前者，保证知识准确传授；后者，利于学生轻松接受。“严谨”和“声情”的紧密结合是教学语言的基本特点。教学语言是多种语言风格的高度融汇，是科学性、思想性和艺术性的有机统一，是书面语言的加工，口头语言的提炼。

一、目的性

从教学宗旨上看，教学语言具明确的目的性。要围绕或贴近教学目标表述，服从与服务于教学目标。教师受一定的社会委托，担负着向学生传递社会生活和生产经验的使命；同时，学校的教育教学工作，都要接受国家确立的教育方针、教育目标的制约。因而，既不存在无目的的思想性教育，也不存在无目的的知识性教学。教学语言须服务于教学需要，围绕教育目标完成“教书育人”的任务。既是传授知识的“桥梁”，也是开发智力的“钥匙”。因而，作为传递思想意识、思想情感、人文精神和科学知识的媒介，教学语言须是一种分阶段、有步骤地达到一定目的，完成一定任务的规范性专业语言。

二、主导性

从教学目标上看，教学语言具明显的主导性。在教学过程中，始终控制着互动内容，左右着交际方向，决定着学习进程和效果，即让学生注意什么，感受什么，联想什么，思考什么及做什么，怎样做，达到什么目的等，其关键均在于教师用语言进行有计划的引导。教学语言目的明确，指向准确，能切中“兴奋点”与“关节点”，使学生开思路、受教益、明是非、清观念，提高认识，增长才干。从心理角度上看，有三种意识起着补充、辅助作用，引导学生积极思考：①自信意识——教师相信自己对知识的传授是正确的，对学生的情况是了解的，哪里是重点、难点、兴奋点、低潮点，都显得心中有数，因而教学语言语句通顺、语气恳切、语义肯定；②吸引意识——教师始终存在一种潜意识，即怎样讲才能烘托课堂气氛、吸引学生注意、拨动学生心弦、激发学生兴趣，总在默念着“他们听进去了吗”，故教学语言常带有询问语、反问语、试探语、提醒语；③反馈意识——教师讲课时，始终是眼观六路，耳听八方，时时探寻学生的反应，从其动作和眼神中获得反馈后，即时采取应急语言。故教学语言常有加重语、提示语、激励语、肯定语、警告语等。

三、科学性

从语言结构上看，教学语言具严谨的科学性，主要体现在真实、准确、规范、精练、简明和逻辑性、系统性诸方面；也体现在准确无误地使用概念，恰如其分地遣词造句，高妙艺术地“传道、授业”，令人信服地答疑解惑上；还体现在能够从纷繁复杂的事物中，深刻而鲜明地揭示事物的内在规律，把真理和知识传播到学生心田，使教学语言具有强大的教育力；同时，能够进行必要且适时的分析与综合、演绎和归纳、类推及比较等，使讲解的内容更易为学生接受。另外，还具有很强的专业性，要求讲授特定的专用名词、术语，务必准确、精当，字斟句酌。不同学科的教学语言也有明显差异，文科语言重情感抒发，理科语言带理性阐释，工科语言具实践解说。教学语言须与教学内容协调一致，才便于学生接受各门专业知识，训练各项专门能力。

四、教育性

从语言功能上看，教学语言具高度的教育性，指善于用富有教育性的语言把思想品德教育渗透在知识传授中。既可提高学生学习的兴趣和积极主动性，又对学生良好品德的培养、高尚情操的陶冶有重大影响。教师肩负教书和育人的双重任务，在整个教学中，总将一定的思想、观念、道德、情感与知识融合在一起传授或感染于学生。教育性主要表现：一是通过教学语言，使学生脑海中燃起理想的火花，掀起激荡的波澜，使之明确学习的意义和人生的价值；二是激发学生的求知欲，唤起他们的进取心，既接受知识增长，且受到德的启示、美的感染，即寓教育于教学之中；三是所表达的内容与方式都受控于教育目标，服务于教育目标，一切与教育无关的语言都应废止；四是具有一定权威性，对学生的思想情感和行为有约束限制与潜移默化的影响，年级越低影响越大，所以教学语言注重尊重学生，不庸俗，不粗暴，讲分寸，不能成为对学生的训语；五是教师作为人类灵魂的工程师，其语言本身既是“言传”也是“身教”，是榜样，是示范，是对学生语言文明的熏陶和感染。所以教学语言讲求文明、纯洁、规范，具有典范性、楷模性、思想性。

五、情态性

从教学心态上看，教学语言具丰富的情态性，是情感和姿态的综合，是用饱含真情的语言传授知识、教育学生，使其情感受到感染，引起共鸣，从而达到感知教材，理解知识；指教师把喜怒哀乐的真挚感情，通过表情、眼神、手势和动作传递给学生，使其加深对知识与观点的理解。是一种具有生动形象特征的直观性手段，将知识或思想赋予看得见、摸得着的认知效果，甚至使学生能“体察”事物的内在世界。能产生一种无形的感染力，激发学生对学习的浓厚兴趣；同时，也具较强的说服力，能培养学生爱憎分明的高尚情操，增强是非观念。教学过程是知情意行协调活动的统一过程，情真意切的教学语言对提高学生认知水平具重大意义。教学语言作为一种信息传递手段，只有生动形象、质朴自然、声情并茂，才能具浓厚的感情色彩。情态性，主要表现在根据学生心理情绪与教学内容，选择恰当的角度、措词、口气、语调和韵味，使感情色彩符合教学和学生的需要。有时可用火山爆发式的激情讲话，称为激情式；有时可襟怀坦白地表露自己的情感，称为陈情式；有时可采用婉言曲语含蓄地传递感情，称为含情式……总之，要随着教学内容的变化，使之成为与教学内容相吻合的一条情感曲线，时高时低，波澜起伏。情态性还表现在，当对学生进行批评时，不是愤恨厌弃，而是关切期待，充满着深厚诚挚的爱。具体讲，教学语言的情态性，一是要充满真情，表现出坦诚的拳拳之心，“声发于情”“寓意于情”。这样才能产生像磁石一样的吸引力，扣动学生的心弦，使教与学融合在和谐统一的过程之中。二是必须扣紧教材，有感而发，掌握好情态的力度，切勿过分和做作。教学语言对教材内容有强烈的依赖性，与其密切联系，服从和服务于教学任务的需要。三是不同于其他语言的情态性，若所有的职业语言都蕴含着自己的情感性因素，那么很难找出哪一种职业语言能像教学语言那样动人心弦、令人神往、催人奋进、教人求真。

六、启发性

从教学原则上看，教学语言具深刻且灵活的启发性，是指教学语言能充分调动学生积极思维，引起学生积极思考。既要把思维的结果传递给学生，更要通过点拨性语言去启发学生广阔丰富的思维。启发性语言主要用来引发学生对学习目的和意义的认识，激发其学习兴趣、热情和求知欲，唤起其积极思考、展开联想和多方想象，诱发其学习的内驱力、注意力和创造力……启发性语言具“言犹未尽”和“言近旨远”的作用，含蓄蕴藉、耐人寻味、发人深省、言虽尽而意无穷，给学生留下广泛、深刻思考的余地，唤起其长久的悠思、无穷的联想，点燃他们智慧的火花、激发其探索精神。

七、针对性

从教学对象上看，教学语言具鲜明的针对性，是指教学语言要“有的放矢”，说什么和怎么说往往受教学对象、内容和场合的制约。一是受教材内容的制约，不同内容需用不同的语言表达。二是受学生年龄特征的制约，要据学生年龄层次、心理特征和个性差异运用不同语言形式。不可用同一方式、同一腔调，千篇一律地进行表达，须随对象不同而有所变化，如对低年级学生用生动、形象化语言，更易于接受；对高年级学生用深刻、富有哲理性语言，更感兴趣。即使是同龄层次、同班学生，也存在性别、性格等差异。因而要用“一把钥匙开一把锁”的方式使用不同、具鲜明针对性的教学语言。三是受学生情绪的制约，要依学生心态的实际情况，加以引导和控制。四是受学生语言基础的制约，既需以学生现有语言水平为起点，又要促进学生语言和智力向高一级水平发展。

八、时空性

从客观环境上看，教学语言具特定的时空性，表现在：其一，在交际过程中，语境因素是不稳定的，而教学语言在教学中，却受语境因素的严格制约。如学生的知识水平、经验阅历、思维方式，还有具体的教学内容及教师经验等都不同程度直接或间接地制约教学语言的表达。其二，语言的实际内容都是双方共同预知的。上课前，师生对这堂课的主要内容，就有基本了解和初步准备。其三，教学虽是师生双边活动，但教学语言始终控制着其内容，左右着其方向，决定着其进程。其四，运用场合不同而有所不同，如在正式讲课、个别辅导、促膝谈心、佳节联欢时是有区别的。其五，要受特定的教学时空所制约：在时间上，速度的快慢、节奏的缓急要适中；在空间上，音量的大小、频率的高低要和谐。

九、融汇性

从语言表达上看，教学语言具多种语言的融汇性。一是书面语言与口头语言的结合。既有书面语言那种简洁、条理、规范，也有口头语言那种自然、亲切、灵活。二是口头语言与体态语言的结合。学生既听教师的讲授、解答、论述，“收听”用声波传递的知识，也看教师的眼神、表情、手势，“收看”用形象传播的信息。三是独白语言与会话语言的结合。在系统论证、讲述、说明时，主要运用独白语言；在平时交流思想、问答、讨论或互动时，主要运用会话语言。四是文学语言与哲学语言的结合。在阐述、描绘事理时，多用生动形象的文学语言来吸引学生；在说理、说明观点时，常以逻辑性较强的哲学语言去征服学生。五是白话语言与文言语言的结合。既有文言的洗练高超，又有白话的明了自由；既要用现代白话语言为教学语言的主体，进行叙述、说明、广泛议论；也需以古代文言语言做教学语言的补充，以便概括、归纳、画龙点睛。六是科学语言与思想语言的结合。前者，既体现于所表述知识内容之正确，也体现在语言表达的准确、规范、得当；后者，主要表现在语言内在的思想、观点、理念之中，且是提高教学语言科学性的保证。七是民族语言与外来语言的结合。前者，是教学的根本，既可继承历史文化遗产，又能弘扬民族精神；后者，不仅在外语教学中尽量多使用，在双语教学或采用外文原版教材教学中广泛使用，甚至在一般教学中也可偶尔用之，以强化外语能力、体验外语原有韵味与开拓知识视野。

教学语言是一种带有书面色彩的口头语言，带有会话色彩的独白语言，带有态势色彩的有声语言，还是一种带有感情色彩的庄重语言。它是具多种形式的综合性语言，除有声系统的口头语言外，还有感情系统的表情语言、体态系统的姿势语言、动作系统的手势语言、修饰系统的仪态语言、符号系统的板书语言和实验系统的演示语言等。语言是一条流动的江河，随着社会发展和知识经济影响，很多行业（如电报）消失了，很多词语也退出历史舞台；互联网的迅速发展，一些网络语言已在影响人们的生活，当然亦会涉及教学语言的调整与扬弃。教学语言的基本特征显示：教学语言的表达绝不是一件可随心所欲、信口开河、轻而易举的事。只有牢牢把握其特点，认真选择最佳表达方式，尤其只有使口头语言、书面语言和体态语言密切配合，相互为用，才能提高其整体效应，取得良好的表达效果。但从教学风格上看，教学语言具突出的个性特点，主要指教师以自己的语言特色为基础，体现自己的精神与个性特点，形成较稳定而独特的表达方式和独具特色的艺术风格。此外，教学语言还注重集文学家的用语准确、数学家的逻辑严谨、演说家的论证雄辩、艺术家的情感丰富于一身，以收相得益彰之效。语言的本质是动态的，语言的生命在于运用；唯此，语言的潜能才得以发挥，语言的价值才得以体现。在某种意义上说，教师应充任“语言导游”或“语言参谋”，把学生带进绚丽多彩的语言世界，在灵活运用中去分享其美感，共享其乐趣。

教学语言的要求

教学语言，是指教师在教学活动中用于组织学习、阐明知识、启发学生、答疑解惑等的有声语言和无声语言。教师在教学过程中，向学生传授文化科学知识、培养良好道德情操、开发智力与培养能力时，一刻也离不开教学语言。所以，教师应不断加强语言艺术修养，提高口语表达能力，善于运用准确、精练、生动、形象、含蓄、规范的教学语言，这是增强教学效果的有力手段。因此，教学语言除应具有科学性（对、准、清、深）、艺术性（精、巧、动听、易懂）和规范性（说普通话等）外，还应符合如下要求。

一、准确性

准确性是教学语言的精髓，是教学语言的首要标准。如果说教学语言既要准确又要生动，那么首先是准确，然后才是生动——失去准确的生动难免是浮夸，失去生动的准确近似于呆板，可见准确重于生动。如果说，教学语言既要准确又要简练，那么首先是准确，然后才是简练——失去准确的简练易误会，失去简练的准确必然赘述，可见准确重于简练。所谓准确，第一在语音上要准确，不念错别字；第二在遣词上要恰当，用词要准，词不虚发，不使用模棱两可的词汇；第三在结构上要合乎现代汉语语法，成分完整、搭配恰当、词序正确、结构合理。具体而言准确是指：提出问题要明确，使用概念要正确，进行判断要严密，运用比喻要贴切；正确讲清概念、原理、规律和方法，准确表达自己的意愿和客观事物，讲释知识清楚明白，阐述问题观点鲜明，能科学地做出判断，严密地进行推理，表达条理清楚，论述层次分明；对每个判断的主、宾概念之间的关系，都要揭示清楚，对每个推理，从前提到结论，都要符合逻辑规律；恰当运用教学语言和科学与专业术语，要确切无误，严谨恰当；语言的句式、句法和用词要得当、精确，对每个概念的内涵和外延都要表达明确，讲解准确，吐字清晰，措词恰当，表意贴切。

教学语言不能语句不通、词不达意、逻辑混乱，不能含含糊糊、闪烁其词、似是而非或易生歧义，不能令人不解其意、不明其旨，不能海阔天空、离题万里。知识的问题是个科学问题，任何模棱两可、含糊其辞的表述都会影响“传道、授业、解惑”任务的完成，甚至造成学生认识和思维上的混乱。话说得恰当、准确比说得漂亮更重要。

二、精练性

精练的教学语言是引导学生遨游知识殿堂的捷径，是教学语言的基本标准。教学语言既要准确无误地表达，又要画龙点睛地概括。应用较少的语言，使学生在较短时间内获得较好的信息。所以，教师应通过精练的语言表达深邃精辟的道理。教学语言虽属口语范畴，但又区别于“大白话”，是加工了的口头语言，力求精练，即词句凝练，语言纯洁，用最简约的言语表达最丰富的内容，以最少的词句输出最多的信息；言简意赅，一语中的，要言不烦，简而明，约而达，微而藏，罕譬而喻，字字珠玑，句句锦绣，一句有一句的用途，无不必要的重复，使人听起来干净利落；“丰而不余一言，约而不失一词”，措词恰当，寓意贴切，语言简练而透彻，说理微妙而精善，举例典型而得体；惜语如金，留有余地，句句中的，掷字有声，词语少而含义深，话不多而寓意广，深入浅出而简练含蓄，浅入深出而意味无穷；用“少而精”或“画龙点睛”的语言对难点之因一语道破，使学生迅速捕捉知识的内核。教学语言应尽量避免重复、累赘、堆砌，体现概括性（以约驭博，以少胜多）、浓缩性（情思压缩，形成结晶）、深刻性（语句精深，文简理诣）。这样，既可使学生沿着教学语言的指向积极开展思维，又有利于培养学生思维的敏捷性、灵活性、流畅性；否则，冗长的语言，啰嗦的讲话，必会分散学生注意力，影响教学效果。

三、生动性

生动性是语言艺术的核心，是教学语言的主要标准。它是传授知识的“助跳板”，能产生感染力、吸引力和说服力，散发着极大的艺术魅力；它能引起注意，感染情绪，启迪思维，激发想象，警世醒人并具有振聋发聩、染人耳目的作用。具体而生动是指：语意优美，比喻巧妙，趣例动人，语调动听；立意新颖，叙述别致，在严密中有变化，在周密中有曲折，能激动心灵，触发情思；富有生气，动人情怀，出口成趣，言之成理，能做到有声可闻，有色可见，有情可寻，有味可品；出自真实的感受、新鲜的视角，有独特的见解，能引起学生情感共鸣、思维共振。例如，文字清丽、意境优美、形象逼真，余音含韵，饶有韵致，听来令人心旷神怡；再如，动人的比喻，形象的比拟，风趣的事例，丰富的表情，幽默的语言，高雅的笑话，令人心情振奋，如同一缕清风可拂去心灵的阴翳，犹如一剂良药能治愈精神上的创伤。生动的语言，具有如下几个特征：

形象性——描绘细腻，神妙入微，如闻其声，如见其形，如临其境；

新鲜性——新词时语，时代强音，有新意，有新见；

幽默性——谈吐诙谐，妙趣横生，有欢乐，有沉思；

音乐性——抑扬顿挫，铿锵和谐，有节奏，有旋律。

四、清晰性

所谓清晰，是指语言流畅，吐字清楚，发音清脆，不含糊其辞；是指根据语言情境和表情达意的需要，以圆润、洪亮的音色将教学信息送到课堂每个角落，使教室最后一排的学生也能听得清楚。为此，教师首先要思路清晰通畅，因为语言清晰取决于思路清楚。思路井然有序，表达就条分缕析；心明言才明，脑清语则晰。同时，要清除自己语言中的杂质，力戒羼杂不必要的方言土语。否则，语言混乱、不纯净，不仅干扰清晰度，而且影响学生使用规范语言的能力和思维能力。啰嗦、重复、语病丛生，是清晰之大敌；烦琐、堆砌、喋喋不休，会使学生不得要领；语言芜杂，拖泥带水，会大大降低表达效果。

五、通俗性

所谓通俗，是指语言要通俗易懂、简约明白，善于用白话文、大众语，把复杂的道理、深奥的知识表达得简明易懂，使深邃的思想与哲理浅显明澈，让细腻的情感和心理纤尘毕现；是指能根据学生不同的年龄特点、生活经历、知识水平、接受能力，运用相应的浅近易明的话语去阐明至善至美之理，用简单明了的“学生语言”“大众论语”去引导学生领会、掌握和运用所学概念、规律和原理，用平凡明白的语言去解释疑难重点、抽象概念和深奥理论或精辟深邃之理；是指运用学生熟悉的语言去教育学生，培养学生良好的道德品质；是指运用浅显之语，发清新之思，语句不俗气，词汇不生僻，无曲中不谐之音，无语间晦涩之意。通俗教学语言的特征：寓神奇于平凡，寓哲理于简言，寓深奥于白话。教学语言通俗，还有赖于遣词造句的功力，要善于从同义词、近义词、反义词中选取最恰当、最鲜明、最常见、最易懂的话语表达，深者浅之，难者易之，长句化短，繁句化简；化抽象为具体，变深奥为浅显，使复杂成简单。但须注意：①应通俗而不庸俗、粗俗——不能以迎俗媚俗的心态，过分迁就学生而流于庸俗肤浅，平庸乏味，有话无“文”，降低语言本身的思想性和知识性；②不能摆出一副“老先生”的架子——炫耀自己学问的“高深”与“渊博”，口若悬河，谈天说地，“上下几千年，纵横数万里”，还夹杂着艰深的文字，生造的词语，古怪的句式，离奇的情节；③不使用繁多的术语——诸如这个主义，那个思想，令人眼花缭乱，或一排排长句，使人似懂非懂。

六、朴实性

所谓朴实，是指教学语言要表达自然不饰雕琢，字精句练而无斧凿，遣词造句合乎规范，音调庄重雅洁，范读、谈话情真词切，讲述、谈心真挚感人；是指教育语言应是肺腑之言，表里一致，不说大话、空话、假话，不表面虚饰，不虚情假意，不装腔作势，不矫揉造作，不伪造感情；是指在朴质思想、朴素情感的基础上，朴直的表述、朴诚的语意，叙事抒情，千回百折，仿佛倾诉衷肠，言出肺腑；是指言之有理，论之有据，述之属实，语之有物；不图华丽辞藻、哗众取宠，不故弄玄虚、显示“高明”，不夸夸其谈、自吹自擂；不常常拿一点未经考证清楚的古董，做一些玄而玄之的宣扬；不间或发表点高深莫测的见解，以求轰动效应。所谓朴实，应“有实事求是之意，无哗众取宠之心”，不是娓娓动听的谎言，不是厚颜无耻的诡辩；应“有朴实诚意之真情，无欺世蒙骗之虚词”，不是空洞说教，不是不着边际的高谈阔论；无溢美之词滥于其间，无虚假之话混入其内，非道听途说之臆想，非随心所欲之杜撰；令人感到是真实、质朴、淳厚、诚恳。总之，就是“有真意，去粉饰，少做作，勿卖弄”。只有如此，才能使学生感到情真意切而“亲其师，信其道”，进而在师生心灵之间打开一条通路，使学生沿着教学语言旨意奔向探索知识的征途。

七、知识性

所谓知识性，是指讲解语言不仅不讲废话，又要词汇丰富，还要出语不俗，善于使用同义词、近义词的转换，善于插入成语、佳句、专业词；是指掌握各种修辞手法、句式变化，恰当运用多种多样的句式；是指以层出不穷的修辞妙境，动人心魄的情怀哲思，在表达上神乎其技；是指使教学语言寓意新颖，给人以新意，给人以启示，如贴切的比喻，铿锵的对偶，流畅的排比，使渊博的知识、丰富的词汇流淌于教学过程之中；谈吐不凡，词语层出，丽词佳句，妙语连珠，能吸引学生注意，使教学闪现睿智之光。

因而，教学语言具有丰富的内涵，既是教法、教态与语言的统一，也是教师身教与言教的统一。教学语言直接影响、感染、熏陶学生的心灵和语言。所以，教学语言具有强大的影响力、感染力，成为学生可仿效的文明、高雅的语言。

八、鼓动性

语言的鼓动性，是教师高度事业心、责任感及对学生感情的表现。教师倾注了这种感情，就能实现教学语言的鼓动性。它主要是通过语意与语气来体现，如富有激情的歌颂、满腔义愤的批判、包含轻蔑的讥讽。时而像小河流水，娓娓动听；时而像江河奔腾，慷慨激昂；时而持重沉稳；时而由缓转急。讲到快乐的地方，自然露出微笑；讲到愤怒的地方，情绪就激昂；讲到悲伤的地方，声音就低沉。这种以声动情、声情并茂的语言，具有很大的吸引力、感召力。它可把所讲内容化作一股清泉，浸润学生的心田；犹如一座洪钟，能唤醒学生头脑中那块沉睡的“处女地”。为此，第一，语调要丰富多变，音量要合理调节，要做到高低适度，轻重得当，缓急合宜。关键之处要有逻辑重音，以加深印象；遇重点之时要“重锤敲打”，适当重复；需学生记录的内容，应放慢速度，恰当地配以板书或使用投影；让学生驰骋想象的地方，应以声传情，并辅以适当手势或放一段音像。抑扬起伏，错落有致，形成一种节奏和旋律，作用于学生的感官神经，就可使大脑皮层不断产生兴奋，从而调动学生学习的积极性和主动性。这种充满感情的语言，最能拨动学生的心弦，使其产生共鸣，形成强烈的求知欲和进取精神。第二，语速要恰当适宜。速度过快，发送信息的频率太高，会使学生收取信息处理不迭，势必形成信息的脱漏、积压甚至导致信息收取的混乱；速度过慢，既浪费时间，又易使学生精力涣散，感官和大脑皮层细胞从兴奋转入半抑制状态，降低兴趣和效果。所以教学语言速度必须合宜：一要看教学对象，越是年龄小、年级低，越要相应放慢速度，即音节的时值长，语流中间停顿时间长，停顿次数多；二要看教学内容，根据学科不同，内容深浅难易不同，而有不同速度。第三，声音要具音乐性。所谓音乐性，主要是取决于在情感基础上教学语言或微课之优美声音。好声音不仅指最终的音响效果，更主要的是讲课者的声音，清晰是前提，生动是目标。教师要想表达清晰生动，就需提升自己语言的基本功。讲课的语调和朗读课文的语调要有区分度，要明显区分讲课中叙述和提出问题的语调；朗读课文时，要注意角色的变换，旁白和人物对话要生动展现、凸显角色意识。声音是精彩的讲课或微课不可忽视的重要因素。

另外，教学语言的表现力和感情成分，也须根据学生年龄层次、心理特点和教材内容而有所不同。一般来说，对低年级学生，对社会科学，更需语言富有感情性和表现力；对高年级学生，对理工学科，更应注意语言的逻辑性和说服力。否则，过分的感情色彩还可能事与愿违。

九、启发性

启发性，是指能激发学生的学习动机、兴趣、热情，能引发学生的积极思考、联想、想象。应通过启发性语言去点燃学生心灵之火，去激起他们求知的欲望，“开而弗达则思”。为此，要根据教学实际，使教学语言多含“问号”、少用“句号”；多设“假设”，启发“求证”；交替使用多种带有启发性语言，以不断唤起学生求知的欲望，点燃他们智慧的火花；要用画龙点睛的语言揭穿事物的要害，启迪学生透过纷繁复杂的现象把握事物的本质；要用回味无穷、弦外有音和意外含意的语言激发学生深思，诱引学生从知识探索的“一览无余”中发现新的疑点；要用炼字遣词的功力，置一字就可别开生面，遣一词使人浮想联翩。教学语言不宜“嚼烂掰碎”尽道其详，要留有余地，留下“空白”，以产生“此时无声胜有声”的艺术效果；要给学生留点思考余地，既可保证学生从容不迫地接受知识，还有助于启发学生丰富的想象、深入的思考。所以，有时可提出一定难度的问题，留下“空白”让学生展开积极思维；有时在一番绘声绘色的描述之后，稍事停顿，让学生张开想象的“羽翼”；有时在一段情感浓重的朗读之后，戛然而止，让学生深长回味；有时在知识谜底面前引而不发，让学生思索通向结论的途径。教学语言留下的“空白”和设置的“悬念”，是学生思考力、想象力和创造力得以充分发挥的天地。另外，适时的重复和强调能加深记忆与印象，贴切的比喻和举例能启发联想与想象，精当得体的设问能造成思维的涟漪，气势流畅的排比能激起感情的波澜。

十、节奏性

所谓节奏性，是指奏优美鲜明，抑扬顿挫、跌宕起伏、有疏有密、有张有弛，以强化表情达意，增强语言的生动性。鲜明优美的节奏是征服和调动学生情感、兴趣、注意力的有效“指挥棒”。实验表明，语言直快后突然变慢的部分或直慢后突然变快的部分，语调直重后突然变轻的部分，或直轻后突然变重的部分，还有普通节奏后一字一顿的部分，都易引起学生注意。所以，教学语言不能像老和尚念经，平铺直叙一个调，应轻重相间，潮起潮落，应随情感的起落，语句或长或短，语气有急有缓，使之富有音乐诗词般的旋律与节奏变化。同时，抑扬顿挫不仅要自然、适度、优美、动听，而且要运用音调的高低快慢表达事物的感情。为此，教师应掌握高亢调、沉重调、短促调、低沉调等“调式”，克服一系列负效应语调——报告式、念经式、病吟式、朗诵式，并遵循：①情调融结律——在语调里融注情感，以情立调；②美感效应律——以纯美丰厚或清脆圆润的音质、巧妙多变的旋律创设氛围；③错落有致律——“文似看山不喜平”，语调应起伏、错落，避免单调平板；④综合谐配律——把手势、眼神、情态与语调协调配合。这样，按照教材内容与思想感情的变化，进行富有节奏感的语言表达，可使学生思维随着教学语言的高低、强弱与快慢、缓急的变化和语言所表达的思想感情脉搏的跳动而深入。

教学语言应情真、意新、语练、词美，并具有高尚、健康、文雅、清晰、启发诸特征，使语言形成高度锤炼、科学组合和艺术创造；且注意赘语的克服、口头禅的避免、不良用语的改变。前者，是教师在教学中的“杰作”；后者，是教师在教学中的“败笔”。同时，还要讲求无声的教学语言，诸如讲解的表情、谈话的姿态、关切的目光、得当的手势，以体现教学语言艺术的自然流露。

教学语言的冗余

“冗余”是信息论术语。信息论认为，人们用语言进行交际，就是双方相互传递信息，其间往往要发出比正确理解最低需要量多得多的信息，多出最低需要量的部分信息就是冗余信息。它同语言的经济原则相对立，又反作用于正常的信息传输，造成信息损失，降低语言的使用效率。但是，从语言的发展规律、社会需要来看，冗余的产生又是不可避免的，在实际生活和教学实际中，说话和写文章不可能像过去发电报一样简洁。因此，冗余语言并非贬义，有时能使语言丰富多彩。

一、冗余语言的影响

用精练的语言表达丰富的教学内容，一直是教育家和教学工作者所提倡和推崇的；然而，无论从现代信息传播论的角度还是从教学实际情况来看，教学语言中必然存在一定程度的冗余。

（一）教学语言的形成

从教学语言的形成来看，它是书面语言向口头语言转化的结果，虽然没有像日常口语那样存在较多冗余的流弊，但毕竟不是经过斟酌的书面语言，必然伴有一定的冗余。

（二）教学语言的使用

从教学语言的使用来看，教学语言受教师自身文化修养、语言习惯、个性等因素的影响，其内部语言在外化过程中受当时思维或场景的影响也会出现语言不畅或冗余。

（三）教学语言的种类

从教学语言的种类来看，教学语言中的冗余可以分为积极和消极两种。

二、积极的冗余语言

教学过程是教师向学生系统传授科学文化知识的双边活动，教师的主要任务是根据课程标准的要求将知识传授给学生，同时培养学生的思维力、理解力、判断力，发展学生的智力，开发学生的潜能，提高学生的审美情趣。在教学过程中，为了让学生听得更清楚、理解得更透彻，会对重点的词或句子重复一遍或几遍；为激发学生的兴趣，帮助理解记忆所学内容等，会采取一些说明性、提示性、解释性、修饰性的语言；为让学生对一节课有一个系统认识，会在讲课过程中或在结束时对所讲内容进行小结、概括和归纳。但这些冗余在一定程度上具有教育或教学意义，能产生积极的作用。积极的冗余有以下几种效应。

（一）呈现正面的语言影响

教师语言对学生语言的习得有重要影响，教师寓意深刻、富有情趣、合乎逻辑的语言会使学生如临其境、如见其人、如闻其声，还会潜移默化影响学生良好语言习惯的形成。

（二）丰富学生的情感和想象

教师语言丰富多彩，常会根据教学需要即兴发挥，这些话语教科书上没有，参考资料上也不易找到，但却点燃学生心中对所学内容的兴趣，在这种感情驱动下，教学任务的完成会顺利许多。

（三）深化学生的理解和记忆

如果教学语言全部像电报一样简明扼要，那么课堂就会形成一个枯燥乏味的场所；教师像播新闻一样流畅、干脆地讲课，那么学生接受的信息也只能保留瞬间。因此，教学过程中对重要话语的重复、阶段性小结等冗余语言确实是保证教学信息准确化与增强学生记忆不可或缺的手段。

三、消极的冗余语言

教学语言，是口头语而非书面语，易受教师语言习惯和对所讲内容驾驭程度的影响。

（一）消极冗余语言的种类

在讲课过程中，无意识地重复对教学目标基本无意义、无教育性的旧信息和不含信息价值成分的语言即为消极的冗余语言，如：①同词同语重复；②滥用指代词（这个，这个……这个……或那个……那个……）；③惯用语和插入语过多（当然啦）；④关联词的用法和句式的使用过滥过频（另外……另外，所以……所以，应该说……应该说，就是说……就是说……的话，对……来说）；⑤个人习惯的语气词、口头禅（这样一来呢……这样一来呢，好……好，啊……啊，呢……呢）等。

（二）消极冗余语言的负效应

1. 稀释教学信息的浓度　在讲课过程中，消极冗余语言的出现会干扰教学信息的正常传输，教学语言中这种拖沓臃肿、言不及义的冗余现象，割断了教学信息间的关联，使原本完整的内容被破坏，有效信息被稀释，从而造成教学效果的淡化。

2. 消耗教学的有效时间　有些文科课堂消极冗余语言的比率达 30% 左右，更有接近 50% 的特例，常见概率大致在 15% 上下；而理科课堂消极冗余语言极端的比率只在 20%，常见的情形处于 4% 以下。

3. 损伤内部语言思维能力　在课堂教学中，学生思维在很大程度上依赖于外部和内部语言的有机联系。尤其是在文科教学中，与数理的空间感觉、数字符号逻辑、实验操作等相比，它在语体认知、语段诠释、主旨领会、意义构建、说写表达诸方面，语言代码指认的精确度越高，语言间的逻辑程度越高，学生思维的信息联系就越高效、越有机；信息增值越快，思维通道就越顺畅，学习效果也越好。而那些间断的语言信息、模糊的指代对象不但阻碍了信息的交换通路，而且也间接损害了学生运用语言对语言进行学习、思维的活动能力。

4. 呈示不良言语示范　教学语言除担负教学信息的传输外，还具有对学生进行言语教育的功能，教师的语调语势，语言表现形式，都会在有意无意间对学生的言语行为发生作用。教学中消极冗余话语比率越高、内容越纷乱，不良言语示范的效应越显著，同时使学生对母语认知和表达水平终生受害。

（三）清除消极冗余语言的方法

消极冗余语言出现的主要原因有：对教学内容把握不充分；教师的教学思维和教学心态没有调整到位；说话时下意识的错误模仿和已成自然的言语习惯。但教师的言语行为可以习得，也可以优化。

1. 优化案头设计，控制现场思路　要矫正准备不足或因“话语过剩”产生的冗余，可事先详细写出教案，对教学关键点所涉及的可能要现场发挥的信息做尽可能周到的取舍，而在非关键点上尽可能防止额外发挥。

2. 调整教学心态，激活话语情绪　教师进入课堂就要找到以语言赢得和征服学习对象的那种感觉。在教案设计好的前提下，教师还应有满腔的职业热忱、良好的话语心理，才会产生较好的话语状态：言语顺畅、语句清晰，谈吐自如自信、言辞灵气迸发。

3. 矫正语癖，掌握提升讲话艺术　语癖，一方面是源于语言习惯，另一方面是源于思维迟钝、紧张。矫正语癖可通过录音、微格教学等手段，反复演练纠正，也可用背诵经典教学语言片断的方法来感受其规范性，还可预先拟写重要的教学语言段落并诵读数遍，以达可脱口而出之境。

总之，使用教学语言，应正确对待冗余语言，区分出积极冗余和消极冗余，寻求教学语言的最佳状态，力求做到“丰而不余一言，约而不失一词”。

教学语言艺术

教学语言艺术，既含教育性语言技巧，诸如表扬术、批评术、说理术……也含教学性语言技巧，诸如导语术、阐释术、讲解术……教学语言既应准确、规范、严谨，又应富有节奏感、形象感、幽默感。只有依靠教学语言艺术，才能烘托课堂气氛，吸引学生注意，拨动学生心弦，激发学生兴趣；才能超越教学模式的局限性，破解纷繁复杂的教学“变数”。

一、形象性

形象性是教学语言艺术区别于其他社会科学的基本特征。形象，是指描人状物有声有色、情景逼真、细腻动人，借助形象的语言描绘得栩栩如生，使学生想象出所描绘的人和事，从而化“闻”似“见”，如闻其声，如见其形，如临其境；是指运用比喻比拟、适度夸张与得体手势，进行绘声绘色的描述，创设教学情境，引人入胜，使学生犹如美中览胜，轻松学习。形象的教学语言还有其外在特征，有时从语义的角度来说做到了形象生动，但从语音的角度却显得单调乏味，因而影响教学效果。所以，教学语言既要追求其内在形象性，也要讲求外在形象性。愈是抽象概念的建立，愈需形象的描述，“以形感人”，只有形象，才能感人。要想感染学生，除情态传情达意外，教学语言更要形象，如果说规范语言是沟通师生间情感的桥梁，那么形象语言就是沟通师生间情感的一条有形的纽带。形象性，是教师审美心理、审美情趣、审美理想的物态化之产物。要求教师对“无声之音，无形之像”的教材内容，通过细腻而逼真的描述，使其内含的“诗情画意”犹如活化的一幅立体图画展现在学生面前，活跃于学生脑海。这就需教师对讲授的内容深入领会、理解、体验、联想，进而运用比喻、拟人、夸张等修辞手法，准确、鲜明、生动地重现客观事物的形象，出现心像、音像和视像，把抽象的事物具体化，把概念的东西形象化，或通过绘声、绘色、绘景、绘情，使学生有身临其境之感，沉浸在此情此景中来体验人文精神与学习各种文化科学知识和技术、技能，从而获得良好教学效果和审美体验。

二、逻辑性

逻辑，是指思维的规律。逻辑性是指语言表述要准确系统、内涵突出、外延明晰、判断得当、推理严密；是指叙事说理层次分明，剖因析果条理清晰；是指语言要衔接紧凑、转换自然、前后呼应、环环相扣；是指讲解分析透彻、论证严谨、言之有据、述之成理。这样，才能使学生顺着精辟、深邃而富有哲理性语言的指向进行逻辑思维。教师每阐述一段内容、分析一个问题、论证一个原理、导出一个结论，都应巧妙安排，精心构思，让语言程序条分缕析，井然有序，组织严密，系统完整，从而使教学语言具有强烈的思辨性、条理性和逻辑性。这样，就会引导学生追根溯源、顺藤摸瓜，达到脉络清楚、理解透彻和掌握牢靠的境地。

三、简练性

简练性是指语言表述精当、凝练、言简意赅，一语中的，“浓绿万枝红一点，动人春色不须多”；是指要言不烦，提纲挈领，以最凝练之语阐明至美至善之理，用简洁之言表达最丰富的内容，力争在最短间时内说透一个问题。为此，一需认真构思，心明言才明，思路清则语言洁。二需清除语言中的杂质，力戒羼杂方言土语，语言不纯。三需克服与防止语病，如“这个”“那个”、左一个“但是”右一个“可是”等口头禅，皆简练之大敌。

四、幽默性

幽默性是运用多种奇巧、出人意料的词语，或出语不凡、比喻新奇，使学生会心微笑，以引起学习兴趣，激发积极思维的一种方法。幽默，是指“寓教于趣味之中”，通过“寓庄于谐”与“寓教于乐”达到讲解目的。要幽默就需有就地取材的诙谐语言、随机运用的奇闻趣事、顺手拈来的隽词警句、恰当插入的成语典故，以使饶有风趣的教学语言产生魅力。实践证明，幽默既能帮助学生理解知识、激发联想、发展思维，又能活跃课堂气氛、调节情绪，使之在发自内心的愉快情绪支配下，克服困难，形成思考的动力、提升思考的魅力。幽默运用得妙还须与教学语言的深刻性、知识性、教育性相结合，不单纯追求幽默，也不因贪恋一两点趣味而喧宾夺主，否则就使人听起来始则有趣，终则无味。

五、生动性

生动性是指教学语言要形象、优美、活泼，富有表现力。形象，要求通过准确、鲜明的具体描绘，展现事物主要特征，讲什么就像什么，做到绘人状物有声有色、情景逼真、细腻动人、引人入胜。优美，要求洗涤粗言秽语，注意诗情、哲思、文采的和谐统一；通过“奇语瑰句”达到“吐玉泻珠”，既深含哲理、诗情，又朗朗上口，文采熠熠；既声音流畅洪亮、字正腔圆、清晰清脆、悦耳动听，又丽言佳句，如珠成串，意趣横生，脍炙人口；既有和谐的节奏、得当的平仄、清新的语调，又有迭出的丽句，能含艺术之韵味。耐人寻味的动人妙语，犹似绘画上的“神似”，诗词上的“意韵”，文学上的“言外之意”或“弦外之音”，产生如见其人，如闻其声，如临其境的审美境界。成分可减少，意义可隐含，过程可省略，语气可间歇，感情可跳跃。“举头忽看不似画，低头静听疑有声”。活泼，指神态要精力充沛、热情洋溢，言谈要轻快流利、富有感情，语意饶有兴味，寓教于乐，需要的顺手拈来，不用时挥之即去。生动的语言应有悦耳的语音、起伏的语调、适宜的节奏、得当的旋律，时停、时续、时急、时缓，调动学生的思维，集中学生的注意力；音量要控制，以传递到课堂每个角落，使每个学生都能听清为宜；音质音色要得当，频率过高则尖声刺耳，频率太低则沉闷催眠。因此，要注意改善音质，使学生听起来愉快舒适，并能在他们头脑中回响激荡。它还要依照不同目的，有时舒缓徐慢，有时高亢激奋，有时停顿间歇，有时一泻千里。教学语言要生动，教师除应具备一定的知识素养、语言技巧和表达能力外，还须倾注充沛、真挚的感情。情动于衷而溢于表，言现于声而注乎情。只有对所教学科、所教对象倾注满腔热情，其语言才能充分显示出生命力，熠熠放光彩。

六、情感性

情感性是指教学语言要讲究感情色彩，以使学生不仅从内容上接受，而且深深地印在心上，即“以情感人”。古人说：“感人心者，莫先乎情。”情感性源于教师对教育事业和学生的热爱与对教材的深刻理解和准确把握，并注意以相应的心态采取适当方式去传递与表达。在教学中，应根据教学目标和教学内容，相应使用各种带有感情色彩的语言，以唤起学生的求知欲望与积极探索的热情。在教学中，特别是在教育中，情感性主要表现：一是真情，教师讲解要倾注真实感情，使之亲切感人，且感情的抒发要真挚自然，情真意切，恰到好处，要有感而发、情动于衷；二是深情，教师的语言、语意、声调、语气都要表现出对事业的极大热爱，对学生的深厚感情，使学生达到情感上接近、心灵上沟通；三是激情，教学语言需要形象思维与逻辑思维并重，要用激昂的文字和情绪打动人心；四是豪情，要通过一些豪迈的语言、语气，来表现豪情壮志，以增强教学语言的感染力，把学生带入一个乐观昂扬、蓬勃向上的思想境界。情感性语言，能把教学内容化作一股清泉浸润学生的心田，像一座洪钟敲开学生感情的门扉，激起他们脑海中的涟漪。

七、趣味性

趣味性是指善于运用和剖析事例，恰当使用比喻、摹状、夸张等方法，把抽象枯燥的事物说得生动具体，使之具有意味和吸引力；是指善于讲解和描述，能借助手势、穿插趣例、比喻新颖、出语不凡，富有情趣和魅力，能吸引学生注意，活跃课堂气氛；是指善于寓理于事，以事论理，即把深奥的知识讲得浅显而风趣，把浅显的内容讲得深远而精辟。要使教学语言富有趣味性，教师不仅要博览群书，具有丰富的知识，能“旁征博引”，还要深入生产实际，进行实践，对现实社会各个领域的知识有所涉猎。只有不断学习、思索、积累，才会在语言上源如泉涌，运用自如，左右逢源，使语言妙趣横生。趣味性存在于科学性之中，离开了科学性，趣味性就难以持久，甚至会变得庸俗低级。

八、含蓄性

含蓄性是指教学语言情深理长而意不浅露，语不穷尽，言有余味，话有余音，或言近而旨远，词浅而意深；是指“妙语轻吮出，余味曲包藏”，即含而不露，耐人寻味，有“言有尽而意无穷，余意尽在不言中”的感觉；是指那种艺术上以“反”见“正”，以“此”见“彼”之手法在教学语言中的应用，“语前有语，语内有语”。有时在讲授中，不直讲本意，而用委婉的语言来烘托和暗示，让学生思而得之；课不能讲绝，讲绝就失去了“启发”的作用，“桃花嫣然出篱笑，似开未开最有情”。要能透过有限，展现无限，让学生运用自己的知识、经验和想象，去丰富、补充，以“不全”引出“全”的结果。这样的语言，会让人觉得有意味，越揣摩含义越多，具有吸引力和感染力。培根曾说：“交谈的含蓄和得体，比口若悬河更可贵。”含蓄，往往会起到“疑似无情还有情”的独特效果。

九、启发性

启发性是教学语言艺术性的重要体现。成功的启发性语言恰如“投石击破水中天”，投真理之“石”，击心灵之“天”。启人以思，导而弗牵，弦外有音，悬而不玄，或使教学语言深蕴着潜在的信息内容，激发学生去联想、去想象。为此，应据教学实际，交错使用多种带启发性的教学语言，或暗示、或点评、或曲问、或设疑，或几者兼有，或综合运用，以不断唤起学生求知欲望，点燃智慧火花，激发思维创新。同时，应多一些人生哲理、闪光名句、惊人发现、不同凡响的认识，以引人反思，发人深省，催人猛醒，使学生急欲求知，引导其沿着教师语言意向的轨迹，积极进行创造性思维。启发性语言应渗透在整个教学过程之中，如贴切的比喻或举例能启发联想，恰当的设问或反问能造成悬念，气势流畅的排比能激荡感情的波澜，适当的反复或强调能加深学生的印象。怎样才能激起学生的求知欲望？启发的方法多种多样，常用的有留下空白法、对比分析法、造成悬念法……另外，还要妥当运用追补语、引导语、设问语、商讨语……

十、随机性

教学语言的随机性是指教学语言要根据学生实际水平和理解能力，即时情境和临场变数，灵活改变语言结构和用词用语；或随时随地将有关新颖事例拈来发挥，灵活运用；或对意料之外与不甚得体的发问，以冷静心态、丰富词语，给以恰如其分的评价。这样可化消极为积极，变被动为主动。另外，还体现在用巧妙的语言处理一些意外的偶发事件。在教学中难免遇到意想不到或“节外生枝”的问题，须随时从学生的反馈信息出发，及时运用和发挥教学语言的功能，进行有效调控，以求课堂教学处于最佳状态，确保教学目标的顺利实现和教学任务的有效完成。

另外，还有文明性，低声说话往往是文明的一种表现。在某些场合或某些时刻，应低声而不高声。比如带领学生到某些公共场所，就需低声与学生说话。再如对自习与考试中个别学生的提问则宜低声。教学语言，是教师的世界观、道德观、知识积淀诸因素的综合体现。无爱憎分明，哪有义正词严；无渊博见闻，哪能谈古论今；无真才实学，哪能出口成章；无如泉思绪，哪能口若悬河！教学语言千变万化，表达技巧层出不穷。描述语言，宜有声有色；陈述语言，应抑扬顿挫；声讨语言，需慷慨激昂；提问语言，具启迪思维。教师对任何课题均需游刃有余地运用哲学观点去解析，把文学、科学和艺术融为一体，让学生听来别有一番韵味。应在教学实践中锤炼教学语言，以使弹奏出来的“交响乐”，能在学生脑海回响激荡，乃至绕梁三日。

教学语言暗示艺术

教学语言的暗示艺术，是指含蓄、间接、委婉、迂回、幽默的教学语言，使师与生和谐、教与学统一，使语言信息的传递与转换过程得到优化。它是教学语言科学性、教育性、艺术性的辩证统一，是教学语言艺术中的一个重要内涵。它既是教学语言艺术的基本方法，又是教学语言艺术中的一种。教学语言暗示特点，只要学生接收，无苛求，比直接用言语更易为学生接受和认可；是在无冷战、无对峙、无对抗情况下进行的暗示种类，主要有环境暗示、体态暗示、行为暗示和心理暗示等。按来源，有他人暗示和自我暗示；按时间，有实时暗示和延时暗示；按形式，有语言暗示和动作暗示；按进行，有引导暗示和反问暗示；按作用，有“造势”暗示和“抒情”暗示；按方式，有心理暗示、语言暗示、身体暗示、行为暗示、目标暗示、环境暗示等。这些暗示很少单一使用，而多是结合使用。

一、含蓄性语言暗示

含蓄是一种美、一种艺术。由于含蓄性语言直中含曲，平中寓奇，含而不露，耐人寻味，所以任何一种有效或成功的教学语言，都离不开含蓄性语言暗示艺术。

（一）言近旨远

常言说，语贵含蓄。“言有尽而意无穷”者，善言也。唐代史学家刘知几说：“言近而旨远，辞浅而义深，虽发语已殚，而含意不尽。”即叙事说理不要把话说尽，应给听者或读者留有思考的余地。言近而旨远，既是一种叙事说理的语言暗示艺术，也可作为教学过程中的语言暗示艺术。

（二）说古喻今

有些问题，在某种场合照直说，不仅不能产生某种感染力，也不能造成愉悦的心理氛围。若采取比喻暗示，既能使学生乐意接受，又能增加感染力。宋代学者严羽说：“语忌直，意忌浅，脉忌露，味忌短，音韵忌散缓，亦忌迫促。”很有见地。“语忌直”“意忌浅”，是要求教学语言要含蓄。合乎时宜地采用说古喻今法，话里有话或弦外有音，可使教学语言意深味长，使学生回味无穷。

（三）指东说西

这是在教学中常用于组织教学处理个别学生不愿听课或精力不集中时的一种教学语言艺术。在教学中，为避免与个别学生顶牛，常需指东道西或“含沙射影”。当然，这种“指东道西”都是从尊重学生人格出发的一种暗示性“提醒”“提示”“启发”，绝不容“讥讽”或“挖苦”。

（四）举一寓三

此法是指教师在教学中，用说“半截话”或用一语多关的办法，启发诱导学生积极思考问题，积极投入学习中去。说半截留半截，前半截说明白了，既是一种明示，也是一种暗示；后半截留给学生自己思考去寻找答案或寓意。这样，常常起到千言说不透、一语破真谛之妙用。

（五）迂回设问

这种语言暗示艺术是指绕着弯子设问，以激起学生情感的波涛和理智的思考，让学生在情感与理智的结合处得知识，增才干，明事理，受教益。迂回设问，一般设计三个层次，一问，二诱，三归纳。这样，层层深入，扣人心弦，启人心智，动人情怀，常常收到语半功倍之效。

（六）亲切委婉

根据语言传递与转换的需要，把讲授内容和教学语言说得婉转、曲折、亲切，使学生感到有一种快感、美感和亲切感。此法可使教与学双方关系融洽，情感相通，和谐自然，从而达到优化教学过程，提高教学水平的目的。

二、幽默性语言暗示

教学语言艺术，往往就在于向学生交心、移情，以情动情，以情生情，在师生的情感相融中给学生以理念、知识、观点、思想、情感和方略。幽默性语言暗示艺术，是移情、生情、育情的启动器。恰当使用幽默性语音，往往能起到调节气氛，创设愉快轻松的教育教学情境和氛围的效用。

（一）善说笑话

教学过程不一定总是在庄严、肃穆的气氛中进行，也可在谈笑风生中使知识、观点、情感和方法得到交流。富有哲理性、知识性和情趣性的笑话，既具有暗示寓理性，又具有良好的教育意义。在教学中，正确合宜地穿插一些笑话，既可起到弦外有音、耐人寻味、启人深思的作用，又有利于育人品德，还可密切师生关系，促进彼此情感的沟通。

（二）巧引典故

历史上有很多典故，包含了诙谐的内容；古代寓言和经典论著中，也包含着不少轶事和掌故。引用这些典故，既能使学生加深理解所学知识，也可向学生暗示事理，传递情感，创造愉快的教学情境和氛围。

（三）插歇后语

歇后语由两部分组成，前半部分像谜语，后半部分像谜底。前半部分说出来，既是一种明示，也是一种暗示，明示和暗示后半部分是什么，让对方稍加思索便能醒悟。若在教学中适时插用得当的歇后语，既能引起学生发出会心的笑，又不失却教育教学的神圣与典雅；既能使学生开启心智，又能使之在思想深处留下深刻印痕。

（四）说俏皮话

它是一种含有讽喻性口头语或开玩笑的话语。教师在与学生的教学交往中，总板着脸不好，总是笑眯眯的没有情趣也不好。有时巧妙地用俏皮话去暗示，倒能使学生情绪盎然，兴趣横生，活跃了教学气氛，还不失大雅。

三、激励性语言暗示

激励性语言暗示艺术，是指采用对学生尊重、信任、宽容、表扬、祝愿等激励性和期待性语言进行教学的方法。当发现学生有进步，尤其是后进生有进步的“闪光点”时，要给予及时表扬和激励。这样往往能产生一语三春暖，语半功倍的教育力量。

（一）引语性语言激励

恰当引用格言、警句、成语或伟人、名人、学者的话，作为开启心智、调动潜能、说服学生的佐证，能增强教学和育人效果；如果教师向学生传授某个观点或理念时，说“我认为……”就不如引伟人、名人、专家的话更有说服力。

（二）信任性语言激励

用尊重和信任性语言进行激励，具有强烈的暗示作用：使学生可自知、自控、自塑、自正，可奋发图强，走向光辉的彼岸。在教学中，要多说尊重和信任的语言，可使学生产生强大的进步动力。

（三）期待性语言激励

在教学和作业批改中适时地说或写几句希望、鼓励、祝愿和期待的话，如“很好，请继续努力”“有进步，希再接再厉”“我等待你的好消息”……这些语言往往能引起学生心灵的震颤，激起奋进的火花。

四、对比性语言暗示

通过知识内容的新旧对比、异类事物的对比、自身体验的对比、先辈与自己的对比等等，都可从中领悟到相应的知识。

五、板书性语言暗示

通过力度的轻重、内容的位置、重彩的妙用、时机的把握等等，都能使学生从中“意会”或“领悟”到教师的目的或意图。

总之，任何语言，调不在高，有情则鸣；语不在多，心诚则灵。教学中的暗示语言，亦然。

讲短话艺术与实例

讲短话既是本领，也是艺术。讲短话，就是要突出重点，有话则长，无话则短，不必饶舌。说短话，讲精话，需要的是修养和水平。所谓“由秀木而见林，见滴微而窥海”。《墨子・附录》中有一则寓言，说是学生向墨子请教：“话多好吗？”墨子答：“青蛙日夜鸣个不停，可仍然没有人听；报晓的公鸡一叫，天下为之惊动。话不在多，关键在于合乎时宜。”这说明：话不在多，精短则灵；文不在长，平实则当。事实上，讲短话已成为当今世界上的一种风气。一次，林语堂受邀参加台北一所学校的毕业典礼，并请他演讲。当时，先是有好多人都做了冗长空洞的演讲，听众皆有睡意。轮到他上台时，午餐时间已到，于是他站起来说：“绅士的演讲，应该像女人的迷你裙，越短越好！”听众刚开始微微一愣，转而哄堂大笑起来。讲话的作用和价值不在于长短，而在于是否说到点子上、一语中的。显然，讲短话是一种智慧，也是一种能力的体现。能用简洁的语言把要表达的意思说得具体生动，除需要有一定的知识修养、扎实的理论根底和较高的语言归纳等表达能力外，还要认真准备。下面举几个实例加以说明。

一、瞿秋白的讲话

北伐战争开始时，国民革命军司令部在广州邀请瞿秋白给全军政工人员作关于做好北伐宣传工作的报告。瞿秋白走上讲台说：“宣传关键是一个‘要’字，鲁智深三拳打死镇关西，拳拳打在要害上。”说完后就走下讲台。全场先是愕然、沉寂，但当稍加思索、领会其意后，随即爆发出雷鸣般的掌声。这是全军政工人员发自内心对言简意赅的讲话表示佩服。

二、华盛顿的就职演说

1793 年 3 月，美国首位总统乔治・华盛顿发表了美国历史上最简短的就职演说，只有 135 个单词。这是迄今为止最短的美国总统就职演说。

三、林肯的讲话

说到讲短话时，人们常以美国第十六任总统亚伯拉罕・林肯在葛底斯堡的讲话做例子。当时，美国正处在内战的关键时刻。1863 年 11 月 19 日，在葛底斯堡举行烈士公墓落成典礼，有 15000 人参加此活动。轮到林肯讲话时，他只拿两页稿纸，整篇讲话不过几百字，一共 10 个句子，时间不足 3 分钟。一位摄影记者刚刚在三脚架上装好照相机，总统讲话已经结束。虽未留下那次讲话的任何资料，却是最著名的历史事实，也是讲短话的范本。

四、丘吉尔的讲话

1948 年，牛津大学举办一个“成功秘诀”讲座，邀请著名史学家、画家和记者，两度出任英国首相，被美国杂志《展示》列为近百年世界八大演说家之一（1953 年获得诺贝尔文学奖）的丘吉尔讲演。会场人山人海，都洗耳恭听这位伟大的政治家、外交家、文学家的成功秘诀。丘吉尔用手势止住大家雷动的掌声后说：“我的成功秘诀有三：第一是决不放弃；第二个是决不、决不放弃；第三个是决不、决不、决不放弃！我的讲演结束了。”会场沉寂了一分钟后，突然爆发出热烈而经久不息的掌声。丘吉尔的演讲具有极为鲜明的特色，其演说能力也许在历史上无人能出其右，尤其此《决不放弃》演说已被公认是一个传奇，此精神演变为丘吉尔的个人符号，永远让听者刻骨铭心。

五、一句话的讲演

美国飞机发明家莱特兄弟，是一对很善于思索又刻苦钻研的兄弟，同时却是一对最不善于交际的难兄难弟。他们最不感兴趣的就是讲演。在一次盛宴上，主持人请大莱特发表演说。“这一定是弄错了吧？”

大莱特不好意思地说，“演讲是归舍弟负责的。”主持人转向小莱特，小莱特站起来说：“谢谢诸位，家兄刚才已演讲过了。”经各界人士再三邀请，小莱特只说了一句：“据我所知，鸟类中会说话的只有鹦鹉，而鹦鹉是飞不高的。”这只有一句话的演讲，博得人们长时间的热烈掌声。

六、赵元任的电复

蜚声于世的语言学家赵元任在抗日战争爆发后携妻儿移居美国夏威夷，未想到竟在异乡侨居十余年。1946 年，他把自己书籍都装了木箱，只把常用的几册留在手头，准备暑期语言学讲习班一结束，当即回国。正在此时，时任国民政府教育部部长的朱家骅突然发来急电邀请赵先生出任南京中央大学校长。赵元任一向不喜欢强加给他的各种“官帽”，更何况是“陪葬”的破冕。因此这位学术巨匠与夫人商定，暂不回国，避开此事。可是对“国民政府”怎么答复？赵元任给朱家骅回电只“干不了”三个字。

七、史良的简怒喊答

罗隆基 1957 年被定为极右派分子后，曾与他十分亲密的许多人，均纷纷出来批斗他。新中国成立前为抗拒反动派的黑暗统治，被捕入狱的抗日救亡“七君子”之一，新中国成立后首任司法部长，时任民盟中央副主席的史良，也响应号召高举批判的矛头，狠狠刺向这个曾和她无比亲密的恋人。但同时她又去找有关方面说情，称把这些人从名誉上打倒就行了，不一定降低工资待遇，剥夺政协委员的资格。因此，被认为是为罗翻案，在“文革”中屡遭批斗。在一次对她的批斗会上，一些组织的“头头”，把从罗隆基那里搜到的史良年轻时写的情书，拿出来怪声怪气地当众宣读，并质问史良和这个大右派到底什么关系。史良努力挺直被人压弯的腰，大声回答：“我爱他！”

话不在繁文缛节，也许就是几个字，便足以使人心灵震撼，彻悟大千世界；否则，讲话若通篇充斥着空话、套话、大话，缺乏幽默感和生活气息，则无吸引力和感召力。讲短话的实例还有很多，诸如美国名校耶鲁大学 300 周年校庆时，其校长发表的 150 多字的讲演等等，都是高水平的讲话。当然，讲短话并非易事，美国第 28 任总统威尔逊说：“假如我要讲 10 分钟，就需要准备一个星期，15 分钟需要 3 天，讲半小时约需 2 天；假如讲一小时，马上就可以讲。”可见，“由短入长易，由长入短难”，真正会说话者是善于长话短说者，善讲短话才是有水平的真正体现。概言之，没有调查就没有发言权，没有了解就没有话语权，没有深思就没有评判权。最容易讲的话，是空话套话、官腔官调、陈词滥调；最难讲的话，莫过于真知灼见。最短的才最难，讲短话才有真学问。用最短的时间传达更多的信息量，是多么需要在锤炼语言方面下一番苦功！讲短话需有高度的概括能力，若无深邃的思想和敏锐的洞察力、无丰富的知识储备和严谨周密的逻辑思维，是很难说出一言中的、一针见血的短话。讲短话，不是展现语言艺术，而是更好地发挥语言功能、效应。只有了解实情、洞悉真情，对事物有深刻透彻的理解、鞭辟入里的分析、深入浅出的思考、客观公正的把握，才能说出有内容、有分量、有个性的话，才能把话讲短、讲深、讲明，才能增强讲话的贴切性、真实性、思想性、权威性。

只有滔滔不绝、口若悬河、夸夸其谈、眉飞色舞、手舞足蹈、闪烁其词，才是真正的演说家；

唯独寡言少语、开宗明义、开门见山、直言不讳、单刀直入、一语中的，方为真正的实干家！

讲话本身也是一门学问，需学习、研究和实践。美国的小学、中学乃至大学都设有演讲课，并有一句流行语“你如果不善于演讲，那一辈子也当不了议员，当总统就更没门！”古今中外的著名政治家，大多能说善讲。诸葛亮“舌战群儒”闻名古今，成为美谈，克林顿的幽默风趣与妙语连珠为人称道，丘吉尔的篇篇演说都是幽默的散文，令人神往。

精妙短文的实例

何谓文章的佳作？前人有不少妙喻。北宋苏东坡认为，好文章“大略如行云流水，初无定止，但常行于所当行，常止于所不可不止”。明末清初大戏剧家李渔认为，好文章应像“犬夜鸡晨，鸣乎其所当鸣，默乎其所不得不默”。清代郑板桥认为，好文章应像“删繁就简三秋树，立异标新二月花”。清朝才子袁枚认为，好文章应似“清水出芙蓉，天然可爱”。现代作家林语堂，又以他的妙喻给“画龙”做了“点睛”，即好文章应“如女人的裙子，越短越好”。古今中外确有许多名人精妙短小的文章，光焰夺目，又似大海遗贝，光彩熠熠，别有一番艺术魅力，吸引读者，受益众人，流芳千古。比如《论语》《孟子》《书经》《诗经》《礼记》《左传》六部著名“经典”，加在一起也只有40万字。其中《论语》只有11750字；《孟子》34685字；《大学》只有1753字；《中庸》只有3568字；《周易》24107字；《书经》25700字；《尚书》32063；《诗经》39234字；《礼记》99010字。四书与五经加在一起，也不到30万字。老子的《道德经》只有5435字。刘禹锡的《陋室铭》只81字，许多著名五言绝句只有20字。由于易记易背，极易流传。因其短而精炼，让人充满想象。在所有的蒙学书中，最流行的是三（三字经）、百（百家姓）、千（千字文）。南宋王应麟首撰“蒙童之冠”的《三字经》1145字。1400多年前梁武帝命周兴嗣在一夜之间把互不相干的一千个单字，写成既押韵又成句且蕴意被称为“千古奇文”的《千字文》，是一本绝世之作。而与“三、百、千”相媲美的是清康熙年秀才李毓秀作后经贾存仁修编的童蒙读物《弟子规》原名《训蒙文》有1080字。清初理学家、教育家朱用纯（号柏庐）所著《朱子家训》又名《朱子治家格言》只有506个字，思想植根深厚，含义博大精深。

一、最短的“序”

欧阳修的《六一诗话》集的“自序”，仅有一句话13个字：“居士退居汝阳而集，以资闲谈也。”全篇无一废字，令人赞叹。

二、简短白话文

胡适在北京大学讲课时宣传白话文的好处，一名学生站起来反驳：“白话文不简练，打电报用字多，花钱多。”胡适平和地说：“不一定吧！前几天行政院有位朋友给我打来电报，邀我去做行政院秘书。我不愿从政、不想去，为这件事我回了一份电报拒绝，用白话文写的，看来也很省字。请同学们根据我的这个意思，用文言文拟一则复电，看看是白话文省字，还是文言文省字？”15分钟后，胡适让同学们举手报告电文字数，然后他选出一份用字最少的电文稿，共12个字：才疏学浅，恐难胜任，不堪从命。胡适说，这份电文确实很简练，但他自己回的白话电报只有五个字：“干不了，谢谢！”胡适解释说，“干不了”就含有才疏学浅，恐难胜任的意思，“谢谢”，既对友人费心介绍表示感谢，又暗含了拒绝的意思。

三、最短的文章

郭沫若和老舍曾用联语评《聊斋》。郭沫若的评语是“写鬼写妖高人一等，刺贪刺虐入骨三分”；老舍的评语是“鬼狐有性格，笑骂成文章”。

著名爱国华侨领袖陈嘉庚先生，在重庆国民党当局召开国民参政会议时，从新加坡发回一电文提案：“敌未出国土前言和即汉奸。”邹韬奋先生称赞此提案是古今中外最伟大的提案。

四、最短的组句

在激光照排技术发明之前，印刷工人在擦拭英文打字机后，总要在打字机上打出一个句子，以检查字迹是否清晰。该句子是：The quick brown fox jumps over a lazy dog，译成中文是：“伶俐的棕色狐狸跳过一只懒惰的狗。”这一短句恰好包含了从A到Z全部26个英文字母。该句给印刷工人带来极大方便。

五、最短的广告

几十年前，上海梁新记牙膏厂的广告牌上只写了“一毛不拔”四个字，旁边画上一个人，拿着钳子用力拔牙刷毛的宣传画。妙语横生，引人驻足观看。从此，“梁新记牙刷一毛不拔”的盛名不胫而走，打开了市场的销路，越传越广。

六、最短的信函

1944 年 12 月 22 日，美军 101 空降师包围德国战略要地，德军要求投降，美军答复只有一个字：呸！

1960 年代，作家赵树理收到大儿子赵广元要钱的家书，内容非常精练，全文只有一个字“钱”。赵树理看后，回复既快，且同样简练而绝妙，也只有一个数字：“0”。他认为儿子既已自立，就不应再依赖父亲。可见，赵树理的用字之简与教子之严。

1963 年，山东诸城县城关医院改建时，给郭沫若去信，请他题写院名。不久，接到郭沫若的回信，拆开一看，信封内竟空空如也。原来，院名已写在信封上，这封无字信，堪称世界上最短的信。

七、最短的故事

伊丽莎白二世时期，某大学举办一次“短故事比赛”，要求涉及四个因素：王室、宗教、性、神秘。结果，最后一个男子以 11 个字夺魁：“上帝啊，女王怀孕了，谁干的？”另一说：“上帝啊，女王怎么怀孕了？”只有 10 个字言简至极。当时英国女王还特意接见并称赞了他。

世界上，情节曲折而又最短的文章即此故事：伊莉薇娜的弟弟佛莱特伴她丈夫巴布去非洲打猎。不久她在家接到弟弟发回的电报：“巴布猎狮身亡。”伊莉薇娜悲痛欲绝，回电：“运其尸回家。”三星期后，从非洲运回一个大包裹，里面是一只狮尸。她又立即发回电报：“狮收到。弟误，请寄回巴布尸。”伊莉薇娜很快接到回电：“无误，巴布在狮内。”此文，曾获美国最简短、情节最曲折故事征文首奖。

八、最短的童话

美国《基督教科学箴言报》曾组织过一次“写给成人看的童话”征文，结果题为《一支燃着的烟》获第一名，全文只有 34 个字：“一支冒着袅袅青烟的香烟，指着自己说：‘我是最好的直观教具，证明抽烟会缩短生命。’”

九、最短的征文

1932 年，著名戏曲史研究家赵景深在《青年界》杂志任编辑时，有一段时间稿源不足。于是，他给老舍发函催稿，信笺上只写了一个加了圈的“赵”字，意思是老赵被围，速发救兵。老舍见信后，心领神会，立即写出了题名为《马裤先生》的短篇小说给他寄去。

十、最短的铭文

少年时代的鲁迅酷爱读书。一天，他上学迟到了几分钟，被老师批评。但他并不因家里有事耽搁而原谅自己，便在课桌角上刻了一个“早”字，以此为座右铭，激励自己珍惜光阴，刻苦攻读。

十一、最短的寓言

《庄子·列御寇》有一则 25 字的寓言：“朱评漫学屠龙于支离益，殚千金之家，三年技成，而无所用其巧。”文字层次清晰，寓意深刻。

十二、最短的判决书

清代乾隆年间，一寡妇想改嫁，遭到家人阻挠，她向官府呈上状书：“豆蔻年华，失偶孀寡。翁尚壮，叔已大，正瓜田李下，当嫁不当嫁？”知县接状，挥笔写下：“嫁！”此判词当属历史上字数最少的判决书，只有一个字。

十三、最短的科幻小说

迄今为止，世界上最短的一篇获奖科幻小说，是由美国著名作家费里蒂克·布朗所作，全文“当地球上就剩了最后一个人坐在屋里，突然传来了敲门声……”

这是只有24字的一句话小说，但它足以让人千思万想：地球究竟发生了什么灾难？为什么就剩了一个人？是谁又来敲门？是来绑架还是救护？

可以说，只要你肯想，就会发现其中隐藏着一个极其精彩的故事，而且有一千个人就会编出一千个各不相同的故事。据说，该科幻小说，译成中文后只有21个字：“当世界上最后一个人坐在屋里时，他听到了敲门声！”

十四、最短的两则电报

世界上最短的电报，出自法国著名小说家、大文豪雨果之手。1862年，雨果写成了《悲惨世界》。作品出版之后，他急于知道作品的销售情况，便拍好一个电报去询问他的出版商，去电的全文只是：“？—雨果。”随后，出版商则兴奋地回复：“！——编辑部。”一个问号和一个感叹号便将整个事情脉络表达得清清楚楚，轰动文坛的巨著问世了。

世界上最短的电报，也出自中国文坛有“白发才女”之称的张允和。当年，中国文坛巨匠沈从文疯狂地追求他的学生，也就是张允和之妹张兆和。从开始张兆和就直接拒绝沈的求爱。可沈从文一直坚持给张兆和写情书。后来，沈从文一把眼泪一把鼻涕的求爱使得张兆和心软地说，如果她父母答应即可。沈从文又急不可待地给张兆和写信，委托张允和代他向父母提亲。幸运的是，贵为江南富豪的张家父母并不反对沈从文这个湘西穷书生为婿。而成人之美的张允和竟以一个“允”字作为电报发给沈从文。这便是文坛中被传为趣闻的“半个字的电报”。因为张允和的名字中有个“允”字，代表是她发的电报，而“允”字也表示张家父母对此事的同意。可以说是一字双关，从而成就一段难得的文坛佳话。

十五、最短的话剧台词

1932年，法国剧作家特里斯坦·勃纳德写过一部微型戏剧《流亡者》：（幕启，边境附近一幢山间木房里，一个山里人正在烤火。一阵敲门声，流亡者进屋了。）流亡者：“不管您是谁，请可怜可怜一个被追捕的人吧！他们在悬赏捉拿我！”山里人：“悬赏多少？”（流亡者马上离开了。幕落）简短的台词，深刻地揭露了金钱对人性的侵蚀。

值得注意的是，这里所说的“短”，是指那些应该短且能够短的文字，但绝非反对内容充实的鸿篇巨著。须知，语言的效果与其长短，不是成正比而是成反比。越长，效果越差；越短，效果越好。所以，应求短、实、精、新，短而实，短而精，短而新。这样的短文，需有高度的归纳能力与概括能力，有一语中的、句句讲到点子上的功效。如若无深邃的思维力和敏锐的洞察力、无丰富的知识储备和严谨周密的逻辑思维，三言五语是不会感人心魄、让人折服的。

教师身体语言的特性

身体语言主要包括眼神、表情、手势、动作体态、肢体语言和着装打扮。眼神、表情与动作是人之外在的表征、心灵的语言。每个人的内心情绪都或多或少会从眼睛流露出来，即眼神，令人愉快或令人厌恶。实际上，人的眼睛都会说话，只有说得多少、明确与糊涂的区别而已。人体的各个部分，如眉毛、嘴巴、手、脚、身体的姿势等也都会“说话”，所以人体是一个信息发送的平台。“未成曲调先有情”，在教育活动中，教师作为信息的载体，是一个信息“发射站”；学生主要是从教师那里接收各种信息，使认识、情感、意志和行为得到调节和发展。教师给予学生的信息，根据其表达形式，可分为三种：口头语言、书面语言和身体语言。三者具有不同的特性，其中身体语言是通过目光、动作或姿态来表达自己的思想感情，以相应的手势、表情、眼神来加强表达效果，从而加深学生的印象。其基本特性可归纳如下。

一、直接性

直接性，是指教师以表情、仪态、姿势、动作等直接向学生提供信息，不需任何中介环节，常表现为肯定或否定、排斥或接纳等为学生所熟知的一些表情或动作。有时它比口头语言和书面语言所提供的信息更简洁明了。教师的喜、怒、哀、乐，一举一动都直接影响学生。若风度翩翩、神采奕奕地走上讲台，学生就易产生兴奋喜悦的情感；若愁眉苦脸、漫不经心地进入教室，学生则可能产生猜疑和心理压抑感。在课堂上教师要求学生做什么或怎么做时，往往只需做一个学生能理解的简单手势即达目的。每位教师都有自己的风格和特征；经验丰富者都有一套吸引和组织学生的非语言信号手段，为达教育目的服务。

二、交际性

交际性，是指身体语言具有沟通师生思想感情的功能，在师生交往中有其特殊作用。教师的表情、手势、目光、行为、举止所发出的信号和学生情感之间有着微妙联系。在课堂上对学生和颜悦色，用期待、信任或赏识的目光注视学生；在课外见了学生主动招手、点头或微笑都能使学生感到和蔼可亲而对教师产生好感，并使师生感情融洽，达到“心理相容”和乐于接近乃至形成“零距离”。而那些对学生神情傲慢、视而不见的教师，则易使学生反感而产生“心理距离”，出现“敬而远之”或“见而躲之”。因此，应充分认识身体语言在师生交往中的积极作用，并善于用它来沟通与密切师生关系。美国心理学家梅拉比尔进行过量化对比实验，结果表明：与声音或语言相比，面部表情更具有吸引力、感染力和影响力。

三、光环性

光环性，是指在教师与学生交往的一系列活动中，给学生留下的第一印象往往起着很重要的作用。它将给学生以长久的回忆，且是难以改变和难以磨灭的。“第一印象”包括：第一次见面、第一次课、第一次作业、第一次会议……它受教师仪容、风度、精神面貌和言谈举止等因素的影响。实践表明，师生最初接触最易吻合的是轻松、热情、和蔼、可亲的感情成分。如果一位教师初次上课就气冲冲走上讲台，以傲慢的姿态板着面孔授课，即使有高超的学识水平，其教学效果也会贬值。第一印象往往带有主观性和确定性。学生对教师形成印象多是先入为主，只要认为教师一方面好，往往会认为其他方面都是好的；反之亦然。这种印象一旦形成就具有泛化、扩张和定势的作用，从而影响到对教师本质特征的认识和评价。很多学生都有这样的体验：如果喜欢某个教师，那么这个教师的一举一动仿佛都是得体的，进而也会偏爱他所讲的课；相反，若讨厌某教师，就易感到他所有举动都不顺眼，甚至不喜欢他讲的课。因此，既要看重给学生留下美好、深刻的第一印象，也要善于调节自己的行为信号，使学生形成一种正确的心理倾向。

四、有意性

有意性，是指教师在教学过程中表现出的神情、姿态、动作，有些是有意的，有些是无意的，还有一些是看似无意实则有意的。尤其是初任教师者不仅要认真备课，而且还要考虑仪表、姿势、动作和上课的感情基调，力求在课堂上表现得自然大方、举止规范、有条不紊。长此以往，教师的课堂行为就会从有意控制转化为无意调节，直到炉火纯青的地步。一个优秀教师在教育情境下的所有动作看起来都极其自然，好像是无意的，但却独具匠心，包含着教师的教育意图；相反，若教师上课精神萎靡、拘谨呆板、动作紊乱、摆头耸肩、皱眉眨眼、眼睛死盯一处等，看来是无意识的行为，却表明教师缺乏修养。

五、示范性

示范性，是指教师在与学生交往中，其身体语言具有被学生模仿和作为学习典范的性质。在教学中，衣着整洁、举止文雅、和颜悦色、演示娴熟；在劳动中，不怕苦、不怕累、身先士卒、操作规范；在日常行为中，落落大方、讲求礼貌、待人热情、关心他人；在文体活动中，动作熟练、姿势优美、热爱集体、注重友谊；在工作中，忠于职守、热爱教育、认真负责、一丝不苟等，都是无声的教育，它往往比苦口婆心的说教效果更好。身教重于言教，不仅是教师个人文明修养的外在表现，而且是取得良好教育效果的重要因素。因此，要求教师必须处处、时时、事事严格要求自己，从生活习惯到生活作风，从穿戴到言行，从外表形象到灵魂深处，均需具有教师应有的风度和情操。

六、感染性

感染性，是指教师的身体语言随时都处在被学生感知之中，教学是一种活生生的师生感情交流活动。教师既通过口头语言向学生表达自己的思想感情，也凭借身体语言感染学生。这种感染性犹如一种“磁场”，每个教师都是这个“磁场”中的一条磁力线。“磁力”的组成包括教师的体态、表情和行为。这种特殊“磁场”具有极大的吸引力（或排斥力），随时随地都在对学生发生作用。每个教师应充分认识这种“场”对学生影响的微妙性、深刻性和持久性。得体的仪表风度，可给学生留下美好的印象，会使学生看着顺眼、觉得对劲，赢得学生的好感、尊敬和信赖；在听学生回答问题时，若身体稍微前倾，目视学生，可使之感到老师在认真听，从而受到鼓舞；用手势或眼神示意有非学习行为的学生，可制止其分心而认真听讲；当学生取得良好成绩、成绩下降或犯有过错时，即使性格内向、不苟言笑的教师，也会通过体态语言表现出高兴、愉快、惋惜、愤慨、感叹等不同的感情。一切表情都充满了感情色彩，面部表情往往传播情绪性质，身体动作暗示情绪的程度。这一切都说明：优美的教态、和蔼的表情、深邃的眼神都具有很大感染力，它会使课堂气氛活跃，学习轻松愉快。一个教师如能掌握身体语言的艺术，并能自觉恰当地运用，使之传神达意，便可收到很好的教学效果。

七、辅助性

辅助性，是指教师身体语言对口头语言表达信息量的补充，具有辅助教学活动的功能。它分为两种：一种是代替言语交流的，称为标记物；一种是伴随或辅助言语的，称为说明物。前者，如点头、摇头、耸肩、使眼色、挥手等，都具有明显的含义，皆可视为传递给学生的信息，或发出行为信号；后者，主要表现在：一是诠释某种意思，如讲“飞翔”“射箭”之类的词语时做出相应的手势或姿态；二是配合描述事物的某种特征，如“圆”“方”“大”“长”；三是加重感情成分，如讲到兴奋时眉飞色舞，讲到凄惨处脸如阴云密布，讲到愤怒时紧握拳头；四是补充文字语言表达的未尽之意，如帮助学生理解那些“只可意会不可言传”之意，或不能借口述令人顿悟而必须用体态方能达意的内容。因为口头和书面语言在很多时候不可能尽善尽美地表达自己所领悟的思想内涵和艺术特色，这时如能恰当地使用身体语言就会产生一种奇妙的效应——学生进入意境，细细体味，心领神会。

八、暗示性

暗示性，是指教师对学生的一种特殊的影响和感染形式。诚然，口头、书面和身体语言都可提供暗示，但身体语言所包含的暗示性最为明显。很多教师正是通过自己的眼神、嘴形、手势和身体姿态的变化来表达对教学内容的强调、对是非善恶的情感和对学生的肯定或否定。在某些不太适合直接说理或奖惩的场合，使用身体语言既必要，又是一种令人赏心悦目的技巧。身体语言所表达的意思是丰富多彩的，且能在很多时候、很多地方，起到口头或书面语言不能起到的作用。

九、多能性

多能性，是指身体语言表达的信息是非常丰富的。身体语言在不停地向他人传递关于自己的信息，有时身体语言比文字语言或口头语言更有说服力。据心理学家研究，人可观测的脸部表情有25000种，手势有7777种之多，眉毛有40多种，眼皮的闭合、眼球的转动所表达的意思也有几十种。另一方面，身体语言表达的词汇意义甚多，例如摆手可示意“不对”“不要”“不一”等七八种，再如点头可表示敬意、肯定、承认、赞同、感谢、应允、满意、理解等十多种。同时，从身体语言获得的信息量来看也是极其丰富的。有人曾实验，一个人识别同一物体，用语言描述需2.8秒，而用眼睛观察只需0.4秒；各种感觉器官接受信息的比例是：视觉87%，听觉7%，嗅觉3.4%，触觉1.6%，味觉1%。这些数字，虽不一定十分准确，却能表明身体语言的能量。身体语言主要是一种视觉语言，主要靠视觉器官感知，在信息传递中，其功能特别强，所传信息量特别大，因它可通过动作、表情、服饰等形式传递信息，是一种信息通道相当宽的立体语言艺术，故表现力强，表达内容丰富，并可以表达“可心会而不可口传，可神通而不能语达”的内容。特别在口头语言和身体语言和谐运用时，更会使之相得益彰。

十、真实性

与口头语言和书面语言相比，因身体语言不会“撒谎”，故显得更可靠、真实；因身体语言多是在无意识或半意识下显示出来，大都是实际心态的体现，虚假成分极少，所以可从人的表情中觉察出“言不由衷”或“情真意切”。动作，作为无声的语言，传递着人们内心世界的许多信息。通过动作，人们有意无意地流露出种种秘密，如摇动脚部或用脚尖拍打地板，是焦急不安或摆脱紧张的表现；把手置于熟悉的人的肩上有信任、友好之意，但置于陌生人或关系紧张的人的肩上则有蔑视的含义；低头哈腰，流露的是自己精神上的劣势，如孤僻、自卑、惶恐等。特别是眼神，发自人的内心深处，更具有传情达意的丰富性、生动性和准确性。人们一直将眼睛喻为心灵之窗，时刻透露着人内心深处的秘密。如眨眼次数增加往往是生理或心理上紧张的表现，人在愤怒、激动或焦虑时，眼睛就会眨得更快；心情愉快兴奋时，或见到喜爱的学生时，瞳孔就放大，眼睛发亮；内心忧郁烦恼时，或见到厌恶之人时，瞳孔就缩小。另外，不同的视线也常常表示不同的感情。如斜视给人的印象是温和、含情；俯视给人的印象是呆板、懦弱；直视过久则为凝视，凝视有时是含有敌意、有时是愤懑或威吓的信号。但凝视也有时起强调作用，在说服教育中，为了强调自己的谈话是真诚的，凝视对方，可提高对方信任感；反之，倾听了学生不幸的事件时，为了表示同情，绝不凝视对方，以使对方感觉到对他的关怀。身体语言特别是目光语言错综复杂，随着不同情境，其含义变幻莫测，然而它却真实反映着人们的内心情感。

另外，还有差异性，在不同国家、民族之间，由于文化背景、历史传统原因，存在许多明显差别，具有不同的表现意义。例如拇指和食指捏成一个圈向别人示意，在美国象征“OK”这个词；在日本则表示“钱”。再如V手势，V是英语、法语、弗拉芒语中Victory（胜利）一词的第一个字母，美国人替它写下了明确定义：The palm-forward V sign（手掌朝前的V手势），使用这一手势时必须手掌朝外，因他们认为朝内的含义是恶意的、诅咒的；但英国人却未下定义，朝外朝内无所谓，不过英国人都明白朝内的含义是什么，因此必须看场合。又如点头，在中国表示同意，而在印度、尼泊尔则表示不同意；还如跺脚，中国人常表示愤怒，德国人则用来表示称赞；另如鼓掌，多用于表示赞成、助威、叫好，也有时表示反对、讽刺、叫倒好等，日本人鼓掌时用手指击拍，表示欢迎，但在英国看戏或听音乐会时，这种用手指击拍的鼓掌，则表示演出不受欢迎，希望演员尽早退场。俄罗斯人的习惯不能用手指东西，更不能指着人，否则对方会不高兴。另外，告别时，一般人习惯挥手表示再见，意大利人却是右手掌心向上，不停地一张一合以示告别并带依恋之意；而许多东方国家，如印度、缅甸、巴基斯坦、马来西亚等，告别时是手掌向上，手指分开，向自己一侧挥动，局外人以为是在打招呼便迎了过去，方知是误会。

教师身体语言的原则要求

所谓言传身教，即除有意识地用语言行为教育学生外，更应注意用表情、目光、姿态、举止、动作和服饰等非语言行为暗示或影响学生。恰当运用非语言行为，可补充、加强甚至代替语言行为，且能收到极好的效果。根据教师身体语言的特性，在教学艺术中应遵循必要的原则要求。

一、鲜明性

身体语言所要表达的情感，既要准确又要鲜明，使喜、怒、哀、乐清楚地反映出来，以使学生有一个清晰的印象。笑就是笑，哭就是哭，喜就是喜，怒就是怒……不能含糊不清、模棱两可，也不能一本正经、无动于衷。

二、示意性

身体语言能给学生以示意，使之从中感到自己应如何作出反应。如当教师引导或启发学生思考与回答问题时，往往微蹙眉头，发出炯炯有神的目光，或打出相应手势以示意学生积极思考和准备回答；当讲到重点、难点等关键之处时，往往稍作停顿平瞪双眼，目光扫视全班，以示意学生把注意力集中到教师的讲述上来。

三、形象性

讲授某些课文或内容时，除语言要形象外，表情亦需形象，即通过仿效和夸张使学生获得具体而直观的感知。如用微笑表示发自内心的高兴，大笑表示开朗、欣喜，低头、蹙眉表示忧虑、悲哀，目视前方、微微张口表示渴望……

四、启发性

要使学生从教师的表情中能加深对教学内容、教师意图、有益哲理的理解，则需教师从一个微笑、一个眼神、一次锁眉出发去传递情感信息，从教师的面部表情这个变幻无穷的“屏幕”去感知、了解那含义丰富的世界，去理解生活中的爱和恨、知识中的正与误、人生的思考与追求……教师的表情可给学生热爱生活、处事乐观的态度；不断探索、永远追求的精神；光明磊落、一身正气的品格。正像哑剧能给人以蕴意启示一样，表情也给人以启发。

五、适度性

丰富的表情固然可增加教学的活力，使教学变得生动活泼，但身体语言要依据教学内容适时、适度、适当地运用，不该笑处不笑，不应怒处不怒；该微笑处不大笑，该大笑处不狂笑；该沉默则沉默，应平静则平静。不必整节课都是眉飞色舞，故作姿态；否则，不但无助于教学氛围，反而会弄巧成拙，扰乱视听，也不利于学生冷静思考、理解问题。

六、易解性

无论任何种类身体语言，均需让学生易于理解、易于领会，易于明白，易于接受；否则，就易于失去意义。

教师的身体语言也应要体现“三尺讲台演四方，道业惑解韵课堂”，要扮演一位能绘声绘色进行课堂艺术表演的角色，应注意使面部、眼神和手势等成为表情达意的无声语言，成为提高教学质量或效果的有效手段。

身体语言的种类与功能

身体语言，是指人们借助面部表情或肢体动作来传递信息、交流情感、表示某种意义的信息系统。据专家统计，身体姿势、脸部表情、手和手指的动作能表达约70万种不同信号，比任何一种语言的词汇量都多得多。其教育功能主要包括两大类：一是动态有形，如头语、脸语、眼语、手语、身姿语等；二是静态无形，如服饰、打扮、仪表、风度等。在教学过程中，师生间信息的传递主要是通过语言和非语言行为两种方式进行。后者，既是前者的补充和深化，又起着有声语言所不能代替的作用。表现为：教师的一举一动都在学生注视之中；教师举手投足之间，散发出沁人心脾的气息。准确规范的动作，生动形象的手势，丰富端庄的表情，潇洒挺拔的身姿，既有助于教学信息的表达，且有益于学生思想作风的培养。故教师适时、适当地运用非语言手段的身体语言，可收到“无声胜有声”之效。

一、眼　神

眼睛，是心灵的窗扉，是人类最灵活、最富于表情的器官，是身体语言的主要载体。眼神，是内心活动的外在表现，是内心状态的晴雨表，瞳孔的大小、亮度的明暗、视角的俯仰、注视的长短、移动的快慢均真实地反映复杂多变的心理活动。柔和、热诚的眼神，能给学生以激励；埋怨、责怪的眼神，会使学生感到不安。在学生面前，应尽量保持亲切、和蔼、信任与期待的眼神，以使正在努力的学生受到鼓舞，促使他们继续努力；使遇到困难的学生看到希望，增加其克服困难的勇气和力量；使有缺点与错误的学生得到温暖，增强其上进的信心。与学生交谈时，应注视学生，以表示在专心听取学生表述，让学生觉得你尊重他。学生感到愉悦、喜爱、兴奋时，瞳孔就会比平常大三倍；相反，遇到生气、讨厌、消极心情时，瞳孔就会收缩；瞳孔不起变化，表示对所看到的人物漠不关心或感到无聊。因此，要有意识地使自己的眼神与学生的眼神保持“对话”，将学生的“眼神语”收集起来形成教学反馈信息，以对教学的正误深浅、快慢难易、详略疏密作出正确判断。与学生眼神的交流要注意：①交流时间充分——教师积极的眼神会促进学生的智力活动，使之产生轻松愉快、自然明朗的情感。实践证明，师生眼神接触时间越充分，获得信赖、激发兴致的可能性就越大，也可起到组织教学的作用，还能传达更为丰富真切的知识信息。②交流范围广阔——教师应以敏锐而亲切的眼神关注每一个学生，使之感到没有被冷落。为此教师的眼神要有环视，有专注；有前后，有左右，有角落；有深度、有广度。③交流次数多与快——面对不同学习状态的眼睛，面对同一人不同时间的眼睛，要及时发现其心境，敏感地抓住其精神状况。要时时与学生眼神交流，审视的频率转换要快，发挥眼神“润物无声”“无声胜有声”的引导。④课堂的各种眼神——有迷惑不解的眼神（没听懂）；走神的眼神；思考的眼神及希望的眼神（希望重点讲解，答疑）；有否定的眼神，对讲课方式不满，不感兴趣。教学中，教师总是巧妙地将眼神与有声语言协调，去组织教学、传递信息、表达自己的思想，并审视学生的眼神，及时捕捉反馈信息。常用的方法：①环视——指视线向前有意识、有节制地自然流转，以观察整个视野内的对象；②注视——指目光稍长时间停留在一个位置上，然后变换注意点，表达启发、赞许、鼓励和批评等，以引起感情的微妙交流；③虚视——指目光似看非看，这是教学中主流眼神，一般以学生中部为中心，在环视与注视之间穿插。既可调整注视带来的紧张或呆板，缓和课堂气氛，又可使环视带来的飘忽不定得到控制协调。常将目光投向学生，或注视、扫视、点视、虚视。上课伊始，先用目光扫视全班同学，可稳定课堂秩序；提问以后，环视全体同学，可表示对学生答问的期望和鼓励；授课之时，不时扫视全班，可使学生感到不存在“被遗忘的角落”；讲述之中，如有个别学生注意力不集中，心飞书外，胸有旁骛，或有小动作，用“注视”，投以警告的目光，能引起该生警觉并改正。另外，师生相互注视，还可交流真实感情，传递无声语言，表达密切关系，维系双方思维的线索。

眼神，往往是语言的补充和配合，可表达比语言更深切、更微妙的含义或感情。所以，心理学家创造了“目光语”这一术语，如含情脉脉、炯炯有神、睥睨一切、侧目而视等等词语所蕴蓄的丰富内涵，几乎完全是依靠目光、眼神来传递的。因此，有经验的教师无不使用眼睛向学生进行多种不同的无声教育。教师目光矍铄，带着振奋、活泼、愉快的神情进行讲述，学生就会把注意力集中投入学习中；反之，教师若目光呆滞进行教学，学生也往往是精神涣散，秩序混乱。优秀的教师总是透过学生眼睛这个窗口窥视其内心世界。比如，当学生对教师讲解感兴趣时，就会全神贯注，眼睛睁得也大，眨也不眨；当对教师提出的问题疑惑不解时，就凝神思索，眼睛盯在一处动也不动；当对问题心领神悟豁然开朗时，眼睛就会突然睁大，发出一种奇异的光；当对所讲内容厌倦时，或低垂眼帘，或东张西望，而心不在焉。另外，教师眼睛看某生的频率和神态，也往往反映出教师的意图。如当某生回答问题准确生动时，用赞许的目光以示鼓励；当某生精力分散“走神”时，用皱眉、凝视、扬眉等以示提醒；当学生自觉性较强、表现较好时，用亲切和蔼的目光主动捕捉学生的视线，使之感觉到教师已意识到自己的存在。概言之，教师应善于使用自己的眼神，既使学生从中领悟所学知识与意图，又可通过自己的眼神对学生“明察秋毫”“眼观六路，耳听八方”。这是教师必备的本领，也是良好教态的基础和核心。

二、微　笑

古希腊哲学家苏格拉底说：“微笑，如同阳光、空气、水分，被视为生命中不可或缺的一部分。”微笑，是世界性语言，既有国际性，还有普遍性，是世间最美、最好、最动听的语言，也是最有魅力的语言。微笑，是一种表情、一种心态，一种乐观性格的体现，是一个人内心情绪、内心活动的外化。美丽的笑容，是美好仪容的基础，是发自内心的最自然的笑，是生命的阳光。微笑，不是勉强，不会掩饰，不同于大笑，更不同于冷笑、狂笑、嘲笑或似笑非笑；它比开怀大笑多了一份柔和，比哑然失笑多了一分温暖。应发挥“二号微笑”（即“笑不露齿”、不出声，让人感到脸上挂着笑意）的魅力，让人感觉轻松愉快。包含温情，这是微笑的魅力；包含理解，这是微笑的效果；包含赞许，这是微笑的神圣。真诚的微笑，是用眼睛微笑，是人间最美的表情！真诚的笑容，证明温暖和开阔的胸襟，会把信心带给学生，同时也把关注的目光引向自己。并注意笑的机缘：恰逢其时，适逢其会，适遇其境。给失败者一个微笑，是鼓励；给悲伤者一个微笑，是安慰；给悔恨者一个微笑，是原谅；给失望者一个微笑，是动力。微笑，让他人如沐春风，犹如一支兴奋剂。在日常学习、生活和工作中，只要表现出亲切的微笑，就能使别人变得更愉快。微笑，永远是受欢迎的，它来自快乐，又创造快乐。微笑，可融化陌生，可代表信任，是心灵的沟通，使越来越多的人相互成为知己，可拉近两颗心的距离，也可温暖一颗心。微笑，能改变自己的平淡和压抑，从而使他人和自己都轻松愉快起来。既可缓解忧郁和焦虑，增强自尊心，给人舒适感，又能活跃气氛，改善人际关系，还可解除误会、化解矛盾、消除隔阂。在令人尴尬的场面，微笑可缓解气氛；面试时，微笑可给你加分；想拒绝别人又不好意思，更不想冷面得罪人时，微笑可帮助解困。世间，因有微笑而变得祥和美丽；校园，因有微笑而变得五彩缤纷、姹紫嫣红。微笑，是教育的法宝，如同一剂灵丹妙药，能润泽学生的心灵。学生进入校园，教师和蔼的微笑犹如和煦的春风吹进其心田。教师微笑着步入课堂，是活跃课堂气氛的润滑剂。讲解中的微笑，是学生信心增强的催化剂，是思维活跃的激励源，且能增进师生感情、融洽师生关系，让学生感受到教师的可亲、可敬、可信，从而亲其师、信其道。一位教育家说：“用爱的微笑去征服学生的心灵。”在教学中，巧妙运用真诚动人的微笑，可开启学生心灵的窗扉，唤起思维的波澜；可试探学生是否理解，期待学生做出回答；可收到移情传神、融情于文的效果；可起到缩短师生之间距离、解除误解和芥蒂、缓和紧张气氛的作用。能直接将好感、善意及诚实表现出来的，只有微笑。因而，每个教育者都应成为这个“美好语言”的善用者，既使学生能从微笑中看到真诚、读到理解、感到亲切，也使自己的微笑得到回报。作为教师，要希望看到学生的脸上挂满微笑，自己首先应是笑容满面、先向学生绽开笑容。教师艺术的微笑，可有效调控课堂气氛，提高教学效果。如对学生回答问题的对错，就可充分运用微笑：答对了，教师极为高兴，笑若桃花，是对学生的一种肯定和赞许；答错了，也以微笑鼓励，使学生不感到灰心丧气，反而激励自己更加努力。尤在多数学生学习感到困难、枯燥、难以理解时，就需使他们产生乐观、自信、积极向上的心态，而微笑正好有此神效。

三、举　态

举态，是指教师的走动、手势、触摸等，在学生面前，应力求自然、适度、得体，给学生以稳重但不呆板、潇洒但不做作、文静但不孤高之感。这既有利于树立为人师表的形象，又对学生起着感化熏陶作用。①走动——教师的身姿（站姿、坐姿和走姿等）的变化，都能使学生视觉不断变化集中点而获得新刺激，从而保证学习精力旺盛，提高注意力。所以必要的走动也是无声语言的重要组成部分。如学生正需倾听讲解时，有的在说话或有小动作等非学习行为，这时只需走到其身边，就能有效而妥善地起到制止作用；再如讲课时，不是“独站”在讲台上，而是不时、适当与自然地“穿梭”在学生之中，就会给学生一种亲切感；又如讲到重点或难点时，离开讲桌，向前跨步，能给学生更深刻的印象等。②手势——在体态语中是动作变化最快、最多、最大的，且具丰富的表达力。在教学中应把手势语用得简练、适当、协调、多样。准确适度地运用手势，既可传递思想，又可表达感情，还可增加有声语言的说服力。教师都会有意无意地运用手势来辅助自己的语言表达。适当的手势，既能有效提高教学效果，也能表现出自身的风度和气质，优化教师的形象。手势可分为四型：一是情绪型，是伴随情绪起伏发生的，常用来强调某种思想感情、意向或态度；二是指示型，用以指示具体的人、物或事；三是模拟型，是比拟事物形象特征或动作；四是象征型，表示抽象意念的一类手势。手势的内涵极为丰富。能以众多不同态势的造型，描摹事物的复杂状貌，传递人们的潜在心声，披露自己心灵深处的微妙情感。自然而安详的手势可帮助升华情绪，柔和而舒展的手势可帮助抒发美好的感情。手势，有时可助语言，有时可代语言，有时语言不便表达或不能表达而用手势却可表达得惟妙惟肖，恰到好处。手势，像指挥家的指挥棒，撩拨、牵动学生的感情之弦，激发学生的想象与思维，加深学生的理解与感受。③点头——通常表示允许、赞成、满意、领会或打招呼。在教学中，“点头”一般分为“思考式”和“赞许式”。前者，多表示对学生回答未予定评，以促使答题者和全班学生继续思考；后者，多用于对学生回答表示肯定，特别是当精彩与独到之处出现时，常用频频点头以示嘉许。④停顿——指言行的中止或暂停。在教学中，停顿可分为“语言停顿”和“动作停顿”。停顿，用于讲演时，以表示愤极无言；用于讲解中，可引起学生思考和想象；语言或动作停顿，用于课堂秩序不佳时，可达到集中全班特别是有非学习行为者的注意之效。在上课走进教室之前，稍作停顿，整理好自己的仪态和思绪，然后精神饱满、信心十足地走进去，会使自己的一举一动都像是说：同学们你们好，我来了！⑤触摸——主要表现有拍肩、拍背或摸头，表示嘉许、支持、抚慰、亲热、赞赏、关心、理解。如运动会上，在上场前拍拍学生肩膀表示鼓励，对获得冠军者拍拍肩膀表示赞赏，对最后一名同样拍拍肩膀则表示宽慰、理解，可见同一种触摸在不同场合、对象则有不同意义。这种无声，有“胜有声语言”之效。

四、沉　默

沉默也是一种“语言”。沉默表示：我已说过了，或现在还不到说的时候。沉默，有时是为了发声。能够运用沉默者，不是由于聪睿，便是由于默契。英国谚语：“雄辩是银，沉默是金。”在佛家也有“沉默如雷”的说法，指沉默不语就好像“雷声一样震耳欲聋”。沉默，是一种非常富有魅力的景象，有时也是一道十分亮丽的“风景线”，事实一再证明其功能、价值和魅力。有些话不宜用口头语言表达，一经用语言表达，其中的韵味便荡然无存。泰戈尔说：“沉默是一种德行，沉默凝聚着力量，酝酿出光辉。”沉默不是让人缄口不语，而是希望能深思熟虑。沉默，可是一种默许、一种无奈、一种思考，或一种不满，也可是一种愤怒、轻蔑或谴责，还可是感情到了极致的一种表现。教师学会运用沉默的方式表达自己的思想、情感和态度，就是学会悄悄走进学生的心灵。在恰当时刻，沉默确实是一种智慧，但“沉默是金”也绝非指何时何地沉默都好，因沉默也可是因不自信，或不知如何表达，尤在现代社会，信息和情感沟通极为重要。若在应沟通时总是沉默，就等于自动放弃表达的权利，放弃与学生融洽的机会，就很难理解你想要的到底是什么，不解和误会就会产生。

五、距　离

距离，不只在美学欣赏上有重要意义，在处世哲学和处理师生关系上也有不容忽视的价值。人际距离具有信息意义，距离远近各有不同含义。距离有两种：心与心、身与身，或称情感距离和身体距离。①身体距离——在教学中，与学生距离远近不同，会给学生不同的心理感受。教师领读时，走下讲台进入学生的“空间领域”，可控制课堂，发现和纠正学生的语音、语调，使课堂氛围变得有生气。若有学生在开小差，当老师走近他时会自觉改正。做听写练习时，教师边念边适当走动，可引起学生注意，调动他们的积极情绪。身与身的距离是可设计或营造的。心理学家认为，人际交往双方所保持的空间距离是人际关系远、近的表现。②情感距离——是指感情的亲密程度，人之间越亲密距离越近。情感距离不只存在于与亲人和朋友之间，也存在于师生之间。情感犹如弹簧，太紧反而会引起反弹。不论何种感情，有短暂的距离，才不会产生遥远隔阂。究竟在情感上应保持怎样的距离？太近的距离少点神秘，太远的距离又易相忘。亲密无间，只能是阶段性的，无法持久。应保持有间的亲密、适当的不即不离，既留出一个空间给自己，也留一个空间给对方；既令自己感到轻松、自在，也让对方的关爱、牵挂暖流在彼此的胸中荡漾。身和心的距离对每个人来说，感触都不一样。有人可将身和心完全分隔开来，有人则完全无法忍受身体与心灵的剥离；还有人则游离于两者之间，偶尔让心走近一下，或让身走远一点。至于师生情感也需用心去经营。珍惜身边的每一份感情，犹如一粒种子，会在你的心里萌芽、抽叶、开花，直至结果。而那种绽放时的清香也将伴你前行。③距离产生美——再好的美景、佳画，只有拉开点距离，方能识其美妙。远处的风景为何很美丽？是因远远地望去，那里只有一片葱郁的树林，一块碧绿的草地，一条晶亮的小河。然而，倘若你走进了那个风景中，观感就将立即大变，因你会发现那里还有泥沼与湿热，还有蚊子与蚂蟥，甚至蛇。距离产生美，却也产生错觉。同样，人与人之间的距离也应适当。当然，所谓距离，应因事而异，千变万化，但变中又有不变，贴近实际、贴近生活、贴近学生。④疏密相间——丹青留白是中国画独特的神韵，也是世事人情不可或缺的合理空间。知心好友未必是蜜里调油，而往往是君子之交淡如水。亲密夫妻不还“小别胜新婚”吗？就连髫龄小儿也有自己的心理世界，且随年龄增长“边界要求”日益强烈。保持适当距离，既是书画、建筑、心理等诸学问中不可缺少的要旨，也在师生关系中具有独特的现实意义。

六、服 饰

服饰，是指衣着穿戴，是一种静止的无声语言，也是一种重要的体态信号。教师的服饰是展示教师气质、风度的“标志”，有时也具特定的“语义”。为此，教师服饰应体现出自己的气质、修养和品位。①称身得体——称身，是指与职业、年龄、性别和身段等相称；得体，是指与本人的体型、肤色等相适应，衣着合体、色彩和谐，给人以美感。②朴素大方——是指自然、朴实、大方中显出端庄高雅，不过分赶时髦，不过分艳丽奇特。③和谐自然——是指要保持与环境、气候、场合相协调，与自身的个性、审美心理相和谐。总之，得体的打扮、高雅的装束、不俗的品位、淡雅入时的衣着，既可提高教学自信心，又使学生肃然起敬，并对学生有潜移默化的影响。教师应讲究衣着，使之于朴素大方中体现高雅的情趣，于整洁得体中显露丰富的内涵，以给学生质朴美的熏陶和感染。朴实、整洁而不华丽，是对教师衣着服饰的基本要求。着装不凡，气质高雅，是理想的饰态。教师是知识和教养的化身，装饰不宜过分新奇艳丽，否则会冲淡其丰富、充实、聪颖、睿智的内在素质，会破坏部分外在美、心灵美、职业美的和谐与平衡。教师的衣着装饰对学生具有潜移默化的作用，是文化的“象征”、思想的“形象”，是教师的自我表白。衣着打扮要适合于自己的教育对象。教师若以美观大方的饰态出现在学生面前，会使他们受到形象美的教育，产生愉快、健康的心理。教师服饰要高雅忌奇特，要整洁忌拖沓，不容敞胸露怀、披头散发，不可穿背心、短裤、拖鞋上讲台。当然，可依年龄有所不同，如青年教师的服饰可时尚、活泼一点；中老年教师的衣着应庄重整洁，不宜过分时髦。也可依场合有所不一：如在讲台上应以款式简洁、色调柔和为宜，服饰庄重高雅，可增添几分成熟，说话、办事显得有分量；当带领学生进行文体活动时，则可换一身色彩鲜艳、活泼轻便的运动装，这样师生间的距离就会凭借饰态而缩短。总之，教师要通过自己的饰态表现出高雅的情趣，于整洁得体中流露出丰富的涵养，随时随地给学生以质朴的熏陶和美雅的教育。

由上可见，“无声语言”可引起学生兴趣或注意，可补充、加强甚至代替语言，增强语言感染力；可使学生在接受语言信息的同时，看到生动的形象而能深刻理解和记忆；可进行批评教育，以避免伤害学生的自尊心。因此，应重视和善于运用这种“无声语言”，非语言手段的运用要简洁、明了、及时、适当；既可单独使用，也可综合运用，而优化组合多种“无声语言”，有时会产生更佳的整体效应。

非语言行为的表现与要求

作为非语言行为的教态，反映着教师的个性、情绪、修养和精神面貌，是教师思想境界的外现和内心世界的外化。良好的教态是美好心灵的外在表现，对学生是无形的影响、有形的榜样。

一、行态要稳健

行态要稳重、矫健。稳重的步伐给人以沉着、庄重感。矫健的行走给人以健康、坚强的活力感，而那种摇头晃膀、歪歪斜斜的姿态则给人以庸俗、无知的轻薄印象。由于性别原因，男女的行态应有所区别。一般来说，男性步伐应矫健有力、豪迈稳重、刚毅洒脱，女性步伐应轻盈柔和、飘逸灵巧、恬静柔美。因此，男教师的步态应是昂首闭口，平视前方，挺胸收腹，肩正腰直，躯体略向前倾，两臂自然摆动，步幅平稳均匀；女教师的步态应是头部端正，目光平和，上身自然挺直，匀称自如。无论男女走路，均不宜弓腰腆肚、左右摇摆，不宜将手插入衣服口袋，也不要左顾右盼，回头张望，更不可盯着他人乱打量。迈开的脚步，既不可重如打锤，也不要“拖泥带水”。良好的步态是体形健美的重要表现，是一种无声语言的行动艺术。为了给人以美的感受，能给学生做好示范和榜样，教师在日常工作和生活中，应随时注意矫正自己形态中的不良习惯。在教学中，特别是讲课时，行动范围不宜过大，除必要的巡视外，不可像走马灯似地走来走去，以免分散学生注意力。

二、站态要庄重

站态要挺拔、庄重，躯干正直，眼睛正视，挺胸收腹，下巴微微后收，两臂自然下垂，身体重量平均放在双脚上，脚尖稍向外，也可两脚略微分开呈丁字形，两手在体前相叠或互握。但头部及上体要保持端正姿势，不过度昂首挺胸，不脊柱弯曲或头向下垂、抠肩、探颈、塌腰、拱臀及懒懒散散，也不要歪脖、斜肩、踮腿脚，以免给人不适之感。不要晃身摇头或前俯后仰，或斜身颠腿，或脚踝交叉，以免给人不安定感。在写板书或放映影像时，不以身体遮挡字图或影像；在讲解板书、挂图时，宜站在讲台一侧，让板书、挂图、影像展现在学生视线之中。在讲解时，不可背倚窗户，或以书遮面，或伏在讲台上半站半躬，或一臂肘撑在讲台上，斜着身子讲解，以免给学生一种松懈、倦怠与无力之感。在讲述时，头部应保持正直，不可低着头对桌子低声含糊说话，以免给学生一种羞涩、不大方和不自然之感。站姿，应给人以稳健、活跃之感。站态不仅是一个“静”的概念，也是一个“动”的概念。站的位置与学生有相对性，不可长时间固定在一点，应两三分钟走动一下。讲课过程中，可由左边移动到右边，或由前退后、由后向前；当与学生传意沟通或对某生说话时，应略朝学生走近一些。不可长久站在讲台；否则，既易忽略坐在后面的学生，亦不符合变动位置原则。

三、坐态要自然

坐态要端庄、自然。坐姿正确与否，既关系到人的健康，也表现出一个人的仪表、气质和修养。坐态包括入座、落座。入座要轻、缓、紧、正。轻，是指入座的声音要轻，尤其是折叠椅、硬板凳，猛然蹲坐，噼啪乱响，扰乱安宁；缓，是指入座时动作要柔和，忽地坐下、腾地起来，都显不雅；紧，是指入座时的腰部、腿部肌肉要紧张，髋臀部肌肉应收紧；正，是指入座时，上身要保持正直，不要耷拉肩膀、含胸驼背。落座后，既不可弓腰驼背，或半躺半坐、懒似无骨，也不必像“立正”那样僵直，上身要自然挺直，两臂或曲于胸前平放桌上或小臂平放于体侧扶手上，也可两手轻放双膝上。两腿要自然弯曲、双脚并拢或前后稍稍分开，就显得自然大方。否则，两腿直伸，双膝外展或一腿盘在另一腿上，就显得粗俗不雅；脚腿摇晃、抖动，也令人产生厌烦之感。在书写时应稍向前倾，双臂平放桌上，不可歪头侧身、含胸驼背，以免给学生不庄重之感。在讲台上、学生课桌间，或有学生的其他场合，教师落座后都不可斜靠椅背、跷二郎腿。同时注意：深坐不猫腰，浅坐不后仰，斜坐不半躺。无论站、坐，都不可摇动腿部或用脚尖拍打地板，以免给学生不严肃的感觉，甚至令人厌烦。

四、语态要文明

语态是语言的外在形态。语态美妙悠扬，可吸引学生注意，增强语言效果；语态平淡低沉，则易使人沉闷，降低听者兴趣。所以，语态除要简洁、生动、规范、文明，注意科学性与艺术性的结合，力求精练、严谨、含蓄、庄重，富有哲理，逻辑性强外，更要坚定自信，铿锵有力，深沉浑厚，形成一种魅力，使学生感到入情入理、坚信不疑，从而激起学生对教师的敬佩之情，进而加速对教师所教内容的吸收和掌握；语态还应具有鼓动性、启迪性和感染性，激发学生的求知欲，唤起真善美的共鸣，使学生不仅接受知识，而且受到德的启迪、美的陶冶。语态的文明还表现在对学生亲切、热情、尊重，既不信口开河、粗言俗语，更不夹枪带棒、讽刺挖苦。

五、情态要谦和

情态是感情和姿态的综合。教师把喜怒哀乐的真挚感情通过表情、眼神和姿态传递给学生，以加深其对教师意图的领会和理解。情态是人内在态度的显示器。教师呈现给学生的情态应是从容、和蔼、亲切、真挚。面带笑容，让学生感到和蔼可亲，乐于接近；面带微笑，能缩短师生的感情距离，开启学生心灵的窗扉。和蔼可亲，显现的是教师发自内心对学生的满腔挚爱；庄重沉静，显现的是教师渊博学识、高深修养和长者风范。教师的感情要真挚，态度要诚恳；爱生于心必见于行，情动于衷必溢于表。教师只有对所教学生、所教学科倾注满腔深情，教学情态才能充分显示其生命力，才能放射出熠熠光彩。良好的情态，既要体现本人动情，又要达到使人情动。情态的核心是神态，神态主要由眼神来体现。眼睛是心灵的窗扉，是神态的焦点。教师要对学生始终保持热情、愉快、信任和期待的目光。亲切的目光是热爱学生、尊重学生的心理反应，这种充溢着温和、挚爱、热情、喜悦的目光，让学生触而热心，望而神怡，受而血沸。教师的"一顾一盼""一观一望""一笑一颦"应庄重而不矫饰，亲切而不冷淡，温柔而不严厉，威严而不生硬，谦和而不傲慢。在这种挚爱、和睦、融洽的气氛中，学生的心态会异常轻松、愉悦，中枢神经会异常活跃，感知效应无疑会大大提高。在课堂上，教师的目光应随时注视学生，对每生都不忽略，使他们留意到教师的注意，这种神态亦是一种有效的课堂管理方法。情绪、情感、情态的核心和基础是情操，无此核心和基础，只靠一时酝酿出来的情绪、情感去征服学生，收效是有限的。情操是情趣的升华和定型，其高下、清浊、雅俗的标志之一就是：前者，将美作为一种境界、一种情采来追求、来体现；后者，只将美作为一时行为去对待、演示。所以，要做到情态谦和，须具有高尚的情操。

六、心态要平衡

心态要冷静、沉着、机智、平衡。要善于驾驭自己的情感，无论在什么情况下，都要控制自己的情绪，沉着、冷静、谨慎、果断地处理教学中的复杂问题，以提高身教效果。心态平衡外显为庄重潇洒、落落大方、冷静沉着、热情果断，堪称人师。行为成楷模，举止为示范，作风不轻浮、不放肆、不散漫、不粗俗。要求教师：自信而不自负，自尊而不自大，自强而不自骄，自珍而不自赏，自爱而不自恋，自谦而不自卑，坚定而不固执，勇敢而不鲁莽，沉着而不呆板，机智而不多疑，活泼而不轻浮，热情而不冲动。

七、示态要恰当

示态是指用表情、手势、动作等非语言行为传意。常见的示态有如下数种：

点头摇头搔头微笑皱眉挥手斜视凝视注视拍手叠手招手

做留心倾听状以手示意停止招手示意行进招手示意移开

示意学生站起示意学生坐下示意别人明白以手示意形状

还有感情表示：满足热情温柔仁慈不满　同意怀疑愤怒威吓　惊奇迷惑　冷淡

示态要简单明了。例如梅兰芳仅仅几个动作，就能把人在水中的形象表现得淋漓尽致。特别是象征性手法的运用，既使艺术表现趋于简单，还可为"观众"留下丰富的想象空间。

八、姿态要讲究

姿态，是非语言手段的具体体现，是教师完成教学任务的重要途径。既反映教育教学水平，也体现道德情操。马卡连柯说过，学会在面部、体态、声音上表现出三十种不同的情调之后，才能成为真正的教育能手。好的教态既有很强的教育性，还会给学生以深刻的感染力。教师在教学中需“进入角色”，虽不是演员，不需在表情、举止、语调上运用夸张的手法，更不需故作姿态，但适当配以表情、动作，却是教学艺术的重要体现。姿态具有丰富的内涵，集中体现在教师的神、色、行、声四个方面。就“神”而言，应以豪放、热情、庄重、聪颖为佳；就“色”而言，应以慈祥、恬静、雍容、文雅为上；就“行”而言，应以潇洒、大方、爽利、敏捷为好；就“声”而言，应以清晰、生动、优美、洪亮为优。实践表明，姿态是一种无声的教学语言。“以姿势助说话”可使教学语言增加色彩感、形象感，富有生动的表现力，起着教学语言所起不到的烘托作用。可影响学生情绪，好的姿态能使师生心灵相通，密切师生关系，增强教育效果。良好的姿态应体现如下：①朴实——指教师的仪容、体态、动作等能使学生感到淳朴、自然，给人一种舒适的感觉；神态、表情、内心意图使学生感到情实、意诚，真挚感人。教师应以朴实外表、真挚感情构成的朴实风貌去熏陶学生。同时，教师的衣着穿戴要干净利落，颜色、款式不可华饰、奇特；否则，奇装异服、油头粉面及怪异发型容易给人以不庄重的感觉，而且也极易分散学生注意力。②庄重——指教师体态雅洁、坚定沉着、衣冠整齐、举止端庄，坐、立、行的姿势应给人以挺拔、稳健、活跃之感。轻浮的举动是教师之大忌，会在学生中产生不良影响。如玩笑失体，就难免使学生失之一笑；行为失态，就会使学生嗤之以鼻。为人师表应气度不凡、落落大方，给人的印象是可亲可敬，特别是青年教师要注意：不因众目睽睽而怯场，不为一时讲课疏漏而慌张，也不可因秩序不好而动怒，要以自己的形象、风度“征服”学生，控制课堂。③热情——指教师要有热烈的感情，即精神饱满，热情洋溢，感情充沛，有明朗快活、朝气蓬勃的精神。不孤僻、无冷漠，忌无精打采、有气无力，做到热情奔放而不失稳健沉静，爽快洒脱而不失细致认真。热情具有消除或减弱不安心理，激发学习者的合作愿望等多种功能。④和蔼——指教师的语调、笑容使人舒畅、快活，举止、表情给人以慈祥、亲切的感觉。亲切能开启学生心灵的窗扉，和蔼可缩短师生间的感情距离；亲切而自然的微笑是姿态和蔼的具体表现，是沟通师生感情的桥梁，也是一种友好的输出信息。讲到疑难之处，用微笑试探学生理解情况，此时无声胜有声；相反，若是始终板着面孔，稍不如意就怒形于色，就等于在师生之间掘了一道鸿沟，特别是当学生遇到困难、思路阻塞时，如果教师表情是埋怨、责怪，那就无异于在学生头上泼冷水。所以教师要做到：不生硬、不鲁莽、不板面孔、不发脾气，无架子，无偏见；否则，冷若冰霜，盛气凌人，就会使学生敬而远之，望而生畏。⑤优美——指教师的表情和动作应有自然、文雅、潇洒、亲切的教态美。不拘谨、不流俗、不古板、不做作，要做到微笑中见热情，严肃中显慈祥，活泼中出雅重，朴实中寓聪颖。⑥真诚——可为学生提供一个安全自由的氛围，同时教师本身的真诚为学生提供了一个良好的榜样。然而，真诚的表露并不一定完全是顺其自然的事情，同样存在着恰如其分的问题。运用不当，有时会起反作用。真诚的表达：真诚不等于说实话；真诚不是自我发泄；真诚应实事求是；真诚应适时适度；真诚是内心的自然流露；真诚建立在对人的乐观看法、对人有基本信任、对学生充满关切和爱护的基础上。在助人过程中，真诚的表达是一种智慧，有益于教育的进行，又有助于学生的成长。

要言之，对体态的要求：一忌乱，教师讲解时不应在讲台上来回走动；二忌滥，使用身体语言不应过于频繁，手势、动作不宜太多；三忌俗，身体语言不应粗俗、缺乏高雅、稳健。教师身体语言的运用应符合三个原则：一是朴素准确，这是使用身体语言时“质”方面的要求；二是繁简适度，这是使用身体语言时“量”方面的要求；三是大方潇洒，这是使用身体语言时“风格”方面的要求。

教师眼神运用艺术

眼睛是心灵之窗，是最灵活、最富有表情的器官，具有无与伦比的心理接受力和非同寻常的表现力，能表达人的意志、思想和感情。喜、怒、哀、乐、爱、憎、惧、羞等复杂的感情，都可通过眼神的细微变化来表现。眼神是非语言行为的重要体现，可表达比语言更深切、更微妙的含意和情感，有比较广泛的内涵，并表现出丰富的智能特征。有经验的教师无不刻意运用眼神向学生进行多种无声的教育。

一、透视性

在教学中，应有敏锐的观察力和发现力，以能迅速捕捉各种反应、讯号。为此，应用目光不断扫描，以明察谁在听课，谁在思考，谁在走神，从而不断更换教学方式，调整教学手段，集中学生注意力，调动学习的主动性。眼神又应像实验师的显微镜和船长的望远镜，从学生的细微变化，捕捉到“上升”或“下降”的信号，可预知他将会遇到怎样“险情”，以引导他绕过暗礁，避开漩流，搏击风浪，向胜利的彼岸航行。这种观其行、悉其心、细腻而敏锐的视觉感知能力及由此进行快速而准确的辨析、联想构成眼神的透视性。其作用是对教学氛围进行排异聚同，汰劣存优，创造良好的教学环境，形成良好的学习心态。

二、启示性

当教师提出问题，引发学生思考直到回答时，常用期待、征询或暗示的目光扫视全体同学或注视某一对象，令其感受到信任和期待，从而充满信心地动脑用心；或依据某种启示，做紧张而有序的推敲、思索，以求获得真知；或大胆进行想象思维、求异思维，以求有所感悟、发现和创新。启发性眼神是引导意念的指南针、诱发创造性思维的酵母菌，被广泛运用。

三、策励性

眼神有时像跳跃的火苗，点燃无数探索的思想，照亮无数闪光的青春，光耀无数壮丽的人生，策励学生在学习和人生征途上跨步，在知识海洋里遨游，向科学高峰攀登。策励性眼神是以催发、敦促、激励、鼓动、警告和企盼为内涵的一种积极目光，令人感受到强烈热爱的动力，以使学生向更高目标看齐，向更深层次思维开掘，向更远智能目标奋进。策励性的眼神，在整个教学过程中起着催化剂和强心针的作用。

四、感染性

眼睛是心灵的窗口，是思想的屏幕，是感情的载体。教师眼神的运用，更应以丰富充实的内心世界、炽热充沛的关切感情为基础。这样，教师的一顾一盼、一观一望，才能产生凝聚力、感召力，才能加强心灵沟通，从而产生积极的作用、神奇的效应。同时，还要透过学生眼睛这个窗口，窥视学生内心世界，与学生进行情感交流和信息交流。当然，运用眼神时还必须针对教学实际，服从教学需要，尤其必须以丰富真挚的感情为依托，以鲜明正确的目标为宗旨，以增强感染性和强化方向性。

五、亲切性

教师眼神应似柔和的月光静静地倾泻在全班学生身上，使之在柔静气氛中愉快学习；像和煦的春风给有过失或学困生送去勇气、温馨、自尊和信心。亲切的目光，是热爱教育、钟情学生心理、品行的反映，充漾着温和、热情、平等、喜悦，渗透着关切，裹挟着情感；充满柔爱的目光，让人触而生热，望而神怡，思而心愉，受而心沸。在此气氛中，学生心情会变得轻松愉悦，思维异常活跃，感知效应提高。

六、控制性

眼神可显示个性，也可影响他人的言行，即眼神的控制性。教师在讲解中或必要时，注视某生或全体学生就是发出一种控制信号，使学生感到自己在教师目视范围之内、注意重点之中，产生一种必须“循规蹈矩”的心态，按教师要求约束自己的行为。教师这种通过目光把自己的愿望、态度、感情传送给学生，使其触目知心、知理或知错，并迅速作出反应的控制性会使注意力集中、纪律性加强、积极性提高。

七、严肃性

眼神的严肃性常常表现为减少眨眼的注视。过长的注视就变为凝视，凝视时含“敌意”，时表困惑，时显紧张，时现悲伤。这是在教学庄重、愤怒、悲壮或气氛过“活跃”、秩序紊乱时使用的一种抑制性眼神。它郑重、威严，使人产生共鸣或不敢随便嬉笑。这种严肃性使课堂气氛肃穆庄重、学习纪律严整有序。

八、优美性

眼神优美性特征，可带来良好教学气氛，使学生在愉快享受中获得知识和进步。实践表明，学生喜欢老师热情、明朗、愉快、温柔、刚毅、机智、深邃的眼神，厌恶死板、冷漠、傲慢、威严的目光。故教师应以眼神的优美性，加深师生心灵的沟通和感情的交融。眼神美是表情美、教态美的重要组成部分，是心灵美、性格美和气质美的外化。表情虽受客观环境、生理条件、健康状况的影响，表达方式又因气质和性格而异。但从辩证唯物主义和认知心理学的角度来看，起决定作用的是人的认知结构。所以，教师要具有优美性的眼神，并有一双会说话的动人眼睛，就应不断提高自己的知识水平和道德修养。

九、丰富性

教师眼神的运用、功能均具丰富性。课始，需有热情眼神，神采飞扬，热情洋溢；坚定眼神，不能萎靡不振，眼神游移，昏昏欲睡……课中，应有观察眼神，明察秋毫，谁积极思考，谁在走神；询问眼神，会还是不会，哪个地方不明白；号召眼神，大家都看黑板，我们一起来学习；提醒眼神，你要注意了；赞许眼神，你很聪明，你做得对，你最棒；鼓励眼神，没问题，你能行，我们一起来……课末，要有慈祥眼神，亲切眼神，友善眼神，感谢眼神……各种眼神灵活使用要明确，应及时，能感人，有魅力和号召力。

十、技巧性

眼神需讲技巧性，应似一个五彩斑斓的魔棒，吸引着莘莘学子的眼球。若把良好的思想品德传递给学生，就需眼睛明亮，炯炯有神，以示坚决；欲使教学内容给学生留下深刻印象，就以眼神投入热情，充满自信；若与学生真诚交流，就需注视学生两眼和嘴之间三角区域；若获得学生信任，就和蔼慈祥，充满赏识关爱。总之，要使学生从眼神中感到亲切中有严肃、肯定中有期待、否定中有鼓励、容忍中有警告……

十一、巧妙性

巧妙，指准确、适当、艺术地运用眼神，以传递细腻微妙的感情。眼神能准确表达情意。用眼神代替批评，使学生反省自己的行为，主动改正错误，既节约时间，又避免造成语言伤害。用眼神能开启学生智慧之门，使他们变得坚强、自信、勇敢。巧妙地运用眼神艺术，既可表情达意，辅助教学、融洽师生关系，提高教学效能，还可调控学生行为，达到润物细无声之效果。

十二、准确性

有教师虽有优美的文笔，却无优美的眼睛；有诱人的衣着，却无诱人的眼神；有华丽的饰物，却无充满生机的明眸；虽有多次美容，却少心灵的修炼。若给学生太多的冷漠、轻视或蔑视、冷嘲热讽，会使之产生逆反心理，爱心被扼杀。若给学生信任的眼神，犹如洒向心田的温暖阳光，会赶走阴霾，融化坚冰。

眼睛会说话，是智慧的闪现、情感的折光，是师生沟通的媒介。欣赏的眼神给以信心，默许的眼神给以鼓励，威严的眼神给以震撼，鼓励的眼神强化信心，慈爱的眼神增进情感，询问的眼神反馈与调节教学。在不同教学情境下应创造性地运用眼神艺术。

教学需要幽默

教师应具幽默感。几乎所有学生都喜欢富有幽默感的教师，而不喜欢表情冷漠呆板、语言寡淡无味的教师。教学融入幽默，能活跃气氛，这对发挥教师讲授的“输出功能”，激活学生的接受与反馈，形成灵活积极的心理状态，是必不可少的。当然，要适量合度、浓淡相宜，既“寓教于乐”，又“乐而不嬉”。

一、什么是幽默

“幽默”一词，类似中国的“逗笑”或“滑稽”。原来把“逗笑”的言行都称“幽默”，后来有学者发现逗笑可分两种：一种是自然或无意中出现的逗笑，另一种是有意想出来的逗笑。可见“逗笑”之中还含有一定意义，才称“幽默”；仅是“逗笑”而无意义的称为滑稽。德国作家布拉说：“使人发笑的，是滑稽；使人想一想才发笑的，是幽默。”幽默，是通过影射、讽喻、双关之类的修辞手法风趣地表述问题；是那些令人觉得有趣或可笑，而又意味深长的言语和举止。幽默用轻松的方式说话，或是用这种态度处理问题。幽默是在引人发笑的同时，竭力引导人对笑的对象进行深入的思考，是在善意的微笑中，揭露生活中怪讹和不通情理事态。何谓幽默，尚无统一的定义。尽管世界各国在认识上大体一致，但在描述上各有差异。《辞海》说，幽默是英文 humour 的译音，原意是有趣或可笑而意味深长。在文学艺术中有两种含义：①发现生活中戏剧性因素和在艺术中创造、表现戏剧性因素的能力。真正的幽默能够洞悉各种琐屑、卑微的事物所掩藏着的深刻本质。②一种艺术手法。以轻松、戏谑但又含有深意的笑为其主要审美特征，表现为意识对审美对象所采取的内庄外谐的态度。通常是运用滑稽、双关、反语、谐音、夸张等表现手段，把缺点和优点、缺陷和完善、荒唐和合理、愚笨和机敏等两极对立的属性不动声色地集为一体。在此对立统一中，体现出深刻的意义或自嘲的智慧风貌。《美国国际百科全书》说：“幽默是任何滑稽可笑的事物。”《牛津英语辞典》说：“幽默是行为、谈吐、文章中足以使人逗乐、发笑或消遣的特点，欣赏和表达这些特点的能力。”从主体上看，是一种能力、品质；从表现上看，让人发笑，滑稽有趣；从技巧方式上看，有修辞、喜剧艺术表现等。《日本万有百科大事典》说：“幽默和机智不同，对发笑的事物寄予同情，它凝聚着对人类，包括笑者自身那可悲性格的爱怜之情，是高级的笑，复杂的笑。”我国台湾《国语辞典》说：“幽默是一种含蓄而充满机智的辞令，可使听者发出会心的一笑。”康德说：“幽默是在紧张的期待突然消失之际产生的一种情感”。美国心理学家特鲁·赫伯说：“幽默是指一种行为的特征，能够引发喜悦、带来欢乐或以愉快的方式使别人获得精神上的快感。”幽默需要高超的智慧，幽默需要深刻的文化素养，幽默能给人以精神的力量。风趣的语言往往能让人发笑，但引人发笑的语言未必幽默。幽默，是学识、才干、智慧、灵感在语言表达中的闪现，是一种能抓住可笑或滑稽的想象能力，是对大千世界种种不和谐，不合理的荒谬现象、偏颇、弊病的揭示和对某些反惯例言行的描写。

此外，幽默有三个阶梯：第一台阶的人是听别人说笑话时会发笑，这种人具有最初层次的幽默感；第二阶梯的人是自己能够来一点幽默，使别人听了感到好笑，这种人就具有不错的幽默感；第三阶梯的人则能拿自己幽默一番、自嘲，这种人就达到高品位的幽默。

二、幽默的意义

幽默，是一个人知识和修养的外在表现，善用幽默的人可以打破僵局，化干戈为玉帛。幽默的本质在于“揭示真理”，其作用是以轻松、戏谑但又含有深意，使人“会心”“共鸣”的“笑”为主要特征（话不直说，说法奇特，新鲜有趣，引人发笑，是幽默的特点）。同时，竭力促人对笑的对象进行深思，悟出“弦外之音”，起到积极的教育作用。幽默是“笑里藏道”，是智慧、才情、学识、教养的象征，是运用智慧、聪明与种种技巧，使人听了发笑、惊异或啼笑皆非，并从中受到教益。幽默，能使人从窘迫境地中脱离又不伤害他人或自身；幽默，既让人笑，又让人发自肺腑的笑；幽默的最高境界，是在自己和他人利益不受伤害的情况下，化解问题。幽默是一种巧妙的语言方式，是用曲折、含蓄的方式表达使人领悟，而非直叙表达。幽默体现在个人身上是一种不可多得的气质。莎士比亚说：“幽默和风趣是智慧的闪现。”换言之，幽默是一种品质、一种修养、一种胸怀、一种境界、一种能力，也是一种艺术，是显现智慧和灵感的艺术。能帮人建立和谐的人际关系，摆脱困境，或使人从事业低谷走向成功的顶峰。是成功者的利器、辅佐事业的良相、融洽感情的手段、淡化矛盾的玉帛。幽默可使心坎的紧张和重压释放出来，化作轻松的一笑，在沟通中有效地降低人际之间的“摩擦系数”，并使人从容地摆脱遇到的困境。

（一）师生关系的“润滑油”

幽默的拉丁文原意是“起润滑剂作用的液体”。师生之间常常需要这种“液体”来“润滑”，可避免教育过程中可能出现的摩擦或感情危机。显然，以幽默作为师生关系“润滑剂”的前提是教育心理的稳定沉着。这样，在不尽如人意的现状面前才会流露出自信的微笑；在要严厉批评时，把“坚硬”语言换为柔中寓刚，让人更加佩服；在要发怒时，让尖酸刻薄的话，在嘴里转几圈，加点“润滑剂”再说出来。风趣的教学语言充满魅力，让学生在开怀大笑中接受知识。当它成为一种职业习惯时，就可能会说出连自己都吃惊的动人妙语。

（二）消除紧张的“排气阀”

幽默是排烦解忿的“阀门”，能将师生间紧张、激烈的“气体”排除掉，以免造成“压强”升值，并能创造亲切、愉快的气氛，促进师生感情交流。当学生拘谨不自然时，教师若说几句幽默的话，就会把紧张与恐惧的气氛化解或排除掉，使学生由紧张转为轻松，由拘谨转为自然，进而打开思想闸门，向教师敞开心扉、诉说真情。幽默既可调剂人际间的紧张气氛和心理压力，还可强化团队合作精神。

（三）益智明理的“催化剂”

幽默是才智的瞬间闪光和反应的超常机敏。许多教师常将闪烁着智慧火花的幽默渗透于教学之中，含而不露地引发学生联想，出神入化地推动学生对知识的领悟，使学生在回味中拍案叫绝，收到意想不到的教学效果。教学幽默，凝聚着教师创造性思维的教学艺术，有情的酿造，有理的启迪，在愉悦宽松的气氛中，传输着营养丰富的知识信息、智慧理念。

（四）反映真善美的“折射光”

幽默是一种内心情绪的表露。一个意味深长的微笑，一个配合默契的姿势，一句含蓄诙谐的话语等都可折射出幽默之光，反映出褒贬之意，使学生在困惑中茅塞顿开。教学幽默有语趣也有意趣、有理趣也有情趣，使学生如临春风，使教室满屋生辉。

（五）释放感召能量的“助推器”

幽默是“动力装置”，可产生强大的力量，能在短时内加速释放教师的感召能量，增强权威，提高魅力。大凡有幽默感的教师都是知识渊博、思维敏捷、辩才出众者。幽默是一种高雅风度、健康品质和神奇的教学艺术。可借助这个“助推器”将教师的学识、智慧、才华释放出来，增加自己的感召力和吸引力。

（六）心理上有效的“按摩剂”

1981年美国总统里根遇刺时，全美震惊。在进手术室前，里根为安慰匆匆赶来、惴惴不安的爱妻南希，幽默地冲她眨眨眼说：“对不起，亲爱的，我忘了躲了！”并对在场的医生、护士开玩笑说：“我希望你们都是共和党人。”事后一位美国作家无比赞赏地说：“在使全国镇静方面，总统这句话胜过三吨重的新闻稿。”据说，古希腊著名哲学家苏格拉底一次在家会客，妻子为了一点小事而大吵大闹。他好言相劝，妻子不仅不听，反而还当着客人的面，将半盆凉水劈头盖脸浇在其身上。客人都为之尴尬至极，而苏格拉底却淡然一笑说：“我就知道，雷霆过后必有大雨。”就此一句，尴尬顿时化作融和。

（七）学习生活中的“开心果”

幽默似生活或学习中的调料，是启迪思维的钥匙、增进身心的良药。有位教授突然停止了授课，面对混乱的课堂语重心长地说：“如果坐在中间谈天的同学，能像坐在后排玩牌的同学那样安静的话，那就不会干扰坐在前排的同学睡觉了！”他丝毫没动肝火，却让同学吃了“开心果”似的自觉端正了课堂心态。

三、幽默的作用

幽默，既有利于心理平衡，也有利于开拓人生。文学家富有幽默感，会使其作品趣味无穷；演说家富有幽默感，会使听众笑声不断；教育家富有幽默感，会更有效启迪受业者的心灵……幽默，能使教学产生活力，形成良好的课堂心理氛围；能消除焦虑减轻紧张，使学生情绪高涨、精神振奋；能改善师生关系，形成相互合作的教学体系；能鼓舞学生勇气，激励大胆质疑；能使学生在笑声中得到启迪，领悟其中的智术和哲理；既不伤害人的自尊，又能使人辨明是非。苏联教育家斯维特洛夫说：“教育家最主要的，也是第一位的助手是幽默。”在教学中，如能经常带点幽默，则会收到事半功倍的效果。

（一）能促使学生出现兴奋，提高注意力

平铺直叙、平淡无味的讲解会使学生生厌、走神。善教者总是以制造“兴奋点”来激发学生听课热情和吸引学生注意力。制造“兴奋点”的方法很多，而追求教学内容高品位的幽默是最有效和最具有美学意义的手段。教学的一个重要愿望就是引起学生的注意，而幽默是实现该愿望的重要渠道。

（二）能打破消极思维定势，培养灵活性

幽默的形成往往有赖于思维的反常和求异。教育的价值，最重要的并不是传授具体知识，而是让学生从教师那里学到观察问题的角度和解决问题的独特方法。

（三）能培养学生学习兴趣，引起专注

学生的学习兴趣往往被教师的有趣讲解和奇特方法所吸引而产生。兴趣的培养要经历有趣、乐趣、志趣的过程。“有趣”虽是兴趣发展的初级阶段，却是重要一步。

（四）能促使教学化难为易，提高效果

照本宣科的讲解会使学生感到乏味和压抑，而幽默的愉悦作用有利于学生处于最佳学习状态。这是因为学习效果，不仅与智力水平和学习方法有关，而且与心理状态有关。学生在心情愉快时，感知就敏锐，想象就活跃，理解就深刻，记忆就牢固。

（五）能帮助学生增长机智，纯洁灵魂

幽默能够洞悉各种琐屑事物所掩藏着的深刻本质，使人在会心的笑声中愉悦身心，活跃思维。同时，幽默能够开启人们的思路，因为幽默的前提是知识丰富，思维敏捷，目光犀利，多角度地去把握事物的表现特征，敏感深刻地洞察事物的各种矛盾。

（六）能够使师生缩小距离，融洽关系

幽默，既能使严肃紧张的气氛顿时化为轻松、活泼（甚至一句幽默得体的谈吐能消除一场误会；一句巧妙的幽默言词能胜过多句平淡的话语），又可培养人的平等意识和团队合作精神，因在幽默面前没有权威和尊严，能以轻松温和的微笑制造一种宽松活泼的气氛，缩小师生距离；使学生在轻松愉快的心境下，心领神会地摄取教学信息；在开怀大笑中，愉快地接受教育。由于幽默富有感染性和迁移性，能使教学产生活力，形成良好的课堂气氛，从而能改善师生关系、生生关系，使同学之间、师生之间的矛盾减少，摩擦降温，增加群体合作力、向心力。

（七）能使学生乐观轻松，积极进取

幽默能客观面对现实，在现实和理想的冲突中，在积极情感与消极情感的矛盾中，保持一种同情、宽容、合作、理解和超然态度，使人能冷静轻松而又诙谐愉快地处理问题，从而能情绪高涨，精神振奋，积极向上。幽默是一种文化，是心理健康不可或缺的一种素质，通过幽默可使学生获得自信，调整心态，形成乐观、积极进取的价值观、人生观。

（八）能使教师摆脱难堪，化解困境

课堂教学虽说不上“变幻莫测”，但因种种“变数”也常常是“节外生枝”，或出现“意外之难”，幽默可帮助教师应付这些紧急情况。如有位教师对某字如何写一时忘了，就幽默地说：“各位快帮帮我！拉我一把吧！”同学们都报以会心的微笑，于是轻松越过此障碍而“化险为夷”；否则，教师脸红红地僵直于讲台，手足无措，那将是尴尬的，也有损于教师形象。幽默，既把自己又把对方从尴尬中解放出来。

（九）能巧妙地进行批评，暗示责备

幽默，既可含蓄地拒绝对方的要求，又可进行善意的批评，还可在退让中坚持，妥协中进取；批评不但不带伤害性，而且让对方开心。幽默与讽刺的不同就在于：前者，温和快乐，充满人情味；后者，多是刻薄，甚至残忍。现实中，总有些同学“与众不同”。对此，教师不应“秋风扫落叶”，而应“春风送温暖”，以有趣有效的方式给以关怀、理解，用幽默语言暗示责备。即对幼稚顽皮、自控能力不强的学生，春风化雨胜过电闪雷鸣的批评。这样既可表达教师的意愿，又不伤害学生的自尊。

（十）是有效的教育手段，作用奇特

幽默具有生动形象的特点。幽默诙谐、含蓄及引笑的功能，使其在思想品德教育中有着奇妙的作用。幽默的高雅性、启发性，用于正面教育胜过空洞直白的说教，用于批评教育优于板着面孔简单的指责。幽默的谈吐能增加思想品德教育的轻松感和亲切感，可使思想品德教育出现神奇般的作用。幽默，像春风给人带来馨香，像夏雨浸润人的心田，像秋露使人增添恬静，像冬阳给人送去温暖。紧张的节奏需幽默来协调，烦恼的摩擦需幽默来缓和，莫名的苦闷需幽默来解除，单调的生活需幽默来充实。恰当的幽默，既能使学生免去拘谨，也能使之在轻松一笑中受到刻骨铭心的启迪。

西方哲人说：“愉快的性格，是成功的灵魂。”的确，幽默是开自己的玩笑，和别人共享快乐！诙谐、妙答、自嘲、机智也都有幽默的因素，能使人在压力中充满着欢愉，化解尴尬、窘迫，驱逐郁闷、失意，让人在轻松活泼的氛围中摈弃鄙陋，改正缺点，弥补不足；让人身心健康，让世界充满笑声和欢乐。

四、幽默的功能

在教学、工作和生活中，时时处处充满发笑之事，或矛盾百出，或怪异乖戾，或荒唐滑稽，或巧智奇见，或愚不可及，如此等等，不一而足。“整个世界，一大笑府……不笑不成话，不笑不话，不成世界”。故只要善于捕捉，联想奇特，构思巧妙，就会创造出许多的幽默，给人生带来无穷乐趣。自然天成的幽默能有效消除烦恼，化解矛盾，美化、乐化生活，让人世充满笑声，使生活变得五彩斑斓。

（一）展示魅力

幽默，是思想、智慧、学识和灵感的结晶，是人内在气质在语言运用的外化。人的语言修养高，知识丰富，对中外历史典故等都有所了解和掌握，语汇丰富，表达灵活，就会目光四射，挥洒自如，左右逢源，充分展示自己的魅力。列宁说：“幽默是一种优美健康的品质”。大凡富有领导气质者，无不谈吐幽默，善于在各种场合以机智幽默的语言折服听众。幽默在生活中的作用也相当大。曹雪芹在《红楼梦》中生动描写了幽默的刘姥姥给大观园带来的欢笑，从中可看到幽默征服人心的巨大力量，并可知刘姥姥是靠她幽默的才能，攀上贾府这门富亲戚，得到贾府及时接济，缓解了贫寒的家境。在现实生活中，同样需借助幽默的力量，把许多不可能变为可能、改善处境。在广阔的社会舞台上展现自己高雅的风度和深厚的涵养，在欢笑中去谱写精彩的人生篇章。尤在现代社会中，追求与崇尚幽默，也是在追求智慧，崇尚智慧。许多学者越来越清醒地认识到幽默在人生中的价值，越来越自觉地追求一种深沉博大的幽默人生态度。拥有幽默才能，就能在学习上蓬勃向上，在职场上游刃有余，在商场上左右逢源。

（二）协调作用

培根说：“善言者必善幽默。”每人都得与他人谋求沟通、理解、合作。人与人之间的关系纷繁错落，变化万端。每人都是有思想、有情感、有欲望、有动机、有自身心理特点，不同人之间又有许多难以把握的因素，存在着许多猜不透的奥妙。不同的人员，不同的关系交织一起，就会产生不同的思想、意见，出现不一致的言行。为使这些差别得到磨合，关系得到整合，就需协调。幽默，能在人际交往中协调关系。幽默风趣，妙语连珠，使交际双方很快熟悉融合，增加亲切感。当陷入僵局时，幽默会产生一种神奇的协调效果。一句幽默话就能拉近人与人之间的情感距离，填平人与人之间的鸿沟。幽默，把道理寓于谈笑之中，还能巧妙地平息争端，消除口角。尤当人们发生矛盾，或冲突在即时，幽默可使紧张气氛缓和。有时一个笑话或两三句妙语，就能驱散乌云，消弭敌意，化凶险为吉祥。

（三）乐观进取

有人把幽默简单地解释为“乐观”，但“乐观”并非轻浮的嬉皮笑脸，也非为笑而笑的故作姿态。真正乐观的起因和动因，乃是人生的矛盾和痛苦。一位美国作家说：“喜剧家的出发点是不幸，目的地是快乐，快乐是一种瑰丽无比、激动人心的超越。”不经历痛苦、辛酸，便不懂幽默；而若无充足的自信和希望，也不会幽默。只有敢于调侃人生的不幸，并能在玩笑中超越这人生的不幸，才是伟大的“乐观”，才是真正的幽默。幽默可从生命悲剧中发现喜剧，又能潇洒从容地与之周旋，并能从中积蓄生存的胆量与耐力。它不是居高临下地笑傲一切，而是设身处地的自嘲自省；在悠然泰然地游戏人间之时，不失真诚严肃的理性；在佯痴佯狂地仰天长笑时，不失进取的抗争，同时又折射出那种在痛苦和困厄中不甘沉沦、奋力抗争的人生态度。在人生纷至沓来困惑中，幽默会助人化被动为主动，以轻松的微笑代替沉重的叹息，给人们带来笑声，缓解压力，轻装前进。

五、幽默的特点

幽默，是一门令人神往而又扑朔迷离的艺术，是一门让人在瞬间领悟事物本质的艺术，是一门激发学生学习积极性、增长智慧的艺术，是一门唤起学生注意力的艺术。幽默的主要特征是使人会心地发笑。探讨幽默的特点，有利于教师深入认识、掌握和应用此艺术，着意于一些独特表现形式。主要表现在言语（含身体语）活动中，是有趣或可笑而又意味深长的言谈举止。有趣可笑是其外壳，意味深长是其内核，幽默是机趣和哲理的有机统一，是一种难度很大的能力培养，是综合才能的体现，是人生态度、思维能力、智力结构和语言修养的全面反映。它会在瞬间闪现光彩夺目的智慧火花，使学生在有意与无意间受到认知的震撼，由此产生学习热情和动力，进而掌握知识，增长智慧。

（一）寓庄于谐

幽默的根本特性是寓庄于谐，其实例多妙不可言，给人内含深意的幽默情趣，让人在笑声中感受其多能的蕴涵。它不是通过直陈事物达到使学生掌握知识的目的，而是通过谐趣的手段达到传输知识之效。其“庄”与“谐”不是分离的，而是辩证统一的。“庄”是指科学、严肃和规范的内容，“谐”是指有趣、乖巧和引人发笑的方式，这一手段和方式具有诙谐性、生动性和趣味性。在教学幽默的运用中，“庄”是目的，“谐”是手段。需用生动、形象的手段使学生顺利有效地掌握知识技能，领悟事物的本质。失去“庄”，“谐”毫无意义，幽默也就失去存在的价值。反之，失去“谐”，则“庄”失去生动有趣的表现形式，幽默也就荡然无存。故“庄”与“谐”的关系应是寓庄于谐，庄谐一体。“庄”的内涵既不可直接外露，又不能过于隐晦，含蓄的程度应依学生的知识水平和感悟程度来掌握。“谐”需贴切、吻合、生动，与“庄”形成有机关联和自然默契。“谐”要有利于“庄”之内涵的传输和彰显。否则，“庄”过于隐晦、深奥，“谐”不足以反映其内涵，或“庄”与“谐”互不关联，教学就难以形成幽默艺术。故须依据其本质属性来处理庄与谐的关系，以取得最佳效果。若把此关系颠倒就会使教学幽默失之苍白、肤浅，乃至庸俗。

（二）情趣高雅

幽默是语言的一种巧妙艺术，妙就妙在深入浅出、自然组合，使原本无意之话变得高雅含蓄而富有情趣，使人情不自禁地发出会心的微笑。会心的笑是一种情感引发的笑，是愉悦的表现，是一种高级的审美趣味，是一种比较普遍并具有恒久性的人性。这种情趣使学生能轻松愉快地接受、掌握、理解教学内容，且印象深刻、不易忘记。可见情趣是强大的内部动力，推动着对知识信息的追踪和吸收。情趣与学习效果有着明显的正相关。心理学家洛扎诺夫说：“处于轻松、快乐状态无意识的心理活动，最有利于激发个人的超强记忆力。这对人接受信息的能力最佳，思维力最强，学习效果也最好。”教师对教学的浓厚情趣，既能直接感染和影响学生，也对增加学习活动的吸引力和提高学生整体素质有巨大作用。有经验的教师无不具有极强的情趣观，他们的成功几乎都是从充分开发情趣资源开始的。情趣是最具有能量的资源。教学幽默的目的是真正发挥学生的主动性和积极性，而主动性和积极性的核心因素即情趣。这启示教育者应把学生的发展作为出发点，把学生的情趣因素放在重要位置上，并对教学内容的情趣因素进行深度开发。正如德国著名学者海因・雷曼麦说：“用幽默的方式说出严肃的真理，比直截了当地提出更能为人接受。”

（三）形神兼备

幽默的本质特性也体现在形神兼备上。形是外显要素，神是内在因子，二者互相依存，构成幽默的美学形态。“形”是载体，“神”是灵魂，或“形”为外，“神”为内。形借神而存，神依形而彰。神离形就无以寄寓，形离神则无存在的必要。只有形和神的统一还不够，还需尽力追求神韵佳且形式美，使之相得益彰，以产生幽默的最佳效果。在教学中，应以教学要求、学生实际、教材内容和教学环境，创造性地运用幽默。为此，应尽可能创设和谐愉悦的教学氛围，用学生能接受的语言、目光、表情、姿态等形成幽默艺术，取得教学幽默内容和形式的统一，达到提高教学效果的目的。由于幽默的这一本质特性，需进一步认识到在教学幽默这一艺术手段的运用中，传“神”是目的，供“形”是手段，此关系也不容颠倒。“形”不以制造诙谐笑料为目的，而是为达到教学目的这个“神”服务的一个手段。故教学幽默必然是一种形神兼备的艺术境界。

（四）含蓄蕴藉

含蓄，是含而不露，话里有话，让人通过语言的表面成分，联系语境去寻觅语言深藏的含义。人们赞赏含蓄，但不能因此而走上歧途；含蓄不是猜谜、含混，也不是晦涩。含蓄有鲜明的意境，有真切的内容，只是理解时需经一番思考、联想、回味。幽默的含蓄是用诙谐语言、形象手法，暗示自己的思想，启发人们思考，产生意味深长的美感趣味。有人说：“幽默要有所含蓄，使人在笑的同时联想和推断，领悟其含义。”即教学幽默在传输科学知识和思想情感时应含而不露，将闪烁着智慧思维的幽默渗透于教学，引发学生联想，出神入化地推动对所学的领悟。含蓄深刻，是指幽默的表达，讲求寓深远于平淡，藏锋芒于微笑。尖锐深刻的言辞大都避免使用，但在某些特殊情况下，也可用犀利的言辞来透现其锋芒，使人会心大笑。因此，应借助于比喻、夸张、排比等修辞方法和借题发挥、小题大做等技巧来制造幽默情境。这些手段的巧妙运用，往往会产生委婉曲折、含蓄蕴藉的美感效应。故教师应把课讲得含而不露，有弦外之音，言外之意，耐人寻味的含蓄美。让学生根据自己的审美经验，去回味、联想，乃至重新创造教师讲课的内蕴，从中获得认知发展和美的享受。

（五）追求顿悟

幽默的另一本质特性是追求顿悟。学生在学习活动中遇到迷惑，虽苦心探求仍不得其解，但在教师的一段幽默中突然获得一个启示，顷刻间豁然贯通，即顿悟。教学幽默极力追求的是一种顿悟效果。教师为求得最佳教学效果，通过巧妙运用语言和营造教学气氛，使学生突然领悟到自己的意图。正如庄子所说：“筌者所以在鱼，得鱼而忘筌……言者所以在意，得意而忘言”。一旦学生领悟到幽默的实质，注意的并非构成幽默本身的材料，而是教师的真实意图。而所谓“得意而忘言”就是追求学生产生顿悟，这是教师与其他幽默者一致的出发点和归宿。获得顿悟之后，犹如开启了智慧的大门，文思骤然而至，仿佛是沉睡的灵魂猛醒，获得惊人发现，领悟出现象的本质或洞见事物的内蕴，这是教学中的一种极佳境界。正如马斯洛所说：“获得顿悟的人，感到自己窥见了终极的真理，事物的本质和生活的奥秘，仿佛遮掩知识的帷幕一下子给拉开了。”

此外，幽默本身没有贫富贵贱之分，极富平等、自由和充满人情味的风趣言谈是幽默的重要特征。只有在充分认识幽默本质的基础上再进一步掌握幽默的特点，才能应用好教学幽默这一艺术手段。

六、幽默的形式

幽默的形式多种多样，有表情幽默、动作幽默、口头幽默、书面幽默等。然而，以下情况并非幽默：满嘴炉渣，脏话连篇；乱出洋相，无聊浑闹；打情骂俏，轻薄嬉笑；耍贫斗嘴，油腔滑调；拐弯抹角，讨人便宜；学人口吃，仿人残疾；假装疯魔，装傻充愣；东摘西抄，拼凑笑料……真正的幽默，机智百变，妙趣横生，既让人越琢磨越捧腹不止，又让人有茅塞顿开的启悟；真正的幽默，有时虽未博得哄堂大笑，但会更多地让人忍耐、品味、咀嚼，在长久玩味中感动、感知、感悟；真正的幽默，能引人发笑，但笑过之后又引人深思，耐人寻味；能给人以会心的笑声、无穷的回味、艺术的享受、有益的启迪；真正的幽默，是美丽的，能陶冶情操，净化心灵。教学需多种形式的幽默，但要防止“幽默不成反类俗”——套俗、粗俗、庸俗。幽默不仅是笑，其本质是“寓庄于谐”，是一种健康生活态度在教学艺术的体现。

幽默的形式，多是以语言为主要表现形式的诗歌、故事、笑话、俏皮话、歇后语、双关语……幽默在不同体裁中，表现技巧也不尽相同，在语言文字及以语言为主的表演艺术中，是依靠语言的修辞技巧，如比喻、双关、反语、拈连、仿拟、颠倒等，由语言的不协调构成喜剧性矛盾冲突，使听者因意外而产生联想，忍俊不禁。其中，笑话是幽默形式比较典型的一种，篇幅短小，情节简单，语言通俗，针对性强，流传面广，是揭露事物矛盾、嘲讽某些现象的主要形式。其构成依靠夸张手法，巧妙结构、诙谐词句及喜剧性格的刻画，引发不同含意的笑声。具体说幽默有很多表现形式：①相声——产生于北方、风行全国，以讽刺为主，寓庄于谐，表现严肃的主题，语言机智多变、含蓄凝练，为各阶层人民所喜爱。②笑话——通过有趣的小故事使人感到好笑。③独角戏——是流行于江南以方言演出的喜剧性曲艺，兼容讽刺和幽默，尤其长于对丑恶、落后现象的揭露、鞭挞和对生活乐趣的艺术反映。④戏仿——通过模仿使人感到滑稽。⑤恶搞——通过毫无道理的方式，使观看者感到好笑。⑥话间——在讲谈中，通过一种较为短暂的即兴幽默语句，让听者在短时内享受到快乐，体验幽默。⑦愚人节——能引出许多笑话的一天，以多种方式开周围人的玩笑。⑧冷幽默——既要幽默又要“冷”。带有一点黑色幽默的成分，但又区别于黑色幽默。可理解为意图不明显的幽默。在运用冷幽默时，并未刻意要达到幽默的效果，是一种很随意的幽默，是那种淡淡地在不经意间自然流露的幽默，是让人发愣、不解、深思、顿悟、大笑的幽默，是让人回味无穷的幽默。⑨白色幽默——指令人恐惧而又感到好笑的话或句子能逗人笑。

七、幽默的技巧

（一）对比

对比，是产生幽默的基本方法。是把两种以上互不相干甚至相反，彼此间无历史或约定俗成的联系之事物进行对照比较，以揭示其差异，即不协调因素。差异越明显、对比的时机和媒介选择越恰当，对比所造成的不协调就越强烈，听观者对双方差异性的领会就越深刻，对比所造成的幽默意境也就越耐人寻味。

（二）反复

反复，是幽默创作的主要技巧手段。反复作为一种修辞格式和艺术手法，可以是情节、语言、物体、动作、画面、音响等的重复出现，但在幽默中的反复则出现在两个（或以上）迥然不同的人物身上或两种毫无共性的环境之中，使之与人物的某种特殊性格、气质、经历，与环境的某种特征及艺术者的某种独特风格联系起来，产生一种明显的不协调，以表达与人物正常逻辑、合理预想大相径庭的结果，或表现某种一意孤行、无法遏制的执拗，使原本枯燥的重复出现喜剧性的色彩，取得强烈的幽默效果。这种反复的技巧既可在喜剧，也可在悲剧中产生幽默的效果。

（三）错综

错综，是以不同的形式重复表达相同或基本相同内容的一种修辞格式和艺术手法，是反复手法的延伸和发展，以避免情节手段和语言手段反复时的呆板、单调，使幽默效果更加强烈。以错综形式出现的反复在戏剧、曲艺、电影等艺术中的运用极为广泛、频繁，在语言中也多有应用。错综式具有巧妙、自然的特点，对强调、渲染、深化反复内容，引起听观者的注意和联想，造成充满情趣又耐人寻味的幽默意境。

（四）移植

移植，是幽默创作的主要技巧。是把在某种场合中显得十分自然、和谐的情节或语言移至另一种迥然不同的场合中，使之与新环境构成超出正常设想和合理预想的种种矛盾，从而产生幽默的效果，包括情节移植和语言移植。

（五）夸张

夸张，是指一件事情被故意夸张地表现出来，人们往往就会发笑，令人叹为观止，捧腹不已。

八、幽默的运用

幽默感是优秀教师应具备的素质之一，须有意识地加以培养。除需有扎实的知识基础、良好的文化修养外，还要在教学实践中自觉训练观察的深刻性、思维的敏捷性。只要学会以幽默的基调和语言方式来思考自己、思考学生、思考周围现象，乐观、主动地对待教学，久而久之，就会培养起运用幽默的才能，创造出幽默的“佳作”，从而使教学更富有魅力。

（一）注意针对性

幽默的表现形式有多种，其程度也各有不同。为何同一句话、同一动作，由这个教师讲出或做出就有幽默感，而另一教师却似“东施效颦”般令人作呕？这是因每个人的情感素养不同所致。为什么同一句话、同一动作，在这个班级会产生幽默效应，而在另一个班级却不尽如人意？这是因教师运用幽默时，未能依据各班级学生对幽默的认知水平不同而有所变化，或者隐喻太深，不能构成有效联想，学生不能理解；或者表现太浅，学生过于熟悉，无须联想。因此，教学幽默必须视学生的认知水平和欣赏水平做出相应调整。幽默是手段而不是目的，不能为幽默而幽默，一定要根据具体情况，将幽默运用恰当。

（二）强调服务性

课堂毕竟不是剧院，教师也不是相声演员。幽默只能作为提高教学效果的手段。故教学幽默定要与教学内容相关联，紧扣讲课主题，为课堂教学服务，为教学目标服务；切不可离题万里，海阔天空地乱讲。

（三）表现自然性

教学幽默要选择恰当的内容和时机，使用恰当的表现形式，说话要流利，态度要自然，无论表情动作幽默，还是语言表达幽默，都要使人感到它是存在于教学内容本身和教学过程之中的，而不是教师刻意追求和卖弄的结果，引出的幽默也就因缘而发，自然和谐。

（四）运用得当性

在教学过程中，对幽默语言的运用要特别注意掌握分寸，应从教学的实际需要出发，用语得体、恰到好处。绝不可频繁使用幽默，更不可把讲台当戏台，把自己当倡优，动辄不假思索连珠炮式的幽默，笑话泉涌般地流淌于课堂。这样，不但效果不好，而且有失教师身份，有损教师形象。

（五）掌握严肃性

课堂毕竟是个相对严肃的空间、教学的殿堂，讲台毕竟是块神圣的净土、释疑的讲坛。所以，幽默须有“度”。既要寓庄于谐，也需分清幽默与滑稽的界限。教学幽默应是严谨、深邃的，来不得半点低级趣味，真正的幽默与哗众取宠、卖弄噱头、庸俗无聊毫不相干。还应力求简单，幽默的语言、动作愈简单给人印象愈深刻，效果愈强；冗长的语言和过分的动作都会使学生注意力偏移，也会淹没运用幽默的本意。

（六）讲求结合性

幽默的表现形式既可使用语言，也可运用表情、手势、动作等；既可单独表现，也可综合运用，使之相辅相成，协调同步。既要口齿清楚、声音适度，也要以饱满情绪、流动目光、恰当手势等非语言形象呈现在讲台，使学生感到教师的语言美、举止美。

幽默是智慧的使然，文化的高层，机敏的超常，才华的闪光。若无渊博知识的融汇与对生活的执著追求，是幽默不好、幽默不起来的。幽默，人人喜欢，给人带来欢乐和幸福；人人向往，使人气质非凡，魅力独具。

九、幽默的品质

幽默本身就是一种成熟人格的品质。如何具备幽默的品质？幽默是让对方去“想”，隐隐约约含有温暖的成分，标志着一个人的气质文雅、心胸开阔和谦虚深邃。明乎此，就需培养幽默素质：①源于品德——提高品德水平、高尚情操，做一个气质文雅、胸怀坦荡、谦虚而深邃的人；②源于生活——务必热爱教育，做一个勤于实践，善于在生活和教学中捕捉幽默养分的人；③源于群众——虚心向群众尤其善于幽默者学习，借以提高语言技巧，拥抱幽默。幽默是教与学的精灵。与其说是一种教学艺术，不如说是一种轻便灵巧的人际关系的“宝物”；④需要天分——但后天训练也可做到幽默。首先学会欣赏幽默，须与身边幽默者接触，观察别人的幽默方式和表达方法，其次幽默可是身边的人也可是电视或书籍中的笑话。⑤不是吹牛——须有一定的根据，不能夸得过大，吹牛和幽默仅一步之遥；⑥不伤他人——万不可把别人的事情拿去加工来博取他人的开心，伤害别人；⑦讲究时机——需敏锐的洞察力，能想到别人想不到的东西。

幽默，是一种迷人的魅力，是人的个性、兴趣、能力、意志的一种综合体现，是一种智慧的外化迸发。幽默者不停地对耳闻目睹的事物作出趣味性的理解，并采取有趣味性方式进行加工处理，使之五光十色，精彩纷呈。幽默是一种宽广胸襟的展现，只有时时处处秉持一颗宽恕包容的心才会拥有幽默。幽默往往也会有讽刺、揶揄，但那是善意、恳挚的批评与提示，是匡扶世风，闪耀爱心的光焰，是一种旷达态度的显露，只有看轻是非成败、荣辱得失者，才能常葆幽默人生。具幽默感的教师更受学生欢迎。恰当运用幽默可增添师生的乐趣，消除教学中遭遇的困境，减少不愉快的情绪，让教育更富成效。

板书设计的原则

板书，是指为辅助口头语言的表达而写在黑板或投影片上的由文字和符号组成的书面语言，是进行直观教学的一种有力手段，是运用书写在黑板或投影片上的文字、符号、线条和图像等方式，向学生展示教学内容、认知过程的一种教学行为。其运用特点是方便、灵活，只要有黑板、粉笔或投影设备，就可根据教学需求书画或放映出所需内容，把学生注意力引向讲授重点。然而，板书必须根据教学任务、教材特点、学生实际及教学规律而精心设计。只有准确、清晰、严谨的板书设计，才能提高板书质量。

一、目的性

板书是为教学服务的，应有明确的目的性，做到书之有用。板书离开教学目标就失去了意义。设计板书时定要根据教学目标与要求，在吃透教材的基础上，本着为教学目的服务的原则，反复推敲、精心设计。对板书的内容、步骤和布局均需要进行周密安排。当书则书，当略则略，突出重点，体现难点，启迪学生思路，理清学习线索，有效理解和把握教学内容，提示内容要点，建立一个相对完整的逻辑联系整体，以帮助学生理解和记忆。板书是为讲解服务的，切不可为板书而板书，板书本身不是目的，而是实现目的的手段。

二、科学性

科学性是板书的前提。板书的内容必须正确无误，恰当合理。即准确无误地使用最简洁、最精练的文字与图形，高度概括教材原意。不仅要严密、系统、合乎逻辑，而且要明确、规范、合乎语法，能准确反映出教学内容的本质和教师讲解的原意。

三、计划性

板书应有周密的计划性，做到书之有时。设计时对板书内容出现的先后，内容间的联系和呼应，位置的安排和调整，文字的大小去留，符号的选用，板书与讲述及其他教学活动的配合等，先写什么，后写什么，写在何处，都要周密计划，力求顺理成章、水到渠成。

四、条理性

板书应有清晰的条理性，做到书之有序。要揭示出教材内在事理间的逻辑关系、作者的思路、教者的意图。要根据教学内容的逻辑性或便利教学的顺序性，使板书构成一定的系统，使知识脉络分明、条理清楚，从理论到实例都符合学生认知规律，即从简单的概括到复杂的综合，要条分缕析，层次分明。板书要编排有序，体例一致，并注意与纵向和横向的联系。用字遣词也要字斟句酌，前后照应。

五、针对性

板书应有较强的针对性，做到书之有据。应针对不同教材的文体特点及内容特点、不同学生的特点、不同课型的特点，从实际出发，因文制宜、因人制宜、因课制宜。

六、概括性

板书应有高度的概括性，做到书之有度。切记条款成叠，力避大括号加小括号、大箭头加小箭头等符号的烦琐杂糅。要做到：紧扣教材，挑选关键知识点；严格筛选，以简驭繁，以少胜多；利于理解，便于记忆。板书是讲解内容的主体框架，不是按教学内容各部分所占比例平均组合而成，而是有主次之别，轻重之分；板书不是讲解内容的实录，而是画龙点睛的启示、提醒。所以，要注意内容的高度概括，文字不能过多。否则“抄黑板”时间过长，就减少了教师讲解、学生思考和其他活动时间。

七、统一性

板书的呈现要与讲授内容有机配合。实验表明，在图表讲解中，把复杂的图示分解为几个部分，逐渐呈现给学生比全部一次呈现更好。这项研究，说明了要从整体着眼设计板书，不能一下全盘端出，而应随着教学进程，按教学步骤或程序边讲边书，讲什么，书什么；使学生开始时分别领会各分支内容，其后则见全貌，逐渐形成一个整体。

八、重点性

板书要重点突出。对重点内容，要以工整及稍大的字体写出来，也可在重点板书下面用彩色粉笔做出标志，或用鼠标点示，这样既醒目又能引起学生足够重视。书写时，对需要相互比较的重点内容宜对应书写，对联系紧密的重点内容要安排在一起写。总之，要借助板书帮助学生抓住教学重点，理解教学思路。凡须强调之点、口述难解之处及要求学生记录的主要内容均可运用板书。

九、精炼性

板书要少而精。板书应是对教材的精心提炼，是加工过的最本质、最主要的内容，是支撑教学的“纲”与“目”。因此，板书应做到提纲挈领，变繁为简，简明扼要。但意义要深刻完整，即言简意赅，凝练含蓄，富表现力，以使学生看得明白，思考深刻，记得牢固。所以，板书应是摘其精要，抓其关键，画龙点睛，以少胜多，简中求丰，勿事无巨细，将教学内容像流水账一样全部搬上黑板或放映于同一屏幕。板书贵在精巧设计，而不在于使用频次或篇幅。

十、整体性

板书是一个艺术整体，无论文字多少、图形简繁，都应是一个完整且充满生气的“世界”，而不是词语的简单堆砌和拼凑。所谓整体性，一要十分注意板书内容的内部联系及前后呼应、左右相关；二要注意版面设计与使用，应布局合理，主副配合；三要将黑板右侧 1/4 用来保留书写复习提问的题目和课后作业内容；四要有“章、节、目”三级目录和本节课内容摘要等。

十一、实用性

板书是一种实用美学艺术，既要“中看”，更要“中用”。其实用性包含多方面要求：比如为讲求实效，既要有固定性板书，又要有随机性板书；既要有勾勒思路为主的主板书，还要有对主板书起补充、说明作用，且能突出重点、解释难点的副板书；既要以教材内容为依据，还要与教学方法的运用相吻合；既要体现学科与课型特点，还要考虑课时数的分配等。

十二、美观性

板书在“中用”的前提下，还可讲究“中看”，因为它可能动地促进“中用”。这就需讲究板书形式美：一是文字美，包括文字端正和字体秀丽；二是结构美，各种格式的板书都应协调和匀称；三是色彩美，恰当运用彩笔或色彩，强化学生感知；四是图示美，包括图像美和图案美。工整规范、美观大方的板书，既能对学生起到良好的示范作用，又可收到引人注意、赏心悦目的效果。

板书设计还要注意简约性、逻辑性、启发性、新颖性，同时要巧于构思，使板书艺术体现“少”“精”“活”。“少”是板书的基础，“精”是板书的核心，“活”是板书的关键。板书设计要“少”中有“精”，“精”中求“活”，并做到讲、解、写、画密切配合，声、情、形、神和谐统一，以使布局之科学、结构之高妙、章法之奇谲、内容之精美均达到炉火纯青、笔随心意的艺术境界。

板书的作用

板书，包括传统板书、现代化幻灯与投影等特殊形式的板书，是进行教学的辅助工具，是进行直观教学的重要形式，是组织与指导学习的必要措施。它既是课堂教学必不可少的手段，也是师生相互交流教学信息的传导方式。板书是赏析教学内容之“导游图”，也是一种“简约教案”。可见，板书是教学设计的精华，是教学活动的窗口。教科书上的世界风云、宇宙变换、历史演变、古今纵览，均可通过板书加以描述和展示，即“一块黑板、几支粉笔”和幻灯与投影，就可演绎美丽的传说或无限奥秘的宇宙。所以，优秀的板书，既能使知识概括化、系统化，使师生随着板书的进程展开教学，又能显示教学思路，突出教学重点，化解教学难点，理清教学脉络，强化直观形象，加深理解记忆，还能使学生准确、系统了解知识的主体框架结构，并能使教学要点明确、进程清楚、内容具体，起到概括、提示、启发和总结的作用。

一、双边活动的桥梁

板书，是传递教学信息的有效手段，是教师组织教材、设计教学、进行讲解的精华和艺术表现。它具有沟通力、吸引力和表现力。它把知识的脉络准确反映出来，对学生理清知识体系，打开思路，起着概括、归纳和画龙点睛的启迪作用。它还可使师“教”和生“学”思维同步、密切配合，让学生对教师传授内容有一个鲜明、完整而深刻的印象。

二、学习新知的路标

板书，是教师教学的精华、讲解的提纲，是学生学习的线索、复习的依据。板书，可清晰反映教学内容的要点和知识引申过程；能体现教学程序，帮助学生掌握知识结构；能给学生指明学习方向，启发学习思路，开拓思维阵地，提示思维内容，增强认知的持续性、深刻性和鲜明性。

三、传授知识的阵地

板书能长时间向学生传递知识信息。黑板是载知识之车，而板书则是知识装载、运输和输出的过程。板书的直观性，为揭示知识规律提供必要的可视性材料。视觉接受率为听觉接受率的七倍，所以板书能提高教学效率。亦即通过恰当板书，能使学生很快掌握重点，排除故障，围剿难点，消灭疑点，起到攻取知识、占有知识、获取知识的作用。

四、培养能力的途径

良好的板书体现认知规律，可培养学生分析、综合、归纳、演绎、概括等多种能力。色彩鲜明、直观性强的板书，对增强学生的观察能力大有裨益；条理清楚、层次分明的板书，对发展学生逻辑思维能力有积极作用；比较鉴别、对照异同的板书，对提高学生的分辨能力有重要意义；清秀美观、新颖别致的板书，对陶冶学生的审美能力有潜在影响。

五、加深理解的助手

教材内容有其内在的逻辑顺序，仅仅用口头语言表述难以使学生全面、准确掌握其知识体系。而板书则提纲挈领地反映了教材内容，是教材内容的高度浓缩；部分与部分之间、部分与整体之间的关系，都可从板书清晰反映出来。学生只要把握了板书，也就把握了教材内容的整体框架。

六、强化理解的工具

板书的直观性、鲜明性、条理性和层次性，既使抽象知识具体化、烦琐内容系统化、问题分析条理化，对发展学生的逻辑思维能力有促进作用，也使知识在学生头脑中打下深刻烙印，对加强记忆有积极意义。尤其是科学而精练的板书，不仅能培养、锻炼学生笔记能力，而且能把视、听、读、写和思考紧密结合，使多种感官协调活动，远远超过单纯“耳听”的效果。所以，它能强化学生对知识的理解、巩固和记忆。板书具有与实物不同的直观性。用实物进行讲解，是非常直观的，但不雅观。多媒体虽有直观性，但少了学生的思维。若用板书把实物的原理讲解出来，学生就会通过思维而直观地感受到其变化。教师应培养学生的思维能力，而板书担当了这种责任。清秀的粉笔字、鲜明的符号、美观的板书、漂亮的板画和声情并茂与动静逼真的影像，无疑会激发学生学习兴趣，凝集和吸引注意力，使之自觉而迅速地进入探求学问佳境和积极思考状态。

七、弥补语言之不足

板书可起到教师讲授所起不到的作用，既能密切配合口头语言传递教学信息，也能弥补口头语言之不足，又可达到形象直观的效果。特别对一些难以理解和记忆的内容与图形，有时恰到好处的几笔勾画，就能使学生豁然开朗，既能节省教师口舌，又能给学生留下深刻印象，同时还能增强学生学习兴趣，提高其接受力和理解力。

八、培养良好的学风

恰到好处的板书，加上教师“导之有方”，就会使学生“学之得法”，领略成功的愉悦，萌发进取心理；规范、清晰、工整的板书有助于培养严谨认真、一丝不苟的治学精神，对学生的学习态度有潜移默化的影响。所以，它能为学生树立榜样，培养良好的学风。

九、取得美育的作用

美观、和谐、新颖、别致的板书，构成教学活动一道亮丽的风景线，让学生领略其特殊的旖旎风光，获得其高品位的审美享受，可从中得到美的启迪和熏陶，促进审美能力的提高，激发对美的情感。“佳书能提神、悦目”，板书条理清晰、字体清秀，可培养审美意识，激发审美兴趣，陶冶审美情操，增强审美能力。巧妙有趣的布局美，既利于扩大形象思维领域，也有利于增强学习情趣；出神入化的色彩美，既使学生感到教学不枯燥单调，又可体味到求索知识的欢乐；设计精当的内容美，能扩大知识领域与提升审美意识。

十、博得敬慕的行为

精美的板书，能使学生赏心悦目，兴趣盎然，活化知识。学生在赞叹教师功夫之深的同时，崇敬之情油然而生。工于巧妙的板书，既反映教师水平，也显示着认真钻研的态度，对学生发挥着潜移默化的影响。所以，板书既能展示教师的教学艺术水平，也能体现出教师严肃的教学态度、严谨的教学风格和教学要求。良好的板书能使学生在教师的无声行动中与教师在思想上靠近和沟通，进而赢得学生的好感和敬慕。重点突出、层次分明的板书，是学生思考的线索，是教师进行小结的提纲，也是学生复习的依据；条理清楚、有启发性的板书，能给学生积极思考引路，对学生运用知识、举一反三，也有很大帮助；快而准确的徒手画、形象逼真的幻灯片，可增强感染力，集中学生注意力；严谨、清晰、工整、规范的板书，对学生的学习态度、学习习惯和良好学风也有很大影响。优秀的板书与口头讲述、形象演示密切配合，就会相辅相成，相得益彰，能使课堂教学增色生辉。

随着科学技术与信息化的发展，虽然许多现代化教学手段已进入课堂，但是传统板书在教学中仍起着不可替代的作用。

板书的类型

板书，是一种视觉语言符号。它运用文字、符号、图形等构成图文并茂的文图信息，形成视思兼备的教学艺术。板书的目的在于吸引学生注意力，激发学习兴趣，加深对教材的理解。要想设计新颖别致的板书，不妨采用以下几种形式。

一、分板式

分板式，通常有三种形式。

第一种是将黑板分为左右两部分：左半部分作为正版书或系统板书，右半部分为副板书或辅助板书。前者，是对教学内容的高度概括，主要用于写章节课题、讲授提纲、教学重点、重要结论等，即在对教学内容进行概括的基础上，提纲挈领地反映教学内容的书面语言，可以是讲授要点、内容分析、论点论据、主要概念、公式、图形及重点例题等；后者，是根据教学需要，写教学难点和重要概念的解释词、补充语以及有关术语、数字、画图或重要的时间、地点及其他需强调的内容，简要地写在黑板右侧，即为引起学生注意，或解释某些疑难，或随机写出的书面语言，多是在学生听不清或听不懂时，作为正板书的补充，或作为重难点的注脚而随时书写的文字、术语、符号、草图等。正板书一般写在黑板重要位置上，保持时间相对长些，有的是在备课时就已设计与准备好的，应力求高度概括，文字简洁，书之有“格”，用之有“序”；副板书为正板书之佐，应灵活多变，使之有临场解惑、纠错、注释和启迪等功效，副板书或辅助性板书往往边写边擦。

第二种是将黑板分为三部分，以左侧为主体，中间为副板，右侧为机动。

第三种是以黑板中心为主版，两侧留有少许版面，以供辅助板书之用。

分版式具有布局合理、清晰醒目、主次分明等特点。

二、提纲式

提纲式是按教学内容和讲解顺序，提纲挈领地编排书写的形式。是根据教学重点的内在联系和教学设计程序，用大小括号和编号编排成的一个系统。这种板书，是对教学内容的分析和综合、概括和归纳，是用精要文字，反映知识结构、重点内容和关键所在的纲目；是教材内容的精髓和骨架，起提纲挈领的作用。它一般包括：提纲和要目，重点和难点，重要概念、原理、观点、论证、示意图等。它是以简明扼要的文字概括出所讲内容的重点，并按教学顺序依次书写而成的。其优点在于条理清楚，重点突出，字句简洁，思路清晰，便于学生抓住要领，掌握内容的层次和结构，培养其分析和概括的能力。它是板书中最普遍、最常用的一种形式，具有条理清楚、重点突出、全面系统等特点。

三、分析式

这种板书是指在教学中按照分析法的思维过程、探求理论问题的途径或事物发展的脉络书写而成。技术、管理、财会及某些推理计算类等学科之教学常用此形式。科学合理的分析式板书，既能揭示教材内容的内在联系、因果关系，又能反映知识排列的先后顺序；既能使学生搞清数量关系，迅速掌握解题思路，又能通过逻辑推理与内部语言交流，培养学生发现、分析和解决问题的能力。它具有系统完备、层次分明、脉络清楚等特点。

四、梳辫式

这种板书形式是根生干、干分枝、枝生叶。它把整个教学内容的纲、目、科、属……或分门别类，或“梳成一条辫子”，能使学生在头脑里形成清清楚楚的一条主线与几条支线。它具有脉络清楚、条理分明、容易记忆等特点。

五、条条式

如果教学内容繁杂散乱，不宜或无法“梳成辫子”，也可采用“条条式”。即把主要教学内容归纳、整理、总结出若干条，逐条书出，以便学生理解、复习和记忆。它具有统揽全局、突出重点、明确要点等特点。

六、符号式

符号式是教师板书时，用具有一定意义的线条、箭头、符号等组成的图形来组织教学内容的方法。在板书中恰当地运用符号能起到“以一当十”的作用。比如，可运用标准符号如“<”“=”“≠”等，也可运用一些约定俗成的符号“↖”（上升）“↘”（下降）“{ }”（包括）“→”（成为……、通到……）等，还可用情感符号“√”“×”及“？？？”和“！！！”等。符号虽简，却含义丰富。它具有变抽象为具体、变深奥为浅显及简化板书、直观明了、便于记忆等特点。

七、比较式

比较式是根据教学内容和学生已有的相关知识，运用对比方法显示出知识异同的板书。准确讲，比较即运用对比的手段确定事物异同关系的思维过程的方法。如果把这一对比方法运用到教学板书上，即为比较式板书。比较能起到深化、强化的作用，可收到“不言而喻”的艺术效果。比较有许多方法，从性质上分有求同法、求异法、纵比法、横比法、定性法、定量法、综合法、专题法；从内容上分有知识比较、中心比较、人物比较、结构比较、语言比较、情节比较、文体比较、背景比较、手法比较、风格比较、情景比较等等。比较式板书用在总结、复习、单元教学上，效果更好。这种板书对比强烈，有利于指导学生分清知识的共性与个性，有利于学生求异思维能力训练。

八、线索式

线索式是根据教学内容的某种联系，按照一定顺序，反映教学主要内容的板书形式。这种板书的特征是能够显示出事情发生、发展的过程，能够突出知识形成的过程，有利于学生学会学习。这种板书以教材提供的时间、地点为线索，反映教学内容的主干。它把教材内容的内在结构和逻辑关系简明地呈现在学生面前，有助于学生对其全貌的了解。这种板书指导性强，对于复杂的过程起到了化繁为简的作用，便于记忆和回忆。

九、表解式

对某些较复杂的教学内容，特别是同类或相关知识的复习，可根据纵向发展的方向和结构体系，按归属关系，用大、中、小括号或关系框图的形式，对要讲解的知识点分别归类进行整理，形成体系，层层展开，使学生能完整形成认知结构，从而加深理解与记忆。它具有系统完整、种属分明、一目了然等特点。

十、表格式

表格式几乎可服务于任何教材章节的教学，还适用于一组文章和知识信息的比较。既适用于传统的文字式板书，又适用于电化教学演示。对于教学内容复杂，知识内容既有相同又有不同的部分，可设计表格式进行板书。通常在两个或两个以上的基本概念或数据的对比教学中，尤其是在单元、章节和学期复习某些知识内容，比较某些概念异同及变化情况时，为帮助学生归纳总结，使学生掌握数量关系及一般规律，可分门别类列成表格加以比较、区分。有的是在课前先画好表格，讲时出示；有的是在课上边讲边写，最后用横竖线分割成表格。这种方式易于学生找出知识的联系，对比异同，培养对比分析，归纳概括等能力。教师可边讲解边把关键词语填入表格，也可有目的地把内容分类并按照一定位置书写，归纳、总结时再形成表格。这种形式的板书是根据教学内容可明显分类的特点而设计的。教师根据教学内容设计表格，提出相应的问题，让学生思考后提炼出简要的词语填入表格。表格式板书最大的特点是信息量大、条理清楚，简约明了，有整齐、对称、均匀、清晰、简洁之美，还具有化繁为简、易于比较、区分清晰等特点。

十一、图画式

图画式是根据教学内容显现出的特征，采用图中夹文或文中夹图的办法形象勾画出事物间内在联系的板书。对于抽象、难懂的内容，可依图助教，结合图形，理论联系“实际”，直观明了。如对某些设备结构和某些工艺流程的讲解，物质间的相互转化，或概念间的联系，常采用图画式。这种板书生动、形象、直观、简洁与新颖，使事物的内在关系显现得淋漓尽致，能有效激发学生的学习兴趣。通过图示，许多难以用语言解释清楚的事物可一目了然地呈现在学生面前，具有保持汴意，激发学习兴趣的作用。它具有形象直观、图文并茂、过程清楚等特点。

十二、方阵式

方阵式板书蕴含对应思想，往往采取纵横结合，上下左右相互对应的方式，随着教学逐层分析，循序板书，最后形成一个方阵。运用这种板书，要在弄清各部分内容内涵和外延的基础上，进行设计与书写，同时要注意内容与形式的和谐及整体与部分的统一。它具有前后照应、相互连贯、关系清楚等特点。

另外，还有概括归纳式、分析综合式、排列组合式、网络式等形式的板书。板书形式纷呈，没有统一的固定模式。要做到板书为教学服务，首先要根据教学内容的性质、特点和任务来确定板书形式；其次板书要真正做到使教材的知识结构向学生认知结构的迁移；最后要考虑学生的年龄和实际情况（如思维发展水平、注意力特点）等。现在的板书已不是传统意义上的黑板，因投影仪、多媒体的加入，使板书的内涵更加丰富，特别是多媒体，以鲜艳色彩、活动图像和有声对话，给人一种赏心悦目的感觉，创造了一个轻松愉快的学习氛围。但黑板的重要性却常常被忽视，导致学生学习积极性降低。而提倡设计板书就是要一改传统板书模式，在原有基础上加一些图片资料，使之图文并茂，丰富板书的内容；形式上适当使用彩色粉笔，充实板书的色彩。备课时，精心设计课堂中的板书，对每个单词、每张图片、每幅挂图，甚至相应的每句话都要事先安排。特别要注意充分发挥各要素的作用。①挂图——是板书的“前奏”，其内容往往又是课文的重点。每篇课文中都会有配套的挂图，可以把它作为板书的一部分来利用，有的内容应在课前就把图挂好，并在旁边注些小问题。这可先让好奇的学生去注意挂图的内容，考虑提出问题，引起兴趣，为一堂课开个好头。②简笔画——最适合在黑板上表达，可在教学中充当“催化剂”的角色。它能有效地发挥作用，并可取得很好效果。③色彩——如果简笔画是“催化剂”，那么色彩就是“兴奋剂”。鲜艳的色彩就像一个个兴奋点，图文并茂的内容能形象地表达单词或课文内容，学生也会精神振奋，思维活跃。学习热情不断高涨，提出问题，设置悬念，解答问题，激发兴趣，增强信心。板书设计是集整体性、艺术性和趣味性于一体，情境结合，大大改善课堂气氛，提高学习效率。

副板书的形式

在教学中经常运用一种辅助性的板书，即副板书。是正板书难以理解之处的说明，是正板书不够充足之补充。同正板书一样，可根据不同目的，设计不同形式，但不可喧宾夺主。副板书，通常书写在正版书的右方。

一、文字式

文字式副板书，是有目的、有选择、有主次地运用有关文字、词组、术语，解释或强调正板书中不易理解的内容。它具注释简要、评注兼收、画龙点睛之妙和易运用、易书写、易明了等特点。

二、图画式

图画式副板书，是运用直观的简示图或轮廓草图，形象地补充正板书之不足，给学生一种美的感受，增强对正板书的兴趣、理解和记忆。它具有形象、清新、美观等特点。

三、符号式

符号式副板书，是运用各种示意或形象符号来助学生理解或记忆正板书内容的一种形式。能以简释繁、以少解多、示意明确，帮学生理解和记忆知识。它具有含蓄、简明、易记等特点。

四、标点式

标点式副板书，是运用了电影中的特写手法，将镜头推向标点，使之显示标点，略去文字。它能配合正板书指导学生理解或记忆教材内容。它具有简便、醒目、易写等特点。

五、图示式

图示式副板书，是在板书中辅之以有一定意义的线条、箭头来体现同类知识在系统中的发展方向，或用简示图去反映系统内容相互联系。它具有简明扼要、整齐美观、节省版面等特点。

六、线段式

线段式副板书，是把繁杂应用题中诸多已知条件、隐含因素及所求问题，在一条线段或平行的几条线段上列出，示意清晰、准确展现在学生面前的方式。它具有简单、清晰、指向明确等特点。

七、对称式

对称式副板书，是为说明两个相似或相异的事物或复杂的知识内容，在黑板上左右书写左右对称标志的板书方法。它具有容易比较、容易分析、容易记忆等特点。

八、总分式

总分式副板书，是为说明某事物的来龙去脉，把要解释的问题先总后分，以利于学生理解与掌握正板书的知识结构。它具有条理清晰、脉络分明、概括归纳等特点。

另外，还有递进式副板书——是为对某些特殊难点加以解释说明，抓住其内在系统性、逻辑性，逐一或逐步进行说明的板书形式。它具有层次分明、条理系统、逐次明确等特点。表格式副板书——是为说明繁杂的内容或复杂的结构，对知识或部件进行归纳对比，以利学生理解、记忆的板书形式。它具有归纳分类、清晰醒目、一目了然等特点。

讲求板书美的艺术

构思精巧、新颖别致、清晰秀丽的板书，既使学生容易理解和掌握科学知识与专业技能，而且能使学生受到美的陶冶与启迪。板书，只要具有美的艺术，其作用就会显示出来，魅力就自不待言，学生见“字美”与板书美则乐学者也就不乏其人。所以板书应讲求美的艺术。

一、浓缩简洁美

优秀的板书，应以简驭繁，语约意丰，画龙点睛，以少胜多，内涵丰富，能“用最小的面积，惊人地集中最大量的思想或信息”。板书的浓缩，需教师字斟句酌地加工，抓住“文眼”，提取“精华”，使语句简练、准确，图画笔简、意明，以便使学生抓住中心和要领。

二、多元整体美

板书设计的目的在于把教材中复杂、深层的内容集中展现在有限的黑板上，以使学生对教材有一个系统、全面、深刻的理解。为此，板书要做到集教材的编排思路、教师的讲析思路、学生的理解思路于一体，熔知识的分布点、重要点、疑难点于一炉，充分发挥其整体功能，给人以整体的知识与美感。

三、合理布局美

板书的布局美，在于多样而又统一、复杂而又简单、抽象而又直观，在于简单性与对称性相结合，和谐性与奇异性相结合。具体表现：均衡对称、比例协调、对比适宜、色彩匹配、鲜明醒目，既留天头地脚，注意间隔行距，又能浓淡得体，疏密有致。板书，要求结构严谨、层次清晰。根据学生观察力集中情况，重要内容应书写在黑板的左上部分，而右下部分是人们容易忽略的。另外，字体的大小、行间的疏密、字图的搭配等，也要布局和谐、比例适宜。

四、工整文字美

文字美表现为：整体清楚工整、大小合宜、书写规范、布局合理，或楷或行，应视教育对象而定。字体端正清秀、洒脱刚健、美观大方、富有神韵，使学生心神愉悦、情绪振奋，能吸引学生注意力、激发学生兴趣，可调动学生思维的积极性、给学生留下美好记忆。如果字体七歪八扭、潦草难辨，则会造成学生交头接耳、相互“质疑”，影响听课效果，且会使学生视觉心理受到损害。

五、新颖形式美

形式美表现为：①布局合理——布局构思精巧，新颖别致，间距匀称合理；②方式多样——如提纲式板书、问答式板书、表格式板书、简图式板书，等等；③书写规范——书写字迹清晰，工整规范，美观大方；④画图新颖——画图方式，力求新颖活泼，应反映出教学内容的特点而不能千篇一律。为此，教师必须有扎实的基本功。不仅有一手过硬的好字，而且掌握简笔画的技巧，并能精心设计，从教材内容和学生的实际出发，使板书形式与教学内容达到完美统一。

六、醒目色彩美

色彩美主要取决于它在板书中的有效性：色彩能提高文字的鲜明程度和图像的真实感，利用同色强调事物的相似点、异色区别事物的不同点，透过颜色的对比强调内容的重点，集中注意力。运用颜色的内涵引起特殊的情感反应，如：蓝、绿、紫属冷色，令人感到有距离；红、橙属暖色，使人感到亲切；红色代表危险，绿色代表安全……为使板书醒目、鲜明、新颖、活泼，以吸引注意力、诱发观察力、激发求知欲、提高美感效应和增强直观效果，可适当利用彩色粉笔或彩色投影，将重要内容、强调之点，加以勾画、圈点；为表明图形中重叠部分或要突出图形的某些部分，也可用彩色粉笔或彩色投影加以描绘。但不宜过多、过滥地使用彩色粉笔，以免华而不实，不够严肃。只有体现“万绿丛中一点红”，才能使板书真正“出彩”。

七、清晰线条美

板书，特别是板图，既有直线和曲线之分，也有虚线与实线之别，还有粗线与细线之异，并有双线与单线之差。在画图或制图时，无论是图形整体的框架设计、布局结构，还是组成图形整体的直线或曲线、实线或虚线、粗线或细线、单线或双线都需既具科学性，又有艺术性，以达到简洁美、清晰美和图案美。

八、设计内容美

板书的内容主要包括课题名称、教学要点、重点结论及讲述中的重要术语、概念、公式、原理、法则等。内容美主要表现为：少而精、简而明，即重点突出，简明扼要，提纲挈领，字简意丰，词优句佳，趣味性浓，概括性强，逻辑性严，结论性准；含有美好的材料，描状铺叙，曲尽其妙，字句内外味韵深足，能使学生心灵得到见解、领悟和智慧；能服务目的、优化结构、说明疑难点、把握关键点，通过揭示内容重点与关键部位、内在本质与重要规律，吸引学生视觉的美感，扣触学生情趣的心扉，拨动学生思维的琴弦，引发师生交流的愉悦，引导学生自己去开启知识宝库的大门，进入乐学、愿学、会学的洞天境地。

九、书讲结合美

书讲结合美，是指漂亮的板书必须与幽默的语言、挥洒的教风有机结合；必须与跌宕的节奏、生动的内容相互匹配；必须与讲解的知识、教学的要点得当穿插；必须与教学的步骤、授课的进程相间适宜……只有如此，才会使板书更加光彩夺目，锦上添花；唯有如此，方能让学生记忆深刻，难以忘怀。

十、要素组成美

美的要素有内在美和形式美。形式美，即美的内容存在的方式。其主要法则有对称、均衡、比例、对比、多样、统一等。对称，分左右对称和辐射对称；均衡，指各部分之间等量而不等形、对等而不对称的组合关系；比例，指整体与局部、局部与局部之间的构成关系；对比，是把两种以上的要素排列起来，使其相互间的特质更加明显；多样，表示客体对象要素之间质和量的不同；统一，表示客体对象各要素按一定的法则组合在一起，和谐一致。

“异彩奇文相隐映，转侧看花花不定”。简明优美的板书，应直观形象、生动活泼、妙趣横生、含义无穷，能给人以美的感受，能帮助学生对所学内容加深理解、增强记忆。一幅优秀的板书应像一首诗、一幅画，使人形不绝于脑、色不绝于目、意不绝于思，令人百看不厌，让人浮想联翩，既有实用意义又有欣赏价值。

板书的整体要求

理想的板书应准确、精练、完整、系统，有重点地展示教学内容和主要特点，并能按课堂教学各个环节之间衔接，让学生了然于心。理想的板书绝非一蹴而就，而是教师在反复钻研教材和深刻理解教学内容的基础上，高度概括及巧妙构思、精心设计，并逐步提高、充实、完善的产物。

一、科学正确

板书，要正确而无错误、精确而不模糊、严密而无漏洞、精练而不冗赘，又要条理清晰、系统完整、层次分明、合乎逻辑，符合学生认知规律，展示概念之内涵、外延，同时要重点突出、脉络分明，大小标题书写规范，格式一致。演示例题步骤清楚、演算完善，所用字、词、数据和符号均准确无误。不能词不达意、语句不通、数据有误，更不能出现错字、错句或算错题、画错图。由此可培养科学严谨的治学态度。

二、周密计划

周密计划，是保证与提高板书质量的关键。不论是课前写好的小黑板、挂图，还是课上随时板书，都应做到计划周详。备课时应精心设计，合理安排板书的布局、内容顺序、画图位置及公式排列、图线次序、投影角度，以使版面的结构严谨、内容扼要、主次分明、完整统一。尤其是书写正板书时，切忌无计划、随意性，这里一个公式，那里一个标题，然后“见缝插针”；或写了擦，擦了写，东涂西抹，或随写随擦，乱写乱画。板书计划周密，应是一堂课不擦也够用，做到一堂课一黑板，版面满、课也完。这种板书，不再擦去重写，既避免吸入粉笔末，更主要是讲课结束后，给学生留下一个完整、美观的板书，看着黑板，就能看出这节课的重点内容和教学过程。复习时，对照笔记就能回忆、领会这节课的内容要点。

三、突出重点

在观察时，人们的眼睛对一幅画的左上象限总是先注意到，且观察频率最高，其次是左下象限，画面的右下象限是最低观察区域。根据人们观察力集中的特点，板书设计时，要把重点内容，一是安排在注意频率较高的左上部分；二是通过变异、对比、着色、放大、加粗等提示，把学生注意力引向重要信息；三是通过投影技术或鼠标指点突出重点内容。

四、精练系统

板书应是教材的提炼、概括、升华，应是内容的要点、要领、要诀，应是讲解的主旨、精髓、结论。板书不能片面追求细致、详尽和全面，而应概括性强，既精练又系统，提要挈领，甚至是几个词、一两句话，或一个公式、一个图形，该写的不少一字，无用的一字不多；否则，板书多了，往往使学生忙于笔记而影响听讲或思考，甚至造成“喧宾夺主”。因此，板书的内容可随着讲解顺序逐步展开，尤其是较复杂的机械设备图等，最好也照讲课顺序完成，讲画结合或运用教育技术恰当处理。

五、鲜明直观

板书的主要目的之一，就是加强直观性。所以，板书要清晰醒目，字迹要清楚，画图要工整，直线须直，圆弧须圆，实线须实，虚线须虚，字体的大小、画图的颜色要使坐在最后一排的学生都能看清。板书中的图形要形象逼真，有鲜明感、立体感、真实感，加深图线可先粗后细，先曲后直，先水平后垂斜，关键部位还可适当运用彩笔或圈注，以突出重点，引人注目，增加感知效果。

六、整洁美观

板书时，字体的规范、秀丽，画图的清晰、形象，布局的恢宏、和谐，版面的美观、整洁，既使学生印象深刻，又可缩短笔记的时间，也给学生以赏心悦目和美的感受；同时，体现教师的认真态度和功底。一般说来，定义、定理的主要内容，公式推导、定理证明及主要规律和理论，既应准确、整洁，也要考虑布局的美观性。无论板书的文字或图画都不可“龙飞凤舞”，潦草从事。若不考虑书写格式、端庄美观、版面整齐，既不便学生记录，又不宜做学生的典范，也不利培养学生严谨的学风、整洁的习惯。

七、启发深刻

板书应富有启发性，能使学生思维活跃起来，积极主动投入学习之中。板书内容与过程都要有助于诱引学生思考，发展学生思维，给以思索、回味、想象的余地；成为教材的解剖图，学习的思路网。板书设计应用精辟的语言展现教学内容的整体框架；板书内容要力求简明精当，含蓄隽永，言近旨远，留有“余味”；把教材作者的思路、教师讲解的思路和学生学习的思路有机结合起来，以启发学生沿“路”思索，“顺藤摸瓜”；使每一个短语、一条线段、一个符号，都有丰富的含义。这种以少胜多、画龙点睛的简洁板书，既有助于学生长时记忆，又有助于学生对教材内容进行深入思考和丰富联想。

八、讲究时机

板书时机应注意以下几点；一是先书后讲，适用于板书量较多或板书速度慢者，特别是一些精细图表，为不耽误课堂时间，可在课前将其轮廓先书画在小黑板上或事先制作成课件。二是先讲后书，适用于分析推理较详而凝练扼要者，或分析须一气呵成而只书写结论者，对某些抽象概念、原理、结论，也宜之。三是边讲边书，尤其用图表配合讲解的内容，如制图和机电类等课程，也适用于多数理论课内容，如公式推导，例题演算等。换一个角度说，具有启发性的教学内容，可书写在推理过程之前；知识结构比较复杂的教学内容，则宜边板书边讲解，以利学生把握主干、理清枝蔓；具有结论性的内容，应待瓜熟蒂落，书写在分析推理之后，以起画龙点睛之效。

九、揭示规律

板书，既体现教师讲解的思路，也展现教材内容的关联；既涉及文、理、工诸科，还囊括德、智、美诸育。所以，设计板书时，要注意内容在纵向和横向的关系；注意前后章节的衍生和因果关系，以揭示教材内容的内在联系和规律；注意展示纷繁复杂现象的本质与真谛；注意把整个课程或篇章的有关内容有机糅合为一体。

十、服务教学

板书是为教学服务的，要有利于学生对知识的理解和全面把握。从几个词语可揭示教学内容的内在联系，从几句话语可看出整个事件的发展顺序，从几个图形、几个符号、几个数字，可形象地说明诸多或一系列的问题。

概言之，板书要讲求精、巧、美。精，指精心设计，精选内容，精练文字；巧，指构思奇巧，内容精巧，出示时巧；美，指文字美、结构美、色彩美、图画美。板书又讲求色、香、味。色，指布局合理、字形美观、图画秀丽、色彩协调，在视觉上有一种美的感受；香，指圆满而生动地展示所旨，如行云流水、引人入胜，如清泉甘凉，沁人心脾，观之如痴如醉，犹达胜境之感；味，指内容充实、分析透辟、见解独到，让学生有一种言尽意不尽、出神入化之感。

板书的编排与使用艺术

板书，是一种无声语言，是综合运用讲授技巧和书写技巧的一门艺术。好的板书，应字体端正、图形规范、布局合理、层次分明，乃基本要求。其高层次要求，是能与教学内容有机结合、与教学方法相互匹配，成为教学内容的加工场所和展示园地，成为教学方法的体现和补充。因而，应充分利用板书易于形成视觉刺激、便于保留、易修易改的特点，编排出适当的板书形式，使之既系统完整、简明扼要，又生动形象、突出醒目，从而为讲授增色生辉。

一、书演于学字凝于要

作为教学过程外在形式的板书，与内在精神的教法之间的结合点是学科性质、教学内容。书演于学，指既要处理好板书与讲解的关系，又要处理好板书与时间的关系（时间多则多写少讲，时间少则多讲少写），还要处理好板书与可视的关系；即学科性质、教学内容和教学方法不同，其板书的简繁、书写的程序等均需相应变化。然而，有一点却是相同的，即任何板书都应该是凝练的，都应比讲授口述要少，使板书成为教学内容的集中概括和简约归纳，以洗练隽永的文字表达深邃的哲理和丰富的教学内容；换言之，它不是教学内容的实录，而是画龙点睛的启示。亦即，板书不应是教材的翻版，而应是教材的提炼、概括、升华；不应是教案的重复，而应是教案的要点、要领、要诀；不应是讲授的记录，而应是讲授的主旨、精髓、结论。教师要善于在有限的教学时间内利用有限的黑板空间把一节（次）课的内容表达出来，这就要求书写的文字要字字珠玑、句句锦绣，对版面的利用要方寸珍惜，坚持字凝于要的原则。在少而精的基础上，不同的课型和内容可有不等的板书量和不同的板书程序，形成不同的板书类型。

（一）主体板书型

概念阐述、原理讲解、公式推证、过程分析、结构解剖的板书是学生赖以接受教学内容的依托，是教师借以展现教学内容的解剖图。因此，板书作为教学手段的主体，应有相对的条理性和要点性。避免只书不讲的哑剧式板书，宜放缓语速，书讲同步，使学生不必观看黑板便可同步记录，并在看中思、思中听。

（二）辅助板书型

在操作课、实验课、习题课、讨论课、复习课中，板书只作为辅助教学手段，用于书写课题名称、实施步骤、操作方法、要领口诀等，为学生提供一个启发与参考的备忘录。较多的时间则用于操作、演示、练习、讨论、质疑、阅读等学生的自主性活动。这类课型在职业技术教育的教学中更具有举足轻重的地位。其板书程序是：①先书后做，适用于不能中断的操作或有严格连续操作程序的课题；②书做相间，适用于后续操作要由前导操作而定的内容；③先做后书，适用于要求从实验、操作、练习、讨论中总结要点或分析实验现象的课型。

（三）预制板书型

有的画图或内容，宜在课前用小黑板书写绘制，或制作成投影、挂图、字幕、幻灯片或课件等，即预制板书。这种板书，多用于需较详图形配合的专业技术课及实验、操作、训练等实践教学。这种板书，出示应适时：出示过早则影响听课，出示过晚则降低作用。提示性板书，应放在讲解之前出示；结论性板书，应放在推理之后出示；讲解性板书，应放在讲解之时出示。

（四）即兴板书型

由于教学是个动态过程，教师常常依据即时需要作出附加解释，有时也因兴之所至而即兴发挥，这种“计划外”的临时板书，通常是书写在副板书区域。如果遇有相当重要者，也可纳入主板书的框架中，但应加以控制，不宜过多。

二、寓理于形寓动于静

板书不仅要注重内容设计，还可在醒目、美观、形象上下功夫。形象，是指将抽象内容的文字板书甚至教师的情感用鲜艳的色彩、特殊的符号予以标注、图示、表解而逼真地表达出来，即寓理于形、寓情于形、寓动于静。这种无形事物的有形化方法，不但可大大减少文字板书量，还可刺激右脑辅助左脑完成逻辑思维。这种有形化符号系统是一种有待大力开发的特殊教学语言。其具体做法如下。

（一）寓理于形

理论性的内容，特别是理、工、医类学科的内容，无非是事物的本质及事物间关系的表述、事物发展变化过程的描绘分析，多数可以有形化，如示意图、结构图、部件图、解剖图等。事物关系有形化的另一常用方法是列表，用来对类似的事物进行归纳对比。此法使用较为普遍，不再赘述。

（二）寓情于形

在文字板书中，有时利用某些特殊符号或鲜艳色彩的视觉强刺激作用，来表达教师的提示、警告、赞赏等意韵浓郁的丰腴情感。例如，常用"~""*"等彩色符号来标示重点，或直接用红、黄、绿等鲜艳彩色笔书写警句、关键词、精辟论断等，以醒目地表达教师的提示；而画得较大的"√"和"×"及"？？？"和"！！！"等带有强烈情感刺激的符号评价、警示、告诫、赞赏。这类带有个人教学风格的特殊符号，寓情于形，不仅胜过大量的语言，而且可表示不便明言的事理。但应是理之所至、情之所至，切忌滥用。

（三）寓动于静

有形化的另一主要方面是对事物发展变化过程的图示。如装置的动作过程、电路的瞬变过程、理化作用过程、生理变化过程、社会发展过程、经济活动过程……均有一定的动因和结果，有一定生成条件及消长趋势。这些，都可用约定俗成、易于理解的符号系统图示出来，再加以分析解释，有利于学生理解和记忆。在此，需要大段板书文字描述的复杂动态过程，可被简洁、形象地寓意于静止的图形之中。

三、繁图简绘先主后辅

通常，对有形事物的图形板书可临堂绘制，但须将图形的绘制过程变为教学过程，做到边绘制、边讲解、边启发，从而形成新的程序和教法。

（一）繁图简绘

对于某些复杂装置，可先绘制一个简略的原理性框图，以简代繁阐明基本原理；然后在此基础上（不是重画）依据功能需要增删修改，逐步完善全图。这种由浅入深、由简至繁、循序渐进的板书方法，既便于学生理解、记忆和体会整体设计中的演变过程，又使学生学到设计的思路和方法，还可启发学生的积极思考、主动探索。

（二）先主后辅

有结构复杂之设备或某些图形，不便于或课时不允许先讲简图后讲全图，只能直接讲解全图。此时最好也做临堂绘制，但应从核心单元或主要部件开始绘制（或出示主要部件的预制板书），逐步添加辅助单元，先主后辅地构成全图。先主后辅，旨在将学生的注意力直接引向核心单元，抓住主要环节。在此过程中，教师要逐步引导、揭示、提问或设问，让学生随着教师指导逐一辨识分析，使构图过程变为教学过程。这样，有利于学生对各部件间主次关系的认识，也起到分散难点的作用。

（三）引导探索

在绘图时还可有意遗漏、错置、空缺某一部分，造成不完善甚至不合理格局，意在设疑，让学生去识别、发现、思考、改正，使学生的观察与思考更具有明确针对性，为引出新课埋下伏线。利用板书图形易于涂改的优点，在讲解装置原理、分析部件功能、显示故障状态等方面，可弥补单纯实物教学之不足。

理想的板书，是一种智能的示范、艺术的展现；艺术的板书，是文字洗练、珠玉纷陈、编排有序、重点突出、层次清漪、篇幅紧凑、书写工整、图示清晰的集成。是反映教师的知识水平、教学经验和教学能力的标尺，是教师表达思想、传授知识、指点技能和进行示范的有效手段或重要方式之一。最好做到讲课结束时，内容的要点和结论能比较完整地留在黑板上，以便学生对这堂课有个提纲挈领的明确认识。

板书的具体要求

板书是教学中使用的一种主要教学媒体，板书艺术则是教学艺术的有机组成部分。苏联著名教育家加里宁说："教育事业不仅是科学事业，而且是艺术事业。"成功的教学是高度科学性和精湛艺术性之有机结合的结果。对板书的总要求是为教学服务，应做到简洁扼要，完备美观，有启发性，抓住时机。

一、书写技巧

板书应注意书写技巧：①书写姿势——书写姿势一般采用侧身书写，用右手从左到右或从上到下书写时，不让自己身体遮挡学生视线；②字号大小——板书字号的大小直接关系到教学效果。字号太大，影响板面的利用率；太小，学生看不清，失去板书的作用。一般说，字号的大小以后排学生能看清为标准；③字体形式——字体的使用要注意适应学生特点分别采取楷、行、草等字，并做到正确、清晰、认真。

二、板位安排

板位安排就像规划报纸的版面一样，精心设计，严谨布局，决不可满板乱画，使板书杂乱无章。①充分利用——充分利用黑板的有效面积，应做到三点：一是四周空间适当；二是分片书写；三是字距适当。②布局合理——板位安排，应注意整体效果，合理布局。哪部分在左，哪部分在右，哪部分位上，哪部分位下，须有一个全局安排，使之位次适当，措置有序，编排合理，给人以整体美感。一般来说，应将板面分出若干区域，比如标题区、推演区、绘图区、便写区等。标题区比较重要，需要学生注意和记录，通常位于左侧上边，字写得比较庄重、醒目；推演区因内容较多，又要随写随擦，所以应单辟一区，以左右之中为宜；绘图区不一定太死，可根据图的多少和难易而定；便写区是处理临时情况用的，通常靠右，以免干扰其他区。③主次分明——在板位安排上，不可主次不分，平面直推。应准确把板书内容的主次在板位安排上体现出来，以使学生明确重点，便于理解和记录。需要分层次时，应正确使用层次序号。

三、板书行列

板书时大都站立面壁或侧身而写，最常见毛病是字行写不直，偏上或偏下，甚者曲曲弯弯，很不整齐、不美观，既影响学生观察，也不便板面充分利用。①行列不直主因——一是意识的错位，主要表现为：意识范围狭窄和意识分散；习惯动作的偏差；视区的狭小。②如何使行列写直——一是让自主意识参与调节；二是养成正确的书写习惯；三是不断调整和正确使用最佳书写区。③书写时需要移步——最佳书写区的宽度只有在视平线上最大，距视平线越远，其宽度愈窄。书写时，在视平线上每行最多只能写 8 个字。超过 8 个字就应移动脚步，移动时两脚距离仍保持不变。在视平线之外，每写 6 个字就要换一次。以此类推，视平线之外三行，则每写 4 个字需换步一次……有经验的教师在板书时，很注意时时换步，使自己始终在最佳书写区内书写，动作准确合理，有条不紊，明显带有程式化的特点，这正是教师应具备的基本功。

四、内容构成

板书内容构成，直接影响板书质量和教学效果。因此，应对板书内容进行精心设计，使其达到科学、精炼、好懂、易记的要求。每堂课的板书内容设计，都应根据教材内容、教师设计技巧和学生适应程度而定，难以做统一的规定。因为即使同一教学内容，不同的教师、不同的对象，可以设计出不同的板书内容构成。通常，系统性板书内容的构成形式有以下四种。①内容式板书——以全面概括课文内容为主的板书。它便于学生全面理解课文内容，是板书内容构成的基本形式。②强调式板书——以发挥某种强调作用的板书。这种形式的板书可根据需要，灵活机动地突出课文的某一部分或某种思想，增强针对性，以使学生把握学习重点。③设问式板书——用问号启发学生思考问题的板书。这种板书可根据教学目标、要求，在课题的难点或重点下边引而不发地划上一个或几个问号，并配上必要的文字提示，以指导学生注意阅读和思考。④序列式板书——按内容发展的序列构设板书内容的板书。这种板书能比较清晰地显示内容轮廓，使学生对内容有完整印象，并领会其脉络。

五、内容设计

板书内容应根据课程标准和教学目标及学生的接受能力，采取不同的设计方法。常用的有以下四种。①内容再现法——浓缩、再现原文内容的设计方法，是一种常用的方法。②逻辑追踪法——根据课文本身的内在逻辑性和系统性设计板书内容的方法。用该方法设计板书，有利于培养学生分析问题的能力。③推论法——层层推理设计板书内容的方法。这种方法可经推理，得出结论，比较清晰地反映论证过程。④思路展开法——根据课文内容，通过联想、假设进一步扩展课文思路的设计板书内容的方法。

六、板书造型

造型，是对一堂课的板书内容进行的布局安排。造型好的板书，不仅可以使板书美观、和谐，产生一种整体感，而且还可更加充分地表达板书的思想内容。常见的板书造型有对称型、偏正型、自由型三种。

（一）对称型

对称型是指上下或左右内容文字对称、不偏正的板书造型。这种布局法常用于以对比或类比的课程，其特点在于能够通过两方面内容的比较，使其相同处与不同处凸显出来，从而给学生以鲜明深刻的印象。①单轴对称——以一条有形或无形的横线或竖线为对称轴，使板书的内容上下对称或左右对称。②双轴对称——以横竖两条成垂直的线条为对称轴，使板书上下左右四个部分的内容都相互对称。③综合对称——是将众多的内容和各种符号排列得处处对称，一般用于板书内容较多的课程。这种对称形式是将板书中众多的内容和各种示意符号排列得疏密合理而对称，给人一种多而不乱、井井有条、处处对称的美感。④字数对称——字数相等的板书造型。⑤字距对称——用调整字距的方法使板书对称的造型。⑥外框对称——用加外框的方法使板书对称的造型。

（二）偏正型

偏正型是指非对称的板书造型。这种布局安排依教材内容自然成型，显得生动活泼，有自然天成之美，能给人以明显的印象，便于设计和记录。常见的有四种：①张翼型——犹如飞鸟张开一对翅膀一样的板书造型，其特点在于能条理清楚地综合概括课文内容、文章结构或课文重点；②雁行型——犹如鸿雁飞翔时排着的行列一样的板书造型；③阶梯型——为了表现课文一层深过一层的内容，把词句单独提出来，排列得像阶梯一样的板书造型；④折线型——用不在一条直线上的顺次首尾相连的若干直线段所组成的线，来体现板书内容的一种造型样式。

（三）自由型

自由型系指板书造型不受条条框框的限制，自由活泼。常见的有辐射型和波浪型两种。

七、注意事项

板书是引导学生思路发展的内容，是引导学生由形象思维向抽象思维过渡的内容。是引发学生产生联想、便于记忆的内容，如对课业结构的提炼等。要注意做好以下几个方面。①掌握情况，有的放矢——掌握学生动态，了解其知识水平和接受能力。不然，设计出的板书就不会发挥很好的作用，勉强使用也不会得到好效果。②深挖教材，把握重点——板书是学生掌握教材的凭借，巩固知识的依据。因此，教师的板书设计应在十分准确地掌握教材基本观点的基础上进行。要力求向更深层次奋力挖掘，使认识达到更高层次。设计应遵循教材的逻辑顺序，紧紧把握教学内容的重点和难点。③讲写结合，相得益彰——内容设计须与讲解紧密结合。课堂的板书只是条条框框，与教师的讲解是纲与目的关系。因此板书的内容不可能很多，这就要求教师在进行内容设计时，应与讲述内容通盘考虑，写哪些内容，什么时机写，写在什么位置都应做周密合理地安排，使板书与讲解互相协调，相得益彰。④主辅相随，紧密结合——系统性板书与辅助性板书应紧密结合。前者，是板书的主体；后者，为系统性板书奠定基础。二者相辅相成，密切结合才能收到好的效果。⑤语言准确，启发性强——教师板书的语言要确切、精当、言简意明、一目了然，给人以凝练之感，能起到“画龙点睛”、指点引路的作用。⑥内容完整，条理系统——有些板书虽在授课过程中不规则地间隔出现，但最后要形成一个整体。一堂课的板书，应是对该堂课讲述内容的浓缩，内容应完整系统，以便学生在课后利用板书的章、节、目、条、款进行归纳小结，收到再现知识、加深理解、强化记忆的效果。

八、几点要求

板书与语言讲解有机结合才能较好地传递教学信息。①内容上——板书应用词准确，体现科学性。在教学中，板书是间隔地呈现，但最后要形成一个整体。板书要易懂，引人深思，不能由于疏忽造成意思混乱或错误。因此，板书用词要恰当，语句准确，图表规范、线条整齐。②层次上——板书应条理清楚、重点突出，具有较强的层次性、逻辑性和连贯性。板书设计须反映这一特点。③布局上——板书应合理、有计划性。为此，教师课前应根据教学要求，确定好板书内容，规划好板书格式，预设好板书位置。在教学过程中，才能有条不紊地按计划进行，准确而灵活地加以运用。④方式上——书写规范、准确、有示范性。板书要工整，须遵循汉字的书写规律，做到书写规范、准确，不写自造简化字。板书除传授知识外，还能引导和训练学生养成良好书写习惯。⑤形式上——板书表现方式多样、有趣味性。好的板书设计会给学生留下鲜明深刻的印象，形成理解、回忆知识的线索。在课堂教学中，教师应该根据教学具体内容和学生思维的特点，运用好板书。

总之，备课时应十分注意把握重点，采取恰当的方法解决难点，突出特点，在此基础上再设计板书的内容。只有这样，才能设计出高质量的板书。

第十章　启发与提问

教育的本质不仅是外在指导和传输，而且更重于心灵唤醒和启迪。对学生应进行必要的“教”育，更应实施艺术的“启”育。实行启发式教学，对培养学生的自觉思维、独立思维、创新思维及提高教育教学质量等具有重要与深远的意义。

启发式教学，在我国教育思想史上源远流长，并不断丰富与发展。追溯历史，在春秋末期孔子就提出“不愤不启，不悱不发”，开启启发式教学之先河。宋代朱熹解释说：“愤者，心求通而未得之意；悱者，口欲言而未能之貌。启，谓开其意；发，谓达其辞。”《学记》中提出“道而弗牵，强而弗抑，开而弗达”，进一步阐发了启发式教学的思想，即启发学生、引导学生，但并非硬牵着他们在学习道路上行走；严格要求学生，但却不滥施压力；指明学习的路径，而非越俎代庖，是依据学习过程的客观规律，引导学生主动、积极地掌握知识与技能的教学方法。确切地说，启发并非是一个具体的教学方法，而是一条重要的教学原则或教学指导思想。启发式，不是简单的问答式，而是给学生提出一定的 “问题情境”，使他们不能单纯利用已有知识和习惯方法去解决，这时就会激发学生思维的积极性和求知的需要。上述的“不愤不启，不悱不发”，就是在学生对所要解决的问题有了心求通、口欲言时才去启发。教师应积极创造这种“愤”和“悱”的情境。至今，启发式仍光彩夺目，为众人推崇。讲授，是启发式还是注入式，要看能否诱其思而后悟，能否造成学习过程的心理矛盾，达到“心愤”和“口悱”的境界。

提问，具有启发因素，仅是启发的一种形式，是教师根据学生已有或临界或前沿知识水平，提出问题，引其思考，通过师生对话得出结论，使学生形成观点或概念的一种教学方法。提问的类型：封闭式——答案是唯一的，是有限制的，是在提问时给对方一个框架，让对方只能在框架里选择回答。开放式——答案是多样的，没有限制、没有框架，可让对方自由发挥。提问的形式：一是提问，即经过周密准备，提出与学生知识基础和接受能力相适应的问题，启发学生思考回答；二是设问，即把讲授内容组成一连串的问题，以设问的方式展开，然后自我解答；三是疑问，即用怀疑、不肯定的口气提出问题，设置疑团，使学生觉得存有矛盾，然后再摆事实，讲道理，引证事例，得出结论；四是反问，即对于学生提出的问题，不从正面给予解答，而是从侧面进行反问，暗示获取结论的途径，或启发学生产生联想，诱导学生寻求答案。提问，要注意目的、内容、对象，要讲究时机、情境、技巧。

提问的原则：①精细设计——问题的难易度，应以多数学生需要经过一番思考后，才能正确作答为宜。②了解学生——要估计哪些学生能正确回答；哪些学生经过提示、帮助之后才能正确回答；哪些学生回答确有困难。学生在回答问题时，可能会出现什么样的错误答案。（不定因素很多，尽量考虑周全）③正确引导——教师要敏锐地捕捉学生不确定的表述，并及时加以纠正。对于答案思维方法的欠缺和错误，要予以引导和启发，帮助学生归纳、总结，形成正确答案。④选对学生——教师提出问题后，要注意观察学生表情，选择不同层次的学生回答。要注意照顾学习有难度的学生。⑤面向全体——提问的内容要尽量照顾全体学生，让多数学生有回答问题的机会。⑥端正态度——严禁利用提问，故意难为学生，或者变相惩罚学生。

“不思，故有惑；不求，故无得；不问，故不知。”学生对教师或教学提出的不同问题越多，越说明教师教之有道，启发得方；教师不能回答的问题越多，说明学生对学习的探究越有深度。苏霍姆林斯基说：“孩子提出的问题越多，那么他在童年早期认识周围的东西也就愈多，在学校中越聪明，眼睛愈明，记忆力愈敏锐。要培养自己孩子的智力，那你就得教给他思考。”

启发式的特点　功能　层次　要求

启发式，是教师根据教学任务和学习的客观规律，从学生实际出发，采用多种方式，以引发学生的思维为核心，调动学生的学习主动性和积极性，是促使他们生动活泼地学习的一种教学指导思想。从传统教育到现代教育，教学方法的指导思想不外乎两种：注入式和启发式。前者，教学思想从主观意愿出发，不考虑学生实际，片面将学生的主体地位予以忽视，将学生视为被动接受知识的“容器”，任凭教师进行知识灌输和机械训练。因而，教学方法单调、保守、死板。后者，与前者有诸多不同。

一、启发式的涵义

有人认为启发式是苏格拉底的发明，其实是早于苏格拉底82年的孔子的发明。他提出：“不愤不启，不悱不发。”所谓“不愤不启”，即当学生还没有搞通问题时，教师要给予适时指导，帮助其开启思路；所谓“不悱不发”，即当学生对问题尚未考虑成熟难以表达时，教师要帮助学生明确思路，用准确的语言表达出来。启发式的基本涵义，“启”是指教师创设一个能激发学生正确动机、热烈情绪、主动感知、积极想象及创造性思维之情境的过程，是要充分体现学生在教学过程中的主体地位，调动学生的主观能动性，提供或预设给学生思考空间，激发他们独立思考、生动活泼地进行学习；是根据不同教学内容、不同学生情况，引导他们主动学习，多思、善问、认真钻研；是注意学生反应，因势利导地把他们的积极性引向教学要求；“发”是指学生发生求知欲望、积极认知的活动过程，是引导学生从已知中自己寻找、概括出应有的规律、原则，从而举一反三、触类旁通地去寻找和探索更多的知识。启发式的目的在于充分调动学生学习的自觉性和主动性，诱发学生去发现、领会和感悟知识的规律性。教师要采用多种教学手段和方式，激发学生的学习需要与动机，培养其学习兴趣、求知欲、好奇心，从而调动其全部智力因素和非智力因素的积极投入，独立思考、主动探索、发现问题、分析问题和解决问题。

二、启发式的特点

启发式注重启迪思想，通过独立思考解答问题，与灌输相比有事半功倍之效，即“授人以鱼，不如授人以渔”。“授人以鱼，只供一饭之需；授人以渔，则能终身受用而无穷”。①教学目标不同——突出思维：启发式教学，至少要包含知识、技能、情感思维等诸多内容的目标，培养学生主动获取知识信息、发现问题、分析问题和解决问题的能力。②教学实施不同——深化内容：启发式教学是知识内容与过程方法一体化而非彼此游离的活动，情感因素更是蕴含其中。启发式教学，是依据教学目标设计出带有一定梯度和挑战性的思考，引导学生动脑、动口、动手分析问题，深刻领会，促使学生主动内化的学习。③教师角色不同——咨询指引：启发式教学中，教师角色是知识的传授者、咨询者、促进者和指引者，是学生潜能的开发者。强调激发学生内在学习动力与学习责任感相结合。强调系统知识的学习与智力充分发展相结合。④学生角色不同——主动探索：启发式教学中，学生是学习的主动探索者，不再是教材知识的生吞活剥者，而是教材内容的主要分析、理解和消化者，是获取信息知识的主动者，在主动探索中增长学习智慧，使思维能力、分析能力和解决问题能力逐步提升。强调理论与实践练习，实现书本知识与直接经验相结合。⑤教与学的互动——教学相长：启发式教学中，“启”与“发”是相生相长，教与学相互依赖、相互促进的教学统一体。教师与学生是教学智慧的共同创造者，是知识与智慧共生共长的过程。概言之，强调教师主导作用与学生积极性相结合，强调系统知识的学习与学生智力的充分发展相结合，强调激发学生内在学习动力与学习责任感相结合，强调理论与实践练习相结合，强调书本知识与直接经验相结合。

三、启发式的功能

在教学中教师适时的点拨与启发，会使学生学习热情长盛不衰，充分调动学习的积极性、主动性，进行独立思考，巩固所学知识，收到举一反三、触类旁通的效果，是促进学生终身学习和持续发展的不竭动力。启发式，像盏明灯，指示着学生思考的航道；像束火炬，点燃着学生探求的热情；有魅力，引诱着学生学习的兴趣；是动力，激发着学生思维的创新。是提高教学质量的加速器，给学生以智能和创新的力量。启发式的实质在于“激活思想”，诱导学生积极思考、深刻思考，进行发散思维、求异思维和创新思维。从根本上讲，启发式早已不再是一种单一、具体的教学方法，而是研究和运用各种教学方法，建立教学方法体系的一条基本原则，即任何教学方法的研究和运用都必须遵循的指导思想。因此，无论是理论性教学还是实践性教学，均应以启发式思想指导整个教学过程，即在教学方法运用上均应含有启发性，符合启发式的要求。启发的好处在于能培养学生勇于发现问题、善于思考问题、独立解决问题的能力。

四、启发式的层次

根据启发的深度、坡度与要求，可将启发的实施分为三个层次：第一层次，是指千方百计地激发学生学习兴趣，使他们产生对学习的主动性、积极性，进行感性思维；第二层次，是指想方设法地引导、鼓励学生独立思考、进行联想，进行理性思维；第三层次，是指千方百计地引导学生举一反三、触类旁通，有所悟、有所发现、积极探索，进行创造性思维。以上三个层次，只是从其侧重点而言，不能截然分开，而是相互渗透的。从空间角度看启发的层次，也分三个层次：宏观层次，即原理层面，体现教学思想原则；中观层次，即方法层面，体现教学方法的指导思想；微观层次，即技巧层面，体现了教学技巧。

五、启发式的重点

教学，不是倒满一桶水，而是点燃一堆火。教学乃情感的撞击、心灵的叩问，使每个学生心里都有一根神秘的琴弦，随时准备和教师产生共鸣。启发的重点在于通过教师的善于含蓄、长于激发和妙于点拨，使师生思维共振、情感共鸣、心灵沟通，进而对学生引发兴趣丛生、诱导质疑问难、激励积极思考、点化思维方向、指引举一反三、培养探索精神。

六、启发式的优势

启发，既能突出学生学习的主体地位，又能培养学生独立思考能力，提高动脑、动口、动手的综合能力；还是师生的和谐互动，“启”与“发”共生，真正实现教学相长。启发式教学优势十分明显，在求知过程中，学生思维活跃，学习心情愉悦，情感得到激发，学习实践能力得到提高，学习智慧得到增长。

七、启发式的实质

当今，很多教学法中的许多创造和见解，都同启发式的要求相关联。其实质是引导思考，以分析与解决问题，鼓励积极思维，提出自己的见解。

八、启发式的要求

启发式，是以体现学生主体性为特征的教学方式。其核心是拓展思路，激活思维，通过“思维共振，情感共鸣”激发独立思考和创新意识，使其积极、主动、创新地学习。所以，能否及如何实行启发式，应有评定标准。总的来说是看教学效果，具体说有如下要求。

（一）深入了解学生

知人乃教人的前提，只有知人，才能善教。要有计划地了解学生的学习思想、学习方法、知识基础、接受能力和兴趣爱好，以作为启发式教学的基础。只有这样才能把握教学的起点，由浅入深、由近及远地组织教学活动，进而把握主要问题，进行适时、恰当的启发。

（二）启发主动学习

调动学生学习的主动性是实行启发式教学的首要问题。学生学习的主动性与许多因素有关，教师要善于克服消极因素，发挥积极因素，使学生的好奇心发展为求知欲，直接使兴趣上升为远大目标。为此，必须根据教材内容和学生特点，采取不同方法，发展学生兴趣，帮助学生确立学习目标，树立高度的学习责任感，培养认真好学的态度，变被动学习为主动学习。

（三）善于提出问题

教师要善于提出富于思考性的疑问，以迅速集中学生注意力，激发学生思维。提问时，内容难易要适度：太易，学生思之无味；太难，学生思之无从。只有稍高于学生实际水平，才能有效促进学生思维发展。要多提“为什么”之问，少提“是不是”之问。

（四）注重启发时机

进行教学时，在什么情况、什么时候施以“启发”，要看是否具备了那种使学生能够接受“启发”的时机及“启发”所需的那种“愤”与“悱”的心理状态。“不愤不启，不悱不发”。学生没有“心求通”的心理追求，没有“口欲言”的积极渴望，是不能硬性去启发的。教学是一项艺术活动，是一个不断创造“愤”“悱”，适应“愤”“悱”，跨越“愤”“悱”的艺术过程。

（五）讲究因材施教

在深入了解学生和熟悉教材内容的基础上，进行启发教学时，要注意因材施教、有的放矢，即讲究启发的针对性：一是注意不同年龄层次、心理特征；二是注意不同性格、气质、特点；三是注意不同兴趣、爱好、特长；四是注意不同教学目标、内容、要求；五是注意不同知识水平、接受能力、智力差异等。

（六）防止包办代替

教师不应把教材完全嚼烂，喂给学生。不能以教师的语言代替学生的语言，以教师的思维代替学生的思维，以教师的认识结果取代学生的认识结果。而应给学生留有思考余地，给以动脑、动口及动手的机会；要善于引导、鼓励学生的创造精神；要生动形象地引起学生浓厚的学习兴趣，不断启发其思维活动。

（七）教会学生学习

“教学，就是教学生学”。教师教给学生知识的数量终究是有限的，而教会学生学习方法，让他们自己打开知识宝库，则能使之终身受益。因而应随时指导学生如何学习，如引导学生学会预习教材知识、掌握学习要点、学会自我评价、纠正学习偏差、怎样进行审题、怎样确定解题步骤及怎样进行检查和验证等。其中，尤应教给学生如何发现问题、提出问题，知晓“会问问题，会解问题，才是会学习”。同时，要注重培养学生的自学能力，启发学生理解学习过程及掌握多种学习方法。

（八）做到不断鼓励

启发式教学是“教”与“学”的双边活动，是师生思维同步、相互配合。因而，除教师要想方设法对学生进行引导、点拨、暗示外，学生可沿着教师指引的轨迹展开积极的思维活动。对于思维敏捷、深刻的学生，应及时予以肯定；对于“标新立异”的发问与回答，无论正确与否均应予以鼓励；对有独特见解的学生更应予以表扬。

（九）发扬教学民主

发扬教学民主与进行启发教学相辅相成。教学民主有利于实行启发，实行启发又需要教学民主。在教学过程中，教师要鼓励学生：要大胆提出问题，陈述不同见解；要让学生开动脑筋，积极发言，使课堂气氛既紧张又活跃。只有这样，启发式教学才能获得完美效果。

（十）贯穿教学始终

无论是激发学生的学习动机，还是引导他们对教材内容的感知、理解、巩固和运用，即从课始到课终都应运用启发式充分调动学生学习积极性，促使他们开动脑筋认真思考，发现、分析、解决问题。如果教师在某一环节忽视了对学生的启发诱导，或者包办代替了学生的学习行为，便会影响学生思维活动，阻碍学生智力发展，从而降低教和学的效果。

在实行启发教学的过程中还要注意三点：不要只把学生的大脑当做储藏室，而要当做加工厂；不要只把知识当做现成的猎物给予学生，还要把猎取知识的武器给予学生；不仅让学生知道这是什么，应当怎样，还要让学生晓得其中原因，即为什么要这样。

启发式教学的方式

启发式教学就是学生在教师的启发诱导下，主动获取知识、发展智能、陶冶个性，形成完美人格的过程。“启”是教师的活动，“发”是学生的活动；“启”是“发”的前提，“发”是“启”的内因。教师要善于充分利用教材本身的有利因素，精心构思，巧于设计，不断创设各种探索求知的情境，启发学生的学习兴趣及求知欲，使他们不断发现“新大陆”、“新境界”。启发式作为一切教学方法的重要原则或指导思想，其方式主要有如下几种。

一、对比启发

对比，是将两个截然不同但又相互联系或相反相成的事物进行比较。对比是揭示研究对象貌同质异的思维方式，在对比中发现个性，总结各自特点。有比较才有鉴别，有鉴别才能认识一事物与另一事物的异同点，才能更好地透过现象揭示实质，掌握事物的本质属性。在教学中，生动地进行新旧、正反、大小等的对比，同中找异，异中寻同，能给学生以鲜明的印象、广泛的思考和深刻的记忆。

二、类比启发

类比，是把具有某种共同属性的两类或几类事物比较、对照。类比是寻求研究对象貌异质同的思维方式，在类比中发现共性，概括出相同点。类比，能启发学生多方位探求，使思维发散出去；能扩大学生的想象空间，使思维活跃善变。此法常用于对特征相似或类同的概念、原理、规律等的比较。在教学中，引导学生将新概念、新内容、新问题与有关的概念、内容和问题进行比较，或者将并列概念、近似概念、易混概念进行比较，或者对条件相似、形式相似、猜想结论相似、解决途径相似者进行比较，找出差异，从而产生积极的思维活动。

三、分析启发

分析，是从命题的结论出发，提出一系列“欲证此，先证彼”来引导学生思考，一直追溯到命题的条件。此法常用于讲解习题和证明定理或公理之前，犹如饶有兴趣地析其豹斑，管窥生活的万花筒，有利于培养学生的逻辑思维能力。

四、归纳启发

归纳，是由一系列具体的事实概括出一般原理。在教学中通过练习或实验，由对教学内容若干特征的研究，使学生发生积极的认知活动，通过对比、联想、分析、综合，找出共同点，产生对一般情况的认识，从而掌握其法则、原理，发现其规律。这种启发有助于培养学生的抽象思维能力和概括综合能力。

五、演绎启发

演绎，是由一般原理推出关于特殊情况下的结论。在教学中，引导学生根据已获得某类事物的一般性认识去寻求这类事物中某些新的个别事物。这种启发常在讲解抽象概念、规律运用和重要结论时使用，有利于培养学生发现问题和分析问题的能力。

六、比喻启发

比喻，是用某些有类似点的事物来比拟想要说的另一事物，以便表达得更生动鲜明。在教学中，对较抽象、复杂、深奥难懂的内容，采选现实生活、生产中的具体事例进行恰当、贴切而又形象的比喻，启发学生进行联想，不仅能使抽象问题具体化，复杂问题简单化，深奥问题浅显化，模糊问题鲜明化，而且能使学生产生兴奋和好奇的心理，展开想象的翅膀，产生主动、积极的认知过程。

七、直觉启发

直觉，是未经充分逻辑推理的直观，但它是以已经获得的知识和积累的经验为依据的。在教学过程中，引导学生观察实物、模型和挂图，或通过实验、演示和模拟，或通过幻灯、影视、录像和多媒体，或通过观察、参观和访问等，使教学具有真情实感，把学生思维带入预定的教学情境之中，可激起学生强烈的求知欲，并能引导学生经过思考，进行分析，产生联想。

八、暗示启发

暗示，是一种高层次的启发。人的学习活动是显意识与潜意识交织的心理活动。由于潜意识并不服从于显意识思维，所以这种激发、诱导只能通过暗示作用于潜意识来实现。暗示实际上是对潜意识的启发。这种启发就其激发学生思维、提高学习效率、发展学习主动性、创造性的宗旨和效果而言，与对显意识的启发有异曲同工之妙。按照暗示教学的基本原则，教学不应有紧张气氛，学生应在愉快、轻松、心理集中的状态下学习，使他们在完成学习任务时，并不感到疲倦。所以，这种启发，可使学生体验到学习的乐趣，充满内心的自由感，从而诱使教学过程向自学过程转化。

九、授课启发

授课启发式，是启发式教学的中心环节，是把观察到的感性知识提高到理性认知的第一步。教师要充分发挥主导作用，根据每个章节或单元及学生需要掌握的知识和技能，特别是可能存在的难点和疑点，有线索、有重点地进行启发式的讲授，以使学生既能在课堂上接受生动的知识教育，又能启发他们举一反三，进行后续的自学、思考和讨论。

十、讨论启发

讨论启发式，是激发学生独立思考和创新意识，提高分析和解决实际问题能力的最活跃和生动的环节，也是教师最难掌握的教学环节。所以教师应做好充分准备，依照“规律→影响→对策→应用”这一主线索，认真考虑引导学生争鸣的思路和应获得的预期效果。在此前提下，要因势利导地主持整个讨论过程。在讨论中要注意因材施教地启发引导，既要培养学习尖子作为发言骨干，又要引导学习较困难者一同参加讨论，对学习较被动的学生也要随时提问，以调动众多学生学习的积极性。需特别强调的是，讨论结束后教师要根据讨论情况，尤其要对学生的学习难点和疑点实时地做必要的归纳和总结，以把学生的认识水平系统地提高。

启发式教学的方式多种多样，除上述十种外，还有设问启发式、析疑启发式、事例启发式、综合启发式、抽象启发式等。只要根据教学实际需要对这些启发方式交叉组合、灵活运用，就能达到最佳启发效果。种种启发式皆指教师在教学过程中，根据教学任务和学习的客观规律，从学生实际情况出发，采用适当或相应的启发方式，以启发学生思维发展为核心，调动他们学习的主动性、积极性和创造性。

启发式的种种体现

启发式，从古至今都是我国教育思想的瑰宝，是现代教学方法的灵魂，也是中外各国都推崇的一个成功的教学原则。启发式，可让学生爱学、会学、好学，获得终身学习的能力。灵活多样的启发式，能创设愉悦的氛围，引起学生的兴趣，把课堂变为乐学的天地，使之真正成为学习的主人。“启”与“发”将“教”与“学”有机联系起来，并使其体现方式多种，意义多重。启发式教学，能启迪学生思维，充分调动他们的学习积极性，从而获取真知。在某些问题、疑难面前，或迷惑不解，或陷入沉思，或若有所悟……对学生的启发绝不只限于知识与技能，而是多方面、多角度、多层次的。这里所谓启发式的种种体现，并非就启发式本身，而是就教师的责任和教学目标而言。

一、励其志

“为学须先立志”，有志者事竟成。志，是智力发展的精神动力，是提升学习质量的精神支柱。所以，应有意识地介绍一些科学家的成长史及其为真理、为人类进步事业而献身的高尚品德，以诱发学生的雄心壮志。

二、激其情

“感人心者，莫先乎情”。情，是智力发展的翅膀，是提升情商的助力。所以，教师应在亲切、融洽、和谐的气氛中进行教学，引起学生愉快的情感体验，使师生间情感共鸣，以产生追求真理的同频共振。同时，情节记忆，实际上是利用记忆的实际情节、场景来增进学生大脑对词汇或句型的“编码”；情景演示，是把实物与语言直接联系，把实物概念与语言有机结合，为学生创造一个思维环境；创设问题情境，使学生在一种自然的气氛中完成知识、技能的学习和巩固；实物引入，是激发学生的视觉、味觉、听觉，这些寓教学于情景中的方法，可激发与提高学生的学习兴趣，达到事半功倍的效果。

三、启其智

智能是对事物认识、辨析、判断、处理的能力和发明创造能力。所以，要采用发散式、集中式、归谬式、比较式、迁移式、逆向式等方式来启发其智力，激发学生的求异思维，培养他们的创造能力。

四、引其疑

“疑”为思之始，学之由。学贵知疑，小疑则小进，大疑则大进。所以，要善于打破学生脑海中的平静，于无疑处觅有疑，有意识地启迪学生发现疑难、提出疑难，形成勇于质疑的风气。

五、诱其思

“学而不思则罔，思而不学则殆”。只学不思就会迷乱不明，只思不学就会空泛不实。所以，要千方百计地引导学生独立思考，诱引学生多思、勤思、善思，使他们学中有思，思中有学，学思结合；以教师“讲”，诱导学生“想”；在学生独立思考进程中，教师要起引路、搭桥、开窍、点拨、咨询、讲评和激励的作用。

六、拓其知

“知”，是学习的根本，是能力的基础，可持续发展的重要因素。所以，要启发、引导学生课内“攻坚”，课外“扩展”，开拓学生视野，扩展知识领域。比如，拓展课外作业、变革考核重点，从考记忆和考模仿转到考运用基础理论解决实际问题的能力上来，学生就会把考核当做一个检验自己学习效果的过程，在此过程中，再次综合提高自己的知识领域和层次叠加。

七、添其翼

“想象力比知识更重要”，想象是知识的翅膀。一切创造性思维、创造活动都离不开创造性想象。所以，要以生动形象的描述，引发学生联想与想象，诱其在观察中展开想象的翅膀。

八、炼其毅

“顽强的毅力可以征服世界上任何一座高峰”。“毅”是成功的保证，是人才成长、事业成功的心理条件。所以，要启发学生有勇气主宰自己，敢于向逆境挑战，争做强者，并懂得：事业之歌，只能在理想远大、勤奋学习、顽强工作中去谱写；创造之曲，只能在意志坚强、艰苦思索、永不满足中去完成。

九、倡其辩

“真理是从各种意见的冲突中得来的”。真理愈辩愈明。所以，要善于从学生不同意见中发现有价值的问题，有意识地激化具有不同见解者之间的“矛盾”，然后通过磋商、讨论或辩论，提升学生的分析能力、判断能力。

十、授其法

方法是一切取得成功的必要手段。“教是为了不教”，“教”既是“传道、授业、解惑”，更是“开窍有术”，使学生想学、爱学、会学。所以，教师的主要责任应是既教学生“学会”，更教学生“会学”，使他们掌握多种必要的学习方法，不断提高自学能力。

十一、纠其错

如果学生能够不断发现问题，学习就会有更强的目的性，更高的自觉性。因此，在教学中，应归纳、总结学生易犯、常犯的错误，并将它们与正确的进行对比，以促进学生积极思考。特别是在讲授知识的重点、难点及关键点时，采用明知故犯的方式，吸引学生的注意力，启发其思维，从而让他们引起警惕，以免再犯。为此，在每个单元、课题或章节的教学后都应适当加入知错与改错的随堂练习，故意犯些学生可能犯的错误，或对学生认识不一致的问题，不急于下结论，让他们各持己见，展开辩论，最后予以纠正。这时的学生思维往往十分活跃，就此锻炼他们独立思考、自我纠正错误的能力。

十二、展其能

应善于启发、引导学生把所学的知识和技能从学习情境迁移到真实生活情境中，学以致用，触类旁通。这样，拓展学生的学习空间，不仅能激发他们创造性地理解教材、表述教材、活化教材，而且还可把各种能力的基本功训练与创造性思维训练有机结合起来，从而提高教学效率，促进智能的发展。由于课堂教学时间有限，需充分利用第二课堂，即利用课外活动和社会实践来丰富学生的学习生活，这样既可巩固课堂所学知识，使学有所得，也使学有所用。亦即，课外活动和社会实践使学生的学习空间得到拓展，思维和能力得以提高。

在教学过程中，授知不如启智，启智不如激情，激情不如励志。只有激发学生树立远大志向，才能使之情感充沛，信心坚强；然后，再传之以科学的求知方法，并运用深厚知识，使之想象丰富，具有创新精神，此乃成功之秘诀，成才之奇方。

启发式教学的方法

启发式教学，即教师根据教学目标、内容、学生实际水平和认知规律，运用多种教学手段，传授知识，培养能力，强化情感，运用思维去分析、推理、归纳、判断、解答，从而触类旁通，举一反三，使经验得以升华，思维更为灵活的一种教学方式。在教学过程中，无论使用何种教学方法都应含启发性因素。启发性因素能否得到充分发挥，能否收到良好的教学效果，关键在于选用启发式是否及时与适当。

一、目的启发法

从学习目的上启发，可形成学生持久的学习动力，是激发学习主动性的根本方法。各学科的教学必须紧扣学科特点，指明学科的作用，使学生明确学习目的，立志为祖国现代化建设而努力学习。

二、提问启发法

根据教学内容和教学目标，设计富有思考性的提问，可吸引学生的注意力，启迪学生的思维。提问，是让学生去探求"是什么""为什么""怎样做"的答案，即将教学作为一个以问题为轴心，不断认识、分析、解决问题的过程，引起学生的联想，使其对教学内容的认识寓于发现、分析和解决问题的过程之中，逐渐清楚问题的来龙去脉，步步紧逼教学目标。提问启发的方法，有温故知新、比较鉴别、类比解疑、分析综合及铺路搭桥等。

三、讨论启发法

讨论，是学生在教师引导下，就学习问题参与创造性、建设性的思考，在彼此相互切磋，集思广益之下，既求"点"的深入，也求"面"的广泛。它要求教师根据教学任务和学生实际，在教学关键处，找准时机抛出问题，引导学生讨论、争辩并注意针对性和层次性，逐步寻求答案。进而从已得结论出发，或是条件改变，引导学生通过积极思维，从不同角度研究结论的变化，发现新规律；或是增减某些条件，研究对结论的影响，发现新结论。

四、激疑启发法

"学则需疑"。思维自疑问和惊讶开始，有疑才有问，有问才有究。"疑"是思维的起点。巧设疑问能启发学生思考，引起思维波澜；巧设悬念能使学生对已知发生疑问，对未知产生兴趣；巧布疑阵能拨动学生的求知心弦，点燃学生的探索火花，肯定学生的闪光创见，必然会取得良好的教学效果。

五、语言启发法

教学语言准确生动、形象直观、符合思维逻辑，能引人入胜，激发思考。运用语言启发，能将抽象概念变得具体，将深奥理论变得形象，能给学生如临其境、如闻其声的感觉，可给学生创设思考的情境，促使学生求知欲由潜伏状态转为活跃状态。这样会给学生留下难忘的情境、深刻的印象。

六、情境启发法

教师可根据学生的智力水平和教材特点，创设教学情境：通过实地调查，参观访问，亲身实践，带着问题去观察、去思考；通过录像、影视等电化教学手段，进行联想，得到启发，进而达到理解、掌握知识的目的。总之，每当困意侵扰、疑团丛生时，只要进入一个良好的教学情境之中，就常常会烟消云散。

七、辨析启发法

引导学生运用不同的知识和方法，从不同角度去解决问题，可培养学生思维的灵活性、广阔性；引导学生分析问题形成的各种可能性及各种答案，可培养学生思维的周密性、应变性；引导学生辨别有正有误的多种解答，并指出正确的根据或错误的原因，培养学生思维的缜密性、深刻性、批判性。

八、举例启发法

结合学生的思想实际、学习实际、生活实际，特别是生产实际，列举他们熟悉或关心而又生动、贴切、典型的例证，尤其是要注意选择那些能从多角度、多层面说明问题的事例，通过摆事实、讲道理，让学生产生浓厚兴趣，使学生从中得到启发。如一个几何图形能繁衍成许许多多的不同类型题，这种举一反三的教法，会令学生思维跳跃，不循规蹈矩。思维无定势，做题有定方，如擅长用画龙点睛法将概念、规律深深埋在学生记忆里，就会像一把小钥匙一样，碰到什么题便会开什么锁。

九、迁移启发法

在学习过程中，先前学习的知识内容对于以后学习所产生的某种影响叫作迁移。这些影响有消极一面，起着干扰作用的，称为负迁移；有积极的一面，起着促进作用的，称为正迁移。在教学中，教师要通过启发、引导，防止负迁移而促发正迁移，即是迁移启发。“晴空一鹤排云上，便引诗情到碧霄”。教师应有意识地运用与新课有联系的旧知识，培养学生的学习能力、迁移能力。

十、扩散启发法

以某个问题为中心，从不同侧面去思考，重新组合眼前和记忆系统中的信息，从而产生新的信息，得到新的启发。这是一种不依常规、寻求变异、有多种答案的思维启发形式，它可激发学生的积极性、想象力及创造精神。

十一、怀疑启发法

怀疑可激发学生慎重考虑自己的回答，是坚持所答，还是发现错误或不足而加以纠正，从而加深学生对问题的理解。比如，英语学科所要掌握的单词、短语、句型很多，且极易混淆，所以学生在做某些选择题，而对所选答案感到模棱两可时，教师要因势利导，用怀疑的启发方式来帮助其纠正错误，巩固知识。

十二、设疑启发法

在教学过程中，设置一些疑问，不是让学生立即回答，而是设法造成思维上的悬念，使之处于暂时的困惑状态，进而激发他们解疑的动因和兴趣。如在新课之前可先提些问题，让学生带着问题去学新课。这种悬念能够激起学生了解问题的兴趣和需要，接下去听课的注意力会集中，从而能够达到那种单靠记忆和训练难以实现的真正的理解。提出一些发散性、延伸性、评价性问题，使学生从教材中“跳出来”，联系实际，引导学生谈观点，谈认识和看法。

此外，还有联想启发、心理启发、诱导启发、图示启发等方式。启发教学法在教学中的运用十分广泛，教师要根据不同目的，设计不同的问题和方法；或为了启发学生思考，可通过设疑、激疑、质疑、析疑、解疑实现；为了帮助学生理解，可通过对问题的探究，明确重点，了解特点，掌握要点等。现代启发式教学，既吸取了传统教学思想的精华，又采撷了现代教学理论的成果。它运用种种适当的方式引起学生回忆、联想、推理等思维活动，激发学生运用知识、发现问题、解决问题的热情，把学生的积极性、主动性充分调动起来，促使学生积极愉快地学习，从而增强教学效果。

提问的功能

提问，是教师提出问题，引导学生在已有知识、经验的基础上积极思维、回答问题，从而获得与巩固知识的教学方法。提问的功能，是提问在教学中所发挥作用之综合，是提问价值的集中体现。提问在教学中占有重要地位，几乎所有教学方式都离不开提问，尤在课堂教学中，更是一个引发学生积极思考的重要手段。提问，是组织教学的基石、开发智力的钥匙、吸引注意力的磁铁、优化教学的良方。可沟通教与学之互动，唤起师生共鸣；可“遍询诸生”，检查已学知识；可“温故知新”，引出新的课题；可发“愤、悱”之功，启迪学生思维；可取演绎之法，展开教学内容；可采归纳之势，概括新学知识；可了解学生思路，培养表达能力；可激发学习热情，活跃课堂气氛。所以，在教学中应有意识地充分发挥提问的功能。

一、检测功能

检测功能，是指借助提问可直接检测学生对知识掌握和运用情况并间接检测教师的教学效果。既可检测阶段或课时教学目标是否达到及达到的程度，也可检测教学的一些重点和难点是否被学生理解和掌握。课初，主要检测学生对旧知识掌握情况；课中，主要检测学生吸收、消化当堂所学知识情况；课末，主要检测教学目标实现情况。另外，还有单元或章节后的提问，可替代单元或章节的书面小测验。

二、控制功能

控制功能，是指借助提问可唤起学生的有意注意，并把注意力引向课堂教学轨道；是指可唤起和发动学生积极参与教学活动，思考所学内容；是指可规范学生举止，维持课堂秩序。课初——当学生仍处于课前各种情绪波动的余波中时，提出难度适宜并能引起积极思维的问题，可促使学生把注意力转移到正确轨道上来。课中——在个别学生注意力分散、“走思跑偏”或出现非学习行为时，结合教学内容进行设问或采取适当方式对该生提问，可促其迅速脱离涣散状态，或弱化和克服非学习行为对学习的消极影响；在学生注意力持续地集中于某一问题而疲劳时，通过巧妙提问可把它引开，从而使课堂教学疏密相间、劳逸结合，以保持学生的旺盛精力。通过提问替代批评来控制教学，既可避免由批评带来的弊端，又能有效激发学生积极思维，不是批评胜似批评。

三、引导功能

引导功能，包括：其一，是全方位的引导。课始，向学生提出一个本节课自始至终要集中解决的问题，不要求学生马上回答，但在头脑中可形成一种悬念，让全体学生带着这个问题去听、去想，全身心投在这个问题的研究与解决上。其二，是具体的引导，含有：一是提出的问题要有内在联系，第一问往往为第二问做准备，第二问既是第一问的必然发展，也为第三问埋下伏笔；二是应引导有序，由已知到未知，循序渐进。

四、授课功能

授课功能，是指借助有序提问引起学生不断思考，使课堂教学机制在正常运转中传授知识与技能。此功能无论在授课的启动、深入，还是结尾都能充分反映出来，并发挥着意想不到的作用。问题提出，学生急于知晓究竟，教师却不着急，使之暂时处于莫衷一是的境地；问题解决了，又来一问……这样，在提问、设悬和释疑中完成一堂课。按提问目的：若教学目标是识记特定信息，那么重复性问题可能有益；若教学目标是运用知识的能力，那么意义性问题较为适宜；若教学目标是促进知识理解，那么学生自我提问则更为有效。按教学顺序：课始，提出问题，以引起学生对新课的好奇和思考，进而以此为切入点导入新课；课中，提出一系列前后连贯的问题，使全部新知在一问一答中一点一点地注入学生脑海；课末，总结提问，意在揭示知识的内在联系，促使知识迁移，培养学生自发探求新知的开拓意识。

五、反馈功能

反馈功能，是指借助提问获取多种教学信息。提问所接收的反馈信息比其他形式更准确、具体、及时，能了解学生对知识的理解和掌握程度，进而可迅速、准确地调控教学活动。具体说：课始，获取反馈信息，以便自然、有效地转入新课；课中，随时获取反馈信息，可调整教学活动；课末，主要是获取学生对当堂教学内容（尤其重点和难点）掌握情况的信息。另外，通过提问，可使学生既接受来自教师的知识信息，也接受来自同学的知识信息，有些学生对某些题久思不得其解，教师也难以把握其症结时，同学的思路很可能使他豁然开朗。

六、激励功能

激励功能，是指借助提问产生催人向上、促人奋进的作用，是通过对答问的积极评价来实现的。比如，提出一个涉及内容广泛的问题，先让后进生回答，对回答正确处给予肯定，错误或不完整处，让中等生修正或补充；然后，再让优等生做更高水平回答，使答案趋于深入和全面。最后教师评价时，对三位学生均予以表扬，使之都得到心理满足而增强向上精神。

七、巩固功能

巩固功能，是指借助提问让学生重温已学知识，以在记忆中强化、巩固。实践表明，学生只是“静听”其所吸收的知识会因缺乏强化而难以巩固，通过提问能迫使学生起“自我强化”作用。可见，此功能既伴随于提示或点明性提问、引发或疏导性提问、重点或强调性提问之中，也伴随于课初的检测性提问、课中的即时性提问、课末的总结性提问及单元或章节的概括性提问之中。

八、激思功能

激思功能，是指借助提问能有效激发学生的积极思维。提问的主旨不在于期望学生回答得多么圆满，而在于引起他们积极发展思维：一是激发思维，当学生思维还未启动时，提问会引起悬疑，激发认知冲突，使思维处于高度自觉和主动状态；二是点拨思维，当学生学习陷入困境或发生矛盾无法深入或不知所向时，提问可指点迷津，明确方向；三是发展思维，提问可强化学生语言表达能力，促其内部思维的流畅性、逻辑性和深刻性；四是激发探索精神，借助提问可诱导探索、唤起联想，培养学生发现、分析和解决问题的能力，尤其激励性提问，可激发学生进行高水平思维活动（聚合思维、发散思维、评价思维）。

九、竞赛功能

竞赛功能，是指借助提问培养学生竞争意识和竞争热情，尤在抢答中，在未指定谁回答时任何学生都可举手请答，以帮助其建立自信和成功的感受，更能助长其竞争欲，希望自己的能力和才华尽可能地得以显露。在荣誉感的驱使下，愿意在回答正确后得到教师褒奖，受到同学的羡慕。提问给他们提供机会，必然能进一步激发其竞争精神，并可能在全班掀起学比赶超的学习热潮，强化积极的竞争意识和竞争能力。

十、优化功能

优化功能，是指借助提问可创设问题情境、优化教学过程。例如：“设疑式”提问能引起学生有意识注意，独立思考；“对比式”提问能诱导学生发现共性，区别个性，发展求同思维和求异思维；“刨根式”提问可帮助学生揭示事物本质，促使认识深化；“比喻式”提问可诱发学生联想、想象，提高形象思维能力；“辐射式”提问可引导学生从多个方面去分析，培养发散思维能力；“求同式”提问能引导学生从相异事物中，找出相同特征；“伏笔式”提问能铺路架桥，暗示知识途径或方向……

有经验的教师，都注意使提问发挥更多功能——提问对整个教学过程来说，似乎是一个小问题，实则能作大文章，关键是通过教师的匠心独运，不断开发，深入挖掘，充分利用，巧妙安排。

提问的原则

提问的原则，是根据提问目的，反映提问规律而制订的指导提问的基本准则，是使提问科学化的依据；它对优化提问，提高提问效率具有重要意义。为充分有效地发挥提问的多种功能，在设计、提出和处理问题时，应遵循如下原则。

一、目的性原则

目的性，是指提问要从目的出发，为目的服务；是指目的是设计问题、提出问题及提问过程中的补问、追问的根本依据；是指提问要有明确的目的性，以使提问成为整个教学中的一个有机组成部分。明确目的有两层含义：一要明确提问的主要目的和功能（激发思维、提醒注意、交流信息、巩固知识、诊断能力、诱引兴趣、鼓励参与、优化课堂……）；二要明确本课程、本堂课的教学目标与要求。前者，要求提问应发挥多种功能；后者，要求提问须紧紧围绕教学目标展开。提问有无明确的目的，是提问成败的先决条件。

二、科学性原则

科学性，是指提问应准确、鲜明、清晰、简明而完整地表述，不能有丝毫差错而将学生思维引入误区，不能含糊不清而使思维产生混乱，不能模棱两可而使理解发生歧义；是指提问不能含糊笼统、庞杂混乱或虚无缥缈而令人难以琢磨，而应目标明确、指向准确，以使学生思维沿着正确方向达到教学目标；是指提问的“问意”要明，选“问”要准，尤应选准那些能达到教学目标的关键点和重点、难点，并是知识传授的“教学点”、思想教育的“渗透点”、能力培养的“落实点”与智力开发的“关键点”。科学的提问还表现为：一是问题有意义，思考有价值；二是逻辑有顺序，层次分明，坡度、跨度和幅度合理；三是难易要适度、频次得当，适应学生的知能与经验；四是时机要准确、环境相宜，益于学生思考；五是从整体考虑，使所提问题成为一个彼此有内在联系的系统。当然，实施中未必按问题的顺序依次解决，有时可越过学生一时无法理解的障碍，先解后一问题，往往使之“顿悟”前一疑难。

三、整体性原则

整体性，是指提问应从整体考虑，使所有提问围绕教学的中心内容或主题，紧扣重点、难点和关键，设计成一个递进式、有层次、前后衔接、相互呼应，彼此之间有着内在联系的网络系统；是指提问既各自独立又彼此承递，且能抓住那些“牵一发而动全身”的关键点，以利突出重点、化解难点、明晰疑点、揭示弱点；是指提问能分清主次，并组成一连串的问题，使之构成一个指向明确、思路清楚，具有逻辑序列的“问题链”，使之在导入新知、深入引申、活跃气氛、复习巩固诸环节中各有所用。此原则，既是问题设计的框图，注意提问的结构性、连贯性，考虑由哪些问题组成主干，哪些问题构成旁支，以引导学生形成多维和较深层次的思考；又要求提问体现“精、深、活”。精，是指精练，具有典型性和代表性；深，是指有一定深度，能揭示学生认知深处的矛盾；活，是指适机而发，灵活巧妙，能激发学生的积极性。

四、启发性原则

启发性，是指提问要永远以启发为灵魂，能使学生形成“愤、悱”的情境，产生欲罢不休的心理；是指提问应能激发思维的波澜，启发学生进入紧张、活跃的思维活动，促使他们去发现、分析和解决问题，能培养学生的独立思考能力与探索精神。据此，一是创设情境，诱发学生产生一种解决问题的愿望，即使不是“一石激起千层浪”，也得“风乍起，吹皱一池春水”，以引导学生通过类比、联想、想象等方法摘下思维的甜果，收到“投石击开水中天”的功效。二是揭示矛盾，激发思维。把教材本身的矛盾与学生已有知识、经验之间的矛盾作为提问的突破口，让学生在发现“为什么”中去寻求答案。三是抓住知识的模糊点提问，并积极提示、引导、点拨与追问，使学生将片面、孤立和形而上学的认识，转化为全面、辩证的知识结构。四是设计一些多思维指向、多思维途径、多思维结果的提问，引导他们到思维“王国”中去遨游、探索，以强化思维训练，培养创造性思维能力。

五、适度性原则

适度性，是指提问应符合学生知识基础、思维水平和承受能力，即根据学科性质与学生年龄特点、认知规律和心理特征，提出适合他们思考的问题。具体说，一是难易适度。既考虑学生的可接受性，又促使他们经过思考才能作答，即问题难度要接近其“最近发展区”。过难过深，会使学生茫然不解、无从思考，或百思不解而感到高不可攀，从而失去信心；过易过浅，则会不思即明，因失去思考价值而感到无味，不以为然，并流于形式，毫无意义。只有深浅适宜，处于“跳一跳够得着”的境地，才能使学生进入最佳思维状态。二是频次得当。提问的次数，既不过少也不过多，更忌多而碎。过少，激不起学生兴趣，形不成思维高潮，且会中断师生之间业已形成的教与学的信息通道，降低学生的学习积极性；过多，搞“老生常问”，形成“满堂问”，则会影响教学进度，冲淡教学本身，且会增加学生负担，混淆问题的主次。只有精当适度，才会提高大脑对信息接收的可靠性、抗干扰性及对问题理解的准确性。

六、适宜性原则

适宜性，是指提问要找准启发思维的契机，以取得最佳效果。主要体现如下：一是时间选择。提问虽可在教学过程的任何时刻进行，但不同时刻的提问所获得效果不同，即提问存在“最佳时间”。在一节课中，只有可数的几个“瞬间时刻”为“最佳时间”，必须看准并及时抓住。二是情境选择。提问虽可在任何“教学情境”下进行，但不同教学情境下的提问所获得效果不同，即提问存在“最佳情境”，必须善于把握。主要由两种因素构成：其一，是以学生“兴趣状态”为主要标志的客观性因素，以学生兴趣变化来反映和体现教学气氛；其二，是以学生心理状态为标志的主观性因素，以学生情感变化来反映和体现教学气氛。两者相互制约、相辅相成地促成“最佳情境”。当学生思维处于“愤悱”状态时，不能坐失良机；当发现一掠而过且有价值的片言只语时，不能置之不问；当学生跃跃欲试时，不能问之失时。

七、情感性原则

情感性，是指教师提问时既要有丰富的情感，又要善于启发学生的情感；既以科学的趣味性来唤起学生情感共鸣，更以愉快、友好的态度和关心、热情的情感对待学生，并投去鼓励目光，使之体验到教师所期望的是合理的答案；同时，注意保护学生自尊心。据此，一要以慈祥的姿态、亲切的语言，营造宽松和谐的气氛，消除学生的紧张心理，有话可想说、愿说、敢说。二要怀着满腔的热情，让学生获得强烈的情感感染，从而有话能说清、说完、说透。三要认真倾听回答，对答错者哪怕有极小的“闪光点”也要充分肯定，更要鼓励其勇气，并指出思考方向；对不能回答或一时不能回答者，鼓励其再思考，让其感到教师的期待；对有创见者给以相应赞扬，让其感到教师的更高期望。这些情感都要由衷、真诚，并恰如其分。

八、主体性原则

主体性，是指提问尽管是教师的行为，但须充分尊重学生的主体地位。不应把学生单纯视为被提问的对象，而应视为提问这一教学活动的主体。应充分调动其主动性，使之积极参与，既能主动思考，踊跃回答，又能共同评判，甚至主动发问，并能发表不同见解。这样，才能使提问由教师单方行为转为师生共同活动，才能使提问充分发挥其应有的功效。

另外，还应充分发挥学生非智力因素的作用，并促进学生良好心理品质养成。比如，借助提问培养学生锲而不舍、探求真理的毅力，而非不会回答就放弃思考；培养学生正确的竞争意识，而非会答与否无所谓，不妨多思考几分钟后再作答，以有可能较完整、较逻辑、较有创造性地做出反应。

提问内容的要求

为使提问成为启发学生积极思维的媒介，充分发挥提问的多种功能，优化课堂教学，实现“优质高效”，在提问时，除了应遵循提问原则外，必须精心设计提问内容。具体应注意如下几个方面。

一、周密的计划性

为使提问克服盲目性、减少随意性、体现规律性、增强应变性，并能了然于胸，有的放矢，稳操胜券而不问之失策，必须根据教学目标及教学内容的系统与层次、教学重点和难点的选定与分布，进行充分准备，精心设计，对问什么、怎么问等均需有明确目的和周密计划。最好拟定一个包括所有重点问题且有严密逻辑性的提问提纲，以免“信口开河”、随心所欲地盲目提问、灵机一动脱离实际地随意提问、缺乏准备前后不连贯地孤立提问。当然，不排除随机应变的临场提问，但在提问前也要充分考虑学生可能出现或提出什么问题，应采取什么“对策”，如何优化，以达到“解惑释疑”及相应功能的目的。

二、明确的方向性

为使提问目标明确而不问之失向，使学生进行逻辑思维，并沿着正确思维方向达到教学目标，教师的提问方向、知识发展方向和学生的思维方向应是一致的。精妙的提问，既是为学生探究新知所开辟的一条“捷径”，也是为指引学生思维行径所设置的一个“路标”。具有方向性的提问，是学生思维旅途中的“导游”；没有“导游”，目标行将消失，就会在方向不明的教学情境中徘徊。具有方向性的提问，可使学生的思维明确、清晰、集中，加快知识位移的速度，直至达到教学目标。

三、准确的主次性

为使提问能主次分明，“击中要害”而不问之失重，并能以点带面，必须紧扣教学目标、重点和“牵一发而动全身”的关节点去设计、筛选和安排问题，切勿平分秋色或面面俱到。提问应相对集中于本节课的教学重点和难点。同时，注意以理解性内容为主，记忆性问题为辅；以分析性内容为主，叙述性问题为辅。少提“是什么”，不提“是不是”“好不好”之类问题；多提“为什么”及“你是怎么想的”“为什么这样想”“还有哪些可能性”之类问题。

四、适宜的层次性

为使提问不是针对少数人而是面向多数学生，注意因人而异而不问之失度，特别是在程度不齐的班级或群体里，既要注意用自然、简洁、通俗的语言表述问题，调整词汇和句子结构，以符合多数学生的语言和概念水平，更要考虑学生知识水平、认知能力和智力发展不同，而设计深浅、难易不同与层次有别的问题，进行“因材施问”，以达到各种学生都有所获的目的。

五、诱人的趣味性

为使提问能引起学生的兴趣而不问之失味，提问就应富有情趣、意味和吸引力，使学生在愉快中回答。为此，要着眼于以巧妙的艺术构思去设计提问，以引起学生的好奇心，并由此让他们体味到思考与发现的乐趣；要使每个精妙设疑、故谬激思和有趣启发的提问，成为学生积极思维的动力和点燃思维的火花。这样既突出了知识重点，又引发了学习兴趣；既编织了学生的认知网络，又鼓励了积极思考。故趣味性提问可使学习兴趣有增无减，是荡起思维波澜的源泉，正所谓“问渠哪得清如许，为有源头活水来”。

六、得当的循序性

为使提问符合学生的认知规律，能由浅入深而不问之失序。为使所提问题不是“孤立”内容，避免一问而止：一应使问题能“挑起事儿”来，即问一个问题可引发出更多问题，让被提问者（一生或多生）不得不顺着教师设计的“问题链”进入角色，既能引起学生共鸣，也可通过提问使学生得到较系统、较完整的知识；二应按逻辑顺序循序渐进地实施提问，如综合性提问应由浅入深、由近及远，形成台阶，层层推进，总结性提问应先易后难、先简后繁、先分解后归纳、先局部后整体，从微到宏。所有提问均需考虑由表及里，由“问”达识，同时注意难易的坡度、跳跃的跨度、提高的幅度，有助于学生的思维训练。

七、灵活的多样性

为使提问有利于对学生进行发散思维和求异思维的训练，而不问之失活，设置的问题不应是答案唯一而应是“一题多解”，不应是死记硬背而应是思有余地的内容。亦即，应挖掘、利用和紧扣教材中某些“知识点”的扩展，巧妙设计问题，灵活引导学生，多角度、多方位寻求问题的多种答案。发散思维和求异思维有助于激发学生思维潜能，引燃学生求异思维的火花。求异性可鼓励学生“别出心裁”“标新立异”，甚至“离经叛道”“别开天地”，对培养学生的想象能力及思维的深刻性、灵活性、探求性和创造性大有裨益。

八、适度的探索性

为使提问能引导学生发现问题、分析问题和解决问题，提问内容和方式应符合如下要求。

（一）鼓励探索

应使学生经常保持“学然后知不足”和好奇的心态，把不断探索、创新，视为自己的责任和义务。

（二）倡导争议

应适当设计一些容易产生歧义的问题，让学生通过切磋、辩论、争议，不断进行探讨。

（三）引出疑题

应适时介绍本专业、本学科领域中还有哪些迄今尚未解决的问题。学生头脑中积累的问题越多，思维活动就越具有动力和深度。陈景润就是在中学时代，从沈元老师那里得到了“哥德巴赫猜想”的问题，成为他后来向此难题发起攻坚的动因。沈元老师把一个跨世纪的世界难题，播种于一群中学生的头脑中，数十年后结出硕果，可算是用“问题”引导探索而成功的一个范例。

善于问道是提问的精髓，道即路，道即理，多问方向性、战略性、方法性之问；少问具体、琐碎的问题及“是不是”“对不对”“要不要”“有没有”“可不可”等问，换言之，少问“封闭性”问题，否则，过多地使用封闭性提问，就会使回答者陷入被动之中，会压制回答者自我表达的愿望和积极性，而使之沉默甚至有一种压抑感和被讯问的感觉。所以，要多问开放性问题，即使用“什么”“如何”“为什么”“能不能”“愿不愿意”等词来发问，让回答者就有关问题、思想、情感给予详细说明。它没有固定的答案，容许回答者自由发表意见，从而带来较多信息。同样一句话，不同的神态、语气、语调及在不同的情况下，会产生不同的效果。总之，对提问的角度与要求可概括为：从教学内容讲，应问在关键处，问在“点子”上，以使学生从中体会教材的精华；从心理角度讲，要问得有趣味性、启发性，能使学生主动积极地思考；从思维角度讲，要问得有难度、有系统、有层次，有助于学生逻辑思维的发展；从思想角度讲，要结合提问内容有机而巧妙地进行思想品德教育，渗透辩证思维。

提问方法的要求

要提高提问质量，除发问要清晰、简单、明了地叙述外，还须在“巧”字上狠下功夫——精心设计，确定何处问、怎么问、何时问，以使提问真正成为启发学生思维的一个“引爆点”，并使学生对所学内容感到是一个有疑可思、有难可解，不断攀登的知识“高峰”。为此，应增强提问的目的性，避免提问的盲目性，讲求提问的技巧性，提高提问的有效性。具体要求如下。

一、完整的过渡性

一个完整的提问过程，大致包括四个阶段。

（一）引入阶段

先用指令性语言由讲解转入提问，使学生在心理上对提问有所准备。

（二）置疑阶段

用准确清晰的语言提出问题，稍等片刻，再指定学生（或学生自愿）回答。

（三）介入阶段

在学生不作回答时要查核学生是否明了题意，是否理解教师的具体要求，并以不同方法鼓励和诱导学生回答。

（四）评核阶段

要以不同方式处理学生的答案。包括：检查学生的答案；估测其他学生是否弄懂答案；重复或强调学生回答的要点；对学生所答内容加以评论；更正与补充学生的回答；依据学生答案进行延伸和追问；就学生的答案提出新见解，补充新信息；引导其他学生参与对答案的订正和扩展。

二、灵活的多样性

提问，根据不同目的、内容，应灵活地采取不同方式：

从提问内容上看，有目的性提问、理解性提问、分析性提问等。

从提问形式上看，有观察性提问、归纳性提问、发散性提问等。

从提问性质上看，有教学性提问、非教学性提问（警告性、惩罚性）。

从提问对象上看，有指定性提问、非指定性提问。

从提问目的上看，有促进学习的提问、促进发现问题的提问、深化课题的提问及应用性提问。

从提问方式上看，有口头提问、文字提问及综合提问等。

以上种种提问，既可以单独使用，亦可交替使用或综合使用。

三、深刻的启发性

提问，是启发式教学的重要形式。启发，永远是提问活动的灵魂。提问既要使学生形成“愤”“悱”的情境，产生欲罢不休的心理，又要选准“不愤不启、不悱不发”的火候。为此，不仅提出的问题本身应含有趣味性能激发思维，而且在补问、点拨及追问中也能诱发学生的求知欲，同时能灵活地穿插运用点趣，查核、提示、评论、强化、延伸、更正和扩展等教学行为。无论如何提问，都应多编拟能抓住教学内容的内在矛盾及有利智力发展的方式方法：选好突破口，选准一个“牵一发而动全身”的关键点；留足思考时间，创设学生乐思的情境；运用灵活多样的方法，激发学生的求知欲；不轻易进行补充，要启发学生自己完善；多提需思内容，少提非此即彼死记硬背的问题；发问要使全体学生为之，回答以个别为宜；应依据学生能级差别，设计出难易适当的问题，在各能级间跳跃，以启发各层次学生的思维；当问题过深过难或因学生思维定势而“卡壳”时，要及时转换角度，变化提法，或逆向诱导，或顺水推舟，或创设情境，或暗示点拨……

四、适宜的时机性

提问要注意选择时机，适时的提问有助于启迪学生的求知欲，也易于点燃其思维火花，激发其兴趣。提问有的在讲解之前，有的在讲解之中，也有的在讲解之后。无论何时提问都应在学生心求通而未达、口欲言而未遂时，及时而巧妙地进行，以暗示学生思维的方向，指示他们寻找正确答案的蹊径。教师暗示答案或给出结论的时机也要恰当，学生回答不上来时，要容他们继续思考，一人答不上来，可多人思考，但也不能拖得太久，以防精神疲劳，失去兴趣。

五、鲜明的针对性

提问应针对学生的实际水平、年龄层次、心理特点、兴趣爱好等，因人而异地进行。由于学生智商的差异，提问应力求接近他们各自“最近发展区”，使之各有所思。作为提问对象的学生，每人都可能成为应答者，但并不都是被提问的对象。因不是所有的学生都能回答所提的问题，所提问题也不是对所有学生都具有同等意义。因此，可采用指定性提问与非指定性提问。前者，要求特定学生回答，旨在加强对特殊对象的教育；后者，希望所有学生抢答，旨在加强对全班学生的教育。通常，有四类学生可成为提问选择的“适当”对象。

（一）优秀学生或学生干部

他们的智力相对较好，能力相对较强，思维相对较活，能积极、顺利、较全面地回答提问。

（二）成绩“反差”较大者

两个或两个以上的一组学生。让成绩较差者作主要回答，成绩较好者作补充回答，这种“回答”具有示范效应，能以先进带后进。

（三）对特殊学生的提问

学生在进行学习活动时不可避免地会出现一些非学习性行为，如看其他书刊、交头接耳、趴桌睡觉……此时对他们提问，以示“警告”或“提醒”，能唤起他们的注意，纠正不良行为。

（四）对“后进生”的提问

要持慎重态度，不要轻易提问他们，要注意保护其自尊心，在有把握时，才可让他们来试试。

六、得当的广阔性

提问要面向全班学生，使之都能准确、清楚地领会问题，并仔细倾听别人的回答，积极参与、确认和修正。

（一）要求明确

提问时，应对听答者提出任务和要求，使之心无旁骛，专心思考。

（二）难度适宜

问题难度应以中等水平学生为依据，以调动大多数学生的思考积极性。

（三）考虑共性

所提问题应带有共性，对无普遍意义的问题应少提或不提。

（四）注意层次

提问要有一定的层次，使不同程度的学生都能积极思考。要针对问题的性质、难易，选择不同学生回答：较难问题让“优秀生”去“侦察”，一般问题由“普通生”去突破，较易问题让“后进生”去攻克。尽量做到使优、中、差各类学生都有答问机会，不让少数优等生包办了答问，幸运者总是那几个“前锋主力队员”，而那些似乎成为定势的“后进生”总是充当“旁听”和“观众”。当然，也不能为使多数学生都有机会答问，而搞成依座次进行机械分配的提问，亦不能采取“群言堂”“大家说”的方式等。

七、巧妙的点拨性

在提问过程中，要善于创造有利于学生参与的情境。其方法如下。

（一）随机应变

因学生思维瞬息万变，不宜过早定音，对一时不能作答或遇有思维障碍者要适时改变语言角度或提问方式，把学生的思维引上预定轨道，特别要留心对沉默寡言者的暗示或指点。

（二）见缝插针

在学生作答的停顿间隙，可进行一些见缝插针的点拨，这既是对准备回答者的暗示，也是对其他同学的提醒。

（三）煽风点火

要善于“煽风点火”，促使学生进行讨论和争辩，以加深对问题的理解。

（四）变化思维

可紧随学生的回答，点拨他们变换思维角度再作补充回答，想方设法弥补回答中存在的漏洞、裂痕、缺陷，缩小初始状态与理想状态间的距离，对问题澄清、完善、扩充。

（五）善于追问

应善于随着学生的回答继续补问或追问，引导学生在更高层次上进行思维、探索。

八、及时的评判性

及时的评判性应注意两个方面。

（一）教师直接而简单地指出“正确”与“错误”

这种肯定与否定的评判，虽无可指摘，但若着意引导其他学生来评判，效果会更好。当学生答错时，可有意不予评判而转向全班学生改变角度或引申追加设问，最终引出答案；当学生回答有分歧时，不宜简单指出谁对谁错，应抓住分歧，鼓励多向乃至逆向思维，以利于对知识的深入理解与掌握；当学生回答正确时，也可故意误导（或反问，或质疑），最后再给出正确答案；当学生回答有独到之处时，应予以充分肯定，并予以“推广”。各种评判，均应引导学生在“既知其然又知其所以然”中深入思考；同时，注意维持良好的课堂气氛，使学生虽然彼此评判彼此的回答，而无不愉快的情感发生。教师评判，可用一些亲切、简短、激励性语言，如“有见解”“想得不错”“终于成功了”或“美中不足”“真遗憾”“下次更好”等富有感情的语言。这些尊重、期盼、惋惜用语，对中差学生来说，其作用既是情感上的补偿，更为他们创设了一种亲切、轻松、愉快的学习气氛。

（二）教师直接而简单地告知“很好”或“全错”

这种绝对化的评语，意味着关闭了讨论的大门。不妨向学生多做一些“你这样的回答很有意思”、“以前我也没有这样思考过”等建议，以使讨论能继续下去，或在学生错误的回答之中发现某些合理成分，鼓励其转换不同角度进行探索。要让学生明白：科学的探索无止境，绝对完美、准确的答案实际上并不存在。

提问方法贵在巧，巧就巧在：在吃透教材和了解学生的基础上，遵循知识的内在规律和学生的认知规律，抓住教材中的主要矛盾和学生思维发展的脉络，引导学生一起揭露、分析和解决矛盾，因势利导，并把提问→解答→讲评→改错紧密结合为一个整体，从而把知识学深、学活。

提问的作用与类型

“思维总是从提出问题开始的”。提问是课堂教学的重要一环，能起拨动心弦、活跃思维、提高质量的作用。由于教学内容、授课类型、教学目标、学生状况和其他因素的不同，提问的类型也不一。就其作用而言，有如下种类。

一、调查性提问

这种提问有两种：一是上课前，了解学生的预习情况，以清楚学生对新课内容哪些易学，哪些难懂；二是在对学生基本情况不了解，或在即将讲授内容与已学内容变化较大时采用。

二、引趣性提问

兴趣激发灵感，兴趣是发现的先导。在学习新知识时，教师要善于提出一些新颖别致、妙趣横生、唤起学生求知欲的问题，从而使学生带着浓厚兴趣去积极思考，探求新知。

三、铺垫性提问

任何学科知识都有很强的连贯性，概念、定理也是在原有知识基础上产生的，故学新知时，可通过提问以旧引新。既可复习巩固旧知，又可降低学习新知的难度，促进新知识的学习。

四、注意性提问

上课始，若学生思维还停留在课外事物或上节课内容的兴奋状态时可及时提问，使之尽快进入本课学习“角色”中。讲授中，因各种原因学生精神懈怠，为使之保持较好精神状态可边讲边问，以形成热烈的学习气氛。讲授较长时间后，因生理或心理原因出现注意力下降，及时提问可将其注意力重新集中起来。

五、启发性提问

这种提问：一在教学中，要适时提出使学生处于“愤、悱”境地的问题，培养学生的思维能力；二在答疑时，在释疑解难时可化难为易或暗示思路，使学生的理解更深刻、更全面。

六、激疑性提问

“于无疑处生疑，方是进矣”。因有些学生缺乏思维的深刻性，很少发现问题，教师若能在其似通非通、似懂非懂处提出问题，再与学生共同释疑，必会收到事半功倍的效果。

七、竞赛性提问

学生都有争强好胜、不服输的心理，巧妙利用这种心理状态，适当引入必要的竞争机制，通过提问着意创造一种你追我赶的学习气氛，可激发学生的求知欲望和学习动力。

八、发散性提问

这是一种创造性思维，能激发学生的发散思维，即引导其纵横联想已学知识，沟通不同部分的知识而开拓知识面，提高思维素质，如讲完例题后，一题多解，或变化条件、结论，将例题引申提问都属此类。

另外，还有巩固性提问——为使学生理解和掌握当堂所学知识和技能，在讲解中或授完新课后，可对所学新知和新技进行提问，以达巩固之目的。悬念性提问——要善于提出与本节课有关且只有下节课能解之疑。“欲知后事如何，且听下回分解”，能激发强烈的求知欲，以致积极探索、主动预习，收效颇佳。

提问的层次与种类

要掌握提问技巧，应首先了解提问的层次和类型。根据教学过程基本阶段的理论，依据学生掌握知识的特点和规律，从提问的目的及引起思考的深度划分，提问有如下类型。

一、讲解性提问

讲解性提问，不是有意让学生回答，而是在讲解中以提问的方式引出话题，或是采用只问不答、寓答于问的反问形式，或是使用设问的语气一个一个地提出来，又一个一个地自我解答，常是在教材内容浅显不需提问，或是新知识学生根本想不出答案时所运用的方式。例如，教师在板书演算中问："9 的平方加 8 是多少？"稍停随即自答"是 89"，如此自问自答地演算。运用这种提问的语音宜重，自答的语速宜慢。这是一种讲解性提问，非真正提问，是一种讲解形式，所以是为充分调动学生思考积极性的提问。

二、记忆性提问

记忆性提问，要求学生再现信息，用自己的语言凭记忆表达某一概念、定义、原理、事实、材料等。向学生提问某些已学过的知识就属此类型。这种提问多用"是什么"一类语言引出，例如"牛顿三大定律是什么？""什么是奥氏体？"这类提问有两个特点：一是答案具体；二是答案唯一。它只要求学生从记忆中找出答案，或对材料经过简单组织加工即可，而不要求过多思考、说出见解，甚至进行发挥。这是一种检查学生已学知识，着重培养学生记忆能力的提问。所以，记忆性提问是低智性提问。

三、叙述性提问

叙述性提问，要求学生用自己的语言做出叙述性回答。这种提问多用"怎么样""你能说出 ×× 吗"等问话引出。例如，"你可以把这项技术革新讲出来吗？""这类设备有多少种？各有何特点？"这种提问要求学生对所问之题，答出认识，进行描述。所以在智力活动上比记忆性提问要求稍高，需略加思考。

四、理解性提问

理解性提问，要求学生对问题能做出解释性回答。这种提问多用"为什么"一类词语引出。例如，"为什么直流发电机能发出直流电流？"这种提问要求学生对所问之概念和规律（定律、定理、公式、法则等）有理性认识，既知"是什么"，又知"为什么"及与其他知识间的关系。这是一种加深学生对知识的理解，培养学生理解能力的提问，是在记忆性提问的基础上更加深层次的提问，能激起学生思维的波澜，更加深刻地探索、理解所学。所以，其智力活动高于叙述性提问的要求。

五、应用性提问

应用性提问，要求学生利用已有知识或技能解答问题。在一个公式、原理或单元结束后的提问往往属此类型。这种提问多用"做什么""怎么做"一类词语引出。如数学、力学等课程的应用题多属于此。这是一种培养学生运用知识能力的提问，既可使学生掌握知识与技能，也可提高学生解决实际问题的能力，并能促使学生进行较深、较广的思考。这类提问，能启发学生独立思考，既动脑、动口、又动手，促使知识向技能、技巧、智力、能力转化。所以，它较理解性提问又高一层。

六、演绎性提问

演绎性提问，要求学生在回答时把抽象概念具体化，找出其事例或表现。这种提问常用"表现在哪里"一类词语引出。这种问题一般不能直接找出答案，需要学生经过逻辑思维方能回答。使用这种提问，在于启迪学生思路，促其思维严密。

七、分析性提问

分析性提问，要求学生对某些事物、事件或事故的构成要素、因果关系或组成原理等做出分析性回答或逻辑性判断。所以必须能把一事物（或现象、概念）的整体拆分为几个部分，找出每部分的本质属性及其相互联系、因果关系，才能做出回答。这种提问常用“为什么”一类问话引出。例如：“欲要证明 L1 平行于 L2，须先证明什么？”“造成这种故障的原因可能有几种？”通过这类提问，可使学生获得教材上未直接表述的知识和能力。这种提问还可派生出类似型提问：这与谁相似？相关型提问：这和什么有关？比较型提问：这和其他有何不同？等等，这些都能训练学生分析问题的能力。这是一种培养学生分析问题、解决问题能力的提问，要求学生能分析、有见解，所以又比应用性提问高一层。

八、综合性提问

综合性提问，要求学生从整体事物出发，概括出由个别资料、有关数据组成的解答方案。例如，大气预测由许多个别资料及数据综合而成，包括气压、风向、温度、湿度等。所以综合性提问是要求很高的智力活动，要有处理资料、数据的能力，才能成功进行。制订一个计划、完成一项设计、进行某种辩论，都属此类型。综合与分析，既相互对立又相互依存；综合与分析是相反相成的两种思维方式，分析是把整体分解为个体，而综合却是把个体组成整体。它们都能促使学生进行逻辑性的思考，提高分析问题、解决问题的能力。这是一种培养学生综合解决问题能力的提问，是高层次的提问，提出的问题综合性强，学生的回答需从多角度、多侧面进行思考。所以能培养学生的抽象思维能力和综合解决问题的能力。

九、评鉴性提问

评鉴性提问，要求学生在正确的思想观念或评价原则的基础上，对事物的价值、重要性、优劣程度等，做出相对正确及比较客观的评价、判断、评论、鉴定。要对某事物做出评鉴，必须首先对其有透彻了解。例如，要评鉴两首诗的优劣，应先对这类诗有深刻认识；要评鉴某种产品的优劣，则必须熟悉该产品的工艺过程及其性能。这种问题常用“你认为如何”一类词语引出。例如甲、乙两生分别以不同方法解答同一力学问题，教师提问：“何种方法较佳？”这一问题便要求回答者清楚地了解这两种方法，同时，能使用某种理性的原则进行准确量度，即何者较简捷，何者更严谨……这是一种要求学生对一定的教学内容进行评价，以培养学生评鉴能力的提问。所以评鉴性提问智力活动要求最高、难度最大，甚至在分析、综合两种智力活动之上。

十、探究性提问

探究性提问，一般在既是重点又是难点上采用，目的是引导学生更深入了解这些内容，由此及彼，由表及里，由形式到内容，由现象到本质，逐步认清“庐山真面目”。这是一种培养学生开拓精神、创新能力的提问。探究性提问，可使学生深入思考和探究这些事物的内在规律，以便深化认识能力，增强探索精神，从知识的“接受者”变为新知识的“发现者”。

另外，还有了解性提问、发散性提问等。无论哪种提问，对问题的设计、方向的把握、内容的扩展和结论的引出，都要注意教师主导作用的体现与学生主体作用的发挥。

提问的性质与方式

每种提问方式都有其特定的作用与意义。教师可根据教学目标、教学内容、学生情况和教学情境，恰当选择提问方式。依照提问的目的、内容、结构、功能及思考方式的不同，可将提问分为以下几种。

一、重点或强调性提问

为突出重点或强化某些内容，教师常常使用这种提问。这类提问是以学生反复思考后的回答代替教师的强调。在讲解过程中，对重点、难点和关键性问题，一问接一问，每问相关，逐步深入。这种提问在于突出重点、攻克难点、抓住要点、掌握特点，促使学生理解内容、领会实质、加深印象、强化记忆。

二、提示或点明性提问

在讲完有联系的各部分知识之后，使用这种提问，可使学生引起注意，并掌握规律，抓住实质。这种提问不仅能使所学知识系统化，而且也可训练学生的逻辑思维能力，使其对关键问题理解得更深、更透。

三、引发或疏导性提问

在讲授新课或遇较深较难的内容，或学生不易理解时，使用这种提问。这种提问可创设情境，引起想象，或指点方向，疏通思路，以帮助学生跨越障碍、攻克难点，掌握知识和认知规律。

四、肯定或否定性提问

在教学中，当遇学生容易混淆的某些概念、原理时，可使用这种提问，让学生辨别、判断。这种提问，可消除错误印象，辩明知识正误，或加强对定理、公式、原理的正确记忆。

五、求异或变换性提问

对某些一题多解或一果多因，即并非唯一答案的问题，可以从另一角度或相反方面进行不同提问，使问题提得角度新颖、发人深思，引导学生从多角度、多侧面去思考。这种提问可锻炼学生思维的灵活性、缜密性，进而提高他们发现问题、分析问题和解决问题的能力。

六、了解或检查性提问

在复习旧知、巩固新知，或一个单元（章节）结束后，常使用这种提问，目的是了解或检查学生对所学知识的理解、巩固和运用情况。如果发现存有某些欠缺或遗漏时，立即采取相应补救措施或调整教学活动，以保证课程的顺利推进和教学任务的圆满完成。

七、复习或总结性提问

讲完一个单元、章节或全部内容后，应据课程标准编出具概括性、归纳性、综合性的问题，督查学生的学习，收到“纲举目张”的效果。使用这种提问，既检查、督促、引导学生复习；又让学生分析、归纳、总结。这种提问有利于帮助学生快速而重点地复习教材内容，常收到事半功倍的效果；总结性提问，有利于引导学生进一步把握教材重点，并可使学生在归纳总结的基础上，弄清所学内容之间内在联系。

八、注意或兴趣性提问

这种提问方式一般有以下几种。

（一）先行提问

在刚上课时，或让学生预习之后，或教师讲解之前，使用这种提问，可将学生注意力迅速引向课程内容，使学生尽快进入本课学习的“角色”之中，从而引起学生对学习新知的兴趣。

（二）中间提问

在课堂讲授过程中，由于某种原因，导致学生精神懈怠或疲劳，为改变这种不良课堂气氛，使用这种提问将产生积极效果。

（三）关键提问

在讲解某些重要或关键内容之前，使用这种提问，以引起学生的有意注意，增强其注意广度、注意分配和注意稳定性。

（四）课末提问

在课末提问，多为强调性、检查性提问，以引起学生的注意，增强记忆、巩固已知。

九、鼓励或质疑性提问

“学贵知疑，小疑小进，大疑大进。疑者，觉悟之机也”。为鼓励学生善于发疑、勤思、多问，使用这种提问。“学必好问。问与学，相辅而行者也。非学无以致疑，非问无以广识”。实践证明，在教学中让学生提问，是提高教学效果、开发学生智力的重要措施。然而，并不是所有学生都能提出问题，有的对所学内容提不出问题，或提不到点子上，这就要求教师认真做到：

第一，引导学生认识提出问题的重要意义。

第二，给学生创造提问的机会和环境。

第三，教会并启发学生能提出问题。

第四，通过提问进行引导。

同时，注意鼓励学生善于发现问题，大胆提出问题。这样，不仅可使学生对所学知识得以理解，而且能培养他们发现问题、研究问题和解决问题的能力。对学生提出的问题，教师应归纳整理，使之带有普遍意义；然后，再返回到全班，让学生回答。这样，使问题取之于学生又归之于学生，经教师的引导，可实现由不知到知道，由知之不多到知之较多的飞跃。

十、战略或伏笔性提问

此类提问，要注意远问与近问相互配合。近问，是围绕目前教学中的重点、难点和疑点而提出问题，促进学生思考、记忆；远问，是为后续教学内容做铺垫而顺着教学方向提出问题。虽然这类提问不一定要求学生回答，但却能活跃学生思维，启迪认知思路，开阔学生眼界。

提问的主要目的在于：一是把学生注意力集中在一个焦点上，或把学生思维引导到正确轨道上；二是激发学生学习兴趣、引导积极思考和调动学生的主动性、创造性；三是检测或诊断学生学习情况，调整教学进程与方式方法；四是激发学生参与，突出教学重点和化解教学难点；五是防止学生非学习行为的出现，克服非学习行为对课堂教学的消极影响，实现对教学现场的有效控制；六是创设良好的教学情境，活跃学生思维，形成良好的课堂氛围；七是引导学生进行创造性思维，去探索、去创造。

提问的技巧

提问也是一种教学技巧，其核心是善问。只有教师“善问”，才能使学生“善学”。“问”之得法，事半功倍；“问”之不当，事与愿违。只要问得新奇，问得有趣，问得巧妙，问得高明，问得难而有度、高而可攀，就能吸引与促使学生开动脑筋，积极思考。

一、引发冲突

在传授新知识时，提问可引发与学生认知形成冲突，促使他们通过重新组织现有的知识结构来解决问题。故提问要有意揭示矛盾，引起认知冲突，激起探究愿望，实现原有知识和新信息的重新组合。为此，有时可抓住知识的内在联系，在关节点或易错处，精心设问；有时可故意设置互相矛盾的设想，让其在思考与争议中选择，激发进行逻辑推理的兴趣。

二、激发思维

提问“是不是”“对不对”一类问题，对激发学生思维无甚意义；提问“是什么”一类问题，一般只需靠学生记忆来回答，也不能激发其思维活动；提问“你想到了哪些可能性”、“还有无其他可能性或方法”以及“你是怎么想到的？为什么这样想”一类问题，由于答案多种多样，故可起到“一石激起千层浪”的作用，能激发学生积极思考。换言之，应使提问成为一种“酵母”，学生思维充分活跃起来，引出多种见解——思维发散；引导不同见解——思维碰撞；同时，要善于与巧于“煽风点火”，促使学生进行争辩和讨论，加深对所学知识的理解。为此，即使学生回答十分正确，也不妨问一问“大家都赞成他的说法吗？”这样可使课堂成为思维的“运动场”，任思维张开翅膀，自由翱翔。

三、巧妙反问

心理学研究表明，内发性动机的中心是好奇。因此，有时对学生的发问，不宜直接回答，而应从另一个角度或从相反角度提出巧妙反问，借以使学生的思维由静态的被动接受变为动态的主动探索，进而通过全面、深刻的思维活动，得到正确和全面的答案。

四、定向探源

在教学过程中，当要提出某些难度较大的问题时，教师可先把答案告诉学生，引起学生“为什么如此”的疑问，使之产生我要而且我能“寻根探源”的自信心。然后用演绎的方式——提问与答问，找出因果关系，探源溯流，弄清来龙去脉，知其所以然。

五、诱导探奇

诱导，是引导而不勉强牵拽，是勉励而不压抑指责，是启发而不包办代替。提问，要善于利用学生已有知识，设置悬念，诱导其对“已知”产生疑问，对“未知”发生兴趣，对质疑形成嗜好，并与问题结下不解之缘；若使学生感到没有问题反而感到不舒服，那就标志着提问使教学活动达到了一个新高度。为此，有时教师可故意说一个错误的解法，意在树起一个“靶子”，成为众矢之的，培养学生透过假象探索真理的精神。好奇与入迷是创造性思维的前奏，只有教师具备“高远神妙”、“突发奇想”的设问能力，才能培养学生的探奇与创新能力。比如，有时教师可用“如果我偏要……”发问或提问，不仅是一种提问的好方法，更有利于培养学生“敢入未开发之荒区，勇探未发现之真理”的开拓精神。

六、曲径通幽

有时以曲问代直问，即先宕开一笔，回避学生暂时不易回答的问题，而提出一个与学生生活或知识水平十分贴近、容易回答且又与教师要问的原题题意相关联的现实问题。这样，可使学生开始觉得教师似乎顾左右而言他，问得蹊跷，当逐渐涉及问题中心时，学生豁然开朗，深感教师煞费苦心，像魔术大师一般，巧中设巧，妙中有妙。亦即，当明白了教师的真实用意，则会“心有灵犀一点通”，便能准确领会、把握和彻底领悟问题之实质。

七、探幽发微

教师所提的问题若是大而空，学生就会陷于茫然，不知从何答起。若能抓住人们不注意却有趣而有意义的那些较潜隐的地方或缩小问题范围，化为具体，能小中见大，探幽发微，学生就会开动脑筋，展开想象的翅膀，发挥创造的潜能，进而回答得比较准确、完整。此时，提问就能收到“侈能尽之约，远能见之近，大能使之微，小能使之著”的预期效果。

八、层层递进

对某些重大疑难点，或将整个问题分解为前后相连的几个部分，设计成一连串由易到难的小问题，并构成必然的内在联系，使前者是后者的基础，后者是前者的深化。这样设计与提出问题，起步较低，使问题之间跳跃的幅度、提高的坡度，层层相连，环环相扣，可使问题深度不断升级，范围不断扩展，引导学生拾级而上，直达中心或最高境界，使学生产生“雪山万叠看不厌，雪尽山青又一奇”的感觉。就像游览泰山，步步登高，处处览胜，最后登上极顶观日出的境界。

九、从容思考

教师提出问题后，不可让学生立即回答，应留有适当的思考时间。为此，有时可将提出的问题重复一遍，有时可让学生查阅教材或资料，有时还可进行讨论，相互切磋，以促使真知灼见的孕育与诞生；然后再指定某生回答或鼓励自告奋勇进行回答。这样，可使每个学生在回答之前都对问题进行思考。留给学生思考的时间之长短要视问题难易而定。如果不给学生思考时间，即刻之间就要学生回答清楚、准确，非但很难做到，而且只能迫使学生乱猜、盲答，如此就失去提问的意义；如若留给学生思考的时间过长，则又会使其思维松懈。为使学生独立思考和提高答问质量，应有两个重要停顿时间：第一停顿时间，即教师提问之后，给学生以适当的思考时间；第二停顿时间，即学生回答之后，也要等一段时间让大家思考后再进行评价或提出另一问题。值得注意的是不要搞突然袭击，那样会使学生精神紧张，不知所措，思路紊乱，甚至出现“卡壳”现象，气氛不良。

十、促进迁移

教学的主要目的之一就是使学生能把已掌握的知识、技能“迁移”到新的知识或技能领域。所以，提问要注意与横向或纵向联系，适当提出几个相似、相近、相通的问题，促使学生运用同一思维方式去思考，从而达到“迁移”的目的。特别是复习性提问，既要有使知识再现的设问，更要有从知识结构和认知结构出发，揭示新旧知识内在联系的提问，促进学生已有知识的正迁移。

教师提问千万不要只满足于自己问、学生答，更重要的是应培养学生发现问题的聪明才智及敢于提出问题的气魄和胆略。为此，既善于按照学生的思维状态提出问题，不以自己明白而认为无疑，不以问题细小而不愿设疑，不以问题较难而回避提问，又多给学生创设发问条件和机会，鼓励学生勇于发问。另外，还要注意：要平等待人，不能问之失情；要由浅入深，不能问之失序；要把握火候，不能问之失时；要因人而异，不能问之失度。

提问的方法

教要有法，教无定法，贵在得法，妙在运法。提问亦然。要问得新奇，问得有趣，问得巧妙，问得富有启发性，问得高而可攀，就须事先充分准备，精心构思。真正称得上艺术的提问，就像指挥棒，能把学生引进知识的迷宫，探明底里，然后走出迷宫，顿觉一片光明；真正称得上艺术的提问，又像魔术棒，能使学生精神亢奋，注意力高度集中，创造力无比旺盛，使整个课堂富有生机，充满活力。有些原来穷思苦想而未解之题，经这根魔术棒的点拨，竟化难为易，奇迹般地迎刃而解。

一、旁现侧出法

不直接表达所要提出的问题，而是迂曲有致地旁敲侧击，使学生在“无意识”中顺着教师的意图导向进行思维，寻求答案。据说，鲁迅在讲《红楼梦》时，中途突然停下，问学生：“你们爱不爱林黛玉？”学生的情绪一下子由惊异而转为活跃，迅速展开了唇枪舌剑，最终剖析出林黛玉多愁善感、抑郁猜疑的个性。其实，鲁迅先生所提的问题就是“怎样评价林黛玉？”“林黛玉的性格特征是什么？”若是那样提问，似乎显得过于平淡枯燥，用此迂曲方式提问，却出人意料，既活跃了气氛，又启发了思维。

二、引述趣事法

有意识地引用一些趣闻故事，以集中注意力，让学生在回味中求得理解，获得新知。一位在“文化大革命”期间饱经磨难的物理教师，在介绍相对论时，曾就当时的处境对学生说：“他们说，我被关进牛棚里面，而我却认为，他们被我关在牛棚外面，你们说对吗？”这一幽默的发问，引来一片笑声。大家在笑的同时，感到这位老教师对逆境生活充满乐观精神，也体味到新知识的粗浅概念。教师如此风趣、巧妙地将抽象的物理概念融进这种浅易的具体事例之中，效果甚好，可谓高妙。

三、连锁发问法

紧扣教学内容，围绕一个中心问题，一环套一环，连续提问，步步深入，让学生把问题弄懂、熟、透。一位数学教师讲排列与组合时，提出如下成串问题：“十人互写一封信，共几封？”“十人互相握手，共几次？”“十人两两合影，共拍几张照片？”“十人中选正副班长，共几种？”通过这一连串的问与答，学生顺着教师所提供的思维导向，对排列组合的概念、计算有了更深的认识、理解和掌握。

四、自由思考法

在讲课过程中，抓住某一时机，抛出一个疑团，让学生讨论，各抒己见；通过教师的启发诱导，可使学生在不知不觉中获得知识。一位语文教师讲《孔乙己》时，就课文中最后的“大约孔乙己的确死了”一句提问：“这是不是病句？”“如果是，病在哪里？作者又为何不改？”让学生们自由议论几分钟后，这位教师从“大约”“的确”一对矛盾的词意出发，引导大家悟出了鲁迅先生文章中所蕴含的深刻主题，收到了良好的教学效果。

五、步步追问法

提问步步深入，题题紧扣，既使学生理解教材的精髓，又可养成“打破砂锅问（纹）到底”的良好思考与答问习惯。一位教师讲授家畜疾病产生的原因和感冒发病原因时，提出四题层层追问：①感冒是怎样引起的？（气候突然改变，这是外因）②气候突然改变时所有家畜都感冒吗？（不是）③为何有的家畜感冒了，而有的没有感冒？（与机体抵抗力有关）④哪些家畜易感冒？哪些家畜不易感冒？（抵抗力强的家畜不易感冒，抵抗力弱的家畜易感冒，这是内因）用这种提问方式进行教学，学生能牢固掌握教学内容。如果只由教师讲授疾病产生的外因、内因，学生只是被动接受，不仅所学知识较死，而且印象也不深刻。

六、挑起战火法

事物总是矛盾地存在的，这种矛盾往往能诱发好奇心，以此提问能引起探新求异，并为之展开唇枪舌剑。一位教师教完《愚公移山》后，出一讨论题：愚公移山究竟是明智之举，还是愚拙之行？这像一把盐撒进煮沸的油锅，学生畅所欲言，各抒己见。这利用矛盾提问的形式，使仁者见仁、智者见智，确是激发思维、打开学生话匣子的灵丹妙药。

七、趁势反问法

趁学生回答不对或不准确时进行反问，引其思考，最后使之产生恍然大悟之效。一位教师为帮学生理解“动脉血”概念，提了一个问题：“什么叫动脉血？”学生答：“就是动脉管内的血液。”教师趁势反问：“肺动脉内也是动脉血吗？”同学们被问住了，片刻后，有学生回答：“动脉血就是含有氧气和营养物质的血液，全身动脉管中，除肺动脉外，其余均为动脉血。”教师肯定此答。这种提问，是以学生的错误答语为假定，顺水推舟，适时反问，启发学生从假定结论进行思考，使之猛然感到答错，悟出正确答案，效果颇好。

八、欲擒故纵法

针对学生在学习过程中出现的“常见病”“多发病”，教师有意识地安排一些习题，先让学生“自觉”暴露出理解的错误，再有的放矢地提出问题，启发学生在回答中悟出其中道理，从而加深对知识的正确理解，画上一个圆满的句号。

九、故事寓疑法

不是直接提问，而是精选或“创造”一个隐含此问的故事，加以描述、渲染，绘声绘色讲出来，当学生产生思维共振，将入胜之际，才因势利导，使其思维处于活跃状态。有教师讲《从百草园到三味书屋》时，插入三则鲁迅在三味书屋读书刻苦的简短故事，并在学生趣味盎然时，不失时机提出三问：鲁迅这样用功，为何还对他的三味书屋生活流露不满情绪？怎样理解鲁迅在三味书屋读书时背着先生蒙《西游记》绣像画？少年鲁迅视百草园为乐园，又是用功读书的学生，两者矛盾吗？问题提出后，学生或掩卷沉思，或边读边思，或交头接耳，以至争得面红耳赤，老师审时点拨，度势诱导，最终连成绩差者也茅塞顿开。

十、苏格拉底法

一些教学的难点问题，教师要“透壁搭梯”“遇谷开路”，减缓前进坡度，降低思维难度。从平地起步，由易到难，好比医生解剖，去尽皮方见肉，去尽肉方见骨，去尽骨方见髓，渐渐向里寻到精华处。这就是古希腊大教育家苏格拉底倡导的教学方法——苏格拉底法，也叫“剥笋法”。一位教师在讲《这不是一颗流星》时，扣题而问，这不是一颗流星，“这”指的是什么？这不是一颗流星，“流星”指的是什么？这不是一颗流星，那这是一颗什么？《这不是一颗流星》是一个文题，《这是……》也可作文题，作者为什么用第一个题目而不用后者？这一组问题的设计，起步较低，环环相连，问问相扣，步步深入。思维变得极为活跃，思考问题往往是灵机一动，真正闪烁出智慧的火花。

问题提得巧，加点悬念，学生像“急于要看箱子里的宝贝”一样迫切，兴致勃勃；加点曲笔，像苦口良药中加点糖，颇有味道。高质提问，胜过喋喋不休的讲解，值得探幽寻径。

提问的艺术

提问艺术是教学艺术的重要组成部分。良好的提问艺术能优化教学过程，使师生处于和谐的信息交流之中。按照提问的原则，充分发挥提问的功能，既是提问艺术的要求，也是提问艺术的具体体现。提问的艺术应因学生而异、因内容而异、因目的而异。但下述几点却属共性。

一、适当组合提问功能

提问的检测、控制、反馈、激发诸功能是相互交织而无法截然分开的，即一次提问常常可包含数种功能。一个匠心独具的教师，往往使每次提问都是几种功能的巧妙结合以达到多种目的，实现教学设计的高效性。同时，还可使某种功能有所侧重而突出实现其中某一目的。当然，一次提问也可只达到一个目的，体现一种功能，若设计精当，收效甚佳，亦不失为一种好的提问。

二、恰当把握提问时机

无论提问目的如何，其时机都直接影响着其功能的发挥。时机如何选择，首先取决于提问的设定功能。不同功能的提问，其时机选择各有不同；即使是相同功能的提问，其时机选择亦因教学进展和课堂氛围等而有所不同；不同专业、学科、班级，时机的选择也会各有差异。

三、灵活选择问题类型

应根据提问的不同功能，灵活选择问题类型。比如：负有检测功能的提问可采用记忆型或判断型问题；负有引导功能的提问可采用推理型或分析型问题；负有授课功能的提问可采用探究型或激趣型问题……总之，问题类型应根据功能不同而灵活选择、合理运用，以更好地达到不同的提问目的。

四、适度确定提问内容

提问内容的把握，主要包括范围、量度和难度的确定。设计不同功能的提问，内容涉及的多少、深浅、难度，应各有不同。有的提问内容可大一点（如总结性提问），有的提问内容应小一点（如反馈性提问），有的提问内容可难一点（如检测性提问），有的提问内容则应易一点（如负有组织教学功能的提问）。有时，同一类提问，其难易程度和范围大小也可予以变通。

五、精心进行提问设计

提问的设计，既含上述提问内容的确定，还包括问题切入点、问题的表述和提问方式等。切入点符合知识结构和学生认知规律，易引发学生思维，收到省时、省力的效果；问题的表述也很重要，语言要准确、简洁、切中要害；提问方式应根据提问的内容和功能灵活掌握，不可处处用直问式，可以是导思式，还可以设而不问——教师铺垫，引发学生提出问题，甚至由学生向教师发问。

六、适当选择提问对象

应根据提问目的、内容和难易度，结合学生具体情况，确定不同提问对象。有的问题应提问中、下等学生（如检测性提问），有的问题应提问中、上等学生（如导入性提问），还有的问题则应提问多种类型学生（如反馈性提问）。有时由于处于特定情境和某种需要，又可不按上述方法处理，甚至反其道而行之。提问对象选择恰当与否，往往反映出教师在教学上的机智与成熟。

七、正确进行提问操作

提问时，应注意：先发问后叫人，以使每个学生都有面临被提问之感，从而引起全班学生的注意，使人人都积极思考；先发问慢叫人，以使每个学生都有充足时间认真思考，否则会使提问失去意义；“乱”而有序，即时前时后，时左时右，时困生时优生地提问，以不让学生觉出规律，从而人人都积极思考；“盯”而不“死”，即当被提问学生不能作答时，既不轻易让其坐下，亦不“死盯”不放，无休止地提问一人而置其他学生反应于不顾。此时，应运用“提示”引导，既提供线索或造成卡壳的关键信息，或提供部分答案，甚至改变问题的陈述，以诱引学生作答。此外，提问的语言应准确、清晰、简洁，以使学生能迅速听懂、理解正确、抓住问题的关键，进行思考和作答。

八、巧妙运用重复手段

就同一个问题盲目地反复叫起许多学生，让他们做无须动脑的单纯重复式回答是不可取的。然而，巧妙而有意义地重复会收到意想不到的效果。比如，同一个问题，可在一节课的不同时间先后两三次重复提出，甚至在下一次课上再提出，可取得强调和加深印象的效果；或者同一个问题，可先后两三次地重复提问同一个学生，有时对其本人乃至对全班学生也会收到极佳效果。

九、认真选准提问重点

任何提问都要做到选“点”要准，特别要选准那些能够达到教学目标的切入点、突破点和关键点。同时，提出的问题，既要形成阶梯，又要突出重点，并能发挥点的作用，层层递进，引导学生深入思考问题和分析问题。只有这样，才能由“问”达“识”、由浅入深、由表及里，使学生的智能有所启迪和发展。

十、忌不讲而提问方式

为了充分发挥提问功能，还须避免或克服如下情况。

（一）缠　问

为某一细小问题而纠缠不休。

（二）罚　问

把提问作为惩罚学生的手段。

（三）讽　问

含沙射影地讽刺、挖苦、嘲弄学生。

（四）玄　问

所问问题让学生摸不着头脑。

（五）漫　问

漫无边际，海阔天空，不是围绕教学重点进行提问。

（六）死　问

问题展不开，死抠书本不放。

总之，提问不仅是一门学问，而且是一种艺术。不在于“多问”，而在于“善问”“巧问”。只有教师“善问”，才能使学生“善思”。“问”之以妙，事半功倍；“问”之不当，事与愿违。作为教师，既要善于驾驭整个课堂，也应善于科学、艺术地驾驭提问。能把握提问艺术，既是一位合格教师应具备的教学综合能力之外在表现，也是具有丰富经验教师的内在心灵之外显。

提问的辩证法

“学问”二字，无非是“学而问之，问而学之”，以不断攀登知识高峰。提问，是组织教学的基石，是开发智力的钥匙。因此，在教学过程中，必须向学生设疑问难，但其方法要因目的而异，因内容而异；要讲求提问的艺术性，研究提问的辩证法。以做到问逢其时，答适其思。

一、直问与曲问相互结合

直问，即开门见山、单刀直入，直截了当提出问题，以便很快集中学生的注意力，迅速进入思维状态。直问，常是一问一答，清楚明了，干净利落。它有两种含义：一指提问时间，在讲课开始就问；二指提问方式，不迂回、不隐晦，是何内容就提何问题。在引新课、固旧知、查概念及小结时，常用直问法。

曲问，即含蓄、迂回地提出问题，“问在此而意在彼”。旁敲侧击，从侧面或反面提出问题，其方式是转弯抹角、多侧面地点拨，促使学生消除思维障碍，疏通思路，步步提问，步步逼近，最后通过激发反复思维，使其幡然领悟，往往收到曲径通幽的奇妙效果。

直问比拟为正面交锋，曲问就犹如迂回作战。两者各有其用，都能激发思维作用；两者结合，可促进学生思维能力的提升。

二、重问与轻问相互交替

重问，即针对教材重点或教学难点，集中火力，一问接一问，每问相关，逐步深入，直到攻克难关。

轻问，即对教学中一般问题，稍做提问，留待学生去思考，不必要求非彻底解决不可。

重问与轻问交替使用，就可使教学突出重点，带动一般，消除难点，攻破关键，从而提高教学效果。

三、近问与远问相互配合

近问，即围绕当堂课教学的疑点，提出急需解决的相关问题，促使学生思考或做出回答。

远问，即为后面的教学做铺垫而提出问题，有时还可顺着教学思路，提出更远的问题。这种提问虽不一定要求学生回答，却能开拓思路，指出方向，活跃思维，留下伏笔。

远问为近问开路，近问为远问奠基。近远配合，前呼后应，可使知识纵向连贯、横向沟通，有利于知识系统化、结构化，形成体系，从而促进学生智力发展。

四、明问与暗问相互补充

明问，即提出明显问题，其特征是：语句有问号、提问有对象和答问有要求。这种提问可直接激发思维，要学生做出明确回答。它是一种带“强制”性回答的提问，可明显引起学生的注意。

暗问，即为吸引学生同步思维而在讲述中安排的明无提问暗有疑。其特征是：语句无问号，却有需解答的问题；无我问你答的形式，却在各自心中暗暗交流着一问一答；陈述常出现对立的观点，偶尔闪露出一点奇异的光芒；讲者靠的是内在控制力，听者靠的是内在逻辑力。这种提问，只让学生向纵深思考，在头脑中自行释疑，不需做出口头或书面回答。

明问是暗问的先导，暗问为明问的铺垫。两者相互配合，相互补充，会使课堂气氛动静相间。

五、正问与反问相互协调

正问，即教师经过周密准备，从正面向学生提出一些与学生知识基础和接受能力相适应的问题，要求学生思考后从正面回答。其作用在于推动学生思维的正常进行。

反问，即提出的问题含有错误的因素，要求学生判断是与非。其作用在于纠正学生思维上出现的差错，有时也用于从反面加深对正面问题的理解。再有，就是对学生提出的问题，不从正面给予回答，而是诱导学生自己一步一步找出答案。

正问是教师主动诱导学生思考，反问是跟着学生的思路因势利导。两者配合使用，会使学生思维更活跃、更全面、更深刻。

六、启问与诱问相互呼应

启问，即教师选准那些为达到教学目标或发挥某些功能，能突破重点、攻克难点的问题向学生提问，以便启发学生思维，促使学生智能发展。

诱问，即根据所要启发的内容，时而间断，时而连续，时而铺垫，时而递进，使问题循序渐进，逐步深入，以使学生回答得更切题、更深刻，达到教师所希望的理解层次。

启问对学生思维起推动作用，诱问对学生思维起引导作用。两者协调配合，就能使教学气氛良好。

七、宽问和窄问相互穿插

宽问，即概括性提问，围绕一中心问题连贯地提出多个问题，需“旁征博引”地综合回答。

窄问，即具体的提问或单一性的提问。要求简单具体或“画龙点睛”式的专门回答。

宽问居高临下，窄问具体生动。两者相辅相成，相互穿插，有利于培养学生的分析与综合能力。

八、单问与复问相互渗透

单问，即仅提一个单一问题，然后释疑。这类提问往往由几个单问组成。设计合理的单问，既能形成系列，又会显示层次。

复问，即在短时间内多次提问。复问可选用窄问搭桥，逐渐深入，最后得出概括性结论，这是归纳复问法，主要用来培养学生的概括能力；复问也可先用宽问领路，然后再分解为多个具体的窄问，这叫演绎复问法，主要用来培养学生的分析能力。

单问有稳扎稳打的效果，复问有步步逼近的气势。两者各有其用，各有其重，异曲同工，目的一致。

九、何处问与何时问皆需得当

何处问，即掌握好提问地方。不是教材中的任何地方都需提出问题，必须围绕和服务于教学目标与要求，从教材的系统性、知识的关联性、内容的矛盾性和学生的可受性等方面考虑。

何时问，即把握提问时机。课始，为激发兴趣，以旧引新的提问是必要的；课中，为集中学生的注意力，或理解重点内容，启发性提问是必要的；课末，为巩固记忆和埋下伏笔，总括性提问也是必要的。

何处问是空间概念，何时问是时间概念。前者是后者的基础，后者是前者的体现。提问于恰当的空间与时间，方能收效良好。

十、为何问与怎么问均要清晰

为何问，即明确提问的目的和意义。有意义的提问建立在下列基础上：能表现出教师对教材的深入研究；能与学生智力、知识、能力的发展相适应；能激发学生的学习兴趣与求知欲；有助于突出重点、攻克难点及实现教学目标；有助于体现控制性、启发性和教育性。

怎么问，即提问策略。若只问“对不对”“是不是”“好不好”，让学生齐声回答，追求表面热闹而无启发学生思维，是不可取的。应根据学生思维特点和教学要求，有目的、有计划地打开其思路匙。

为何问是目的，怎么问是方法。目的决定相应方法，方法有利于目的实现。

另外，还有虚问与实问、自问与试问……每种提问不是孤立的，往往是综合使用。提问技巧固重要，但须运用得当。提问贵在巧，巧就巧在：在吃透教材和学生实际的基础上，遵循知识内在规律和学生认知规律，依据思维发展的脉络，引导学生揭露矛盾，分析矛盾，解决矛盾，从而把知识学活。

提问与学生思维发展

提问活动主要由六个因素构成。即：提问的目标、提问的材料、提问的环境、提问的语言、提问的程序和提问的技巧。它们相互联系、相互促进，多侧面、多形式地共同影响着学生思维品质的形成和发展。

一、提问的目标

提问的目标对学生思维的发展具有定向性、限制性和指导性。由于教师预先设计提问目标时要考虑可使学生得到什么、思考什么和认识什么，改变学生的什么行为，形成何种能力或品质，因而教师预先设计的提问目标就规定了学生思维的方向和内容。教师提问的目标明确、具体，就可有计划、有系统地形成学生不同的思维品质。提问的目标要从培养思维流畅性入手，抓住变通性这个关键，着重启发思路，引导思维换向，特别要重视独特的观念、设想和构思。

二、提问的材料

提问的材料（或内容）规定了学生思维的内容。材料的性质、形式、数量、难度对学生思维发展具有一定影响。材料的性质可分为三种。

（一）知识性问题

知识性问题是指为使学生能掌握具体事物和一般原理、规律、方法、结构而设计的问题。这类问题十分强调记忆能力的发挥，是解决问题的基础和前提，为思维活动的深化和发展创造条件。提问时经常采用的关键词是：谁、什么是、哪里、何时、写出、叙述、解释等。

（二）说明性问题

说明性问题是指使学生通过对问题的转化、解释和推断而领会内容的涵义，弄清其内在关系。回答这类问题的思维过程主要是分析和综合。要求学生能够分析材料，确定材料间的各种关系和本质联系，从而创造性地解答问题。在提问时经常采用的关键词是：为什么、什么因素、得出结论、比较证明、分析、预见、创作、总结等。

（三）评价性问题

评价性问题是指为使学生能对观点、作品、答案、方法和资料等的品位或等级做出判断的问题。学生根据一定标准和评价性准则来评价这些问题的准确、有效、经济和质量的程度。要求学生能推陈出新，发表独特见解。在提问时经常使用的关键词是：概括、判断、评价、说明、论证、看法等。

材料的形式是表现材料内容的方式，同一内容可采用不同形式。形式新颖、跌宕起伏，就会促进学生积极思维；形式呆板、平铺直叙，就会抑制学生思维。问题新颖独特，就会打破学生的思维定势，激起学生的兴趣，促进学生积极思维和探究。

三、提问的语言

提问的语言能增强或减弱学生思维的效果。语言与思维的关系最为密切，师生间交往的主要形式就是语言交流，其中教师提问的语言是传达信息、刺激学生思维的主要工具。所以，提问的语言要具有准确性、简洁性、规范性、形象性、情感性和节奏性。在设计问题时应注意避免如下几点。

（一）概念是否兼容

如提问 ×× 是“高耸”还是“险峻”？“高耸”和“险峻”两个概念是兼容关系，在这里却以不兼容关系来提问，问句本身不合理，影响学生的正确思维。

（二）用词是否准确

如线段不同于直线，无色不是白色，生成“雾”不能说成“烟雾”等。如果提问用词不当、不准，势必形成概念不清，进而造成学生思维困难。

（三）问域是否适中

问域应适中，问域过大或过小都会影响学生的思路。

（四）问句有无歧义

问句中概念含义不清或所指对象不明，就易造成理解分歧，回答得不确切。

四、提问的环境

提问的环境可加速或延缓目标的实现。提问的环境包括提问的“愤、悱”情境、课堂气氛和班级的学习风气等。为造成良好的问答情境，提问需要具备三个条件。

（一）逻辑关系

问题应与学生先前掌握的概念和在一定教学情境中需掌握的概念有逻辑关系。

（二）认识强度

必须使问题具有认识上的强度。

（三）情感反应

问题应引起学生的情感反应。所谓情感反应是指学生在将新知识同已有知识进行对照时产生的惊异感，即感到已有知识、技能和技巧的不足，而新知识则别有洞天。

课堂气氛或称课堂心理气氛，是一种给人以实感的教学情境，影响着问答双方的感情能否畅通交流。良好的课堂气氛需要具备三个特征：恬静与活跃的统一，热烈与凝重的统一，宽松与严谨的统一。形成良好的课堂气氛需要努力建立良好人际关系，创建优良班风，这些将有助于培养学生乐思、善思的学风。

五、提问的程序

提问的程序规定了学生思维的发展过程，基本上有以下四个阶段。

（一）置境阶段

教师用指令性语言设置问题情境，由讲解转入提问，使学生在心理上对提问有所准备。

（二）置疑阶段

教师用准确、清晰、简明的语言提出问题，明确要求。稍等片刻，根据学生具体情况，指定或不指定学生作答或操作。

（三）诱发阶段

教师在学生答不出、答不准或答不全时，用不同的方式鼓励、启发、提示、诱导学生做出正确答案，或执行教师的要求。此阶段包括的细节：①提示——教师提示问题，提供必要的依据；②重复——重复学生的回答，以引起全体学生的重视，或做出判断；③追问——根据学生回答中的错误，或不完整的答案，再提问题，引导深入思考，得出正确答案。

（四）评核阶段

1. 用不同方式处理或讲评回答　此阶段包括的细节：①检查——检查学生的答案，重复学生回答的要点；②评价——对学生的回答加以分析、评论；③更正——对学生回答中的内容不正确或思路不全面之处，予以剖析、更正；④追问——继续设问，引发学生更加深入而广泛地思考；⑤展伸——在已得结论的基础上，联系有关资料和相关问题加以分析、推广和延伸。

2. 按认识过程的两种形式评核　即演绎式和归纳式。①演绎式——提问按照“是什么→为什么→怎么样”的顺序促进学生理解问题、解决问题。先引导学生形成判断，然后再引导学生寻求如此判断的原因，最后找出解决问题的办法。它侧重引导学生正确地表述思想。②归纳式——提问按照“怎么样→为什么→是什么”的顺序促进学生思维。先提问“怎么样”，引导学生熟悉内容；再提问“为什么”，引导学生深入分析；最后提问“是什么”，引导学生形成正确结论。

六、提问的技巧

提问的技巧可增强学生对有关内容理解的准确度和可知度。提问的技巧是教师所具有的处理师生问答活动的基本知识、经验和技能的综合体现，其中包括提问时对非语言行为和非认知因素的熟练掌握与运用程度，以及调控问答活动时间等。它具有调节、强化、补充和完善其他因素，增进学生对问题的感知和理解的效能。

（一）对提问的时间控制和运用技巧

教师对提问的频率、提问的时间及提问后的等待时间掌握得如何，将直接影响学生对问题回答的效果。在教学的不同阶段，学生思维的紧张度是不同的，教师应抓住时机采用不同方式进行提问。如在上课初，学生思维处在由平静趋向活跃的状态，这时多提一些回忆性问题，有助于提高学生学习积极性，增强其参与意识；当学生思维处于高度活跃状态时，多提一些说明性和评价性问题，有助于分析和理解教材。不同时刻的提问对学生的记忆和思维产生的效果不同，对同一提问内容，学习前的提问与学习后的提问，学生思维与记忆的范围有别。教师提问后等待的时间究竟多长为宜？应根据问题的难易程度、学生的接受能力而定，留出恰当的等待时间有如下好处：学生可回答得较完整；学生能主动地回答问题；增强学生回答问题的信心；增加答案中创造性思维的成分。

（二）对非认知因素的掌握和运用技巧

教师本身的动机、兴趣、情绪和情感、意志、性格等非认知因素，对学生思维活动有一定影响。如教师提问时持积极态度对学生的思维能起促进作用，学生从教师的愉悦情绪中，得到激励和鼓舞，能增强学生解答问题的自信心；如果教师提问时表现出不耐烦或责难的态度，则会使学生产生惧怕、回避、抵触的情绪，阻碍问题的解答。因此，教师在教学中要经常保持温和、谦虚的态度和情感，使学生感到可以信赖并得到鼓舞。

（三）对非语言行为的掌握和运用技巧

非语言行为即教师的面部表情、身体姿态及与学生间的距离。它能辅助、修饰和代替语言难以表达的感情和态度。如学生判断自己答问正确与否可从教师的面部表情中获得暗示，能从教师目光中识别出是期待、信任、激励，还是责备、不耐烦、不屑一顾，从而增强或减弱回答问题的信心。教师在提问时，可通过变换自己在教室内的位置，与学生进行交流，以达最佳的对话效果。

提问的技巧也可归纳为“三要三不要”。“三要”：一要有整体设计，即对本课程应提出的若干问题进行整体考虑与安排；二要有完满的结果和答案，即对学生正确的答案要给予肯定与赞许，对错误回答则要修正与补充；三要合乎教学逻辑，即要体现教学内容的逻辑关系。“三不要”：一不要泛问，即提问的人次既不能太多，也不能太少。太多易引起思维混乱，使教学整体过程出现“分散化”倾向，打乱教学过程的逻辑性，淹没教学重点，太少则激发不起学生的兴趣和积极性；二不要突问，即必须使学生有接受提问的心理准备，在师生思维基本保持一致的情况下提问，在提问之前，应首先“激思”“设疑”“启发”；三不要有“问”无“答”，必须引导学生回答教师的提问，对问题的回答可采取个体回答、集体回答、师生共答等多种形式。

总之，提问对学生的思维发展具有：启动性，即提问能启动思维并成为思维的外部推动力；指导性，即提问内容规定了学生思维发展的方向和程度；强化性，即提问难度愈大要求学生思维的强度就愈高；调控性，即提问的方向性、目标性、指导性，可以控制与调整思维的发展速度与进程。

让学生敢问　好问　善问

什么样的学生是好学生？过去认为考试成绩好、听话的就是好学生，但在当今这个创新时代、激烈竞争时代，没有创新精神和创新能力，不会发现问题、提出问题的学生，恐怕不能算是好学生。传统的课堂教学中，只看到教师向学生提问，而看不到学生向教师提问。反观三四岁的孩童都会围着大人不停地提问：“这是什么？”“那是什么？”“为什么这样？”……为什么他们现在就没有问题了呢？很值得为师者深思！一直以来，课堂上的提问是教师的“专利”。教师问，学生答，似乎天经地义。而教师的提问常常是按照自己对教材的理解、自己的思路和自己的意愿设计的，在这种接受性学习方式中，学生失去了提问的权利，也失去了质疑和深层次思考的机会，最终失去了发现问题、解决问题的能力，当然更谈不上创新能力了。学生提问，是学生在学习中一种极为重要的活动，也是一种难能可贵锻炼能力的方式。爱因斯坦说：“提出一个问题比解决一个问题更重要。”那么，怎样培养学生的问题意识和提问能力呢？

一、突破传统树立新理念

教育的功能到底是什么？其核心之一应是“成功的教育”，而不是“失败的教育”，或者说，应是“肯定的教育”，而不是“否定的教育”。教育不仅是让学生获得知识，更重要的是让他们通过学习，形成自信、向上、积极进取的人生品质。

二、提高认识让学生提问

为什么在美国的课堂上永远是以学生为主，更多的是学生在向教师提问题，而在中国却相反？这不仅是一个现象问题，从一定意义上反映出我国的教育思想和教育观念。一方面我们一贯以认知学习理论为指导，过分强调教师的主导地位；另一方面是我们的学生从主观上不愿意或不敢提问，甚至有些教师或多或少、自觉或不自觉地限制学生提问。因此，导致课堂“满堂灌”或点缀性提问。要改变此种现象、多让学生提问，必须认清学生提问的意义——提不出任何问题者，就不会取得学习上的有益收获；善于不断提出有价值问题的学生，必然在学习上能够不断向上攀登。学生的提问从形式上看，是在认知过程中遇到了疑难或难以解决的题目，而实际上这种外在形式折射了更为深刻的内涵。

（一）提问改变了课堂教学的组织形式

课堂是知识信息的传递场所，在传统教学中，教师是信息的传播者，学生是信息的接受者。学生提问最根本的是使信息传递呈现多线性结构；信息源不再仅是教师或某一个学生，而是多个学生和教师组成的一个互动系统。

（二）提问反映对某种知识的掌握程度

如果学生对某学科或某一知识内容无丝毫了解，就不会提出问题；相反，所提问题的质量也折射出他对所学知识的掌握程度。

（三）提问是学生创造性学习的有效途径

所谓创造性学习包括两个基本含义：一是学习风格相对独特，效果也尤为明显；二是在学习中能够发现新知识。学生的提问可产生一个问题链，如果层层问题链构筑起来的“金字塔”是尚未被前人所发现和掌握的知识，那么这种提问的意义就更深远。

（四）提问对教师素质提出更高的要求

教师除能积极引导之外，还必须具备足够的知识含量，才能与学生一起讨论和解决问题，当今信息时代，学生随时可通过各种传播媒介获得方方面面的信息，这就使得教师要不断学习，及时了解新的知识和信息，并掌握和利用。

（五）提问使学习者的思维更加活跃

思考、问题和知识，三者辩证统一，有了问题就必然思考，因为思考解答了问题，便产生了知识。通过提问与讨论，学生的思维会更活跃，也会获得更多知识。

三、培养意识让学生想问

问题意识，表现为学生在学习或认知活动中，经常意识到一些难以解决的、感到疑惑的实际问题，并产生怀疑、困惑、焦虑、探究的心理状态。而这种心理状态又会驱使学生积极思维、不断发现问题、提出问题和解决问题。培养问题意识，有利于发挥学生主体作用，激发学生学习动机，培养学生敢问的精神。

四、营造氛围让学生敢问

学生不敢提问的原因何在？不是提不出问题或不知怎样提出问题，就是不愿或不敢提出问题。这两种现象的实质是自卑心理严重，不敢与同学理论，也不敢向老师提出不懂的问题，害怕老师和同学“瞧不起自己”。所以，教师应讲求民主，师生角色平等，形成伙伴关系；要善于变“满堂灌”为师生互动；要鼓励学生大胆发言，允许学生“出错”。既要鼓励学生的独到见解，尤其是胜于教师的独到之处；更要释解与鼓励弱势学生的自卑心理和点滴进步。为此，教师对学生的提问可采用语言的激励、手势的肯定、眼神的默许等手段，给予充分肯定和赞赏。

五、拓展渠道让学生会问

当学生还未养成提问的习惯或者所学知识较难时，教师可组织学生先讨论，在小组内提问题。教师也可设计好问题，引导学生模仿老师提问。提问内容可由浅入深，由易到难，经过一段时间训练，学生初步掌握了发现问题和解决问题的方法，就可在教学中留有一定的时间让学生独立质疑，自我展示。另外，教师还可采用抓典型、树榜样的方法，通过开展“最佳问题”和“最佳提问人”等活动，在学生中形成良好风气，使学生由被动提问逐步转向主动提问，并养成习惯。

六、精心组织让学生善问

为提高学生学以致用的能力，教师应引导学生把学到的知识应用于现实生活，让他们在解决新问题中再提出实际问题，为学生的创新思维提供适宜的问题和情境。

七、养成习惯让学生常问

亚里士多德有句名言：“思维是从疑问和惊奇开始的，常有疑点，常有问题，才能常有思考，常有创新。”教学要使学生能有效地产生问题，培养解决问题的意识、习惯和能力；教学要激发学生独立探索提出高质量的问题，培养学生多向思维的意识与习惯。既要让学生带着问题走进教室，又要让学生带着问题走出课堂。一堂课下来，应给学生留下问题，否则这堂课不能视为成功。反观传统课堂，更多是让学生理解、认识和接受现有的结论，而对于引导学生对现有知识的再认识、更新与创造往往忽略、或根本不谈，最终以“教参”作为标准答案一锤定音。教师总认为把学生教得没有问题，才算是成功的教学，其实是恰恰忘记了“行成于思，思成于惑”的简单事实，困与惑恰恰是学生特有的财富。

在课堂教学过程中，要加强对学生问题意识的培养，这是实施学研教育的一项重要内容。学生能发现问题、提出问题是其自主学习的一种表现，也是教育者一再倡导“以学生为主体”的教学模式的基本要求。

处理学生答问的艺术

提问，不能只重视问而忽略答，也不能只重视答而轻视评，应将问与答、答与评有机统一起来，适时对学生的答问进行合理与恰当的处理或评断。评断有即时评断和延缓评断。前者，指学生答完后，教师立即给予评断或发动学生评断；后者，指对某些值得再思考或有多种答案的问题，学生答完后，教师推迟评断，或引导学生争议，以激发思维，开阔视野。究竟如何处理学生答问？应针对学生不同回答情况，采取不同的处理方法。

一、当学生对答如流时

学生答问时对答如流，本身是件好事，但有时也反映了教师提出的问题过于简单，这时应就此把问题向纵向挖掘或横向开拓，深入地补问或追问第二、第三个问题，使学生的认识得以深化或扩展。

二、当学生答问卡壳时

答问卡壳，常因问题过难或思维定势造成，有时即使问题难易适度仍不免卡壳。此时应根据症结所在，给予适当引导；或顺着原问在思考方向和方法上指点，打通学生的思路；或换角度、换提法进行疏导。排除“卡壳”的方法：逆向诱导，让学生辨别与驳斥，以诱发其从反面打开思路；创设情境，让学生身临其境，使问题受感而解；顺水推舟，激发思维灵感，使答案水到渠成。

三、当学生答问胆怯时

有的学生缄口不言，并非不想或不会答，而是不敢答。此时，要善于“投石扬波”，使其克服羞涩心理。方法如下。

（一）激　情

激发其上进心，促其克服保守心理，产生竞争意识。

（二）激　将

苦口婆心地劝导，可能无动于衷，而一句“激将”话语，却可“歪打正着”，激发其好胜心。

（三）借　用

借用周围环境或现场情况，相机诱引或挑起“战火”。

（四）期　待

不妨稍做沉默在无声中期待。如有位教师说：“我知道大家都在认真思考，而且有的准备回答，现在就看谁先迈出这可喜的第一步！”少许，几位同学相继举起右手。

四、当学生答问无措时

当问而不答或举手者寥寥，即直接提问不易触发学生思维敏感区而遭冷遇时需采取如下措施。

（一）选准突破口

突破口应是教学要求和学生兴趣的交汇点，且准、新、奇。

（二）抓住关键处

“用准一词，尽得风流”，即抓准一语、一事，亦能“纲举目张”。

（三）制造矛盾点

矛盾能引起学生探新求异，使智者见智，仁者见仁。

五、当学生答问冷场时

学生答问出现冷场，多系问题太难。此时，教师可做见缝插针式点拨，既是对答问者的提示，又是对其他同学的提醒。比如：可化难为易，将坡度放缓；将大问题化为小问题，将复杂问题化为简单问题；将深奥问题化为浅显问题，将模糊问题化为鲜明问题……以开阔学生回答的思路。

六、当学生答问出圈时

学生答问出了圈，教师要因势利导，采取应变措施，将其思维引入正轨，使其按提问的指向进行思考；或“将计就计”，用“迂回战术”将答问的主战场转移到提问范围之内。

七、当学生答问不全时

学生答问不全面，不要急于或轻易纠正或补充，应进一步启发学生扩展思维，引导他们仔细检查所答，重新思考，以得出全面结论；也可通过补充提问或反问，让学生从囿于局部到考虑整体，获得正确或完整理解后再做答问；或发动他生指出漏洞，再让答问者做补充性发言；必要时，也可由他生进行补充。

八、当学生答问平淡时

当学生答问详略不当或重点不突出时，教师应启发答问者或让他生进行强调性发言，使答问者了解提问的重点，答出问题的要点，争取做到“曲终奏雅”。如果学生的回答是死记硬背，不要表示同意，可让他拿出例证。

九、当学生答问错误时

当学生答问出现错误时，既忌立即点明，也忌急于纠正，又忌马上让别人代替回答，更忌大声训斥。此时，除要肯定学生勇于发表自己见解的可贵精神和答问中某些可取之处外，可启发其再次审题，做矫正性发言；或提出反问，使其知错在哪里，重新思考；或接着提问那些不同答案的学生，尽管回答可能“千差万别”，但却能激发群体学生的积极思考。答问错误，如具有共性，可组织大家剖析、订正。

十、当学生答问啰嗦时

当学生答问因思路不畅而语句冗长、表达啰嗦时，不应讥讽或嫌弃而应帮助其锤炼语言，并训练其表达、概括和归纳的能力，使之逐渐做到语言简练、脉络清晰、抓住重点、回答准确。

十一、当学生答问笼统时

学生答问笼统时，不要轻易否定，而要启发、引导，让其自己补充、重答，使答问从比较模糊到比较清晰，从不够准确到基本确切，从比较肤浅到有一定深度，直至趋于规范、正确、清晰。

十二、当学生答问正确时

学生答问较好时，教师不宜急于小结，而应：一是变换思维角度进行补问、追问，让其再做回答；二是让其他同学发表看法或修正补充，以调动群体的参与热情，使之感到自己不是消极被动的旁观者；同时，还应给予肯定或赞扬。教师的赞扬并不一定溢于言表，有时只需和善地说一声“对了”或“有见解”就足够了。对有创见的回答则应给予充分的肯定或表扬，有时也可直接指出好在哪里及有几个方面的参考价值，以使他生得以借鉴。

十三、否定答错的艺术

通过个人回答，能辨别其是否聪明；通过个人提问，可辨别他是否“博学”。学生答问出现错误是正常现象，教师对此需进行否定，旨在既让其知“错”，并从中感到热情和期待。故需讲究否定答错艺术。

（一）开脱式

“你答错了，但这不能全都怪你，可能是我在提问时没有把问题说清楚，现在我再说一遍，你注意听别的同学来回答。”这样就给学生铺好一个台阶，不让这个学生因此而感到尴尬，可保护学生的自尊心。

（二）商量式

“你答得不错，可还不够全面，若再补充上 ××× 就更完整、更清楚了，你说对吗？”如此，不仅可让学生感到教师对自己的尊重和理解，又可让他感到自己是学习的主人，对问题应多作认真的全面思考。

（三）安慰式

“答错了不要紧，谁敢保证一答就对？你们提出的问题老师有时也答不上来！”这样使其感到不是羞耻而是温暖。

（四）希望式

“你是个聪明学生，这次未答对纯属偶然，下次定能答好！”这可使其产生不灰心下次定要答好心态。

（五）激将式

“你和 ×× 同学差不多，这次他答得比你好，你定不甘心！”这能催人奋进产生前进的动力和信心。

（六）表扬式

“你答错了，但你敢于说出自己独到的见解，这是非常可贵的。”实际上，在错误的答案中往往也有值得肯定的东西，教师要善于发现它、抓住它，可保护学生的积极性。

（七）启发式

“你知为何不对吗？毛病出在这里，你再想一想。”这样可让其知道为何错，既锻炼思维又提高认识。

（八）抚爱式

教师以慈祥微笑的目光面对答错的学生，轻轻拍拍他的肩膀或摸一下他的头，“请坐下，听听别人回答。”这样，学生也许感到脸红却不感到难堪，只会觉得一股暖流注入自己的心田。

（九）保护性

“你只顾举手了，一时懵住了，把问题的答案忘了，让同学提醒一下吧！”这样，既可使学生大脑兴奋区受到抑制的状态得以恢复，又可使之从窘境中解脱，避免挫伤其自尊心和积极性。

（十）自责式

“我提的问题难度大了些，一时答不准不要紧，先思考一下，下次再回答！”这样，既使学生摆脱难堪的困境，也给学生留下思考的作业和思考空间。

否定答错需注意做到：力求准确、简练，富有艺术性；力求科学、深刻，富有启发性；力求多角度、多侧面，富有开放性。

以上这些处理答问的方法看似简单，实则不然，需教师的耐心、细心、爱心和敬业之心；需敏锐捕捉和及时纠正学生答问中的错误或不确切之处，并善于采用分析、归纳、小结等方法助其形成正确答案，或采用试探、诱导等方法使其思考更为深刻、全面。同时还要做到：鼓励学生的创造性，不墨守原有答案；激发学生的求知欲，不为处理答问而处理答问；发扬教学民主，不“独唱独奏”；评价答问也让学生参与，允许和教师持不同见解。并且还要借助眼神、手势等对学生的答问做无声评断。比如，双目注视答问学生并流露出柔和、热诚的目光，使其感受到热情、赞许、鼓励，从而大胆、顺利、正确地回答问题。

第十一章　好奇与兴趣

好奇，是指对自己所不了解的事物觉得新奇而感疑趣，是人类行为的最强烈动机之一，是创新“火花”的“导火索”，是探求新知的原动力，任何学科的开端都始于好奇。好奇心，是由新奇刺激所引起的一种取向、注视和探索的心理和行为动机，是一种内在动机由外界刺激物的新异性所唤醒。对教育而言，为师者并非要学生都成为哲学家，而应引领学生学习哲学家的思考方式，存有好奇心及探索万物的兴趣。

好奇——学习者之美德，科学家之品质，探索之源泉，发现之动力，创造之前奏。

动机，是个体发动和维持其行动的一种心理状态，是激发、维持并使行为指向特定目的的一种力量。动机，尽管是心理活动的表现形式，但仍是客观社会生活需求或自身生理需求在人脑中的反映。需求积累到一定程度即动机，任何行为都受一定的动机支配。在自觉实行每一行动之前，须明确意识到此行动的原因和预达的目的。学习动机，是推动学生学习的直接原因和内部动力，是社会和教育对学生学习的客观要求在学生头脑中的反映，学习动机的形成不能脱离社会生活条件和教育的影响。学习动机，主要是个人想得到别人或团体承认或肯定的“交往需要”与个人想取得优胜、自我改进的“成就需要”。学习动机的关键是个体的三种基本心理需要：胜任需要、归属需要和自主需要。胜任，是指在个人与社会环境的交互作用中，感到自己是有效的，有机会去锻炼和表现自己的才能；归属，是指感觉到关心他人或被他人关心，有一种从属于其他个体和团体的安全感，与别人建立起安全和愉快的人际关系；自主，是指个体能感知到自身行为是出于自己意愿、由自我决定，即个体行为应是自愿且能自我调控的。正确的学习动机，既是掌握知识的必要条件，又是形成良好品质的组成部分。故学习动机的培养与激发是教育者的重任。

兴趣，即喜好的情绪，与认识和情感相关。若对某件事或某项活动产生兴趣，就会热心接触、观察和积极从事这件事或活动，并注意探索其奥秘，认识越深刻，情感越炽烈，兴趣就越浓厚；反之，就无情感。兴趣的这种情绪是人类进化的一种生存工具，能够穿过百万年的进化而继续流传。兴趣的形成由低到高分为：需要、动机、兴趣。兴趣是学习的先导，有浓厚的兴趣才会有勇气和信心面对困难。兴趣，是开启智慧的大门，对每个人的行为和事业成功都有重大影响。人一旦对某事物产生浓厚的兴趣，就会主动去求知、去探索、去实践，并从中产生愉快的情绪和体验，所以兴趣具备动力性。兴趣，是建立在好奇心之上的，是动机由内而外地鲜明化，是动机在学习活动中的体现。兴趣是一种力量，是对未来活动的准备，能拥有越来越多的可能，也越来越生机勃勃。兴趣，是元气淋漓的状态，是追求真理的第一步，是人才成长的“起点”。兴趣是学习动机中最现实、最活跃和最实际的因素，激发学习兴趣也是教学中激发学生学习积极性的一种策略。

兴趣——点燃智慧的火花，独辟蹊径的阶梯，连接前程的桥梁，成才成功的基石。

学校教育应以学生为中心，让他们根据自己的兴趣和爱好自选院校、专业、课程和学法。众多成功案例昭示，教学须打破整齐划一的模式，针对学生特点，注重个性差异，顺应其兴趣和爱好，因材施教。教育的作用，就是把兴趣变成智力活动；教育的责任，就是帮助学生找到并能满足被刺激起来的好奇心之途径；教育的价值，在于尊重每个学生，视之为一个独特个体，为其感受、思考和行为提供机会。

好奇是自生、内生和天生的学习动力；兴趣是他生、外生和后天的学习动力。好奇归先天，兴趣属后天；好奇是专注，兴趣是爱好；好奇较短暂，兴趣更长久；好奇是对事物的态度，兴趣是对事物的爱好。有好奇心就有兴趣，有兴趣未必有好奇心。学习兴趣与学习动机的相同之处，是两者都被视为引起个体行为的内因。学习兴趣与学习动机，在不同年龄段有不同的特征，且两者之关系随年龄增长而发展变化。

好奇心的特性及强化策略

好奇心，是人们希望自己能知道或了解更多事物的不满足心态，是对某事物感兴趣的心情，是个体遇到新奇事物或处在新的外界条件下所产生的注意、操作、提问的心理倾向。好奇心，是个体学习的内在动机之一，个体寻求知识的动力，是驱使科学技术发展的内在动力，是创造性人才的重要特征。好奇与好奇心的区别：从基本词性来讲，好奇是动词，好奇心则是名词。从意义上区分，好奇是指对某些未接触过的事物感觉新鲜；好奇心则是对某些未接触过的事物感觉新鲜的一种心理状态或感觉。

一、好奇与好奇心的主要特性

（一）多向性

好奇本身就具有倾向性，可以是人、物、事中的某个或多个方面，也可以是自然科学、社会科学中的某个或多个学科。概言之，可以指向任何领域的某个或多个事物。

（二）情感性

好奇心具有情感因素，反映了个体的认知需要，主要由外界刺激物与预期的不一致所唤醒。这种唤醒具有情感的力量。学习是知情交融的过程，好奇心可使个体从探索中获得愉快的体验。

（三）变化性

好奇心的强度与个体对相关信息的了解程度有关，与个体的信息缺失产生的不愉快感有关。越是压抑这种好奇心，其好奇程度则越强烈。所以只要有好奇的东西，就去弄明白，经历几次之后就会慢慢淡化了好奇心。有很多人的好奇心一旦形成就稳定不变，也有很多人的好奇心随着外界的刺激而加强或减弱。

（四）先天性

从好奇来源看，既有先天的自然性，也有后天的培养性。

（五）强弱性

好奇心是人类的天性。一般来说，智力水平较低者也存在好奇或好奇心，中等智力水平以上者大多有较强的好奇或好奇心。

（六）不同性

不同的个体面对同样的认知信息，会产生不同水平的好奇心，这是由个体对当前认知信息的兴趣、信心与期望不同造成的。

满足好奇心正是满足欲望的表现。欲望是复杂与混乱的，好奇心只是单纯的热情，无任何杂质。

二、好奇心是学习和探索的动因

（一）好奇心是个体探索行为的源动力

好奇心人人皆有，对于幼童和青少年来说，一旦面临新奇、神秘和自相矛盾的事物，就会产生三种探索行为：感官探索、动作探索、言语探索。因此，有选择性地了解周围事物。故而应创设满足人们好奇心的环境与条件，以把其好奇心引向强烈的智力活动。

（二）好奇心是个体学习的内在动机

动机是人类行为的基本源泉、动力和原因，反映人类行为的主动性。动机有内在动机与外在动机。外在动机由活动之外的目标或奖赏引起好奇心，如幼童对学习活动本身不感兴趣，但为赢得父母与老师的表扬与奖励会进行学习。内在动机则是“一种不依赖外在报偿便能促成某种行为的东西”。布鲁纳认为个体学习的内在动机之一即是好奇心，主张在教学中应激发幼童的内在动机，使幼童在学习实践中感到愉快。

（三）好奇心是个体学习的情感动力

学习过程离不开对教学过程的探讨。教学活动虽以传递认知信息为中介，但却离不开教师、学生和认知信息中的情感因素，可从我国古代和西方教育思想中窥见一斑。如春秋时期孔子对于治学三种境界的见解，就把好学、乐学作为学习活动的理想境界；明代王守仁认为学习中的愉快情绪体验对儿童来讲，犹如时雨春风对花草树木之生长一样重要；捷克大教育家夸美纽斯在其《大教学论》中也指出："应该用一切可能的方式把孩子们求知与求学的欲望激发起来。"以罗杰斯为代表的人本主义心理学家十分重视情感因素在学习中的作用，认为学习本身应包括认知与情感两个方面，提出智能与情感协调发展的"全人"学习理论。近些年来，心理科学界也出现了强调动机、情感与认知相互作用的"热认知"思潮，把好奇心作为学习中的主要情绪与动机。好奇心，既具认知性特征，能引发个体的探索行为；又有情感性特征，可使个体从探索中获得愉快体验。个体在其好奇心驱使下表现出来的观察、提问、操作、选择、坚持、积极情绪等都是有助于学习活动的有效行为。所以，教师应充分认识到好奇心对学生发展和教育教学的重要价值。

三、好奇心是创新人才的特征

好奇心是创造性人才的重要特征已是不争之事实。创造性的培养应从幼童抓起，已成为教育学者的共识。人类最初的好奇心来自于婴儿的探究反射。婴儿一旦发现新奇事物，就会用手触摸，用舌品尝。幼童的好奇心会更加强烈和明显，通过感官、动作、语言来表达自己对周围世界的好奇。这种好奇最初是情景性的，如果受到鼓励与强化，就会变成认知与情感的结合。我国教育家陈鹤琴指出："好奇心对于幼儿之发展，具有莫大作用，幼儿对一切新的东西产生好奇心，一好奇就要与新东西相接近。"美国学者希克森特米哈伊在谈到好奇心的重要性时，也明确提出："通往创造性的第一步就是好奇心和兴趣的培养。"他认为，好奇心是需要保护的，也许所有的孩子都有好奇心，但好奇心能否保持到成年，在很大程度上依赖于早期生活受到的鼓励。幼儿的好奇心很强，也许与他们知识经验贫乏有关。在他们看来，周围环境中的许多事物都是新奇的，他们想要观察、探索、询问、操作或摆弄这些事物，这些都是好奇心的外在行为表现。如果这些行为能得到更多的鼓励与支持，就会逐渐内化为人格特征；相反，会逐渐消退，表现为对新奇事物的冷漠、回避等心理倾向，从而不利于创造性人格特征的形成。因此，教师应梳理自己知识中的盲点，觉察自己教育观念中的误区，自觉转变观念，扮演好学习支持者的角色。

四、好奇心强化的主要策略

在教学过程中，教师行为是学生好奇心产生的关键。因此，教师既要创造条件诱发学生的好奇心，使其从静止状态变为活跃状态；更要培养学生的好奇心现提出促进个体好奇心发展的几种策略。

（一）好奇陷阱策略

好奇陷阱，是通过设置悬念，如不和谐性、矛盾性、新异性、惊奇性、复杂性、不确定性等，使之超出学生预期，引发惊奇，保持一种对刺激物的注意与探索，将惊奇转化为兴趣情绪。好奇陷阱，一方面可引发惊奇与兴趣的情绪反应，另一方面由于行为结果与个体预期不一致，往往会感到出乎意料、困惑、紧张、不适，即心理失衡。这种失衡感是一种认知冲突，可使学生形成注意的焦点，激活已有知识经验，并对相关信息迅速做出选择和有目的地加工。好奇陷阱策略实施的基本步骤：第一，设计悬念，超出学生预期；第二，引起学生认知冲突；第三，创造条件，支持学生解决冲突。

（二）心理匹配策略

心理匹配策略，主要指当前刺激（教学内容）与学生的认知结构（水平）相一致，从而使他们心理上感到满足，由此激发学生求知需要的一种策略。当教学内容与学生个体需要有关时，其学习积极性与主动性就能很好地调动起来。因此，教师要尽量把现有的教学内容与要求变成唤醒学生内在学习动机的诱因。这就需教师对教学内容或信息进行加工（情感加工与认知加工）。加工的核心在于外在需要，一方面与学生的认知、情感需要具有某种程度的一致性，另一方面又要略高于学生自身的需要，能够帮助他们在原有基础上更上一层楼。通过加工，调动学生学习的内在动机，使其好奇心由静止状态变为活跃状态，由缺乏状态变为启动状态，在愉悦的情绪中获得成就感与满足感。心理匹配策略实施的基本步骤：第一，了解学生需要；第二，找到教学内容、方法与学生需要的匹配点；第三，采取多种形式激发学生的好奇心。

（三）开启问题策略

开启问题策略，是通过创设问题情境，引导学生发现问题，通过讨论、实验等方式主动探索的一种策略。众所周知，好问是学生的特点，也是好奇心的主要表现。一般来讲，学生提出的问题有年龄差异和水平差异，有的是为了解事物的表面特征与属性，有的则希望进一步深入了解事物，还有的会持续一段时间，以了解一类事物的特征与功能。与成人相比，幼童的问题意识较强，通常会表现出强烈的积极理解事物和寻求新信息的倾向性，但由于其认知能力有限，自发提出的问题水平较低，有的甚至不知道如何提出问题。对此，教师可通过创设问题情境及设疑等方式激发其好奇心，引发其观察、操作和思考，调动学习的心向，促使其认知能力发展。开启问题策略的基本步骤：第一，让环境和材料激发学生提问；第二，不要急于给学生提供问题的答案，而是通过及时点拨，引导去发现问题，探索问题；第三，在活动区开设小问号，使学生有机会继续自己感兴趣的探索。

（四）创设环境策略

教师应根据教育目的和学生成长需要精心设计和创设有效的学习环境，并利用各种资源，调动学生积极参与学习环境的创设。

首先，应创设具有新奇性、变化性与神秘性的物质环境。这种新奇包括学生少见，由物质材料之间相互作用所产生的变化带来的新奇性，容易引起学生情感与认知的倾向性。教师应及时观察学生的行为变化，及时提供支持性材料，以强化学生的好奇心。

其次，应创设积极的心理环境，提供情感支持。心理氛围是一种情感活动状态，在教学活动中主要有两种：好奇与焦虑。这两种情绪在性质与过程上是相反的，但它们相互作用，共同激发探索或回避行为。教学中应创设积极的心理氛围，包括自由、民主、积极的情感互动，如教师热情洋溢的讲述、回答、鼓励性评价等言语行为和微笑、点头、凝视、倾听等非言语行为都会对学生的探索活动产生正面影响。学生可能会由此产生惊讶、兴趣、微笑、专注等情感呼应行为。由此，学生更多体会到安全、宽容、接纳、信心与勇气，大脑皮层处于兴奋状态，更能激发好奇心与探索行为。

五、好奇是创新的基因

科学女杰居里夫人说：“好奇心是学习者的第一美德。无好奇心的孩子只能成为终生碌碌无为的平庸之辈，而有好奇心的孩子则可能成为发明家或其他有用之才。”然而，不少家长和教师却对那些有好奇心的孩子，比如喜欢提怪问题或“打破沙锅问到底”，把新玩具拆开来查看等，视为“离谱”“异端”而加以训斥，使好奇、逆向思维等创造的智慧火花被打入冷宫，使纯真、好奇的火花渐渐熄灭。

必须清楚地认识到，好奇是科技发明的摇篮。伽利略在比萨大学读书时，经常向老师提出诸如“行星为什么不沿着直线前进而要做圆周运动”一类的问题，更可贵的是在老师那儿碰了钉子并不会挫伤他的好奇心。一次，伽利略得知数学家利奇来比萨游历，立即准备了一大堆问题上门求教，老师诲人不倦，学生学而不厌，伽利略很快就从利奇那里学会了平面几何、立体几何，并且深入掌握了阿基米德关于“杠杆”“浮体比重”等理论。

六、好奇心的典型事例

好奇是科学家们的一种重要品质，不断强化好奇心，锲而不舍地追求，方可独辟蹊径。“打开一切科学问题的钥匙，无疑是‘好奇’”。因“好奇”而产生许多科技发明。我国古代鲁班夫人看到荷叶受启发，发明了伞。蔡伦看到渔网受启发，改进了造纸术……每一项发明都源于好奇，对鸟类飞翔能力的好奇创造了飞机，对海底好奇产生了潜艇，对宇宙好奇发明了各种望远镜等。很多著名科学家都具有好奇心。

没有牛顿躺在树下，看见苹果从树上落下的好奇心，就不可能发现重力和万有引力。一个苹果砸出了物理开山鼻祖牛顿。

没有居里夫人姐妹的“教师游戏”，就没有比铀放射性强百万倍的镭。

没有“上帝是德国人、还是犹太人”的好奇，就没有爱因斯坦的相对论。

瓦特对烧水壶上冒出的蒸汽十分好奇，最后改良了蒸汽机。蒸汽机的发明家瓦特开辟了世界工业革命时代。

伽利略年轻时，偶然看到教堂挂的吊灯摇晃（摆动）而出神地凝视——好奇，发明了摆钟。

富兰克林由于好奇，发明了避雷针。

美国发明家爱迪生只上过三个月的小学，但母亲对他小时好奇心的谅解与耐心，使原来被人认为是低能儿的他，长大后成为举世闻名的“发明大王”。爱迪生小时候出于好奇，曾异想天开蹲在鸡蛋上尝试孵了一天。为弄清野蜂窝结构的奥妙，硬是不顾被蜇得满脸红肿的危险，把马蜂窝捅下来，看了个究竟。他在木棚研究“火的力量”时，也曾不小心点着了房子，也是出于好奇。还有一次，爱迪生看到鸟儿在天空中自由地飞翔，心想鸟能飞，人为什么不能飞？能否给人加上翅膀？忽然想到，气球没翅膀也能飞上天，若在人身体里充上气行否？于是找来一种能产生气体的药粉，让一个小伙伴喝下去，看他能否像气球一样飞起来。不一会，小伙伴肚子疼起来，大声哭喊，差点送了命。为这事，爸爸狠狠地揍了他一顿。但爱迪生不服气地说：“我不做实验，怎么会知道人能不能飞起来？”爱迪生从小就对很多事物感到好奇，而且喜欢亲自试验，直到明白其中的道理为止。长大后，他就根据自己的兴趣，专心致志于研究和发明工作。他在新泽西州建立了一个实验室，一生共发明电灯、电报机、留声机、电影机、摄像机、磁力析矿机、压碎机等总计 1093 种专利，对改进人类的生活方式做出了重大贡献。

爱因斯坦成功的主因，不是生理超人，而是心理独特；突出表现是强烈的好奇，独立思考，求知欲极旺，坚持信念。他儿时发育缓慢，反应迟钝，四岁才会说话，七岁才认字。上学后孤独不出众，却善思考，爱读书。当看到指南针无人拨动，其指针却总转向同一方向，就反复端详要查个究竟。叔叔给他讲了毕达哥拉斯定理后，他花了三个星期，全靠自己给出了正确证明。心理学家加德纳说：“爱因斯坦父母能够让孩子在那里安安静静地幻想，自在从容地追随自己的好奇心，去探索奇特的世界。”

剑桥大学维特根斯坦是大哲学家穆尔的学生。有一天罗素问穆尔：“谁是你最好的学生？”穆尔毫不犹豫地说：“维特根斯坦。”“为什么？”“因在我所有学生中，只有他一个人在听我课时，总是露着迷茫的神色，总有一大堆问题。”罗素也是个大哲学家，后来维特根斯坦的名气超过了他。有人问：“罗素为什么落伍了？”维特根斯坦说：“因为他没有问题了。”

德国著名化学家李比希把氯气通入海水中提取碘之后，发现剩余的母液中沉积着一层红棕色的液体。他虽感到奇怪，但并未放在心上，武断地认为这不过是碘的化合物，只在瓶上贴张标签了事。直到后来一位法国科学家证实是新元素溴，李比希才恍然大悟。因此，他称这个瓶子为“失误瓶”，以告诫自己。

成功与失败均意味着兴趣因素浓浓的作用，诺贝尔如果不经历千万次的失败，怎么能研究出炸药？爱迪生不经历上千次的失败，怎么能发明电灯？在教育过程中，教师应利用多种途径，激发学生的好奇心和探索行为。唯此，方可满足学生成长的需要，促使教师深化教学改革，为培养个体的创造性品质提供基础。唯此，才可使教师的情感支持、材料支持与策略性支持在保护学生好奇心、培养其创造性品质方面具有关键用。

好奇心的培养

在人类众多天性中，好奇是最可贵的，提供一种最原本、最根源的推动力。当还未理解一门学科的崇高意义时，那种说不清道不明的好奇便已产生。好奇是如此强烈、如此非理性，可自始至终贯穿人的一生。凡成大业者均保持一种由始至终不衰减的强烈好奇，尽管他们的认知已很深刻，但好奇的天性并未遗失，甚至愈演愈烈。随知识增长这种深度的好奇不减反增。世间万物，竟是如此怪异、如此神奇，让人惊叹、向往。致使那种探究未知、探索神秘的欲望长盛不衰。好奇是人类行为的最强烈动机之一。其强弱与外界刺激的新奇性与复杂性密切相关，刺激愈复杂愈新奇，则好奇心便愈强。好奇心的产生和培养与环境刺激密切相关。丰富多彩的环境是激发和培养好奇心的必要条件，所以创设适宜环境，包括自然环境、问题情境和情绪气氛，对培养学生的好奇心极为重要。

一、选择适宜的环境刺激

大自然、大千世界更易引发好奇。“走万里路”比“读万卷书”更易引发好奇；实践比知识更易引发好奇，“纸上得来终觉浅，绝知此事要躬行”即是绝妙的论证。人类周围的环境刺激是丰富多彩的。当世界上千姿百态的事物具体展现在学生面前时，要让他们亲自去看看、听听、闻闻、尝尝，甚至摸、掰、拆等体验一番，这实际就是青少年探索生活奥秘的过程。对少年，可让他们看色彩鲜艳或能活动、能发声的不同器具等。还可带他们去看电影、戏剧、动物园、博物馆等，以增长其见识，认识到周围世界之博大。教师应正确引导学生去观察、思考和探索，以激发他们的好奇心和求知欲。特别是大自然中的花草树木、鸟兽虫鱼、青山绿水等都充满了知识的奥秘，对学生有无穷的吸引力，也可利用郊游、夏令营等机会引导他们认识大自然。在教学中，应选择适宜的环境，刺激其好奇心。只要教师把激发学生的好奇心作为教育的追求，选择适宜的环境，刺激的空间是巨大的，只要教师稍做诱导，学生的好奇心便能被激发出来，其思路的多样性远远超出我们的想象。

二、充分利用故事的魅力

故事是用口语化艺术语言来表达的，有内容、有情节，形象生动，青少年都非常喜欢听。故事不但能丰富学生的知识，扩展他们的视野，还能起到增强注意力、丰富想象力，从而激发好奇心的作用。各个学科中的故事很多，而且更多的是经典故事，这些故事对学生的影响是极大的，如果教师不失时机地讲讲，往往会收到意想不到的效果。

三、让学生自己寻找答案

学生对周围事物和现象感到新奇而心存疑问时，教师应有意识地启发他们积极思考，寻找答案。同时关注学生提出的不寻常问题和有价值的想法，抓住时机进行启发诱导，既教育了学生又培养了他们的好奇心与求知欲。尤在学生想知道又不十分明确，想说又说不清楚时，更要及时、耐心、热情地启发与回答他们的疑问，这样不但满足、强化和鼓励了学生的求知欲，也使其学习知识，增长才干。教师一定要认识到学生认识世界过程中的特点和“亮点”，善于捕捉机会，利用时机，对其认识施以正确、科学的引导。

四、提供动脑与动手机会

根据青少年模仿性强、爱动的特点，可让他们充分利用手边工具，充分运用各种感官，自己观察、自己动手，使之体验到一种自我成就感和乐趣。比如，通过小实验和日常观察等活动，让学生自己去获取知识；还可让学生自由制作简单的玩具，设计一种游戏等。他们对于自己动脑想出来的东西、自己动手做出来的东西有一种偏爱和特殊兴趣，因为类似活动有利于激发起他们强烈的求知欲，从而逐渐培养其好奇心和学习兴趣。

五、不挫伤好问者积极性

很多学生存有不同程度的好奇心，有着强烈的探索精神，常会提出一些难以解答的问题，且喜欢追根溯源。而有的教师却往往以“没时间和你说这些”或“以后你就会明白了”等敷衍塞责的话回应学生，这恰恰扼制了学生的好奇心。须知，好奇是青少年认识世界的起点，如若不予以支持和鼓励，将会挫伤其积极性。故而，教师应使学生的好奇心得到满足和正确引导。

六、尊重学生与合理引导

赞美童心，才会心有灵犀。所以，一定要尊重孩子，培养学生的好奇心。调动一切积极因素，鼓励学生多提问题，不管多么幼稚可笑的问题，都应予以保护。尊重孩子也要尊重孩子的失误，当然不是鼓励他们犯错误，而是宽容对待孩子所犯的错误。当孩子犯错误后，要分析原因，从中找出积极因素，在肯定孩子哪怕是一点点积极因素的基础上教育他们，比一味地批评更能达到意想不到的效果。只要我们用心尊重孩子，他们就会慢慢地用心和我们交流。用心尊重学生，是教育者工作的一个法宝。

七、巧设引发学生好奇心

学生来校学习的目的就是学习知识、修养品德。作为教师，无疑希望自己的学生品学兼优。但总有一些学生不喜欢读书，不完成作业，让教师很头疼。但一味地批评似乎起不到什么作用，不妨换个方式，若学生不太喜欢读书，就可和他谈谈某本书上的主要内容，表示自己对这本书很感兴趣，学生都有这样的好奇心，连教师都喜欢读这本书，他就会觉得这本书一定不错。而能和教师交谈的学生，会觉得自己与教师有共鸣，为急于表现自己，会更努力。有了这样的氛围，相信学生的读书习惯会逐步养成。长此以往，便养成了习惯。不管谁在做自己感兴趣的事情时，总会很投入、很专心，引出好奇心。

八、开展多彩的团队活动

如何让学生对班队活动重拾兴趣？可每周一先告知学生班队活动的主题，由班干部组织，每个小组成员出谋划策，尽量让所有学生参与其中。在班会上，班主任只起引导作用，其他的如发言等方面由学生完成。这样班主任轻松，学生愉快，要达到的目的也水到渠成。学生的好奇心是由新奇刺激所引起的一种朝向、注视、接近、探索心理和行为动机，只要吸引其目光，调动其好奇心，其潜能就可更好地展现。

九、评价公正满足学生好奇

好奇心是学生认识世界，实现社会化的起点，如若教育者不予以支持鼓励，将会挫伤其积极性。如果顺势表扬，并号召大家学习，相信他们那颗好奇心也会得到满足，从而更会积极参与其中。同时，教师也要做到公正，对学习好或差的学生，都同等对待，犯了错要批评，进步了要鼓励。一定要了解学生在学习与各种活动中的特点和亮点，善于捕捉、利用时机，对其行为施以适时、公正的评价，以让那颗好奇心溢满幸福、快乐。

十、示范模仿与正确引导

当学生跨进学校时，对教师就有特别的信任和崇拜感。学生好奇心强，模仿力强。老师的一言一行，一颦一笑，让好奇心强的他们对这一切都极感兴趣。凡要求学生做到的，教师必须首先做到。如教师对垃圾随意丢，短粉笔头随意扔，如何能教育好学生？若看到地上的纸屑主动捡起来，不要的东西扔进垃圾筐……学生看到这些，就会引发好奇模仿，自然而然地会循序渐进，有所进步，进而会展开想象的理想翅膀，搏击路途荆棘，创造美好未来。

大自然与大千世界，更易引发学生的好奇心。“走万里路”比“读万卷书”易引发好奇。“实践”比“知识”更易激发好奇。陆游的“纸上得来终觉浅，绝知此事要躬行”就是绝好的诗证。

学习动机及其作用和种类

动机，是个体激发和维持其行动，并使该行动朝向一定目标的心理倾向或内部驱动力，是一种更高层次的趋向，是个体朝着某个固定方向前行的内在动力，是激励个体去行动的主观原因，常以愿望、兴趣、理想等形式表现出来。动机，由内驱力和诱因两个基本因素构成。前者，指在有机体需要的基础上产生的一种内部推动力，是一种内部刺激；后者，指能满足有机体需要的物体、情境或活动，是有机体趋向或回避的目标，诱因是后天通过个体经验而逐步形成的。动机涉及三个方面：引发行为的起因、使行为指向某一目的的原因和维持这一行为的原因。学习动机，是引起、维持和促进学生学习活动趋向教师所设定目标的心理倾向，是推动学生进行学习活动的内因，是激励、指引学生学习的强大动力（对个体行为和活动有引发、指引、激励功能），是激励和指引学生进行学习的一种需要——学习受多方面因素的影响，其中主要是受学习动机的支配，但也与学习的兴趣、学习的需要、个人的价值观、学生的态度、学生的志向水平及外来的鼓励紧密相联。学习动机多种多样，决定着学习方向，影响着学习效果（效果也影响动机，但效果并不仅仅由动机决定，还有智力水平、经验、方法环境等），其主要内容有四：①对知识价值的认识（知识价值观）；②对学习的直接兴趣；③对自身学习能力的认知；④对学习成绩的归因（成就归因）。

一、动机与目的、需要、兴趣、诱因的关系

人的任何行动的发生总有一定原因，可能是由于外部情境与事物的影响，也可能是受了内部心理力量的支配，但一般都是内外两方面许多力量交互作用的结果。心理学通常把直接推动行为的内部原因称为动机，而把激起动机活动的外部因素称为诱因。同时，还需清楚动机与以下几个概念的关系。

（一）目　的

动机与目的，既有联系又有区别，如两个有同样的目的都想成为优秀生，却可能有截然不同的动机；学习动机相同者，其目的也可能不同。

目的，是学习动机中最现实、最活跃、最能起主导作用的诱因。学习动机与学习目的既有联系，又有区别。前者是引起学习的原因，后者是学习要达到的结果。但学习目的又常常是引起学习动机的诱因，对学习动机的激发、维持起支配和调节作用。

（二）需　要

动机，来源于需要并与需要紧密联系的，是由一定的社会需要和生理需要引起的。在动机结构中，主要是人的各种需要（生理需要和社会需要）。动机是引起需要的内部动因。学习动机是一种高级的社会动机，是由学习需要而引起的。学习动机并非单一的（为考试或就业等），但往往以一种动机为主导。这些动机比较具体，作用短暂而不稳定。另一类动机，是把学习和国家建设联系起来，来自学生的远大志向和崇高理想，具有较大稳定性和持久性。以上两类动机，相互联系，相互补充。

作为动机的心理因素，首先是需要。需要是人对一定客观事物的欲望或要求，是形成动机的基础。需要，是人体组织系统中的一种缺乏，不平衡状态。动机是在需要的基础上产生的，需要是激发人们进行各种活动的内部动力。在动机中，需要与诱因是紧密联系的。

（三）兴　趣

兴趣可视为对某种刺激的选择或爱好某种活动的倾向，是在需要的基础上产生和发展的。兴趣和动机是有区别的，但两者关系极其密切，动机不足则兴趣难久，兴趣浓厚则动机巩固。

兴趣对学习动机十分重要。学习应由内部因素来推动。最好的学习动机莫过于对学习本身具有内在的兴趣。这种动机既非由外在趣味引起，也非对奖励追求，更非由外在考试压力所推动，而是由内在需要所支配，学习变成本身需要。

（四）诱　因

激发学习动机是利用一定的诱因，把潜在学习需要充分调动起来。诱因，是指能激发有机体的定向行

为，并能满足某种需要的外部条件或刺激物。在动机中，需要与诱因紧密相联。需要比较内在、隐蔽，是支配行动的内因；诱因，是与需要相联系的外界刺激物，吸引有机体的活动并使需要有可能得到满足。

没有需要，就不会有行为的目标；没有行为的目标或诱因，也就不会有某种特定的需要。动机由需要与诱因共同组成。因此，动机的强度或力量既取决于需要的性质，也取决于诱因力量的大小。

二、学习动机的作用

要有效地进行长期有意义的学习，动机是绝对必要的。学习动机和学习的关系是辩证的，学习能产生动机，而动机又推动学习，二者相互关联。动机一旦形成就具三种功能：指引方向——学生在动机的激励下，目标明确、突出，就会向着激发的方向前进，直至取得成效；集中注意力——学生在动机的激励下，能主动排除干扰，克服困难，将注意力集中于行为目标，使自己的愿望得到实现；增加活力——学生在动机激励下，主动、积极地学习，为了最终目标的实现会做出各种尝试和努力。具体讲，学习动机对学生的学习行为起如下主要作用。

（一）激发学习行为

学习动机促使学生进入学习状态，自觉主动进行各种学习活动，具有加强学习的作用。高动机水平的学生，其成就也高；反之，高成就水平也能导致高动机水平。学习动机能推动学习活动，激发学习兴趣。

（二）定向学习行为

学习动机促使学生有选择地进行各种学习活动，使学习活动指向特定的学习目标，并使学习行为朝向具体的目标。动机可促使个体为达到目标而努力。

（三）影响个体认知

动机虽非直接卷入认知的相互作用之中，也非通过同化机制发生作用，而是通过加强努力，集中注意和对学习的立即准备去影响认知。

（四）改善学习行为

学习动机推动学习活动，激发学习兴趣，保持一定的唤醒水平，指向特定的学习活动。良好、适当的学习动机，终将促进学习行为的改善，从而提高学习能力。

（五）维持学习活动

动机使学生更愿意做其想做的事情，并能克服某些困难坚持完成。动机可决定个体在某一活动中所投入的努力、热情的多少；动机越强，努力越大，热情越高。学习动机促使学习者在学习目标达到之前保持学习活动的强度，克服学习过程中的各种困难。

（六）决定自强结果

学生取得学业成就的动机越强，则获得好成绩时的自豪感越强，而获得不良成绩时的受挫感或厌恶感也越强。学生希望被同学群体接纳和尊重的动机越强，则属于某一群体会使他感到欣慰，反之则会使他感到痛苦。简言之，具有学习动机者，因某种结果得到强化而趋向它，因某种结果受到惩罚而避开它。学生为实现某一目标的初始动机，若在实现该目标的过程中不断获得成功，品尝成功的快乐，其良好学习动机就会强化，更能自觉维持此学习行为的持久与落实；反之，在学习过程中遇到困难，导致信心不足。对此，教师能及时做针对性工作，学生就能坚定学习信念，重新审视其学习行为与不断反思，调整学习状态，使学习动机“矢志不移”，不会因不断“失败”而轻易改变自己良好的学习动机。

（七）左右学习效率

动机的激发或唤起，对学习具有最佳效果。动机的最佳水平随课题性质不同而异。在较易的课题中，学习效率随动机的提高而上升；随课题难度的增加，动机的最佳水平会逐渐呈现下降趋势。动机过强或过弱，不仅对学习不利，而且对保持也不利，并且在难度不同的任务中，动机的强度影响解决问题的效率。

（八）引发心理倾向

学习动机能引发并维持学习活动的内部心理倾向，涉及有三：①学习起因——除分析学生学习动机外，教师还应营造良好的学习氛围。若使学生处在良好的学习环境中，受到同学刻苦学习、学风浓郁感染，给予良好导向和学习暗示效应，就会产生自发、主动学习的动因；与上进心强的同学同座位，内心就有一种趋同倾向，产生发奋学习、自觉模仿的主观愿望；在正确回答教师提问后，能得到教师表扬、同学肯定，就会增强自信心而产生积极向上的态势。②指向作用——在各种动机中，如奋发学习，挑灯夜战，“闻鸡起舞”，以超乎寻常的毅力和始终处于亢奋的精神状态全身心地投入学习。③强化学习——为实现某一目标的初始动机，若在实现这一目标的过程中能不断获得成功，品尝学习成功的快乐，其良好的学习动机就会得到强化，更能自觉维持此学习行为的持久与落实甚至强化。

三、学习动机的种类

学习动机不是单一的结构，而是由各种动力因素组成的复合体。包括学习需要、学习兴趣、学习认识、学习情绪、意志因素等。《辞海》上根据动机的起源，分为生理性动机和社会性动机；有的学者把学习动机分为交往性动机和威信性动机；也有的学者分为直接激发活动的动机与确定活动意义的动机。当今，学生的学习动机可从不同角度进行分类。

（一）从起源上看，有内部动机和外部动机

内部动机（或直接动机），又称内部动机作用，是指由个体内在需要引起的动机，是由学习活动本身或学科内容的吸引性直接引起的动机，是因学习活动本身的意义和价值所引起的动机。如学生对学习活动的求知欲、好奇心、学习兴趣、改善和提高自己能力的愿望等内部动机因素，会促使学生积极主动有效地学习。具有内部动机的学生能在学习活动中得到满足，能积极参与学习过程，具有好奇心，喜欢挑战，在解决问题时具有独立性。内部动机可促使学生有效地进行学校中的学习活动，可使学生渴望获得有关的知识经验，具有自主性、自发性。

外部动机（或间接动机），又称外部动机作用，是指个体由外部诱因所引起的动机，是由外部诱因所引起的动机的满足，即对学习带来的结果感兴趣。引起学生学习的外部原因多种多样。从大方面看，是社会发展对年轻一代提出的掌握、积累知识和行为规范的要求；从较具体方面看，是父母和教师的期望、态度、奖惩等。如某些学生为了得到老师或父母的奖励，或避免受到老师或父母的惩罚而努力学习。具有外部动机学生的学习具有诱发性、被动性，他们对学习内容本身的兴趣较低；具有外部动机的学生一旦达到目的，学习动机便会下降。另一方面，为达到目标往往采取避免失败的做法，或选择没有挑战性的任务，或一旦失败，便一蹶不振。

直接的学习动机比较具体，带有更多的近景性，且有实效；间接的学习动机具有更多的社会性与理智色彩，既富有远景性，又有概括而持久的定向作用。两者虽有质的差别，但相互制约。教育者若能促进学生这两类动机的有机结合，就会使它们成为推动学生积极学习的巨大动力。

（二）从作用范围看，有一般动机与具体动机

一般动机是在许多学习活动中都表现出来的比较稳定、持久地努力掌握知识经验的动机。该类动机贯穿于学校生活的始终。另外，该类动机广泛存在于许多活动中，表现在对不同科目、不同课题、不同内容的学习都具有强烈动机。一般动机主要产生于学生自身，与其价值观念和性格特征密切相连，因而也称为性格动机，具高度的稳定性。有这种动机者，即使遇到教学能力低、教学责任感差的教师，仍能认真、努力地学习。具体动机是在某一具体学习活动中表现出来的动机。由这种动机支配的学生，常常只对某一门或某几门学科或内容感兴趣，而对其他学习内容则不予注意。这类动机多半是在学习过程中因学业成败或师生关系的影响而逐渐养成。如在其学习经历中，有多科失败而只有一科成功，就可能只形成对该学科的学习动机。再如在师生关系中，只获得某一位教师的关爱和接纳，很可能只对该教师所任科目有兴趣。由于这类动机主要受到外界情境因素的影响，故称为情境动机，其作用暂时、不稳定。

（三）从优差上看，有高尚动机与低级动机

高尚学习动机的核心是利他主义，能把当前学习同国家与社会的利益联系在一起。低级学习动机的核心是利己、自我中心的，学习动机只来源于自己学习内容或学习结果的兴趣，只来源于自己眼前的利益。如努力学习只为个人的名誉与出路或报答父母的养育之恩等。如果以利他思想或以有利于国家事业发展的原则为核心，其学习动机就是正确、高尚的；反之，如果处处只关心自己，以争名夺利作为学习动力，其学习动机就是低级的。虽利己学习动机在一定程度上也能调动学习的积极性，但经不起生活的考验。

（四）从远近上看，有近景直接动机和远景间接动机

根据学习动机的作用与学习活动的关系，可分为近景的直接性动机和远景的间接性动机。

前者，指由学习活动本身或学科内容的吸引性而直接引起的内部动力状态，与学习活动直接相连，来源于对学习内容或学习结果的兴趣，对学习活动的好感、好奇心、兴趣、求知欲及克服困难的欢快体验。如学生的求知欲、成功的愿望、对某学科的浓厚兴趣以及教师生动形象的讲解、内容的新颖等，直接影响学生的学习动机。这类动机的作用效果较明显，但稳定性较差，易受环境或一些偶然因素的影响。

后者，则指由于了解学习的社会意义而间接引起的对待学习的态度，是与学习的社会意义和个人前途相连的。例如想满足成人的期望，博得集体舆论的好评、争取做优秀生、按志愿升学或就业，为建设事业或实现人类理想做贡献等。再如，学生意识到自己的历史使命，为不辜负父母的期望，为争取在班集体中的地位和荣誉等都属于间接性动机。那些高尚的间接性动机的作用较为稳定和持久，能激励学生努力学习并取得好成绩。而那些为父母、教师的期望或是为自己名声、地位的动机的稳定性和持久性相对较差，易受情境因素的冲击。例如，在学习活动中遇到困难是常事，但受低级的间接性动机支配的学生易情绪波动，缺乏克服困难的勇气与力量，常常半途而废。

（五）从实效上看，有主导性动机与辅助性动机

学习者往往拥有许多甚至性质不同的学习动机，但在一段时期内或对某件事物上，总有些或一种动机处于实际的支配地位，发挥着主导作用，而其他动机则退居从属地位，只起辅助作用或不再起作用。例如，一个学生渴望成为受人尊重的优秀生，就对数学有兴趣而不爱好语文，这说明直接的学习动机在他身上仍占主导地位；假若他对两门课都努力学习，就表明间接的学习动机对他来说已成为主导动机。有的学生只关心自己的成绩而不愿帮助后进同学，而另一些学生既自己努力学习，也经常帮助同学，就表明利己与利人的学习动机在不同学生身上占有不同的优势。教育者既应设法帮助学生形成正确的学习动机，还应使它统帅各种辅助性的动机综合发挥作用。

学习动机可通过教育教学加以培养，比如启发学生的自觉性、激发好奇心与求知欲，帮助学生通过直观或实践活动形成稳定的学习兴趣；对缺乏学习动力的学生，可利用其爱好等原有动机造成动机的转移，以形成学习的需要。当学生已有种种学习需要之后，为使其得到维持、加强或进一步发展，还须做好动机的激发，如采取新颖而生动的教法、创设问题情境、启发学生积极思维、适当开展学习竞赛等。

四、学习动机的理论

由于学习动机的多样化，导致对学习动机作用的解释多种多样，由此派生出多种不同的动机理论。这里只介绍美国社会心理学家马斯洛的需求层次理论。兴趣，以需要为前提。人的需要包括生理需要和社会需要，物质需要和精神需要。生理需要或物质需要是暂时、容易满足的，而社会需要或精神需要却是持久、稳定的，并不断增长与不断追求。兴趣是在需要的基础上产生的，也是在需要的基础上发展的。不同人有不同的需要，且这些需要会随时间增进而变化。为什么两个人在相同情境下会产生不同行为？同一个人在不同的时间里会产生不同行为？因需要影响着人们的行为方式和方向。很多教科书介绍马斯洛将人的需要划分为5个层次，但那是他在1943年提出的。1970年他把需要发展（增加“懂得欣赏需要与认知需要”）到7个层次：①生理需要——指维持生存及延续种族的需求，如吃、喝、穿、住等；②安全需要——指希望受到保护与免于遭受威胁从而获得安全的需求，如人身安全、财产、心理、威胁或疾病等；③归属与爱的需要——指被人接纳、爱护、关注、鼓励及支持等的需求，如社交、友谊、爱情及隶属关系等；④尊重需要——或称自尊需求，指获取并维护个人自尊心的需求，如自重、被他人尊重及成就、名声等；⑤认知需要——认识、理解、说明等；⑥审美需要——或称懂得欣赏需要，指对美好事物欣赏并希望周围事物有秩序、有结构、顺自然、循真理等心理需求；⑦自我实现需要——或称成长需要，指在精神上臻于真善美合一的人生境界的需求。他将前四种需要定义为缺失需要，后三种为生长需要。

马斯洛认为，当低级需要相对或至少部分满足后，才能出现对较高一级需要的追求。其中，自我实现，是最高层次需要，在此阶段寻求潜能的充分发展，已超越人类的基本需要。马斯洛的需求层次理论，在一定程度上反映了人的行为和心理活动的共同规律。人的需要是由低级向高级不断发展的，这一趋势基

本符合需要发展规律。①人类的需要是一种似本能需要——这是一种内在的潜能或固有趋势，在某种程度上由体质或遗传所决定。似本能需要只有在适宜的社会条件下才会顺利表现出来。需要的层次越高，其表现和满足就越依赖于外部条件；需要的层次越高，与本能的区别就越鲜明，似本能的性质也就越突出；需要层次越高，其变异性、可塑性也就越大。②需要分为高级需要和低级需要——生理需要和安全需要为低级需要，是人和动物所共有的，高级类人猿也许有爱的需要，自我实现需要则是人类独有的。越是高级需要就越为人类所特有。在个体发育中高级需要也是较晚的产物。任何个体一出生就有生理需要，也许还有一种初期方式的安全需要，只有几个月后才初次表现出与人亲近的迹象。至于自我实现需要，即使莫扎特式的人物也要等到三四十岁。③低级需要直接关系个体的生存——若这种需要得不到满足，个体将出现疾病或危机。越是高级需要，对维持纯粹的生存就越不迫切。但高级需要也非与人的健康毫无关系。这种需要的满足能使人健康、长寿、精力旺盛，产生更深刻的幸福感、宁静感及内心生活的丰富感。因而，高级需要也称为成长性需要。④自我实现是人类需要的最高层次——能自我实现者是极少数，仅为2%。绝大多数人不能自我实现：自我实现是很微弱的似本能需要，容易被压抑、控制、更改和消失；许多人不敢正视自己自我实现所需要的那种知能；文化环境强加于人身上的规范，阻滞人的自我实现；自我实现者是由成长性需要而不是匮乏性需要推进的，其发展和持续成长依赖于自己的潜力。

同时，马斯洛需求层次理论也存在一些问题，受到诸多批评：①虽马斯洛用“似本能”来代替“本能”的概念，说明人类需要不同于动物的需要，但他认为人类的基本需要是由体质或遗传决定的，与生俱来，将人的生物性需要和社会性需要混同起来。他也承认人的需要的社会性，把人和动物加以区分，但他非从人的本质的社会历史制约性而是从体质或遗传性出发，因而仍错误地把人的需要的发展及实现看作人类生物特性的发展和实现。②马斯洛十分重视人的潜能和价值，但他所讲的自我实现是个人的自我实现，仅是极少数人的自我实现。③马斯洛把人类的基本需要分为高级需要和低级需要有其合理的因素，但他强调的是需要由低级向高级发展，低级需要没有得到满足就不会产生较高一级的需要，而没有充分认识到高级需要对低级需要的调节、控制作用。④此理论将外部动机与内部动机结合起来考虑对行为的推动作用，是有一定科学意义的。但它忽略了人们本身的兴趣、好奇心等在学习中的始动作用。

在教学过程中，学习动机始终起着非常重要的作用。不同类型与强度的学习动机不仅影响着学生的学业成绩，而且与其他变量如自我效能感、学习策略、元认知等均有着密切的关系。

学习动机的培养

学习动机的培养，是使学生把社会和教育向他提出的客观要求变为自己内在的学习需要，是学生从没有学习需要，到产生学习需要的过程。在学生已产生学习需要后，要使它真正变成学习中经常起作用、有效的动力。要利用一定的诱因使已形成的学习动机由潜伏状态转入活动状态，从而调节其学习积极性，并使已形成的学习动机不断得到巩固、加深和提高。学习动机的培养是在学习过程中进行的，主要依赖于教学内容、教学方法及教学组织等，通常有下列途径。

一、掌握影响学习动机形成的因素

只有掌握影响学习动机形成的因素，才能更好地促使和激发学习动机的形成与发展。①家庭、社会和学校对学习动机形成的影响——学习动机的形成过程受主、客观两方面因素的影响，而家庭、社会和学校对学生学习动机形成的影响至关重要。社会要求在许多情况下是通过家庭和学校教育提出来的。不同家庭及其在社会中的地位对学生学习动机的形成起着直接作用。特别是儿童的学习动机，在很大程度上体现了父母的要求、态度和志向。通常，学校教育对学生学习动机的形成、发展起主导作用。如果学校、家庭和社会有目的、有组织的教育是一致的，学生原已初步形成正确动机的萌芽就可得到巩固、深化，原来不正确的动机则能得到改正。否则，会抵消或破坏学校教育的作用，特别是社会上的歪风、同伴小集团成员的坏习气，也常常阻挠学生正确学习动机的形成。故须注意预防或采取消除影响的措施。②年龄增长对学习动机形成有一定的影响——学生在不同年龄段，其主导性学习动机是不断发展变化的。总的趋向是，随着年龄和知识经验的增长，世界观的逐步形成，与社会要求相应的动机愈来愈占支配地位，并逐渐成为学生的主导性动机。一方面，少年学生的学习动机有了进一步发展，由于学习内容的丰富和日益深化，其兴趣也更为多样和分化，对学习的推动作用更强；另一方面，这时期许多少年的责任感和集体荣誉感常常成为学习中的强大动力。这两方面共同构成少年学生学习动机的主要特点。到青年初期，主导性学习动机更富有社会性，随着知识经验的增长，科学的世界观逐步形成，更自觉意识到学习的社会意义，特别是面临高考或参加工作的前夕。生活目标、明确的职业志向和抱负成为学习的强大动力。这时，间接的远景性学习动机和直接的近景性动机都发展到更高一级水平，并更趋稳定、深刻而持久。学生在同一年龄阶段，其学习动机的发展有共同趋向，但由于教育不同，社会条件不一，学生本身的品德、性格、知识及心智活动的积极性不同，也会有不同的学习动机水平。③学生个性特点对学习动机形成的影响——兴趣爱好的深广度影响学习动机的稳固性和深刻性。有的对各种学科或各种学习具广泛多样的兴趣，有的只对某门学科或某种学习有特殊的兴趣。广泛的学习兴趣可使学生对各方面学习表现出积极性，使学习生活丰富多彩，但易使学习流于肤浅和表面。而专门的兴趣可使学生深入某方面的学习，但也难免使学习陷入狭隘和片面。故应注意适时培养学生这两方面的学习兴趣。

二、通过学习目的启发学生的动机

明确的学习目的是激励学生学习的强大动力。学生有了明确的学习目的就会主动、积极地进行学习。经常进行学习目的的教育，采用适合学生心理发展水平、生动的方式启发他们的学习需要和求知欲望，使之正确认识学习的意义，把学习与远大理想联系起来，促使他们形成长远的间接动机，从而增长学习的自觉性与积极性。教师在讲授每节课时，必须清楚、简练、生动、有力地提出教学目标，并尽可能生动具体地讲清该课题的学习目的，使某些本来较为枯燥的内容变得有意义，以引起学生的求知欲。结合教材内容讲明在生活中的具体意义及在知识体系中的地位，则能引起学生对知识的重视，调动其积极性。经验证明，愈能在课堂教学中阐明每一具体知识的目的、意义，使学生知道这些知识所具有的价值，就愈能吸引学生产生向往与追求的动机。学习目的教育，是一项经常性工作，总是与学校思想品德教育、学生世界观的培养联系在一起。进行学习目的教育，在于使学生正确地认识学习的社会意义，把学习与崇高事业、远大理想联系起来，从而形成长远的间接动机，产生正确的学习态度，提高学习的热情与自觉性。确立正确、合理的学习目标，既不过高，可望而不可即，也不过低，不用努力即可实现。采用适合学生心理发展水平的方式，把学习目的与生活目的联系起来，可成功地激发学习动机。如通过讲故事、访问、对比等使学生了解学习与祖国建设事业的直接联系，从而使他们产生强烈的学习需要；通过生动有趣的科学幻想活动，使学生对未来科学技术的发展产生感性认识，好好学习，以便形成将来进一步探索宇宙秘密的意向和为早日实现现代化做出贡献的愿望等。在进行正面教育时，也要结合学生的实际表现对某些不正确的学习动机和学习态度予以否定，使之头脑中产生新旧动机的斗争，帮助他们克服弱点，逐步形成正确的学习动机和学习态度。对学习上暂时后进的学生，甚至误入歧途的学生，尤应如此。

三、培养强烈求知欲和浓厚认识兴趣

培养求知欲，不仅意味着使学生认识到知识对社会和自身的意义而产生学习的需要，还意味着在从事活动的过程中产生愉快的情绪体验，从而产生进一步学习的需要。为使学生产生求知欲和认识兴趣，必须创造一系列的外部和内部条件。①明确知识对社会的意义是形成认知兴趣的重要条件——在一定条件下，具有明显社会意义的知识对学生的兴趣和兴趣倾向有着特殊影响。②创设一定的任务条件，使学生面临某种实际任务——仅有对知识社会意义的认识还不足以保证学生产生真正的认知兴趣，只有使学生为某种实际任务而进行探讨时，才能更有效地培养其认知兴趣。在完成这种实际任务时，学习对象愈符合学生的“立场”就愈容易引起其认识兴趣。例如，一些学生对阅读文艺或科学通俗读物抱有否定态度，因而对课外阅读不感兴趣。当组织他们参加选购书籍，并要求他们收集优秀的书评、朗诵有趣的书籍、演示科技书籍中提供的科学实验等活动时，他们在完成这种任务的过程中，看到知识的作用和力量，否定自己原有的否定态度，阅读对象成为完成任务所必需的东西，于是阅读兴趣便形成并发展。③实际知识积累是产生对该领域认识兴趣的基本条件——只有当某种知识领域中实际知识的积累达到一定水平时，才能对其产生兴趣。在教学中，须有计划地扩大学生的知识面。教材内容过深或过浅都不能满足学生的需要，并妨碍学习兴趣的形成与发展。只有在学生已有知识基础上，使之在不断获得新知识中感到学有所得，在揭示大自然和社会生活的奥妙过程中体会到知识的力量……学习兴趣才能顺利地形成与发展。

四、利用原有动机转移产生学习需要

利用学习动机可迁移性激发相关学习动机。有的学生缺乏正确的学习动机，没有明确的学习目的。因此教师可利用其喜欢搞科技小制作、爱听故事等从事其他活动的动机，使之迁移到学习上。这就要求教师在了解学生原有动机和动机个别差异的基础上，有效地引导学习动机的正确迁移。例如，在一个六年级的班里，班主任发现男生具有想做海员的理想，他就把少先队中队看作是海员部队，开展游戏活动，并提出任务：做一名海员就要好好学习，参加海军自愿协助会，守纪律，讲友爱；学习造船和航海技能。少先队员充当“海鹰”号舰船上的不同成员，各种科学小组和艺术小组的活动也被有机地包括在内。学生在此过程中学习航海知识、研究祖国沿海疆界、阅读描写海军舰队的伟大战役的历史书籍，同时还学习模型制造、摄影、音乐等。这种生动的认识活动，能使学生领会知识在实际生活中的作用，形成某些技能，并使学习活动具有新意，故使学生对海军游戏的活动动机成功地转移到学习上，自然地产生学好各门功课的愿望和兴趣。

五、提升教学内容与方法的新颖性

在教学中，以丰富有趣、逻辑性强的内容及巧妙教法来吸引学生，使之得到学习与精神上的满足，以进一步培养其学习兴趣。新异事物可引起学生探究；教学内容与方法的不断更新与变化，可引起新的探究活动。有经验的教师经常通过相关措施培养学生的学习兴趣、求知欲，进一步强化其已形成的学习动机。运用相关措施培养动机时应注意以下两点。①避免兴趣主义——兴趣主义脱离教材内容、单纯从个人兴趣出发而忽视人的自觉能动性的作用。在兴趣主义支配下，学习会有偏废，从而影响基础知识和基本技能的掌握。②避免形式主义——必须从学生已有知识程度和接受能力出发并考虑促进其心理发展。因此采用的新教材和教法应是学生经努力能完成的学习任务，只有这样才能更好地调动其积极性，使其动机积极化。

六、创设问题情境启发积极思维

在教学中尽可能多地创设问题情境，以激励学生的好奇心，从而激发学习动机。有许多奇人、奇事、奇景、奇情、奇理，都是使学生产生好奇心的素材，充分利用这些素材，就可激起学习动机。问题情境，即一种适度的疑难情境；是指有一定难度，需努力克服，并力所能及。在现实学习中，有两类学习者：力求成功者与避免失败者。因绝大部分属于追求成功者，所以主要探讨如何达到成功。当问题的难度系数为50%时，学生的学习动机最强。在学习过程中，仅让学生简单重复已学过的东西，或学习力不能及的过难东西，他们都不会感兴趣。只有学习那些“半生不熟”“似懂非懂”或“似会非会”的内容，才感兴趣而迫切希望掌握。因此，能否成为问题情境，主要看学习任务与学生已有知识的适合度如何。如果完全适合（太易）或完全不适合（太难）均不能构成问题情境；只有在既适应又不适应时，才能构成问题情境。创设问题情境的方式多种多样，并应贯穿于整个教学过程的始终。①言语提示的方式——由教师直接提出与教材有关的需要解决的问题，借以引起学生学习的动机，使其抱着解决问题的态度进行学习。②实践活动的方式——让学生通过参加一些活动而产生问题。如在讲物理、化学的某些定理之前，先做某种预备试验，从中提出问题，使学生感到有趣而又难以回答，从而产生进一步了解有关知识的要求。又如，在实验课上，教师先演示或学生先按教师要求进行实验操作，然后针对实验中学生看到的现象，要学生说明现象变化的原因。③课外作业方式——在教学结束时，创设问题情境。既可用教师设问的方式提出，也可用作业的方式提出；既可从新旧教材的联系方面引进，也可从学生的日常经验引进。

七、参加实践活动引起需要和兴趣

学生在生产劳动与参加各种课外小组的活动中，深感自己知识的不足，从而引起新的学习需要，增强学习动机。例如，在组织课外的航空模型小组、船舰模型小组、无线电爱好者小组等活动中，学生运用所学知识、获得某些新知识，培养求知欲，发展想学要学的重要动机。在参加这些小组活动以后培养起来的专业兴趣，又可成为未来职业选择的重要根据。

八、及时帮助学生克服学习困难

心理学研究表明，当学生开始学习一门新学科时，由于好奇而产生一定求知欲，但有的学生在学习中遇到种种困难，并缺乏满足这种学习求知欲的条件，逐渐丧失兴趣，造成这些困难的原因，包括身体不健康、知识缺乏、技能不熟练、学习方法不当等。只有及时帮助学生克服这些困难，才能使其看到自己的力量，从而形成和巩固学习动机。

九、积极正确归因促使动机提高

归因方式对学习动机的影响：不同的归因方式将导致个体不同的认知、情感、动机与行为反应，具体表现在以下方面。①对成功与失败的反应——正确的归因是将成功归因于内部、稳定和可控的因素，就会产生满意与自豪感，使动机提高，争取成功的积极性加大；相反，将成功归因于他人或外部、不稳定和不可控的因素，则会产生感激或侥幸心理，表现为动力不足。把失败归为内部、稳定、可控因素，如“努力不够”、“能力不足”或“无能”，就会产生自责、内疚或羞愧，将会继续努力。相反，把失败归为外部、不稳定和不可控的因素，就会生气、愤怒和绝望。将失败归为内部、稳定、不可控因素时，出现问题较多，容易产生无助感。正确归因可使之继续坚持学习方向及维持与加强原来的学习动力。②对成功与失败的期望——既然不同的归因方式会影响主体今后的行为，也就可通过改变主体的归因方式来改变主体今后的行为，对学校教育有实际意义。在学生完成某一学习任务后，应指导学生进行成败归因。既要引导学生找出成功或失败的真正原因，即进行正确归因；更要根据每个学生过去成绩的优劣差异，从有利于今后学习的角度进行积极归因，哪怕归因并不真实。学生将成败归因于稳定因素时，对未来结果的期待是与目的结果一致的；即成功者预期着以后的成功，失败者预期着以后的失败。例如，把失败的原因看作是自己能力差，那么个体就会担心下一次还会失败，因为能力是比较稳定的，很难在短时间内得到改变。相反，若将成败归因于不稳定的因素，则对以后成败的预期影响较小。③自我概念与自我效能——随着学生年龄增长，越来越坚信能力是一个相对稳定、不可控制的心理特性。如果不断地成功，则他们的自我概念中就会包含较高的自我效能，否则自我效能感就会较低。

学习动机激发的主要途径还可概括为：①教学反馈——可在教学反馈时为学生提供若干成功的机遇。因成功可满足其实现自我价值、社会认可的心理需求。学生若发现成功具有现实可能性，就会产生为之而奋斗的强烈动机。②教师情感——应给每个学生以慈爱、理解、帮助和保护，当学生感到在教师的教学活动中，其情感需要特别容易满足时，参与教学活动的动机就会大大增强。③鼓励评价——教学中一旦捕捉到学生的闪光点，应立即将其转化为强化其学习行为的契机，予以鼓励。学生受到强化后会更加渴望在教师面前展示自己的优点，会视教师为“知音”，学习动机就会相应而生。④教学内容——所选教材从内容到形式都应富有魅力，使学生爱不释手，这种吸引力能激发其学习动机。⑤课外活动——学生喜闻乐见的课外活动，能使其感到新奇、敬慕和兴奋，进而产生巨大的学科影响力，激发其学习学科知识的动机。⑥教学方法——教师在传授知识时，可在保证知识准确的前提下，把高深的专业化内容由抽象转化为具体、通俗易懂、生动活泼的知识，使之成功地掌握知识的可能性增大，就能达到激发学生学习动机的目的。另外，还可将传授知识的过程适当戏剧化，使其充满乐趣，激发学习兴趣。“寓教于乐”能激发学生的学习热情，使之萌发学习动机。总之，培养学生学习动机的方式和手段多种多样，只要有效利用上述手段来调动其学习的积极性，就有可能学得主动有效。榜样的力量是无穷的。可在历史人物中、现实生活中，特别是学生身边寻找榜样，先进人物和教师本身对学习任务的认识和学习的态度，对学生学习动机的影响具有生动、富有感染力的特点，起着潜移默化的作用，是学习动机培养的有效途径。

学习动机的激发

学习动机的激发，是在一定教学情境下，利用一定诱因，使学生已形成的学习需要由潜在状态变为活动状态，达到学生学习活动与教师教学活动“同频共振”。这种激发能使学生的认识、情感和意向活动处于积极状态，进而产生学习的欲望和求知的动机。亦即，应千方百计地激发学生的学习动机，使那种潜在的学习愿望变成主动学习的行为。学习动机的培养与激发，既有联系又有区别。培养是激发的前提，激发则可进一步培养和加强已有的学习动机。某些措施往往同时兼具培养和激发学习动机的功能。激发，主要依赖于教学内容的丰富性、教学方法的多样性、教学组织的严密性，通常有下列途径。

一、根据作业难度恰当控制动机水平

学习动机和学习效果相互制约。故动机水平增加，学习效果也会提高。然而动机水平并非越高越好，动机水平若超过一定限度，学习效果反而更差。美国心理学家耶克斯和多德森认为，中等程度的动机激起水平最有利于学习效果的提高。同时，最佳的动机激起水平与作业难度密切相关。任务较容易，最佳激起水平较高；任务越困难，最佳激起水平越低。这即有名的耶克斯—多德森定律（简称倒“U”曲线）。由此可知，在教学时，要根据学习任务的不同难度，恰当控制学生学习动机的激起程度。在学习较容易、较简单的课题时，应尽量使学生集中注意力，让学生尽量紧张一点；反之，则应创造轻松、自由的氛围，在学生遇困难或有问题时，要心平气和地引导，以免其过度紧张和焦虑。

二、维护内在需要促进外部动机内化

兴趣、好奇心、探索欲，是人类学习的原动力。源于内部需要的学习动机具有更强的坚持性和抗干扰性，能引起学生更高水平的学习力，能预期学习者更好的学业表现和心理健康水平。然而，设想每个学生都对所有教学内容充满好奇和兴趣是不现实的。虽基于内部动机的学习行为表现出种种优势，但外部动机仍然是必要的。因此，如何帮助学生将外部调控的学习动机不断内化，形成相对自主调控的学习动机，就成为学习动机激发的重要主题。外部动机激发手段具有很大的局限性。外在奖惩设置可能抑制和削弱学生的内部学习动机；习惯于依靠外界奖惩引导自身学习行为的学生，往往在缺乏教师指导的情境中很难表现出持续的学习行为，他们可能觉得迷惘、不知所措，或者为享受“脱离约束”的感觉而走向另一个极端。要解决这一问题，关键在于如何促进学生外部学习动机的不断内化和整合。例如，同样是基于外部动机的学习行为，是因为强制命令而被迫学习，还是因为责任感、内疚感体验而学习，或出于对所学内容价值性、重要性的考虑，仍然会造成不同的学习效果和心理健康结果。假如学生感觉基础理论非常枯燥，缺乏学习兴趣，教师在激发学生的学习行为时可采用以下不同策略：①每堂课都会点名提问，那些表现好者在期末成绩中会有加分；②“作为学生认真听课是自己的职责，否则愧对父母、师长”或“那些认真学习者才能获得老师的喜欢”；③“基础理论的学习对学生未来的发展非常重要……”这几种教学策略引导学生对学习动机的定位分别是：趋利避害、好学生倾向责任体验、价值评价、好奇与探索需要。而这几种学习动机之间，存在由外部动机不断内化的过程，这种内化过程有助于积极学习动机的形成和维持。在面对枯燥的学习任务时，如若教师能提供更多关于“为什么学习”的信息，以帮助学生理解学习的价值，并对学生体验的厌烦、受挫等消极情绪表示理解和接纳，学生能表现出更持久有效的学习动机。

三、提高自我效能感增强成功自信心

当学生获得相应的知识、技能后，自我效能感就成为学习行为的决定因素。具有自我效能感高者，倾向于选择具有挑战性任务，且遇到困难时仍能坚持，较少害怕和焦虑；反之，则害怕选择具有挑战性任务，遇到困难时容易放弃，或采取拖延、试图回避的方式来处理问题。在对待学习活动的态度上，自我效能感高者具有自信心，敢于面对困难，面对即将学习的较难学业内容，根据自己以往的学习经验，认为自己通过努力能够完成学习活动；自我效能感低者，则对完成任务没有自信，认为努力、练习无济于事，因而容易退缩。自我效能感影响学生的自我评价和自信心，进而影响学习成绩。尤其那些学业不良的学生，由于对自己的学习能力持怀疑态度，表现出很低的自我效能感，在学习中容易放弃尝试和应有的努力，学习成绩也就难以提高。因此，教师要通过一定的方法改变和提高学生的自我效能感，这是激发学习动机的一条有效途径，可采取以下措施。①选择难易适中的任务——让学生不断获得成功体验，进而提高自我效能感。学业成绩不良的学生常常过分夸大学习中的困难，过低估计自己的能力，这就需要教师为这些学生创设更多的机会，让他们在学习活动中，通过成功完成学习任务、解决困难来体验和认识自己的能力。每个学生都有自己的专长与潜能，教师要善于发现，并让学生有展示的机会和成功的体验，以激发其学习动机，提高其自信心。②提高学生自我效能感——让他们观察那些学习能力与自己差不多的学生取得成功的学习行为，通过获得替代性经验和强化来提高他们的自我效能感，使他们确信自己也有能力完成相应的学习任务，由此产生积极学习的动力。当他看到与自己水平接近的学生学习成功时，就会增强其自我效能感，激发其学习动机。③增强获得成功的自信——引导学生坦然面对失败，从失败中找出可改进的因素，进而提高自己的学习技能，增强获得成功的自信。学业不良学生常常表现出厌学倾向，这是在失败情境下产生的心理反应。如前所述，对失败的不适当归因，会使学生产生无助感，诱发消极的心理防御。有的学生为避免再失败对自己自尊心的打击，干脆采取退避行为。因此，让学生正确对待失败与鼓励取得成功同样重要。在学生学习受到挫折时，要引导他们改变对自己学习能力的错误判断，形成正确的自我效能评价，提高取得学习成功的信心。

四、合理设置环境妥善处理合作竞争

课堂中的合作与竞争环境无疑是影响学习动机的重要外部因素。个体在学习过程中，主要受掌握目标、表现目标和社会目标的支配。至于个体选择哪一种成就目标，既取决于其所持有的内隐能力观念，也取决于外在的课堂环境。在课堂目标结构中，由于个体相互作用的方式主要有相互对抗、相互促进和相互独立三种，所以也存在三种现实的课堂目标结构：①竞争型——在竞争型目标结构中，团体成员之间的目标具有对抗性，只有其他人达不到目标时，某一个体才有可能达到目标，取得成功；如果其他人成功则降低某一个体成功的可能性。在此情境中，个体重视取胜、成功有时更甚于公平、诚实，因此同伴之间的关系是对抗、消极的。竞争型课堂结构激发以表现目标为中心的动机——竞争使学生的注意力指向自己能够完成学习的能力，而非指向“怎样”完成目前的学习。竞争情境的最大特点是能力归因，认为获胜的机会与个人的能力直接相关。当其认识到自己有竞争能力时，就会积极活动，争取成功。当认为自己无竞争能力时，自尊就会受到威胁，因而会逃避竞争。因此，唯独最有能力、最自信者的学习动机得到激发，而能力较低者明显感到将会在竞争中失败。他们通常会回避这种情境，选择极为简单或极为困难的学习任务。然而，在实际教学中，中等难度的学习（即具有挑战性的学习）是最恰当的学习任务，可使学生在已掌握知识的基础上提高更快。创新，尤须注意，不要急于加入竞争。竞争难免会将自己放置在对比之中，影响自我评定。竞争还会将人们纳入所谓主流价值体系，影响人们的价值观念。创新者应有足够的自信与主流体系保持理性的距离，在相对的孤立中完善自己。不是说要傲视社会，而是在时间的长河里，可视的范围之外，确实存在更大的价值，而竞争会限制我们的参照物，在一时一地以内选择标准，决出胜负。而胜负的概念也是需警觉的，因这里面已潜藏着不公平，只是用措辞平衡了合法性。②合作型——在合作型目标结构中，团体成员有共同目标，只有所有成员都达到目标时，自己才有可能达到目标，取得成功；如果团体中某一人达不到目标，则其他人也达不到目标。在此情境中，个体会以一种既有利于自己成功也有利于同伴成功的方式活动，因此同伴之间是互促、共进、积极的。合作型课堂结构激发以社会目标为中心的动机——合作情境，涉及为共同目标而工作，因此常常出现互助行为。既是援助他人，也是承担合作学习中的工作。合作情境的另一明显特点是共同努力。学生之间存在积极的相互依赖，共同努力，共享成功。在合作情境中，每个学生都尽全力为集体的成功而努力，积极承担集体义务。研究表明，合作型目标结构能最大限度调动学习的积极性，更有利于激励学生的学习动机。③个体型——在个体化目标结构中，个体是否成功与团体中其他成员是否达到目标无关，个体注重自己对学习的完成情况和进步幅度。在该情境中，个体寻求对自身有益的结果，而并不在意其他个体是否取得成功，因此同伴之间的关系是相互独立、互不干涉的。个体化课堂结构激发以掌握目标为中心的动机——由于个体化结构强调的是完成学习活动本身，即个体对学习本身的兴趣，而不注重他人是否完成任务，因此它强调只要自己努力就会完成任务，获得自我的进步和水平的提高。因此，往往将成功归因于自己的努力，产生很强的自豪感；失败则会产生内疚感，但也不会认为自己无能，而是通过增加努力或寻找更好的学习方法来争取下次成功。由于个体化情境强调对学习任务的掌握，注重自我比较，不在意别人学习如何。因此坚信只要自己努力就会成功。所以要自信，相信自己的能力会不断提高。这种学生即使在遇到失败时，也不会否定自己的能力和水平，不会降低自我评价，而是认为自己努力不够或方法不对，坚持认为自己有能力获得成功。

五、正确认识学生适当开展竞赛活动

研究表明，竞争对学生的学习动机存在一定的消极影响，且学习竞赛往往是对不合作的一种无形的鼓励，不利于团结协作的集体主义精神的建立。但完全取消竞争也是不现实的，关键是如何正确使用竞争手段。心理学认为，竞赛能激发学生的学习动机，可激励人的上进心、积极性和荣誉感，形成强有力的动机。青少年学生都有争强好胜、愿意表现自己、发表个人见解的心理特征。该特征在学习上，总希望获得良好的成绩，享受成功的快乐。故应善于运用这一心理特征适时开展各种形式的竞赛。但需注意：竞赛次数不宜过多，不要加重学生的负担；题目不宜太难，不能使学生失去信心；关注对学生的思想品德教育，避免产生优越感或自卑感。学习竞赛以名次或胜负为诱因，可满足学生自我提高的需要，从而在一定程度上可提高其学习积极性，影响其学习效果。当然，学习竞赛对不同水平学生的影响不同。对成绩中上等者影响最大，因这种人通过努力可不断提高名次。而对成绩极优或极差者，竞赛的影响甚微。因优等生每次都能取得好名次，从而认为自己无须努力也能成功，故激励作用不大；而差等生从来未取得过好名次，认为自己根本没有成功的希望，故竞赛对他们的作用也甚微。由于竞赛具有一定诱因，故可引起学生的学习动机，能调动他们的学习积极性，有利于鼓励进取。竞赛是激发学习积极性的有效手段。社会性竞赛，历来被认为可激发人们的斗志，是调动人们积极向上、克服困难，获取优良成绩的有效手段之一。一般在竞赛过程中，学生的好胜动机和成就需要、威信性动机或获得自尊和自我求成的需要更加强烈，由于在竞赛中学习兴趣和克服困难的毅力会大大增强，因而多数人在比赛情况下，学习一般比没有比赛的情况下要好得多。实验表明，完成同类工作，“竞赛者”的效率比“不竞赛者”的效率增加26%，说明竞赛的环境或氛围有利于积极性的调动。因而，学生应积极主动地参加学习竞赛活动，也可暗中给自己树立一个竞赛对象，培养竞争意识，在比、学、赶、超中增强学习动力，还可与个体自身进行竞赛，即今天的我与昨天的我在学习上有哪些进步或变化。无论何种竞赛形式，都应对竞赛结果有正确的归因。但也可能有些人在比赛情况下反而学得差了，这或是因他们被刺激过分而超过承受力，或是因他们实在能力太差而失去信心。再者，过于频繁的竞赛，不仅会失去激励作用，反而会制造紧张气氛，使学生产生怯场的心理，从而加重学生负担，有损身心健康。对学习成绩较差学生，竞赛频繁，考试过多，常会因失败而丧失信心和兴趣。故采用竞赛需慎重、适量、注意方式，竞赛后要对不同类型的学生进行思想教育，以强化正确的学习动机，纠正错误的学习动机。总之，学习竞赛既有积极作用，也有消极影响；既不能简单地全盘肯定，也不能简单地全盘否定。如果在竞赛中不注意思想教育，把竞赛仅作为激励学生个人自尊心与荣誉感的措施，势必会产生消极影响；反之，使竞赛成为激励学生集体荣誉感与责任感的手段，则是可取的。当然，要尽量多采用集体或小组竞赛，而少用个人竞赛，并鼓励学生开展“自我竞赛”。这样有利于使先进更先进，后进变先进，团结友爱向前进；有利于防止自卑心理、骄傲情绪和个人主义等不良倾向。

六、妥善进行奖惩维护学习动机

（一）奖励和惩罚对学习的影响

对学生进行评价时，奖励和惩罚对于学生动机的激发具有不同作用。一般而言，表扬与奖励比批评与指责能更有效激发学生的学习动机，因前者能使学生获得成就感，增强自信心，而后者则恰恰起到相反的作用。心理学家赫洛克曾于1925年做过一个实验，他把106名四、五年级的学生分为四个等组，各组内的学生能力相当，在四种不同的情况下进行难度相等的加法练习，每天 15 分钟，共练习 5 天。控制组单独练习，不给任何评定，而且与其他三个组学生隔离。受表扬组、受训斥组和静听组在一起练习，每次练习之后，不管成绩如何，受表扬组始终受到表扬和鼓励，受训斥组都受到批评和指责，静听组则不给予任何评定，只让他们静听其他两组受到表扬或批评。然后，探讨不同的奖惩对学习成绩的影响。从练习的平均成绩来看，三个实验组的成绩都优于控制组，这是因为控制组未受到任何信息作用。静听组虽然未受到直接评定，但它与受表扬组和受训斥组在一起，受到间接评定，所以对动机的唤醒程度较低，平均成绩劣于受训斥组。受表扬组的成绩优于其他组，而且一直不断上升。这表明，对学习结果进行评价，能激发学生的学习动机，对学习有促进作用；适当表扬的效果优于批评，所以在教学中要多给予学生表扬而非批评。

（二）有效地进行表扬和奖励

虽表扬和奖励对学习有促进作用，但使用过多或不当也会产生消极作用。正确评价，即适当的表扬与鼓励是对学生学习态度和成绩的强化方式。这种来自学习的反馈信息，对改进学生的学习活动方式，强化学习动机有重要作用。若滥用外部奖励，既不能促进学习，也可能破坏学生的内在动机。班都拉（1982）认为，如果任务能提高个体的自我效能或自我价值感，则外在奖励就不会影响内部动机。外部强化物究竟是提高还是降低内部动机，取决于个体的感受与看法。摩根（1984）认为个体如何看待奖励非常重要，当个体把奖励视为目标，而任务仅是达到目标的手段时，内部动机就会受损；当奖励被看作是提供有关成功或自我效能的信息，内部动机则会提高。布洛菲提出如何使表扬具有最佳效果的建议，他认为有效的表扬应具备下列关键特征：①针对学生的良性行为；②明确学生的何种行为值得表扬；③真诚，体现教师对学生成就的关心；④应具有这样的意义，即学生投入适当的努力，则将来有可能成功；⑤传递这样的信息，即学生努力并受到表扬，是因他喜欢这项任务，并想形成有关的能力。值得注意的是，有时在竞争情境中，某些学生似乎永远得不到表扬，久而久之就失去对学习的兴趣。另外，表扬是否具有内在价值，即是否为学生所期望、所看重，都影响着表扬的效用。因此，如何适时、恰当给予表扬应引起高度重视。应根据学生的具体情况进行奖励，把奖励看成某种隐含着成功的信息，其本身并无价值，只是用来吸引学生的注意力，促使学生由外部动机向内部动机转化，对信息任务本身产生兴趣。同时，对那些在竞争中处于劣势的个体而言，教师应给予更多的关注与鼓励，设置情境使其有成功的体验，以免产生自暴自弃的心理。

七、正确进行评价适当表扬鼓励

正确评价、适当表扬与鼓励，是对学习成绩和态度肯定或否定的一种强化方式，可激发上进心、自尊心、集体主义感。及时评价比不及时的效果要好，因及时评价利用刚刚留下的鲜明记忆表象，使学生进一步产生改进学习的愿望。表扬、鼓励多于批评、指责，可更好激起积极学习动机。但过分的夸奖会造成骄傲和忽视自己缺点，引起消极结果。在运用评价来激发学习动机时，是从积极方面把鼓励和批评结合起来，在表扬时指出进一步努力的方向，批评时又肯定其进步的一面。有效的评价须考虑：①使学生对评价有正确态度——评价作为激励学生学习的重要手段，首先要使学生保持正确的观点，特别是在评分上，须认识到分数在某种程度上反映学习的质量，但也应指出，分数只是学习成绩某一方面的指标，而非唯一指标。只有对分数持正确观点，分数才能起到积极激发学习动机的作用。②评价须客观、公正和及时——经验证明，若教师的评价掺杂主观印象，而未根据学生客观学习情况，或评价不公正，不仅不能激发学习动机，反而产生相反的结果。③注意学生心理、气质与性格——评价须注意学生心理的发展水平与气质、性格等特点。一般说来，对于青少年的评价，表扬、鼓励多于批评、指责可更好地激起学习动机。对学龄初期的学生，教师个人评价起的作用更大些；而对于集体意识已有所增强的学龄中晚期的学生，通过集体舆论来进行表扬或批评，效果更大。对于学习自信心较差者，要发掘他们学习中的积极因素，多鼓励和及时表扬；而对过于自信者，应更多地提出要求，在表扬的同时要指出不足之处。④哈特和佩奇的实验表明——顺应性评语针对学生的个别差异，效果最好；特殊评语虽有激励作用，但未针对学生的个别特点，效果不如顺应性评语；而无评语的成绩则明显低于前两者。从该实验发现，评定是必要的，关键在于采用什么方式。通过评定等级可表明学生进步的大小，即评定的分数或等级并非表明个体的能力而是其进步快慢的指标。让学生明白等级评定的作用，在评定等级后再加上适当的评语，两者结合，就会有良好的结果。

兴趣及其特点和种类

兴趣，是指由兴致、爱好、喜欢而产生的愉快情绪，是对事物喜好或关切的情绪取向，是力求认识和积极探究某种事物或某种活动的心理倾向，是对客观事物特别爱好的感情状态，是对某件事物、某项活动的选择态度和积极的情绪反应。一个人对某种事物感兴趣，就会产生接近该事物的倾向，并积极参与有关活动，表现出乐此不疲的极大热情。学习兴趣，是指学习者对学习的一种积极的认识倾向和情绪状态，是内在动机在学习上的体现，是伴随求知动机、理智情感和积极主动的态度，是学习积极性中很现实、很活跃的心理成分，是学生在心理上对学习活动产生的爱好、追求和向往的倾向，是学生对学习对象的一种力求认知或趋近的倾向，是一种伴随注意而引起的从事学习的积极倾向和感情状态，是倾向于认识、研究获得某种知识的心理特征，是可以推动人们求知的一种内在力量，是发展智能，激发主动学习的催化剂。虽然兴趣的界定众说纷纭，但可归纳为几个共同点：兴趣是一种积极的情绪表现；兴趣是一种内在的动力因素；兴趣是主体指向一定事物的自我活动。学生一旦对学习产生浓厚兴趣，就显示出主动、持续、认真、持久地学习和专心致志的钻研心态。从对学习的促进来说，兴趣既是学习的原因，又是学习的结果。

一、兴趣的产生

人的兴趣不是与生俱来的，而是在一定需要的基础上及社会实践中形成和发展起来的。兴趣是可以培养的，可让学生多参与各类相关活动，寻找潜在的兴趣；既可通过从事相关活动，培养某些兴趣，也可通过其他方式更深入地挖掘自己的兴趣点。兴趣，的确有基因或外在的因素，但影响微乎其微。兴趣与其说是一种天赋，不如说是一种自我技能——那些生活得有趣的人往往是下意识掌握这种技能，而大部分人可通过有意识地学习而逐渐强化兴趣。事实上，真正的兴趣是自然形成的，但它可能被扼杀，也可以被引发。所以，应注意诱引、发现和保护学生的兴趣。研究发现，人的兴趣源于好奇，因为好奇才希望去探索，才需要去发现；一旦失去好奇，就失去探索的动力。兴趣与需要有着密切联系，同动机一样，它是需要的一种表现形式，是人的认知需要的情绪表现。由于人对需要的多样性及社会实践活动的多样性，人的兴趣也多种多样。兴趣可在社会实践过程中形成，也可在社会实践过程中得到提升、改变。兴趣，是启发的基础；而启发又能激发兴趣。兴趣，是启发的立足点，也是启发的落脚点。二者互为因果，相互作用，启发愈佳，兴趣愈浓。学习兴趣的产生与教学有密切关系。学生的学习兴趣，主要在于教师使学习活动有趣，其方法为：①加强教材的趣味性——有趣、能逐步掌握和可获得科学知识的教材，肯定能引起学生的学习兴趣。②提高教学水平——太易太难的教材与提问都不足以激起学生的兴趣。需使学生不断获得新知识，并能将其成功地运用于实践。③掌握学生已有的兴趣——新的学习兴趣很少凭空出现，多半是已有兴趣的衍生物，故了解学生已有的兴趣，就有了扩展和提高其学习兴趣的基础。④帮助学生认识内容——帮助学生认识学习某一学科（或材料）的社会意义及其与个人的关系。

二、兴趣的特点

兴趣除具有专一性、自发性和坚持性并具如下特点：①指向性——指一个人的兴趣所指向的是什么事物，是指学生的学习兴趣总是指向一定的客观事物或活动。但兴趣指向却因人而异。“人有千万种，志趣各不同”。由于兴趣的倾向性不同，人与人之间会出现很大不同。不同的人表现出个别差异。凡容易对有益于人类社会的事物产生兴趣，其指向性就是高尚的；凡容易对有害于人类社会的事物产生兴趣，其倾向性就是低级的，应通过教育培养高尚的兴趣倾向。学生的兴趣应指向于学习、探索和创新。②选择性——选择性有外在和内在两种，前者一般与注意相联系，后者一般与兴趣相联系。两者在学习活动中是密切联系、相互转化的。正是由于学习兴趣具有这一特性，所以学生在学习中总是对某些课程、事物和活动特别感兴趣。③趋向性——趋向性有外在和内在两种，前者是由于外界出现某种新奇的变化而趋向于它，这是一种无意注意的表现；后者是对某种客体发生情感而积极趋向于它，这是兴趣的表现。两者在学习活动中，也是彼此制约、相互转化的。正是由于学习兴趣具有此特性，所以学生在学习中总是力求接近某些事物，进行深入探讨。④发展性——发展性是指向深刻性发展，不同年龄段与不同学段的学生，其兴趣往往既有独特性，更有深刻性。这个学生在某个时候突然表现出对音乐的极大兴趣，那个学生在一定时候就会对绘画表现出极高的兴趣……学生兴趣的发展和表现，常常是其天赋和素质的先兆。所以，应经常问一问其兴趣是什么，要聆听他们自己发出的声音。通常，在小学阶段，都对趣味性比较强的事物有很大兴趣；到中学时期后的兴趣就开始转变为事物的内部规律，会慢慢注意事物内部活动的结果到底是什么。

三、兴趣的品质

兴趣在指向性、广阔性、稳定性和效能方面所表现出的不同特点，叫做兴趣的品质。兴趣的品质是人在认识事物的过程中形成和表现出来的稳定的心理特征，可概括为几个方面。①强度性——是指自己与他人相比，在所有兴趣类型上表现出来的兴趣强弱程度。与他人相比，兴趣非常浓厚，继续培养此兴趣或从事相关活动就会比较容易；若与大部分人得分相近，此类兴趣强度就比较一般。若在人群中，此方面的兴趣强度比较弱，对相关活动不喜欢，从事相关兴趣活动或者培养此兴趣需要较多的努力。②广阔性——是指兴趣的广阔程度，是兴趣范围大小或丰富性程度。兴趣广度具有明显的个别差异。有的人对新鲜事物十分敏感，对什么事都感兴趣；有的人则把自己局限在一个小天地里，兴趣范围极为狭窄。许多卓越人物大都具有令人惊讶的渊博知识，就是因其具有广泛的兴趣。有的人兴趣范围大，对许多事物兴致勃勃，乐于探求；有的人兴趣范围十分狭窄，对什么都没热情，也不感兴趣，人们称为兴趣单调狭窄。兴趣的广阔程度与知识面的宽窄有密切联系。应培养学生广阔的兴趣，并把广阔的兴趣与中心兴趣结合起来，做到既博又专。兴趣广泛会经常注意多方面的新问题，获得广博的新知识，促使个体全面发展。兴趣狭窄的人，生活单调，容易把自己局限于狭小的圈子。兴趣广阔与兴趣分散不同。前者，指兴趣丰富，其中往往有中心兴趣；后者，指个人兴趣易变、肤浅，且无中心兴趣，好像样样懂，实则样样不精，忙忙碌碌，无所创造。因此，在中心兴趣基础上的兴趣广阔性，才是兴趣珍贵的品质。③中心性——是指在广泛兴趣的基础上有一个中心的兴趣，其他兴趣则围绕着中心，并与其配合，共同支配着人的行动；多方面的兴趣只有与其中心兴趣相结合，才是一个珍贵的品质。这种兴趣对从事某种专业活动、培养专门人才更具重要意义。在对多种事物产生广泛兴趣的基础上，对某一或两三种事物特感兴趣，就可形成中心兴趣。在中心兴趣指导下，发展其他各种兴趣，使广泛兴趣为中心兴趣服务，中心兴趣也可反过来刺激和发展兴趣的广度。④稳定性——是指兴趣的持久稳定程度。是指一个人对某种兴趣维持时间的久暂或巩固的程度。人对事物的兴趣，可经久不变，也可变化无常。只有稳定的兴趣才能促使人长期学习钻研从而获得系统而深刻的知识，并取得一定成就。培养持久兴趣是取得成就的必要条件。从这一品质考察，有的人兴趣是持久而稳定的，这种人一旦对某种事物或活动产生兴趣，就始终保持不变，还会步步深入下去，达到迷恋程度；而有的人兴趣极不稳定，经常会对某种事物产生兴趣，但又不能持久，往往朝秦暮楚，见异思迁。这种暂时的兴趣纵使很强烈，对实践活动的推动作用也不大。可见，兴趣的稳定性也存在很大的个别差异。⑤效能性——是指兴趣对活动产生效果的大小。有些人的兴趣只停留在期望和等待的状态，不能主动努力去满足这种兴趣，缺乏推动的力量，不能产生实际效果。有的人具有积极的兴趣，能使人积极主动地去发展个性、掌握知识，形成熟练技巧、提高各种能力。兴趣对行动的动力作用有积极和消极两种，凡是对社会进步和个人身心发展起推动作用的，就具有积极效能，否则，就具有消极效能。同样，人们兴趣的效能性是有很大个别差异的。有的人兴趣主动、积极，有的人兴趣消极、被动。总之，高尚的兴趣都具有积极效能，低级的兴趣只有消极效能。有效能的兴趣才能促使人参与某项活动，从而获得知识，增长才干。

四、兴趣的种类

兴趣，多种多样或种类纷繁。从不同角度，有不同分类。

（一）从目的不同，可分为直接兴趣和间接兴趣

直接兴趣，是指由所学材料、学习活动或过程本身直接引起的，即由有意义事物本身在情绪上引人入胜而引起的，如新奇性、美学性等本能趋向性所引发的兴趣，具有暂时性的特点。间接兴趣，是指对某种

事物或活动本身无兴趣，但对其结果感到需要而产生的兴趣，如有的学生对某门课程并不感兴趣，但意识到学好这门课程对将来服务社会有重要作用，兴趣就随之产生，具有明显的自觉性、稳定性的特点，但在一定条件下可转化为直接兴趣。

直接学习兴趣与间接学习兴趣常常是融合在一起的，即既有直接学习兴趣的成分，又有间接学习兴趣的成分，或以直接学习兴趣为主，或以间接学习兴趣为主，或两者难分主次。

（二）从学习方式不同，可分为个体兴趣与情境兴趣

个体兴趣，指的是随着时间的迁移而不断发展的、一种相对稳定持久且与某一特定主题或领域有关的动机取向、个人倾向或个人偏好，与知识、价值观及积极感情相连；情境兴趣，发生在环境中的某些条件"刺激或特征"具有吸引力并为个体所认识的那一刻的心理状态。

（三）从社会价值上看，可分为低级兴趣与高级兴趣

低级兴趣，只为满足某种短浅的需要，如炫耀攀比、追求名利、称赞等。往往如过眼云烟，维持时间很短暂，兴趣本身也较脆弱，易随外在物质的流失而烟消云散；高级兴趣，是展现人性最高尚的一面，虽也有物质性根基，但精神性为其主导，是一种更强势的永恒性兴趣。

（四）从身脑来看，可分为生理兴趣与心理兴趣

生理是根基，心理为高层。生理兴趣，多是满足身体的某种需要或快感，会有各种嗜好、各种癖好；心理兴趣，主要是指人的精神追求、精神品位等。

（五）从内外表现看　，可分为内在兴趣与外在兴趣

内在兴趣，具有超越的物质性；外在兴趣，往往需物质条件的维持。

（六）从动机区别看，可分为好奇心与成就感

好奇心，通常是不能长久的，因来源于新鲜感，一旦不新鲜，也就失去兴趣，同时功利性比较强；成就感，来自一种享受自己成果的喜悦，可能是一种比较好的动机。

另外，从内容不同，可分为物质兴趣与精神兴趣；从广度区别，可分为单一兴趣与广阔兴趣；从持续时间，可分为暂时兴趣与稳定兴趣；从效能结果，可分为积极兴趣与消极兴趣。

五、兴趣的等级

兴趣，可让人暂时忘记劳累或忍受一时枯燥，在遇到弱小困难与挫折时能推动人继续坚持，挺过困难。学习兴趣，有一个发生、发展的过程，一般要经历从"有趣"开始、产生"乐趣"，然后向"志趣"发展的过程。或者说，兴趣可分为直观兴趣、自觉兴趣和潜在兴趣三个级别（或阶段）。

（一）直觉兴趣——有　趣

直觉兴趣，又称感官兴趣或有趣，是最原始的兴趣，是兴趣过程的初级阶段，涉及本能与天性；此时，学生往往被新异现象和新颖对象所吸引，但此兴趣是随生随灭，易起易落，"一瞬即逝""一笑而忘"，为时短暂。所谓直觉（感官）兴趣，是指通过直接的感官刺激产生的兴趣，如冰激凌甜、火锅辣、衣服好看、某某很帅及吃好吃的、看书、旅游、上网、听歌、看电影等，基本都属于感官兴趣。感官兴趣多变而不稳定。外界的刺激决定着感官兴趣的长度和强度。感官兴趣，让人当时很爽，却无法集中在任何一个事物上，形成能力。"有趣"，具有直观性、盲目性和广泛性三个特征。引发学生产生"有趣"感的问题要注意四点：小而具体，新而有趣，有适当难度，富有启发性。

（二）自觉兴趣——乐　趣

自觉兴趣，又称乐趣，是认知行为参与的兴趣，是在兴趣定向发展的基础上形成的，是兴趣发展的中级阶段。学习兴趣与学生的基础知识有关，只有那些学生想知而又未知的东西才能激起学习兴趣。一种想要知道奥秘的愿望变成不可遏制的愿望，会激发人去行动。乐趣，往往也称为爱好，沿着爱好深入下去，就会使专一的兴趣变成癖好。学生产生了学习兴趣，就能唤起废寝忘食的学习劲头。自觉兴趣，是高级动物发展出更高一级的兴趣——把兴趣从感官兴趣阶段推向了思维，由此产生更加持久的兴趣，即自觉兴趣。它比感官兴趣更高级：一是思维的加入，让兴趣可更加持久并定向在一个领域，从而在脑海里形成回路，产生能力，而能力反过来又让人能体会和学习更多；二是能使人不再依赖外界刺激，可自我把控。当

把兴趣的源头从外求转为内寻，就有一个让自己变得有趣的内在泉源。有乐趣者往往懂得主动发展更高层的直觉兴趣——兴趣推动学习，学习带来行动，在行动中发展能力，能力又发展出更大的兴趣。学得越多，能感到的乐趣就越大，这就是有乐趣之人兴趣持久的秘密所在。

（三）潜在兴趣——志 趣

潜在兴趣，也称志趣，是兴趣发展的高级阶段，当兴趣与崇高理想和远大奋斗目标相结合时，便会发生飞跃，由乐趣发展为志趣。志趣，是学习兴趣的归宿，可决定一个人的进取方向，奠定事业的基础。志趣，涉及个人信念、志向与坚守。直觉兴趣和自觉兴趣能解释为何有些人兴趣广泛，但不能解释那些持续一生的兴趣。股神巴菲特读了50年的年报、丰子恺长达46年画出《护生画集》……这些世界级的高手在自觉兴趣之上，发展出一种更加强大而持久的人类最高的兴趣等级——志趣。志趣的秘密不仅在于有感官和认知能力，还加入了更深一层的内在发动机——志向与价值观。严格来说，志趣已不仅仅是兴趣，而是把感官兴趣通过学习变成能力、通过能力寻找平台获得价值、在众多价值中找到最有力量的一种生涯技术，使人在不确定性中跳出最坚定的舞步。如果一个人能有这样的兴趣，无论成败、是否被认同、是否生死，都无法动摇其志趣，即兴趣的终极目标。有人以为是艰苦奋斗，其实是兴趣盎然；有人以为是毅力卓绝，其实是乐趣无穷——志趣让其坚定而专心，志趣具有鲜明的目的性、自觉性和方向性。

六、兴趣的功能

兴趣是学习的动力、发展的源泉。惟有有兴趣，才能不断向前发展，新思维与新创造才能不断出现。每个人都对感兴趣的事物给予优先注意和积极探索，并表现出心驰神往。威廉•奥斯勒说：“在任何行业中，走向成功的第一步，是对它产生兴趣。”兴趣，是学习的一种强大内驱力，对整个学习过程起着巨大的决定性作用，可形成一种强势无限的内在动力，可让人沉迷于枯燥的理论中，日复一日地劲头十足、精神百倍，可让人坚持一项研究几十年如一日而丝毫不感疲惫，甚至达到一种迷狂般的境界。兴趣，是一种更深层、更内在、更超前的因素。有内在兴趣，勤奋则成必然，无需监管、无人强迫而加倍努力，不知疲倦，深深沉浸其中，进而形成探寻，以致一发不可收拾。兴趣，既是在学习、活动中发生和发展起来，又是认识和从事活动的巨大动力，也对人的个性形成和发展起着巨大作用。人们历来很重视兴趣在教学中的作用，孔子说：“知之者不如好之者，好之者不如乐之者。”爱因斯坦说：“兴趣是最好的老师。”兴趣使人的探究和认识活动染上强烈、肯定的情绪色彩，从而使这种活动为人所接受和喜爱。兴趣在人的生活与实践活动中具有重要意义，可使人集中注意，产生愉快、紧张的心理状态。健康而广泛的兴趣可使人体会到生活的丰富与乐趣，深入而巩固的兴趣能成为事业成功的动力。兴趣，无论对人的理想、信念、世界观的形成，还是对人的学习、工作、生活都具有重大意义。兴趣一旦形成，对个体的个性形成和发展、对个人的生活和活动及培养良好习惯都有巨大的功能，并使人终生受益。

（一）引起学习动机

学习兴趣和学习动机有密切联系。一般来说，凡是使学生感兴趣的事物，都可引起其学习动机。学习动机和学习兴趣是影响学习自觉性和积极性的最直接因素，是构成学习活动中最现实、最活跃的成分，是推动探求学问的一种“激发剂”。它能使学生学习起来主动积极、心情愉快、兴致勃勃、废寝忘食；它能推动人们去寻找知识、开阔眼界，激励人用心钻研、探索和创新。对学习感兴趣的学生，会更主动、积极，产生愉快、紧张的情绪和主动的意志，从而提高学习的效率和效果。同时，兴趣可抵消能力学习中的重复与倦怠，把一项能力与技术发展到极致。

（二）决定进取方向

潜在的兴趣被激发后，就决定了他的进取方向，以致今后从事某种事业；对一名学生来说，对某学科感兴趣，就可能激励其积累该学科（专业）的各种知识，为将来从事该学科（专业）方面的工作打基础做准备。兴趣，对学生的发展起定向、保持和强化作用，他们一旦产生兴趣，就积极主动、持久、集中地投入到相应的学习中，甚至废寝忘食、夜以继日地探索。

（三）激发积极动力

兴趣可直接转化为动机，成为激发进行某种活动的推动力。兴趣是一种具有浓厚情感的志趣活动，可使人集中精力去获得知识，并创造性地完成当前活动。著名美籍华人丁肇中教授曾深有感触地说："任何科学研究，最重要的是要看对自己所从事的工作有没有兴趣，换句话说，也就是有没有事业心，这不能有任何强迫。比如搞物理实验，因为我有兴趣，我可以两天两夜甚至三天三夜在实验室里，守在仪器旁，我急切地希望发现我所要探索的东西。"正是兴趣推动了丁教授所从事的科研工作，并获得巨大成功。

（四）克服艰难困苦

在兴趣的作用下，能主动排除干扰，克服困难，将注意力集中于研究、创造活动。潜在兴趣的开发，可推动个人满腔热情地去钻研、探索，使人变成无坚不摧、奋勇直前的斗士。

（五）探索新知新能

兴趣可推动人们去探索新知识，发展新能力。它带有感性色彩，是启迪青少年心扉的钥匙。在教学中，要使所授知识技能为学生所接受，须激发其学习兴趣；同时，准确把握学生的心理特点，灵活将学生感兴趣的事物运用于教学，更新方式，有的放矢，设置悬念，联系实际，给学生以充分的学习空间，让学生主动参与到知识形成的过程中。

（六）促进创造心态

兴趣会促使人深入钻研、创造性地工作和学习。就学生来说，对一门课程感兴趣，会促使他刻苦钻研，并进行创造性思维，不仅使学习成绩大大提高，而且会大大改善学习方法，提高学习效率。由此可知，人的兴趣不仅是在学习、活动中产生和发展起来的，而且是认识和从事活动的巨大动力。兴趣可使人的智力得到开发，知识得以丰富，眼界得到开阔，并使人善于适应环境，对生活充满热情。兴趣确实对人的个性形成和发展起巨大作用。

在实践活动中，兴趣可使人学习或工作的目标明确，从而能自觉克服各种艰难困苦，获取最大成就，不断体验成功的愉悦。每个人都会对感兴趣的事物给予优先注意和积极探索，甚至心驰神往。

七、兴趣的培养

兴趣，特别是学习兴趣的培养，要抓好三个关键。①观察兴趣的培养——正确的观察方法是由大到小、由远而近、由表及里、由浅而深、由点到面，由无序到有序，最后有明确的观察对象和目的。众多事例证明，若能掌握科学观察的方法和能力，会对事物具有观察的全面性和深刻性，学习积极性就会大大提高。②记忆兴趣的培养——要运用科学规律来培养学生的记忆兴趣，不要让学生死记。德国心理学家提出遗忘规律：先多后少，先快后慢。所以，除要依据遗忘曲线及时复习外，还可采用一些巧妙方法提高记忆兴趣，比如：记忆数字13X12058892，13X是手机卡的通常号，120是急救电话，58892就是五个爸爸救一个儿子。这里就是运用了联想记忆法和谐音记忆法。用一些巧妙方法引导学生记忆难记的公式和知识，既有趣又有效，更会提高记忆兴趣。③想象兴趣的培养——无论哪个学科的学习，都离不开想象力的开发。培养想象兴趣有很多具体方法，比如联想与组合，鲁迅说他的小说人物可能脸是山东的、鞋是北京的、衣服是上海的，这就是一种组合。

古今中外大量的实例表明，高创造力的人总是怀着浓厚的兴趣对待学习、工作和研究，在所取得创造性的成果上，投入巨大的热情、精力和时间，甚至废寝忘食。正因如此，人们才认识到"兴趣是事业成功的真正动力"。

八、兴趣的效应

赫尔巴特把培养"多方面兴趣"作为教学的直接目的，把整个教学过程视为兴趣的产生和发展过程，并要求教师根据学生"多方面兴趣"组织课堂教学体系。皮亚杰强调，在教学中考虑学生的兴趣，是现代教学方法中的一个决定因素。赞可夫说："扎实地掌握知识，与其说是靠多次的重复，不如说是靠理解，靠内部的诱因，靠学生的情绪状态达到的。"国外学者认为兴趣对学生个性的全面发展具有重要作用。学习兴趣可以促进学生深入、牢固地掌握知识，兴趣的深广度能直接影响学生学习的纵横面。兴趣的智能价值更为人们所重视。杜威说："兴趣是生长中能力的信号和象征。我相信，兴趣显示最初出现的能力。"皮亚杰强调"所有智力方面的工作都要依赖于兴趣"。苏霍姆林斯基的著作，到处可见"智力兴趣"这一概念。他总是把智力和兴趣联系起来，坚信兴趣具有促进智能发展的意义。另外，关于兴趣和智力对学习结果的影响，谁更重要，美国学者理查德。拉扎勒斯通过实验肯定了前者。

（一）兴趣对学业成就的影响

西方一些研究者分别研究了个人兴趣和情境兴趣对学业成就的影响。关于个人兴趣对学业成就的影响，有学者对一系列的研究结果所进行的分析表明，兴趣和成就之间呈相关性。然而这一关系也与性别、学科、年级因素有关，兴趣和学业成就之间的关系在高年级更强。我国小学生数学能力协作组的研究表明：四年级和六年级小学生学习数学的兴趣、态度和抱负水平与他们在相应的数学能力测验上取得的成绩有非常显著的关系；随着年级的升高，这三种非智力因素与小学生数学能力发展的关系更加密切，作用也有所增大，其中学习数学兴趣的作用，从四年级时的第 3 位跃居到六年级时的第 1 位。关于情境兴趣对学业成就的影响，一些研究者提出，有兴趣的课堂教学和学习材料对学习成就有很大影响。

（二）兴趣对文本理解的作用

对兴趣与学习的关系，研究比较充分的课题是兴趣对文本的理解作用，这是兴趣影响学习的一个重要方面。与上述三种兴趣概念相对应，对这一课题的研究有三条途径：一是把兴趣视为一种个性倾向或类似特质的变量，调查课题兴趣对文本的保持和理解的影响；二是把兴趣作为一种学习材料的特征，考察兴趣对文本理解的作用；三是把兴趣作为一种具体活动中出现的现实化之心理状态，研究兴趣对文本理解的作用。总之，研究表明：兴趣对文本的理解有积极作用，并且这种作用不因被试的年龄、文本类型（叙事、说明等）、文本呈现方式（书面、口头）和理解测验类型（自由、有提示回忆、填空、选择和问答）的不同而有质的变化。具体说来，研究发现兴趣对文本理解的作用主要表现在以下几个方面：①兴趣会促进读者在阅读文本时采取深度加工的策略，对所读内容建立更多的联系，对它进行更多的独立思考。兴趣高者会对所读内容表现出更强的推理能力。②兴趣对学习那些明确包含在文本中的知识时作用不大，甚至无影响；而要求对文本内容进行深度理解时，兴趣就具有非常重要的作用，兴趣高者所获得的知识具有更高的迁移水平。③兴趣对文本阅读中的理解监控能力有一定影响，研究结果表明：兴趣高的被试者比兴趣低的相信自己所填的词具有更高的正确性。这说明兴趣水平对文本阅读中的理解监控能力有一定的影响。结果发现，兴趣水平对理解技能差的被试者的理解监控测验成绩有着显著的影响，而对理解技能好的被试的理解监控测验成绩没有影响。

千篇一律，可使兴趣骤减；千篇一律，不能彰显个性。彰显个性，兴趣应是首位。兴趣，既能在产生抑郁焦虑心理时转移注意力，也能通过兴趣爱好树立自信心。兴趣，既改善了学习过程，也改善了学习结果，促使质与量更为优越。正像杜威所说，以兴趣为基础的学习结果与仅仅以努力为基础的学习结果有质的不同。在这种不同的背后隐藏着兴趣影响学习的作用机制，在理论上弄清这一问题是兴趣研究深入发展的需要。

激发兴趣　调动学习积极性

教师的重要任务是善于激发、培养和发展学生的兴趣，特别是潜在兴趣，使学习活动与讲授活动发生“同频共振”。这种激发能使学生的认识、情感和意向活动处于积极状态，从而树立起完成学习任务的信心，自觉、主动地完成学习任务。在教学中影响学生学习兴趣的变数很多：课程内容的科学性和应用性、教学方法的艺术性和趣味性、教学手段的先进性和新颖性、教学语言的逻辑性和生动性等。对学习兴趣的激发，主要靠教学内容的丰富性、方法的多样性、组织的严密性和教学能力的有效发挥。所以，要有目的地培养和激发学生的学习兴趣，通过教学有方，使课伊始，趣味生；课进行，趣愈浓；课结束，趣犹存。

一、明确目的引起兴趣

实施目的教学，即让学生知道为什么要学，目标明确，必然产生兴趣。因此，既要充分发挥学生学习主动性，激发学生学习兴趣，还要充分利用教材内容对学生进行思想品德教育和审美教育，使之形成正确的道德观、审美观，真正领会做人的真谛，为将来能做一个堂堂正正的人打下坚实的思想基础，以达到教育教学的目标。明确目的，就是使学生正确认识学习各学科知识与技能的具体意义和社会意义，而这些意义正是所谓“间接兴趣”的内涵。换言之，要培养学生的间接兴趣，就应让他们明确活动的目的与意义。很多教师并未认识到兴趣的真正内涵，一般只是发展学生的直接兴趣，这种兴趣更多地靠学生的本能，靠一种新异的刺激。从直接兴趣过渡到间接兴趣有一个过程，特别是学生通过反复甚至枯燥练习达到掌握技术、提高技能的过程。当学生利用掌握的技能去获得活动和成功的快感，感受无穷魅力时，就能对此项技能的意义产生认知，使直接兴趣和间接兴趣发生迁移，兴趣才会真正建立起来。可见，兴趣的激发主要在于直接兴趣，而培养的是间接兴趣。所谓间接兴趣，就是对活动的结果及其重要意义有着明确认识之后所产生的兴趣。这种兴趣是由于认识到学习的意义和价值而引起的求知状态，既有理智色彩，又与个人的指向密切连带；既有远景性，又有持久的定向作用。激发强烈的学习愿望，是使学生学习兴趣赖以保持并得以巩固、提高的有力保证。

二、创设情境培养兴趣

创设教学情境，可强化学生情感体验，带入引人入胜的境界。创设教学情境，应从学生实际出发，因“文”而异，如模拟演示、气氛渲染、画面展示、设疑引入和实践体验等。同时，还须注意各细节的情境创设。①讲求导言，创设良好开端——导言引得好，学生心理抓得准，问题提得妙，就会立即把学生带到探索知识的情境之中，使之思维开启，兴趣丛生而浓厚。②善用幽默，创设乐趣情境——根据教学需要，选择幽默的内容和恰当的时机，就能构成一种和谐、轻松、愉快、有趣的教学情境，使学生在乐趣中获取知识。③巧设悬念，留下“空白”——为激发学生思维，要有目的、有计划地留下“空白”。弦外有音，教师“引而不发”，学生跃跃欲试；教师言尽意不尽，学生深思回味之。④讲求艺术，创设良好气氛——要深入挖掘教材中的情趣因素和艺术魅力，使教学内容生动有趣、丰富新颖；程序环环相扣，步步推进；结构波澜起伏，跌宕曲折。引人且疑、且思、且悟，使学生感到新颖、含蓄，深刻、隽永，耐人寻味。

三、精心设疑诱发兴趣

学起于思，思源于疑。有疑才能启发学生的探索欲望，使之思维处于主动、积极的状态。在教学中，根据教材内容的“轻重”关系，抓住关键点或在与学生生活体验及思维习惯的矛盾处设障置疑，让学生带着渴求解疑除障的心理和解决问题的强烈愿望，兴致勃勃进入学习境界。故要适时、巧妙设置“悬念”，激起情趣，使之产生欲解不能、欲罢不舍的心态，把其注意、思维、动机、情感、意志凝聚在一起，以达智力活动的最佳状态。如何设疑？一是有的放矢地设问，启迪学生思路，促其思维活跃，寻找解题蹊径。可采用激发兴趣法、设疑问难法、引起悬念法、留下“空白”法、逐层深化法等。二是设置“不协调”，使学生发问质疑，惟有巧妙地引起质疑，才能激发兴趣。三是利用不同见解，引起矛盾冲突，进行讨论、争辩，对激化学生思维活动最为有效，既能引起寻求真理的兴趣，又能对问题实质得以深刻理解。

四、讲求艺术感染兴趣

优秀教师都能运用教学艺术把知识性、思想性、趣味性、科学性融为一体，注意“授之以趣”“寓教于乐”，把课教得引人入胜。教师热情可亲的精神状态，幽默诙谐的风趣语言，令人回味的优美词汇，激起波澜的巧比妙喻，富于启发的设疑问难，言尽意不尽的弦外之音，扣人心弦的描绘点拨，发人深省的人生哲理和启人思维的逻辑讲解及真切的表情、形象的手势、传神的目光、悦耳的声调，都具有极大的吸引力、感染力和渗透力。它可活跃课堂气氛，使学生在轻松愉快的状态下获取知识，掌握技能；它可把学生带入神思入迷、情不自禁的境地；它可使学生兴味大增而奇思妙想，在主动积极的状态下进行学习。

五、认真实践提高兴趣

实践，不仅可检验知识的客观真理性，深化对所学知识的理解，强化探索对象的记忆，而且能在联系实际与解决问题的过程中，激起强烈的冲动和兴趣。因此，教与学都应强调联系生产、技术和生活实际，注意从目之所见、耳之所闻中选取教学“用”和“练”的对象，使教学与生产、生活、现代技术结合起来；为把学生带入一个身临其境的天地，还应多采用实践教学的方式，如现场教学、实物教学、模拟教学、案例教学、测绘教学、实验教学、实习教学及社会实践等，这些方式能使学生体验到所获知识的实用价值，并能通过手、眼、耳、脑等感官和思维，进一步激发认识兴趣，且使兴趣逐步上升到探索的高层次。一般来说，学生学得的知识越是有用，其学习兴趣就越浓。学生一旦懂得了知识的道理并能用之解释和解决生产、技术和生活中遇到的问题，其学习兴趣就必将出现“新高”和“亮点”。

六、利用成果发展兴趣

兴趣总是和成功的喜悦紧密相连。如果学生在学习上有所收获或进步时，往往能引起兴奋感、轻松感和愉快感，同时对学习产生一种自信感，这是对学习兴趣的一种强化。如果把教学组织成师生共同创造的劳动，智能之果靠学生去采撷，当学生看到通过自己艰苦思索换取来的学习成果时，求知若渴的情绪就会无比高涨。因而，教师要创造条件，使学生不断体验到学习成功的快乐。为此，在教学中，要注重开发智力，让学生在广阔的知识海洋里探索知识、寻求规律，掌握驾驭知识的本领；不断地向学生提出一些“跳一跳，能够得着”的问题；引导、启发学生通过分析综合、抽象概括、判断推理等思维活动，自己找出答案，得出结论，尝到“会学”与“学会”的甜头。另外，学生能够发现问题，也是一种学习成果。能发现问题，就会带着问题去学习或质疑，从而产生追根求源、渴望求解的心理；学生有了发现问题的能力，就会善于从教师的讲解中捕捉那些转瞬即逝的问题，就会变“被动接受”为“主动探索”。

七、现代手段滋生兴趣

心理学研究表明，在学习中学生的不随意注意占相当地位。因此，要善于借助现代化教学手段或运用多媒体技术进行教学，集声音、视频、动画、静态图像等各种信息媒体于一体，或新颖方式、新奇手段，充分发挥其耳、目、手、脑多种感官作用，既消除过去学习时容易产生的枯燥乏味；又使感官得到美悦享受，更能增加学习兴趣，使之兴致盎然地进入学习状态。还可用形象生动、独具魅力的音频视频说明时代生活，反映社会热点，诠释相关难点，及时捕捉新的信息。能有效拓展他们的智力功能，提高其学习兴趣和学习效率。换言之，在教学中仅仅利用挂图和语言创设的情境，往往难以使学生产生身临其境的真实感，而多媒体、网络等现代教育技术则可超越时空地把教学内容的情景生动逼真地再现于学生面前。内容上动静结合，声形具备，可极大引发、激活学生的兴趣，使原本枯燥的知识操练过程，变得丰富有趣。大量实践表明，运用电化教学手段，有利于强化动机、激活注意、发展兴趣、调动学生的积极性，特别是视频中清晰、生动的特写镜头，幻灯片的背景衬托，录音中优美、动听的音乐渲染，多媒体的鲜活画面等新颖变化的刺激形式，更有利于调动学生的无意注意，让学生自然而然地产生兴趣。以数学为例，用多媒体来制作立体几何课件，可给学生开拓一个新的视野，更能体现图形立体化、透视性、多角度的特点。可把立体几何中抽象的概念直观、动态地表现出来，变抽象为具体。如在“圆心角、弧、弦、弦心距之间的关系”教学时，可通过一个动画演示课件，直观表现出来，让学生一目了然。在“轴对称图形和中心对称图形”教学时，可播放一个现代居室客厅的多媒体动画，让学生找出其中有哪些物体的形状是轴对称图形或中心对称图形，然后启发学生“你觉得哪些物体改成轴对称图形或中心对称图形会更好？”这样，通过创设实际问题情境，来激活学生学习的兴趣和积极性，就会使其创造欲望大大增强。

八、引入竞赛激发兴趣

竞赛，是才华的展示，智能的碰撞是激发学习兴趣的有效手段，可激励人的上进心，激发人的斗志和荣誉感，形成强有力的动机。青年学生具有好胜、进取、表现自己及发表个人见解的心理特征。该特征在学习上表现为希望获得良好成绩、得到教师的赏识或赞许、同学的羡慕或佩服。教师要善于运用青年这一心理特征，让学生带着争上游的心情，积极投入学习活动，并尽可能让更多学生有机会参加有关竞赛，除参加校外、班外的竞赛，课内也可引入适宜的竞赛机制，如，朗诵、讲演、作文，或习题课上出几个习题，实训课上制作一个工件。开展竞赛，可激励学生的兴趣、斗志，鼓舞他们的进取心，克服困难，胜利完成学习任务。引入竞赛，需注意：①层次性——在教学中，应因材施教，让所有学生在自己的档次内开展竞赛，积极向上；②多样性——在教学中，通过丰富多彩、形式多样、不拘一格的竞赛，如个别竞赛、团体竞赛、自我竞赛等，激励学生的求知欲，使其将积极学习变为自觉行动；③广泛性——教学中，应调动全体学生的积极性，比如可按能力分组竞赛，使每个学生都有获胜的机会；④适宜性——竞赛活动的次数不宜过多，不增加学生负担，题目不能过难，不使多数学生失去竞赛的信心；⑤公正性——评价时，应客观、公正、及时、正确，注意思想教育，避免个别学生产生优越感或自卑感。良好的竞赛，应使学生始终被一种不满足的情绪支配学习、思考、探索最优思路、最美图形、最好解法、最佳结论。

激发兴趣，即把学生潜在的学习积极性充分调动起来。兴趣，会把学习的新内容、新方法和新知识点看作一朵朵绚丽的花，全神贯注地欣赏，心情愉快地采摘；从而为探求知识的奥秘冥思苦想，废寝忘食。只要有学习兴趣，既会“书山有路勤为径”，也会把“学海无涯苦作舟”转换为“学海无涯乐作舟”。

九、掌握心理问题引趣

学生有好奇心，有自己的看法、主张，并希望得到认可，好动、冒险心强。因此，应鼓励学生发问和有奇思异想，尽可能以问题的形式呈现给学生，创设问题情境，以问题为导向，向预定方向跨步。①问题教学——以问题为载体贯穿教学始终，在设问和答问过程中萌生自主学习的动机和欲望，并在实践中不断优化自主学习的过程和方法。②问题教学——能很好地激发学生学习的动机和求知欲，并在答问中体验自己的成就感和个性发展。③问题教学——能充分体现学生的主体地位，可有效激发学生自主学习的主体性和积极性。为此，要大胆放手，让学生自己提出与解决问题。学生的不甘落后与教师的适时放手，可使学生探究知识的兴趣空前激烈。

在教学中，要倡导启发式、探究式、讨论式、参与式教学，以激发学生的好奇心和求知欲。应以新颖、丰富、有趣和逻辑性、系统性很强的内容及生动、灵活的教学方法吸引学生，使他们通过精神上的满足，进一步激起学习兴趣。教学内容与教学方法的不断更新与变化，可不断引起学生新的探究活动，从而在此基础上产生更高水平的求知欲和探究心理。对学生学习兴趣的培养与激发，远不止于此。兴趣的产生容易，但若永远保持却需通过不断的成功或进展来激励。所以，要使学习兴趣趋于稳定、持久，还须注意培养兴趣的层次：激发兴趣，着眼于趣；巩固兴趣，着眼于理；发展兴趣，着眼于用。还要注意因人制宜、循序渐进，只有如此，激发起来的兴趣才能得以持久、巩固和发展。

如何培养学习兴趣

兴趣，能使神经系统兴奋水平提高、智能潜力得到充分发挥。学习兴趣，是一种学习过程中痴迷的心理状态，形成一种内在、强势的内驱力；可使学生学习的自觉性达到较高水平，还可使学生形成个人的爱好、特长，以致对某一专业的特殊感情，从而“登堂入室”达到入迷程度。为此，如何培养学生的学习兴趣，是一个简单却又深刻的话题，也是一个未竟而永恒的课题。

一、加强感情投入激发学习兴趣

教与学互动的顺利进行，需融洽的感情基础。教师热爱学生，时刻让学生感受到对他们的理解、信任、关怀和鼓励。既赢得学生的尊重，也增强学生完成学习任务的责任感，提高他们对教师所授课程的学习兴趣；反之，任何伤害学生感情的言行，都会使之产生逆反心理，增长厌学情绪。所以，只有教师对学生爱得深，才能把学生的学习兴趣激发起来。

二、选好学习材料引发学习兴趣

布鲁纳说：“学习的最好刺激，乃是对所学材料的兴趣。”学习材料当然包括课内外两个方面。因此，教师，一要善于挖掘教材中的兴趣因素，把兴趣附着在知识上；二要注意捕捉学生生活中的兴趣点，并善于把学生虽有所感，却不甚明了的课外问题恰当引入教材。这样，不仅使教学内容组织得系统、严密、循序渐进、逐层深入，而且使所教知识新颖、奇妙，从而会使学生“开一把锁，上一层楼”，心驰神往地获得积极的情绪体验，尝到学习的乐趣。

三、进行多样教练引发众多兴趣

根据青少年的年龄特点和教材内容，课堂教学不能采取单一形式，否则会使学生感到枯燥无味，不能激发其学习兴趣。教学中，根据内容可组织不同形式的教学与练习，如：理解概念，揭示矛盾本质的对比练习；设置障碍，辨别真伪的变式练习；训练推理，启发思绪的递进练习；综合应用，讨论多解的实用练习；实验研究，解决实际问题的探索练习及多种知识渗透的综合性练习等。另外，还可采取多媒体、竞赛式、讨论式等，调动学生的学习兴趣。教师在组织练习中要注意运用迁移规律，努力使先前学习与后继学习之间互相产生正迁移，善于把新知识概念纳入旧知识体系中去认识，将知识结构转化为认知结构。这样，就能使学生在学习中触类旁通，睿智明达，渐入佳境，孜孜不倦。

四、注意学习反馈激发学生兴趣

实践表明，注意发挥学习反馈效应的作用，对学生学习积极性有明显影响。有经验的教师总是及时、准确地评价学生的学习情况，例如学生取得了进步，教师一个赞许的微笑，学生从教师表情中得到自己被肯定的信息，师生情感就发生共鸣，从而会产生更大的学习兴趣；再如让学生及时看到教师批改的作业和判阅的试卷，明了自己学习水平及对知识吸收的程度，加之教师准确并有激励性的评价，就会激发起求知兴趣，保持强烈的学习热情。

五、精心设疑质疑激发探索兴趣

“学起于思，思起于疑”。学生因为对某些现象觉得奇怪，不明究竟，进而产生强烈的求知欲，就会全身心地投入到学习中去。精心设计的课堂提问可将学生的思维状态引入到“最近发展区”，激发学生的思维兴趣。教师有目的、有意识地设障立疑，使学生在教师的诱导下，始终处于积极思维状态，成为学习的主人，培养其学习兴趣。心理学认为，学生对矛盾性问题最感兴趣。认识上的矛盾，能使学生产生一种恢复心理平衡的要求。因此，要善于利用学生这种心理要求，从教材和学生实际出发，针对学生难以理解的问题，在与重点内容有密切关系处设置矛盾点，以引起认识兴趣，形成思维热点。不断设置矛盾，不断激起思维波澜，就可促使学生不断思考，使之在一个个“教学点”上玩索、品味。创设问题情境可唤起学生的有意注意，调动思维的积极性和主动性，使之乐学、善学。为创设此情此境，一是教师设问的依据应是教材本身和学生实际，即把握教材中的难点、重点，使问题的难易程度适当，以使学生进入“心求通而未通，口欲言而未能”的境界。至于系列问题的设计与编拟，须有层次、合乎逻辑、步步有趣，引人入胜，以保证学生时时处于最佳精神状态。二是提问应在教学开始时或分布于各段之前，其效果优于问题出现在教学之后或分布于各段之后。这可形成渴望解开奥秘的心理状态，激发学生学习新知的强烈兴趣。

六、实行因材施教强化学习兴趣

学生经一定努力学到新知识技能或解出难题时，易沾沾自喜、精神振奋；相反，当通过一定或较大努力仍不能掌握所学知识技能时，就会感到懊丧、情绪低落。前者激发兴趣，后者抑制兴趣。因此，至少应精心设计对优、中、差三类学生不同要求的讲解内容和系列练习，分类指导，使每个学生都能在原有基础上有一定幅度的提高，其学习兴趣会普遍增强。

七、运用教育技术激发学习兴趣

在教学过程中，采用电化教学和多媒体课件等现代教育技术，会带来美丽清晰画面和悦耳音乐，从声、光、色、形、动等方面激发学生学习兴趣，提高注意力，加强记忆，使课堂富有生气。其图像具有透亮感、层次感、稳定性，其中最明显的优点如大屏幕、图像清晰、色彩艳丽，从视觉角度抓住了学生心理。其保真音响系统，让学生有强烈的临场感，真正做到视觉和听觉的完美统一，从感官上激发他们的兴趣。同时，为学生们提供了自主的学习环境，使人们不必再把传统教学中的“成规”带进课堂，在教学中融入了新的思维和教学方法，积极调动学生去发现、探索、创新，让学生体验到兴趣是最好老师的效果。

八、采用多种方式发展学习兴趣

应采用多种方式、方法、模式、途径培养学生学习兴趣。例如让学生在学习上主动参与，大胆实践，敢于置疑，多打问号，就会使之越学越有兴趣。再如改变思维方式，变换学习模式，减少模仿式、记忆式的学习，多采用探究式、研讨式、讨论式的学习方式，在互动中就会使他们越钻越深，也会使他们的学习有所得、有所悟，其乐无穷。又如依据学生的不同心理需要增其兴趣。兴趣是动机的一部分，而动机是发动、指引和维持身心活动的内部过程，而导致动机的产生，就是心理需要。

九、通过必要锻炼提升修养兴趣

兴趣程度高低决定其驱动力大小。兴趣可引向上层，引向超越性的高级层面。即将兴趣提升到精神层面，使精神、灵魂对此领域向往、渴求、追求；因它有更高的稳定性与持续性，就会更加深化该追求。兴趣，虽由外在的夸耀、奖赏而起，但随兴趣境界的不断提升，使个体主观层次得到飞跃，转换为一种内在追求，变成一种内在、纯粹、超越物质性的沉醉，甚至一些挫折、痛苦亦能激发这种内在追求，不是单纯的快乐而是融入了痛苦的快乐。外在追求提升为内在追求，实为一种境界、一种层面向另一境界、另一层面的提升，在此过程中，显现兴趣境界由低到高的动态性平移、连续性平移或跳跃性平移。换言之，低级兴趣也会随个体的主观修为而不断提升，如从事宗教信仰的苦行与修炼，使少数修为艰深者，形成一种高级层面的沉迷。特别是认识到某些事业或领域的深刻意义与深远价值后，往往能变痛苦为快乐，尤其是具有为某种信念、信仰而献身的精神后，更能忍受巨大痛苦，甚至将其变成完全彻底的享受，这种变痛苦为享受者即形成一种潜在的无穷驱动力，彻底引发个体本能蕴藏的无尽能量，忍受巨大的痛苦，甚至饱受几十年的艰辛而毫不退缩。这种兴趣让人领受人性的无穷神妙！

十、随着感受流动转变兴趣

人在不同时刻对同一事物的喜厌，及同一时间所喜好的不同事物均是变化的。人对某事物的看法、感受的流变，原来很讨厌的东西随自身成熟而变为很喜欢——各种不良嗜好者会喜欢常人所厌恶的东西，对此上瘾者，开始接触时厌恶，但随自身改变，会由厌恶变为喜爱，再由喜爱变成迷醉。兴趣的程度、强度会随时间而有所增减，其层次、境界会有所提升或降落。换一角度看，兴趣也需统筹与调控。这涉及兴趣要素间的关联、形成、促进与衰减。在众多要素中，有的处于核心，起引领与带动的作用；有的处于附属，起辅助与配合的作用。核心与附属，在一定时空下可相互转换，尤随个人境界提升。此精神层面的兴趣具有更高的稳定性，变得更强势、更永恒。学习兴趣可促进学习效率的提高，提高阅读效果、记忆质量，让人变得勤奋，领受学习的深远意义与终极价值。每个阶段的两个层面也是有主有辅，有轻有重，先提升其一者带动另一者转换，互补互促。事实上，谁都有过对学习的厌倦与痛绝。只不过有人擅长一种内在的转换，将很痛苦的事做得不那么痛苦，甚至当成一种快乐。为此，一是深刻认识兴趣的重要；二是利用各种手段激发兴趣；三是不惜余力地将兴趣调控与转换，提升其层次。

十一、增加知识储备奠定兴趣基础

知识是兴趣产生的基础条件，要培养某种兴趣，就应有某种知识的积累，如要培养写诗的兴趣，就应先接触一些诗歌作品，体验一下诗歌美的意境，了解一点写诗的基本技能，这样就可能诱发诗歌习作的兴趣。可以说，知识越丰富的人，兴趣也越广泛；而知识贫乏者，兴趣就会越贫乏。

十二、开展有趣活动培养直接兴趣

直接兴趣，即学生对新鲜事物或内容在感官上产生的一种新异刺激。这种刺激反应表现极为强烈，但较短暂。每当上新课时，学生往往表现出极大的兴趣，也较易激发；然而，自上复习课起，学生的兴趣就大不如前，有的甚至随着教学深入，难度增加，致失兴趣。直接兴趣是对事物或活动本身感兴趣，若培养这种兴趣，应使活动本身丰富而有趣。例如，新颖的教学内容和有兴趣的教学方法，能激起学生学习知识的兴趣；生动的课外实践活动，能培养学生学习实践操作、动手动脑、发明创造的兴趣；开展劳动竞赛、体育比赛、文体活动，能激发学生对劳动、学习、体育、文体活动等的热情与兴趣。

十三、根据兴趣特点提升兴趣品质

由于学生所处的环境、所受的教育及主体条件的不同，其兴趣都带有个性特点，因而要根据自身条件进行兴趣的自我培养。例如，有人兴趣广泛而不集中，就应加强中心兴趣的培养；有人兴趣单一而不广泛，就应加强兴趣广泛性的培养；有人兴趣短暂易变，就应加强兴趣稳定性的培养；有人兴趣消极被动，就应加强兴趣效能性的培养；有人兴趣在网络世界，容易沉迷，就要加强引导，同时又要注意培养这些年轻人高尚的人格。

十四、融洽师生关系滋养学习兴趣

教师教学成功，学生学得愉快，建立一个和谐融洽的师生关系极为重要。要使学生变“要我学”为“我要学”到“我爱学”的乐学境界，教师的一言一行都要关心爱护学生，平等对待学生；走进教室不是板着脸孔，而是把“微笑”带进课堂，使学生感到老师不是来训斥，而是传授知识的。在教学过程中教师应真正把学生当做学习的主体，以启发、谈话和讨论的方式进行教学，创造轻松的环境，体现学生在学习上的主体能动作用；开展小组合作学习、交流、讨论，使学生在轻松愉快的氛围中学得积极主动，思维随之展开，兴趣随之激起。与此同时，给学生创设动脑、动口、动手的条件和机会；在练习过程中，遇到疑难问题时与学生展开磋商、讨论，为他们排忧解难，使之感到是与老师共同解决问题；而且，对待学困生不讽刺、不挖苦，和他们一起找根源，耐心辅导。这样就会增进师生间的感情，融洽师生关系，进而使兴趣伴着愉快的情绪体验而滋养和发展。

十五、关注学生爱好孕育学习兴趣

关注与了解学生是师生相处的前提，是教育学生的基础，是学生成长的保证。教师应关注学生的读书、学习和生活及其性格、习惯、兴趣和爱好，一旦发现学生对某一方面有爱好、感兴趣，就应积极引导他们朝自己的兴趣方向努力，并不断“欣赏、夸奖、鼓励、赏识”学生。通过语言激励，运用榜样引导和安排机会锻炼。总之，作为教师应遵循教育规律，尊重学生个性，引导学生特长，培养学生爱好，孕育与激发学生兴趣，让每一朵花都尽情绽放，让每一株草都快乐拔节，让每一棵树都茁壮成长！可围绕中心兴趣，发展其广泛兴趣。人们常说：“日有所思，夜有所梦。”就是因对某一事物或一件事有了兴趣才产生“思”和“梦”。正如画家，他的想象来源于他的兴趣，所以富于广泛的兴趣是培养创新思维的表现。

十六、正确对待挫折树立学习兴趣

学生对某方面产生兴趣并不停努力和不懈追求时，不一定会在短期内能取得明显效果，可能会遇到许多困难，甚至遭受一定挫折。因此，教师要善于引导学生正确面对困难和挫折，并帮助他们树立勇气和决心去战胜困难。优秀教师总是把学生的挫折当做教育其性格向全面发展的好素材、好时机，顺着学生的学习兴趣走。如果对遇到挫折的学生想作一点调整，就应因势利导，引起学生的学习兴趣。学生在学习、智力开发上都有一个兴趣和积极向上的问题，教育学生不仅对争第一感兴趣，还要培养其征服困难的乐趣。

十七、运用恰当方法不断增添兴趣

得当地运用已掌握的有效学习方法，会使自己在学习中更轻松。如何让学生学习轻松？首先让学生做“会的内容”。心理学家班都拉认为：对会做的事情，比较有兴趣去做。当学生表现不自信时，可不露声色地让其做一下以前做过的题目。可通过正反例证引导，强化学习兴趣。在教学中，教师的正面引导往往通过一些典型实例进行分析得出结论，从而培养学生良好的品质。以这样的例子，让学生谈谈班中有无这样的事，应该怎样做，将书本上的知识迁移到自己身边的事，在教学上达到既教书又育人的良好效果。

十八、注重初始成功继续强化兴趣

兴趣的强化，可先建立点滴兴趣，即从实现自我满足的本性开始，哪怕是一个细节、一件小事，或暂时、局部、狭小，甚至是虚拟的成功。这种刚接触学习领域的成绩与自信的获得，称为初始性成功。成功虽小，但对兴趣激发意义重大且深远。促发初始性成功手段：既可是集中作用于一点，取得突破——每个人总能找到超越他人的一个点，以带来自信与兴趣，更可是虚拟性技巧，暂时降低成功标准，降低成绩度量的严格度，或以一种类似精神胜利法的自我鼓励、自我夸赞——取得一个较小的成果可获得较大成功的喜悦。亦即不需开始就追求多崇高的境界，不需在“学习之初就树立远大志向”，崇高的目标与志向应是个逐渐形成的过程，是贴近自我一步步升级的过程，从初始的微小、浅显的成功，再至巨大本质的成功。

兴趣从何处来？作为学生，一靠学习的动力，有了动力，就易产生兴趣；二靠深入到所学知识的内部，一旦深入了解，兴趣即生；三靠成功的激励，注重初始成功，继续强化兴趣。当对某些知识能应付自如时，成功的喜悦会把学生带进快乐的天堂。四靠运用恰当方法，不断增添兴趣。作为教师，一是教前设趣，即从课题及教学目标入手，设计一些悬念式、情境式的导言。二是教中激趣，即根据教学内容采取多种方法激发学生的学习兴趣。三是练中生趣，即让学生通过有适当难度的作业练习，体验到成功的喜悦，培养学生的学习兴趣。四是动中出趣，即将学习活动变得生动、多彩，不枯燥，让学习变得轻松、惬意、快乐、有激情，以触发学生对快乐的追求本能，从而兴趣的产生也就成为具有源头的活水。五是挖潜寻趣，即以对自然无限探微的精神，将兴趣作为人体自身客观蕴藏的一种潜能，根据潜能蕴藏假设以及美学假设，应用和谐、共振的方法对兴趣潜能进行开发。此外，加强教师语言的情感色彩，注意教态的亲切自然等，都有助于引发学生的学习兴趣。

引 趣 十 诀

引趣，是指在讲解时要富有“趣味性”，以引起学生的学习兴趣。教学的趣味性是调动学生学习积极性的主因。如果教学“寓教于趣”与“启其蒙而引其趣”，就能增强其求知欲，达到“心中喜悦，则其进自不能已”的境地。兴趣，是学生学习活动中的一个重要心理因素。兴趣，可激发求知欲望，唤起进取动机，培养坚定意志，改善学习态度；兴趣，是思维的向导，人生的动力，成才的起点。学习兴趣，是学生情感、态度在学习活动中的选择和倾向。所以古今中外的教育家和教育者都非常重视引发学生的学习兴趣。古人说：“教人未见其趣，必不乐学。”能否调动学生的学习兴趣，关系教学的成功与否，只有当学生对其学习内容产生兴趣，才会乐学、积极思考，才会受教育于轻松愉快之中。

一、以“志”引趣

志坚则趣生，趣浓则志坚。志与趣，可相辅相成、互生互发。帮助学生立志定向，选择长远的奋斗目标，培养其毅力和恒心，去追求自己的崇高理想，从而使学生产生强烈的责任感和抱负，这是使其学习兴趣赖以保持、稳定，并得以巩固和发展的有力保证。志向、抱负愈高，意志便愈坚强，潜力发挥得愈充分，学习就愈能主动，从而强化兴趣，紧张而有节奏。福楼拜说：“最贫的是无才，最贱的是无志。”

二、以“需”引趣

“需”是兴趣产生的源泉，兴趣来源于认识和需要，越是需要，就越有兴趣。要使学生对学习产生浓厚的兴趣，就得把他们潜在的学习需要充分调动起来，使学习变成他们本身的需求。其中最根本的是使他们感到学而能用、学而有用，从而变“要我学”为“我要学”、“我爱学”。

三、以“得”引趣

“兴趣产生于知，只有知之深，才能爱之切。”教师要想方设法把课讲好，注重“适应需求”与“实用价值”，让学生切实觉得所学内容有用，使学生时有所获、日有所进，以致每学必有所得，则会产生兴趣；所得愈多，兴趣愈浓。特别是当学生看到通过自己的艰苦努力换来的学习成果时，求知若渴的情趣就会无比高涨。

四、以“难”引趣

乐趣寓于疑难之中。教学内容经常保持适当的“高难度”，掌握适宜的“高速度”，讲究切实的“高”坡度，注意跳跃的“高”跨度，使学生“跳一跳，摘得桃子”，既能强化分析问题和解决问题的深刻性、灵活性和创造性，又是诱发求知兴趣、激发智能潜力的重要方法。

五、以“疑”引趣

思源于疑，有疑才有思。学贵知疑，学习有疑问，才能产生浓厚兴趣。设疑、激疑和质疑是激发兴趣的催化剂。适度而巧妙地安排具有科学性、新颖别致足以引起学生探索的各种疑问或“悬念”，就能使他们不断产生“新的问号”；使学生因“疑”生奇，因“疑”生趣，就能使他们脑海荡起情趣；不断设疑、激疑、质疑，在知识谜底面前引而不发，就会激发学生强烈的学习兴趣；特别是使学生产生欲解无方、欲罢不舍的心理状态，通过自己的努力探索出通往结论的途径，则会兴趣绵绵。这就会使其始而疑之→继而思之→终而乐之。

六、以“方”引趣

利用学生喜新好异、厌呆倦板的心理，在教学“原则不变、方法常新”的思想指导下，灵活使用多种方法，使他们常有新鲜感，就会激发其学习兴趣。尤应善于适时启发，讲解时弦外有音、言尽意不尽，不断适应“愤悱”、跨越“愤悱”和创造“愤悱”的情境。当学生有“心求通”“口欲言”的积极渴望时，施以必要的疏导、点拨、评价，更会使学生跃跃欲试，情趣起伏。

七、以“新”引趣

人们对司空见惯的现象常常会熟视无睹，而对新异的事物却往往能产生浓厚兴趣。“寓教于趣，取法在新、新而无厌。”求新、好奇、喜异，是青年学生的正常心理，在教学中除要善于联系祖国飞速发展的建设形势、不断涌现的英雄模范人物外，还要善于汲取中外科技发展的“前沿知识”和当今社会出现的“有益新闻”，向学生传播丰富多彩的“即时信息”，把必要的新理论、新观点、新技术、新工艺等及时、适当融入教学内容之中，并通过新的教法，做到“常讲常新”，不断使学生“耳目一新”，感到新颖别致，从而兴趣盎然。

八、以“变”引趣

呆板可抑制兴趣，变幻能诱发兴趣，多变会产生兴趣。兴趣亦需多变，让新兴趣代替旧兴趣；否则，兴趣单一不变，终有乏味枯竭之时。所以，在教学中，应结合教学内容，巧妙地运用变角度、变形式、变方法、变题型等变式，组织不同形式的练习：一题多解、一题多变、一题多用、一题多证、一题多辩、一题多议、一题多验等可使学生兴致浓厚，产生奇趣。

九、以“赛”引趣

善于运用青少年好强、好胜、进取的心理特征，充分运用讨论法、争辩法、比讲法、赛答法……使学生处于高度兴趣之中；适时、适事引入竞赛活动，适当、适度运用奖励手段，以让学生带着争上游的心态，主动积极投入教学活动。并且给以客观、及时、公开、正确的评价，不断激励学生、鼓舞学生，这会持续提升他们的学习、探索和研究兴趣。

十、以“趣”引趣

为兴趣学兴趣，为兴趣用兴趣。教师要理解和掌握学生的求趣心理，要善于挖掘教材中的兴趣因素，注意捕捉学生在学习过程中的“兴奋点”，授之以趣，寓教于乐。同时，让学生听到有趣的讲析，看到有趣的音像，使科学性、知识性和趣味性有机结合起来，使学生置身于愉快的学习氛围之中，感到学习之乐。这样，他们就会不断产生新的兴趣、浓厚的兴趣。

引趣就是活跃气氛、敞开思路、培养想象，其方式方法除以上十点外，还有故事引趣、悬念引趣、幽默引趣、挑刺引趣等。教学是艺术，艺术精则魅力出。要充分运用教学艺术的形象性、情感性、创造性三大特征。同时，要善于创造情境，强化学生的情境体验，把学生带领到引人入胜的境界之中：趣味盎然的开场白，生动精练的结束语；环环相扣的教学过程，发人深省的设问质疑；恰到好处的课堂练习，留有余地的课外作业；画龙点睛的概括，简明美观的板书及幽默风趣的语言，生动贴切的比喻，传神的目光，潇洒的教态，特别是多媒体等多种感官同时接受音频、视频及交互的教育技术，均可使课堂气氛轻松、愉快，都可使学生在乐趣中获得知识技能，得到熏陶、感染。值得注意的是，兴趣要自己去寻找，自己不断积累，自己去做挖金者；找兴趣犹如找乐趣，那又何乐而不为？另外，还可应用系统论的观点，总结多年来兴趣培养的心路，建立一个较为完善的兴趣内在系统，切实提升学习兴趣的强度与层次。总之，重开始，创设情境，让学生享受学习之乐：铺台阶，大胆探索，让学生享受攀登之乐；抓训练，举一反三，让学生享受成功之乐；善结尾，找规律，让学生享受会学之乐。

学习兴趣个体差异的针对性培养

在教学过程中，应始终把学习兴趣放在首位。培养学生的学习兴趣，是完成教学任务、提高教学质量的关键。影响学生对某一学科学习兴趣的因素有社会、家庭、学校和学生自身四个基本方面。其中，教师的教学效果、学生本人的思想和知识基础的影响是直接的；社会对该学科的重视程度、家长要求的影响是间接的。直接因素有较大的可变性，间接因素有较强的稳定性。所以，培养学生学习兴趣应从改变直接、可变的影响因素入手。处理共性问题可从教的一方入手，解决个性问题则应从学的一方入手。解决共性问题的一般方法，诸如提高讲授的科学艺术性、语言的生动形象性及开展课外活动与竞赛等。这里要谈的则是解决个性问题的特殊方法。为研究个性差异，不妨把兴趣水平分为三级：一是兴趣浓厚，学习积极、热情；二是有一定兴趣，一般仅限于完成任务，缺乏主动性；三是无大兴趣、无兴趣，甚至厌烦学习。这三个等级还可分为十种情况，施以不同方法。

一、搭桥引渡

第一种情况，缺乏必要的基础，也无明确的学习目的，学习无兴趣，属于“混天”学生。因基础知识的缺陷，像一条知识的河流，被斩断了由旧知向新知的通路，使得这些学生不敢问津，即使偶有学习愿望，却又因无路可走，望而却步。对此类学生，要关心、要体谅，要求应适当。引导兴趣的关键是通过必要补课和个别辅导，使其掌握一定的知识，搭起一座知识的桥梁，把由旧知到新知的路接通，引渡过去，使之渐渐觉得学习是一件有意思、有意义的事。

二、曲径通幽

第二种情况，多数学科学习并不坏，学习态度也可以，只因缺乏某些学科的基础而学有困难，感到怵头，常处被动。对此类学生，可不采用从正面直来直去讲大道理的套式做法，而采用迂回而又自然的诱引方法，使他们产生兴趣。如通过师生的交往，通过课外活动的接触，通过课外阅读的指导等途径施以积极影响，从而一边积累知识，一边培养兴趣。这正如铺设一条引人踱步的花间曲径，让学生自然走向学习的佳境，产生奇趣，流连忘返。

三、移花接木

第三种情况，学习目的不明确，认为该学科无用，不如不学，属于有意偏科。对此类学生，首先应使他了解该学科的重要性。其方法，可口头说服，更重要的是用事实说服。可借他们在其他学科学习和活动方面的兴趣之“花”，接该学科学习兴趣之“木”，设计一些跨学科的实际作业或活动内容，使之从中体会到缺乏该学科知识的困难，认识到学习该学科的重要性，从而实现兴趣的迁移。

四、金针度人

第四种情况，有正确的学习动机和态度，有学好的愿望，只是苦于学不得法而欠获，致无乐趣可言。对此类学生，是加强学习方法指导，不仅“鸳鸯绣出从教看，更须金针度与人”。学生一旦掌握了学习方法，挣脱了无方痛苦就会欣喜非常，学习兴趣油然而生。

五、涨水升船

第五种情况，学习态度好，但因基础欠扎实，学习难争上游，久而久之失去了力争上游的信心和毅力，学习兴趣也被抑制。对此类学生，应使其学习兴趣随其成绩的不断提高而复萌、提高。兴趣与成绩的关系正如船与水的关系，既然水涨船高，教师就应涨水升船，给予个别指导。帮助学生找出学习上的薄弱环节而加以补救，从提高成绩入手，使兴趣随成绩的提高而上升。

六、跳起摘桃

第六种情况，有较好的基础，也有要求进步的愿望，但因意志力不强，过得去也可，满足于中间状态。如果第五类是信心问题，这一类则是意志问题。对此类学生，应培养其好胜和敢胜精神，激其上进，力争上游，不甘中游。为此，可利用口头评价及作业、考试成绩的杠杆，时时加些动力，让他们感到加一把力就进到上游，松一松劲就退到中游，跳一跳就能摘个桃。其关键是让他们看到自己的潜力，相信自己的力量，点燃起跻身上游的希望，让希望引其前行，学习兴趣便会被激增。

七、胜景迷人

第七种情况，基础扎实，头脑清楚，本应属上游，但因心不在此，认为这门课过得去就行。对此类学生，教师应像老练的导游一样，不断向他们展示该学科中的奇色异景，不断让他们认识新知，发现新疑，解决新问题，使他们在获知中得到享受，在胜利中感到欢乐，以致为“胜景”所迷，欲罢不能，留恋难返，兴趣自生。

八、拨云见日

第八种情况，是靠任务和外力的推动，但对学习本身并无多大兴趣，缺乏自觉性、主动性。注意力的稳定性强而分配性差，思维上的求同多而求异少，取得同样成绩往往要付出几倍于人的努力。对此类学生，要为其拨开任务与压力的漫天云雾，展现学习中动人的丽日蓝天。要培养其思维的求异性、开发性和创造性，引导其开阔眼界、拓宽思路，发现本学科动人处。若一旦感到学习如览胜，处处皆佳境，美不胜收，就会兴趣盎然。

九、因势构筑

第九种情况，学习动机不够正确，但基础很好。这些学生学习兴趣不稳定，起落明显，怕遇挫折、遭失败。他们或者想用好的成绩表现自己，或者想用好的成绩作为某种进身之阶，一旦这些目的不能达到，学习兴趣立即一落千丈。对此类学生，首先要利用现有基础，加以引导，使其学习兴趣稳定；然后要抓住一切时机去端正他们的学习目的。这正如园林建筑得依山傍水，因势构筑，随着工程进展，还要不断加强基础。在此就是加强思想教育，但在思想问题解决之前，应对其采取保护措施，避免失败和其他打击而导致兴趣失落。

十、以退促进

第十种情况，各方面都好，因而兴趣浓厚，成绩优异。他们往往是教师的“掌上明珠”，最易产生骄傲情绪。对此类学生，应不断提出新目标、新要求，施以适当压力，确实让他们体会到“学如逆水行舟不进则退”，“瞻之在前，忽焉在后”，懈怠不得。另外，还应鼓励他们去发现、去发明、去创造，用更高的目标激励其学习兴趣。

这里把兴趣分为三级水平、十种情况。对三级兴趣者，通过搭桥引渡、曲径通幽、移花接木、金针度人，实施兴趣的诱引；对二级兴趣者，通过涨水升船、跳起摘桃、胜景迷人、拨云见日，促进兴趣的激发；对一级兴趣者，通过因势构筑、以退促进，维持兴趣的稳定。其实，十种情况无论如何也不能将纷繁复杂的现象全部囊括。只要分析问题能从动机、基础和方法着眼，解决问题能从内容、活动和效果着手，就能收到相应的效果。兴趣是最好的航标灯：惟有兴趣，才会在学习中甘心情愿地投入身心；惟有兴趣，才会使学习成为一种智慧的活动。兴趣是最好的动力源：惟有兴趣，才会使学习产生源源不断的动力；惟有兴趣，才会使学习出现持续不减的情绪。

兴趣是人才成功之根本的实例

兴趣与事业一致，能使潜力最大限度地得以发挥。兴趣，对于一个人走向成才之路具有难以估量的价值。古今中外凡是著名的科学家、文学家、数学家、艺术家及发明家，几乎都是从幼小时就对自然、社会的某项事物产生了一种强烈而浓厚的兴趣。兴趣，是个体成才的内在动力和起点。因此，继续深入探讨和研究兴趣这一课题，对于了解学生学习兴趣及其发展规律，对于引导和培养青少年学科学、用科学，培养大批现代化建设人才，都具有重要理论意义和实践意义。假如每堂课都令人兴致盎然，唤起学生的好奇心，那效果会如何？正如哲学家柏拉图所说："若把'强制'与'严格'训练青少年孜孜求学的方式，改为引导兴趣为主，他们势必劲力喷涌，欲罢不能。"自古以来，因兴趣而成才者屡见不鲜。进入21世纪以来，基于兴趣而成才的华人就有如下几位。

一、"22岁教授"走出人才之路

2012年3月20日，在校生刘路因攻克十七年未解的国际数学难题，被中南大学破格聘任，成为我国目前最年轻的正教授级研究员。

刘路，一名大四学生，在一年之间就传奇般地完成了从硕博连读生到青年教师后备人才再到正教授级研究员的递变。究竟是什么原因，让这个还在接受大学教育的年轻人成为一颗炙手可热的学术界新星？一切，都要从一道数学题说起。在大三时，自学反推数学的刘路第一次接触数理逻辑学家西塔潘提出的一个反推数学领域关于拉姆齐二染色定理证明强度的猜想。从此，酷爱数理逻辑的他便痴迷其中。之后，刘路在研究相关问题时发现一个方法，他意识到该方法可能对解决这一猜想有帮助，但并未直接用此方法解决这一猜想。他便开始日思夜想，10月的一天，他突然想到，用这个方法稍修改便可证明这一结论，他立即跑回宿舍，连夜用英文写出证明过程，投给数理逻辑领域国际权威杂志《符号逻辑》。可喜的是，这一研究成果最终获得《符号逻辑》主编、芝加哥大学数学系邓尼斯·汉斯杰弗德教授的高度评价，也得到海内外科学家的权威认可。之后，他又给这一悬而未决的公开问题一个否定式的回答，彻底解决了这个困扰数理逻辑界多年的"西塔潘的猜想"。

"西塔潘猜想"，是英国数理逻辑学家西塔潘于1995年提出的，关于反推数学中的拉姆齐二染色定理的证明论强度的一个猜想，17年来国际上众多著名数学研究者一直努力研究均未果。而刘路却两个月破解该悬疑。

高中时的刘路就读于辽宁省重点中学大连育明中学。他的班主任兼数学老师的印象：刘路非常喜欢思考，但他不会像一般同学那样按部就班地听课、思维、答题，"他的答案经常让我没办法"。该习惯让刘路在升入大学之后，并未成为一个在院系里成绩突出的学生，甚至仅仅是处于中下游水平。按刘路自己的话说，是因他的解题思路经常游离在标准答案之外。刘路把学习称为"修行"，认为最好的学习方法是兴趣，"只要有兴趣，就能迎难而上。不要太注重分数和结果。"诚如导师侯振挺教授所言，刘路的胆识，完全得益于"他的努力并没有放在课本上"。由此可见，刘路的今天，是他对兴趣执著追寻的必然结果。

创新人才究竟要走怎样的成长轨迹？他们给教育留下多少借鉴和启示？"知之者不如好之者，好之者不如乐之者。"刘路的成功源于兴趣。兴趣是创新活动的催化剂。初二时他就开始对数学情有独钟，凭着这种兴趣他主动热烈地去追求、去挑战，促使他拓展知识的f广度与深度，挖掘了智力潜能，这都是突发奇想到创新的基础和铺垫。老师们公认，刘路"不是传统意义上的好学生"，学习成绩不是太好，贪玩，好运动，有时还不按时交作业，中学时成绩时而前茅，时而倒数。刘路自己说，我是应试教育的抵触者，成绩不稳定的原因在于"我不愿在考试上浪费时间，我不满足于试题所给出的标准答案"。

刘路不甘平凡，动力何来？他的座右铭——不顾一切地追求梦想、追求心爱的事物，生命就会精彩。他喜欢给自己定目标，渴望当一个大数学家或多有建树的大学者。榜样的感召让上大学的刘路每天一早就钻进图书馆，回来总是背着一堆英文书，经常半夜还在苦读，刘路成长的经历再次告诉我们，走向事业辉煌、开创成功人生的关键是崇高的理想追求、品德高尚的情操、持之以恒的毅力、克服困难的勇气等，这一系列非智力因素的开发，要靠教育。无论是专与广的兴趣、求新求异的思维、发现问题和解决问题的能力，还是理想与目标、勤奋的意志力与克难的勇气等，都是被刘路再次证明的创新人才必备的素质。

二、美国科学院最年轻华人院士庄小威

庄小威，15 岁上大学，34 岁成为美国哈佛大学教授。2012 年 5 月，她年仅 40 岁，成为美国科学院最年轻的来自中国大陆的科学家（2011 年当选为美国科学院院士，平均年龄为 61.5 岁）。

庄小威在接受采访时说，自己从小就喜欢科学，早期教育是个性与顺其自然的结合。能取得这般成就，主因是顺着自己的心意和兴趣学习。

庄小威的父母都是中科大的教授，她没上过幼儿园，从如皋回到父母身边后，直接上科大附小二年级。她上初中时，在班里年龄最小，却是最聪颖者之一。她曾获得全国中学生数理化竞赛第一名，后被推荐到北京景山学校上了半年中科大预备班，13 岁转入苏州中学科大预备班，成绩一直名列前茅，数学、物理常打满分。最终她以高考 600 多分的状元成绩考进中科大少年班。据她在中科大少年班的一位室友回忆："小威得天独厚，虽然读书无数，视力却是 1.5。她还有一心两用的本领，一边听三国评书一边做原子物理作业，这些都让我们好生佩服。"

1991 年，庄小威在中科大毕业后赴美，仅 19 岁。她在加州大学伯克利分校拿到物理学博士学位后，又在斯坦福大学师从诺贝尔物理学奖得主、华裔科学家朱棣文做博士后研究。此时，庄小威偶然与化学、生物学科的合作伙伴一起开始做一些跟踪分子行为的实验，从此开始跨越物理和化学两个学科的研究，站在了世界科学的前沿。她在科学世界的成就获得业界公认。2001 年，不到 30 岁的她被聘为哈佛大学助理教授。2003 年，获得麦克阿瑟"天才奖"，是第一位获此荣誉的华人女科学家。2004 年，美国著名的《科技评论》评选出在纳米技术、计算机与通信及生物技术领域从事前沿技术研究的、年龄在 35 岁以下的 100 名青年创新者，庄小威名列其中。2006 年初，庄小威晋升为哈佛大学物理和化学系的双聘教授。在哈佛大学建立了以自己名字命名的单分子生物物理实验室，带领 21 名博士、博士后。

庄小威在一次次压力和挑战面前，始终没有轻言放弃，自己的动力来自加倍的努力。在哈佛大学做助理教授时，她的其他同事都偏向选择相对"安全"的课题，这样才能迅速出成果、发论文。但她的冒险精神，从开始就决定选择有难度、有风险的课题。当她获荣誉无数，并晋升为哈佛大学教授时，有人问她，现在是否可选比较重要的课题做了，她表示："我一直是在找重要课题做，从来没想找容易的课题做。"

与众多华裔科学家相比，庄小威非常朴素，无任何讨好人的姿态，且有着一种单纯和非常的专注。一位友人这样形容庄小威：只要一回到科学里，她立刻变了个人，比如在演讲时，不仅用词准确、优雅，而且语调流畅，十分自如。庄小威运用自己"讲故事的能力"，甚至让学科外的人都能听懂。她的语言十分幽默，包括肢体语言。

原中国科技大学校长、后任南方科技大学校长朱清时，对这个 87 级少年班的女孩子，仍留有深刻印象。2003 年 10 月，庄小威回母校做了一场报告会，当时她刚刚获得美国麦克阿瑟基金会当年度的"天才奖"。

三、2008 年钱永健获得诺贝尔化学奖

钱永健，2008 年诺贝尔化学奖得主。美国人马丁·沙尔菲、美籍华裔钱永健和日本人下村修三人分享此奖。钱永健的家族可谓是"科学家之家"，家中有多位工程师，其父钱学榘是机械工程师，舅舅是麻省理工学院的工程学教授，哥哥钱永佑是视神经生物学家，兄弟俩都在十几年前当选为美国科学院院士。钱永健是钱学森的堂侄，1952 年出生在纽约，在新泽西州利文斯顿长大。小时候患有哮喘，只能经常待在家里，从小对化学实验感兴趣甚至痴迷，常在家中地下室里摆弄瓶瓶罐罐，做化学实验，一做就是几个小时。他 16 岁时，获得生平第一个重要奖项，也是美国给予高中学生完成科研项目的最高奖：西屋科学天才奖，当时他研究的是金属如何与硫氰酸盐结合。1968 年拿到美国国家优等生奖学金进入哈佛大学学习。1972 年（20 岁）获得化学和物理学士学位并从哈佛毕业，接着前往剑桥大学深造。1977 年，获得剑

桥大学生理学博士学位。1981 年，钱永健到加州大学伯克利分校，工作 8 年，成为教授。1989 年，他将实验室搬到加州大学圣迭戈分校，任该校药理学教授及化学与生物化学教授。1995 年，当选为美国医学研究院院士。1998 年，当选为美国国家科学院院士和美国艺术与科学院院士。2009 年，获香港中文大学荣誉理学博士学位、香港大学荣誉科学博士学位。

钱永健还获得许多重要奖项：1991 年，帕萨诺基金青年科学家奖；1995 年，比利时阿图瓦·巴耶·拉图尔健康奖；1995 年，盖尔德纳基金国际奖；1995 年，美国心脏学会基础研究奖；2002 年，美国化学学会创新奖；2002 年，荷兰皇家科学院海内生物化学与生物物理学奖；2004 年，世界最高成就奖之一以色列沃尔夫医学奖。

2008 年 10 月 8 日，瑞典皇家科学院诺贝尔奖委员会宣布：钱永健与美国生物学家马丁·沙尔菲和日本有机化学家兼海洋生物学家下村修三，以绿色荧光蛋白的研究获得该年度诺贝尔化学奖。多色荧光蛋白标记技术，为细胞生物学和神经生物学发展带来一场革命。

四、莫言获得诺贝尔文学奖

莫言，原名管谟业，1955 年 2 月 17 日生，祖籍山东高密。莫言是中国第一个诺贝尔文学奖获得者。他说：“我是一个中国作家，我的文学是中国文学的一个组成部分，我获得诺贝尔文学奖会在一段时间内让世界目光更多地关注中国当代文学。”莫言在汉语文学发展面临艰难境地的关键时刻，以勇敢的探索和不凡的成就，向世界展现了汉语文学的发展前景。

莫言自幼对书就很痴迷，书籍成为年少莫言最好的伙伴。当时，只有一盏小煤油灯，火苗像一个黄豆那么小，母亲在锅灶上做饭，他和哥哥就利用这点机会踏在门槛上看书。几年后，门槛竟被两弟兄踏得凹下去一块。因文化大革命辍学在家，他只能从事农业劳动，期间无书可读，就看《新华字典》。1976 年参军，在部队担任图书管理员期间，阅读了千余册文学书籍，并开始接触到外国哲学和历史书籍。1984 年，著名作家徐怀中在创建解放军艺术学院文学系时因十分欣赏莫言的《民间音乐》，破格让其参加考试，并录取。1997 年从部队转业后开始从事专业写作。2013 年，担任中国首家“网络文学大学”的名誉校长。2014 年，获得澳门大学授予的荣誉文学博士学位。现任北京师范大学教授。

莫言自 1980 年代以一系列乡土作品崛起，充满着“怀乡”及“怨乡”的复杂情感，被归为“寻根文学”作家，其文学作品相继获得各类奖项。1985 年在《中国作家》发表《透明的红萝卜》而一举成名。1986 年在《人民文学》发表《红高粱》引起文坛轰动。1993 年，由美国汉学家葛浩文翻译的《红高粱》英译本在欧美出版，引起国际社会的热烈反响，被《World Literature Today》评为“1993 年全球最佳小说”。1997 年《丰乳肥臀》夺得中国有史以来奖金最高额的“大家文学奖”。这部小说讴歌了母亲的伟大、朴素与无私，生命沿袭的无与伦比的重要意义。2000 年，莫言的《红高粱》入选《亚洲周刊》评选的“20 世纪中文小说 100 强”（第 18 位）。2001 年，其《红高粱》成为唯一入选《World Literature Today》评选的 75 年（1927-2001）40 部世界顶尖文学名著的中文小说。2005 年《檀香刑》全票入围茅盾文学奖初选。同年，获得意大利诺尼诺国际文学奖。2011 年《蛙》获第八届茅盾文学奖。2012 年，获得诺贝尔文学奖。据不完全统计，莫言的作品目前至少已经被翻译成 40 种语言。

享誉世界文坛的华人作家严歌苓这样评价莫言：他是一个非常有才华的作家，很早就被大家认可了。他很刻苦努力，是一个非常纯粹的人，对小说的专注是非常绝对的。我跟莫言是当年鲁迅文学院作家班的同班同学。当时一家杂志请他写一篇杂文，他说“除了小说我什么也不会写”。

莫言在获得诺贝尔奖后接受新华网记者专访时说：“阅读文学作品、创作文学作品，应该是人类文化生活当中的重要的活动，希望大家积极地体验、尝试，必定会从中得到很大的乐趣。”

兴趣，是自己产生的，不是外来的；是必然的，不是偶然的。一个人一定会有某种或某些兴趣，当必然的兴趣与偶然的机会适度结合时，就能成就事业。唯有兴趣，才是学研的最好动力；唯有兴趣，才是人才成功的源泉。

第十二章　思维与能力

思维，是考虑、思量；是理性认识，或理性认识的过程；是人脑对客观事物能动、间接和概括的反映，是通过表象、概念、判断等反映客观现实的一种能动过程，是高级心理活动或认识的高级形式。思维，是智力的核心，学习的关键。思维的工具是语言；思维的方法是抽象、归纳、演绎、分析与综合等。思维能力是智力结构的核心，成才成功的阶梯。启迪学生思维，须探寻其思维的兴趣点。当学生学习需要，或发生疑问，或略有难度，通过以需引思，以疑促思，以趣诱思和以难激思，可有效地启迪思维。

思维的特征：有间接性和概括性。前者，指借助一定的媒介和知识经验对客观事物的认识，是利用感知材料，在头脑中加工、概括出本质后，再间接理解和把握没有感知过的或不可能感知的事物。后者，指思维反映的是一类事物共同的本质特征和事物之间的内在联系及规律，是在大量感性材料的基础上，把一类事物共同的特征和规律抽取出来，反映的不是个别事物的个别特征，而是一类事物共同的本质特征。

思维的形态：①形象思维，又称“直感思维”，是指用直观形象和表象解决问题的思维，是用表象来进行分析、综合、抽象、概括的过程；是在认识世界过程中，对事物表象进行取舍时形成的，是指要用直观形象的表象解决问题的思维方法；是以具体的形象或图像为思维内容的思维形态；是人的一种本能思维，人一出生就会无师自通地以形象思维方式考虑问题；是反映和认识世界的重要思维形式，是培养人、教育人的有力工具。②逻辑思维，又称理论思维、抽象思维或“闭上眼睛的思维”，是指在认识过程中借助于概念、判断、推理等思维形式能动地反映客观现实的理性认识过程。③动作思维，也称直观动作思维、实践思维，是一种以实际动作为支柱的思维，是凭借直接感知，伴随实际动作进行的思维活动。这种思维指思考时能直接感知思维对象，并通过思维者自身的动作去影响思维对象的一种思维活动。

能力，与知识同属于个性范畴，是顺利完成某种任务的个性心理特征。知识有四：常识是不言自明之识，学识是厚积薄发之识，见识是拓宽视野之识，胆识是断正勇行之识。能力与知识的区别：知识，是有形、具体、死的、后天形成、可传授、易忘，用于认识世界，主要解决知与不知的问题，属于认识世界范畴；能力，是无形、抽象、活的、既有先天因素也有后天因素、可培养与锻炼、不易遗忘，用于认识和改造世界，主要解决会与不会的问题，属于改造世界的范畴。能力与智力也有区别：智力偏重于认识，着重解决“知”与“不知”的问题；能力侧重于活动，着重解决“会”与“不会”的问题。人的能力不同：有的长于观察，慧眼非凡；有的长于实验，心灵手巧；有的长于分析，剖析入微；有的长于综合，善抓要领；有的长于运筹，远见卓识；有的长于应用，化虚为实。在教学中发展学生智力和培养学生能力是不可分割的。培养能力包括：自学、观察、动手和创造能力等。人的总体能力可分为心理能力和体质能力。前者，是从事心理活动所需的能力，含七个维度：算术、语言、知觉速度、归纳推理、演绎推理、空间视觉及记忆力。它还可分为三类：①认知心理能力，指通过仔细思考理解复杂思想、有效适应环境、从经验中学习和运用各种推理形式及克服障碍的能力。它要求对复杂信息进行组合、集成和使用。②经验心理能力，是熟练解决生活中实际问题的能力。经验心理能力的高低可通过智商测验得出。③情感心理能力，也称为情商，指生活与感情方面有关的一组技能：调整自我感情的能力、影响他人感情和自我激励的能力。后者，对于那些技能要求较少而规范化程度较高的工作而言，对成功与否的影响十分重要。有的工作成功要求耐力、手指灵活性、腿部力量及其他相关能力。每个人在能力方面均有各自的强项和弱项。高工作绩效对心理能力和体质能力的要求，取决于该工作本身对能力的要求。如飞行员需有很强的空间视觉能力；海上救生员需有很强的空间视觉能力和身体协调能力；高楼建筑工人需有很强的平衡能力。

青少年的心理特征

青少年处于身心发展的重要时期，随着生理发育和社会适应能力的变化，在学习、生活和与人交往等方面，会出现一些心理变化问题。高明的教师，对青少年心理活动的揣摩、洞悉及特点的观察、把握，令人叹服；颇似手握一把神奇的塑刀，雕塑着颗颗美好的心灵，其得心应手和运用自如，概缘于对学生心理了如指掌。对学生心理特点的把握，是见微知著、明察秋毫的前提，是理解、洞悉其内心世界的条件，是导之有方、获取最佳教法的依据，是及时获得反馈、进行自我调节的基础。青少年具有强烈的好奇心和极强的模仿力，可塑性大，在生理上正处于青春发育期，体形、外貌开始急剧变化，其主要特征表现如下。

一、上进心强

上进心强是青少年的突出优点。他们不因循守旧，易于接受新鲜事物；不甘心落后，积极上进；富于想象，勤于思考；渴望求知，立志成才；开始充满幻想，憧憬未来。如能引导有力、教育有方，就会使之沿着正确的方向前进。卡耐基说："朝着一定的目标走去是'志'，一鼓作气，中途绝不停止是'气'。两者结合起来就是志气，一切事业的成败都取决于此。"

二、记忆力好

记忆力好是青少年的普遍特征。他们精力充沛、思维敏捷、学得快、记得清，记忆力在人的一生中正值高峰，如能引导他们珍惜这长知识、长才干的"黄金时代"，并教以学习方法，练好本领，就会使他们成为社会所需要的各类人才。

三、自尊心强

自尊心强是青少年独立意识的集中表现。他们自我意识逐渐增强，好表现、好取胜；开始爱美、爱修饰自己，注重自我形象；希望在公众场合得到众人关注，在乎在他人心目中的印象；并渴望得到他人的信任、理解和尊重，对许多事物希望独立去干，不愿接受"家长式"的管教。据此，如能引导得力，可使其独立思考与独立工作能力得到迅速提高。

四、好奇心胜

人人皆有好奇之心，青少年尤甚之。在他们眼里，大千世界五彩缤纷，奇妙无穷，一切都是新奇的。他们正处于认识世界、了解社会的时期，怀有各种理想和幻想；他们兴趣广泛，脑海中问号颇多，表现为好奇、好问、好仿。好奇，能引发兴趣，亦能引发思维。如能充分利用有意义的奇人、奇事、奇理、奇情，把青少年的好奇心转化为学习兴趣和对新知的探索，就会使之得到长足进步。

五、可塑性大

青少年处在品德形成的关键时期，具有很强的可塑性；他们的意志、性格、思想未定型、易变化。他们对事物的认识，虽不断加深，但毕竟因阅历较浅，观察问题还很幼稚，判断是非易感情用事。常表现为：感情丰富而多变，兴趣广泛而不择，注意力灵敏而不持久，想象力萌发而不稳定。值得注意：在他们心理发展过程中有一个成熟期（一般在高二阶段），此间，其心理过程和个性特点趋于基本定型，保持相对的稳定性。心理发展成熟前与成熟后的明显差异在于可塑性上。成熟前可塑性大，成熟后可塑性小。因此，在成熟前尤应抓紧对学生行为习惯的养成教育，需要教师耐心指导，不断给予积极影响。

六、求知欲盛

青少年精力旺盛，怀有抱负，希望掌握更多知识，知道更多事理。如能充分发挥他们这一特点，满足其心理要求，引导他们乐学、爱学、善学以及弄清是非、善恶、真假、美丑的标准，提高其道德认识水平和道德评价能力，就会使之在求知道路上，日日有新的收获，月月上新的台阶。

七、喜群性强

凡人都喜欢聚群，青少年这种乐群心理尤为明显。此时期，他们的情感更加丰富，集体感、友谊感都显著发展，他们怕孤立，好友情，讲义气，有很多问题不向师长讲而向要好的朋友讲。如能充分利用这种喜群性，培养他们的同情心和乐于助人的思想及行为，他们的团队精神或集体主义观念必会迅速树立，交际能力也必能很快提高。

八、自信心强

青少年随着年龄增长，其自信心也逐渐增强。年龄愈大愈认为自己已接近成人，同时也愈认为自己生活能力、知识水平与日俱增，自己相信自己，也希望他人相信自己。他们争强好胜，大都有奋斗目标。如能充分利用这种心理，有意识培养与鼓励他们的竞争意识，其开拓能力、创新能力必将得到很快提高（值得注意：自信和自负，往往孪生，相当自信，就会变成自负）。

九、盲目性重

盲目性重是青少年不成熟的主要表现。由于他们认识上的片面性、认识能力较差、是非观念不强，对美与丑、善与恶的鉴别能力不高，抵制不良思想侵蚀的能力也较弱，往往易从感情、“义气”出发，以致做错而不知错在何处。所以，要晓之以理，及时引导，使他们将“初生牛犊不怕虎”的精神，变为对事业敢想敢干、敢于开拓、敢于创新的积极因素。

十、自制力差

自制，是自己加给自己力量；他制，则是别人加给自己力量。如若不能自制，就会被制。青少年思想尚不成熟，生理还不健全。一方面表现为分辨能力差，意志品质缺乏锻炼，加之情绪不稳定，感情较脆弱，自我控制力、约束力差，易冲动，易反复，易受诱惑；另一方面表现为理性与情感经常发生冲突，常常产生迷茫、烦闷、苦恼，渴望别人理解、同情、指点迷津，走出困境。这一弱点决定了教育者应耐心、细心、热心地去指导，培养其自立、自强和自律的意识和能力。

青少年学生正处于独立走向社会的准备期，还有如下特性：①社会性——注重在同龄人中寻求支持与帮助，对科学、艺术等具有浓厚兴趣。特别是毕业班学生，选择未来道路已成为其面临的重要问题。②探索性——是世界观初步形成时期，随着知识经验的积累，理论思维的形成，开始考虑个人、国家和世界的前途，心里充满对未来的憧憬，崇敬英雄，英雄的业绩激励着他们不断思考和探索。对人生一系列重大问题都渴望能从理论上得到论证，并希望尽快打开科学的大门，到更广阔的领域去寻求真理。③创造性——此时期的学生已富有一些创造潜能。智力的基本成分已趋于稳定，开始具有一定独立处理问题的能力。因此，对别人的思想、观点，一般不轻信、不盲从。思维活跃，渴望创造，敢于标新立异，有一种“初生牛犊不怕虎”的精神。④闭锁性——内心世界逐渐复杂，不轻易流露自己的内心活动，日渐远离成人，希望有自己的房间，抽屉总爱加锁，似乎有许多秘密。这种闭锁性增加了了解和教育他们的难度。另一方面，他们渴望被人理解、期盼寻求真挚的友谊，所以其心扉又向着理解、尊重和信任他们的人敞开。⑤独立性——在少年时期就产生了独立和自主的要求，此时这种需要更加迫切，在行为、情感、道德等方面都要求自治和独立解决自己的事情。自尊与自信也日益明显，希望得到他人的尊重、信任和理解。此时，激发其自尊，可唤醒其内心的自信、自爱、自立的意识。要知其是一个独立的“个体”，有自己的需要、愿望、兴趣、情感和性格。故而，教育者要了解、尊重、爱护、理解他们，依据其心理特点因材施教。并依年龄特点、个性不同，遵循成长规律，营造环境氛围，养成良好习惯，实现持续发展。

思维的种类 品质 方法

思维，是人类大脑的一种机能，是大脑能动反映客观现实的过程，是认识世界过程中进行比较、分析、综合的能力，也是用头脑进行逻辑推导的属性、能力和过程。思维是个体的思想维度。思维是主体的行为，是思维意识的表现形式，是人脑对客观现实的概括和间接反映，反映的是事物的本质和事物间规律性的联系。思维同感知觉一样，是人脑对客观现实的反映。感知觉所反映的是事物的个别属性、个别事物及其外部的特征和联系，属于感性认识；而思维所反映的是一类事物共同、本质的属性和事物间内在、必然的联系，属于理性认识。在认识过程中，思维实现着从现象到本质、从感性到理性的转化，使人达到对客观事物的理性认识，从而构成了人类认识的高级阶段。

一、思维的种类

思维的种类主要有动作思维、形象思维、抽象思维、无声思维、通讯思维、指导思维和创造性思维。

（一）根据思维的水平及其凭借事物和解决问题方式不同，可分为动作思维、形象思维和抽象思维

1. 动作思维　也称直观动作思维或实践思维。例如工程设计师、体育运动员、技术工人等的思维活动都具有直观动作特点，教练员讲解有关体育战术如足球、篮球、排球等也是直观思维。

2. 形象思维　也称具体形象思维，是一种以直观形象或表象为支柱的思维。表象是当事物不在眼前时，在个体头脑中出现的关于该事物的形象，可运用头脑中的这种形象来进行思维活动。形象思维是指在思维时唤起形象并在想象中对形象进行加工改造的思维活动。艺术家和文学家思维时就充分进行着这种形象的加工改造和组合的活动。例如，构思一幅画、一座雕塑、一个戏剧场景等都要进行形象思维。这种思维在儿童身上表现得也非常突出：计算 3+4=7，不是对抽象数字的分析、综合，而是在头脑中用三个手指加上四个手指等实物表象相加而计算出来的。形象思维在青少年中，仍是一种主要的思维类型，如要考虑走哪条路能更快到达目的地，便需在头脑中出现若干条通往目的地之路的具体形象，并运用这些形象进行分析、比较，再做出选择。艺术家、作家、导演、工程师、设计师等都离不开高水平的形象思维。学生更需用形象思维来理解知识，并成为他们发展抽象思维的基础。形象思维有三种水平：一是幼儿的思维，只能反映同类事物中的一些直观、非本质的特征；二是成人对表象进行加工的思维；三是艺术思维，是一种高级的、复杂的思维形式。通常所说的形象思维是指第一种水平。

3. 抽象思维　又称抽象逻辑思维或逻辑思维，是人类特有的复杂而高级的思维形式，是对客观事物进行抽象概括，形成概念，并运用概念进行判断和推理的思维活动，是以概念、判断、推理的形式达到对事物的本质特性和内在联系认识的思维。概念是这类思维的支柱，概念是反映事物本质属性的一种思维形式，因而抽象思维是人类思维的核心形态。科学家研究、探索和发现客观规律，学生理解、论证科学概念和原理及日常人们分析问题、解决问题等都离不开抽象思维。小学高年级学生的抽象思维得到迅速发展，到中学生时这种思维占主导地位，一些学科中的公式、定理、法则的推导、证明与判断都需抽象思维。

人的思维的发展，一般都经历直观动作思维、具体形象思维和抽象逻辑思维三个阶段。在解决问题时，这三种思维相互联系、相互补充和共同参与，如进行科学实验时，既需高度的科学概括，又要展开丰富的联想和想象，还需在动手操作中探索问题症结所在。通常所说的思维、思维能力，主要是指这种综合思维，这是人类最普遍的一种思维类型。这三种思维出现的顺序依次是动作思维→形象思维→抽象思维。语言对这三种思维的作用是不同的。前两种思维很少有语言的活动，一般称为非语言思维，第三种思维主要依靠语言进行，故又称语言思维。

（二）根据思维过程中是以日常经验还是以理论为指导来划分，可分为经验思维和理论思维

1. 经验思维　是以日常生活经验为依据，判断学习、生活中的问题的思维。例如，人们对“月晕而风，础润而雨”的判断；儿童凭自己的经验认为“鸟是会飞的动物”；人们通常认为“太阳从东边升起，往西边落下”等都属于经验思维。

2. 理论思维　是以科学的原理、定理、定律等理论为依据，对问题进行分析、判断的思维。例如，根据“凡绿色植物都可进行光合作用”的原理，去判断某一种绿色植物的光合作用。科学家、理论家运用理论思维发现事物的客观规律；教师利用理论思维传授科学理论，学生运用理论思维学习理论知识。

（三）根据思维时是否遵循明确的逻辑形式和法则及是否有明确的思考步骤和思维过程中意识的清晰程度，可分为直觉思维和分析思维

1. 直觉思维　是一种未经有意识的逐步分析、逻辑推理就对问题答案迅速做出合理的猜测、设想或突然领悟的思维。例如，医生听到患者的简单自述，迅速做出疾病的诊断；学生在解题中未经逐步分析，就对问题的答案做出合理的猜测、猜想等的思维。

2. 分析思维　又称逻辑思维，是按照逻辑规律，逐步分析推导，最后获得合乎逻辑的正确答案或合理结论的思维，是经过逐步分析后，对问题给出明确结论的思维。例如，医生面对疑难病症的多种检查、会诊分析等的思维；学生解几何题的多步推理和论证的思维。

（四）根据解决问题时的思维方向，可分为聚合思维和发散思维

1. 聚合思维　又称求同思维、集中思维，是把问题所提供的各种信息集中起来得出一个正确的或最优答案的思维。例如，工程建设中把多种实施方案经过筛选和比较找出最佳方案等的思维；学生从各种解题方法中筛选出一种最佳解法的思维。

2. 发散思维　又称求异思维、辐射思维，是从一个目标出发，沿着各种不同途径寻求各种答案的思维。例如，科学研究中对某一问题的解决提出多种设想；数理学科教学中的“一题多解”等。

聚合思维与发散思维都是智力活动不可缺少的思维，都带有创造成分，而发散思维最能代表创造性。

（五）根据思维主动性和创造性的不同或创新因素的多少，可分为常规思维和创造性思维

1. 常规思维　又称为习惯性思维、再造性思维，是运用已获得知识经验，按现成的方案解决问题的思维。是指运用已获得知识经验，按惯常方式解决问题的思维。例如，学生按例题的思路去解决练习题和作业题，利用学过的公式解决同一类型的问题等。

2. 创造性思维　是指采用新颖、独特方法来解决问题的思维，是以新异、独创的方式解决问题的思维。例如，科学的发明创造、教学改革等所用到的思维大都是创造性思维等。

此外，还可按思维的矢量性，分为横向思维和纵向思维；按思维的出发点，分为资源导向式思维和目标导向式思维；按思维的形态，分为非线性思维和线性思维，线性思维又可分为线状思维、树状思维、网状思维等。

二、思维的品质

思维品质，是指在思维过程中所表现出来的各自不同的特点，如敏捷性、灵活性、广阔性、深刻性、独立性和批判性等。

（一）广阔性和深刻性

思维的广阔性又称思维的广度，是指善于全面考察、分析问题的思维品质。思维的深刻性也叫思维的深度，是指思维活动的深刻度，即善于透过纷繁的现象发现问题本质的思维品质。

（二）独立性与批判性

思维的独立性是指善于独立地发现问题、分析问题、解决问题的思维品质，是指思维活动的创造精神，即创造性思维。思维的批判性是指思维活动中分析和批判的深度，是指善于从实际出发，严格根据客观标准评价和检查自己或他人的思维成果。

（三）逻辑性和独创性

思维的逻辑性是指思考问题时，条理清楚，严格遵循逻辑规则的思维品质。思维的独创性是指思维活动的独特程度或别具一格的思维。

（四）灵活性和敏捷性

思维的灵活性，是指思维活动的灵活度，善于根据具体情况的需要和变化，及时提出符合实际的解决问题的新方案的思维品质。思维的敏捷性，是敏锐度，是指能够迅速发现问题和解决问题的思维品质。

培养思维品质的艺术有求同思维艺术、求异思维艺术、侧向思维艺术、创造性思维艺术、发散思维

艺术……

三、思维的形式

思维有三种主要形式：①概念——是人脑对事物的一般特征和本质特征的反映。②判断——是对事物之间关系的反映。③推理——是从一个或几个已知判断中推陈出新的判断。

上述三者密切相关，其中概念是基础，是思维的“细胞”。

四、思维的过程

思维是高级的心理活动形式，是在表象、概念的基础上进行分析、综合、判断、推理等认识活动的过程。主要过程如下：①分析——是把一个事件的整体分解为各个部分，并把这个整体事件的各个属性都单独分离开的过程。分析就是将事物的心理表征进行分解，以把握事物基本结构的要素、属性和特征。②综合——是分析的逆向过程，是把事件里的各个部分、属性都结合起来，形成一个整体事件。③抽象——是把事件的共有特征、属性都抽取出来，并对与其不同、不能反映其本质的内容进行舍弃，或是将事物的本质属性抽取出来，舍弃事物的非本质属性。④概括——是以比较为前提条件，比较各种事件的共同点及不同点，并进行归纳。思维的概括性是建立事物之间的联系，把有相同性质的事物抽取出来，对其加以概括，并得出认识。⑤归纳——是从已知或假设的事实中引出结论。归纳是推理的一种形式。⑥比较——是将几种有关事物加以对照，确定它们之间相同和不同之处。

五、思维的方法

思维方法，是思维方式的一个侧面，是思维方式具体而集中的体现，是通过思维活动为实现特定思维目的所凭借的途径、手段或办法。思维方法是由诸层次与诸要素构成的复杂系统，按作用范围不同，可将其分为三种：一般的思维方法、各门具体科学共同的思维方法和各门科学所特有的思维方法。在学习过程中常用的思维方法有如下几种。

（一）相似法

在现实世界中，从宇宙星系到原子内部运动都存在着种种相似之处。科学理论方面也存在着相似内容，物理学、天文学、遗传学等，因内部构成都起源于量子，于是产生量子学的各种不同分支：量子物理学、量子生物学、量子遗传工程学等。但相似不等于相同，相似是客观事物存在的相同和变异之矛盾的统一。因此，在学习过程中，既可通过相似中的相同部分看到事物前后之间的承袭关系，又可通过变异部分看到事物前后之间的差异及发展关系。

（二）相反法

事物之间，既存在相似现象，又存在相反现象。有大必有小，有强必有弱，有虚必有实，有吸收必有排泄，有吸引必有排斥，有聚合必有分离等。在学习过程中，许多问题都可从反面去剖析、反证、推理、理解、概括、设想、加深、巩固和扩展对正面知识领域的认识与把握。

（三）破析法

任何一门科学知识都有其逻辑性、系统性，往往给初学者带来很大的思想压力。这么厚的书，怎么读？这么多公式、定律、原理，怎么记？此时就需运用破析法。例如，学习目前流行的一些日语教材，首先找出它与汉语的一般相同与不同点，然后找出在语音、语法、词汇等各个部分上的共同点与不同点，再逐步寻出每一具体的语音方法、语法现象、构词方式等细节的相同与不同点。

（四）溯源法

任何事物都有其产生和发展的根源。它的本质与规律，只有通过追溯其本源，才能真正掌握和透彻理解。因此，溯源法具有重大的实践意义。有人认为这种方法似乎很浪费时间，不值得花这么多时间弄清其来龙去脉。殊不知，“不求甚解”才是学习的大敌。

（五）对比法

许多事物在宏观上几乎完全一样，但由于微观上的细微差异，往往是性质完全不同的两回事。例如，学习外语时，因为一个字母的不同，或字母完全相同，但读音不同、声调不同，其含义完全不同之类的事例很多。因此，就要时刻注意将它们进行宏观与微观的对比，如此才能牢固掌握其词义及形态特征。

（六）扩展法

扩展是将已学过的知识作为基础，向纵横两方面延伸，以加深与巩固原有知识，并创造新的知识。其具体实施方法就是扩展法的具体化——类推法。所谓由此及彼、触类旁通，就是利用事物的共同性质或特征，扩展到其他事物中去，进一步掌握新知识。

（七）缩微法

缩微是将已学过的宏观知识进行显微验证。其具体实施方法是还原法。还原法的实质是把认识引导到由抽象到具体。一条定律、规律，一种原理、原则，一个公式、模式，要真正深刻理解和掌握，就须将它作显微处理，举一反三，就像数学习题、化学实验、物理观察一样，反复进行，认真实践。

（八）发散法

发散是根据已有的某一点信息，后运用已知的知识、经验，通过推测、想象，沿着不同的方向去思考，重组记忆中的信息和眼前的信息，产生新的信息。它可分为流畅性、变通性、独创性三个层次。

（九）聚合法

聚合法又称求同思维，指从不同来源、不同材料、不同方向，探求一个正确答案的思维过程和方法。

（十）逆向法

逆向法是目标思维的对应面，是从目标点反推出条件、原因的思维方法，也是一种有效的创新方法。

另外，还有移植法——是指把某一领域的科学技术成果运用到其他领域的一种创造性思维方法，仿生学是典型的事例。联想法——相似联想、接近联想、对比联想、因果联想。形象法——通过形象进行思维的方法。它具有的形象性、感情性，是区别于抽象思维的重要标志。

六、思维的特性

思维的特性，主要有：思维的本质是思维主体的一种活动；思维活动过程是一个消耗能量的过程；思维活动可分解为许多最简单、最基本的活动，是一种持续性的过程；思维活动的过程和结果不一定被思维主体所意识，不一定能被思维主体支配和控制；思维活动因思维主体组织体系的发达度不同而有低等和高等之分；思维现象较普遍存在于生物界。思维特性也可归纳为：①实有性——指思维的结果是以现实生活中所具有的事物为依据的。如“蔚蓝的天空，几根细线连于电杆间，线上停着几个小黑点，那就是燕子”。把小燕子停歇在电线上想象成正待演奏的五线谱，多么富有韵味。②可能性——指思维的结果在现实生活中非确实存在而是可能存在的。如“在马路上吐了一口痰，也许会使许多人得病，甚至染上肺结核”。③幻想性——指思维的结果在现实生活中既不存在，将来也不可能产生。如“你以为他们是像仙人那样腾云驾雾赶上来的？”④比拟性——指思维的结果不是思维对象本身所具有的东西，而是与它所思考的对象相关。如“它分明像一个老人在那里怀念往事”。它一般有物拟人、物拟物、人拟物和人拟人等形式。⑤假定性——指思维的结果是作者假定的东西。如“孩子只要一失足，直接摔到甲板上就没有命了”。这种思维方式常用“如果、倘若、假如”等词语来表示。⑥夸张性——指思维的结果是把其有关部分加以夸张。如“飞流直下三千尺”“野旷天低树”。“三千尺”和“天低树”是一种夸张的说法。⑦单一性——指思维的结果放在了事物属性的一个方面。如“那溅着的水花，晶莹而多芒，远望去，像一朵朵的小白梅”。这仅指“水花”的颜色和形状与白梅相似，而为引申到的白梅的“傲霜、忍寒”等属性水花是不曾具有的。⑧多重性——指思维的结果放在了事物属性的两个或两个以上的方面。如“这杏花给游客带来了温暖的春意”。杏花既使游客看到温暖的春天，又使游客感受到工作人员热情、周到的服务，似有春天般的温暖。

关于思维的论述，有人说“知识的掌握也许只能受益一时，而科学思维的形成、良好方法的掌握却将受益终身”，这句话耐人寻味；还有人说“学历是铜牌，能力是银牌，人脉是金牌，思维是王牌”，可见思维在人类活动中的重要性。

创造性思维的特征

创造性思维，是智力发展的高级形式，突出表现为思维的变通性、独创性、深刻性、广博性、预见性和创造性。创造性思维，是现代社会对人才素质的最基本要求。故需要了解其基本特征。

一、执著性

执著性是指：不仅表现在思维过程中能专心致志，兴奋点高度集中，而且能苦思冥想，有一种不达目的誓不罢休的坚定态度和追求精神。

二、异众性

异众性是指：与众不同，独具卓识，敢于对人们“司空见惯”或认为“完美无缺”的事物提出怀疑；能力破陈规，锐意进取，不囿于已有结论，不迷信教条，不盲从权威，不断向旧的传统和习惯提出挑战。

三、多维性

多维性是指：认识事物的角度和方法是多维的，善于从不同方位思考问题，不仅有横向观察，而且有纵向观察；不仅有顺向认识，而且有逆向认识。同时，还伴有怀疑、猜测、联想、想象等多种认识手段。

四、联动性

联动性是指：“自此思彼”的思维，有三种形式：一是纵向连动，即发现一种现象后，立即纵深一步，探究其产生原因、后果和规律；二是横向连动，即发现一种现象后，便联想到与之相似、相关的事物；三是逆向连动，即看到一种现象后，立即想到它的反面。

五、跨越性

跨越性是指：从思维进程来说，表现为省略思维步骤，加大思维的“前进跨度”；对思维对象分析，表现为跨越事物“相关度”的差距，加大思维的“联想跨度”；从思维条件看，表现为能跨越事物“可现度”的限制，迅速完成“虚体”与“实体”之间的转化，加大思维的“转换跨度”。

六、综合性

综合性是指：善取前人智慧宝库的精华，巧妙结合，形成新成果；把大量概念、事实和观察材料以综合、概括，形成科学概念和系统；将占有材料深入分析，知其个性特点，再从中抽象出事物的规律。

七、探索性

探索性是指：突破、创新。表现为有主见、无偏见，敬师道、不迷信；不依赖固定思维程式，在多种可能性中摸索、试探；并在多次反复与游移中，对事物诸特征、现象加以考察，找出其差异性、规律性。

八、开拓性

开拓性是指：不满足于一般思维所研究的已知领域，更注意去探索人类认识的未知天地；不满足于一般思维所取得的结论，而勇于突破思维的常规惯例，想别人所未想，思别人所未思。它的特点是“标新立异”“独辟蹊径”“离经叛道”“独树一帜”。

具有创造性思维的前提是能摆脱封闭性、继承性等传统思维模式，勇于弃旧图新，敢为天下先，有独出心裁的见解，有与众不同的方法，能从多角度、多层次、多结构思考问题。

创造性思维的培养

创造性思维，是人类的高级心理活动，是教育家、科学家、军事家和艺术家等各种出类拔萃人才所必须具备的基本素质。创造性思维，既能揭示客观事物的本质及内在联系，也能在此基础上产生新颖、具有社会价值的前所未有的思维成果。创造性思维，是在一般思维的基础上发展起来的，是后天培养与训练的结果。培养创造性思维是提高学生素质，完善个性发展的重要渠道。

一、展开想象翅膀

想象，是创造和发明能力的先锋。想象力不足就不可能有什么高明的创新和发明。人脑有四个功能部位：一是接受外部世界感觉的感受区；二是将这些感觉收集整理的贮存区；三是评价收到新信息的判断区；四是按新的方式将旧信息结合起来的想象区。只善于运用贮存区和判断区的功能，而不善于运用想象区功能者就不善于创新。心理学研究，一般人只用了想象区的15%，其余还处于“冬眠”状态。要开垦这块处女地就需从培养想象力入手。想象是人类运用储存在大脑中的信息进行综合分析、推断和设想的思维能力。在思维过程中，若无想象的参与，思考就发生困难。特别是创造想象，是由思维调节的。爱因斯坦的“狭义相对论”，即从想象或幻想开始；世界上第一架飞机，就是从异想天开的想象和幻想造出飞鸟的翅膀开始的。幻想是构成创造性思维的准备阶段，今天还在幻想中的东西，明天就可能出现在你创造性的构思中。无想象力者，注定无开拓新事物的勇气和能力，只能成为一个墨守成规的平庸者。

二、培养发散思维

发散思维，是从一个目标出发，沿着各种不同的途径去思考，探求多种答案的思维，多方位、多角度、多层次去思考，如“一题多解”“一事多写”“一物多用”等方式。倘若一个问题可能有许多答案，采用发散思维，那就以此问题为中心，思考方向往外发散，找出适当的答案越多越好，而不只找一个正确答案。在这种思维中，可左右冲突，在所适合的各种答案中充分表现出思维的创造性成分。

三、发展直觉思维

直觉思维，是指不经过一步步分析而突如其来的领悟或理解，是创造性思维活跃的一种表现。它既是发明创造的先导，也是百思不解之后突然获得的硕果。“阿基米德定律”是阿基米德在跳入浴缸的一瞬间，发现浴缸边缘溢出水的体积跟他自己身体入水部分的体积等同，从而悟出了著名的比重定律。在学习过程中，直觉思维有时表现为大胆的猜想，有时表现为一种应激性的回答，有时表现为设想出多种新奇的方法、方案等。学生在学习中，在发现和解决问题时，可能会出现突如其来的新想法、新观念，应引导学生及时捕捉这种创造性思维的产物，善于发展自己的直觉思维。

四、思维的独创性

流畅性、灵活性、独创性是创造力的三个因素。流畅性，是指针对刺激能很流畅地做出反应；灵活性，是指随机应变的能力；独创性，是指对刺激做出不寻常的反应，具有新奇的成分。这“三性”是建立在广泛知识基础之上的。

五、激发求知欲望

柏拉图和亚里士多德都说过：哲学的起源乃是人类对自然界和人类自己所有存在的惊奇。积极的创造性思维往往是在人们感到“惊奇”时，在情感上燃烧起来对此问题追根究底的强烈的探索兴趣时开始的。要激发创造性学习的欲望，首先须具有强烈的求知欲。而人的欲求感总是在需要的基础上产生的。没有精神上的需要，就没有求知欲。要有意识让学生回答或解决有一定难度的课题，或去“啃”前人遗留下来的不解之谜。青少年的求知欲最强，若不有意识地转移到发展智力，追求科学上去，就会自然萎缩。求知欲会促使人去探索，去进行创造性思维，而只有在探索中，才会不断激起好奇心和求知欲。只有当学习心理状态总处于“跃跃欲试”时，才能使学习变成一个积极主动“上下求索”的过程。

六、引导多角度提问

爱因斯坦说：“提出一个问题往往比解决一个问题更重要。”提出问题是学生思维活动的开始，有利于启迪创造“潜质”。故要鼓励学生敢于怀疑，敢于提出不同凡响的见解。“学则须疑”，“义理有疑则濯去旧见，以求新意”。孔子也说“多闻阙疑，多见阙殆”，主张广闻质疑。应在以下几方面引导：①紧扣“提问”的科学性，进行积极引导；②善抓“提问”的客观性，加强理性点拨；③深挖“提问”的创造性，注意技能方法的指导。

七、激活创造的环境

培养学生的创造能力，需良好的教育环境，含有利于充分发挥学生创造能力的物质环境（如文物、挂图、资料等）及促进创造智能发展的心理环境（如情绪、心境、兴趣等）。应注意做到：改变课堂教学程式，激发学生自主参与，培养创造动机；允许学生走入“误区”，在思维摩擦中，自省自悟；加强学生实践锻炼，提供动手操作机会。

八、扩大信息的输入

要针对学生旺盛的求知欲及创造个性，引入适量的课外知识，加强信息量的补充，使学生在丰富的信息中，活跃思维，诱发创新。在教学中，可选编大量材料，充实教学内容，以拓宽知识层面。由于材料解析题是一种综合性较强的题型，知识、方法、思维的含量较高，且在有效信息的取舍中，需要一定强度的思维质量。因此，加大材料的容量，既促进学生实战能力，也刺激他们创造潜意识的觉醒。此外，还应注意学科间的彼此渗透，加强学科横向系统的联结，推动学生思维的迁移、融合、借鉴，加大信息贮量，为创造性思维服务。

九、加强创造性实践

教无定法，教可择法，亦可创法。在培养学生创造性思维的过程中，教师要勇于扬弃陈旧的传统教学模式，选用适合培养学生创造性思维的新教法，并大胆创新，走创新教育之路，以创造教育为主轴，带动创造教学的研究与投入。①打破思维定势，创设悖逆情境；②交换思维角度，激发学生发散思维；③归纳类比，分解组合，激励学生灵感迸发。

十、鼓励“一心两用”

美国行为学家、心理学家和教育专家联合进行的一项研究证实：儿童可同时把注意力集中在2~3件事物上，而成年人更可同时把注意力集中在4~6件事情上。其实，不少活动或工作本身就需同时注意几个方面，特别是较复杂或较富有创造性的活动或工作。如飞机驾驶员在驾驶飞机的同时，须留意地形、气候的变化，并认真观察各种仪表，此外还得随时注意可能出现的意外情况。钢琴弹奏者在手指击键时，眼睛看着琴谱，耳朵听着琴音，大脑则在分析、判断音乐的节奏和轻重。对不同年龄段的人，应由浅入深地进行“一心两用（或更多）”的训练。

世界上没有什么不允许怀疑的问题，任何人都有探讨一切问题并坚持自己见解的权利。独立思考、质疑一切是创造之魂。若从多一层的角度思考，可让自己看得更宽、更广，想得更深、更细。反转思考就能达到“山不过来，我就过去”的奇效。

创新思维的引导

创新，是指以现有的知识和物质，在特定环境中改进或创造新的事物，并获得一定有益效果的行为。知识的积累并不等于智慧的增加；智慧的增加离不开“学”与“思”的结合，更需要良好的思维方式。如能不断改变思维方式，不仅能学会灵活运用知识，还将获得一个科学的头脑，这才是终身受益的财富。

一、善于逆向思维

根深蒂固的传统观念，唯师是从，唯书是从，不敢有非分之想，更不用说提出不同见解。不妨向这种亘古不变的思维定势发起挑战，换个新角度来看，即培养学生的逆向思维。逆向思维对提高学生的思维能力极为重要。“逆”和“正”是一个事物的两个方面。逆向思维是指不同于习惯和常规的思维，即思考和解决一个问题不是从习惯的正面入手，而是“反其道而行之”，倒过来想，或从某个侧面切入，反过来寻求条件与结论之间的种种关系、必然的逻辑相关性，从而找到解决问题的新思路、新视角、新突破口。这正是培养创造性思维能力之极其宝贵的思维品质。广义地讲，有别于某一思维方式的任何其他思维方式，统称为逆向思维。提倡逆向思维与运用逆向思维，就是提倡和运用思维的多向性，提倡全方位、立体化、多角度地思考问题；就是提倡思考复杂问题时，一定不要思维方式单一化，而要不断地改变思维方式，变换思维视角，肯于多转几个弯，从不同层面把问题看透、想透，即透过现象，抓住其本质规律或特殊规律，以达到“横看成岭侧成峰，远近高低各不同”的意境。毫无疑问，逆向思维反映了事物的矛盾转化规律，是理性思维最高层次辩证思维的生动体现。古今中外科学史上的大量事实证明，科学上的很多真知灼见是转换思维视角、反思之后获得的，正所谓“踏破铁鞋无觅处，得来全不费工夫”。

二、长于发散思维

发散思维，是开阔思路，标新立异，不受传统观点和方法的束缚，从不同方面进行思考，从不同方向进行探索的思维过程，是遇到问题时，能从多角度、多侧面、多层次、多结构去思考，去寻找答案的方式。既不受现有知识的限制，也不受传统方法的束缚，思维路线是开放性、扩散性的。解决问题的方法不是单一的，而是在多种方案、多种途径中去探索，去选择。发散思维，不强调事物间的相互联系，也不追求解决问题的唯一答案，而是试图就同一问题从不同角度思考，得出不同答案。因此，是一种“无规则、无限制、无定向的思维，具有灵活性、流畅性、多变性、新颖性和独创性等特点”。发散思维是一种创造性思维。要培养学生的发散思维能力就需从打破学生对事物认识的思维定势和思维惰性着手：一是通过课程设置和教材编写培养学生的独创性。其间，均不鼓励学生寻求正确答案，而是鼓励学生积极开动脑筋，对同一事物的意义和发展进行不同的分析和想象；任何离奇的想法都不会受到拒绝和否定。这类课程可使学生摆脱寻求标准答案的束缚，可自由而充分地进行广泛思考，开拓自己的思路。二是灵活运用发散思维的训练方法。比如，探究法，即教师提出某一实际问题，由学生开展调查研究，提出假设，搜集证据，再引导学生分析、概括得出结论。其间，学生可依据个人的实际调查情况，依自己的思路来解决问题，它在很大程度上避免了一刀切、求唯一的思维方式，是对学生发散思维的极好训练。又如，多角度教学法，即在指导学生解决问题时，启发学生尽量从不同角度来认识同一问题的性质和解决方法，这种对同一问题多向度考虑的思维方式，也是从思维的聚敛向放射状的发散发展，给学生更多思考和解决问题的余地。当然，不能完全忽视聚合思维的作用和训练，因为创造性思维的活动过程，要从发散思维到聚合思维，再从聚合思维到发散思维的多次循环才能完成，所以在注重发散思维的同时，也不能放弃聚合思维的培养。

三、注重批判思维

批判思维就是对所看到东西的性质、价值、精确性和真实性等做出个人判断。学生只有具备批判思维，才会增强独立思考的能力，才能孜孜不倦地追求真理，做到“吾爱吾师，吾尤爱真理”。注重培养学生“审、查、判、断”的思维能力，对于培养学生的批判精神、避免盲从，培养问题意识、创新能力等方面具有重要作用。批判，既包括批判别人，也包括批判自己。批判思维的培养方法：结合学科课程培养学生的批判思维，亦即根据所教学科，教给学生考察某些问题时所采用的方法和所引用的证据。批判性思维是一个建构争论的过程。在此过程中，要针对学生实际情况来驱动学生进行积极的批判性思维，要鼓励学生接受发散式的观点和自由的理论，还要教会学生学会尊重客观的评价，支持学生彼此间互相学习。

四、重视联想思维

联想，是由某事物而想起其他事物或由某概念而引起相关概念的思维形式，是在不同事物之间产生联系的一种没有固定思维方向的自由思维活动，是由一件事物想到另一件事物的思维过程，是由当前感知的事物回忆起有关的另一件事物或由想起的一件事物又想起另一件事物的思维，是将截然不同的事物有机结合起来，是中枢神经系统因刺激产生的条件反射。这种联想通常是隐喻、自觉、跳跃、模棱两可的。联想是由此及彼地推测在其他方面也可能相似的一种思维。在科学认识中，往往借助活跃的联想变未知为已知，进而有所发现和发明。联想是创造力的源泉，质疑是创新思维的前奏。通过联想可创造出许多新奇的视觉图像，表现出人的创造潜力。联想是推动人们探索世界的动力。如一个苹果落地，给牛顿以联想，从而获得了伟大的发现。联想的类型可分为接近联想、相似联想、对比联想、因果联想和关系联想等。

五、发展想象思维

想象，是一种特殊形式的思维，是形象思维的高级形式，是人脑对已有表象进行加工、改造、重新组合而形成新形象的思维过程，是根据别人口头或文字描述在头脑中产生的未感知过事物的形象；是在头脑中改造记忆里的表象而创造新形象的过程，也是对过去经验中已经形成的那些暂时联系进行重新组合的过程，是人在头脑中创造出现实中不存在的事物形象，能使脑海中出现不在眼前甚至从未见过的事物形象。想象是新形象的创造，想象的内容往往出现在现实以前，但任何想象都不是凭空产生的，它是在人的实践活动中发生的，是借助改造表象的个别方面而创造出来的。客观现实是想象的源泉和内容。想象是思维中最积极、最生动的因素，本身就具有极大的创造因素。想象思维的特点——形象性、超越性、新颖性、创造性和高度概括性等。想象思维的作用——在创新思维中的主干作用；在人的精神文化生活中的灵魂作用；在发明创造中的主导作用。想象思维的训练——克服抑制想象思维的障碍，主要包括心理障碍和内部智能障碍。培养想象思维能力的途径：强化创新意识，加强学习，注重静思、深思和远思。

想象力：一是创造和发明能力的先锋——想象力不足就不可能有什么高明的创新和发明。想象力的开掘对创造至关重要，想象力的堕落可直接造成事业的低迷和贫困。故此，追求创造者，无不格外珍视自己的想象力。爱因斯坦说：“想象力比知识更重要，因为知识是有限的，而想象力概括着世界上的一切，推动着进步，并且是知识进步的源泉。”所以有人认为客观事实和知识好比空气，想象力就是翅膀。只有两方面结合，智力才能如矫健的雄鹰，翱翔万里，以探索广阔无垠的宇宙，搜索一切知识宝库。二是智力活动的翅膀——是富于创造性的重要条件。作家的人物构思、艺术创作，工程师的蓝图设计，科学家的发明创造、技术革新，教师对学生的目标培养，学生对未来的理想等都离不开想象的心理过程，也是想象力激励其获得成功的。三是对创造性思维培养具有重要作用——在教学中根据教学内容引导学生展开丰富想象，并适时提出疑问、启发学生积极思考，营造一种良好的教学氛围，让学生在教学中不知不觉地受到创新思维的熏陶，这是每一个教师的职责所在。

培养想象思维品质：直接联想和想象——即教师呈现某一问题时，要求学生对这一问题本身展开联想和想象；个人联想和想象——即要求学生个体根据自己的实际情况进行联想和想象，让学生针对自身特点和实际展开自由的联想和想象，使其能够在联想和想象“翅膀”的助飞下，发挥自己的聪明才智；联想和想象思维品质的培养——是进行创造性思维培养的重要前提之一。学生在学习中，也伴随着想象活动。社会科学上，如学习语文、美术、地理、历史、音乐等社会学科要有许多情景，政治、经济状况和风土人情，生活习惯和印象，容貌等形象；自然科学上，如数学、生物、物理等也离不开图表、构造图等，因此，想象是学生搞好学习的重要心理因素。每个想腾飞的人都应重视培养、展开想象力这个翅膀。

六、把握思维类别

根据想象有无目的性和自觉性，可分为无意想象（不受主体意识支配）和有意想象（受主体意识支配），而有意想象又分为再造想象、创造想象和幻想三种。①再造想象——创造想象与再造想象（主体在经验记忆的基础上，在头脑中再现客观事物的表象）都是在感知的基础上，根据自己的表象重新加工改造。虽两者都含有创造性，但创造想象的创造水平要高得多，因而它在创造性活动中所起的作用比较大。②创造想象——既再现现成事物，又创造出全新的形象。有效的创造想象必须具备两个条件：一要储备丰富的表象；二要善于分析和综合。创造性活动一般分为四个阶段：准备阶段——主要是有目的、有计划地搜集资料，详细、全面地占有材料；孕育阶段——主要是对资料进行分析和综合，开展积极的思维和想象活动，有时也借助于原型启发，不断地酝酿新概念和新形象；灵感阶段——即人的全部精神力量，处于高度积极和集中的状态，突然产生创造性的新形象，要记住，谁要获得灵感，就须付出辛勤劳动的代价；整理阶段——是指整理研究结果，如写出论文或获取新成果。创造想象虽以再造想象为基础，但它要比再造想象更富有创造性，格外复杂，更为新颖，更为困难。学生若创造想象薄弱，就很难有独到见解，对事物表象分析加工能力低，恐怕连作文也很难写好。③幻想——是一种与人的愿望相结合，并指向未来的想象，是创造想象的一种特殊形式。其特点在于：一是幻想中的形象体现着个人的愿望；二是指向未来，不能立即实现；三是幻想有积极和消极之分。凡违背客观发展规律，不能实现的幻想，叫作空想。空想是一种有害的幻想。凡在科学理论指导下，符合客观发展规律，能够实现的幻想，就是积极的幻想，叫作理想。一切理想都是有益的，是激励和鼓舞人们学习、工作和创造发明的巨大动力。

七、避免线性思维

有学者把思维分为一维、二维、三维……直到N维，且呈金字塔形，大多数人属于一维（线性）思维。曾经线性思维占据垄断地位，稍微有点平面和立体思维，就会遭到批判、攻击。有些所谓“教育者”与“学者”等，把所学知识都用在完善线性思维上，故而在学习、工作和生活中抱残守缺、观念僵化、排斥创新，在历史观上也喜旧厌新，偏爱纵向比较，拒绝横向比较；奉行狭隘的经验主义、反智主义，而对新观念、新事物下意识地抵触，显示出思维上的极大缺陷。孔子曾责备子贡跟人争论“一年中到底是三季还是四季？”孔子说：“蚱蜢一生只经历春夏秋三季，故在它的思维里，根本就无冬季概念。你跟这样人争论三天三夜也不会有结果。”钱钟书曾将愚民分为两个层次，低层次是“使由而不使知”，高层次是“绝圣弃智”。多数人毕竟和这些“绝圣弃智”者顶着同一片云雾，若不告诉他们一年四季这个大道理，以他们的见识，怎能指望在其身上实现社会进步？可见当前严重的问题是懂得一些为人处世的基本道理，并有意识地读几本能在思维上增加维度、醍醐灌顶、幡然醒悟的好书，让知识改变命运，让智慧滋润人生。即便具有平面思维者，有时也易陷入线性思维，如性格执拗、钻牛角尖；又如受到打击、挫折、磨难而感到悲观绝望；再如片面看待事物，情绪化处理问题；还如见利忘义、道德缺失及官场常见的以权谋私、权力寻租、贪污腐败，民间常见的制假售假、毒害百姓，外加坑蒙拐骗偷，吃喝嫖赌抽。他们并非不知任性的后果，但在一开始就丢掉理性，放纵自己，在线性思维里越陷越深。故在教育学生具有创造性思维时，须小心陷入线性思维。

八、利用直觉思维

直觉思维，是对客观事实或现象的直接领悟和认知，是在研究新事物或新问题时，根据某些事实或已知的理论，凭借类比、外推、猜测等不严密或非逻辑的方法，对新事物或新问题形成的启发性领悟。直觉思维，是对一个问题未经逐步分析，仅依据内因的感知迅速对问题答案作出判断，猜想、设想，或在对百思不得其解之中，突然对问题有“灵感”和“顿悟”，甚至对未来事物的结果有“预感”“预言”等。在科学发展史上，许多重大的科学创新表明：一方面直觉跳过了逻辑证明的细节，宏观把握事物的本质，往往能给人们带来极大的创造性；但另一方面，由于直觉是以往知识的积累和新事物之间的跳跃式联系，因而它所获得的新思想、新观念，还必须经过实践检验和逻辑证明，才能最终确立其为真理。所以，直觉是情感思维和理性思维的辩证统一，是情感思维与理性思维对立运动的发展和协调的结果。

九、关注时空思维

有学者提出，明人杨慎的“滚滚长江东逝水，浪花淘尽英雄。是非成败转头空……”作为一部电视剧的主题曲被广为传唱，典型体现四维（时空）思维。再往前，体现时空思维的是古希腊哲学家赫拉克利特名言：“人不能两次踏入同一条河流。”比其年长20来岁的孔子，从另一角度阐释时空思维：“岁寒，然后知松柏之后凋也。”而比孔子年长的老子，则真正是“道高一尺”，直接阐述五维思维：“人法地，地法天，天法道，道法自然。”公元前的几百年，确为高人辈出的时代！从某种意义上说，一维到三维思维都是相对静态的思维，而时空思维因有时间维度，就有动态意义。对事物的认知离不开时间维度。万事万物因时间维度，就有“因”和“果”，“生”与“死”，循环和更迭，发展和变化。万事万物的发展变化都被纳入历史长河曲折的粗线条中，一头连着过去，一头连着未来。现在，只不过是这根粗线条上一个节点。现在，用汉语解释是当下，用英语解释是正在进行时。它是过去的未来，也是未来的过去。它让人类在过去文明的基础上，总结出具有普遍指导意义的历史观、世界观、道德观、价值观、人生观等诸多观念。可以说，人类的全部文明，无论是过去、现在、未来，都建立在时间这个维度上。不同人产生不同时空思维。道家看到生死，儒家看到兴衰，佛家看到因果，农民看到丰歉，商人看到盈亏，兵家看到胜负，赌徒看到输赢，乃至善人收获善报，恶人收获恶果……

十、关注灵感思维

灵感，是指凭借直觉而进行的快速、顿悟的思维，是长期思考的问题得不到解决而突然获得解决的一种心理过程，常给人以豁然开朗、出人意料、茅塞顿开之感。所以，它是一种特殊、高级的创造性思维；换言之，在创造性思维活动中，新形象的产生带有突然性，被称为“灵感”，也是一种顿悟。灵感，就是这种顿悟时的一种心理状态；是人的全部高度积极的精神力量，是高频率用脑的必然结果。灵感状态的特点，首先表现为人的注意力完全集中在创造的对象上。灵感是有突发性的，但它是在艰苦的思索之后出现的。只有当自己积累了大量的观察经验时，当做品构思已经明确，完全被沉思所占有时，才可能出现灵感；灵感也是过去经验或当前多次尝试失败以后的产物。亦即，灵感是思维发展到高级阶段的产物，是认识上质的飞跃，是一种创造性的思维活动，它表现为人脑长期思维活动中的一种顿悟，一种独特而非凡的见解。

十一、常反传统思维

人类的进步，总是先由一种独特、尖新之反传统的认识而来，猛烈冲击已有的陈陈相因、脱离实际的认识，一时似乎与旧的“不共戴天”，但在和旧认识不断交锋的过程中，也会批判地接纳、吸收旧认识中某些合理成分或仍有生命力部分，逐渐把自己不全面的那部分加以完善和修正，慢慢为众人承认和接受，最后取代旧的登上“传统”宝座。但随着地位变化和更新实践的检验，某些东西又显得相形见绌，于是一场新反传统的挑战便不可避免。“传统”总是常新常反、常反常新。这并非因人们的认识有一种不安分的原因，而是由于人们的社会实践有着求新求变的本能，所以美好、进步是人类社会生活的永恒追求。

十二、实施创造性思维

创造性思维或创造活动，是提供新的、第一次创造的、新颖而具有社会意义的产物的活动。创造性思维是人类心理活动的高级过程。创造性思维与一般思维不同之处，是它不只依靠现成的表象或有关条件的描述，还要进行想象，特别是创造想象的参与；能够结合以往的经验，在想象中形成创造性的新形象，提出新的假设是创造性思维活动顺利开展的关键。因此，创造性思维与想象思维有极其密切的关系。

由上可见，培养学生创造性思维的方法虽不拘一格，但其中心与目的是唤起创造意识，培养创造能力。创造，并非天才特有，也非科学家或发明家的专利，它是每一个人在掌握并运用创造性思维之后的结果。

创新意识的培养

创新意识与创造性思维不同：前者，是引起创造性思维的前提和条件；后者，是创新意识的必然。创新意识，是指根据社会和个体发展的需要，引起创造前所未有的事物或观念的动机，并在创造活动中表现出的意向、愿望和设想。创新意识，是人类意识活动中一种积极、富有成果的表现形式，是进行创造活动的出发点和内在动力，是创造人才的必备因素，是求新、求异与求真、求实意识，是唤醒、激励和发挥蕴涵潜在的重要精神力量，是思想活跃、富于创造性和批判性、敢于标新立异、独树一帜的精神。创新意识包括：创造动机，是创造活动的动力，能推动和激励人们发动和维持创造性活动；创造兴趣，是促使人们积极探求新奇事物的心理倾向；创造情感，是引起、推进乃至完成创造的心理因素；创造意志，是在创造中克服困难，冲破阻碍的心理因素，具有目的性、顽强性和自制性。创新意识的主要特征：新颖性——创新意识或为满足新的社会需求，或用新方式更好地满足原来的社会需求，创新意识是求新意识；历史性——创新意识是以提高物质生活和精神生活水平需要为出发点，而这种需要在很大程度上受历史条件制约，创新意识须考虑社会效果；差异性——创新意识和其社会地位、环境氛围、文化素养、兴趣爱好、情感志趣等都有一定联系；也因人而异。一个没有创新能力的民族难以屹立于世界民族之林。特别是科学技术的竞争时代，实质是教育和人才的竞争时代。随着现代科学技术和经济突飞猛进的发展，现代化建设所需要的人才是具有开拓性、创造性的一代新人。所以，培养学生的创新意识是当前教学改革的焦点和核心。如何培养学生的创新意识呢？

一、激发好奇乐于创新

好奇，既是激发创造性活动的诱发剂，又是进行创造性思维的原动力。爱因斯坦说：“我没有特别的天赋，只有强烈的好奇心。”因此，应根据学生的特点，培养他们对知识的兴趣，激发探索的欲望。从导入、讲解到应用的方法，都应新颖恰当，激起学生研究问题的浓厚兴趣，使学生积极主动地参与学习过程，以唤起学生创新意识，使学生产生创新的欲望。

二、创造条件敢于创新

要培养学生的创新意识，使学生敢于创新，就需尽可能地为学生创造条件：一是构建平等和谐的教学环境；二是鼓励学生提问、质疑；三是支持每个学生的个性得到发展。

三、精心设计善于创新

培养学生的动手能力——在教学过程中，要突出学生的“亲历性”，即问题让学生去揭示，知识让学生去探索，规律让学生去发现，结论让学生去归纳。培养学生创造性学习和发展性学习。课上尽可能地安排学生“做一做”“看一看”“说一说”“摸一摸”“拼一拼”“装一装”，鼓励学生自行设计一些演示操作，并在操作后各抒己见，从中自悟自得；培养学生的发散思维——发散思维是创新思维的核心，没有思维的发散，就谈不上思维的集中、求异和独创。因此，在教学中要引导学生独立思考，大胆质疑，敢于标新立异，打破常规，把培养学生的创新能力推上更高的层次。

四、贴近生活不断创新

在教学过程中，应注重选择学生身边生动有趣、利于其主动探索的事例，创设鲜明的问题情境作为学习素材，激发其学习兴趣与动机，调动其学习热情，吸引他们开展学习活动，从而发展学生的创新思维。

五、挑战常规勇于创新

世界上最珍贵的东西，是创意与发现；最有价值的人才，贵在不拘一格。要脱颖而出、创造奇迹，就须试着突破常规，引发意想不到、甚至不可能的非常思路。打破常规思维就是要往不敢想的地方去想。很多学生都有破解难题的感触，一时解不出的题目，必须跳出来。有些题目，如用常规解法，似乎缺少条件，很难找出思路。若打破常规，换一个角度去思考，就可能巧妙破题。打破常规，需要魄力和勇气，更需承担风险和忍受痛苦。但没有对常规的挑战，就没有新的创造。对常规挑战的第一步，就是敢于返璞归真，向某些规则发问。

六、不唯权威 精于创新

英国大哲学家罗素有一次在中国讲学，听讲者大多数是社会科学工作者。罗素登上讲台后，首先提出一个问题：2+2=？这本是一道连小学生也能够回答的问题，但在座的人却认为，罗素是世界上大名鼎鼎的哲学家，此题决不会那么简单，于是面面相觑，无人敢答。最后还是罗素自己说：2+2=4嘛。可见，对于权威的迷信，会束缚人的思想，扼杀人的智慧，窒息人的创新能力。因此，要发扬思维的主动性，就应从唯书、唯上、唯教的被动思维习惯中解放出来。谁都有发现真理的权力，真理不是专利品；谁都有发现真理的义务，创造发明并不限于科学家、工程师、教授；谁都有发明创造的可能。

七、不限模仿闯出新路

莎士比亚只有一个，但穷毕生之精力研究莎翁的人有多少？曹雪芹只有一个，但全力钻研、考证“红学”的人有多少？王羲之只有一个，但千百年来，专学“王体”字的人有多少？问题是如果莎士比亚、曹雪芹、王羲之一生也都在临摹、仿古、考证、搜补，又何来《哈姆雷特》《红楼梦》和“飘若浮云、矫若惊龙”的右军书风？聪明者跟着伟人走，伟大者自己走。事实上，在创新的征途上，似乎总是存有不同的三等人——第一等人创造，第二等人阐述，第三等人模仿。

八、认清意义明确作用

创新意识的作用有三：一是决定一个国家、民族或地区创新能力最直接的精神力量，是一个国家、民族或地区解决自身生存、发展能力的最客观和最重要的标志；二是促成社会多种因素的变化，推动社会的全面进步，有利于人们形成开拓、领先等先进观念，是创新发展的基本社会条件；三是能促成人才素质结构的变化，引导人的本质力量在更高的层次上得以确证，激发人的主体性、能动性、创造性的再发挥。为此，培养求知欲——学而创，创而学，是创新的根本途径。只有具备勤奋求知精神，才能在自主创新中发挥生力军作用。培养好奇欲——要保持旺盛的好奇心，敢于在新奇现象面前提出问题。培养创造欲——不满足于现成的思想、观点、方法及质量、功能，要思考如何在原有基础上创新发明、推陈出新。培养质疑欲——有疑问才能促使思考、探索和创新。鼓励大胆质疑是培养创新意识的重要途径。在培养创新意识中，要增强创新意识的信心、勇气和能力。

在不断地否定自我、超越自我中前进，在最难处求突破……唯有如此，才能创作出有别于前人、无愧于后世的独特艺术品。要闯出新路，就应发扬思维的主动性，敢于开拓，而不怕“离经叛道”，不怕“异端邪说”，就要鼓励学生敢作、敢为，允许学生说错、做错，允许改变自己的说法和做法。也要爱护新思想的幼苗，允许思想探索中的失误。不允许探索中的失败和错误，就不会有探索的成功，就很难谈到创造能力的培养，必定是明哲保身、萎靡不振、缺乏勇气、没有锐意创新，不能开拓新局面者，也很难是创造型的人才。所以要启迪和培养学生能够发掘人之未道、未知、未明、未觉之处的精神和素质，引其登上一座高峰，就再为其展示另一座峰巅，使之永不满足，不断进取，不断攀登。

创造教学的三个境界

创造、创新是当今的教育主题，也是教育的永久话题，而这一切离不开人的创造性格。具有创造性格的人有着极其相似的特征：勤奋努力、虚心进取、强烈好奇心、怀疑精神、独立性及不寻常的价值观等。

一、自发创造

学生具有巨大的创造潜能。这种沉寂的潜能会在不断的认识活动中产生震撼、冲动，以求转化为现实，此即自发创造。每位教师都应刻意设计多维互动的创造性教学模式，让学生在活动中学习，主动参与、探索、思考、实践，以促进他们多方面能力的综合发展。构建自发性创造教学的目的是激活、唤醒学生巨大的创造潜能，而其中的关键是致力于营造一种开放、互动、自由、亲和的创造性教学环境与氛围。

二、自觉创造

实践证明，不是所有的自发创造均能产生圆满的结果。学生在学习中，若欲实现更为复杂的创新目标，就需运用理性思维来规范、约束心灵中的原始萌动、未经修饰的内容，调适自身与外界的关系，使创造更加合理、完美，让个体进入自觉创造的境界。教师应采用多维互动的创造教学方法，帮助学生确立创造意图（目标），拓展创造思路，拟定创造策略，培育创造型人格。比如：通过情境教学法，调动学生学习的积极性；通过问题探究法，突破定势思维，使逆向思维教学、想象教学、类比教学交织互补；通过活动教学，增强学生在实验、实训、实习、设计诸方面的综合能力和应变能力；通过竞赛教学，调动学生良性竞争意识；通过综合教学，完善学生对多学科、跨学科知识能力的整合。当然，自觉创造的过程离不开理性力量的支撑，建构自觉创造的境界，更应关注学生创造型人格的培育。坚强、自信、强烈的自我意识与独立意向，坦诚合群等人格特征，是自觉创造过程中不可缺少的理性力量。只有在长期培育、积累中，才能逐步形成思维结构中稳定的心理要素。

三、自由创造

自由创造是对自发创造和自觉创造的整合和扬弃。理性和非理性、感性和理性、形象思维和逻辑思维的分界在这里逐渐消融，学生的创造活力进入了各种理性要素的自由、协调运动的高级阶段。教师要高度关注，让学生将现有知识按一定规律以不同方式分类排列、重新组合，寻找知识的内在联系，揭示知识的类属关系，把握事物内在本质及运动规律。根据左右脑功能互补的特性，通过想象与分析相结合，直觉与论证相结合，观察与分析、概括相结合，联想与推理相结合等多种方法，促进左右脑互融互补，训练创造技能。调动大脑发散功能，对事物、问题从不同方向、不同角度、不同层面，运用不同方法进行多维思考，使思维向纵深方向延伸，使问题的广度与深度交叉，形成新的思维体系，感悟真知，得出新的思维结论。为此，要创设一种情感与认知、理性与直觉相结合的教学情境。

理想创造辉煌。人有怎样的理想，往往就决定着将来取得怎样的行动及成就。一个人永远不会超过他所追求的目标。所以，每个人都应有创造辉煌的理想，还必须是“志存高远”的理想，是“不畏浮云遮望眼”的理想，是“少年意气当拿云”的理想。教师应以学生对自己创造教学的口碑为荣，并乐此不疲，特立独行而不随波逐流。清代著名学者袁枚《随园诗话》中云：“欧公（欧阳修）学韩（韩愈）文，而所作文全不似韩，此八家中所以独树一帜也；欧公学韩诗，而所作文诗颇似韩，此宋诗中所以不能自成一家也。”由此可见，即使“唐宋八大家”之一的欧阳修，也曾是“模仿失败创新成”高端之典型例证。还有顾炎武写道：“君诗之病在于有杜，君文之病在于有韩、欧。有此蹊径于胸中，便终身不脱‘依傍’二字，断不能登峰造极。”文学创作讲求个性，要有独到之处，最忌模仿别人。其实，各行各业莫不如此，非独赋诗作文而已。有创新，才会有发展，有发展，才会有生命力。缺乏创新，意味着智慧源泉的枯竭。

灵感思维的特点　形成　捕捉

灵感思维，简称灵感，即顿悟，是指对“真理”的顿然觉悟。无暗示与启迪就无顿悟。灵感，是长期思考的问题，受某些事物的启发，忽然得到解决的心理过程；是人对客观现实的反映；是在文学、艺术、科学、技术等活动中，由于艰苦学习，长期实践，不断积累经验和知识，而突然产生的富有创造性的思路；灵感，是一种人们无法自我控制，创造力高度发挥的突发性心理现象。其本质是一种潜意识与显意识的相互作用、相互贯通的理性认识的创造过程。灵感，是人在刻苦钻研过程中，达到高潮时所产生的一种心理状态。所谓高潮时的状态，是一种最有创造性的心理状态，即智力的跃进超出平时的极限。以诗人为例，他们在创作过程中往往是冥思苦想，却一字难出；但偶受某种情景触动，却“忽如一夜春风来，千树万树梨花开”，诗兴大发、浮想联翩。郑板桥曾写：“十日不能下一笔，闭门静坐秋萧瑟；忽然兴至风雨来，笔飞墨走精灵出。”古今中外，有多少诗歌、文学、戏剧、绘画等创作大师，有多少科学家、发明家、哲学家在“用笔不灵看燕舞，行文无序赏花开”的瞬间，由于灵感的突然光顾，催生了全新的思想理论、发明创造和科学决策，而一举登上人生事业的高峰。

一、灵感思维的特点

（一）独创性

灵感均具独创性。独创性是定义灵感思维的必要特征。不具有独创性，就不能称为灵感思维。灵感与独创性休戚相关。灵感，是创造性思维的源泉。

（二）突发性

灵感的重要特点是具有突发性。从时间上看，是突如其来的；从效果上看，是意想不到的。比如，在散步、闲谈、赏花、观光，甚至是睡梦中，事先毫无征兆地灵光一现，冥思苦想的问题就突然而解。

（三）偶然性

灵感，通常是在外界某种偶然因素的启发或刺激下而自然发生的。如马卡连柯在与客人的谈话中偶然受到启发，茅塞顿开，马上开始写作《教育诗》；托尔斯泰正想不出《安娜·卡列尼娜》如何开头时，偶然间受普希金《别尔金小说集》后面一段第一句话的启示，便以“奥布郎斯基家里一切都乱了”作为这部名著的开头语。

（四）短暂性

灵感，来去“短暂”，只是闪现于刹那，逝去之后，则令人难以寻觅。

（五）准备性

灵感的出现，常常是集中精力对某问题直接进行长时间的思考、探索，即对该问题有直接了解和准备；亦即，灵感的产生并非平常所说的“眉头一皱，计上心来”那样简单，而是经过长时间思考或钻研逐步孕育而成。灵感的胚种，是在人们完全不自觉的状态下悄然潜入思维深处，并不断汇集和滋养，一旦时机成熟，就会“崭露头角”。

（六）结果性

灵感的产生，通常是使“百思不得其解”的问题迎刃而解，达到豁然开朗、一通百通的境界。因此，它常与问题的最后解决或关键性、突破性相联系，明显地体现出结果性。

（七）突逝性

灵感，往往“来不可遏，去不可止”，常常产生于思考对象不在眼前或不被直接思考之时；此时主体大脑处于休息状态、正思考他事或从事别的活动，因而常常表现出无影无踪，飘忽不定，难以寻觅。苏轼的“作诗火急追亡逋，清景一失后难摹”，就是对这种现象的生动描述。专心致志者大都有这样的经验，必须当即记下偶然闪现的火花，否则一旦灵感失去，就难再重现。因此，有很多人对灵感的忽至忽逝未做立即记录或及时捕捉而惋惜。

（八）苦索性

灵感并非从天而降，而是苦苦思索的结果——长期探索与积极思考，是激发和捕捉灵感的最基本条件。“得之于顷刻，积之于平日”，灵感是长期艰苦探索之后而出现的。俄国画家列宾说：“灵感是对艰苦劳动的奖赏。”灵感并非心血来潮、灵机一动的产物。柴可夫斯基说：“灵感是这样一位客人，他不爱拜访懒惰者。”只有当自己完全被沉思占有时，才有可能出现灵感。

（九）张弛性

劳逸结合，有张有弛。在长时间的紧张思维之后，丢开一切思绪，漫步于林荫小道或登高于山巅远望，荷锄于小园香径或静坐于草坪休息都有助于灵感产生。比如，阿基米德是在洗澡时，发现浮力定律的；爱因斯坦是在病床上，悟出相对论的；达尔文是在发疟疾时，想出进化论中自然选择观点的；凯库勒是在半睡半梦状态中，想出苯环结构的……

（十）他听性

善于调节自己的活动，往往能把思索从死胡同中解放出来，从而有助于激发和捕捉灵感。法国数学家拉普拉斯说：“他常把某个非常复杂的问题搁置几天而不去理它，当再捡起它重新思考时，往往会发现它变得极为简单和容易。”此外，当自己思维遇到障碍时，就邀请不同专业者叙谈，从不同角度探讨，可能使自己摆脱习惯性思维程序的束缚，启迪自己的新思路，使头脑一新而别有洞天，引发灵感。

二、灵感思维的形成

灵感，是知识和能力长期积淀的过程，博大精深的知识是灵感产生的深厚底蕴和广阔背景。许多科学发现和杰出创作均为灵感智慧之花闪现的结果，来源于知识和经验的沉积，得益于意外客观信息与智慧闪光的启迪。

（一）久思之果式

有人在长期思考而竟日不就时，即暂将课题搁置，转而进行与该研究无关的活动。恰好在“不思索”的过程中，无意中找到答案或线索，完成久思不得其解之题。

（二）急中生智式

急中生智的实例，在社会活动中数不胜数。即在情急之下果断做出的某些行为，结果证明，该行为是正确而有效的。

（三）另辟新径式

在探索过程中，课题内容与兴奋中心都未发生变化，但寻解定势却因探索者灵机一动而转移到与原解题思路相异的方向，即创出一条新路，达到“柳暗花明”之境界。

（四）触类旁通式

偶然从其他领域的事实受到启发、类比、联想、升华而获得成功。触类旁通者需有更深刻的洞察力，能把表面看来完全不相干的事情沟通，进行内在功能或机制的类比分析。

（五）豁然开朗式

即顿悟的诱因来自外界信息的点化，主要是通过语言表达的一些明示或隐喻获得。豁然开朗对这种探索的思想点化，需“有求”“存心”“善点”和“巧破”。

（六）见微知著式

从别人不觉得稀奇的平常小事上，能敏锐发现新生事物的苗头，并深究之，而有一定创建。见微知著者须独具慧眼，即用眼睛看的同时，配合敏捷思维，提出创新见解。

（七）巧遇新迹式

由灵感而得到的创新成果与预想目标不一致，属意外所得。许多探索者把这种意外所得看作是“天赐良机”，也有的称之为“正打歪着”或“歪打正着”。

（八）梦中惊成式

灵感，可产生于主体意识清晰之时，也可产生于意识不清晰之时。日有所思，夜有其梦。梦是以被动的想象和意念表现出的思维主体对客体现实的特殊反映，是大脑皮层整体抑制状态下，少数神经细胞兴奋进行随机活动而形成的戏剧性结果。

三、灵感思维的捕捉

灵感出于勤奋。在多思考、常交流，激活创新意识中，捕捉灵感。灵感，来自注意力高度集中的苦思冥想，来自紧张思考后轻松休息之际，也来自似睡非睡朦胧恍惚之中。

（一）碰撞和交汇

引导学生开展磋商、讨论与争辩，在思维的彼此碰撞和交汇中，可激发出悟性和灵气。

（二）积累和准备

兴趣准备——广泛的兴趣、丰富的知识是捕获灵感的基本条件。智力准备——观察、联想、想象等。乐观情绪——愉快的情绪能增强大脑的感受能力。精神和物质准备——许多创造者曾体验过获得灵感的滋味，但因事先无备而未及时记下些许灵感，时过境迁就难以想起或寻觅。

（三）外部机遇诱发

1. 思想点化　在阅读或交流中发生。如达尔文从马尔萨斯人口论的“繁殖过剩而引起竞争生存”，大脑里突然想到在生存竞争条件下，有利的变异会得到保存，不利的变异则被淘汰。由此促进了生物进化论的思考。

2. 原型启发　当原型与亟待解决的问题间接相似和潜在联合时，已有充分准备的探索者，就能产生联想，直接从客观原型推导出新颖的设计构型。如英国哈格里沃斯发明纺纱机的经过，就是受到原来水平放置的纺车，偶然被他踢翻变成垂直状态的启发才研制成功的。

3. 形象发现　意大利著名画家拉斐尔想构思一幅新的圣母像，但久难成形，在一次偶然的散步中，看到一位健康、淳朴、美丽、温柔的姑娘在花丛中剪花，这一富有魅力的吸引和启发，使他立刻拿起画笔创作——《花园中的圣母》。

（四）内部意识引发

既有无意遐想——这种遐想的灵感在创造中是常见的；也有潜意识——这种灵感的诱发较复杂，有潜知的闪现，有潜能的激发，有创造性梦境活动，也有下意识的信息处理活动。

许多科学家的创新成果得益于灵感。古希腊亚里士多德通过月牙上的弧形阴影，用直觉联想全形，获得地球可能是圆形的预见。现代科学证实，不仅杰出的天才人物有灵感，普通人也有灵感。故要破除灵感的神秘化，启发、引导和帮助学生树立“我也有灵感”的信念，并广泛汲取知识，深入思考问题，敏锐观察事物，在知识和能力的长期积淀中，获得灵感。现代教育非常重视师生的灵感。美国教育学家布鲁纳在《教育过程》中讲：“直觉思维的发展是教师的一个追求目标，在传统教学方式中，逻辑思维几乎扮演着唯一主角，而忽略灵感的培养。教师肩负培养学生灵感的任务，应有意识、有目的地培养学生的灵感。”灵感，绝非简易之道。灵感的本质，归根结底是“长期积累，偶然得之”。爱迪生说：“天才是百分之一的灵感加上百分之九十九的汗水。但那百分之一的灵感是最重要的，甚至比百分之九十九的汗水都要重要。”（后半句，过去的许多年被人遗忘或不知）这就表明，灵感不会从天而降，它是在一定信息储备基础上，对疑难问题久经沉思之后几种信息间的突然沟通。因此，灵感只有在勤奋学习、广泛积累的基础上，才有可能产生。正所谓“灵感是上帝对勤奋者的一种恩赐”。因此，应处处留心，时时感悟，引发灵感，出现灵感。

教学生思维有术

要想教会学生思维有术，必须克服思维定势。所谓思维定势，是指按一种固定的思维方式去考虑问题。其消极的一面往往表现为思维的惰性、呆板性，妨碍思维的灵活性。与思维定势相反地思考问题、探讨问题的方式，是逆向思维。逆向思维的特点：首先，是针对性，针对传统或习惯的思维方式而提出新的思维方式，简言之，就是另辟蹊径，即从反面提出或思考问题；其次，是挑战性，逆向思维不那么四平八稳，而富有一种"冒险"精神，敢于打破常规思考问题、提出问题；再次，是启发性，逆向思维常常使人振聋发聩，令人耳目一新，迫使人们去思考更深层次的问题。伽利略在临终前说："科学是在不断改变思维角度的探索中前进的。"因此，可以说改变思维角度，就是逆向思维或侧向思维的实质和基本技巧。逆向思维，就是打破常规的思维、改变旧观念、创造新思想和新理论的思维。纵观人类思想史，逆向思维，是解放思想的途径，是发现真理的方式，是推动文化、思想、科学、技术进步的巨大精神动力。在教学过程中，应结合教学内容有意识地去培养学生的思维品质与方法，以使学生思维开阔、活跃、灵活、深刻、奇特，一言以蔽之，即做到思维有术。下面是几个思维有术的实例。

一、不寻常的机敏性

有这样一个故事曾脍炙人口：一个人借了钱无法偿还，按照当时的法律，得去坐牢。债主提出，让欠债人的女儿来决定父亲的命运。方法是在债主的口袋里放一黑一白两粒石子，姑娘去摸。摸到黑子，姑娘就嫁给债主以抵欠债；摸到白子，欠债一笔勾销。但是，狡猾的债主偷偷地放了两粒黑石子在口袋里，眼尖的姑娘看到了。这时按照一般的思维方法，姑娘只有三种选择可能：一是拒绝抽签，这样父亲就得坐牢；二是揭穿债主的花招，使债主丢脸，父亲还得坐牢；三是随便怎样摸，嫁给债主了事。然而，这位姑娘非常聪明，她飞快地摸出一粒石子，趁人还未看清颜色就故意把它掉在石子路上。然后说："不要紧，可从口袋里另一粒石子的颜色来判断我摸到了哪种颜色的石子。"口袋里剩下的当然是一粒黑石子，于是姑娘靠自己的智慧，使自己的父亲摆脱了困境。

二、寻找另一种可能

事物的发展往往有多种可能，但人们常常习惯于只看到一种可能，而看不到其他可能，更看不到相反的可能。如果人们尽可能多地看到各种可能性，思路就会比较广阔，成功的机会就能够增加。有两家英国制鞋公司的推销员来到澳大利亚的一个原始地区推销产品。一家公司的推销员看到这里的居民全都赤脚行走，以为没有穿鞋的习惯，由此断定，这里不需要鞋，失望地回去了。另一家推销员来到这里，却喜出望外，认为这里没有一双鞋，因此有着广阔的鞋子市场。经过宣传、推销，这家公司销售了大量产品。

三、学会问题的转换

爱迪生有一次想要知道一个灯泡的容积，他让一位数学家来计算。数学家发现灯泡不是球形，而是梨形，计算很复杂，算了半天，还是无结果。爱迪生等不及了，便举起灯泡想了一下……过了一会儿，他往灯泡里注满了水，然后将水倒入量筒，量出的体积不就是灯泡的容积吗？这就说明，遇到一个复杂的问题，缺乏直接解决办法之时，如果能把问题转换一下，就有可能把问题大大简化，并使问题迎刃而解。我国古代的曹冲称象，把象的重量转换为石子的重量，称象问题变成称石子问题，问题的解决也就由难而易了。古代的智者很善于用问题的转换来巧妙思考问题和解决问题。泰勒斯测金字塔高，当自己的影长和自己的身高相等时，他让助手测出金字塔的影长，此时塔高即为其影长。

四、倒过来进行思考

1897 年的一天，爱迪生在修理一部电话时，因耳朵不灵，就拿起一根金属针压在电话的金属膜上，金属膜的振动通过金属针传递到爱迪生的手指上，他感觉到针在一松一紧地振动。爱迪生聪明地用触觉代替听觉，弥补了听觉的不足。更聪明的是，他对这个现象反过来想了一下：既然针能传递振动，针就会在某种物体上留下痕迹；那么，能不能再通过振动痕迹重现振动呢？振动会产生声音，能不能通过保存振动的痕迹来储存声音呢？他的这个想法导致了留声机的诞生。事物与事物之间，原因与结果之间，都存在一定的本质联系和客观规律。因此，思考问题时，既可从此事物思考他事物，也可从他事物思考此事物；既可从原因思考结果，也可从结果思考原因。逆着常规思路进行的逆向思维，常能想到平时想不到的问题，产生一些新的构想。伽利略从细玻璃管的受热膨胀反过来想到用膨胀的体积来测量温度；法拉第从奥斯特的电生磁实验想到磁生电。这些成果都是运用逆向思维方法而产生的。年幼的司马光在小伙伴掉进装满水的大水缸时，灵机一动，拿一块大石头砸向水缸，水缸破了，水“哗啦哗啦”地流出来，小伙伴得救了。这也是“逆向思维”的典型事例：平时总是想办法让小孩离开水，而司马光却让水离开小孩！

五、应让思维转个身

1881 年 7 月，美国总统菲尔德在华盛顿车站遇刺，身受重伤住进医院，危在旦夕，急需手术。因室内温度太高，医生指出，只有将温度降到 30 摄氏度以下，才能保障手术安全。无奈之余，政府只好把这一任务交给了一名叫谢多的美国工程师。谢多是一位善于思索者，他想既然空气经过压缩之后会释放热量，那么压缩后的空气恢复到原来的正常状态，是不是会吸收热量呢？于是立即进行实验，结果发现把压缩的空气还原，可以使周围的空气冷却。谢多给总统的病房安装了这样的机器，成功地使室内温度从 37℃降到 25℃。总统得救了，谢多也因此成为世界上第一台空调的发明者，从一个默默无闻的工程师，一跃成为一种崭新生活方式的创造者。而他的作为，仅仅是在众所周知的普通原理基础上，让思维转了个身而已。世界上巧妙利用逆向思维走向成功的事例很多。一条路，当清楚看到它的前方是条死胡同时，不妨试着转个身，也许柳暗花明的惊喜就在眼前。

六、注意利用相似性

美国科学家很想从中国引进良种柑橘，但不知道把它引种到哪里能正常生长、结果。美国科学家想，柑橘生长最重要的因素是温度，而温度主要由纬度决定，加利福尼亚州的纬度与中国柑橘之乡福建的纬度相似，柑橘就应该能够在那里正常生长。后来，果真如此。世界上的事物尽管千差万别，但有些事物之间又有着较大的相似性。思考问题时，可利用事物的相似性进行思考，从相似的原因思考相似的结果，从相似的结构推断相似的功能，从相似的现象推断相似的本质。英国医生里士特从肉汤腐败和伤口化脓间的相似性，推断出伤口化脓也是由细菌引起的，从而创立了消毒外科学；富兰克林从莱顿瓶放电伤人与雷电伤人的相似性，推断出雷电与莱顿瓶的电本质是一样的。寻找相似性的思维方法，能帮助人们从此事物想到彼事物，是一种以近知远，以一知多，以已知知未知的好方法。

七、巧妙地提出问题

有一个笑话：一位烟瘾很大的牧师，问上司：祈祷时可不可以抽烟？上司说不行！牧师的一个聪明的朋友替他出点子，让他下次这样问：抽烟时可不可以祈祷？结果他得到了肯定回答。问法不同，答案竟截然相反。再举一类似的动人例子：古代巴比伦人哈莫拉比在处理水的问题时，他不是问人们怎样才能得到水，而是问怎样才能让水来到人们身边，结果产生了运河。变换一下问法，产生了历史上的重大创举。

八、扬长避短地思考

1907 年，德国医生欧立希想用染料来消灭锥虫，屡遭失败。一天他在化学杂志上看到一篇文章说，在非洲流行着一种可怕的昏睡病，当锥虫进入人的血液大量繁殖后，人就会长时间昏睡而死。用化学药品“阿托什尔”可杀死锥虫，救活患者；但后果仍很悲惨——患者双目失明。这篇文章给欧立希很大启发，他想：阿托什尔是一种含砷的毒药，能否稍许改变其化学结构，使它只杀死锥虫而不伤害人的视神经呢？在这种思维的指导下，他和同事们找到了多种多样改变阿托什尔化学结构的方法，一次又一次进行实验。

在失败605次之后，终于成功研制成药品606（砷凡纳明），挽救了无数昏睡患者和梅毒患者的生命。

九、注意思维缜密性

叙及思维有术，就不能不涉及其背后的缜密性。缜密，是指周密、细致，多指思想或思维。缜密性，除细密外，还与经验有关。如何提升思维的缜密性：①阅读、写作和思维相互促进——其中，写作对思维缜密性最为明显。布局谋篇要有总体上的把握，表达要追求思维的透彻通达，论证要讲究事实与有理有据。②提问、讨论和辩论——是锻炼思维缜密性的重要方式。实际上，比的是收集、分析和综合信息的能力。辩论交锋，更能磨炼思维的缜密性。③对新事物的好奇和敏感——能扩大自己的视野。一个对周围新鲜事物不敏感或无热情者很难相信他会有思维的深度和缜密性。④建立自己的思维和理论体系——应跳出自己的框框，反观西方的思维和理论体系，都是通过不停地跳出自己的框框得以进步的，爱因斯坦的相对论，就是在跳出又不否定牛顿力学的适用性下，打上一个更缜密的补丁。⑤反思和独立思考——思维缜密性的提高必然来自反思与独立思考，反思自己的行为、思想与情绪的变化，包括行为活动层面、哲学层面和道德层面的反思。可以说反思的范围无穷无尽，但无论哪种反思，都能训练抽象思维能力，在寻找因果关系的过程中，逻辑缜密性也得到训练。其要点：不能放弃；实践够了就找理论，理论多了别忘实践。“宝剑锋从磨砺出，梅花香自苦寒来”。⑥养成观察和记录思维过程的习惯——按批判性思维的标准改进思维的过程：追究意义，探究目的，记录思维过程产生的其他关键问题。可从三个方面检查思考过程：问题、推理要素和思维标准。按这种标准考核思维过程，就会引导思维不断深化。思维缜密性的训练，不应只是理性的剖析、分解、解释，还需感性的灵感、启示、直觉。纸上得来终觉浅，只有自己动手才能发觉细节和疏漏；一般人“知进而不知退，知存而不知亡，知得而不知丧”。孔子曰：“不学诗，无以言；不学礼，无以立。”思维之术，无贵无贱；得方者存，失方者惘。有诗言道：“天机云锦用在我，剪裁妙处非刀尺。”“求学不行疑问道，真章未较难成才”。

柏拉图说：“不应用智慧的人是一个固执者，不能运用智慧的人是一个傻子，不敢运用智慧的人是一个奴隶。”思维是一种科学，也是一种技术，又是一种技巧，还是一种艺术。思维的艺术或技巧是无穷无尽的。而人们常常习惯于从已知的理论出发，经过一定逻辑推演，得到某种新的认识。这种思考方法是需而有用的，但常常也是不够的，特别在遇到新问题时，往往束手无策，被动万分。因此，要教给学生不断去学习新的思维方式，提高思维技巧，使思维艺术不断升华。唯此，才能在新事物面前具有主动权，收获更多的思维成果。为此，需明晰天赋与思维。天赋只是一种异于常人的认知方式和思维方式，如思维能力、想象力、逻辑和演绎类推能力……有的人不需调教，即可把握和运用这种思维和认识方式，而有些人却需后天的培养和锻炼才能得之。其实，天赋和努力的呈现方式是水涨船高，越努力，天赋呈现度越高。否则，天赋就无露头的机会，因没有它生根发芽的土壤。很多年轻天才最后默默无闻，都是努力程度不够，天赋即因营养缺失而枯萎。人的思维大致有两种：一是在别人思考的基础上思考，二是站在生活里只身悟道。前人将思考著书立说，让今人省去很多“元认知”的漫长过程，只需站在其经验上接力参悟即可。尼采说：“要想写出有说服力、有逻辑的文章，不仅需吸收表达与写作的技术，更要改良自己的思维。”

思考 联想 类比 归纳

对学生进行思维训练时，要注重培养学生学会“三思”，即“有思想，懂思维，善思考”。有思想，即理想目标明确，有明确的前进方向，有自己的见解；懂思维，即掌握思维法则，不断更新思维概念，改变思维方式，改善思维品质，促进自身头脑科学化；善思考，即养成勇于思考、勤于思考的好习惯，对重要问题肯比别人多思考一步，事后能常反思，从而不断提高自己思维的深度和广度，逐步成为有科学头脑的创造型人才。怎样让学生学会“三思”？要从勤奋刻苦、敢于实践和多做理性思考等方面下功夫。人要勤奋，绝不允许思维产生惰性；人要成长，绝不允许思维方式单一化、模式化；人要创造，绝不允许满足已有成绩，套用习惯的思维定势。应多问几个为什么，不断更换思考的视角，在学习中善于猜想、设疑、解疑、抓特点、找规律。运用规律是善于思考者的共同特点。这样，既能深入到学科知识的实质、理清思路，又能用浅显、通俗、恰当、准确的形式表达，还能经过逻辑推理，表述出自己的系统化、条理化、网状化的知识。善于思考的学生动手、动脑总能有机结合，融为一体，思维敏捷，积极主动，遇到学习上的问题能做到全面地看、有序地想。

一、思考——利于认知学习

思考，是指进行比较深刻、周到的思维活动。思考，就是进行比较、联想、抽象、概括、分析、综合、归纳、假设、猜想、推理、判断、记忆等思维活动。思考，是智慧的根源，“学而不思则罔”。从某种意义上讲，思考比理解更为重要，它可掌握知识的产生、形成和发展的过程。学习成果如何的关键是思考，如果读过霍金的《时间简史》就会被霍金对宇宙的思考所感染，该书的序言里有一句话：“科学的本质是疑问”，所以学会提出问题与思考问题，是学习成功的关键。思考，首先应是独立思考，而独立思考应贯穿于学习的各个环节。

其一，预习时要思考。通过预习，能预见在学习新知识时有哪些障碍、问题，这样就可带着问题听课。

其二，听课时要思考。听课主要有五个目的：听懂，抓住重点，举一反三，形成知识网络，记忆和发展。要达到这些目的须积极而又紧张地进行思考活动。听懂是远远不够的，还需进一步思考，所学内容的关键是什么，重点是什么，本质是什么；再进一步联想这些知识与学过的知识有什么联系，新知识的基本思考方法是什么，如何思考，有什么规律。

其三，写作业及练习时要思考，特别是反思。比如一道题解完了，不应就此结束，而应多想一想，解此题用了哪些知识、方法和技巧，用什么思想方法作指导，还有无其他解法，此题还能变成什么样子等。

其四，复习时要思考。通过复习要把所学、所练，形成知识网络，并进行记忆，对总复习更要如此。

简单的认识活动，是模仿、识记；较复杂的认知学习，是获得智能，包括分析、辨别概念、法则，进而掌握与运用以及从中提炼出更灵活变通的一般规律。它既是知识，也是能力。知识的要求是回答为什么和怎么办，能力的要求是理解和应用基本概念与法则进行逻辑推理，做到由此及彼、由表及里，解决实际问题。更高级的认知学习，应是学会如何控制自己的整个学习过程，特别是思维过程，学会如何思维，如何主动发展，怎样举一反三。

二、联想——利于举一反三

联想，是指由于某人或某事而想起其他相关的人或事，即由于某概念而引起其他相关概念的思维活动。科学巨匠爱因斯坦有句名言：“想象力比知识更重要，想象力是科学研究中的实在因素，是知识进化的源泉。”可见想象力对培养创新人才多么宝贵。各学科的学习均离不开想象，以数学为例，数学想象有多种形式：从内容和特点来看，可分为图像想象、图式想象、数式想象等；从思维的深度考虑，数学想象包括数学联想（因果性联想、相似性联想、对比性联想、接近性联想等）和数学猜想（归纳性猜想、类比性猜想、探索性猜想、仿造性猜想等)。如何展开想象的翅膀，使自己通过联想，把所学知识联系起来，形成知识的优化整合，形成能力，举一反三，高效率地学习？这是每个渴望具备终身学习本领、尽快提高学习成绩者必须认真思考的问题。

三、类比——利于分析鉴别

类比，是比较两个（两类）相似、相近事物的逻辑方法，是科学认识的一个重要方法。在科学实践和学习过程中，为了化未知为已知，常把陌生的对象和熟悉的对象相比较，从中启发思路，提供线索，借鉴研究方法，起到触类旁通的作用，如解剖一只小鸟，就大体知道了鸟类的五脏六腑、骨骼结构。很多科学发明和创造不仅借鉴前人成果，而且借鉴前人智慧，即科学思想和科学方法。难怪连大诗人歌德都说："每当智慧缺乏可靠论证的思路时，类比的方法往往能引导我们前进。"类比能帮助猜想，提出合乎逻辑的思路和方法。当然，其结论不一定可靠的局限性也要注意克服。很多知识用类比的方法研究要省时、省力，记忆深刻，类比确实能引导我们前进。在学习中，注意联系、联想特殊情况与一般情况，进行类比、对比就会感到可想、易想。这样，会使思维活跃，变被动为主动，逐步达到做一题通一类，举一反三，这才是创新人才的思维品质，学习的真谛也蕴含其中。

四、归纳——利于发现问题

归纳，是指从特殊情况入手考察一个事物，逐步推广得到一般结论的思维方法。在科学上，有很多重大规律是通过归纳而发现又经过科学论证而得到公认的。也有一些归纳出的结论，至今仍未完成最终证明，如著名的哥德巴赫猜想。归纳法，分为完全归纳法（所得结论一定正确）和不完全归纳法（所得结论不一定正确，须严格证明)。数学上常用的枚举法（穷举法）属于完全归纳法。它与分类思想紧密相连，把要解决的一个问题分成几种情况，逐一列举出来并加以解决。善于利用特殊做归纳，敢猜想，寻规律，是发现与发明的重要源泉，也是提高思维能力的重要方法。肯于经常想一想、试一试、验一验、做一做的学生，会感觉到现实学习生活中值得研究，且自己能够研究、解决的问题极多，钻进去乐趣无穷，妙不可言。归纳是一种重要的思维方法，生动、具体，符合青少年心理需求。要提高学生的思维能力，应在归纳上多下些功夫，使学生学会用归纳法去发现问题、思考问题，促使学生有所发现、再发现，诱发思考题。

思维是"地球上最美丽的花朵"，出新、出奇、出异的创造性思维，可分为：变换元素和变换次序——置换思维法；对象做复杂的系统分化——离散思维法；比一比，再推一推———类比思维法；想得多、想得散和想得新奇——发散思维法；触类旁通和举一反三——联想思维法；思想碰撞激起脑海的创造性火花——头脑风暴法；思路向最佳方向发展——收敛思维法。创造力和想象力，是决定人生成功与否的关键，是创新的活力。虽人类社会已有几千年的历史，但"人"并未发生本质的变化。今天的国人与先人在待人接物、重大抉择面前的思考方法、评判标准皆未发生明显变化。可见，古代人的经验，仍具有借鉴和传承意义。①创造力和想象力来源于类比——当自身已积累上百个重要历史人物的人生经验之后，个人狭隘的人生就会在大视野中变得异常清晰与宽广，所面临的那些选择、决定就会在相似的历史人物和事件的烛照之下利害分明，道义昭彰，然后再结合自身那点微末的特殊情形，自然而然就能做出正确的选择。②创造力和想象力来源于联想——联想所依据的是知识和经验。在积累知识时，应有目的、有计划地进行，但最好先从自己感兴趣处开始。但应注意，积累知识不是要成为专家，而是为见识广博，成为拥有大量联想资源者。③创造力和想象力的关键是实践——若只是一味地积累知识和前人的经验，而不进行实际操作，那就始终是纸上谈兵。对学生而言，学习动手的方法有很多，应充分利用已有条件，从中找出自己最感兴趣的内容。创造力和充分想象力是能否取得成功的关键，因为它涉及人一生中的每一个重大事件和每一处细微的生活需求。有计划、有目标地培养创造力和想象力，是人生最重要的自我训练，且只能靠个人努力，没有任何人能教授这门课程。

记忆的种类　功能　品质

记忆，是过去的经验在人脑中的反映，是记住或想起过去事物留在头脑中的印象或保持的形象，是对过去活动、感受、经验的累积，是在头脑中积累和保存个体经验的心理过程。所谓过去的经验，是指过去对事物的感知、对问题的思考、对引起情绪的体验及进行过的行动操作。这些经验都可以映像形式存储在大脑中，在一定条件下又可从大脑中提取出来，这个过程就是记忆。记忆，是将自己思维之信息内容的储备与使用过程。从现代“信息论和控制论”观点来看，记忆是把在生活和学习中获得的大量信息进行编码加工，输入并储存于大脑中，必要时再把有关储存信息提取出来，应用于实践活动的过程。记忆力，是一切能力的基础。没有记忆能力就不可能有其他能力。从一定意义上说，记忆是获得学习成功的前提条件。无论是计算、推理、判断，还是想象、构思、写作等活动都需头脑中的信息予以支持。 记忆的对立面是遗忘，对遗忘的理解有助于对记忆的更深刻认识。尼采说：“记忆差的好处是对一些美好的事物，仿佛初次遇见一样，可以享受多次。”记忆力，即记性，是人脑的记忆能力，是记住往事的能力，是记住事物形象或事情经过的能力，是人脑对已知的经验、知识、心理体验和各种社会活动的识记，是重现事物的能力。记忆力，是一切能力的基础，无记忆力就不可能有其他什么能力；分析、判断、归纳、概括、联想、想象和创造力等也就无从谈起。记忆与记忆力虽密不可分，但不能直接画等号。记忆力是识记、保持、再认识和重现客观事物所反映的内容和经验的能力，是在记忆活动中表现出来的一种特殊能力，包括对各种信息材料的识别、分析、加工、抽象、比较、概括、储存、再现等各种综合能力。当然，在其他如观察、想象、思维、创造等各种智力活动中，记忆力也发挥着重要作用。

一、记忆的起源

在记忆问题上提出重要概念的第一人是公元前 4 世纪的思想家柏拉图。他认为，人对事物获得印象，就像有棱角的硬物放在蜡版上所留下的印记一样，其理论被称为“蜡板假说”。亚里士多德在公元前 4 世纪末，提出一个较为科学的概念。今天所认为的一些大脑的功能，在那时主要被当做了心脏的功能。他认识到心脏的部分功能与血液有关，而记忆则是以血液流动为基础的。古罗马人在记忆理论上研究很少，但他们使用的“罗马家居法”和“直接联想法”一直传到今天。这几种方法很实用，许多书上讲的快速记忆法都有这两种方法的影子，有的只是变通了叫法或略加改进，但实质内容是一样的。17 世纪中叶，英国出现以霍布斯、洛克为代表的“联想主义”心理学派。霍布斯对记忆现象做了唯物主义的分析；洛克则在欧洲心理学史上第一次提出重要的记忆现象——“联想”一词，此后“联想”便成为专门术语。第一个在心理学史上对记忆进行系统实验的是德国著名心理学家艾宾浩斯，他对记忆研究的主要贡献：一是对记忆进行严格数量化的测定；二是对记忆的保持规律作了重要研究并绘制出“艾宾浩斯遗忘曲线”。第二次世界大战后，特别是近几十年来，记忆研究越来越得到人们的重视。美、英、日、苏等国家或设立记忆法专科学校，或开办函授教学，开始进行增进记忆的普及教育。

二、记忆的原理

记忆，是一种复杂的心理活动，形成记忆的过程（规律）是识记、保持、再现或回忆。

识记——即识别和记住事物特点及其间联系，其生理基础为大脑皮层形成相应的暂时神经联系；是通过感知得到信息并在大脑中留下印象的过程；是指对学习材料进行编码、组织并储存在记忆系统中；是整个记忆活动的开始；依据事先有无目的，可分为有意识记和无意识记。

保持——即暂时联系以痕迹的形式留存于大脑中；是指对学习过的事物在大脑中保留一定时间再认和回忆、对记忆的信息提取的形式；从信息处理的角度来说，是信息的编码与储存。

再现——为暂时联系的再活跃。通过识记和保持可积累知识经验，通过再现可恢复过去的知识经验：指当感知过的事物重新出现在眼前时，仍能识别出来。

回忆——即反思、回想，把以前产生的事物反映、重现出来；是指已感知过的事物不在眼前时，仍能重新回想起来。

三、记忆的种类

记忆，有很多种分类，从不同角度有不同的划分。

按大脑记忆可分为：广义记忆和狭义记忆。前者，泛指大自然的记忆和生命体力活动的记忆；后者，单指大脑的记忆。根据人类的约定俗成，狭义记忆简称记忆。

按记忆方法可分为：意义识别记忆和机械识别记忆。前者，就是对知识先理解后记忆；后者，就是依靠一遍遍重复的方式进行的记忆。

按记忆意愿可分为：主动记忆、被动记忆。

按记忆形式可分为：形象记忆、概念记忆、逻辑记忆、情绪记忆、运动记忆等。

按记忆意识可分为：无意记忆和有意记忆（其中"意"，心理学是指"意识"，在这里解释为"意志性"和"目的性"）。结合记忆过程，还可进一步分为：无意识记、无意回忆、有意识记和有意回忆四种。无意记忆的四个特征：一是无任何记忆的目的、要求；二是无做出任何记忆的意志努力；三是无采取任何记忆方法；四是记忆的自发性，并带有片面性。有意记忆也具有四个特征：一是有预定的记忆目的和要求；二是需作出记忆的意志努力；三是需运用一定的记忆方法；四是具有自控性和创造性。

按记忆方式可分为：概念记忆——是对某一事物的回忆，如科技是第一生产力、大象是陆地上体重在最大的动物等；行为记忆——是对某一行为、动作、做法或技能的回忆，如游泳、操作机床等。这些记忆，或许很久不用而生疏，但极少遗忘。

按记忆内容变化可分为：①形象记忆——是对感知过的事物形象的记忆，是以事物的具体形象为主要的记忆类型；②情境记忆——是对亲身经历的，有时间、地点、人物和情节事件的记忆；③情绪记忆——是对自己体验过的情绪和情感的记忆，指客观事物是否符合人的需要而产生的态度体验；④抽象记忆——又叫词语逻辑记忆，是以文字、概念、逻辑关系为主要对象的抽象化的记忆类型，如"哲学""市场经济""自由主义"等词语，整段整篇的理论性文章，一些学科的定义、公式等各种有组织知识的记忆；⑤动作记忆——是对身体的运动状态和动作机能的记忆，是以各种动作、姿势、习惯和技能为主的记忆。

按记忆信息持续时间长短可分为：短期记忆和长期记忆。

按感知器官可分为：①视觉记忆——是指视觉在记忆过程中起主导作用的记忆，主要是根据形状印象和颜色印象记忆的；②听觉记忆——是指听觉感知在记忆过程中起主导地位的记忆；③嗅觉记忆——是指嗅觉感知在记忆过程中起主导地位的记忆，这是常人都具备的一种记忆；④味觉记忆——是指味觉感知在记忆过程中起主导地位的记忆类型，也是常人都具备的一种记忆；⑤肤觉记忆——是指肤觉感知在记忆过程中起主导地位的记忆类型；⑥混合记忆——是指两种以上（包括两种）感知器官在记忆过程中同时起主导作用的记忆类型。通常，因每个人的体质不同，其记忆能力也会不同。

四、记忆的功能

记忆是一切智慧的根源。记忆和记忆力是用来记住事物的一种功能，但人的记忆力有很大差距。也会因人生经历、心理压力、身心健康等因素而导致记忆力减退。学习任何科学知识，都离不开记忆，而学习的最大障碍莫过于记忆力差。记忆作为一种基本的心理过程，和其他心理活动紧密相连。在知觉中，人的过去经验有重要作用，无记忆的参与，人就不能分辨和确认周围的事物。在解决复杂问题时，由记忆提供的知识经验起着重大作用。记忆在个体心理发展中也有重要意义。要发展动作机能，如行走、跳动和各种劳动机能，就必须保存动作的经验。人们要发展语言和思维，也必须保存词语和概念。没有记忆就没有经验的累积，也就没有心理的发展。记忆，是学习、工作和生活的基本机能。学生凭借记忆，才能获得知识和技能，不断增长才干；演员凭借记忆，才能准确表达各种感情、语言和动作，完成艺术表演……离开记忆，个体就什么也学不会，其行为只能由本能来决定。同时，记忆还对人类社会发展有重要的意义，在一定意义上说，无记忆和学习，就无人类文明。

五、记忆的品质

记忆的品质，是指一个人记忆的“性格特征”。人的记忆活动具有复杂、多向、多层面的性质，不能用简单的“好”或“坏”来进行评价，比如，有的人记得快，但忘得也快；有的人记得慢，却记得牢。因此，一般来说，记忆的品质可从四个方面测量和评价。

（一）敏捷性

敏捷性，是指记忆速度的快慢，即个人在单位时间里能记住的信息或事物的数量。敏捷性与对有关知识的熟悉程度有很大关系。人类的记忆速度有明显差异。记忆是否敏捷取决于大脑皮层中条件反射形成的速度。条件反射形成得快，记忆就敏捷；相反，记忆就迟钝。要增强记忆力首先是增强敏捷性。

（二）牢固性

牢固性，顾名思义，是记忆的事物能在头脑中保持长久而不忘。从生理学角度来说，记忆的持久性取决于条件反射的牢固性。条件反射建立得越牢固，记忆就越持久；否则，记忆就越短暂。人的记忆在牢固性方面有很大差别。有的人记忆十分长久，可维持多年；而有的人却十分健忘，记不了多久就忘掉。人们都希望自己的记忆牢固，但仅仅牢固是不够的，如果不善于灵活运用也是枉然。既有牢固性又有运用的灵活性，才能持久地掌握所学到的知识。记忆不长久多是功夫不深，复习记忆密度不够，应经常并在适当时机进行复习，使条件反射不断强化而得到巩固。

（三）正确性

正确性，是指对已记住内容的准确保持，即在回忆以前记忆的信息时，有多少能被准确无误地回忆起来。正确性是良好记忆的主要特点。如若记忆总是不正确，那只能对学习知识和积累经验帮倒忙。所以，记忆的正确性是保持获得正确知识的重要心理品质。常常可看到有的人记忆总是非常正确，回答问题、处理事情总是信心十足，准确而全面，从不丢三落四或添枝加叶；而有的人记忆错误百出，即犹豫不决，总是“大概”“或许”“差不多”。这说明人们的记忆在正确性上也是大不相同的。

（四）准备性

准备性，是指在需要记起以前的信息时，有多少能很快就想起来；是能根据自己的需要迅速从已识记的知识储备中提取当时所需信息的性能，是决定记忆效能的主要因素，是判断记忆品质的最重要标准，也是记忆的敏捷性、牢固性、正确性、系统性和广阔性的体现。学生进行学习活动的目的是为储备知识，并使之备而有用，备而能用。

四种品质有机结合，缺一不可。不同的人，在这四个方面的特点是不同的。所以，应让学生了解自己记忆品质的优点和缺点，在学习中注意并做到扬长避短、取长补短。为具有良好的记忆力，须建立丰富、系统、精确而巩固的条件反射，具备优秀记忆品质。检验一个人记忆力的好坏，须用四个方面的品质全面衡量。记忆的快慢和准确、牢固、灵活的程度，可随其记忆的目的和任务、采取的态度和方法而异；各人记忆的内容则随观点、兴趣、经验而转移，对同一事物的记忆、牢记的广度和深度也往往不同。记忆的关键，是想象要夸张、奇特、形象。因大脑对夸张的东西不易忘记，对形象的东西也容易记住。值得注意的是，应给“死记硬背”四个字正名。尤其对文科或社会学科的学生来说，背诵储备足够的经典知识、原理等非常重要。知识固然要活学活用，但要灵活运用，首先须有知识储备。

集中注意力的训练

注意力是记忆力的基础，记忆力是注意力的结果。无注意力就无记忆力。集中注意力听讲和思考，可收事半功倍之效；反之，“信马由缰”或神不守舍，必影响效果。故应专心致志，排除杂念和干扰。

一、明确目的任务法

对学习目的、任务有清晰了解时，就会提高自觉性，增强责任感，集中注意力。即使注意力有时涣散，也会及时引起自我警觉，把分散的注意力收拢回来。

二、克服内外干扰法

除尽量避开影响注意的外界刺激外（如收起与上课无关的书刊，作业时关掉手机等），还应适当地有意锻炼自制力，培养“闹中求静”的心态，使注意力能高度地集中和稳定。

三、养成注意习惯法

为保持高度注意，出现“走神”时，要会“自我暗示”，保持注意的稳定。俗话说“习惯成自然”，养成良好的注意习惯，是全面提高注意力的捷径。

四、边听边记边想法

借助眼、手和耳接受信息与思考，并积极参与课内全部活动。对提问积极思考，主动发表看法。对演示认真观察。逐步学会发现、分析和解决问题，自选学习方式、策略，变被动接受为主动获知。

五、利用挑剔问题法

如果听取一席自己感兴趣的讲解，定会全神贯注；如果听到与自己针锋相对的言论，定会“洗耳恭听”。所以，如果把精力集中在对所听到的信息作出评论时，也会凝神细听。

六、善于仔细观察法

比如，走到一个商店前，先向橱窗里看一遍，尽量多记住所看到的东西，然后转开视线或闭上眼睛，默想所看到的东西，回忆完后，再把视线回到原橱窗，检查自己少说了哪些东西。

七、借用辨别声音法

打开收音机听广播，将声音放低，然后再放低，把声音慢慢调到尽可能的低，低到刚好听清为止。微弱的声音迫使自己尽力集中注意力，使注意力得到训练。

八、用许特尔图表法

许特尔图表法，是在一张 20×20 厘米的正方形卡片上，画上 25 个方格，在每方格内无序地写上阿拉伯数字 1~25，再按序找数字 1~25，且须边读边指出。坚持每天练几遍，注意力可大有提高。

另外，还要掌握精神集中法——德国哲学家根特提倡精神集中训练法：读书前或苦思冥想时，透过窗户凝视远方屋顶上一个随风摆动的风向标箭头，一边眼盯风向的转动，一边下意识地沉浸于深思中，他的许多哲学理论即这样思考出来。此法之所以有效，是因当双眼长时凝视一点时，视野会变得狭窄，那些易吸引并导致注意力分散的事物就不会进入眼帘，人的意识范围也随之变窄，从而达到注意力集中的心理境界。以目助听助想法——课上应把目光投向老师、板书或教材，让目为耳与思考服务，以目助听、助想。

培养学生的观察能力

观察，是用自己感官和辅助工具直接观察被学习或研究的对象，从而获得知识的一种方法。观察，是对某个对象、某种现象或事物，有计划、有目的地用感官来考证的方式。观察，即用眼睛去看。要远“观”近“察”，事事留心，时时注意，养成一种习惯；然而，观察不等于“看一看，瞧一瞧”；当然，其中也包含着观察成分。观察，是对目标应有步骤、有层次进行观察，以视觉、听觉、味觉和触觉去感知，并寻找出某种答案。观察，是获取知识信息最准、最快、最多的感知渠道。观察，有科学观察和审美观察之分。前者，是为发现和掌握自然的客观规律；后者，是为发现和欣赏生活之美。观察，是思维的基础，也是直接感知周围事物的思维过程，还是一切学习与研究方法的基础。观察具有考察的意思，观察的目的在于了解现象，获取资料，提出问题。观察力，是指经过长期观察所形成的观察能力，是指大脑通过眼看、耳听、鼻闻、嘴尝、手摸等去认识事物的心理活动。其中，眼睛起着最重要作用，有90%的外界信息是通过眼睛这个“窗口”进入大脑的。观察力，是联想、分析、判断和决策力的前提。观察力薄弱，就不可能有什么准确判断和正确决策能力。

一、清楚观察的意义

观察，是认识客观世界的开始，是探索和发现大自然奥秘的前提，是获取知识的最主要最基本途径。世界上的任何发明创造无不始于观察。观察力，即善于看出对象或现象的那些典型却并不很显著之特征的能力。对同一事物，观察力敏锐者能比他人看到的更多，理解得更深刻，能较快地看出事物的虽不大明显却具典型意义特征，即抓住事物的本质。心理学家认为，具有敏锐的观察力比拥有大量的学术知识更重要。例如，当有人要求巴甫洛夫为苏联生理研究所题词时，他写下“观察、观察、再观察”；达尔文则直截了当说：“我既没有突出的理解力，也没有过人的机智，只是在观察的能力上我可在中人之上。”可见观察力的重要性。

二、知晓观察的品质

良好的观察力，不是先天就有的，也不是自发产生的，而是后天培养和锻炼的结果。良好的观察力主要表为五个方面：一是全面，能发现别人不易看到的事物特征；既注意搜寻那些预期的事物，还注意那些意外的情况；既注意事物比较明显的特征，又觉察出事物比较隐蔽的特征；既观察事物的全过程，又掌握事物各个发展阶段的特点；既综合地把握事物的整体，又能分别地考察事物的各个部分。二是准确，能辨别事物之间的微小差别，既发现事物相似之处，又辨别其间的细微差别，能避免那种简单、传统、老一套的方式，选择那种不寻常、不符常规、复杂多变的创新方式；三是迅速，能较快抓住、理解和清楚事物的特征。四是深透，观察的深刻、尖锐、锐利，能看清事物的本质，看透潜在的差异；五是敏锐，敏锐度决定从一个人身上得到信息的多寡，只有敏锐的观察，才会尽多地将一个初次见面者的信息更好地把握住。这既与个人的兴趣密切相关，又与个人的知识经验密切相关。一个知识渊博、经验丰富者，在错综复杂的大千世界中，能观察到许多有意义的东西，获取到许多有意义的信息。六是条理，观察须全面系统，有条不紊；长期的观察需如此，短期的观察亦然：①按事物出现的时间，可由先到后进行观察；②按事物所处的空间，可由远及近或由近及远地进行观察；③按事物本身的结构，可由外到内，由内到外，或由上到下，由左到右，或由局部到整体，由整体到局部进行观察；④按事物外部特征，可由大到小，或由小到大进行观察。观察的条理性，可保证输入的信息具有系统性，以提高活动的速度与质量。

三、明确观察的任务

提出明确的观察任务是形成良好观察的前提。观察任务既要明确，还要具体，最好事先根据观察的总任务列出观察提纲，以便很好地组织与集中自己的注意力，有效控制自己的知觉去服从已经提出的任务。

制订观察任务，为使观察活动有明确目的和指向，保证观察者把注意力集中在观察对象上，须预先规定观察任务。

四、具有观察的知识

“行家看门道，外行看热闹”。知识、经验和技能不仅能使我们深刻思考，而且能够更精细地去感知事物，观察事物。为培养观察力，必须遵循感知的规律：①强度律——对被感知的事物，只有达到一定的强度，才能感知得清晰。人对雷鸣电闪是易感知的，因其感知强度很高，而对昆虫的活动，如蚂蚁行走的声音就难以觉察。在实践中，要适当提高感知对象的强度，并注意那些强度很弱的对象。②差异律——是针对感知对象与其背景的差异而言。凡观察对象与背景的差别越大，就被感知得越清晰；相反，就被感知得越不清晰。例如万绿丛中一点红，这一点红就很易被感知。③组合律——凡是空间上接近、时间上连续、形式上相同、颜色上一致的观察对象易形成整体而为人们清晰地感知。故在实际观察中，要把零散的材料或事物，按空间接近、时间连续、形式相同或颜色一致的形式组合起来进行观察，就易看出彼此的差异。④协同律——在观察时，有效地发动各种感知器官，分工合作，协同活动，可提高观察效果。捷克著名教育家夸美纽斯就曾提出，尽可能地运用视、听、味、嗅、触等感官进行感知。学习要做到“五到”，即眼到、耳到、口到、手到和心到，目的是要通过多种感知渠道，提高观察的效力。

五、细致认真的观察

英国某医学院一位教授上课时曾用手指蘸着糖尿病人的尿并用舌头去品尝味道，然后让男女学生都这样做，学生愁眉苦脸地照办后，一致报告尿有甜味。这时教授笑着问大家：“我这样要求你们，是为了什么？”齐声回答：“为了让我们知道糖尿病人的尿是甜的！”教授说：“不对！是为了让你们观察细节。如果你们观察很细心，应该看到我伸进尿的是中指，舔的却是食指！”“差之毫厘，失之千里”。许多科学发现都起源于对细节的观察。

六、全神贯注地观察

要求观察者的随意注意十分稳定，以保证能长时间地察微知著、耐心细致、“锲而不舍”地进行观察。因为，一个复杂的事物往往涉及极其广阔的领域，具有很长的发展变化周期，且某些主要现象往往稍纵即逝，所以如若不能全神贯注，耐心细致地反复观察，是无法捕捉的。

七、避免错觉的干扰

观察时常常伴随错觉。错觉产生的原因来自观察者的主观臆想。司马懿见到诸葛亮大开城门时，想起诸葛亮一生谨慎，不致冒险，便误认为有埋伏而急令军队撤退，便是错觉干扰的一例。因此，观察时不要带框框，不要盲猜瞎想，看到什么就是什么。

八、观察能力的要求

观察力是思维活动的基础，与学习成功关系密切。人的观察力不是天生的，而是经过具体的训练和学习，逐步培养起来的。在学习中，每个学生都应该自觉、有目的地培养自己的观察能力，并从下面几个方面做起：①要确立明确而具体的观察目的和任务；②制订周密的观察计划；③培养浓厚的观察兴趣；④掌握丰富的知识经验；⑤遵循感知过程的客观规律；⑥养成持久的观察习惯；⑦掌握良好的观察方法；⑧做好观察记录或借助录像、照相、录音等手段进行记录。

九、观察能力的练习

锻炼观察力，需从身边事物、所处环境、对象特点着手，并养成有意识观察。①静视，一目了然——既可改善观察力、注意力，又可提高记忆力。②动视，边走边看——或走或跑留意尽可能多的物体。③抛视，天女散花——如取 25 至 30 个大小适中的彩色棋子，其中红、黄、白或其他颜色各占三分之一，将其完全混合于盆碗，然后让其滚落到桌面或地上，将每种颜色的数目凭记忆而非猜测写下来。④速视，疏而不漏——如取50张7厘米见方的纸片，每张纸片上写一个汉字或字母，字迹应清晰、工整，有字一面朝下，每天练习数次。⑤全视，尽收眼底——睁大眼睛，注意力完全集中于观察视野中的所有物体，但眼珠不可有一点的转动，坚持10秒钟，回想所看到的东西，凭借记忆将所能想起的物体的名字写下来。

十、掌握观察的方法

观察问题时，只有以独特的视角与目光通过审慎与理性的仔细观察、认真比较和深入鉴别，抓住事物本质，掌握事物规律，才能得出更透彻、更全面的结论。怎样培养学生的观察能力？除养成良好的观察习惯外，还应掌握科学的观察方法。

（一）寻根溯源观察法

要对事物的产生要素、发展过程、形成状况及消亡原因的来龙去脉做具体细致的观察，准确了解其发展变化的全过程，找出事物发展规律，识其“庐山真面目”，就要求观察且须坚持不懈。

（二）比较对照观察法

通过对相同、相似或形同质异、质同形异的实例之比较、对照，同一事物在不同时期的分析，同一思想在不同形式中的显现，共性的相辅相成，或个性的相反相对，可找出事物的异同，进而认识其本质特征。观察角度可以灵活选择：按时间，可古今；按地点，可中外；按性质，可反正……

（三）顺序方位观察法

对一个事物从不同顺序、方位观察，就能看到它的不同情况与状态，从而窥其全貌。其形式有：由上而下，或由下而上；由左到右，或由右到左；由近及远，或由远及近；由外到内，或由内到外；由点到面，或由面到点；由表及里，或由里及表；由整体到部分，或由部分到整体。在观察过程中，要有顺序、有步骤地看，以观察到事物各个部分之间的联系和关系，而不致遗漏某些重要的特征。比如看一件展品，应先整体、后部分，再整体地观察。为了有顺序、有系统地观察，还要选择好观察的立足点，应从不同的角度或侧面进行观察。

（四）不同角度观察法

观察对象不同，其特征也各异。同一观察对象，又因观察的角度不同，所观察到的特征也不同。“横看成岭侧成峰，远近高低各不同”。视角的艺术，艺术的视角，对感官的刺激不一，从而带来的理性认识也不同。要做到视角的转变，既需眼睛纯净、清澈和明亮，又要时时保持旺盛的好奇心和敏锐的洞察力，善于把所需目标捕捉到镜头的视角里，在普通中寻特殊，在一般中找特别，且要调整视角，找准艺术的视角，发挥视角的艺术。因此，应依物体的高低、大小、形状，确定观察角度，或侧视，或环视，或平视，或正视，或仰望，或俯瞰。

（五）时间推移观察法

天气寒冷或酷热与时间有关，人的生老病死与时间有关，事物的产生、成长、发展、衰退和消亡亦与时间有关，宇宙万物莫不与时间有关。所以，可根据需要，在变化的时间里观察事物的动态，认识其规律。为此，或连续观察，或间断观察，或重点观察，或选择观察……

（六）地点转移观察法

观察事物都有特定的位置，位置不同，视野、视线角度各有差别，所见事物的特点也就有所不同：定点观察——观察者固定在某一位置上，可分为平视、仰视、俯视和环视；动点观察——观察者沿一定路线，在不同位置观察，它是定点观察的延续；散点观察——观察者选取某一范围内的若干部分分别观察，它是定点观察的分散。另外，事物在不同地点可能发生不同变化，如物体的重量随地球纬度不同而变化。因此，要全面了解和掌握事物的本质特征，还得从事物所处的不同场所加以观察。

（七）重点合理观察法

在全面观察的基础上，进行重点观察。把别人不易注意或不易发现的地方作为观察重点。观察静态的事物可从形状、大小、色彩、位置、格局等方面入手；观察动态事物要注意变化过程以及速度、声响、色彩、形状等方面的不同情况。

（八）全面综合观察法

这种观察法适合于观察那些暂时不可捉摸或把握不定的事物。对此类事物的观察要全面综合运用上述几种观察法，以便准确、及时地观察所需的主要状况。

（九）激发兴趣观察法

“智者见智，仁者见仁”。对于同一对象或现象，不同的人会根据自己的兴趣，注意到它的不同方面。有了兴趣，就会津津有味地进行细微观察；反之，不感兴趣地“走马观花”只能获得肤浅印象。心理学家认为，没有动机任何学习行为都不可能发生，动机是学习的先决条件。教师应自觉与不自觉地培养学生观察事物的兴趣和能力，使他们的观察视野不断扩大；同时，在教学中也应有意识地激发学生的观察兴趣。比如，有位教师要求学生以班里一位同学为描写对象，抓住其外貌特征进行描绘、刻画，看谁观察得细，描写得像。结果，绝大多数学生都能抓住自己所写人的特征来写。因此，要想使学生写出较好的文章或画出较好的图像，首先必须让他们练好观察这一基本功。

（十）指引特征观察法

在激发学生观察时，可指导他们如何观察，并注重引导学生抓住事物的本质特征。鲁迅不愧是一位出色的观察家，尤其观察人物方面，独具慧眼而又细致入微。他说：“要极俭省地画出一个人的特点，最好是画他的眼睛。”当然，在强调注重观察的同时，还需引导学生运用正确、健康的思想去观察。以使学生通过观察写出的东西既是真实、发自内心的，又是健康、积极向上的。观察中最关键、最核心部分，是观察学生的眼神。观察人的眼睛，可知道人的善恶。教师只有准确读懂学生的眼神，才能更好地因材施教，才能做更好的“人类灵魂的工程师”。

任何重大发明与创新均始于观察。观察是学习与探究活动的一个部分，是贯穿整个学习与探究活动的灵魂。任何实验都离不开观察，学校教学过程中的各种实验亦然。通过仔细观察实验现象，能激发学生学习兴趣，启发学生求知欲望，使学生更好地理解有关概念和规律，从而提高智力和能力。为此，应让学生在各个方面进行不同角度的观察，增长科学知识；让学生明确观察的目标，掌握观察要领；鼓励学生观察的兴趣，交流共享观察的乐趣。只要留心观察，日常生活中的许多事物都会使观察者有所发现。正如契诃夫曾对一位青年作者说：“你看这堵墙，似乎它连一点有趣的地方都没有，可是你凝神地看着它，就会在那里面有所发现，找到别人以前还没注意到的东西，那你就可以把它写下来了。”这就是说，要观察，要思考，并用自己的眼睛去观察。只要能留心身边的日常事物，它将使你获得知识，使你发现生活的真谛。观察是思维的触角，想象是思维的翅膀。只有强化学生的观察能力，才能使之发现常人之未见、他人之未察；只有在观察中善于联想与想象，才能准确无误地把握事物的本质特征，才能对事物认识得更全面、更深刻。观察，不限于肉眼观察，还可利用仪器，如显微镜、望远镜等；不限于实地观察，还可利用视听工具，如录像、电影等观察。当然，有效的观察，亦需有不懈追求、不懈创新的精神。

培养学生的思考能力

思考，在学习中占有举足轻重的地位。如果说智慧是创造的源泉，那么思考便是智慧的起点。在教学中，要开发学生智力、培养学生能力，须探索和研究如何以需引思、以疑促思、以趣诱思、以难激思……培养其好思、勤思、善思的习惯，以形成良好的思维品质。在培养学生思考能力时应注意些什么呢？

一、思考的主动性

学习是一种主动思考的活动，要注意培养学生爱思、勤思、善思的习惯。除树立明确的学习目的和强化良好的学习动机外，激发学习兴趣，着眼于趣；巩固学习兴趣，着眼于理；发展学习兴趣，着眼于用。

二、思考的独立性

要尽量给学生创造自学机会，提供自学条件，并鼓励其善于自己发现或提出问题，分析和解决问题。课前或课上的预习、自学、质疑问难等就是培养独立思考能力的良方。

三、思考的科学性

要按学生的认知规律组织教学，以必要的课内外、校内外观察、实验、调查、实习等活动，使之从实践中认识事物，掌握事物的一般规律，树立实事求是态度，形成尊重科学、勇于实践、敢于创新的品质。

四、思考的逻辑性

要培养学生思考的逻辑性，以对问题能思考得深透、严密，合乎情理，符合实际；对概念的内涵和外延，能思考得全面、准确；对事物的分析，能思考得细致、透彻，以养成善于分析、判断、推理的习惯。

五、思考的灵活性

要开拓学生思考的视野，既培养其单向思考的能力，使之想得深；又培养其多向思考的习惯，使之想得广。鼓励大胆联想，丰富想象，特别要使学生学会灵活变通，能够由此及彼、举一反三、触类旁通，并树立全新的思考方式，步入灵活善思的妙境佳界。

六、思考的敏捷性

思考的敏捷程度是智力发展水平的重要反映。要通过多种形式训练学生思考的敏捷性，让其在各种比较复杂的问题面前，迅速而准确做出判断、抉择，逐渐形成机智、敏感、果断的思维品质。对学生进行速算训练、智力测验等都是培养学生思考敏捷性的良法。

七、思考的概括性

一堂新课若使学生无暇回味，就不能使知识系统化，也无法转变成能力。故须引导学生通过回忆与思考，再现所学知识，进行归纳、概括，找出内在联系，悟出其中规律。

八、思考的创造性

要注意引导学生求异思维，唤起不同观点，提倡“别出心裁”、“标新立异”，鼓励“独辟蹊径”“发现新途”“独特见解”，以逐渐培养创造性思维，敢于求异、善于创新的能力。

很多学生宁可让岁月淹没在题海战术中，却极不情愿拿出时间进行思考，以致思维总是在低水平上徘徊，最终一无所获。事实表明：不会思考的人是白痴，不肯思考的人是懒汉，不敢思考的人是奴隶。

培养学生的自学能力

自学能力，是指不依赖他人，自己主动地阅读读物，复习练习，实习操作，掌握新知识、新技能，形成新观念的一种综合能力。教育是未来的事业，要面向世界、放眼未来。它要求培养出来的人才在品德与业务两方面都具有较高素质，其主要内容之一就是发展智力，提高学生能力。如何开发智力、培养能力已成为学校教育的当务之急，也是摆在教师面前的一个十分重要而紧迫的课题。实践告诉我们：学生应具备的能力是多方面的，其中自学能力、动手能力、独立分析能力和创新能力是必不可少的，而自学能力（会学的能力）又是发展诸能力的基础，也是多种能力的综合。因此，要重视自学能力的培养。

一、提高自学能力的认识

为什么要培养学生的自学能力？从发展观点来看，“知也无涯”，如果仅就知识教知识，无论如何也教不过来。这是教育，尤其是职业技术教育本身特点所决定的，加之学生在校学习的时间毕竟有限，他们无论如何勤奋、刻苦也难以学完将来从事工作所必需的一切知识和技能，何况学生在校时间短、课程门类多，无论是学到的文化知识或科学技术都仅仅是启蒙、是入门，远远不能适应毕业后上岗工作之需，大量的知识与技术要靠日后自学。所以，自学能力的培养，显得格外重要。

科学技术日新月异，知识更新空前加速，世界已进入“信息社会”，尤其是面临全球“知识经济”的挑战，教育改革应把基点放在从传统的学校小教育体系向学校、家庭、社会三者结合的终身大教育体系转变，从学校课堂学习方式转化为终身学习方式，即树立终身自我教育的学习观。只有这样，才不会被知识经济大潮所抛弃。当然，对学校教育也提出了更高要求——培养的学生不单要具有系统的现代科学基础知识，尤应具有适应今后不断接触新知识、新技术而独立学习的能力。

还应看到，因为现代社会知识更新的加速，已经不能再把人的一生简单划分为青年受教育时期和成年劳动时期，那种只要青年期学得好，就可用上一辈子的理念已过时。当代社会发展趋势的客观现实赋予教育以全新的内容，终身教育的概念取代了一次性教育的概念。随着教育观念的改变，教育的目的和要求也发生了变化：现代数育的目的不能只限于使学生获得一定数量的知识，而应将重点放在培养其能力上；现代教育对学生的要求不仅是“学到了什么”，而更重要的是“学会怎样学习”；不是要求学生什么都知道，而是要学会快而准地找到所需知识。有人说得好：“未来的文盲不再是不识字的人，而是没有学会怎样学习的人。”

从教育的最终目标及教育过程的本质来说，也要培养学生的自学能力。“教是为了不教”，“教”是手段，“不教”是目的。教师的主要责任应是使学生养成独立思考的习惯，培养他们“主动求知”，引导他们“自奋其力”，“自致其知”；教育者的种种努力，如启发、传授、示范、督促、检查，都要归结到一个目的——使受教育者知道为何学、怎么学，进而使其愿意学、主动学，离开了教也能学。因而，教师的真正本领不在于只会传授知识，而在于会指导思路，教以方法，提高学生自学能力，使之逐渐做到“无师自通”。正如第斯多惠所说：“不好的教师是奉送真理，好的教师是教学生寻找真理。”即教师不仅要促使学生“学会”，更要使学生“会学”。“会学”是获得寻求知识的能力，显然它比“学会”更为重要。当然，不是说要专门开设一门课程为培养学生“会学”进行专门指导。“学会”跟“会学”本来就是“你中有我，我中有你”，在“学会”中达到“会学”，以“会学”促进更好地“学会”，这是教学的“双重任务”。《学记》中指出：“善学者，师逸而功倍；不善学者，师勤而功半。”善学与不善学的差别主要在于有无良好的学习方法，会不会自学。这个问题的解决，既靠教师也靠学生，确切地说，首先靠教师，主要靠学生。“教海无涯良师堪为舟楫，学无止境自学胜似风帆。”因此，在教学过程中，不能不探索对学习能力的培养，使学生成为“善学者”，即使他们有正确的学习目的，端正的学习态度，坚强的学习毅力，科学的学习方法。“授人以鱼，不如授人以渔。”赠人以金，不如教人点石成金之术。诸如此类的至理名言都告诉我们，应把打开知识大门的钥匙交给学生，使他们在学习道路上能独立行走，这将使他们终身受益，成为取之不尽、用之不竭的财富。只有这样，才能使他们掌握独立获取知识的能力，不断更新自己头脑中的知识体系。

二、注意学生的自学心理

在培养学生自学能力过程中，教师始终起着主导作用——培养学生自学心理、自学习惯，最终达到使学生基本上依靠自己获得知识、提高技能的目的。①培养自学动机——学习动机是直接推动学生学习的内部动力。只有具备了良好的自学动机，才可能自觉、主动、积极地坚持自学。因此，应注重对学生进行学习目的教育，通过或利用多种手段不失时机地培养和激发学生的自学动机。②培养自学兴趣——自学是十分艰苦的脑力劳动，只有让学生从中产生愉快的情绪体验，才能提升其对学习的兴趣。因此，要千方百计激发学生的学习兴趣。如不断开展一些知识问答、学科竞赛、技能测试及学法交流等活动，让学生在积极竞争的环境中去探讨问题的答案。③培养自学习惯——要使学生养成良好的自学习惯，需长期有意识地培养。例如学生提出问题，不要“有问必答”、“问一答一”或“问一答十”，而应引导学生自己去寻求得出答案的途径和方法；反之，教师提出问题，鼓励学生“问一答十”，开动脑筋，摸索规律。

三、培养多方面自学能力

开发“悟性”是培养自学能力的关键。在学校教育中，培养学生自学能力至少应体现在下列几个方面：①有良好学习态度和习惯——如刻苦认真、虚心求教、意志坚强、实事求是。②能找出规律——会把握概念的内涵，能把学过的知识，按一定的结构、体系进行整理、归纳，使之条理化。③能举一反三，学以致用——能抓住重点，概括要领，联系实际。④能进行自我测试——会复查和自我反馈，能对自己的学习进行自我测试，查缺补漏。⑤能发现问题、提出问题——会审题、出题、解惑，会问有意义的问题；能发现问题、提出问题、分析与解决问题，会选择和使用解决问题的有效办法。⑥会学习、会记忆——如掌握复习的最佳密度、记忆的最佳时间及各种记忆方法。⑦会使用笔记——会记笔记、会整理笔记。⑧会自学，会阅读——会预习（如列纲目、划层次、找问题）、会自习、会阅读课外参考书。⑨会使用工具书——能迅速而准确地查找所需资料。⑩会用网络进行交流——会表达、会使用技术手段。

只有具备终身学习能力和自主发展能力的人，才能适应社会需求并创造未来。

四、培养自学能力的步骤

学生自学能力的发展，大体上有被动阶段、入门阶段和提高阶段。在不同阶段，学生自学的内容有所不同，教师采用的引导方法和所起的作用也应有所不同。①被动阶段——此阶段，学生自学能力较弱，一般靠听课、模仿来学习，依赖性很强，基本处于等待、观望状态。所以，教师的任务主要是对学生进行自学训练，培养他们自学习惯，增强其独立学习意识，使其初步掌握自学的一些方法。②入门阶段——此阶段，学生还缺乏主动性和积极性，自学方法也不够完善。所以，教师的任务主要是进一步传授自学方法，激发自学兴趣，巩固自学习惯。③提高阶段——此阶段，学生已初步掌握了一些自学规律，养成了良好的自学习惯。所以，教师的任务主要是因势利导，帮助学生制订自学计划，启发学生进一步掌握自学技巧，使学生自学能力向健康方向发展。

五、培养自学能力的方法

培养学生自学能力应贯穿于教学的全过程，注意一般指导与个别指导相结合，教师与学生相结合，课内与课外相结合，方法与内容相结合。培养学生自学能力，最重要、最常用的方法是在全部教学活动中，通过内容讲方法，通过方法学内容。即教其知，授其法，以法求知。

（一）备课时要备如何培养自学能力

自学能力的获得是由多种因素决定的，比传授知识和训练技能更为艰巨。因此，要有计划、有目的地进行培养。在备课时，就应有充分准备：首先要转变只是为“教”而备课，忽略为“学”而备课的片面思想。应从“学”的角度来研究“教”，既要考虑怎样讲学生才能听懂学好，也要考虑教给学生用什么样的方法去理解和掌握所传授的新知识和技能，即不仅要备教材内容、学生情况、教学方法，还要备如何教会学生自学的方法。

（二）讲课时要注意教学习方法

讲课是教师把知识传递给学生的主要环节或方式，也是培养学生能力、指导学习方法的重要时机。因此，教师要不失时机地教以学习方法。如：注意从复习旧课引入新课，来培养学生复习、巩固知识的良好习惯；坚持运用启发式和学生共同分析、探索与解决问题，逐步培养学生发现问题、研究问题与解决问题的能力；坚持突出重点，以培养学生在学习中能抓住主要与关键问题的能力；讲授难点时，采用解剖分析、分割难点、各个击破、逐步深入的方法，引导学生学会运用已有知识去理解、消化直至突破难点的学习方法；注意板书要重点突出，条理清晰，以培养学生学会记课堂笔记的方法；运用教育技术训练学生的自学能力。

（三）通过预习培养自学能力

预习，是学生听课前的准备，是提高学习效率的重要措施，也是培养学生自学能力的有效途径。学生预习的过程，也是自己摸索、自己动手、自己理解的自学过程。应要求学生写出预习报告、包括内容提要、难点、疑点，并要求他们把自己提出的问题一一试答。这样，不仅能使学生收到良好的学习效果，也有助于养成良好的读书习惯。

（四）通过试讲培养自学能力

在教学中，有时可让学生“试讲”，如在哲学课教学中，可针对学生虽学过一点哲学知识，但对一些基本观点、原理又掌握得不深不透、一知半解的特点，让学生“试讲”。这样，可促使他们动脑、动手、动口，查资料、找实例、写发言提纲、旁征博引地说明原理，从而锻炼他们自学和搜集资料的能力。实践证明，有些课程特别是某些文科类课程，由学生进行“试讲”是提高学生自学能力的有效方法。

（五）通过复习提高自学能力

学生复习是一个系统的自学过程，其效果取决于会不会看书，会不会归纳、对比、分析，抓内在联系，找知识规律。因此，教师既要有计划、有目的地组织复习，又要教会学生运用分类、对比的方法，分清概念与概念之间的区别与联系，同时教会学生掌握分析、归纳、概括、总结、列纲要、整理笔记等方法，以提高他们的自学能力。

（六）通过作业提高自学能力

在课外作业中，教师可采用如下主要做法，培养学生的自学能力：①自编自解——为改变学生“动手不动脑，答案书上找”和生搬硬套的作业方式，可采取让学生编题学生解的方法。这样，既可引起学生兴趣，又可提高学生独立工作能力和自学能力。②整理笔记——有些课特别是专业课，教师可采取让学生在听课后自己动手整理笔记（副本）的方法。这样，既能解决所谓“专业课不好留作业”的问题，又能促使学生锻炼系统知识、整理资料的自学能力。③独立作业——学生独立完成作业的习惯是完成作业的基本态度，“三先三后”（先复习后作业，先审题后做题，先独立思考后再请教别人）是完成作业的基本方法。这种习惯的养成，可促使学生自己看书，自己动脑，以提高自学能力。④批改作业——一般情况下，教师对学生的作业不应全批全改或精批细改，有的可实行共同批改或互批互改。这样，既可调动学生学习的积极性和主动性，也能培养学生发现问题和解决问题的能力。⑤利用信息——教学手段现代化，是一个完成知识更新、手段更新、学习方式更新的重要过程。积极推进教学手段现代化，是培养学生创新活动的有效措施。要教会学生使用网络的本领，鼓励学生通过网络自主搜集资料，进行调查研究，完成教学任务。一来，学生能够独立自主完成作业；二来，学生使用网络的能力也能得到提高，可谓一举两得。

总之，在教学过程中，指导学生学习方法、培养学生自学能力的途径是多种多样的，只要教师能用心留意、灵活运用，并持之以恒，必能收到成效。

培养学生的适应能力

适应，是指适合客观条件或环境的需要，是为满足自身需求而与环境发生调和作用的过程，是在现实生活环境中维持一种良好而有效生存和发展状态的过程。适应能力，是指为更好生存而进行的心理、生理及行为的各种适应性的改变，是个体在社会生活中与环境达到和谐关系所表现出来的个性特征，是一种根据社会生活的变化及时应对和随机应变进行调节的能力；是一种为达到与其所处环境的和谐状态而必须具备的综合能力；是一种善于根据社会生活中的变化，及时反馈、随机应变地进行调节的能力。其内容包括生活自理能力、基本劳动能力、选择并从事某种职业的能力、处理事务的能力、社会交往能力。其核心要点是：对新地理环境的融入能力，对默认文化的理解和接受能力，对遇到逆境时的自救能力，对大好环境下的把握能力，对疲劳期的自我调节能力。良好的适应能力是个人综合素质的反映，与个人的思想观念、道德品质、知识技能、创造能力等密切相关。成功的适应可增进心理健康，养成健全人格。学会适应，是获得发展、健康生活的基础。皮亚杰认为“适应就是智慧的本质”。古今中外的成功者皆是先适应环境，再改造环境。适应是相对的，不适应是绝对的。适应是手段而非目的。对该适应的努力为之；否则，努力改之。适应，有消极适应与积极适应。前者，是指对自身及环境变化发展的被动应对状态（适应不足——始终无法应对这种变化过程及其结果，表现为“怎么都不行，怎么都不对”；适应过度——无原则地全盘接受这种变化过程及其结果，表现为“怎么都行，怎么都好”）。后者，是指积极应对情势，注重在适应基础上的超越与创造；旨在适应的基础上学会反思、超越与创新。适应所适应的既是“当下”，更是“未来”。时代的急剧变化，科技的迅猛发展，经济的突飞猛进，产品的日新月异，正在向教育发起新的挑战。科学技术发展之快，大大超乎人们之意料。新技术、新材料、新工艺、新方法层出不穷，信息量、知识量与日“激增”，使人们无法按常规吸取知识；专业知识不断“老化”，又使人们已学知识迅速失去实用价值。两者叠加，给教学提出了新课题。很多新职业的兴起和旧职业的更新、转化或消失，使得社会职业的分工出现前所未有的频繁变更。学生毕业后面临所学专业与所就职业不相符或不完全相符的矛盾，已是现实；学生进入社会后，职业的变换、岗位的调整，成为必然。如何应付这一挑战，适应这种形势？关键在于人才培养模式。然而，任何人才培养模式都难以适应这种变化的需要。只有从提高人才素质出发，刻意培养学生具备较强的适应能力，才是根本出路。

一、打好基础以“本”制“末”

知识是智慧的基石，必要的知识与技能是提高适应能力的基础，也是人们顺利进行某项活动的能量储备。然而，面对浩瀚如海的信息和知识，即使最聪明、记忆力最好的头脑，也容纳不下如此之多，而且还在“激增”的信息和知识，即使能容纳也没有那么多时间去学习、理解和消化。所以，在有限的学校教育时间内，必须抓住那些最基本、最主要的基础知识和技能。众多的专业知识是以基础理论为根本的。现代知识、技术，虽多得难以统计，且表现形式千变万化，但它们都是由基础学科派生而来的。这同自然界的许多物质现象一样，五光十色皆出自于红、黄、蓝三原色的配合；音乐中的喜、怒、哀、乐不同曲律，均出自于七个音符的组合；性能各异的化学物质超不出一张周期表中的元素；计算烦琐的数学难题，离不开加减乘除。要适应专业的变化，重要的是抓住派生专业的基础知识，抓住了根本，就能适应不同变化的需要。亦即，当今科技前沿的变化虽然日新月异，但它的基础部分却是相对稳定的；社会发展尽管是迅速的，但适应社会发展所必要的基础文化素质却是相对稳定的。因此，打好基础，强化基础知识的教学，是培养学生适应能力的第一步。学生的基础越扎实，将来的适应性就越快、越强、越宽广、越持久。只要有了坚实的基础知识、基础理论和基本技能，抓住这个“万变中的不变”，就可“以不变应万变”。

二、学活专业以“活”应“变”

专业技术教育是必要的，是不可忽略的，因为它符合教育的经济性原则，也符合按需施教的适应性原则。必要的专业技能训练，对适应能力的训练大有益处。无本之木不成为木，无木之本不成为材。要学有成就，成为建设人才，没有一个主攻方向是不行的；要适应社会需要，无一技之长也是不行的。因此，在打好基础的前提下，还要掌握专业技能，而且学好专业技能，反过来又能巩固和加强基础理论。因为一切专业技术都是在特定的条件下，运用科学原理，解决一类问题、实现一个目标的手段、方法、途径和技巧，它随着条件的变化而变化。专业知识是不断发展，又多种多样，既不可能让学生掌握一个专业的全部知识，也不可能让学生把所学专业知识在今后实际工作中全部生搬硬套。要把专业知识和技术看作是解决问题的一种技能，不必面面俱到，只需精选其典型进行学习、分析、剖析，掌握其原理、规则，就能触类旁通、举一反三，也能培养解决许多实际问题的应变能力。所以“活”是专业技术知识教学的核心。以“活”适应条件变化和技术更新，是培养学生适应能力的精华所在。

三、掌握体系以“骨”串“肉”

要培养适应能力强的“一专多能”的建设人才，既要有主攻方向，又要有相关知识。知识面广不仅有利于适应能力的培养，而且对潜能开发也是重要的。判断准确的前提是掌握一定的资料，想象奇特的基础是表象储备的丰富。要让学生知道，学习相关学科知识，有的可不学其详而只取其要，即掌握知识骨架体系。选修课的内容要配套，不宜完全让学生任意去学，应有指导、有目的、有意识地开设选修课，做到系列配套，以利形成多种新的技能。按照骨架体系扩充知识面，可把零星的知识像“串肉”一样，黏附在骨架上，这样既有助于记忆、不易遗忘，且利于综合、移植、灵活运用。

四、教以方法以“法”取“胜”

方法是能力的体现。法国生物学家贝尔纳说：“良好的方法能使我们更好地发展运用天赋的才能，而拙劣的方法则可能阻拦才能的发挥。”许多划时代科学成就的取得正是从方法上取胜的。牛顿运用归纳法和数学方法发现了万有引力定律；达尔文用比较方法创立了生物进化论；爱因斯坦建立广义相对论是从“理想实验”方法突破的；而类比与模拟方法对维纳创立控制论起到了很大作用。一个工程技术人员需要掌握的方法很多，但就适应能力而论，最基本的有二：一是如何不断扩充、吸收前人与旁人知识的方法，掌握了就有了打开知识宝库的钥匙，就能使自己不断扩充与更新知识，这是使自己适应时代前进步伐不可缺少的方法；二是运用知识解决实际问题的方法，这是为开创工作新局面，不断改革创新的方法。两种方法相辅相成，构成了承上启下、继承和创新相连接的方法结构。它既是提高适应能力的“法宝”，也是攀登科技高峰的“云梯”。在教学中，应尽量激发学生对方法的重视。同时，不断向学生传授各种方法，尤应注意教会学生如何学习、如何探索、如何创造。并且，既要注意打实基础，又要不依常规寻求变异，即变换问题的形式、角度；在寻求问题答案的过程中，引导学生从“变”的现象中去发现“不变”的本质，从“不变”中寻找“变”的规律，逐步培养学生灵活应变的思维品质，增强学生的应变能力。

五、提升适应强“实”重“践”

实践是提升适应性的重要环节，可验证、巩固、深化在课堂上学到的理论知识，能运用所学知识和已具备的能力去分析和解决问题，加速知识向能力的转化。因此，对每个学科与专业的学生都应安排适当的校外实践活动。首先，在实践前预告可能的辛苦，让其做好心理准备；其次，明确参加实践的目的，即锻炼自理能力，摆脱“在家靠家长，在校靠教师”的依赖观念，了解自己未来的社会位置和将要承担的社会责任，从而合理调节自我期望值，纠正自我意识偏差和失误，缩短与现实社会的距离；最后，强调实践活动既可扩大视野，还能提高挫折的承受力和自控力，进而增强社会适应能力，为以后进入社会打下相对坚实的基础。

六、学会交往以“诚”动“人”

无论在学习期间还是毕业后的从业期间，要找到安全感和归属感，必须建立和谐的人际关系，找到支撑，保持心情愉悦。为此需掌握必要的技巧，如主动帮助他人，关注他人感兴趣的事，并敞开自己的心扉，坦诚与人交流。只有自己放开，别人才能从你那里获得更多安全感，才会向你坦诚。同学之间的交往应求同存异，不过分计较别人的短处，以赢得别人的尊重，交到更多的朋友。为此，应积极参加课余文体活动，了解社交礼仪。比如文体活动，能锻炼团队配合能力的排球运动；可加强灵活性和提高随机应变能力的篮球运动；能考察团队协作能力和互帮互助和谐精神的绑腿活动；可锻炼紧急情况的反应和处理能力的乒乓球运动；能得到身心健康锻炼的羽毛球运动……然而，仅有健康体魄远远不够，还需具备一定的社交礼仪知识。学校应安排一定的礼仪课程或讲座，不只是纸上谈兵，需课下积极训练。可将学生分组定期分角色训练——如何有效沟通，怎样表达情感和取得别人信任……训练中最好请礼仪专业者进行现场指导。充分的文体活动和适当的社交礼仪，既可锻炼学生的身体素质，也能培养他们的社交能力，加强人格锻炼，使之毕业后能够更好地适应社会，融入社会和服务社会。

七、强化角色　理“引”法“导”

学校教育是人生角色从青涩走向成熟的阶段。人生的存在，既承担个体生活中的角色，又扮演社会中的角色，二者密不可分。每个社会角色所担当的工作，都是整个社会事业的组成部分。现代化建设的宏伟大业，为每个社会角色充分发挥自己的聪明才智提供了无比广阔的舞台。学校教育是人生的新起点，也是极为关键的转折点。很多学生都能意识到此转折点对自己人生的重大影响。学校教育的最后成果，是为各种行业或职业岗位培养符合要求的成员，且能在社会生活中担当合格角色。这个角色要按社会结构为他提供的规范行事，并充分体现个人的价值和责任感。在社会上，有一套维持其社会秩序的工具，即社会规范。要引导学生遵守社会规范，就需教师不断抓住有利时机对学生进行教育，使之逐渐形成一种信念、习惯、传统，并以此规范约束自己的行为，调整个人与社会、个人与个人、个人与团体之间的关系。社会规范是人类精神文明的一部分，包括调整人与人之间关系的法律规范、道德规范和各种生活规则。其中，道德规范的范围最广，养成的难度最大。社会生活规则是法律、道德外的各种规章制度，一般有专职人员和专业组织进行监督。唯有道德规范无强制手段，无专人监管，而是靠自身的意识、修养来实现的个人行为。所以，在教学中对学生进行社会适应教育的着眼点、切入点应放在道德规范的养成上，促进法律意识和社会生活规则意识的养成，这就需在日常教学中“寓养成教育于课堂教学”。再者，学生正处于思想活跃的年龄段，需通过进入社会前的实地演练，即在校期间形成的思想品德将影响其一生。教师要担负起品德和心理教导的重任，首先，定期给学生进行爱国主义、团队精神教育或举行以此为主题的班会，使之树立科学的世界观、正确的人生观和价值观，培养其责任意识和奉献精神。其次，举行心理学专题讲座或开设心理健康课程，普及心理健康知识，以提升心理调节能力。最后，注重学生心理问题的监督与反馈，随时了解其心理状态的发展变化，及时助其克服心理上的疾病和障碍，使之成为合格的社会成员。

以上诸点是培养学生适应能力的基本方法，应将其作为整体，贯穿于整个教学过程之中。培养学生具有较强的适应能力，是时代对教学提出的要求，也是当代教师的一个重要职责。对学生而言，既需具有适应与发展的自觉性，主动学习，积极思维；又需关注社会迅速发展与学校教育稳定性和惯性之间的矛盾，不断适应社会与自身的发展。只有保持清醒的主体意识，才能在适应的过程中不迷失自我，不随波逐流，学会超越与创造。对教师而言，帮助学生高扬主体性的旗帜，是积极适应的真义，也是教育的真谛与使命！

培养学生的创造能力

创造，即对旧事物的变革与否定，于习以为常之处发现奇异之点，冲破传统的观念、习俗的罗网，能言人之未言，道人之未道，见人之未见，为人之未为，提供与以往、与众人不同的新认识、新理论、新方法……其实质在于“新”。所以，创造能力也叫“创新能力”。“创新”并不神秘，学生身上蕴藏着许多创新因素，问题是如何培养、发现、引导。创造能力既然是各种能力的综合运用，所以培养学生的创造能力必须采取综合培养的方式，除从指导思想、教学计划、课程安排及客观条件方面考虑外，须在教学的全过程中予以注意。在教学过程中，要克服当前存在的教师管得多，学生自由少；集体活动多，个别活动少；重记忆、轻思考，重模仿、轻创造，重知识、轻能力，重共性、轻个性的倾向。要注意开发创造性的教学，废除“注入式”、“满堂灌”的教学方式，摒弃一切包办性、机械性的教学方法。即要针对学生具体情况，通过各种方式启发、引导学生自己去钻研问题，发现规律，提出见解。许多教师都深深体会到：使学生养成审视教材的习惯，是培养学生创造能力的基础；使学生学会比较鉴别，善于从矛盾中发问求解，是培养学生创造能力的重要方法；引导学生对未知事物进行质疑，是培养学生创造能力的重要途径；由课内到课外扩大质疑范围，是培养学生创造能力的重要步骤。同时，要注意在教学全过程中培养学生的创造能力或创新能力。

一、备　课

不能只是为“教”而备课，必须是为“学”而备课，从“学”的角度研究“教”的问题。备课时，要结合教材内容、学生情况考虑如何培养学生的创造能力。

二、讲　课

不仅教知识、教思想、教方法，而且要激发学生的创造意识。首先，要围绕知识点的讲解，留下“余味”“空白”让学生自己去“品尝”“填补”，或应着重指出思路，提供线索，再问几层“为什么”，让学生去思考、推测和预计可能的结论；讲课不仅要使学生有所“知”，更要有所“思”，因为理解和思考要比单纯记忆更为重要；要引导学生开动“机器”，成为知识的“发现者”。“疑”既是思维的结果，又是再思维的起点，教师在讲课中要善于设疑，使学生生疑，然后启发他们去思考、去探索。因为创造性思维起始于新问题的提出，是从对已有理论的怀疑开始的，如果使怀疑成为一种习惯性的思维方式，就意味着获得一种创造力的潜能。怀疑的头脑和批判的精神是创造能力的重要源泉。高斯说得好：“没有大胆的猜测就不可能有伟大的发现。”同时，让学生成为课堂教学的主角，教师不是单纯传授知识，更应去“点燃”学生的创造性思维和创造热情。首先，要善于创设问题情景，使学生在质疑、释疑过程中养成探索的习惯；其次，应鼓励学生敢于质疑、争辩，敢于发表自己的意见。

三、提　问

教师的提问内容和方法应具有启发性，有利于培养学生的创造性思维。提问方法有以下几种：

因果法：问一现象产生的原因是什么，或最后结果是什么。

变化法：改变原因，结果应如何；主要条件变为次要条件会有什么变化；已知与未知对换又会怎样？

比较法：比较同一物体的不同部分或不同物体、不同现象之间的异同。

矛盾法：提出矛盾问题让学生解释，或说明其理论。

推理法：通过推理得出结论，或结论如何用理论加以论证。

推广法：从某些特殊现象、事件总结出的结论、规律，推广到一般情况是否成立、是否具有普遍意义，或只适合哪些特殊情况及范围。

转化法：某种性质的物体或现象在一定条件下，能否转化成别种性质的物体或出现其他现象。

四、讨　论

课堂讨论或课外讨论都可调动学生积极性、主动性和创造性，使学生从传统观念、因循守旧、盲目迷信权威的枷锁中解放出来。为此，组织讨论时要热情激励学生好问、好说、敢作、敢为；要允许学生说错、做错，错了绝不挖苦、讽刺；要允许学生随时改变自己的说法和做法，否定自己一向认为“是”的事物；要鼓励学生发表自己的见解，“师云亦云”培养不出有丰富想象和开拓精神的人才；要鼓励学生发表与教师不同的见解，提倡学生“找碴”，并允许同教师争辩，“唱对台戏”；要鼓励学生敢于否定所谓“权威”的定论，不怕被视为“谬论”“邪说”，勇于提出自己的新见解；要鼓励学生敢于奇思妙想，甚至“异想天开”而“别出心裁”“标新立异”；要鼓励学生从不同角度联想，根据不同角度转向，从而发现新问题，提出新问题，包括一些“离奇古怪”的问题，然后通过师生互动或生生讨论解决问题、增长才干，培养创造能力。

五、复　习

复习内容不能是教材的重复或翻版，即使是重点且扼要的重复也不能称为好的复习。好的复习应是对已学内容的分析与综合、提炼与补充，应是源于教材、高于教材。人们认识事物离不开纵横观：“横”就是做比较、辨异同，有比较才有鉴别，才能区别一事物和他事物本质的不同，即认识各个事物的特殊矛盾；“纵”就是找联系、清脉络，使个别的知识在空间、时间上纳入科学体系，使主干清晰，枝蔓有序。教师要在复习中引导学生做比较、辨异同、找脉络，激起学生思维的火花，使之迸发出创造的光华。

六、辅　导

教师在答疑时“有问即答”“不问自答”与“问一答二”均无益。教师在辅导中应是启发思路、指点方法，给学生提供创造性思维活动的机会。在同一年级、同一班级内，由于素质和训练诸多方面的差异，学生思维能力并不相同，要“多设跑道”，因材施教。对能力低者应注意思维的基本训练和培养，对能力高者则应加大难度，培养其思维的灵活性和创造性，鼓励他们“冒尖”。

七、习　题

在习题课或留习题时应注意培养学生独立思考的自觉性，鼓励他们对同一问题从不同方向、不同角度进行思考；注意一题多议、一题多证、一题多用、一题多验及一题多解，鼓励学生在解题中运用的方法越多越好，越独特越好，让学生去挖掘解题的各种新方法；鼓励学生自编自解，注意知识和经验的重新组合和运用。加强习题练习（习题本身就是进行实践演练）可强化学生的创造性思维能力。

八、作　业

作业是培养学生分析问题、解决问题之能力的重要环节。作业布置应增加阐释性、分析性和论述性题目。作业批改也应注意改进，除教新班或任新课外，一般不要全批全改，也不要详批细改，要提倡学生互批互改，师生共同批改。这样，可引起争辩，培养学生求异思维和创造性思维。

九、实　验

改变由教师为学生做好一切准备的做法，要放开学生手脚，尽量让他们独立操作。多开设计性、探索性实验，增加学生自己设计的实验，让学生设计方案，自己动手安装仪器，自己处理数据，自己得出结论并提出问题。教师只在适当的时候给以启发性的“点拨”。那种把一切都准备好，使学生“照方抓药”，甚至不动脑筋也能完成任务的实验，对培养学生创造能力不容乐观。

十、设　计

设计是教学过程中的一个综合性教学环节，也是培养学生创造能力的大好契机。设计题目不一定都局限于工艺过程和设备维修，应允许学生自己选题，这样可以充分发挥其积极性和创造性；也不必仅限于模仿性、改进性设计，应让学生搞一些试验性、创造性课题。教师辅导要着眼于启发思路、画龙点睛，绝不可越俎代庖。在答辩评分时，无论在设计思想、设计质量等方面都要注意鼓励学生“与众不同”，发挥独特见解和创新精神。

十一、考　试

考试的目的不仅是要评分，更要通过考试来激发学生学习的积极性和主动性，特别是引导学生向创造型和开拓型发展。历来的考试总是带有“指挥棒”的作用，在一定程度上“指导”着学生的学习方法。所以，要从单纯考记忆、考模仿转移到重点考运用理论知识解决实际问题的能力上来。考题应给学生发挥的余地，只要“立之有据”，有一定见解的就应给高分。出现“高分低能”的现象，说明命题内容和评分标准有弊端，其表现是“水平高低看考分，考分好坏凭背功”，迫使学生“上课记笔记，下课对笔记，考前背笔记”。这种“背则优，不背则劣”的治学方法只能限制而不利于培养创造能力。现行考试制度的一大弊端，是不考虑学生的兴趣、特长，用同一标准要求所有学生，不利于发现和培养有个性、有创造性的人才；考试改革应从淡化分数入手，通过修改考试内容和形式，引导和鼓励学生发展兴趣和特长，对确有独特见解、在某一方面有突出表现的考生，可以突破 100 分限制。

十二、课　外

课外活动为学生提供施展才能的广阔天地，让他们吸取和运用某些现代科技成果，进行小发明、小制作，大胆开辟他人没有涉足的领域，为人之未为，做人之未做，逐渐达到“学林探路贵涉远，无人迹处有奇观”之境地。教师在课外应多创设学习、生活和社会实践的问题情景，使学生养成创新思维习惯，掌握创新思维方法。提倡学以致用，让学生在生活和社会实践中去发现问题，探究问题，并把成果带回，丰富课堂内容，形成发现、探索的集体氛围。

由于好奇和入迷是创造的前奏，故在整个教学过程中需激励学生的好奇心，对其兴趣、爱好及特长，加以引导；张扬个性，允许偏科，是诱发创造能力的良机。要善于拓宽学生的想象空间。想象总是包含创造性因素，想象是进行创造的契机，善于想象是创造的前提，想象超越于经验事实，从而导致发现新事实和新的意念。想象能使脑海中出现不在眼前、甚至从未见过的事物形象。想象是人类探索自然规律的一种重要思维形式；同时，要重视学生的“幻想”，“幻想”是“预见未来的一种奇妙思维活动”，幻想即思维摆脱现实束缚去塑造未知的事物，幻想让这个世界变得生动而丰富多彩，幻想是一种积极进取的态度和一种深深的期盼；幻想让平凡的生活充满神奇。有幻想，森林才那么青翠，山峰才那么峻拔，河流才那么清澈，天空才那么蔚蓝。因有飞翔的幻想，莱特兄弟发明了飞机；因有光明的幻想，爱迪生发明了电灯；因为有探索宇宙的幻想，加加林成为第一位从太空看到地球的人，而阿姆斯特朗则成为第一位登上月球的人……不要使学生只知循规蹈矩、墨守成规，要激励与重视他们的“异想天开”，从而培养其创造能力。此外，还要让学生做一件从来未想要做的事情。让学生做一件大多数人不易做到的事情。激发学生思考、探索和研究问题，发表有创新性、有理论依据的真知灼见。自古以来，人们就巧妙地利用联系和想象来深化作品的意境，如绘画上的“神似”，诗词上的“意韵”；文学上的“言外之意”与“弦外之音”等。正是：“举头忽看不似画，低头静听疑有声。”还要注重：①在课堂教学中，要将教材作为想象的原点，让学生通过教材的一点一滴展开自我想象。②培养学生的想象力，训练学生的逆向思维，鼓励学生向教材质疑，允许去假设、去幻想。充分展开教学的想象蓝图，让学生在其中去感悟生灵、感悟生活。③作文教学允许学生虚拟，编写自己想象的文章，不否认写真人真事；否则，学生连大胆想象的能力和思维都没有，还有什么作为可谈？作文不是生活的原型，而是生活完美的结晶。学生追求完美，为何可将完美作为笔下的闪光材料！因此，允许学生大胆虚拟材料，大胆想象，假设美好，幻想未来，就是培养学生想象力的最好方式之一。④课堂教学应努力为学生提供展示自我，并获得知识与技能的时间和空间。

实施创新教学的策略

创新教育，是以培养人的创新精神和创新能力为基本价值取向的教育活动。创新教育有三层含义：一是思想意识创新，帮助学生克服因循守旧的思想意识，敢于质疑旧思想、旧观念，敢于标新立异，尝试创新；二是学习方法创新，使学生学会探索或研究问题的方法；三是锻炼创新能力，造就有创新能力的人是创新教育的最高目标。创新教育的实施是一个系统工程，需要多方面的努力。而教学作为学校教育的主渠道，处于举足轻重的地位，发挥着不可替代的作用，因此教学活动是创新教育的关键，也是培养创新能力的突破口。学生的创新思想、创新活动，往往来自于对某个问题的兴趣和好奇心。如何进行创新训练？它包括创新意识的培养、创造动机的激发、创造性思维的训练等，不仅从心理上开发学生的创造意识，以实例激发学生的创造动机，而且还以种种方法和窍门为学生的创造之路尽扫路障。

一、明确创造型人才的特质

创新型人才的特质包含：创新意识、创新能力、创新情感和创新个性四个基本要素。

（一）创新意识

创新意识，是指推崇创新、追求创新、以创新为荣的观念。只有具有强烈的创新意识，才能产生强烈的创新动机，树立创新目标，充分发挥创新潜力和聪明才智，释放创新激情。主要表现为对新异事物的敏感、强烈的好奇心、浓厚的探究兴趣和求知欲以及对真知的执著追求，对发现、发明、革新、开拓、进取等百折不挠的精神。它是进行创新所必不可少的原动力。

（二）创新能力

创新能力，是指根据一定目标，运用已知信息，产生出某种新颖、独特、有社会或个人价值的新概念、新设想、新理论，也可是一种新技术、新工艺和新产品的能力。主要表现为联想能力、创造性思维能力及创造性地计划、组织和实施某种活动的能力等。

（三）创新情感

创新情感，是指人在追求真理时表现出来的强烈的好奇心、求知欲、坚定的信念及强烈的创新激情等因素。

（四）创新个性

创新个性，即是人们具有的“富有责任感、感情丰富、勤奋、富于想象、愿意尝试、好冒险”等个性特征。主要表现为健康的情感、顽强的意志、乐观向上的人生态度及良好的习惯等。

“创新是一个民族的灵魂，是一个国家兴旺发达的不竭动力”。但创新能力不是一朝一夕就能形成的，作为教师，在教学过程中应给予学生足够的思维空间，让他们“大胆地想，尽情地说，勇敢地问”，让其创新火花尽情地碰撞与迸发。创新不是一个口号，而应真正落实到每一堂课，让创新从每堂课开始。

二、注重创造型教师的培养

没有创造型教师就不能培养出“创造型”学生。创造型教师不仅要有创新意识、创新精神和创新能力，而且要认识到培养学生创造能力的重要性，要为培养学生的创造能力创设必要的环境和提供必要的条件，积极开展有利于发展创造能力的活动。要使学生了解什么是创造，为什么要创造，激发他们创造的愿望，引发其创造的积极性、主动性。而且，在对学生评价中，也要鼓励学生的创造活动，表扬他们的创造行为。须知，一个不完善的哪怕是带错误的见解，也比“无见解”要高明。前者，是“思”的表现，“创”的心声；后者，是“钝”的反映，“守”的预兆。

三、创设民主和谐的氛围

创新亦需要民主的环境，形成民主讨论的风气。马克思说：“一切创造都需要有一个表现这种力量的场合，需要从它所引起的反应中吸取新的创造的力量。”真理只会越辩越明，在争鸣中只会激发人的灵感，丰满人的创造。心理学研究表明，学生在民主、和谐的环境中学习，有利于解放思想，焕发自尊、自强和自我实现的精神力量，使他们敢于创新。教师要尊重学生，改变“唯我独尊”“师道尊严”的观念，树立起正确的学生观，诚心诚意把学生当成学习的主人，改变“满堂灌”“一言堂”的陈旧教法，从讲台走下来，从“中心位置”“退居二线”。同时，要帮助学生自主学习、独立思考，培养学生的好奇心、求知欲，保护他们的探索精神、创造性思维，鼓励学生“异想天开”“独辟蹊径”等，为学生创造一种宽松的环境，使学生个性、特长得到发展。

四、注重创新情感与素质

创新活动，并不仅仅是纯粹的智力活动过程，还需诸如远大的理想、坚强的信念、诚挚的热情及强烈的创新激情等因素为主的创新情感；还需有勇敢进取、独立不倚、持之以恒及一丝不苟等良好素质为主的人格个性特征。没有这些精神，就不能在创新行为中克服各种困难，承受可能的失败所带来的心理压力，也就不能最终作出创造性贡献。

五、重视创造性实践活动

创新思维能力，必须与创造性劳动实践相结合。因此，在教学过程中应给学生提供足够的实践活动空间，凡学生能动手操作的，教师绝不代替，让学生在动手中学习，在动手中思维，在思维中动手。充分让学生动手操作、动眼观察、动脑思考、动口说理，以有助于培养学生的实践能力、创新意识和创新能力。完全依靠灵感、顿悟、直觉、第六感觉等创新机遇远远不够，尽管这些十分难能可贵，还要结合实际中的问题实践。实践不仅是检验真理的唯一标准，也是不断前进中创新思维方法的唯一途径。不能把创新和创造中的思维都归为“灵感”“第六感觉”“直觉”一类。因为：①“奇思妙想”应在现实中着陆；②“联想”理应为人类需要服务；③“直觉”离不开创新实践；④“第六感觉”是实践、感觉的有机结合；⑤抓住“灵感”，应及时记录下来并加以实践；⑥要把常规思维和创造性思维结合起来。这样，既承认实践中人的“灵感”思维活动的可贵，更强调创造离不开科学实践。

六、精心设计层次性练习

练习是学生掌握知识、形成技能、发展能力的重要手段，也是培养学生创新意识的基本途径。因此，要精心设计好练习题，要注意练习题的层次性，特别要设计好发展练习，以利于培养学生的创新意识。总之，要以培养学生的创新意识为根本，采取有效的创新教学策略，大胆实施，使课堂教学真正成为“处处是创新之地，天天是创新之时，人人是创新之人”的创新摇篮。

“自由的本质或实质是自我选择、自我决定、自我追求、自我实现”，解放学生，自主学习，是创新教育的希望。在实践中，教师应坚信每个学生都是可以造就的，善待每一位学生，尤其不可低估“后进生”的创造潜能。

培养创新能力的策略

创新能力人皆有之。但创新能力不是先天的，而主要是后天的开发和努力。培养学生的创新能力，即培养学生的思维力、想象力和独创力。主要有三个途径：一是从自身认识经验中获得；二是从有经验者给予的方法指导中获得；三是从教育教学训练中获得。其中，以教育教学训练为最佳最有效的途径。在此，仅从教学角度出发，探讨在创新教育中如何培养学生的创新能力。

一、基础策略

基础知识是人们学习和掌握专业知识和技能技巧的支撑点，是人类文化的基点和起点。不可想象一个知识贫困者，能够成为一个高精尖科学技术的应用者或成为一个创新者。因此，实施创新教育，并非把传统的以继承为中心的教育统统丢掉，空中楼阁般地去形成一个创新教育，而是要通过对传统教育进行选择、继承、改造和发展及运用良好方式向学生传授有效的基础知识来实现。在实施此策略时，除注重奠定好必要的基础，应着重鼓励学生的发散思维和大胆质疑。

二、环境策略

环境策略，是指学校应多给学生提供创新的条件、机遇和氛围。陶行知曾激情澎湃地说："处处是创造之地，天天是创造之时，人人是创造之人。"对学生创新能力的培养和发展，如果不向他们提供尽可能多的创造机遇，其创新能力也就得不到应有的锻炼和提高，甚至被扼杀。只有为学生创设一个适宜创新的宽松而优质的发展环境，才能更利于创新型人才的培养。因而，首要是创设一个适于创新的教学氛围，因它是学生创造性得以萌芽和发展的适宜"气候"与"土壤"。然而，长期以来教师的学生观是"物化"的，即只把学生看作被动的接受者，不把学生当做活生生的人，从不考虑学生的实际体验……于是课堂变得沉闷压抑，学生的个性近乎泯灭。在这样的心理气氛下，学生怎能乐学？又何谈创新？因此，要改变此状况，教师就必须树立"人化"的学生观。所谓"人化"的学生观，就是将学生视为人而不是物，充分尊重学生的主体地位，承认学生的个体差异，并挖掘其潜力，促进其持续发展。这需尊重学生，倾注师爱。应允许并鼓励学生发表与教师不同的见解。只有如此，才能使学生把教师当做学习的伙伴，缩短师生间的心理距离，为良好心理气氛的创设奠定坚实基础。创设利于创造性发挥的教学气氛是为了使学生感到"心理安全"和"心理自由"，只有在安全和自由的心理状态下，学生才会大胆"想自己所想，为自己所为"，其创造力才不会受羁縻，才会打破旧有条框的局限，才会在学习中敢冒风险，并在乐观、和谐的环境中乐于创新、敢于创新、善于创新。

三、智慧策略

在启迪智慧方面，基本点是引导学生发现事物的新关系，其主要方法有以下四个。

（一）注意引导类比

类比是建立一种相似关系，如把某个事物或观念与另一事物或观念进行比较，并通过替代物把熟悉与不熟悉的事物联系起来，以熟悉的事物为基础建构一种具有相似意义的新关系。其举措大致有：①自我类比——类比者以他人或物自居，产生移情作用；②直接类比——类比者将两个客体或概念做简单比较（不必面面俱到），其目的在于把现实的问题情境与另一情境做简单交换，以便出现期待的新关系；③简略冲突——类比者用相互矛盾的两个词汇描述同一客体，以增强学生将两种事物结合起来的能力。结合的事物在性质上或时空上的距离越大，学生心理变通性越大，发现新关系的能力越强。

（二）训练发散思维

发散思维是主体面临问题时的思路由一条扩展到多条、由一个方向转移到多个方向的思维方式。在进行这种训练中至少要做到：①选择有多种结论的问题——否则，思想容易绕在"一棵树"上，无法散开；

②开导思维的流畅性、变通性和精致性，尤应在变通性方面下功夫；③鼓励大胆运用假设——对一个问题提出合理假设越多，发现新关系的可能性就越大。

（三）启发妙用转化

在思索新关系的过程中，思维定势是主要障碍。克服这种障碍的有效方法是进行“生”“熟”转化与“顺”“逆”转化。当遇到陌生事物难以发现新关系时，可帮助学生将其转化为熟悉的事物，即借助联想等消除其陌生因素。这样，可“熟能生巧”，使新思想迸发出来。相反，有时面临熟悉事物，由于司空见惯，习以为常，“驾轻就熟”，致使新意难出时，可帮助学生将熟悉事物转化为陌生事物。其方法有二：①有意识地保持一种认识上的陌生感，把已经有所认识的事物当做并不认识而需钻研的对象，即使面对了如指掌的事物也要明知故问“为什么是这样的而不是那样的”；②通过若干次联想使事物达到当时状态下失真的程度。认识对象一旦陌生起来，往往引起学生异想天开的说法和见解。

“顺”“逆”转化具有类似的功用。“顺”指顺向思维，即从已知到未知，由先到后，先因后果，犹如水依一定落差顺向流动一样；“逆”指逆向思维，与顺向相对而言，无论顺向思维还是逆向思维，一旦无法形成新关系都可尝试向对方转化。长期如此，双向思维习惯形成，遇事发现新关系的概率就自然增加。

（四）鼓励想象思维

想象思维，是人体大脑通过形象化的概括作用，对脑内已有记忆表象进行加工、改造或重组的思维活动。想象思维，是形象思维的具体化，是人脑借助表象进行加工操作的最主要形式，是人类进行创新及其活动的重要思维形式。想象，是智力活动的翅膀，在认识活动、学习过程和社会实践中有很重要的作用。意大利著名教育家蒙台梭利说：“想象是发现真理的一种巨大力量。”爱因斯坦说：“想象力比知识更重要，因为知识是有限的，而想象力概括着世界上的一切，推动着进步，并且是知识进化的源泉。”高尔基说：“想象在其本质上也是对于世界的思维。”没有想象不可能有诗，也不可能有文学，更不可能有艺术。想象思维，既直接关乎文学与艺术，也直接决定着科学与技术的进步——想象是创新的前奏，没有想象就没有科技的进步。没有想象，思维就像花儿失去了营养；没有想象，思维就像飞鸟失去了翅膀；没有想象，思维就像鱼儿离开了海洋；没有想象，思维就像彩虹失去了颜色。

四、行为策略

行为是人类心理和生理的外在反映。创新能力的获得最终要通过行为表现出来。在教学中，知识的学习不再是唯一目的，而是手段，是认识科学本质、训练思维能力、掌握学习方法的手段；不是简单获得结果，而是强调“发现”知识的过程，强调创造性解决问题的方法和形成探究的精神。故可采用如下方法。

（一）内容不完全教学法

是指在教学过程中，不把全部教学内容介绍给学生，而是有意制造一个“空白”地带，让学生自己去推测和预计可能的结论或结果，从而引起学生继续和反复探究的兴趣。教师应引导学生找出问题解决的方法，而不是直接给出所有答案。创新性最关键之处是能用一种不同常规的方法思考问题，并能找出不同常规的解决方法。

（二）发展问题教学法

是指教师在给学生解答某一问题后并不终止解答活动，而让学生对所解出的问题适当加以变化和发展，并编出发展题，然后师生共同解答发展题。

（三）多角度教学法

是指在解答问题时，应尽可能从各个不同角度来启迪与引导学生，通过无统一答案的问题推动他们创新能力的提高。

（四）质疑问难教学法

是指鼓励学生大胆质疑。提出问题本身就蕴含着创造性思维的火花。只有善于发现问题和提出问题，才能在此基础上思考和寻求解决问题之法。为此，应经常鼓励学生遇事多问几个为什么。

（五）标新立异教学法

是指应鼓励学生多“标新立异”，“标新”和“立异”都是一种创新，其关键在于“新”和“异”；要鼓励学生发表与别人不同的见解，敢于打破“常规”，敢于在“新”和“异”上做文章；还可鼓励学生多尝试一点“无中生有”“异想天开”等。

（六）鼓励不同见解教学法

最美好的东西往往跟最肮脏的东西挨在一起，真理就在谬论的边缘，越过真理一步就会变成谬论。达尔文演讲时有人嘲笑，爱因斯坦的相对论曾受200多位科学家开会批判……很多非凡之见，不仅起源于谬论，而且样子也像谬论，只有永远不发表独特、开创性的见解，才能永远没有谬论；畏惧错误，就是毁灭进步。所以，要大力鼓励学生大胆怀疑，并敢于发表不同看法、不同观点，不怕别人的嘲笑、误解。

（七）把句号换成问号教学法

“师傅领进门，修行在个人”，这话强调的是后半句。而如何把学生“领进门”更是一门大学问。教师站在讲台上只传授知识并不能把学生“领进门”，照本宣科完不成教学任务，深入深出那叫故弄玄虚，浅入深出纯属虚张声势，搞题海战术是无能之表现，严厉呵斥则接近无德。只有当教师以深厚扎实的学术功底、高屋建瓴的超人才略、深入浅出的思维品质、生动活泼的教学形式和巧妙非凡的教学方法，才有可能让学生“走进门、修行好”。所以，如何通过思维训练，帮助学生“打掉”过去的思维定势，建立一种主动出击、积极思考的思维方式，以真正的“学与思、疑与问”的方式来置身于学习过程中，一直是引导学生进行探索与实施创新的课题——不断发现问题、提出问题、探究问题，是一种良好的思维品质，它既能帮助学生掌握更多的知识，又能促其养成良好的学习习惯，也能使其形成创新能力。

五、双脑策略

人脑是世界上最精密、最灵敏的“机器”，人脑中有2000亿个脑细胞，可储存1000亿条信息，拥有超过1亿条的交错线路，平均每24小时产生4000种思想。人的大脑可分为左半球和右半球。左脑与右脑形状相同，但功能却大不同。右脑又称为本能脑、潜意识脑，生活中的感性体验主要与右脑有关，它掌管音乐、声音、绘画、图形、色彩、感情、空间认识、想象、创造等；而左脑则是意识脑，负责理性思维和分析，主要掌管语言、文字、符号、分析、计算、理解、推理、判断等。传统的科学研究认为，相对于左脑偏重逻辑和客观性，右脑更具创新能力。现代科学研究表明，虽右脑是灵感之源，但绝非创造能力的全部，有个突发的点子闯入你的大脑，为了印证它的可行性，你会把它与其他主意结合起来分析，最终发展出一个解决问题的方案。突发奇想，通常是右脑在积极活动。而要印证、调用以前的记忆并做出逻辑判断，则需左脑起作用。因此，创新需左右脑协同工作。

美国加州大学罗伯特·奥斯坦教授发现，当左右脑均衡思考时，大脑功能将达到一般思考的5~10倍，更容易产生绝妙的创意。因此，要想激发学生的创造能力，最恰当的做法是在保证大脑优势半球的基础上尽量做到左右脑并用。

六、情境策略

设置新奇、困惑、充满情趣的教学情境，使学生因“疑”生趣，用“疑”生奇，进而产生创新动机，激活创新行为。

教师通过创设教学情境来激发与培养学生的创新精神、创新能力。这种情境的创设包括物化情境和人化情境两个方面。物化情境，即“让学生觉察到一种有目的，但不知如何达到目的的心理困境，通过问题得到体现”。人化情境具有情感上的吸引力，能使学生产生学习兴趣和学习动机，形成寻找问题答案的强烈心愿，从而促使学生运用已有知识独立解决问题。

定势与独特思维及实例

思维定势或定势思维，又称“习惯性思维”，即在思考问题时，总按照同一方式思考、理解问题，久而久之，在思考问题时形成一种习惯，只想到一个方面，形成思维的“偏见”；即按习惯、固定的思路去考虑与分析问题，或用某种固定的思维模式去分析和解决问题。它阻碍了思维的开放性和灵活性，造成思维的僵化和呆板，甚或是相对凝固的一种思维逻辑、推理，从而影响后来的分析、判断，即思维总是摆脱不了已有“框框”的束缚。定势思维对问题解决既有积极的一面，又有消极的一面，易使人形成思想上的防御性，养成一种呆板、机械、千篇一律的习惯。由于已有知识、经验和习惯的束缚，在处理一些“似是而非”的问题时往往囿于旧有“框框”。当新旧问题形似质异时，思维定势常常会使解题者步入误区。大量事例表明，思维定势确对问题解决具有较大的负面性。当某问题的条件发生质变时，它会使解题者墨守成规，难以涌出新思维，做出新决策，造成知识和经验的负迁移……这种思维定势，使人看问题有局限性，缺乏超越现实的勇气。古今中外持思维定势者，轻则易“错判”，重则吃“苦果”，两者皆不鲜见。

一、定势思维遇陷阱——拿破仑被困死

拿破仑的最后失败，并非失败在滑铁卢战役，而是失败在一枚棋子上。拿破仑在滑铁卢战役失败之后，被终生流放到大西洋的圣赫勒拿岛，过着十分孤独、寂寞的生活。后来，拿破仑的一位密友，秘密赠给他一副名贵的象棋。这位赫赫有名的囚犯，对那副精致而珍贵的象棋爱不释手，常常一个人默默地下象棋，无可奈何地打发着孤独和寂寞的时光，直至慢慢死去。拿破仑死后，那副象棋多次高价转手拍卖。有一天，有一位拥有者偶然发现，象棋中有一个棋子底部是可以打开的。当这个人打开后，不禁惊呆了！里面竟密密麻麻地写着如何从圣赫勒拿岛逃生的详细计划。可惜，拿破仑没有从象棋中领悟到朋友的良苦用心和象棋中的奥秘。作为一个智勇双全的将军，在战场上可以洞察秋毫、别开生面而所向披靡，但在日常生活中，却未能跳出思维定势，没想到象棋中可能蕴藏着其他功能。如果他能跳出常规思考问题，上帝很可能会再一次给他机会。拿破仑大概做梦也不会想到，自己最后竟然死在常规思维的陷阱里——被困死在大西洋的圣赫勒拿岛，这是一个极具典型的定势思维之实例！

二、定势思维遇困惑——善借的奥妙

一位老师为启发学生的学习兴趣，给对数学不感兴趣的学生出了一道趣味数学题：很久以前，有三位探险家得到了 19 件宝物。他们坐在一棵树下商量如何分宝物。按照贡献大小，三个探险家约定分别按总件数的 1/2、1/4、1/5 的比例来分配。但他们无论怎样分也分不好，究竟应如何分配？此时，学生们顿时来了兴趣，在草纸上“刷刷”地算起来。但无论怎么演算，就是不能按规定的比例算好分配量。这时，老师有条不紊地接着讲刚才的故事：三个探险家正在愁眉不展之际，正巧有一位长者路经此地，他了解情况后说道：“这有何难？我借一件宝物给你们，待你们分好宝物后，再把我借给你们的宝物还我就是了。”以 20 件宝物为总数，按约定的比例来分配就变得很容易了，不一会儿，便按 10 件、5 件、4 件的份额分配完毕，还剩一件交还长者。老师进一步启发道：“这虽是一道数学题，却隐藏着人生的奥妙。人生中的很多难题，只靠自身力量有时是难以解决的；若能打开视野，借助一个外来的东西，很可能会使问题的机理变得清晰起来，难解的问题也许会变得出奇简单。”的确，盲目固守，有时并不一定就是执著、自信，因而不一定值得称道；反之，适时借助外力，不一定就是无能、懦弱，而恰恰是智慧的最高体现；也是打破定势思维，使用非常思维或奇特思维的显示。这种超乎常人的思维，使定势思维的“无解”变“有解”，使“不能”变“可能”。真是令人“拍案”！

三、特殊思维致迷惑——成于诚信

此前，多地曾流传着深圳职场上的一个故事。有一位求职者到一家公司应聘，因各方面条件都不错，

他很快从众多应聘者中脱颖而出。面试最后一关，由公司总裁亲自主持。当他一跨进总裁办公室，总裁便惊喜地站起来，紧紧握住他的手说："世界真是太小了，真没想到会在这儿碰上你，上次在东湖游玩时，我的女儿不慎掉进湖中，多亏你奋不顾身地跳下水去将她救起。我当时由于忙，忘记询问你的名字了。你快说，你叫什么？"这位求职者被弄糊涂了，但他很快便想到可能是总裁认错人了。于是他平静地说："总裁先生，我从来没有在东湖救过人，您一定是认错人了！"但无论他如何解释，总裁依然一口咬定自己不会记错。求职者也非常倔强，就是不肯承认。过了好一会儿，总裁才微笑着拍了一下他的肩膀说："你的面试通过了，明天就可到公司来上班。"原来，这是总裁刻意导演的一场心理测试：制造了一起"救人"事件，目的是考察一下求职者是否诚实。此前，来的几位求职者都想将错就错，乘机揽功，结果反被总裁全部淘汰，而这位求职者却在面试中成功展示了自己诚实的美德，最终进入成功行列。

四、定势思维遭厄运——精神力量

美国著名心理学家马丁·加德纳，原来是位医生，他竭力反对把实情告诉癌症患者。他认为，在美国630万死于癌症的患者中，80%是被吓死的，其余才是真正病死的。马丁·加德纳曾做过一个著名实验：让一死囚躺在床上，告之将被执行死刑，然后用木片在他的手腕上划一下，接着把预先准备好的一个水龙头打开，让它向床下的一个容器滴水，伴随着由快到慢的滴水节奏，结果那个死囚昏了过去。1988年，他把实验结果公布出来时，虽遭到司法当局的起诉，但他用事实告诉世人：精神才是生命的真正脊梁，一旦从精神上摧垮一个人，其生命也就变形了。加德纳是美国横渡大西洋——3V俱乐部的心理教练。前不久，在其指导下，一个叫伯来奥的人一举成名，他曾乘着独木舟从法国的布勒斯特出发，横跨大西洋和太平洋，历时6个半月到达澳大利亚的布里斯班，创造单人独舟横渡两大洋的吉尼斯纪录。有人怀疑，加德纳是否又在拿运动员做实验。加德纳反驳说："我从没做过什么实验，我只是在证实精神的作用。"伯来奥的成功经历可向世人宣布，从前横渡大西洋的人之所以失败或死亡，不是死于体力上的限制，而是死于精神上的崩溃、恐慌和绝望。加德纳的话在网上公布时，标题是：在这个世界上，人所处的绝境，在很多情况下，都不是生存的绝境，而是一种精神的绝境；只要你不在精神上垮下来，外界的一切都不能把你击倒。我相信看到这话的，不仅仅是我一个人，应该还有世界各地在艰难中、在贫困中正挣扎着的人。

五、定势思维的绝对——变通对联

有一学生出个上联："火车失火，救火车救火车。"请老师对下联。老师问学生："此联出自何处？"答曰："报上说是'绝对'，理由是，既然与'火'相对的字必须为'水'，那么，下联须带四个'水'字，亦即符合上联条件的下联根本不存在。"老师反反复复地试了试，果然找不到这个必须带"水"字的下联，于是也就认定此为"绝对"。后来，老师看报，却又偏偏读到一副完全符合标准的下联，联曰："雪人傲雪，赏雪人赏雪人。"妙！水的形态极多，除常态的"水"，还可是变态的"雪""冰""霜""雹""雾"等。既如此，认定下联只能对"水"的提法就成了束缚人思维的"定势"。

六、定势思维的不足——偷懒思维

一位教授向学生讲述一个故事：一位聋哑人，到五金店买钉子。他左手做持钉状，右手对着左手做锤打状。售货员拿来一把锤子，聋哑人摇摇头，随后用右手指了指左手。售货员恍然大悟，于是赶紧拿来钉子，聋哑人心满意足地走了。随后，又来了一位盲人……讲到这里，教授突然停了下来，向学生提问："你们说，一个盲人将用什么办法简单而快捷地买到一把剪刀呢？"话音刚落，一位学生便站起来，声音洪亮地回答道："他只要伸出两个手指做剪东西状就可以了。"其他学生纷纷表示赞同。教授咳嗽了一声说道："都错了，他只要开口说一声就行了！"不错，思维也会趁机偷懒。故当你越是认为自己的分析有条不紊、丝丝入扣，肯定不会有问题时，你就越要加倍保持思维的警惕性，防止定势思维的乘虚而入。

七、定势思维的故事——故事一则

一位公安局长在茶馆里与一老者下棋。正当难分难解之时，跑来一位小孩，小孩着急地对公安局长说："你爸爸和我爸爸吵起来了！"老头问："这孩子是你的什么人？"公安局长答道："是我的儿子。"公安局长是女的，吵架的一个是她的丈夫，即小孩的父亲；另一个是公安局长的父亲，小孩的外公。有人曾以这道题对100人进行了测验，结果只有两人答对（其中有位小学生）。这是怎么回事？还是定势在作怪。人们习惯总是把公安局长与男性联系在一起，更何况还有"茶馆""老者"等支持这种定势。故从经验出发就不容易解答。而那位小学生因为经历少，经验也少，就容易跳出定势的"魔圈"。

八、独特不败思维——探索奥秘

闻名世界的爱迪生无疑是教育者引用次数最多的名人之一。爱迪生在其最常被提及的发明灯泡之故事里，尝试了1600多种耐热材料和600多种植物纤维，最后才制成第一只能发光45小时的碳丝灯泡。当别人问他失败这么多次为何还能坚持时，他说："我没有失败，我只是找到了1000多种不适合做灯泡的材料！"然而，若无好奇，其毅力来自何处？受挫1000多次后依然兴致勃勃，绝非来自文字游戏，也非自嘲，而是其志趣。他说："我的人生哲学是工作，我要揭示大自然的奥秘，并以此为人类造福。在我短暂的一生中，我不知道还有什么比这种服务更好。"他晚年为保护自己发明的直流电，不顾一切打击自己的前助手——交流电的发明者特斯拉。因深信其志向在于揭示大自然的奥秘，从小开始，他就去鸡窝蹲着看孵小鸡，捅野蜂窝，眼皮被蜇得像包子，在木棚研究"火的力量"时不小心点着了房子，上学那年因追问老师为什么1+1=2而被开除——若是生在中国，简直就是班主任口中典型的害群之马。然而，他母亲决定自己来教育这个特殊儿童。给爱迪生讲授各种课程，并鼓励他做自己的试验，保持探索自然的兴趣。他12岁那年提出要去卖报纸，母亲虽生气却答应了。他在火车站当了三年报童，15岁时学会无线电发报技术，开始在铁路局任话务员。为避免员工偷懒，他又发明一台定时信号机，能按时给中心发信号，但因实在太准时，终于暴露而被开除。即使如此，他仍继续其探索之旅，四处奔走，发明些小玩意儿并尝试卖掉——不为赚钱，也不为稳定，就是为到处观察新奇的世界。故一直在晃荡——幸好他未读大学，没在同学攀比中开始安心赚钱，也没在亲戚"结婚否"的关心中被淹没。28岁时终于在纽约安定下来。在此第一个发明是"爱迪生普用印刷机"，本想卖5000美金（却不太好意思说出口），没想到对方抬手就给了4万，成为他人生的第一桶金。这在当时是笔巨款，据说像特斯拉这样的牛人，当年周薪也就20美金。他自办工厂，组建团队，继而成功发明接踵而至。30岁那年，发明留声机，技惊世界。试验1600多次才成功发明灯泡时，他33岁，距4岁那次放火开始"探索自然的奥秘"已近30年，与其失败总次数相比，1600只是个很小的数字。此后，他遇到了更难的发明，如蓄电池试验近5万次，试验笔记有150多本。他表现出极为明显的志趣之三大特征——内控的兴趣、明确的方向与强大的动力。他非为钱，也非为家庭和后代，他被两任妻子称为"工作虫"，几乎不管家事；也非为过上更舒适的生活，他终生过着在人们看来是痛苦的生活——每天超过12小时的工作，晚间在书房读三至五小时的书。因此，他在79岁生日那天，骄傲地说："我已经是135岁的人了！"以工作时间来看，他的确活了两辈子。现在可更加深刻地理解爱迪生那句话："我没有失败，我只是找到了1000多种不适合做灯泡的材料！"他感兴趣的不是成功，也不完全是灯泡，他的兴趣指向是"了解大自然的奥秘"的终极价值。这让他兴致勃勃地把每发现一种不能做灯泡的材料，都看作一种回报与强化。他的助手觉得无趣，因其兴趣在于成功，而爱迪生的兴趣在于奥秘。当他一点点展开自然的图卷时，越来越兴奋并觉得有趣——这才是其动力之源。他最后死得也很有趣，死前几天他午睡醒来，向上凝视说："那边的世界竟然那么美！"几天后，他兴致勃勃地离世而去。

九、破除定势思维——列举实例

（一）找出矛盾法

一个年轻人找到大发明家爱迪生，想当他的助手，并且打算发明一种"能溶解一切物体的东西"！爱迪生笑着告诉他："如果溶解一切，那又用什么来装它呢？"年轻人听后目瞪口呆，刹时恍然大悟。

（二）仔细观察法

某公安局招考侦破人员，参试者都是警队人员。主考官对大家说："名单落在外面另一间房子的一本书里，夹在267和268页之间。"所有的人都涌出去找名单，唯有一人没动，结果他被录取了！如能平时就注意观察事物，思维能力就会无形中得到提高，即可做出判断：267 与 268 页是一张纸的正反两页，是夹不住东西的。

（三）归纳综合法

泰国古时的西特诺猜就和中国的阿凡提一样是闻名的机智人物。一次，他对大臣说："我可洞察你们的内心。"大臣们不信，就把西特诺猜拉到皇上面前和他当场打赌。正当大臣们得意洋洋地准备看他出丑时，西特诺猜不慌不忙地说了一句话，大臣们纷纷认输。西特诺猜把不同的思想综合归纳成同一思维，且坚定有力地说："你们的思想十分坚定，一生都会忠于皇上，永远不会背叛和造反。"

（四）随机应变法

一个老人去卖瓜，途中走进路边一间旧房休息。这是一座就要坍塌的房子。一个哑巴跑进去想告诉老人里面危险，快出来。老人不懂他的手语，哑巴灵机一动，抱起一个西瓜就往外跑，老人也追了出来。刚走出来，房子就倒了。这就是随机应变法。

（五）假设排除法

动物王国的储备盐被偷吃了，法官审问三个嫌疑犯：毛虫说："是蜥蜴吃的。"蜥蜴说："是这样的。"花猫说："不是我吃的。"这三者中至少一个说的是真话，至少一个说的是假话。为找出谁吃了盐，不妨用假设排除法。假设是蜥蜴吃的，那么这三个家伙都说了真话，这不可能，故可排除。假设是花猫吃的，那么这三个家伙又都说了假话，故可排除。因此只有剩下的假设是正确的，是毛虫吃了盐。

（六）变换视角法

某家玩具店的老板发现，来店的儿童们走过摆着玩具的高架子时，从不去注意高架子上的玩具，很明显这影响了店里的生意。此后，他变了个视角，从儿童的角度看问题，才发现，摆玩具的架子太高，儿童很矮，很少仰起头去注意高架上的东西，故老板把全部高架撤除，把所有玩具都摆在与孩子们视线水平的地方，结果来店购买玩具的孩子越来越多，老板因为换个角度思考问题也获得了事业上的成功。

（七）推理分析法

北宋著名哲学家邵康节，一天与他 12 岁的儿子邵伯温在院子里乘凉，忽然一个人从院墙上伸出头，迅速扫了一圈就缩回去了。儿子说这人是个贼，父亲却说这人是找牛的。儿子不服，出去问了果真如此。邵康节用推理法分析，通过思考得出这个结论。如果这人是贼，一看见人就会马上缩回头去，而这人并不马上缩回去说明他不是贼。他只看了一圈就缩回去，则说明他在找东西，这个东西会动而且目标大，再看他的打扮是农民，就可推断出他是在找牛。

能够把人限制住的，只有人自己。人的思维空间是无限的，至少有亿万种可能的变化。也许正被困在一个看似走投无路的境地，也许正囿于一种两难选择之间，此时一定要明白，这种境遇只是因为固执的定势思维所致，只要勇于重新考虑，必能找到不止一条跳出困境的出路。"思维定势"无助于发现，也无助于发明。既然如此，当"思维定势"悄然而至时，就应对它提高警惕，善于发现它的到来而设法排除之！

第十三章　言教与身教

教学艺术植根于对学生深厚的爱，是情感与情感的共鸣，心灵对心灵的呼应，个性对个性的影响。言传入耳，身教入目，情感入心。善于言传身教方能打开学生心扉，塑造美的灵魂，促成教育的成功。言传与身教，主要指教师在教学活动中对学生进行思想品德教育。教书育人，并非“教书”与“育人”的连接词，非割裂而乃融合。教书本身是育人，教书目的是育人。二者密不可分，相辅相成。教书是育人的前提，育人是教书的结果。教书只是手段，育人才是目的。“只教书不育人”之教学是不存在的。脱离育人目的的教书无意义，无价值。且“教，就是教做人；学，就是学做人”。

教书育人，是学校的基本任务，是教师的崇高责任，是教师的天职，是教师的使命。只顾教书不育人，既是淡忘了教师的社会角色，缺乏职业道德，也是对教师神圣职责的亵渎。从某角度说，教书与育人是有区别的。教书，侧重传授知识和技能；育人，则着眼培养人生观、世界观和价值观。教书与育人，二者是因果关系、互动关系。教书易，育人难。教师应做到既教书又育人。教书，应看重因材施教，让每个学生都能体验成功；育人，要关注品德美，让每个学生皆学会做人之道。教书育人贵在自然：既要使品德教育与知识教学在内容、方式和措施上协调一致；又要自如地合为一体，熔于一炉，难分彼此；还要自然到以教学为主线，将育人放在首位。育人，须有意识与无意识相结合，学校教育应以有意识为主。体现育人为本、德育为首。把德育放在首位，学生也必然把学会做人放在首位。唯如此，育人方能在教学中得以持久；唯如此，育人方能像春雨润物细无声，收到潜移默化的教育成效。这种“自然”毫无放任自流之意，而是指寓德育于智育之中的一种比较完美的表现形式，也指教师在教学中不断挖掘育人潜力，使育人与教书高度结合而达到“无形”的境界。教师的任务说到底就是培植和塑造美好心灵。因此，应注重针对性、主动性和实效性，敏锐地发现、细心地识别、热情地培植、精心地开发学生身上一切美好的潜质。

思想品德教育，既是一门科学，也是一门艺术。但目前把它作为一门科学，其理论尚有待进一步完善；把它作为一门艺术，还缺乏应有的感召力。当今，改革开放和市场经济浪潮猛烈叩击着学校的大门，素以思想、品德教育为优势的学校教育正面临新的挑战。如若不注意改善和加强思想品德教育，许多传统美德就会丢失，价值观念就会扭曲，学校风气就会滑坡，甚至导致道德沦丧，良知泯灭，精神坍塌，传统失落。所以，每个教师都要坚持以人为本，把培养全面发展的人才作为教育工作的根本目标和任务。以人为本，既包含人作为目的是本、作为动力是本，也包含“人的素质、能力的全面发展”是本。坚持以人为本、突出关爱学生，根据学生特点实际，潜心研究育人方法，提高育人艺术，以使学生愿意、乐意、容易接受所“传”之“道”。教书育人的实施，主要体现为教师的言传身教。为此，教育者应先觉“学为人师，行为世范”，并深悟“教育的真谛在于教师的人格感召与真知的传承”。

言传，即用讲说的方式开导人、引导人、教育人。在倾听过程中抓住一两个点，就能将话题引入有趣的“频道”。这样有意识地引导，就会使学生对所听到的知识变得有条理、有重点、有趣味，就会对学生的智能大有裨益。言传，不仅教会学生坚强、有勇气，懂得感谢他人的帮助，也教会他细致观察社会生活和实践，这不只是对学生品性的锤炼，对语言表达和文字表述也大有裨益。

身教，是教师自觉、时时审慎自己的行为，用无声行动和举止影响、感染和陶冶学生，这种无声教育胜过有声教育，榜样的力量是无穷的，示范的感召是“刻骨铭心”的；身教的感召力、熏陶力是言传难以比拟的。身教重于言传，是思想品德教育的重要途径，是师德的具体体现。教师对学生影响最深刻的是师德。这是学生毕业后，能在成长岁月里不断回忆起的美好和眷恋，是融入学生血脉和骨髓的气质与人格。

思想品德教育的原则

思想品德教育，是提高学生道德认识、道德情感和道德行为的教育；目标是规范人的行为举止。加强和改善学校思想品德教育在当前有着特殊意义。随着社会的不断发展变化，思想品德教育需要表现出应有的创造性和现实的生命力。因此，思想品德教育应在“以人为本”的理念指导下，坚持德育为先、育人为本，体现人性化、个性化，坚持做到以下几个结合。

一、科学目标与实事求是相结合

思想品德教育必须遵循德育规律和青少年成长的发展规律，包括生理和心理发展规律，不能停留在灌输、纠正的框架里，以避免与社会现实相去甚远。为此，思想品德教育除注意及时性、针对性、示范性外，还要讲求时代性、科学性、序列性、趣味性、审美性。特别是在当今飞速发展的信息时代，改革开放的形势下，教育者更应以新姿态，研究学生的新特点，摸索教育的新规律，以开创思想品德教育的新局面。努力增强德育的针对性、主动性和实效性。同时，明确德育工作的基本思路：树立学校德育基本目标——促进学生全面发展，学会做人；抓好德育基本建设——思想道德建设和日常行为建设。德育工作要求做到真务实，关键在于“真”字和“实”字：要求在德育工作中讲真话、用真心、做真人，要求办实事、重实绩、求实效。

二、掌握信息与分析信息相结合

知己知彼，百战不殆。教育工作颇似于此。要教育学生，必须首先了解学生——全面、及时、深入、细致地了解，包括学习、生活、劳动、娱乐、交往等各个方面，并对学生思想动态进行分析和研究。这是进行思想品德教育的基础和依据，是开创思想教育工作新局面的前提。特别是在当前这个历史变革时期，各种信息“多、快、杂”地通过各种渠道传到青年学生中，更需及时掌握与分析学生的各种思想动态。第一，要准确掌握影响学生思想变化的因素，诸如历史条件、社会环境及家庭影响。第二，要了解他们在某一时期带倾向性的问题或对某一重大事件的反应态度。第三，要了解学生自身的情况，诸如个性特点、兴趣爱好、思想品质等。为了解学生，应与学生交朋友，促膝谈心，从而观察学生的言行、感情，洞悉学生内心世界。往往微妙的表情、细小的动作、简单的言语都会反映出思想的波澜。了解、掌握学生思想情况后，须认真分析、研究思想问题产生的原因及其深度、广度和性质。弄清这些，才能抓住事物的本质和问题的症结，进而选用相应的方式和方法。实践证明：如果对学生的世界观、人生观、价值取向、理想目标等一无所知或知之甚少，思想品德教育就只能如雾里看花；对学生思想情况摸不透、抓不准或分析不当，凭主观臆断，思想品德教育则不能收到预期效果。只有了解学生的喜怒哀乐，了解学生的志趣爱好，理解变革社会带给学生的多元影响，理解激烈竞争带给学生的沉重压力，教育才能做到有的放矢。只要善于把调查、了解和科学分析结合起来，才会心中有数，事半功倍。

三、理论教育与社会实践相结合

坚持这一原则，既要重视对学生进行理论教育，又要重视引导他们从事社会实践，把基础理论和社会实践结合起来，把提高思想认识和培养道德行为结合起来，积极引导学生用理论指导行动，并以实践检验理论。唯此，才能不断提高学生认识水平，培养其良好的思想道德。理论联系实际的另一含义是联系学生的思想实际，使思想品德教育能拨动学生的心弦。联系学生思想实际时，要特别注意针对性和及时性。所谓针对性：第一，是指要紧密联系学生的年龄、心理、生理特点及现实思想，针对不同情况有的放矢、对症下药，值得注意的是不能把针对性只理解为是针对学生的缺点、错误，还要针对学生的长处、优势和个性；第二是针对造成学生思想品德诸要素发展的不平衡现象；第三是针对影响学生思想形成的家庭、社会、学校因素；第四是针对学生个体的具体思想问题。所谓及时性，有三层含义：一是指抓苗头、防微杜渐和防患于未然，即应选择“见于未萌、禁于未发”的最佳时机；二是指遇到重大问题，及时采取措施；三是指“赏罚务速”。进行思想品德教育只有坚持理论联系实际的原则，注重针对性、及时性，才有生命力、战斗力。

四、品德教育与业务教学相结合

教师既是知识的传播者和能力的培养者，且是思想灵魂的塑造者。在学校教职员工中，教师人数最多，与学生接触的时间最长，在学生中威信最高，故课堂是思想品德建设的主阵地，教师是思想品德教育的主力军，思想品德教育也是全体教师的共同责任。为人师表的教师，务必管教、管学、管思想，做到教书育人。不存在只育人不教书，也没有只教书不育人。作为教师只要出现在讲台上，就会以这样或那样的思想言行影响学生。“既教书又育人”，其中，根本不存在“既”与“又”的关系。正如不能形容医生“既”看病“又”救人。育人有两种方式，一是课程育人（知识——思想型），一是非课程育人（行为——思想型）。教师应善于“不教而教”，即寓德育于智、体、美诸育之中，让学生在无意识地得到教育，不知不觉地受到教育。要寓德育于智育之中，德育与智育在教学过程中是能够统一的，因为知识的传播，总是在一定的思想体系指导下进行的，各学科教材都具有比较严密的逻辑性、科学性和思想性，其本身就包含着丰富的辩证唯物主义和历史唯物主义思想，学生接受知识的同时，必然会接受其思想观点。而且，教师总是有意无意地以自己的世界观、人生观、价值观、思想品德、工作作风和治学态度，直接或间接地影响着学生。所以在教学过程中要把思想品德教育贯穿、渗透到教学的各个环节，在讲课、辅导、答疑、作业及实验、实习等教学环节中都要引导学生把个人成才与祖国前途联系起来，对学生进行理想、爱国和纪律教育，明确学习目的，激发学生学习的主动性、积极性和创造性。例如，在讲述本专业、本学科的发展概况和前景时，进行树立远大理想、热爱祖国、热爱专业的教育；在讲解某些定理、定律，介绍科学家事迹时，进行刻苦学习、热爱科学、坚持真理的教育；在讲解某些疑点或难点时，进行学风和学习方法的教育；在介绍科学成果及其应用时，进行集体主义、协作精神的教育……

五、积极疏导与必要抵制相结合

当代学生热爱祖国、学习勤奋、积极向上、勇于思考，主流是好的、健康的。对他们存在的这样或那样的问题和缺欠，要抱以帮助态度，坚持疏导原则。疏，就是疏通，在广开言路的基础上，提高其思想觉悟，帮助其正确认识和分析问题；导，就是引导，摆事实、讲道理、循循善诱、晓之以理、因势利导。疏导必须与抵制相配合，如对黄色影像、诲淫诲盗书刊就得抵制、查禁。坚持疏导与抵制相结合的原则要划清两个界限：一是“导”和“堵”的界限。导，不是放任自流，而是要运用各种方法，让学生把思想问题摆出来，然后采取相应措施，将其引导到正确方向上来；二是思想认识问题和非思想认识问题的界限，对前者，要发扬民主，通过学习、讨论和说服教育的方法来解决，对后者，如违反校规、打架骂人等，既要耐心教育，又要严格管理，必要时要采取行政措施。

六、严格管理与尊重信任相结合

尊重、信任与严格管理，是德育中不可分割的两个方面。对思想品德教育，既要坚持正面引导、以理服人；又需制订学生守则、行为规范，严格校规校纪，加强良好的校风、学风建设。“严师出高徒”“严师才是良师”的古训颇有道理。因教育过程是按一定的教育目的去培养学生，它不可能与学生的主观意愿完全一致，必须改变学生的某些主观意识，这就需要严格的标准、严格的要求和严格的措施。这里的“严”，当然不是对学生冷若冰霜，也非简单粗暴、挖苦、伤害，使学生畏而远之，而是严出于爱，爱须于严；爱得愈深，要求愈严。严应正确、适当、明确和有计划；要严而有理、严而有度、严而有方、严而有恒。对学生的严，要建立在尊重和信任的基础上。一般学生都有较强的自尊心，希望得到他人的尊重、信任。特别是对有错误或过失的学生来说，心灵上的创伤，需以心灵的温暖来医治；精神上的污染，要用精神的甘露去洗涤。教育者对学生的尊重、信任和热爱，可温暖其心灵，沟通其情感，令其情感产生共鸣。这样既可启开他们的心扉，又能拨动他们的心弦，使之从内心愿意接近教师，乐意接受教师精神雨露的浇灌和洗涤。这样，就可收到以感情换取信任，以诚意启发觉悟的教育效果。实践证明：没有对学生的信任和尊重，就谈不上任何意义上的思想教育；没有对学生的严格管理，就不能保证正常的思想品德教育。只有把严格管理和尊重信任相结合，教育者兼备“严师”和“益友”两种角色，做到严肃而不生硬，亲切而有原则，才能使思想品德教育收到良好效果。

七、表扬奖励与批评惩处相结合

学生思想品德形成的过程，就是优点和缺点、正确和错误等矛盾斗争的转化过程。利用这种矛盾斗争的特点，不断强化积极因素，清除消极因素，合理运用表扬、奖励与批评、惩处相结合的原则。帮助学生分清是非，辨别正误，明确方向；使学生产生荣誉感或羞耻感，从而激励与鞭策他们更好地发扬优点，克服缺点，形成良好的思想品德。对学生进行思想品德教育时，要以表扬为主，并辅以必要的批评、惩处。表扬、奖励是对学生思想言行做出的肯定评价，是鼓励他们巩固和发扬优点的方法；批评、惩处是对学生某种言行做出的否定评价，是帮助他们克服和纠正缺点的方法。在具体运用时，要严肃对待。表扬、奖励应恰如其分，不能滥用；批评、惩处应慎重从事，既要准确、适时，又要合乎情理，还要公平、公正。只有把两者有机结合，才能帮助学生分清是非、看明方向，使其自觉发扬优点，改正缺点，不断进步。

八、经常教育与集中教育相结合

经常教育或长期教育，是指从学生入学到毕业的几年里，为使他们树立正确的人生观、科学的世界观，思想品德教育要经常抓，反复抓。这是因为学生思想观点的转变及思想觉悟的提高和道德品质的形成，不是一朝一夕之功。所以，教育者要有一种“锲而不舍”的精神和“金石可镂”的决心。只有经常、反复地进行教育，正确思想、良好品德才能像涓涓细流，慢慢注入学生心田。集中教育或阶段教育，有两层意思：其一，是指有些虽属经常教育内容，但根据情况和需要，在一段时间里集中进行教育；其二，是指在某一时期出现了突出的带有倾向性的思想问题，也应集中时间进行教育。经常教育可及时引导学生不断提高认识，使其时时检查和端正自己的思想行为。集中教育具有主题明确、时间集中的特点，便于把道理讲深讲透，给学生留下深刻的印象。集中教育必须以经常教育为基础，这样才不致使集中教育形成一阵风，过后就烟消云散。经常教育和集中教育都不可缺少，要根据学生思想认识和发展情况，把二者有机结合起来。

九、言教示范与身教示范相结合

教师担纲学校的思想品德教育，培养学生的优良人格和品质。为此，应首先提高自身素质和道德修养，做到以人格育人格，以德育德。要学生有毅力，自己做事就不能虎头蛇尾；要学生不讲粗话，自己首先不能口吐脏字；要学生有礼貌，自己必须文明……教师的一言一行，一举一动，都将给学生以深远影响。在思想品德教育中，学生是否乐于接受，取决于教师的行动、精神境界的高低和思想品质的优劣。一位被学生由衷钦佩的教师，语言是有声的行动，行动是无声的语言，一言一行都会拨动学生心弦。所以，教师的示范作用对学生有直接、强大的影响力和感染力，引导学生去模仿、纠正。平时教师应注重自身修养，以身作则，率先垂范，真正成为学生的学习榜样。思想品德教育是传播真理和塑造灵魂的神圣工作，作为真理使者的教育者，本身的素质、行为、形象，为学生提供具体的模仿对象。因此，教育者既要善于运用典型事例，更要善于运用自身形象，做学生的示范者。教育者要自尊、自信、自强，为人师表，堪称楷模，真正做到走得正，行得端，以自己模范行动去启发、感化学生。这样才有可能使抽象的说教变得形象生动、趣味盎然，从而改变学生对思想品德教育枯燥乏味、呆板单一的认识。教育者，既能准确无误地传授思想观念、道德规范，用广博的学识教育人；也能使自己成为受教育者可亲、可敬、可信、可学的楷模，以高尚的品德影响人，在无形之中使教育深入人心。言传身教是教育者在思想、言语和行动上给学生做出表率，潜移默化地影响学生。受教育者不仅单纯从教育者的有声语言中获取信息，更注重其无声语言。

十、学校、家庭和社会教育相结合

学校、家庭和社会在学生的思想品德教育方面，都负有重要责任和义务。实践证明，学生的思想品德教育，学校是龙头，社会是平台，家庭是基础，只有这三者形成“三位一体”的教育网络，才能使此项工作得到事半功倍的效果。

学校教育要把思想品德教育放在首位，并贯穿于教育教学的各个环节，更好地发挥学校对学生思想品德教育的主渠道、主阵地、主课堂作用。然而，学生是自然的人，又是社会的人。作为自然人，有生理机能的变化；作为社会人，思想品德要受社会各种因素的制约。

家庭、社会等方面都直接或间接对学生的心理、道德、行为产生一定作用。也可说学生某种思想和道德品质的形成是学校、家庭和社会三方教育、影响之合力的结果。常见到这种事例：学生每一种“新思想”的产生，都能在其家庭或社会上找到“原型”；也常遇到这种情况，教育者费九牛二虎之力，在学生思想上刚刚建立起一个“信念”，遇到社会上一个具体实例或因家长的一句话，就被完全否定。所以，家庭、社会都在时时刻刻、潜移默化地影响着每个学生的思想。

值得注意的是，社会思潮、文娱活动等并不完全符合教育目的或学生年龄特征，特别是一些“厅、场、廊、吧”传播着不健康甚至黄色的文化，腐蚀青少年，摧残他们的身心，还有旧思想、旧习惯势力及腐朽生活方式也在侵蚀学生的肌体和思想。由此可见，思想意识的社会性、德育因素的广泛性和“教育者”群众性，给学校思想教育带来更加复杂、更加艰巨的任务。因此，欲使学生思想健康成长，学校教育是主要的，但不能忽略与家庭、社会教育相结合，要实现家庭、学校、社会有机结合。在思想上，要从各自为战的分离状态转变到三者同步；在态度上，要从“自然型”转变到“自觉型”；在指导上，要从单纯的“生活型”“教育型”转变到“引导型”；在模式上，要从“封闭型”转变到“开放型”。为此，要统一目标与要求、互相沟通，发挥各自的职能、优势，取长补短，有机配合，密切合作，形成一股强大的教育力量。

德育应坚持以理服人，以信取人，以诚动人，以情感人。依据年龄特点，遵循成长规律，陶冶情操，提升思想品德，养成良好习惯。“理想教师”应把人还原为“人”，达到人的自我实现，在课堂中点亮教育艺术的明灯。须知，在经济全球化的大背景下，德育工作面临一些亟待解决的问题：一是如何坚持社会的基本道德价值取向，明确不同学段德育的具体目标，使高、中、初三个等级学校的各阶段德育整体衔接、机制贯通；二是重新审视学校、家庭和社会三个方面在学生德育中的作用，创造全社会关心青少年健康成长的良好氛围，让青少年德育成为多方参与的社会系统工程；三是在德智体美诸育中，尤与智育相比，德育作为首要工作还缺乏像智育那样的硬措施，德育管理相对于智育管理存在无序和缺乏规范的现象；四是德育工作的针对性、实效性、主动性还不强，德育知识化倾向造成学生的“言行不一”，德育评价手段的单一，导向作用不明显，形式和方法缺乏多样性等。

思想品德教育的方法

思想品德教育的方法，是按照学生的思想特点及思想品德教育的规律和原则，去实现思想品德教育目的所采取的手段。思想品德教育的目的、任务和内容是选用方法的基础。根据新时期面临的新情况和青年学生在新形势下出现的新特点对学生进行思想品德教育，在内容上要有所更新，在方法上也亟待改进。在继承和发扬我国思想政治工作的优良传统和方法的同时，要创造一些青年乐于接受的生动活泼的新形式、新方法。要防止一般化、简单化、机械化；要注意针对性、及时性、灵活性；要具有吸引力、感染力、说服力；要做到寓教于趣、寓教于理、寓教于情。因此，它应是灵活多样、丰富多彩的。

一、说服法

说服，是思想品德教育的基本方法。教师的教学语言重在科学性，教育语言重在说理性。思想品德教育首先要提高学生的思想认识，启发他们的觉悟，所以教育语言应有无可辩驳使学生心悦诚服的魅力。说服的艺术性在于用明确的观点、强烈的爱憎、生动的形象、感人的色彩，做到以理服人，以情动人，以使“说”具有教育性、启发性和感染性。说服方法，就是摆事实、讲道理、分清是非、提高认识。说服教育必须有充分的材料、科学的依据、逻辑的论证。这样，才有说服力，使学生深信不疑，从而改变错误的观点。说服方法包括讲解、报告、谈心、讨论、对比等。

（一）讲　解

讲解，是指教育者根据思想品德教育的要求，向学生做系统的讲述和解释。它适用于比较系统的教育内容，如基本原理、道德规范等。

（二）报　告

报告，是指就思想品德教育中的某些问题，给学生做比较全面的阐述。它适用于专题性内容，如国内外形势、某种思潮评价与批判及先进事迹介绍。

（三）谈　心

谈心，是指就学生的自身问题或有关思想品德问题，与其个别交谈。由于它针对性强，适于对个别学生进行单独教育。与学生谈心，要以诚相待，以情感人，使其感到教育者是亲切的长者、知心的朋友。

（四）讨　论

讨论，是指学生进行自我教育的方法之一。它既能调动学生的积极性，也能发挥教育者的主导作用。采用此法时，要提出学生中普遍认识不清或认识有分歧的问题，组织学生讨论，要主题明确，重点突出，并有一定的吸引力。通过各抒己见，交流思想，互相启发，达到统一认识、共同提高的目的。

（五）对　比

对比，是指针对学生认识不清或不易理解的弱点，运用对比使学生受到生动、深刻的教育。通常使用的对比，有新旧对比、今昔对比、正反对比及单项对比等。对比使用的材料要可靠，数据要准确，情况要真实，切忌主观臆造、强为己辩。

二、锻炼法

锻炼，也叫养成习惯法，它是按照一定的目的要求，组织学生参加某种实践活动，使其在实践中形成良好的思想品德和行为习惯。锻炼方法有如下几种。

（一）完成学习任务的训练

这是学生经常性的训练，学生的主要任务是学习，而学习是一种紧张而艰苦的脑力劳动，要求学生按时、按质、按量地完成学习任务。这样可使其养成尽心尽责认真完成任务的良好品德和习惯。

（二）执行规章制度的训练

这是把执行规章制度变成学生的自觉行为。这种训练可使学生养成严格的组织性和纪律性，以及服从命令听从指挥的习惯。

（三）自我教育的训练

这是根据学生思想上存在的问题及日常遇到的有关思想问题，启发学生独立思考，让他们自己进行分析、判断，得出结论，以养成自我教育的良好习惯。

（四）实行军体的训练

一个国家要自立于世界民族之林，首先都要保障未来的国民具有健康的体魄，所以要加强学校中的军体教育。当前，城市中的孩子大都是独生子女，受到家庭几代人的宠爱，独立生活能力较差。组织野营拉练，野外生存训练，抗灾、救灾训练等，对他们的身心健康和防范可能的灾害具有极大好处。开展群众性的航空、航海、跳伞、航模、无线电体育活动，既可增进国民素质，又可加强国防潜力。

（五）克服困难的训练

这是有意识把学生放在困难环境中去锻炼毅力。毅力的培育，不是训练可竟全功的，需靠磨炼辅助，即所谓“苦其心志”。合理的要求是训练，不合理的要求是磨炼。只有训练与磨炼相结合，方可使其养成不怕艰苦、克服困难的良好品质。

（六）经受挫折的训练

越来越多在“蜜罐”中长大的独生子女，需教育他们正确认识对待挫折和逆境，并提高其对挫折的承受能力。培养学生承受挫折的能力与建立学生的自信心一样重要。为使之得到此种训练：一是教育学生树立正确的人生观和养成良好的心理品质；二是使其懂得，挫折能磨砺人的意志，坚强的人大都是从逆境或挫折中成长起来的；三是有意识地设置挫折，甚至给他们“制造”一些犯错误和受挫折的机会，通过“苦其心志，劳其筋骨，饿其体肤”来提高其挫折承受能力；四是教育学生学会应对挫折、失败，知道生命中的一切不是一帆风顺的，并学会确立、调整期望目标，学会在挫折中自我排解，让其坚定沉着地去迎接希望。另外，教育者还应与学生一起认知挫折的本质，探讨挫折的成因，驾驭挫折，战胜挫折。

三、激励法

激励，是激发学生的内在潜力，充分调动其积极性和创造性的方法。它可使学生感到前进有方向，学习有动力，集体有温暖，师长有期望。激励方法包括理想激励、荣誉激励、支持激励、关怀激励等。

（一）理想激励

理想激励，属精神范畴，有最高理想、职业理想等。要善于引导学生树立正确的理想。学生一旦有了远大理想，就会保持旺盛的兴趣、满腔的热忱，产生巨大的内在力量。

（二）荣誉激励

荣誉激励，包括个人荣誉激励和集体荣誉激励。给予荣誉是对其价值的一种肯定。其方法有表扬奖励、经验介绍、授予称号等。其中表扬是经常使用的方法，教师要善于利用各种机会，适时、适度地使学生在众人面前听到表扬或鼓励自己的语言，使之感到愉快，进而转化为进步的动力。集体荣誉的激励，可使学生彼此之间产生一种融洽的情感，把自己的行为时刻都和集体的荣誉联系在一起，自觉为集体多做贡献。

（三）支持激励

支持激励，即对学生中的好人好事旗帜鲜明地给予支持和肯定。要支持学生积极上进，大胆实践。学生遇到困难要积极帮助；要鼓励学生不怕失败，帮助学生从失败中总结经验教训；要鼓励学生做好事、争先进，使学生中的好思想、好作风、好品德获得公认。通过支持激励可使学生精神振奋，不断上进。

（四）关怀激励

关怀激励，是指教育者要知学生心灵之音、解学生生活之苦、懂学生学习之难、分学生心理之忧、除学生前进之碍、助学生实际之需、急学生成才之愿、树学生创业之志，从思想上、学习上和生活上关怀学生，以激励学生积极进取。

四、强化法

强化，就是对学生某种思想和言行给予肯定或否定，使其保持正确的思想和行为，消除不正确的思想和行为。强化方法可分为正强化和负强化。

正强化——是对学生正确的思想和言行，通过表扬、奖励给予肯定的评价。表扬属于精神鼓励，方法有直接表扬、间接表扬、公开表扬、个别表扬等。奖励一般属于物质鼓励，方法有发奖状、奖品、奖金等。表扬、奖励还包括授予光荣称号，如“三好生”“奖学金获得者”“优秀毕业生”等。

负强化——是对学生的错误思想和言行，通过批评、惩处给予否定的评价。批评的方法有直接批评、间接批评、公开批评、个别批评、暗示批评、迂回批评等。惩处有警告、记过、留校察看等。

五、防止法

没有骤然变得严重的疾病，只有未察于潜伏、治于未起；没有突然变得难以教育的学生，只是未察微知著、防患未然。对事业，如果“为之于未有，治之于未乱”，常可取得圆满成功；对疾病，采取“预防为主”的方针，可使许多传染病通过防疫而被消灭；对思想上的病症，也应采取“预防为主”的方针，方法包括防微杜渐、防患未然。

防微杜渐——是指在错误或坏事萌芽的时候，及时制止，不让其发展，是思想品德教育中一个有效措施。若忽略或大意，往往一个微小的差错也会发展成为巨大“灾难”，即“千里之堤，溃于蚁穴”。特别是当今，随着视听工具的发展，腐朽思想和各种思潮对学生影响日甚，其特点是“多、快、杂”。“树欲静而风不止”。对此，思想品德教育应采取“以快制快”的方法，要打主动仗，把思想品德教育工作做在前头，从具体事抓起，从“萌芽”抓起，以防微杜渐，勿使滋蔓。

防患未然——是指在错误或坏事发生之前就采取预防措施。治重病固需技艺，察病于未起更为艰难；与其做妙手回春的郎中，不如做防病未患之良医。同理，对学生可能发生的问题或将要出现的错误，教师要有预见、先人之未料，从而做好“防范”教育，以勿使发生。

六、吸引法

吸引，是针对青年学生精力充沛、兴趣广泛、好胜心强及喜好各种活动的特点，使思想品德教育灵活多样、生动活泼，把他们吸引到各种有益的活动中来。把思想品德教育和开展丰富多彩的课余活动很好地结合起来，即寓思想教育于丰富多彩的活动之中，通过“寓教于乐”达到对学生进行思想品德教育的目的。吸引的方法，既要注意知识性、趣味性，也要注重思想性、严肃性。吸引的方法很多，常用的有如下几种。

组织讲座——如科技讲座、文艺欣赏、名曲欣赏等。

组织竞赛——如外语讲演、诗歌朗诵、爱国主义百题竞赛等。

组织讨论——如影视评论、文艺作品评论等。

组织晚会——如讴歌祖国晚会、青年学生曲艺晚会及军学联欢、工学联欢等。

组织参观——如参观工矿、农村、革命纪念馆、各类博物馆，游览祖国名胜、历史遗迹、大好山河等。

组织兴趣团体——如歌唱团、小乐队、科研小组、美术小组、体育代表队等。

总之，要使思想品德教育对学生具有吸引力，就要创造一些为学生喜闻乐见的、生动活泼的形式。

七、自教法

自我教育，是指在思想品德教育过程中，教育者要通过妥善组织、引导、发动，使学生由教育客体转化为教育主体。思想品德教育的过程，既是教育者把正确的思想意识和道德规范传授给学生的过程，也是学生在教师引导下，通过自我思想斗争进行自我教育的过程。教育者的任务，不是代替受教育者的思想矛盾运动，而是运用这种矛盾运动的规律，启发、引导和促进学生思想矛盾的运动和转化，充分发挥学生自我教育的作用。为此，教育者就要注意培养学生自我教育的能力和采用得当的自我教育的方法。

自我教育方法——常用的有开展批评和自我批评，即在学生中建立必要的民主生活会制度，如班会、党团组织生活会等。开展批评与自我批评，进行自我评价，这是诱发学生自我教育的有效途径。

开展演讲活动——由于演讲形式新颖，内容易于联系学生思想实际，既能锻炼表达能力，又能提高认识，端正观点，所以也是青年学生自我教育的好形式。

开展自由讨论——鼓励学生勇于提出新问题，引导他们通过自己思考和实践去把握真理，提高觉悟，改造世界观。制订个人德、智、体全面发展的规划，制订班级或宿舍共同遵守的公约，定期进行互相检查评比等。

八、榜样法

榜样的力量是无穷的。榜样能把抽象的道德概念具体化，引起学生内心体验和效仿行为。榜样有巨大的说服力和感染力，对学生的道德行为有启动、控制、调整、矫正作用；能在学生心目中掀起感情的“涟漪”，从而促使或吸引他们去仿效；可使学生改变认识，丰富情感，端正思想，规范行为。抓典型，树榜样，这种有形的教育会增强无形的力量。要善于运用正反典型：对反面典型要敢抓，从中引出正面教育的效果；对正面典型要敢树，让它持久发挥示范作用。所树榜样应具备先进性、生动性、可近性、可学性、可仿性、权威性等特征。运用榜样要注意树立榜样要准、榜样事迹要真、榜样类型要多。树典型、立榜样，要从教育工作需要出发，选定方方面面的先进。典型树得越明确，工作质量就越优良；典型树得越全面，班级建设就越完整；在时间、空间上，越是与学生接近的榜样，其感召力就越强，激励作用就越大。故应选择那些能代表时代精神的模范或先进人物去积极影响学生，把他们移植到学生心目之中。在学习革命前辈、杰出人物和英雄模范的同时，要特别注意发现和树立本校学生中的先进人物。因为他们的年龄、经历、生活范围和学习内容都较接近，所表现出来的思想行为容易理解，更易激起他们的类比心理和上进心。大力表扬好人好事，树立标兵，开展向先进人物学习的活动，既可激发学生积极向上，又可促成良好的班风、校风。然而，榜样的提供方式必须得当；否则，不但激不起学生的学习动机，反会引起他们的反感。比如：“×× 同学多好呀，你要是赶上他一半我就满足了！”“×× 成绩好，你甭想超过他！”等类的说法就很失败。

现身说法——是指让有理想者讲志向，有道德者讲品行，有见识者讲认识，有创造者讲发明，即充分运用现实生活中的先进思想与表现，来教育和鼓舞学生。这样，可使每个学生从中发现人生的真正价值，懂得什么是真正的美丑、善恶，从而发扬积极因素。这种现身说法之所以能产生巨大影响，其根本原因是宣讲者本身就是高尚思想品德的鲜活体现，使学生从事实上感受到生动、具体、形象的思想品德教育。

榜样示范——是指教育者以自己的模范行为来熏陶、感染学生。教育者要懂得身教重于言教，身教是无声的，却是有力的。教育者的道德风貌、举止言行，无不对学生起潜移默化的作用，陶冶学生的道德情操。教育者的语言是有声的命令，教育者的行动是无声的语言。教育者要力求成为学生的表率，处处、时时、事事要注意以身作则，严于律己。凡要求学生做到的，自己必须首先做到；要求学生遵守的，自己必须首先遵守。即使在一些细小之处也不可忽略。比如，语言要亲切、纯洁，举止要谦逊、庄重，仪表要端庄、大方，待人要礼貌、热诚等，要身体力行，给学生做出示范，如有缺点、错误要勇于承认，切实改正。这样的示范，必然会收到良好的效果。这就是“其身正，不令而行”“喊破嗓子，不如做出样子”。

九、参访法

参访，是指参观与访问。是组织学生深入社会，深入现场，了解典型实例，提高学生思想认识的方法。参观，既可用典型实例补充口头说理之不足，又有利于学生开阔视野，吸收“营养”，给他们留下深刻印象。访问，是指走访一些典型人物。调查，是指有目的地搜集一些材料。二者都需要动口、动手，使学生更加生动、具体地去学习和接受教育。组织参观，必须有明确的目的、充分的准备、严密的组织，否则就达不到预期效果。另外，要借助必要的社会力量，采取“走出去”和“请进来”的办法，把学校教育和家庭及社会上的有益教育结合起来，如有目的地进行参观访问，请革命前辈、英雄模范人物和知名人士做报告等。

十、评比法

评比，是指检查、评议与比较学生思想行为方面的表现。青年学生有朝气蓬勃、积极向上、好表现、好取胜的特点，常常在同学中形成无形或有形的你追我赶的生动活泼局面。如果对这种特点适当进行引导，开展评论，就有利于激励学生积极向上的自觉性，形成人人争上游、个个当先进的风气。方法如下。

单项评比——如卫生评比、纪律评比、做好事评比等。

综合评比——如“三好学生”评比、先进班级评比、优秀学生干部评比等。

操行评定——即品德评定，主要是学期末在班主任组织下进行。有两种基本做法：一是既有评语又有评等（优、良、中、差），结论通过本人，寄给家长，最后归入档案；二是在做好思想小结的基础上给出评语，但不评等，也通过本人，寄给家长，最后归入档案。

鉴定评比——主要是在毕业时进行，也可每学年进行一次。

另外，还有习惯养成法——习惯是人们长期养成的一时不易改变的行为，有好坏之分。培养好习惯，改掉坏习惯，是人之共识。一个人良好习惯的养成，家庭、学校和社会都有责任，而家庭是根本。英国著名作家萧伯纳小时候，其父喜欢乱吃东西，嗜酒抽烟，不爱运动。当他意识到自己的不良习惯会传给孩子时，便告诫孩子：“要以我为前车之鉴，我干的事你都不要效仿！”在父母的严格要求下，萧伯纳自小养成了远离烟酒、勤学、好思、喜爱运动的良好习惯。即使成名后不乏钱财，也毫不奢侈。不慎沾上坏习惯，只要下决心，还是可以改变的。著名教育家张伯苓有次见某学生吸烟，将其叫到办公室，学生理直气壮地说：“你不是也吸烟吗？”他立刻要求校工把自己的吕宋烟全部拿出来当众销毁，并折断心爱的烟杆说：“从今以后，我与你们共同戒烟！”校长说到做到，学子认错改过，此事成为教育史上一段佳话。在新的历史时期，对青年学生的思想品德教育也提出了新的任务。当今的变革世界，给人们带来了许多新知识、新信息、新观念，学校不能搞“封闭式”教育，而应成为与经济建设息息相关的“课堂”。为了适应新形势和经济全球化的需要，在进行传统教育的同时，还应向学生灌输一些新观念、新思想。比如，要教育学生树立自强观念、开放意识、竞争意识、开拓精神，培养管理能力、独立能力和创新能力，教育学生树立谋生立业的观念，让他们懂得要依靠自己的知识和才能，赢得社会的信任和尊重，从而取得事业上的成功。尤应注意在当前加强社会主义道德建设中，网络已经成为一个不可忽视的领域，特别是在对青少年的道德建设中已经上升为重要的教育手段。

构建整体育人体系和渠道

要充分发挥思想品德教育的主渠道作用，就须坚持德育为先、育人为本，须体现学科化建设、主体化实践和网络化运用的总体思路，须改变重智育轻德育、重课堂轻实践，调动各方力量，形成合力，把育人体现在教育教学的全过程，构建整体育人体系。

一、教师育人

师者，人之模范。为人师表，严于律己，要求学生做到的自己首先做到，要自觉以良好的品德行为和人格影响学生，此乃无形的教育力量。每位教师都应是德育工作者，强化育人意识，自觉承担育人责任。

二、班级育人

班级是学校对学生进行思想品德教育的最基层单位，是影响学生健康成长的重要环境，是一种巨大的教育力量，特别是在培养学生团队精神方面有着不可替代的作用。班级育人的关键在于班主任，故要选派素质好、能力强的优秀教师担任。要积极探索班级建设的内在规律，构建科学的班级集体，最大限度发挥班级在思想品德建设中的作用。

三、实践育人

广泛开展适应学生特点、形式多样的道德实践活动，这是进行品德教育的基本途径。要将道德实践与开展各种参观、考察等丰富多彩的课外活动结合起来，让学生在自觉参与中受到教育。从一定意义上讲，学生思想道德水平的提升，不是靠说教，而是通过长期、反复的道德实践受到影响、熏陶、感染实现的。

四、网络育人

应充分运用网络优势，构筑起多层次、多功能的德育平台，对学生进行思想道德教育。既要唱响主旋律，用健康、能够吸引广大学生的内容充实网络，为学生创造良好的网络文化氛围，又要通过建立德育网站、网页，开展网上班会、论坛、心理辅导等对学生进行品德教育。

五、环境育人

良好的校园环境对青少年的思想道德起着潜移默化的教育作用。校园应做到净化、绿化、美化和育人化，使学生置身其中就受到强烈的感染，进而以实际行动自觉地爱护学校环境，保护学校环境。由此，学生的思想品德境界才能就不断得到升华。

六、家庭育人

家庭，在少年儿童思想品德教育中起着特殊的作用。家庭是孩子的“第一课堂”，父母是孩子的“首任教师”。学校应主动承担起协调和推进家庭教育的责任。要通过家访、建立家长接待日等帮助学生家长认识家庭在未成年人思想品德教育上的重要作用，并严于律己，以良好的思想道德修养为子女做出表率；转变观念，以科学的方法教育子女。

七、教学育人

学生思想品德的形成是一个长期过程，教育与教学是该过程的两个方面，二者互为手段和目的。从学生品德教育角度看，各科教学是实现德育目标的手段；从教学角度看，思想品德教育为教学提供动力，成为教学的手段。须始终把课堂教学作为学生思想品德教育的主渠道，在课堂教学实施中培养学生的价值观、知识技能与情感态度，从而增强学生爱国主义情感，树立民族自尊心、自信心和自豪感。

思想品德教育讲求“十性”

“传道”需有术。要使思想品德教育能够顺利进行并取得良好效果，除具有坚定的方向性、准确的目的性和鲜明的时代性外，必须讲究教育艺术，注意如下几个方面的要求。

一、原则性

青年学生涉世不深，可塑性强，又缺乏社会实践，对一些基本问题的看法，主要依据书本知识，或人云亦云。因而往往表现为是非不清、原则不明，常常在个人与国家、个人与他人、公与私、奉献与索取等问题上发生矛盾，引起思想混乱。对此，教育者不能只是一般地安抚，须分清是非，坚持实事求是、大公无私的原则，以使思想品德教育方向明，效果佳。

二、渗透性

要改变那种只是就思想谈思想的做法。要做到教师为主全面负责，教学为主全面渗透。从横向讲，充分挖掘各学科教材中的思想教育因素，把思想教育渗透到各科教学、各种管理及课外活动之中；从纵向讲，使学生思想品德在就学的全过程中不断得到培养、巩固、提升。

三、系统性

要改变过去那种思想品德教育“零打碎敲”的做法。为此，一方面，让学生系统掌握辩证唯物主义的科学体系、公共道德规范体系；另一方面，要加强思想品德教育的计划性、连续性、系统性。

四、针对性

改变过去那种“照本宣科”或千篇一律的做法。不搞一刀切，不搞形式主义，不一味追求过高、过大、过空的口号；要具体情况具体分析、具体问题具体对待，要针对学生感到迷惘的症结，与其思想“接火”；要做到有的放矢，对症下药；要弄清病情，找准穴位，一针见效；注意因人施教、因时施教、因事施教。

五、及时性

身教重在平时，德教需要及时。思想教育不能拖拖拉拉，延误时机。对有缺点错误的学生要及时帮助，正如干旱的禾苗需及时雨的滋润一样，不可旷日持久，“时过境迁”将失去或减弱教育意义。思想工作贵在及时，对好的萌芽要及时扶持，对差的苗头要及时纠正。“赏罚务速”也是这个意思。

六、知识性

青年学生正值长身体、长知识阶段，为满足他们的求知欲望，应把其思想认识的提高建立在掌握丰富的自然科学和社会科学知识的基础上，寓思想教育于知识传授之中。同时，在说理时应首先注意运用鲜活、直观的信息和事例，在娓娓道来中显示出理论的力量；然后，画龙点睛般地做出理论性概括。

七、整体性

加强思想教育除着眼于青年学生自己教育自己，并以学校教育为轴心外，还要注意学校、家庭和社会这三个支点的协调一致，同频共振。学校专职思想工作人员、教师、管理人员和后勤人员的密切结合，形成合力。不仅要全面教育、全程培养，而且要全员参与、全方位管理，形成齐抓共管的格局和整体育人的机制。

八、趣味性

根据青少年的心理特点，思想品德教育不仅要做到方法常新、形式多变，寓德育于各项活动之中，而且要寓教于乐，开展健康、愉快、有趣、生动活泼、丰富多彩的课外活动，以培养学生高尚的情操和健康的志趣；同时，要通过教育者的情绪感染力，激起学生愉快的情绪体验，领悟其深广的内涵，产生前进的动力。

九、经常性

由于青年学生思想的不稳定、易变化、易反复，因而决定了思想教育的长期性、经常性。只有通过经常性教育，方可培养学生树立坚定的政治观、正确的人生观、科学的世界观、高尚的道德观。

十、情感性

“君既爱之须纵情”。情感，是人与生俱来的天性。由于教育的对象是有丰富情感的青少年学生，他们即使在冷漠的外表下，掩盖着一颗渴求知音的心。由于情感是教育的催化剂，所以要在“情”字上下功夫，以真实情感或情感真挚搭建情感桥梁去打动学生，教中融情，以情优教：未言（动）情出；言（动）中情深，言（动）止情留。使之体会到那种情真意切、感人至深的“情”而起“共鸣”。思想品德教育，不能只强调“理”而忽视“情”。“理”若不通过“情”的心灵内化，则不能转化为符合规范的思想品德和行为。因此，教师须具有如下情感素质。

（一）爱的诚实性

爱的诚实性，对学生的爱须是真情的流露，情有独钟；调不在高，有情则名；语不在多，心诚则灵。

（二）爱的理智性

爱的理智性，对学生的爱应是高尚无私的，并且是出于对学生前途的关心；以理性影响理性，以道德影响道德。

（三）爱的公正性

爱的公正性，对每个学生都热爱、关心而不厚此薄彼；公平对待每个学生，不依优秀而偏爱，勿对后进而疏远。

（四）爱的针对性

爱的针对性，对后进生侧重于帮助提高，对优秀生则要求更严；“种花须知百草异，育人要晓千人心”。

（五）爱的稳定性

爱的稳定性，对学生的爱应善始善终，不因“时过境迁”而减弱或消失。

在思想品德教育中，勿以恶小而姑息，勿以善小而忽略。一方面要教育学生懂得“勿以善小而不为，勿以恶小而为之”，并使学生知晓，集许多小善就是将来的大成，集无数小恶就是将来的毁灭。一方面教师须知，姑息学生的小错，大恶就要降临，无视学生的小善，美德就将失掉。作为教育者不能等到学生犯了大过失，才引起重视；也不能等学生做出了惊人的壮举，才进行表彰。有了错误要及时帮助，有了长进要适时表扬。当学生错误出现反复时，仍需坚持宽容态度，与其促膝谈心，共同分析原因，晓之以理，导之以行。哪怕他们有微小的进步，也应及时鼓励和表扬。对此，要做到抓早、抓准、抓细、抓深和抓反复。

同时，坚持“以人为本，服务学生发展”的理念；坚持自主教育的德育特色，推动德育求实求新；实行分层教育，拓展深度与广度；强化实践活动，开展广阔的德育空间；不断创新构建，推动自主心理健康教育；新颖多样，丰富多彩社团，发展学生个性和特长。

思想品德教育的若干关键点

思想品德教育，是一种潜藏于内心的教育。人的思想品德虽不能用百分制准确衡量，但可通过语言行为反映内心活动。思想品德水平如何主要取决于家庭、学校和社会的感染、教育和影响。马克思说："人创造了环境，同样环境也创造了人。"美好的环境能培养出社会所需的人才；反之，污浊的环境只能影响学生的健康成长。由于青少年学生缺少意志力，分辨不出是非，思想情感无准则，故需加强思想品德教育。当代青少年学生在思想和心理方面具有明显的时代特征，在对他们进行思想品德教育时，应正确把握他们的心理特点，遵循其心理活动的规律。

一、掌握"兴趣点"

兴趣是动机产生的内在因素，是一种自觉的动机，当对某种事物或某项活动产生积极的态度，即产生积极追求愿望时，或因十分需要而"饥渴"，或因强烈追求而激动，或为达目的而执著。因而，容易接受外界影响，这正是实施思想品德教育的有利时机。故教师应进行情感沟通，激发兴趣，使其感悟。教师如能把握学生的"兴趣"，直接结合其感兴趣的因素，因势利导，必能激发其热情，收到事半功倍的效果。

二、寻求"动情点"

青年学生情感极为丰富，当其某种情感表现突出时，要有针对性地进行教育：一是感情冲动时，易做出越轨行为，此时如能加以点拨，就会使即将泛滥的感情潮水沿着理智的河床流淌；二是情绪低落时，由于失意而感到精神空虚，对一切都失去信心，此时更需热情关怀，并指点迷津。只要满怀深情地把握学生思想实际，选好和把握触及其心灵的"动情点"，就能打开学生的心扉。

三、提出"醒悟点"

受到表扬、奖励和获得荣誉的学生，易生骄傲情绪而忘乎所以，但又怀着喜悦心情而能畅快地接受教育，易接受指出的缺点。此时，对这类学生可开门见山或直截了当地进行褒贬，并迅速指出其"醒悟点"：一是应克服的弱点，二是应注意的事项，三是可提出更高的要求。

四、发掘"闪光点"

后进生或因犯了错误而受到批评或处分时往往表现出情绪低落、意志消沉、沉默寡言、怕提旧事。对这类学生首先要实事求是地挖掘他们过去学习或表现上的"闪光点"。寻找"闪光点"是教育后进生促其转化的突破口，所以对其"闪光点"要加以肯定、赞扬。同时指出努力方向，令其感到是雪中送炭。即一是肯定成绩和优点，二是寻找进取途径和方法，三是指明前途和希望。

五、找准"相容点"

对具有逆反心理、对抗心理的学生，要热诚和蔼，耐心倾听他们的意见，积极找准"相容点"，尽快缩短心理差距。一是爱好相容点，找共同语言；二是经历相容点，寻共同情感；三是理想相容点，讲共同目标。这样，易消除误会，可增强理解。

六、激发"内燃点"

有的后进生自尊心减退，情感淡漠，怀有自暴自弃心理；有的学生遭遇不幸，产生思想压力，渴望得到关怀和帮助。对这些学生要注意激发其"内燃点"，尔后加以引导，促其振奋。为触及其心灵，引起反思和顿悟，可从"四心处"谈起：一是从"痛心处"谈起，二是从"寒心处"谈起，三是从"灰心处"谈起，四是从"同情心处"谈起。教育者应帮助其分析原因，并燃起其心中发奋之火。

七、开启“动力点”

对甘居“中游”和易生“无所谓”心理的学生，只要使其感到老师对他重视、信任和支持，他就会扬起风帆，加足马力。因此，对这类学生应利用一切机会，多多接触，沟通感情，启迪思想，积极鼓动，形成动力。一是强化其竞争意识，二是发现其感兴趣的问题，三是坚定其进取心。

八、开发“智慧点”

开发学生的智慧点是思想教育成功的秘诀。在开展丰富多彩的各项教育活动中，应充分发挥学生的主体作用，把握学生爱好，优化学生个性，让他们在活动中得到锻炼，增强才干。特别是对有求异心理的学生，无论出于什么原因，从思想活跃性来说，它是一种积极的思考状态，也是有利的教育时机。

九、注意“潮流点”

潮流点，既指社会形势的变化，也指学生某个时期的某种追求或“时尚”。青少年思想活跃，对新事物敏感，又易追求新奇，并互相影响，常常成为一种潮流点。潮流点的出现，对学生来说，有的是从众，纯粹是为了追赶“时髦”；有的是为了满足某种虚荣，以示自己并不落后；有的是自身某种意识和爱好，借“机”表现等等。潮流点的出现，有时发展很快，特别是与社会潮流趋同时，就很快会流行起来。此时，既是对既定工作的一种干扰，也是学生思想行为表现的新因素。此时，尤其需要教育工作者帮助学生提高认识，明辨是非，指明方向。特别是当某事物或某活动引起学生十分关注时，其思想会迸发出极大的热情，处于亢奋状态，教师如能及时把握，就是进行思想品德教育的非常有利时机。

十、利用“变化点”

学生一些有规律的变化，常被有经验的教育者事先预料到和紧紧把握住。如入学之后、学期之始、入团（党）之前、毕业之夕等时候。这些都是易使学生心理上产生变化的时期，尤其是在环境转换、刚到一个新环境时，学生常常会萌发新的希望，此时是进行思想品德教育的有利时机。即使后进生也是如此，只是其旧习惯势力较强，刚刚萌发的希望未被老师发现，便又淹没在旧习惯势力之中，而给人以不可救药的错觉。所以，必须细心地观察学生的一颦一笑、一言一行，善于发现他们从心里升腾起来的积极向上的火焰。对此，必须热情关怀，循循善诱，抓住时机，及时做好转化工作。

人的心理波动有积极、消极之分，在学生心理发生积极波动时，及时“推波助澜”可把学生的自豪感和上进心引导到健康正确的轨道上；当学生心理发生消极波动时，及时“力挽狂澜”，千方百计使这种波动尽早尽快减弱和停止，让学生看到自身的长处和潜力，从而跳出灰心丧气的圈子。同时，要善于把握学生处于失衡心理状态的时机，陈说利害，分析矛盾，及时引导，指点方向，教给方法，强力催化，使他们重振精神。思想品德教育是一项艰巨而长久的工程，只有加强改善思想品德教育，才能构建良好的校园环境。把思想品德教育和智育等方面有机结合，是造就一大批建设祖国人才的必由之路。做好思想品德教育任重而道远，必须锲而不舍，持之以恒，以拥有品德，延续品德，创造品德。

思想品德教育的时机

工人炼钢、锻造、热处理都要掌握成分、火候和时间；农民耕作、播种、收割必须注意气候、墒情和时令。思想品德教育乃是思想的塑造、心灵的播种、道德的启迪，岂能不捕捉有利时机？所谓有利时机，是指一事物转化为他事物的关键点。所谓捕捉有利时机，即从外界环境、学生心理和教育内容所组成的综合动态系统中，寻求其最佳结合点。教育时机，体现教育艺术的造诣，决定教育艺术的境界，是在教育过程中对种种程式、技巧等给予精确而有效的掌握与控制。思想品德教育，是一项艰巨复杂的“心灵工程”，须讲求春风化雨，润物无声，耐心细致，潜移默化；把握时机，对症下药，有的放矢，以取得事半功倍之效。所谓把握最佳时机，即充分利用学生的积极情绪状态，运用适当方式，及时教育或促使他们进行自我教育。那么，应注意捕捉哪些教育时机？

一、伊始开端时

新学期、新入学是学生生活发生变化的时刻，学生往往把它作为自己追求新目标的开端。在这种转折关头的学生常常产生“从头来”“好好学”的愿望。此时的学生最易萌发新意识、新动力、新竞争力、新生命力，而那些旧烦恼、旧恩怨、旧矛盾、旧功过都将在这时净化、扬弃、升腾、转化。此时如能因势利导，做好开学、入学教育，必能收到事半功倍之效。

二、初见端倪时

好与坏、正与邪、美与丑、前进与倒退，均非突然出现，都有端倪可察，都有一个由小到大、由少到多、从量变到质变的过程。只要独具慧眼，细心观察，不难发现其苗头。苗头是量变的开始，质变的预兆。对好苗头要从点滴抓起，当良好品德行为闪现第一点火花时，应立即给予恰当肯定；对坏苗头要防微杜渐，当不良品德行为尚在萌芽状态时，要迅速消灭。抓苗头需有深厚的师生感情，只要从爱出发，晓之以理，动之以情，必能做到“润物细无声”。

三、环境转换时

当由一个旧环境转入一个新环境时，如考入新校、跳级、留级、调班、插班、转学、进入新学期及教师调换时，学生对新环境、新同学、新教师都会产生一种喜悦或担心、信任或怀疑的心理；有一种强烈的新感受，加之内心潜藏自尊心的催化作用，总会暗示或提醒自己要干出个新样子来。这种朴素而发自内心的动机，能产生一种按新环境的要求来调整自己态度和行为的倾向。教师应充分利用进入新环境的内心变化，给予热情鼓励，科学引导，帮助学生明确新目标，谋划新方向；抓住新时机，解除学生思想上的犹豫、疑虑，使其在新环境中，为实现自己的新计划、新理想、新抱负而积极进取。

四、遇到挫折时

当学生考试失败或在其他方面受到挫折，感到沮丧、失落，产生灰心、冷漠、绝望情绪时，或思想斗争激烈而“欲求新径”时，教师要“雪中送炭”，及时关心其疾苦，细心体察其心理，帮助他分析、总结失利的教训，使之从困惑中解脱出来，正确认识受挫的偶然性与必然性、主观与客观因素，振作精神，发愤图强，在成功与失败面前始终自尊、自信、自强、自立。

五、受到激励时

学生看了动人事迹、听了英模报告，很易产生“我也要干出一番成绩，做个英雄”的愿望和热情。“打铁须趁热”，教师若能抓住此时机因势利导，或使五分钟热度变成适度的恒温，使其一时热情变成持久的行动。

六、情绪愉快时

当学生感到一些事情符合或满足自己愿望时，就会产生喜悦、兴奋的情绪。比如进步受到表彰时、爱好得到满足时、所学取得成绩时、所求达到目的时、所做取得成功时，就会产生积极情绪和自豪感。在这种心理状态下，既容易产生满足现状、骄傲自满、沾沾自喜等缺点；又由于心情舒畅，比较明智，容易接受批评，若在此时进行思想品德教育，使其戒骄戒躁，提出下一步前进的目标，很易顺利奏效。

七、发生兴趣时

兴趣是人们乐于接触、认识某种事物，并力求参与相应活动的一种积极意识倾向。学生对某种事物或活动发生了兴趣，就会对其表现出积极的态度，产生强烈追求和迫切了解的欲望。此时，如能因势利导，消除消极影响，增加积极因素，必能收到明显良好的效果。

八、渴望关怀时

当学生遭受不幸，在困苦危难之时，或卧病在床，或家遇困境，或其他始料不及、突然降临的变故与灾难，急需别人来帮助他排忧解难时，若向他伸出同情、友谊、关怀和帮助之手，往往胜于千言万语，这会留在学生记忆深处，并伴随他们度过漫长岁月。“难”中相帮，终生难忘。

九、形成反差时

当学校教育与家庭教育或社会影响不一致时，学生会产生怀疑、困惑或矛盾、犹豫、反复、烦恼等情绪。此时，如能及时了解造成反差的原因，帮助他们正确对待不同的教育影响，明辨是非，指明方向，将会使其从“山重水复疑无路”中收到“柳暗花明又一村”的效果。

十、发生大事时

当国内外、校内外发生涉及学生的重大事件和活动时，要及时了解学生注意、关心的焦点，帮助他们正确认识和对待客观现实，避免消极影响，促其积极思考，增加“抵抗力”和“免疫力”，从而健康成长。

十一、产生悔过时

“人非圣贤，孰能无过”。过错犹如疾病，在人生中在所难免。身心尚处迅速发育阶段的学生，在学习、生活中出现这样那样的不足或过失在情理之中。在各种因素影响下，可能会表现出某种悔悟之意。“悔悟”是知过改过的开端，也是进行思想品德教育的时机。这时教育可产生两种效果：“改邪归正”或“破罐破摔”。应高瞻远瞩，审时度势，细心观察学生对过失悔悟的各种表现，因势利导予以启迪、指点和引导。

十二、愿望失去时

学生在学习、成长中常常不自觉地流露出自己的强烈愿望或迫切要求。倘若愿望与要求很难在短时内实现，则易产生焦虑、懊恼、压抑的情绪。教师应清楚、准确把握其愿望或要求，给予解决理想与现实之间矛盾的途径或策略，引导其积极创造条件，实现那些具有现实可能性的愿望，支持其确立新的前进目标。

综上所述，最佳教育时机总是出现在矛盾对立的双方实现转化时，失去对此时机的把握，常会导致消极方面转化为矛盾的主导方面，以致铸成大错，那时再进行教育往往事倍功半。因此，须细心观察学生的情绪、言行和细微变化，善于分析和把握矛盾转化的关键时刻，不失时机地进行疏导、点拨。然而，把握了最佳教育时机，仅仅是找准转化的机缘，若促成转化的完成，尚须灵活多变的技巧与艺术。人的心灵是块神奇的土地，播上思想的种子会获得行为的收获；播上行为的种子，会获得习惯的收获；播上良好习惯的种子，会获得高尚品德的收获……

思想疏导十法

一、解释疏导

解释疏导，即向学生说明事情的原因，用“以理服人”的方法说服对方，其中的关键是能准确击中其心房的按钮，讲明事实的缘由，来消除其误解或疑虑。运用此法要注意哲理性、针对性、合理性。

二、规诫疏导

规诫疏导，即采取与人为善、以诚相见、直言规劝的方法，对那些多血质、胆汁质特点较明显的外向型学生和那些受挫后对别人猜疑、怨恨者运用此法，效果会更佳。运用此法要做到热心、诚心、耐心。

三、慰藉疏导

慰藉疏导，即以温和、亲切的态度，用“体贴安慰”的方法进行思想工作。对那些表现较好而对某些问题一时想不通的学生可用慰藉法。运用此法要做到关心、细心、知心。

四、警呵疏导

警呵疏导，即对犯或将犯错误的学生“投猛剂，起沉疴”，击一猛掌，令其在昏昏中震醒，或用“大声”唤醒，阻止其不良行为，令其“悬崖勒马”。运用此法要注意适当、适度、适时。

五、类比疏导

类比疏导，即以“比方”或例证等说服。针对学生的思想或言行，运用正反典型事例引其剖析、比较，以事喻理使之借鉴。对那一时想不通，钻牛角尖者宜用此法。运用此法要注意贴切性、真实性、生动性。

六、感化疏导

情感是沟通师生心理的桥梁。所以，教师要善于运用动之以情、以情感人的方法，使师生情感交融在一起，输出的信息能随学生感情闸门的打开而输入。运用此法要注重诚实性、情感性、导向性。

七、论理疏导

论理疏导，即在广开言路的基础上，不是就事论事，而是就事论理，通过争辩论理，寓教于议，以明曲直是非，澄清模糊认识，进行说服教育。运用此法要注意逻辑性、说理性、科学性。

八、暗示疏导

暗示疏导，即通过暗示，使学生自我认识与谴责，达到自觉改正的方法。运用此法，可避免伤害学生的自尊心，对性格内向、自尊心强者，使用此法，效果会更好。运用此法要注意准确性、鲜明性、可受性。

九、览践疏导

览即看，践即做。通过各种生动活泼的实践使学生亲身感受，促其改变错误，明确努力方向。对乐于从事社会活动及有特长者，多给其锻炼和实现心理满足的机会。运用此法应有示范性、启发性、教育性。

十、转移疏导

人在发愁发怒时，大脑皮层会出现一强烈的兴奋中心。这须新异刺激引发新兴奋中心抵消、冲淡之。对因重大问题受挫而沉湎于痛苦中难于自拔者，此法最为有效。运用此法需及时性、针对性、有效性。

名师与严师

教育事业需有名师，尤需更多严师。名师虽好，不可多得，不可能人人都是名师，但人人皆可成为严师。“严师”是“名师”的基础，“名师”是“严师”的高层。有些人既是“名师”又是“严师”；既像严父那样严格要求，又像慈母那样关心爱护。可谓师心慈、师教严、师德良、师表端。

一、名 师

无名师难以成名校，名师是名校的必备条件。所谓名师，是指德高望重、学识渊博、教艺高超、理念先进，能培养出众多人才，达到“教育家”水平的教师；即在教学实践中能够做到以德为先，敬业、勤业、乐业、见解独到，风格独具，能洞察学生心灵，注重教会学生做人、做事、会学……“名校”呼唤“名师”，“艺高”和“德劭”都是“名师”应有之义。名师，对于学生、学校乃至整个教育事业的影响都是相当巨大的，会起到示范、凝聚、辐射等效应。由此，便可想到“名师出高徒”这个具有规律性的命题。从古代圣贤孔夫子的“弟子三千，著名者七十二贤人”；名垂青史的东汉杨震素有“关西孔子”之美誉，明经博学，门下荟萃弟子千余人；东汉经学家、文学家马融，才高学博，一代通儒，门徒也常有千余人……到当今学校教师的桃李满天下，教育出无数人才……人才背后大都有一所名校，这几乎成了一条铁的定律。如果说人才是成熟的硕果，那么名校即为培育人才的苗圃或哺育人才的摇篮。然而，名校的真正魅力却在于名师。教师，是文明摇篮的守护神，是开启智慧大门的领路人，是人类灵魂的工程师。教师，要甘于清贫、甘于寂寞、甘于奉献、甘当人梯。

（一）师德高尚

注重修养，完善人格；学为人师，行为世范；心理健康，情操高尚；诚实守信，公正无私；胸怀宽广，顾全大局；廉洁自律，不谋私利。要懂得教书不仅是为了挣工资，而是能当做事业去追求，无怨无悔。能得到社会的尊重和学生的爱戴，热爱教育事业，热爱学生，愿做蜡烛，甘当人梯，是名师的共同点。名师都把道德品质、教育理念、人格魅力等放在第一位。

（二）从业高态

目标明确，既注重教育的现实目标和终极目标相结合，又看重终极目标的实现。因而，爱岗敬业，热爱本职工作；兢兢业业，勤勤恳恳；献身教育，无怨无悔。教师的从业态度可以分为敬业、勤业和乐业三种层级。敬业，是尽己之应当尽的职业义务；比敬业更高的是勤业；最高层次是乐业，即达到诲人不倦的高度。

（三）教艺高超

形成自己对教育独到的见解。对整个教育和自己所从事的学科有独到的认识、见解和理论，教学艺术和教学方法不仅能够与时俱进，而且能超前适应新形势、新任务，始终能把那些枯燥的概念、抽象的定义讲得像童话那么生动，每句话都具有巨大的思想威力，使学生听课是一种享受，使同行听课屏息凝神都能入迷。

（四）风格独特

名师贵在风格各异，甚至独成一家。名师贵在有风范，令人敬仰。因风范源自品格而不矫饰，也因风范源自品格而更加自然。名师均有自己独特的教育思想和教育理念，形成独特的教学个性和风格，将教育教学变成了艺术，这是名师的一个突出特征；对教育有深层次的思索，不流俗、不随风，独树一帜，高人一筹。

（五）教书育人

作为负担“教书育人”神圣职责的教师，既要“传道、授业、解惑”，更要成为学生道德的楷模、成才的导师，为人师表，从而能担当起“育人”的社会责任。名师既懂得教书，更会教学生做人。了解学生的心理，洞察学生的心灵，以德育人。教育学生学会做人、学会学习、学会生存、学会创新，为社会培养和造就大量全面发展的建设者和劳动者。关爱学生，师德的核心是“师爱”，但这种“师爱”不是单纯关心学生的学习成绩或生活，除此之外，更多是着眼于学生今后长期的发展与成长。

（六）博学多才

“名师”，注重平时在思想和业务上的长期积累。不仅具有渊博宽厚的综合知识基础，而且精通本专业本学科的理论知识。名师既要做专家，更要做杂家。这样在教学中才能旁征博引。

（七）成绩卓著

通过教育实践，使培养的学生在走上工作岗位后都能成为水平高、质量高的社会有用之人；亦即，让自己培养出的学生成为时代大潮里的“弄潮儿”，服务社会、贡献国家、造福人类，这是名师伟大之处。

（八）不断创新

且不说名师的知识、能力和学术成就，就说其科学独特的思维方式对于学生来说何尝不是一本生动的教科书？名师，深知从教育理念的确立到教育实践的探索，是一条漫长曲折而且充满荆棘坎坷的道路；因而，需做无畏前行、披荆斩棘的先锋，并有敢于“吾将上下而求索”的气概。亦即，不仅诲人不倦，而且学而不厌。刻苦钻研，有较强的教学科研意识和较高的科研水平。不断更新观念，开拓创新。

（九）为一盏灯

名师这盏灯会引导学生进入知识的殿堂。名师蔡元培不拘一格聘人才，把年轻有为崭露锋芒的“落榜生”梁漱溟聘为大学教授，造就了一代鸿儒；名师英国科学家戴维，不仅引导法拉第走上科研道路，而且在其悉心指导下，使法拉第后来居上，取得比老师更大的成就，所以当戴维在填写登记表中对科学的贡献一栏时，只写一句话：“最大的贡献——发现法拉第。”当今的名师也以自己的睿智和远见，照亮学生前进的道路，成为我国现代各个科学技术领域的开拓者和奠基人。

（十）是一座桥

名师这座桥是其奉献精神和无私胸怀凝聚而成的。陶行知“捧着一颗心来，不带半根草去”；杨昌济“自闭桃源称太古，欲栽大木柱长天”；华罗庚“心甘情愿当人梯，鞠躬尽瘁育英才”。牛顿的老师巴罗，为给牛顿创造更能发挥才干的独立工作条件，年仅 39 岁就毅然让贤，推荐牛顿代替自己当上剑桥大学的首席教授。清华大学梅贻琦校长有句名言：“所谓大学者，非有大楼之谓也，而有大师之谓也。”大师更是名师。就今日而论，我国几乎所有高校的大楼确实一栋比一栋漂亮壮观，但真正的名师、大师却凤毛麟角。倘若每所院校都有那么几位名副其实的名师、大师，再由他们带动一批敬业精神强、教学水平高的教师，又何愁不能人才辈出，群星璀璨？

二、严　师

过去，曾有过“名师出高徒”还是“严师出高徒”的争论，结果是不少人倾向于“名师出高徒”而不赞成“严师出高徒”的提法，其理由：名师必为良师，名师的学问高，是教育专家，在教育教学实践和理论上都有较高水平，对学生能指导在“点”上，能使学生的聪明才智得到充分发挥与发展；而严师则往往把学生的手脚捆得太死，只会使他们跟着教师亦步亦趋。从历史经验和现实情况看，这种说法既不符合于历史，也不合拍于现实。诚然，“名师出高徒”是完全符合规律的。但还应看到，“名师”和“严师”不是相互对立的，而是紧密联系的。古往今来，有许多成名学者，总是十分怀念和感谢以前老师对自己严格要求之教益，因为他们深知自己的成长是同名师的指点和严师的鞭策分不开的。俗话说：“教不严，师之惰。”可见一位良师必定是“严师”；师不严，徒是“高”不起来的。然而，“名师出高徒”与“严师出高徒”非决然对立，这两个命题都可能成立，名师固然是良师，严师同样是良师。“严”指的是一种态度，一种精神，即用严肃认真的态度对待教学，能够在学业上和思想上严格要求学生，不断欣赏、鼓励和鞭策学生追求进步，勇于攀登；同时，能以身作则，为人师表，用自己严谨的治学态度潜移默化地感染学生。严师离不开严教。严教，并不是板着面孔、声色俱厉、简单粗暴，而是严谨治学，严肃执教，严得适当，严得有效。具体要求如下。

（一）严而有度

“度”，就是适当，即宽严适度，深浅适当。在教育学生中，只有符合学生心理发展规律，符合学生实际的严，才是适当的、合理的。“度”，即在尊重学生人格和维护其自尊心的限度内严格要求。为此，教师要熟悉学生身心发展的特征，熟悉学生学习心理，了解学生思想特点。同时须清楚，严而有度的实质不是迁就，而是适当；要把握尺度，超过限度，就变成严厉；严教，更非声色俱厉地训斥或体罚；严教，应像登山一样，一步一步拾级而上，不能操之过急。

（二）严而有格

“格”，即标准和规格。“严”是达“格”的条件，“格”是“严”的规范。对学生的严格要求，要符合一定的标准。有关的教育法规，如《学生守则》《学生日常行为规范》《教学大纲》等，都是严格要求的标准。有了这个格，就有章可循。在思想品德方面要对是非、善恶、美丑、好坏的判断具有鲜明性标准；在文化科学技术知识方面要重视学习动机的端正、学习兴趣的培养、自学能力和创新精神的形成。在严而有格的同时要注意：严，要恰到好处，“无以规矩，不成方圆”，但超越规矩同样不成方圆。真理向前跨进一步就会变成谬误。切不可认为对学生越严越好，而做出严而忘格、严而出格的事。规章制度这个格的提出必须是合情合理的，是学生应该做而又能够做到的，不能偏离轨道，更不能乱严胡严。出格的严，不仅不能被学生所接受，而且会影响学生的身心健康。

（三）严而有情

“情”，即爱生之情感。教师对学生严格要求，要以“爱”为前提，把爱作为出发点，同时体现“爱”，即严而有爱。爱是基础，严是手段。“寓有情于无情”，严格而不冷酷，热爱而不放纵，严与爱是教育学生的两条轨道，缺一不可。我国历来把严教的父亲称为“严父”，称慈爱的母亲为“慈母”，教师应既是严父又是慈母。但严父也好，慈母也罢，关键是有无情感。有情感才能热爱学生，把学生视作国家的未来和希望倍加爱护。特别是对后进生更要像花匠对待受过虫害的花朵，不是粗暴铲除，而是精心照料。须知，教育学生只有“情”发自内心，源于真诚，现于行动；只有“严而有情”，以情动其心，以言导其行，才能收到由感化到转化的效果。只有把“爱”融于“严”中，才有利于学生健康成长。

（四）严而有方

“方”，即方式方法。管得过死，严而不当，只能限制学生的智慧；不讲求方式方法，教师的良苦用心就不一定被学生所接受。刚柔相济与严宽并用都是良好的方法。所谓刚柔相济，即高标准，严要求，就是刚；采取学生能接受，而且有效果的好办法，就是柔。在教育中，应刚则刚，该柔则柔，刚柔相济，寓刚于柔，就是严而有方。所谓严宽并用，即若一味地严，学生顾虑重重，易造成师生对立；一味地宽，学生无所顾忌，为所欲为，甚至不可收拾。所以，无宽之严，易得其反；无严之宽，养痈为患。严可使学生敬重，宽可使学生爱戴；严宽并用，则可使学生敬而不远，亲而不亵，则教育之目的能达矣。

（五）严而有导

“导”，即疏导与引导。对学生不仅要“严格要求”，而且要“晓之以理”，把“理”讲清、讲透、讲出高度，使之变为学生行动的指南和动力；不仅要向学生提出严而有格和严而有度的要求，还应让学生明白教师提出严格要求的意图，知道如何才能更好地达到要求。

（六）严而有恒

“恒”，即持之以恒。严格要求不能虎头蛇尾，一曝十寒，或时严时松，或朝令夕改。应从学生入学的第一天直至毕业离校的最后一天，始终如一，不可因学生稍有进步就放松下来，也不可因学生快毕业了就马虎起来，而要总是倾其所能地指导学生，不停地鞭策他们继续前进，并希望学生进步神速。

（七）严而一致

“致”，即一视同仁。教师面对的是几十个纯洁、朴实及家庭背景和个性不同的学生，他们有的家境富裕，有的家境贫寒；有的父母为官员，有的父母是平民；有的是班级干部，有的是普通学生；有的很外向，有的很内向；有的来自繁华城市，有的来自偏僻乡村。学生的个性虽千差万别，但却一致向往与追求平等。学生最反对的是教师的不公，尤其愤恨对父母做官、家长请客的学生“暗送秋波”或“网开一面”，对无权势的贫寒子弟却白眼相加，不闻不问。为师者必须公正、平等地对待学生，而绝不因钱权丢掉自己的人格。换言之，对每个学生，不管是学生干部还是一般同学，是男生还是女生，是学习好的还是学习差的，是干部子女还是工农子女，都应一样对待，而且勿分亲疏。若迁就、偏袒或护短于某个学生，就会引起他人反感，影响教师的威信，易造成学生对师爱的误解。“致”的另一含义就是各方教育力量都对学生严格要求，且能形成合力。

概言之，学校应关注造就一支师德高尚、业务精湛、结构合理、充满活力的高素质专业化教师队伍，不断提升师资群体的整体水平。严师，应以言服人、以行感人、以智启人、以德化人，尤应严于律己。“其身正，不令则行；其身不正，虽令不从”“不能正其身，如正人何？”教师要求学生做到的，自己首先必须做到；不允许学生做的，自己必须不做。唯有如此，才能严教。严教是为爱生。严必须爱，爱必须严。严出于爱，必然就会有度、有格、有方、有情。严师出高徒。高徒之所以高，就在于能见其师所不见，成其师所未成，从而高于其师，体现“青出于蓝而胜于蓝”。严师之所以良，就在于十分看重使教育成为以人的发展为依据，能尊重学生，多些人文关怀，少些压抑和控制，为学生的发展创造自由的天地；严师之所以良，也在于敢于并乐于让学生有新发现、新创造，从而高于自己，使自己之“学”获得新发展。同时，更需注重“名师”培养，名师包括名教师、名班主任和名校长。尤其是名校长，如北大的蔡元培、清华的梅贻琦、南开的张伯苓……名师和大师都注重依法执教，具有法制观念，恪守职业道德，尊重学生人格，维护学生权益。尊重学生有一颗爱心，传授知识有一颗智心，为人师表有一颗恒心，献身教育有一颗真心，办事公道有一颗良心，培养人才有一颗公心。名师，既是人类文化、科学知识的传播者，还是人类开发理性、奔向光明的引路人。加强名师与严师的培养，是学校教育的永恒主题。师德高尚，是名师与严师的建设之魂；业务精湛，是名师与严师的养成之本；教书育人，是名师与严师的建设之责；为人师表，是名师与严师的建设之要。其四要素：师德，主要指思想观念、人格作风、职业道德等的准则和规范。师学，主要指实际智慧才华，包括学习、学问、学力等。师心，主要指意志品质和心理素质（坚定顽强的意志、公正的教育行为、谦虚的待人态度，良好的心理状态）。师情，主要指情感、情商、非智力因素等。其中，最为主要和必需的是道德高尚，能承担立德树人的神圣使命，在育人中须师德垂范，用道德情操去感染、影响和带动学生。为此，首先应以德施教、以德立身。名师与严师在教师眼中是为人的标杆：坚守精神家园、坚守人格底线，弘扬传统美德，以高尚的道德情操和人格魅力影响、陶冶和引导学生。教师应是教学的“专家”，育人的“行家”，活动的“组织家”，讲解的“语言大师”，辅导的“心理学家”。教者博学，师者厚德，无愧于教师二字，成为名副其实的教育家。

引导　疏导　诱导

教育的本质不是“管教、管束、管理”，而是“引导、疏导、诱导”。这一点，恰恰与传统教育形成鲜明对比。所以，教师的主导作用，在德育工作中表现为在学生良好思想品德形成过程中的引导、疏导和诱导。

一、引　导

引导，是教育者为实现某一教育目标采用的一种正确的思想导向和沟通师生感情的导向方法。由于种种原因，学生在不同层次与学段的学习条件不同，因而在知识程度和思想水平上有显著差别。其中，学习不够刻苦、成绩较差的学生，正是教育者必须关注的重点对象。对其进行帮助、教育的办法，就是多采取正面引导，多告之以“应当如何如何”，少戒之以“不准如何如何”。凡事要晓之以理，让他们知道应当如何做，为何那样做。当然，除了用语言引导外，还要以行动引导，即所谓“重言教，更重身教”。为此，教师要以身作则，以自己为楷模去影响学生，引导学生。同时还要注意做到如下几个方面。

（一）口头语言引导

如讲解、报告、谈话和讨论。

（二）书面材料引导

如指导学生阅读有关法规、制度、书籍或报刊文章。

（三）实践事实引导

如组织参观、访问、调查，接触社会，了解典型事例等。

二、疏　导

疏导是教育者为排除学生思想障碍所做的启示和指点，即使学生克服或绕开障碍的导向方法。对学生一时不能认识和改正的不良行为，不能一味批评、训斥。正确的方法是在理解、体察学生自尊心的同时，进行耐心疏导。即对其指明是非，讲清利弊，使其识别荣辱，辨明正误；防止急于求成而使其丧失信心，甚至发展到破罐破摔的地步。平时，要关心学生的爱好和兴趣，大力开展生动活泼、健康有益、陶冶情操的课余活动，使学生的不良意识和行为，在积极向上、潜移默化的教育中逐渐消除和纠正。为此应做到以下几点。

（一）奠好疏导基础

1. 保护自尊　即使最糟糕的事情发生，也不可让学生当众出丑。

2. 推心置腹　这样能满足学生的心理要求，有助于消除其逆反心理。

3. 充分说理　禁令不能疏通淤塞的头脑。少一点“不准”，多一点“应知”，让他们在思索中找到理智的钥匙。

4. 了解个性　对学生进行心理疏导，首先要了解学生的心态，研究学生的个性。

（二）坚持疏导原则

1. 心理沟通原则　师生相互理解和信任，是做好疏导的前提，学生只有在信任教师的基础上，才能“亲其师，信其道”。

2. 超前疏导原则　疏导工作最好做在心理障碍出现之前。因为心理疏导不仅是针对少数已有心理障碍者，还必须面向全体学生。

3. 注重说服原则　要摆事实，讲道理，循循善诱，启发自觉，以理服人。

4. 表扬为主原则　利用学生的自尊心和积极向上的心理，鼓励他们不断前进。

5. 自我疏导原则　教师要把一些正确的自我疏导方法告诉学生。

6. 因势利导原则　人有内在自我发展的潜能，充分发挥其自身的积极因素，克服其消极因素，既是教育“辨证施治”的艺术，也是教育运用心理学的典型方法。

（三）掌握疏导方法

1. 隐抑法　把一些不畅快的念头，暂时抑制于潜意识中，力求使心态保持平衡。

2. 解脱法　当理想不能实现时，可用象征性的事情和行动来抵消不愉快之心境，以平衡情绪。

3. 发泄法　心中有郁闷消极情绪，不妨找几个知心者进行倾吐，或通过博客“一泻千里”。当腹中“苦水”全部倾吐后，心情就会觉得舒畅，即“一吐为快”。

4. 合理法　对不尽如人意的事，应多思考其合理之因素。

5. 转移法　将消极的情绪转移到积极的学习中去。

6. 冷却法　在感情冲动时，不要急于解决矛盾，可拖段时间再“冷处理”。

7. 移境法　用转移外部情境的方法，消除内心烦恼。

8. 克制法　在感情冲动时，用理智来克制。

9. 榜样法　以他人的长处为榜样，来减弱自己想不通的问题。

10. 相容法　把自己置于集体之中，与集体协调融合。

进行心理疏导，必须在研究学生心理的基础上，讲究艺术，注意“火候”，因势利导。

三、诱　导

诱导是教育者用劝说或某种艺术手段对学生产生吸引力或诱惑力的导向方法。凡事要成功，都需讲究策略艺术。在思想品德教育中，涉及许多诱导、说服学生的工作，只有精通诱导的心理策略艺术，才能扣动心弦，使学生心悦诚服。诱导的心理策略艺术主要有：

（一）为学生着想法

这种方法，即从有利于学生成长、发展和前途出发的说服方法。其要领是：在诱导时，注意为学生的利益着想，让其认识到这样或那样对自己有何种影响，帮助他权衡利弊与得失，使他感到教师完全是出于对他个人的关心和爱护。这样诱导，才会有共同语言，才会产生心理共鸣，容易为学生接受。

（二）逐步要求法

这种方法又叫递进法。就是考虑学生的心理承受能力，一次不提太多太高的要求，而是先从小处着眼，从低标准入手，提出对他来说很易办到的要求，一旦打开其情感缺口，就可按照预期的计划或设想，步步深入，最后达到诱导目的。

（三）现身劝说法

这种方法，就是以教育者亲身经历和感受、经验或教训，以事寓理，去影响和劝说学生。这种方法能增加可信度，使学生觉得你所说的观点、道理和做法实在、可取、可学，从而产生积极的模仿效应。

在日常的教育工作中，不仅应经常、深入地向学生进行理想、前途和形势教育，使祖国美好前景对学生产生无限的激发力、驱动力和诱惑力，诱导学生生发强烈的使命感而奋发向上，而且要善于在社会生活、学习实际和思想波澜中抓住每一个可利用时机，及时进行思想品德教育。比如，当一种带倾向性的社会现象出现时，或一部具有深刻思想内容的电影上映及一部颇受青年学生青睐或广为流行的书刊出版时，要组织学生进行讨论、评议或举行专题班会，谈体会、写观感，借以诱导和提高学生认识。在平时的教育活动中，对学生进行引导、疏导、诱导时，必须认真考虑如何做到：其一，适应年轻一代身心发展的顺序性；其二，适应受教育者身心发展的阶段性；其三，适应年轻一代身心发展的不均衡性；其四，适应受教育者身心发展的个别差异性。

教师影响的力量

教育，作为人对人的影响，是以教育者个人的人格为基础，对学生施以良性的影响，通过这种影响实现教育者与受教育者的共同进步与成长。

一、德高为师以人格赢得敬爱

千百年来，教师的天职都是传道、授业、解惑。从某种意义上说，传道是将生活中重要的人生道理包括德行传递给学生。其中，首先是教师个人德行对学生潜移默化的影响。一个有德行的教师，不仅要帮助学生树立积极健康的品行，还要通过言传身教来影响学生。慎独、自省是教师德行的重要内容。教育者首先要具备高尚的德行，才不至于以自己的所谓师道尊严居高临下地教育学生。教师要想赢得学生的敬爱，最要紧的就是人格的魅力。

二、才高为范以学识赢得尊重

如果说传道是教育精义的话，授业、解惑则是手段，也是使命。才学对于教师来说，是安身立命的根本。在一个资讯发达、知识激增的时代，教师必须成为一名学习型的教师，必须树立终身成长的观念。知识的单向传递已不符合时代要求，知识的反哺与双向互动成为时代潮流。这意味着需要不断学习，吸取先进的知识包括来自学生的鲜活的思想，才能站在知识的前沿；同时，包括以尊敬的态度去对待自己所学专业以外的知识，克服学界同行相轻、隔行敌视的不良风气，而且知道自己的学识是有限的，从而始终保持学习进取的姿态。学习、成长是不二的选择。对于教师来说，学识是赢得学生尊敬的重要条件。

三、钟情学生以爱参与心互动

作为一个优秀教师，首先对教育职业和每个学生要有真情和爱心。教育是一种施爱的事业，教师是国家人才宝库的缔造者。应怀着对国家对民族高度负责的精神，怀着对学生无限热爱的感情，从事平凡辛苦的工作，生活清贫亦感觉精神富有。教育的理念、知识看上去是通过一张嘴、三尺讲台来传递的；其实，是教师和学生之间心与心互动的结果。学生不仅接受教师传递的理念和知识、技能，同时也接受教师传递的理念、知识的方式方法，教师对学生产生影响的既是表述出来的知识，也包括教师的心性、品格和道德。

四、教育为本以服务学生为主

教育是一个生命对另一个生命的影响，是人与人之间的思想、情感、知识、技能的交流与互动。基于此，教师需给予学生尊重、平等、关爱、呵护、理解、善待、包容和鼓励。高明的教师都知晓，尊重是一个教师能够给予学生的最好教育。实施教育首先意味着给予学生尊重与平等。看重学生作为教育的主体、独立人格的尊严。只有当学生获得尊重与价值感的时候，他才可以对社会表示敬意，对他人表示尊重；再者，教师需给予学生关爱与呵护，知道珍贵的东西总是慢慢长大，知道一颗橡树种子要长成参天大树需要阳光、空气、水和经年不断地施肥；教育对人的影响也意味着对受教育者的善待与理解。所有的男生都是王子，所有的女生都是天使，但王子有着不足，天使带着缺陷。那些问题学生并非朽木不可雕，而只是有特殊的需要。正是通过对学生需要的关注，对学生身上缺点的包容与接纳，才能培养学生的内在心性，提升学生的内在尊严。

通过影响，实现教育者与受教育者的共同进步；通过影响，师生共同感受教育的作用和价值，感受人情、人性和人的尊严。教师，一旦不自尊，就会在学生心目中黯然失色。为人师者的魅力，绝不仅仅是传道授业解惑，而是用最柔和的内心、最纯净的感情、最有力的方式，让每个学生都被温柔以待。其技艺令人惊叹，其精神更值得称道。

教师吸引力的类型及表现

人际吸引力是与他人交往中将对方的注意力与倾向力引到己方来的一种心理影响力。教师的吸引力是其品德、学识、能力、情感、情趣、情绪等所产生的一种对学生具有积极影响的力量。

一、形象吸引力

形象包括谈吐、举止、风度和教态等。如作风朴实、举止潇洒、平等待人、友善相处等，对学生产生的吸引力。具有形象吸引力的教师，学生会主动与他（她）接近，并暗中模仿其行为举止。

二、情感吸引力

要用高尚情怀、炽热情感去关心、爱护、理解、尊重学生，使之产生亲切感、信任感，进而形成“向师力”。教师应以赞许的点头、期望的目光、会心的微笑、亲切的抚摸……尊重学生人格，关心学生疾苦，感化学生心灵、净化学生心境，成为学生的良师益友。

三、学识吸引力

学识吸引力，是教师渊博学识对学生所产生的征服力，即使桀骜不驯、目空一切者也会让出心灵上的空座，承认教师的权威。有学识吸引力，学生必然敬仰教师的才华，相信教师的“传道、授业、解惑”。

四、才干吸引力

才干，指对事物敏锐的观察力，对问题透彻的分析力，处理偶发事件的机智力……还表现为语言的流畅、生动、雄辩，思维的清晰、敏捷、奇特，观点的鲜明、精辟、独到……具备这些能力，既可满足学生追求新知、渴望成才的需要，又让学生从内心信服、佩服，自然就对教师产生敬慕感、亲切感、信赖感。

五、资历吸引力

资历，主要指学历高、职称高、从教时间长等，学生对那些资历高及教学经验丰富、教学水平高超的教师，会自然产生一种服从感、敬重心、向师力。

六、艺术吸引力

艺术，在教书育人上具有丰富经验和高超艺术及颇具特色的教育手段和方法，如在教书上善于启发，长于诱导，形象生动，引人入胜；在育人上善于激励，长于表扬，谈吐幽默等，都会形成最佳的教育“磁场”，产生极大的吸引力，使学生信服、悦服、佩服。

七、品格吸引力

品格，由信仰、追求、人格、作风诸因素构成。教师的品格是用真诚、和善、公正等原则与学生相处。这样的教师，无须讲太多道理，许多要求都能被学生所接受，使学生产生亲切感、信任感、崇敬感。

八、健康吸引力

健康体魄，充沛精力，是教师履行教书育人的条件。要学生刻苦学习，自己就得勤奋工作。一个经常因病休假、精神不振者必然影响在学生心目中的形象而减弱对学生的吸引力。故需健康体魄强化吸引力。

教师的吸引力主要来自尊重人，以诚待人；理解人，以理服人；关心人，以情感人；塑造人，以德育人；培养人，以智启人；影响人，以身教人。用真情打动学生，以人格赢得学生，凭知识征服学生。

如何赢得学生的爱戴

教师要想赢得学生的喜欢、拥护和爱戴，除要有高尚的思想品德、渊博的知识功底、超人的教育能力以及诲人不倦的教学态度、循循善诱的教学方法、无微不至的热切关怀、高尚无比的钟情爱心外，还应掌握一些交际学问，把握学生心理，做好育人工作，形成最佳“磁场”。具体有以下几点。

一、尽快记住学生的名字

“记住人家的名字，而且很轻易叫出来，等于给别人一个巧妙而有效的赞美。”每个人的内心深处，都渴望别人的在乎、关注、尊重，乃至被人认可的心理需要。学生也不例外，都希望成为群体中被瞩目的一员，都愿自己在他人心目中占有位置。教师能够叫出学生的名字似乎不是一件超乎寻常的事，但超乎寻常的是对相处不久的学生，或第一次见面时就能直呼其名，一见如故，可让学生心田温暖甚至产生几分窃喜，会让其感觉到老师对他的重视而感到快慰，也会感到教师的亲和力，由此会产生对教师的信赖和爱戴。反之，如果与学生相处几个月，甚至几个学期还叫不出他的名字，尽管你表现得真心诚意，学生也会觉得自己在老师心目中没有地位，而感到自卑、失望，对老师产生陌生感、疏远感。

二、由衷对学生露出微笑

微笑是增强师生关系的润滑剂，是师生情感接近的媒介，是沟通师生心灵之桥梁。在和学生交往中，当你真诚、善意，由衷地露出微笑时，就能神奇般地缩短学生与教师之间的距离，会使教师和学生的关系一下子变得亲近、和睦、融洽。因为关怀的眼神和会心的微笑，是一种友好的姿态，是一种关怀、理解、尊重的感情，那是明确向学生发出信息：我喜欢你——同学，我接受你——同学！这充满祥和的气氛，使学生如沐春风，倍感亲切和温暖。投桃报李，教师的微笑必然会赢得学生的信任。

三、诚挚尊重和关心学生

学生正处在成长时期，自我意识逐步树立，自尊心随之增强，渴望得到他人尤其是教师的理解、尊重和关怀。①尊重的含义——是尊重学生的人格和权益，予以接纳、关注、爱护。②尊重的意义——是建立良好师生关系的重要条件，是有效助人的基础。可给学生创造一个安全、温暖的氛围，从而最大程度地表达自己，感到受尊重、被接纳，获得一种自我价值感。③尊重的实施——尊重意味着完整接纳、一视同仁、信任对方、保护隐私。尊重应以真诚为基础。所以，教育者在和学生交往中要富有同情心，能体察学生的感情，尤应尊重和关心他们，尽量为其着想。比如，看到学生上课打瞌睡或心情不好时，主动询问原因，了解所需帮助；再如，多关注被忽略的学生，让其觉得不被遗忘，师生之间就能架起感情的桥梁，达到彼此心理相容，使学生增强“向师性”，向教师敞开心扉，吐露真情。

四、真诚谈学生关心的事

语言能沟通感情，共同语言能增强感情。“酒逢知己千杯少，话不投机半句多”。善于提出与交谈学生关心和感兴趣的事情，师生间的距离会缩短，思想会共鸣，学生就会把教师视为知己。要如此，就需教师有明察秋毫的观察能力，有丰富广泛的知识积累，以做到与学生交谈各种话题面前都不至于“捉襟见肘”。

五、适当赞美学生的进步

人总是喜欢他人的赞美，青年学生更是如此。真诚地赞美学生，可激发出一股不可估量的内动力。对学生见闻的发现、取得的进步、存在的优点，哪怕是初露的“苗头”、微小的“闪光”，也不要吝惜使用肯定、赞美和鼓励的语言。教师如果善于赞美，掌握了赞美的艺术，就会发现赞美不仅给学生，同时也给自己带来极大的快乐。

六、经常倾听学生的意见

教师应经常深入到学生之中，增强自己的“学生角色”意识，倾听他们的意见和要求；注意“心理换位”，把自己置于学生的心理位置去思考和体验问题，理解他们的思想、情感、愿望及各种需求。这样，相互间就能增进理解，师生关系就会融洽，学生就会由衷高兴。很难设想，一个讲完课就走，从不与学生接触、交谈的教师怎会受到学生的欢迎。

七、用低声调与学生谈话

有时用低声调（小声或徐声发音）和学生谈话，既能使学生感受到教师沉着、稳重、友好的情绪，进而产生信任感，增进亲密感，又能使学生感受到一种宽松、和谐、平等的气氛，从而使学生畅所欲言，使师生关系进一步密切；相反，教师和学生谈话时调高声大，往往会使学生心烦意乱，或敬而远之。

八、语态应富有幽默感

教师富有幽默感，把道理讲得有声有色，颇具魅力，富有趣味性和哲理，既能增强自身的吸引力、感染力，还有利于融洽师生感情，产生良好的教育效果。在教学过程中，对出现的偶发事件，恰当使用幽默，往往能使人摆脱窘困的境地，保持心理上的平衡，并能消除矛盾，慰平恼怒，匡正荒谬，愉悦心情，还会使学生产生新鲜感、惊异感、敬慕感。

九、善用事后“私语”批评

在日常学习、生活中，当学生出现言行不当、失礼、欠妥或当学生偶尔犯有某些过错而不宜或不需立即当众予以指责时，最好运用事后“私语”批评法，进行正面提醒、开导。这样，会使学生感到教师是站在他的立场，是为了学生好；会使学生对教师产生亲切感、亲近感，从而产生对教师的敬佩、爱戴。

十、保守学生必要“秘密”

要尊重学生的人格，理解他们的心理，特别是正处在成长期、青春期的学生，有一种特殊的害羞、自尊的心理，有些事情或“隐私”，如“丢人”的毛病、某些心理疾患、曾有过的过失、被体罚的经历、身体及生理缺陷等，不愿意让他人或更多的人知道。然而，有时瞒不过教师，此时如能体谅他，为其“秘而不宣”，就会使他对教师“感恩戴德”，倍加敬佩。

要成为学生喜欢的教师，一要有献身教育事业的光荣感和使命感，努力将自己与学生的关系建立在积极教学情绪之中，使之感到自己可亲、可近、可信、可敬；二要面向全体学生，积极探索新颖而又科学的教学方法，做到胸中有书、目中有人、腹中有方，并能精心因材施教，看上去如行云流水，不留痕迹，实际上苦心孤诣，匠心独运，使各类学生各有所得，都能体验到获得知识与能力的快慰，保持乐学的高昂情绪；三要善于欣赏学生，以乐观、开朗、幽默感染学生，学生的缺点，不要同一次全都指出来，帮助他们拥有健全人格、自信人生；四要起好示范表率作用，形成最佳的教育“磁场”；五要亦师亦友，前者主要在课堂上展示，后者主要在课外体现，建立平等、民主的新型师生关系，与学生共同体验生命，共同成长。知心者之间才能交流真情，才能产生爱心。爱心的温暖能给攀登者增添热力，良好的品质是哺育后代的最好乳汁，高尚的情操是取得爱戴的无限魅力。用人格与学识征服学生，用真情与关爱吸引学生，用赏识与赞许激励学生……

学生眼中的“魅力型”教师

学生最喜爱哪种类型的老师？调查结果显示“魅力型”教师最受学生欢迎。大多数学生认为幽默是“魅力型”教师必不可少的条件，而且是首要条件。对于“魅力型”教师的评价标准，许多人可能理解为多才多艺、知识丰富、兴趣广泛，能感染和带动学生。单就当今学生而言，“魅力型”教师还要具备以下条件。

一、宽　容

教师的伟大在于宽容。为人师者，年岁长于学生，知识多于学生，阅历丰于学生，涵养胜于学生，所以对学生应做到宽容。宽容学生的缺点，宽容学生对教师的不恭，宽容学生的失误，宽容学生的幼稚，宽容学生的不足、缺点，甚至错误。宽容，是对学生发展缓慢的一种等待、期待。

宽容，是一种教育智慧，是一种修养，是一种对成长的期待，是一种崇高的境界。

宽容，洋溢着人格的魅力，感染着一个有待升华的心灵。

宽容，就是太阳放出的光芒。

宽容，像一缕阳光，能照亮莘莘学子心灵的每个角落。

宽容，是一丝春雨，能滋润学生龟裂的心田。

宽容，是一首美妙的歌曲，能唤起学生对明天的向往。

当然，宽容并不排斥严格，宽容不等于放任自流。如若对学生的缺点、错误听之任之，则不是宽容而是纵容。在这种宽容的氛围中，培育出的不仅是学业出类拔萃的后起之秀，而是心理成熟、心胸豁达、心地善良、富有人格力量的一代新人。宽容，是一种力量，能帮助学生改正错误，战胜自我。如果教师对学生的错误采取宽容的态度，会给学生留下很好的印象，如在指出学生不当行为时，多给他改正的机会；同时，鼓励他们发展自己的兴趣和特长。这样以宽容之心对待学生，友善地提出自己的见解，既保护了学生的自尊心，又尊重了其人格。多一些激励，少一些批评；多一些宽容，少一些苛求。正如苏霍姆林斯基所说：“有时宽容引起的道德震动比惩罚更强烈。”教师的宽容是学生自信心的保护伞，是学生发展的一种动力。

二、沟　通

沟通，就是走进学生的心灵，了解其所思、所想、所爱、所恨。教师与学生之间的沟通是成功教育的一个重要因素。如果教师和蔼可亲、善于沟通，学生就会乐于与其交流。如果教师能主动、积极地与学生交流和沟通，带着真诚的微笑走进课堂，就能使学生既感到亲切又得到放松。当教师试着走进学生心灵时，要以学生的眼光看“他”的内心世界，以学生的心情去体会他的心情，以学生的思想去推理一切，然后有效地将这些感受传递给对方，这样的同理心可使对方感到理解与尊重，从而产生温暖感，诱发出彼此充满体谅和关怀的沟通氛围，从而打破学生的心理壁垒，透视他们的内心世界，把学生心灵世界的沃土垦殖成“真、善、美”的苗圃，用爱心唤起学生的信任感，达到有效的沟通和交流。

三、鼓　励

鼓励，是指教师对学生每一点智慧的火花或微小的进步，都要做出肯定，如点头示意、微笑赞许、拍拍肩膀等。这样既可激起学生内心对教师的尊重和热爱，又会给学生以动力、信心和勇气。不管学生在哪个方面有特长，都要多鼓励、多赏识、多提供展示才华的机会。当学生表现出良好的言行时，要及时给予鼓励。当学生成绩不好或犯错时，不宜采取伤害其自尊心的批评方式，可采用赞扬、鼓励的方式，与其谈话，明确告诉他“你能行”“你可以”“老师相信你”……尽量增强学生的自信心，使之有成就感。一次恰当的表扬、鼓励，不仅是一种荣誉的享受，更多的是对其个人价值的肯定，进一步使他增强勇气和力量。

四、期　望

期望，是对人或事物的未来有所等待和希望，是人们对每样东西提前勾画出的一种标准，达到了这个标准就达到了期望值。要想使每个学生发展得更好，就应给他传递积极与更高的期望。歌德有句名言："期望，是生命的灵魂、心灵的灯塔、成功的指导。"教师不能没有期望，教育应在期望中进行，学生在期望中成长。期望学生有巨大影响。积极的期望促使他们向好的方向发展；否则，就会向坏的方向行进。

五、尊　重

社会的正常运转，需要各种职业；日常生活，也离不开每一种职业，这是当今社会的常理和规则。各种职业是平等的，做人的尊严和地位也是平等的，应把理解、支持和关爱，投向身边的每个学生。所以说，尊重是最好的文明修养。尊重，是指要尊重他人的权利与人格。尊重他人，其实就是尊重自己，互相尊重正是双方能够良好沟通的前提。同学之间、师生之间，都应相互尊重。然而，有人仅以自我为中心，不注意别人的感受；与人交谈时，只顾自己侃侃而谈，不给对方插话机会；或不爱听别人倾吐心声，甚至对批评自己的人出言不逊。这都是不尊重他人的行为。沟通的前提就是尊重，所以教师、家长须告诉孩子，人与人之间的互相尊重，可让人开心，使人奋进，助人成功。尊重别人，也会得到别人百倍的理解和尊重。尊重，是指教师应以真诚情感尊重每个学生的人格、自尊心、学习权利，尊重学生个性、特长和爱好。不以粗暴的方式进行高压教育，而应以理服人，耐心细致地讲清道理；任何讽刺、挖苦、歧视等侮辱人格的言行都为教师职业道德所不容，且易伤害学生心灵。因此在教育教学中，在任何情况下都不要损害学生的自尊心，对后进生尤需如此。后进生感到最困难、无信心的是学习，而学习好坏又是关系到其自尊心和能否成才的重要问题。尊重，更多是平等、礼貌、友好，减少距离与偏感性成分。尊重的另一种情况，是把犯错误的学生看作是一个有独立人格的人，在充分尊重其人格、不伤害其自尊的基础上进行恰当的批评。但不讽刺挖苦、不揭伤疤、不算老账、不让其当众"现丑"，使之认识错误和改正错误。培养良好的文明礼仪习惯，在学校设立"轻声区"和"静走区"，让学生学会说话，学会走路，学会与周围环境和谐相处。

六、关　爱

关爱，是从情感、学习、生活诸方面关心爱护学生，是开启学生心灵的钥匙和教育的起点。关爱，是教育的基础，是教师的天职和职业道德的核心。故应多一点温暖、体贴，付出更多的爱心！人生需要爱的温暖，犹如沙漠需绿洲，春草盼甘霖。教师的关爱，应渗透和滋润学生的心田，用爱心、宽容心、责任心对待每个学生。不偏爱部分学生而冷淡或歧视另一部分学生，既爱优秀生，也爱后进生，更爱那些急需关怀者。对聪明勤奋者倾注满腔热情，对迟钝调皮者尤需耐心；以深沉的关爱来医治心灵的创伤，用爱的甘露来涤荡精神的污染。真诚关爱，首先拥有一颗关爱学生的心，走进其心灵，了解、体贴、关爱学生。犹似农民爱土地，工人爱机器，发自内心，纯出天然。要用严父慈母之爱，关心学生的生活和学习。要有博大宽容的胸怀，以心换心，真诚对待学生，强化情感，使之"亲其师，信其道"。因此，教师要善于去发现每个学生的长处，切实关爱每个学生，尊重其人格，得到情感认同。唯此，才能感化、温暖学生，走进他们的心灵，促进全面、主动、健康地发展。只要关心、尊重、理解和信任学生，学生作为嫩芽在得到教师呵护滋润后，将会更好地茁壮成长。当学生受到挫折、处境困难时，给予同情、关怀、体贴和帮助，以师爱的温情融化其"心中坚冰"，可使之在愉快情感体验中接受教育、不断成长。

七、关　注

关心学生的一切，既要关心其学习、生活、身心健康和社会交往，也要切实关注其人格完善、生命发展、人文精神等。当然，关心要有度。关心学生的一切，不等于包办代替，更不是强加于学生。对于学生个人的隐私、个人的空间也要给予适当的体谅，这也是对学生的一种尊重。关注，是指多鼓励积极面，因人是需要鼓励和肯定的。特别是对不自信、不踏实、情绪低落的学生更应多加关注。①态度真诚——要真诚关注，否则学生就会有不信任感。②实事求是——不过分夸大，不盲目乐观。③有针对性——关注对方需要的、符合教学目标的。④积极关注——既要锦上添花，更要雪中送炭。⑤及时启发——引导学生学会发现自己的长处和潜力，学会鼓励自己。

八、倾　听

倾听，是人际与师生沟通的重要技能。倾听，是全神贯注地听取对方讲话，倾听的同时还要有目光和言语的表达，比如看着对方的眼睛的同时发出自己的回应，使对方感到被重视、被关爱，而继续把需求、态度、想法说出来。倾听，是指让别人讲话，更要善于听取别人的想法、观点和意见。越是善于倾听，越能融合与他人的关系，越能得到他人的尊重。倾听是教育中一项很重要的活动，既体现对学生的尊重，也沟通师生之间的感情，并能消除相互之间的隔阂，还可知晓学生的需求呼声及感情脉搏的跳动。倾听，是听觉的敏锐，可以而且愿意聆听他人的声音。在五感中，听觉不如视觉那样方便，需更专注才行，需投注更多的意识，并依赖大脑的分辨、排比和判别。懂得倾听，也让自己具有人格魅力。只有会倾听，才能打开每个学生近乎关闭的心扉。善于倾听是一种美德，是一种有涵养的表现，更是一种品德和境界。从某种意义上说，倾听也是一种修养，它让聒噪的心灵安静下来，沉淀下来，以把注意力专注于学生。倾听是情商的一个重要品质，是与他人沟通的有益行为。懂得和善于倾听有益于沟通，是沟通的重要技巧。当今，很多人总是急于表达自己的想法，甚至想方设法将自己的观点“凌驾”于他人之上。或者嘴上不说，保持沉默，心里也不愿去思考、辨析，那是因为他不能用心倾听别人的想法。在这个“信息量爆炸”的时代，善于倾听，才是迈向成功的捷径。倾听，是指对学生诉求，应主动引导、积极思考、澄清问题、参与帮助。因说话速度滞后于思维速度的4~5倍，故在倾听时不经意，往往只能听取了其中的部分。如何倾听？①专心致志——全神贯注，并通过与学生目光交流，适当点头和做些手势来鼓励学生说下去。否则，或神情紧张，或走神，结果学生的话一点也未听进去。②善于倾听——倾听并非只是用耳听，还要用心去听，设身处地地感受。既要听懂学生通过言语、行为所表达出来的内容，还要听出在叙说中所省略的和没有表达出来的内容。能听到画龙点睛，此一境界；能听到入木三分，又一境界；能听到刻骨铭心，最高境界。③善于参与——既在于听，还在于参与，需有适当的反应。可是言语性的，也可是非言语性的。如用“是的”“请继续”等来鼓励学生继续说下去，或用微笑、眼神关注、身体前倾、赞同地点头等来表达鼓励，都会使谈话更加融洽，让学生感到对他的尊重和关心。④善于理解——倾听更重要的是理解学生所表达的内容和情感，不排斥、不歧视，把自己放在对方的位置上思考，鼓励其宣泄，帮助其澄清自己的想法。在听的过程中进行分析判断，抓住真实、本质的东西。⑤善悟勿结——善于从学生的话语间找出其未明白表示出来的意思。倾听时勿急于下结论：这个对！那个错！以免沟通与互动不能继续下去，或不能全面的了解事情之真相。

教育，是一门塑造人的科学。“严师出高徒”已被许多学生家长和教育者奉为至理名言。当然，严格要求以“爱”为前提，并注意语言委婉，和颜悦色，以将适度严格变为学生需要而产生“魅力”。爱是给予，不是索取，认为爱是索取者，既得不到学生爱，也不会爱学生。现代媒体时代，交流互动已成为友善和谐的重要组成部分。故善于倾听既是一种态度和作风，更是一种品位和境界。其最高境界——是智慧者善于思考与倾听，就像走进迷宫，不知下一个转弯处有什么在等待。所以需学会转折，学会倾听与思考，即“迷而不进宫，进宫而不迷，这才是倾听的最高境界”！

要重视无意识教育

无意识，指在日常生活实践中未被意识到的心理过程，是一种潜在的心理指向，不依赖于具体思想感情而存在，不易为外界所扰动。无意识属于人的非理性心理活动，是精神活动的重要组成部分，对人的思想行为有着明显影响。与人的有意识和无意识心理过程相对应，分有意识教育和无意识教育。前者，指事先准备好，有预定目标，必要时能付出意志努力；后者，指无预定目标，也不需意志努力。人的思想品德、道德情操、理想信念和行为习惯的形成，无一不是教育的结果。无意识教育有以下主要特点。

一、依附性

无意识教育需有一个载体，即它不能孤立进行，总需依附一定客体或活动。这就似通常说的寓教于文、寓教于乐、寓教于活动之中。教师的教育意向正是随着不同载体或顺着不同的“河床”，悄悄流入学生的心田，并不断积淀，进而使学生产生顿悟，无意识教育的此特点，要求教育者务必精心选择载体，精心设计载体，精心组织活动，让学生积极参与，陶冶情操，树立信念，锻炼意志，提高觉悟。

二、愉悦性

无意识教育是愉快而轻松的，是为学生所乐于接受的。情感、情趣是发展认知能力的动力。无意识教育就是运用人的情绪体验和丰富联想，不时地触发学生的种种激情和向往。学生正是在陶醉、愉悦、亢奋和激动等愉快的情绪中被熏陶的。此特点，要求教师务必使教育过程充满趣味、活力和激情。

三、潜隐性

无意识教育不是明述道理，而是把教育意向、教育目的潜藏在与之相关的活动或环境中。寓教于不知不觉中，论道而不说教，使富有教育意义的哲理通过对有益活动的回味发挥出来。此特点，要求教师抓好校园文化建设，通过校园的环境和氛围，潜在地影响学生的心理世界、价值观、审美观和行为方式。

四、间接性

无意识教育具有教育目的的隐蔽性和方法的间接性。其教育目的不是开诚布公、直截了当地表现出来，而是非常巧妙地寓于丰富多彩的活动之中；教育内容也非书本式的说教，而是双方共同的心理需要；教育方法更是灵活多样，无固定模式。此特点，要求教育者注意淡化受教育者的被动状态，使二者处于平等地位，教育者的目的便易实现。

五、易受性

无意识教育，既是在师生相互平等与互相尊重气氛中进行的，又是受教育者在未意识到，即不知不觉情况下进行的。因而，表现出卓然优越的易受性。此特点，要求教育者通过无意识教育的隐蔽能量和潜在作用，来陶冶学生，以求收到“随风潜入夜，润物细无声”之效。

六、易逝性

无意识教育带有某种零打碎敲的性质，加之无意识教育的情绪色彩，虽然容易获得立竿见影的效果，但有时又表现为不够持久、稳固，容易消逝。此特点，要求教育者全面掌握这种教育形式，自觉扬其所长，避其所短，努力提高教育效果。

以上特点，折射出无意识教育的重要性。无意识教育与有意识教育是相辅相成的，缺一不可，实践中需把两者结合起来。

重视良好习惯的养成

习惯，是人长期养成的一时不易改变的行为，是积久养成的生活方式，是一再重复或练习而巩固下来并变成需要的行动，是一种长期形成的思维方式、处事态度。习惯是一种自觉化的行为，不需特别受思想和意志的努力，也不需别人的监控，具有很强的惯性。习惯的力量，不经意间影响人的一生，"习惯决定命运"。但习惯养成，并非一朝一夕之事，一旦养成，可主宰人生！某种习惯，会影响潜意识，不知不觉中改变行为，是在潜意识支配下的被编辑好的程序。习惯有好坏之分，并影响怎么学习、怎么与人沟通及怎么处理学习的行为。学习影响思维、思维影响决策，决策影响行动，行动影响成果。良好的习惯，是不需外在监督，在自己的意志努力下即可自觉实现的行为表现。养成教育，就是培养学生养成良好习惯的训练。应从行为入手，综合多种教法，形成良好习惯。习惯改变人生，习惯决定命运。著名心理学家威廉·詹姆士说："播下一个行为，收获一种习惯；播下一种习惯，收获一种性格；播下一种性格，收获一种命运。"可见，培养学生良好的习惯，对其一生的发展至关重要。只有养成良好的习惯，才能使道德行为经常化、巩固化和自动化。良好行为习惯是道德品质形成的重要标志，是学校教育的重要内容，是完成育人目标的重要环节，是德育内容落实到实践的主要途径，也是思想品德教育的核心目标，还是提高整体德育水平的重要平台。它在学校教育中具有重要意义，占有重要地位。培根说："习惯是一种顽强的巨大的力量，它可以主宰人生。"良好习惯，可提升学生的修养，成为有教养的文明者。它是环境安定和事业发展的有力保障。只有认识而无良好的行为是不完整的教育。它虽不是学校教育的全部，但却是最"实"的部分。衡量一所学校，只看其学生的行为习惯就知其基本如何。叶圣陶先生说："教育就是培养习惯。"习惯，包括道德习惯、学习习惯、劳动习惯和生活习惯。习惯一旦形成就具备三个特性：稳定性、养成性、长效性。完全可通过强化培养和教育训练，逐步形成良好习惯并逐渐克服不良习惯，成为新的习惯定势。对学生坚持培养良好习惯和持续矫正不良习惯，是提高教育质量的根本需要，也是提高全民素质、实现中华民族伟大复兴的希望所在。

一、掌握规律遵循原则

良好行为习惯的养成，是十分复杂而具体的教育，需做长期、细致的工作和运用科学的方法。为卓有成效地培养良好习惯，使学生学会做人、学会做事、学会学习和学会生活，就应循序渐进，逐步提高，掌握学生良好习惯形成的规律，即应遵循与坚持如下原则。①科学性——良好习惯的养成可促进学生全面、和谐和可持续发展，培养方式须符合学生发展规律，决无悖于学生成长的规律和特点，使良好习惯的培养能潜移默化地贯穿于育人的全过程，让良好习惯的养成成为学生心悦诚服地自我发展和持续发展的需要。②养成性——学生应养成各方面的良好习惯，特别要根据不同年龄阶段学生的可接受程度，在提出良好习惯要求的同时，不断矫正已出现的不良习惯，且采取适当的方式进行训练。养成教育是一个系统工程，该教育过程中知、情、意、行四个环节缺一不可。其中"行"是关键，"知"是基础。应依学生年龄和心理特点，遵循螺旋式上升原则，由低到高，由易到难，做到横向一体化，纵向序列化。良好习惯须从小培养，勿轻视身边的每个细节、每件小事，千里之行始于足下，万顷海洋积于细流，其养成靠的是无数细节和小事的日积月累。③持久性——即持之以恒。良好行为习惯不可能在朝夕之间一蹴而就，也不可能一劳永逸。要连续、反复进行养成训练，至习而惯之，绝不时抓时放，时严时松，更不半途而废、前功尽弃。尤不搞"两张皮""一阵风""搞运动"。要想让学生改掉不良习惯，既需正确引导，也需有足够耐心。"抓反复、反复抓"是教育中应遵守的基本要求。要把培养学生良好的行为习惯成为长期的习惯来抓。④差异性——因基础条件、个性特征、环境影响等方面的不同，尤其是情感、态度上的差异，要求教育者要因人而异，在共性要求和训练的同时，突出个性教育，使已有良好习惯的学生更加完美，使已有不良习惯的学生得到矫正。⑤实效性——要把良好习惯培养落到实处，就要做到从学生实际出发，目标实、内容实、措施实、效果实。讲求严谨、及时、适时、合理和巧妙。尤其是通过经常激励的方式，让学生感受到形成良好习惯的效果，体验到矫正不良习惯的益处，从而使良好习惯得到巩固和发展。⑥自律性——没有规矩不成方圆。对学生来说，须有一定的纪律约束。对不同情况，有针对地处理，做到“赏罚严明、公正客观”。另外，将良好习惯内化为道德准则，通过自身意识和行为互动，达到和谐统一。⑦诚信性——古人云：“诚于心而形于外。”即内心是真诚的，只有真诚才会自然而然地表现在其言行举止上。可从其言行举止来反观其内心。又因有约定俗成的道德规范，那其表现就应符合规范，故教师有义务引导学生在思想上明白道理，从行为上正确表现出来。⑧鼓励性——用欣赏、表彰和褒奖等方式吸引学生养成良好习惯。⑨具体性——即把多种抽象的道理和要求变为学生具体的行为实践。⑩全面性——需把各方力量，形成合力，对学生各个方面进行训练，以沿着理想轨道发展和进步。同时注重生动性，让学生在行为训练中不感到枯燥，积极投入训练情景，参与实践活动。

二、营造氛围净化环境

在学校中，既要净化、美化，又要追求高品位校园文化，充分发挥环境潜移默化的育人功能。更重要的是用高度文明的精神环境和氛围促进学生的良好习惯不断生成和发展，使不良习惯得到抑制和矫正。

三、明确要求建立范式

养成习惯，关键是教师如何引导，给学生一个可操作、可评价的具体范式。比如“先预习后上课”的学习习惯，就须让学生清楚预习在提高课堂学习质量中的重要作用，预习的方法步骤是先浏览，后建立新知与已知的联系，再用已知试图解决新知的问题，发现和确定新课学习中自己应着力解决的重点与难点，带着预习成果上课。还要让学生养成不迟到、按时完成作业、遵守纪律、维持桌面干净、学习有条有理、勇敢发问追根究底、勤做笔记等习惯。有了这样的范式才能有意义地评价自主预习习惯形成的水平。

四、严格训练反复矫正

良好习惯范式确立后，重要的是训练。良好习惯和不良习惯都非一时形成，而是在反复行为中建立起条件反射机制的结果。比如培养学生“右行礼让”的上下楼梯的习惯，总是经过不断巩固“正确”和纠正“错误”的长期训练才有成效。

五、注重观察研究动因

要经常留心观察学生的行为习惯，及时发现他们外显的、可观察的良好习惯和不良习惯。区别学生偶发的优缺点，观察学生经常出现的行为方式，然后再辨析和思考，研究发生的背景和动因，包括教育者要求和训练的得失。不掌握动因就不可能有针对性地发扬和纠正。

六、榜样示范及时激励

良好习惯的形成需要示范和激励。示范包括教师示范和同学示范。凡要求学生做到的，教师要首先做到。“师者，所以传道、授业、解惑也。”传道即德育。书，不只是教科书，环境是书，形象是书，因此培养学生良好的行为习惯也需教师首先要有良好的行为习惯。教师必须守住社会道德规范这一底线，时时、处处、事事都要为人师表，表现出的语言、形体、动作等一切行为习惯对学生而言影响是巨大的。所以教师一定要严于律己，用高尚的师德影响学生，并对学生中的良好习惯，无论是个人、集体都要及时肯定和表扬，以激励这些良好的习惯得到巩固和生长。在一定意义上，学生的良好习惯是夸出来的。

七、引导思考指导自控

在学生的习惯养成过程之中，教师要充分调动和发展学生的主体性，引导学生经常进行反思，思考自己有哪些良好习惯，还存在或又出现什么不良习惯，使之在反思中自我感悟和觉醒，主动地学习和养成良好习惯。对于学生的不良习惯应指导他们在认识的基础上自我控制、自我纠正，包括教师和他人的提醒与指导，这种建立在自觉、自控前提下的良好习惯养成更为有效。

八、家校一致相互衔接

良好习惯的养成，无论是环境影响、教育训练、榜样示范都含有家庭教育。教师要主动与家长沟通与配合，向家长通报有关情况，特别是学校最近正在抓什么良好习惯的培养，请家长与学校有同样的要求和训练，使学生良好习惯显现在学校、家庭及社区的各个方面。

九、养成习惯持之以恒

培养学生良好行为习惯的教育并非一劳永逸。习惯的养成是外部刺激通过内心作用的一个日积月累过程。要让学生改掉不良的习惯，既需正确引导，也需足够耐心。在养成良好行为习惯的训练中，要注意：①提出目标——要适合学生的实际，根据本班实际来确定训练措施，过高和过低都会挫伤学生的积极性。②循序渐进——不急于求成，训练要有梯度和层次，每个内容的训练要考虑不同年级和学生的要求，扎扎实实地训练好每一步、每一项。③不只说教——不能光靠讲评、说教，而应把主题班会留给学生作为参与德育实践活动的空间。学生的潜能一旦发挥出来，其效应之强往往出人意料。

十、挑战习惯　创新习惯

人人都有习惯，习惯成自然。对习惯的追求，不是冲动而是理性，是理性高度自觉的清醒，是清醒者持之以恒的激情，是激情澎湃于习惯的反叛与挑战，是塑我毁我重新塑我的毕生追求。莫言说："我们被标新立异这条疯狗撵得抱头鼠窜、逃无可逃、无处藏身。"这即莫言的作品为什么能够天马行空、独往独来，被世界认同的原因。因他有这个自觉创造的思维。后来，在他每部作品里都能看到他的习惯——几乎永远是一个口吻，一个腔调。习惯成了自然，真以为这样重复下去没什么问题。这是很可怕的自信！一个没有自省力与自制力者，往往会沾沾自喜、一以贯之的"创造"下去，很执拗，并将这个执拗理解为追求，最终却成了笑话。人的一生总有精华凝聚的一刻。关键是意识到否？意识到了，你抓住了没有？抓住了，你坚持了没有？但能否终其一生地不重复古人洋人，尤其不重复当代人与自己，那才是真正考验一个人的创造能力。只有向自己的习惯开战，努力摆脱过往的成就对自己的束缚，才能开发出新的创造形式与内容。

习惯要靠习惯来征服，要由习惯来取代。人应支配习惯，而决不能让习惯支配人。亚里士多德说："做一件好事并不难，难的是养成一种做好事的习惯。"莎士比亚说："不良的习惯会随时阻碍你走向成名、获利和享乐的路上去。"叶圣陶先生说："什么是教育？简单一句话，就是要养成习惯。""德育就是要养成良好的行为习惯，智育就是要养成良好的学习习惯，体育就是要养成良好的锻炼身体的习惯。"人的全面成长过程中，良好行为习惯的养成必须渗透到各种教育之中。好习惯是成功的开始。其实，成功与失败的最大差异，在于不同习惯。好习惯是开启成功的钥匙，坏习惯则是一扇向失败敞开的门。人人都有好习惯，事事都需好习惯。然而，习惯培养同其他事物一样具有两面性。但在某些情况下，又需要打破习惯或摆脱习惯，以利创新。创新的实质就是打破原来的习惯，发现新的规律、途径。校园是美丽而富有朝气的苗圃，每一个学生既要在这里收获知识，也要在接受教育中一点一滴铸造正确的价值观。这些必须扎根在学生的心目中，融进学生的灵魂。内化于心，外化于行，从而使其成为做人的准则和行为习惯。在习惯养成教育实践中，只有结合实际，开动脑筋，锐意创新，坚持不懈，才会取得更加丰硕的成果。行动决定习惯，习惯决定性格，性格决定命运。一个人很复杂，但也很简单，简单到给他一个思想，只要他认同，他就会行动，行动就会养成习惯。

防止“非课堂行为”与维持秩序艺术

课堂，是一个具有特别意义、特定内容、特殊时空的教学环境。“非课堂行为”，是指学生在课堂上对教学有消极影响的言行举止。如：窃窃私语、哄堂大笑、搞小动作、挑衅打闹、手机铃叫、接发短信、打瞌睡以及有攻击教师的表情与言行等，一旦出现上述某些问题，处理不好就会影响教学的顺利进行，甚至会使教师陷于尴尬境地。所以，处理“非课堂行为”，首先要遵循含蓄性与明确性相结合的原则，即在不影响教学计划实施、不被多数学生察觉、不分散集体的注意力、不令被批评者窘迫的情况下，使有错误行为者明确听出或感知到：老师在批评我，立即改正！从而使“非课堂行为”受到制止。当出现学生不遵守课堂纪律的现象时，可以根据课堂环境、教学情况和学生心理特点，随机应变地采用下述方法。

一、委婉暗示

通常，有“非课堂行为”者，明知是错，可偏偏约束不住自己，又总是心虚胆小、左顾右盼或时时窥视教师。所以对稍有违纪的学生，只需用相应的暗示，就会使其终止不良行为。如发现个别学生打瞌睡、说话、有小动作、不专心听讲时，最好不要停下课来公开批评，可用“以目代言”的方式——投去一束目光，使其从中感到有批评也有关怀，使其有内疚也有感激；或用表情、手势、动作给予提醒，使之知心、知理、知错；或使用模糊语言，如“有的同学……”等。这样，由于暗示：一是化“有意”于“无意”之中，教师有目的有意识的暗引，对违纪者其含义是不言自明的，对他人来说则是一个下意识的动作；二是寓情感于动作之中，教师面带笑容，融情入“景”的暗示，使学生感到无居高临下之势压人，而觉得是“和平”劝导；三是置暗示于授课之中，不是停课处理。所以，既能维护学生的自尊心，使其感到教师对他的关怀和爱护，又不会分散全班学生的注意力。暗示，有目光暗示、手势暗示、表情暗示、动作暗示、提问暗示、举例暗示等，可根据不同对象、不同时机而灵活运用。

二、走动告诫

当发现课堂某个角落或某个位置上出现“异常情况”，即“非课堂行为”时，教师可边讲解、边巡视，走到其跟前稍事停留，或给予得当的暗示，以引起当事学生的注意。用此方法来监督、告诫、提醒学生，其效果往往能立竿见影，使那个地方的“不安定因素”很快消失。

三、以静克乱

如果不止一两个学生有不遵守纪律的行为，较好的办法是暂停讲课、板书、演示或实验等。突然的中止，突然的沉默，会引起全班同学的注意。这种异常的静态与违纪学生的动态形成鲜明的对比，可促使学生在静中醒悟，停止违纪行为。如有个别学生仍不改正，就把目光转向他，若再不收敛，便可进行善意而严肃的适当批评。

四、转移目标

根据教学内容和纪律情况，教师在讲授中可机智地临时增添一两项教学活动或转移话题，让那些“打瞌睡”“开小差”“悄悄话”者或做与学习无关事情的学生来完成，比如：回答一个问题、演算一道习题、朗读一段课文、完成一项操作……或提问一些同学们关心及感兴趣的问题，如：“睡不好觉会给人带来哪些害处？”“面试时穿什么衣服好？”……然后表扬“他”，使其兴奋而专注学习。

五、设悬调节

设悬是课堂教学中提高学生注意力的一种主要手段，能把客观事物中最敏感的部分展示出来，使学生对事物的全过程或最终结果产生一种意欲穷究的期待心理，从而形成保持良好课堂纪律的一种高度注意力。若设悬配以提问，更可集中学生注意力。一般来说，课堂提问时学生存在着“愿”或“怕”的心理，教师点到的学生急于寻求问题的答案，这时的课堂气氛是活跃的，纪律是正常的。

六、以活防乱

为维持良好的秩序，在课堂上应最大限度给学生以表现的机会，激发学生思考问题、提出问题、回答问题、讨论问题、争辩是非等，这样，能使全班学生处于积极思维状态，主动参与课堂教学活动。

七、声调控制

教师应用多种音调技巧捕捉和保持学生的注意力，讲到关键内容时提高音量或降低音量，都能起到良好效果。“低声轻语”能使语言传神；“重调感叹”可使注意力集中；重点内容用高音、重音，不仅可避免学生精力分散，而且还能淹没学生的“吵闹声”。当学生在窃窃私语时运用此法更加有效。

八、语意调控

过高或过柔的语气都显得“虚假”，所以要特别注意语气与内容保持一致。有时可用幽默、诙谐的语言控制学生注意力；有时可用情趣横生的语言，令其全神贯注、无暇邪思；有时可用“弦外之音”促进课堂纪律的好转。

九、新异刺激

新异可引起学生注意，其媒介可是语言，可是事例，也可是实物。当许多学生有“非课堂行为”时，可结合教学内容适时、适当选择有关的名诗、警句、寓言、趣闻、奇事、轶事或某些挂图、标本、仪器等实物，或利用现代教育技术的影像来刺激学生注意力。这样，可使各种“小动作”受到抑制。

十、正面提醒

遇到较差班级中较多学生违反纪律，当学生中普遍轻视课堂纪律时，当多数学生思想偏颇行为异常时，或当出现个别行为公然影响多数学生时，教师应当机立断进行正面提醒或“当众”批评，这也是不失师尊、不失教师本色之举。虽占用了有限的时间，但从根本上维护了教书育人的宗旨；它可扶正将倾的教学秩序，可换回求知的欲望和与之相应的行为，这也正是所谓“磨刀不误砍柴工”。

教育，是一门塑造人的科学；是一门升华灵魂的艺术。适度的严格，是课堂秩序的保障。所谓严格，并非简单粗暴，而是严而得当，宽严有度，严而有效。严格不等于严厉。严厉是严格走向极端的结果。严厉，意味着态度强硬、武断和偏执，会使学生产生惧怕、退缩、逆反心理，甚至对立情绪。所以，应宽容有格，严格有度。课堂上的批评最多一次，力求永不再犯。若是每每重复相同话题，又每每看到不应出现的问题，那执教者就应反躬自省了！就应向教材与教法讨答案。说到底，防止“非课堂行为”发生的根本途径是努力提高教学艺术。换言之，纠正学生违反课堂纪律的行为，只能靠教师的组织才能，靠教师的热情、耐心、巧妙引导和说服技巧，而不能靠教师的“火气”和“威风”，“歪招”和“邪法”。

说服学生的技巧

一、褒奖说服术

人总希望自己的行为得到他人认可或褒奖。若把此种心理特征用于说服教育，无疑十分有益。褒奖最好是针对其潜在能力，夸奖学生暗自注意或未意识到并有意义之事，他会非常感激，下决心表现得更出色。

二、暗示说服术

暗示说服术是教师借用能使学生领会的含蓄语言或示意来影响学生。对学生采用命令会引起其本能的反感，而用暗示可使其有“品味”的余地，甚或“下台阶”，从而避免出现尴尬局面或正面冲突。

三、宽容说服术

对学生的要求不能操之过急，应给予考虑机会、接受的准备，使其通过“反思”或“酝酿”体会教师劝告的合理性、正确性，进而乐意接纳教师的意见。

四、递进说服术

人的思想认识的提高是递增的过程。为说服学生接受一个比较高的要求，可先让其同意一个容易接受的“小要求”，一旦他同意“小要求”，就可能使之同意那个更高更大的要求。

五、情感说服术

为使学生信服，既需晓之以理，更需动之以情。在进行说服教育时，要以情感人，寓情于理，充分运用情感的力量去拨动学生的心弦。通过“动之以情”，达“情之以动”，情通、理通，心则通。

六、参与说服术

做任何一件事，如果让学生作为旁观者，他们往往缺乏兴趣和热情，而一旦让他们投身其中，就自然会表现出对该事的责任感、主人感，从而倍增关切和热爱。

七、信任说服术

说服人的基础是尊重、理解和关心，更重要的是信任，不容采取名利刺激、义气感化的手段，让学生服从。信任、理解和尊重，既可激发学生潜在的自尊和能量，也可通过“亲其师”达到“信其道”。

八、自责说服术

一件事没达到预期的效果，如果师生都有责任的话，教师应首先自责。自责可以形成一种民主气氛，在这种氛围下，学生会愉快地接受教师的意见。

九、幽默说服术

幽默是人际关系的调和剂。幽默的语言，能创造一种轻松的气氛。用幽默的语言说服学生，比刻板的说教、严厉的斥责、尖酸的嘲讽，更易使学生接受。

十、缄默说服术

有时在特定环境下，用沉默不语的方式，也许比喋喋不休的唠叨要奏效。沉默是一种无声的语言。用沉默的方式表达自己的意愿、思想和感情，有时可悄悄地进入学生的心灵。

个别谈话的方式

如果说通常的集体谈话是针对“面”上的共性问题，那么在教育中更多的是解决“点”上的个别问题。这就需根据学生个体丰富复杂的精神世界、个性特点进行个别谈话，做到“一把钥匙开一把锁”，因“材”施教。其方式有以下几种。

一、和风式

对学生“润物无声，春风化雨”般的劝慰式谈话，一般适于期望、激励和鼓舞学生好学上进，也适用于性格内向、感情脆弱、心理承受力较低的学生，特别是女生，应措辞得当、委婉曲折、态度和蔼、情感真挚。和风式谈话，可让学生觉得亲切、自然，颇有“吹面不寒杨柳风”之感，像和煦的春风掠过学生心田，会使其心底荡起阵阵涟漪，颇感温暖。

二、诱导式

对学生指点开导、循循善诱的谈话方式，一般适用于有坏习惯，自觉性、自控力较差的学生。诱导式，可帮助学生设置近、中、远期目标，采用“扶、帮、拉”等方式促其一步上一个台阶。运用此方式时，要有诚心、耐心，晓之以理，动之以情，持之以恒。特别是对一些后进生、顽皮生，更需“精诚所至，金石为开”，用爱的潺潺溪流滋润其心田，相信“变好”这一天定会来临。

三、爱抚式

这是用爱心、诚心、情感去唤醒学生，给予温暖的谈话方式。教师与学生谈话是一种教育方式，也是一种人际交往过程。对那些虽经努力而成绩仍较差的学生、生理有缺陷的学生及受了处分有悔改表现的学生，要给予更多关爱、安慰和理解。一般来说，教师与这类学生交往频率高，情感交流多，学生心理负担少，更能使他们取得进步；用一片爱心去温暖学生冷却的心，可点燃其心中的希望之火，还能有效防止出现“破罐破摔”的现象。

四、暗示式

暗示，是指不明确表示意思，而用含蓄的言语或示意的举动使人领会。与学生个别谈话，也可选择适当时机，运用教育机智寥寥点拨、微微提醒的谈话方式，一般适用于偶犯或初犯错误，但自觉性较高又要面子的学生。应宽容学生，相信他（她）只是“一时糊涂”所致，谈话时有所暗示而又不捅破这层“纸”。例如：遇学生之间因心胸狭隘而发生矛盾影响团结时，用“$1+1>2$”的原理暗示，往往奏效。此种方式常常产生“此时无声胜有声”的效果。

五、笔谈式

借助书信或电子邮件往来，是保持师生“心通”的一种谈话方式，一般适用于学生存有心理障碍或碍于面子难以在教师面前启齿的情况。笔谈时，必须做学生的知心朋友，学生才会敞开心扉。有的学生因长得不美或生理有缺陷而背上沉重的思想包袱，内心自卑；有的学生在青春发育期间患有心理疾病而落落寡合，羞于见人……对这些情况，宜用笔谈方式，既可使学生尽情“谈”出其内心的想法，又能保守秘密，往往是其他方式不能替代的。

六、警钟式

此方式，通常适用于胆大“老练”、屡教不改、“小错不断，大错不犯”的学生。对此，敲响警钟，施以适度的压力。这种谈话，可措辞严厉、态度严肃、言之有据，指出问题的严重性及后果，猛鼓重锤，促其幡然醒悟，改错图新。然而，“敲警钟”时要注意，尽管态度“硬”了点，也要让学生感到老师的爱心，感到改正有望，不要使之产生有被逼进“死胡同”的感觉。

七、直接式

直接式，即开门见山、一针见血的谈话。这是一种单刀直入、就事论事、直截了当的方式。通常，对一些性格外向、开朗、直爽的学生进行谈话，宜直截了当，快言快语，要言不烦。直接式谈话，顺应学生的性格，能使学生感到教师的信任，从而产生上进的动力。

八、示范式

这是一种用伟人、名人，特别是用班主任、任课老师的人格、经历、成功事例来激励学生的方式。是用自己亲身经历教育那些意志薄弱，缺乏信心、恒心的学生，使之感到老师可亲、可敬、可学，从而以老师为榜样激励自己，不为困难所屈服，增强战胜困难的信心与决心。

九、参照式

参照，意为参考并仿照。这是一种运用对比方式烘托出谈话的内容，使学生在参照物的对比上，感到客观上的某种压力，促使其自我认识。这种方式适用于班上的中等学生。

十、触动式

这是一种措辞比较尖锐、语调较为激烈的谈话方式。该方式适用于已经养成了惰性、行为散漫、不正视自己缺点的学生。

师生谈话是一门实践性和艺术性相结合的技术。应遵循学生身心发展规律，根据教育内容，研究教育对象，选择恰当方式，以能入情、入理、入心，具有较高的教育性、艺术性和实效性。同时要选择最佳时机，并注意：①谈心之功在于“心”——能否使用谈心方式，取决于对学生的了解程度，是师生沟通谈心的首要条件。了解学生方能理解学生，在理解的基础上，才能达到心理共鸣。②谈心之法在于“情”——与学生谈心，开始时学生往往并不注意教师讲的道理，而是着眼教师的态度和感情。若不先搭起感情的“桥梁”，犹如筑起一道无形的“高墙”，再好的道理学生也听不进去。所以谈心要交流思想，需先交流感情。谈心既是心理上的沟通，也是感情上的交流，只有在相互尊重的基础上，才能建立良好的谈心气氛而谈得来、谈得好。对学生来说，教师的爱是一种神奇而又伟大的力量，是除母爱之外，世界上又一伟大的爱。但师爱不同于母爱，师爱是一种理智与心灵的交融，可引导学生产生巨大的内动力，自觉主动沿着教师指出的方向迈进。只有给学生以真挚的爱，给学生以亲近感、信任感、期望感，学生才会对教师产生依恋仰慕心理，才能向教师敞开心扉，教师才能“对症下药”，收到预期效果。亦即，只有教师用爱心去感化学生，才会产生动情效应。③谈心之力在于“理”——错误思想只能用正确思想去克服战胜，心中的黑暗只有用哲理才能驱除。这需教育者掌握一个“理”字，把道理讲透，用真理服人。谈心的力量和效果不在于教育者年龄、职务和权力，而在于能否谈出道理以理服人，即用理去分析，启迪学生的心灵、明辨是非，用正理说服歪理，用大道理管小道理，从小道理引出大道理，通过驳歪理树正理，并互相切磋探讨真理。唯有如此，谈心才能有力地达到心理相容并见实效的目的。④谈心之路在于“疏”——师与生、生与生之间的隔阂、疑虑需要通过个别谈心去消除。疏通谈心之路，要因人而异。对有缺点错误的学生，要诚恳劝导，切忌简单急躁，急于求成，要不怕麻烦，像绵绵细雨、涓涓流水一样去解决问题，有的放矢，“对症下药”；对性格内向的学生，可采取“拉家常”的方法，由远而近，先轻后重，循循善诱地谈；对性情耿直爽快的学生，最好直截了当把问题点透，不转弯子，不兜圈子；对觉悟较低性格独特的学生，要从对方的内心情绪和要求谈起，先回避“烦恼”与“卡壳”的问题，从侧面迂回曲折地引导。总之，要把谈心的路多想几条，只走“宽阔大道”不成，还要善于“穿大街走小巷”，运用多种知识，因势利导，因势而疏。

个别谈话的艺术

了解学生的思想状态，处理学生存在的问题，经常运用的方法是个别谈话。谈话艺术是保证个别谈话取得良好效果的重要条件。因此，个别谈话艺术是一个值得研究，并具有现实意义和深远意义的重要课题。

一、个别谈话的适时选择

“打铁看火候，穿衣看气候”，找学生谈话亦然。谈早了，条件不成熟，达不到预期目的；谈晚了，事过境迁，于事无补。所谓“适时”，即根据情况该热处理的“热处理”，该冷处理的“冷处理”。如何做到“适时”？可从两方面把握。一是把要解决的问题分为紧迫类和缓解类。前者，须立即解决，否则就会出问题；后者，可缓一段时间再解决，立即解决反而有害少利。二是根据谈话对象的情绪又分为两种：其一，情绪比较平和且能听得进意见者，可立即与其交谈；其二，情绪比较激动，对谈话会产生逆反心理者，需等待一段时间再谈。

二、个别谈话的非语言因素

所谓非语言因素是指：距离影响、表情作用、权威效应、动机功能等。非语言因素既能补口语之不足，协助传递信息，又可单独传递信息，达到“无声胜有声”的最佳效果。

（一）距离影响

距离，是指教师与学生个别谈话时相互之间的空间距离，把师生距离控制在适宜范围内，可诱发彼此之间的“亲密效应”，使学生“亲其师而信其道”。

（二）表情作用

表情，既指面部表情，也指态度变化和语调特征。与学生个别谈话时，既是语言交流过程，也是表情交流过程。后者的作用甚至可远远大于前者。著名心理学家梅拉比在实验的基础上提出一个公式：“交流的总效果＝ 7% 语言 + 38% 音调 +55% 表情”。

（三）权威效应

权威效应，是指教育者的威望、知名度越高，诱引对方态度改变的可能性就越大。所以在与学生谈话时，除利用自身“威望”外，还应充分利用“权威”的影响，权威的论述更显得言之确凿，令人信服。

（四）动机功能

动机功能，是指当教育者提出的主张与自身利益完全相反时，最易被受教育者接受。因此，与学生谈话时应尽量使学生明白，教师的主张并非从自身利益出发，而是为学生利益着想。

三、个别谈话的语言艺术

个别谈话终究离不开语言。因而，必须十分讲究语言艺术，尤应经常注意如下几点。

（一）运用幽默暗示

用幽默的方式说出严肃的真理，比直截了当提出更能为人接受。在个别谈话中，采用适当的幽默暗示，能收到较好效果。幽默暗示的方法很多。

1. 类比暗示即用一种相近或相似的人或事暗示学生需要注意的问题。

2. 侧击暗示即对学生中存在的问题不是直接点出来，而是从侧面敲击一下使其注意。

3. 赠言暗示即选择暗示学生的格言、警句、诗词……在谈话结束时赠给学生，对谈话效果进行升华与“点睛”。

（二）句式语气选择

句式是多种多样的，不同语句表达的言辞效果是不同的。陈述句和一般疑问句在用于表述和询问时，语气缓和，听起来入耳些；祈使句和反问句一般应少用，因它表现出来的往往是命令式或斥责式语气，听起来让人难受。

（三）使用选择复句、假设复句和转折复句

1. 选择复句常常给人提供选择的条件、对象和一些主动权，以显示对他人的尊重。例如，要惩罚某个迟到的学生：A——你今天迟到了，给大家讲个故事；B——你今天迟到了，是给大家讲个故事还是唱支歌？A 是祈使句，带有命令语气，让学生难以接受；B 是选择复句，带商量口气，显然学生容易接受。

2. 假设复句常常在假想的事实中给人以提醒与警示。例如，要批评某生对学习失去信心，A——你对学习失去了信心，成绩怎么能提高呢？B——假如你对学习失去了信心，成绩怎么能提高呢？A 句肯定了“对学习失去了信心……”已是现实情况；B 句则很委婉，它把“对学习失去信心”作为一种假设提出来。两者的效果不同亦很显然。

3. 转折复句常常包含了肯定与否定两个方面。例如，要批评某生不刻苦学习：A——你就是不刻苦学习！B——你的脑子很聪明，但就是不刻苦学习！A 句判断有肯定、埋怨和不满的意味；B 句先肯定了优点再作批评，有惋惜、同情的意味，这对唤起被批评者的进取心是颇有好处的。

四、个别谈话的情境运用

把情境运用于个别谈话，往往会收到明显效果。那么如何运用情境呢？

（一）内容与情境一致

谈话内容与当时情境必须“相通一致，融为一体”。例如，当学生在阅览室看报时和学生谈话，谈怎样加强课外阅读……这样，情境与谈话就具有一致性。情境与谈话“一致一体”了，情境就成了谈话的背景优势，可为谈话做“铺垫”，使谈话“畅通无阻”；谈话的感情投入，可为情境“着色添彩”，使情境更富“魅力”。情境与谈话两者左“辅”右“助”，“攻补”相济，会取得更好的效果。

（二）情境谈话可分三步

1. 入境感知引入情境，感知表象。这一步应以学生观察思考为主。

2. 谈话理解揭示主题，领会精神。这一步应使教师在教育谈话中处于主述地位。

3. 深入认识鲜明对照，催发自悟。这一步应以学生谈认识、讲感受为主。

（三）选择情境谈话办法

1. 循自然在师生共同学习和生活的活动中，循事物的发展自然而然地和学生谈心。例如，在体育锻炼中和学生谈锻炼身体方面的问题，学生会感到教师不是特意找他（她）的，无拘无束无戒备感，就会在轻松甚至不知不觉中“木”已成“舟”，达到教育目的。这种方法实际上是以“人”助谈。

2. 选方位选择特殊的情境和学生谈心。例如，当祭扫烈士墓时和一个出身烈士家庭的胸无大志，又不大遵守纪律的学生谈心，就易使他泪洒墓前，思想上扬起前进的航帆。选择方位进行谈话，实际上是以“地”助谈。

3. 抓时机在日常生活中，捕捉教育时机和学生谈心，需要教师审时度势，寻找良机。捕捉时机进行谈话，实际上就是以“时”助谈。

4. 创情境为个别谈话，还应有计划地创设最佳情境。利用、发现和创设情境，使其为谈话之所用，靠的是高超艺术的把握。创设情境进行谈话，实际上是以“事”助谈。

教师要发挥好个别谈话艺术，还需注意：复苏心灵靠热心，培养情感靠诚心，克服困难靠决心，疏通思想靠耐心。同时，还需细心、恒心和信心。

个别谈心的艺术

个别谈心，是思想品德教育的良好形式，也是了解学生思想品德状况的重要渠道，还是解决学生认识问题的有效方法。由于个别谈心是双方在平等基础上的思想交流和出于内心真情的流露，所以谈心活动不仅可在轻松环境下比较准确地掌握学生的思想脉搏，而且利于师生沟通思想、交流情感、增强信赖感，从而取得事半功倍之效。一次恰如其分的谈心，能使消沉者振奋、迷惘者清醒、违章违纪者受到教育、思想不通者顿开茅塞。因而，善于个别谈心是教育者必备的一项基本功。

一、强调针对性

个别谈心是人与人之间的语言、思想的双向交流，这种“短兵相接”具有很强的针对性。要搞好个别谈心，首先要做好多方面的充分准备。除了确定找谁谈，谈什么，解决什么问题外，在谈话前还要对谈心对象进行必要了解和细心观察，掌握其思想、学习等方面的有关情况及性格、气质等心理特征；然后通过分析加工，设计几个方案，以备在谈话过程中根据进展情况随时调整。同时，一方面要针对谈心对象的实际情况，选择恰当的谈心时机，把握好“火候”。例如，在学生思想波动大、情绪低的情况下就要及时谈心；在学生极度急躁的情况下，应先进行“冷处理”，待情绪稳定后再另找时机；若谈心时机选择不当，“火候”不到或时过境迁，就会事倍功半。另一方面要因人而异，牵人以心，启人以志。例如，对脾气倔犟的学生，要采取温和的说服方法；对聪明、善思又蕴而不露的学生，要从点拨、暗示方面引导；对勇敢坚毅但又暴躁的学生，要引导他不越轨；对灵敏、顽皮的学生，要教育他在举止方面加以节制；对心胸狭窄的学生，要诱导他宽宏大度；对志向不高、反应迟钝的学生，要激发他的高尚志向；对怠慢、轻佻、自暴自弃的学生，要使他明白将要面临的危险；对粗鲁但忠厚的学生，要使他的行为符合行为准则，并用“多思考”的方法去疏通他的心智。总之，要根据不同内容选择不同的谈话方式，即便是同一内容也要因具体对象不同而采用不同方法，亦即所谓“一把钥匙开一把锁”。

二、注重情理性

心灵的呼唤，离不开感情做媒介；思想的共鸣，需借助友爱去撞击。思想教育是一种感情艺术，而这种感情必须伴有爱护之情。所以个别谈心，一要通情，二要达理，三要情中有理，理中含情，情理交融。要使三者正确、巧妙结合而产生良好效果。

（一）坐得近些

如若教师坐在讲台上，学生站在讲台下，好似学生受审，这种“盛气凌人”的状况，会拉大师生间的距离，双方难以长谈、深谈，甚至造成学生的抵触情绪。故师生不要面对面坐，而要并排近距离谈话，以缩短彼此间的心理距离，使学生感到教师可亲、可近，既能使学生及时、准确获取教师输出的信息，也有利于缩小师生间的心理距离，为谈话奠定基础。

（二）和颜悦色

和蔼可亲的表情，以至一个关切的微笑、一声和善的招呼，不仅有利于消除学生的紧张心理或对立情绪，而且会使学生从内心里萌发对教师的尊敬和依赖，从而保证谈心的顺利进行。切忌严肃有余，热情不足，使学生感到拘束、紧张，不能畅所欲言。

（三）平等相处

通过摆事实、讲道理，进行诱导、疏导、开导或劝导，使谈心如和风细雨般浇灌心田，即以平等态度，良好情绪，增进学生对教师的亲近感和依赖感。切忌架子十足，居高临下，唱高调、打官腔，盛气凌人；更忌因对方一言不慎就大动肝火，以势压人；也忌身体倾斜，靠在椅子上抽烟或边看书报、边与学生谈话。

（四）语言亲切

温和、自然、幽默、风趣的语言，既可增强语言的感染力和说服力，也利于形成轻松愉快的气氛，使学生消除疑虑，心情舒畅，如沐春风，从而自愿地敞开思想，表达真情实意。

（五）以诚相待

真诚是师生间相互沟通的桥梁。所以，要真心实意、推心置腹、想方设法地把一片真情袒坦露给对方。

（六）潜移默化

思想问题的解决需有一个过程，转变认识不能操之过急，不要急于求成。须知“欲速则不达”。

（七）双向交流

在谈话中不要随便打断学生的话，更不要横加指责，要认真听取学生的想法、意见，择其善而从之，对其不妥之见要正确引导。

（八）慎重表态

要注意表情，洞察对方的心理活动，不要过早表态，以免使学生不说真心话，或者认为没有谈的必要而闭口不谈。

（九）面对现实

不回避矛盾，对方在谈话中提出的问题，能解决的要及时解决；不能解决的而又有某些合理因素的要说明其原因；错误的要给予中肯批评，切忌支吾搪塞，回避矛盾。

（十）与人为善

不讽刺挖苦，特别是对犯错误的学生，要体贴关心，多一些激励，切不可“脸难看”“话难听”，更不要态度上“不阴不阳”，语言上“尖酸刻薄”。

注意以上几点，就易使对方产生情感共鸣，充分发挥个别谈心的艺术魅力。另外，无论与哪种学生谈心都要适可而止，留有余地，让学生思考和补充。同时，表情要丰富，该严肃时严肃，该和缓时和缓，始终给学生以诚恳的感觉。这样就会在给其充分听觉刺激时，也给以丰富的视觉刺激，加深对谈心的印象。

三、安排程序性

个别谈心，既要有思想性和哲理性，还要掌握技巧和艺术。其过程大体可分为五个阶段。

（一）准备阶段

教师应在了解学生心理特点与摸准情感需要的脉搏之基础上，把握时机，及时谈心。谈话前要充分准备，包括谈什么、怎么谈、达到什么目的、可能会发生的情况。同时，要深信自己所说的话是正确的，以免使学生无所适从。

（二）导入阶段

为减少和避免紧张气氛，可先谈些双方共同语言较多的话题，以消除彼此的隔阂，产生亲近感。

（三）转变阶段

在导入的基础上，谈话入轨，事不宜迟，转到预设的话题——谈些不直接涉及正题，但又与正题有关的话，以实现话题的转移和接近。

（四）切题阶段

这是谈心的关键阶段、核心内容。个别谈心进入正题后，要抓住谈话的“契机”，择机而发，因势利导。要紧扣中心，逐步向纵深发展。要竭力使学生超脱事实去思索其中的思想。要具体体现谈心的科学性和艺术性，使对方的认识逐渐提高，从而达到预期目的。

（五）结束阶段

注意观察谈心对象的情绪变化，估计可能引起的内心矛盾和冲突。同时，耐心听取对方的陈述和表态，初步预测谈心的效果，恰如其分地提出希望和要求，以巩固谈心的成果。

教师越是运用崇高的信念、具有感召力的实例去感染学生，就越能启发学生去进行自我教育与自我检查。若能让学生怀着惶惑不安的心情离开教师，从某种意义上讲就达到了谈话目的。

四、关注技巧性

在与学生个别谈心时，为取得良好效果，一定要讲究方式方法，使之既具科学性，也有艺术性。

（一）创造和谐气氛

创造一个和谐、融洽的谈心气氛。教育者要用亲切、温和或幽默的语言，减轻和消除学生的紧张心理，使谈话能轻松愉快地进行。

（二）适应不同情境

适应各种不同情况的谈话。教育者要根据谈心目的和不同对象的不同心理状态以及当时的客观情况，灵活选用谈话方式。

（三）选择最佳时机

掌握谈话的良机。有经验的教育者要选择有利时机，如新学期开始时、学生有了进步时、情绪反常时、思想反复时、犹豫彷徨时、矛盾初露时、初犯错误悔恨时、困难需要帮助时、火头已过而心平气和时、疙瘩解不开易生过激行为时……都可及时进行个别谈话。不同时机会收到不同效果。所以，谈话还需选择时机，早了条件不成熟，晚了时过境迁。这仅仅是一般谈话需掌握的时机，当学生受到重大挫折时，谈话宜早不宜迟。

（四）控制谈话主题

根据情况控制谈话内容。谈话时，若发现时机尚不成熟，对方心理还不便接触正题时，要岔开话题，采取迂回战术，从不涉及主题的话开始，当对方情绪好转时再涉及谈话主题。

（五）激发积极情绪

激发学生参与谈话的积极性。教育者要善于洞察学生的所需所好，把话题引到学生感兴趣的事情上去，使其感受到教育者的诚意，从而掀起感情的波澜，引起感情的共鸣。

（六）掌握动态进程

在谈话中起主导体用。教育者既要不断变换话题以动态引导，又要围绕主题步步深入，敏锐、机警地捕捉与所谈中心接近的话题，使对方不知不觉，亦步亦趋，以使问题最终解决。

（七）把握谈话尺度

遣词用语要得当。要针对学生特点、性格，使用不同的口吻、词语。无论使用何种语言，均忌声色俱厉，信口训斥，命令口吻，指示语气；要体现说服、规劝、体贴、关心，要使其明理晓情，心悦诚服。

（八）注意情理兼容

既有情感性又有说理性，二者兼求并得。要使谈话有情有理，通情达理，既要使谈话具生动性、趣味性、哲理性，妙语连珠，娓娓动听，富有表现力，避免贫乏空洞的说教；又要在“情”字上下功夫，以真情实意去打动学生，赢得学生的心，只有使学生体会到那种情真意切感人至深的“情”，才能引起“共鸣”。

（九）运用说理征服

使学生心悦诚服地被说服。教育者与学生谈话要条理清晰、层次分明、言之有理、言而有据，以准确、严密的表达和论证，使学生“愿闻其详”，从而由衷信服。

（十）做到推心置腹

谈心是一门技巧和艺术，应根据不同学生的心理特点，以推心置腹的方式触动学生情感，通过语言达到心与心的交流，使学生在愉悦的气氛中接受教育。在宽松和谐的情境中领悟其道理，在情感交流的理解中获得心理平衡。这样才能在师生间架起情感沟通的桥梁。通过真诚相待，使学生悦服。教育者要以诚恳、平等、热情的态度——目光中饱含深情、微笑中流露爱心、态度中蕴藏期待、表情中充满关怀，通过促膝交谈去感染学生，使其敞开心扉，愿听教诲。

五、讲究艺术性

（一）不要忘记谈话目的

谈话的目的不外乎：劝告学生改正某种缺点，说明某个问题，完成某项任务，了解学习困惑，熟悉心理特点等等。为此，应防止离开谈话目的东拉西扯。

（二）有的放矢与准备

当确定谈话对象后，就要去了解对方，只有对交谈的对象有整体了解，才能把握谈话的主动权，达到谈话目的。一般先了解对方的思想症结所在，接着研究对方的性格特征，要因人而异，对症下药。

（三）与学生互吐心声

谈心，是心与心的交流。为此，首先要建立良好的情感。虽感情并不能取代教育，但教育的全过程须充满感情。教育学生的过程就是师生双方感情交流的过程，是两颗心碰撞的过程。学生最爱向知心者说知心话，所以教师要注意自己的角色，将心比心，想学生之所想，急学生之所急，以亲密无间的伙伴身份和学生交流，以宽厚的爱去赢得学生的信服。

（四）善察学生眼睛

眼睛是心灵的窗户，眼睛最能表达思想感情，反映心理变化。高兴时，炯炯有神，悲伤时，目光呆滞；注意时，目不转睛；吃惊时，目瞪口呆。人的眼睛很难作假，人的一切心理活动都会通过眼睛表露出来。故而，可通过眼睛的细微变化，了解和掌握其心理状态和变化。如果用眼睛注视着你，是对你重视、关注的表示；如果看都不看你一眼，则表示轻蔑；如果斜视则表示不友好的感情；如果说谎话而心虚者，则往往避开你的目光。

教师与学生谈心要讲求诱、启、导：“诱”，是指从学生最喜欢的话题谈起，如当时发生的有关趣事、新闻，故事、笑话等，然后再谈人的处事、做人，诱发学生谈思想、露真情；“启”，是指当学生听到老师谈到动人之处，情不自禁地欲言时，要借助引发、暗示，画龙点睛地“启”上一两句，启得巧妙，就能打开其思想闸门，使之想多，想深；“导”，是指在学生认识模糊或谈到某些不愉快的事情时，往往会发牢骚、说怪话，或消极悲观，情绪低落，这就要善于开导，既让学生说话，又要引导学生树立正确认识，使其坚定前进的信心。作为教师在与学生谈心沟通中，还需注意以下四个方面：谈心之功在于心；谈心之法在于情；谈心之力在于理；谈心之路在于疏。教师和学生沟通，应从外化转到内化，从单纯的说教转化为实践活动，让情感与认识相互作用，使情感上升为信念，成为提高学生自觉认识的动力。尤其是教育者更应学会和学生沟通的艺术，找准机会，抓住重点，有的放矢地和学生进行思想沟通，唯有如此，才会有成效。

与不同类型学生谈话的技巧

与学生谈话，是教师特别是班主任了解和教育学生的基本形式，是帮助学生消除心理障碍解决思想问题的重要方法。作为教育者，若能多一点关怀，多一分理解，多一些引导，就能温暖一个人的心，甚至在其人生道路上留下一块闪光的里程碑。谈话的艺术、技巧和方法，只有在教育实践中锻炼，才能不断体验和不断提高。教师若能针对不同类型学生的心理特征、个性特点、承受能力，采用相应的谈话方式，必会收到“随风潜入夜，润物细无声”的效果。

一、傲慢型

这类学生大多放荡不羁，自由散漫，比较自信，甚至自负，往往看不到自身的缺点，在他们心目中似乎一切都无所谓，对教师的劝导也往往拒而不受，或耳听心违。与这类学生谈话，须充分准备，精心设计，包括了解情况、谈话方式、谈话内容及谈话中所采取的应变对策。由于对方比较傲慢，要慎用“泰山压顶”的谈话方式，乱训一气。应运用“提醒”方式，在肯定成绩的同时，含蓄地指出不足，使其正确评价自己，扬长避短，向新的目标奋进。应营造并保持欢乐的氛围，以真诚的态度进行交谈，一旦取得对方信任，其傲慢态度就会即刻消失。

二、巧言型

这类学生大多思维敏捷、思想活跃，口辩能力较强，善于强词夺理。与这类学生谈话，宜从两方面入手：一方面是善于抓住矛盾，可先让学生说出自己的意见，从他的意见中找出矛盾，然后引导他按教师的指向去思考，并通过归纳推理取得清晰明确的观点或概念；另一方面是勤于验证甄别，深入了解与准确掌握对方的情况，用多方事实验证甄别其辩解内容，去伪存真，揭示真相，对其进行教育并促其改掉花言巧语的旧习，养成忠诚朴实的作风。

三、满足型

这类学生的学习大都处于中下游，信奉“60 分万岁”，不求上进，不思进取，没有远大理想和目标。与这类学生谈话，既需使其明白自己与优秀同学的差距，激发其向优秀生看齐，也要用“学海无涯”来警醒他，用“井底之蛙”来“打动”他，使其克服自满、懒散的心理，用高标准严格要求自己从而积极进取。

四、谦虚型

这类学生大都遇事谨慎，很少自负，对人礼貌，但其内心世界不易被人了解。与这类学生谈话，应先了解他的学习情况、思想品质、个人特长及爱好兴趣等，以使交谈有的放矢。谈话时可与其推心置腹地交谈，如阐明谈话的目的要求，提出问题；明确指出谦虚谨慎是一种美德，但超过其界限则变为谨小慎微，成为缺点。谈话时，使学生感到无拘无束，如兄长话家常，如同学叙友情，这样便于沟通师生的情感。

五、顾虑型

这类学生往往对教师的谈话半信半疑，顾虑较多，甚至存有戒心。与这类学生谈话，首先要弄清学生顾虑的原因所在，以设法开启交谈的闸门，进而通过以诚待人、以情感人、以理服人，逐步打消其顾虑，并以自己的行动取得学生的信任，使其说真实话，说心里话，与教师开怀畅谈。

六、胆怯型

这类学生大多不善于口头表达，而且心理上有明显的封闭性。由于性格内向，常常沉默不语。与这类学生谈话，首先要创设一个民主、和谐、宽松的气氛，把学生放在与教师平等的位置，使他们感受到教师平易近人，和蔼可亲，使其逐渐打消顾虑，畅所欲言，进而心悦诚服地接受教育。

七、对抗型

这类学生中，有的个性倔强，稍不如意便一犟到底；有的自由散漫，不服管教。他们大多争强好胜，不容批评，稍受“指责”就彰显反感，时常出现“顶牛”“对抗”现象。如何打破僵局？与这样学生交谈需注意：一要适时，即当学生情绪处于“沸点”时，不妨提出适当问题，引导其冷静思考，待“冷处理”一段时间后，再进行交谈；二要适地，即交谈时应尽可能避开公众场合；三要适法，即先倾听对方有何想法、意见。以寻找共同语言，缩短心理差距，使其产生易受心理，从而更好地接受批评和规劝。

八、自弃型

这类学生或犯过错误受到处分，或学习退步挨过批评，因而情绪低落，孤行寡言，对生活缺乏追求和信心，甚至自暴自弃、破罐破摔。与这类学生谈话，切忌“揭伤疤”“撕面纱”，而应多找其“闪光点”：多赞扬、少批评；多关怀、少责备。同时，要引导其积极参与谈话活动，要耐心助其分析过错产生原因，以引起反思和彻悟，消除心中的障碍和烦恼，激发生活的信心和勇气，帮助其重新扬起生活的风帆。

九、敏感型

这类学生，尤其是女生，对教师的情态及对教师给予的评价性语言十分敏感，好猜疑、爱多想。与这类学生谈话，既要注意热情、诚挚，使其感到真情实意，又要注意遣词用语，不要把话说过头，为减少其思想上的压力，宜先谈其成绩优点，消除其戒备心理，然后再集中谈主要话题。

十、暴躁型

这类学生大多性格刚烈，易急躁发火、易情绪激动、说话偏激。与这类学生谈话，要以柔克刚，即使他暴跳如雷，也不动声色，让他把话说完，对其过激的言辞不应计较。如形成僵局，可暂停谈话，让他考虑一下，以后再谈。

十一、后进型

这类学生往往有一种自卑心理，情绪低落，对老师常表现出防御心理，与这些学生谈心，更要善于发现他们的闪光点，鼓励他们抬起头来走路，树立自信心。

十二、失足型

这类学生多犯过错误，一蹶不振，产生自暴自弃的心理，与这些学生谈心，可采取“触动式”谈话，使其猛醒，但需注意这种“触动”的着眼点是挖掘动力点，激发内燃点，并采用参照或进行“横向”与“纵向”对比，使其认识到自己犯错误的原因和所犯错误的危害性，从而增强改过的决心和信心。

教育学生是一项艰苦细致的工作，与学生谈话更是一个复杂课题。因此，必须做到：了解情况，掌握个性，因地制宜；注意火候，抓住契机，因时制宜；创设情境，引起共鸣，因境制宜；机智幽默，融洽气氛，因事制宜。同时，要掌握分寸，找准时机，用富于哲理性语言予以激励，使学生心悦诚服地接受教育。

教育学生的语言技巧

教育语言，对学生具引导、疏导、指导和教导的作用。要使有过错或缺点的学生接受批评信息，须通过语言技巧沟通师生感情，并使批评具说服力、感染力、亲和力和导向力。

一、设问诱导式

一位学生上课迟到了，课后教师找他和颜悦色地问："是家里有什么事，还是身体不舒服？"学生摇头。教师接着说："这么说，是你今天起床晚了，昨晚睡得太晚了吧？以后可要早睡早起啊！"这样设问诱导，没有训斥、指责的话语，没有讽刺、挖苦，既问清了迟到的原因，又使迟到学生受到了一次教育。

二、激发勉励式

一位学生期中未考好，教师说："这次你三门功课没考好，真出乎我的意料。有人说你天资低下，我认为恰恰相反，你反应很快，就是舍不得下功夫。一次考试失败并不可怕，可怕的是无动于衷，自甘落后。我相信你在期末考试时，会让事实证明你是好样的！"这样既有肯定又有批评，既有分析又有期望，怎能不激起学生自强、自尊、奋发向上之情？

三、引而不发式

某位农村来的学生将剩下的一块馒头扔进垃圾桶里。教师找他谈话："你今天的日记就写你丢馒头这件事吧，建议你想一想：你当时是怎么想的？过后又是怎么想的？这馒头是你花钱买的，但买馒头的钱是哪里来的？你父母是农民，如果他们看到这件事将会做如何反应？"这样引而不发，可让批评对象思考反省，当学生扪心自问时，就会感到教师对他的爱护和教诲，领悟教师相信他有自我认识的能力。

四、分析利弊式

一个学习成绩优秀的学生在一次考试时帮助同桌作弊。事后，教师找其谈心，跟他一起分析利弊之后，做了简短的小结："作弊是一种投机行为，帮人作弊这种害人害己的蠢事以后千万不能再干了！"这样分析利弊，实质是帮助学生分清是非、提高认识，使之自悔、自责、自觉改正错误，其效果是任何训斥所不能比拟的。

五、赞扬代替式

一个出名的后进生是一个"小团体"的首领。教师与其促膝长谈，先表扬他说话算数，有能力团结小伙伴等长处后，随即以提示性口气说："你若能像在小伙伴中那样，注意在全班同学中树立威信就好了！"用赞扬代替批评后，他竟判若两人，非但不再恃强凌弱，还主动为班级做好事，团结广大同学。

六、美中不足式

在批评时先赞扬几句，然后来个明显转折，学生称之为"但是"后面做文章，一听"但是"二字就反感，认为教师前边的表扬是言不由衷，是批评的前奏，是"醉翁之意不在酒"，其结果不但批评不会收效，使前边的表扬也被理解为虚情假意。使得批评前的表扬，不但达不到激励的目的，反而削弱了批评的效果。若不用"但是"这一转折词，效果就可能不同，如："你这个阶段进步较快，若能进一步抓好课后复习和作业，我相信你的学习成绩会进步更快！"这样提示比"但是"后的批评效果要好，学生也乐于接受。

七、商讨建议式

严厉的命令常会招致对立情绪产生，尤其对独立意识强烈而自尊心又极强的学生更是如此。因此，教育者在纠正学生错误时，尽量不用命令式语气，指示他去做什么、怎么做，而用商量的态度和口气，建议他做什么、如何做，就会取得良好的教育效果。

八、迂回委婉式

直说不如婉转说。有些道理，正面一时讲不通，不妨“旁敲侧击”或“迂回包抄”。有些事情，尤其是涉及学生较敏感问题或品行错误而对其进行教育时，不宜“开门见山”“单刀直入”，而用婉转语言、“迂回战术”，或从人生、理想方面交谈，或从其他事情疏导，或从师生关系上引入……待双方感情沟通了再接触“主题”。迂回委婉式具有空间性特征，即目标在东而先向西，欲进击而先行退，避其锋芒，迂回诱导。迂回委婉式具有时间性特征，即以尽快解决棘手问题为目的，而采取持久战，酌情下药，辨证施治。其表现形式：一是迂回绕取，二是以退为进。迂回并非舍近求远，因对复杂的思想问题，若一举突破，常是欲速而不达。而在战略上的迂回，则常常是达到目的之捷径。

九、言之有度式

这里的“度”，既指语言多少，也指语言深浅。教育语言须把握分寸。对反应敏感、自尊心强，一点即透的学生，不宜说得过多，否则易使其产生逆反心理，造成事与愿违。若对学生的错误无关痛痒地说几句，难以触动其灵魂，就起不到教育作用；若对其讽刺挖苦，则会损伤其自尊心；若“狂轰滥炸”、声色俱厉地训斥，则会使之产生对抗情绪；若使用威胁性语言，会因言而无效，致使自己威信扫地；若过分赞扬，又易使之滋生骄傲……因此，教育语言应讲究深浅有度、多少适宜、柔中有刚、刚柔相济。

十、关心亲切式

教育学生除了态度上既严肃又和蔼，心理上既理解又尊重外，使用词语也要让学生感到亲切、关心。比如，多说些“我们”“咱们”会使学生觉得亲近；若用“我……”“你……”则会使对方保持戒心。因而，应注意调整说话习惯，使教育语言体现出师生的共同目的，显示一种合作精神，以更好地沟通师生感情。例如，某学生未按时完成作业，教师找他说：“是身体不舒服，还是作业太难了？我们一起商量一下如何完成好吗？”这种亲切的语言里，没有一个训斥之词，既查清了原因，又使学生受到了教育。

十一、呵护隐私式

谈心是建立在信任基础上的。师生之间的谈心，可能会涉及对方真情实感，甚至隐私，作为教师，要有选择地为学生保密，充分尊重学生权利。涉及家庭问题时，可与其父母沟通，一起去解决问题。

十二、平等对待式

平等是对他人尊重的外露，是双方心心相印的导线。教育学生须摆事实，讲道理，以理服人，以平等地位和与人为善的态度，使之感到教师的友爱、温暖，在心灵上唤起共鸣。有经验的教师总是使自己的声调、音量、节奏与对方相称，使之感到文明可敬，不得不听而为之。另外，坐姿也应给学生心理上相容之感。并排坐比相对坐在心理上更具共同感；直挺着腰坐，比斜着身子坐显得对别人尊重。绝不可以师压人，尤其对犯错误学生，更需注意。应看到这些学生在思想感情上往往与绝大多数学生处于一种隔阂状态，对周围的讽刺、冷眼十分敏感，如若摆出一副居高临下批评人、教训人的架势，即使句句在理，也会使听者反感，即使表面上认错，心里仍不服气。

教育学生的语言技巧之关键，在于是否具有根据学生个性特征和心理特点，启迪学生觉悟的能力。同时，在语言表达上，既要直接、清楚、简练，使人觉得有严肃感，又要委婉、含蓄、热情，使人觉得有亲切感。既要诚恳、坦率、不隐讳，使人觉得有责任感；又要风趣、诙谐、不呆板，使人觉得有幽默感。一个善用语言技巧的教师，一定是优秀的教师，充满教育智慧的教师，学生喜欢亲近的教师。

暗示——巧妙的教育艺术

暗示，即心理暗示，可使人不知不觉地按照一定的方式行动。是运用含蓄、间接的方式，对别人的认知、情感、意志及行为产生影响的心理活动过程。暗示，避开了直来直去、开门见山的做法，以旁敲侧击的方式使学生在无意识状态下接受教育信息，容易被学生尤其是青春期有逆反心理的学生心领神会。暗示，是指运用含蓄的语言、手势、眼神、姿态、故事等进行提醒、指点、引导、批评等，让人感而即知或思而得知的方法。在教育过程中，明示是一种惯用的方法。然而，在某些场合，对某些对象和问题，采取暗示方法往往能收到比明示更好的效果。暗示，是对人的心理和行为产生影响，不是直接指出问题，而是借用使人能领会的委婉信息，以达“藏颖词间，锋露文外”的目的。所以，在教育中，应恰当借助“暗示”来化解学生思想矛盾，传达委婉批评，表述内心的期望。

一、暗示的形式

心理学家指出：手势的动作有很多，如食指与中指构成“V”字形等，是鼓励、肯定学生的手势，抚摸学生的肩膀或头部，表示“我很喜欢你”；迈着矫健的步伐，昂首挺胸、精神饱满地走进教室，意味着“我喜欢和学生在一起”等。总之，在语言心理暗示的同时，适当配以非语言的心理暗示，会增强暗示的效果，会为教育增添感染力。教育是知、情、意、行的统一过程。对学生而言，“知”并不难，难的是“情、意、行”的到位。

（一）语言暗示

语言暗示，是指通过语言形式给对方以暗示，不直接表明自己的态度、观点和意见，而是借用某些模糊、委婉、含蓄的语言，说彼及此，道东指西，或运用弦外之音，即“言外意”“话外音”，巧妙地引起学生思考、领悟，从中获得启示，纠正偏差。诸如：亲切委婉的提醒，使学生从心理上感受老师对自己真切关怀和殷切期望；慢声细语的谈心，可创造和谐的教育环境，留下思考余地，使学生被精辟的思想和见解所征服；启发诱导的谈话，有时转移话题，有时暗示所指，有时以甲代乙，有时旁敲侧击……教师的教学语言往往藏有丰富的潜台词，语调的轻重缓急、快慢节奏都带有“弦外之音”，学生可从中获得某种附加信息。教师都注重语言的暗示作用，对学生含而不露的批评，委婉含蓄的要求，不失时机的启发和鼓励均通过语言暗示传递。这些做法，既不会损伤学生的自尊心，又可使之意识到自身不足或应该如何去做……苏霍姆林斯基说：“老师无意间的一句话，可能造就一个人才，也可能毁灭一个天才。”

（二）体态暗示

体态暗示，是指运用姿势、动作和手势，把信息输送给学生，以引起注意，产生积极的反应，达到教育目的。有时一个得当的手势可使学生悟性顿生，有时恰当的动作暗示有助于提高教育艺术。比如，当发现某个角落或某个位置出现“异常”情况时，教师可以边讲解、边有意在其附近走动，用来监督、告诫学生，其效果往往立竿见影，使“不安定因素”很快消失。这样，既避免直接用语言表达可能产生的副作用，又能体现教师对某人某事的肯定或否定及指向等态度，可产生“此时无声胜有声”的效果。体态暗示，在教学中具有特殊的实用性和适用性，适当配以体态暗示，能起到传递、调控、激励等作用，增强效度性，增添感染力。体态暗示对学困生特别是纪律后进生的转化更为明显。

（三）眼神暗示

眼神暗示，是指用“以目代言”的方式给稍有违纪者的必要警示。在课堂上做小动作的同学，由于心虚大都不时地望望教师，看看自己的“非法行为”是否被教师所注意、所发现。教师要利用这一心理，抓住这一瞬间，示以提醒或责备的目光；或用自己的眼神去捕捉学生的视线，当与学生的目光相对时，微微一笑，暗示“我已发现了”“我已知道了”，一般情况下，学生会迅速改正其非课堂行为。教师的目光扫视会起到调控作用，用赞许目光会让学生感到莫大鼓舞，往往只用一个眼神就能帮助学生意会、领悟。当后进生稍有好转时，教师就投以信任、鼓励和期盼的目光，使他找到自尊，找回失去的信心和勇气。

（四）声调暗示

在讲授时，如若学生精神不集中，教师可改变日常的授课声调，在抑扬顿挫上暂做适当的夸张——提高、降低或转变。这样，常常会使“走神”者为之一惊，马上转入正常的“频道”。这种方法，有时还能活跃课堂气氛，增强教学的生动性。

（五）笑话暗示

笑话，情节生动，言辞诙谐，语调幽默，寓意深刻。用恰当的笑话暗示，能引来被批评者愉快的笑声，继而联想自身，匡正荒谬。这样在谈笑中，心与心交融，情与情沟通，易使学生接受。

（六）轶文暗示

传记、小说、故事、名言、名作等皆有暗示作用。名人，是历史和社会造就的杰出人物，或知识渊博，才华横溢；或造福于人，有功于世。以名人轶事暗示，能使学生有一种类比的心理或自豪感，即使受了点影射刺激，也不感到委屈。这种方法，不仅使当事者易于接受教育，并且印象深刻，难以忘怀。

（七）寓言暗示

寓言，不仅哲理深刻，寓意典型，以小见大，说服力强，而且为人们喜闻乐见。在教育中，结合实际情况，借助寓言将有所寄托的话，用假托的故事或拟人手法来表明教育意图，从而收到良好效果。

（八）赠言暗示

精彩而含意深刻的名言、佳句、奇语、丽词，既让人喜爱，又可发人深省，给人启迪。教育中，根据学生具体情况，采用有针对性地赠送格言、谚语、名句、题词方式，结合被帮助对象的弱点、应注意问题或努力方向予以暗示，既能使学生易于接受，也可使其将此作为“座右铭”而起长期提示作用。

（九）环境暗示

环境，是一种优秀的隐性课程，是一种巨大无声的力量，能以最微妙、最深刻的方式注入学生心灵深处，容易影响其心理和行为。环境，有人际环境和自然环境。前者，是指要形成一个良好的课堂氛围（富于感染的讲解，发人深省的提问，巧妙音像的设置，皆可荡起学生情感的波澜，放飞益智的思绪，在不觉中获得知识和技能，在无意中受到感悟和启迪）、班风和学风——良好的风气具有一定的组织性、进步性和坚定性，对每一个生活在这个集体的学生都会产生一种积极向上、主动学习的心理趋向。后者，是指整洁优美的教室和校园，也具有一定的暗示教育功能，当学生走进明亮、清洁的教室和校园时，他本来不卫生的习惯就会得到抑制，久而久之，就会得到改变；优美的校园环境，往往在学生审美心理的深层结构上引起难以言状的共鸣，进而使其情操得以陶冶。

（十）自身暗示

自身暗示，是指教师既可利用种种手段暗示学生，还可引导学生进行积极的自身暗示。相声对一些人与事的批评、嘲讽，常常是十分辛辣的，然而听众却无一反感，常常在欢笑中得到启示、受到教育。原因很简单，相声演员是以自己为靶子善意地批评别人、影射他人。这就启示教育者，以自身为镜子暗示学生，往往会收到意想不到的效果。

另外，还有目标暗示——可激发人的动机，有目标才有追求，才能调动人的积极性。有班级、个人近期目标，才能对照自己，在反思中前行、成长。还可树立榜样，用榜样的事迹暗示学生。形符暗示——运用配合教学语言的板书、板画、模型、标本、挂图、表格以及影像、视频等信息来暗示学生。它可调节由纯语言讲授带来的单调感，运用直观的形象进行信息渗透。实践表明，暗示比直接说教更易为学生接受和认可，其作用是积极和有效的。但运用好暗示，还须把握分寸，掌握时机，并遵循间接、含蓄、自然、适度的原则；注意与目标结合，与明示有机结合；要看对象，注意使受教育者能够理解、领悟、接受。

二、暗示的功能特点

暗示是指教师在教书育人的过程中，与学生交互影响并具有含蓄特征的心理现象。下面是暗示的几个心理特征。

（一）交互性

无论是实时还是延时，暗示总是发生在师生之间。比如：倘若某位教师的课堂气氛沉闷压抑、毫无生气、学生昏昏欲睡……这种状况就暗示教师需调整教学方法，以实现对教学过程、方式和良好氛围的控制。

（二）含蓄性

先看一则哲学故事——古代有位哲人正在讲经论道，突然，一阵微风吹进室内，墙壁上的一面旗子微微飘动。他问弟子："是风动？还是旗动？"有的回答是风动，有的回答是旗动。这位哲人意味深长地说："不！是你们的心在动。"做学问，心不"静"则"动"。这种心理暗示可谓绝妙、精彩。上课之始，当登上讲台的目光环视时，当讲述突然中断时，都可使学生及时调整学习状态，这都运用了心理暗示法。再如：当学生受到委屈而哭泣时，该怎么办？是大声呵斥还是苦口婆心说服？最上策是：拿一块毛巾揩去学生眼角的泪水。"此时无声胜有声"，千言万语尽在不言中。这种心理暗示效果肯定是积极的，乃至使学生终生难忘。对不守纪律者可施以旁敲侧击的暗示，用幽默话语可使敌对者化干戈为玉帛。

（三）控制性

暗示一旦发挥作用，就可实现对人心理强有力的控制。有位校长，每天早晨他总是第一个站在校门口，迎接师生的到来；到下午，他又站在校门口，目送师生归去。对于晚来早退的学生和教师，他从不说一句批评的话，仅仅是微微一笑而已。久而久之，人们再也看不到迟到早退的学生和教师了。学校秩序井然有序。什么原因？校长用心理暗示法实现了对学校秩序的有效控制。这比每天点名要技高一筹！

三、暗示成功的因素

（一）暗示者的权威

暗示有一种"信誉"效应，即声望高、有地位、是权威，其暗示作用大。所谓权威，是指经一定时间验证后获得人们尊敬而产生的信任感。作为暗示实施者的教师应不断提高自身素质，特别是自身的人文和科学素养，增强感染力，以在学生中树立较高的威望和令人信服的人格力量，让学生在敬佩、信任的情感体验中产生崇拜感，从而树立在学生心目中的权威性。由于"权威效应"在暗示中的重要作用，暗示信息一旦打上权威的烙印，就容易引起崇拜者的敏感反应，这有利于增强暗示信息的穿透力和有效性。

（二）良好师生关系

暗示是在暗示者与受暗示者相互尊重、信任的条件下实施的，是一种正面、积极的诱导教育，被暗示者须对暗示者具有充分的信赖和期望，才能在暗示信息中获得启示、受到感染，产生相应的情绪反应。所谓"亲其师、信其道、乐其教""心有灵犀一点通"，就是这个道理。在教学中，教师应不以"权威自居"，不搞"一言堂"，要用平等的身份与学生交往，欣赏每一位学生，宽容学生的过失，关注学生的进步，用期待唤醒学生，用成功激励学生，创设和谐的师生关系，使心理暗示机制得到最大限度发挥。

（三）创设心理氛围

人在清醒而放松的状态下，可暗示性和有意识的判断能力同时出现。轻松愉悦的心理状态有利于暗示信息的吸收和巩固，是启动无意识心理活动的有利条件。因此，在教育过程中，教师要时刻做一个有意识的施教者，灵活运用各种暗示手段，利用大量的情绪刺激和外部知觉，以建立起诱发学生潜能的外部环境，消除学生的紧张心理，创造适宜于开发学生潜力的愉快的心理氛围。

总而言之，只要在课内外、校内外执教，暗示便无处不在，无时不有，关键在于如何挖掘与怎么巧妙灵活地运用，使它发挥应有的功效。

教育后进生方法点滴

转化后进生是教师经常面临的一个难题，是教师研究的一个未竟课题。今天的后进生并不意味着明天亦然，甚可有朝一日跃上先进台阶。陶行知说："你的教鞭下有瓦特，你的冷眼里有牛顿，你的讥笑中有爱迪生。"关键是转化是否得法。"未成曲调先有情"，从爱去温暖，用情去营造，无疑不可忽视、或缺。

一、热情期待

当学生不注意听讲时，可用热情、关切目光暗示之，使他感到教师的期望而把注意力转移到学习上来。

二、予以尊重

当后进生要发言时，首先给他提问或发表见解的机会，并用"请"字和亲切的目光表示欢迎。还可有意设计些简易题。答对了，及时肯定；答错了，劝其"不要慌，再想想"。

三、态度和蔼

当后进生主动提出疑问时，要耐心解答或认真指点他提出的疑问。当反问后进生时，声音要温和，态度要和蔼，特别是要适合后进生的心理特点。

四、体贴照顾

当后进生未按时交作业时，应首先考虑，这次作业是否偏重、偏难，或有什么其他客观原因。在批改作业时，优先批改他的作业，以便及时帮助、指导或肯定、表扬。

五、长于谅解

当后进生损坏公物时应先做"无意行为所致"。当其违纪时应说"我想你不是故意的，下次不会再犯"。

六、善于理解

当后进生对批评有抵触时，应先自问对其批评是否恰当、符合实际？态度是否得当？方法是否适宜？

七、肯定进步

以关心、热爱的感情肯定后进生点滴进步，诱发其身上微小"闪光点"。在其心灵深处潜藏着闪光因素，教师要用深沉的爱，打开那不易敞开的心扉，燃其闪光火花，以"闪光点"净化其心灵，激励其意志。

八、多看优点

当后进生取得点滴进步或微小成绩时，要用"放大镜"及时捕捉其"闪光点"，并及时给予肯定和表扬。这样可鼓励其争取更大进步的信心，使其体验成功的喜悦，以激起他对更大成功的渴望。

九、讲求策略

当走访后进生家长时，要及时寻找其进步苗头，向家长报喜。切不可以"告状"面目出现，要客观地以发展的观点介绍其情况，尽量与家长取得一致意见，以便"对症下药"，共助其进步。

十、持以耐心

当后进生言行出现反复时，要冷静分析，以热心、耐心的态度予以关怀。种花须晓百花异，育人要知诸生心。教育后进生也要根据不同个性"因人制宜"、不同事情"因事制宜"、不同时机"因时制宜"。

第十四章　班级与管理

班级授课制源于捷克教育家夸美纽斯《大教学论》。而率先使用“班级”一词的却是艾拉斯莫斯。

班级，是学校的“基层单位”，也是教学的基本组织形式，是学校为实现一定教育目的设置的教育组织，是学生成长的主要环境，由学生和班主任及任课教师组成。班级，是一个微型社会，深刻影响着学生发展。班级教学，是近代最具代表性的一种教育形态。学校的理论教学、实习、实训、生活管理及思想品德教育等，主要以班级为单位实施。德育、智育、体育、美育等相互渗透与促进，也取决于以班主任（辅导员）为核心，学科教师紧密配合之育人体制的巩固与完善，即取决于教育教学融为一体的运转机制。

班主任是学校德育队伍的骨干，在德育系统工程中处于主导地位，甚至发挥着核心作用。班主任全面负责一个班级学生品德、学习、健康和生活等方面的教育管理工作，是一个班级学生的组织者、领导者和教育者，也是一个班级全体任课教师教学、教育工作的协调者。班主任是教育方针在班级的贯彻执行者，担负着引导学生全面发展而成为合格建设者或各类优秀人才的重任，担负着教育学生、培养人才和提高劳动者素质的社会使命。班主任在对学生进行教育管理中的影响力，是班级凝聚力的前提和基础。从一定意义上讲，对形成团结上进、勤奋学习、文明守纪等班风起着决定性作用。班主任的主要职责：第一，要做好学生的教育引导工作；第二，要做好班级管理工作；第三，要组织好班集体活动；第四，要关心每一个学生的个性发展与全面发展。班主任既应协调好各位任课教师的师生关系，还应成为沟通学生、家长、社会的纽带。班主任的影响力可分为权力性和非权力性。前者，指班主任依据校规、校纪在班级内进行制度化的管理，具有约束性和服从性。虽是必要，但非万能，有时效果欠佳，且不易持久。后者，指班主任在学生中威信如何，直接影响着学生对班主任的认同，关系到学生思想品德教育和日常管理工作的效果。班主任一言一行对学生产生的影响力，取决于其行为品格、才能知识、情感信仰等因素。这种影响力，自然深刻、主动持久、潜移默化，建立在学生对班主任信服、信赖、敬仰的基础之上，有亲切感、感召力。班级的主要作用：一是发展学生的社会性，培养学生对社会生活的适应能力；二是发展学生的个性，培养学生的特殊才能；三是为学生提供有利的成长环境和条件，保障学生身心的健康发展。

管理的原则是宽严结合、刚柔并济、赏罚分明；应根据教育规律及有关规章制度的严格要求，并注意有格、有度、有序、有情、有理、有方。班主任（辅导员）及任课教师在班级管理中扮演三重角色：在学习上，要管如严父，一丝不苟；在生活上，要爱如慈母，无微不至；在交往上，要诚如朋友，随和不傲。同时，要具有“五心”：爱心，即爱生之心，这是一种高尚的道德情感，是师生关系融洽，教育取得成功的重要前提；细心，即用心细密，及时了解与把握每个学生的个性与动态，这是一种高度负责、因材施教，教育取得成功的必要基础；耐心，即有自制力，要坚持启发引导、循循善诱的原则，这是教育取得成功的重要条件；虚心，即虚怀若谷，从善如流，能够发扬民主，这是教育取得成功的必要方法；恒心，班级管理是长流水，特别是思想品德教育是一个长期、反复和逐步提高的过程，需有自信、恒心和毅力。

中等以下学校都在每个班级内设班主任（多由专职教师或干部兼任）。高等学校一般既设班主任（教师兼任，有的由研究生兼任本科生班主任，或高年级学生兼任大一班主任），也设专职辅导员。班主任和辅导员并非完全等同，两者的工作既相互交叉，又有区别。共同点在于管理对象都是在校学生，不同点在于侧重点不同。班主任是学生专业学习的引导者，辅导员是学生思想品德工作的指导者，也是一个专业中几个班级的引领者，并指导学生会等群团组织的工作。从此意义上说，班主任是班级工作的参谋者，是学生的管理者和引路人。

班级活动的原则

有目的、有计划组织班级活动，是班级工作的重要内容，是德育工作的有效途径。确定班级活动的依据：一是学校教育目标，二是班主任的职责，三是班级管理的特点，并符合教育学、管理学和心理学原理。要开展好班级活动，在设计、组织、指导及评价时，应贯彻与体现如下原则。

一、教育性原则

班级活动应有鲜明的教育性。这是组织、开展活动的出发点和归宿，是学校一切工作都为“育人”这一基本思想的需要。所谓教育性，是指对学生的思想品德、学业成绩、身体健康、心理素质等全面关心，进行德、智、体诸方面的教育；是指在活动内容上突出爱国主义、社会主义、集体主义和道德教育。班级活动的意义也是多方面的，可提高学生的思想觉悟，开发潜在智力，培养多种能力。班级活动的教育性，既看活动的动机，更看活动的效果。为取得良好效果，开展活动时，应注意内容和形式的统一，灌输与疏导相结合，引导与实践相结合，并注意教育思想的明确和教育手段的巧妙，寓庄于谐，寓教于乐。

二、针对性原则

当今学生在思想认识、道德行为及价值观念诸方面均呈现新特点。班级活动要紧紧把握他们的思想脉搏，捕捉普遍性与特殊性问题，因势利导，有的放矢。开展什么活动，解决什么问题，都要细致思考，周密设计。一是遵循规律。针对学生年龄层次、专业特点和身心发展等需要设计活动。如新生入学时开展互相认识、增进了解的联谊活动；针对学生身心发展特点，在低年级加强理想教育，在高年级加强人生观教育，在毕业班加强就业指导和职业道德教育。二是实事求是。班级情况是经常变化的，应结合其实际情况和问题来设计活动。如有的学生沉湎于武侠或网络小说，应及时进行疏导，或举办有关讲座，或指导学生搜集今昔格言和名人治学故事，或让有过教训的同学谈体会。三是因材施教。要辨别学生中千差万别的情况，根据不同个性，有针对性地开展教育活动：因时施教，抓准时机，进行及时教育；因事施教，针对其事，施教以理。

三、整体性原则

班级活动应着眼整体，特别在活动内容、教育力量上要做整体考虑。在活动内容上，班主任应学会“弹钢琴”，既使德、智、体、美、劳诸育全面发展，又要面向全班学生，演奏一支主旋律鲜明的协奏曲；在教育力量上，应充分发挥学校、家庭、社会三个支点的力量；社会教育采取“请进来、走出去”的方式，或邀请劳动模范、先进人物、战斗英雄来校做报告，或组织学生走访工矿企业、农村，进行参观、调查。整体性既能提高教育效果，又能弥补师资不足，还可使家长、社会了解学校教育的要求和工作重点，配合学校开展工作。

四、开放性原则

班级活动也应跟上开放的时代潮流，让学生了解社会经济形势，增强国际化意识。班级活动的开放性，既表现在形式上，也表现在内容上。在形式上，一要向校内开放。应在同年级、同专业之间互相开放，并加强不同年级、不同专业之间的联系。这样既可增进班级间的友谊，也可促进班级活动质量的提高。二要向家庭开放。不少活动可深入家庭，请家长参与。这样既可请家长帮助指导，又可通过活动让家长了解学生。三要向社会开放。走向社会，可引导学生正确认识社会，也能使用人单位和社会各界了解学校。在内容上，一是了解国家宏观经济政策，增强培养接班人的意识和主人翁精神。二是了解各个行业英雄模范人物的先进事迹，确立心中榜样和价值取向。三是了解社会热门话题，通过讨论，提高认识，认清实质，增强辨析力。应指出，班级活动的开放，并非指所有活动都要走出校门。

五、多样性原则

班级活动应以丰富多彩、生动活泼的形式，赢得学生喜爱，调动其主动参与的积极性，让他们在笑声中、歌声中陶冶情操，提高认识。采用何种形式可根据活动内容和要求灵活掌握。如集体活动，可举办革命传统教育报告会、时事演讲会、英雄人物故事会、学习经验交流会等，还可举办周末晚会、中秋晚会、迎新年晚会及工学联欢、军学联欢等。

六、主体性原则

班级活动的主体应是班级全体成员，班主任只是班集体的重要一员。在班级活动中，班主任只能起必要的指导或点拨作用，或以自身的思想、才智、激情对活动起引导性影响，不能包办代替，不能“垂帘听政”。应与班委会相配合，最大限度调动全班学生的积极性，让他们普遍感到这是自己的活动，应自己动脑筋、想办法，把活动搞好。开展活动时，让每一个学生都扮演一定的角色，表现特有的才能；让每一个学生都动口、动手、动脑，使全体学生都参与进来；不能是少数人“承包表演”唱主角而多数人当“观众”，努力做到不让一个学生做“旁观者”。为此，应尽量多开展一些让大家都能参加的活动，比如一分钟讲演、人人动脑筋畅想美好未来、人人动口讲自己的职业理想和志向、人人动脑思考如何为实现自己的理想而有所作为；再如讨论、争辩，台上主辩，台下助辩。值得注意的是，主体性并不是学生各行其是，而是需班主任以高超的指导艺术，积极发挥主导作用。

七、连续性原则

良好思想品德的形成和发展，是一个长期、连续的培养过程。因此，班级活动要有长计划、短安排，并有始有终，切忌前紧后松或断续不接。要遵循教育目的和培养目标，注意循序渐进，逐步拓展。特别是以思想教育为主的班级活动，其教育任务并非一日之功，需循序或连续进行，需不断巩固和深化。如果班级活动能够前呼后应、步步深入，使前一次活动的结束成为后一次活动的起点，不断推进认识的深化，必能取得良好效果。

八、知识性原则

由于班级活动处在学校这一特定的教育环境中，针对的是学生这一特定对象，所以要用必要的科学技术和文化知识充实活动的内容。应通过班级活动使学生扩大视野，增长知识，开拓思路，提高才能，满足其求知渴望。即使是以思想教育为目的的活动，也要注意运用知识的力量，比如为教育学生珍惜时间，可指导学生广泛搜集有关名人珍惜时间、勤奋学习的名言警句，使之在哲人的睿语中，在知识的力量中，达到思想的升华。

九、易行性原则

确保班级活动在学校教育中占据重要一席，关键之一是具有易操作性。因此要做到：一是活动的规模不宜过大；二是掌握活动的节奏，次数不能过多，也不能过少；三是制订活动方案，以便操作实施。还可体现“课”的特点，活动前加强准备，活动中适当指导，活动后注意总结。

十、创新性原则

班级活动应不断创新：在内容上，不断充实新的教育内容，使学生感到新意浓浓；在形式上，不断以“新面孔”出现，使学生感到新颖有趣。通过增强活动的吸引力、感染力，促进活动质量的不断提高。

班级活动除坚持上述原则外，还需健全的规章制度、和谐的人际关系等，为学生身心的健康发展提供保障。同时，班主任（辅导员）必须具备责任感、专业素养及对班级学生的关注，都能及时预测、发现危害学生身心发展的不良因素，为学生提供有利于成长的环境和条件，保证学生身心的健康发展。

主题班会的要求

主题，是指主要内容或中心问题，是统领整个活动的灵魂，宛如一条红线贯穿于活动的始终，影响活动内容的确定和活动形式的选择。主题班会，是指围绕一定主题召开的班会；是在班主任组织指导下，围绕特定主题对学生进行思想品德教育的一种重要手段，也是学生进行自我教育的有效方式。召开主题班会，是班主任工作中的重要一环，是科学建设班集体的一项重要工作，也是管理班级的一种有力措施。主题班会，对推动班级工作与活跃学习生活具有重要意义。主题班会是道德认识的阶梯，陶冶情感的熔炉，转化行为的动力，甚至可使学生得到终生难忘的启迪，也可能成为学生大有转变的契机。如何充分、有效地组织和利用主题班会，发挥其应有效应？

一、主题要明确

主题班会的主题，如同文章的主题一样，是个首要问题，是主题班会的灵魂。选好主题是开好主题班会的关键。一个成功的主题，应是“小”而“明”，不要“大”而“空”；其“明”是指目的与导向要鲜明，不可含混不清，且有鲜明的思想性，能反映学生心灵深处的需要和热点，对全班学生有鼓舞性。实践表明，主题是使班会达到预期目标的“总开关”。因此，怎样拟定主题？什么时机确定什么主题？要达到什么目的？解决什么问题？班主任须心中有数，有的放矢，坚持目标的准确性、教育的特效性。每次活动要突出一个主题，主题过多、过散，就会减弱教育的针对性、实效性。确定主题一般可从四个方面考虑：一是围绕国家形势对青年学生的要求；二是围绕学校学年或学期的中心工作；三是围绕学生中带有普遍倾向性的问题；四是围绕各科教学活动的内容、目的。主题应明确、有阳光气息和符合时代精神，趋向学生的价值观，主题要有号召性、针对性、先进性、科学性和趣味性。同时，既要考虑教育的目的性和方向性；又要根据学生的现实思想和行为，体现针对性和灵活性；还要注意主题要鲜明突出，寓意深刻，富有魅力，激人奋进，具有可操作性、群体性和众受性。当然，最好是选择“言前人所未言，发前人所未发”的主题。为选好主题，还要在全面深入了解学生年龄特点、心理特征和个性爱好的基础上，善于抓住学生思想、学习、生活诸方面反映出来的热点问题，通过生动、直观的表现形式，有针对性、阶段性地融正面教育与自我教育为一体。为此，确定班会主题的基本做法应是抓大事、把三关、机动灵活。

所谓抓大事，即从有利于加强对学生进行爱国主义、社会主义、集体主义等思想教育、理想教育、职业道德教育着眼拟定主题。

所谓把三关，即从抓入学、节日、毕业之关键时期的教育活动入手拟定主题。

所谓机动灵活，即根据学生日常生活、学习或思想行为上所表现出的某些带有普遍性或倾向性问题，如学习动态、组织纪律、团结互助等方面的实际情况，有针对性地拟定主题。

前两者是对学生进行长期系统教育的基本内容，可按学生在校时间长短有计划地安排；后者是引导学生发扬优点、克服缺点、不断前进的教育内容，可灵活机动有针对性地安排。主题的具体名称应由师生根据活动内容共同商定，要准确、简洁、新颖、艺术，不可千篇一律。

二、形式要多样

主题班会的种类有季节性、问题性、模拟性、知识性、系列性、时事性、诚信性等等。多样性还有两方面：主题班会本身形式的多样性与同一主题班会形式的多样性。前者，主要有论理式、演讲式、交流式、文艺式、竞赛式、辩论式、实践式、模拟式等班会；后者，是根据学生实际、现有条件，选择一种最佳形式以达最佳效果的班会形式。如激昂的辩论，有力的论理，热情洋溢的文艺活动，五彩缤纷的社会课堂，小发明小制作的展示，等等。丰富多彩，寓教于乐，能使学生的思维力、想象力、创造力、鉴赏力和实际操作能力得到体现。如在澄清学生模糊认识时，宜采用辩论式主题班会；在陶冶学生情操和展示才能活动中，宜采用文艺式主题班会。内容决定形式，形式服从内容。好的主题只有通过与之相适应的为学生喜闻乐见的形式，才能具有打动人、启迪人、教育人的魅力；好的主题也只有和与之相适应的完善形式相结合，才能创设出最佳的教育情境。所以，成功的班会往往得益于对形式别具匠心的设计与“创造”。为此，不同的主题班会，应采用不同的形式。形式选择之原则：一要符合主题内容的需要；二要符合学生心理发展需要；三要新颖别致，灵活多样，诸如诗文朗诵、演讲比赛、节目表演、质疑答辩、议论评析、专题报告等。既可请进来，也可走出去；既有思想性，又有趣味性；克服枯燥无味的空洞说教，开创生动活泼的教育局面，以使学生喜闻乐见，乐意接受，踊跃参加。让学生既是教育者，又是被教育者，使他们变被动为主动，在活动中能够畅所欲言，各抒己见，各展其能，各显其技。要寓教育于多种活动形式之中，使学生在歌颂真善美、鞭挞假恶丑中得到启迪和教育。

三、准备要充分

充分准备是开好主题班会的基础，包括思想、内容、组织、物质等方面。主题和形式确定之后，就可根据要求开始做充分准备，并明确分工，做到内容与任务双落实。若表演节目，其形式、内容，由谁编选，由谁演出，如何排练等，都要精心设计，周密安排；若探讨辩论，如何组织对抗双方，如何引导与结束等，都要细致考虑，充分准备；若请进来、走出去，请什么人，做什么事，走向哪里，去干什么等，都要事先策划，考虑周到。同时，要布置好主题班会的会场，挂上醒目的会标。一般说来，会标设计，或开宗明义，突出主题；或富于联想，引人入胜；或寓意深刻，充满哲理；或令人鼓舞，饱含激励。比如“一年之计在于春”“告别昨日的自我”“站在新的起跑线上”……都以其主题鲜明，标题精巧，意义深远，给人留下难忘印象。概言之，会标要确切、鲜明、新颖、别致，使人见其表、识其里，能传神入会。会场环境的布置也要与会议内容吻合，使人进入会场有一种不同往常、别开生面的新鲜感，很快进入主题班会的角色。班会活动，要防止内容与主题脱节、会场冷落、组织无序等不良现象，以能确保开得生动活泼、激励人心和富有成效。开好主题班会还须牢牢把握“主题、内容、形式”三个要素。

四、时机要抓住

时机，是在学生产生某种要求、想满足某种需要，受到某种刺激，或某种情感上变化、某种心理上的冲动、心理失去平衡而处于某种“饥渴”状态、心理矛盾尤为突出，思想发展出现“燃点”时。“内因”会因“外因”而发生作用，起到花时少而收效大的功效，故而要捕捉和利用这些时机，使主题班会发挥最大效应。主题班会的举行定要把握住时机：一是客观形势与实际需要的时机，二是准备工作就绪，“万事俱备，只欠东风”的时机。前者着眼需要，后者着眼可能。当二者具备，并且同学们想召开主题班会的情绪高涨得不开不行时即举行。目的是使学生受到相应的教育。因此，要营造一些气氛，激励每个角色充分发挥形象思维和艺术思维的作用，寓教育于活动之中。值得注意的是：每次班会不宜时间过长，以免学生产生疲劳或厌倦情绪；主题班会不宜开得过多过频，在一般情况下，一学期举行一两次为宜。

五、组织要系统

主题班会的组织，既有目的性，又有系统性。是一个相互衔接，由低到高的系列。既是内容的层次由低到高，又是内容的衔接循序和连贯。思想品德教育是一项复杂的系统工程，因而对一个学段或学年（学期）的主题班会必须有周密的计划性、序列性，避免盲目性、随意性。要注意从不同年级不同学生的实际情况出发，考虑他们的心理承受力，根据目的和计划，不断升华教育的广度和深度；在同一年级中，围绕一个主题的班会活动，也应有一个系统进行的程序，还要注意做到上一次班会的结束成为下一次班会的开始，下次班会为上次班会的继续和发展，使各次班会相互衔接，前后呼应。每次主题班会的全过程，是包括设计→准备→实施→巩固→延伸几大环节在内的教育系列。在这一过程中，既要保证每一环节的教育质量，又要使诸环节互为基础、互相连接；把展开、深化和升华主题贯穿始终。

六、内容要充实

主题班会，形式要丰富多彩，内容要新颖充实，既要把思想性、知识性和趣味性融为一体，又要体现

“新、近、实”。新，是指现实而又新鲜的材料；近，是指发生在学生身边、具有强烈说服力和感染力的典型内容或事例；实，是指所选典型事例要真实，有可信度。这些现实的、身边的、可信的内容，要从不同角度、不同侧面集中反映主题，并从揭示主题入手，逐步展开，进而深化和升华主题，使学生产生浓厚兴趣，荡起心中波澜，引起情感共鸣，使学生在接受思想教育的同时能学到新知识。理想、信念以丰富的科学文化知识为基础，所以思想教育离不开知识性。不具有知识性的班会，只能是空洞的说教，达不到教育的目的，甚至会使学生反感，降低班会的感召力。因而，每次班会都应想方设法使学生在提高思想觉悟的同时，能够学到新知识、获得新能力。

七、引导要得法

主题班会的组织者和参与者，虽然主要是学生，但不能忽视与排除教师的主导作用。校领导、有关教师和班主任都要有目的、有组织地深入到班级，作为班级一员与学生共同活动。在班会举行前，要深入到学生中，了解情况，掌握动态，引导学生拟定班会主题，确定活动形式，落实活动内容，为开好主题班会出谋划策；在班会举行中，要积极参与，相机诱导，协助扭转班会上出现的被动局面，使班会健康、顺利地进行；在班会举行后，要引导学生总结经验，找出差距，制订改进措施，为开好下次班会奠定坚实基础，找到更好的方向。

八、成果要巩固

每次主题班会实施前的准备过程，实质上也是转变学生思想的教育过程。主题班会的召开是教育活动的集中表现，也是教育活动的继续和深入。主题班会举行后，要认真总结，巩固教育成果。总结时，要用民主方式让学生进行自我回顾、自我评价，使他们沉浸在愉快的回忆之中，回忆那一幕幕场面，进而使其沁人肺腑，激人奋进，增强班级凝聚力。每次班会开完后，并不意味着该主题的活动就此结束，还应辅之以细致的工作，如个别谈心、召开座谈会、交流收获与体会，将教育活动进一步深入。另一方面，在主题班会的前前后后，学生会在认识上受到启迪，思想上得到提高，自觉或不自觉地在行动上表现出新气象，涌现出好人好事，这就需善于发现这些新气象、新变化，及时将涌现出的先进集体、优秀个人，通过广播、板报、视频等形式予以肯定、表扬，引导学生自觉地扬真、善、美，弃假、恶、丑。这样就构成一个以主题班会为中心的会前、会中、会后完整的教育格局。

总之，主题班会是对学生进行思想品德教育的重要阵地，为了充分占据这块阵地，发挥主题班会应有的作用，应特别注意其目的性、针对性、知识性、趣味性和功能性。它还要求立意美、内容美、形式美。形式要不断创新，总是老一套只能使学生厌倦。内容要有鲜活性，在变换中求鲜活，既新鲜又富有时代精神。班会结束后还要及时反思：从实践过程，反思班会的步骤；从实践效果，反思学生的效果；从实践操作，反思教师的操作。

如何形成班集体凝聚力

凝聚力是一种潜在的无形的吸引力，而这种吸引力正是形成团结、有力的班集体与树立班主任威信的关键。怎样才能形成班集体凝聚力呢？

一、爱护与同情

爱护与同情，是形成凝聚力的基本条件。爱护，指热爱与保护学生身上的一切积极因素，尤其要精心爱护学生心灵中涌现的对真理热爱的感情。同时，不能使学困生和犯有过错学生成为集体中的“二等公民”，要爱护其身上的“闪光点”。同情，指对因“后进”而抬不起头来学生的同情；对知错而改产生内疚学生的同情；对因受到不公正待遇或受到误解的学生的同情……应使每个学生因同情而感到温暖。

二、真诚与坦率

真诚与坦率，是形成凝聚力的心理基础。真诚，即肝胆相照，意正心诚；对学生要真心诚意，以心换心，使学生敢于、乐于向教育者讲真话、说实话。唯有真诚，方能获取信任；唯有真诚，才使学生产生亲近感，以至把教师当成智慧、理智与道德的典范。坦率，即教育者要襟怀坦荡，实事求是，说话不拐弯抹角。当然，坦率并不是不讲教育策略，其本身也是一种教育艺术。

三、理解与宽容

理解与宽容，是形成凝聚力的品格要求。理解，即深谙学生身心发展规律，把握青年心理特点，因势利导，不一味地限制，扼杀他们的天性。师生交往是心灵的碰撞，是至真至纯的感情交融，只有用诚挚的爱，才能赢得学生的信任和爱戴。理解是师生心灵沟通的“催化剂”。教师应常与学生进行心理换位，掌握其生理与心理变化规律，尽量选用满足学生“口味”的教育模式，使学生觉得教师可亲可信，教育才能真正入情、入理、入心，使学生终生难忘。宽容，是大度、豁达、体谅，而非懦弱、迁就，更非纵容；宽容包含时间的宽限、态度的宽宏、条件的宽让、处理的宽待，实质是不求全责备，在一定范围内，不怕他们犯错误，应捕捉有利时机进行诱导、启示。理解和宽容的另一层意思，即观察、分析学生间的关系和行为，在解决矛盾时，不感情用事。“理解和宽容”与“迁就和放纵”决然不同，两者有本质的差别。

四、关心与尊重

关心与尊重，是形成凝聚力的感情纽带。关心，即关照学生的需要、爱好和渴求，特别是其内心世界和未来。班主任同几十个学生朝夕相处，如严父慈母，似至亲密友，既要做“有情人”“多情人”，还要做“知情人”。只有关怀备至，师生才能建立起真挚的感情和友谊。关心也是师生心灵沟通的“黏合剂”。教师从学习、生活等方面倾注爱心，让学生感到教师是亲人、朋友和知己，就会把自己所想所感倾吐出来，以得到教师的帮助与教育。尊重，既尊重学生的人格和意见、学习愿望、情感，使他们懂得善恶、美丑、荣辱、苦乐，懂得失败的懊悔和成功的欢乐，还要尊重学生的自尊心，这是其心灵中最敏感的角落，是参加各项活动的重要内驱力和主要精神支柱。自尊心具有敏感性、动力性、情绪性、脆弱性等特征，对学生自尊心的尊重具有特殊意义。所以对学生不要随便“揭老底”“算总账”“撕面纱”，也不要以师长自居，任意讽刺挖苦或冷落惩罚学生。尊重学生是师生心灵沟通的“润滑剂”。教师的一句问候、一个微笑、一个眼神，就会无形地拉近师生间的距离，使学生倍感亲切而敞开心扉，与教师进行交流。

五、信任与协调

信任与协调，是形成凝聚力的合力要素。信任，即相信学生。含义有三：相信每个学生都有天赋、才能和力量；每个学生心灵中都有美好的东西与愿意接受美好的东西；每个学生都能在集体关怀下成为一个合格人才。凝聚力的形成，不是单靠班主任个人威望和努力就能实现的，而是靠教师和全班学生的努力。班主任不过是形成此凝聚力的中心人物之一，只有凝所有任课教师和全班学生的力作用于同一方向，才能形成一股巨大的合力。班主任之大忌是个人“包打天下”，事无巨细都越俎代庖或事必躬亲，只相信自己，不信任他人，久而久之，就会说话无人听，做事无人帮，成为孤家寡人，落个劳而无功的下场。协调，即通过平时教育、个别引导、沟通情感，使班级同学和睦相处，形成和谐、上进、互助的氛围。

六、民主与公正

民主与公正，是形成凝聚力的保证因素。民主，指平等、选举、多数决定等基本原则，广泛听取学生意见，让其参与班级管理，并发挥学生的主动性、积极性和创造性，形成主体意识、集体意识、责任感和荣誉感。师生共同治理，集思广益，互相监督，方能形成最优的管理状态。公正，指办事公道无私、正直、客观。对学生的评价，忌“举其一不计其十”或“究其旧不图其新”。公开、公平、公正是服众之道。学生最忌班主任有偏心，感情用事，厚此薄彼，亲疏有别，引起学生之间、师生之间矛盾重重，形成裂痕。裂痕越大，离心力就越强。只有公正无私，一视同仁，才会形成强大的凝聚力。

七、帮助与引导

帮助与引导，是形成凝聚力的加固因素。帮助，是指因学生思想不成熟、不定型，需给予多方面的关怀与指导，使师生间的友谊加深，心理距离缩短。引导，是指因学生思想活跃，易于接受新事物，易受社会环境影响，需根据他们思想特点和接受能力，采取灵活多样的方式方法，在“引导”上下功夫。帮助和引导是感情教育的内容。

八、鼓励与支持

鼓励与支持，是形成凝聚力的催化剂。鼓励，即善于把握时机，选用适当方法鼓励学生。当学生产生自卑感或屡遭挫折意志动摇时，或已有进步自我感觉还不清晰时，或遭到意外打击、无情嘲讽情绪低落时，鼓励像一只温暖的手去抚慰，像一盏明亮的灯去照亮，像一阵清新的风去吹醒他。当学生感觉不到自己的微小成绩、进步时，一经教师指出，既产生成功的喜悦，也促进师生情感的交流。支持，即学生有困难需帮助时，及时出现在他们面前，使之得到动力，鼓起勇气，勇往直前。

九、严格与期望

严格与期望，是形成凝聚力的潜在因素。严格，是建筑在钟情与热爱基础上的“多情却似总无情”；严格，包括严肃、严明、严谨。严肃，是指教育学生要坚持原则，把握方向，一丝不苟；严明，是指执行纪律不徇私情，不偏不向，赏罚分明；严谨，是指对学生的要求认真而不马虎，考虑严密且谨慎。期望，是指对学生充满热情的期待，是师爱真诚自然的流露，往往通过教师的举止或一笑一颦显现。这种微妙情感能在学生身上产生一种耐人寻味的“皮格马利翁效应”。

十、目标与活动

目标与活动，是形成凝聚力的组织基础和动力。目标，是指将全班几十颗心吸引在一起，形成统一的向往和追求，从德、智、体诸方面和谐发展的“愿景”出发，及时、渐进地提出鲜明、生动、富有号召力的“奋斗”目标。活动，是指组织班级活动，形成富有教育力和感染力的“第二课堂”，通过丰富多彩的内容和形式，培养学生的爱好、兴趣，以增强班集体的吸引力和凝聚力。

班主任在对学生教育管理中权力影响力和非权力影响力都是必要的。问题性质不同，侧重应有所不同，需因班施教。当面临“乱”“差”班时，在使用权力影响力的同时，还应强调非权力影响力，使学生对班主任有服从、敬重、信赖和亲切感。总之，凝聚力的形成，不在于是否具有震慑学生的威严，也不只在于是否“门道”多、方法奇，而在于是否具有吸引、影响和感染学生的优良素质和高尚修养。

说理教育之方法

说理教育，是指教育者通过摆事实、讲道理，启发开导，以理服人的教育方法。就是向学生讲清道理，以帮助他们分析和认识问题，从而推动其不断进步与成长的方法。这是班主任（辅导员）最常用的方法，也是使用最多的方法。说理教育的目的是使学生懂得道理，从而产生相应行为。但在教育中，要从学生的实际出发，恰当地运用说理方式，以生动的表述及真挚的情意，去开启学生的心灵，引起他们的情感共鸣，最终达到教育目的。

一、渐进叙理

根据思维活动规律，从学生容易接受的浅易道理出发，慢慢切入，由浅入深、由表及里地进行讲述。此法犹如潺潺流水，能慢慢浸入学生心田，自然而然地被他们所接受。运用此法，至关重要的是了解学生的思想状况，摸清他们的思路，找出问题症结，对症下药，确定说理教育的立足点和出发点。

二、分割谈理

对比较复杂的问题，笼统讲道理往往难以奏效，可先把它分成若干“小块”，逐次对每小块进行剖析、讲透，实行“分而治之”的方法，然后再把众小块“聚合”起来，分析、提炼成大道理，达到积小胜为大胜的效果。分割谈理，不仅限于对问题的分析，对问题的表现同样适用，特别是用来解决班级的集体风气、小群体现象，效果尤为显著。

三、迂回说理

对于一触即发、一谈就崩的问题，可先不正面触及，而是拐个弯、借个道，从问题的外围入手，采取“迂回战术”，初听是言及其他，细思会触类旁通，往往收到恍然大悟之效。迂回的目的在于以“外传”的形式说明眼前的道理。因而，运用此法时要确保迂回过程的方向性，防止“迂出难回”。

四、就事论理

所谓就事论理，就是通过具体事情来说明道理，即常说的“摆事实、讲道理”。讲事要讲实在的事、具体的事；论理要贴近事实、符合情理，使事和理相衔接、相吻合。就事论理虽表现为“辩论”，但归结于“就事”。所以，不必害怕学生诡辩、争论，辩得越多争得越烈，所争辩之“理”也就越接近不攻自破，这样就会使“真理”越发清晰地显露出来。

五、动情入理

动情入理，就是运用情感去打动学生、感化学生，引起学生感情上的共鸣，进而达到对道理的共识。运用此法时，动情需动真情，入理要在情中含理，使情中有理、理中有情、情理交融；态度上要诚恳，要与学生平等相处，让学生产生亲切感、安全感，缩短师生之间的心理距离，使双方感情上相互融洽、理解、信任，以实现教育之目的。

六、典型入理

通过讲述典型的人或事，使其所寓含的道理被学生所接受、所推崇，并成为今后学习、生活的参照。典型入理法，首先表现在对学生思想意识的逐步提高与良好习惯的养成上，具有广泛、普遍的意义；其次对于解决局部的特殊问题也具有活生生的教育作用。运用此法时，对典型人物或典型事例的讲述要有明确的目的性和针对性，或达到某一全面教育的目的，或实现某一个别问题的解决。但不管怎样，典型材料的讲述要明显地突出其理，应与一般讲故事有所不同。

七、形象喻理

通过生动、寓有哲理的自然现象、社会现象比喻某一深刻道理，如用“滴水石穿”、“树大根深”、“千里之堤，溃于蚁穴”等发生在我们身边的许多现象，均可比喻某一深刻道理，且可把抽象道理变得浅显易懂、形象具体。运用此法时，一是比喻要贴切、自然，“形象”要生动可见，“道理”要直观明朗；二是要善于创新，运用新颖、生动的寓言，以增强说理教育的吸引力、说服力。

八、逻辑推理

此处的逻辑推理是指由一个或若干个道理经严密的逻辑运作，得出另一个新道理的过程。基于学生思维能力尚未完全成熟的特点，推理的前提不仅要正确，而且应是被学生认可并已根深蒂固的道理；推理过程不仅要有因果关系，最好还含有“必然”的味道；逻辑叙述推理也要有别于文字叙理，应直接明了，言简意赅，系统清晰。

九、暗示省理

在说理教育中，常常遇到一些不能或不宜直接谈的问题，这时可用委婉、曲折的方式暗示给学生，让他们自己思考、反省，产生正确的判断，体味其中的道理。暗示省理能最大限度保护学生的自尊心，避免学生产生消极抵触情绪，同时也使教师免于尴尬。运用此法时，需根据环境、场合、对象和事件等因素的具体情况确定何时用、怎么用、对谁用。一般来说，对高年级比低年级使用得普遍些，对女同学比男同学使运用得普遍些，对公开教育比私下教育使用得普遍些。

十、讲辩明理

教师就有关的现存问题与学生交换看法，使学生明白有关道理。它不受时间、地点的限制，对个人和集体都适用，讲辩的内容可结合课堂教学，也可针对班级当前或将要发生的事件和学生普遍存在的问题进行。要从实际出发，针对学生的年龄特点和个性差异进行。尤其个别谈话，应对谈话对象的心理特征、家庭背景、现实表现等具有充分了解。比如，对心理承受能力较差者，就不宜过于坦率直言，需慎言开导；对性格暴躁者，可进行冷处理，以柔克刚等。在谈话中，教师要以亲切、真诚、自然的态度与学生交流，做到以诚相见、将心比心，使之从内心感受到教师的热爱和诚意，从而启发和触动其心灵。谈心，既以理服人又以情感人，在教学过程中贯穿思想品德理念，通过解决实际问题引导与提高学生的精神境界。对需深刻理解、辩明是非和哲理性较强的教育内容，运用讲解会使学生更易理解和接受。讲解方式应根据内容的难易，可系统解说，也可简短说明。

无论何种说理教育方法，尤应同时做到：①说到“点”上，即说到教育的核心、直逼主题，说到问题的焦点、突出重点，说得准确、不模棱两可；②说到“心”上，即应在学生情愿甚至高兴状态下进行说理，把握学生的特点和问题的症结，把“理”说得有理有据有信度，使学生心动、心服；③说到“情”上，即首先使学生对教师在情感上有所接近或完全接近，进而使学生产生热情和激情，从感情上向教育内容靠拢或为之所动，最后使学生受到感染与鼓舞。教育应像一缕春风、一夜春雨，在潜移默化中教育人、唤醒人、打动人，使学生获得进步的动力，并使学习生活和生命因此而灿烂，从而促使其智慧、情感、人格全面成长，社会性认识和自我认识全面提高。同时，在说理教育时，还要管理好自己的情绪，以豁达开朗、积极乐观的健康心态对待学生，重要言行、底蕴、心灵都像阳光一样纯洁、公正、热情，学生就会时时处处感到温暖。

赞美　赏识　欣赏

赞美、赏识与欣赏三者是近义词，既有很多相同，也存在些许区别，三者各有其用。作为教育者应在不同时空中灵活运用，或侧重运用或综合运用。

一、赞美点滴

无论做人还是做事，要想改变一个人，最有效之方法是传递信心，转移情绪，点赞美化。因只要与己有关时，没有人不喜欢赞美的。

（一）人是最易受骗者

每个人无论拥有多么丰富的学识、阅历、经验，也无论上过多少当，受过多少骗，都绝对保障不了以后不会再上当受骗，特别是在受到别人赞美时。

（二）人永远有依赖性

每个人不可能有绝对的自信，自信只有 20% 是自己产生的，另外 80% 却是外在给予的。你说他是什么，说多了，他就是什么。

（三）赞美的有效方式

赞美别人的最有效方式就是一对一的当面赞美。赞美时，全身心的赞美对方，会使其感觉到在这个世界上只有自己和对方，世界就属于“你和他”，此时的赞美最易进入对方内心频道。

（四）善用假设肯定对方

可用善意的假设肯定对方，给其虚荣心带来满足，比说出事情、人物的客观真相会更有效。直率，在多数情况下会产生距离，而赞美却会缩短人与人间的距离。谁都愿意接近善于赞美的人。要的是赞美而不是直率；要的是支持而不是坦率。即使温和的否定都会被看成是有意的批评。

（五）聪明地赞美别人

聪明人从不传递别人的虚荣心，而是想尽一切办法去满足。管理或控制人，有时并非直接控制人，而是满足其虚荣心。反之，愚蠢的人总是当面指责、埋怨人；更愚蠢者是在背后指责、贬低别人；聪明者总当面赞美或肯定别人；更聪明者总是在背后赞美或肯定别人。

（六）如何去赞美别人

赞美一个人，声音要洪亮，注重节奏，且声音不是从喉咙发出，而是从内心发出。赞美别人和别人赞美自己的投入和回报比例通常是三比一。要想对方说出一句赞美你的话，至少你要说出三句赞美对方的话。若赞美一个人的思想、观念、行为，至少要在三个不同的时间、空间、人物上去进一步的扩大他，追加他，才会收到最佳的效果。仅仅一句赞美，很快会随风而逝。要想获得想要的，最佳办法就是尽可能的每隔三五句话就夹一句或明或暗的赞美。因为人是一种健忘的高级动物，需要时时提醒，赞美亦然。

（七）播下赞美的种子

真正影响一个人的不一定是在郑重的特殊场合，而是在平时不带功利目的的生活、活动与娱乐之中。所以，要在关键时候有人缘有人脉，就在平时多种一些赞美的种子。在很多场合中，应把赞美当做一种责任、一种义务。

判断赞美是否有效，一看对方的目光是否柔和一些；二听声音是否亲切了一些；三看面部表情是否放松了一些；四看肢体语言是否前倾一些；五看对方用词是否转折一些。

二、赏识教育艺术

赏识，是认识到别人的才能、作品或自然的价值而予以重视或赞扬，是对天赋、优点与美好向往的肯定和鼓励。是一种以精神为主、物质为辅的创造力和推动力。渴望被赏识是人类最本质的需求。赏识教育，是在承认差异、尊重差异的基础上展现的一种良好的教育方法，是帮助学生获得自我价值，发展自尊、培养自信的动力基础，是让学生积极向上，走向成功的有效途径。赏识表现好、成绩好的学生是师之常情。赏识、信任和鼓励，能帮助学生克服自卑，树立自信。赏识是最好的动力，学生得到教师的欣赏，会非常感激老师，而不断地努力完善自我。赏识，并不简单等同于“赞扬”或“奖励”，更多是对学生已取得成绩和已完成的良好行为的肯定，以使学生更加有信心地坚持下去。赏识，不是简单的表扬，不是违心的夸奖，而是内心的欣赏、喜欢、赞美和尊重。赏识，就是尊重学生的个性，发扬学生的个性。赏识教育符合“以人为本”的理念。

（一）为何要赏识

捷克教育家夸美纽斯说：“应当像尊重上帝一样尊重孩子。”人性中最大本质的要求就是渴望得到赏识。就精神生活而言，每个幼小的生命仿佛都为赏识而来到人世间，赏识的本质就是承认差别、尊重差别。学生的成长道路犹如赛场，十分渴望教师能够发现他们身上的闪光点，并为其呐喊加油。哪怕一百次跌倒，也要坚信其一百零一次还能站起来，去争取人生的辉煌。心理学研究认为，人除了生存的基本需要外，还有受到尊重的高层次需要，即希望得到别人的肯定、承认、欣赏和赞美。这种需要一旦得到满足，便会成为一种巨大的精神力量，使其许多潜能和真善美的内在情愫奇迹般地被激活。这种欣赏是对对方的一种承认、肯定和鼓励，必然会使人产生一种满足感，更易激起自尊心和成功欲。每个学生对周围的世界都有强烈的好奇心，为让学生更有自信，并且培养他们日后对事情的自发性，适度的赞美是对学生莫大的鼓励。教师的肯定加上学生的自信，是促使学习进步的最大动力。

赏识学生，他们就会自尊、自信、自立、自强，并对学习产生浓厚的兴趣，用优异的成绩进行证明。

赏识学生，他们就会在生活中学会做人、学会学习、学会创造、学会生存。

赏识学生，他们就有可能永远是最聪明和最棒的。

赏识学生，他们就会信心十足，追求创新，完善自己，找准自己的定位，在“我是好学生”“我能行”“我会干”的心态中，发挥出最大潜能。

（二）赏识的意义

据《中国教育报》载：某校教学楼内挂着一块大大的标语牌——生命因创造精彩，梦想因自信成真。这是学校在“赏识与自信”口号征集中一位学生的杰作。这个原本应悬挂名人格言、校规校训之处，让给了本校学生的格言。该校曾对600名学生做过一次问卷调查，在你最喜欢“老师说的话”一栏里，排在前几位的是：“有进步，值得表扬”“你真棒（真聪明）”“没关系，下次再努力”“你是一个好学生”“老师为你骄傲”“大家给他鼓掌”……学生对此的感受是“非常高兴”“更加努力”“不能让老师失望”……每个学生都有闪光点，教师应有一双善于“发现”的慧眼。赏识导致成功，不是优秀生需要赏识，而是赏识使他们变得越来越优秀；不是“后进生”需要赏识，而是赏识使他们重新审视自我，从我是“后进生”的心态中觉醒。

赏识，是无须投资的教育，是吹启艺术天资的煦风；赏识，像清风明月，不需一钱购买，何妨多用？

赏识，是一座彩虹，系起理想的另一端；是一个多棱镜，折射出赤橙黄绿青蓝紫的七彩；赏识，是为心灵铸金，是心灵的点金术。人的天性偏爱赏识，正像人喜甜厌苦那样。赏识，是心灵的强光，可以照亮心宇，添加能力的自信。赏识自己是一种自信，是自信的催生剂，自信是行动的原动力。赏识别人是一种尊重，是领略人生的美好。

赏识，是金，它不为岁月而腐蚀，不为时尚而奔走，更不为虚伪而矫饰。赏识是金，是人品质的贵重金属但非稀有金属，当你慷慨赠与对方时，他必会珍藏，甚至成为一生的财富。

（三）赏识的基础

真正的热爱是赏识教育的基础。现实生活中许多事例表明，在对学生教育中，责难和赏识，方法不同，结果不一。当一个教师真正热爱学生时，其注意力将不再放在学生的错误行为上，而是注重在自己所喜欢和欣赏的行为上，赏识就在这个过程中自然发生了。对学生，“没有爱不行，仅有爱不够”。爱是抽象的，如果学生没有体会到爱，再神圣也没用。因此，需要找到施爱的方法和艺术，把对学生的爱具体化，让学生切切实实感受到老师的爱。这里的爱包括理解、接纳、尊重、信任、赞赏、激励、宽容、提醒等，而使爱表象化，便于操作的是“赏识”。因而，应尝试对学生进行“赏识教育”。

赏识教育，要求教师要热爱学生，以学生为本，建立民主、平等的师生关系，创设轻松、和谐的教育氛围。关键是面向全体、承认差异、尊重个性、因材施教，通过发现闪光点，帮助学生树立自信心，在“我能行，你也能行，我们大家都行”的大氛围中，让学生在赏识中学会赏识，树立积极的人生观。

赏识教育，可形成一个良性循环，教师在尊重学生的基础上赏识学生，学生产生自信，从而得到发展；教师对学生的赏识提高了尊重学生的自觉性，学生的发展又增强了教师的自信；得到发展与自信的学生对老师更加尊敬、赏识和热爱，受到热爱、更加自信的教师会把这份热爱和自信反馈给学生；师生观念在“赏识教育”的互动中得到升华。

赏识教育，是学生自信的动力，无论在智力、体力，还是处世能力上，自信心对一个人的一生都是至关重要的；一个缺乏自信的人，缺少在各种能力发展上的主观积极性。特别是青少年时期，来自成人及同伴的赞赏就显得尤为重要。

（四）赏识的原则

赏识教育是注重学生的优点和长处，使之逐步形成燎原之势，让学生在“我是好学生”的心态中醒悟；它强调每个学生身上都隐藏着巨大的潜力，需要教育者去发现和唤醒。当然，任何良好药方都不可能包治百病，赏识也不会使教育中存在的所有问题皆迎刃而解。每个学生都需要赏识，但不能在任何时候、任何情况下都使用“赏识”，所以需要对赏识这种教育手段提出一定的原则、标准和尺度。①赏识应适度——赏识是对学生的理解和激励，当然也包括对学生的表扬，但赏识绝对不是一味和空洞的表扬。对学生的表扬应该适度、具体，在学生对自己的优点没有明确概念时，一味夸奖是不好的，只会增加学生的自满心理。表扬应具体，让学生明白每一个赞美和表扬都是有原因的，而且很多赞扬都需付出努力。给学生设立一个需付出努力才能达到的目标，等成功时，告诉他真棒，就是赏识。虽学生对奖励有很大的期盼，但教师还是应尽量少奖励学生。奖励虽会在短期内有效果，但也会有副作用。因而，应着重让学生发自内心地去努力完成一件事情或靠自身的动力去克服某一困难，而不是仅仅依靠外在的诱惑。②赏识忌相较——赏识教育重视的是学生自己，应以尊重学生为前提，故不应在与其他学生比较时给予表扬或责备。教师应慎重选择学生的榜样，也不可从公共媒体，如在电视、报纸上，看见一些优秀学生事迹的报道便当着学生的面赞叹不已，让自己的学生学着点。这种做法往往不仅会给学生带来巨大压力，时间长了也会让学生看不到自己的优点而丧失信心。③赏识是肯定——每个学生都有优点，也有缺点，作为教师必须善于发现、承认、喜爱每个学生的优点，使学生在鼓励中将缺点改正过来，将优点发扬下去。学生有那么多的优点，甚至其缺点也是优点的延长，这还不值得很好地欣赏吗？行为心理学指出，巩固某种行为的最好办法，便是提供肯定的强化（或奖励的刺激）。学生都期待和渴望从老师那里得到关注、欣赏、喝彩和赞美。作为教师也应毫不吝啬地多给予学生欣赏和赞美，当教师慷慨大方地欣赏学生的优点（甚至包括缺点），源源不断地把赞美阳光洒满对方的心灵时，那其教育之树就会枝繁叶茂，硕果累累。④赏识需时机——注意赏识的时机：一当学生获得进步时，需要赏识。尊重学生的自身发展，而不是与他生比较时才能发现的优点，需要比较的是学生本身前后的发展。二当学生面对困难时，需要赏识。学生面对挫折时，激励和赏识能够鼓励其继续努力，增加信心。三当学生遭遇失败时，需要赏识。如果此时不予“赏识”，学生可能得到的不仅仅是失败，而且还有失败留给他的沮丧心情。而“赏识”能使学生从中得到一些可贵的东西。因成功与失败并不是对立的，而是一种比较。因此，当学生失败时应引导其得到了什么，即便是教训，那也是收获。⑤赏识需平等——优秀学生受到赏识是理所当然的。而“问题学生”却很难得到赏识，以致“问题”更加严重。作为教师，应让每个学生永远充满自信，尤其是“问题学生”，更要让他们确信自己有一个聪明的头脑，有很强的潜力，某些学科成绩不是很好，是因以前没有努力，未充分利用自己的优势，未充分挖掘自己的潜能。从现在开始，只要肯努力，不怕困难就一定能成功。

（五）赏识的益处

生活中的确有许许多多的美好事物，无论是千姿百态的自然风景，还是五花八门的人文景观，当留心欣赏的时候，就会觉得琳琅满目，美不胜收。大千世界正是如此：

春天，会发现，到处洋溢着春情春趣，“日出江花红胜火，春来江水绿如蓝”，处处悦人目；

夏天，会发现，遍地充满着夏景夏歌，“纷纷红紫已成尘，布谷声中夏令新”，事事动人心；

秋天，会发现，四周飘荡着秋诗秋韵，“天阶夜色凉如水，卧看牵牛织女星”，曲曲蕴新意；

冬天，会发现，八方饱和着冬意冬画，“宁可枝头抱香死，何曾吹落北风中”，声声含真情。

读史，能够欣赏世代兴替，洞悉“纷纷五代乱离间，一旦云开复见天”的历史变迁；看画，能够体察人间炎凉，赏析“小荷才露尖尖角，早有蜻蜓立上头”的物种百态；步入闹市看民风民俗，了解“但见丹诚赤如血，谁知伪言巧如簧”的社会风情；身置市区，闻街谈巷议，感受“富贵不淫贫贱乐，男儿到此是英雄”的人生志向。如此等等，只要摈弃悲观厌世，改变熟视无睹，不再漫不经心，端正生活态度，善于欣赏，就会发现他人优点多多，潜力无限。尤其教育者对受教育者，更是如此。

（六）赏识的功能

赏识自己的学生，他们就会自尊、自信、自立、自强，并对学习产生浓厚的兴趣，用优异的成绩来证明。赏识自己的学生，他们就会在生活中学会做人、学会学习、学会创造、学会生存。赏识自己的学生，认为他们永远是最聪明和最棒的。能够得到教师用心的肯定和赞赏，学生就会信心十足，追求创新，完善自己，找准自己的定位，使他们在“我是好学生”“我能行”“我会干”的心态中，发挥出最大的潜能。通过赏识，学生会增加信心与自豪感。赏识的语言和行动如温暖的阳光，融化人心中的冰山，给他们注入无穷的力量。赏识地看待学生，带着真诚和尊重，你会发现，回馈你的是你付出的平方、立方……

（七）赏识的技巧

教育要面向全体，“赏识教育”要关照每一个学生，尤其对那些有这样或那样缺点的学生，更需给予关照和尊重，他们更渴望得到来自各方面的赏识。①微小性——赏识教育要从小处着眼，积极鼓励学生的每一个进步，不因微小而不为。如果只关注学生最终的期末考试成绩，而忽略他们的每一个微小进步，会使学生索性不去尝试每一个微小的努力，因为他们看不到长远的目标，会缺乏耐心和信心。②形象性——在教师中形成尊重学生、热爱学生，确立新型师生、伙伴关系的热潮。对学生行为表现的评价，要少用食指多用拇指。③多样性——可是赞扬、鼓励的语言，也可是爱抚、友善的动作，还可是欣赏、赞许的目光。教师一个信任的点头、一个赞许的目光、一个会意的微笑、一次热情的握手、一次亲切的抚摸，一次轻轻的拍打、一个竖起的大拇指、一句鼓励的话语、一个巧妙的暗示、一次真诚的沟通、一次友善的合作……都是对学生赏识的具体表现。④期待性——赏识教育需倾注期待。教师倾注的殷切期待，会作用于学生的内心世界，使之产生美好的情感体验，从中获得力量，进而形成诱发积极学习的内驱力，于是教师的“期待”就转化为学生的“自信”。教育者在教学中应始终坚信每个学生都有各自潜在的智能，他们个个会成为富有创造性的人。因而，应赞赏每一位学生的兴趣、爱好、特长；肯定每一位学生所取得的哪怕是极其微小的成绩或进步；鼓励每一位学生对所学的质疑和对自我的超越。⑤得当性——对学生的赏识要有分寸，不宜过分；否则，学生完成了一件很容易的事就受到赞赏，会使学生不能最大限度地认识自己的全部能力；对学生做的每一件事都说“了不起”“好极了”，那么学生就不会有前进的动力。

赏识一定要发自内心，让被赏识者和周围的同学都感到他确实值得赏识；否则，赏识就容易被学生误解为讽刺，产生负面影响。

赏识不是盲目的肯定和表扬，其目的是增强学生的自信，而不是自负。

如何把握什么该赏识，什么不值得赏识，把握要适当、适度。

怎样把握赏识与批评的关系，对问题严重的学生还要不要一针见血、直截了当地批评？从关爱、尊重出发，和颜悦色地批评就一定能收到良好的效果。

在教育中，要以赏识肯定为基调，对学生多一点指导，少一点指责；多一点锻炼，少一点包办；多一点商量，少一点限制；多一点信任，少一点怀疑。

三、欣赏力量的实例

欣赏，是认为好而喜欢与表示称赞的意思。欣赏，就是领略其中的趣味，是视线之内的一份美好。欣赏，就是用眼睛去注视，用耳朵去聆听，用心灵去体味这人世间的美好。欣赏，是最有效的沟通方式，是人际关系最好的润滑剂。欣赏，其实是多一点信任，少一点挑剔；多一点热情，少一点冷漠；多一点仰视，少一点鄙视。欣赏别人，就是善于寻找并发现别人身上的优点。欣赏别人的谈吐，会提高自己的口才；欣赏别人的大度，会开阔自己的心胸。欣赏是相互的，要想被人欣赏，就得先去欣赏别人。欣赏，是对别人的一种尊重，被人欣赏是一种幸福。因有相互欣赏，人际关系才变得和谐融洽，生活才呈现出缤纷的色彩。欣赏，是一种理解的延伸，是一种知识的壮美，是一种激励的本领，是一种无穷的力量。特别是师生之间更需要欣赏，尤其是教师对学生的欣赏。欣赏的本质，是欣赏他人，是一种本相，一种境界。欣赏他人，需具有一种宽广的胸襟和无私的勇气，是一种超然的智慧和做人的艺术。欣赏他人，可是出自爱才之心、容才之量，也可是助人之难、解人之惑。欣赏不同于好奇，需要有一双睿智而又真诚的眼睛；欣赏不同于猎艳，需具备艺术的敏锐心灵，需拥有那份澄澈境界的胸怀。欣赏需慧眼独具，角度不凡。真正的欣赏，是真诚和善意的流露，是理解和尊重的体现。一个人是否胸襟宽阔，很重要的一点就是看他能否欣赏他人，且又如何欣赏他人。只有学会欣赏别人，才能为自己的发展提供"细雨鱼儿出，微风燕子斜"般和谐的人际环境。欣赏他人能制造一种平和、平等的关系，排除误解和不信任，通过呼唤真诚与宽容，方能以人性的暖色、人文的关怀，强化他人，升华自我。因此，欣赏他人始终是一种动力与活力。人类本质中最殷切的是渴望肯定。现实生活中，人人都渴望得到欣赏。不少人在欣赏中建立自信，茁壮成长。如果一个人能由衷地欣赏别人，主动关心别人，就会得到别人的欣赏。多一点欣赏，少一点挑剔，多一些鼓励，少一些指责，于人于己均有许多快乐。有时，这种欣赏会在不知不觉中改变他人的命运。人与人之间离不开相互欣赏。欣赏是一种奇妙的东西，让别人的卓越也属于自己。以下实例及寓言足以表明欣赏的威力或奇效。

（一）皮格马利翁效应

很久以前，塞浦路斯有一个名叫皮格马利翁的雕塑师，他十分欣赏自己精心制作的爱神雕像，欣赏其每一个部位，欣赏她迷人的表情，以至爱上了她。皮格马利翁恳求维纳斯为自己所欣赏、钟爱的石制雕像赋予生命。最后，雕像师和自己的作品喜结鸾凤。这当然是一个神话故事，但却给人们以启示：欣赏的力量是多么巨大而神奇！

（二）欣赏起激励效果

19世纪初期，英国伦敦有一个男孩，正在读中学时，因父亲无法偿还债务，被告发而锒铛入狱。从此，他不得不辍学，并饱尝饥饿之苦。最后，他找到一份工作，在一个老鼠横行的仓库里，贴鞋底标签。但他酷爱写作，梦想当一位作家，就在这个仓库里，他将自己的经历写成稿子寄出去，可是一个接一个的稿件被退回。在最后一篇稿子里有一位编辑承认了他的写作水平，并夸奖了他。虽稿子未能发表，但这句夸奖的话，使他受到极大激励，眼泪流到了双颊。这个男孩就是世界著名作家查尔斯·狄更斯。假如，不是那位编辑的夸奖，给狄更斯以激励，他很可能永远成不了作家，更不用说世界知名的大文豪，这就是妙语激励的神奇效果。当今，某些教育工作者不谙此理，对学生的优点视而不见，认为理所应当。如此对待这些"八九点钟的太阳"，他们能光芒四射，茁壮成长吗？

（三）天才动力来自欣赏

20世纪，在马德里圣费尔纳多皇家学院，一个靠叔叔资助得以求学的孩子，忽然爱上了逃学。因他迷恋上一个地方：普拉多美术馆。在那里，他享受着艺术的盛宴。后来，越发着了魔，干脆跑到大街上写生，足迹遍布整个马德里。叔叔知道了他逃学的事情，失望地中断了对他的接济。猩红热迫使他回到了巴塞罗那，父亲又失望又生气，对他渐渐冷淡。只有母亲拍着他的肩膀说："孩子，妈妈相信你，要是你当兵，就能做将军；要是你当教士，就能做教皇。"孩子被母亲的话深深打动，他重新鼓起勇气。从那天起，他把所有作品上的署名正式改为母亲的姓氏——毕加索。不得不承认，有时一句话有翻天覆地的力量，足以撼动尚未启程的人生，扭转他初始时既定的方向。天才的动力来自于欣赏，哪怕只是一个人欣赏。

（四）托尔斯泰成名之因

一年秋天，屠格涅夫在打猎时，无意间捡到一本《现代人》杂志，他随手翻阅了几页，竟被一篇题为《童年》的小说所吸引。作者是一个初出茅庐的无名小辈，但屠格涅夫却十分欣赏。他四处打听，几经周折，找到了作者的姑母，表达了他对作者的肯定与欣赏："这个年轻人如果能继续写下去，他的前途一定不可限量！"作者收到姑母的信后欣喜若狂，他本是因生活苦闷而信笔涂鸦写小说的，由于著名作家屠格涅夫的欣赏，竟一下子点燃了创作的火焰，找回了自信和人生目标，于是一发而不可收地写了下去，最终成为具有国际声誉和世界意义的艺术家和思想家。他就是伟大的列夫·托尔斯泰。

（五）“标签效应”

二战期间，美国心理学家在招募的一批行为不良、纪律散漫、不听指挥的新士兵中做了如下试验：让他们每人每月向家人写一封说自己在前线如何遵守纪律、听从指挥、奋勇杀敌、立功受奖等内容的信。半年后，这些士兵变化很大，真的像信上所说的那样。为此，心理学家指出，这就是“标签效应”。为此，可在认真分析“问题学生”的个性特点后，尝试着给每一位“问题学生”贴上令其鼓舞、自信的“标签”，并用赏识的语言激励他们，从而使其提高对自己的要求，激发上进心。

（六）“倍增效应”

美国管理学家彼得提出一个著名论断：“赞赏别人所付出的，要远远小于被赞赏者所得到的。”他将这个论断称为激励的倍增效应。彼得还特别强调：“要相信，任何人都有长处，任何人都有可赞赏之处，只要‘诚于嘉许，宽以称道’，就一定会看到赞赏的神奇效力。”一个人生活轨道的改变竟然缘于一句赞赏，这带有几分偶然，然而，从心理学的角度看，来自老师的夸奖、鼓励最能唤起学生的自尊和自信，成为激发其奋发学习的动力，甚至成为其人生道路转折的契机。对教师而言，说一句赞赏鼓励的话，绝非难事；而对于学生，尤其是那些后进生，在平日里听惯了批评之声，而这一声夸奖就显得格外珍贵。因而，在尽心竭力对学生不吝“赐教”时，也能对他们不吝赞赏，让学生在获取知识技能的同时，还能平添一份自信。一句赞赏，犹如一条清澈的小溪，可洗净学生身上的自卑、懒惰、疑虑；一句赞赏，如一阵和煦的春风，可吹绿学生心中曾枯萎的小苗；一句赞赏，如一把金色的钥匙，可开启学生的美好心灵。

赞美，是最有效的鼓励，也是最有效的拉近与他人距离的高招。赏识，是良好行为，彰显着个人的心态与素质；赏识，是传承，是亘古不变的真理。人生需要欣赏，人生需要他人用真诚的心灵来欣赏，而不是用好奇的眼光去打量。欣赏，是一种互补，是一种促进，也是一种和谐。欣赏多一点，矛盾和误解就会少一点，人与人的距离才会更近一点。每位卓越的教师，绝对是一个能够适时欣赏或称赞学生，开拓思路继而博采众长的高手。凡是优秀教师，必然会运用准确到位的欣赏来征服学生。欣赏使师生间更亲密，教师对学生的精彩点评，会使学生激动不已。因为有了教师的欣赏，有了教师的鼓励，在心田种下了创新的种子，才使学生在成才的征途上一步一个脚印地坚实地前进，有信心地奔向教师指向的前方目标！

激 励 艺 术

激励，乃激发、鼓励之意。激励，就是根据学生心理特点，以尊重学生为前提，以满足学生积极心理需求为动因，以提高学生思想品质与道德认识为主旨，使学生把教育的要求自觉转化为积极的行动。这里是指教师用自己的态度、语言和教育技巧，营造一种积极、和谐、愉快的环境与气氛，形成动力，使学生以自信、自强和积极的态度完成学习任务的方法。激励的方式多种多样，如精神激励、榜样激励、荣誉激励、成就激励等。按照不同特点、功能和方法，激励艺术主要有以下几种。

一、目标式激励

目标式激励，是依据学生需要、期望、兴趣、理想，以设置奋斗目标作为激励的方法。适当地设置目标，对学生的行为有规范、导向和凝聚作用。教师若能提出令人鼓舞的目标必能振奋人心、鼓舞士气，使学生为实现目标而拼搏奋斗。但要注意针对基础定起点，面对现实定目标。起点要“实”而“准”，目标要“明”而“确”，使学生跳一跳能达到，拼一拼能完成，冲一冲能成功。

二、关怀式激励

关怀式激励，是指关怀可使人感到温暖、产生感情、受到鼓舞。教师对学生无论是学习上的支持，生活上的照顾，还是政治上的关心、思想上的帮助，都会引起他们感激之情，达到心心相印、心灵相通，从而形成向心力、凝聚力和内动力。

三、示范式激励

示范式激励，“言传总觉情词浅，身教方知旨意深”。身教是“无声的命令”。教师以“自我实现”的行为方式，做楷模、为表率，通过自身的模范作用激励学生，把班风调节成最适宜培养积极因素的环境，从而产生强大的感召力、鼓动力。

四、情感式激励

情感式激励，就是用“动之以情”的方法激励学生，运用积极的情感使学生形成良好的思想品质。师爱——对学生情有独钟，是情感激励的主旋律，可使学生体验到“人间自有真情在”的人际关系，尤其是师生关系。其具体做法：以理寓情，以行寓情，以境寓情。以此使情感激励起到：一是内省作用，二是感染作用，三是印刻作用。

五、民主式激励

民主式激励，是指相信学生、尊重学生，以民主方式对待学生，可激发其自尊心和荣誉感，使其潜在能力得到极大发挥。相反，家长式、命令式地对待学生，主观、武断地处理问题，它一开始就剥夺了学生主动创造的机会，打击了学生的积极热情。民主式激励还表现为在管理过程中，要善于启发学生出主意、想办法、献计献策，对有创见和有价值的建议要鼓励，以激励学生的智慧和创造力的发挥。

六、感染式激励

感染式激励，是指教育者在对教育事业倾注满腔热忱的基础上，表现出对工作充分的自信和热爱，并用这种情绪感染与影响学生。比如，教师通过有声和无声语言向学生传递出“我对此学科很有兴趣，我充满了自信，我对教学工作是胜任而感到愉快的”信息，这样可使学生产生“老师对这门课很有研究，造诣很深，一定会教得很好”的感觉，从而使学生对该学科产生浓厚的兴趣，进而使之学习产生主动性、积极性和创造性。

七、期待式激励

期待式激励，是指对学生的前途持有希望和等待的态度，诚心诚意寄希望于学生，相信学生能取得成功，犹如“我等待你的好消息！”期望意味着信任、关怀、鼓励和爱护。期待式激励的功能，在于改善师生关系，化冷淡、疏远为亲热、密切、融洽、协调。期待式激励的方法有鼓励学生增强信心，帮助学生确立目标等。期待式激励要注意合理性、可行性、暗示性和持久性。

八、激发式激励

激发式激励，是指通过各种强化智力活动的方法，使学生思维处于高度活跃状态，从而加速他们对学习任务的完成。激发式激励的功能，主要是调节思维活动，引发喜悦情绪，从而激起学生对学习的积极性、主动性和创造性。激发式激励的方法有悬念法、问题法、竞赛法等。

九、表扬式激励

表扬式激励，是指对学生成功的学习活动、良好的道德行为等某一方面及时做出肯定性评价，使之在集体内得到确认。这就要善于发现学生的心灵变化，着力寻找他们成长的智力爆发点和思想闪光点，并加以肯定、宣扬、强化、迁移，想方设法唤起他们求知和成才的内动力。表扬可发扬正气，摒弃邪恶。表扬具有双重鼓励功能：一是帮助学生接受和积累已有经验或树立正确的道德规范；二是强化学习动机，增强自尊心和自豪感。因为，从心理上讲，人人都有争强好胜的意识，所以不断地实施表扬激励，就似大江的后浪推前浪，催人前进。

十、谅解式激励

谅解式激励，是指对学生某些无意的差错、过失，或微小的过错，或影响不大的问题，或学习成绩不佳，持谅解与宽容态度。谅解学生的过错，可使学生紧张心理状态得到缓解；宽容学生的失误，可激励学生的创造精神。

还应看到，青少年学生的情感很不稳定，他们有时热血沸腾、慷慨激昂，但遇到挫折又易垂头丧气、心灰意冷。因此，对学生的激励，应是经常和及时的，特别是当学生遇到挫折和失败时，更需教师的“打气”鼓励，给他们以信心和力量。而且要让学生懂得在学习与成长的道路上，不仅需他人激励，还需自我激励。他人激励，只能改变外因，产生“外推力”；自我激励，才能改变内因，产生“内动力”。总而言之，激励的作用甚明显，激励的力量很神奇；但激励的实施却很简单。一个赞许的目光，一个动人的微笑，一句热情中肯的话语，一行淡淡的文字，一下微微的点头，乃至抚一下头、拍一下肩、鼓一下掌、喝一次彩等，都可能对学生产生深远的影响，甚至不经意的一次鼓励会使被激励者得到鼓舞，或使他终身受益。学生需教师的激励！唯如此，教育才能感化学生；唯如此，教育才能温暖学生；唯如此，教师才能走进学生的心田，感化学生的心灵。要想教育、影响他人，就应在他痛苦、失意、惨败、孤独时到达。激励，是一泓泛涌的清泉，可浇灌小树苗壮成长；激励，是一缕温暖的阳光，可化解人与人之间冰冷的距离；激励，能让平凡的生活蜕变为美丽和谐的艺术。有激励，一切美好愿望都具备了实现的可能性。激励的魅力是神奇的，不仅会为他人的事业锦上添花，而且能在别人失意时翻转其人生。

表　扬　艺　术

表扬，是用语言表达对人或事的喜爱之意，是使学生某种良好的态度、思想、行为表现得更为强烈而采取的定向激励方式。表扬，既使人的自尊心、荣誉感得到满足，也让人感到愉悦和鼓舞，从而对表扬者产生亲切感。表扬，是十分重要的教育手段，对激励先进、鞭策后进，形成良好的学风、班风、校风起着积极的引导与促进作用。表扬是一种特殊的引导方式与重要的教育艺术。善用之，可使表扬锦上添花；误用之，既不能起到积极作用，还可能导致相反的结果。因此，应讲究表扬的艺术。

一、客观性

表扬要实事求是、公平合理。主要表现在：一是对所有的学生要一视同仁，不以个人感情好恶决定表扬的对象、程度和次数；二是对表扬对象的思想、行为、事件的真相要有充分了解，力求使表扬切合实际，对优点、成绩，不夸大、不缩小；三是表扬要恰当准确，以便被表扬者明确自己的长处和优点，激励其进取心和荣誉感，能使其他学生心服口服，并产生一种羡慕、向往和仿效心理。

二、及时性

表扬一种有益行为的最佳时机，是看准学生良好行为将要萌发或正向高潮发展时。表扬，要及时并善于抓住时机，不使之“时过境迁”。对学生身上的“闪光点”、良好行为或先进事例，应及时给予肯定、赞扬。这样不仅能使其很快体会到荣誉感、维护其积极性和激发其心灵的“火花”，而且还能增强正面教育的作用，促使其他学生产生积极向上的心理。过期的表扬将冲淡表扬的巩固作用。

三、针对性

表扬要根据学生的年龄特点、性格差异和当前形势、教育任务、学校要求、班级工作，有针对性地确定表扬对象、内容和方法。这样，既鼓舞了个人，又教育了大家，同时还推动了学校或班级的工作。

四、目的性

表扬都应有一定的目的性，或针对班级现状，解决某类问题，或激励学生向榜样学习。否则，看到一点说一点，就事论事，或表扬带有随意性、盲目性，则不能收到表扬的最佳效果。因此，在每次表扬，特别是重大表扬之前，应认真考虑要达到什么目的及如何达到，以使其成为教育过程的一个新起点或动力源。

五、适度性

表扬应讲究分寸，把握尺度。一是表扬基调的高低，应依实际情况而定。若该高不高，就不能激励先进，也不能发挥典型示范的效能；若言过其实，任意拔高，就会贬低表扬的价值，甚至会使吹捧、华而不实的不良风气渐生。对学生的微小进步，用肯定的语气表扬即可；若进步较大，可适当给予物质奖励。二是表扬次数的多少也应慎重，“胶多不黏、糖多不甜”，廉价的表扬起不到积极作用。三是使用单一、不变、重复的语言进行表扬，起不到激励作用，有时甚至引起学生反感。表扬、鼓励或点赞可增强学生的认知能力与辨别是非能力，提高其自信心、自尊心。但须适度，若过度或过多会使其失去原本的意义。只有恰当的点赞、表扬或奖励，才能对其行为产生高度影响力，故量和度的把握尤为重要。

六、范围性

表扬范围的大小需视班级实际情况而定。一般来说，良好的班集体其表扬范围宜窄些，形成金字塔的态势，使大部分较好的学生向更好的榜样学习，向更高的目标努力；较差的班集体，其表扬范围宜宽些，如表扬过窄，易使先进学生陷入孤立状态，不仅不能发挥典型的积极作用，还可能扼杀先进，表扬范围若大一些，就能充分发掘较多学生身上的闪光点，这样有利于形成良好的班风。

七、贬褒性

对学生某些并不明显的错误、缺点或不足，有时不用批评而用“赞扬”，其效果更佳。比如，在问答中，对主动举手但回答错的学生，可称赞他“能够主动举手，大胆发言，不怕出错”的精神；再如，刻意夸奖一位作业常常出错的学生，说他没有抄袭别人的作业，是独立思考后自己完成的。前例中，既鼓励了主动态度，又含蓄点出其回答是错误的；后例中，既表扬了诚实端正的学习态度，又从侧面婉转批评了抄袭作业的不良行为。两例皆是集“贬褒”于一身，一发两端，亦是颇具艺术性的一种表扬方法。

八、说理性

表扬要以理服众。要通过具体事例说明道理，唯如此，才使人既听得着、看得见，又想得开、行得通。比如，有时学生做了一些好事或取得了一些成绩，但他自己却不一定能清楚认识到其重要意义。此时，表扬就不能就事论事，只停留在事件本身，而应进行理论分析，使其上升到一定的思想高度。这样既帮助学生认识自我价值，又让众多学生通过一件件小事，能提高认识水平，还可窥见一颗颗美好的心灵。

九、整体性

表扬应有利于集体观念的培养和学生之间的团结。有时表扬少数尤其表扬个别学生干部，极易影响其他学生的心理平衡，因被表扬者所取得成绩离不开大家的支持。若表扬不当，易使受表扬者遭到孤立，未被表扬者产生消极或抵触情绪。故表扬某学生所在的集体，比表扬其本身的作用更大、意义也更为深远。

十、方法性

最重要的知识是方法知识。表扬的本质就是将被赞美者置于赞美者设置的情境中，使之获得心理满足。表扬重要，会表扬更重要。欲表扬人并能取得良好效果，需三步：说出被表扬者的闪光点；描绘那闪光点给现状带来什么；说明闪光点给自己或他人的感觉。表扬的效应，非取决于表扬什么，而取决于在何场合及怎样表扬。故要根据被表扬者之个性差异和行为事件之意义，并以时间、场合的不同，选用适当方式，或直接赞扬，启发暗示，点到为止，或含蓄委婉，“顾左右而言他”，或大张旗鼓地大会表扬、广播视频表扬、校报校刊予以宣传等。表扬方式：①对人或对事表扬——前者，指对某个人学习、品德的肯定；后者，主要评价某件事的成功与意义，对事不对人，即使做这件好事者过去犯过错误，现在还有毛病，仍可表扬其事。②直接或间接表扬——前者，即当面公开表扬，被表扬者在场，优点是及时，产生效果快；后者，是当事人不在场，表扬的信息通过第三者传到其耳中。间接表扬又分客观表扬（借用第三者的话，用第三人称的口吻，给人以客观真实的感觉，显得更可信，易让学生接受，也是化解学生间、生师间矛盾的最佳方法，可让被表扬者感到不只是一个人在表扬，而是很多人在表扬他）；背后表扬（人是厌恶别人背后讲其坏话，但喜欢别人在背后讲其好话，这比当面讲好话更让人乐于接受。从而把表扬这种沟通手段发挥到极致）。③当众或个别表扬——前者，即当着众人而表扬。优点是能收到鼓励先进鞭策众人之效；不足是若表扬不当，特别是许多人也做了同一事却未受表扬而引起不服；后者，是无第三者在场时的表扬。④个人或集体表扬——前者，是对某学生品学突出的赞赏。学生都很重视教师对其评价，常常依教师表扬的多少来评估自己在教师心目中的地位；后者，是对小组或班集体的表扬，这种表扬绝不可只给一方，须对在场者都加以赞美，但前者对每个人的赞美方式和角度可不同。优点是可培养其集体荣誉感和责任感；缺点是使荣誉分散。⑤语言或体态表扬——前者，指口头与文字表扬；后者，指通过一些神情动作对学生良好作为的肯定，是简洁有效的表扬。这些体态能将一些只可意会不可言传的事传达给想要表扬的学生。

高明的表扬艺术在于能冲破习以为常的思维定势的束缚，并着眼于正面引导、鼓励。表扬是促进学生言行转变、思想进步的催化剂，是融洽师生关系的润滑剂，是激发学生积极性的有效措施，是促成良好风气的重要方式。每位教师应重视表扬、学会表扬、善于表扬。

适当表扬的艺术

表扬，是对学生良好思想行为的肯定和赞美。适当的表扬，既可使学生明确自己的长处和优点，增强进取心和荣誉感，又可引发其他同学的羡慕和向往心理，起到鼓励先进和鞭策后进的作用。因而，几乎所有的教师都遵循多表扬、少批评的原则。然而，只有适时、适量、适度、适宜的表扬才有积极作用，不当的表扬往往会有消极、负面的影响，所以应不用或慎用如下表扬方法。

一、用拔高式的表扬

拔高式表扬，超出了受表扬学生的实际水平，常常是以“点”带面，或“一俊遮百丑”人为拔高。比如，表扬一位学习成绩好，其他方面一般的学生是“德、智、体全面发展，表现突出的优秀学生”，这样就会使受表扬者在受到鼓励的同时，容易忽略自己的缺点和不足，不仅对其成长不利，而且也会使其他同学对其不服，并易对教师产生不满情绪。因此，要注意使表扬恰如其分，使受表扬者和听表扬者都感到“这确实值得表扬”或“应该如此表扬”。

二、以差衬优的表扬

有的教师在表扬学生时，喜欢把被表扬对象与后进生放在一起进行比较，似乎有了这种“反差对比”，就会增强表扬效果。殊不知，这一褒一贬，不仅伤害了后进生的自尊心，起不到鞭策后进的作用，也不利于同学之间的团结，还会使被表扬者陷于孤立。

三、三番五次的表扬

有的教师对于某位学生值得表扬的行为，一而再、再而三地表扬，似乎表扬的次数越多，对大家的感召力越强。其实，这只会使其他学生产生厌烦甚至反感心理，也会使受表扬的学生深感不安，或沾沾自喜，或觉得一切“不过如此”，从而满足于现状，放慢前进步伐。所以表扬次数应注意适可而止。

四、厚此薄彼的表扬

由于教师的“偏爱”心理，往往只注重表扬个别优秀学生的成绩，而很少看到后进生的进步，即便看到了也吝于夸奖或表扬。因而，表扬似乎是总与少数优秀生结缘，而与后进生或多数学生无缘。这样，后进生就会丧失信心，产生自卑、自贱心理，也会对“偏心眼”的教师产生不满，甚至憎恨。所以表扬应注意做到不分亲疏、一视同仁，牢记手心手背都是肉。

五、追求策略的表扬

所谓追求策略的表扬，就是刻意挖掘一些表扬当做转化后进生或安抚学生情绪的一种手段。殊不知，这样会产生负面作用。一方面，由于后进生往往与老师情感交流少，有时还存在对立情绪、逆反心理，对老师时时戒备、处处设防，因而这种意识性很强的策略式表扬，一旦被“识破”，不但不能起到积极转化作用，反而会加剧后进生产生“自主逆反”。另一方面，一些优秀学生也会想“我一直好好学习，遵守纪律，为班集体多干事，到头来还不如一个后进生”而产生不满情绪。所以一般不宜把表扬当做转化后进生的一种策略手段。在确实需要表扬后进生时，也应实事求是、恰如其分，讲求方式，自然而然地把表扬流露在无意识的语言、表情中，使后进生体会到老师是真心实意地在关心他、表扬他、肯定他。

六、为时过早的表扬

如果教师在未完全了解事实真相或“火候”不到时过早做出轻率的表扬，则往往造成如下后果：前者容易使表扬与事实有一定距离，难以把握表扬的尺度，若是拔高了，会使谦虚的学生感到表扬来得突然，甚至感到受之有愧，也会使一些自负、骄傲者自以为是；若是贬低了，则容易使受表扬者有“冷落”的感觉，产生怒气和泄气；后者，过早地表扬“尖子”，由于“火候”不到，“尖子”容易被掐，“尖子”感到痛苦，也达不到使其他同学仿效的作用。因而，表扬要讲求适时，讲求时机。

七、为时过迟的表扬

为时过迟的表扬，同样有负面影响。如果学生有了良好行为，未受到教师的及时表扬，或错过了表扬时机，时过境迁，既使良好的行为由于得不到及时强化而消退，也使学生在期待中产生失望、不满和怨气。因而，一定在全面了解事实的基础上，抓准契机，把握尺度，及时进行表扬。

八、只对干部的表扬

表扬某些个人，尤其是某个学生干部，必然影响其他学生的心理平衡。原因是被表扬者所取得的成绩往往离不开大家的支持。如果表扬不当，就会使被表扬者受打击，没有被表扬者产生消极抵触情绪，而达不到表扬的目的。

九、不讲方式的表扬

要使表扬取得良好的心理效应，其方式必须因人而异。因学生思想水平和心理素质存有很大差异。从心理学角度讲，对具有不同思想水平和不同个性特点的学生，在表扬方式上应有区别。例如，对倾向多血质或思想认识水平不高者，因其适应性强、易激发的特点，可采取公开或热烈的表扬方式；对倾向抑郁质或思想认识水平较高者，因其敏感性和爱面子的特点，可采取含蓄和委婉的表扬方式。

十、随意性的表扬

表扬应有一定的目的性，或针对班级的现状，解决某类问题；或根据教育目标，激励学生如何努力。否则，看到一点，表扬一点，看到什么，肯定什么，则不能收到表扬的最佳效果。因而，应尽量避免表扬的随意性。

十一、忌偏爱的表扬

表扬应具有公平、公正性。因此，只有全心全意关心和爱护学生，不偏爱、不歧视任何一个学生，同样平等，一样关心，才能得到学生的信任。只有亲近而不迁就，严肃而不失礼，不施偏爱表扬，才能博得学生的喜欢；反之，带有偏见，只相信自己已相信者，只看见自己想看的，这些一直占据自己的眼睛和头脑，就会在心目中形成一种无形的障碍，出现偏爱的表扬。

十二、非说教的表扬

谈心开始时，学生或无从谈起，或羞于启齿，而教师就应引导，让学生敢说、愿说，并需给学生申辩或解释的机会。而单纯的说教，既不能解开学生心头之结，也让学生感到强词夺理，口服心不服，甚至产生逆反心理。有经验的教师，总是丢掉说教，用表扬去引导学生的情绪，诱导他们快速做出反应。

愿广大教师，不仅重视表扬、学会表扬，而且能把握表扬的“度”，使表扬有分寸；否则，就会影响教师的威信和损伤学生的自尊心，从而削弱教育效果。善意的表扬作用远远大于善意的批评，所以在能表扬时尽可能去表扬。根据需要和可能尽量采取别开生面与效果理想的表扬方式。众所周知，没有人不爱赞美之表扬，喜欢表扬是人的一种天性，是一种正常的心理需要。每个人内心深处最持久、最深层的渴望，便是渴望别人对自己赞美。世界上的人，都在追求第一、最好、最优秀……假若尚未发现其身的优点，最好表扬他的明天，因每个人都希望自己有一个更美好的明天。人人都是属于明天的、无时无刻不为明天做准备，期望明天实现自己的梦想。

运用批评的原则

表扬的目的在于鼓励学生发扬优点，坚持真理；批评的意图在于督促学生修正错误，找出方向。批评，是对学生不恰当的思想言行给予否定评价，以唤起他们的警觉，去努力改正自己的错误和缺点。在班级管理和教学中，免不了运用批评这一教育手段，使犯有过错的学生尽快改正。那么怎样才能合理运用批评这一教育手段呢？除应树立批评的新观念，具有正确的指导思想外，还应遵循批评的基本原则。

一、目的性原则

批评是一种通过指出学生的缺点或错误，使其认识自己不足或过错的严重性和危害性，进而加以改正的教育手段。批评的目的在于扬善救失，促使学生实现自我完善；在于帮助学生改正错误，找到正确的方向，而不是贬低他们、损伤他们的自尊心，更不是验证自己的高明；批评的根本目的是要引起学生的思想变化，提高认识、觉悟和思想素质。换言之，批评是为了不批评。没有明确目的的批评是达不到良好教育效果的。为此，运用批评时，须以明确的教育目的为出发点和归宿。同时，注意所批评的行为须是学生能够改正的，所提出的要求须是学生能够达到的；批评不是求全责备，过高追求“完美效应”反会妨碍目标的实现。

二、封闭性原则

学生犯了错误或出现不良行为，应施以必要批评。但不管怎样批评，都只能是针对学生的错误就事论理、因事明理，不宜涉及其他，切忌无限扩展延伸，更忌“无限上纲”。同时，注意批评的场合及应知范围；尊重学生的隐私权利；不把其他学生当做比较的对象；有些错误不宜随意“宣扬”；否则，不但使学生自尊心受到伤害，而且还可能使“污染源”进一步扩散，诱使其他学生模仿。

三、公正性原则

运用批评这个教育手段时，对所有学生应一视同仁。罚不怕重，赏不嫌轻，只要公开、公平、公正，即能服众。如果因人而异，或以家长背景作为批评的顾虑，或以人情远近作为批评的伸缩，或以个人亲疏好恶而有所偏向，则会失去批评的严肃性，也会失去批评的权威性，进而会影响批评的效果，以致引起不公之论，不平之鸣。

四、求是性原则

批评学生应掌握分寸，对事情真相不掩盖、不歪曲；不用“放大镜”夸大其词，不用“显微镜”吹毛求疵，不用“幻影灯”捕风捉影；对缺点错误不夸大、不缩小。夸大缺点会使学生产生反感，挫伤自尊心，达不到教育目的；缩小错误会使其产生侥幸心理，不往心里去，也达不到教育目的。正确做法必须有一是一，有二是二，实事求是，而且要正确分析他们犯错误的原因和错误的关键所在。

五、情感性原则

教师对学生实行批评是迫不得已而为之，故应始终遵循情感性原则，坚持不讽刺、不挖苦、不损伤学生自尊心。只有如此，才会以关怀、爱护的口气，诚心诚意的态度去帮助学生。须知，犯了过错的学生其内心常怀愧疚，心灵深处承受着一定痛苦。此时，需要教师的真挚情感：一是同情感，二是关注感，三是真诚感。所以教师应十分注意情感因素，充分运用情感力量，以诚相待，以情感人。

六、适度性原则

对学生不良行为的批评，既要准确也要适度，体现恰如其分。其主要根据是有关规章制度和不良行为的性质和程度，而不主观臆断。批评语言，应尽量少用“好”或“坏”两种极端词语；否则，会给被批评者及广大学生带来心理障碍，影响批评效果。因“好”和“坏”是相对的两极，“好”就封闭了学生再发展，“坏”则将其“一棍子打死”。马卡连柯说：“没有要求就不可能有教育。”“要有惩罚”“惩罚就是要求，是更严格的要求”。所以应认真研究如何使惩戒有“度”、适度。惩戒教育是一门科学，也是一门艺术。当前教育多以欣赏、鼓励和表扬为主，缺少惩戒。面对几十个学生，有的确实不听管教，大错不犯，小错不断，管也不听，哄也不行，严也不对，松也不是，弄得教师十分纠结，情急之下，罚写、罚站、写检查等可避免，但一旦过度就会出问题。所以不少教师经常感到心力交瘁，无可奈何。其实，惩戒也是一种教育方式，核心是让学生真正懂得规范、纪律的严肃性。目前，对惩戒教育认识不足。惩戒不是教师一时冲动的感情用事，不是简单的体罚，而是从爱出发，在尊重人格前提下，通过对过失的惩罚达到警戒目的。惩是为了戒，不是写个检查、罚写几百个字那么简单。育人不单是学知识、要分数，而更需注重情感、态度、道德、人格等非智力因素。惩戒是根据过失的性质、程度，适度实施。惩罚前，要考虑学生个性特征、心理承受力、完成的可能性，并力求让学生可接受、愿接受，达到预期效果。

七、说理性原则

对学生不良行为实施批评时，首先应引导学生认识过错的性质、原因、危害，坚持以理服人，使学生心悦诚服，使批评的过程成为对学生进行教育的过程，成为提高学生认识和辨别是非能力的过程。因此，批评应是平等的双向思想沟通，既包括批评者对被批评者所犯过失的判断、评价及提出的改正意见，又包括被批评者对事实的说明、申辩及改正的态度。坚持说理性、实行平等性的批评是以民主师生关系的建立为前提的，要求教师要努力创设“心理相容”的教育情境，心平气和地表明自己的看法，同时耐心倾听学生的意见，并对其中合理部分做出肯定的反应。

八、及时性原则

没有骤然出现的严重疾病，只是未能察于潜伏，治于未起；没有突然变得难以教育的学生，只是未能察微知著，防患于未然。因此，应善察善防。及时的批评，可使犯有过错的学生及时发现自身缺点和错误，及时教育本人和他人。这样，一可防微杜渐，二可防患于未然。前者，是指不良行为刚冒头时就被制止；后者，是指不良行为在未发生之前就已防备。

九、情境性原则

为使批评取得良好效果，对学生进行批评时，须根据其个性特点及错误性质，注意选择好时间、地点、场合及学生的心境。否则，就会使其产生逆反心理，降低教育效果。另外，应特别注意，不对比批评人。

十、针对性原则

针对性原则即因材施教。批评的效果，在很大程度上不是取决于教师说什么（内容），而是取决于教师怎么说（方法）、何时说（时机）和是否有针对地说（对象）。为此，批评学生时，首先要掌握批评对象的心理特点及承受能力，然后因材施教，有的放矢，对不同学生，选择相应最佳的批评方式。

在实际中，批评的范围应就小不就大，能个别谈心解决的不公开批评；能通过一次批评解决的，不总抓住不放；能不点名的尽量不点名。但对那些问题严重、影响较大，需当众点名批评的，也要注意在批评前同本人把问题的性质、影响及点名批评的目的讲清楚，提前做好思想疏导工作。批评应融科学性和艺术性为一体。科学的批评应实事求是地分析错误言行，因事明理，以理服人；艺术的批评应据不同对象、不同情况，采取不同的方式，以求取得良好效果。

批评应注意的若干原则与要求

人人都有缺点和错误。道德的作用，只能作用于有道德者；垂范的效能，难以影响恶劣成性者。古今中外没有哪个国家的教育只奖无惩，只不过内容和形式不同。对违反纪律者的批评应遵循相关原则。

一、真　诚

对学生所犯错误实事求是地指出，真诚地给予一些建议，真心帮助其改正。绝不能故意“找茬”；而应帮助、启发学生分析错误的根源、实质、危害及改正办法。言辞要体现关心、体贴、爱护和激励。

二、公　正

对犯错误的学生，不论是男生还是女生，班干部还是一般同学，成绩好还是差，都应一视同仁，平等对待。不厚此薄彼，不袒护、不偏向、不怀私心，公平公正才能使学生口服、心服。

三、准　确

准确，是指批评的运用必须清楚、精当，对不同问题，在方式上既要有所选择，在运用程度上也必须给予控制。批评要适度，恰到好处、恰如其分。特别是在感情上，更要保持适度而不失态。

四、有　据

要在充分调查、了解事实的基础上，再指出缺点和错误以让其口服、心服，无可辩驳。万不可妄加猜测，更不可在没弄清事实真相之前，就不管青红皂白来一顿狠批。这样，可避免学生不服气或“顶牛”。

五、辩　证

对犯错学生，绝不“以点带面”“全盘否定”，一无是处，甚至“无可救药”“朽木不可雕”；应一分为二，对所犯错误给予指出，让其改正，对优点予以肯定。以长善救失，令其发扬优点，找到自信。

六、求　实

实事求是，准确无误，不夸大缩小，不把偶然说成一贯，以免言过其实，使其产生逆反心理。需避免：主观臆断——看到一点表面现象或道听途说就急于批评；印象出发——不一视同仁，对优秀生不批评或少批评，因后进生而加重批评；意气用事——带情绪批评，主观片面，批评失真。

七、有　度

批评应掌握“分寸”，适可而止。大发雷霆的训斥、过于严厉的言辞和没完没了的斥责都会使学生难以接受，产生逆反。禁用损人格语言——讽刺、挖苦、讥笑都会伤害学生自尊心；慎用绝对化词语——“你是个出窑的砖，定型了”“你总是拖班级的后腿”等以偏概全，还要少用简单的“否定”或“肯定”语言，尤对后进生更忌结论性评语；不用威胁性话语——“我要处分你”“取消你XX的资格”。

八、启　示

启示，指批评时，用非语言对学生进行暗示，以达教育目的。如发现个别学生精神不振，出现惰情，不专心听讲时，可用眼色、手势或动作予以暗示，这样既能维护学生自尊心，又不至于分散全班注意力。

当犯错误学生自责内疚时，教师就不应再给予什么批评、指责，而应给予宽容、宽慰，甚可融入情、升华爱。

批评的方式

批评，是教育学生的重要方法之一，古今中外许多教育家与优秀教师，都注意根据学生的不同年龄、不同个性及所犯过错的性质、程度，而采用不同的批评方式。

一、欲贬先褒式

对犯有过失者实施批评前，不妨先赞美对方的其他优点或可先肯定其长处或进步，他才会乐于迎合教师，自我矫正不足；再针对其过失给予恰当批评。这样，会使学生心悦诚服地接受批评教育。

二、声东击西式

要批评此却故论彼，要批评某个缺点却赞赏与此相反的良好行为，或用生动故事包装严肃的说教，学生先是蒙在鼓里，受感动后便恍然大悟，认识自己的错误，理解教师的用意，而对比、反思，认错改错。

三、开门见山式

有时可施以单刀直入的批评，能立即直接触及要害；有些过错宜当场批评，使其无法当面否认，使错误行为立即得到制止；有些过错可以高亢激昂、声色俱厉的方式表达强烈的爱憎，以引起过错者的震动。

四、体态暗示式

对学生某些不甚严重的过失进行批评，可用眼神、表情、手势或其他动作等体态语言发出信号暗示，使学生终止正在进行的不良行为。

五、防微杜渐式

行船人注视着暗礁，健康人警惕着隐患。教师应时刻留心学生那些“藏而不露，隐而不显”的问题，尤其某一错误或不良行为刚露头时，应及时进行教育予以制止，可使批评成为警钟。

六、沉默无声式

有时学生犯了过错，教师微露不悦，或表情严肃、态度冷漠，或端坐肃穆。这种无声的沉默会给学生造成暂时的心理压抑，促其领悟。这比声色俱厉还利于学生自我反省，可达“此时无声胜有声”之效。

七、谅解宽容式

有时宽恕并不亚于惩罚之效，它可给学生留下自省的余地，可使学生不留下心理创伤。当学生无意犯了过错，或对无严重后果的过失十分后悔而等待重责时，谅解是最好的批评。

八、促膝谈心式

以平等的态度与学生促膝而坐，用和蔼的表情、中肯的话语娓娓而谈、寓理于情，与其交谈错误的后果及改正办法。这种心灵的碰撞，情感的交流，能弹奏出悦耳的理解之歌，会激发出奋发向上之谱。

另外，还有启发思考式——把要批评的内容，特别是学生自己尚未察觉或尚未认识的过错用启发方式传递给被批评者，即通过提出问题令学生思考，或反思，或回答，或商讨，使之提高觉悟，明辨是非。对号入座式——把要批评的问题，摆出几种情况，让学生扪心自问，自己去对号、去认错。这样，既保护了学生的自尊心，又创造了自我教育的机会……批评学生一定要注意方式，讲求艺术；否则，批评过多或失当，其后果会使学生降低积极性、丧失信心和自制力。

批评的技巧

教育学生，难免要对学生进行批评。批评也是一种矫正学生不良行为的手段。然而，批评并不等于训斥，应讲究技巧或艺术，要晓之以理、动之以情；批评，只要做到有理、有节、有度、有方，就能收到“润物细无声”的效果。

一、和风细雨——开导式批评

教师发现思想问题要有火眼金睛，对待思想问题要讲苦口婆心。制止某种不良行为，不是惩罚越重、刺激越强效果越好；温和的批评和热情的开导往往更有利于终止不良行为。学生做了错事或违反了纪律，应进行委婉的批评，耐心的规劝，心平气和地加以开导：首先，要创设一种教育情境，让学生感到你是在真心实意地帮助他；然后，在亲切融洽的气氛中，以热情的态度耐心开导启发，帮助学生认识所犯错误的原因、性质、危害，告诉其改正方法；最后，指出努力方向，并鼓励其树立和增强克服困难的信心和勇气。这种和风细雨式的批评，较之大声呵斥、严厉指责或“狂轰滥炸”更容易产生较强的心理效应，使学生心服口服，知错改错。

二、责己正人——自责式批评

有时学生犯了过错，特别是师生都有责任时，教师可用自我责备的语气，首先承担自己的教育责任，以期对方自愧，促其解剖自己，反省不足，改正错误。如“对你的缺点，我没有及时帮助你改正，我也有责任。”切忌以“活该！都怪你自己！屡教不改，只好老账新账一起算！”之类的刺激性语言和警告语气来挫伤学生的自尊心。

三、以正纠误——勉励式批评

教师可先肯定学生的进步或成绩，然后再指出其差距和缺点，以表扬的口吻鼓励学生继续努力，并寄予真诚的信任与希望。这样，不仅可缩短双方感情上的距离，而且能使学生愉快地接受批评。如“你最近的实习态度不错，但动手能力还有些不过硬，相信你在最短的时间内，会赶上去的！”

四、将错就错——归谬式批评

学生无意识犯了错误，不可能认识到错误的严重性。如何批评呢？有的可将错就错，看似南辕北辙，实则归谬引正。如某学生常写错别字，教师不去批评，而是将其错别字整理一页，请该生帮老师改正过来，继而在班会上公开表扬这个学生的认真精神，讲明写错别字的害处，这样也会取得良好效果。

五、反客为主——易位式批评

易位，就是双方互换位置。让被批评的学生站在对方的位置设身处地替教师想一想，促使其领悟错误，提高认识，减小感情上的反差。譬如“假如你是老师，我在课堂上捣乱、起哄，你心里会怎么想？怎么认识这件事？怎么处理这件事？”切忌简单地下逐客令：“你故意捣乱，影响同学们学习，我宣布你是不受欢迎的学生，出去！”

六、鼓气激励——激将式批评

青年学生的心理特点是好胜心强，不甘落后。当一个班集体暂时落后时，气可鼓而不可泄。采取激将法批评，能使学生群情激奋，一鼓作气，努力赶上。例如学校的流动红旗，因班内某小组违反纪律，被别的班级夺走了，这时如果批评、责怪学生，容易造成同学之间互相埋怨的被动局面，影响班级团结，可在班会上讲：“某小组纪律不好，影响了集体荣誉，他们心里也很难过。不过，从他们的神态可看出，他们都憋足了劲，愿与兄弟组挑战，为班级争回荣誉。”紧接着问：“你们敢不敢向全班同学挑战？”回答是肯定的，效果是理想的。

七、精雕细刻——琢玉式批评

有的同学大错不犯，小错不断，老毛病刚愈，新毛病又发。针对这类学生的特点，教师要打战略上的“持久战”，而在战术上要“寸土必争”，即在抓反复、反复抓的同时，可采取琢玉式的批评方法：指出一点、改正一点、巩固一点；今天刻此，明天琢彼，精雕细琢。久而久之，金石可镂，顽石成器。

八、曲突徙薪——防疫式批评

教师应随时对学生的心理进行分析，发现问题苗头就敲响警钟，发现“疫情”就打防疫针。这种防疫式批评，积极主动，能防患于未然。这就要求教师能正确把握学生心理，及时了解学生动态，善于捕捉“下降”信号，具有一定预测能力。

九、转移目标——间接式批评

当学生出现错误时，不直接给予什么批评，只是撤销原来的“鼓励”，也是间接式批评。比如一个学生对他人有侵犯行为时，其他同学中若有赞赏的表示，其“侵犯行为”就会被强化。这时，就需创设条件使这种行为不再得到赞赏。另外，对学生的某些不良行为，故意不予理睬，也可使这种不良行为发生概率降低。因为，有的学生心中有一种强烈的引起教师关注的愿望，如去批评，可能正好满足了他的愿望，而不予理睬则会起到间接批评作用。间接式批评可概括为：①暗示批评法——即用良好示范来暗示学生的缺点错误，使之意识到自己的不对；②表扬批评法——表扬好的言行就间接批评了差的，如当发现某生在某方面有缺点，就找准机会表扬在这方面做得较好者，使之意识到自己的差错；③自我批评法——当发现有的学生不遵守寝室纪律时，不急于当面批评他，而是向他了解其他学生遵守纪律的情况，这就“旁敲侧击”地启发、引导他对不遵守纪律而做自我批评。

十、以导代罚——替代式批评

学生的不足，需要的是指导而不是批评，矫正学生不良习惯最有效的方法是指导。批评的根本目的不仅在于制止某种错误表现，而是希望做出正确反应。有时可让另一所期望的表现来代替将受批评的表现，那种将受批评的表现也就被制止了。如一位有经验的教师上课伊始，发现起立时有一同学未迅速直立，但他没有直接批评，而是严肃且幽默地说：“我班除了四十分之一的同学外，都初步具备了军人的风度！”那位没站好的同学立即端正了姿势。

除上述方法外，还有先扬后抑，白璧微瑕；旁敲侧击，巧作暗示；以心换心，说理导行；不计前科，慷慨表扬等方式。批评，就字面上理解，批是排弃、剔除之意；评则是指出某思想、言行不正确，促其改正。只有重“评”，既指出被批评者错在哪里，又指出为什么错，并指出改正方向，且鞭辟入里，才能使对方诚恳接受，自觉改正。值得注意的是除宽严结合、刚柔并济外，还应奖惩兼用。奖赏与惩戒缺一不可。对学生来说，适当惩戒利于改正错误；对教师来说，惩戒需带着关爱和智慧。同时，还需疏堵互补。概言之，对学生进行纪律教育，培养良好行为习惯，犹如治水，既需“堵”，更要“导”。若只进行简单粗暴的批评，其实就是不得其法；时时处处进行“围堵”，其结果也是堵不胜堵，顾此失彼。最好的办法是“疏导”，以学生为本，遵循其身心发展规律，尊重其个体差异，找到问题的根源或症结，对症下药，因材施教，才能达到既教书又育人的目的。另外，批评中，少不了真诚的劝慰和给学生留点自省的余地。因此，应注意不轻易使用结论性语言；区别“应该”和“能够”的界限，不过苛地批评学生暂时改不了的缺点；注意分寸，不小题大做、不批评不休，不挫伤学生自尊心；选择时机，对那些屡犯过失又缺乏自觉性的学生，可冷静监控，当其因过失陷入孤立不能自拔时，批评力度即使很小，也易使之反省自悟；指明方向，批评本身没有回答应该如何，故在批评的同时，应积极诱导，唤起对美好品行的向往和追求。

批评的艺术

批评的主要目的是防止和克服不良的言语和行为，以帮助学生明辨是非，克服缺点，消除不良行为与不良习惯。批评也是一门艺术，正如有人所说："高明的批评就像一块香皂，它不但能除去人身上的污垢，还能给人留下清香。"

一、点化式

用暗示或提醒之类的一言半语进行点拨，使对方默认或意识到自己思想或言行上的过失；或用启发性语言，诱导对方对过失有正确认识；或用得体幽默语言，使其在内心留下深刻印象。

二、易位式

用"交换位置"的方式，提出"假如我有这样的错误，你怎么认识，怎么处理？"一类问题，促使对方站到教师的位置上来思考问题，加深对自己所犯错误的认识。

三、温情式

用亲切、温和、委婉的语气和态度，通过化刚为柔、融情于理，实现以情感人、以理服人；通过"动之以情"达到"情之以动"，使学生产生内疚、自我谴责，产生改正的愿望，进而愉快地接受批评。

四、自责式

用自我责备口气，如"我没很好地关心你""主要是我没考虑周到"之类的话，主动承担责任，引起学生感情上的共鸣或冲突，使之心甘情愿地解剖自己，反省不足。

五、提问式

有时为了批评某人某事，可采取边问原因，边分析解决错误造成的影响和后果的办法，使学生在回答问题过程中，逐步加深对所犯错误的认识。

六、渐进式

在进行批评时，有的可先谈现象，后点明实质和危害，将批评信息由浅入深、循序渐进地传输给学生，使之在比较轻松的氛围中认识错误的性质和危害。

七、勉励式

以表扬勉励的口吻与被批评学生交谈。如"你在某方面做得不错，但在某方面还得加把劲"；再如，对某一只注重个人穿着打扮而不爱打扫公共卫生的学生，可说"从你的穿着可以看出来，你是个很讲究清洁的人，我相信你一定也会把教室和宿舍整理得井井有条"。这样，可打动学生，使之正视自己的缺点。

八、比喻式

有时，不直接批评学生的错误，而用讲典故、打比方、举例子，以事喻理等含蓄的语言，将批评的信息巧妙地传输、提醒或暗示给对方。这样，可消除他的疑虑心或恐惧感，进而促其提高认识，改正缺点。

九、商谈式

用商谈的态度，平心静气地把批评信息传递给学生，与之讨论不良行为后果及改正方法，消除其抵触情绪，扣开其心扉；用探讨的口气，疏通其思路，排除障碍，寻找前进途径和奋斗目标。

十、婉讽式

不少学生对赤裸裸的训斥易生反感，而对“婉讽式”批评却乐于接受，故而应采用不同的“婉讽式”批评法。①幽默法——用幽默的语言婉讽，以达批评或劝阻之目的；②归谬法——据学生错误言行，将错就错地导出谬果，促其醒悟；③玩笑法——以开玩笑的方式，让学生从中悟出批评的意味而明是非。

十一、即时式

此方式强调对被批评学生进行当时、当事的开门见山、单刀直入式的批评，其作用在于用刚刚发生或正在发生的事实来冲破被批评学生的心理防线。

十二、缓冲式

即在问题发生后先设置一个缓冲阶段，等当事者头脑冷静下来后再批评教育。讲究的是循序渐进、由浅入深，分步骤进行。如学生间发生吵闹、打架时，首先迅速制止，防止事态进一步发展。而后应缓和气氛，给当事者一个稳定情绪、冷静思考的机会，以避免因“硬碰硬”而带来顶牛乃至造成更严重后果。

十三、提醒式

这是一种在个别谈话中的当面批评，其好处是便于教师和学生双方推心置腹地交换意见，使批评教育深入细致。主要适用于批评那些影响面较小或不便于在公共场合进行批评的问题。

十四、泛指式

这是一种只点问题（事）而不点名的公开批评，即常说的“对事不对人”。针对带有倾向性问题，进行公开批评。这样对犯错误者可形成舆论上的监督，并能引起大家的重视，做到有则改之，无则加勉。

十五、触动式

这是一种措辞较尖锐、语调较激烈的批评方式。适用于个别平时表现差又屡教不改，惰性、依赖和试探心理较突出，对所犯错误不能正确认识或抱有侥幸心理者。大喝一声，猛击一掌，使其醒悟。

十六、明理式

这是一种摆事实讲道理的批评方式。批评的宗旨是为帮助学生认识缺点和错误，是引导人、团结人，而不是整治人。是在关心、理解、信任的基础上，通过摆事实、讲道理教育学生从中吸取教训，给予反省和改过的机会。教师在批评时要想方设法使良药不苦口，忠言不逆耳。亦即，教师的态度要诚恳，使学生从教师语言、表情中体会到温暖和关怀，使之信任，愿意听教师的话。

十七、暗示式

这是一种非直接公开的批评方式。对许多人、许多事和许多场合使用语言批评，不如语言暗示；语言暗示，不如体态暗示；体态暗示，不如情态暗示；情态暗示，不如眼神暗示。

除上述几种批评方式外，还有诸如公开式、直接式、参照式等等。批评，既是一种重要的激励方式，又是一种有效的沟通信号，在教育实践中发挥着重要作用。同时又是很多教师常常感到无法回避而又深为犹豫的教育手段。因此，这种手段在更大程度上是一门直击心灵的艺术。批评之所以是一门艺术，在于它并非只要满足某些既定条件即可得到某种确定的结果，而更多地取决于一些微妙甚至难以言传的感应和领悟，特别注重对批评对象、时机、场合和方式的选择。所谓“运用之妙，存乎一心”，对批评艺术的巧妙运用可使教育作用变得事半功倍，绚丽多彩。

批评艺术点滴

“喜时之言多失信，怒时之语多失礼”。实施批评时，过喜易失分寸，过怒常失理智。一旦感情的洪流冲破了理智的堤岸，则易造成不可收拾的“灾难”。所以批评学生时，应有沉着心理，持冷静态度；万不可在情绪激动时进行。避免做正面交锋，避开“火头”，不做“热处理”，不搞“热加工”。

一、缓一缓

选择适当的时间、场合，如课余、郊游或学生心情愉快时，再对犯有错误的学生给予恰当批评，并以心平气和的态度、劝解的方式，让学生认识错误、改正错误。

二、绕一绕

对某些不宜直接进行批评的对象或问题，尽可能从侧面用间接、委婉、含蓄、迂回的方法教育学生，比如先肯定学生的优点或进步，然后再指出其“美中不足”。

三、避一避

对偶犯错误且自尊心较强的学生，不宜在公开场合大动肝火，当众点名批评，可暂时回避一下，稍后再进行个别帮助，这样效果会更好。

四、退一退

当学生犯有错误时，教师可表明“这，我也有责任”；当对学生批评过分了或批评有出入时，教师要承认自己的失误。这样会感化学生，促使其承认自己的错误。

五、笑一笑

微笑能神奇般地解除误解、隔阂、芥蒂。在批评学生时，笑一笑，且目光中饱含深情，态度中蕴藏期望，表情中充满关怀，语言中含有惋惜。这种方法适用于细微或偶然为之的过错。

六、默一默

对学生的不良行为，教师微露不悦并沉默不语，就会使学生产生一种心理压抑感，从而领悟到教师内心的不满和责备，同时也给学生反思的时间，使之有可能认识到自己为何错了。

七、冷一冷

对一时不理智或暴躁又不易接受意见的学生，应讲究“心理制裁”，先“冷一冷”，让其自己去增强自我意识，自悟错误所在；待适当时机再对其错误予以指点、提示和帮助。

八、点一点

当学生无意识做错事，不宜毫不留情地予以严厉指责或给予无情处罚，而应通过“点一点”提醒，使之意识到自己的行为已构成错误，然后再谆谆告诫其以后改正，不要重犯。

另外，还有想一想——对某些意向不明、动机不清的错误行为，或较复杂的问题，应先冷静想一想，为什么，如何办；等一等——如遇“顶牛”或一声不吭来反抗，则宜先等气氛缓和后再谈。至于个别学生“死不认错”，不妨“晾”一下，另寻时机再谈。当学生出现争执或师生陷入僵局、情绪激动而失去理智时，更不宜与之“接火”，而应避其锋芒，待其冷静恢复到理智状态后，再以理性心态使之易听进去。

因人而异的批评方式

在教育实践中针对不同的对象、不同的时机、不同的场合、不同的事件，合理运用各种不同的批评方式，其目的只有一个，就是帮助学生防止和克服不良思想和行为的继续发生。成功的批评，往往使学生由衷感到高兴，并因此受益匪浅。然而，对学生的批评方式不是用哪一个简单公式可概括的，也不可能有一个固定模式适宜于任何批评对象。进行批评时，须因人而异，因事而异，即针对学生的不同性格、特点、承受能力，采用不同的批评方式。为此，要认真研究学生接受批评的心理，注意批评的场合、分寸和批评的语言。

一、严厉式

严厉式批评，是指措辞比较尖锐，语调比较激烈，态度比较严肃，使学生受到刺激较强或震动较大的批评。但批评的内容要准确集中，切忌目标不明；批评的语言要清楚明了，切忌含糊其辞；批评的态度要诚恳端正，切忌威胁鄙夷；批评的时机要得当适宜，切忌过早“火候不到”或过晚“时过境迁”。该方式主要运用于惰性心理、依赖心理较为突出的学生，或错误性质严重、影响面较广及一犯再犯的学生。

二、商讨式

商讨式批评，是指带有商量、讨论的性质，并以和蔼的态度，亲切的话语，较为缓和地与被批评学生交换意见的做法。教师以平等的态度，心平气和地把批评的信息传递给被批评学生，并与之商讨不良表现的性质和带来的不良后果及改正的办法。该方式主要适用于反应敏捷、独立愿望强烈、自尊心较强、脾气暴躁的学生。

三、渐进式

渐进式批评，是指教师逐步输出批评信息，分层次、分步骤渐次深入进行批评的做法。教师对被批评学生的缺点和错误不是一下“全盘托出”，而是一点一点、由浅入深地提出和进行解决，即给被批评者一个心理准备阶段，使其对批评逐渐适应、逐步接受，不至于一下子“谈崩”，或因受批评而背上沉重的思想包袱。该方式主要适用于那些自尊心较强、缺点错误又较复杂的学生。

四、参照式

参照式批评，是指有所参考和比照某些事例而进行的批评。教师借助他人、他事的客观形象，运用对比的方式，烘托出批评的内容，使被批评学生在“参照物”的对比下，觉悟到自己的缺点和错误，也就是使学生通过反省进行自我否定的做法。该方式主要适用于知识浅薄、盲目性大、自我意识差、自我觉悟弱、易受影响、易受感化、可塑性强的学生，也适用于有自知之明的学生。

五、直接式

直接式批评，是指不经中间环节，直截了当、开门见山、一针见血的批评。但要防止急躁，并忌用威胁、揭短、“撕面纱”和“高压政策”及使用非教育语言。该方式适用于：一是思想基础好、性格开朗、易于接受批评的学生；二是不肯轻易承认自己过错或矢口否认，或搪塞掩饰，或嫁祸于他人的学生。

六、提醒式

提醒式批评，是指以暗示、点示、启示为主的批评方式。即教师对正在犯过错或有不良行为的学生，给予指责或警示的信号，使之较快意识到自己的言行已构成或即将构成过错的做法。该方式适用于性情机敏，或疑虑心较重，或无意识犯了过错的学生。

七、启发式

启发式批评，是指以提问或提示为开端，把要批评的内容用启发式语言传递给学生，诱导其对自身错误有正确认识和感悟的做法。常用方式有说理启发、比喻启发、名言启发、故事启发、寓言启发、举例启发、幽默启发等等。该方式主要适用于善于思考、性格内向、自尊心较强和各方面比较成熟的学生。

八、幽默式

幽默式批评，是使批评语言化枯燥为诙谐，把严肃的道理用幽默的语言表达出来，既使被批评的学生受到教育，又不致形成僵局的做法。教师通过幽默的语言进行暗示责备，既鞭挞了错误，匡正了荒谬，又使学生知晓了过失，认识到不足，并能化内疚为愉悦，解迷惑为清晰。该方式可适用于多种情况和学生。

九、借喻式

借喻式批评，是指引经据典，借题发挥，以含蓄委婉之言代替直来直去的呵斥之语进行批评的方法。教育者通过引用寓言故事、历史典故、轶闻传说、正误实例，引起被批评者进行联想。这样，既可丰富学生的知识、扩大他们的视野，又可促使他们进行自我反省、自我责备、自我否定而认识错误、改正过失、找出方向，还可使其加深印象，不断完善自己。该方式主要适用于自尊心较强、有自知之明的学生。

十、含糊式

含糊式批评，是指采用委婉、含蓄、暗示等模糊性语言在公众场合或个别进行批评的方法。实际上，这也是教师对被批评学生一种间接或点示的责备，并警示其必须注意或改正的方法。这种批评需使被批评者能意识到“点”的是自己或包括自己。该方式主要适用于当事者清楚，涉及面不大的问题和错误不大、且能知理明悟的学生。

批评，是一门高深的学问，也是一种复杂的艺术。批评的语言是一种促进改正的语言，不像表扬和赞美那样容易被学生接受。所以在教育学生的实践中，批评不但要实事求是，还要根据学生的年龄层次、性格特点、知识结构来采取相应的方式，更要尊重学生的人格，爱护他们的自尊，培养和提高他们分辨是非的能力，激发他们奋发向上的积极性。值得注意的是，应从多角度考虑因人而异的批评方式，比如对不同气质的学生，可采取下列不同的教育方法。①对活泼型学生，不要过分溺爱——活泼型学生喜动厌静，生命力旺盛。他们喜欢结交朋友，有时还会捅出一些纰漏，干出一些让你想象不到的“坏事”来，如果完全顺着其性子来，就可能使其目空一切，不知天高地厚。②对腼腆型学生，不要过于心急——胆小羞涩的学生需要一定时间或适宜的氛围，才能适应新环境、新事物。若迫使他们提前活跃起来，他们就会心里不踏实，感到信心不足彷徨不前。③对乖巧型学生，不要过高要求——这种类型的学生适应性特强，他们很少大声表示抗议，所以不少教师往往对他们要求过高，提出一些过分的要求，但这可能会导致他们以后对自己缺乏自信。④对问题型学生，不要过多责难——这种类型的学生对新的环境总不能很快地适应。应有极大的耐心，不对他们给予过多的责难，更不能听之任之，要学会用爱心去感化他们，当他们感觉到教师重视时，就会自然而然地平静下来。总之，以理服人、以情感人、以心育人，这是艺术的批评。当批评成为艺术时，不但不会疏远师生间的关系，反而会加强师生间的沟通，加深师生间的情感。在一次次的理解与交流中，就会建立起平等、尊重、和谐、融洽的关系。艺术的批评，在诚挚的爱中稀释；诚挚的爱，在艺术的批评中升华。

批评艺术与实例

批评作为一种重要的教育手段，经常在学校中运用。无论何种批评，都会在被批评者身上产生反应、影响和作用。因此善于运用高超的批评艺术，避免简单和粗暴的批评就具有十分重要的意义。

一、不妨笑着做批评

批评，往往令人脑海中出现一种情景：教师板着面孔言辞激烈、面红耳赤、劈头盖脸地数落学生，而被批评学生则如坐针毡、诚惶诚恐。这种批评的冲击波，会使受批评学生在一段时间里，战战兢兢、谨小慎微，头脑中时刻不敢放松那根紧绷的“弦”。这种雷霆万钧、狂风暴雨似的批评，到底效果如何？不少被批评学生大抵对教师存在害怕心理，甚至耿耿于怀，心存抵触情绪。当然，笑着批评，不等于隔靴搔痒或采取圆滑态度。笑着批评，是让对方融入自己的氛围中来，拉近双方的距离，消除被批评学生的紧张、畏惧心理，加之春风化雨地讲道理，让被批评学生认识到发生错误的危害性，心悦诚服地改正错误。

二、寓批评于表扬中

有位教师在批评学生时说：“你是一个向来就很刻苦认真的学生，这次太大意了，所以出现了错误！”“你们小组一贯是乐于助人的！”“你是很聪明的，考虑一下为什么对这个问题不知所措！”……这就是寓批评于表扬之中。

三、温柔征服式批评

有位教师新接一个班的语文课，发现一个男生没有带书。该生说忘了带。同学们笑起来说：“老师，他患有‘健忘症’，一贯这样。”他笑笑，没有再说话。第二天，那个学生的课桌上依然空空如也。他平静地宣布上课。他突然发现自己的眼镜没有戴，不好意思地说：“同学们，真抱歉，我忘了戴眼镜……”他走到没有带书的那个同学面前：“请你帮我去办公室拿下眼镜好吗？”那个男生受宠若惊，很快完成了这个光荣的任务。老师接过眼镜，真诚地向该生致了谢，然后说：“一个人如果经常马马虎虎，丢三落四，多耽误事啊。从今天开始，我和大家相约，一起来消灭马虎，你们说好不好？”后来，老师送走了一届又一届学生。在他 80 岁诞辰时，崇敬他的人们为他立了一尊汉白玉雕像。当年那个被同学讥笑为患有“健忘症”的同学激动万分地讲了上面的故事。他说，那时他不知道老师是在用请求他帮助的方式来巧妙地帮助自己。此后他就告别了丢三落四的毛病。如今，他是一个出色的企业家。

四、实际行动的批评

美国有一位医药发明家，小时候喜欢喝牛奶。有一次他打开冰箱拿大罐的牛奶，结果没拿稳，把整罐牛奶打翻了。他非常害怕地缩在墙角，担心会挨骂。当妈妈听到声响走过来时，并未如他想象中的生气，而是温和地说：“妈妈长这么大，都没有看见过这么漂亮的牛奶海洋，你愿不愿意跟妈妈一起把这里打扫干净？”心理学家说：“当一个错误已经发生、覆水难收时，发再大的脾气，也是于事无补，而且愤怒可能会造成更多的错误；若当错误已既成事实时，就必须勇敢面对、勇敢承担；歇斯底里地发脾气，不仅使对方遭殃，受害最大的更是自己。”

五、需要婉转的批评

母子上了火车，小男孩见到一个青年男子躺在两个座位上，就小声说：“妈妈，我想坐。”母亲见小伙子假装睡着了，一动不动，她心里有数，故意轻声“教育”孩子：“稍等一会，这位叔叔太累了，等他休息好了，会给我们让座的。”小伙子一听，既感动又内疚，马上起身让座。可见，婉转的语言是人际关系的特别通行证，在与他人交往中，若能运用一些婉转的语言，那展现在我们面前的将是一片光明和愉悦。

六、宽容善待的批评

作为教师，在学生犯过错时，不要带着火药味一味地批评、指责、埋怨，而应多几分理解、宽容、关爱。在批评中讲究宽容，使批评避免片面或偏激而更准确、更客观；同时，会使批评更具亲和力和说服力。一次考试后，有一学生气冲冲地向老师喊道："您凭什么把题判错了，要不我就及格了，您得改过来，并向全班认错！"该老师没想到学生竟敢当着那么多老师来质问自己，气得脸通红，接过卷子一看，顿时明白了，该生改了答卷，但他始终不承认，经过一番了解，证明他确实改题了。当他知道老师掌握实情后，便来求饶道："老师您原谅我吧，我妈要是知道，不是打就是骂，我怕她气病了。"老师问："你为什么私自改卷子？""这次考试全班就我一个人不及格，觉得栽面子。"说到这他已泣不成声了。教师不禁怦然心动。让学生坐下，和颜悦色地说："虽然你这次做得不对，但还是有进取心的。"从那后，该生进步很大。学生难免有错，很需老师宽容，就像人生需要明媚的阳光一样，宽容是一种修养，是一种境界，也是一种美德，作为一名教师要能善待学生的错误，要学会留一步与人，要有"海纳百川、天容万物"的胸怀，这样学生才能在宽容、善待、关爱下茁壮成长。宽容既是一种度量，也是一种心态。这种心态，正好可以在批评时调和浮躁、冲动和偏激，使教师的内心处于冷静的和谐状态。

七、被批评后的关注

学生有错误需要进行批评，但批评之后怎么办？这需要教师深思。批评是教师经常使用的教育手段，能使学生不良行为受到谴责，能帮助学生消除行为上的污垢。但作为教师必须清醒地认识到：一方面，批评教育不都是准确的；另一方面，学生在受批评后不都是心服口服的。受批评总是不愉快的，难免会有心生记恨和报复者。因此，教师应该反思：其一，要注重批评的策略和智慧，尽量使学生在受批评的过程中认清自己的错误从而达到心服口服的目标；其二，密切关注学生在受批评之后的情绪变化。想不开也是他们正常的情绪反应，其中既可能有教师的原因，也可能有学生自己的缘故。不管怎么样，如果发现不对劲的苗头，就需教师及时跟进，做"后批评"工作，以免发生意外事故。须知，教育不能没有批评、没有惩罚；但关注批评后的学生无疑也是批评教育的应有之义。

八、忌用对比式批评

教师批评学生不可用对比或相比的方式进行，即不用一个学生的优点去教训另一个学生，或不说"你不如某某！"或"你看人家某某多好"。最佳方式是肯定两个学生各自不同的优点。比如，可以肯定某甲的努力与好学，成绩优秀，肯定某乙的活泼可爱、友善热心，均不加"但是"。接下来问他们如何互相帮助、互相促进？这样学生知道老师爱他，而且知道爱的原因，又引导了学生注意去帮助、促进对方，而不是贬低、挑战、傲视对方。再如，教师对某甲说："你看某乙，多活泼，多热心，人缘多好！你要向他（或她）学习！"对某乙说："你看某甲学习多好，多用功！"听了这话，某甲、某乙分别会有哪些想法和感受？不管怎样说，这还是指出优点。如果用缺点去攻击，就会说："某甲，你看看你的人缘，不会热心点吗？某乙，你就只知道玩，不爱学习！这么没出息！"学生的心里还会增加怨恨及把这个当成跟对方吵架时的武器，学会互相看不起。强调、引导学生互相陪伴，互相帮助，而不是太清晰地区分他们的角色任务，僵化地要求某甲必须如何，某乙又应该怎样。同时，要忌批评情绪化（看到学生过失，就情绪激动）、批评联想化（联系过去的错误）、批评泛滥化（不论什么错误）。培养孩子互相尊重、互相爱护的感情要比灌输他们纲常伦理更重要。

值得注意的是，教师对学生的不良行为，非必要时尤在课堂教学中不宜当众批评。许多教师都是一发现不良行为就去呵斥、批评，全然不顾场合，尤在课堂上多会短暂停课去批评学生，认为该学生干扰了正常的教学秩序，如若不迅速制止就会影响正常的教学。殊不知，这样做的结果是批评了一个学生，却牺牲了其他多数学生的学习时间，恰恰是教师自己影响了课堂的教学秩序，干扰了学生的思维。如若换一种方式，用一个眼神或一个手势去提醒学生，课后再找他谈话，既体现尊重学生，又能收到较好的教育效果。

挫折教育与成功的垫脚石

当今，整个社会普遍感到学生承受、克服挫折的勇气和能力越来越弱，挫折反应极为强烈。有的在升学落榜后，冷漠退让，放弃追求，甚者还出现轻生行为；有的经过努力后，学习成效仍然不显著，即丧失信心、悲观失望、一蹶不振；也有的遇到人际关系障碍时，产生焦虑感，只是一味郁闷、苦恼；还有的在受到挫折后，自怨、自叹、自恨、自责……诸如此类现象还有很多。因此，鼓励他们勇于直面挫败，培养顽强意志和耐挫及抗挫能力非常必要。这是所有教师面临的一个极其重要的新课题。

一、正视挫折泰然处之

正视挫折是战胜挫折的前提。世上没有不经历挫折就能成功者；相反，正是挫折丰富了人生，成就了种种事业。古今中外有多少仁人志士都是在经受挫折和苦难后成长的；英雄、伟人也都经历过挫折的考验……教师将这些客观事例讲给学生，使他们认识到“道路是曲折的，前途是光明的”，挫折是任何人都无法避免的，它具有普遍性、客观性。挫折虽令人不快，但这种体验可以自由控制，并能在挫折中得到更快的锻炼，迅速成长。正确认识挫折，就能把它当做进步的阶梯、成功的起点，从而不断取得进步。

二、利用挫折榜样示范

榜样的力量是无穷的。学生往往把某些人的形象作为自己的模仿形象。在具体榜样的感召下，学生能加深对挫折的认识，激发内在的上进热情，进而转化为“自我发展运动”。因此，如能适时向学生提供可模仿的勇于战胜挫折的榜样，就能加深他们对挫折的认识，进而转化为战胜挫折的信心、勇气和动力。

三、树立信心激发斗志

在当今的学生中，缺乏自信心者占很大比例，他们胆小懦弱，缩手缩脚，在困难面前惊慌失措，不敢面对。自信心就像人能力的催化剂，将人的一切潜能调动起来，将各部分功能推动到最佳状态。有足够的自信心，在遇到困难、挫折和失败时，就能从内心唤起好胜欲、征服欲，在困难中看到希望、看到未来，而不是消沉、萎靡，从而战胜困难，取得成功。

四、是非分明赏识有度

培养耐挫能力，还得让学生学会明辨是非。错了不要紧，重要的是面对错误的态度和改正错误的决心。对此，教师的引导和评价有特殊的作用；不要怕学生经不起挫折，接受不了错误，更不能一味地赏识，在错误上罩上一层美丽的光环。同时，应引导学生客观、公正地评价自己和别人。比如，对某些骄傲的学生，可故意设置一些挫折，故意不表扬、不肯定其某些优点，使其在受挫中得到磨炼，以弥补其心理锻炼上的缺陷。又如，那些学习较差者往往较多地表现出怯懦和自信心不强，在挫折和失败面前往往表现为无所适从，对此须多些鼓励和肯定，以使他们建立起克服困难、战胜挫折的勇气。

拿破仑说：“人是从苦难中成长起来的，唯有乐观奋斗，才能不断茁壮成长；反之，则易埋没，默默终生。”巴尔扎克说：“挫折就像一块石头，让你却步不前，你软它就硬，对于强者却是垫脚石，使你站得更高。”在成长中，遭受各种挫折、失败，甚至犯错误都是不可避免的，关键在于给其以什么样的教育——既讲言教，又重身教；既善抓时机，又持之以恒；既倾注爱心和耐心，又引导和帮助其正视挫折、战胜挫折；既多讲些古今中外优秀人物磨难励志的实例，启迪增强“抗挫折”的信心和勇气，又针对其所经受的挫折，助他找到战胜挫折的途径和方法，并汲取相关教训和经验，为以后再遇挫折并战胜挫折提供借鉴。这样通过有理有节的“挫折教育”，使他们树立正确的“挫折观”，增强“抗挫折”的内力、定力和动力。“挫折教育”应成为学生的“必修课”和“常修课”。

思想品德评价的原则

思想品德，就其内涵总体来说，包括思想品质、道德品质和性格品质。思想品德的评价，就是依据一定的评价标准，通过正确的途径和科学的方法，对品德行为表现做出判断的过程。为保证对学生思想品德评价的准确性、全面性和科学性，在评价过程中应遵循如下原则。

一、肯定评价与否定评价相结合以肯定评价为主

当今，绝大多数学生成长的大方向是正确的，他们的思想品德主流是好的；加之，表扬比批评更能发挥教育的主导作用。因此，在评价中要充分看到他们在品德行为方面的优点和长处。这种肯定性评价有利于激励学生积极上进，能调动他们用自身的积极因素克服消极因素，同时也为学生指出正确的努力方向。然而，这并不意味着可排除恰当的否定性评价。指出学生品德行为方面的缺点和不足，可以对其出现的某些偏差进行限制，也能有效保证学生品德行为朝着正确方向发展。如果肯定性评价对学生品德行为起正强化作用，那么否定性评价则是对学生品德行为起负强化作用，促其向好的方向转化。

二、动态评价与静态评价相结合以动态评价为主

青年学生正处在成长阶段，这种成长是一个不断发展的动态过程。因而，静态评价很难反映出学生品德成长、发展和变化的情况，更难以对学生品德潜力和发展趋势加以科学的分析和预测，也难以确定教育重点和方向，如能对其变化及时加以控制，就可能改变品德发展的性质和方向。因此，不仅要根据学生此时此地的表现以及查阅其形势政策课和思想品德课等方面的笔记、作业和考试成绩，做出静态性评价，而且更应重视学生品德行为表现的发展与变化，看其在原有基础上有无提高与进步以及提高与进步的大小，以把握其发展变化的特征、轨迹和发展趋势；同时，动态性评价更能使学生明确自己的位置差距、努力目标，更能调节学生的心理活动，使之产生适当的满足和焦虑，有利于形成内部动机。只有如此评价，才能正确判断学生思想品德发展的幅度和水平，使评价更全面、更科学。

三、基本评价与特色评价相结合以特色评价为主

一个班级中的几十个学生，在基本评价上往往看不出明显的差别。有时翻阅一个班级学生的操行评语，几乎是大同小异，甚至是“千部一腔，千人一面”，这就是由于只注重基本评价而忽视每个学生的素质不同、个性不同。实际上，几十个学生在品德行为的表现上，既有共性，也有差异。因此，品德行为的测评指标，不仅要有对广大学生的一般要求，而且要能兼容每个学生的个性、特点和特长；在评价过程中，不仅要注重基本评价，更要强调特色评价。只有细致观察和深入了解学生，抓住他们的特色进行评价，使旁观者“见字如见其人”，才是更深刻、更准确的评价，也才能更充分地发挥评价的应有功能。

四、主观评价与客观评价相结合以客观评价为主

在学校教育中，在对学生的品德行为进行评价时，主观评价是必要的。因为学生的自我评价不仅是培养学生善于解剖自己、正确认识自己的重要手段，而且是锻炼学生自我评价能力，使学生自我发现问题，及时调整行为，促进自我完善的重要措施，也是使评价更能符合被评价者实际的重要途径。然而，要得到正确、全面和准确的评价，就更应注重客观评价。客观评价主要来自学校、社会和家庭……在所有客观评价中，最经常而最有效的是学校评价，主要是班主任、任课教师和同学的评价。这种评价要经常化、制度化、规范化。

五、相对评价与绝对评价相结合以绝对评价为主

相对评价，是指学生的品德行为表现不是仅就本人的实际状况来确定，而是通过学生在班级中所处的

相对位置来表示。这种评价的参照物是相对的，使评价具有极大的可比性。绝对评价则是以品德行为的绝对标准做参照物，对学生进行评价。相对评价，主要反映个体之间的差异如何；绝对评价，主要反映个体的内部发展，反映学生达到与社会一致的行为规范的程度如何。两者各有自己功能和优势。故而，应把两者有机结合起来运用，既要发挥相对评价的可比性，更要发挥绝对评价的一致性，以社会普遍标准对学生进行评价。

六、定性评价与定量评价相结合以定性评价为主

定性评价，是指就品德行为的各个方面对学生提出要求；定量评价，则是指体现这些要求的具体指标。对难以量化的采用“标准比照法”（定性评价），对可以量化的采用“要素分解法”（定量评价）。定性评价，可给学生一个总体的评价，便于其他教育者或用人单位参考，但却不能给再教育提供可靠依据，且不能确定等级之间的标准，随意性较大；定量评价，则弥补了其不足，但纯定量，又太机械简单。因此，品德行为目标的量化，可提供一些客观资料，但如果片面追求量化评价，就会忽视一些一时不能确定的因素而导致评价不全面。所以，更应重视定性评价。显然，定性评价和定量评价都不可能单独实现品德行为的总评价，只有把两者有机结合起来，才能公正、客观、全面地反映学生操行的变化与发展。

七、终结评价与形成评价相结合以形成评价为主

终结评价具有结论和成果的性质，往往成为了解一个学生品德行为表现的主要依据和用人单位选择人才的重要参考。因此，要认真而准确地搞好终结评价。形成评价是为了充分发挥评价的“导向”“诊断”“强化”等功能，以促进学生健康成长，引导他们向更好的方向发展。同时，形成评价也是为终结评价提供资料、创造条件。虽然两者目标一致，各有侧重，前者是基础，后者是结果；但是，形成评价较终结评价在德育中的意义、地位和作用似乎显得更为重要。

思想品德评价的原则，对学生思想品德评价活动具有积极的指导和规范作用，要想把思想品德评价功能发挥得更充分、更全面，工作完成得更圆满、更出色，应认真把握思想品德评价的各项原则。评价目的须从甄别与选拔走向促进学生的发展。所谓促进学生的发展，是指在评价观念上，确立“为促进学生全面发展的评价”的基本观念，让一切评价以“促进学生发展”为宗旨，以激励性评价为主，帮助学生认识自我，建立自信，促进学生在原有水平上谋求实实在在的发展，而不是像传统评价那样给出学生在群体中所处的位置。这就需教师用发展的眼光看待每一个学生，对学生的评价既要关注学业成绩，又要发现、发展多方面的潜能，还要充分发挥评价的教育功能。

思想品德评价的方法

思想品德评价的方法，既需科学性，又要实用性，便于掌握，简便易行。纵观当代学生品德评价研究与教育实践，所形成的思想品德评价的方法，大致可归纳为如下几种。

一、整体印象评价

此评价，是指教师根据平时对学生情况的了解，用所形成的整体印象进行价值性判断的方法。它迅速简捷、方便易行，主要利用平时观察所获得信息，不需做特别的资料收集。因而，此方法被广泛应用于日常教育实践与考核评价中，并成为其他评价方法的基础。但此方法带有很大主观性与片面性，常影响评价结果的可靠性。

二、操行评语鉴定

操行评语鉴定，是指教师根据自己平时对学生的观察与了解，按照有关品德规范标准的要求，用文字的陈述句形式，对学生某一时期中的品德行为表现，概括地做出鉴定的方法。这种方法主要是肯定学生优点或长处，指出存在问题或不足，提出努力方向。这是目前学校应用最为广泛的方法。它既吸取了整体印象评价法的优点，又在某种程度上改进了其不足。但问题在于班主任难以掌握每个学生品德行为中本质的东西和问题症结，因而提出的努力方向不一定十分准确，以致出现每份评语都无什么差异的情况。

三、操行加减评分

操行加减评分，实际上是操行评语鉴定法的一种改进形式。在这种方法中，教师首先根据德育目标对学生品德行为的要求，提出一系列测评项目（每一项目包括若干细目）并赋予一定分值，然后对每个测评项目做出一些具体规定，指明达到什么程度加或减多少分。每个学生都有一个相同的起始分数（基础分）。此方法的特点是教师对学生品德行为的质量评判转化为数量评分，对每项（条）操行的评判都有统一、具体、差别显明的等级标准，大大改进了操行评语鉴定法的缺陷。但这种方法也有不足之处，如对操行评判项目本身的表述、分数的分配和等级标准的规定常常带有相当的主观随意性。

四、累计积分测评

累计积分测评，是将德育目标或德育要求具体化为能反映思想品德水平的一些操作行为，并用具体项目表示，每个项目定出几个间隔相等的等级分数，并事先予以公布；然后，根据学生的表现定期进行评判；最后，累加起来即得到某一时期的品德分数。它有许多变式，如划等赋分法、分等累积法和分块累积法等。此方法的长处是把品德行为中的“软”指标“硬”化了，对规范行为习惯的形成极为有利，对学生的激励作用也十分明显。但此方法易出现偏向或发生矛盾。因几方分工负责的测评内容不同，故各方评定结果易出现矛盾，或一方评分过高，或一方评分过低，都易导致总评出现偏向。再者，容易把学生的注意力吸引到已规定的若干行为规范上而忽视其他尚未列出的行为规范。此外，这种方法列出的项目再多也无法穷尽学生极其多样的行为表现，而且项目越多也越烦琐。

五、加权综合测评

此测评，指事先把不同测评项目、不同测评者、不同测评时间、不同测评条件下的测评分数，依据其重要程度，予以不同的扩大（升值）或缩小（降值），然后再累计求和。即在总评时，给不同测评项目、不同测评主体和不同测评时空的评判结果以不同的比重（乘以不同的权重系数），以此来显示它们各自在最后总评中的重要性。此方法的优点是以统一确定的数学模型保证各种测评因素（测评项目、主体、时间、空间）在总评中能真正显示其适当做用，以改进前面操行加减评分法与累计积分测评法的不足。但此方法有时难以定出一个十分合乎实际情况的、合情合理的权重分配方案。

六、模糊数学评判

模糊数学评判，是指吸收与应用模糊数学中综合评判的思想，全面合理地考虑到所有影响测评对象的因素，采取模糊计量法，通过计算的形式来得出测评结果的方法。这种方法的基本程序有：判定品德测评项目体系；使各测评项目量标化；选择并组建测评团体；进行模糊测评计量；进行模糊综合并确定最后评定等级。但这种方法一般人难以掌握，除非借助事先编好的计算机程序。

七、评分评等评语

评分评等评语，实际上是对前述非操行评语法的一种综合兼施与改进，是在采取其他非操行评语方法评定出一个分数或等级之后再辅之以评语的说明与补充，以解释等级分数的意义或补充无法说明的个性特征。此方法易被人接受，广为应用。此方法改进了数量等级测评结果的不足，因简单的一个等级与分数难以反映学生品德多方面的实际差距，对学生品德表现的多样性及个性特征的丰富性，只有评语的变化性与丰富性才能全面恰当表述。但此方法要求以先进的测评技术与科学的测评方法做基础，否则意义不大。

八、考试考核测评

此测评，是把品德行为表现的测评与思想品德课的考试成绩结合起来的方法。此方法认为完整的品德应含知与行两因素，品德评价既要考其知识与判断能力，又要观其实际表现。考试要根据德育目标，选择一组最能表示品德水平的试题让学生作答，然后根据答案，确定思想品德分数和等级。此方法改变了前述各种仅把行为做唯一测评标志的做法，在测评方式上发挥了笔试作用，使品德行为测评与品德课的成绩相结合，相得益彰。但此方法仅用几道试题，就企图反映学生思想品德全貌是难以达到的。何况应答试题与实际行动的吻合程度还值得考虑，易以知识考试影响行为考核，降低测评结果的有效度。

九、注重写实测评

注重写实测评，即实事求是地把学生品德行为的表现记录下来，客观反映事情的本相。此方法基本上是对测评对象的一些主要事件、表现或关键行为进行无任何评价与解释的“复写”与“摄影”性的记述。其特点是客观、实在、实事求是，故测评结果具有永久性存档价值。但写实法也并非绝对客观，在记述事件或行为的过程中，也难免要受到记录者本人的思想情感、表达能力及写作风格等因素的影响，而使所写之实或多或少地失真。

十、工作实践考察

工作实践考察，就是根据实践是检验真理的唯一标准的原理，认为学生品德行为如何，最可靠的办法是通过其学习或实践过程来检验。这种方法的特点是通过对有关实践过程的分析以成绩表现作为考核的标志或依据，是一种验证性或概括性的测评方法。

以上种种评价法，可划分为经验型操作、计算型操作和描述型操作三种类型。虽极大丰富了传统思想品德评价方法的单调与贫乏，但仍存不足。①对测评行为的真假鉴别功能存在不足。人的行为可伪装，而以上方法对言行不一，特别对表里不一者难以鉴别。②测评标准的客观性较差。任何测评都应有明确并公认的客观标准，以保证不同教师对同一学生或同一教师对不同学生测评的公正、公平和合理。上述方法都无一个被公认的客观标准。③测评操作的可行性差。

操行评定的标准和原则

操行评定，是根据一定的标准，以等级和评语的形式，对学生在一定时间内（学期或学年）的思想品德表现做出评价的教育方法。为学生书写评语与鉴定，首先要确定操行评定的主要标准。评定操行，要以教育方针所指明的培养目标为指导思想，以“学生守则”的基本内容为依据，从德、智、体诸方面情况进行评定，并以全面观点、发展观点，实事求是地做出合理判断，写出恰当评语。重点要放在思想品德、学习态度、智能发展、职业道德诸方面。学生的思想品德是一种个性品质，主要包括三个方面：一是精神状态，包括理想信念，关心社会进步，进取向上；二是学习态度，包括主动积极、勤奋好学、刻苦钻研、独立思考；三是文明礼貌，包括尊师守纪、团结互助、言行文明、勤劳朴素。操行评定的传统方法是定性“评语法”。这种方法有明显缺陷：一是没有统一的标准和要求，主观随意性较大；二是难以判断不同学生的品德差异程度；三是没有坡度和层次，不能具体化。近年来，许多教育工作者在操行评定能否量化，如何量化方面进行了有益探索，创造了一些新的方法。然而，量化也有其弊端：一是学生操行上的差异即使用上百个等级来评定，同样是难以全面、精确地反映学生水平；二是学生、家长及用人单位难以对量化标准的具体含义透彻了解，因而无法精确理解所得分数之内涵；三是目前所用的量化方法尚难以确切显示学生操行的结构状况及其差异。鉴于定性与定量各有利弊，目前一般有两种基本做法：一是只写评语，不评等级；二是既有评语，又评等级（优、良、中、差）。用规定的标准衡量，均能达到者为“优”，基本达到者为“良”，大部分达到者为“中”，基本达不到或受过纪律处分者为“差”。操行等级是对学生道德水准、行为表现的集中概括和总的评价，对学生有一定的约束力和促进作用。学生及其家长往往把等级看作思想品德好坏的一个重要标志，关系到学生今后的就业、升学，所以都很关心和重视。由此而论，评定等级是一项严肃的工作，应审慎考虑，要使它能反映学校、专业、班级的概貌和基本状况，符合学生实际，并与评语一致。通常，是把那些能成为榜样的学生评为“优”，多数学生评为“良”，少数是“中”，“差”的只能是极个别的学生；同时要注意专业、班级之间的平衡，不同班级的同类型学生，一般应评为同一等级，不能差别太大。撰写操行评语，应遵循如下原则。

一、目的明确对象清楚

评语为谁写？给谁看？必须准确、清楚。很多评语采用“该生……”的提法，这几乎成为固定的评语写作模式，也是典型的面向家长的评语，目的是为让家长了解子女在学校的表现。学生在这里，被视为介于学校与家长之间的“第三者”。事实表明，以往的评语主要是面对家长而不是面向学生，忽视对学生的教育意义。而真正面向学生的评语，无论是语气还是行文都应使学生意识到，评语是老师对自己的评价，是为自己而写的评语。事实上，很多学生记得最清楚、最喜欢的往往是那些最符合、最代表他个性特征的语句。

二、关注正面多多鼓励

重肯定，看主流，发扬优点，肯定成绩，调动积极性，指明努力方向。特别是对后进生，更要肯定其点滴进步，注意搜寻那些反映他们道德品质的“闪光点”，鼓励其上进，切忌把他们写得一无是处，使其丧失前进的信心。

三、看重本质有主有次

注意分清现象和本质、主要和次要、有意和无意、一贯和偶然。要突出每个学生的本质特点与主要优缺点。因为要用短短几行字推出“全镜头”是不易的。故此，除对毕业评语要较全面的表述外，对每学期的评语，可根据每生的实际情况有所侧重，即重其所重、轻其所轻，既着眼于“大事”又不忽略“小事”，以小见大，注重苗头。

四、关其变化重其发展

要用历史的、发展的观点看学生，要分析学生的变化过程，以原有的基础为尺度进行评价；既看过去，又看现在，特别着重于当前表现，“年年岁岁花相似，岁岁年年人不同”，每人每时每刻都在变化。学生是无好、坏之分的。有的这方面较好，有的那方面较好；今天他这件事好，明天她那件事好。不容断言谁就是好学生，谁就是坏学生。所以，应看发展、看进步，不简单地看一时一事，要防止孤立、静止、片面的观点。

五、讲求特点注重个性

要充分注意学生心理、生理、年龄等特点，研究各个学生的差别，反映出每位学生的个性。由于学生在个性、气质、爱好、基础及主观努力诸方面的情况不同，在思想觉悟、道德品质、学习成绩等方面也存在明显差异。因而书写评语时，必须分别对每生做出恰如其分的评价，准确地为每生“画像”，让学生在自己心头“聚焦”“曝光”，并使其显示出性格不同、禀赋各异的特点。对每个学生特点的深刻洞察和确切评论，是因材施教的基础和体现。要力求写出“这个人”来，必须注意做到：一是写给学生看，只考虑对学生个人的影响，不考虑别人的印象；二是写出“这个人”，让学生知道自己以及自己在集体中的位置；三是写出这个人的“新起点”，包括新的进步或退步，新的生长点，即在他的过去、现在与未来的联结点上对他做出评价。

六、实事求是一分为二

实事求是地充分肯定学生的进步，适当指出他们的缺点，诚恳地提出改进意见或希望。如有的缺点属于教师教育不善，或偶然为之，或不涉及学生道德品质的实质问题，或学生一时又接受不了，可在与学生谈话中指出，或在评语中以希望的口气略做表示，不一定当做缺点写进评语。要根据学生认识水平和心理特点，分寸适度地描述学生的表现，既说“优点”，又指出不足之处；既说“缺点”，又满含“期望”之情。即表扬时，不写得通体无瑕美不可言；批评时，也不写得一无是处，“朽木不可雕”。

七、注意科学讲究艺术

操行评语应具体、真实、全面地反映学生思想觉悟和道德品质。在用词上要多加斟酌，既要语句通顺，更应写得恰如其分。对优缺点的比例如何确定，表述得委婉和率直程度如何，都应顾及学生的个性心理特征，做到既不损伤其自尊、自信，又触及其灵魂“痛处”。批评的语气要婉转，对性格内向的学生，尤其要注意语气的可接受性。否则，用词不当，就会挫伤其自尊心，起消极作用，甚至使学生滋生逆反心理和对立情绪。

八、体现适应与时俱进

学生评语需实现几个转变：从面向家长的评语到面向学生评语的转变；从片面评价的评语到关于学生素质全面评价评语的转变；从枯燥的评语到色彩斑斓评语的转变；从结论性评语到形成性评语的转变。

另外，要妥善保留第一次评语。以后再写评语时，用原评语与学生现在表现逐一对照，如变化不大，可把旧评语略加修改、补充或从另外角度予以表述；如变化很大，不仅要重新写评语，还要仔细分析变化的原因。概言之，对评语的具体要求是：针对性要强，内容要具体，评价要准确，用语要活泼；同时，评语要承前启后，既能反映前期优点的发扬程度、缺点的克服程度，又要反映有哪些新的进步、新的变化；评语要“瞻前顾后”，以发展的眼光看待每一个学生，评价每一个学生。

操行评定的程序和方法

评语，是对学生操行评定结果的文字表述，是对学生实际表现的写照，是对学生思想品德、学习劳动、健康状态及发展情况的重点描述。书写评语，就是把学生一定时期的操行表现用文字进行描述的过程。用评语的方式对学生做出的评价和判断，其本身就具有鉴定性质。所以评语与鉴定并无本质区别，只是在不同时期、不同场合，使用不同名称。操行评定，是考查学生品德行为的一种方式，是教育学生的一个重要手段，也是班主任工作的一项重要内容。虽然，这项工作只是在学期或学年和毕业前进行，但却需尽早做好准备，加强平时考查，重视积累材料，以使评语有根有据。操行评定，是在长期了解和教育学生的基础上进行的，既是以往教育学生的结果，也是今后教育学生的依据。因此，不仅教师要重视这项工作，学校、家长、社会都要重视这项工作。怎样做好这项工作呢？

一、明确目的与意义

操行评定是对学生加强思想品德教育，使其在德、智、体诸育和谐与全面发展的一项必要措施，是反映学生在校表现的一个重要方式，是贯彻因材施教原则的良好契机，班主任必须明确其目的、意义，要从长远着眼，近处着手。前者，是指评语为学生建立素质档案，有利于今后一定的社会岗位尽可能录用到最合适的人才，让每个学生能找到最适合自己的职业；后者，是指评语有助于学生正确认识自己，正确估价自己，以发扬长处，弥补短处。具体讲其目的如下。

第一，帮助学生正确认识与了解自己在思想品德方面的长处与不足，鼓励他们发扬优点，改正缺点，明确努力方向，鼓励不断进步。学生看到了对自己客观公正、恰如其分、颇有特点又实事求是的评语，会倍感亲切，心悦诚服，既明确了自己的优缺点，又清楚了前进的方向。

第二，帮助学生家长了解情况，以使其更好地教育和帮助子女。尤其住校生，家长与学生不常见面，对学生的在校表现、发展变化并不十分了解，通过操行评语向家长介绍，可加强学校与家长的联系。这样能调动家长的积极性，从而配合学校对学生进行有针对性的教育。

第三，给高一级学校录取新生、用人单位和有关部门对人才的录用、选拔、培养和使用提供参考。

第四，有利于发扬优良传统，建立和巩固良好的教学秩序；有利于增强信心，提高学生积极向上的主动性；有利于在师生之间架起一座感情的桥梁，沟通思想，密切联系，产生思想上的共鸣，进而收到最佳教育效果。

二、注意程序与方法

（一）多方调查

班主任应当注重了解每个学生的各方面情况，通过观察、谈话、家访及课外活动、劳动、实习、社会实践等，掌握学生的思想状况、个性特点、兴趣爱好和学习情况。

（二）集思广益

在写评语前，班主任要广泛听取各任课教师、实习指导师傅、学校有关部门的意见；同时，也要听取被评学生的自我评价，必要时可让学生进行自我小结和小组评议，作为参考。

（三）认真分析

通过对学生的个性、特点、思想、品德、学习、劳动、社会工作和文体活动等方面的分析、综合，整理出那些能够反映学生操行特点的材料，作为写评语的素材。

（四）安排结构

一般说来，一份完整的评语应包括三部分：一是肯定成绩，表述优点，尤其对差生更应注意发现他们的进步苗头；二是指出问题，批评缺点，特别要中肯地指出学生的主要缺点和存在的主要问题；三是指出努力方向，勉励积极向上。

（五）先易后难

要根据班级的具体情况，先写较好和较差学生的评语。因为这两类学生差别较大，平时班主任与其接触较多，情况较熟，鉴定起来比较省力。然后写一般学生的评语，可与写过的较好和较差的学生相比较。这样，很快就会找出每个学生的优缺点，客观、准确地完成对全班学生的评语。

（六）认真书写

任何学生都会有许多优缺点，但各个学生的优点和缺点的侧重面、深浅度并不相同，这种客观事实为写出富有特色的评语提供了良好基础。写优点时，可先写该生显而易见、表现突出的优点，然后写不大显著的潜在优点；写缺点时，先写该生突出的问题，然后写不甚明显但需要指出的问题；提出的希望也应是该生目前最主要的、急需努力去实现的目标。这样，抓重点、分先后、有层次地表述就会写出其特色。

（七）征求意见

写好的操行评语草稿，应先发给学生本人看阅或找其单独谈心，征求意见，再考虑定稿。这样，不仅是班主任教育学生的过程，而且也是学生自我教育的过程。

另外，班主任（辅导员）要亲自将评语发给学生，并做一些必要的说明，让学生交给家长阅签后下学期开学时带回。这样既不使学生产生反感，又使家长得到了解与教育学生的机会。

三、讲究内容与艺术

学生的个性特征及行为表现千差万别，个性也丰富多彩。因而评语也应当而且完全有可能写得各具特色，因人“画像”。既要全面、真实、客观、具体，又要述如其人、语如其人、恰如其人、活如其人。

（一）全面性

评语要具全面性。首先，要以发展辩证的眼光，全面、客观地认识每一个学生；其次，以正确的教育观和学生观，从德、智、体诸方面评价每个学生，而不能只偏重于学科课程的学习情况；再次，对优秀生在肯定成绩的同时指出不足，勉励其进一步努力；对后进生，在指出缺点的同时，要尽量挖掘其身上的积极因素，哪怕是微小的进步和成绩也要写进评语。评语要防止只写优点不写缺点或只写缺点不写优点的倾向，同时要避免只从一时一事出发，以点遮面，以偏概全，说得完美无缺或一无是处。

（二）导向性

评语不但是对学生一个学期（年）表现的概括或总结，更重要的是给学生今后指明努力方向。因此，评语中涉及的优缺点，不能只罗列表面现象，而须上升到心理品质的高度并加以指点。比如，对“学习”，不写“学习成绩优异”“学习尚须努力”之类的套话，而从学习目的、态度、方法的角度，在自觉性、主动性、意志性等方面加以引导。

（三）直接性

所谓直接性，一是称呼尽量使用第二人称，使学生倍感亲近、可信、感人，如“本学期，你……”或“我和同学们都想在课堂上听到你的声音，希望你今后大胆站起来参加课堂讨论”；再如“你很聪明、成绩也好，却苦恼于朋友不多，你试试多帮助同学”，使学生读了，觉得仿佛老师在和自己面对面地娓娓谈话，感到格外亲切；二是评语要开门见山，不要拐弯抹角，也不要写一些套话，比如“你在党团组织领导下，在老师教育下，同学帮助下……”这完全没有必要。

（四）真实性

班主任要根据平时掌握的翔实材料，写出真实的内容，做到实事求是。对不清楚或道听途说的事情下笔要慎重，必须调查、核清事实真相后再写。对有争议的认识要慎重考虑，对无根据的问题不能落笔。

（五）具体性

所谓具体性，就是评语要体现个性，犹如给学生勾画的肖像。每个学生都有其个性、特点。因而，评语忌公式化、概念化、“千佛一面”，流于抽象、空洞和一般化。要做到使每个学生看过后，觉得说的正是自己。为此，评语既不能写得干巴巴的毫无生气，泛泛而谈，使人看后脑子里仍是一片空白，留不下印象；也不能形同八股，有模式化的倾向，或写一些无针对性的套话，如“品德高尚”“意志坚强”“理想远大”。这种随意拔高的“大原则”评语，使人看后无法对学生做出比较，甚至有“失真”之感，对学生也不能产生导向功能和积极作用。天下没有完全相同的两片树叶；天下没有没有完全相同的指纹。学生的个性特点也是各有其面：有的逻辑思维发达，数理成绩良好；有的形象思维见长，表达能力较强；有的喜欢操作，心灵手巧；有的毅力超众，不怕困难……因此，评语应准确把握并反映学生的个性特征，如裁缝给人做衣，须量体而裁；评语要形象、具体，须知人而写。做到优点写得实，轮廓看得清，特色找得准，个性画得像。写出一个个活生生的具体学生，而不是模糊不清的抽象学生；根据“人心不同”，体现“各有其面”；力求“恰如明镜”，映得“各如其面”。

（六）针对性

所谓针对性有三层含义：一是指针对“这一个”学生而写的，如果每一份评语只是针对“这一个”学生而写的，那些与众不同、充满个性化的描述，那些丰富多彩、色彩斑斓的语言也就会自然而然地流淌出来；二是学生的思想行为是丰富多彩的，评语不可能面面俱到，面面俱到就要刻板化、八股化，不痛不痒，莫如抓住一、两点，从某一个角度点拨一下，更实际，更有效；三是在评语结构中，不能偏重对学生行为的评价，忽视对学生个性评价。

（七）鼓舞性

班主任应把评语当做承上启下、评估、激励和教育学生的极好契机。评语，不应使学生产生压力，而应使他们获得一种愉悦的心理体验，亦即应给他们增添动力，尤其是那些比较后进的学生，他们更希望老师看到自己的优点和进步。因此，评语应富有鼓舞性，在评语中应融进对学生无限热爱和殷切希望，重在肯定、启发、引导、鼓励，使它成为学生奋进中的动力和前进中的一盏指路明灯；在评语中应洋溢着深情的赞扬热情的鼓励，衷心的期望、亲切的教诲，使它们像一块块路碑，记录着学生成长的里程；评语，应是发自肺腑的热情，以鲜活的语言、准确的见地鼓舞人心；评语，应使学生读之刻骨铭心，甚至受益终身。

（八）情感性

教师既要有丰富的情感，又要有热爱学生的情感。评语应倾注着对学生的爱，字里行间应洋溢着对学生的关心，饱含着对学生的尊重和信任。尊重意味着按学生的本来面目认识和评价学生；信任意味着看到学生的内在潜力，相信学生能够按照他的个性成长、发展。评语要言之亲切、言之准确、言之有理、言之有情……这样的评语，学生才会拿它当做“行动指南”。

（九）群众性

写重要评语鉴定时，先由班主任广泛征求任课教师和有关方面的意见，听取班委和同学反映，然后写成草稿交由有关领导或部门审阅，最后再下结论，落笔纸上。

（十）稳定性

评语和鉴定经再三斟酌定稿并入档后，在一般情况下不能随便更改，确实发现有不妥之处，必须征得原班主任和学校负责人的同意方能修订，以防弄虚作假。

（十一）教育性

教育性是评语的核心，写评语、做鉴定之根本目的在于促进学生进步。因而，用语要符合年龄层次、心理特征，注意思想性和知识性，力戒空泛的说教；评语的词句，要字斟句酌，反复推敲，尽量包含学生进步的闪光点，并耐人寻味，给人启迪，催人奋进；评语的内容，要体现对学生的启示、鞭策、指导和激励。把评语鉴定作为一种教育手段，使学生产生一种进取力量。

（十二）时代性

对学生进行操行评定需与社会发展合拍，符合时代潮流，增强现代意识。当今，一是注意学生进取品质的价值，提倡开拓精神、竞争意识等；二是注重个性全面发展的价值，提倡自强、自立精神和平等民主意识等；三是注重品德对智能发展作用的价值，提倡非智力因素促进智力因素的发展，促进品德养成和多种能力协调发展；四是注重诚信守纪品质的价值，提倡准时、精确、一丝不苟等。

四、端正思想与态度

有耐心和爱心的教师，应将写评语当做良好师生心灵互动的载体和机会，收获与众不同的教育效果。

操行评定是一项细致的思想工作，必须持以正确、鲜明的指导思想和抱以真诚、认真的积极态度。否则，评语就不会客观、公正，就不能打动学生、教育学生。为此，要克服与避免操行评语的以下“通病”。

（一）一个模式，千篇一律

无目的、无针对，把评语写得大同小异，一个面孔，或雷同，或相似，或“优点加缺点”，形成“放之全班而皆可用”或“扣在谁头上都合适”的程式化语句；把评语内容公式化、格式化，形成“千部一腔，千人一面”，无个性，无特点，使人难以区分两位学生之间的差异。如果，当评语成为可复制、粘贴的模式化时，当学生发现老师给自己的评语与其他同学的评语完全相同时，这对学生无疑是一个沉重的心灵打击，学生会打消对教师和教育行为的信任和热情期待。教师推卸了自己应该承担的教育评价过程，漫不经心，责任缺失，这无疑是教育的最大羞辱。

（二）仿佛圣人，毫无缺点

以评语做“交易”，把操行评语当做讨好学生、讨好家长的手段，把学生写得通体无瑕、美不可言，甚至任意拔高或极尽溢美之词，或言过其实或编凑一些“优点”。

（三）挑剔苛求，一无是处

把写操行评语当做报复学生的手段，报忧不报喜，毫无优点，甚至粗俗武断，“贬之失当”。比如，“全班倒数第一”“表现极差”“朽木不可雕”……

（四）空洞无物，俗语套话

把评语写成简单说教，或原则而不具体，肤浅而无针对；或平淡如水，空话连篇；或枯燥、贫乏，或笼统、趋同；或似是而非，语意含糊；或信口雌黄，临时编造，不足以打动学生。

（五）极不严肃，草率行事

不认真，不细致，把操行评语当做“形式主义”或“额外负担”，或图形式、走过场，或龙飞凤舞，无法辨认；或字迹潦草，应付差事；或自己不动脑手，让自己信任的学生“捉刀”“代庖”。

（六）用词不当，模棱两可

把评语写得含义不明，是非不清：或语不严谨，词不达意；或语言晦涩，令人费解；或表意含糊，描述抽象；或语词含混，差异不明；或不看对象，要求不当；或言之无理，前后矛盾。

（七）只凭印象，主观臆断

“闭门造车”，印象主义，既不研究学生平时表现，也不征求有关教师和学生意见；有亲有疏，带私心、怀偏见，从个人好恶出发而形成主观片面，或以偏概全，或以点定面，或肯定一切，或否定一切。

（八）纠缠老账，形而上学

把写评语看成管理工作的一张“王牌”，当做“整治”学生的一种手段，不仅用语尖刻，讽刺挖苦，而且一成不变，旧账总算。

概言之，鉴定评语：忌千篇一律，忌空论俗套、模棱两可、简单说教、毫无特色、面面俱到、结论武断、训斥粗暴、言过其实和挖苦讽嘲。写出的评语应该让每个后进生都抬起头来，让每个优秀生皆不骄不躁，使各类学生都受到应有启迪，使全体学生皆得到相关指导。教师留下的评语，既是对学生学习情况的概括，也是对自身辛勤劳动的描绘。倘若每位“园丁”都能仔细认真地以精辟简洁的语句记下学生的个性特征、长短优缺，则后人在追寻成功者的足迹时，看到这些评语，不仅可以寻得他们成功的依据，还能从中品味出当年伯乐们的真诚、智慧、洞察力和对人才的早期影响与慈母之心。所以愿每位“园丁”把学生评语写得精彩、生动，使之“字字富情理，点点在心头”，从而让每个学生确定各自今后的着眼点和着力点。同时应看到，一份评语，固然是对学生某一阶段中德、智、体诸方面表现的鉴定，但这个任务的完成也是对师生相交的广度和深度及班主任思想水平的一次检查。即能不能搞好学生的操行评定工作，是一个教师教育水平高低的标志，对每一位教师的确是一个严峻的考验。

如何开好家长会

家长会历来是家校交流的场所、沟通的平台。组织与开好家长会，一直都是学校和班级教育过程中十分重要的一个环节。传统的家长会，教师往往充当着“家长的家长”之角色。而新型的家长会，最重要的是教师角色的转变，由以往当“家长的家长”，一个人口干舌燥、徒劳无功地唱“独角戏”，转到教师、家长和学生共唱“一台戏”；不再是教师站台上家长坐台下，而是围成一圈、相邻而坐；学生也不再被排斥在家长会之外，成为永远的“缺席被审判者”，有些家长会可让学生参加，有的内容可请学生参与讨论决定。时下，随着学校教育形态多元化、学生思想个性化、社会生活现代化，传统家长会渐渐被别开生面、耳目一新的特色家长会所替代。特别受学生欢迎的是，还可请来各行各业的专家参与班会，走上讲台给学生上一堂别开生面的社会实践课。只有当学校和老师从关心学生个性发展的角度出发，从德、智、体诸方面进行认真准备，才能使家长会成为学生喜欢、家长满意，实现家校沟通，形成教育合力的一项教育活动。

一、商讨式

为拉近学校与家长、社会的距离，展示学校的教育理念，了解学校教学的要求，学校敞开校门，让家长及社会各界人士和学生，与教师零距离接触，面对面地沟通、协商；学校越来越重视家长的意见，教师在教育中遇到问题也会第一时间与家长沟通，争取支持。

二、交流式

即就教育中的共性问题进行理论探索，或做个案分析，或开经验交流会。教师在与家长交谈时，应运用谈话艺术，多些赞扬、鼓励，不要随意向家长告状。

三、讨论式

即对一两个突出的问题进行教师与学生或家长的对话、磋商和讨论。让不同实际情况的家长各抒己见，叙说自己的子女，交流家庭教育的经验教训。

四、展示式

即展览学生的作业、作品、制作物、获奖证书或学生现场表演等，让家长在班级背景中了解自己的子女。或组织学生汇报发言，展示才艺，让家长亲眼看看子女的才能，听听孩子的心声。

五、报告式

即就学生入学后某个阶段或某个共性问题，请专家做报告并现场答疑，以提升家长教育水平。

六、联谊式

即教师、家长、学生相聚在一起，用表演等欢快形式，共同营造和谐的气氛，增进感情和了解。

七、观览式

即学生、家长、教师一同外出参观游览，在共同生活中发现问题，促进沟通。

如今的家长会“变了脸”，不再是冷面教师的文明语言对学生的“批评会”、家长的“受训会”，代之以专家评价的柔情和亲情贯穿其中；软化了批评，善意的提醒，让家长和学生平添了几分对教师的平和、感激与敬意，也让这个三角关系上的各边相互之间多了几分尊重、了解和沟通。

重视与做好家访

家访，顾名思义，是教师到学生家中就学生学习、生活、品德等方面进行访谈，是学校、家庭、社会三结合教育的重要形式，也是教师从事教育工作不可或缺的一个组成部分。家访，是教师工作的优良传统，是一种被实践证明行之有效的教育手段。家访，从加强教育工作的实效性、有序性来说，无疑有利于实现家、校在教育时空上的紧密衔接与合作；有利于保证家庭、学校在教育方向上的协调一致，发挥信息互通、交流互助、相互补充的教育功能。如果没有形成家校合力，学校教育就不能实现真正意义上的完满。当感叹对教育迷茫甚至失望时，不妨换一个角度来思考教育。家访，为此提供了多维思考的视点。

一、家访的意义

家访教师是学校派出的"教育使者"。教师与家长是"同盟军"，教育学生须同心联手。正如苏霍姆林斯基所说："两个教育者——学校和家庭，既要一致行动，要向儿童提出同样的要求，也要志同道合，抱着一致的信念，始终从同样的原则出发，无论在教育的目的上、过程上，还是手段上，都不要发生分歧。"家校联手的主要内容是沟通，连接教师与家长间一座金色的桥。家校配合中，固然有许多渠道，但面对面的沟通，诸多感官参与，特别是情感的融入，远远超过单一语言交流。教师登门拜访，家长必将感到一种尊重和感激，学生则感到一种关注和厚爱，从而亲切感油然而生。同时，教师会有很深的体验：每到一户，感受到的都是家长那期盼的目光；每到一家，家长就像接待贵宾一样，让到上座。家长都认为家访是一种很好的沟通方式。作为访客的教师随着生活场景的变换，更能敏锐地了解到、捕捉到平时容易忽视的信息，而这些信息，对全面认识、评价学生起着极为重要的作用。在"家"的和谐氛围中交流学情、探讨问题，针对性强，教师可深层次了解家庭信息和学生表现，既可对学生做出较全面的评判、掌握促进学生成长的依据，也能有效解决学生出现的问题和矛盾。而家长和学生，在以主人的身份平等地接待教师，更易与教师产生教育的共识与共鸣。而且家长可通俗生动地接受教师有关教育思想和方法的专业传递与指导。在此基础上，双方可达成教育上的种种一致。同时，教师深入家庭，可了解社会，体验教育如何服务社会；可从家长及学生身上汲取营养，增长才干，更好地让教育为人民、为国家建设服务。

二、家访的作用

苏联教育家赞科夫说："教师如果不尽心研究学生的个别特点，不了解他们的内心世界，也就不可能顺利地进行教学和教育工作，因而也不可能有所进步，完善自己的教学技巧。"在家访中，教师用行动诠释这一答案。通过家访，能有效消除家与校的隔阂。在家访中，教师与家长面对面地交谈，能在充分理解家长对孩子的感情，不损伤孩子自尊心的前提下，晓之以理，动之以情。而教师表现出的诚意及对学生强烈的责任心，会深深感染家长，促进家长产生一种积极配合的热情。这种家访，能最大程度地避免家长责怪、甚至打骂孩子的情况，孩子的逆反心理也大大减少。这种双管齐下的教育，实效显著。当教师以无私的爱走近学生，走进家庭时，才会感到教育对于社会、对于生命，是多么富有感召力和影响力。家访，不仅成为深入了解学生的一个便捷通道，而且也是主动向家长展示教师形象的窗口。因此，家访既使家长、学生感受到教师的一份发自内心的社会责任感，高度的事业心，更能使家长通过教师了解学校、了解教育。

（一）能及时有效解决问题

手机、网络等现代化通信方式的发展和普及，使教师与家长之间的联系更加便捷。而家访，这个以前并不陌生的教育手段，现在渐行渐远。但即使再先进的通信设备，也无法代替人与人之间面对面的沟通与交流。在拉近教师和家长、学生之间的距离，在帮助家长为孩子营造一个良好的家庭教育氛围，在了解学生成长环境，便于教师因材施教等问题上，家访，甚至是全员家访，依然是教育的一种有益尝试。

（二）能及时向家长取经

坚持全员家访，受到家长和学生的欢迎。有一位教师说："现在中学生里独生子女居多，且处在心理断乳期，很多学生缺乏必要的认识和思想准备，同时家长对子女的成绩起伏、早恋等问题，表现得‘如临大敌’。身为教师应给予他们尊重和引导，但仅凭电话联系是远远不够的，不方便讲清缘由，弄不好还会火上浇油；如果上课时间约请家长来校，势必影响双方日常工作；若是将有问题的学生叫到办公室单独解决问题，既影响他们的正常学习，又容易产生副作用。在此情况下，家访就是上策。”同时，在家访过程中，有一种特别收获，就是搞好家访有利于向社会各界学习。因为家长来自各行各业，各自有着丰富的人生经历，是一份难得的社会资源，每位家长身上都有可圈可点之处，他们中有很多是行业的精英，对班级建设贡献良多。“三人行必有我师”，从家长身上，可学到很多东西，特别是通过家访能真正了解学生和家长，转变旧观念，改变自己的工作方法。

（三）关怀“学困生”与“问题生”

有的教师每当接一个新班时，都会进行一次普遍家访，对学生的信息做一个全面了解。把家访当做促进班级管理的金钥匙，对待班里的“后进生”或“学困生”和“问题生”，在家访时采取的方式也不一样。所谓“后进生”，并非智力低下或品质恶劣，只不过是对外界的干扰因素过于敏感，或者是好奇心特别强等原因，看起来散漫无常，骄横傲慢，惹是生非，其实这恰好是他们强烈希望别人注意，而从相反方面表现自我的一种心理，这正是期待信任和尊重，期待关怀和温暖的表现。所以，对后进生，特别是家长离异、生病或家庭突遭变故等学生，更应第一时间进行家访，让学生深刻体会到教师的关心与呵护。通过家访，在教师、学生、家长之间架起心灵交流的桥梁，拉近师生之间的关系；通过家访，让教师走进了学生的心灵，看到了他们不一样的世界，促使其不断进步，引领其健康成长。

三、如何进行家访

家访，使平日里身处“净土”的教师将面对不同的社会人群。不少年轻教师因为平素很少与学校之外的陌生人打交道，常常怀有几分畏惧和紧张。因此，必须清楚怎么进行家访，探索家访的艺术。家访艺术：首先是人与人交往的艺术；其次，是实现教育功能的技巧。进行家访通常要把握三个标准。

（一）家访主题的明确性

家访的主题即家访的目的。通过家访希望解决什么问题或实现什么目标，要做到心中有数，避免漫无边际的闲聊。家访的目的，可分为了解性家访、问题性家访、跟踪性家访、调研性家访。无论哪种家访都要与家长、学生在家庭这个温馨的环境中，真心沟通和交流，使学生认清现状，看到不足，明确努力方向。

（二）教育功效的技巧性

围绕家访目标，针对家访对象，需预设家访流程，做到心中有数，方能“处变不惊”。家访前，首先掌握第一手的学生家庭背景材料，主要包括家长的学识、职业、脾气性格，对学生的期望及教育观念等；其次，谈话中巧妙运用心理学、教育学的一些技能技巧，将使家访取得意想不到的收获。

（三）自身魅力的辐射性

客观全面的评价，亲切自然的话题，机智幽默的调节，宽容大度的处事，高屋建瓴又符合学生实际的教育要求，会成为家访顺利展开的保证。

四、家访注意事项

（一）讲求家访艺术，预设目标

家访前，应根据学生在校表现和实情，设计家访的内容和目标，对需要家长配合才能达成的目标，要事先拿出细致可行的方案，与家长共同协商，征询其意见，并诚邀其协同实施。

（二）注意定位角色，雪中送炭

家访前，先与学生商量，征得同意（若可能最好与学生同去），以家庭朋友身份而不是严师角色出现，友爱亲切，坦诚真挚，和气访谈，与家长促膝谈心，为其教育子女出谋划策，排忧解难，雪中送炭，将家访作为家、校信息互通的心灵桥梁，共同培育学生成才。

（三）树正确学生观，注重发展

家访时，要从有利于学生个性、特长发展的角度，运用心理暗示，让家长对子女有成才的欢喜，让学生对自己有成功的喜悦。要从学生终身发展的长远目标，从综合素质和个性教育的学生观、质量观出发，相信每个学生都能成功，给家长以希冀，给学生以自信。

（四）选择适宜时间，创造环境

在家访时间的选择上，尽可能安排在学生家长的空闲、生活平实顺利之时，以平心静气，友好相谈，利于对方接受。对学生而言，则宜在对学生有充分了解，在某方面有进步或问题萌芽之时，进行家访。

（五）成为情感纽带，融情于访

让家访成为师生情感纽带的延续。日本一位学者的家访调查发现：来访教师愈是以学生亲朋的姿态出现，慈爱、关怀、寄予厚望，愈赢得家长的尊重和学生的爱戴；相反，则易引起家长反感和学生不满。事实上，教师与其他职业的重要区别是，常常扮演着家长代理人的角色。学生特别是年龄较小的学生，往往把教师当做其父母的化身，并迫切希望教师能像父母那样对待他们。到了家中，在父母面前，则希望教师给予其自尊、温暖和期望，而不是刺伤心灵的批评和漠不关心。

（六）富有赏识期望，语言艺术

家访中，教师的语言往往是家长判断子女有无成才希望的折射，学生判断老师是否信任自己的尺子。清代教育家颜元说：“数子之过，不如奖子之长。”可见，为师者要用这把看不见的尺子，多一些赏识，多一些激励，把欢乐带给家长，把信心带给学生。

（七）形成相关制度，方式灵活

要善于利用各种教育资源，尤应重视和家长保持联系，争取家长对学校的支持。为此，每学年一般要访问本班三分之一的学生，电话、书信、网络访问每一位学生家长。新接班者，在第一学年内一般应家访每一位学生的家长。

家长是教师的合作者，也是学生生活中最重要、最有影响力的人物，学生的某些问题都是由于家长教育方法不当，或因观念偏差，或家长自身因素等原因造成的。所以，教师应尽早与家长建立起联系，及时沟通情况、相互交流教育方法，以对学生健康成长大有裨益。为此，应克服家访中存在的误区或有悖家访初衷的行为，诸如：①告状——当学生在校犯了错误，便急奔其家，将家长作为出气筒，让学生难堪；②报喜——有的教师在期中期末考试后带着学生的成绩单，告知家长，以分数论英雄、定发展的汇报活动；③暗访——有的教师喜用暗访形式，殊不知，此形式往往搞得被访家长措手不及，学生慌乱不已，双方尴尬不说，还极大损害了为师者在学生及其家长心目中的形象；④办私事——个别教师受市场经济大潮的诱惑，以教谋私，假家访之名让学生家长为自己办私事。

第十五章　课外与环境

课外活动，是指课堂以外时空的利用或安排，在必修教学内容之外，组织形形色色具有教育性的作业和措施。它包括各方面的课余文化活动，如课外辅导、课外作业、课外实践等，是课堂教学的应用、延伸与补充，是与课堂教学平行而不可替代的重要方式，是促进学生全面发展的“第二课堂”和培养特长人才的“第二渠道”。课外活动，授“课外课”，开“天外天”，是一种潜在课程，从人文角度看，其重要性不亚于正式课程。课外活动，是多渠道、多形式培养学生实践能力和创新精神的有效途径，也是对学生进行品德教育的重要阵地。课外活动，是在教学计划和教学大纲（课程标准）所规定必修内容之外的活动，是学校在正式课程以外对学生所实施各种有意义的教育教学活动，是为发展学生的个性、兴趣、爱好和特长，开发学生智力，并由学生自由选择，在课余或节假日中开展的，有目的、有计划的教育活动。包括晨（夕）会，班、团、队活动，体育活动，科技文体活动，社会实践活动和本校传统活动等。课外活动的主要目的是：使学生提高品质、陶冶情操、拓宽视野、发展志趣；培养学生强烈的爱国主义、高尚的集体主义、鲜明的公民意识、良好的职业道德、健康的心理素质。文化润泽心灵，环境启迪人生。

教育环境，是一个古老的教育命题。它随着古代教育的产生而产生（“昔孟母，择邻处”的“孟母三迁”，从某方面来看是注重环境教育的典范）。然而，系统、科学的教育环境之研究却发端于1930年代，而以教育环境为专门研究对象的教育环境论则出现在二次世界大战后，是近几十年才逐步确立和发展起来的。教育环境，包括学校环境、家庭环境和社会环境，这里主要指学校教育环境。是一种潜在课程又称隐性课程，是教育教学不可忽视的组成部分。包括两大方面：一是物质环境，含校园建筑环境，校园文化布置，如条幅、标识等及在楼道、楼梯等处展示的文化展板；教室环境，教室文化墙的设计，优秀学生作品、班规、班训悬挂等，以及绿色植物的衬托等。二是校园文化软环境，含：深厚的校园文化内涵；优良校风，班级良好的学风等；严谨而有序的校园管理……让学生在优良校风中得到文化浸润。

校园，是人才成长的摇篮，文明生成的沃土，心灵壮美的圣地，品德孕育的净园。

学校环境是教育教学活动赖以进行和发展的社会条件与自然条件的总和。它是教育环境中的一个特殊环境，其显著特点是完全按照教育者的思想、意志、目的和要求，人为地进行建构和发展。学校环境是教师最经常、最重要、最直接的工作与生活场所。学校环境的创设和优化是在全面考虑教育目标、办学规律和学生身心发展的基础上，力求环境组织的最佳控制，从而发挥最大育人效果的过程。学校环境可分为物质环境、制度环境和精神环境。无形无影、无声无息、含而不露、潜移默化是环境育人的突出特点。

学生成长需要学校、家庭和社会给予全方位的教育。因此，要加强学校文化建设，创建学习型学校、学习型家庭、学习型社区，构建学校、家庭、社区三位一体的育人环境，营造出一个全员、全方位、全过程合力育人的良好氛围，形成学校、家庭、社会三位一体的育人格局。同时，还要营造师生、同学之间互相尊重、彼此关爱的浓郁氛围，让学生置身于“被人爱”和“爱别人”的氛围里，懂得应如何感激、报答别人给予自己的爱，懂得该如何去爱别人，让学生在充满爱的环境里感受人生的快乐。

教育环境与环境教育，是既相互区别又紧密联系的两个不同概念。前者，是指直接或间接影响人的生存和发展的全部外在世界；后者，是以人类与环境的关系为核心而展开的一种教育活动过程。二者都是由“教育”和“环境”两个要素构成的复合概念。概括地说，它们之间是目的和手段的关系，即教育环境优化是环境教育的目的，环境教育是教育环境优化的手段。因教育环境的中心是“人”，环境教育的对象也是“人”，所以“人”是两者的交叉点和结合点。

课外活动的意义

课外活动，是培养学生实践技能和多种能力的有效途径，是使个性张扬和素质全面提高的重要手段，也是进行道德品质教育的重要阵地。合理安排课余时间，可使学生的旺盛精力和聪明才智在富有教育意义的活动中得到运用和发挥，可令课堂学习后的剩余精力得到恰当、合理投放，让个性得到及时、得体的优化，使身心得到全面、和谐的发展。课外活动，能活跃学习气氛，寓教于德育、智育、体育、美育之中，能提供更多的学习专业知识、职业技能和职业道德的培育机会，造就“能文能武”德才兼备的建设人才。

一、可以弥补课堂教学之不足

传统的课堂教学有计划性强、系统性强和容量大、效益高等优点，但也有片面、单一、呆板、封闭等缺陷。而课外活动恰恰在这方面弥补了课堂教学之不足，在促进学生个性发展和整体发展上都起着重要作用。它可分为两大部分：与课堂教学有紧密联系的课外教学活动及与课堂教学只有间接联系的课外非教学活动。两者都是学校教育的有机组成部分，在促使学生优化个性、发展专长方面的作用远远超过课堂教学。它为学生发展爱好、培养兴趣提供了条件，开辟了途径，也是因材施教的良好园地。

二、能促进学校整体功能的发挥

学校教育的内容是多因素的，要求是多层次的，方法是多渠道的。它需要加强各方面的纵横联系，使方方面面互相配合、互相渗透、互相补充、互相促进，从而产生整体化的功能。如理论课与实践课密切配合，可加强两者的结合；有形教育与无形教育有机渗透，能促成两者融合；校内教育与校外教育相互补充，以保持两者步调一致。课外活动恰恰在上述诸方面发挥了作用，并能促进学生知识技能形成网络化、综合化、全面化。

三、在全面发展基础上发展特长

学校教育在促进学生全面发展的同时，要注重使不同兴趣和爱好能沿着正确方向发展，进而成为特长或专长。在课堂教学中，几十个学生采用同一进度，学习同一内容，听取同一讲授，完成同一作业，难以激发各自的兴趣，优化不同的个性。而丰富多彩的课外活动，是一块“自由天地”，可“任意驰骋”，能使学生在一定程度上冲破课堂教育的“有限规定”，为各自兴趣的发展、专长的形成开辟了广阔天地，也为选择职业创造了有利条件。

四、脑力劳动与体力劳动相结合

现代化生产中，智力劳动的比重日益增加，笨重体力劳动日趋减少。要求劳动者不能只长于体力劳动，还须善于脑力劳动，使两者结合起来。学校（特别是职业院校）的任务是培养既会用脑又能动手的建设者，故只靠课堂教学是不够也是不行的。因课堂教学多限于书本知识，这是必要的，但其缺陷是很少接触生产和社会实际，所学并非完整。而课外活动理论与实践相结合，能把学到的书本知识应用到实践中，特别是还可针对专业特点紧密联系专业内容，重在多操作、勤动手，形成技能技巧，为把知识转化为能力开辟新的途径。

五、有利于培养学生的多种能力

能力只有在相应的活动中才能形成，而课外活动为学生提供了多种实践机会，使知与行结合起来，灵活、广泛、独立、综合地运用知识。于是可培养、锻炼、形成、发展多种能力。例如通过文化类活动，可培养选题、设计、创作能力等；通过科技类活动，可培养观察能力、思维能力和实际操作能力等；通过艺术类活动，可培养学生感受美、评价美、创造美的能力等。同时，还可培养学生组织能力、交际能力和管理能力等等。课外活动固然需要教师指点，但主要是靠学生自己观察、自己设计、自己动手以及自己发现问题、分析问题和解决问题。从某种意义上说，这也是一个自学过程，有了自学能力，就业之后就可在工作和劳动中自学成才或改革创新，尤其是富于探索性、创造性的课外活动，对于培养学生不断追求新知、独立思考、勇于创造的精神，起到课堂教学难以起到的作用。

六、能寓教育于各项活动之中

寓教育于各项活动之中，是扩大学生知识领域、丰富精神生活的有效措施。各种课外活动都有各自的目的，且具思想性、教育性，潜移默化为学生所接受，为德育提供了广阔领域。因学生良好品德的形成，不仅靠教师的说教，更要靠学生自身实践。课外活动内容丰富多彩，形式生动活泼，有利于学生开阔视野，陶冶情操及针对青年的特点进行思想品德教育。比如有目的地设计文艺晚会、大合唱比赛、卡拉OK比赛及“祖国成就有多少”知识竞赛等活动，可进行爱国主义、集体主义教育；再如，通过完成一项实验，制作一个作品、研究一个问题、取得一项数据等实践，可培养为实现某一目标而努力的集体主义精神、克服困难的毅力和勇于创新的意识，也可培养艰苦奋斗、遵守纪律、爱护公物的品德，还有利于其自我教育、自我管理及形成健康的道德情操与良好的行为习惯。

七、有利于形成良好的校风

课外活动，既能体现校风，又能促进良好校风的形成，是培养多才多艺和一专多能人才的“大课堂”，是陶冶情操、培养志趣、提高觉悟、养成良好行为习惯的有效措施，是开发、挖掘、培养学生潜在智能的重要渠道。实践证明，课外活动能拓宽育人途径，使教育充满生机，能创设生动活泼的学习局面，产生良好的教育效果，能激励广大青年学生奋发向上，促成和发展良好学风、班风和校风。

八、有益创设良好校园文化

积极开展课外活动，有利于形成校园文化的多样性、生动性和丰富性，创造出严肃紧张和生动活泼相统一的文化氛围，从而为满足学生多方面的精神情感需要提供良好条件和有利环境，使他们充分焕发朝气和活力，给校园文化注入勃勃生机，使校园文化更为丰富多彩，增强凝聚力和吸引力，进而抵制有害文化的侵蚀。同时，也有利于改变校园文化的封闭性，增强开放性。课外活动，既可采取“请进来”“走出去”的方式增进与社会的接触、了解，吸取社会文化中的有益成分，也可促使学生主动向社会学习，为学生提供许多在课堂上无法获取的各种信息，也正是这些信息，激活并开拓了他们的思路。

九、增强学生体质及学习效率

青少年正处成长发育阶段，长时间学习会使大脑过度紧张或疲劳，记忆力和理解力都会减退，久而久之，便会影响学生的身心健康。开展课外活动，尤其是一些文体娱乐类活动，可消除疲劳，恢复精力，使脑神经系统始终保持最佳状态，提高记忆力和理解力。

十、有利于职业理想教育

课外活动，不仅使学生扩大知识领域，丰富精神生活，而且能培养和发展他们的兴趣、才能与特长，为其认识和选择职业创造有利条件。课外活动，特别是课外科技活动和生产实践活动，既有助于良好心理品质的培养，智能的发展，又有助于职业情感的陶冶，还有利于对职业选择产生感性认识，树立与社会发展需要相一致的健康向上的职业理想。

课外活动是传播知识的媒介、培养人才的摇篮、发挥特长的沃土、课余生活的乐园，有利于优化个性和发展特长，培养不断追求新知、独立思考、勇于创新精神。

课外活动的特点

课外活动，是以优化学生个性，发展学生特长，培养学生探索、创造精神和多种能力为中心的，有目的、有组织、有计划、有要求，且灵活性、伸缩性、自愿性很强，并具有特殊性的教育活动，不仅集品德、娱乐、知识为一体，而且熔灵活、多样、新颖于一炉，与课堂教学相比具有目的的隐蔽性、方法的间接性、内容的广泛性、参与的自主性等特点。

一、多样性

课外活动，不拘一格，灵活生动。课外活动的内容深度、广度及进展速度，是以参加者的愿望、爱好、特长和接受水平来确定的。现代社会所需要的人才是多层次、多规格、多类型的，不同学生的爱好也因人而异、各不相同。为充分满足学生已有的良好兴趣，并注意培养他们新的良好志趣，课外活动内容要适时更新，方法要灵活多样，使学生在丰富多彩的活动中，在欢声笑语中，智能得到培养，意志得到锻炼，情操得到陶冶，认识得到提高；在使各方面的“尖子”得到重点培养的同时，应对那些尚无明显爱好倾向的学生施以积极影响，使他们在活动中发现自己的潜力，逐渐形成自己的特长。因而，在课外活动的门类、项目及活动的方式方法等方面都必然呈现多姿多彩、多种多样，并应多侧面、多角度地深入下去，开展起来，且要像山泉水一样长流不息。

二、广泛性

课外活动的广泛性，一是指参加者的广泛，其人员之众、阵容之大，遍及全校，不分班级、不分专业，只要有此爱好都可以参加；二是指涉及领域的广泛，有社会活动、科技活动、艺术活动、体育活动等。学生有多少爱好，课外活动就涉及多少领域，德、智、体、美、劳几个方面都能囊括。

三、自主性

学生在课外活动中具有更大的自主性。课外活动，大多是学生在教师及有关方面指导和帮助下独立自主开展的。由学生自己组织、自己设计、自己动手。课外活动富有教育意义，适合学生心理特征。从活动性质来说，具有自主性。对每个学生来说，不像课内必修课无选择余地，而是可根据自己的兴趣、爱好和特长自主、自愿地选择。这种高度的自觉自愿来自学生的兴趣和爱好，爱好文学的可进诗文社、爱好体育的可入体育队、爱好科技的可到科技组，爱好操作的可去制作室……这样就能从多方面充分培养他们自主、自治、自立和自我教育的能力，发挥学生自主性、自立性和独创性。

四、新颖性

课外活动不受现行教材内容的限制，能迅速将社会与经济生活中的新思想、新文化、新艺术、新技术等各种“即时信息”“前沿知识”“有益新闻”传播给学生，有利于扩大其知识领域，开阔视野。

五、吸引性

课外活动内容本身具有极强的哲理性、知识性、艺术性和趣味性，适合青少年好奇、好新、好合群的年龄特点和心理要求。所以，它存在着强大的感染力、影响力和吸引力，吸引着广大学生的积极参与。

六、实践性

课外活动本身就是一种实践活动，给学生创造了一个好园地，搭建了一个大舞台，提供了一个大显身手、表现才干的机会。他们在各种活动中，自己学习、自己设计、自己动手、自己操作，有利于提高他们的实践能力和独立工作能力。

七、竞争性

课外活动，是一个具有竞赛性质的大课堂，其活动大多符合青年学生的心理特征，许多活动带有表演、竞争的特点。例如各类知识竞赛、技能比武、运动会、体操赛、文艺表演、演讲比赛、技术达标赛等。竞争是学业和事业上进的内动力，竞争催人上进，促人创新。

八、非课性

课外活动，一般说来，它不是课内学习的延续，不是以补课或布置与完成某些学科的课外作业来代替或排除课外活动的特有内容。当然，在课外活动中，也允许学生根据自己的兴趣、爱好，在实践活动中结合、运用和发展已有知识和技能，并可借以巩固课内所学知识和技能及补充课内教学不足之处。

九、轻松性

课外活动具轻松性和娱乐性。课外活动不采取课堂教学那样严格的考试制度。一般多采用汇报演出、娱乐竞赛、成果展览、经验交流、墙报板报、小型报刊、写小论文及举行讨论会、报告会等形式对活动的成果进行考核。如科技小组举行竞赛活动，即小发明、小制作、小设计、小改革、小建议等，可促进实习生创作出一批有推广价值的作品。

十、激励性

课外活动有较强的激励性。学生在课外活动中取得成果，直接得到自身价值的评估，接受实践的检 验，孜孜以求的不再是试卷上的一个分数，而是所做的演讲是否感染别人，所办的小报是否吸引读者，即是否能得到老师、同学和社会的肯定和认可。因而更有实际价值，更能激发其学习的自觉性、主动性和积极性。

十一、全面性

课外活动，带有很强的实践性、社会性和技艺性。有利于学生德、智、体、美、劳诸育的全面发展，可促使学生把动手与动脑、实践与探索、学习与创造等密切结合起来，有利于学生综合能力和全面素质的提高。成功的课外活动，应是一石三鸟，具有综合的教育效益。同时，对学习较差的学生，通过参与一些自己有兴趣，能够发挥自己特长的相关活动，也可促进某些心智机能的开发，从而增强其自信心，有利其成长和发展。

另外，课外活动的开放性，主要表现为：在形式上，向校内的班级、年级、专业开放，向校外企业、事业、团体开放，向国外有关方面开放；在内容上，不像课堂教学具有一定的限制性（如课本的限制），而是具有随机性，可根据具体情况加以选择，并在不同场合可有所侧重，既包括文体、艺术、科技等方面，也让学生了解国家的方针政策、国内外的目前形势，学习英雄模范人物、确立心中榜样，还可了解与讨论社会上的焦点问题、热门话题，以开阔眼界，提高认识……总之，课外活动之目的的隐蔽性和方法的间接性，使学生在潜移默化的影响下，不知不觉地接受着教育，养成良好的行为习惯；课外活动之内容的丰富性和形式的多样性，使学生在多姿多彩的活动中，受到各种各样的锻炼，形成不同的专长或特长。

课外活动的原则

为使课外活动发挥其应有的功能，提高效益，开展课外活动，必须有科学的态度、健康的内容、多样的形式、完善的方法。同时，要遵循专业教育的规律，并注意与学生的年龄特征、心理特征和知识水平相适应。为此，在设计、指导、评价课外活动时，须遵循如下原则。

一、方向性

健康向上的课外活动，虽丰富多彩，但也是有主旋律、有灵魂的——集体主义、爱国主义和社会主义。作为教育延伸的课外活动，应有鲜明的教育倾向，从活动的组织到实施都必须从教育的需要出发，防止只重知识性和娱乐性，忽视思想性和人文性的倾向，要有利于目标的培养，有利于德、智、体诸方面的和谐发展。

二、有益性

开展课外活动的主要目的是活跃校园文化气氛，丰富学生精神生活，扩大知识领域，增强人文素质，提高自我管理的能力……所以各种课外活动的开展，必须以有利于实现培养目标、完成学习任务和不影响学校正常教学秩序为前提，以有益于学生身心健康成长和学校教育工作顺利进行为准则。

三、针对性

课外活动要注意讲求针对性或具有针对性：一是针对学生的年龄、年级、专业特点和身心发展的需要，如新生入学时可开展相互认识、增进了解的活动；二是针对班级实际问题，班级情况是经常变化的，针对具体情况对症下药是针对性的重要体现；三是能随时根据学生的思想动态提出课题、设计方案，将思想教育、道德品质教育、人生观教育渗透到课外活动的整个过程中去。

四、实践性

课外活动具有较强的实践性。在理论联系实际方面，课堂教学有一定的局限性，而课外活动却有可能为学生的实践活动提供充分条件。因此，在课外活动中，应尽量多而适当地安排实践性活动，特别是要给予学生既动脑又动手的机会。尽管在实训、制作、操作、安装、维修等动手实践中会有失败，然而，正是通过对失败原因的正确分析，才能使学生进一步提高动脑与动手的能力。所以在课外活动这一广阔的天地里，既有充分的时间进行听、说、读、写及积极动脑、动口、动手，又有充分的机会得到老师、长辈技工和技师的帮助与指导，学生处于学习和发展的最佳环境。

五、主体性

学校对课外活动的领导与管理，从严格意义上讲是提出要求和提供条件；教师对课外活动的组织与指导，其实质是进行扶持和点拨。学校的管理与教师的指导，随学生年龄的增长和水平的提高，尤应重在引导。要尊重学生的选择，要有利于学生自主活动的开展和深化，要让学生普遍感到这是他们自己的活动；课外活动要开展得多姿多彩并富有成效，关键在于充分发挥学生的自主性、积极性和独立性，重视学生的主体地位。学生是课外活动的主人，要还给学生自身发展的时间和空间，要注意培养他们独立思考和独立工作的能力，使之在课外活动实践中感到自己是一个发现者、研究者和探索者。

六、灵活性

课外活动，虽有其目的、计划、组织与要求，但带有明显的伸缩性、松散性、变通性。它不受教学计划、教学大纲和教材的限制，各地区、学校、专业、班级均可因地制宜、因时制宜、因事制宜、因人制宜，充分利用自身有利条件开展灵活多样的活动。其中，因时制宜还指有些活动具有时间性，应及时进行。灵活性还表现在：活动的时间可长可短，规模可大可小，参加人数可多可少，地点可在教室内也可在教室外，可在校内也可在校外。同时，活动范围可宽可窄，次数可多可少，程度可深可浅，内容适应的对象可是普及性的，也可是提高性的，一切都根据参加人员的兴趣、爱好和接受水平来确定。只要适合学生的年龄特点，需要什么形式就可采用什么形式，它不存在一种预先规定的模式。

七、自愿性

要注意选择和组织富有教育意义、适合学生年龄特点、内容丰富多彩、形式灵活多样的课外活动，以吸引广大学生自愿参加。在青年学生中存在着个性差异，具有不同兴趣和爱好。课外活动应让每个学生按照自己的爱好、兴趣，自愿选择参加相应的活动，以使他们在一个自由的、活泼的环境中发展个性、优化个性，形成特长。在课外活动中，切不可用同一标准、同一模式去要求不同的学生。

八、协调性

课堂教学与课外活动是整个教育教学活动不可或缺的两个方面。课堂教学面向全体、夯实基础，课外活动因材施教、发展志趣；课堂学习能获得系统的理性知识，课外活动可取得更多的实践技能；课内学习以理论为主，课外活动以实践为主；课内学习统一性较强，课外活动灵活性较多。两者相互配合、相辅相成、相互补充、相互渗透，但各有侧重：前者注重普遍性要求，解决共性问题，体现人才培养的计划性；后者侧重发展学生特长，解决个性问题，体现人才培养的灵活性。

九、创造性

在课外活动中，要充分发挥学生的独立性和创造性。他们的创造性在许多场合往往表现为突破所学内容，认识新的现象，独立思考问题，独立分析问题，独立判断问题，独立解决问题及大胆提出有价值的新问题，积极进行小发明、小设计、小创造，以至研制新产品，勇敢地制作新物件和敢为天下先的精神。创造性还表现在：创造思路上的“加一加”“变一变”“改一改”“转一转”。为此，要尽力使课外活动成为学生发挥聪明才智的广阔天地。

为使学生拓宽视野、发展志趣、陶冶情操、明辨是非，课外活动必须讲求思想性、知识性、新颖性、趣味性，并要紧密结合学校实际，适合学生年龄特征，这样才能激发学生参与的愿望、兴趣和要求，提升参与的积极性和自觉性，使他们具有自觉接受教育和锻炼的最佳心理状态，使之每次参加活动都能既满足各自需要，乐意参加，又切实增长见识，有所得益。课外活动本身就是学生的自主性活动。因此，要充分依靠和发挥学生的自主性、积极性和主动性。要让学生以自主的姿态来组织、参加活动，从中学会自治、自理和培养独立思考、独立工作的能力。特别应注意发挥学生集体和团体组织的作用，让学生自己组织一些有关的课外活动，让学生通过集体的讨论来决定活动的计划、步骤和解决活动中的各种问题。另外，还要注意劳逸结合，贯彻勤俭原则。

课外活动的指导

为充分发挥课外活动的育人作用，须加强正面引导和必要指导，要统筹安排、合理布局、完善制度，把一些不必要的自发、分散、重复的组织和活动统一协调起来，使活动逐步做到既丰富多彩，又重点突出；既让学生喜闻乐见，又注重实效，同时要善于理顺各种关系。

一、明确课外活动的目的

全面提高学生的素质是课外活动的根本目的。课外活动是以提高学生品德修养为中心任务、以丰富学生精神生活为主要目的的教育形式。因此，在活动目标上，要克服功利主义倾向，注重培养学生终身受益的品质和能力；在活动内容上，要克服重“玩”轻学、重“文体”轻技能的倾向；在育德育才关系上，要克服重育才轻育德的倾向。要明确课外活动的目的，并贯穿于课外活动的全过程。

二、加强课外活动的领导

由于课外活动是培养人才的重要途径，所以应把课外活动纳入育人计划，并让学生自由选择和自由发展，这是课外活动的重要原则。然而，不分年龄、不分内容地任由学生选择，也不是无懈可击。所以，课外活动既是自由的，又是“不自由”的。教师要会同团委和学生会分工辅导学生的重大课外活动，帮助他们制订计划、选择内容和解决困难，以使课外活动有目的、有计划、有成效地开展，并逐步系统化、经常化、规范化。

三、注意对个别学生的指导

课外活动给不同需要和不同水平的学生提供了一个自我发现、自我发展的广阔天地。值得注意的是，随着活动的开展必然会有一些初显个性的学生，也必然会有一些潜能未露的学生。对此，应及时采取措施，让各个层面、各种类型的学生都得到发展。

四、处理好课内与课外的关系

课外活动是课堂教学的延伸和补充。应根据培养目标的要求，有目的、有计划、有针对性地组织各种课外活动。当然，课外活动只着眼于课堂教学的需要还不够，还要照顾到学生的兴趣、爱好，使其乐于参与，喜于活动。同时，在时间分配上要注意均衡，在活动方式上要动静搭配。理想的课外活动应与课堂教学组成高效率的教学体系。在课外活动中，注重目的性、知识性和实践性，着重对所学知识的综合运用，丰富学生的感性认识和实践经验，以使两者相互补充、相互促进，逐步形成协调发展的完整教学体系。

五、处理好普及与提高的关系

普及是提高的基础，提高是普及的发展。坚持普及与提高相结合的原则。课外活动当然要注重提高，但提高须建立在普及的基础上，否则就无从提高，提高也是为了更好地普及。

六、处理好集中与经常的关系

要坚持集中性活动与经常性活动相结合的原则，可利用假期或课余时间，举办一些专题“短训”。由于内容集中、时间集中、辅导集中，效果较为明显，但不宜多搞，要把主要精力花在经常性活动上。

七、建立课外活动的骨干队伍

根据实际情况，可组织课余文艺团、体操队及书法、美术、棋类、科技等小组和各种专业学习小组，通过社团的积极分子影响带动广大同学，提高课外活动的整体素质。

八、结合学校的教育教学需要

课外活动就是课外教育，是为学校思想工作和提高教学质量、促进学生全面发展服务的。故开展课外活动，须结合学校的教育教学需要进行，即课外活动计划的安排、内容的考虑必须结合学校的教育和教学需要。教育者应注意三点：一是课外活动的分量和难度要适当，防止负担过重，占去学生过多课余时间，影响学生的身心发展；二是课外活动的日程和时间要安排得当，不能挤占正常的课堂教学时间；三是正确处理课外活动与课堂教学的关系，不能因搞课外活动而放松对课堂教学的要求，要保证全面完成教学任务，保证教学质量。

九、根据教师特长组织活动

教育者的特长可分为专业特长和个人特长。从专业特长看，每个教育者均有自己的专业特长，发挥开展课外活动，可收到较好的活动效果；从个人特长看，充分发挥个人特长更有利于发挥指导作用。但应注意几点：一要注意是否有用武之地，要从班级实际出发，不能为发挥特长而发挥特长；二要注意活动的科学性和思想性，防止思想不健康不科学的活动；三要注意自己特长是否符合学生的承受能力和水平，过高过难的技能技巧会适得其反，不利于课外活动的开展；四要与其他科任教师互相配合，取长补短。

十、照顾学生的兴趣和爱好

课外活动可充分照顾每个学生的兴趣和爱好，让其选择自己喜欢的活动。教育者在组织课外活动时，应充分发挥课外活动这一优势，组织各种内容、层次、形式的课外活动，由学生自愿选择参加，切不可强迫学生参与不愿参加的活动。如若学生不自愿，就不可能有参加活动的积极性和主动性，也就达不到课外活动的教育效果。故照顾学生的兴趣爱好应注意：首先，必须在坚持活动的有益性、科学性的前提下，照顾学生的兴趣和爱好；其次，要照顾学生正当的兴趣和爱好，防止庸俗、低级趣味的活动；再次，在组织上应采取积极鼓励和学生自愿参加相结合的原则，不可摊派或强迫学生参加。

形式为内容服务，原则是：寓思想性、科学性、知识性、趣味性于丰富多彩的课外活动之中。课外活动要使学生增长知识、开阔视野、陶冶情操、提高认识、锻炼才干，但所有这些目的都应是在学生高高兴兴的活动过程中达到的。如果课外活动搞得枯燥无味，参加的人就会越来越少，甚至无人参加。寓教于乐，寓学于乐，把课外活动搞得丰富多彩，应是开展课外活动的一项重要要求。

课外活动的形式

课外活动，是对学生进行德、智、体、美、劳等综合教育的重要途径，按其内容性质划分，可分为文明品德活动、学科兴趣活动、科学技术活动、文学艺术活动、体育活动、劳动性活动、社会实践活动等形式；按其组织形式划分，可分为群众性活动（报告会、纪念会、专题会、座谈会、讨论会、竞赛活动、参观、游览）、小组活动（如各种学习兴趣小组、科技小组、各种文艺活动小组、体育小组、生产劳动和社会实践活动小组等）、社会活动（如文学社、诗刊社、智力开发社、数学爱好者协会、理化爱好者协会、天文爱好者协会、电子爱好者协会、桥牌爱好者协会、棋类爱好者协会、影视爱好者协会等）和个人活动（组织学生个别独立进行的活动，其特点是，能够充分发挥学生个人的主动性、积极性和创造性，有利于学生特殊才能的发展）等形式。

课外活动，是学校在各科教学大纲（课程标准）范围以外，对学生进行的多种多样的教育活动，是全面发展教育的重要组成部分。正确组织和吸引学生参加课外活动，不仅能扩大学生的知识领域，丰富其精神生活，而且能培养和发展他们的兴趣、才能和特长，并能为进一步学习和选择职业创造有利条件。学校要注意选择和组织富有教育意义、适合学生年龄特征、内容丰富多彩、形式灵活多样的课外活动，吸引所有学生都自愿参加到自己感兴趣的活动中去。

学生社团组织及其活动，是课堂教学的重要补充，是课外活动的重要组织形式和活动方式。学生社团是学生在自愿基础上自由结合而成的群众组织，这些社团组织可打破班级、专业，甚至学校的界限，组织兴趣、爱好与特长相同或相近的同学，利用课余时间开展有益于身心健康的各种形式的活动，以交流思想、切磋技艺、互相启迪、增进友谊。

从学生社团组织的性质看，可分为正式群体和非正式群体两种。从学生社团组织类型看，可分为两类：一类是与学生学习密切相关的各种兴趣小组，如数学兴趣小组、制作兴趣小组、写作兴趣小组、无线电兴趣小组、计算机兴趣小组……这些社团组织是课堂教学的辅助形式，对于提高学习效率、扩充和巩固所学知识颇有帮助；另一类是与学生课余生活密切相关的各种社团组织，如诗文社、文艺社、文娱社、书法社、美术社、话剧团、歌咏队、篮球队、排球队……这些社团组织对于丰富课余生活、培养情趣、陶冶情操、提高审美鉴赏能力大有裨益。各种社团组织的活动，对学校教育教学活动有补充和调节的功能，对学生的全面发展起着潜在作用。从学生社团活动的内容看，可分为：科技活动、文艺活动、体育活动、公益活动和社会实践活动……这些活动，可丰富校园文化生活，活跃校园气氛，同时对培养个性、优化个性、发展能力、形成专长至关重要。

由于学生基础参差不齐，性格各异，兴趣不一，爱好有别，因而课外活动的形式要多样化：班级有时事形势报告、节日纪念活动、文艺演出、体育活动等；小组有学科小组、科技小组、运动小组、服务小组等；还有以个体活动为主的阅读欣赏、观察思考、种植实验、美术书法、武术锻炼等。课外活动的内容要多样化：政治性的、科技性的、技能性的、知识性的、文体性的、公益性的……总之，课外活动要多样化，或成立各种科技小组，或组织各种学习竞赛，或进行各种讲座，或举办各种展览……从不同角度、用不同形式，陶冶学生的情操，培养他们的“一技之长”。

只要时刻注意给课外活动以新思想、新观念、新构思、新设计，不断使文化园地、社团活动、校园报刊、成果展览充满新意，就会使校园文化扩大范围、趋向高层、呈现新姿。诸如：

集体舞赛：可熔集体主义、协作精神于一炉，体现对健康美和艺术美的追求。

诗歌朗诵：能汇中外名诗，集古今佳句，使人们享受高雅乐趣与吸吮精神营养。

知识竞赛：可检验专业功底，传递技能体会，激发爱国热情，培养辩证思维，提高思想，锻炼能力。

文艺评论：能在评判精华和糟粕、真理和谬误中，提高分析力、辨别力，增强“免疫力”、抵抗力。

演讲比赛：可体现学生特有的思辨性、综合性、敏捷性、哲理性，可锻炼能力、提高认识、端正观点和启发觉悟。

歌咏比赛：能唱出青年喜爱之旋律，评出学生喜爱之曲目，使教室里深思苦索和琅琅读书声伴以清脆悦耳的校园歌声。

艺术雕塑：刀法细腻的篆刻，展示着独特创新的功底，栩栩如生的塑像，表现着健康向上的审美情趣。

参观访问：能看到先进模范之形象，受到典型佳迹之感染，饱览祖国山川之壮美，领略神州文明风采。

社会调查：可观察社会风情，分析大千世界，取工农感情，得劳动之光荣，增求实精神，强实践能力。

此外还有：

书画：挥笔弄墨，妙在笔端。

摄影：广收博取，尽现眼底。

制作：表露手之纤巧、心之灵犀。

剪纸：纸无笔墨可作画，彩留空白方有神。

根雕：曾埋头奉献血汗育栋梁，今露脸舒张筋骨竞风流。

棋牌：体现高明智慧、竞争精神。

集邮：可于方寸之间，观赏大千世界之浩瀚，悠久历史之文明。

壁报：集校园好人好事，扬学习之典范楷模。

广播：新闻时评，散文佳作，被语调悠扬的“小广播员”演绎得悦耳动听。传国家方针政策，指青年之理想方向。

报纸：大千世界的集散地，知识众生的快餐店。

杂志：文化人打造的商品街，识字人光顾的杂货铺。

博物馆：今天寻找回来的昨天，明天寄存这里的今天。

谜语：能于游艺之中，掌握茫茫知识之趣规、民族文化之多彩。

楹联：写尽了大千世界之无穷奥秘，解析了茫茫宇宙之深刻哲理，增添了多彩人生之真情雅趣……

体育：人类的体育，公平、公正、公开，健康快乐，积极进取。诚如现代奥林匹克之父顾拜旦在《体育颂》中所咏赞：体育是“天神的欢娱，生命的动力”，是富有节律的“美丽”，是经过深思熟虑的“勇气”，是以公正无私的努力赢得的“荣誉”，是人生不可或缺的“乐趣”，是“培育人类的沃土”，是人类通过自觉自律自强获得的“进步”，是创造“和平”的契机。

微视频：微视频传播正能量，展现新时代青年学生的责任与担当。增强好奇，激发兴趣。微影追求，光影梦想；青春正能量，放飞中国梦。

校园网：充分利用学校网络资源，畅游知识的海洋；强化师生互动，为学校发展建言献策。

科技作品创新：打破思维的禁锢，冲破习惯势力的束缚。学研创新，创意无限，在科技创新之路上，上下而求索。

校园活动方式，千姿百态，竞相争艳，吸引着学子眼球，浸润着学子心田。比如，琴棋书画陶冶性情，运动竞技强健体魄，创造发明开启心智……概言之，这一切艺术魅力均能叩开学生理想的心扉，让美好的种子撒在青年纯真的心田，使学生在不知不觉中受到文明礼貌、高尚情操和完美人格的陶冶和教育，造就具有综合能力和全面素质的人才。值得注意的是，当今的校园运用数字化、网络化、智能化和多媒体等现代信息技术，全面渗透到校园管理、学科教学、课外活动等各个领域，使得课外活动的形式更加丰富多彩。

隐性课程的功能与特征

隐性课程，也称潜课程、潜在课程、隐蔽课程，是指学校情境中以间接的内隐方式呈现的课程，是隐藏在正式课程内外的课程，是学生在学校情境中无意识获得的经验，是学校管理及课程计划中未明确规定的、非正式和无意识的经验，是课内外间接、内隐的，通过受教育者无意识、非特定心理反应发生作用的教育影响因素，是学生在学习环境（物质、社会和文化体系）中所学习到非预期或非计划的知识、观念、规范或态度，是学校（含班级）社会关系结构以学校正规课程有意或无意传递给学生的价值、态度、信仰等非学术性的知识；是学校通过教育环境（物质、文化和社会关系结构）有意或无意传递给学生的非公开性教育经验（学术的和非学术的）；是学校内外的教育环境产生的某些结果或副产品，特别是那些学生已学到，并未公开宣称为有意益学习状态的。课程是一种为达到预期的教育结果而选择并不断重组文化的序列。课程是一种教育化了的文化。课程是为实现教育目的而发生的一切文化、经验与活动。这种文化、经验与活动，如果被有计划、有组织地实施，则构成显性课程；如果未被吸收到学校教育内部的文化、经验与活动，则属于隐性课程。隐性课程由规则、法规和常规构成，对学生的社会化发生着不可避免的影响，并揭示学校是如何潜在地传递和强化各种态度和行为的。隐性课程被物化在学校的物质文化、行为文化、制度文化和精神文化等教育情境之中。它对学生的教育是一个潜移默化的过程。个体浸染在一定的文化氛围之中，在不经意间体验、模仿着周围群体的行为方式，认同群体的价值追求。浸染→模仿→认同，使学生的精神境界得以提升。

一、隐性课程的功能

隐性课程和显性课程一样，对学生具有全面的教育影响作用，对人的情、意的影响尤为突出。

（一）德育功能

德育过程具有多端性、实践性、社会性和互动性。传统的显性课程在德育工作中虽然能起到一定作用，但道德认识的形成中，情感体验经常影响着道德的认识倾向，直觉、想象和伦理的情感只有在隐性课程所提供的教育情境中才得以充分发展。显性课程与隐性课程相辅相成，科学理性与情感体验、教育与自我教育、集体教育与个别教育相互交融渗透，使德育过程贯穿于学习生涯的全过程，才能最终完成对学生的社会化训练。

（二）智育功能

当代知识观认为，知识可分为学问性知识和体验性知识。学问性知识可通过显性课程获得，体验性知识则通过亲身活动体验获得。在智育活动过程中，隐性课程重视学生认知结构中已有的知识和经验，学生通过身体活动和直接体验隐性课程所提供的教育情境，产生主观性的感情和意识，使个体生命过程更加积极，其最终结果就会导致创新或创造性的巨大释放。隐性课程通过情感因素影响智力活动，良好的学习环境使人心情舒畅、精神振奋，促进智力活动。外界环境通过视觉、触觉、嗅觉、听觉等影响学生，光线充足、颜色谐调、温度适宜、空气新鲜、优雅宁静的学习环境，能提高智力活动效率。教师对学生深切的期望与爱及认真务实、创新、积极向上的作风等，均能激发学生学习的需要、意向、愿望和兴趣。

（三）体育功能

学生的健康与学校环境有密切的关系，良好的卫生环境、适宜的设备环境、积极愉快的情感环境、合理的生活环境，能够促进学生正常发育，提高身体素质和健康水平。

（四）美育功能

校园内绿树成荫，花草芬芳，阳光充足，空气清新，教室内整洁素净，装饰淡雅、和谐、优美等都具有审美价值；同学间纯真友善，师生间诚挚关心爱护，尊师重教等良好的人际关系感染着所有师生；课堂上教师端庄大方的仪表、高昂的教学热情、精湛的教学技巧、简洁幽默的语言、紧张协调的课堂节奏，师生共同活动的和谐默契等，都可使学生受到美的熏陶。

（五）人文功能

学校教育与人文教育相互融合，已成为现代教育的发展趋势。学校承载的人文精神不仅有科学技术知识，而且有构成隐性课程的诸多要素，如学校的办学风格、学术风气、制度文化、集体行为规范、卓越教师的个人魅力、社团活动、建筑景观等。隐性课程提供的全景式人文环境，使受教育者真正体验未来事业的崇高与优美，对共同的信仰产生认同，激发其完善自我不断进步的动力，使生命中崇高的人性、正义、道德、理想和价值判断得以升华。

（六）陶冶功能

隐性课程，能陶冶学生情操，净化学生心灵，养成良好道德行为习惯和良好心理品质。造型美观、别致的校舍建筑，优雅、整洁的校园环境布置，积极向上的校风、班风，和谐、友好的人际关系等均具有陶冶情感、培养良好品德的作用。

二、隐性课程的特征

隐性课程的主要特点：第一，隐性课程的影响具有弥散性、普遍性和持久性；第二，隐性课程的影响既可是积极的，也能是消极的；第三，隐性课程的影响是学术性与非学术性的统一；第四，隐性课程对学生的影响是有意识性与无意识性的辩证统一；第五，隐性课程是非预期性与可预期性的统一；第六，隐性课程存在于学校、家庭和社会教育中。正因隐性课程的特点，在其实施过程中，应注意：首先，优化学校的整体育人环境；其次，要特别重视学习过程；最后，通过隐性课程的实施，塑造与完善学生的人格结构。教学过程中，师生进行交互活动或从事其他活动时，就会在学生身上产生一些无意识的、不可预料的结果。这些东西并非仅仅是从学术课程中获得的，而是通过非学术方面潜移默化地间接地传递给学生。对学生的影响是无意识的、隐含的和非预期的。隐性课程具有以下几个特征：①潜在性——在学生的学习过程中，学校的活动（主要是教学活动）在发挥其显性影响的同时，也不可避免地发挥了某种潜在的影响，从而使学生在“无意识”或“不知不觉”中接受了其隐含的影响；②非预期性——通常，隐性课程对学生的影响是非预期的，即教师、教育行政管理人员及教育对策的制定者在对学生实施教学、管理和对策制定时，他们自己本身没有预料或预期到这些因素对学生的潜在影响；③多样性——教育过程是多种多样、丰富多彩的。不同的教师、不同的课程内容、不同的管理制度除了其显在的影响外，还会潜在影响学生的思想、行为和意识，所以教育过程中的隐性课程也是多种多样的；④不易觉察性——人们在从事某种活动之前虽然对活动的后果进行了种种预设，但不可能设想到活动的全部结果。因此对于活动过程中使主客体产生的一些微妙变化便不可能完全预料。具体到教育过程中，有许多东西是师生在共同的活动中没有觉察到的，但它又切切实实地在某一方面影响了学生。譬如，教师对某门课的态度、上课时的一举一动、一言一行都会影响学生对这门课的学习。

三、校园环境

校园环境应朝着营造高品位校容环境方向努力，通过净化、绿化、美化、序化、优化校园环境，突出校园环境的教育、生态和文化品位特色。净化——消除卫生死角，垃圾无害化处理；绿化——近看，草坪片片、灌木行行、林荫小路、花掩曲径，远望，林锁亭廊、树绕院庭、花木扶疏、一片苍翠、郁郁葱葱、层层叠叠、交相辉映；美化——达到多样性、艺术性和观赏性的统一，建设连接贯通、循环往复的校容景观；序化——综合整治环境秩序，清整校景立面，达到整齐划一、规范有序；优化——创建高标准卫生校园，开展讲文明、讲卫生、讲科学、树新风的活动，进一步提升广大师生的卫生意识和文明素质。

有意设计的隐性课程，通常具有正向功能，起着积极的影响作用，但不排斥在某种情况下具有负向功能。至于教育活动中未被意识到的某些因素则更可能具有两种性质功能。若能充分利用现有资源，不断开发隐性课程功能，对学生的心理和品德、思维发展，有着至关重要的教育意义。

校训的意义与效能

校训，是学校规定的对学生有指导意义的词语，是为进行道德教育的方便，选择若干符合本校办学宗旨的醒目词语。校训集中反映了一所学校的办学宗旨和历史传统，体现了学校的文化追求和精神风貌，是学校办学理念、培养目标和办学追求的精粹体现及灵魂。

一、校训的含义

校训，是指一所学校的办学传统，代表着校园文化和教育理念；是人文精神的高度凝练，是学校历史和文化的积淀。校训，为后来师生打开其历史文化之门提供了一把金钥匙，也为他们眺望其精神家园打开了一扇窗户。校训，是引领学校前进的方向标，确立良好校训，是办好一所学校的先决条件。古今中外著名院校都拥有各自独特的校训，鲜明地体现出不同的办学理念和治学特色。从教育目标来说，校训一般要求尽量涵盖教育目标的三个方面：知识与技能，过程与方法，情感、态度和价值观。从本质来说，校训是通过校长对全体师生（主要是学生）提出的训词；对学生如何做人、如何做事、如何交往和如何求知，提出了方向性、针对性、激励性、规范性、简约性的要求。校训，作为一个标尺，激励和劝勉在校的教师和学子们，即使是离开学校多年的人也会将校训时刻铭记在心。校训不仅能体现学校的办学原则与目标。而且也是一种文化，一种面向社会的精神标志，能为学校起到一定的宣传作用。有些校训还对本校的创建历史或文化背景有所反映，包含着较多信息。校训，是广大师生共同遵守的基本行为准则与道德规范，既是学校办学理念、治校精神的反映，也是校园文化中的精髓与文化精神的核心内容，并具有独特、独到、精粹、精彩的共性。诗词般的校训语言，逸态横生，令人陶醉，犹如一面光可鉴人的“镜子先生”。例如，张伯苓先生特意在南开中学东楼的过道左侧立一面近 2 米高的大镜子，上面镌刻着严范孙书写的四十字：“面必净，发必理，衣必整，纽必结；头容正，肩容平，胸容宽，背容直。气象：勿傲、勿暴、勿怠。颜色：宜和、宜静、宜庄。”“四十字镜箴”不仅在国内流传，还引起外国教育管理者的关注。当年美国哈佛大学校长伊利奥博士来南开学校参观，感觉学生的精神仪态与他校有所不同，就特意询问校长张伯苓其中的原因。张校长颇为自豪地将伊利奥博士带到镜子旁边，并将镜子上的“四十字镜箴”加以翻译和解释，伊利奥博士听后大加赞叹。他返美后，特意将这个箴言告诉他人。美国罗氏基金会还特意派人来南开将镜上箴言拍摄下来，寄回美国，刊诸报端，加以传扬。

二、校训的功能

校训是根据国家的教育方针，结合时代精神和学校性质，集思广益制定出来的，能体现办学宗旨和培养目标。校训是全体师生的共同价值观。这种价值观决定了学校对于办学方向和愿景的偏好，是校园文化的重要组成单元，反映的是师生的共同理想和追求。

（一）评价

校训对全校师生的行为规范有指导意义，向所有师生指明了努力方向。使每个师生经常看到它，受其潜移默化的心理脉冲，久而久之，受其感染，慢慢化为自己的内在价值尺度，并以此自觉地衡量自己的行为，最终依据这一价值尺度及时调整和校正自己的行为。

（二）导引

校训是对历史悠远的文化沉淀的提炼，反映一所学校长久的办学传统、办学目标和未来的发展方向，无疑对人有一种巨大的感染作用，尤其在较长时间后，会逐渐内化为师生的一种心理因子，赋予他们一种文化精神，主导其一言一行，充分实现自我。

（三）激励

校训本身具有巨大的号召力、鼓动力，如中国人民大学的“实事求是”，自身就是一个号角，具有很大的感染作用，能在很大程度上激励人们。因此，校训无论是内化为一种自在的评价标准，还一种自在的引导，最终都要落实到实实在在的激励行为上来。

（四）管理

校训既是一种育人手段，又是一种管理措施。需体现办学宗旨和培养目标。对全校师生具指导意义。

（五）追求

校训是全体师生的共同价值观。

三、校训的创作要求

校训创作在把握其特点的同时，可多角度、多层面、多方位进行思考，大体可从以下几个方面着眼。

（一）把握时代脉搏

有些校训之所以平平淡淡，不受师生喜爱，很大程度上在于其陈词滥调，时代感不强。因此，近年来许多学校推出的新校训，充分体现贴近实际与紧跟时代的特点。如顺德一中“学会做人、学会求知、学会办事、学会健身”的校训紧跟时代步伐，把握时代脉搏，富于时代气息。

（二）立足自身特点

校训创作立足于自身特点往往能别具一格。如上海建平中学“今天我以建平为荣，明天建平以我为荣”就巧妙地嵌入校名，显示了鲜明的地域色彩。一些大学校训突出行业特点也别有风味，如北京林业大学“养青松正气，法竹梅风骨”；北京舞蹈学院“文舞相融，德艺双馨”等校训就是体现行业特点的佳作。

（三）融入传统文化

有的学校继承儒家文化的优良传统，强调“修身、齐家、治国、平天下”，与学校教书育人的宗旨相统一。为此，校训的创作要充分从传统文化中吸取营养、提炼精华。事实上，我国许多著名大学都注重弘扬儒家文化精髓。如清华大学校训“自强不息，厚德载物”就是出自《易经》“天行健，君子以自强不息；地势坤，君子以厚德载物”。

（四）体现人文关怀

人文精神是教育之魂。人文精神实质上是一种自由、自觉、批判的精神，是对善恶、美丑、是非的判断能力与宽容精神，尊重人与合作精神。好的校训总有一种使人如沐春风的人文精神，体现润物无声的人文关怀。如燕京大学的校训“自由、博爱、民主”，兰州商学院的校训“自由之精神，独立之人格”等。

对校训要求：一有独特性，贴近本校师生的思想实际，体现导向作用、凝聚作用和激励作用；二有时代性，体现出时代的精神；三体现超前性，着眼学生未来人生和发展；四体现科学性，符合教育规律，对学生具有教育意义，能引起师生联想、思考和共鸣。

四、当今存在问题

当前众多校训中，同质化现象严重。据不完全统计，在教育部“211 工程”大学的校训中，“求实”出现 30 次，“创新”28 次，“团结”18 次，“勤奋”16 次，“博学”13 次，而共有 41 所大学的校训中出现这 5 个关键词中的任何一个或者更多。此外，共有 39 所大学的校训格式相同，均为四个词语组成。有个别大学的校训甚至完全相同。另有一项针对国内 256 所高校的调查显示，校训同质化、标语化现象严重，在师生中的认同程度较低，感召力不强。在 256 所高校中，有 192 所的校训为“四词八字”的口号式，比例高达 75%。其中，带有“勤奋、求实、创新、团结、严谨”任意一词及以上的有 147 所学校。还有 8 所学校的完全一样，有 27 所学校的其中四个词一样，只是排序不同。

五、部分著名大学之校训

（一）我国著名大学之校训。

这里撷录部分，以飨读者，并可借鉴。

北京大学：　　自由平等民主科学（爱国、进步、民主、科学）

清华大学：　　自强不息厚德载物

复旦大学：　　博学而笃志切问而近思

浙江大学：　　求是创新
上海交通大学：　　饮水思源爱国荣校
中国科技大学：　　红专并进　理实交融
北京师范大学：　　学为人师行为世范
中国人民大学：　　实事求是
哈尔滨工业大学：　　规格严格功夫到家
南京大学：　　诚朴雄伟励学敦行
南开大学：　　允公允能日新月异
天津大学：　　实事求是
武汉大学：　　自强弘毅求实拓新
中山大学：　　博学审问慎思明辨笃行
厦门大学：　　自强不息止于至善
香港大学：　　明德格物
香港中文大学：　　博文约礼
香港科技大学：　　求新　求进　创未来
台湾大学：　　敦品　励学　爱国　爱人

（二）国外部分著名大学之校训

哈佛大学：　　与柏拉图为友，与亚里士多德为友，更重与真理为友
耶鲁大学：　　真理和光明
普林斯顿大学：　　为国家服务为世界服务
斯坦福大学：　　愿学术自由之风劲吹
加州伯克利大学：　　让知识绽放光芒（让这里光芒闪耀）（愿知识之光普照大地）
麻省理工学院：　　既学会动脑也学会动手
加州理工学院：　　真理使人自由
宾夕法尼亚大学：　　毫无特性的学习将一事无成　（法无德不立）
密歇根大学：　　知识改变命运
康奈尔大学：　　让任何人都能在这里学到想学的科目
哥伦比亚大学：　　在上帝的神灵中我们寻求知识　（在你的光明中看到光明）
芝加哥大学：　　让知识充实你的人生
杜克大学：　　知识和虔诚
约翰霍普金斯大学：真理使你们自由
弗吉尼亚大学：　　你应认识真理　真理将使你得到自由
纽约大学：　　坚持和超越
华盛顿大学：　　让光明到来
剑桥大学：　　此乃启蒙之所　智识之源
牛津大学：　　上主是我的亮光（主照亮我）
柏林洪堡大学：　　哲学家们只是用不同方式解释世界，而问题在于改变世界
海德堡大学：　　服膺真理、正义及人文精神
柏林自由大学：　　真实　公平　自由
多伦多大学：　　像大树一样茁壮成长
悉尼大学：　　繁星纵变　智慧永恒
东京大学：　　以质取人　以质取量
京都大学：　　自重自敬　自主独立
新加坡大学：　　自强不息

校风的概念　特征　功能

学校是一个神圣高洁的场所，需具有良好的校风。校风，即学校风气，是一所学校所特有而占主导地位的行为习惯和群体风尚，体现为一种独特的心理环境，是一所学校各种风气的总和。校风，是学校在办学过程中长期积淀而形成的具有行为和道德意义的风气；是在校内乃至社会上具有极大影响并被普遍认可的思想和行为风尚；是学校内的人物在各方面所表现出来的一种态度和趋向；是一所学校教育理念，治学风格的高度概况；是学校办学传统与育人目标的集中体现，也是学校文化建设中一个至关重要的内容；还是一所学校在悠久的发展历史中形成的关于治学、品德、作风等文化内容的积极沉淀。它体现在学校各类人员的精神面貌上，体现在学生的学风、教师的教风、干部的作风、班级的班风上，还存在于学校的各种事物和环境之中。良好的校风既是教育和管理的成果之一，又在教育和管理上具有特殊作用。它有一股巨大的同化力、促进力和约束力，是一种精神力量，也是一种优良传统。校风是一所学校的师生共同具有的思想、行为和作风；是学校师生精神风貌的集中反映；是一种无形的力量和有效的教育因素；是一所学校的特色和风格。从文化角度来说，校风是一种精神文化；从环境角度来说，校风是一种精神环境；从课程角度来说，校风是一种潜在课程。校风一经形成，就会对师生的思想意志、道德品质、行为方式和精神面貌等发生潜移默化、深刻而持久的巨大影响。校风，总的来说就是教师或教师集体教育教学的特点和风格，具体是指教师在教学、科研等工作中体现出来的职业道德和学识风度，包括教书育人的目的、态度、行为特点、方法及教师集体的好传统。优良的校风，主要表现为：教师忠于职守、爱护学生、言传身教、钻研业务、团结合作、管教管导、为人师表等。优良的校风，有健康向上的集体舆论，有高尚的道德情操和文明的行为习惯。

一、校风的外延

校风是校训的拓宽、延伸和具体化，是在长期教育、管理中逐步形成的、相对稳定的精神状态和思想作风，是一个学校领导作风、教师作风、学生学风的集中反映。它包括明确的教育目的和学习目的；符合时代要求的精神风貌；严谨的治学态度；实事求是、理论联系实际的工作作风。实际上，虽校风的内容各异，但都包含学风、教风、作风三个方面的内容。

（一）学风

学风，泛指学校、学术界或一般学习方面求学和治学的风气。主要是指教师和学生在一般学问和学习方面的风气，是学校中长期形成的师生对待学问和学习情绪上、言论上、行动上的共同倾向。学风不仅受学校校风、教风等内部因素的制约，而且还受到社会文化传统、社会舆论和时尚等外部不良因素的影响。优良的学风不是自发形成的，而是学校领导者和教师在学校教育实践中经过有意识、长期、坚持不懈的培养教育而逐步形成和发展起来的。学风，是校风的基础，是学校文化长期积淀的精华。之所以说学风是校风的基础，因为从广义上讲，学风既是学生学习态度和教师治学风气的综合反映，也是一所学校的治学精神、治学态度和治学方法等综合反映。学风是一所学校办学水平和校风的集中体现。学风好，表明校风正；校风正，学风必然好。优良学风，是保证和提高教育质量的重要条件，也是教育质量的重要内涵。优良学风既体现学校的办学观念和理念、校风和精神、历史积淀和教学传统，也反映学校的办学和管理水平。优良学风，体现着学校的品位与格调，是学校创品牌，树信誉、求生存、谋发展的基础。优良学风包括：正确的学习目的和巨大的学习动力；正确的学习态度，如勤奋、严谨、好思、创新等；良好的学习方法和习惯，如理论联系实际、勇于探索进取等；尊师敬友、互帮互助的团队精神和人际关系。

（二）教风

教风即教师风范，是教师德与才的统一性表现，是教师整体素质的核心，是教师道德、才学、作风、素养、治教的集中反映。教风是校风的重要组成部分。从某种意义上讲，教风也是一个学校崇高的精神旗帜，对学生可起到熏陶、激励和潜移默化的教育作用。教风好，可提高学校的知名度、社会声誉和社会可信度。因此，教风是一个学校生存和持续发展的不竭动力之源。相对学生而言，教师的治学治教精神、态度、方法及做人原则等，实际上代表了学校的文化传统，并会对学生形成潜移默化、润物无声的影响。教师肩负教书育人的重任，是学生学习和模仿的对象。因此，校风是学风之源，教风由校风主导。教师是人类灵魂的工程师，教风涵盖了教师的灵魂，一个高尚的灵魂，便是高尚的教风，有了高尚的教风，便是优秀的教师。敬业是良好教风的根本。教师是太阳底下最光辉的职业，一个教师首先必须忠诚教育事业，乐于教书育人，既要把教师这一职业当成一个谋生的手段，更应视之为一个毕生追求的事业。热爱学生既是教师职业道德的基本要求，也是高效完成教学任务的重要保证。古人言："亲其师，信其道"。谁和学生建立融洽和谐的师生关系，谁的教学就会受到学生欢迎。教学活动中，教师不经意对学生的一个微笑、一声问候、一缕关怀都能起到春风化雨的作用，使学生感受到温暖，充满乐观和自信。"春蚕到死丝方尽，蜡炬成灰泪始干"。教育是奉献的事业，需要教师有默默奉献的精神，不计较个人得失，全身心地投入到教育教学中去。这样的教育才能真正光芒四射，社会也才会因教师的耕耘与付出而变得更加和谐。

（三）作风

好的校风源于好的学风，好的学风源于好的教风，好的教风源于好的作风。学风、校风和作风之间的关系彼此影响、相互制约。学风是校风的基础，教风是校风的主导，作风特别是领导的作风是影响校风的关键。所谓作风，又可称为管理作风或服务作风，是指管理主体在实施过程中的思想作风、工作态度、学习作风和生活作风等，其实施主体包括学校各级领导班子、行政职能部门和各部管理人员等。优良的作风主要表现为解放思想、求真务实、办事公道、精诚团结、高效廉政、关心群众、作风民主。好的作风不仅能促进科学有效的管理，是学校提高办学水平和效益的重要途径，能引领良好的学风和校风，彰显出学校的良好形象，并且能推动学校不断向前发展。一所学校的作风直接关系着校风的方向和水平，影响着优良校风和学风的形成与发展。因此，作风在校风内部居关键地位，而领导班子作风又是关键中的关键。

二、校风的特征

校风是每所学校的领导者和师生员工共同具有、富有本校特色、相对稳定的集体意识倾向和行为特点的集中表现，是一所学校的品牌和形象、精神和灵魂，犹如空气和阳光，是看不见、摸不着的软环境。具体说，校风是学校通过长期多方面的教育实践，在师生员工中逐步形成的精神面貌和道德风尚。

（一）全局性

校风是一种具有全局稳定性的精神力量和行为习惯。校风之"风"，应当是在学校各系统、各部门普遍存在的，而不是局限于某一个局部领域，同时也体现在全体师生员工的工作、学习、生活等诸方面。校风具有全局性、内隐性、外显性和渐进性特征。

（二）稳定性

校风是长期、稳定、自觉的行为习惯，而非一时存在，更非转瞬即逝。尽管学生一批批地进来，又一批批地出去；领导、教师也在更替、流动，但优良的校风却将一代代地传下去。

（三）渐进性

校风对师生的熏陶、感染、启发等教育力量是潜在的，其形成是渐进的。学生在一定的环境中生活和学习，在不知不觉中受到了校风的熏陶。校风与学生"形影不离"，通过日积月累、由浅入深、潜移默化的教育，逐渐转化为学生的行为习惯。因此，这种教育效果是渐进的。

（四）内隐性

校风是一种心理氛围所形成的行为风尚，通过客观现实对师生产生心理影响。校风与校纪校规不同，它不是一种行政管理措施，而是一种在学校群体生活的心理氛围中形成的具有心理制约作用的行为风尚，校风对个体的作用过程也是个体社会化的过程。在个体社会化过程中，个体身上有反射和内化两个阶段。个体在周围环境潜移默化的作用下，将所属群体的观念、态度和行为规范等"反射"到个体的人格体系中，然后经过"内化"而成为其人格的重要组成部分。

（五）外显性

校风是一种无形的精神力量，但其载体却是有形的。校风是通过师生员工的思想面貌、治学态度、工作精神等方面体现出来的，还体现在校容、校貌、校纪上，只要身临其境，便可感触到。校园之内是整齐洁净，还是零乱污秽，从师生的言谈举止、仪容仪表上，便可窥见校风一斑。人们在一种积极向上、治学严谨、勤奋好学的环境中工作、学习，便会在不同方面、不同程度上受到启发、教育与影响。这些具体事物对学生的影响，往往比抽象的说教更易于理解和接受。学校作为培养人才的场所，具有特定的环境条件。校风对学校每个成员的影响是耳濡目染、潜移默化的。优良的校风之所以能催人振奋，是因为它能使整个学校形成一种强烈而感人的气氛，发挥着“情境教育”的功效。

三、校风的功能

优良的校风一经形成，就会构成一种独特的教育心理环境，成为影响整个学校生活的重要因素，在各种场合、各个不同的校内群体、各种活动和各种人际交往中，都可以觉察到它的存在，觉察到它在起作用和它的权威力量。但是，校风是一种心理环境，是无形的，而不是学校的教育、行政措施。因而，校风的形成需要一个认同理解、相互教育、坚持成习的过程，其作用的产生也有其独特的方式和机制。优良的校风将对教育教学质量提高和塑造健康人格有重大影响和作用。优良的校风所形成的校园环境是师生个性发展的广阔天地。

（一）陶冶与感染

良好的校风一旦形成，就会对生活在这种环境的师生员工发生感染、同化作用，也会使新到此环境的师生员工接受熏陶，使之自觉不自觉地克服和改变原来有待改变的一些习惯、行为和作风。因而，校风如同春雨，滋润着人们的心田，陶冶人们的情操，净化人们的心灵，约束人们的行为和习惯。所以它有润之功：润者滋润也，如春雨渗土，随风潜入夜，润物细无声。校风对学生的影响是潜移默化、旷日持久的，不是雷鸣震耳，而是滋润人心。所以它有熏之功：熏者风也，凭借风与物的接触可产生风化效应。柔可制刚，水可穿石。即使是经过刀凿已雕琢成形的成品，经过风化和水蚀也会变形或消溶。校风，就是依靠这种无形的巨大感染力而能长期得以继承和发展，并经久不衰。社会心理学说明，“心理感染”即指个人对某种心理状态的无意识、不自主的顺从。它不是因自觉接受了某种信息或行为的模式，而是因直接受到别人情感传播的感染。新的校风作为一种新的心理环境，通过潜移默化，使个体将这种新的集体心理环境非强制、非逻辑地移植到自己的心理系统中，经同化而成为个体的心理特征。因此，在校风创导阶段，需创导机构用一切舆论工具，造成一股强大声势，还需选择最佳时机，如新生入学、领导班子调整或较大社会变革等。同时，要实现舆论的同化、观念的更新，也须采取一些相应的教育行政措施和手段。如整顿领导作风和教风，依靠领导和教师去整顿学风，严格校规校纪，赏罚分明，破除各种不良习气，对教师评职、晋升、考核，对学生考试、考查、升留级、违纪处分等必须严格照章执行，并尽可能增强透明度，调动师生教与学的积极性。正确利用良好的社会风气对校风的促进作用，抵制各种不良习气的侵袭。通过这样一系列的组织、倡导，新的集体舆论和教育观念便会形成一种必须接受的形式，即每个人都知道什么是正确的，什么是错误的，应当如何做，集体又期待他有什么样的表现。

（二）凝　聚

校风能够借助群体成员价值的认同、人际关系的协调与精神纽带来团结校内成员，建立起和谐、信任、友谊、理解、尊重的群体关系，并最大程度地将自己的个人得失与集体荣辱结合在一起，形成强烈的集体荣誉感和学校凝聚力。教育观念的更新、集体舆论的同化及共同情感气氛的形成，必然产生共同的行为方式，构成一种新的带有普遍性占主导地位的行为模式和风尚习惯，成为集体中绝大多数人的自我要求，集体也就成为教育的主体。校风一旦形成便产生出一种强大的向心力和内聚力。教者，诲人不倦，呕心沥血；学者，学而不厌，精益求精。有强大的内聚力，也就有强大的生命力。

（三）教　化

学生在校期间要接触社会，毕业后要走向社会。优良的校风感染着学生，学生也会把好的风气带到社会。因此，校风与社会风气互相影响，相互促进，相得益彰。良好的校风所熏陶的校园环境是师生个性发展的广阔天地，不断推动师生员工追求自身发展、实现社会价值。注入促进学校发展、推动社会进步的内在精神动力和智力因素，进而促进师生员工的社会化发展。学生的创造力、社交能力、自主能力等也会在不同程度上得以提高。更重要的是，良好的校风给学校全体员工的鼓舞是持久深远的。学生会把在学校形成的良好行为习惯、性格品质长期保持并带到以后的生活和工作中去。无论是在人生的哪一段历程中，都可能保留着当年校风的深刻痕迹和美好回忆。

（四）规 范

在一所学校里，新的集体舆论和教育观念通过心理感染、顺从得到认同，但这往往是形式上的认同，许多人的内心深处并未解决问题，这就需要进一步采取措施，进行强化，使之逐步成为群体规范，成为全体成员行为的准则。它不同于各种规章制度以强制约束发生作用，而是通过人的心理产生的约束力，进而在学校各种场合、各种不同群体内产生一种共同的情感气氛。理想的情感气氛包括开拓进取、教书育人；忠诚于教育事业，为其献身；团结协作，以诚相待；治校民主、爱校如家；重知识、爱科学、勤学习、讲文明。学校的各项规章制度，尤其是师资管理策略，应有它的严肃性，而又应富有人情，符合广大教师的需求。同时，应鲜明地反对嫉贤妒能，反对排斥他人，努力建设一个宽松、和谐的人际环境。学术要“百花齐放、百家争鸣”，不能厚此薄彼。在学生中也应有一套完整、科学的测评、考试、升留级制度。其次，学校各级领导者要深入到教师、学生中去，洞察他们的心声，加强理解和沟通，成为他们生活、事业的贴心人。只有对生活、事业有着共同的理解，感情才能共鸣，个体心理才能因之得到调整而趋同于集体心理，集体心理才能因之得到加强和巩固，并植根于每个个体之中，使之内化为自己言行的准则，形成优良的校风。校风是无形的精神力量，可以振奋精神、激励斗志，迸发出积极向上、努力拼搏的精神，在这种环境中养成的行为习惯使人终生难忘，将成为这个学校里每一个成员自觉奋进的动力，从而推动整个学校的繁荣和发展。

（五）激 励

优良的校风，可创建团结进取、严谨治学、勤奋读书、大胆创新的良好环境。这种气氛对师生是一个很大的推动和促进。它能使教师更加努力，认真搞好教学，学生更加勤奋刻苦，职工提高工作效率，为教学、科研做好服务工作。进而全体师生员工必然身心愉快地工作、学习、生活和心理方面都会处在互相帮助、教学相长的活跃状态中，师生的集体荣誉感和自豪感会成为他们前进的动力。因而，优良的校风对促进师生员工和领导班子的团结有着重要的推动作用，对学生勤奋学习、教师忠诚授业、服务管理人员勤政廉政也有着重要的激励作用。

（六）调 节

优良的校风就如同约定俗成的“法制规范”，要求师生共同遵守，自觉维护，从而产生一种强有力的调节和巨大的约束作用。无声命令一旦形成，就会使每个成员自觉地按照校风的要求塑造自己，约束自己。即使因种种社会影响产生某种不健康的思想和言行，也会在这个集体里受到正确舆论的谴责、抵制，自然而然地端正思想而收敛其行为，最终走向正轨。

（七）喻 晓

喻者晓也，不言而喻，就是不必唠叨就能使人明白，通晓事理。一旦了解了一所学校的校风，就可晓其现状，也可知其历史，学生便会知道在这所学校里应该如何求学，教师也会知道应如何从教。

（八）导 向

校风的形成不是一朝一夕的，它是一所学校中积极文化成分的长久沉淀，是一代代师生在教育教学实践中不断筛选而逐渐认可的，稳定而具有导向性。校风是魂，是精神，是一种思想：校风之魂并非是缥缈虚无，而是一种实在。

校风是学校文化的一个组成部分，尽管只是学校文化这个汪洋大海中的一个小岛，但又绝不是孤岛。良好的校风虽然有促进校园风气转变的作用，但校园风气的根本转变对良好校风的形成又有着巨大的推动作用。所以每一个师生员工都要关心和支持学校的校风建设，共同创造和维护校风形成的良好校园环境。

环境育人的功能

学校的一切工作都是为培养社会主义现代化建设人才服务的。“教书育人、管理育人、服务育人”表述的是学校中的教育教学、行政管理、后勤服务、校办企业诸方面都要围绕培养人这个核心开展工作，若再补充上“环境育人”，则既强调了人的工作效能，又注意到发挥物的影响作用，形成了一个完整的育人体系。校园环境对学生的学习心理能产生直接的作用，影响学生的学习心境。

一、幽静环境能使学生注意力集中

校园的环境应保持幽静。因为，嘈杂的环境及噪声不仅会分散学生注意力，还会导致大脑疲劳，甚至产生心理疾病。所以，校园要远离闹市、交通干线、铁路车站等；在校园周围不能有噪声大的工厂、集贸市场、停车场等；不能沿街建造教学楼、实验室、阅览室；校内环境的安排也应注意教学区、运动区、生活区、生产劳动区的合理布局。这样，可避免互相干扰，以保证学生有个安静平和的学习心境。

二、优美的环境能使学生心情愉悦

绿化、净化、美化的自然环境，能使学生产生愉快的积极情绪；清新、优美、整洁的校园环境，能使学生受到美的熏陶；清新的空气、低垂的杨柳、拱形的花墙，会使学生产生心旷神怡的感受；整洁的校舍、和谐的气氛、优雅的环境，有助于学生形成高尚的道德情操。所以应尽量在校园内建造假山、长廊、楼台、亭榭、喷水池之类别致优雅的建筑物，并种植花草、铺设草坪、栽植树木，让它四季常青、群芳吐艳。学生走在公园般的校园内会心旷神怡，产生愉悦的心境，还会被颇为可观的精致雕塑吸引而驻足抚叹不已！

三、多彩的环境能使学生好学上进

校园环境应发挥其直接的教育作用，设置必要的教育阵地。比如迎壁上，有校风、学风等少而精、简而明的标语口号；操场上，旗杆矗立，国旗飘扬，绿草茵茵；校园内，栽种花草树木，曲布林荫小道，树立艺术雕塑；墙面上，设置黑板报、宣传窗、阅报栏；校舍里，开辟图书室、阅览室、游艺厅；教室内，张贴规范、守则、地图及科学家肖像和必要的条幅。让每处人文景观都包含着无数典故，锤炼着校风学风，陶冶着学生的心灵品德；让每座艺术雕塑均折射出多种意义，影响着身心发展，提高着学子的思想境界……总之，遵循“让每一块墙壁都能说话”的原则，尽量丰富校园的内容，充分发挥“环境育人”作用，为学生创造一个丰富多彩的学习氛围。这样，可使学生养成良好的行为习惯、自觉的学习习惯，进而形成方向正确、健康文明、积极向上的崭新风貌，让学生时时处处受到熏陶，受到鼓舞，受到启迪，受到教育。

四、和谐的环境能陶冶学生的情操

心理环境受学校行政管理人员与师生、教师与学生、学生与学生之间人际关系的制约。人际环境集中表现为校风、教风、学风。创造一个心情舒畅、关系和谐的人际环境，比单纯注意自然环境与物理环境更为重要。良好的人际环境，有利于学生控制不良情绪及不良行为，陶冶情操，美化心灵，甚至能启迪智慧、激发灵感。为形成和谐的人际关系，领导者应具有“公正、民主、务实、创新”的作风，教师应具有“严谨、求实、善教、爱生”的教风。这样，学生就能形成“刻苦、活泼、遵纪、爱校”的学风，进而使全校师生形成相互理解、相互激励、相互尊重、相互信任的亲密、和谐的人际关系，使学校呈现出培养现代人才的良好氛围。

五、良好环境能发展学生审美情趣

以学生的审美发展来说，良好的教育环境在学生审美观和审美情趣的形成中发挥着不容忽视的重要作用。审美是人们的一种高级心理活动，人与环境之间有着直接的审美联系。教育环境是学生日常学习生活中最经常、最直接、最具体的审美对象。在一个优美的教学环境中，处处都蕴藏着丰富的审美内涵。校园中的自然美、教室里的装饰美，教学中的创造美及师生的仪表美、情感美、语言美、心灵美……无不对学生正确审美观的形成产生重要影响。

六、祥和环境使学生心理健康发展

良好的育人环境具有认识导向、情感陶冶、行为规范、榜样示范和心理构建等功能。若环境充满祥和，则师生如沐春风。祥和的育人环境对学生心理健康发展具有特殊的影响作用。实践表明，祥和的人际关系可有效增强学生适应环境的能力，使他们保持良好的心境和平稳的情绪，对现实与未来抱有乐观与向往的态度，进而形成活泼开朗、积极进取的性格；实践还表明，祥和的人际关系，是陶冶学生道德情感，培养良好心理品质的有利环境。反之，则易形成抑郁、孤独、自卑、冷漠、猜疑、嫉妒等一些不良心态。同时，祥和的环境还具有调节情绪的功能。当学生处于一种整洁优美、生机盎然的环境中时，就会产生轻松、愉悦、安宁等积极的情绪体验。此时往往表现为活泼、开朗、自信、大方、朝气蓬勃、乐观向上，且富有同情心，能与同学友好相处，携手共进，易于接受别人的意见。

环境是一个大染缸。所以教育者要千方百计去创设与保护一个优良的育人环境。只有为学生设置一个如沐春风的育人环境，才能在学生身上收到春风化雨的教育效果，也才能收到“蓬生麻中，不扶自直”的教育成效。育人环境对学生的影响在本质上是一种“无声之教”，是通过有形的、无形的，或物质的、精神的多种因素的综合作用，在耳濡目染、潜移默化中熏陶、感染和影响学生，从而产生一种“随风潜入夜，润物细无声”的教育效应。换言之，环境美，不仅能美化育人校园，而且能净化学生心灵；环境美，不仅可陶冶学生的高尚情操，而且可培养学生的审美观点；环境美，还可激发学生热爱学校，进而热爱伟大祖国的高尚品德。

创设良好的教学环境

心理学家及教育学家认为：学生智力非凡发展的前提，除了教师的正确教育及学生努力外，还要有良好的教学环境。环境因素与用脑效率息息相关，优越的环境可使用脑效率提高15%~35%，并可延缓和消除大脑疲劳。在日常生活中，我们常有这样的体验：当处在整齐、清洁、优雅及宁静的环境中时，往往精神振奋、思维灵活、记忆迅速、头脑清醒；而身处空气污浊、嘈杂、恶劣的场所时，又常常出现情绪沮丧、思维迟钝、记忆困难、头脑不清等现象。这说明，环境对人的智力活动有很大影响。教学环境按照不同的分类方法，可分为自然环境与社会环境；物理环境与心理环境；内部环境与外部环境等。从自然环境和物理环境来看，教学环境主要包括以下几个方面。

一、光　线

教室作为学生学习的主要场所，对于照明和采光的要求很高，因此自然光和照明光的设置一定要注意。自然光，应尽量朝阳，最好是阳光充足但不直射。一要考虑写字时光线的角度，光源应从左侧射入；二要考虑避免电脑屏幕的反光。人工照明分为整体照明和局部照明。整体照明主要把握明亮、均匀、自然、柔和，不加任何色彩的原则，这样有助于眼部健康，不易疲劳。光线通过视神经作用于大脑，给大脑以刺激，对脑功能产生影响。教室的亮度与学生的学习效果及视力健康有着密切关系，尤其是自然光线充足能增强学生视力，提高学习情绪，有利于学习成绩和健康。适度、均匀、柔和的光线是保证学生身心健康发展的重要条件。在用脑时，光线过强会给脑细胞以劣性刺激，使人感到烦躁、视力疲劳，甚至眩晕，影响思维判断力；光线太弱则不能引起大脑足够的兴奋强度，也会影响用脑效率。光线与视力健康也有密切关系。过强的直射阳光，其亮度比一般教室亮度要高几十倍。在此阳光下看书，眼睛受到强烈刺激，会引起疲劳，甚至会导致头昏、头痛等症状；亮度不足，看黑板或屏幕和书上的字迹感到吃力，也易引起眼睛疲劳，久之会导致近视。夜晚看书，日光灯白炽灯交替使用为好。光线的改善主要取决于两个方面：一是良好的自然采光；二是合理的照明系统。新建教室时，要合理规划教室的朝向，窗户的面积与地板面积之比最好在1：6到1：4，而且要南北两面开窗，以使光线均匀。一般地说，只要无直射阳光，教室里应尽可能明亮一些。对那些原有开窗面积不够、自然采光不足的教室，应适当增加灯光照明，以达到符合卫生标准的亮度。此外，教室里的色彩和清洁状况与教室亮度也有很大关系。教室的色彩不宜过深，门窗玻璃应保持清洁，以使光线充分透进。不要在教室内张贴太多的标语、图片和表格，也不要在教室外的窗户下种植树木。更不要在教室门窗外近处规划高大的建筑物。

二、颜　色

人们通常把颜色分为冷暖两组。暖色能使大脑皮层兴奋，是刺激性较强的颜色；冷色使大脑皮层相对安静，是刺激性较弱的颜色。不同颜色以不同波长通过视神经作用于大脑。颜色也是教学环境的重要因素。墙壁、课桌椅、黑板的颜色应精心选用。心理学家认为，颜色不但能使人产生冷暖、明暗、远近、轻重等感觉，而且能引起兴奋、抑郁、紧张、烦躁、安定等心理效应。颜色可改变视觉的工作机能，并对大脑功能也有着显著影响。实验证明，淡灰绿、淡灰紫两色易消除大脑疲劳，浅黄、草绿两色能提高学生智商，大自然中的绿色能调节大脑功能、缓解紧张。红色、黄色、橙色是刺激性较强的颜色，虽暂时能使大脑皮层兴奋、精神振作、情绪亢奋，有利于调动学生学习积极性，但随即趋向抑制，使人昏昏欲睡；淡绿色、浅蓝色，能使大脑皮层相对安静，头脑清醒，从而消除疲劳，有利于启迪思维，丰富想象；黑色、白色和棕色对大脑皮层则会产生不良刺激，使学生用脑效率大大下降。目前，大部分教室墙壁是白色的，而黑板多是黑色的，黑白相间，反差鲜明，比较刺眼。教室内的颜色应打破白顶、白墙、水泥地板的老格调，最好采取上浅下深的着色格局，使顶棚、墙壁、地面依次逐渐加深颜色。在这样教室里的学生能产生清爽开阔、安谧恬静的感受，心理上协调舒畅，视觉上高度敏锐，有益于提高学习效率及预防近视。教室课桌椅颜色应是浅绿色、浅灰色或保持木材原色，最好不用白色、红色、黑色，以免伤害学生视力。还应注意，教学用房的色彩环境应随学生年龄、教学内容的不同而各异。调整教室内的色彩，改善色彩环境，适应眼睛视觉和色觉的需要，对防治近视，适应学生心理，提高教学及学习质量会产生积极作用。

三、温　度

保持教学环境的温度适宜，可提高大脑处理信息和思考解决问题的能力。据研究，最有益于身体健康的温度是18℃，最适宜于学生智力活动的教室温度是20℃～25℃。此时，人脑处理信息和思考最敏捷；气温超过35℃，脑力消耗会明显增加，易造成大脑疲劳，使人感到烦躁不安，或头脑不清、精神不振，也易使课堂秩序不易维持；气温低于10℃时，虽使人脑清醒，但用脑效率并不理想。

四、空　气

教学区域内的空气对大脑活动也有重要影响。人体代谢离不开氧气，大脑活动更需要氧气。人脑平均重量仅为体重的2%，但氧的消耗量却占全身消耗量的20%（或说占身体1/40重的大脑却要用掉1/4的氧。高强度地学习时，这一比例还要加大）。脑供氧充足，脑细胞的信息传递通路——轴突就会粗壮发达，对信息的储存和传递就会又快又多，记忆力就会提高（记忆力下降是大脑缺氧的表现）。空气新鲜能使大脑清醒、心旷神怡，提高用脑效率；空气窒闷，会造成大脑供氧不足，从而降低大脑的能量代谢能力和智力活动的效率；空气污浊则使大脑昏沉，反应迟钝，思维混乱，以致眩晕恶心，大脑工作效率就会明显降低。因此，要使大脑得到充足的氧，最好常到大自然中去，至少教室要常开窗通风，保持空气新鲜和适宜的温度、湿度，以使学生头脑聪颖，思路清晰，记忆力增强，学习效率提高。

五、音　响

音响或声音适度是宜人教学环境不可忽视的外部因素（人耳能分辨的声音处在15赫兹到2万赫兹的范围之内，低于15赫兹的次声波和高于2万赫兹的超声波是无法分辨的）。大脑思考时，环境中的声音强度不能超过20分贝，60分贝是影响脑功能的界限，否则，大脑皮质的兴奋与抑制平衡遭到破坏，就会头脑发胀，注意力、记忆力、判断力就会出现问题。经常处于70分贝以上环境中，会使人心烦意乱，头晕乏力，兴奋性减弱，记忆力减退，注意力分散，思维力减弱，理解力降低，即会明显影响用脑效率。噪声会转移学生的注意力，并影响教学效果，甚至还会影响师生健康；音量适中、悦耳动听的音响，可使大脑疲劳悄然消失，使人感到轻松愉快，在有意无意中进入智力活动的佳境；大脑累了，欣赏片刻愉快轻松的歌曲，大脑疲劳即会消失，用脑效率就会提高。故应尽量创造和利用安静的环境，减少或消除噪声的干扰，使教学环境保持幽雅安静。根据卫生要求，学校周围的噪声不应超过65分贝，校园内的噪声不应超过60分贝，室内要求应更低，以尽可能创造一个有利思考的幽静环境或轻松愉快的“音乐”环境，使之有意无意进入学习的佳境之中。

六、三　化

绿化、净化、美化的自然环境能使学生产生愉快、满意、舒畅、喜悦的情绪，并能陶冶学生情操。

（一）绿化

绿化是构成育人环境系统工程的基础条件。很多学校都尽力使校园环境向“花园式”过渡，在校园内种植树木、铺种草坪、布点花卉……使绿化覆盖面积达校园总面积30%以上。近看，草坪片片，灌木行行，林荫小路，花掩曲径，清泉碧池，曲岸枕水；远望，林锁亭廊，树绕院庭，花木扶疏，一片苍翠，郁郁葱葱，层层叠叠，交相辉映。由于绿色居可见光谱的中间部位，是眼睛感觉最舒服的色彩；所以校园里四季常青，生态良好，空气清新，既使学生精神振奋，活力倍增，有益身心健康，又利于转移大脑皮质的兴奋中心，调节神经中枢，清除紧张的心理状态。这对学生的生理、心理健康发展及安心学习将起到良好作用。

（二）净化

净化是构成育人环境系统工程的重要内容。净化，既指校园表面上的整洁、干净与卫生，又注重校园绿化，如种植树木花草，既能调节、改善自然气候，挡风避沙，减少污染，净化空气，降低噪声，协调光线；还强调扫除校园内外物质和精神的垃圾，清理校园周边环境，如歌舞厅、游戏厅及某些小贩摊点等。让校园内外，不仅无嘈杂之声，无靡靡之音，还要成为“无烟学校”，以保证育人环境成为一片净土，不受精神和物质污染。

（三）美化

美化是构成育人环境系统工程的有机部分。美化既包括绿化、净化，也包括各种设施的设计与构建。校园整体按照规范化、园林化、艺术化的要求规划与设计，各种建筑物应巧妙布局，并考虑它们的造型、颜色及内外装饰，做到自然、美观、雅致、协调，从整体上形成适宜的建筑群观。比如校门宏伟、庄严；校道宽阔、整洁；校舍奇伟、独特；操场上，旗杆矗立，国旗飘扬，绿草茵茵；花墙内，设宣传栏，置艺术窗，辟阅报廊。这样可使景物寓意深远，美丽怡人，并集教育性、知识性、艺术性于一体，体现时代精神和教育特色。

七、设　施

学校是学生学习的主要场所，学校的各种设施都应考虑其教育的用场。学校的各种设施，应做到自然、协调，既要经济实用，又要体现艺术水平。各种建筑物，应从整体上形成适宜的建筑群体，形成布局合理、功能齐全、美观实用的格局，给学生雅的感觉、美的陶冶，以利学生的身心健康和智力发展。校园的设施、设备及物品的设计、布置和陈列，应体现美的思想、美的导向、美的创造。比如，造型各异的文化景点、主题雕塑、名人塑像，尽皆寄寓象征意义，并体现着学校领导的治学态度和教育思想；再如，曲径设计与花草种植的形态、色泽，皆能注意与校园文化气氛协调，体现着学校的办学特色；还有，美丽的自然环境与优美的人文环境交相辉耀、相映成趣，湖山花卉点缀其间；低垂杨柳与拱形花墙交相辉映，亭榭喷泉与之竞秀。这些，都能使学生对专业、对学校、对祖国的热爱，对理想、对未来的憧憬，良好的职业意识与职业情感油然而生。事实说明，给学生留下美好而难忘的印象，既可能是启迪智慧的一堂课、点燃胸中理想的一项活动、阐明人生哲理的一次谈话，也可能是良好的校园环境，如一个别致的大门、一排低垂的杨柳、一条幽静的曲径、一座艺术的雕塑……

八、校　址

校址应设在地势平坦、空气新鲜及日照充分的地段，同时需要幽雅、安静的环境。为此，校址应选在“近市而不喧，林深而宽敞”的优美自然环境之中，要远离闹市、交通干道、机场、火车站、噪声大的工厂，还要远离产生有害废气、废水、废渣的工矿企业，也要远离电台发射站，以避免交通事故和环境污染，避免由于发射台的电磁辐射所致的头痛、头昏、失眠等不良后果。为保证学生有足够的活动场地，学校建筑面积应尽可能不大于学校占地面积的 20% ~25%。同时应保证国家规定的各类生均面积。

校园环境是陶冶学生审美情趣，对其人格产生潜移默化影响的独特审美空间。学校要创设一个艺术的环境，既要有校园设计、规划的审美化，又要有校园风气的审美化，做到形神的有机统一与和谐。校园环境美的目标：一要雄壮，以令人振奋；二要美丽，可令人欣赏；三要阔大，以使人胸襟开拓，气度宽宏。美的最高境界是和谐，校园环境的美亦应是和谐统一的美。精心设计和布置学校的环境，既可创造一种文明气氛，又对学生精神面貌具有重大影响，能收“此时无声胜有声”之效。学生求知欲强，热情纯真。一幅所敬仰的名人画像也许会砥砺其志向，一句富有哲理的名言也许使其敛容深思，一幅美丽的风景图片也许会激起其对大自然的向往和对祖国的热爱，一张饱含丰富知识的图表也许会引起其无限兴趣。所有这些，久而久之，就能对学生起到一种精神、品德、情操、智慧的陶冶和感染作用；就能通过耳濡目染、潜移默化来达到教育目的。苏联著名教育家苏霍姆林斯基就很重视学校的环境布置，他说：“要使学校的墙壁也说话。”我们就是要巧妙地利用这种“说话”对学生进行德育、智育和美育。校园环境是陶冶学生审美情趣、对其人格产生潜移默化的影响。

教室布置的要求

教室是师生进行“教”与“学”的场所，是学生生活与成长之所在，又是他们一天之中相处时间最长、活动最多的地方。教室是向学生进行“传道、授业、解惑”的主要场所，学生在校期间除了课间、课外、劳动及实习，几乎全部活动都在教室中进行。一个良好的教室氛围，有一种催人奋发向上、积极进取的教育力量。教室里的一条标语、一张挂图，都会对学生起着直接影响，对学生文化科学知识的掌握和思想品德的陶冶都有促进作用。因此，教室的环境布置并非多余的装饰和点缀，而是教育教学的一个侧面，必须予以高度重视，并以学生学习的需要为主题，以学生安全和健康为前提，以合乎方便实用为原则，以合乎审美功能为要求，进行整体设计，全面安排，充分发挥育人环境综合功能的整体效应。

一、正确的导向性

教室布置，应以全面贯彻国家的教育方针，引导学生向正确、健康的方向发展为导向。为此，学校应建立相应的规章制度，并定期检查评比，以不断优化教室环境。

二、鲜明的目的性

教室里的一切布置，都要围绕着教育和教学这两个目的，并给予学生自我表现的机会。贴标语应起到座右铭的作用，办墙报应起到辅导作用，课桌排列应有利于学生学习，光线色彩应有利于身心健康。教室的整体布置应朴实、美观、大方，空间布置不宜长期固定而应适当灵活多变。

三、较强的针对性

教室的设计与布置要符合学生的年龄层次、心理特点。低年级可挂一些伟人、先贤或名人的格言、警句、谚语、画像等；高年级可从诗词中选取富有哲理的佳句。班级墙报的内容应符合青少年心理特征，使学生看得懂、易理解；切合班级思想实际及学校或班级中心任务的要求，以使学生时时刻刻受到启示、得到教益、有所获得。

四、明显的示范性

教室里张贴的标语、办出的墙报尽量写楷书或秀丽的行书，挂出的表格和挂图要具有较高的科学性和艺术性。因为青少年学生好奇、善仿，如果他们看到龙飞凤舞的书写或错误的图表，势必受到不良影响。所以教室的一切布置要工整、规范、正确、清晰、美观。

五、突出的教育性

教室的一切都应有益于学生的身心健康，一条标语、一个通知，都应富有教育意义，都应考虑到学生的存在。所以应精心设计与布置教室环境，注意陶冶和感染作用，不能有不宜的影响，绝不可有拜金主义、利己主义、享受主义色彩，或平庸、粗俗、低级的趣味。要创造积极向上的氛围，通过耳濡目染、潜移默化达到教育目的。特别是组织学生自己动手布置，可收到更好的教育效果。

六、简洁的朴实性

教室布置要朴实，尽量避免浮华和刻意装饰，以免对学生教育产生副作用。要做到既少花钱，又结合班级实际，体现班级特色：一是体现专业特点，二是体现学生年龄特点，三是体现班级风貌特点。

七、一定的艺术性

教室张挂必要的图表、标语，不仅要注意其位置、多少，而且要避免单调、呆板。应生动形象，颜色协调，注意审美性，讲求艺术性。同时，要保持教室的整洁、美观，创造一个良好、舒适、幽雅的环境，给学生以文明的熏染、愉快的感觉、优美的享受、艺术的陶冶。

八、浓厚的情境性

现代心理学研究表明，情绪对个体的认知过程具有组织或瓦解的效能，兴奋、欢乐、轻松、愉快的情绪均有利于智力活动，沮丧、愤怒、忧郁、低沉的情绪均有损于智力活动。教室环境应能通过自身特有的情境性影响学生的情绪，当学生走进教室就置身于整洁宁静、井然有序的情境，自然会感到心旷神怡，心情愉快，从而提高学习效率。

九、布置得“少而精”

布置的形式除了适量选贴标语、格言、地图、名人画像外，还可安排学习园地。布置的次数一般每学期1~2次，但也可根据形势的发展变化及学校每个阶段的不同要求进行更换，但要注意“少而精”。

十、防止分散注意力

教室的前后左右都贴满了图片、标语、宣传画则易分散学生注意力，影响学生学习效率。所以教室里除必要的标语、图表外，不要贴挂不必要的东西。这样既不会分散学生注意力，还会由于白色或淡色墙壁的反光而增加教室的亮度。

为进一步规范学生的行为习惯，营造良好的学习氛围和学习环境，创建个性化教学，对教室布置管理的总体要求：第一，教室环境的布置形式上，要新颖、活泼、美观、大方；第二，教室环境布置的内容上，要根据学生不同年龄、不同年级的特点或围绕某一时期的中心工作来安排；第三，教室环境布置时，还应突出知识性、趣味性、鼓励性；第四，布置要整体协调，防止杂乱、缺乏美感和喧宾夺主，以免分散学生的注意力。值得注意的是，教室的布置，直接影响着教师和学生的态度。真正受学生欢迎、能够使学生爱学习的教室，首先应是一个可让学生工作的地方，可实践的地方。所以理想的教室，应是一个作坊、一个实验场，备有学生用以构思、创造和积极探究的各种物品和工具。在这里，学生与老师的交流不再是浅尝辄止，而是深层次的交流互动，彼此建立起高度的教育信任与群体凝聚力。“教室中流动的氛围更多的是‘平等’‘自由’‘创新’‘质疑’……这些大胆的学术创新精神往往扩展了教室的空间，赋予教学空间更为广阔的视野”。故而，精心设计与布置教室，就是要巧妙利用“要使学校的墙壁也说话”，从而为学生创造一个良好的教育教学环境，以更好地促进学生身心的健康发展。

教室布置的艺术

教室是从事教学活动的主要场所，也是育人的重要阵地。良好的教室管理和艺术的教室布置，可增加班级凝聚力，优化班级风气，激励学生的动机、兴趣和积极努力。因此，如何合理布置教室，以给教学创造一个良好的外部环境，是教学工作不可忽视的重要问题。教室布置是一门综合艺术，涉及美学、心理学、教育学等学科，包括环境布置、卫生清洁、审美情趣等内容。布置的内容包括作品展示、生活点滴、益智角、荣誉榜、公布栏等，布置时应从以下几个方面考虑。

一、色彩的要求

色彩能影响学生的学习情绪，也能影响师生在教学中的感情交流。色彩过于强烈和鲜艳，易使学生兴奋、好动、注意力分散；自然、适度、均匀、柔和的光线，搭配适宜的色彩，有利学生身心健康，能促进师生心理交融，给“教”与“学”创造一个良好环境。不同的色彩通过视觉影响人的情绪，如红色使人活跃，黄色使人振奋，灰色使人消沉，白色使人明快，豆绿色使人精神振作，浅蓝色给人凉爽之感。另外，色彩与光线密切相关，比如浅色能加强反光作用，给人以轻松、朴素及光亮的感受，而深色却有吸收光线的作用，给人以严肃、浑厚和庄重的感受。因此，教室应合理搭配颜色，改善光线，调节师生情绪。

二、布局的安排

教室既是班集体学习的中心，又是学生个体活动的基地，故教室的主体布置须注重共性和个性的兼顾。在课桌排列上除重视整体美观和线条整齐外，应尽量避免因座位间不必要的相连而相互影响和干扰，并尽量避免“教学死角”的产生而使一些座位上的学生处于教师视野之外，导致教师对该部分学生无意识地“遗忘”，使他们参与教学活动的需要无法得到满足，而削弱学习积极性，甚至产生逆反心理，造成师生情感隔阂而影响教学效果。

三、标语的布置

教室里张贴的条幅或标语常常可作为学生的座右铭，因此应精选一些名言警句，激发爱国主义，振奋民族精神，树立远大理想，勉励勤奋学习。比如以鼓励勤奋学习为目的的“书山有路勤为径，学海无涯苦作舟”，以激励朝气蓬勃为目的且富有时代气息的“为振兴中华而勤奋学习”。教室的条幅或标语应具有时代性、教育性和激励性。

四、班刊的设计

班刊是一个班级的“橱窗”，是学习、交流、探讨的“舞台”，是开展第二课堂活动的重要阵地，更是学生接受教育、辨别是非的重要“乐园”，也是教师发现学生爱好、特长，掌握反馈信息，加深对学生了解，缩短师生心理差距的重要“桥梁”。班刊是校园文化的一部分，教师应指导学生把班刊办得生动活泼。栏目设计是班刊建设的重点，一个有声有色的班刊，必须能对班级的班风、学风起积极影响，对学生能力的提高、品德的形成起辅助作用。因此，班刊栏目必须紧紧围绕班级特点、学生兴趣、学校的培养目标进行设置。例如，设置“宣传栏”的目的是将班级特点及学生集体生活中的宝贵财富加以总结、提炼、发展，以直接对学生的思想、情感和价值观念产生重大影响；设置“学习园地”的目的是给学生开辟一个质疑、解惑、探讨、争鸣的场地；设置“班级见闻”的目的是为刊登好人好事，激励先进，鞭策后进，形成良好班风；设置“作业展览”的目的是选登学生的优秀作文、书法、绘画等作品，为学生提供施展才能的天地，也为大家树立学习的榜样；设置“自我评价”的目的是充分发扬班级的民主作风，培养学生的民主意识，促进师生相互了解。总之，班刊栏目的内容要体现“实”“新”“趣”。“实”是指要切合学生实际，有的放矢；“新”是指内容新鲜、及时，形式新颖别致；“趣”是指妙趣横生，使读者“流连忘返”。这样可使每一期都给人以别开生面之感，既体现了科学性，又体现了艺术性。班刊应始终保持时代性、典型性。做到主题鲜明、色彩和谐、构思巧妙。

五、图书的放置

教室是学生接受、理解、充实和巩固知识的主要场所，也是学生课余活动的重要场所。教室里建立图书角不仅可使学生更加迅速地发现、提出问题，找到解决问题的方法，使他们更好地把教师传授的知识吸收、深化；而且，也可满足学生的求知欲，扩大其知识范围，丰富其课余生活，充分发挥教室在教学中“学”的作用。教室图书角的设置主要应考虑三点：一是安放的位置，图书角应设置在教室的角落；二是图书资料的选择，要做到必须以学校培养目标为主要依据，充分了解学生对各类图书资料的需求；三是图书的管理，图书角的设置与完善，必须以学生为主，有专人负责。

六、教室的文化 .

教室文化建设是一个动态过程，应有不同层次，不同要求。首先，根据学生年龄层次、心理特点和知识水平，在年级、班级、专业间要有所变化，如在环境布置上，低年级力求色彩协调、风格活泼，形式常新；中年级应融知识性、趣味性、教育性于一体；高年级则要注重调动学生学习的积极性、独立性和创造性。其次，应围绕班级中心工作和对学生的期望目标，突出阶段性教育的要求，如对新生应重在适应学习环境，对毕业生则重在培养职业道德、远大志向。再次，随着时间推移，要由浅入深，逐层提高：表层主要指环境布置、卫生状态和课余活动；中层主要指班级制度、公约建立和执行情况；深层主要指全班学生逐渐形成的共向追求、价值观念等群体意识。教室文化建设必须突出三个功能：一是德育功能，不仅宣传教育方针、法规和校纪校风的要求，而且围绕教育目标，创设一种有利于良好班风形成的集体氛围，激励学生思想上积极进取，品德上不断提升；二是美育功能，对教室布置的形式及内容都要精心安排，使之艺术、协调、美观，有利审美情趣的培养，审美意识的强化；三是实践功能，要使学生在环境布置、墙报编排及书写实践中，增长知识，提高组织能力和动手能力。

七、特色的体现

教室的布置应根据班级学生的年龄特点、活动特点，将教室美化，做到个性化的班级氛围布置。切忌校校如此、班班如是的“千人一面”的形式。它既应体现育人环境的“共性”，更应展示独具特色的“个性”。“个性”主要从如下几个方面显示：一是体现系科专业特点；二是体现学生年龄特点；三是体现班级风貌特点。

八、注意的事项

教室布置应避免如下几点：一是内容单调，重知识轻能力、重智育轻德育；二是面孔不变，布置一次管数月甚至管多年，使之漠然乏味；三是随心所欲，想怎么布置就怎么布置，既无计划性也无针对性；四是浮华庸俗，墙上装饰得花花绿绿，俗不可耐；五是不做任何布置，教室里只有桌椅板凳，别无其他，给人以沉闷感。

另外，布置教室应充分调动每个学生的积极性，发挥每个学生的特长，要避免一个人或几个人“承包”的现象。让班上学生都参加教室文化建设，形成“互补效应”，以利于学生经历自我发展、自我完善的过程。一个导向积极健康、形式朴实无华、内容别具特色的教室布置，既可为学生长知识、增才干提供有利条件，更可为学生健康成长创设良好的环境。

创设教学情境　形成良好氛围

教室环境与教学气氛构成教学情境（一是由“愤悱”引起的情境；二是由“激奋”引起的情境；三是由“悬念”引起的情境）。教学情境如何，对学生的心理状态、学习效果至关重要。在积极愉快的气氛中，大脑皮层处于兴奋状态。此时，教师思路开阔，思维敏捷，教学艺术能得到最大限度发挥；学生注意力集中，反应迅速，思维能力可得到良好发展。换言之，学生对知识的感知、理解、记忆、巩固，乃至智慧火花的迸发，都需要适宜的教学情境。而周密地设计教学结构，一步步创设阐述问题与传授知识的和谐氛围，就会把学生带进教学佳境之中。如何形成良好的教学情境？

一、调整情绪形成良好心境

在向学生传递知识的同时，总是带着一定的感情，诸如喜悦、愉快、忧郁、气愤等。这些心理情感纵横交错，构成教师的授课心境。教师的心境良好，不仅使教学内容阐述精确，语态富有情感，而且能自如调控自己的感情，体察、理解学生的心情变化。同时由于良好心境的渲染作用，对后进生也会格外耐心，会使师生关系融洽，对提高教学质量大有裨益。相反，如果教师在低沉、郁闷、烦躁等不良心境中授课，则思维迟缓、思路阻塞，甚至逻辑混乱，不知所云；同时，由于不良心境的渲染作用，就会觉得学生的一举一动都不符合要求，动辄训斥，甚至动怒，造成教学气氛紧张，使学生大脑皮层处于抑制状态，知识信息难以输入，影响学生对知识的理解与接受，使教学质量难以提高。所以教师要善于调整自己的情绪，消除不良心境，培养良好的心境。

二、教态自然创设感染情境

学生在接受教师传授知识与技能的同时，也必然对教师的外在形象进行评析并受其影响。从某种意义上讲，教师在教学过程中扮演了“演员”角色。因而，应以积极、振奋、饱满的精神感染学生，并借助表情、动作来增强感染作用；要通过声情并茂的讲解，撞击学生心扉，使之迸发感情的火花，产生情感共鸣。教学是师生双边活动，也是特定情境中的人际交往行为。在客观上，师生之间存在着两条交织在一起的信息回路：知识性信息交流回路和情感性信息交流回路。它们从不同方面对学生施加影响，而情感起着不可忽视的重要作用。有经验的教师，总是随时根据学生的情感反馈调整自己的情感强度，着力培养学生的“情绪力量”。双方的融洽关系一经建立，学生便会移情于教师所任的学科和其所讲的内容。心理学研究表明，情感与动机、兴趣、信念、想象、思绪、内驱力、创造力等有极为密切的关系，它可影响和调节这些因素的发展。

三、淡化角色创设民主气氛

影响教学氛围的因素很多，角色意识就是其中之一。教师处于“传道、授业、解惑”的师者地位，容易产生权威心理，进而要求学生按照自己的思维方式去理解和接受，往往具有强迫、压制的性质，致使教学气氛死气沉沉；学生以教师为学习的偶像加以崇拜，对教师教育教学不容易产生反思的意向，被动地学习，也会影响教学气氛。所以在教学活动中，应充分发扬民主，激励学生积极参与，为此，教师与学生都应淡化角色意识，尤其是教师要依不同场合、不同条件有意识地变换角色：或做学生的良师益友，“良师”是与学生进行正式交往的角色，“益友”则是与学生进行非正式交往的角色；或做学生的“同学”，教师必须站在学生的立场上，设身处地地思考问题，实行“心理位置”交换，以平等的态度对待学生；或做学生的“学生”，教师也要向学生学习，这不仅使学生对老师“知之为知之，不知为不知”和“不耻下问”的求实好学精神油然而生敬意，而且还会使学生树立自信心，促进自我教育。总之，教师角色变换，亦师亦友，会融洽师生关系，使学生心情愉快，思维灵活，积极主动地学习，以致形成严肃而又活泼，既有民主、有欢乐，又有争论的课堂氛围。

四、因材施教创设成功情境

所谓成功的情境，即能使学生获得学习成功，使他们的好奇心与求知欲得到满足，从而体验到学习的快乐之情境。在教学中，要从学生实际出发，因材施教，让能力不同的学生在不同程度上都能体现主体地位，都能从独立的自我调节中获得成功。为此，要把教学内容的深度恰当地确定在各类学生的“最近发展区”，让他们在各自的能力领域内“跳起摘桃”中感受到成功的欢乐和自豪。同时在实施目标教学中，充分运用形成性检测手段，及时反馈信息，进而对不同的学生提出不同的要求，使不同知识水平的学生都能得到发展，都能享受到成功的喜悦。

五、设置悬念创设点化环境

悬念，在说书中称为“扣子”，当故事情节发展到高潮、矛盾上升到顶点时，戛然而止，“欲知后事如何，且听下回分解”，给听者造成一种一定要知道下文如何的急切心情。在教学中，悬念要设得好，就得把握全局，有总的悬念，即每个段落或章节也有各自“悬而不玄”的问题。通过一步一步地设置悬念，一层一层地揭示问题，一环扣一环地抓住学生的心理，就能形成波澜起伏、跌宕曲折的教学结构，就能扣人心弦，使人且疑且思且悟，开启学生的思路，深化学生的思维，在紧张而轻松的氛围中获取新知，发展智力。其最佳状态体现在主导与主体的最佳结合：教师精心设疑→鼓励质疑→巧妙释疑；学生积极求疑→大胆质疑→创新解疑。

六、激化矛盾设置思考情境

教学是认识矛盾、解决矛盾的过程。教学中可使学生原有的旧知识与必须掌握的新知识产生矛盾，从而设置思考情境。这种以矛盾冲突为基础的思考情境将成为教学过程与学生发展的动力。设置思考情境的主要方式：一是让学生在发现自己作业的错误中感到惊讶，激起矛盾；二是利用教材内容本身所包含的矛盾事实，找出矛盾；三是通过向学生介绍历史上或当代伟人、学者对某一问题的不同观点，引起矛盾；四是通过对艺术作品或技术产品的鉴别、比较，发现矛盾；五是利用学生讨论中对某一问题所持的不同见解，挑起矛盾；六是引导学生通过提出假设、检验假设的过程，激化矛盾；七是有目的、有计划地给学生留下“空白”，设置矛盾；八是在丰富学生知识，扩大想象储备的基础上，创设想象情境。想象是在情境非常不明确的认识阶段上发生的。所以教师在讲解，或回答或提出问题时，应创设一种信息不充分、条件模糊的情境，同时配以巧妙的启发，使学生进行有机的联想。这些方法就是引导学生去思考、去消化，以做到：教师“引而不发”，学生跃跃欲试；教师“开而弗达”，学生自由驰骋；教师润物无声，学生心领神会；教师言简意赅，学生回味无穷。要达到这种思考佳境，须因势利导：遇险阻即开路搭桥，有疑惑就指点迷津，有斜出即剪枝去蔓，有思路就顺水推舟。且注意：相机设疑，在学生脑海中掀起轩然大波；巧妙点拨，使之在混沌思维中茅塞顿开；画龙点睛，不断激励其向高层次探索。这个过程实际上就是：“启”“发”→“愤”“悱”；再“启”“发”→更“愤”“悱”……如此使思维过程循环往复，螺旋式上升。

七、善用幽默创设乐趣情境

幽默富有感染性和迁移性，会给人们留下深刻印象和美好回忆。幽默是一种生活态度在教学艺术中的表现，是高尚情操和完美人格的外显，是优美、健康品质的表露，是教学艺术的高层境界，在教学中运用得当，能收到意想不到的效果。幽默一旦与教学的具体内容、具体活动相结合，并以恰当的时机，适宜的形式表现出来，无论是表情动作幽默，还是语言表达幽默，都会使学生感到它是存在于教学内容本身和教学过程之中，而不是教师的刻意追求和故意卖弄，感到引出的幽默是因缘而发，自然随意。这样就造成了一种和谐、轻松、愉快、有趣的教学情境，使学生在艺术享受中获得新知，发展智力。

八、展现图物创设感知情境

学生在学习中，只有感知了的东西才能透彻理解和牢固记忆。因而，在教学过程中，应借助直观手段，通过实物、图片、模型、仪器的展示，与学生日常经验、已有知识发生联系或显示矛盾，从而感知问题情境。通过学生对实物的观察、分析、抽象、归纳，发现图物之间的联系，增强综合、概括的能力，给学生解决实际问题打下良好基础。经常让学生在图物之间，机器零件与几何图形之间建立思维联系，必然会增强学生的想象能力、空间构思能力和理论联系实际能力。

九、操作实践创设体验情境

实验，是理论的验证、生产的预演、科研的基础、创造的园地；实验操作，不仅可以提高学生的学习兴趣，而且这种理论联系实际的做法，能够使学生身临其境。实习，是理论的应用、技艺的演练、动手的体验、上岗的实践；实习操作，不仅能提高学生动手能力，而且这种专业实践，能把学生推上活生生的实际工作岗位。实验、实习等实践与所学理论知识的紧密结合，可使教学有声有色，学生在实验、实习的情境中，学习兴趣会得到不断发展，学习积极性会不断提高。

十、鼓励先进创设竞争情境

鼓励，是教学中常用的一种手段，它对激励先进、激发后进及形成良好的学习氛围起着促进作用。鼓励能使学生的好见解、好思路、好行为得以及时肯定，并可不失时机地引导学生用更高标准策励自己。此刻，学生之间的差异与个人思维的敏捷性、灵活性、深刻性、创造性，都能清楚地表现出来；此时，教师应抓住时机因材施教、因势利导，运用激励艺术，创设良好竞争情境；或从行为习惯方面，实行集体竞争，可加强集体荣誉感；或从知识方面，实行个体竞争，可使学生将学习作为自觉行为。开展智力竞赛，可增长知识，提高能力；开展讲演竞赛，可提高表达能力、思维能力。亦即在教育过程中要注意通过丰富多彩的活动，培养学生的竞争意识，形成一个你追我赶、力争上游的竞争情境。良好的竞争能使学生始终被一种不满足的情绪支配着去学习、去思考，从而使学习气氛活跃、和谐；良好的竞争能使学生在肯定自我时得到积极的情绪体验，在深思中发现不足，在克服不足中又向新的高峰攀登；好的竞争可使学生在“鼓励→进步→再鼓励→再进步”的良性循环中，形成积极向上、活泼自信的心理态势。

教学艺术是教学气氛的“空调器”，可使教学气氛降温或升温，决定教学气氛活跃或沉闷，影响教学情境的创设与优化。教要有法，但无定法，贵在得法。只要从学生实际出发，因“文”而异，就可创设相应情境，如模拟演示情境、气氛渲染情境、设疑引入情境、画面展示情境等等。只要情境适宜，就会使学生兴趣盎然，使学生感到自己是在教师引导下，遨游于知识的海洋之中。

第十六章　学会与会学

学习是初级研究，研究乃高级学习。从初等教育到高等教育，始于学习，终于研究。个人学习亦然。

“学会”指多方面，联合国教科文组织归纳为“学会做人、学会做事、学会求知、学会生存（与人相处）”。这里主指“学会学习”，又包括四方面：学习目的明确，学习兴趣浓厚，学习方法科学，学习习惯良好。学习的终极目的是自己教育自己。学习是每个人一生一世的终身之事，从某种角度说，学习已成为每个现代人生存和发展的必备。在“生也有涯，知也无穷”的大千世界，“学会学习”是社会发展对现代教育提出的新课题。在学校教育中，发展“学会学习”，要靠教、学、管一体化的综合施教，即教师要教“学”，学生要学“学”，领导要管“学”。只有学会学习，才能在当今社会大潮中搏风击浪，勇往直前。学会学习比学会具体知识更重要！因接受教育既是学习知识，还要学会学习，为今后继续学习培养良好习惯。人生是永无止境的学海，即使学会学习或学会求知某个方面，也是难以穷尽的，所以会学则成必然。

“学会”不如“会学”。概言之，有几类知识技能难以从书本中学到。一是操作性强而学理性少者，如游泳、体操，与其靠书本不如靠示范，更需靠摸索实践。二是全新的课题，如市场经济、文艺新流派新手法的探索等是书本上鲜见的。三是不甚高雅不甚美妙的东西。还可以说，创造须在依靠书本的同时离开书本、突破书本，到实践中另辟蹊径。尤其根本的是，学习的最终目的是为能解决实际问题、新问题，能训练自己得到技能与智慧，达到崇高境界，做出更大贡献，达到更完美的表现，享受更光辉、更快乐和更健康的人生。成功者自有妙方，得方者事半功倍。教学不应只是“给予”，而应重在使学生“获取”。要提高学生的获取意识，培养获取能力，教以获取方法。“学法”无定式，也非万能，应因事而异、因人而异。要引导学生掌握与处理好学与习、学与问、博观与约取、求同思维与求异思维诸关系，使之在学会的同时切实掌握“会学”本领。“学之得法”源于“导之有方”。教师要通过“导学”，使学生由爱学而入境，会学而晓理，乐学而动情，活学而益智，最终达到“不需要教”而进入“自求得之”的境界。

“学会”需要“会学”。在知识激增时代，基础知识的多少已不是最重要的，如何掌握知识才最重要，即所谓授人以“鱼”，不如授人以“渔”。故当代教育的任务不只是传授知识，更重要的是掌握学习方法，培养终身学习的愿望和能力。“会学”是指“学会学习之法”，会独立学习、探究学习、终身学习。早在1980年代就有人提出：“未来的文盲不再是不识字的人，而是没有学会怎样学习的人。”把“会学”作为重要教学内容，是现代教育的新要求，是教学发展的大趋势。现代教育既关心学生“学到了什么”，更关注“学会怎样学习”。教师负有“开窍有术”及“传授学法、指导学法”的重任。正是“鸳鸯绣出从君看，金针还须度与人”。什么是教学？即“教师教学生学”或“教会学生学”。只有“会学”，才能“独立”摄取知识并将其转化为能力，才能做到可持续发展。“会学”更能“学会”。会学比学什么重要百倍。要会学，先向生活学习、向实践学习、向他人学习，处处都是课堂、事事均为教材、人人皆可为师；然后，才是向相关书本知识学习。只有在生活和实践中，善于体察、总结、反省、切磋，才算得上会学。想让学生“学会”，须教师先“会学”。

教学过程是一个系统，就学生的学习或学会来说，它由两个互相协调的子系统组成。一是操作系统，包括感觉、知觉、记忆、思维和想象等智力因素，主要担负信息加工；一个是动力系统，包括兴趣、情感意志和性格等非智力因素，它在个体身上形成和表现为学习态度、学习习惯等。学习就是这两个系统的协同活动，缺一不可。爱迪生说：开始学习下定决心，碰到困难鉴定信心，研究问题注重专心，反复学习需要耐心，学习他人应该虚心。

制约和促进学生学习的因素

学习，是一种复杂的身心协调的劳动，有其规律和特点；学习，应掌握规律、运用规律。影响学生学习的因素是多方面的，有主观的，有客观的；有学校的，也有社会的……只要认识了它、掌握了它，就可抑制消极因素，发扬积极因素。

一、理想因素

正确的人生观和理想（人生理想、职业预想等），是对学生特别是对青少年学生进行思想教育的基本内容，是最重要的基础教育、起步教育，是促进学生学好、成才的关键。所以应特别注意帮助学生树立远大理想，树立正确的世界观、人生观和价值观。这是制约与促进学生学习的首要因素。

二、目标因素

明确教育与学习目标（长期目标和短期目标，特别是学期目标中的学习成绩位次目标、学科成绩期望目标、学习成绩赶超目标、特长发展的期望目标等），不断对学生进行培养目标、专业思想和成才教育，是促进学生学习的重要环节。所以既要抓好对学生初期培养目标的指导，也要逐步深化对学生专业思想的教育，使学生方向清楚、目标明确。这是制约与促进学生学习的根本因素。

三、教师因素

教师的事业心和教学态度、教育思想、教学能力、业务水平、教学内容、教学形式和教学方法等都直接影响着学生的学习兴趣和学习态度、学习能力和学习方法，从而决定着学生学习的成绩或效果。名师出高徒，严师出高徒，良师出高徒。所以每位教师皆须以“师德为先，业精为本”；通过“铸师魂、养师德、炼师能、做师表”成为教坛的“新秀”或“明星”，并且具有高度的“敬业、爱生、奉献”精神。这是制约与促进学生学习的关键因素。但是他们真正的制胜法宝是多年研究探索形成的一套独到的教育理念、教学方法和复习策略；注重方法，授之以渔，让学生真正学会学习，这是高明教师或优秀教师所追求的教育境界。

四、课外因素

课外活动是课堂教学的延伸和补充，而生产、工作和社会实践是课堂教学的巩固和应用，这些都在直接影响着学生的学习质量与发展。所以，必须加强课外管理，按照教育教学规律和学生学习规律，加以具体指导。从某种意义上讲，这是制约与促进学生学习的特殊因素。

五、个性因素

不同学生有不同个性；不同个性的学生，有着不同的性格、气质、特长等心理特点及知识水平、学习态度和学习方法等不同的智力因素与非智力因素，这些个性因素都直接制约着其学习态度、情绪、数量和质量。所以教师应根据每个学生的不同情况，因材施教，加强个别指导。这是制约与促进学生学习的内在因素。

六、群体因素

学生的学习、活动、生活多是群体性的。一个学校的校风、班风、学风是一种无形的教育环境，经常潜移默化地影响着群体中每个成员的思想、道德、学习态度和行为习惯。所以教师应加强班级、正式群体与非正式群体的指导，并积极适时开展有益的课内与课外活动，形成良好的校园文化、学习氛围及团队精神。这是制约与促进学生学习的环境因素。

七、身心因素

健康的身体、充沛的精力、愉快的心情和平衡的心理，可使学生的智力机能很好地发挥；反之，学生的智力活动就会受到压抑或遇到障碍。所以应特别注重提高学生的身体健康水平，从饮食、锻炼和睡眠三方面进行调整与指导；同时要提高他们的心理健康水平，使其懂得需要涵养自己的性格，建立和谐与相互学习的人际关系，提高学习适应能力，并有积极向上与不甘落后的心理品质，使他们感到学习上勤奋的人是幸福的——勤奋使人充实，使人平静，使人在劳而有功、劳有所获的同时，也能获得身心愉悦而冲淡脑神经的疲惫。这是制约与促进学生学习的基础因素。

八、管理因素

学校的机构、人员、制度及管理形成的科学化、现代化诸因素，均直接或间接地影响学生学习的积极性、主动性。所以应强化教学管理、美化校园设施、优化育人环境、净化人的心灵。这是制约与促进学生学习的制度因素。

九、社会因素

随着社会、时代的发展，那种单纯认为只有学校是对学生起主导作用的传统观念，正在被现实社会所起的重要作用所动摇。所以要重视社会对学生成长的影响——发扬其积极作用，抑制其消极影响。这是制约与促进学生学习的社会因素。

十、条件因素

培养学生成为德、智、体诸方面和谐发展的具有创新精神和实践能力的建设人才，离不开财、物和环境等构成的教学条件。所以图书资料、实验仪器、实习场所和教学设备，尤其是电教设施及现代教育技术手段等对学生的学习兴趣、学习情绪和学业成绩有着重大影响。这是制约与促进学生学习的条件因素。

教师应帮助学生克服各种困难，特别是学习上的种种困难、障碍和干扰，充分利用各种有利因素，为他们创设有利于学习的良好条件和环境，把他们带进充满知识的大千世界，激发他们对知识和真理的不懈追求。

调动学习积极性十法

使学生“学会”与“会学”的前提是调动其积极性。所以教师应把研究“调动学生学习积极性的方法”放在教育教学工作的重要位置，并在教学实践中不断修订、提高、补充和完善。达尔文说：“最重要的知识是方法。”

一、目标激励法

调动学生学习积极性的首要问题，是必须使学生明确成才目标和学习目的，这是调动学生学习积极性的内部驱动力。因为学习者的目标愈鲜明，学习者的意志就愈坚定，学习者也就愈带有一种充实与强力之感。所以首先使学生明确成为合格人才的标准、奋斗目标及其实现的途径，以增强他们的社会责任感，牢固树立为祖国繁荣富强、为振兴中华而奋斗的学习理想与远大目标，从根本上解决为什么学、为谁学的问题；其次，是使学生清楚所学专业在现代化建设中的地位与作用；再次，是制订学校、班级、个人的长短期目标。这样可使学生有强烈的“目标意识”，以达到激励学生为实现目标而努力学习的目的。

二、信心培养法

西方有位心理学家曾说：“对一个人最大的伤害是伤害他的自信心；对一个人最大的帮助是帮助他树立自信心。”人最可贵的心理品质之一就是自信心，一个人一旦有了自信心，就能使自己不屈不挠地攀登人生的最高峰。而一个人的自信心，有时需要通过别人的鼓励而树立起来。所以教师应善于因时、因事、因人地培养学生的自信心。给人以自信心，那就是最大的鼓励。只要相信他会成功，奇迹就可能会产生。莎士比亚说：“自信是走向成功的第一步，缺乏自信乃是失败的原因。”爱默生说：“自信是成功的第一秘诀。”自信是成功的基石，“坚定不移的信心能够移山”，这是成功的经验。自信是一种自我激励的精神力量，能够激发潜意识释放出无穷的热情、精力和智慧，进而帮助其获得成就。自信可以克服万难。信心的力量是惊人的，充满信心的人，会有极大的积极性，也会有极大的成功。

三、内容精炼法

教学内容是调动学生学习积极性的重要动力源泉。典型、精练、新颖和实用的教学内容，会不断给予学生新鲜感、兴趣感和获知感，从而可调动起他们学习的积极性。学生的收获愈大，学习兴趣就愈浓，学习积极性就愈高。

四、教学艺术法

生动、活泼、灵活、有趣的教学方法，具有强大的激发力、吸引力、感染力，从而调动学生学习的积极性。所以教师应根据教学目标、学生特点，因材施教，实施启发式，努力探求教学方法，讲求教学艺术。

五、联系实际法

所谓联系实际，一方面，是学习的知识、技能，必须适应社会的需求，使学生“学有所长，学有所用”，所学内容既要符合社会的实际需要，又要符合学生的实际需要，根据学校特点和条件多开设选修课，以满足不同层次、不同爱好的学生的不同需求；另一方面，在教学过程中，要紧密联系生产、生活和学习实际，或采用现场教学、模拟教学、案例教学等，使学生感到所学知识有实用价值，同时体验到“书到用时方恨少”的意义。这样必能调动其学习积极性。

六、环境影响法

环境对学生学习积极性起着潜移默化的熏陶感染作用。因而，一要抓好班风建设，二要力求治学严谨，三要建立良好的师生关系，四要搞好校园和教室环境布置，五要树立良好的学风。

七、信息反馈法

在教学过程中，让学生及时了解自己学习的情况、过程和结果，特别是让学生随时知道自己取得的进步和成绩，哪怕是点滴的“亮点”或“闪光”，对学生学习积极性都有激励和强化作用。

八、竞赛开展法

青少年都有好胜争强心理，除在低年级主要培养其合作精神外，在中、高年级应适当、正确地引入竞争机制，切实发挥竞争特有的导向激励的推动作用，组织各种必要的竞赛活动，如数学竞赛、作文竞赛、操作基本功选拔赛等，并制订与奖学金制度配套的政策和奖励办法，是调动学生学习积极性的有效手段。

九、需要满足法

根据马斯洛理论，人们的需要是多层次、多侧面的，在满足低级需要后就会产生高一级的需求。教师应随时了解、分析和掌握班里学生的共同需要和每个学生的不同需要。为此，要善于发扬教学民主，倾听学生的意见，并尽量且及时满足学生合情合理的需要，以调动其勤奋好学的积极性。

十、荣誉激励法

对于学习优秀的学生，或某一方面比较突出的学生，或进步比较明显的学生，给予必要的精神激励或适当的物质鼓励，可使他们取得的成绩和积极行为得到承认和肯定，从而激发其继续努力争取“新高”的积极性。

十一、困难解决法

每个学生在学习上、生活中，都会遇到这样或那样的困难和障碍，教师应及时主动地关心学生，为他们排忧、解难和除障。要教以解决困难的思想方法和态度，比如对任何一个知识点，只要没有弄清楚就应穷追不舍，问老师、问同学、问相关人员，直到彻底清楚明白才罢休。这样必会使学生得到安慰，感到温暖，从而使其学习积极性自发提升。

十二、兴趣培养法

兴趣源于好奇，好奇产生兴趣。故而，应根据不同学生的性格、爱好、特长等，想方设法欣赏、鼓励和激发他们的兴趣，以提升其学习的主动性和积极性。

教师应在使学生学会做人、学会做事、学会求知、学会交往、学会健身诸方面，尽其力、用其才、穷其智、展其能。在教学中，要运用形式上的新颖性，内容上的实用性，方法上的多样性，途径上的情趣性，以引导学生爱学、会学、乐学、活学。当学生学习积极性被激起后，就应让他们懂得成功在于坚持，这是一个并不神秘的秘诀！然而，“坚持”的前提是要有克服困难的决心和毅力；只要做到“坚持”，成功迟早会向你走来，并会向你频频招手！

积极学习态度的特征与培养

学生学习取得进步的先决条件是积极的学习态度。积极的学习态度，是指出自学生高度自觉的主动性，而不是出自外来的种种不符合学生身心健康与发展的压力。教师不能给学生一种学习不好“无颜见江东父老”的心理压力，不能使学生带着羡慕与嫉妒的心态去求学，愤懑与仇恨的心态来问难。学生的积极学习态度通常具有下述特点，教师要认真加以培养。

一、浓厚的求知欲望

具有浓厚的求知欲是树立积极学习态度的重要条件，是学生学习积极性产生的心理基础——把阅读一本好书、攻克一道难题、掌握一门技术、制作一件作品等，都视为极大的乐趣。然而，这种欲望和兴趣不是自发产生的，而是在学习、生活的实践活动中逐渐形成的。所以需教师在整个教学过程、课外活动及社会实践中有意识地进行陶冶、培养和诱引。

二、远大的理想抱负

经验证明：具有理想抱负是激励人积极进取的内部因素。当青年学生尚不能把自己当前的学习行为与远大理想相联系时，应该引导他们形成适度的抱负，帮助学生“立志定向”，为其实现自己的奋斗目标创造有利条件。

三、强烈的学习责任感

学生能否把学习看成是一种理应承担的社会责任，即以对社会、对家庭、对自己负责的态度对待学习，这是能否把社会要求转化为学生自身需要的重要标志。然而，这需要教师对学生不断进行热爱知识、热爱专业、热爱集体、热爱祖国和为中华崛起而读书，为现代化建设而学习的教育。

四、勤奋的学习态度

学习，来不得半点虚伪，除了辛苦，绝无不须付出就会收获的捷径。“水滴石穿”启示，微量的积累能造成质的巨大飞跃。学习亦然。今天一滴，明天一点，只要不间断地吸取，就会取得显著效果。古今中外，不论是推动社会前进的革命家，还是解开自然之谜的科学家，无不是靠“三更灯火五更鸡”的苦修苦练；无不是以长期艰苦奋斗的历程和刻苦勤奋的精神，在向世人证明着“心坚则石穿，功到自然成”这一真理。所以应让学生懂得“无限风光在险峰”，但只有一步一步地攀缘，坚持不懈，甚至是“衣带渐宽终不悔”，才能领略“险峰”的“风光”；否则，惧艰苦、怕险阻，就难以领略“险峰”上的“无限风光”。

五、坚强的意志品质

坚强的意志、顽强的毅力，可以征服或攀登世界上的任何一座高峰，从而“一览众山小”。所以除了勤奋之外就是意志力，勤奋一时容易做到，坚持不懈却不容易。经验证明，尽管智商有高低之异，能力有强弱之差，但意志与毅力对人的成才却起着巨大作用；正所谓：“古人立大事者，不唯有超世之才，亦必有坚忍不拔之志。”在学生时代，意志可使学生对待学习的积极态度得以持久，甚至在遇到挫折和困难时也不减弱或消失。要勤学苦练，持之以恒。既不把学习看得太易，“易则生忽”；也不把学习看得太难，“难则生畏”。要坚定意志，树立信心，“有志者事竟成”。为培养学生这种意志，需要不断教育学生向杰出人物学习；同时，也需要有目的地开展各种活动，通过实践锻炼意志。

六、良好的学习习惯

养成良好的学习习惯是具有积极学习态度的体现，也是积极学习态度转化为实际行动的前提，这种良好习惯所带来的良好成绩又会巩固积极的学习态度。为此，应不断向学生提出具体要求，如按时预习、及时复习、独立思考、勇于实践、敢于创新以及养成“心、眼、口三到”“非思不问”等良好习惯。

七、正确的学习方法

“学贵有方”。向学者注重方法，善学者讲究方法。善学勤悟者，则积淀日益丰厚，且渐成体系；厌学懒思者，则积淀难见有增，且散乱无序。所以教师要克服重教不重学的弊端，在正确处理“主导”与“主体”关系的基础上，做到以教导学、以教促学、以教辅学。教是手段，学是目的。因此，在教学过程中，既要使学生“学会”，更要教学生“会学”，使他们的积极学习态度转化为对正确学习方法的渴求，使他们正确的学习方法成为积极学习态度的基础。

八、真挚的爱师感情

学生是否热爱、喜欢与依恋学校，是否热爱、敬佩和心仪教师，是能否积极对待学习的一个重要基础与前提；只有“亲其师”方能“信其道”，进而才爱其校。为此，学校应有一个良好的校风、良好的环境；教师应有高尚的职业道德和精深的业务水平，以使学生爱校恋校，尊师敬师，从而产生对所学专业、教师所教课程的热爱。

九、正确的竞争意识

当今，充满竞争的社会环境必然使某些竞争机制进入学校。竞争意识、竞争机制是使人们积极进取的外部动力。实践证明，在教育教学活动中适当引入适合学生年龄层次、心理特征及符合教育规律的竞争活动，会大大提高学生的学习积极性。

十、可贵的创新精神

创新精神，不仅是学生积极学习的结果，而且也是积极学习的体现。教师要善于培养学生创新，并巧于诱发、引导、支持、鼓励。为此，要善于捕捉学生“一闪念”的“灵感”。这个“一闪念”的“灵感”往往就是思维进入最佳状态之时，要善于不失时机地抓住这个转瞬即逝的最好时刻。否则，就很可能在无意识的干扰中，扼杀了学生富有创造性的智慧闪光点。

若无“鸡鸣而起，囊萤照读”的苦学精神，就不会有问鼎求学深造的最高造诣。努力的更高境界是坚持，坚持是成功的基石。坚持自己的兴趣，坚持自己的风格，坚持走自己的路。坚持会使人变得更专业、更有内涵，更能品尝成功的甜果。坚持不是立竿见影，但终究会成功。成功的一个秘诀是拒绝让暂时的失败将你完全击败。成功是一条失败的长河。失败多了，成功自然到来；如果成功是最后的一个点，那么失败就是前面的那条线。

注重教“学”与“读”

教育思想的内涵是执教的指导思想，外延通常包括教育观、人才观和教学观。如果将学校教育喻为一根车轴，那么“教”与“学”就犹如车轴上两个不可缺少的车轮。研究教法规律的科学是教学论，探索学法规律的科学则为“学习学”。然而，学习与读书，虽有许多交集，却始终存在区别。学习，是方式，往往是有计划、层次、教材、考核、目的的进行，以便用以选择适合自己的职业，进而勇于、善于创业，均为掌握一种用于将来生活的本领。故学习内容规范、统一。读书则是兴趣，用来选择生活的态度，是为寻求一种乐趣或某种境界，可随时、随地、随意，无拘无束。读，在教室以外；书，在课本以外。读书，来自生命中某种神秘的动力，与现实利益无关。读书。对极少数者，可以改变社会，影响世界，唤醒千万民众，建立新的社会。对大多数者，只能改变自己。因书有优劣之别，读又可随心所欲，故读书是有益与危险并存之事。即使是一部好书，甚或经典，亦非对任何人在任何时都会起到积极作用。

一、为何教“学”

就某一学科而言，相对学生、来说教师是已知者，学生是未知者，由未知转化为已知，离不开教师指导，但归根结底要靠自身努力。教师“教”只有通过学生主动“学”才起作用；否则，实现教学目标将是一句空话。学生只有学会学习，才能主动涉获知识并将其转化为能力。学生在校学到的仅是知识长河中的一粟，大量的知识要靠离校后的自学。所以，掌握学习本领格外重要。古语说“授人以鱼只供一饭之需，教人以渔则终身受益”。特别是知识经济的到来，使教“学”更具紧迫性。信息社会我们面临三种挑战：无限书籍对有限阅读时间的挑战；呈几何级数增长的信息对人们原有接受能力的挑战；大量新知识对人们理解力的挑战。应付的对策，需具四种本领：一是信息搜捕术，即捕捉信息的本领；二是信息浓缩术，即浓缩信息的本领；三是信息筛选术，即搜集、整理、加工、筛选信息的本领；四是信息储存术，即学会利用工具书、资料及储存信息的本领。四种本领集至一点，即要具自学能力。观察是入门，思维是核心，创造是目标，自学是根本。创造力的培养须通过自学。不学不会，永远不会；无师自通，事事精通。未来学家往往将“学会学习”与“学会生存”相提并论，认为“明天的文盲不再是目不识丁的人，而是不会学习的人”。

二、怎样教“学”

（一）要重视非智力因素

学习是创造性思维过程。成才之因，主要可概括为智力因素与非智力因素。前者，包括观察力、注意力、记忆力、思维力、想象力和创新力。其中思维力是核心。在学习活动中，为诱导学生积极思维，可采取“以需引思、以疑促思、以趣诱思和以难激思”之法。后者，是智力因素外的一切心理因素，包括动机、意志、态度等起着动力、激励和定向作用。教学中固然需采取各种方法开发学生的智力因素，但更需着眼于发展非智力因素。教育心理学认为，动机来源于需要。学习动机有内在和外在两种。后者，产生于分数、竞赛等外在条件；前者，则产生于内在条件（如志向、目标等）。内在动机的内驱力要远远大于和久于外在动机。“以需引思”就是激发学生的内在动机。“以趣诱思”也是一样，不要使学生停留在一般“好学”上，而应引导其沿着“有趣→乐趣→志趣”的兴趣链不断升华，收到寓教于趣、趣中长智、以趣培志之效。第斯多惠说：“教学艺术的本质不在于传授本领，而在于激励、唤醒和鼓舞。”

（二）使学生成为善学者

“善学者，师逸而功倍；不善学者，师勤而功半。”教学质量的高低，既决定于善教，也取决于善学。只有学生“善学”，教学才能事半功倍、卓有成效。所以教师在研究和掌握教学规律，改进教法的同时，还须研究学生的学习规律，加强指导，帮助学生成为“善学”者。何谓“善学”，即有正确的目的、坚强的毅力、良好的学风；即让学生想学、爱学、会学，想钻、肯钻、善钻，学得活、会应用、有创见。20世纪中国怪才之一，厚黑学鼻祖李宗吾说其读书方法有三重境界：一是与书为师，相信书中的一切内容，这是积累的过程，也是初级阶段；二是与书为敌，把书里所有都视为仇敌，全盘否定，然后说出自己反对的理由，这是第二重境界；三是与书为友，把书当成朋友，与书做思想上的交锋，你来我往，深化自己的思维。经过一番交锋，既对书理解得相当透彻，也使自己的思维得到很大锻炼。思维的深度来自压力，思维的缜密度来自投入。思维的深度和缜密度体现在对自己思维的观察和控制上。

（三）学有法，无定法，贵得法

学习，是一门科学，必有规律可循，必有科学的方法。学习科学是任何时代、国家和个人最不能拒绝的科学。笛卡儿将方法知识视为最有价值的知识。学习方法没有固定模式，应因课而异，因人而别。在学习中，要引导学生处理好学与记、学与问、问与答、听与看、听课与预习、博观与约取、求同思维与求异思维、“学得”与“习得”等关系，在学会知识的同时切实掌握会学的本领。

（四）学决定教，教适应学

当学生已掌握学法时，教师要改变教法。如在预习基础上，可“三讲两不讲”：着重讲清理解不透的重点、自攻不破的难点和相互联系的关节点；自通之处和细枝末节不讲。也可“四讲四看”：类同内容讲一种，余者给学生看；概念、原理的实质和应用条件讲，叙述过程学生看；基本公式的变化条件讲，演变步骤学生看；解题思路、分析方法讲，运算过程学生看。也可“三先三后”：先复习后作业，先审题后解题，先思考后提问。还提倡“四不问”：已学知识未经复习不问，教材或主要参考书未看时不问，作业未经深入思考时不问，找不到矛盾所在时不问。简单重复学生已知内容，既不会产生信息增量，还会抑制智能发展。教与学是一项系统工程。要创造条件，使学生可能自学；激发兴趣，使其乐于自学；教给方法，使其善于自学；培养习惯，使其坚持自学。同时，点拨思维方向，交流思维方法，优化思维过程，培养思维品质，使其思维具有广阔性、深刻性、敏捷性、灵活性和感悟性。

三、怎样教“读”

（一）循“规律”

读书，要遵循教育学、心理学及生理学规律，什么年龄段读什么书。如幼童对童话格外痴迷，更关注动物而不是人；在学语言时，对声音、节奏感兴趣，喜欢听儿歌。到小学中高年级，开始对身边的人感兴趣，喜欢读小说。当今，儿童图书市场上出现大量名著的改编本、缩写本，旨在让少年更早接触名著。但快餐、速食品，违背了在什么阶段读什么书的原则，如《红楼梦》的改编本把其中很文学的东西全部删掉，只留下一个简单故事，有学生会感到莫名其妙，岂算是名著？须知，培养小学生的读书习惯最为重要，而不是关注应读什么不该读什么，应让他们充分享受读的乐趣，对读产生浓厚的兴趣。对青年来说，应趁青春多读几部优秀长篇作品。而立年后，很可能无缘长篇小说，不单少了闲暇，更是没了心境，没了与之匹配的动力和好奇心，没了那种全神贯注、身心并赴、如饥似渴的心态。读长篇作品需大投入，需一种生活节奏和内心节奏的配合，长篇是一种“慢”、一种“长途”，要求不功利、不急躁，体力和心力都充沛……

（二）需“辩证”

孟子说：“尽信书则不如无书。”第一层含义是提醒，对任何事情最好采取存疑，当然也含读书；其深层次含义在于提示：白纸黑字，有时也是靠不住的。读书犹交友。有的可互相交流学习心得；有的可敞开胸怀一吐闷气；有的可相对抒发豪情壮志，引为知己；也有的可能利用人性的弱点来引诱你做些荒唐无聊之事；还有的所谓朋友，可能趁你不注意，在背后戳你一刀。读书亦然，不是每本书都会“开卷有益”，也绝非所有书都适合自己。鲁迅说一部《红楼梦》“经学家看见《易》，道学家看见淫，才子看见缠绵，革命家看见排满，流言家看见闱秘事。”所以读书并非只看是否有益，还要适合自己。故选择就是非常重要的。书到读时方恨多，实在是读书人的一种困境。前人留下的书太多了，当今新出版的书更如雨后春笋，如若不是眼光独到，就难免困在其中。故学会选择及放弃，才是一种智慧。舍得舍得，小舍小得，大舍大得。学会选择，其实书就等于读完一半。面对浩瀚的书籍海洋，只有阅读经典作品才是一条少走弯路的捷径。中外经典作品都是作家呕心沥血的杰作，经历时间长河的筛选，多少代人的心灵得以浸润，因此流传了下来，自有其经久不衰的魅力。多读经典作品，阅读的趣味和品位会不断提升，再读一般作品，就有辨别力和判断力。阅读经典作品，首先要沉入其中，用“心”去体悟。有的非常引人入胜，也有的不太好读，无法用猎奇的心态去浏览。应看重阅读的第一遍感觉，在何处令自己激动、震惊或思考，久久不能忘怀。

（三）要“重读”

博尔赫斯说“比阅读更好的事，是重读”，“我要劝大家少读新书而更多地重读”。反复读一些早年读过的书，温故知新，自得其乐。孔子的温故知新，后人有不同的理解，但最重要是温习旧学，有新领悟。朱熹解释：“学能时习旧闻，而每有新得，则所学在我，而其应不穷。”读书，贵在精与博。精博的境界，在于贯通。重读，除个人喜爱原因，是读透和悟彻一本书的必由之路。温故而知新，就是精。朱熹反复强调“熟读”和“透彻”：“大凡看文字，少看熟读，一也；不要钻研立说，但要反复体验，二也；埋头理会，不要求效，三也。”这三条均谓熟读精思。对于书中所言，穷追猛打，一竿子捅到底，“看文字，须是如猛将用兵，直是鏖战一阵。”朱熹说：“看文字，需要入在里面，猛滚一番。要透彻，方能得脱离。”读懂书中的每一个字，每一段话，尽管已是很认真地读，就像游泳沾湿身体的每一部分一样，但若止于此，就还是浮着的。进去，是有所领悟，有所得了。而脱离，才是第三重境界：由他人而返归自我，博观约取，消化吸收，如此才能“其应无穷”。读书习惯与读书方式因人而异。默读，是种一目十行、囫囵吞枣的读书方式，能最大限度地缓解阅读饥饿感。默读，往往能练就一种惊人的读书速度，也会带来诸多尴尬。如往往“心”中能诵，“口”不能言。许多名篇佳作，在心里暗暗诵读后，能够过目不忘、提笔默写。可一旦开口读出声来，思维却总是突然中断，说完上句，忘了下句。默读，只求“意会”，对一些成语名句，稍不留意，即会将字词前后倒置。默读的另一弊处，是只求领会大致意思，忽略字的准确读音。每逢公众场合，说话总是提心吊胆，仍然难免出笑话。如把“联袂”的“袂”字，读成了“绝”音，当了别字先生。

（四）要“读懂”

要读懂，既需多读、熟读、精读和深读，更需到实践中“补足”，到社会上“抚事”，到生活里“体悟”，到工作中“升华”。若一时读不懂可跳过，通读全书后再回头看原不懂处也就懂了。读懂，须走“知行合一”之路。学问可分理论与实践两大类。实践性学问无法依靠书本解决，如文物鉴定，理论无论有多完备，不能鉴别实物就是不懂。理论与实践无法划出一条明确的界限，且大多学问同时包括两者。单说理论，真正的读懂建立在寻根究底的追问基础上。读书若只把自己大脑作为存储器，就不可能真读懂，只有不停地问为什么，才能真读懂。培根说：“读书补天然之不足，经验又补读书之不足。”读书，弥补学问之不足，也是实践的前提，无知识的实践，易盲目而不自觉；缺乏实践环节，所学习理论知识便如纸上谈兵。要读懂，需往“暗处”看，即从书本的字里行间，看出书中含蓄之处。大凡经典著作的内容往往深邃，要靠细读、精思、“通神”，以体会和捕捉书本的言外之意、弦外之音。乃至从无字之处，探寻作者的思想、旨意。有位俄国作家曾说读书有三种境界：“一是读而不懂，二是读而能懂，三是读懂书上含而未明的东西。”要读懂，切忌死读书、生吞活剥。即需“从静看出动”，把静态、死的知识，变成动态、活的知识。还要“从是看出非”，即存疑去读。重在多问为什么，认真推究，即使是大师，也会有局限性，其贡献仅在于极大地推动了学科的发展，拓宽了看问题的视野。而任何学科都不是完善的，任何知识都处在不断发展中，这就需存疑读书。要读懂需深读。深读，犹似驻马观景。读书，存在不会和会读之分。前者，尽管天天读，也不过是个盛书的口袋；后者，懂得如何从书中吸取营养。深读自然科学和人文科学之书，能感受到世界之大、宇宙之深，能时时以秋水洗涤双眼，识别历史书中的真伪：人类社会的发展有其规律，任何人即使曾经不可一世的大人物，在历史长河中也只能掀起几股波浪，终不能改变人类历史前进的方向。归根结底读书是一种享受过程，从东晋陶渊明到现代林语堂、梁实秋等都有过此种描述。浅读书可快速判断一本书的价值，迅速获取一些知识，深读书则是对人生的一次次提升，也是慢生活中的一种快乐享受。

有学者说，结交“两个朋友”：运动场与图书馆。通过读书培养“两种功夫”：本分与本事。做人靠本分，做事靠本事。构建“两个支柱”：科学与人文。让学生具备 “两种力量”：思想与利剑的力量，前者往往战胜后者。追求“两个极致”：自身潜力发挥到极致与自身健康延长到极致。拿破仑说：“一个人的思想走多远，他就有可能走多远。”记住“两个秘诀”：“健康的秘诀在早上，成功的秘诀在晚上。”爱因斯坦说：“人的差异产生于业余时间。业余时间能成就一个人，也能毁灭一个人。”

学读什么与怎么学读

书，是有一定学识者的比较系统地书面发言，籍，是册的意思。书籍，能增智，能育人，能养德。书籍，是人类宝贵的精神财富，是以文字记录前人实践经验的结晶，意高旨远，惊世骇俗。书籍，是人类拥有专利的恩物，也是很多人崇拜的神圣对象。书籍，是人类进步的阶梯，是对知识经验的一种简化描述。书籍，是文化传承的载体，是民族血脉的活力；给人以力量、安全、幸福。书籍，是博大精深的中国文化，完全靠此载体传承，并弘扬发展。书籍，是抚慰心灵的鸡汤，可滋养和浸润人的心灵，愉悦与领略全人类的精神和心灵风光；书籍，是一种盛宴，可补充需求，给人以丰厚的精神营养；是人类宝贵的“取之不尽”的”财产”。书籍，是相伴一生的财富，是生命的“激活剂”；是不可或缺的精神食粮；书籍，是人类精神的故园，灵魂的翅膀，使灵魂飞翔；书籍，是登高望远的阶梯、指导人生的益友，是生命的阳光，生命的依傍。书籍，可给学生思想和审美，使青少年懂得雅致和怜悯。书籍，是指引人生的灯塔，可启示智慧和心灵，充满灵性与知识。书籍，是美好人生追求和不懈的前行力量，能励志，塑新生。书籍，是指南，指明前进方向。让人心生敬畏，并进行不断的学习。书籍，含极大影响力、感染力，能教化人、指导人、励志人，使人终身受益。书籍，是人生的益友，是长久而忠实的精神伙伴，是友谊的纽带。书籍，是人类智慧的结晶，是学校中的学校，是学校教育一个至高无上的元素。书籍，是充实知识，提升能力，感染理念，优化品质，陶冶情操的综合平台。能让读书人了解知识的精深，使之不敢妄自尊大，不断激发求知欲。书籍，只有读，才能发挥其最大价值，助人坚强。书籍，只有多读，才能融会贯通，许多道理一想就通，许多事情一点就会。多读一本书，就多一分智慧。至到“书　，无所不读；学，无所不窥”。只有多读书才能“腹有诗书气自华”，提升气质！书籍，只有精读或深读，才有大得，入木三分，精彩纷呈，才能从其字里行间，感悟到那个历史时代中的文化语境以及人们的道德与审美价值观。书籍，只有常读或不断读，才会使其成为一种生活方式、行为习惯、精神追求，才能增添力量，立世而不畏，才能对文化不断认知、思维不断开拓，保持思维的清晰。书籍，在浸润心灵和感染精神之后，最为重要的是教人成为自己。助人自省自知，使人心境变得更为开阔，学会更加尊重他人、尊重自己。读书，能改变人生，创新人生；读书即人生，人生即读书。莎士比亚说：“生命里没有书籍，就好像大地没有阳光；智慧里没有书籍，就好像鸟儿没有翅膀。”读书，是立世之本，是生活的一种必需。是人生活的一部分，作为一种生活方式，能点亮心中的灯盏。读书，是一种对未知探寻的行为，是一种会心的兴奋，是一种如沐春风的愉悦享受。读书，是精神的，而非物质的，更非功利的。读书，如阳光、空气和水，成为人们不可或缺的需求。读书，为优雅，为好心情，为精神充实，为内心需要。读书之道在于悟。一个人运作事情需三种储备：知识、经验和智慧。知识如何得到？读书；经验如何得来？体验；智慧如何得到？悟出。

一、为何学读

读书，也包括读图（插图、地图、照片、图表、视频等），是读书的捷径和利器。 随着摄影、图像、视频、信息技术的飞速进步，“图”的来源越来越广。读图，能提高人的形象思维能力和想象力。读图，也需有一定的抽象思维。读书，为何称“阅读”而不叫“看读”？因阅是郑重其事的。阅字里的“兑”即“清点”，有专注、细察、审度、联想、核实、推理、判断的涵义。“阅”和“看”有区别，如阅兵，不能叫“看兵”。阅，有深思、研习义，看则可玩赏、一目十行。读书，增加智慧，强化修养，提升身心，领略文明。读书，可塑造高尚人格，可让人保持思想活力，得到智慧启发，滋养浩然之气。读书，可了解人类文明进程，能使思想火花迸发。读书，是获取知识和信息的重要手段，是人类吸取精神能量的重要途径。读书，无疑是成长的需求，是人生的能量补充。读书，是一种心灵的活动，是不同心灵之间的隔空对话，可与作者进行思想的撞击，擦出智慧的火花。为何读书？既可立竿见影地获得知识，也可事半功倍地掌握信息，其功用显而易见。然而，除此之外，还给人以美的享受，享书乐、思书趣、品书香。元人翁森的《四时读书乐》：春之乐如“绿满窗前草不除”，夏之乐如“瑶琴一曲来熏风”，秋之乐如“起弄明月霜天高”，冬之乐在“数点梅花天地心”。亦有人曾悟得读书三乐：会友乐——读书，犹如与老朋友促膝长谈；周游乐——读书，犹如周游世界；颐寿乐——读书，延年益寿也！“药补不如食补，食补不如神补。”读书，可“崇高磨炼意志，坦荡舒展胸怀，严谨启迪心智，神秘激发追求”；故读书趣无穷。品味书香，即珍爱文字，珍爱楚韵风骚、唐诗宋词，乃至摄魂夺魄的西游、剑戈惊天的三国、诗情画意的红楼；品味书香，即珍爱美好，珍爱黄山烟云醉客归、桂林山水甲天下、沧海云天莺歌燕舞、春雨秋风绿肥红瘦，珍爱《高山流水》之深情、《十面埋伏》之急危、舒伯特之缓缓流畅。人生拥有了“书乐”“书趣”“书香”，精神世界就会充实、丰富、多彩！读书，如同秋天采摘、收获、品尝辛勤劳动的果实。

（一）读书，可启智

读书是成才的基础，可长知识、拓视野、增智慧、冶情操、识大体、知廉耻、传哲理；能解惑，像名师一样帮助梳理现实的纷杂，去粗取精，去伪存真，透过现象看到本质；可探知前人的得失过程和操作智慧。成功的读书，须延伸到摸爬滚打上天入地的相关实践中去，延伸到活学活用的一生中去，把“读”的过程变成“做”的过程，把口舌之学变成心身之学。法国人夏尔·丹齐格在《为什么读书》中说：“在功利主义的世界里，阅读维系着超脱，而超脱有利于思考。正因如此，读书才是一件大事。”通过读书能提炼和汲取人生旅途的经验和精髓，激励奋发图强的品质意志。读书，好似漫游真实和幻想的世界。读思想性和艺术性俱佳的书，如同和作者相遇、交谈；如同与哲人对话，教会自己如何充满智慧生活，带着微笑勇敢面对一切，在心灵追寻中踏访出生命的足迹。教师启发学生“书是死的，人是活的”，同理也。有些人读书没有进展、收获和体悟，非无名师指点，乃缺乏方便法门，或自身不够精进，需反躬自省。

读书，增知识。读书，是获得知识的最便捷、最直接、最有效的学习途径。儿童在未来社会获得生存的最大保障就是通过阅读培养发展终身学习的能力，知道如何利用各种阅读机会更新、深化、充实自己，并把知识转变为推动个人与社会发展的强大动力。为获取知识，尤其在瞬息万变的“知识经济”或信息时代，知识就是力量，知识决定人生高度。读书，有多个层次：搜罗信息是一层，增加学识是一层，把握规律又进一层，最高层次是增长智慧。读书，是人们获取知识和信息的重要手段，是吸取精神能量的重要途径。读书，获得的不仅是知识系统，更重要的是价值系统，并学会做价值判断，提升价值判断能力，成熟心智，明辨是非。知识是人生最重要的防火墙。只有知识能为人生护航。

读书，长见识。读书犹如周游世界，正所谓“秀才不出门，便知天下事”；读书，能扩展生命的宽度和长度。能看到无数不曾见过的风景，结识许多不曾谋面的朋友。唯有经过足够的书卷浸润，自己的心田才得以充实而丰富、头脑睿智而通达。读书，会令人惊奇发现，在现实世界之外，还有另一个丰富辽阔的天地。那些没有经历过的人生，那回不去的历史，那个抵达不到的未来……都被书本、文字，精彩呈现阐释。读书时，倘若发现一本好书，不啻哥伦布发现新大陆，就会一头扎进那个陌生而辽远的世界……一幅厚重鲜活的历史画卷，在面前徐徐展开。读书，可长学问。求知与求生，是同道、同理。

（二）读书，可怡情

读书，是生活中一种别样的乐趣，感动心灵，纯洁心灵；既可增智，也能立德；既能积累各种知识，又可找到一片心灵净土和思想源泉；还能像音乐般净化灵魂，陶冶情操。如读诗歌，喜其韵律美；读散文，喜其意境美。在寒暑春秋，落叶凋零、寒蝉凄切时，在书中可找到一份生命的韧性与一丝淡淡的期待、一种生命的灼热与执著。尽管周围尘世纷扰、喧闹嘈杂或不如意，然而一旦潜入书海，经书香熏陶，浮躁的心便慢慢平静、安定；疲倦的心便渐渐悠闲、超脱。罗曼·罗兰说：“和书籍生活在一起，永远不会叹气。”读书，是一种爱好，一种享受；读书未必有用却有趣。跟书有了亲密关系，兴趣即来。读书可调节情志，控制情绪，避免心情大起大落，保持心思的安定、清净、健康。读书关乎品德、思想、情操，读到欣悦处，如同春风吹拂，心花绽放，犹入真境。读书是一种内心的舒适和美丽，可悦心、美心，既读别人的思想、喜怒哀乐，也读对人生的理解和思考。特别当读有感触，学有所获时，那份愉悦和满足，无异于丰收了庄稼的农民、得意欣赏自己新作的艺术家、谛视着怀中婴儿的母亲。读书在获得快乐时，让自己也变美。书中有无穷乐，无穷益，无穷美。读书，可感受“坐起看云、霡霂听雨、雪天吃茶”的闲适，领略“落花无声、春燕呢喃、醉酒当歌”的情致。快乐读书才是享受风雅。驻足在阅读层面上，即要有豁达、从容的问学姿态和严谨、虔诚的造血精神；读书只要自由坦荡，就能抵达深度、占据高度，其境界是审美的表达；读书是美好之事，心灵窗口因此而生辉，人生行旅因此而靓丽，在精神后花园里浪漫采摘，是岁月的纪念，是快乐生活的写照。千古名篇穿越了千年时空，至今依旧闪闪发光，照耀着人的心灵。

（三）读书，可修身

读书，可治学修身，正己益世；可加强修养，增添良知，提升身心，领略文明；是做人安身立命之本，是为让自己成为自己；能滋养心灵，让人光亮。读书，是一种吸取，可丰富感情，读懂生活的真谛，建立一个新的精神世界。读书，能让生活有趣，或把无趣的生活变得有趣，恰是生活的智慧体现。读书，能使其魅力显露无遗，审美性或体验性读书，能使生命的质地更加纯粹和坚实。读书，可使人终身受用，开阔视野使人看到光明，涤荡心灵的阴云，让心中的世界充满阳光。读书，仿佛有一只无形的手，引领着自己，认识苦难和坚强……在潜移默化中滋养心灵，让内心丰盈明净。读书，可提高自己的文化素质，丰富精神生活，提高生活质量。读书，可明心见性，寻得一方属于自己的广阔天地，找到内心的安宁与喜悦。 读书，可忘忧，忘疲劳，不觉寒，忘记身体的疼痛和现实的烦恼。读书，可在潜移默化中，悄悄地影响性格、静静地提升气质，提升人格，升华境界。读书，是心灵的灌溉和休憩，是精神的洗涤和升华，是追求内在的自我感受，是要满足自我身心健康的需要。读书，是保持安然心境的绝妙好法。在静静的读书中，阅尽人生风景，品味安然时光。读书，读到书中与作者的心意相通处，即有一种领悟之后的欣喜。读书，是一种自然融入，是心静下来后与作者心灵的交流，是一种内心净化之后的清新脱俗，尘埃落定之后的淡定从容。读书，使所有的喧闹、躁动、不安，都会随着思想与文字的交流一扫而空 。读书，让人的内心世界更丰富，尤其好书给人的馈赠往往也是思想和心灵上的。读书可帮助读者步步建设心灵，使其自觉实现自我价值。读书渐少又渴望成功的人，更需好书的感染和浸润。心灵丰盈，意念坚定，励志的路才会真正好走。读书，能培养人的心性，砥砺人的品格。好书凝结了作者尽心体察的智慧及多年积累。平实精到的表述，严谨克制的低回，深沉宁静的思想更能打动人，影响人，润物于无声。故每次阅读都会成为一次心灵之旅。梁实秋说：“读书不是为了应付外界的需要，不是为人，是为己，是为了充实自己，使自己成为一个明白事理的人，使自己的生活充实而有意义。”读书，目的在于自得。即自己真正有所收获，而非为炫耀给别人看。自得是内功，而非招式。“欲其自得之‘就是为己，反之则是为人。”

（四）读书，可养生

多读书，读好书，有益身心健康。打开书本，闻到书香，抛开物欲，忘记荣辱，独自静静品读书香带来的快乐。西汉大儒刘向说：“书如药也，善读之可以医愚。”他还说：“少而好学，如日出之阳；壮而好学，如日中之光；老而好学，如秉烛之明。”宋代诗人陆游在医学不发达的时代，尚能活到85岁，与其平时爱读书有一定关系。切身体会到“读书有味身忘老”“病须书卷作良医”。晚年穷居乡间，深感报国无门，常靠读书陶冶情操，排遣忧愤。作家罗兰说：“对从事体力劳动者来说，读书是一种休息；对用脑力处理事物者来说，读书是一种解脱。当烦闷时，读书可解闷；当愁苦时，读书也可忘忧；”读书可去除烦恼。有利身心。只有身心健康的人生，才是幸福的人生。读书，是高雅而平易的养生之道。

（五）读书，可健身

读书，是人世间最大欢乐，会使读者快乐生活。读书，可练脑，能健脑。英国神经科学家认为“人脑紧张学习开始得越早，持续时间越长，细胞老化过程就发展得越慢”。现代医学认为，人体内常用的器官会健康发达，少用的器官会逐渐衰退，此即“用进废退”；缺少信息刺激，长此以往，大脑便会退化，思维及智能逐渐迟钝。多读书，可促进脑部血液循环、降低脑细胞退化程度。大脑是人体的最高司令部，脑健则体健，体健则长寿。读书，可疗心疾，有学者说：“居多不顺心事，常难排遣；幸而幼时即养成读书习惯，此时读书可疗心疾。”还能对症下药，“看什么书疗什么病，也成为习惯。大抵胸有不平时就读老庄，大喜时读小说，杂事萦脑读禅语，书空咄咄读哲学书，满脑幻想时，则读艰深典籍。总之，心里越烦，就越要手不释卷，这样不需一小时，就可心地平静，情绪恢复正常，正是‘烦火为之顿歇’。”高尔基说：“热爱书吧！它会使你的生活轻松；它会友爱地来帮助你了解纷繁复杂的思想、情感和事件；它会教导你尊重别人和自己；它以热爱世界、热爱人类的情感来鼓舞智慧和心灵。”读书，可使人活得充实，活得健康。意大利“诗疗法”可追溯到古罗马时，以创作诗歌和喜剧治疗病人，近年该国医院又兴起让患者大声朗读喜欢的诗歌之疗法。纵观古今中外，大凡文人学士多长寿，孟轲84岁、陆游85岁、冰心99岁、马寅初101岁、季羡林98岁、巴金101岁、杨绛105岁、萧伯纳94岁、哈代89岁……这无疑与他们持之以恒地读书密不可分。为何读书会使人健康，因为它是健康的生活方式，可锻炼思维，延缓衰老。

（六）读书，是享受

读书，是一件美好的事。庄子说："天地有大美而不言"，对于读书，只有在亲近之后才能感悟其美。读过的书能留下几许印象，给人一点心得，即使吉光片羽，雪泥鸿爪，也会让爱书人为之陶然，感到快意。读书的趣味各不相同，读者感觉就是与智者谈心之后的沉思，是一幕演出散场前的气氛，是高超魔术师在你面前把精彩一点点展现的过程，是最美的过程与结果。许多经典著作，是不挑阅读情境和阅读心境的，何时拿起，都读得意趣盎然，读得酣畅淋漓，意犹未尽。最佳读物外在的好处是省目力、心力。内在的妙处，其所蕴含的真实，让人会意、会心。其所表达的种种，正是自己想说而又不知怎么说、自己想道而又不好意思道的思绪，便顿然共鸣在其中，有大受用。所以，读书是幸福的，如沐浴，能洗净身上的污垢，使人神清气爽。入得精神浴室，在书的清流中解衣而濯，不亦乐乎？好书的作者是优秀精神搓背工，为读者除垢。不同的书有不同"洗"法。读经典著作宜用盆浴，浸泡其中，反复搓摩，方能到位；读专业书刊如淋浴，当遍及周身；翻阅消遣闲书，好比临时擦身，不用太多工夫。契诃夫说："头脑必须清楚，心地必须纯洁，肉体必须干净。"欲臻此境，少不了精神沐浴。读书不分地域和职业，也不分年龄和季节，读书的原则就是享受快乐，发现快乐，留住快乐，使许多人能够在读书中寻找并发现内中的诗意和哲思，并在持续不断的阅读中获得生命的愉悦和心灵的冲和。读书，受益多多，其乐陶陶。梁实秋说："读书得以开茅塞、除陋习。得新知、增学问，广见识、掌生灵，使人较虚心较通达，不孤陋、不偏执。"

二、学读什么

有人说："人的一生至少要读三类书：经典名著，专业书籍，喜欢的书。要少读甚至不读快餐类书籍。不读坏书和废书。"可概括为"多读书"与"读书好，好读书，读好书"。只读专业书似乎太狭隘，在课外应多读些其他领域的书籍，以拓宽眼界或视野。

（一）读些课外书

课外知识，绝非仅是课内知识的补充，更是必不可少的学习内容。克尼雅日宁说："要读懂书上所没有的东西。"众所周知，理论的实践确为课内知识的补充，但易忽略的是属于情商的课外锻炼与培养。其实，情商的作用，在很多领域比智商更重要。读书不能不顾前程，又不能只顾前程。若学习仅为学期考试、升学考试，读书仅限于教科书、复习资料及历届选题大成之类，那么"学海泛舟"太苦了！在茫茫学海中，规定只准沿着直线摇橹，心无旁骛，目不斜视，于是白沙、细浪、孤帆、雄伟的冰山、金色的鱼群都无缘领略，真是太单调了！人之所以读书，除功利之外，还有第二重作用——拓宽自身眼界，丰富精神生活，但不可"过犹不及"。课外读书若过量，会干扰课内学习。大凡功课成绩较优秀者，均爱看课外书，大学问家皆在读书上实行门户开放。爱因斯坦通晓音乐，能给青年人讲解巴赫的曲子；我国水利水电专家两院院士潘家铮，喜欢看并撰写了侦探小说……唯其广泛涉猎，才使这些大师在专业研究中目接八荒，心驰万里，想象力异常丰富。既然"读闲书"作用如此之大，有何理由不网开一面，为"看课外书"松绑？广义阅读是"读万卷书，走万里路"；包括看电视电影、读报刊、参观访问、游览名胜等，随着时代发展，平板电脑、智能手机的出现，改变了传统阅读方式，使人能更轻松地在书的海洋中遨游。

（二）读些闲书

所谓"闲书"，泛指那些与谋生养家无关、与经邦济世无补的书籍。每日闲书在手"不可一日无此君"。开卷有益，即便看闲书也是如此。当然，从闲书中获取的知识可能是"碎片式"的，不成系统；且往往比较肤浅，不够深刻；还有些像道听途说，可能经不住推敲。但闲书看多了，兴趣集中于某个方面，获得的知识也可渐成体系，且由浅入深，开始深入思考、研究。此时可谓渐入佳境，得读书之真乐趣。

（三）读些无用书

读书，不可尽想着有用，而应读些无用知识，读些无用却有趣的书。"有用"与"无用"是相对概念，对立统一，相互依存。何谓无用？有无相生，相对出现，在读书中，的确存在着"有用"和"无用"。"无用"的阅读看似无用，但它就像一种文化的渗透，缓慢、恒久、绵密。人生活在一个多元世界中，一切概念都在比较中产生。一个破旧的茅屋里空空荡荡一无所有，智者让学生去看看那屋子里有何物？回答“什么都没有”。智者说：屋子里有“空”。因习惯使然，人首先想看到的是“有”，然后立即根据自己的经验来判断这份“有”是否具备价值，而智者眼里到处都是“有”，即使空屋子，看到的也是有用而非无用，因屋子的空间可堆放东西，是个有用的屋子。无可转化为有，有也可转化为无。两者并无严格界限。所谓有用，大多是指学习后立即或近期就能用得上；所谓无用，即不知道何时何地才用上。学生读书要学以致用，但不能急功近利，只讲“现实主义”，不谈精神诉求。学生读书成才，当然不能忽视学习“有用”。然而，人不同于动物，只关心有助维持自身生存和繁殖的“有用”东西。人为万物之灵，需大量富有“意义”能充实灵魂的东西。应在“务实”中生存，更要在“务虚”中提升。庄子说：“重视无用之用”。人类历史上不少重大发明，开始多被视为“无用”。法拉第发现电磁感应，始初只能局限在实验室里，曾被讥讽为“毫无用处”，法拉第回答说：“那刚出生的婴儿又有什么用？”要培养突出“有用”人才，需宁静致远，潜心研究“无用而大用”。“无用”的阅读常常萌芽于一颗对世界敏感而好奇的心，当求知的欲望带领人类穿过重重迷雾后，会获得一种别开生面的人生世界。“无用”的阅读看似无用，但定会留下痕迹。“无用”的阅读可跳脱自己的世界，让人感到他人的存在，可超越时空的局限，收获“最难风雨古人来”的感动。一本好书，从来不会因它的表面“无用”而折损其价值。故应多读些看似无用的书，在无用的书里有思想、有哲学，更重要的是有乐趣。多读些“无用”之书，既是个人的读书趣味、读书艺术，其实这种读书观中，更充满一种彻悟读书本质的精神、生活的智慧和人生的觉悟。读无用杂书，既可拓宽视野，且对问题认识得更深刻，博览群书的人在与他人讨论问题时，往往能旁征博引、信手拈来、高深莫测，博学多闻的气质使其显得气度不凡……真正的读书，必须无所为，无私、无欲、无目的。唯此，才对得起那本书。林语堂说：“什么才叫真正的读书呢？很简单。一句话：‘兴味浓时，拿起书本就读，这才叫真正的读书’。”所有无用的，都是有用的。任何事都忌过度功利化，读书与做学问，不必考虑有何“用”，无论个人的“小用”还是社会的“大用”都不必考虑。换言之，有用或无用均与需求层次直接有关。在只注重吃穿的低层次需求者心目中，对高层次需求者应掌握的知识，就可能认为是无用的。或者没有远见和胸无大志者就可能认为学习法律、哲学等均无用。哲学在面对现实时，也近乎“无用”，但它往往成为整个时代的思想先导。如德国无愧于“哲学国度的称号”：黑格尔把绝对精神看作世界的本原，探讨思维与存在的辩证关系，在唯心主义基础上揭示二者的辩证统一；尼采则把哲学和审美结合在一起，并极度突出个人的存在感。哲学大家为德国奠定浓厚的思想和文化传统……康德、尼采、黑格尔、叔本华、费尔巴哈、费希特、马克思等，足以让世人感叹德国哲学传统的深厚。“在德国，哲学一度可以说是‘国家宗教’。”德国教授汉斯·费格尔说：“一直以来，哲学思想也在作为‘国家特产’不断向外输出。”

（四）读些“无字书”

书有有字书、无字书。“有字之书”尽管卷帙浩繁，远不止“汗牛充栋”，能以卷数计算；而“无字之书”则充塞宇宙、囊括古今、遍布世界，无法计量。历朝历代都有名师硕儒提倡读无字书。周恩来在南开学校读书时撰写一幅自勉联：“与有肝胆人共事，从无字句处读书。”见解独到，才华横溢。鹿善继说：“读有字书，识没字理。”杜甫说的“读万卷书，走万里路”与陆游的“绝知此事要躬行”。“社会是学校。社会上的一切也是书”。若说，读无字之书，比如实验、实习、实训、参观、访问、调查、览古迹名胜。社会实践、学手艺以及与人交往等，其中奥蕴多多，均彰显在“无字之书”或都含“读无字书”。“世事洞明皆学问，人情练达即文章”，或“山川草木即文章，凡有人处皆有师”。走街串巷的手艺人，也是韩愈《师说》推崇的“巫医乐师百工之人”。各行各业学问的榜样不是古代圣贤，而是那些四乡八里的能工巧匠。即使荒年，手艺人也不会挨饿。南斯拉夫电影《瓦尔特保卫萨拉热窝》里修钟表的地下游击队员自知生命不保时叮嘱徒弟说：“孩子，好好学手艺，一辈子都用得着。不要虚度人生。”古今中外对此问题的看法却如此一致！无论何种无字书，皆有利于丰富人生阅历，获取实际知识、开阔眼界、增益见闻。

（五）读些经典书

经典有狭义、广义之分，更不限于本民族。广义而言，无论东西方，那些体现了人类恒久价值、经历时间淘洗沉淀下来的著作，均为经典。何谓人类恒久价值？真善美而已。无论文学艺术、哲学、历史，还是自然科学、社会科学都指向这三个最基本的维度。经典，字字珠玑，句句锦绣，篇篇精彩。经典，经得起重复，常被人想起，常被人运用。经典的语言一遍遍地说，一代代地传；经典的书一遍遍地读，一代代地用。判断经典最首要的标准是时间。经典既有古典，也有“今典”。古往今来，记录各个民族乃至人类文明变迁的历史经典，及在不同领域拓展人类想象力和思维空间的经典，都在不同角度、侧面彰显真善美的价值。某种程度上，教育无非是将经典著作中传递的价值化为普遍常识，并传递出去，即将历代积累的文明成果以简练的方式呈现在学生视野中，让其浸透、镕陶，完成精神上的自我成长，教师作用是将方向、路径指给学生。读经典即为每个人精神定位，一个缺乏经典装备的教师无法更好地指路，只能按部就班，而优秀教师决不会在此止步。读经典过程是一个自我教育过程，是与文明人类中最有智慧、付出巨大精神代价者进行对话。通过教师与经典的关系、教师与学生的关系，人类文明的火种可代代传递，那些经时间锤炼的美好价值得以代代相传。教育的最终目的即此，人的最终目的亦然。每一本经典都凝结着前人的精神创造、伦理坚守。赫尔岑称为“这一代对另一代精神上的遗训”。视若无睹，失之交臂，未免可惜。

（六）读些哲理书

哲人中寿星很多之因，是看透了人生。儒家进德、道家保真、释家净心。北大哲学系包括去世的教授，九旬高寿者十余人，冯友兰、梁漱溟、张岱年等即为其中，享寿 85 岁以上有成就的北大哲学系教授近半数。所谓“仁者寿”就是“君子坦荡荡”，胸中没有垒块的堆积，而有对人生纠结的透视。韩国总统朴槿惠一向热爱读书。她曾说：“在我最困难的时期，使我重新找回内心平静的生命灯塔，是中国著名学者冯友兰的著作。”她在不到 30 岁时，双亲先后遇刺身亡，和弟妹们均陷于绝望和痛苦。此时，她读了冯友兰先生所写《中国哲学史》，其中有做人的道理和战胜人生磨难的智慧，诸如“推己及人，即为仁”“坐密室如通行，驭寸心如六马，可以免过”，这些句子使她逐渐恢复了心里的宁静。过去，她一直想不明白，给韩国带来经济飞跃的父亲，为何不受国民拥戴？现在，答案开始明晰，她感到：“读中国哲学，难在暗示处，妙也在暗示处。”她用先贤的思想分析过去的灾难：“躬自厚而薄责于人，则远怨矣。”朴槿惠说：“是冯友兰的著作《中国哲学史》让我变得正直。”此后其一切言行，均体现出中国哲学智慧和个人痛苦经历交相作用的复杂烙印。从 1980 年代到 1990 年代中期，她不以物喜，不以己悲：“过去我刻意模仿父母，现在我认为，一个有深度的灵魂，是要遭遇思想的探索和人生磨砺的！”冷静相容的思维，最后帮助她等来了命运的转机。1990 年代中期，一直隐居自省的朴槿惠顺势而出，当选国会议员。2012 年她以强大的精神力量，游刃有余地消解了这些爱恨荣辱，当选为大韩民国第一位女性总统。冯友兰的博学多思，朴槿惠的学以致用，都让读者反思，自己研读和消化了多少看似艰难的哲理书。

（七）学些精点知识

除向学有专长者学习外，还需“点滴”知识寓价值。一些常识，或字、词等零星知识，未必无价值。如古今的“一字师”即其典型。中国诗词歌赋用字极简，炼字极精，一字之易往往会使意趣发生微妙的质变，这既需巧思灵感驰援，也需事理逻辑和精神境界为之辅翼。唐代诗人贾岛咏得佳句，却拿不准“鸟栖池边树，僧推月下门”与“鸟栖池边树，僧敲月下门”哪个更好。“推敲”之际，神思恍惚，竟冲撞了大文豪韩愈的车驾。韩愈不仅不加怪罪，还为他定稿“鸟栖池边树，僧敲月下门”，空灵、静谧和神秘都齐全了。五代诗人郑谷为诗僧齐己改《早梅》诗，将“前村深雪里，昨夜数枝开”的“数枝”改为“一枝”，改得妙。“一枝”抢先，可见其早。北宋文学家、政治家范仲淹于宋仁宗明道年间被贬谪至睦州，为东汉隐士严子陵建造祠堂，并作《严先生祠堂记》。文中有四言歌词：“云山苍苍，江水泱泱，先生之德，山高水长。”他写成此文，慎重起见，请好友李泰伯把关。李泰伯学问精深，为人诚悫，对《严先生祠堂记》的立意和行文都很欣赏，唯一提出商榷之处即“先生之德”的“德”字，他认为略嫌直白浅狭，不如改为“风”字，“风”有风范、风采、风流之意蕴，有飘逸、隐逸、闲逸之韵味，更切合严子陵的身份和作为。范读完李的回书，对一字之易极为认可和佩服。陶行知写过一首赞扬某小学的打油诗：“有个学校真奇怪，大孩自动教小孩。七十二行皆先生，先生不在学校在。”一位八九岁的女生读了这首诗，对“大孩自动教小孩”不以为然，她认为大孩能教小孩，小孩也能教大孩，何况大孩与小孩在长辈眼里都是小孩，没有区别，所以改为“小孩自动教小孩”。陶行知听完她的批评，当即夸赞这位聪明的小女生是他的“一字师”。1949 年秋，毛泽东接受章乃器提出“‘没有共产党就没有中国’中加个‘新’字就更好了”的意见，这是毛泽东代表新中国“认”的第一个“一字师”。“一字师”之所以可贵，因一字之易使诗文的才思、神韵、境界皆有喜悦与欢快的交集。刘勰在《文心雕龙》中说："故善为文者，富于万篇，贫于一字。"这说明，最传神的某个字似乎具有隐身功能，即使范仲淹那样的高才，也需"一字师"从旁提点，何况才智远不如他者？韩愈《师说》中道："是故无贵无贱，无长无少，道之所存，师之所存也。"即不分地位高低、年龄大小，只要所言得当，即可为师。妙笔点睛，神采横生；非凡之手，源自神来之笔。

三、如何学读

学会选书比读书更重要。选书决定收获和发展。它可分三类。第一类要"精读"，即要认真、扎扎实实地逐字读；应精读的书，即有许多推荐者，经得起时间考验，流传下来的"经典著作"。精读要求有四：精其选、解其言、知其意、明其理。解其言，即注意字里行间，晓其"弦外音，味外味"，即在文字外体会其精神实质。司马迁说："好学深思之士，心知其意。"第二类可"泛读"，即可粗枝大叶地读，只要知其大意即可；第三类仅供"浏览"，即不逐字逐句读，也不逐页读。有兴趣处就大略看看，无兴趣处就随手翻过。读书，源于兴趣，无论贫富、地位高低都应终身学习。书海茫茫，各取所需，读自己感兴趣的书，把阅读变成"悦"读。读书可"随心所欲"，心情郁闷时读激情洋溢的书；悲观失意时读振奋人心的书；烦躁不安时读些田园诗；时运不济时读些开阔视野的书。浅读、速读、泛读成为新的阅读趋势。书是送给学生最好的礼物。校园处处、时时可读书，激发每个学生内在求知的欲望。关于学问的目的，自古以来便有两种截然相对的看法。孔子说："古之学者为己，今之学者为人。""为己之学"即能在学问之内找到自己的乐趣，读书、治学本身就应是一件快乐之事。假如一个人觉得读书、写作很乏味、很厌烦，却偏偏还要读和写，说些自己都不相信的话，抄些自己都不明白的理，那就只能是"为人之学"——为升学、职称、学位、就业、赚钱等等。"为己"和"为人"本来是辩证的，出发点是"为己"，最终会对别人、社会和国家有用；而出发点是"为人"，最终结果是丧失自我，失去本真意义，也就谈不到真正的"为人"。不迷信，不盲从，要鉴别，要创新；取百家之长，避诸子之短，走自己的路，独辟蹊径。

（一）不唯书

所谓书，从某种角度说，即某人较为系统的长篇书面发言，并非都是真言。孟子说："尽信书，则不如无书。"钱钟书做进一步诠释："尽信书，固不如无书；而尽不信书，则又如无书；不尽信书，斯为中道。"俗语云："尽信书不如无书，尽信史不如无史。"不"尽信"不等于不信，而是不盲目尽信，需独立思考，不人云亦云。如把小说家言当事实写进正史，就违背史家求实传真的原则。历代开国始祖，或功勋彪炳的帝王降生前后非霞光闪现即彩虹笼罩，非龙生即凤养，皆过于渲染与过分神化。这一切与其说是叙述历史，不如说是写小说。钱钟书《管锥编》之《左传正义》中直白地指出："史家追叙真人实事，每须遥体人情，悬想事实，设身局中，潜心腔内，忖之度之，以揣以摩，庶几入情合理。盖与小说院本之臆造人物、虚构境地，不尽同而可相通。"跟写小说戏曲的规律相似。不过史家虽非记言，乃代言，但基本事实上不可胡编乱造；否则，那真是"尽信书不如无书了"。

（二）不唯师

韩愈说："弟子不必不如师，师不必贤于弟子。"孔子说："三人行，必有吾师焉。择其善者而从之，其不善者而改之。"这些名言从不同角度诠释了教师的德与才并非必定要高于学生，所以不能过于迷信教师。亚里士多德拜柏拉图为师，可谓五体投地。但他对老师的学说却抱批判态度，形成自己的哲学观点和体系，可称是大胆质疑的典范。他虽十分敬佩亚里士多德，但发现其学说亦谬误较多。亚里士多德认为在高空"物体降落的速度与它的重量成正比"，10 斤重的物体比 1 斤重的降落快十倍。伽利略却不信！他做了一个著名实验，亲自登上比萨斜塔将几个轻重不同的铅球从比萨斜塔上同一高度落下，结果都同时落地（创立自由落体定律）！亚里士多德还说："推动一个物体的力不再推它时，原来运动的物体便归于静止。"这个似是而非的论断欺骗世人 1800 多年。对此，伽利略推想，推小车在路上走，突然停推，此车并非即止，还要向前走一段，若路面平滑就走得更长，若无摩擦便会永远走下去，牛顿据此写成力学第一定律。"圣人无常师"。孔夫子曾向七岁儿童求教；已是进士的梁启超曾拜时为秀才的康有为为师。

（三）不唯新

新，未必科学。所谓革新，有的是发明创造，有的是假冒伪劣。所谓新观点、新概念、新理论、新思维，未必都是科学的论断。在当今改革潮流中，确实涌现出许多真知灼见，宏论卓识，使人顿开茅塞，受益匪浅；但也有不少所谓新观点、新思维，令人听起来新鲜，甚至有点惊世骇俗，压倒群芳之慨；然而若仔细琢磨与推敲，却令人疑团丛生，惶惑不解；特别是一些耸人听闻的危言，更带有不少失度和偏颇。

（四）不知足

苏格拉底说："做人要知足，做事要知不足，做学问要不知足。"生活上"知所满足"，绝不等于事业上"踌躇满志"。当今世界，信息爆炸，千帆竞发，百舸争流。这就要求须怀有"不知足"的紧迫感，不断保持思想常新、理念长青、学识精进。有道是"知足中快乐，知不足中清醒，不知足中进取"！

（五）不唯网

如今，人们对世界的认知，在手机或电脑的"砧板"上，被微博、微信、QQ等交流软件剁成了细碎的肉馅。随着智能手机、移动互联网的大范围普及，越来越多的人把零碎时间转移到手机、掌上电脑和电子阅读器上，忙里偷闲看个小说，或点赞微博微信，转发时事评论……这种"碎片化阅读"渐成潮流，已成为很多人的消遣方式。诸多青少年闲暇时通过智能移动设备、无线电广播听小说、听电子书等，亦是一种学读形式。资讯五花八门、感受支离破碎、想法七零八落，有问题就找度娘（百度），以网上搜索代替思考，正可谓学而不思则"网"也。公共场所到处可见"低头族""手机控"。有多少人的学习和生活被电脑网络和智能手机"绑架"？网络成了回避独立思考的避风港和拒斥严肃认真思考的游乐场。有的网络上充斥着大量的不良信息，有的盗版网站在正式的网络小说中人为夹杂一些不良内容，充斥着低俗、粗俗、恶俗的网络作品，甚至干脆挂羊头卖狗肉，只保留标题，内容全部张冠李戴，影响青少年学生的健康成长。央视曾曝光"百度疾病危机"事件，热门疾病贴吧被买，数千血友病人被骗，危及生命。总之，网上知识总体来说太零碎、随意，参差不齐，不如书籍的知识养分充足莱茵戈德说"在网络时代，每个人应具备"数字公民"应有五个网络素养：管控。故阅读网络信息需有一双慧眼，谨慎选择。是否须将传统阅读与电子阅读截然对立。美国学者霍华德·注意力、对垃圾信息的识别力、参与力、协调力和联网能力，聪明使用社会化媒体，从而掌控命运。"因此，在阅读过程中，需不断自我警示，自己正在看什么，有什么价值，如何延伸思考，并借助网络即时搜索功能，以问题导向，探究更多的东西。其实，很多新兴事物与传统并非此即彼，而亦此亦彼。读书的关键，是做阅读与想象的主人，是驾驭生活还是被生活驾驭，取决于自我反省与控制。在阅读方式多元化多维度的今天，阅读方式不拘一格。既可是传统的书本，也可是时尚网络。前者，有其局限；后者，亦存不足。不应反对"碎片化阅读"！其实，"碎片化阅读"瑕不掩瑜：它可快速、及时、互动，不荒废零散时间；具有"集腋成裘、聚沙成塔"之效。但"沙"聚成的"塔"并不一定坚固？搭建起的知识结构有可能是松散、不成体系的，甚至会以讹传讹。若"较起真章"做学问，则底气全无。比如已习惯"有不懂，找百度"，可网上的东西，缺乏严谨的治学精神，不可不信，不可全信。同时，还需让阅读搭乘数字化便车，通过文学资讯、作品阅读、微电影、有声文学、数字期刊、专题活动、电子商务等板块，展示近年来数字出版发展的最新成果。为读者带来集视、听、读为一体的"立体阅读"和数字化的体验。为读者打造一座免费的"便携式数字图书馆"，为读者提供便利化信息支持。

（六）唯时节

读书应讲求时节。不到时节，书读不透，读不入味。有些书在"未识愁滋味"时读，方有趣；有些书在"识得愁滋味"后读，才明白。有的书，得及时读、适时读，错过时节，那份野趣闲情那份饥渴便如一去不复返的黄鹤，令人好不怅然。读书之最佳时短是六七岁到十六七岁的约十年间。此年龄段的读者对外界的了解可谓如饥似渴，内心颇似海绵，给点水就吸光。或此时又是世界观初步形成的时期，人的可塑性最强，也最易受外界的感染。所以外部环境若能创造比较好的阅读氛围，对青少年的成长极为有益。儿童对一本《小人书》的连环画，会使其饭不想吃、觉不想睡，其专注程度不亚于瓦特观察开水壶，牛顿思索苹果落地，陈景润钻研哥德巴赫猜想。同一本书，不同时节读，感受不同。张潮（清代文学家）名作《幽梦影》中说："少年读书如隙中窥月，中年读书如庭中望月，老年读书如台上玩月，皆以阅历之深浅为所得之深浅耳！"将读书比作观月再恰当不过。月，清明温润；书，启迪心智。人生阅历不同，从书中领悟的道理自然有别。日月明物，读书明心；人多读书，能更深地了解自我。少年时读《水浒传》，只觉李逵可爱，宋江该死。青年时读《水浒传》，又觉李逵诚可爱，宋江实可怜。中年时读《水浒传》，方觉李逵可爱只囿于鲁莽，宋江堪怜全缘于忠义。人生有常季，读书亦如此。不到时节就读的书，可重读。错过时节未读的书，应补读。适时读书，及时读书，读得对口，读得称心，读得开胃。从另一角度讲，心理需求不同，书的功能不同。比如：慷慨激昂，文辞铿锵，诲人不倦之书；析理明确，道德文章，谆谆教导之书；排遣寂寞，宽慰伤心，循循善诱之书；语言优雅，不温不火，赏心悦目之书……都堪称诤友、益友、良友，知友、亲友、爱友。古人说："开卷有益"。记住这句良言，并践行之，将获得多多。

（七）唯常态

常态即正常和经常，正常是指积极主动地读些感兴趣的书；经常是指不断地读书，有良好的读书习惯。古人云"一日不读，饮食无味，三日不读，面目可憎"。现代人虽不需去盲目效仿囊萤映雪、凿壁偷光的前贤，也不必强求自己去体验古人"雪夜闭门读禁书"的乐趣，但读的习惯需提倡。读书是一种生活习惯，也是一种修炼。对感兴趣的书，都可经常翻看。学校让学生爱上阅读，激发他们好读书、读好书的热情，养成阅读习惯。读书习惯的养成，未成年阶段是基础，中青年时期是关键，老年则是延续和延伸。读书习惯的形成在很大程度上受外界影响和熏陶。尤其是未成年人读书习惯的形成，家庭、学校及社会等环境"外因"的助力作用至关重要。家庭要注重培育"读环境"，父母作为孩子的第一任老师，首先要在"好读"上给孩子做出表率，并有选择地适时适当、有目的地买些利于求知、增智、益慧、立志的好书。①读好书——读起来酣畅淋漓，废寝忘食。此类书，资料丰富，内涵充溢，境界阔大，情智饱满，文字多姿多彩，时有惊人之语，精神的力道很足。②读好书——先决条件是不读坏书，如若尽读"黄书"，终至堕落，则开卷非益。就是尽最大努力少读平庸作者的书，尤其刚一上市就被炒得热热闹闹的书。别林斯基说："不好的书告诉你错误的概念，使无知变得更无知。"③读好书——能点亮孩子心上的灯。陶行知说："书呆子是读死书、死读书、读书死"；"书是一种工具，不可读，只可用，看也是为着用，为着解决问题，断不可呆读。"现代社会，新知识、新技术、新理念等"新东西"层出不穷，使读书成为常态已是大势所趋。

（八）入佳境

读书的三个阶段：①读"有字书"。含五类，一是每天必读报刊、必听广播；二是经典著述；三是专业书籍；四是古今中外文学名著；五是其他感兴趣的杂书。②读"无字书"，读与行要结合即"书外功夫"，"读万卷书、行万里路、经万件事、师万人长、抒万般情、拓万丈胸"。受客观条件限制，不可能穷尽天下路，有的不能"身行"，"心行"也可。范仲淹应友人邀请，写就千古名篇《岳阳楼记》时，并未去过岳阳楼与洞庭湖。但因他对当地的历史、地理、文化有非常透彻了解，更因他有"先忧后乐"的情怀，所以写出该名篇奇文，为文化江山描摹了一幅胜景。这是一幅绝佳的江山文人的图轴。千百年来无数文人墨客在岳阳楼登览胜境，凭栏抒怀，并记之于文，咏之于诗，形之于画，使之成为被反复描摹、久绘不衰的一个主题。尤其"先天下之忧而忧，后天下之乐而乐"则使岳阳楼蜚声四海，名扬天下。③是"自悟书"。读书要用心读，要思考。读书贵善疑，方能解疑难，寻求知识之真谛。《围城》中讲"不识字的人受人骗，识字的人受书骗"。"学而不思则罔"。当然，这三个阶段并非割裂无关，而是相互交织的。

读书，是人生永恒的课题。故每个人，尤其青少年应从小养成读书习惯，为其今后发展奠定良好基础。个体知识的获得，大多来自他人传承，很少部分来自个人经验和总结。事实证明：那些以考试、升学为目标的读书活动无法满足青少年的阅读兴趣，反会使其厌烦，视阅读为负担，从而亲近电视、电脑。教师要正确引导，注意其兴趣，避免功利主义。书在哪里都可读。就像人人心中有一个田园，只待你去发现守护。读书，不拘时地，能长能短，更品出读书的趣味和妙处。书香洋溢，温暖快乐，就觉欣悦不可言。人亦世俗，但因有书，就脱得俗世浮尘、名利苦海。读书让人超脱，让人高远，甚可把失望变为希望。

古今学者论学习态度与方法

世界上所有的一切都写在书里，世界上没有的一切也写在书里。故从书里可学到想学的任何东西。书海茫茫，知识无穷。然而，人的生时有限，所以要想达到学习目的，必须具备良好的学习态度和掌握有效的学习方法。“业精于勤而荒于嬉，行成于思而毁于随。”事业成功赖于勤奋。无数事实一再表明，任何成功的花朵皆浸透着奋斗的汗水。虽人生的答案丰富多彩，但只有选准了某一条路，不畏艰难、不怕险阻，坚定不移地走下去，才能最终找到人生最精彩的答案。学习亦然，只有锲而不舍才有成效。自古以来，很多思想家和教育家均主张刻苦学习，并讲求学习方法。读书方法可分为：略读——即快速阅读，主要是阅读一般性的文章，是为了解和掌握文章的宗旨和大意；通读——即泛读、粗读，属于消遣性阅读，如看小说等文学作品，这种阅读适合于较长文章，其理解是综合性的，其阅读过程就是一种享受；查读——即跳读，快速查找所需的信息，其阅读目的明确，只看相关内容，如时间、地点、数字等，与此无关者，一律跳过；扫读——即泛泛地浏览，如睡前翻翻报纸，看看题目，走马观花，感兴趣的内容就多看几眼。至于用哪种方式阅读，主要看阅读目的、阅读条件及阅读习惯。现将一些历代著名学者留下的传世真言——对学习态度与学习方法的有关论点，选述如下。

一、刻苦攻读

朱熹主张读书，不应自恃天资、偷懒取巧，而应刻苦攻读，多下笨功夫。他说：“大抵为学，虽有聪明之资，必须作迟钝功夫始得。”

二、持之以恒

孔子提倡“人贵有志，学贵有恒”。他用挑土垒山和平整土地作喻，阐明学贵有恒，功在不舍的道理。他说：“譬如为山，未成一篑，止，吾止也；譬如平地，虽复一篑，进，吾往也。”荀子主张刻苦有恒，他说：“锲而不舍，金石可镂。”

三、独立思考

古人常说，俯而读，仰而思。南宋学者吕祖谦说：“观史如身在其中，见事之利害，时之祸患，必掩卷自思：使我遇此等事当做何处之？如此观史，学问亦可以进，知识亦可以高，方为有益。”

四、循序渐进

朱熹说：“读书之法，在循序而渐进，熟读而精思。”“读书之法，莫贵于循序而致精。”如果急于求成，往往会欲速则不达。

五、由博返约

孔子主张多学并详尽研究融会贯通以后，再用最精练的语句简要阐明道理。他说：“博学而详说之，将以反说约也。”宋代苏轼也说：“博观而约取，厚积而薄发。”

六、提要钩玄

韩愈讲读书主要方法之一，是提要钩玄，即读书必须掌握其要领，探索其精微，精辟而简明地指出其主旨。他说：“记事者必提其要，纂言者必钩其玄。”“万山磅礴，必有主峰；龙衮九章，但挈一领。”

七、不耻下问

古语云：“敏而好学，不耻下问。”韩愈主张师无贵贱，师无长幼，他说：“弟子不必不如师，师不必贤于弟子。”“道之所存、师之所存也。”应向一切人学习其长，“好问者不迷路”，不解其意，遂问其故，这是学习应持有的态度。

八、钻进书本

朱熹提倡，学习不能只学表面文章，看书要“看着他缝罅处，方寻得道理透彻”，“看到缝罅时，脉络自开”。

九、不迷信、不盲从

孟子说：“尽信书，则不如无书。”钱钟书说：“尽信书，固不如无书；而尽不信书，则又如无书；不尽信书，斯为中道。”后者，告诉我们学习应“不唯书”“不唯师”，要有自己的见解。

十、讲究“六义”

近代有人主张读书应讲究“六义”：正义，力求正确而准确地理解理论与概念的含义；通义，明确公式、定律的应用范围；余义，注意定理的扩展引申；疑义，要发现疑问，力求透彻地解决疑点；异义，了解各种对立的或谬误的观点；辨义，辨析各种类同的含义，了解它们之间的同中之异、异中之同。

十一、读书有味身忘老

清代人张潮说：“少年读书如隙中窥月，中年读书如庭中望月，老年读书如台上玩月，皆因阅读之浅深所得之有浅深耳。”少年“从命”读书，为学而学，少有悟性；中年“从业”读书，学以致用，有所悟性；老年“从容”读书，轻松自如，多有悟性；皆因阅读目的不同而有不同悟性。

十二、需唯物辩证

华罗庚说：“读书要由薄到厚，再由厚到薄。”老子也表述过这种意思：“为学日益，为道日损。”就是讲辩证地读书。有人将读书方法归结为加、减、问、用和创五个字：

加——广采厚积，织网生根；

减——去粗取精，去形取神；

问——勤思善问，开启迷宫；

用——实践检验，多用巧生；

创——求实创新，乐在其中。

觅真理立巨人的肩上，出新意于法度之中。除学习方法，还要有一个好的学习心态，即读书要做到：

敬——潜心敬业，不浮不躁；

精——精益求精，锲而不舍；

韵——富有韵味，乐此不倦；

瘾——百思解不开，吃饭也同味，担待不寻思，刚眠梦见之。

借千家知识，集百家之长。恒心搭起通天桥，勇气冲出智慧门。清代刘开《问说》指出：“非学无以疑，非问无以广识。”陶行知说：“人人都是创造之人，处处都是创造之地，天天都是创造之时。”

中外名家读书或学习方法

古今中外的学者之所以成为名家，皆因其很讲究与总结读书或学习方法；提出的许多有益名言、主张或观点，细细品味，句句蕴含哲理、曲曲唱传千古；既是指导学习的格言或座右铭，又是学习征途上的指路明灯。

一、学习方法采珠

（一）酿蜜法

“我们不应该像蜘蛛那样光会从肚里吐丝，也不应该像蚂蚁那样单是收集，而应像蜜蜂那样，既采集又整理，采百花酿甜蜜。”（培根）

（二）厚薄法

“由薄到厚是学习、接受的过程。书由厚到薄是阅读能力提高的标志。”（华罗庚）

（三）循序法

“字求其训，句索其旨，未得乎前，则不敢求其后。”（朱　熹）

（四）疑问法

“为学患无疑，疑则有进也。”“小疑则小进，大疑则大进。”（陆九渊）

（五）学思结合法

“学而不思则罔，思而不学则殆。”（孔　子）

（六）层次法

读书分四个层次：“一是沙漏，进去多少，流出多少，头脑中未留下半点痕迹；二是海绵，全盘吸收，挤出来原封不动，甚至还脏了些；三是滤豆浆的布袋，豆浆流出来，留在里边的全是豆渣；四是采宝石的劳工，淘汰矿渣，只要纯净的宝石。”（英国柯勒律治）

（七）博采法

“两人的书我都读，都喜欢，但喜欢的地方不一样。读胡适的书，是让人长学问的，读鲁迅的书是让人长脾气的。学问得长，脾气也得有。”（韩石山）

（八）沉浸法

读书之道，强调要精读经典，“一书不尽，不读新书”；还认为“凡读书，不必苦求强记，只须从容涵泳”，并“略作札记，以志所得，以著所疑”。实际上，这是一种沉浸读书法，对一本书要完全沉浸其中，读懂读透，才能读有获益。（曾国藩）

二、名人学习“三诀”

“吾生也有涯，而知也无涯”。虽不可能学尽所有知识，但为学得更多知识，讲求学习方法和善于利用时间。古今名人遨游书海，积累了许多珍贵治学经验，给后人留下了许多名篇、名言，乃至成为千古绝唱。

（一）三　学

西汉刘向为劝勉不同年龄者读书，有精辟三喻：“少而好学，如日出之阳；壮而好学，如日中之光；老而好学，如秉烛之明。”“三学”是说，要活到老、学到老、思考到老。

（二）三　余

东汉末年，三国魏人董遇要求学生应善于抓住或利用“三余”时间，即：“冬者岁之余，夜者日之余，阴雨者晴之余。”“三余”是说，时时都能学习，劝勉人们利用一切可以利用的空余时间勤奋读书。

（三）三　上

北宋欧阳修“盖未尝顷刻释卷也”，足见其读书之痴；他善于利用时间，与“三余”相映成趣的是读书时多在“三上”，即马上、枕上、厕上。“三上”是说，抓住一切时机或零散时间，处处皆可读书。

（四）三　到

南宋大文人、教育家朱熹讲究学习方法，他认为读书要“三到”，即心到、眼到、口到。“三到”是说，读书欲得其要领，既须善用多种感官，又要专心致志。

（五）三　读

清末民初的梁启超认为看书一般为粗读，有价值的要细读，格言类的要精读。

（六）三　贵

张之洞主张“贵博、贵精、尤贵通”。“三贵”是说读书应追求的三个标准，并掌握其辩证关系。

（七）三　境

世人常引用清末王国维的名言：“古今之成大事业、大学问者，必经过三种之境界：‘昨夜西风凋碧树，独上高楼，望尽天涯路——此第一境也；衣带渐宽终不悔，为伊消得人憔悴——此第二境也；众里寻他千百度，蓦然回首，那人却在灯火阑珊处，此第三境也。’”“三境”即积累、探索和追求，须具有坚韧不拔、百折不挠，不怕艰难险阻，不惜殚精竭虑的献身精神。第一境说的是要有信心，“独上高楼”，非信心不可；第二境说的是要有决心，“终不悔”实乃最大之决心；第三境说的是要有恒心，“众里寻他千百度”，没有恒心，如何达得到？这三句古词，还表明治学的“悬思→苦索→顿悟”三重境界。

（八）三　性

鲁迅提出学习要“不怕慢、不怕落后、不怕失败”的“三不怕”精神，并注重“三性”，即目的性、灵活性、广泛性。“三性”是说，读书应有明确目的、灵活方法与坚持原则。

（九）三　条

李公朴说，要从读书中挑出“三条路”：读活书（读言之有物的书），活读书（动脑筋、勤思考），读书活（读书联系实际）。就是说，读书的指导思想要明确，读书的方式方法要选好，读书的方向目的要正确。爱因斯坦成功“秘诀”有三条：一是艰苦的劳动，二是正确的方法，三是少说空话。

（十）三　法

历史学家翦伯赞读经典著作的“三法”，即通读法、重点法、笔记法。教育家徐特立读书也有“三法”，即：日积月累法、古今中外法、借书摘抄法。“三法”是说，学习要讲求方法。

（十一）三　不

俞平伯教授倡导“三不”原则，即：不苟同——对别人见解从不轻易附和；不固执——不坚持己见，一切服从真理；不苛求——对不同观点要宽容，不随意臧否别人。“三不”即读书做学问要实事求是。

（十二）三　此

美学家朱光潜提倡治学“三此主义”，即：此身，就是要把读书自觉付诸行动，不依赖别人；此时，就是读书要善于挤时间，不拖到将来；此地，就是利用现有环境，刻苦攻读。

（十三）三　药

胡适认为学习需常吃“三味药”，即：“问题丹”，学完某一知识时必须留一两个麻烦而有趣的问题放在身边，这样就不会懒惰而会继续追求知识，因为问题是一切学问的来源；“兴趣散”，是指发展一点自己爱好以外的兴趣，可使学习更有趣、更快乐、更有意思；“信心汤”，人无信心，百事难成，学习也必须有信心，努力才不会白费，反之，不是半途而废，就是草草了事。把三味药配成一服药，让它起化学反应，就会药性大增，疗效显著。“三味药”是说学海无涯，永远需要“问题丹”来引路，“兴趣散”来鼓劲，需“信心汤”来增强信心。

（十四）三　式

近代文学家茅盾经常采用“三式”读书法，即第一遍鸟瞰式，第二遍精读式，第三遍消化式。“三式”是说读书应有步骤与层次。

（十五）三　为

培根认为读书之用：一为怡神旷心，二为增趣添雅，三为长才益智。

（十六）三　字

马克思读书有“三字”秘诀，即博（览群书）、记（做记号）、读（熟读成诵）。

（十七）三大要素

法国生物学家巴斯德说："立志、工作、成功"是人类活动的三大要素。

（十八）三把钥匙

雨果说人的智慧掌握着三把钥匙：开启数学，开启字母，开启音符；知识、思想、幻想就在其中。

三、古今名联话读书

古往今来，不少著文赋诗，论述读书的意义，留下不少篇章。许多学者还撰写了含意隽永、工稳精妙的读书联语，颇具韵味。有些名人将自己的读书情趣、读书方法、读书态度、读书甘苦、读书心得等发自肺腑的心声，甚至是毕生苦读经验之结晶，写成对联以自勉，内涵深邃，引人深思，给人以深刻的教诲。

1. 唐代诗人王若虚在《论诗》中有联语——"文章自得方为贵，衣钵相传岂是真。"此联比喻读书不求形式，更应注重领会其精神、精髓或实质。

2. 晚唐诗人杜荀鹤主张读书要从幼时做起，有联语——"少年辛苦终身事，莫向光阴惰寸功。"还有重视环境联语："窗竹影摇书案上，野泉声入砚池中。"此联写出在清稚幽静的自然环境中读写的惬意。

3. 北宋苏东坡自幼好学，自以为无书不读，得意地书写一联——"识遍天下字，读尽人间书。"后来 随着年龄的增长，阅历的丰富，觉得这口吻太狂傲（另一传说，是经一翁指点而悟），于是改为："发奋识遍天下字，立志读尽人间书。"虽只添四字，变"完成"时为"进行"时，便显得谦虚多了。

4. 南宋大儒朱熹在庐山白鹿洞书院题联云——"日月两轮天地眼，诗书万卷圣贤心。"此联认为读书可以达到圣贤境界。

5. 明代顾宪成为江苏无锡东林书院题联——"风声雨声读书声，声声入耳；家事国事天下事，事事关心。"此联直抒致力读书、积极入世的爱国心意，数百年来许多志士仁人，读此联而受到激励和鼓舞。

6. 曹雪芹在他的《红楼梦》中有联语——"世事洞明皆学问；人情练达即文章。"其意：明白世事，掌握其规律，就是学问；恰当地处理人情，懂得道理，总结出经验就是文章。

7. 清代扬州八怪之一的郑板桥，不仅书画自成风格，而且对联也别具一体。在自己的书斋题一联——"咬成几句有用书，可以充饥；养培数竿新生竹，直似儿孙。"上联写读书，"咬"字生动形象，颇见执著；下联写育人，"直"字深寄厚望。另有一联："书从疑处翻成悟；文到穷时自有神。"

8. 著名历史学家范文澜的自题联云——"板凳要坐十年冷，文章不写一句空。"此联显示了这位学者严谨的治学态度。

9. 毛泽东同志在湖南第一师范学校求学时，曾写这副对联自勉——"贵有恒，何必三更眠五更起；最无益，只怕一日曝十日寒。"此联主张读书学习要有持之以恒的科学态度。

10. 唐宋八大家韩愈题联——"书山有路勤为径，学海无涯苦作舟。"古往今来，一些劝读联语，多为名言警句。但最有影响的是此联。它是说，在读书、学习的道路上，无捷径可走，也无顺风船可驶，只有"勤奋"和"刻苦"是必不可少的。此联可作为座右铭来激励一代又一代的年轻人，学习上哪怕不聪明，只要勤奋，就会有所收获，走向成功。

以上至理名言，在今天仍有其积极的现实意义，有教益、启迪、借鉴和学习价值。成功，当然离不开天赋，但那不向厄运低头的精神，无人不敬佩！可见，人的精神力量往往可超越世上看来难以逾越的障碍。

四、读书方法种种

高尔基说："书籍是人类进步的阶梯。"西汉刘向说："书犹药也，善读之可以医愚。"两者都是书对人类社会进步的价值体现。"读万卷书，行万里路"道出读书的重要途径与意义。而"十年寒窗无人问，一举成名天下知"则告诫读书者要有毅力、韧性。只要深刻认识到书的价值，懂得读书的意义，就一定会有所作为、有所收益。在科技突飞猛进和知识激增的当今，一个人用毕生时间读尽全世界一日内出版的各种书籍也是根本不可能的；何况学海无边，书山无穷。因此，读书要讲究方法，以求事半功倍之效。

（一）一目十行

此法指读书时看得非常快，似跳跃略读主要部分，只对其内容作梗概了解的一种读书方法。"春风得意马蹄疾，一日看尽长安花。”虽匆匆，来不及细细观赏，但其中秀色却尽收眼底。这是课前预习和课外阅读尤是阅读长篇小说或较熟悉的文章时采用的一种方法。优点是能培养速读、立记、即述的能力，训练思维的敏捷性和概括能力，又可培养整体观察和比较能力，进而提高综合力、分析力、鉴赏力。

（二）细嚼慢咽

此法指对书中内容要反复阅读、仔细品味、慢慢消化，琢磨其旨意，掌握其理论、观点、规律的一种读书法。常用于阅读科技书刊、专业书籍、经典著作及教科书等。其优点能全面、准确、融会贯通地掌握书中知识，甚至引领读者进入一个心醉神迷的世界；缺点是费时耗神，易使人缺乏新鲜感，甚或厌倦情绪。

（三）提纲挈领

此法指在读书时重点阅读那些总括理论观点的段落和句子及公式、定义、规律等，以达到掌握书中重点内容之目的的一种读书方法。此法适用于阅读理论著作、新闻、通讯等方面的书刊。优点是能很快掌握文章要点，提高读书时效；不足是易导致不求甚解或只知其然而不知其所以然。

（四）联系实际

此法指在读书时一边读一边按书中的理论和方法进行实践，学以致用的一种读书方法。其特点是学用结合、手脑并用，能迅速将书本理论转化为实际技能。

（五）联系比读

此法指在阅读中把新旧不同或优劣各异及相同或相反的内容等，通过比较联系找出异同，加深理解的一种读书方法。此法又称对照读书法，指将两篇或几篇写法或内容相似的文章拿来，对照着读。其优点是使新旧知识系统化、网络化，既有效地复习旧知识，又较好地学习新知识。

（六）读思结合

此法指读书时采取专心精读、细心思考、深入理解的一种读书方法。此法既可读思交替、先读后思或先思后读；也可同时进行，边读边思，读思结合。

（七）议读讨论

此法指读书时有目的地抓住关键疑难，提出见解；然后同正在读或已读过该书（或文章）者进行讨论、切磋，以达到加深理解的一种读书方法。

（八）避难就易

此法指在读书时先避开难以理解的内容或知识点，当易于接受的内容或知识点全部读完消化后，再回过头来重新阅读该内容或知识点，以变难为易，提高阅读质量和速度的一种读书方法。

（九）感受批注

此法指在读书时边读边将书刊或文章的重点内容用荧光笔划出来，或在天头、地脚等处做出批注，以表达自己观点、感受和见解的一种读书方法。此法应用广泛，不受文体、内容等因素所限。

（十）重点摘记

此法指读书时有目的地边阅读，边将所需数据、公式、名言、警句等精华部分摘记下来，以强化记忆或为今后学习查找使用的一种读书方法。摘记绝非仅是抄书，常是把需要掌握的地方用最少的字概括出来。

（十一）不求甚解

此法出自陶渊明《五柳先生传》中“好读书，不求甚解；每有意会，便欣然忘食”。是其自况文，是其读书观，也是一种很有效的读书方式。读书，多是先略读全文，再深读喜爱部分；或浮光掠影地翻翻所选再决定细读。此“不求甚解”有针对性，指不必花精力去研究无价值的注释，而应领会原作的基本内容；将那些无益之处、粗烂之段与追求无关的论述抛开。“不求甚解”当是略读后再扬弃的一种自嘲。应揣摩其积极的一面，更可效仿之所为，以便在快节奏的当今更好地充实，自我渐臻。“不求甚解”虽有所专指，但具一定普遍意义。不执著于一字或词的理解，而追求那种“意会”的境地，以对书中道义的理解和感悟。显然强调不要死抠字眼，而要抓住精神，理解内涵。当然，非指学校知识性学习和成人专业学习，须“一丝不苟”“学懂弄通”“深刻理解”。不求甚解，不是不认真，而是没必要“甚解”，没条件“甚解”或不值得“甚解”。适当“不求甚解”，可扩大读书量，也可忽略一字一词的细枝末节，一心追求“意会”，以大大提高阅读质量。不求甚解，也指避免对经典的某些模糊语意作过度解析，不认死理。故有的书可“不求甚解”，有的则应“每有意会，便欣然忘食”。另外，不求甚解，或受到某些讲究字斟句酌者的批判，因其只看到前半句，而后半句才是读书的关键。读书是“读与悟”的结合。读是悟的基础，悟是读的升华，读与悟是一个由浅入深的过程。

（十二）颠倒阅读

此法指读学术论文，先看文末的结论，再回头顺藤摸瓜，看作者是怎样一步步做出这样结论的。读小说，可以先看结局，然后回过头来追着故事情节看下去。

（十三）交叉阅读

此法指长时间阅读同一内容的书，易疲劳，收效不大；两三种不同内容的书交替阅读，可调节精神，使大脑处于兴奋状态。

（十四）浅尝辄止

读书，除非与自己的专业有关，否则，只需把握一个“知道”即可。也即一生除要懂得精益求精的学习方法之外，还须掌握浅尝辄止的学习方法。

（十五）八面受敌

苏轼的“八面受敌”读书法。“八面”，是指读书各个方面的内容。苏轼说“一本书的内容像大海一样，什么都有”。一本书要读数遍，每遍带着一个问题求索，心无旁骛；读下一遍，又带着另一个问题钻研。如此几遍，则融会贯通。学成之后，即使“八面受敌”都能轻松应对。八面受敌法可概括为两点：一是每次读书都要有明确的目的；二是不要分散精力，注意力须高度集中于一个方面。八面受敌法，目的明确，效果显著，能从各方面吸收营养，因此对后世影响很大，不少人称赞它是“读书的绝妙方法”。

（十六）终生读书

此法来自苏门学士黄庭坚说：“士大夫三日不读书，则义理不交于胸中，对镜觉面目可憎，向人亦语言无味。”他对读书喜欢到骨子里的人，不能片刻无书。其读书目的，可概括为“三养”：养身、养心、养精气神。黄庭坚因在政治上坚持讲真话，一生屡遭贬谪，颠沛流离，甚至被朝廷削籍除名，如囚犯般被羁管于破败不堪的城南戍楼。纵在如此恶劣环境下，黄庭坚依然焚香读书，自得其乐。命途多舛，但精神高蹈。这就是黄庭坚终生读书，得书滋养而“腹有诗书气自华”的结果。

（十七）字里行间

此法指读书要读深、读透，这是某些怪才、鬼才的拿手好戏。金圣叹评点“六才子书”，即用此法。“厚黑教父”李宗吾的《厚黑学》更是得益于“从字缝里读出字来”，他揭看儒家祖师的底牌，认为“仁近于厚，义近于黑”，道前人之所未道。虽可不赞同李宗吾观点，但其别具只眼的读书法却不可抹杀。

（十八）无疑寻疑

此法指在无疑处找疑，也指为解决某难题，广采博取，以助解决疑难。胡适强调“做人要于疑处不疑，做学问要于不疑处有疑”。对某些经典名言质疑，能得出思考刀刃是否锋利。金岳霖曾笑评经典民谚“钱财如粪土，仁义值千金”的逻辑错得离谱，如果前提成立，推理结果就是“仁义价值一大堆粪土”，这无疑是自相矛盾的。即使是一句顶一万句的圣人哲言，也并非天衣无缝。孔子告诫弟子“毋友不如己者”，钱穆在《论语新解》中将它翻译为“莫和不如己的人交往”。这句话似乎相当在理，却不合逻辑，倘若你谨遵圣人的教导，眼前就只有华山路一条。

正如“千岩争秀，百川归海”一样，读书方法多种多样：有人主张“不贪多而求细”的精读，有人提倡“杂学旁收”的浏览，散文大家讲“圣人无常师”；著名诗人说“功夫在诗外”……读书方法主要在于不断总结、摸索和积累。方法越多，收获越多。关键是找到属于或适于自己的方法。读书时运用哪种方法最佳，既需因文体、内容、篇幅而定，也要因人而异。读书有法，读无定法。同时，随着科学技术、信息技术和教育技术的发展，使读书的对象不限于纸介质，已扩展到电子音像，读书由平面化转为立体化，丰富了读书的内涵和外延，并对读书提出了新要求。最初也许需一定的效法和师承，经过“法诸法，师诸师”阶段后，逐渐走到博采众长、不拘一格的“法无法，师无师”阶段；最后，寻求到最适合自己的读书或学习方式，达到“法我法，师我师”的更高境界。

自　学　十　忌

人生在世短暂，时间精力有限，加之任何学问皆深不可测，很多人很可能一生也只不过能略知一二，或勉强略知一二。世上的知识虽无穷，但亦需学习、研究或探索。韶华不为少年留。青少年学生正值珍惜时光，刻苦学习的时日。学会自学，可更有效发挥出自己的学习潜能。学会学习，包括全脑学习、全身心学习、科学学习、创新学习等等。学会自学，当然是学会学习应有之义。自学，应做到六戒：戒浮（浮则不深）、戒躁（躁则无得）、戒急（急则不达）、戒惰（惰则无进）、戒粗（粗则易错）、戒袭（袭则无创）和三勿：一勿蝴蝶式的“采花”，读书要有明确的目的，有创造的精神；二勿蚂蚁式的“搬家”，求知既要苦读，还要勤思；三勿蜘蛛式的“抽丝”，学习要善于博采众长，集思广益。此外，还应注意以下十忌。

一、选科不当

要多读书，“读万卷书，行万里路”。“读万卷书”是向古人学，提高个人的文化修养；“行万里路”是向自然学，向实践学，增长见识。然而，“无所不诵，乃读书治学之陋习”。所以自学应根据实用性和适应性原则选择适合自己气质、兴趣、知识结构和职业特点的学科或专业，才能扬长避短，尽快成才。否则，易入歧途，虚掷时光。

二、好高骛远

“九层之台，起于垒土；千里之行，始于足下。”学习应从自己的实际出发，根据自己的基点、选好起点，循序渐进，踏踏实实向前推进。否则，贪高求远，欲速不达。

三、常常立志

“无志者常立志，有志者立长志”“非志无以成学”“有志者事竟成”……对自己选好的目标要矢志不渝，持之以恒；志不强者智不达，“志不定，天下无可成之事”“无志，则不能学”。否则，常常变换志向，终将一事无成。拿破仑说：“真正之才智，是刚毅之志向。”

四、本本主义

要尊重“本本”，但不能拘泥于“本本”。“活人读死书，可以把书读活”。学习有三种境界：把学习作为工作的一部分，此为第一境界；把学习作为生活的一部分，此为第二境界；把学习作为生命的一部分，此为第三境界，或最高境界。所以对“本本”，一要带批评眼光，有理性尺度；二要善于联系实际，能活学活用。否则，“死书读活人，可以把人读死”。

五、漫无目的

世界上所有一切都写在书里，所没有的一切也写在书里。“书海茫茫，生时有限”。所以在确定远大理想的基础上，应拟定切实可行的学习目标与计划，合理安排和利用时间，并且学而不厌，孜孜不倦。否则，漫无目的，必将学无一成。

六、浅尝辄止

“涉浅水者得鱼虾，涉深水者得蛟龙”“书痴者，文必工；艺痴者，技必良”。故而，学习知识，都应学深学透；浮光掠影、不求甚解是学习之大忌。遇到疑难，锐意攻关；不可畏难中止，见异思迁。对待学习，只有锐意进取、深入研究，才能掌握其丰富内容、内在联系和本质规律。否则，浅尝辄止，则一事无成。

七、自暴自弃

“冰冻三尺非一日之寒”，自学成才非一日之功。失败不可失志，要“胜不骄，败不馁”。应保持旺盛的精力和斗志，特别应有自信或信心。人的潜能是无限的，挖掘潜能的重要一环是树立自信，“自信是成功的第一秘诀”，要成为未来社会所需的人才，最重要的就是对自己的潜力和未来的前景充满自信，这既是提高学习成绩的一种有效措施，也是一笔享用终生的宝贵财富，“信心是成功之风帆”，信心可使一个人得以征服他相信可以征服的东西。“自信与勤奋是成功的双翼”，所以能否保持自信的良好心态，将决定成功与失败。否则，你若消沉或萎靡，等待你的将是更糟糕的未来。

八、独学无友

个人的智力毕竟有限，所以要善于与人交往和向别人学习，相互切磋、商讨、交流，以博采众长。陶渊明说：“奇文供欣赏，疑义相与析。”应多与人交换、讨论、质疑问难。否则，若闭门独学，难免孤陋寡闻，或长久停留在一个水平上，做平面徘徊。

九、学而不用

学习是为应用和创造。所以应坚持学用结合，学以致用；切忌为学而学，纸上谈兵。“半亩方塘一鉴开，天光云影共徘徊；问渠哪得清如许，为有源头活水来。”其实，一渠池塘，只引水不溢流，或只溢流不引水，都难以保持活水常清。人的大脑，从某种意义上讲也应是一池活水，而不能是一个单纯的“贮水桶”，只有常引常流，常换常新，知识才会愈加丰富，思维才能不断渐进，观念才可日臻更新。否则，纵然“读书万卷”，倘若不转化、不应用、不创新、不释放，充其量也只不过是一樽“两脚立橱”而已。

十、骄傲自满

“满招损，谦受益”。虚心使人进步，骄傲使人落后。学习最忌自满，满则无求。古人说：“见不尽者，天下之事；读不尽者，天下之书。”人类的知识是极其深广的，无理由在知识宝库前自满自足，应虚心学习。否则，骄傲自满、故步自封，无异于关闭了求知的大门。

除上述十忌外，还有忌“望文生义、蜻蜓点水、尽信无意、囫囵吞枣”等。另外有三忌三贵。一忌“乱”贵“专”。古人云：“教之道，贵以专”，“学贵博而能专，未有不博而能专者也”。可见，博与专密切相关、相辅相成。二忌“浮”贵“深”。浮皮潦草、浮光掠影，不求甚解是学之大忌。三忌“躁”贵“恒”。急躁贪多、急于求成，结果是欲速不达。只有坚持不懈、持之以恒，方会收到良好效果。

会学的若干策略

学习即通过手、眼，传到大脑，通过思考，提升心灵。掌握良方很重要，却非易事，需付出艰苦努力与持之以恒的精神。只有坚持不懈，日久天长，才可能成为自觉行为。所谓学习方法并非什么捷径，只是踏踏实实、刻苦学习的程序。要提高学习效率，变被动为主动，做学习的主人，应把握如下几个事项。

一、抓好课前预习

在预习中，边看、边想、边写，并适当勾画和批注。看完后，最好合上课本，独立回忆一遍以及时检查预习效果，强化记忆。同时，可初步理解教材的基本内容和思路，找出重点和难点，尝试做笔记，作为课堂笔记的基础。知己知彼，百战不殆。预习即“知己知彼”的准备，就好像赛跑的枪声。虽赛跑规则中不允许抢跑，但在学习中却没有此规定，不但允许抢跑，而且鼓励抢跑。做好预习，就是要抢在时间的前面，使学习由被动变为主动。简言之，预习就是上课前的自学，也就是在老师讲课前，自己先独立地学习新课内容，使自己对新课有初步理解和掌握的过程。预习抓得扎实，可大大提高学习效率。

二、掌握听讲方法

处理好听讲与笔记的关系，参与课堂讨论。学生必须上好课、听好课，首先做好课前准备，包括心理准备、知识准备、物质准备、身体准备等；同时，要专心听讲，尽快进入学习角色，参与课内的全部活动，始终集中注意力。学会科学地思考问题，重理解，不只背结论，及时弄清教材思路和教师讲课的条理，要大胆设疑，敢于发表意见，善于多角度验证答案；还要及时做好各种标记、批语，有选择地记好笔记。学习成绩的优劣，固然取决于多种因素，但如何对待每一堂课则是关键。要取得较好成绩，首先须利用课堂上的几十分钟，提高听课效率。听课时应做到：①带着问题听课；②把握住老师讲课思路、条理；③养成边听讲、边思考、边记忆的习惯，力争当堂消化、巩固知识；④踊跃回答老师提问。

三、及时课后复习

复习是预习和上课的继续，将完成预习和上课所没有完成的任务，即在复习过程中达到对知识的深刻理解和掌握过程中提高运用的技能技巧，进而在运用知识的过程中，使知识融会贯通，举一反三，并通过归纳、整理达到系统化，使知识真正消化吸收成为自己知识链条中的一个有机组成部分。在复习过程中，既调动大脑活动，提高分析和解决问题的能力，也在理解的基础上巩固记忆。从某种意义上讲，知识掌握如何，由复习效果而定。针对不同学科的特点，采取多种方式进行复习，以达到排疑解难、巩固提高的目的。课后要复习，要抓住知识的基本内容和要点，尝试回忆，独立把上课内容回想一遍，养成勤思考的习惯；同时，整理笔记，进行知识的加工和补充；还要看参考书，使知识向深度和广度发展。

四、正确对待作业

学习的目的在于应用，应用是更重要的学习。做作业就是一个使知识消化、掌握，不断巩固，并进入应用的过程。独立思考、认真作业、理解提高是对作业的正确态度。为此，首先要做好准备，把预习、上课、复习衔接起来；其次要审好作业题、分析和分解题目；三要理清解题的思路，独立完成作业；四要学会检查，掌握订正的方法。托尔斯泰说：“只有靠积极思维得来的知识，才是真正的知识。”无论哪门功课，教师讲的，笔记记的，课外阅读的等都要转化为自己的知识，能自如地运用，并通过作业实践来转化。①作业的作用——检查学习效果，加深对知识的理解和记忆，提高思维能力，为复习积累资料。通过作业可检查学习效果，强化对知识的理解，把课本知识化为自己的知识，并培养分析思考与求异思维的能力。②作业的要求——登过泰山者都知道，不越过一级一级的台阶，就不可能登上玉皇顶。学习亦然，要取得好成绩，须踏踏实实完成每天的作业。③及时完成——当天作业当天完成。刚学的内容印象深刻，做起作业来既顺利又省时；相隔时间长了，印象淡薄，做起来既吃力，也易错。按时完成作业是接受新知识的基础。今天作业完不成，第二天新课就听不懂。故须及时完成作业。④独立完成——要独立思考，迎难而上。通过多次反复思索，独立完成的作业虽花费很多时间，但印象深刻，记忆牢固。如果一遇到难题就去问别人，或照书上的例题依葫芦画瓢，是极为消极的办法。凡作业题都是学科必须掌握的知识，做对了，说明这部分知识已掌握；否则，应找出原因，立即纠正。一道习题经过一对一错的反复过程，既加深理解，也学会如何用已知去解决未知的方法。⑤作业审题——怎样审题，要看得（理解）准确，失之毫厘，差之千里；要善于解剖，深刻领会其含义；要把握联系，运用相关知识解析。⑥作业解题——解题的过程就是把思路表达出来的过程，必须做到准确、规范、快速。准确——是指解题的思路和运算都要准确无误。很多同学有这样体会，有些题明明会做却总是做不对，这大都是运算不正确造成的。因此，必须重视实际运算训练，勤动手多练习。规范——是要求解题时一定要按规定的格式去做。书写工整，条理清楚，简明易看。这就要求必须把思路想清楚后再动笔。快速——是指解题的效率。解题不但要解得对，还要做得快。有些同学虽基础知识比较牢固，但因运算慢，在规定的时间里做不完题，同样也得不到好成绩。

五、科学思维方式

诺贝尔奖获得者杨振宁说：“优秀的学生并不在于优秀的成绩，而在于优秀的思维方式。”一个人是否聪明，关键看其思维能力强弱。恩格斯就把思维称作“地球上最美的花”。有人读了不少书，解过不少题，但属于自己的东西却不多，因只顾一味地学，而疏于思考。思考是获得智能的重要手段，只有认真思考，知识才能转化为经验或能力；思考是触类旁通的钥匙，借助科学思维释疑解难，才能闻一知十，举一反三；思考是提高学习能力的关键，因只有思考才是理解力、认识力、分析力和解决问题能力的依据。做作业必引起积极的思考，在应用知识中得到“思维的锻炼”，使解题过程成为分辨真理的一个片断，于是解题也就成为活生生真理的一种纯粹的形象。从此意义说，每次解题训练都是培养钻研思维方式的良机。善于分析——分析是思考的一种方式。作业题都是经过精选的类型题，具有很强的代表性。解题前要善于对题进行分析，最好能把一道题分解成几个部分，全面考虑，化繁为简，化大为小，逐步解决；从开始弄懂问题的要求和条件，找出它们之间的联系，把握问题实质，引导解题方向。重视新旧知联系——着眼于事物关系和联系及思考方向。在分析基础上，将有关旧知识联系起来，与过去解题的有关思路联系起来，运用有关的概念和理论，发掘潜在条件，为解题打开通道。遇到复杂问题时，为方便思考，可把审题过程画成一个简图，以利分析、寻找问题之间的联系。

六、多种方式验证

每当做完一题后，定要加以验证，这是保证作业质量不可或缺的环节，也是培养独立思考能力与深刻思维的重要途径。①逐步验证——从审题开始，一步一步检查，发现问题及时解决；②实践认证——把做题结果与实际情况联系起来，也能发现问题，如面积、长度、时间等均不可能为负数；③代入法——将解题结果代入原公式和式子中去，审核是否合理；④逆运算——数字中的加、减、乘、除等都存互为逆运算的关系，可反过来算一下看结果是否与题相符。

七、认真总结归纳

正确完成一道题后，需认真加以总结归纳。首先回顾解题过程中在知识上对哪些基本概念与规律有了更进一步的认识；二要回顾这道题所采用的思考方法和方式；三要回顾这类题自己曾犯过的错误或最易含糊出错的地方；四要回顾还有无其他解法，若有，不妨再做一下，直到再也想不出别法为止。其次对一道题所描述的现象、过程、结论，多问几个“为什么”。既问为什么会发生这种现象，产生这种结果，设置一些问题来问自己，这样才能使思维发散出去，由已知发散到对不解的东西去思考。最后做完一题后，尽可能联想到其他同类问题，找出它们的共同点及各自独特处，加以归纳和掌握。对内容不同但能够联系结合到一起的不同类型题目，尽量找到其联络点，为灵活解决多种综合问题奠定基础。

培养记忆能力的特殊方法

记忆，是人脑对过去经验的保留和恢复，是一个识记、保持、回忆或再认的过程。记忆是智力因素的基础。记忆不仅是积累知识的必要途径，也是心理发展的必要条件。记忆和理解是学习过程中两个不可分割的环节。不理解的东西，只靠死记硬背很难牢记；而只满足于理解，不强化记忆也难持久。记忆是知识的化身。所以在反对死记硬背的同时，切不可忽视学习中必要的、应有的记忆，并讲求记忆有“道”。因为，从某种意义上讲，记忆也是一种能力，而且是一种硬功夫；再者，人的记忆潜能从理论上讲是无限的。记忆能力的培养、开发涉及许多方面，其方法也是多种多样。如果加强记忆方法的训练，其结果会让你的记忆出众。就不同的教学内容和特点来说，记忆至少有如下一些方法。

一、遗忘规律记忆法

在心理学研究中，有人曾根据复习次数、时间间隔、淡忘速度三者关系画了一条记忆曲线。此曲线可说明两个问题：一是重复的次数越多，忘得越慢；二是遗忘的速度并不简单地与时间间隔成正比，而是先快后慢。德国心理学家艾宾浩斯曾用记忆无意义音节的方法研究发现，熟记之后仅一个小时就忘记 56%，两天后又忘记 16%，此后遗忘速度就大幅度放慢，六天后虽还有遗忘，但仅继续遗忘 3%。可见第一次复习应及时，新学习的内容最好在 12 小时之内复习一下，抓住记忆还比较清楚、脑中记忆的信息量还多时候进行强化。第二次复习的时间间隔可稍长，比如两天，再往后间隔可更长，依次为一周、半个月、一个月、半年、一年、几年。复习所用时间也会依次缩短，甚至只用眼或耳过一遍就行。这样先重后轻、先密后疏地安排复习，效果极佳。对喜欢搞临阵磨枪者，突击学习的知识大多达不到永久记忆目的，往往是记得快、忘得快。艾宾浩斯用实验对此给予一个最好的证明。在这项实验中，他识记无意义音节和诗，第一天反复朗读，达到能背诵；第二天再复习，达到成诵；如此连续不断，达到成诵所需复习的次数越来越少，第五天不进行复习也能背诵。实验证明，对知识的无意识接受并形成牢固记忆需把原材料在一定时间范围内重复 13 次；对知识的有意识接受并形成牢固记忆需把原材料在一定时间范围内重复 7 次；而要形成某个习惯需把某个行为连续坚持 21 天。这即“13，7，21”的意思。另外，艾宾浩斯遗忘曲线也科学地表明大脑对所学新知的遗忘周期：刚学的内容在 6~9 小时后出现第一次遗忘，1 天以后第二次遗忘，第 4 天出现第三次遗忘，第 7 天出现第 4 次遗忘，而此后的 3 个月和 6 个月后才是再次的遗忘。①遗忘和保持曲线——艾宾浩斯的研究表明，保持率最初急剧下降但渐趋稳定。在学习 1 小时后，仅保持 40% 左右，一天时仅保持 33%，六天后趋于 25% 左右。②保持内容的整体—— 刚学到的事物，在记忆上是一个整体，经过一段时间后，逐渐分解为片段，回忆时需重组片段，但会用旧经验中类似的记忆片段填补间隙。③保持记忆的恢复——即学习后间隔一定时间测得的保持量比学习后立即测得的保持量还高的现象。

（一）遗忘的原因

1. *生理原因* 随着年龄的日益增长，其记忆力会逐渐下降；记忆信息的存储量和保持时间均呈下降趋势。比如：儿童的记忆力较强，能背诵大量古诗，尽管其不明诗意；而老年人则经常忘记或记不住事情。

2. *记忆痕迹衰退* 即消退理论。学习会改变中枢神经系统，除非定期使用复述信息，否则这种信息就会逐渐衰退，直到消失。

3. *存在干扰* 随日益增多的新信息输入和归类、记忆内容相近、提取线索困难，相互间的干扰——前摄抑制和倒摄抑制，前摄抑制指以前学的内容干扰以后学内容，倒摄抑制指以后学的内容干扰以前学内容。

4. *排斥心理* 当信息太令人痛苦、使人受辱或让人害怕时，当人有极端的创伤经历时，排斥心理就会出现。幸亏这些惊恐时不太多，因为即便记忆力训练也对这些束手无策。不过，可将这些不愉快的经历或感觉低调处理，反而会提高记忆力。比如，对特别不喜欢的人，可能对他的名字记得更牢。

（二）克服遗忘的策略

1. *及时复习* 遗忘规律表现为，最初遗忘的较快，几天后会重新想起来，以后逐渐慢慢地遗忘。因此，对刚学过的知识，趁热打铁，及时温习，是强化记忆痕迹、防止遗忘的有效手段。在遗忘到来之前，及时复习，以便提高记忆的持久性。首先要有简练的复习提纲，依纲复习，“纲举目张”；其次要将及时复习、集中复习、分散复习相结合。根据遗忘规律，复习须及时，即要在24小时之内开始复习，第二及第三天也要及时温习，巩固学习内容。

2. 间隔复习　人的记忆分三个阶段：瞬时记忆、短时记忆和长时记忆。及时复习可使知识从短时记忆转化为长时记忆。遗忘的速度随时间延长而呈现不同的变化。因此，为防止学习后大面积的快速遗忘，就须在每个间隔最短的时间内再次复习巩固。以后每隔一两个月复习一次。在找出遗忘成因及遗忘规律之后，就可根据自己的实际情况，因时、因地、因材摸索并采取具有实效的记忆策略，这种策略不拘泥一格，而应具有一定的灵活性。这样就可以把短期记忆变成中长期记忆，花最少的时间取得最佳的记忆效果。

3. 过度学习　即对学习材料在记住的基础上，多记几遍，达到熟记、牢记的程度。或者在达到最低限度领会后，或达到勉强可以回忆的程度后，对某一课题继续学习。

4. 尝试反馈　尝试反馈或尝试背诵，应有一个明确的记忆提纲，就像电脑里的目录、路径一样，将知识放在“目录”中，将“目录”融会在知识里，相得益彰，便于知识的提取应用。这种方式包括阅读、回想和提示，将记忆中遗忘的地方进一步加强。记忆，尝试默诵，再记忆，再尝试……采用学习与尝试回忆相结合，效率和效果会提高很多。如果有记不牢、忘得快的问题，此法就更加有效。具体方法是：先将知识学上几遍，然后试着回忆，接下来，再对着检查有哪些东西没有记住或记忆不全，然后再回忆，一直到彻底记住为止。此法实际上运用的是反馈增强的原理。在学习中，可采取多种反馈方式来进行记忆。比如可采用阅读与背诵相结合、回想、提示等。

5. 倒叙记忆　倒叙记忆法的作用原理：提高注意力、兴趣，加强对细节的注意，以及处理、存储将变成记忆信息的能力。回顾一天中的每一时刻，就会发现，离现在越近的时刻，其细节的东西记得越多；而一天中早些时候发生的事，其印象最仓促、最短暂。

6. 分散复习　适当的分散记忆（化整为零）有时比集中记忆效果好。9小时内复习10分钟，胜过10天后复习1小时。因记忆分为容易记忆和不容易记忆两部分，而容易记忆部分占全部记忆的2/3。这部分知识如果只记忆一次而不进行复习，9小时之后就会被忘记。而不容易忘记部分，24小时之后也会忘掉大约40%。所以应在一天或半天学习结束前，将前面学习和记忆的内容再快速回忆、浏览一遍。

7. 集中一事　把注意力集中在想要记住的事情上，再赋予其意义。如果把注意力集中于某件事情上，必定能记得住。比如容易记住广告歌词，它总是伴随喧闹、华丽的言辞播出，还运用了押韵与音乐，有助于记忆。把枯燥无味的事物简单地组织起来能帮助记忆；如杂乱无章的货单，可将其内容分门别类，设法减少须记事项的数目。集中一事法需高度集中。记忆时只要聚精会神、专心致志、排除杂念和外界干扰，信息和对象才会在大脑皮层烙上深刻的记忆痕迹而不易遗忘；反之，注意力不集中，无意注意过多，精神涣散、一心多用，就会使记忆力下降。只有排除一切干扰和杂念，才能获得良好的记忆效果。常见这样的学生，看上去似乎在用心记忆，甚至眉头紧皱，其实心里并未集中于要记忆的东西上。注意集中与记忆时心里紧张有很大区别。记忆时，应舒心而不紧张。因紧张会使去甲肾上腺素分泌增加，是损害精神集中和记忆力的大敌。反之，在宽松环境中，垂体后叶分泌加压素，对增强记忆大有好处。

二、浓厚兴趣记忆法

兴趣是记忆的第一推动力，兴趣是增强记忆力的催化剂。对自己所感兴趣的信息和对象，会产生高度集中的注意力与观察力，精神上更加亢奋。否则，对学习材料、知识对象索然无味，即使花再多时间，也难以记住。故应培养自己的兴趣爱好，以能记住所喜欢的东西。兴趣，可促进记忆。兴趣是集中注意的原动力，也是牢固记忆的前提。比如，为让学生熟记古代民歌的主要内容，有位教师摘选其中要句，组成顺口溜：每当“日出东南隅”，两只“孔雀东南飞”，欢唱“唧唧复唧唧”，望见“青青园中葵”，飞向“阴山敕勒川”，想到“百川”不“西归”，知道“少壮不努力”，“老大”必将“徒伤悲”。这些，似乎是一些风马牛不相及的组合，却贯串为一个故事情节，容易引起学生兴趣，使之联想起全诗其他内容，能解除死记硬背之苦。英语和汉语是表示同一物质世界两种不同的信号系统。信号建立与信号转换的过程是不同的，即学外语与学母语过程是很不一样的。但兴趣作用却是一致的。学生一旦发现英语的乐趣，掌握英语也就指日可待。例如，用一般方法讲解 class 这个词，学生可能不好记忆，但若用讲故事的方法就很好记忆。老师在黑板上写出如下通知：Professor Smith is going to meet his class tomorrow morning（Smith 教授明早要和班上同学见面）。调皮的学生将“class（班级）”改为“lass（情人）”。通知的内容变成了：Smith 教授明早要与情人会面。教授看后并不生气，顺手一擦，将通知中的“lass（情人）”改成“{ass（笨蛋、屁股蛋）”。通知的内容又变成了：Smith 教授明早要与笨蛋会面。通过这个故事，学生可能一辈子铭记“class”“lass”“ass”这三个词汇。

三、联想记忆法

联想记忆，是用联想来增强记忆效果的方法。用联想来增强记忆是一种很常用的方法。联想，是指由此及彼、由甲事件联想乙事件，即利用熟悉的知识，巧妙推想出那些尚属生疏、抽象、枯燥的知识。常用的有新旧知识的联想、同类知识的联想等。联想记忆包含：①接近联想——两种以上的事物，在时间或空间上相同或接近，只要想起其中的一种便会回忆起另一种，由此再想起其他。记忆的材料整理成一定顺序就容易记得多了。②相似联想——当一种事物和另一种事物相类似时，往往会从这一事物引起对另一事物的联想。把记忆的材料与自己体验过的事物联结起来。在外语单词里，有发音相似的，有意义相似的；再如用相似的事物联想，如意大利的地图像靴子等。这些都可利用相似联想法来帮助记忆。③对比联想——当看到、听到或回忆起某一事物时，往往会想起和它相对的事物，进行多种比较，抓住其特性，可帮助记忆，这即对比联想。许多诗集、对联大多是按对仗的规律写出来的。如杭州岳坟一副楹联“青山有幸埋忠骨，白铁无辜铸佞臣”。“有”和“无”是相反的，埋下烈士忠骨和铸就奸臣是对比的。只要记住对联的上句，下句就不难凭对比联想回忆起来。④归类联想——从同类事物中来联想。⑤因果联想——从原因想结果或从结果想原因。如遗传与变异。⑥创新联想——人为创造一种联系进行的联想。如万有引力与库仑定律。这些都可利用联想记忆法来帮助记忆。又如 1917 年十月革命发生，1918 年第一次世界大战结束，1919 年“五四”运动爆发；再如联想记忆用于记成语、诗词等，不死记其本意，而记其所涉及事物的具体情形。比如，有人根据“爱国之心人皆有之”的观念，毫不费力记住歌德是德国人，因他“歌”颂“德”国嘛！同样，崇“拜”首都“伦”敦的“拜伦”，自然就是英国人了。虽这不免给人以牵强之感，但对记忆在世界文库中占重要地位的某些名家来说，也不失为一种“取巧”之策。“记忆的基本法则是把新的信息联想于已知事物。”联想记忆的详细技巧，根据记忆内容的特征可分三种：一点式记忆——如对一个人名、地名，或形式抽象或不可理解、无意义材料的记忆；两点式记忆——需在两个事物之间建立对应关系，使用时见此知彼、见彼知此。如英语单词和汉语词汇之间、作品与作者之间、国家与首都之间、年代与历史事件之间……均如此；多点式记忆——需在三个或更多的事物之间建立联系，比如记忆 56 个民族，记忆一个简答题的要点等等。除进行联想之外，还应辅之一些技巧，如循环记忆、尝试回忆、过度学习、限定时间、结合理解等。

四、形象记忆法

所谓形象化就是通过想象和联想将抽象的赋予人为的想象，使之具有生动鲜明奇特的形象，以使抽象事物变得容易记忆。日本记忆心理学家高木重朗说：“一切记忆都始于形象，记忆方法的基本点就是通过形象记忆事物，这也是掌握记忆术的基本要领之一。”如何对此要领进行训练？在记忆具体事物时，要仔细观察，使事物的形象在脑中停留几秒钟，使之在脑中产生清晰的表象，便于以后回忆；在记忆表示具体事物的词语时，要将该事物的形象浮现在脑子里，如记忆“桌子”一词时，只记住两个字不行，还要将实体桌子的形象浮现在脑子里，更鲜明一些是将自己使用的桌子或者印象深的桌子形象浮现在脑子里，记忆会更牢；把抽象概念形象化，有许多词语并不直接表示事物形象，如真理、和平等抽象名词，并不代表具体事物，要想与具体形象联系起来就要进行联想，如要想记忆“和平”一词，可想到谁代表和平。“和平”常常与鸽子联系起来，记忆和平一词与鸽子的形象联系起来就容易记忆。这种记忆法还可从记忆内容的各部分中抽出一字，利用谐音等方式，组成一个略具完整的意思，具有一定的形象性，以起到提示、巩固记忆的作用。比如，戊戌变法被诛杀的六君子可用“刘秀杨广叙（旭）谈（谭）”提示记忆，好像是两个封建帝王在交流经验。其具体指的是刘光第、杨深秀、杨锐、康广仁、林旭（叙）、谭（谈）嗣同。再如，中共一大代表有时只载七人，可记为“达何美秋冬（东）鸣（铭）武”，意思似是达何美这个国家（或人）在秋冬时都用兵。具体指的是李达、何叔衡、王烬美、陈潭秋、毛泽东（冬）、邓恩铭（鸣）、董必武。另外，还有译意记忆法、歌诀记忆法……

五、会意记忆法

会意，就是赋予要记忆的知识以新的意义，达到生动、省力而又记得牢固的目的。比如，王安石是临川人，柳宗元是河东人，蒲松龄是山东人。假如把他们姓名中的“石”字理解为“石头”，“柳”字看作“柳树”，“蒲”字视为“蒲苇”，那么把他们的新意编在一起，就成为临川“石”、河东“柳”、山东水泊产“蒲苇”。而在这种“新”的会意中，再记三位作家的籍贯就毫不费力了。

六、有意记忆法

有意记忆法，是指有明确目的或任务凭借意志努力记忆某种材料的方法。相反，无明确目的或任务，也不需意志努力的记忆方法，则称为无意记忆法。心理学研究表明，有意记忆的效果明显优于无意记忆。为系统掌握科学知识，必须进行有意记忆。宋朝有个读书人陈正之，他看书特别快，一目十行，囫囵吞枣，读了一本又一本，花费了很多时间和精力，可是效果很差，读过的书像过眼烟云，很快就忘记了。这使他十分苦恼，疑心自己是否记忆力不好。后来，他遇到当时著名学者朱熹，就向其请教。朱熹询问了他的读书过程后，给了一番忠告：以后读书不要只图快，哪怕每次只读五十字，重复读上多遍，也比一味往前赶效果好。读书时要用脑想、用心记。陈正之这才明白，他读过的书之所以记不住，不是因为记性不好，而是因为学习目的不明确，方法不对，他把读书多视为目的，忽视了对书籍内容的理解和记忆。这样匆忙草率地读书，既不消化书中的内容，又没有意识地记忆，记忆效果当然不会好。陈正之接受了劝告，每读完一段书，就想想这段书讲了些什么，有哪几个要点，并留心把重要内容记住。日积月累，他终于成为一个有学识的人。心理学家做过一个实验：老师给两个班的同学布置默写课文的作业，并告之第二天测验，结果，两个班成绩差不多。测验后，只告诉一班同学两星期后还要测验一次，二班同学不知道。两个星期后测验成绩，一班比二班要好得多（一班同学在测验前也未复习）。这说明，并不是一班同学比二班同学更聪明、记忆更好，而是因为老师在第一次测验后，对一班提出更长久的记忆目标，结果一班同学就记得长久些。这个实验说明，在学习中要养成一种习惯，严格要求自己，给自己明确记忆的目标，这样才能有好的记忆效果。进行有意记忆，首先要有明确的任务。任务明确就能调动心理活动的积极因素，全力以赴实现记忆的任务。任务越明确记忆效果就越好。其实，有意记忆需有意志力的参与，即常说的“专心致志”。要下决心记住一段材料，就需进入“两耳不闻窗外事”的境界。

七、浓缩记忆法

在知识总量成倍增长的当今，删繁就简、漉沙淘金、提纲挈领，显得格外重要。比如，“辛丑条约”的内容，可浓缩成四点：清政府赔钱；清政府保证禁止人民反抗；允许外国军队驻兵；修建使馆划分租界。这四条若各用一字代表，即“钱、禁、兵、馆”四字，如赋予它特殊意义，取其谐音则成“前进宾馆”。这样，一想到以上四个字，便能记忆条约的全部内容。这种把繁多内容巧妙进行浓缩，可化平淡为神奇，变单调无味成五彩缤纷的图画，使枯燥的知识生出绘声绘色的故事，既有趣味，又便记忆。

八、对应记忆法

对应记忆是利用事物之间的对应关系帮助记忆的方法。像古诗的对偶句，记住上句就想起下句。比如，我国公元前 221 年秦统一中国，公元后 221 年蜀国建立；中国共产党 1921 年成立，成立前十年辛亥革命爆发，成立后十年中央工农民主政府成立；公元前 475 年中国进入封建社会，公元后 475 年古罗马帝国建立。再如，公元前 3000 年左右，埃及金字塔王朝建立，恰与《史记》中所载的中国炎帝、黄帝同时代，两者俱为东西方文化始源；中国孔子与印度释迦牟尼生于同时代，两人年龄只差 14 岁，一个开创了延续 3000 余年的东方传统文化——儒学，一个创建了世界最大宗教之一——佛教；莎士比亚与汤显祖既是同时代，又同于 1616 年去世，莎士比亚为西方戏剧之父，汤显祖为中国戏剧之祖；俄国彼得大帝与中国康熙皇帝同时登位，相继去世，前者开创俄罗斯帝国，后者奠定东方最强大帝国，两人俱为一世雄主。又如，伽利略死于 1642 年 1 月 8 日，牛顿生于 1642 年 1 月 8 日，当代能与爱因斯坦、牛顿比肩的科学巨人斯蒂芬·霍金出生于 1942 年 1 月 8 日，该日正好是伽利略逝世 300 周年纪念日。另外，一些名人与时间的巧合，也可看成是“对应”的一种特殊形式：英国大文豪莎士比亚生于 1564 年 4 月 23 日，死于 1616 年 4 月 23 日，生死在同月同日。俄国著名生理学家巴甫洛夫生于 1849 年，此数是 43 的平方数；死于 1936 年，是 44 的平方数”这两数之和为 87，巴甫洛夫也活了 87 岁。《战争与和平》的作者、俄国大文豪列夫·托尔斯泰一生的欢乐都与“28”有关。他生于　1828 年 8 月 28 日，其《少年时代》第一卷出版日期为 28 日，1859 年 1 月 28 日他当选为俄罗斯文学爱好者学会会员，1862 年 8 月 28 日他向女友索菲娅求婚，婚后的第一个儿子谢辽沙生于 1863 年 7 月 28 日，另一个儿子尼古连卡长大以后，在 28 日成婚。7 月 4 日是美国的独立纪念日，凑巧的是竟有 3 位美国总统（第二任总统亚当斯、第三任总统杰斐逊和第五任总统门罗）是在这天去世的，第三十任总统柯立芝则是在这天出生。

九、类推记忆法

类推，是指利用已有知识推导出同类知识，从而达到举一反三。比如，学生知道俄罗斯人叫这个“夫”或那个“基”的人很多，就可类推出契诃夫、法捷耶夫和高尔基、马雅可夫斯基、奥斯特洛夫斯基等是俄罗斯人了；再如，要记住白居易、苏轼、李白、欧阳修、李清照等人的名号，就可以由“香山居士”类推出多个“居士”，东坡居士、青莲居士、六一居士、易安居士等，并可归纳为“居士类”，便于记忆。

十、同类记忆法

此法是指把那些相同的数、量、形、质的材料或数字放在一起记忆。比如，具有爱国思想和民族气节的西汉时的苏武在北海牧羊 19 年坚贞不屈而回到中原；波兰爱国音乐家肖邦带着装满祖国泥土的银环在法、德、英等地颠沛流离 19 年，最终尸体虽不能运回祖国，但人们还是照其遗嘱把其心脏运回华沙；宋朝司马光为总结历史供后人欣赏和借鉴，花费 19 年的心血，修成编年史《资治通鉴》。这些“19”的数字都表现在几个爱国主义者身上。再如，第一艘宇宙飞船于 1961 年 4 月 12 日上天，时隔 20 年，第一架航天飞机 1981 年 4 月 12 日上天。这类记忆法，当然也可推广到其他有意义的重要数字的记忆中。

十一、特征记忆法

特征记忆，是学会特征记忆技巧，找到记忆对象的特点，辨别出其特征来帮助记忆的方法。比如，东汉末年出现三国魏、蜀、吴，分别建立于 220、221、222 年，都只差一年；再如 1234 年蒙古灭金，1616 年努尔哈赤建立后金，1234 是个自然数，1616 也是一个前后重叠数；又如，玄武门之变是 626 年，淝水之战是 383 年，这些年份都是首尾两数相同；还如，希特勒及其法西斯德国总是在三月发难：1936 年 3 月撕毁《凡尔赛条约》进军莱茵河，1938 年 3 月吞并奥地利，1939 年 3 月侵占捷克斯洛伐克；另如，英文 NEWS（新闻），是由 North（北）、East（东）、West（西）、South（南）四个单词的首个字母组成，意思是来自四面八方。再如，1995 年 11 月联合国教科文组织确定选择每年 4 月 23 日为世界图书和版权日并非出于偶然，塞万提斯、莎士比亚和加尔西拉索·德·拉·维加三位享有盛誉的作家都在 1616 年 4 月 23 日与世长辞，并有很多著名作家也都诞生或逝世于 4 月 23 日（诺贝尔文学奖获得者、冰岛作家拉克斯内斯，哥伦比亚作家巴耶霍，西班牙作家约瑟夫·普拉等）。这种巧合的数字尽管不带普遍性，但只要留意，也有不少可以取巧而记忆之数字。

十二、生物钟记忆法

生物钟，是生物生命活动的周期性节律，是生物体生命活动的内在节律性标志。这种节律经过长时期的适应，与自然界的节律（如昼夜变化，四季变化）相一致。换言之，生物钟是生物体内的一种无形的“时钟”，是生物体内时间结构的秩序。生物钟与记忆有密切联系，人的大脑在一天中有一定的活动规律、记忆规律和最佳记忆时段。研究证明，合理利用生物钟，掌握最佳学习时间，可有效提高学习效率。

（一）大脑日内活动规律

大脑在一天中的活动规律：6~8 点——机体休息完毕并进入兴奋状态，头脑清醒，记忆力强，此时段进入第一次最佳记忆期。8~9 点——神经兴奋性提高，记忆仍保持最佳状态，精力旺盛，并有严谨、周密的思考能力。10~11 点——身心处于积极状态，热情将持续到午饭，人体处于第一次最佳状态。此时段为内向性格者创造力最旺盛时刻，任何工作都能胜任。12 点——人体的全部精力都已调动起来。需进餐。13~14 点——午饭后，精神困倦，精力消退，进入 24 小时周期中的第二低潮阶段，此时反应迟缓，有些疲劳，宜适当休息，最好午睡半到一小时。15~16 点——身体重新改善，感觉器官此时尤为敏感，精神抖擞，此时段长期记忆效果好，可安排一些需“永久记忆”内容。同时，是外向性格者分析和创造最旺盛的时刻，可持续数小时。17~18 点——工作效率更高，体力活动的体质和耐力达一天中的最高峰期，这段时间是完成复杂计算和比较消耗脑力作业的好时期。19~20 点：体内能量消耗，情绪不稳，应休息。20~21 点——大脑又开始活跃，反应迅速，记忆力特好，直到临睡前为一天中最佳（最高效）记忆时段。22~24 点——睡意降临，人体准备休息。

（二）日内四个记忆高潮

一般而言，人的大脑在每天有四个记忆高潮。清晨起床后，大脑经过一夜休息，此刻学习一些难记忆而又须记忆的东西较为适宜。上午 8~11 点是第二个记忆高潮。此时体内肾上腺素分泌旺盛，精力充沛，大脑具有严谨而周密的思考能力。第三个记忆高潮是下午 6~8 点，不少人利用这段时间来回顾、复习全天学习过的东西，分门别类，归纳整理，加深记忆。睡前一小时，是记忆的第四个高潮。利用这段时间对难以记忆内容加以复习，不易遗忘。

（三）日内最佳学习时间

学生学习的最佳时间，蒙达聂指出：清晨七时，人体分泌皮质酮与荷尔蒙最多，是学习的好时候。下午 2 点警觉性降低，注意力开始分散。下午 5 点，人的体温最高，肌肉力最强。学生一天的时间里，第三课时学习效果最佳。

加拿大科学家最新研究，女性生物钟比男性平均早两个小时（1.7~2.3 小时）。

好的记忆和记忆力大多是练出来的，包括世界级记忆大师也是靠后天训练而得。较为有效的训练法：①速读法——又叫全脑速读记忆，是在快速阅读基础上进行训练的，实际上，两者是同时进行也是相辅相成的，不是阅读速度快记忆就差，因这里靠的不是左脑意识的逻辑记忆，而是右脑潜意识的图像记忆，后者比前者强 100 万倍。②图像法——又叫联结记忆术，也是运用右脑的图像记忆功能，发挥右脑想象力来联结不同图像之间的关系，可编成一个让人记忆深刻的故事来实现超大容量记忆；③导图法——又叫思维导图，是一个伟大的发明，既在记忆上可让大脑里的资料系统化、图像化，还可帮助思维分析问题，统筹规划。④专业法——通过专业的记忆训练，掌握记忆技巧和捷径也是快速增强记忆力的诀窍。

上述记忆方法，并不是从内容上考虑的，而是纯粹“机械记忆”的一种设计。其目的仅仅是为了使枯燥的记忆变得轻松活泼、情趣盎然，让学生记住所学知识，进而从中悟出一些新的记忆方法。如果每章教材、每一堂课都有这样的一些实例，会使学生解脱死记硬背的苦恼，也会为教师教学增添几许魅力！英国伦敦大学的科学家发现记忆力超凡并非天生，他们之所以具有过目不忘的能力，是因为掌握了记忆要领及刻苦练习的缘故。伦敦大学麦克夸尔博士认为，有些人记忆力强，是因其使用了空间学习法，提高记忆的关键，是把表面没有任何意义的信息，加上有意义的标签。英国兰开斯特大学的伊兰德尔博士说，只要使用正确的记忆方法并经常刻苦练习，每个人的记忆力都会得到提高，甚至使记忆出众。

提高记忆能力的一般方法

记忆方法，是学生学习的一个重要手段。记忆，须在观察、思考、理解的基础上进行，主要应对需记忆的内容进行联想，在记忆后积极回忆是提高记忆效率的关键，复习是提高记忆的有效方法。记忆的大敌是遗忘。提高记忆力，就是尽量避免和克服遗忘。在学习活动中只要进行有意识锻炼，掌握记忆规律和方法，就能改善和提高记忆力。人的记忆潜能从理论上讲是无限的，如果加强记忆方法的训练，更会让你的记忆出众。不同内容，采用不同记法。

一、提高记忆策略法

采取多种记忆方法。如形象记忆、联想记忆、图画记忆等，并使读、想、视、听、摸、做相结合。且利用语言功能和视听功能来强化记忆。①明确目的——实践证明，在其他条件相同时，有明确的记忆目的，则记忆力持久且强劲，反之则短暂而微弱。心理学家曾做过一个实验：让两个人去听同一内容的讲演，要求一个人要向大家传达讲演内容；而对另一个人则无要求。结果发现前者记忆效果要好得多，原因就在于其有明确的记忆任务。②精选记忆——通常，公式、定义、定理、定律是精髓和本质所在，往往以一当十，举一反三。记忆力强者，往往善选重点，抓住精髓，加以选择和取舍。因每人每天接触信息太多，而这些信息并非都需记忆。应选择那些最重要、最有意义、最有价值者。据说古时，有人记忆力极好，过目成诵，倒背如流。可是郑板桥却看不起这种人，称其为“没分晓的钝汉”。何谓没分晓？即不分主次、轻重，不管有用、无用，全都背下来。有人说：“修辞格有数十种，但常用的不过十几种。把常用的 12 种修辞格浓缩：‘比喻、借代、比拟、夸张、双关、反语、设问、反问、反复、对照、对偶、排比’，并以这 24 个字为主，列成一张表。还把易混的放在一起，用箭头标出，再用简练语言注上联系与区别，记住顺口溜也就记住 12 个主要的修辞格。”③经常回忆——不断进行尝试回忆，可使记忆错误得到纠正，遗漏得到弥补，使学习内容难点记得更牢。经常回忆过去识记的对象，也能避免遗忘。④多次重复——即对学习材料在记住的基础上，多次复习或多记几遍，达到熟记、牢记的程度。当学到新信息时，要多重复。重复越多，记得越牢。经常拿起书本，读上一两段，然后试着回忆其内容，也许是最有效的记忆训练。记忆最忌“一曝十寒”，最需“细水长流”，记忆单词不能采取“一劳永逸”的战术，只有持续复习才能省时省力使单词进入长期记忆。⑤“使用”复习——即使进入长期记忆，如果长期不用，也会遗忘。因记忆是为使用，反之使用也是在记忆。所以要多做听、说、读、写的训练，在使用中才能保持长效记忆。⑥高度注意——记忆时只要聚精会神、专心致志，排除杂念和外界干扰，相关信息才会使大脑皮层烙上深刻印迹；反之，则会使记忆力下降。只有排除一切干扰和杂念，才能获得良好的记忆效果。

二、提升记忆技巧法

提升记忆技巧的实质，就是按记忆的生理规律去做。其一，课堂上，要专心听讲、思考和吸收，取得较深的短期记忆。下课后，当天复习。过几天当记忆开始淡漠时，再次巩固，并加以整理。以后每隔一两个月复习一次，可把短期记忆变成中长期记忆。其二，复习要记忆的功课，最好在早晨或晚上的安静环境中进行。试验证明，晚上 6~10 点和早晨 6~8 点是记忆的最佳时候。要专心，不要被其他干扰打断。其三，记忆东西时要舒心不要紧张。紧张会使去甲肾上腺素分泌增加，损害精神集中功能，是记忆力的大敌。只有在宽松环境中，垂体后叶分泌加压素，对增强记忆功能大有裨益。其四，尽量理解要记忆的内容。所谓理解，从生理上说就是把已学知识纳入记忆网络中，并建立深一层的固定联系。死记硬背不理解的东西是浪费记忆力，也记不牢。

三、深刻理解记忆法

理解记忆，是在积极思考、达到深刻理解基础上记忆的方法。记忆是理解的前提，理解是记忆的基础。理解记忆是以理解材料内容为前提的。这种理解既指看懂材料，也含搞懂材料各部分间的逻辑联系及其知识经验间的关系。所谓理解，从生理上说就是把知识纳入记忆网络中，并建立深一层的固定联系。在记忆材料时，应做到“先理解、后记忆”，把材料分成大小段落和层次，找出它们之间的逻辑联系，而不要从一开始就逐字逐句地记忆。如背经典古文，若不把其意思弄懂，就会像背天书一样，非常吃力。若把古文里的实词、虚词都弄懂，并把全篇的中心意思掌握后再背，就会快得多，印象也深得多。只有理解的东西才能记得牢、记得久。对于重要的学习内容，如能做到理解和背诵相结合，记忆效果会更佳。有些材料，如科学概念、范畴、定理、法则和规律、历史事件、文艺作品等，都是有意义的。记忆这些材料，大多不采取逐字逐句的死记硬背方式，而是首先理解其基本含义，即借助已有的知识经验，通过思维进行分析综合，把握材料各部分特点和内在逻辑关系，使之纳入已有的知识结构，以便保持在记忆中。理解记忆的全面性、牢固性、精确性及迅速有效性，依赖于对材料理解的程度。艾宾浩斯在做记忆的实验中发现：为记住 12 个无意义音节，平均需重复 16.5 次；为记住 36 个无意义章节，需重复 54 次；而记忆六首诗中的 480 个音节，平均只需重复 8 次！这个实验表明，凡是理解的知识，就能记得迅速、全面而牢固。平常说泰国的首都曼谷，只是一个简称，其全称译成中文是：“共台甫马哈那坤森他哇劳狄希阿由他亚马哈底陆浦欧叻辣塔尼布黎隆乌冬帕查尼卫马哈洒坦”共有 40 字。要把这 40 个字都背下来，并非易事。若背诵两首诗，一首是李白的《望庐山瀑布》：“日照香炉生紫烟，遥看瀑布挂前川。飞流直下三千尺，疑是银河落九天”；另一首是王之涣的《登鹳雀楼》：“白日依山尽，黄河入海流。欲穷千里目，更上一层楼”。这两首诗的总字数比泰国首都全名还要多八个，可是只要读几遍就会背了。原因就在于这两首诗形象易懂。在学习时要经常有意识运用理解记忆，在记忆时展开积极思维，这样才能取得良好效果。

四、多种感官记忆法

多种感知参与的记忆，叫“多通道”记忆，接受信息的“通道”有视、听、嗅、动和触觉等。充分运用人体的五官功能和肢体协同记忆，即调动所有感觉器官记忆，效果最好。记忆方法是因人而异，有的擅长看（视觉型），有的擅长听（听觉型），有的擅长用嘴和手（运动型）等。比较常见的是混合型记忆法，而这种方法的记忆效果最好。实验表明，只听不看者记得最少，只看不听者记得稍多一点，又听又看者记得最多。这还仅仅是两种感觉器官并用，记忆效果就比只用其中之一好得多。如果把所有感觉器官都调动起来，效果会更佳。在学习中，通过脑、手、耳、口和肢体等感官并用进行知识记忆，效率高效果好。《学记》中说：“学无当于五官，五官不得不治。”即学习和记忆如果不能动员五官参与，就学不好，也记不住。这说明远在 2000 年前的古人就已认识到读书学习要眼看，耳听，口念，手写，脑想，才能增强记忆效果。宋代朱熹说，读书要“心到、眼到、口到。心不在此，则眼不看仔细，心眼既不专一，却只散漫诵读，决不能记，记亦不能久也。三到之中，心到最急，心既到矣，眼、口岂不到乎。”现代科学研究表明，人从视觉获得知识能记住 25%，从听觉获得知识能记住 15%，若把视觉与听觉结合起来能记住 65%。有人曾用三种方法让三组学生记住十张画的内容：对第一组，只是告诉画上画了些什么，并不给他们看这些画；亦即，只是听，没有看。对第二组，正好相反。只给他们看这十张画，不再讲每张画画些什么；亦即，只是看，没有听。对第三组，又让听又让看。过了一段时间，分别问这三组学生记住了多少画的内容。结果第一组记住的最少，只有 60%；第二组稍多，记住了 70%；第三组记住最多，达 86%！因记忆时，就不知不觉地调动自身更多的记忆“通道”参加记忆，这使记忆痕迹加深，记忆效果更好。还可利用语言和视、听器官的功能，来强化记忆，提高记忆效率。因多媒体的功能多、用途广、效果好，既可促进大脑皮质中各神经中枢网络之间的联系，互相影响，还可防止注意力分散，有利于记忆效率的提高。总之，多通道记忆法动员脑的各部位协同合作来接收和处理信息。此方法在掌握各种语言文字中效果较显著。因不论哪一种语言，学习目的都是为了读、写、听、说，这四种能力恰恰涉及信息输入和输出的四种通道，故应采多通道记忆法。

五、运算记忆法

运算记忆法，是把一些需记忆的数据转化为简单的算式，以助记忆的方法。在知识、材料和数字的记忆中，较难记忆的当推数字。怎样对一些重要或必要的数字进行记忆？①加法——比如，李时珍在 1578 年写成《本草纲目》，可记为 15 = 7 + 8。②减法：比如周平王东迁、东周开始的时间为公元前 770 年，可记忆为 7-7=0。③乘法——比如，1644 年清军入关，明朝灭亡，可利用乘法为 16=4×4；塔里木河长 2137 公里，可记为 21 = 3×7。④除法——比如，秦统一中国于公元前 221 年，可利用除法为 2÷2=1；某地区邮政编码为 151057，可记为 15 = 105÷7。⑤叠加法——比如，党的一大是 1921，二大是 1922，三大是 1923，顺序是叠加一；十月革命是 1917，五四运动是 1919，中共建党是 1921，顺序是叠加二；辛丑条约是 1901，辛亥革命是 1911，中共一大是 1921，九一八事变是 1931，皖南事变是 1941，顺序是叠加十；太平军起义、辛亥革命都是在辛亥年，记住辛亥革命是 1911 年就可推算出太平军起义是 1851 年。1662 年郑成功收复台湾，1762 年设伊犁将军。这既可看成是叠加法，也可看成是排同尾法。

六、谐音记忆法

谐音记忆法，是利用谐音来帮助记忆的一种方法。许多学习材料很难记忆，在它们之间不易找出有意义的联系，例如，历史年代、统计数字等等。如若对这些学习材料利用谐音加某种外部联系，就便于贮存，易于记忆。亦即，把一些原本无意义的材料或数字，人为找一些联系，使其被“意义化”，以提高对缺乏联系的无意义材料的识记效果。它能把无意义的材料变成有意义的，把生疏的材料变成熟悉的，如光速为每秒 29.979 万公里，可记为：二酒碘酒汽酒。比如，富士山高 12365 英尺，就可以意义化为“富士山是两岁的山”，即把前两位数看成是 12 个月为一岁，后三位数看成是 365 天，也可算为一岁，这就容易记忆。又如，记忆清军入关是 1644 年，可用谐音法“一陆狮狮张牙舞爪地入了关”。地球半径是 6356.8 公里，可用谐音“庐山（63）无路（56）一点爬（.8）”来记忆。再如，3 开平方为 1.732050，可记成“一起商量行不行”；2 开平方为 1.41421，可取谐音“意思意思而已”。另如，马克思生于 1818 年逝世于 1883 年。可以这样记，“一爬一爬（就）爬（上）山（了）。”马克思的生日是 1818 年 5 月 5 日，有人将其编成故事：马克思刚出生下来就“一巴”掌“一巴”掌把那些资本家打得“呜呜”地哭。（若把马克思打资本家时的场景想象一下，再也不会忘记 1818 年 5 月 5 日）。还如，甲午战争爆发于 1894，用它的谐音“一把揪死”，就非常容易记住。电话号码 2641329，可用谐音记：“二流子一天三两酒”。再如，以前有位老师经常上山与寺庙的和尚喝酒对饮，有一天这位老师又要上山，临走时，布置学生背圆周率 π 到小数点后 22 位。这个难记的无限不循环小数，把学生难住了，反复地机械背诵还是背不出，大家非常害怕，十分苦恼，有一个聪明学生联想到老师喝酒，便用谐音赋予意义方法编了一段，大家很快记住了 22 位小数，并背答如流，把 3.1415926535897932384626……编成顺口溜：“山巅一寺一壶酒，尔乐苦煞吾，把酒吃，酒杀尔，杀不死，乐而乐”或“伞已撕已无救而漏……”这段故事，既形象顺口，又有意思，把一串无意义的数字联在一起搞活了，体现了将多种法则加以综合运用的好处。有用此法能熟练背圆周率一两万位，有的能背英语字词，真可谓神奇。然而，这样把枯燥无味的数字人为化成有意义的顺口溜，虽巧妙，但只适于记忆一些抽象、难记的材料，不能推而广之，但也是一种会使记忆效果提高的“杰作”。

七、分类记忆法

如果把记忆比喻为知识的仓库，那么只有把知识归类，仓库才能最大限度发挥其储存能力。例如，用归类法来识字，记忆效果就很好。如青、清、情、晴、精、靖、菁等，这样一串字，归类记忆就容易记。若将必须记忆的内容按一定要求进行分类，那么记忆就要容易得多。实际上，分类过程是一个理解的过程，其本身就具有记忆功能。把要记忆的内容或事物加以分类之后，就易记忆。学会整理和分类，有时比集中记忆效果好。

八、口诀记忆法

把记忆的材料编成口诀或合辙押韵的句子来提高记忆效果的方法，是符合组块规律的一种记忆法。口诀大都押韵，朗朗上口，容易记忆。掌握歌诀或口诀记忆知识，把互不关联的记忆对象编成歌诀有利于记忆。可编一些顺口溜将知识条理化、提纲化，使知识形成记忆的系统和网络，这样便可通过联想来增加记忆效果。该方法可缩小记忆材料的绝对数量，把记忆材料分组、组块来记忆，加大信息浓度，增强趣味性，既可减轻大脑负担，又记得牢，并避免遗漏。

口诀记忆为我国传统教学方式中常用的一种记忆术。如乘法口诀、珠算口诀等。又如要记唐宋八大家姓名，可先记住韩、柳、“三苏”、欧（阳）、王、曾八个姓，然后推想出八人姓名。再如流传很久的《三字经》《百家姓》《千字文》等都是运用口诀记忆法的实例。之所以经久不衰，受人欢迎，主因其内容是用口诀形式编写的，易读易记。编口诀还有一种利用形象的方法，易于引起联想帮助回忆。也可用前后对比的方法编口诀。多种方法综合起来编口诀很方便，如综合罗列法、特征法、直观形象法很快就可把“熟”字编成这样的口诀：一点一横长，口字在中央，子字来报信，九个一起忙，下点一把火，烧熟一锅汤。这些不同编口诀的方法，可根据情况加以运用。举例如下。

（一）二十四节气歌

二十四节气歌，在劳动人民中间世代相传。

春雨惊春清谷天，夏满芒夏暑相连；秋处露秋寒霜降，冬雪雪冬小大寒。

每月两节日期定，最多相差一两天；上半年来六、廿一，下半年是八、廿三。

（二）记忆中国的行政区域省份名称

两湖两广两河山　（湖南、湖北、广东、广西、河南、河北、山东、山西）；

五江云贵福吉安　（新疆、黑龙江、江西、浙江、江苏、云南、贵州、福建、吉林、安徽）；

四西二宁青甘陕　（四川、西藏、宁夏、辽宁、青海、甘肃、陕西）；

海内台北上重天　（海南、内蒙古、台湾、北京、上海、重庆、天津）；

（三）记忆各省简称

京津沪渝直辖市　蒙宁新藏桂自治　一国两制台港澳　东北三省黑吉辽　冀蒙晋　归华北

蒙苏浙皖赣华东　湘鄂豫　归华中　华南还有粤闽琼　川滇黔　归西南　西北还有陕甘青

（四）历史朝代

黄尧舜禹夏商周，春秋战国乱悠悠，秦汉三国晋统一，

南朝北朝是对头，隋唐五代又十国，宋元明清帝王休。

九、图像记忆法

图像记忆法，指把需记忆的资料通过各种手段转化为图像编码来进行记忆。因人对图像的记忆能力极强，容量很大，并易进入人的长期记忆，不易遗忘，需复习的次数也少，明显优于其他记忆，但需有一定想象联系等编码能力，即转换为好的图像去记忆，所谓好的就是要夸张、生动或有趣。可在平时多多尝试。图像记忆法和传统的死记硬背法截然不同。传统的记忆法是通过不断重复内容刺激脑神经达到记忆的目的，较费时，易遗忘。图像记忆虽说也需复习，但只需少数几次复习即可达到永远牢记的目的。这也充分运用人脑的记忆优势，因人脑具有极大的图像记忆空间，比传统的死记硬背的记忆空间大 100 万倍。这也用到左右脑的分工理论。只要坚持去训练，养成图像记忆的习惯，记忆也就不再是难以做到之事。还有图表法，即通过制作图表可由繁化简进行记忆，如历史朝代表。

十、位置效应法

若背一篇古文，哪部分最容易记住？是开头，其次是结尾，最不容易记住的是中间。心理学上将这种因位置不同而导致不同记忆效果的现象称为系列位置效应。利用位置效应提高记忆的主要方法有：其一，是对于一项学习内容，既然中间部分最容易忘记，那么，如果知识之间没有完整的前后逻辑关系，可将中间内容提到前面来记忆。其二，是在安排一天的学习内容时，也可进行周期性的位置变换。最重要的是莫过于回忆信息线索所在的位置。要回忆遗忘的内容，应先想其所在的位置。心理学家研究发现，在回忆被遗忘了的信息时，最重要的不是直接回忆这些信息本身，而是要找到回忆的线索。而所有线索中，最重要的莫过于这些信息曾经所在的位置。因为对信息的记忆不是孤立的，所以只要找到了线索，遗忘的信息就可能被渐渐回忆起来。另外，在进行记忆时，留心书中的插图或照片，对回忆也有很大好处。人是视觉动

物，具有很强的分辨空间位置的能力。有时滴落在书本上的一滴墨水痕迹，可让你突然想起它旁边的某些东西。

记忆力的真相：大多数人只能记得4岁之前发生的一两件事，对3岁之前的事几乎一无所知。一些记忆会随着衰老而丧失，但并非每个人皆如此。其实，还有许多增强记忆或防止记忆减退的方法。①保持大脑活跃——南宋著名哲学家、教育家陆九渊说："身体不运则病，精神不运则愚"。大脑就像肌肉，常锻炼能促进发育。学一种新语言、一种乐器，或者玩玩智力游戏等都是保持大脑活跃的有益行为。②保证足够氧气——随着学习强度的加大，全身细胞的耗氧量急剧加大。因脑细胞耗氧量占人体总耗氧量的20%。如果缺氧就会引起记忆力减退——脑细胞又名神经元，由细胞体、树突、轴突三部分组成，所有信息传导都是由轴突完成，它是脑细胞之间构成记忆的通路，因此轴突生长得好坏直接影响记忆力。氧是保持大脑记忆功能旺盛的根本。③保证足够睡眠——睡眠是人体不可缺少的生理过程。可见睡觉比饮食还重要。正常睡眠可有效消除大脑和体力的疲劳，还可调整新陈代谢，增强肌体免疫力，强化记忆。反之，睡眠不足可导致疲乏、头晕、注意力不集中，记忆力下降。其实，睡眠的个体差异很大，有的需7~9个小时，有的5~6个小时。关键是养成良好的睡眠习惯，每天按时睡觉，按时起床。睡眠在大脑的保养中扮演着极其重要的角色，记忆力衰退的最大原因就是缺乏足够的睡眠。因在睡眠期间，大脑会整理记忆内容并印在脑海里。不少学生喜欢在考试前通宵复习，这会让进入大脑的知识难以成为长期记忆。④坚持适量运动——越是学习紧张，越是需要休息和适当锻炼，以消除脑细胞的疲劳。活动性休息，能很快消除学习时大脑细胞的紧张度。坚持快走等有氧锻炼对身体的各部位和大脑都有好处，可显著增强记忆力。每天做30分钟的有氧运动，能刺激大脑神经细胞，提升注意力，促进大脑自我更新。⑤保持良好心态——心理学实验证明，心情舒畅、精神饱满的人，记忆效果就好，反之则差。如何保持良好心态？一要树立正确的人生观、价值观；二要客观评价自己和他人；三要有遭受挫折的心理准备；四要善于调控和转移注意力。⑥左右转动眼球——想快速回忆起某件事，只要将眼球左右来回转动30秒，就会产生良好效果。因眼球水平转动可让大脑的左右半球互相沟通，这对于重新勾起记忆至关重要。英国曼彻斯特都会大学研究人员，曾测试102个学生，让他们看一些文字资料，部分学生回想内容之前左右眼球转动30秒，其记住的资料比未转动眼球的学生多，出错率也较低，认为左右转动眼球能提高左右脑间的关联。因回想50个生字，或回想一本书、一篇文章、一段歌词，有很大分别，故左右眼球转动是否有助回想任何种类的事情，有待商榷。⑦多做有益玩乐——躯体活动能改善健康状况，精神活动可减轻记忆衰退。跳舞、玩纸牌、学外语、玩思维游戏等都能增加神经突触的数目，强化神经细胞间的信号传导，巩固记忆。智力游戏可有效刺激脑细胞，多玩棋类、字谜或数字游戏均益于激发智力。还有：多听音乐帮助记忆，背诵经典提高记忆，奇思妙想加强记忆，多咀嚼增强记忆，等等。

考试的心理策略与心态调控

考试，是实力的竞争，既是对学生学习实力的检验，也是对考生心理的考验。尽管掌握知识的程度和应用知识解决问题的水平是考试成功与否的基础，但对于高水平的竞技，成绩差异更多地取决于心理素质状况。当临考日已屈指可数，考生就像站到起跑线上，此时必须清楚：预期过高会导致紧张过度，情绪过分紧张、焦虑会导致认知功能的歪曲，认知的准确性就会受到影响；相反，要考出成绩，既需先前的知识积累，更需有一个良好的临考状态。考生心理状况良好是考试水平正常发挥的重要因素。好成绩＝牢固的基础知识＋正确的学习方法＋良好的心理状态；或换一种更为简洁的说法：好成绩＝好基本功＋好方法＋好脑力＋好心情。要取得好成绩，既需知识博、能力强，还要情绪稳定、意志坚强、良好心态。对即将和刚刚进入考场的考生，出现一定程度的紧张、焦虑是正常的，大可不必为此担心而发挥失常。按照心理学一般规律，中等或中等偏高的动机水平，最利于考生发挥潜能。亦即，既不能坐卧不安，也不能毫不在意。考试焦虑其实并非绝对的坏事。一般来说，适度的紧张感也有积极意义。紧张能够唤起和维持大脑兴奋性的力量，使人思维活跃，适度的焦虑有助于智能发挥，但太高或太低的焦虑都不能取得良好成绩。良好的应考心态是高水平发挥的坚实基础；而过度紧张直接影响到知识水平的发挥。考生心理健康是考试成功的关键因素之一，给考生增加“心理营养”可使考生多一分胜算。

一、心态良好做好准备

调整好心态，是考试成功的一半。良好心态，是平和；理想心态，是有一点紧张，外加一点兴奋。前者，可使效率大增；后者，可使心情愉快。良好心态，是张弛有度。过了度，就适得其反。因过度紧张造成超负荷的心理压力，会直接影响临场发挥；过度松弛，抱着一种听其自然的态度，也不会取得理想成绩。但紧张一定有一个“度”。避免过度紧张的方法：平时努力，积累自信；做好准备，包括考前准备；学会调节，控制情绪，当引起紧张、厌烦情绪时，要有意识做点别的事情来分散紧张，如听音乐、打球和他人聊天，都可使情绪得到缓解，使心情暂时放松，以多几分独立思考与突发奇想。增强自信的方法：客观要求自己，不苛刻要求自己达到尽善尽美；认真复习，采取苦学、加巧学，制订计划，科学合理安排时间。准备充分，心就不慌，所谓“艺高人胆大”乃此道理；想到最坏一面，凡事都要做最大的努力、最坏的打算。常言道：“世上有无数个门，不是每一扇门都打得开，也不是每一扇门都打不开”“条条大路通罗马”。

二、适度紧张乃属正常

面临考试绝大多数考生都会感到紧张，这是在应激状态下完全正常的情况；过分放松是非正常状态，适度紧张有利备考，是冲刺的最佳状态。故需做三点：①暗示自己——要参加考试了，开始紧张了，做好准备。②鼓励自己——紧张很正常，尤其重大考试，怎能一点都不紧张呢？③学会放松——考前聊聊天、散散步，答卷前深呼吸、闭目养神等都是好方法。对考前紧张有适度认识，心情自然就会平静。

三、备考充分我一定行

给自己打气“壮行”，无疑是最好的应考礼物。我不行还有谁行呢？一个人在竞技状态下，自我鼓励特别重要。虽说实力是信心的根源，但谁能保证，一次考试就能真正考出全部实力呢？给自己勇气，会发现你的潜力远不止平时表现出来的水平，看看每次世界赛事上那些爆出冷门的“黑马”吧！

四、强项失利多属最难

强项失利对很多考生可以说是毁灭性的打击，因为不知道别人的情况，会感到十分沮丧。但多年实践表明，如果考生在强项上失利，通常也是最难的题目或内容。但考生在考场上不知这一点，可能因此心慌意乱，影响正常发挥。对此，考生应从心理上暗示自己：这可能是这次考试中最难的题目或内容，我都这样，别人可能更要栽倒了。假如情况相反，也要及时调整心态：强项失利了，弱项更需尽可能少丢分。

五、一科失利莫要伤心

考试难免马失前蹄，但许多考生会有意无意沉浸在悲伤中，以致一科失利，影响全局。失利固然令人沮丧，但只要考试没结束，就不能轻言失败。重要的是要及时调整心态，既然这一科，甚至这两科都失利了，那就从其他科中把分数找回来。对自己说：没有时间流泪，只有拼搏；人生的考试无处不在，不要为一次不理想，而忘记后面还有更多的“测试”。

六、遇到难题平心静气

干扰往往来自心理，比如以为题目简单就疏忽，以为题目太难就畏惧，其实简单的题目里时有陷阱，难题也不至于难于上青天。须知，没有难题的考试不是考试，对你是难题，对别人也是同样。需要做的只有一点，不要在难题上多费工夫，赶紧往后做，把你认为容易做、有把握的题先做出来，既赢得分数也收获信心。最后啃“硬骨头”。实在做不出也属正常，总有做不出来的题目。

七、遇到干扰吾心不慌

影响考生临场心态和水平发挥的另一个因素就是相互干扰，身旁的考生翻页是最大的干扰因素之一。要采取有效的避免方法：①控制自己——控制自己不去注意别人的答卷速度，如果知道了别人速度快，就鼓励自己沉住气，一步一步来，这样更稳妥。②沉着应对——在自己卡壳时旁边的人却已答下一题了，也不要心慌；否则，就是对自己不够信任的表现，别人答到哪里与自己没有必然联系。③不受干扰——应想到别人答得快正确率就一定高吗？他答下一题，那上一题他就一定做出来了吗？这些都是未知数，可假想那个同学是遇到了难题跳过去往后做呢。当然，如果大家都翻页了，这就需要提醒自己加快一些速度。一般说来，考试题量适合考生的平均速度，没有特殊情况都有足够的时间完成，早点晚点没有太大关系。

八、他人成功学其经验

任何成功，都是为之付出了巨大努力的同时还有天分和机遇。羡慕别人的成功，不如学习其为之付出的艰辛及学习经验，努力进取。同时，要尽量避免“不良心态”，即过度的“考试焦虑”，包括紧张、担心、害怕、丧失信心、脑子一片空白等心理症状，甚至伴有一系列躯体症状，如心慌、心动过速、头晕等。

九、增强自信放松情绪

自信心，是促进不断努力的动力，是积极的心理品质。要获取好成绩，一定要有自信心。这犹如体育运动员一样，要在比赛中获取好的名次，须有良好的竞技状态，以保证自己能够发挥出最好水平。在进入考场之前，多想一些有把握获取好成绩的条件，如“自己已经全面和系统地复习了”，“考试就像平时测验，无非在这里多做几道题而已”，并尽量回忆和憧憬一些美好的事情，使大脑皮层产生兴奋中心，产生一种积极情绪。自我放松，缓和紧张的心理状态。①闭目养神法——闭目，舌抵上腭，经鼻吸气，安定神情；或设想一个人走在幽静的森林里，恬然自得。②漫画消遣法——可翻阅夸张、逗趣的一些漫画作品，促使心情开朗、情绪高涨，重新占据优越感，恢复自信心。③凝视法——确定一个距离较远的明朗的物体，凝神并细心去分析、琢磨其颜色与远近。④临场活动法——由于紧张情绪会使体内产生大量热能，所以可在考前稍稍活动，如走动、小跑、摇摆、踢腿等；或双手握紧再放开，让全身肌肉缩紧再放松；或在考试过程中用力拧一下身体的某一部位。这样，紧张情绪会渐渐消失。⑤呼吸松弛法——当出现不良情绪时，找一个比较安静的地方，站立，眼微闭，全身放松，深呼吸 3~10 次，气要长但不要急，做到绵长、缓慢、深沉，呼气时也要达到同样的要求；同时默念“1-2-3”，吸气要深、满，吐气要慢、匀。心里想：放松、放松。只要坚持有规律的呼吸，定会缓和心理紧张，回复心理平衡。这样可使血液循环减慢、心神安定下来，全身有一种轻松感。⑥肌肉松弛法——坐姿要放松，一旦双手发生颤抖或有紧张情绪，可迅速拉紧所有的肌肉，然后立即解除紧张，也可马上做深呼吸，反复两三次，这时全身肌肉必会放松，就可避免生理、心理紧张加剧而引起的恶性循环。或者将全身所有能控制的肌肉从头至脚全部绷紧，然后慢慢吐长气，直至全身放松下来。⑦联想放松法——紧张时，想自己曾经做过成功的事，回想成功时的心理体验，想象美好的最开心的事物和情景，把当时的情景想象得栩栩如生，把自己最快乐的感觉找到，并陶醉在想象情景之中。可以是蓝天白云，自己在云上飘或是想象在一望无垠的海边，海浪轻轻拍打你的感觉。这样会感到非常满足，从而消除紧张。⑧精神转移法——在考试过程中，如果出现情绪焦躁不安、惊慌失措、大脑一片空白、脉搏加快、呼吸短促等现象，可采用转移法克服。如看看窗外，伸伸腰等。⑨愉快冥想法——当感到紧张时，可闭目凝神，想象宁静美好的景色或声音，让身心逐渐放松；或默默回想自己以前某次十分顺利通过考试的情形，这有助于减轻焦虑，并使自己心情舒畅。

十、克服困难积极暗示

积极的自我心理暗示，会使人充满信心，增强克服困难的勇气；积极的自我暗示，可产生巨大的力量、创造奇迹。为此，要善于利用自我暗示语的强化作用。心里默念一些词句。如暗示自己“沉着、冷静”“我能考好，一定能考好”“我能取胜，胜利属于我”“只要我用心，我会成功”“今天精神很好”“考出好成绩是有把握的”等。反复默念，通过这样的心理暗示反馈给大脑皮层的相应区域，形成一个多渠道强化的兴奋中心，可使自己情绪稳定，提高信心。心里想“我一定能成功，一定超常发挥，一定考出好成绩；我考不好，别人也不怎么样”。告诉自己：“我已做好充分准备，不会考坏的。”“紧张是胆小鬼的行为”。自我暗示语要简短、具体和肯定，要默默或小声对自己说（不让他人听见，不影响他人答题），能够有效抑制怯场。

最后，也是最重要的，应在考试前解决的问题是：正确看待考试。任何考试从概率上说成功与失败的概率各占 50%，任何人都不能说一定胜券在握，失败不是能否问题，而是大小问题。考试失败不是人生的失败。所有的经历都是人生的财富，所有的教训都是不断成长的阶梯。

第十七章　家教与教子

家教，望文生义就是“家庭教育”，也是家庭教育的简称，父母教育子女属于家教范畴，是家教的主体，是教育三大类型（家庭教育、学校教育、社会教育）之首。“家庭是社会的基本细胞，是人生的第一所学校”。通常，因家教不属于学校教育，故不宜列入本专著。然而，当今的家教不仅延伸于学校教育，而且学前的家教也渗透着学校教育因素，如请家庭教师，送孩子进入相关学习班、特长班等。鉴于此，特将家教引入本专著。从广义上理解，家教是家长必须通过以身作则方式实施的各种教育行为或活动，有意识地、潜移默化地影响子女，以形成一种健康积极、乐观向上的家庭教育氛围，使子女耳濡目染、自觉自愿认同，自然而然效仿，以致能传承和发扬父母优良的灵魂、品格和能力，展现出优良的综合素质。

教子，对每位为人父母的人来说是天职。从孩子降生那一刻起，父母们自然而然地就开始教孩子喝奶、吃饭、说话、识字、待人接物等。但未必每位父母都采用正确的教子方法，获得成功的教子成果。教子的方法多种多样，针对不同性格特征的孩子更要考虑选择恰当的教育方法。很多父母简单地认为，只要把正确和错误的给孩子讲明就是教子，殊不知孩子不是成人。如果孩子都能一说就明、一点就透的话，也就不需要教育了。正因如此，教子必须要讲究艺术。首先，要尊重孩子，将其当做孩子来看待，站在孩子的角度思考、倾听和沟通，而不能站在成人的角度采取教育方法。其次，要注重孩子的独立性和自主性，将其当做独立的社会人平等对待，要民主，而不应采取家长作风。更重要的是，教子不能仅仅关注知识教育，更要重视灵魂、品格和能力的教育。

家教的本真，首先是家长要塑造好自身品格，夫妻的相处之道、父母的言行举止，对子女内在价值观和外化品格，具有关键性塑造作用：对子女生命内核的教诲，表面看是源于父母的教诲，实质是父母将自己真实生命深深镌刻在子女的心灵上。家教，是一种家庭的氛围，是父母自身的灵魂、品格和能力在子女成长过程中的折射或传承。评论一个孩子的家教好或不好，其实也是在影射孩子家长的日常行为是否得当。家教好者，一般都能始终如一地保持积极乐观的思想与态度，自信大方的性格和语言，文明礼貌的举止和行为，恰当周到的待人与接物。这其实反映一个家庭上下几代人传承和发扬的家教素养。孩子身上的许多问题产生的根源是父母。孩子的某些叛逆心理和行为，更多恰恰是家庭教育弊端所致。

中华民族自古以来就重视家庭建设，注重家教。许多传统的家规、家训、家风等，至今，依然有其独特的价值。教育子女的方法是可以学习、借鉴、选择和改善的，而一个家庭的家教则是相对固定的，一旦形成，很难彻底改变。因此家长们都应认识到教育子女既是每天必做的小事，也是影响子女一生的大事。每位父母都应该认真思考教子和家教的艺术，时常提醒自己对子女进行教育时，是否采取了正确得当适应孩子个体的教育方法，是否避免了简单粗暴的教子方法，是否只重知识而忽略了品德，是否只重成绩而忽视了情操，是否真正运用了教子艺术；而且还应时刻反省自己是否以身作则，为子女营造了健康良好的家庭教育环境，使家教也升华为一种艺术熏陶。不仅在我国，世界其他国家对教子与家教的讨论也是经久不衰。各国都有自己的教子经验和良好的家教传统文化。美国、德国、以色列等许多名人教子与家教的方法也有其艺术性和特色。

兴趣是成才的前奏曲。每位父母都不愿让孩子“输在起跑线上”，于是从宝宝出生起，人生之路已画好了线条，甚至还在娘胎中就开始进行胎教了。有学者说：“只要你认准内心的方向，坚持下去，总会到达理想的彼岸。”陪孩子读书、教孩子道理固然重要，但教他学会承认客观现实、挖掘潜能，尊重孩子的兴趣、爱好，并积极引导则更为重要！

家庭教育的特点

家教，从孩子具备模仿的本能意识起即开始。家教往往从平凡小事做起，从极其细微处入手。等孩子稍大些，家教力度也日益加强！家教，是一切教育之源，是学校教育与社会教育的基础。然而，家教有独立于社会教育、学校教育之外的许多特点。现就其要者择述如下。

一、久远性

从广义上说，家教是随着家庭的出现而产生的，比社会教育久远，比学校教育更久远。在相当长的一个历史阶段中，家教是培养人的主体。学校教育大规模形成却只是近代之事。

二、启蒙性

启蒙性，是指对婴幼儿开发蒙昧的教育，是教育童蒙，使之从不懂任何事理，到开始接受最简单、最基本的入门动作、语言等启蒙性知识和技能。它几乎是伴随着婴儿的孕育和诞生，也是在长辈的影响下开始的一种早期教育。

三、普遍性

自古至今，从家庭形成以来，每个家庭都在对婴儿吃、玩、说话及穿衣、使用餐具等有意与无意地进行教育。这种普遍性包括有形和无形家教，或有意识和无意识的家教；其中，后者指不经意的无声甚至无意的举止对孩子心灵的感染、熏陶和渗透。家教的普遍性，远远高于学校教育及社会教育的普遍性。普遍性也称广泛性，每个家庭对孩子的潜移默化随时可见，但这种教育越来越趋于自觉与有意识地进行。

四、综合性

综合性，是指家教的内容，既有说话、认知等方面，更有做人的品格道德等教育，也有健康成长的教育，还有美育与音乐等教育；既有德、智、体、美、劳等诸育，也有择业、待人处世、社交、恋爱婚姻等方面的影响。综合性也称全面性。一是指学校教育管的，家教要管；学校教育不管的，家教也要管。二是指社会教育要完成的，家教必须完成；社会教育触及不到的，家教责无旁贷。三是指参与人员的全员性。只要有家庭就必须承担教育子女的责任和义务。家教所涉及的内容比学校教育、社会教育要广泛得多。

五、继承性

继承性也可称为延续性。在家庭里接受长辈对自己的教育，成家立业后，也用同样的教育内容和方式去教育自己的后代，用从长辈那里所形成的思想观点、行为习惯，去影响自己的后代。家规、家风、家业就是继承性的说明。家教的继承性对培养儿童、青少年的思想品德和造就具有特殊才能的人，有着重要意义。家教，应把家庭建成造就特殊人才的摇篮，为社会造就更多更好的具有特殊技能和专长的宝贵人才。

六、长期性

家教，虽重点在幼童，但绝非限于幼童，在青年甚至成年时期，仍或多或少地接受着家教。它与学校教育相比，更具持久性。孩子从出生起就开始接受家教。虽不同阶段家教的作用不同，但始终伴随着人生。长期性又称延续性或连续性，孩子出生，从小到大，不间断地接受着家长的言传身教，这种潜移默化的影响将伴随人的生命成长和生活而连绵不辍。

七、权威性

权威性主要指血缘伦理的权威性，是一种特殊的权威性。家长有一般教育者无法比拟的优势，这是因父母与子女之间存在着血缘关系和经济与生活的信赖关系。这种关系上的权威性，既有一般的教育力量，又有天然的亲情色彩。或者说父母与子女的血缘、抚养和情感关系，决定了父母对子女的教育有较高的权威性。权威性有着强大的人格感化作用，是一种无形的巨大教育力量。

八、渗透性

渗透性也称感染性。家教的渗透性是指家庭生活各个方面的因素，都会对孩子起着潜移默化的渗透作用。家教与日常生活的统一性决定了家庭经济状况、成员之间的关系、文化氛围、生活习俗。家长的习俗、爱好等都会耳濡目染地渗透到孩子的心灵中，特别是父母言行举止的影响更为深刻。

九、针对性

由于父母与子女的特殊关系，朝夕相处，子女有何想法都愿向父母倾吐而少有戒心，因而思想作风、行为习惯表现得最为真实。所以父母对孩子的秉性、脾气了解得十分透彻。“知子莫如父，知女莫过母”，这为家长及时而有针对性地教育子女提供了充分条件。家长通过孩子的一举一动、一言一行，能及时、随时随地掌握孩子的心理状态，发现孩子身上存在的问题，及时教育，及时纠正。

十、灵活性

家教不像学校教育那样有课堂、有教材、有系统。它不受时间、地点、场合、条件的限制，可随时进行。“遇物则诲”，相机而教，通过生活实践或与孩子共同参与的活动，利用一切可利用的机会，方法非常灵活，易为孩子所接受地进行教育。

十一、时机性

经验表明，婴幼儿之发育成长有若干最佳时机，是接受教育和训练的敏感期。如婴儿4~6个月时，在及时添加辅食、满足其营养需要的同时，可培养其不挑食的良好饮食习惯；7~8个月时，引导训练孩子爬行，可锻炼大脑和手脚动作的协调能力；3~4岁，是学习语言及音乐启蒙的最佳时机；13~16岁，是青春叛逆期，等等。了解和把握这些关键的最佳时机，发现个性、兴趣和挖掘其天赋，采取相应的家教措施，可收到事半功倍之效。

十二、时代性

历史的各个时代，家教带有不同的时代烙印。但基本人性教育却亘古不变，如爱心、善良、礼貌、诚实、正直、勇敢等优良品质的培养。当今，独生子女占多数，家教出现“三过”，即过高期望、过分关心、过多呵护；孩子普遍存在“三缺”，即缺情、缺能、缺责任感。家教呈现出如下主要特点：①“四二一综合征”，父母和双方老人守着一棵独苗——独生子女的唯一性，使家教中情感因素冲淡理智性，孩子只知受爱，难知爱人；依赖性强，能力太弱；生理发展提前，心理成熟滞后。②望子成才心切，但不掌握教育子女的规律和方法——期望值片面，盲目追求高学历；过度教育病，盲目让孩子参加各种培训班。③社会影响多而杂——家庭教育可控性减少；社会信息鱼龙混杂，不良现象对孩子影响太大。

坚持良好的家教家风，家长给孩子提供的爱不能是溺爱、偏爱（过度保护或宠溺是一种错爱），而应是理智的爱，有原则的爱，要让孩子从小懂得什么是对的，什么是错的；什么允许做，什么不许做。对孩子的要求要始终坚持如一。如果只对孩子提出要求，而不督促，时紧时松，朝令夕改，就难以形成良好行为习惯，孩子也会对家长的要求抱着无所谓的态度，家长从而失去威信。只有坚持始终如一的严格习惯，才能帮助孩子形成良好的品质。总之，家教无不把行为习惯、品德教育放于首位，认为良好的品质是做人、立世的根本，勉子立德、诫子自立、教子孝亲、训子以俭，成为家教的重要内容，以培育孩子成为一个有良知、能自立、懂孝道、有责任感的人。为人父母在“望子成龙”的期望中，首先要把孩子培养成“身心健康、完整独立的人”。

家庭教育的类型

家长在社会中的角色千千万万，可以是出色的科学家、成功的企业家、威严的领导、令人敬仰的劳动模范等。但回到家中，对于孩子来说，角色上的光环将褪下，而成为一名平凡的父亲或母亲。父母这个角色，虽然平凡，但很难“演”好。若不懂得尊重孩子，不懂一点教子艺术，就难当合格的家长。当前中国的父母对未成年子女的家庭教育，大致有五种类型。

一、集权管理型

一言相逆、一举有悖，对子女非打即骂，强制子女按父母意志办事，这是集权管理型，与我国两千年的封建意识中信奉的“棍棒底下出孝子”的教子思想有关。然而，在现今开放、平等、自由、民主的社会意识中，依旧采用这种教子方法显然已经落后过时了。

二、放纵管理型

不管不问，任凭子女随心所欲、自由自在、自发自然地成长，即放纵管理型。这种教子观是受推崇个性发展理念的影响后，简单复制到家教之中，使教育子女又走到了彻底放手，个性无限张扬的另一个极端。

三、集权放纵型

对子女集权管理不行，又变成放纵管理，即集权放纵型。正是由于有些家长对家庭教育缺乏思考和研究，或者自身都无法控制情绪，存在情商缺陷，就更谈不上教子有方和教子艺术。因此，在教子过程中，不是走强制集权的极端，就是走过分放纵的另一极端。这种飘忽不定的家教，使子女也很难形成稳定的情绪、理智的思维、规范的行为和良好的品格。

四、祖辈管理型

把子女交给祖父母照看，父母对子女撒手不管，或者仅询问学习，或者处于次要地位，这是祖辈管理型。父母这样做也许是由于工作太忙，或是在外地工作等原因，但是其结果却是导致父母与子女之间的感情纽带不能建立，父母温暖的形象没有刻入孩子的心中。长此以往，孩子心中无法建立起家庭是其与父母融洽生活在一起的“基地”。很多孩子到了青春期后，可能因为朋友的诱惑离家出走或误入歧途。

五、亲子契约型

父母与子女商定互相认可的条文，形成共同遵守的亲子契约，按照契约规定进行教育、培养和管理，父母与子女两代人共同成长，建立起良好的亲子关系，实现父母对未成年子女的科学监护。这是民主、文明、先进、有效的亲子教育方式，能促使一种和谐美好、健康文明的家庭教育氛围的逐步形成、拓展。

现代社会把家教称为亲子教育。一个“亲”字，既在字面上拉近了父母子女之间的关系，也体现出现代家教观念是以父母与子女平等民主关系为基础的。亲子关系应相亲相爱、民主平等，家长要善于倾听子女的意见和感受，听孩子讲话时要表现出专注、热情和高兴。与子女沟通时，应有自我批评精神，不吝于向孩子承认错误。与孩子交流要选择适当的时空，注意保护孩子的自尊心，少板面孔，适时运用幽默。向孩子提出要求要明确、具体、坚定。然而，无论哪种类型的家教，皆须把做人做事、道德品格与锤炼其意志品质等作为最重要的基本任务，绝不能把家教作为学校教育的第二课堂，过分集中在学业上，热衷当孩子的居家助教和学习拐杖，认为“辅导孩子学习是家长的本分”，形成“陪着孩子写作业”，或“亲自辅导孩子学习”。这是家长角色的错位，也是对孩子自身发展权的忽视。须知，家教的最大优势是对孩子进行道德、人格教育。着重为孩子营造优良环境，促其养成自主学习的良好习惯。

教子需要艺术

教育孩子是一门艺术，作为孩子的第一任教育者，父母必须掌握好这门艺术。家长教育子女是否能成功，关键在于发现孩子的优势并帮助其发扬光大。父母应坚持“动之以情，晓之以理，导之以行，持之以恒”的教育原则，在了解和理解孩子的基础上讲究教育方法，运用艺术的语言对孩子进行表扬、批评、赞赏和鼓励，就能收到预期的教育效果。

一、宽容而不纵容

对待孩子，父母更需一份深藏的爱心和宽容心，还要有一份责任心。所以对待成长中的孩子要宽容而不纵容。在日常教子过程中，如若父母没有给予子女正确引导，没有及时地规范行为，可能使子女成为一个放荡不羁、没有责任感、没有自强自立人格的人，更为严重的会沦为阶下囚。但如果一味苛刻，不注意孩子的自尊和情绪，亲子间关系就会疏远，难于沟通，孩子有可能成为一个胆小怕事、性格孤僻、心胸狭窄、没有主见、没有创造力的人，将来走向社会也难以立足。因此，父母必须保持宽容中不迁就，管教中不专横。在教育孩子时，一定要宽严相济、松紧有度，不能一味宽容孩子。应做到：①宽容孩子的无知，教给孩子有用知识——孩子很小时，社会经历少，没有经验，说起话来，难免颠三倒四，甚至说些很令人生气的话。这时父母要站在孩子的角度与其沟通，告诉他用什么样的言语表达自己的想法最合适。②宽容孩子的错误，但不迁就错误——孩子在成长过程中很容易做错事，这是很正常的，父母要正确对待孩子犯错，要宽容孩子的错误，以理解的心态与孩子沟通，了解孩子犯错的原因，引导孩子自己改正错误。③宽容和沟通并用，以利孩子健康成长——家长仅有一颗宽容的心，对于教育孩子来说是远不够的，还必须能以宽容的心态进行亲子沟通，才能使沟通效果更好，更利于孩子的健康成长。

二、批评但不苛求

很多家长对孩子要求很严格，有错误缺点从不放过，发现了就批评教育。这种不姑息、不袒护、不放任的态度是对的，但是对子女过分苛求，效果往往不太理想。因为孩子是有上进心的，包括那些缺点毛病很多的孩子，都希望得到表扬、肯定和鼓励。当他们由于进步或做了好事而受到父母的表扬和鼓励时，都会在情绪上得到满足、在精神上受到激励、在思想上产生幸福感。而当孩子表现不太好，毛病缺点比较多时，亲子沟通就更需要用得体的言语去激励他们，让他们自己纠正缺点，改正错误，从而增强孩子的自信心、自尊心和上进心。所以批评教育固然重要，但绝不应过度苛求。现在的孩子敢于置疑、善于创新，他们兴趣广泛、涉猎深远，敢于对不恰当的批评说“不”。从某种意义上看，父母与子女真的有了“代沟”。其实，批评是一门艺术，无论采取什么样的方式，都要遵循以下原则。①就事论事，不要上纲上线——有的家长在批评孩子时总爱旧账新账一起算，觉得这样才能让孩子深深反思，实际上这种做法是不可取的。如果经常翻旧账，就会让孩子在心理上产生反感，即使你说得有道理，也不会收到理想的教育效果。②给予孩子充分的信任——大多数孩子都有积极向上的进取心，犯了轻微、无关紧要的“过错”，就深深地感到内疚，从而把它放在心上，受到良心的责备。家长应善于运用这一点，当孩子出现一般性问题时要给予他们充分的信任，并让其自己定出下一阶段改正错误的时限，使之在某一段时间里不再犯同样的错误。这样不仅可改善亲子关系，还能增加彼此的信任，提高孩子的自制力。③选择恰当的教育时机——孩子犯错误后，心理在一段时间里会难以平静。如果马上批评会让孩子产生批评完就没事的错误思想；如果隔得时间过长，孩子就会缺少必要的情感体验，达不到理想的教育效果。至于什么时候才是批评的最佳时机，要具体情况具体分析。一般情况下，对于孩子的重大过失，家长应等孩子的心理趋向平静后再进行批评教育。④做好批评的善后工作——家长对孩子实施批评教育后，切不可认为已经万事大吉，而对孩子思想和行为上的变化漠然置之。对情绪和行为表现反常的孩子，家长要及时了解情况，加深与孩子的沟通与交流，清除与孩子间的隔阂和误解，让孩子愉快地接受批评。⑤尽量多采用背后教子——孩子渐渐长大，当面教训无疑会让他丢面子，为了维护自己在众人面前的尊严，孩子不惜和父母对抗。相比之下，背地里单独批评会收到较好效果，毕竟长大后的孩子已拥有了强烈的自尊心。⑥教育语言要言简意赅——谁都不希望自己的父母唠唠叨叨，没完没了。当孩子真的犯了错误时，不必讲一堆大道理，只要告诉他你的感受和他这样做的后果就可以了。

三、表扬并不谬赞

一个人只要被表扬或称赞，都会高兴。于是就可能发挥出潜在的能力。相反，若一个人的努力和成绩长期得不到应有的表扬或称赞，可能就不再有努力的欲望，也就难以激发潜力。这是人类心理的基本特征，而且尤其明显地反映在未成年人身上。但同时要注意不能胡乱夸赞孩子。对孩子既不能不分是非曲直地胡乱表扬，也不能夸赞太多，以免导致孩子骄傲自大。如何正确、艺术地运用表扬，还需父母巧妙运用技巧和方法。①针对具体的行为和事物适度表扬——表扬孩子不应因循守旧，应寻找新的突破口，具体问题具体对待，重要的是切中要害。当孩子考了 100 分时父母说上一句："考得不错。"那么他认为这时受表扬是理所当然的，丝毫不感到意外。如此下来，即使他以后总得 100 分，他的上进心也会慢慢消失。如果父母换一种说法效果可能就不一样："这是你平常努力的结果，你的努力没有白费，我真为你高兴。"这样孩子以后会加倍努力，争取每次考试都得 100 分。乱表扬或表扬多了，孩子听后不会有什么感觉，更不会高兴。②借他人鼓励孩子——来自父母的赏识，对于孩子而言是一种鼓励。但有时孩子身边其他人所给予孩子的赞美，影响会更大，往往也是促使孩子进步的最好动力。如果孩子从父母口中听到："你姑姑舅舅都称赞你确实是个好孩子，我也觉得你好棒！"这种间接的赞美越是不留痕迹，越能使孩子自然而然地接受。③选择适当的赞美表达方式——诚意真挚的赞美最能打动人心，父母千万不要摆出一副冷漠、道貌岸然的样子。既然对孩子由衷地赞赏，就应尽可能将感动、喜爱的情意流露于话语中。

四、逆养并不压制

教子时"没有什么教育比逆境来得更实在"。凡取得大成就者必定经历过大挫折。逆商，即面对挫折、困境的反应能力。1~6 岁是培养逆商的关键期，应有意识帮孩子养成"输得起"精神，尤应记牢：①相信孩子——因为相信，才会发生。初学走路的孩子，若家长成天担心他会摔倒，就会在言行中无意识地给孩子灌输"可能跌倒"的信息，孩子就可能总会跌倒。若家长换一种思路，给孩子灌输"妈妈相信你不会跌倒"的意识，孩子可能顺利学会走路。进一步说，家长不可能为孩子撑一辈子"保护伞"，需给予充分信任，让其自己学会坚强。孩子跌倒后不要赶紧抱起来，应鼓励其站起来继续走，并让其意识到自己跌倒就要自己爬起来。②延迟满足——孩子有"不愿输"或"不想输"的想法是好事，但"不能输"或"输不起"却易养成偏执性格。故应让孩子明白，失败与挫折是人生的一部分，接纳并去体验即可。为此家长要善用"延迟满足"，不能孩子要什么就给什么和说什么就是什么，而应让其从小就懂得"等待"的意义。当然"延迟满足"不是压制孩子的欲望，而是培养一种能够与困难共处，力求获得长远利益的能力，让孩子在成长中"去自我中心化"，学会多方面看待事物，成为独立、善于合作的人。③疏导情绪——孩子在两岁左右时自我意识开始萌芽，希望获得更多关注，将所有喜欢的东西"据为己有"。3 岁后与同伴交往增多，学会争强好胜。若家长未正确引导，孩子往往就会在未能如愿、要求不被满足时大喊大闹。可以说"输不起"有时源于不能客观看待自己，所以容不得别人比自己好。对此家长要学会跟孩子"共情"，创设情境，让其把坏情绪发泄出来。为此，首先是倾听，引导孩子把情绪说出来。不要说"再哭妈妈就不喜欢你了"之类的话，否则孩子可能会为了"讨好"家长而压抑自己的情绪。其次，及时回应孩子的情绪状态，给予理解和认同。在舒缓孩子情绪时，要引导其懂得社会规则，养成良好习惯。④走出舒适区——现代家庭多是大人围绕孩子转，过分宠爱导致孩子抗挫折能力变差。家中舒适的环境让孩子深陷"心理舒适区"，一旦走出家门，面对不熟悉的环境和人，就感到不舒适。故家长既要多带孩子到公共场所，让其多跟其他小朋友接触，建立社会交往能力，又要帮孩子建立团队意识，鼓励参加集体活动，灌输"我是团队一分子"、"重在参与"等心态，而非"那是别人的事，与我无关"之消极想法。

家庭教育十忌

苏联教育家马尔库沙说："教育只在某种程度上是一门科学，而在更大的程度上是一门艺术。"家庭教育中，那些遵循教育规律和原则，把握教育情境，开展富有创造性的有效教育活动，被誉为家庭教育艺术。虽每位父母都在按照自己的意图教育子女，但绝非所有父母都能掌握家庭教育的艺术。探求家庭教育良策的书籍可谓浩如烟海，然而，父母在书上往往找不到解决自己在教育子女中所遇问题的现成妙方。因为，每位父母都有不同的条件，每个孩子具有不同的个性，加之现实生活每时每刻都在提出各种各样难以预料的情况和问题，要想准确地预测这些情况是不可能的。任何教育都是非常复杂的心智劳动，它需人们付出全部心血和智慧及坚韧不拔的意志和艰苦细致的工作。掌握家教艺术，需父母呕心沥血，付出巨大辛劳。只有在长期教育实践中注意学习、体察、总结、积累，并吸纳别人的经验不断补充、充实、丰富、提炼，才能做到熟练掌握，运用自如。家长不应随意对子女进行管教，并切忌如下问题。

一、娇纵溺爱

对孩子的娇生惯养、袒护、溺爱会把孩子惯坏，使之缺乏独立生活能力甚至走上邪路。

二、训斥打骂

任意打骂训斥孩子，会使其产生对立情绪，养成残忍、无情、说谎等个性和习惯。

三、只养不教

只管养活孩子，而不对孩子进行必要的教育，是不称职的家长。

四、要求不一

家庭成员，特别是夫妻之间对孩子要求不一，使孩子无所适从，起不到教育的作用。

五、重智轻德

只重视孩子的考试分数而不问品德教育、不讲如何做人，使孩子得不到良好的教育。

六、不良影响

家长不注意自己的不良言行，就会潜移默化地对孩子产生不良影响。

七、孤立孩子

生怕孩子出事，不让孩子出去玩，这样会使孩子产生孤僻、自私、不合群等不良品质。

八、过多许愿

为使孩子高兴，任意对孩子许愿，常给孩子"空头支票"，致使孩子产生不信任感。

九、金钱利诱

一味地采用物质奖励，致使孩子形成金钱至上观念，甚至为得到家长奖励而弄虚作假，欺骗家长。

十、奢侈浮华

一些富裕的家庭对孩子要求不严，孩子要什么给什么，任随孩子的意愿，这就容易使孩子养成奢侈浮华、好吃懒做等不良习惯。

窦燕山教子

五代后晋时期的窦燕山，原名窦禹钧，蓟州渔阳人，即今天津蓟县人。因渔阳属古代的燕国，地处燕山一带，故后人称其为窦燕山。窦燕山以家教有方闻名于世。他把全部精力用在培养教育儿子身上，既时刻注意身体，还注重学习和品德修养，使五个儿子先后登科及第（考中进士），一举成名，个个身居要职，成为国家栋梁，美名远扬，确为奇迹。宋代学者王应麟所著《三字经》中就有“窦燕山，有义方；教五子，名俱扬”，这是对窦燕山教育子女经验的总结、称道与颂扬。窦燕山教子成才的事迹，不仅在当时被人景仰，而且世代传颂，家喻户晓。

窦燕山出身于富裕家庭，是当地有名的富户。起初他为人不好，以势压贫，小斗出、大斗进，小秤出、大秤进，明瞒暗骗，昧心行事。据说一天晚上梦到亡父对他说：“如不痛改前非，重新做人，不仅一辈子没有儿子，也会短命。要赶快改过从善，才能挽回天意，改过呈祥。”从此，他暗下决心，痛改前非。他教子，以身作则，重在言传身教。据载，窦燕山虽富甲一方，却为富既仁且义。他的一个仆人，利用打工之便盗用窦家一大笔钱，担心被发觉后无颜面对，便写一张债券，系在十二三岁女儿胳膊上，债券上写道：“永卖此女，偿所负钱。”然后远走他乡。窦燕山发现后，当即烧掉债券，并收养此女孩，将她抚养成人后，又自贴嫁妆，送她出嫁。仆人听说主人如此大义，赶紧回来谢罪。窦燕山原谅他，对前事也不再提及。

一次元宵节晚上，窦燕山到延庆寺进香，忽在后殿台阶边处拾到一钱袋，内有白银二百两、黄金三十两。如此巨款，失主肯定心急如焚。第二天，窦燕山早早赶到寺庙，等候失主前来认领。果然，不一会就见一人边啼哭边找寻。原来失主头天晚上酒醉，不慎把巨款遗失在庙里。而且失主的父亲犯了大罪，这是他费九牛二虎之力筹借来为父亲赎罪的“买命钱”。窦燕山非常同情失主的遭遇，不仅归还了巨款，还馈赠他许多金钱。

窦燕山为人宽厚，仗义疏财，亲朋中有人去世，因贫不能治丧者，他常常主动出钱相助。由他出钱办丧事的死者多达 27 人。有穷人家女儿到出嫁年龄而办不起嫁妆，他也慷慨解囊，由他置办嫁妆出嫁的女孩多达 28 人。亲友故旧中有家庭贫困的，他主动借钱给他们做生意，使其发家致富。受他慷慨接济的人家不可胜数，但他自己却非常节俭，家里没什么金银饰物，妻儿穿的也是粗布衣服。他自己丝毫不肯浪费，每年衡量一岁的收入，除供自家必要生活费用外，都做救苦济急之用。他还创建书院四十间，聚书数千卷，礼聘品学兼优的老师，凡有志于学者，他提供资助，四方寒士皆可来学，成才显贵者很多。

窦燕山还在家里办起私塾，延请名师授课。对无钱送孩子到私塾读书者，主动免收学费。他周济贫寒，克己利人，颇受人们称赞。窦燕山用他的言行，践行着一个士大夫的操守，履行着一个父亲的责任，在子女心里撒下善良正义的种子。五个儿子既学业优异，且个个在朝廷担任要职，显赫一时：长子窦仪，授翰林学士，任工部尚书；次子窦俨，授翰林学士，任礼部侍郎；三子窦侃，任补阙；四子窦偁，授翰林学士，任参知政事；五子窦僖，任起居郎。时称“窦氏五龙”。当时有一位叫冯道的侍郎曾赋诗一首：“燕山窦十郎，教子有义方。灵椿一株老，丹桂五枝芳。”这里所谓“丹桂五枝芳”，即对窦燕山“五子登科”的评价和颂扬。然而，不管儿子官有多大、地位多高，在父母面前都规规矩矩。因此，窦家闻名一方，文人来往，学者穿梭，谈笑有鸿儒。每当家里来客，窦老太爷堂屋一坐，那一尚书、二侍郎、三起居、四参政、五补阙，都恭恭敬敬侍立在侧。家风严谨，观者肃然，一派世家风范，其义风家法，成为人们争相效仿的榜样。后来，窦燕山官至谏议大夫，享寿 82 岁，临终前预知时至，他沐浴更衣，向亲友告别，谈笑而卒，令人羡慕，有些得到过他帮助的人，甚至为他守孝三年。

窦燕山教子的典范性与故事性，体现着家风、家训和家教的重要意义，蕴含着深远哲理和人生智慧。祈望每位父母，能由此体悟出家教的真谛。为富不仁者，必生纨绔子；为官不义者，必有“高衙内”。自古至今，很多读书好的人才与名人，更多的是靠父母的言传身教、言谈举止和潜移默化的影响、感染或熏陶而成。

钱镠及其家族的家教

钱镠（852~932）是吴越国的创建者，公元907~932年在位，杭州临安人。少时无赖，贩盐出身，后应募为兵，渐由偏将而升掌一州之兵。光启三年（887）受任为左卫大将军、杭州刺史。唐末景福二年（893）任镇海节度使。乾宁二年（895）受封为彭城郡王。唐昭宗天复二年（902）受封为越王。天佑元年（904）改封为吴王。及朱温篡唐建梁，后梁开平元年（907）封其为吴越王，在位25年。他与同时代许多昏庸君主相比，资质显高一筹。他经历唐朝的覆灭，亲历群盗如毛、军阀割据、百姓遭殃的乱局，当他成为吴越国君时，实行了一套“保境安民”的政策，使吴越国成为遍地烽烟、“最黑暗”的五代时期国力最强地区之一。他重视文化，兴办教育，保护森林，在太湖流域修建堰闸，建立水网圩区维修制度，赢得社会安定和经济繁荣，为太湖流域成为“鱼米之乡”、苏杭成为“人间天堂”奠定了基础。宋代文豪苏轼称道钱镠有保卫两浙之功。以布衣之身而位列王侯的钱镠生有33个儿子，如何保住家人的富贵是其关心的主题，其智慧在生前死后都发挥了作用，从而保住自己的半壁江山。宋代文人在编写《百家姓》时，就把钱姓列在皇家赵姓之后，“赵钱孙李，周吴郑王”成为千百年来国民耳熟能详的习惯语。这个自唐五代起，有史可考的吴越钱家，给华夏文明贡献了众多一流的人物，其精彩绝伦几乎无第二姓可比。钱氏的家教，是上千年来持续时间最长、培养人才最多的典范。

一、历代皆人才济济

以钱三强、钱学森、钱伟长为代表的钱姓，人才之众、成就之显，使人们对钱家惊奇不已。我国宗族家世，虽有家谱维系，实多中道崩绝，丝连而总如藕断。故祖宗崇拜、慎终追远之说，标榜于众口，却虚幻缥缈。然而，在这个历史大势里，吴越钱家，却是一个绵延千年未曾中断且代代有人杰的典范。由钱镠开创的吴越小国，祖孙五代为王，对江南的繁荣做出贡献。

宋代以来，载入史册的钱姓知名人士逾千。宋初即出现了钱氏文人群，钱惟演、钱易二兄弟的文才倾动中原文坛，为苏东坡、冯梦龙等文学大家称道。其他，钱惟济、钱昆、钱昭度、钱藻等钱氏后裔，亦驰骋于北宋诗坛，风流一时。其后人才辈出，更是不可胜数。明代钱福，殿试和礼部廷对都名列第一，后任翰林院编修；钱士升是万历年间殿试第一名，后任礼部尚书兼东阁大学士；明末清初，文学大家钱谦益也是万历年间进士，官至礼部尚书。清朝康熙年间，钱名世为一甲进士，后任翰林院侍讲。乾隆年间，进士钱大昕是著名学者，对音韵训诂多有创见，长于校勘考订，著有《廿二史考异》。国学大师陈寅恪说，钱大昕的治学“精思博识”，“为清代史家第一人”。此外，清代著名藏书家钱曾、文字训诂学家钱大昭（钱大昕弟），学者钱塘、钱仪吉，书画家钱沣、钱陈群，书法家钱坫，画家钱杜，篆刻家钱松等等，均是钱王后裔。

现代，院士级的学者就有上千人，最负盛名者当属“三钱”（钱学森、钱伟长、钱三强），还有钱正英（水利学家）、钱临照（物理学家）、钱令希（力学家）、钱俊瑞（经济学家）、钱易（环境工程专家）、钱宁（水利学家）、国学大师钱穆、钱钟书、钱基博，生物学家钱致榕，获诺贝尔奖的化学家钱永健，画家钱君匋、钱松岩，在政界与军界的有钱其琛（原副总理）、钱昌照（原政协副主席）、钱李仁（原中联部部长）、钱信忠（原卫生部部长）、钱之光（原轻工业部部长）、钱敏（原一机部部长）、钱永昌（原交通部部长）、钱学中（原上海市副市长）、钱树根（上将）、钱国梁（上将）。还有令人惊奇的是钱氏家族的杰出父子们：钱基博、钱钟书父子，钱玄同、钱三强父子，钱穆、钱逊父子，钱学榘、钱永健父子……

有学者感叹，中古时期不论，近代钱家确实出现了人才“井喷”现象，已编成绕口令的“一诺奖、二外交家、三科学家、四国学大师、五全国政协副主席、十八两院院士”，而现在仍被新出现的人才超越——这个绕口令就没有囊括钱颖一等一流的享有世界声誉的人物。钱家人自己则称：“别看我们虽然姓钱，但是却出了很多的文学家和科学家。全国有钱氏人口264万，占全部人口0.22‰，可出的各类人才却大大高于他姓。”

钱家千年传承，人才辈出，从未散绝。其原因大概跟钱家曾称王一时一地有关，尤其是开创之祖钱镠之雄才在钱家历史上空前，并以家教给后人深远影响。

二、千年家训的力量

钱镠在六十岁时立家训八条，告诫子孙“莫纵骄奢，兄弟相同，上下和睦”，强调“子孙若不忠不孝，不仁不义，须是破家灭门，要鸣鼓而攻之。千叮万嘱，慎勿违训”。钱镠临终给子孙的十条遗嘱“要尔等心存忠孝，爱兵恤民。凡中国之君，虽易异姓，宜善事之。要度德量力，而识时务，如遇真君主，宜速归附，圣人云顺天者存。又云民为贵、社稷次之。……多设养济院，收养无业四民。添设育婴堂……勿致阳奉阴违，凌虐幼孩。吴越境内绸绵，皆余教广种桑麻。斗米十人，亦余教人开辟荒田，凡此一丝一粒，皆民人汗积辛勤，才得岁岁丰盈。汝等莫爱财无厌征收，毋图安乐逸豫，恃力而作威。毋得罪于群臣百姓……吾家世代居衣绵之城郭，宋高祖之松楸，今日兴隆，化国为家。子孙代莫轻弃吾祖先……”在此基础上，钱镠的后人把他平时言行记录整理而成《钱氏家训》，分个人、家庭、社会、国家等四大部分。

个人：心术不可得罪于天地，言行皆当无愧于圣贤。曾子之三省勿忘，程子之四箴宜佩。持躬不可不谨严，临财不可不廉介，处事不可不决断，存心不可不宽厚。尽前行者地步窄，向后看者眼界宽。花繁柳密处拨得开，方见手段；风狂雨骤时立得定，才是脚跟。能改过则天地不怒，能安分则鬼神无权。读经传则根底深，看世鉴则议论伟；能文章则称述多，蓄道德则福报厚。

家庭：欲造优美之家庭，须立良好之规则。内外门闾整洁，尊卑次序谨严。父母伯叔孝敬欢愉，妯娌弟兄和睦友爱。祖宗虽远，祭祀宜诚；子孙虽愚，诗书须读。娶媳求淑女，勿求妆奁；嫁女择佳婿，勿慕富贵。家富提携宗族，置义塾与公田；岁饥赈济亲朋，筹仁浆与义粟。勤俭为本，自必丰亨；忠厚传家，乃能长久。

社会：信交朋友，惠普乡邻。恤寡矜孤，敬老怀幼，救灾周急，排难解纷。修桥路，以利人行；造河船，以济众渡。兴启蒙之义塾，设积谷之粮仓。私见尽要铲除，公益概行提倡。不见利而起谋，不见财而生嫉。小人固当远，断不可显为仇敌；君子固可亲，亦不可曲为附和。

国家：执法如山，守身如玉。爱民如子，去蠹如仇。严以驭役，宽以恤民。官肯着意一分，民受十分之惠。上能吃苦一点，民沾万点之恩。利在一身勿谋也，利在天下者必谋也。利在一时固谋也，利在万世者更谋之。大智兴邦，不过集众思；大愚误国，只为好自用。聪明睿智，守之以愚；功被天下，守之以让；勇力振世，守之以法；富有四海，守之以谦。庙堂之上，以养正气为先；海宇之内，以养元气为本。务本节用则国富，进贤使能则国强，兴学育才则国盛，交邻有道则国安。

钱家能够在中华文明这个极度世俗化的社会中人才辈出，关键在于其子孙对钱镠遗训的看重。据说，钱氏家族每有新生儿诞生，就要全家人一起恭读《钱氏家训》，这个传统直到近代中断。钱家的子子孙孙，除要接受国家法律的约束之外，还须遵守《家训》。一千多年来，钱氏家训不仅世代相传，更得到了子孙的身体力行。

三、好读书而重教育

钱家多人成功的第二个因素，是好读书、重教育。有人问，钱家为什么能出那么多名人，钱伟长戏说：“我们钱家人喜欢读书，书读多了容易当官，当官的容易出名。”事实也确实如此。钱镠是钱家人奋发学习的榜样。他虽出身寒微，以武起家，但晚年好学，对后代的教育也非常重视，经常让孩子们诵读经典，并立下家训：“子孙虽愚，诗书须读。”这种“好读书”的家学渊源相传至今，钱玄同父子、钱均夫父子、钱基博父子等钱氏后代，都是勤奋好学的典范。清末状元张謇，对小他 34 岁的钱基博的评价是：“大江以北，未见其伦。”钱穆晚年回忆，他平生所见“治学最勤、用力最劬”的学者，就是钱基博。而钱穆更是中国学问守夜人、中华文化守望者的象征，直到晚年，渡过劫难的老人见到孩子时仍坚定地说：“吃点苦没什么，希望你们做好一个中国人，用功读书做学问。”

为让族中贫困子弟也有书可读，钱氏家训规定：“家富提携宗族，置义塾与公田，岁饥赈济亲朋，筹仁浆与义粟。”在家训的教导下，各地钱家纷纷设立义田、义庄，并明文规定，其中部分田产或盈利须作为教育经费。科学家钱江初回忆说，他们村有五六百户人家，基本上都姓钱，“早在 1901 年，村里就办了小学堂，所有小孩上学，全部免费”。“村里实行‘学田制’，专门划出三百亩田，这些田里的收入，全部作为上学孩子的经费”。这种早期的“教育基金”模式，保证了钱氏子孙无论贫富都能有受教育的权利。钱伟长少年丧父后，也是靠叔父钱穆与宗族的救济，才得以完成学业，最后成为一代科学大家。这种义田制或学田制，今天演变为助学基金。当代还有不少钱姓企业家都帮助家族内家境困难的孩子念到中学、大学。这种共学同进的影响无疑是巨大的，从中甚至诞生了父子祖孙的共勉和人格期许。以钱基博、钱钟书父子为例，可看出钱家人是如何向先贤看齐的。

钱氏家族教子多属于严教。比如，国学大师钱基博对儿子钱钟书的管教极严。钱钟书十六岁时，还被痛打过一顿。1926 年秋至次年夏天，钱基博北上清华任教，寒假没回无锡。此时的钱钟书正读中学，没有温习课本，而是一头扎进小说的世界。等父亲回来考问功课，钱钟书过不了关，于是挨了打。1929 年钱钟书考入清华大学外文系后，父亲还时常写信告诫儿子：“做一仁人君子，比做一名士尤切要。”“子弟中，自以汝与钟韩为秀出，然钟韩厚重少文，而为深沉之思，独汝才辩纵横，神采飞扬，而沉潜远不如。勿以才华超绝时贤为喜，而以学养不及古圣贤为愧。”他又说：“纬、英两儿中资，不能为大善，亦无力为大恶，独汝才辩可喜；然才辩而或恶化，则尤可危！吾之所谓恶化，亦非寻常子弟之过。世所称一般之名流伟人自吾观之，皆恶化也，皆增进危险于中国也！汝头角渐露，须认清路头，故不得不为汝谆谆言之！”钱基博是一个对新文化持保留意见的儒者，用今天的话，他是一个保守主义者。他毫不顾及时代潮流，教学、写作一律采用古文。钱钟书从新式学堂放学回来，也要跟着父亲念古文。父子两人的期许非同小可，钱基博告诉儿子：“儿之天分学力，我之所知；将来高名厚实，儿所自有！立身务正大，待人务忠恕。”他还写道：“做一仁人君子，比做一名士尤切要。”随后一封信则表示：“现在外间物论，谓汝文章胜我，学问过我，我固心喜；然不如人称汝笃实过我，力行过我，我尤心慰。”希望钱钟书能“淡泊明志，宁静致远。我望汝为诸葛公、陶渊明；不喜汝为胡某某、徐志摩”！才女杨绛跟钱钟书互慕，恋爱时给钱钟书的一封信被钱基博看到，信中说：“现在吾两人快乐无用，须两家父母、兄弟皆大欢喜，吾两人之快乐乃彻始彻终不受障碍。”据说，钱基博老先生“得意非凡”，直说“此真聪明人语”！

美国人教子的原则与法则

美国自 19 世纪以来在经济、科技、教育等多方面均遥遥领先，其主因之一是重视家教对提高国民素质的作用。家教观念以民主、开放、平等为根基，鼓励个性发展，推崇独立和自主，重视个人潜能和创造性，注重培养子女的经济意识。这种教子观有其时代的先进性。美国人普遍认为，爱和尊重是教育孩子的两大原则。父母爱孩子不能认为是“施恩”，只有尊重孩子才能无私地爱。

一、给予孩子充足的爱

父母能给予孩子最有价值的礼物就是“爱”——慷慨和无条件的爱。美国人对子女的爱直白、外在、浪漫；尽可能多地让孩子感受到父母爱他。无论孩子犯了怎样严重的错误，都要对孩子有一颗宽容的心。

（一）爱孩子就须多和孩子在一起

每个孩子都需从父母那里得到足够的重视。美国社会普遍认同两种最好的亲子活动：一起读书和一起游戏。美国人为孩子尽可能提供多种多样的机会接触各种各样的事物，使孩子拓展视野，丰富知识，以便在今后人生旅程中，更有可能选择最合适的发展空间。父母和孩子在一起不仅给孩子提供了向父母学习的机会，还会促进家庭成员的交流，增进家庭和睦。

（二）爱孩子就须倾听孩子的心声

美国人认为，通过听孩子说话来了解他们的感受，是非常重要的。不论孩子提出的问题是大是小，都要尽量立即倾听，而不要让孩子等父母有空闲暇时间再说。这样，有助于赢得孩子的信任，孩子才愿意把他所有的事都告诉父母。对于父母来说，了解孩子头脑里想的是什么，也是一件很重要的事情。由于工作繁忙，很多父母没有时间过问孩子的生活，也没有时间与孩子交流，于是一日三餐，尤其是晚餐，就成了与孩子沟通的好时机，美其名曰“餐桌教子”。

（三）爱孩子就须培养孩子的独立性

随着孩子的成长，给他们越来越多的自由和控制自己生活的权利。美国人在一些无足轻重的小事上给孩子做决定的自由，然后再慢慢扩大他们做决定的范围。随着孩子年龄和能力的增加，可让他完成更难的任务，从而使孩子有了完成任务的自豪感，更加自信和自律。给孩子一定的自由，表明父母信任和尊重孩子，孩子也会因此更加尊重、爱父母。事事都包办代替的父母，显然不是好父母，这样只能害了孩子。孩子虽小，但他有自己的头脑、思想和情感。父母过分呵护，会成为孩子成长的阻力，会令原本“我能行”的孩子，变成“我不行”的孩子。父母管得太多就会剥夺孩子行的机会，体验不到自己行的经历，就会慢慢丧失勇气和胆量，成为一个胆小的人。

二、给予孩子更多尊重

在美国，尊重孩子是儿童教育和家庭教育中的重要方式。美国父母特别尊重孩子，不仅因为他们年龄小，需要呵护，还在于他们认为孩子从出生起就是一个独立的个体，有自己独立的意愿和个性，他们有自己的喜好、选择、隐私、交际圈。任何人都没有特权支配或限制他们的行动。因此，美国父母都把子女当做一个独立个体平等对待，给孩子应有的尊重和理解。伟大教育家洛克说过：“父母越不宣扬子女的过错，则子女对自己的名誉就越看重，因而会更加小心维护别人对自己的好评。若父母当众宣布他们的过失，使他们无地自容，他们越觉得自己的名誉已经受到打击，维护自己名誉的心思也就越淡薄。”因此，尊重孩子需要在以下方面特别加以注意。

（一）尊重孩子隐私

很多人认为隐私是成人的事，与孩子无关。其实幼儿也有隐私，也应受到尊重和保护。美国人认为，尊重和保护孩子的隐私，其本质就是尊重和保护他们的自尊心。日常生活中，大人在孩子面前的一言一行都须经过大脑“过滤”，切莫在信口开河中无意间就“揭”了孩子的隐私，使其失去自尊，从而对他们心理造成严重的负面影响。

（二）不提丢人毛病

幼儿往往对诸如尿床之类的“毛病”十分敏感，因为他们觉得这些缺陷会使自己在同伴面前“丢面子”。所以家长不应在小伙伴们面前提及，更不宜嘲笑、挖苦。

（三）勿揭心理疾患

对于患有或曾经患有诸如孤独症、抑郁症、多动症等与心理有关的疾患的幼儿，往往更为敏感。如果大人们经常挂在嘴边，自然不利于疾病康复。即便疾病已经痊愈，当着孩子的面常常提及也等于“揭短”，同样不利于孩子的心理健康。

（四）忌言曾经过失

一些在大人看来微不足道的“曾经的过失”，也会使得某些孩子长期耿耿于怀，只要有人提起，他们便会有“被揭伤疤”之痛。这些“曾经的过失”可能包括：某次游戏得了最后一名，某次表演砸了锅，某次郊游出了洋相，甚至小时候爱哭等。

（五）慎说被罚经历

被打、被骂、被罚站等体罚往往是孩子“没齿难忘”的痛苦经历，因为不仅皮肉受了苦，心灵也可能受到创伤。即使孩子目前已经很少遭到体罚，但在旁人面前频频提及过去的“受辱史”，仍然会使他陷入极度尴尬之中难以自拔。

（六）慎对身体缺陷

如平足、色盲、矮小、过胖、过瘦、眼小、脸丑等生理或身体上的缺陷，尽管是“明摆”着的，但如果大人时不时提及也会使孩子失意。

（七）不查独处小天地

幼儿往往十分看重自己独处的小天地，并将其视为自己的“私人领地”。如果家长未经孩子同意在其“领地”里“检查”一番，在孩子看来也是对自己“隐私”的公然侵犯。

（八）保存的“私房钱”

尽管幼儿并不爱钱，也不懂得理财，但如果家长经常对孩子保存的“私房钱”做“结算”，甚至占为己有，孩子也会感到自己的隐私没有受到大人的尊重和保护。

美国父母对孩子的尊重是否太过分了？事实证明，受到父母良好与得当尊重的孩子同父母大多非常合作，待人友善，懂礼貌，同大人谈话没有一点局促感，自我独立意识强。这些都是孩子受到应有尊重的良好反应。

三、培养孩子的十条法则

以下是美国人归纳的十条法则，掌握并运用这些法则，有助于父母教育子女。

（一）归属法则

一个孩子能够感觉到自己是家庭里的重要一员，就能自觉维护这个家，并经常为家做些有益事情，其行为多具建设性。如果他在家里找不到自己的位置，感觉不到自己的重要性，就会产生卑微感。为消除或战胜卑微感，他就会用捣乱、破坏性行为来证明自己的重要性。美国的父母会尽量为孩子营造一个健康温馨的家庭环境，使子女产生对家庭的归属感，这就便于家长在家庭氛围中潜移默化地教育子女。

（二）希望法则

永远让孩子看到希望，是培养孩子乐观积极人生态度的根基。无论在什么情况下，对孩子多一份信心，多一缕微笑，多一分理解，就会在孩子心田里播下一粒希望的种子。有时只需几句赞扬和鼓励的话语，就能使希望的种子发芽，使孩子越来越积极，越来越自信，越来越快乐，从而继续努力，不断进步。

（三）力量法则

在教育问题上，父母与幼年子女之间存在绝对的力量悬殊。当子女不听父母教诲，或者挑战父母的耐心时，父母不应“强力镇压”，不要与孩子斗强。因为力量上的悬殊很易使父母占据上风，孩子最终屈从就范。让孩子暂时听话，但那只是表面的，而非发自子女内心。长期的“强力镇压”可能会促使孩子产生在家长面前敷衍了事，甚至造成假装听话的后果。

（四）管理法则

美国人认为子女满 18 岁前，进行管束是父母必须承担的责任。子女主要由父母来承担其健康生活习惯和良好心理状态的管束。比如，管束子女在家中每日的起居作息时间，让孩子保证充足睡眠；在家中合理安排学习和娱乐的时间，不能让孩子沉迷于网络游戏或过长时间看电视；让子女帮助父母进行力所能及的家务劳动，如洗碗、收拾房间、修剪草坪，处理垃圾等；父母严格控制孩子外出游玩的时间，如女孩子与同学约会，一般都由父亲开车送到约会地点，并要求孩子严格遵守回家的时间或和家里电话联系的时间。

（五）声言法则

美国的父母认为，每个孩子来到人世间都有他自己要走的人生路，没有什么人生形态是最好的。父母要学会倾听孩子的声音，必须存有这样的观点，即“天下有不是的父母”。过去常讲“天下无不是的父母”，这是不对的，因为是人就会犯错，父母当然不能排除在外。如果父母能认识到自己的不足，把孩子看作是独立的个体，真心与他们交朋友，平等地交流，就能学会倾听。

（六）榜样法则

美国父母也认为言传身教对孩子榜样的力量是巨大的。如果在社会生活中父母都不遵守规则，又怎么能教育孩子去遵守呢？美国父母特别注意在公共场所给孩子做出榜样和表率。比如在公共场所不能大声喧哗、与别人交谈时不能随便接听手机、吃饭时注意仪态、严格遵守交通规则等。美国父母通常不会要求孩子凡事都只听大人的话，但会更注重教育孩子对公共秩序、社会准则的遵守。

（七）求同存异法则

美国父母一般都非常尊重孩子对世界的看法，并尽量理解他们。父母不要把自己的各种观点和看法强加给孩子。要给孩子时间去慢慢成长，在成长中体会各种经历，等他们自己顿悟对世界的各种看法。只有这样，孩子才能真正成长成为有思想的人，而不是仅有知识的人。

（八）后果法则

美国父母十分注重让孩子了解和承担其行为可能产生的后果。让孩子认识到承担后果对他们是有益的，是在训练他们，而不是在责备他们。绝对不能做放纵型的父母，对孩子犯错造成的后果，父母的妥协往往使得孩子再次试探父母的底线，形成屡教不改的毛病。

（九）结构法则

美国社会法制程度很高，公民对法制的认识也很深刻。因此美国父母特别注重教育孩子从小了解道德和法律的关系。道德没有界限，只有水平的高低，是人们日常生活的规范，是一种意识形态，能约束人们的行为，但它并没有强制性。法律是强制性的规范，不可随意更改，是人们最低的行为标准。合法不一定合理，合理不一定合法。美国父母和子女经常在家中讨论对于某件事情的道德理解和法律界定，以便使子女从小树立正确的道德观和对法律严肃性的理解。

（十）4W 法则

4W 法则是指任何时候都要了解孩子在哪儿（where）、跟谁在一起（who）、在干什么（what）及什么时候回家（when）。孩子经常和谁在一起，对其成长的好坏有直接影响。父母应有意识地指导孩子，要多接近头脑聪明、心地善良、待人诚恳、行为规范的小伙伴，而远离那些狭隘自私、爱出坏招、极不礼貌、不求上进的小伙伴，并格外注重孩子和伙伴们在一起的原因，以免不慎使孩子受惑被骗，误入歧途。孩子“在什么地方”和“干什么”，是不可分的两个问题。因孩子好奇心强而法规意识相对薄弱，如果孩子和小伙伴钻进了游戏室，很快上瘾，并难以自拔，一个好端端的孩子就可能毁在这里，无心上学，一心去玩耍，没钱去玩，邪念萌生，非偷即抢，触犯法律。如果孩子和小伙伴跑到少儿不宜的地方去玩，进入危机四伏的险地，则可能发生人身安全和社会安全事故。美国父母特别注重培养孩子定时回家的观念和习惯。这一点，在对孩子进行情感教育时，需反复说明，当孩子外出时，家长的心始终牵挂着他们。家长下班按时回家，会给孩子直接的影响。如果孩子要在外面参加什么活动，需要事先告知家人。

美国家教的综合能力培养

美国家庭教育的目的是“望子成人”，就是把子女培养成具有适应各种生活环境和独立生存能力的“社会人”“独立人”。他们认为家庭教育目的不是准备谋生，而是准备生存，他们所强调的是一种塑造心智的价值，一种与功利或职业无关的价值。多数美国父母把抚养教育孩子看成是对社会应尽的义务，这是从超越个人立场，而不是完全从家庭本身或父母自身利益的角度来看待家庭教育，既然他们认为抚养子女是义务，也就不图养儿防老，不图回报，他们认为最重要的就是实现子女自身的价值，而不是追求高文凭和令人羡慕的职业。因此综合能力的培养备受美国父母的重视，而要培养综合能力，特别应注重对孩子独立性、自主性、自信心和责任感的培养。

一、培养独立性

美国人的家庭教育以培养孩子富有开拓精神、能够成为一个自食其力的人为出发点，首先特别重视培养孩子的独立性。美国孩子的独立性是一步步培养起来的。从很小开始，父母会不断强化孩子的独立意识，反复灌输“自己的事情自己做”。美国父母对很小的幼儿就敢于放手。婴儿自出生起就有自己独立的房间和床铺，美国父母从一开始就坚持锻炼婴儿与父母分床睡觉。从很小就锻炼孩子自己穿衣服，即使穿反穿错，父母都很少帮助。在寒冷的季节，孩子们还穿着短裤，跟在大人后面跑。能走路的孩子，父母很少抱，孩子摔倒了要锻炼他们自己站起来。在机场车站，经常能看到美国人带着几个月甚至刚出满月的孩子旅行，有的把孩子放在篮子里提着满世界转悠。几岁的孩子则自己拉着小旅行箱，父母绝不会帮忙。

孩子的爱好和特长要按照自己的兴趣去发展，父母只是提一些指导性建议。有体育、音乐特长的孩子就会发展其特长，对动物、植物方面的爱好也会被尊重，给特长孩子以极大的独立发展空间，父母不会要求他们所谓的全面发展。父母对孩子多元智能的肯定完全以自然流露的方式表达，没有揠苗助长的现象。

当然，培养独立性并不意味着父母对子女不闻不问，冷酷无情。恰恰相反，美国人认为，独立的孩子不是天生的，也不是管教出来的，而是“宠”出来的。只有父母给予孩子足够的爱，才能促使孩子一步步独立。越爱孩子的父母，孩子也越不依恋父母。“爱使人独立，独立使精神发展，爱是智力发展的基础。有了爱才有独立性，有了爱才能培养独立性。”

二、培养自主性

在美国，父母认为对子女生活承担的是有限责任，不会把孩子的事情全部包下来，反而孩子还必须承担一些家务劳动，以便让孩子从小就认识到劳动的价值，比如让孩子自己动手装配自行车，修理小家电，做简易木工、粉刷房间、到社区参加义务劳动等。即使是富有的父母，也十分注重对孩子进行自谋生路的能力教育。不管家里经济状况如何，美国很多孩子在12岁以后就得给父母摆放餐桌、洗自己的衣服、帮助修剪草坪、整理庭院、给别人送报，以换取些零花钱。但是，美国父母认为他们对孩子的教育承担着无限责任。教育的目的主要有四点：一是让孩子懂得自身价值；二是让孩子懂得必须自己管理自己；三是教给孩子足够的性知识，让孩子在他们身体变化时感到轻松自在；四是帮助孩子接受一整套他们赖以立身处世的牢固的社会准则——遵纪和守法。这些教育能更好地培养子女的自主意识。

子女在上大学前旅游的费用，一般家长给出，但不是说家长必须提供。孩子可在学校和社区自己打工挣钱，也可在家里干活，父母给发工钱。一些家庭还要求孩子为社区或邻居当杂工，如春天修花园，夏天剪草坪，秋天扫落叶，冬天铲积雪等。美国父母认为，只要有利于培养孩子谋生的能力，有利于培养孩子的独立自主性，让他们吃再多苦也值得，而溺爱孩子是最糟糕的事。在子女18岁成人后，是否读大学由子女自己决定。有的父母给出大学学费，但父母和孩子都明白这不是父母必须给的。实际上很多父母不会负担子女的学费，孩子一靠奖学金，二靠打工来获得学费。美国大学生读书期间不打工的人很少，很多人要打两份工。

三、培养自信心

自信是导向成功的第一要诀，自信心对于人一生发展所起的作用，无论在智力还是体力上，或是与人交往、处世能力上，都有着基石性的作用。一个充满自信心的孩子，处世乐观进取，做事主动积极，勇于尝试，乐于面对挑战。培养孩子自信心的前提是家长从小把孩子当做一个独立个体平等看待，给孩子应有的尊重和理解。自信是孩子自立、学会对自己负责的心理基础。观察美国的孩子后就会发现，他们推崇的表现都是：遇事积极乐观、好奇心强、敢尝试、能吃苦、肯动脑。家庭教育的方式：第一，美国人对孩子鼓励多于保护，鼓励孩子做各种尝试，在做中学、做中练，培养了能力、兴趣，最重要的是树立了自信心；第二，美国人对孩子引导多于灌输，“我觉得……会好些？我建议是……你愿意听听我的看法吗？”等等都是美国家长常对孩子说话的方式。

引导并启发孩子思考，在思考的基础上再做出判断，可能对可能错，这就是成长的过程。灌输对孩子来讲只需被动接受，这样会束缚孩子的自信心。美国家庭教育给我们的启示是：尊重和理解是培养自信心的土壤，鼓励和引导是培养自信心的最佳养料。如果家长不注意尊重和理解孩子，鼓励和引导孩子，而是用过激的话语去刺激孩子，如“真笨，这你都不会”“你看谁家的孩子就比你强”“告诉你多少遍了，就是记不住”“念书去，别的都甭管”“我们为了你付出那么多，你怎么能这样”“你能把书念好，就是对父母最好的报答”，就会影响甚至摧毁孩子自信心的建立。

四、培养责任感

美国人非常重视对孩子的责任教育，从小时开始，从小事做起。孩子从小要对自己的行为负责，父母不要替孩子承担一切，否则会淡化孩子的责任感，不利于孩子的成长。1920 年，有一个 11 岁的美国男孩在踢足球时不小心踢碎了邻居家的玻璃，人家索赔 12.5 美元，闯了祸的男孩向父亲认错后，父亲让他对自己的过失负责。他为难地说：“我没有钱赔给人家。”父亲说：“我先借给你，一年以后还。”从此，这位男孩每逢周末、假日便外出辛勤打工，经过半年的努力，他终于挣足了 12.5 美元还给了父亲。这个男孩就是后来成为美国总统的里根。他在回忆这件事时说：“通过自己的劳动来承担过失，使我懂得了什么叫责任。”

美国家长非常重视孩子高中的毕业典礼。他们认为这是孩子成人、走向社会的标志和起点，所以毕业典礼非常隆重，每个学生有十几位包括家长在内的亲友来参加毕业典礼，之后，每个家庭还要组织家庭聚会来庆贺孩子高中毕业和长大成人，送有纪念意义的成人礼物。让孩子明白和记住：他成人了，要对自己完全负责了。在孩子学会对自己负责后，才能对家庭、社会、国家负责。

美国父母在孩子成年之前特别注重培养其社会责任感。父母为孩子寻找各种信息，鼓励他们思考：哪些人需要帮助，如何才能更好更有效地帮助他人等问题。然后父母会努力帮助子女合理地付诸行动。很多美国青少年在寒暑假参加各种社会义工团体，帮助所在社区的穷人，到孤儿院陪伴需关爱的儿童，到敬老院义务照顾老人，或参加艾滋病防治的流动宣传，更有人参加联合国组织的非洲贫困国家救助工作等。目前，这种促进青少年积极参与社会义务工作的风气在美国社会中非常盛行。从义工做起，最终成为社会精英的例子，莫过于美国国务卿赖斯女士。赖斯在上大学时，曾于 1977 年到美国国务院教育和文化事务局担任实习生。后来在她出任国务卿的当日向国务院员工发表讲话时，曾援引自己当时做义工的经历，并“幽默”地提醒国务院官员今后要“善待”身边的实习生，“因为你现在猜不到他们日后将身在何处”。

综上所述，美国家教普遍推崇对子女综合能力与素质的教育和培养，从一个独立人的角度看，这种观念基于适应人类生存和发展的自然规律和法则，能更有效地促使人与社会和谐共进。

德国人善于培养完整的人

世界公认德国人的印象就是严谨，注重规则和纪律，十分认真，遵守时间，讲究卫生，待人诚恳，注重礼仪。德国人这些特点的形成与加深跟他们的家庭教育有很密切的关系。德国宪法规定：教养儿童是父母的自然权利和义务，政府对幼儿教育站在辅助的立场上，真正担任教育责任的是父母。德国父母对教子提倡的口号是：培养一个完整的人。

一、强调与社会和自然的关系

德国人认为：孩子天生是一个“自然人”，但他需要很长时间发展成为一个成熟的人；孩子还是一个历史的人，他总是出生在某个空间，社会的某个阶层及某个时代背景下，并时刻面对不断变化的未来；孩子生活在一个互动的社会空间中，他需要与同伴、成人、社区及乡土文化建立各种各样的关系；孩子还生活在一个与他息息相关的自然生态环境中，一切事物都是他所要探索和利用的，所以必须重视孩子发展与社会、自然等的关系。因此，德国父母早早地就带领孩子认识周围的各种事物，经常外出走亲访友，每周参加社区或教会的公益活动，经常邀请幼儿园或学校的同学伙伴到家中做客等。

二、重视孩子独立性的培养

德国人一贯重视培养孩子“勤奋、正直、可靠、乐于助人、作风正派”等品格，并从小就培养他们相对独立的习惯。因此，父母从不包办孩子的事情。譬如，在孩子一周岁左右，就鼓励他们自己捧着奶瓶喝牛奶。随着年龄和能力的增长，孩子必须自己做更多力所能及的事情，如自己穿衣服、自己去上学。到中学阶段很多孩子在假期打工挣钱，以此来负担自己的文具费用，或者可购买自己期望很久的物品。这样，当他们进入社会时，就不会成为低能的“怪物”。德国人常说，他们的首要任务就是让孩子懂得，一个人走向社会最终要靠自己的自立和自强。

三、注意成长关键期的指导

为了培养一个完整的人，德国父母们在家教中十分注意孩子成长关键时期的指导。

（一）新生儿的银行账户

孩子出生后，父母便给孩子一个银行账户。为的是让孩子从小就学习管理自己的钱财，以便懂事后有计划地支配自己的零花钱和打工钱，学习量入为出地管理自己的钱财。

（二）从小培养坚强性格

从蹒跚学步起就开始注意培养孩子的坚强性格。孩子跌倒后，父母不是赶紧去扶，而是不断鼓励孩子自己爬起来。让孩子从小就树立在哪里跌倒就在哪里爬起来的信心。

（三）参与活动与人交往

父母鼓励孩子参与各项课外活动，如足球训练、生日派对等，与小伙伴交往，为今后步入社会打下基础。家里的事情也征求孩子的意见，如家庭布置、花园布局及机器维修，大人孩子一起动手，其乐融融，既锻炼能力，又增进感情。

（四）父母做孩子的朋友

孩子进入青春期，遇到的个人问题和烦恼增多，父母注意做孩子的知心朋友，随时注意观察孩子生理和心理发生的变化，既说出自己的观点，又尽量去理解孩子。

（五）职业选择孩子为主

德国实行12年义务教育，德国孩子在完成9年义务教育后，既可选择职业教育，也可继续上高中，将来读大学。在择业问题上，父母尊重孩子意愿并加以适当指导，确保孩子选择自己喜爱的职业，而不是把父母的意愿强加给孩子。

德国的家庭教育注重务实

德国人的聪明、智慧、认真、严谨举世闻名，但这些优秀的素质并不是天生的，而是德国人普遍重视家庭教育的结果。德国人普遍认同理论联系实际的教育理念，特别注重动脑与动手紧密结合，让孩子通过参与家庭日常活动来增长智慧，培养能力。通过各种游戏培养子女的抽象思维能力。在德国特别提倡让孩子利用假期独立参加各种公共组织活动及假期营地活动，以此来提高孩子的综合素质。

一、在家中锻炼动手实践能力

德国有句名言“用自己的手打自己的天下”。德国人不乏动手能力特别强、一专多能者。他们的优秀品质和动手能力并非天赋和与生俱来的，而是后天培养锻炼出来的。

（一）地下室里的家庭工厂

很多德国家庭居住在独栋或联排小楼房里，楼房内一般都有面积很大，用途不同的地下室，几乎家家都在地下室里辟出一间“家庭小工厂”。尽管各家“小工厂”规模、条件和设施不尽相同，但目的都是用来为家庭服务，供大人和孩子在这里维修、拆卸、安装、加工制造、做实验等，从小注意培养孩子的动手能力。一般德国家庭里的男主人都会有一个和车库相连的工具间，修车、修理厨具和家具都是自己动手。他们特别引以为豪的事，就是向孩子显示自己使用各种工具的技能技巧，带领子女一起动手使用工具。

（二）自己动手建造家园

德国人为建造自己的家园倾注极大的心血和热情，除了楼房的设计和建造是聘请专业技术人员帮忙，其余事情都是主人亲自动手，如室内装修、厨房和卫生间的设计和安装等。绝大多数德国人都自己装修房屋，一来雇人干太贵不经济；二来别人干的很难都合乎主人的心愿；三来自己动手随心所欲，乐在其中。德国人把家庭内部装修当做调节家庭生活的情趣、改善家庭生活环境的乐趣。大人和孩子一起装修房子，十几岁的孩子参与设计，和大人乐呵呵地改变家庭面貌。德国人家庭装修不搞一次到位，今天搞搞这里，明天弄弄那里，有条不紊地分步进行。有时从开始到完工需几年时间，这期间孩子长成少年，从少年变成青年，父母和子女共同经历了家庭建设的点点滴滴。即使装修好了，也还要经常改动，使家庭装饰随着孩子的成长和审美观念的转变，在颜色、格调、形式、材料上不断更新。尽管德国人普遍富有，但在家庭室内装修上并不攀比豪华，他们觉得家庭装修用钱来堆是愚蠢的。他们的目标是个性化、可心、舒心、温馨。有的家庭装修材料看上去十分普通甚至粗糙，但整体组合后却营造出一种意想不到的独特风格，既达到了美化家庭的目的又省钱。凡事自己动手还有一个重要的原因，就是以此来影响和培养下一代热爱生活、热爱家庭，使他们终身受益。

（三）自建的自然科学教室

如果问一个德国人，最喜欢家中的哪个地方？最常见的答案就是，自家的花园。德国的父母认为孩子最好是在户外玩耍，那么一个鲜花盛开，绿树成荫，有滑梯、秋千和沙坑的自家花园就是最理想的场所。德国的父母还会在花园中建立温室养育棚，为孩子们亲自动手栽苗、培育植物、种植蔬菜等活动提供完善的条件。因此德国孩子在家中的花园里就如同身处大自然，并且有完备的自然科学实验室。在这里全家人一起劳动、学习和休息，度过寓教于乐的生活时光。

二、在游戏中培养抽象思维能力

在训练孩子动手能力的同时，德国人也特别注重培养孩子的抽象思维能力，因为抽象思维能力有助于培养创新型人才，以便给孩子以后的教育打下良好基础。德国人强调，抽象思维必须从小有意识地训练，德国父母们会运用各种手段，积极启动孩子抽象思维的开关，在潜移默化中帮助孩子提高抽象思维能力。

（一）桌面游戏

桌面游戏是德国人最喜爱的业余活动方式之一。它不仅使全家老少共享天伦之乐，还能培养孩子的抽象思维能力。在德国的玩具店里，展示柜上陈列着很多桌面游戏供家长和孩子们挑选。每年有专门的组织评选出年度最佳桌面游戏。桌面游戏的种类，大致可分为数字类游戏、棋牌类游戏、解密类游戏、金融类游戏、推理类游戏、空间想象类游戏等。制作游戏的材料一般都是木材和纸张，虽然简单，但材质优良，色彩逼真。每款游戏都配有详尽的游戏规则和说明。在游戏的包装上清晰说明该款游戏适合几岁以上的儿童参与，及适合几人以上共同游戏。总之，德国的桌面游戏设计精巧，制作精良，早已深入到家庭教育之中，被德国父母视为促进儿童身心健康发展，培养抽象思维能力的最好方法之一。

（二）推理故事

德国的父母特别喜欢陪伴孩子一起读书，由此产生了一种游戏方式，即给一个故事设计出合乎逻辑的不同结尾。推理故事游戏能帮助孩子提高抽象的逻辑推理能力，通过分析、选择、舍弃和讨论，孩子们便拥有了较强的思辨能力。

（三）绘制地图

绘制地图游戏是德国人的独创，常常可看见在海滨的沙滩上，三四岁的幼儿在父母的启发下，用小木棍画出记忆中的住宅或学校，并将周边的房屋、花园、商店等清楚地标示出来。

三、在社团中提高综合素质能力

德国的中小学一般都是上午授课，下午是自习和学校组织的各种活动，下午3点半放学。因此，中小学生每天下午都有大量的课余时间。德国学校每年春季四月初有复活节假期，夏季七月至八月有暑假，秋季十月份有秋假，冬季十二月底还有圣诞节假期，每次放假的时间为两周至六周。因此德国的父母们必须为自己的孩子合理有效地安排课余和假期活动，才能保证自己的孩子不至于虚度光阴。在德国父母们的积极倡导之下，各种社区青少年活动组织，教会青少年活动组织，以及各种主题的青少年冬夏令营应运而生。其中大多数是非营利性的公益组织，组织者就是本社区的家长们。也有盈利性的公司从事青少年假期活动的开发设计，以培养青少年创造性为主旨，开阔视野，提高综合素质为目的。

（一）父母们开辟的课余活动场所

德国是联邦制国家，很多社会性管理以地区自治为主。学校教育虽是州政府主管，但在对孩子的课余教育问题上，政府部门的管辖权利仅限于行政批准。因此，热心教育的父母积极行动起来，很多家长都长期坚持做社区教育志愿者，在自己生活的社区，为本社区的孩子们开辟场地，甚至提供自家的场地为青少年开展各种课余和假期活动，如读书会、农场活动、飞行俱乐部、宠物学校、马术俱乐部等。

（二）社区里的青少年消防志愿者

在德国每个小乡村都有青少年消防志愿者，他们在社区成人消防志愿者的带领下，利用课余时间进行有计划有安排的消防知识学习、演习，以备将来长大成人后也能担当起本社区消防志愿者的义务。

（三）德国的童子军和营地活动

童子军发源于英国，最初是一种准军事性和清教徒式的青年组织。童子军传入德国后被称为“觅路人”（Pfadfinder），经过多年的发展演变，现在具有鲜明的德国特色。其主旨是让青少年成为现有的成人社会一员作好准备，通过长途跋涉和风餐露宿，使青少年增长见识和生存技能。除此之外，在暑假里孩子们普遍被送往各地的夏令营。父母们都希望孩子不要只在家里消磨时光，更愿意让孩子们参加适合他们年龄的社会活动，使他们尽早掌握社会生存技能。

由此可见，德国人的家庭教育非常务实。德国父母想方设法地为子女营造真实具体的动手和劳动条件，设身处地为子女考虑如何使他们更全面的成长。德国父母更希望把自己的孩子培养成为具有抽象思维能力、动手能力，能很好地融入社会的人。

德国富裕家庭的家教

德国社会收入水平较高，富裕家庭很多。难能可贵的是，德国社会整体文明素质很高，富裕家庭世世代代大都遵循文明守法和勤俭朴素的家教原则，很少见暴富式的奢华骄纵和飞扬跋扈。德国家庭普遍认同，对孩子要从小培养其懂规则守规矩，以便长大后就会顺理成章地成为遵纪守法的公民；一个人自由的前提是不妨碍和不伤害他人；人应该勤俭节约，保护环境等。这些最朴素的道理需父母的言传身教，与贫富无关，但与家长的见识、素养和坚持息息相关。

德国是一个发达国家，不仅拥有很多世界著名大公司，如西门子、奔驰、博世、大众等，还有众多被称为中流砥柱的中小企业。其中，很多公司的名称就是以家族姓氏或合伙人姓名命名的。因此，在德国也有无数的富二代、富三代甚至富四代，传统的家族企业和子承父业的现象相当普遍。但德国富裕家庭的子女大多行事低调，外表整洁干净，待人接物彬彬有礼，既有学历，又有能力。无论男女，很多子女从父辈手中继承下庞大的家业，利用前辈人的人脉、经验，做得风生水起。中国人常说的“富不过三代”这句老话，在德国似乎并不应验。

德国对经济条件差的家庭有各种支持和补助措施，然而富裕家庭的孩子还是明显要比贫困家庭的孩子表现突出，在成人之后拥有更好的工作前景，往往家庭更幸福、更和睦。在国家采取措施促进每个孩子都受到良好教育的努力下，为何富裕家庭的孩子在各个方面还是有着明显优势？违法乱纪、飞扬跋扈的事情与这些富二代无缘，他们中大多数人常常代表了正面的形象：热爱学习，热衷公益，乐于助人，不仅高智商而且高情商。究其原因，人们普遍认为，这主要源于父母对子女的教育。

德国富二代们含着金钥匙而生，物质上的优越只能带来生活上的便利，精神上的富足则是从小受到良好教育的结果。德国富二代的父母注重培养孩子的方方面面，学做事要先学做人。包括做家务的能力，与人和睦相处的能力，与同学同伴齐心协力做好一件事情的能力等，是教育孩子的基本准则。培养孩子绝不仅是培养才艺。一个快乐而有礼貌的孩子，一个懂得妥协与协作的孩子，比一个只会某项乐器、擅长某种运动，而欠缺与人沟通、不懂得为他人着想的孩子更受欢迎。富二代的父母们自身受教育水平和文化素养都非常高。富裕家庭的父母们要求孩子从小就要学规矩，什么可以做，什么不可以做，什么应该做，什么不应该做，一定要从小就跟孩子说得清清楚楚、明明白白。在教育孩子这件事情上，模棱两可是不可取的；否则，会让孩子无所适从。每个孩子都是愿意学习及善于和乐于学习的，各种规则和规矩需要父母从小的言传身教和耐心灌输。如果你从小就告诉孩子要懂得尊重他人，顾及别人的感受和颜面，尊重他人也就是尊重自己，那么他长大后就会这样对待身边的人和陌生人。孩子都是白纸一张，不懂事不是孩子的错，但不教育就是大人的错了。孩子做错事不可怕，可怕的是家长不闻不问。如果不及时纠正孩子的错误，就是家长的失职。

德国富裕家庭的主妇们主要在家中照顾家庭成员的起居生活，更主要是为孩子安排丰富多彩的业余生活，并帮助孩子尽量保持学习和业余爱好之间的平衡。有些主妇也有自己的兼职工作或社会工作，比如在孩子所在学校担任家长委员会成员，协助学校组织学生的课外活动。同时，她们自己也拥有各种各样的业余爱好。其空闲时间并不比生活在低收入家庭的主妇们多，但她们在教育孩子方面的优势得益于她们自身的素养、眼光和见识。如果一个母亲自己生活都一团糟，不爱读书、不讲原则、没有自律，毫无社会责任感，那么很难想象，她能够给孩子什么样好的表率和影响。

德国富裕的家庭中，有的让下一代从青少年时代就在家族企业实习，从最简单的事情做起，累积经验；有的带领孩子一起做慈善或公益事情，让生活在蜜罐里的富二代、富三代们，接触社会底层民众，或者贫困国家还在挨饿受穷的人们，让孩子从小懂得，当自己生活好时，不仅要知福惜福，还要力所能及地帮助需要关爱和帮助的人们。德国富裕家庭的家教启示我们，生活富裕了，家庭教育也要与时俱进，否则就不能适应新时代的要求。这些最朴素的道理需父母的言传身教，与贫富无关，但与家长的见识、素养和坚持息息相关。

犹太人家教　知识与智慧

根据2007年的统计，犹太人口总数1320万人，仅占全球总人口的0.2%。但近百年来诺贝尔奖获得者中共有167名犹太血统人，占总获奖人数的22%。各行业的世界名人中随处是犹太人的身影，像科学巨匠爱因斯坦、伟大诗人海涅、喜剧大师卓别林、精神分析学大师弗洛伊德、钢琴大师肖邦及全球最大的社交网站Facebook创始人扎克伯格等，不胜枚举。在历史长河中，犹太民族命运坎坷，四处流浪。为了逃脱灭族的命运，他们聚敛巨大的物质财富，掌握他们居住国的经济命脉。但是富可敌国的犹太人永远有一种近乎病态的不安全感，因为早上腰缠万贯、晚上一贫如洗的变故随时发生在他们身上。因此犹太人始终保持对自身生存状态的深刻透视和思考，并总结出了颠扑不破的真理：要顽强地生存下去，最好的护身符就是知识、智慧和独特的个性。

一、尊重知识

犹太人的孩子从三岁起就被带到类似私塾的地方，学习希伯来语。掌握阅读之后，就开始学习书写希伯来文字。家长让小孩背诵像般若心经般的祈祷文，不求必须了解文章的意思，只是教他读和背。犹太人认为此时如果没有建立起记忆力基础，那么往后就无法学到其他知识。在七岁之前孩子必须会背诵摩西五书中的《创世纪》《出埃及记》《肋未记》《民数记》《申命记》，配合着旋律，反复朗诵几百遍。七岁后则学习《旧约圣经》剩下的部分及犹太教法典。在满13岁接受成人典礼之前，孩子就已经全部会背诵最基本的学问了。犹太教徒的礼拜祈祷书约150页，每天早上都要朗诵，因此人人都能背诵。不可思议的是，一旦脑部这种大容量的记忆系统完成之后，接下来就能很容易吸收各式各样的知识，就像高性能的电脑。犹太人就这样背下所有重要的知识。记忆的容量越大，越容易产生新的发明及发现。犹太人之所以有很多天才，就是因为他们是善用记忆的民族。在犹太人家里，孩子稍微懂事，妈妈就翻开圣经，滴一点蜂蜜，叫孩子去吻圣经上的蜂蜜。其用意是告诉宝贝书本是甜的，让他在最初接触书时，就留下极好的印象，从而一生都喜欢书。犹太人家庭还有个世代相传的习惯，就是书橱要放在床头；若放在床尾，就会被认为是对书的不敬。这些民族习惯使得他们成为一个爱书的民族。有调查表明，以色列14岁以上者平均每月读一本书，其人均拥有图书和出版社的数量都超过其他国家。

二、崇尚智慧

犹太人认为掌握知识不是目的，重要的是把知识消化吸收，形成自己的智慧。几乎每个犹太家庭的孩子都要回答这个问题：假如有一天你的房子被烧毁，你将带什么东西逃跑？要是孩子回答是钱或钻石，母亲将进一步问："有一种没有形状、没有颜色、没有气味的宝贝，你知道是什么吗？"若是孩子回答不出来，母亲就会说："孩子，你要带走的不是钱，也不是钻石，而是智慧。因为智慧是任何人都抢不走的，你只要活着，智慧就永远跟着你。"犹太民族非常看重知识和学问，但更加崇尚智慧。他们把仅有知识而没有智慧的人，比喻为"背着很多书本的驴子"，这种人即使有许多知识，也派不上用场。而且知识必须为善，用知识做坏事，知识反而有害。

三、追求个性

犹太人非常重视孩子独立、创新精神的培养，让孩子相信自己是独一无二的；鼓励孩子，让其相信自己有能力做好自己的领袖，鼓励自己想办法解决问题，让他们知道没有任何东西是现成的，所有的获得都要通过自己的努力去争取。

犹太人秉承"知识胜过财富，智慧重于知识"和"尊重知识，崇尚智慧，追求个性"的家教理念，是犹太人屹立于世界民族之林的重要法宝之一。

海外名人家教与教子

欧美是现代学校教育的发源地，其家庭教育也别具一格，各有特色。现将数位名人家教或教子逸事择其要者列举如下。

一、达·芬奇之父：注重孩子爱好和兴趣

达·芬奇（1452~1519），意大利画家，欧洲文艺复兴的巨匠与最杰出的代表人物，出生在意大利佛罗伦萨附近的芬奇镇。其父是一名律师，名叫比埃罗。母亲是一位贫苦的农妇，名叫特丽娜。达·芬奇出生后不久，父母离婚，母亲离开了他，是在父亲的抚育下成长起来的。孩提时的他聪明伶俐，勤奋好学，兴趣广泛。他歌唱得很好，很早就学会弹七弦琴和吹奏长笛，他的即兴演唱，不论歌词还是曲调，都让人惊叹。达·芬奇的家庭是当时佛罗伦萨有名的望族，父亲希望儿子像自己一样当律师，可后来发生了一件事情而使他改变初衷，决定让达·芬奇拜名师委罗基奥学画。一天，父亲带上达·芬奇的写生画去看望居住在佛罗伦萨的老朋友委罗基奥。委罗基奥是一位多才多艺、学识渊博的巨匠，也是佛罗伦萨的著名艺术家，擅长绘画和雕刻，还是首饰匠、工程师和音乐家。他看了达·芬奇的画，特别是当知道这孩子完全是凭自学画成这些画时，十分惊奇。委罗基奥掩饰不住兴奋的心情，对达·芬奇的父亲说，这是一个大有培养前途的孩子，应快点把孩子送来，他愿亲自教授系统的绘画和雕刻知识。父亲听后喜出望外。于是，14岁的达·芬奇拜委罗基奥为师。达·芬奇的父亲是一位令人称道的好爸爸，他培养孩子的信条是：给孩子最大的自由，让孩子发展自己的兴趣。达·芬奇6岁那年上学了，在学校里学到了很多知识，但对绘画最感兴趣。一天，他上课不专心听讲，还给老师画了一幅速写。回家后，把速写给父亲看，父亲不仅没有生气，反而夸奖他画得很好，决定培养他在这方面的才华。正是父亲如此开明，达·芬奇全身心投入到自己喜爱的绘画中，甚至敢专门画画恐吓老爸。一次，他花了一个月的时间，在盾牌上画了一个两眼冒火、鼻孔生烟，看起来十分可怕的女妖头。为把父亲吓一跳，他还关紧窗户，只让一缕光线照到女妖的脸上。待父亲一进家就被盾牌上的画吓坏了。等达·芬奇哈哈大笑地解释完，他竟未责备儿子。达·芬奇之所以能成功地画出惊世之作《蒙娜丽莎》（用了4年时间画成）等画像，成为一名出色的画家，很大程度上就在于他的父亲及时发现了他的爱好，为他发展绘画艺术创造了条件。达·芬奇的成长经历对于那些根据自己的爱好，武断地对孩子人生进行“全面规划”的父母来说，或许更有启迪意义。

二、牛顿之母：做孩子的助燃剂

牛顿（1642~1727），英国物理学家、数学家、天文学家，经典力学的创始人，于1642年的圣诞节出生于英格兰林肯郡林兰塞姆区的伍尔索普村。牛顿小时候，总喜欢提一些千百奇怪的问题，母亲总是耐心、不厌其烦地回答。她想：世界上大凡有所作为和成就的这个“家”、那个“家”，小时候都是好提问题的孩子。有一次，牛顿问母亲：“风车为什么会转？”母亲回答：“那是风力推动着它转。”牛顿又问：“风力是哪里来的？”母亲告诉他：“你看，水不是从高处往低处流吗？空气也是这样的。有的地方气压高，有的地方气压低。空气一流通，那就是风了。”后来，牛顿在学校里做的第一件作品，就是带有独创性的风车。这虽让同学们讥笑了好一阵子，母亲却鼓励他，支持他探索事物底蕴的创造精神。牛顿对科学越来越有兴趣。一天，他拿着一个小东西跑到外祖母面前：“外婆，你看这个，这是太阳钟。”外婆一看，原来牛顿手上捧着一块木板，中间钉着钉子，钉子的四周画着一条条放射线条。外婆明白了：在太阳的照耀下，钉子的影子停在哪条线上，就可以看出时间来。外婆惊奇地问：“这是谁教你的呀？”“是我自己想出来的。”牛顿笑嘻嘻地回答。后来，他的科学小品经常得到同学和老师的好评。人们问他母亲：“你是怎样帮助和教育孩子的？”母亲回答：“孩子层出不穷的怪问题，蕴藏着他极其宝贵的求知欲和探索精神，做父母的，只能做助燃剂，不能当水龙头。对孩子的问题，一要耐心回答，二要力求正确。这样，孩子才能不断进步。”后来，牛顿母亲改嫁了。不久，牛顿的舅舅来了。他很聪明，还能做一手漂亮的木工活，这

次是外婆叫来做木箱的。家里种的苹果不少，不装在箱里没法保存。舅舅很喜欢小牛顿，以往每次来都要逗他玩上一阵。因今天他的活挺忙，和牛顿打了个招呼就直奔仓库。牛顿一声不吭地跟在舅舅后面进了仓库。只见舅舅抱来一捆木板，在上面画好墨线，就用锯子“哧哧”地锯起来。木板锯好后，取出铁锤和钉子，把它们固定起来。不一会，几只整齐的苹果箱就做好了。舅舅一边干活，一边偷看站在一旁的牛顿，生怕碰伤他。令他惊奇的是，牛顿注视着他双手的动作，一副全神贯注的样子，他心里有些好笑，就故意问小牛顿：“嘿，小家伙，你是不是也想试试？这玩意可不好玩。”牛顿没有回答，只是羡慕地看着舅舅手里的工具。他曾在仓库里看到过一把铁锤和几盒铁钉，却不知道是干什么用的，没想到竟能做出这么有用的东西！舅舅干完活，带上工具回家了。牛顿马上跑到仓库的角落里，把那只铁锤和几盒钉子翻出来，模仿舅舅的样子，把钉子一排排密密麻麻地摆在苹果箱子上面，认真钉起来。外婆送走舅舅，正想回房间，忽然听到仓库里传来“咚咚”的声音。她来到仓库门口一看，地上撒着一大片铁钉，牛顿钉得正欢呢。外祖母对这个失去父亲又离开母亲的外孙，一直格外疼爱。这回她没有生气，只是慈祥地笑了笑，对牛顿说：“小心点，别碰破手。”牛顿看外婆来了，高兴地跑过去，抱住她说：“外婆，您给我买一把锯吧，我想用锯把那把椅子的腿锯短一些。您瞧这椅子的腿儿也太高啦！”听了牛顿的话，外祖母先是一怔，然后说：“哎哟，你小小的年纪哪会使锯呀！那都是大人们用的！”牛顿并不服气，说：“我当然会使啦！不信您把它买来，我使给您看看。”外婆望着牛顿渴望的眼神儿，犹豫了一下，答应了牛顿的要求。其实，外婆并不想买锯，因为牛顿毕竟还是个孩子。可是一想到孤苦伶仃的外孙从不轻易向她提什么要求，最后，老人还是给牛顿买了一把锯。锯刚一买回来，小牛顿就急不可待地带着锯去找舅舅，让他教自己使用，直到天黑下来，才恋恋不舍地离开。自从牛顿学会使用一些简单工具后，只要有空，就躲在仓库里敲敲打打的。渐渐地技巧愈来愈熟练了，做出来的东西也越来越精巧。他的房里已塞满了亲手做的工具箱、书架、玩具箱等。外祖母开玩笑地称他“小木匠”。舅舅是念过书的人，深知自己外甥的才智，因此他劝告牛顿的母亲，应让孩子继续读书，完成未尽的学业，以便将来能进剑桥大学。舅舅又嘱咐牛顿好好念书，争取考上大学。受舅舅的鼓励，牛顿下定考取大学的决心，他开始拼命地学习。1661 年，19 岁的牛顿终于考上剑桥大学三一学院。

三、华盛顿之父：诚实比什么都珍贵

乔治·华盛顿（1732~1799），是美国的第一任总统，美利坚合众国的奠基人，他以优秀的人格魅力和出众的智慧深受人民爱戴。1732 年 2 月 22 日，乔治·华盛顿出生在今美国弗吉尼亚州东部的一个大种植园主家庭，祖上是英格兰商人，曾祖父到美洲做烟草生意时，所乘的帆船沉没，不得已留在这片新大陆上扎下了根。华盛顿自幼丧父，少年时无机会接受系统的教育，他所受的正规教育是美国历任总统中除林肯外最少的。华盛顿的成长之路与其家族那种军人气质的影响有直接关系。其父亲奥古斯丁·华盛顿，是一位严肃而又有丰富知识的老人，第一位妻子生了四个孩子后，患病死去；第二位妻子生了四男二女，其长子就是乔治·华盛顿。华盛顿自幼聪慧异常，渴求上进，抱负不凡，具有这个家族的遗传基因。他对同父异母的兄长劳伦斯·华盛顿异常崇敬，渴望像哥哥劳伦斯那样，厮杀战场，建立功勋。劳伦斯 15 岁那年，被送往英国求学。22 岁时，当英国与西班牙争夺殖民地战争开始时，就奔赴西印度群岛参加了战争。在战斗中，他智勇双全，赢得海军上将弗农将军的赏识。两年征战，家书频频。每当接到家书，父亲总是大声宣读那些描述海战中惊心动魄的情景。小乔治也总是心驰神往，激动不已，决心做一个像哥哥那样的军人。哥哥的岳父威廉·费尔法克斯是一位有着各种冒险经历、学识渊博而又老于世故的老人。小乔治有一颗纯真的美好心灵，他从善如流，时刻都在追求善的、美的东西。他对这位受过欧洲上流社会文明教养的老人推崇备至，倾慕不已。老先生也非常喜欢聪明非凡的小乔治，将自己非凡经历、种种见识，满怀激情地讲给这位彬彬有礼而又绝顶聪明的小孩听。这使华盛顿的知识更丰富，视野更广阔，认识了大千世界的许多事物和道理。华盛顿自幼对学习和做事都非常认真。父亲及时为他选择了一所较好的学校。他对功课和作业都是一丝不苟地去完成。华盛顿 11 岁时，父亲突然去世。母亲对他说：不要靠父亲留下的微薄遗产，应用自己的力量去开拓一条康庄大道。他不放过任何学习机会，通过自己的刻苦努力，获得了一个成功人士所应具备的各种必要知识和优秀品德，最终成为一位极具魅力的领袖人物。

华盛顿的父亲是一位很有知识的农场主，很重视儿子的教育，认为应在孩子很小时就让他多掌握一门外语，因孩子正处在语言敏感期，学起来比较容易。所以在华盛顿很小时，就请来一位家庭老师，教他学拉丁文。这是一种极为难学的语言，小华盛顿觉得很枯燥，很快便对这种学习失去耐心。由于父亲经常忙着做农活，所以就由母亲玛丽来监督他的学习情况，每天都要检查华盛顿的学业，但对拉丁文缺少兴趣的华盛顿几乎什么都没学到。不过小华盛顿很聪明，他有自己的办法来应对母亲的检查。一天，母亲照例过来问小华盛顿："今天老师教的拉丁文你学会了吗？"他毫不犹豫地说："当然会了。""你能给妈妈用拉丁文说几句话吗？""没问题。"于是小华盛顿张嘴就说了起来。母亲看着儿子说得很流利，露出满意的微笑，说："你学累了，去玩一会儿吧。"小华盛顿刚想走出去玩儿，却听到后面有人叫道："慢着，先别出去玩。"华盛顿回头一看，是父亲在叫他。他显然听到了小华盛顿和母亲的对话，于是瞪着小华盛顿说："把你刚才说的拉丁文再重复一遍。"小华盛顿吓坏了，原来刚才他说的根本不是什么拉丁文，而是随口瞎编的，连他自己也不知道说的是什么。但这套把戏只能蒙母亲，却无法骗过有知识的父亲。小华盛顿只好愣在那里不出声。"说呀！"父亲大声喝道："小小年纪就学会了骗人！"父亲很生气，走过来就把华盛顿打了一顿。玛丽明白了小华盛顿在骗她，难过得流下眼泪。不过她还是拦住暴怒的丈夫，把小华盛顿紧紧搂在怀里，不让丈夫打他。小华盛顿看着母亲流泪的脸也哭着说："妈妈，以后我再也不说谎骗人了。"母亲给小华盛顿擦干了泪，点点头说："孩子你一定要做一个诚实的人，这样将来才能真正有出息。"小华盛顿牢记母亲的话，从此再也不说谎了。

小华盛顿还有一则尽人皆知的故事。他的父亲是一个很有情趣的人，非常喜欢花草，于是就在院中种了几棵樱桃树，每天都要浇水，在他精心料理下，那几棵树长得枝繁叶茂。一天父亲又去忙农活了，小华盛顿在院子里玩，他看着那几棵树暗想："父亲刚种时，这些树都差不多和我一样高，为什么没多久它们就长得那么高了？"小华盛顿背着手在那几棵树间转来转去，心想：一定是树里藏着什么魔法，要是我能找到，不也就和树长得一样快了吗？想到这儿，他高兴起来，于是转身进屋拿了一把斧头，来到长得最高的樱桃树旁砍了起来。只听咔嚓一声响，樱桃树就被砍断了。小华盛顿在断了的树干前找来找去，累得满头大汗，可什么也没找到，他一时泄了气。他想：树也被砍断了，魔法也没找到，父亲回来一定会发怒的，怎么办呢？他急得转来转去，心想：要不撒个谎，父亲回来就说不知道是谁弄断的。傍晚父亲回来了，他习惯性地去院中给樱桃树浇水，小华盛顿见父亲往院中走去，吓坏了。不一会儿父亲果然大怒，他拿着被砍断的树枝，大声吼道："是谁砍的？谁砍断了我的树？我要拧断他的脖子！"家里的人听到父亲的怒吼，全都跑出来，纷纷摇头说不是自己干的。小华盛顿想起了母亲的教导，他想："我要做一个诚实的孩子，不能连累别人。"于是他走到父亲身旁说："爸爸，是我砍坏的。"父亲气极了，伸手就要打他，小华盛顿看着恼怒的父亲说："爸爸，今天我说了实话，没有骗您啊！"当小华盛顿说出事情的真相后，父亲静下心来，看着华盛顿说："孩子，爸爸不再责怪你了，你的诚实要比这棵樱桃树珍贵万倍。"

四、歌德之父：有计划的严格教育

歌德（1749~1832），德国诗人、剧作家、思想家、自然科学家、物理学家、政治家、教育家、美学家和画家，是德国古典文学最主要的代表，也是世界文学史上最杰出的作家之一。1749 年 8 月 28 日，歌德出生于莱茵河畔法兰克福的中产阶级家庭。他 8 岁就能阅读德文、法文、英文、意大利文、拉丁文、希腊文等多种文字的书籍，14 岁开始写剧本，16 岁进莱比锡大学学习法律，1775 年获法学博士学位。25 岁发表了后来风靡全球的小说《少年维特之烦恼》，他仅用了 4 个星期的时间写完。歌德用 58 年时间完成的诗剧《浮士德》把德国古典文学推向了高峰，并使魏玛这座小城一跃成为当时德国与欧洲的文化中心。歌德父亲是裁缝师的儿子，家境殷实，受过高等教育，曾获莱比锡大学法学博士学位，当过地方官。他爱收藏书籍和美术作品，还在家中摆满每次旅行所带回的纪念品。在这种家庭环境里，歌德耳濡目染，从小就受到了艺术的熏陶。歌德是独生子，父母对他寄予厚望，从他出生起，就有计划地对他进行严格的教育。当歌德还是婴儿时，父亲就抱着他去散步，还经常跑到郊外呼吸新鲜空气，有意识地让他多接触自然。在路上，父亲总是耐心地给小歌德讲解遇到的各种事物，培养他的观察力和认识能力，使歌德获得不少自然知识，小小年纪便知道许多植物与动物的名称和习性特点。后来歌德专门研究过自然科学，曾发现人类腭间骨，并撰写有关植物形态学和颜色学的论文。歌德一生，始终保持着对自然科学的浓厚兴趣。父亲经常拉着小歌德到公园里游玩，或者到田野里散步。这时，父亲总要教他唱些通俗易懂的歌谣，并让歌德背上一两首，其用意是想在游戏中向儿子灌输一些知识。随着外出次数的增多，歌德的口语能力也不断提高。从歌德 4 岁开始，父亲教他读书识字，并请了好几位家庭教师传授他多种语言。歌德经常与邻家的孩子共同学习。他们都对作诗感兴趣，于是约定每星期日聚会，每人都把自己作好的诗拿来给大家看，由大伙评判。歌德的诗总是被小伙伴们评为最优。歌德稍大一些，父亲带他到各地旅游，每到一处，父亲总是讲讲当地的历史、风土人情。如果旧地重游，则要求歌德将所知内容复述一遍，以加深记忆。旅游使歌德开阔了眼界，增长了见识。

五、贝多芬之父：孩子是自己的事业

贝多芬（1770~1827）出生于德国波恩小城一个音乐之家。祖父曾出任过宫廷的乐队队长，父亲是一名卑微且嗜酒的宫廷男高音歌手。贝多芬自幼在父亲严格教育下学习音乐。在婴幼儿时期及其成长中，歌声与音乐从未间断。耳濡目染，对音乐的感觉、兴趣与爱好也渐渐被激发出来。两岁多时，祖父曾给他唱过一首摇篮曲，他听了两遍就学会了，从此其父决心培养贝多芬。先让他熟悉各种乐器，培养他对音乐的感觉。4 岁时，父亲让他学钢琴。此时他个子不太高，即使坐在凳子上够琴键都有点费劲，父亲干脆让他站在凳子上弹。这样的练习一弹就是一两个小时，父亲不说停止，他只能继续弹下去。苦练两年后，他已具备基本的音乐功底。但其父明白，要想成为一代音乐大师，只有高超的弹奏技术，还需具备更多学科文化知识。于是在他 7 岁时，把他送到学校接受系统的文化知识，既有工艺课，也有拉丁文课。当然，父亲对其音乐方面的训练并未因为他上学而有丝毫松懈。经过几年的勤学苦练，其音乐积淀也越来越厚。8 岁的贝多芬在科隆首次登台演出，非常成功，既给他带来雷鸣般的掌声，也让其父认识到儿子的音乐才华已大大超越自己。于是开始给儿子寻找更优秀教师，带他拜见了宫廷乐师，有的教贝多芬弹钢琴，有的教他拉小提琴、中提琴。先天的音乐天赋，加上后天的勤奋努力，让他的音乐学业突飞猛进，“青出于蓝而胜于蓝”。12 岁时，其父又为他请来波恩最好的音乐家克里斯蒂·聂费。不仅教他弹奏乐器，还教授他创作音乐，并向他讲解了自己对音乐的理解——音乐不是单纯作为娱乐的“空洞的音响”，最重要的是应当反映人的真实思想感情。所有这些都对贝多芬产生深刻影响。22 岁那年，他怀揣着自己的音乐梦想，去了维也纳。那时他脸上有麻子、一身土气打扮、有点呆气的年轻人，但“当他坐下来弹钢琴时，再也没有人嘲笑他了”。在维也纳其音乐才华得到尽情绽放，被时人誉为“青年钢琴演奏家”！他虽于 1798 年起听觉渐衰。1820 年后双耳失聪，但仍坚持创作。他在欧洲音乐史上，继承海顿、莫扎特的传统，吸取法国大革命时期的音乐成果，集古典派之大成，开浪漫派之先河，有多方面的革新。被世人誉为“乐圣”。

六、达尔文之父：做孩子最可信赖的朋友

查尔斯·达尔文（1809~1882），英国著名生物学家、进化论的奠基人，出生在英格兰希罗普郡士普兹巴利镇一个高级知识分子家庭，祖父是英国著名的博物学家和医学家，父亲毕业于知名学府爱丁堡大学医学院，当地著名的医学博士。1831—1836 年随“贝格尔号”舰进行历时 5 年的环球考察，通过观察研究最终创立了生物进化论。恩格斯称达尔文的进化论为 19 世纪自然科学的三大发现之一。

父亲渴望达尔文好好学习，当一名优秀医生。但达尔文从小就不是一个人见人爱的乖孩子，而是一个调皮捣蛋、人人见了都脑袋发胀的小家伙。他整天在外面撒野，不是跑到森林深处的池塘里抓蝌蚪，就是坐在小河边望着钓鱼者痴痴地发呆。他喜欢喂鸽子，鸽子屎拉了满院子，有一次竟然拉到了老父亲的头顶上。诸如此类的事情令其父非常恼火，多次训斥达尔文说：“瞧瞧你整天干了些什么，除打鸟、玩狗或挖地洞、抓老鼠之外，什么也不会干，简直是一无是处！”“你成天游手好闲，东游西逛，以后怎么办？你为何不好好学习，把我这个事业继承下来？”父子俩的矛盾越闹越大，简直势同水火，往往一见面就大吵一场。爱子如命又恨铁不成钢的老达尔文向多年的好友、纺织商人赫德先生求教。赫德先生知道老达尔文脾气过于倔强，也懒得同他长谈，从书架上抽出一本法国幻想小说《巨人传》给他看。老达尔文翻开书一瞧，气得胡子都翘起来，原来题首的词语竟然是“随心所欲，各行其是”。赫德开导他说：“你不光要用你

的手和嘴去教育孩子，最重要的是用你的心去接近孩子，聆听孩子灵魂深处的声音。我的老朋友，请忘掉你的年龄，同孩子交朋友吧。”已被孩子弄得心力交瘁和焦头烂额的老达尔文恍然大悟，接受了老朋友的建议，决定彻底改变思路，同孩子好好交一次朋友。但当老达尔文希望辅导孩子做功课或朗诵《格林童话》时，孩子却一溜烟儿跑得无影无踪，竟然逃到屋檐底下掏麻雀蛋去了。这种无法无天的行为气得老达尔文一甩手把《格林童话》扔出了窗外。老达尔文又一次硬着头皮去找赫德先生。望着老达尔文满脸恼怒的模样，赫德又开导说："我们是做生意的，依照我们的规矩，只有倒霉的人，没有倒霉的货。教孩子也一样呀！没有糟糕的父母。朋友，喂一只小狗小猫都得有长期的耐心，何况是培养一个活蹦乱跳的孩子。所以为人父母之道，一是有耐心，二是有灵感，你好好想一想吧，凭你的爱心找到孩子的兴趣，然后你才可能激发灵感。”老达尔文茅塞顿开，他辞去学校董事、医学公会秘书等待遇优厚的兼职，腾出大量时间，同孩子待在一起。孩子喜欢动物，老达尔文就带孩子上爱丁堡动物园游览；孩子喜欢野外生活，老达尔文就带着孩子到森林里野营，到河里捕鱼，甚至还同孩子一起兴致勃勃地养起了小动物。这种努力显然没有白费，孩子对父亲的抗拒心理和逆反心理逐渐被淡化、消融，开始把父亲当成最可信赖的朋友。孩子的心情一天天开朗，成绩也一天天好了起来。

1825 年，达尔文完成中学学业，听从父亲的忠告，子承父业，来到爱丁堡大学医学院学习。这是老达尔文一生最值得炫耀的事情之一，儿子在快步走向成功。达尔文的天赋极不适合学医，他一看到病人流血就恶心呕吐，也特别畏惧解剖尸体，而解剖学是医学方面最起码的专业知识。他把自己的苦恼坦诚地告诉父亲以后，痛心疾首的父亲彻夜不眠，最后眼睛红红地告诉儿子说："孩子，走你自己的路吧，我尊重你的选择。”老父以牺牲祖业为代价的开明感动了达尔文，他又一次听从了父亲的忠告，报考了剑桥大学神学院。老父的理由极其简单：孩子读书是为了谋职，而神学院的学生特别容易找工作，尤其是剑桥一类的名牌大学学生。达尔文在神学院的学业同样不优秀，他的兴趣特别广泛，先是迷上了打猎，后又迷上了地质学和植物学，并经常逃学去听植物学教授亨斯洛的课程和地质学教授塞奇威克的课程，以致他本人也承认说："在剑桥的三年是完全浪费了！”老父亲尽管对此特别恼火，但也对孩子的兴趣表示理解。

1831 年 8 月，英国海军“贝格尔号”奉命前往南美进行科学考察，主要任务是测量和绘制美洲海洋的水文地质海图。当时船上招聘一名博物学家。亨斯洛教授得知此消息后，认为是一桩广开眼界的美差，立刻向海军部推荐自己的得意门生达尔文，并获得批准。可是，老父亲根本就不同意孩子放弃牧师职业而去干不务正业的事情，但达尔文却像朋友一样推心置腹地对父亲说："我的志向是探求大自然的秘密，我愿意搏击风雨过漂泊的人生，在同大自然的亲近中，我将找到终身的幸福。”父亲再次违背自己的意愿为儿子投赞成票，并且说："我不同意你的职业，但我愿意尊重你的选择。”同时父亲还拿出自己的行囊，亲自替孩子收拾行李。在后来长达 5 年的探险生涯中，达尔文考察了美洲数以万计的动物和植物，并收集了 17000 多种标本。1859 年 11 月，他终于出版震动当时学术界划时代的科学巨著《物种起源》。不幸的是，当达尔文完成一生伟业《物种起源》时，呵护他并给他一生最大激励和鼓舞的父亲却已作古。1865 年他获得皇家科普利奖时，所做的第一件事就是伏在父亲墓前号啕大哭，因他所感谢和永远怀念的第一位导师和朋友，正是他可敬可爱的父亲。

七、托尔斯泰教子：借着鹅毛“游”世界

列夫·托尔斯泰（1828~1910），俄国文学家，生于尼古拉耶夫斯克市。他十分注意培养孩子的学习兴趣，尽管自己的写作时间相当宝贵，还常将部分时间，给孩子讲故事，回答他们提出的各种问题。不过，托尔斯泰从不给孩子强行灌输知识，而是根据孩子的爱好和兴趣为他们服务。有一段时间，孩子对作家儒勒·凡尔纳的作品很感兴趣，托尔斯泰就一本又一本地讲给他们听。后来，他发现《80 天环游地球》这本书没有插图，为帮助孩子们理解故事情节，他竟然每天晚上用鹅毛笔亲自为该书描制插图。托尔斯泰的时间是宝贵的，但是他认为，把时间花在提高孩子的学习兴趣、激发孩子的求知欲方面是值得的。

八、老洛克菲勒教子：孩子滑旱冰上学

洛克菲勒家族事业的创始人约翰·D·洛克菲勒（1839~1937），美国实业家、慈善家和美孚石油公司

创办人。原本只是一个周薪 7 美元的打工仔，但他通过个人奋斗，最后创建了标准石油公司。在教育自己下一代方面，他制订了许多严格的“措施”：让儿子上学时，滑着旱冰经过中央公园到林肯学校，家庭司机只是开着车跟在后面。孩子很小时，就跟着父母、带着家庭教师和一大堆行李，开始飞往美国大陆、欧洲、北非等地。这种教育增强了孩子认识社会多元化和准确把握社会常理的能力，为以后确立人生目标起到极大启发作用。

九、罗斯福之母：人生需经历许多磨难

富兰克林·德拉诺·罗斯福（1882~1945）是美国历史上唯一连任四届的总统，生于纽约州海德公园。1904 年哈佛大学毕业后当律师，1932 年当选美国第 32 届总统。他出身富豪家庭，其父亲和母亲年龄相差 26 岁，他出生时父亲年龄已很大。罗斯福的降生给这个家庭带来了无比的欢乐，幼小的罗斯福成为父母关注的中心。然而，其父特别是母亲并不娇惯，而是严格管教他。母亲给小罗斯福安排了严格的作息时间表。当母亲发现，小罗斯福玩游戏时总习惯于自己是赢家时，为了教育他，母亲故意不让他，接连赢了儿子多次。小罗斯福生气了，母亲故意不理他，并坚持让儿子为自己发脾气的行为道歉。小罗斯福由此体会到来自母亲的挫折教育。可见，严教对生活在优裕环境中的儿童尤为重要。人生需经历许多磨难，如果只会享福不能受苦，只能占上风不能失败，就不能立足于社会，更不用说为社会献身和为他人造福了。

十、老盖茨的家教：控制转自由再到支持

比尔·盖茨（1955.10.28~）出生于美国华盛顿州西雅图，企业家、慈善家、微软公司创始人。比尔·盖茨的父亲老比尔·盖茨如何将一个叛逆男孩培养成微软公司创始人、全球首富（2016.8 达 900 亿美元，相当于美国 GDP 的 0.5%）及美国最大慈善机构创始人。老比尔·盖茨的答案是：“逼”他成熟，然后给他充分自由和支持，但适时加以引导和敦促。老盖茨和妻子玛丽育有 3 个孩子：大女儿克丽丝蒂、儿子盖茨和小女儿莉比。盖茨从小就表现出极高的学习兴趣和天赋，小小年纪就通读《世界大百科全书》。为鼓励他阅读，老盖茨夫妇在这方面毫不吝啬，只要是他想看的书，一律买下。11 岁时的盖茨，开始向父母抛出千奇百怪的问题，为难他们。在老盖茨看来，“这挺有意思，相当不错”，却给母亲玛丽带来困扰。另外，步入青春期的盖茨试图摆脱母亲的控制，对保持房间整洁、准时吃饭、别咬铅笔头等要求产生抵触情绪，母子之间时常发生争执。“他那时很招人烦，”妹妹莉比回忆说。老盖茨在采访中也承认，11 岁后的盖茨成了让家长头疼的孩子。母子矛盾在盖茨 12 岁的一天达到高潮。盖茨在餐桌上对着母亲粗鲁地大喊大叫，言辞充满讥讽和孩子气的自以为是。一向冷静的矛盾调停者老盖茨终于怒了，端起一杯凉水，泼到儿子脸上，喊叫停止了。回过神来的盖茨突然对父亲说“谢谢淋浴”。

盖茨一家对这次“泼水事件”记忆深刻，不仅成为盖茨人生的一个重要转折点，让“愤青”一夜之间变得成熟，也改变了老盖茨对子女教育的看法。此后，老盖茨夫妇带儿子接受心理咨询。盖茨告诉心理医生：“我想与父母争夺控制权。”医生于是建议他们的儿子最终会赢得这场争取独立的“战争”，因此最好的做法就是让他独立。老盖茨夫妇最终接受医生的建议。考虑到私立学校能给孩子更多自由发展空间，并替盖茨在一所私立中学报了名。正是在这所学校里，盖茨结识了改变他一生的重要“伙伴”——电脑。从 13 岁起，盖茨享有绝大多数同龄人享受不到的自由。父母允许他晚上独自去华盛顿大学用电脑，在假期四处旅游、打工。他曾在华盛顿州首府奥林匹亚当州议会服务生，在首都华盛顿当过国会服务生。高中时，他还休学一段时间，跑到华盛顿州南部的一座发电厂做电脑程序设计员。在这段“天马行空”的自由成长期，盖茨认识了后来与他一起创办微软的保罗·艾伦。两人第一次合作成果是一款统计道路车流量的计算机软件。1975 年，身为哈佛大学三年级学生的盖茨决定退学，与艾伦共同创业。儿子的决定令老盖茨夫妇震惊不已。最后还是勉强同意儿子的选择，支持他去新墨西哥州创业。

创立微软后，盖茨决定将公司迁回西雅图，主要“吸引力”就是父母的全力支持。他自己也在离父母家不远的一所住宅里安顿下来。母亲玛丽为忙于事业的盖茨雇了一个保姆，负责为他打扫房间，保证他参加重要会议时能有件干净衬衣穿。老盖茨则给予儿子事业上的支持。他利用自己当律师建立的社会关系，向西雅图的商业人士大力“推销”微软；他所在的律师公司成为微软当时最大的客户。1980 年他说服儿

子的大学同学史蒂夫·鲍尔默（现微软首席执行官）辍学加入微软。在微软公司准备上市前，老盖茨安抚儿子的紧张情绪，解除他的后顾之忧。最终，微软成功上市，盖茨一夜成为亿万富翁。

儿子一夜成名后，老盖茨夫妇又面临另一项挑战：劝说盖茨把钱用于慈善事业。盖茨当时只想专心发展微软的事业，不愿分散精力做慈善。为此，在老盖茨的办公室里，母子两人在“泼水事件”多年后再次发生争吵。最终，玛丽成功说服儿子在微软内部为慈善机构“联合劝募会”募捐。1994 年其母亲患乳腺癌去世，加速了他投身慈善的步伐。葬礼结束后，已年过七旬的老盖茨向儿子提议创建一个正式的慈善机构，由他负责申请审查和拨款。

海外名人家教与教子的实例，远不止以上所述，还有很多名人教子实例，比如爱迪生（1847~1931），只上了三个月学，竟然成为举世闻名的美国电学家和发明家，他除了在留声机、电灯、电话、电报、电影等方面的发明而成为世界发明大王，在矿业、建筑业、化工等领域也有不少著名的创造。爱迪生辍学并非因家境穷困，而是强烈的求知欲触怒了老师，被视为“不可教养的低能儿”，并亲自登门要求爱迪生退学。从此，大部分人所鲜知的是，爱迪生的母亲承担起来所有教育的重任，要求极为严格，甚至让人无法想象。所以，看到爱迪生对人类的贡献，首先要感谢他有位伟大的母亲！

第十八章　综合与其他

教育，既给予人一个好的人生，也让人更好的充实自己，还让人一生变得更美好；既教授知识，也给人建立一个精神的世界；既使人聪慧，更使人高尚。教育，是生命、生存和生活的引导，让人学会生存，热爱生活。教育的本质和终极目的就是“人的塑造”。除知识与能力外，即健全人格、健康心态、善良品德及精神和价值观的培育，就是促进人最大限度地发展。教育是一个传承、创造和培养符合社会需要人才的过程，即不仅追求结果，更重过程本身，让学生在活动的过程中得到发展。综合，是把各方面不同类型的事物组合在一起，是对一事物，不分解为各个部分、特征或方面，把它作为一个整体加以把握。综合既包括三大教育领域或类型，也包含德、智、体诸育。2012 年 9 月 26 日，联合国秘书长潘基文提出倡议“教育第一”，又说，“如果我们把教育放在第一，有尊严的生活将紧随其后。”中国对该倡议表示坚定支持。百年大计，教育为本。教育是人类传承文明和知识、培养年轻一代、创造美好生活的根本途径。教育是培养人才的工程，旨在有效延续社会并推动社会向前发展。教育的使命，是引导学生：树立成才之志、牢固成才之基、铸就成才之路，乃至让人变得更好，让世界变得更好。

学校教育是三大教育（家庭教育、学校教育、社会教育）类型的主体。学校教育以培养德智体诸育全面发展和促进个性发展的人才为宗旨。梁启超曾说：“德育、智育、体育三者，为教育缺一不可之物。”1970 年代末流传德育不好是危险品，智育不好是次品，体育不好是废品。这是对“德、智、体”重要地位和巨大效能的入木三分之诠释。1957 年 2 月，毛泽东提出：“我们的教育方针，应该使受教育者在德育、智育、体育几方面都得到发展，成为有社会主义觉悟的有文化的劳动者。”后来又将“德、智、体”演变为“德、智、体、美、劳”。我国香港地区是“德、智、体、美、群”，台湾地区说“德、智、体、群、美”。德、智、体、美、劳诸育的实施均需讲求“教育艺术”。

教学，既是一门科学，也是一门艺术，并是一门综合艺术。它与舞台艺术有所相似，更有根本区别。主要差异：前者重在效果，后者重在表现。“善歌者，使人继其声；善教者，使人继其志”。“不好的教师是奉送真理，好的教师是教人发现真理”。教学艺术主要源于教师的知识、能力、经验，而教学效果却要通过学生学得的知识、技能和品德来表现。教学艺术旨在燃起学生的求知渴望和学习热情，使他们爱学、会学、学会、学好；换言之，教学艺术不仅在于传授知识、技术、技能、本领，还在于启迪、激励、唤醒、鼓舞。教学艺术的表现是异彩纷呈，教学艺术的效果集中体现在促进学生发展，而促进学生发展的基本要求是：以引导动机为内力，调动主动性；以培养兴趣为前提，激发积极性；以指导观察为基础，强化感受性；以陶冶情操为动因，渗透教育性；以动手训练为手段，加强实践性；以传授方法为内容，训练独立性；以职业意识为主线，提高敬业性；以锻炼意志为核心，增强坚韧性；以发展思维为重点，着眼创造性；以开拓进取为主导，培养竞争性。教学艺术的基础在于知己知彼，知学生、知教材；教学艺术的核心在于以人为本，尊重学生、关爱学生；教学艺术的提升在于充分准备，多投入、多探索。

另外，由于改革开放五彩纷呈，当代社会竞争激烈，青年学生也会随成绩升降的波折、智能优劣的触动、成功失败的考验、群体关系的挑战，使学习生活充满拼搏、压力和苦涩。若无良好的心理品质，很难抵御这些外来侵扰，更难在众多挑战面前取胜而使自身得到发展。故培养良好的心理品质和人文素质至关重要。当今人才的重要特征是创新思维和创新能力，集广博知识和完美人格于一身。勇于变革，不因循守旧；独立自主，不依附于人；博采众长，不排斥他人。既标新立异，又尊重科学；既敢于怀疑，又服从真理；既善于合作，又敢于人先。优质教育，要全面育人，面向全体，持续发展，全面发展，发展个性。

以人为本是教育发展的重要理念与特征

教育应回归原点，即应按照1970年联合国教科文组织通过的《学会生存——教育世界的今天和明天》关于现代世界教育的最终目的，去实施和发展教育。目的是走向科学的人道主义、培养创造性、培养承担社会义务的态度、培养完善的人——这四项，完整表述了现代教育的核心价值观，以其超越民族、国家、阶级和党派的全球视野，而具备了普适意义。教育应以人为本，即以学生为本：思学生所思，想学生所想，行学生所行，做学生所做。进而“为了学生一切，为了一切学生，一切为了学生”（此处的“一切”当然是指教育教学领域的举措、举动）。这句话深深烙上时代的印记。为了一切学生，无论是城市的还是农村的，富贵的还是贫贱的，智商高的还是智商低的；为了学生一切，无论是品格的还是人格的，生理的还是心理的，智力的还是情感的。理想的教育，应是个人潜能的发挥，让每个学生扬起希望的风帆；理想的教育应是协调和谐，融德、智、体、美、劳诸育于一体的教育，提倡和丰富民主、公平教育内容，推崇“以学生为本”“以学生为主体”的教育理念，让学生享受学习的成功与快乐；让学生发现自我，享受自我；让学生激发创造力、想象力，享受创造的快乐；让学生手脑并用，体验劳动的艰辛与喜悦。一切为了学生，无论是学校还是家庭，社会还是国家，校长还是教师，管理还是教学等，都要着眼于学生，服务于学生。一切教育都必须以人为本。以人为本，就是把教育与人的幸福、人的自由、人的尊严、人的终极价值联系起来，使教育真正成为人的教育而不是机器的教育；使教育不只是人获得生存技能的一种手段，而且还能成为提升人的需要层次、丰富人的精神世界的一种途径。“以人为本”有两条铁律：一是教育的宗旨和出发点是为使人获得全面发展的知识、素质和技能；二是实施教育的过程也是一个符合人的各方面需求和特性的文明过程。透过现实的种种现象，不难看出是这种全新理念使教育发生了根本变化。

一、关注“全体”发展

提高教育质量，是永恒的主题，尤其我国这样一个人口大国，要竭尽全力把沉重的人口压力转变为巨大的人力资源，就必须对教育质量有更新、更深层次的理解。要让每个公民都通过教育成为能够对现代化建设做出贡献的人，就要承认和尊重受教育者的差异。学校和教师应通过课堂教学、课外活动、校外教育，社会实践给每个学习者提供平等的发展机会，并尽量为每个学生创造不同的发展空间，从而让学习者在人生的起步阶段都能获得成功的教育。

二、强调“全面”发展

全面发展，既包括共性的统一要求，又应有个性的价值取向。学会做人、学会做事、学会学习、学会合作，这是未来社会每个人应当具备的基本素质，缺一不可。无论从事什么职业，爱国、诚信都是必备的基本品格；认真、负责均是从业的基本要求；善学、创新都是生存的基本能力；团结、协作皆是成功的基本条件。同时，每个人因自身天赋及所处环境不同，各自的兴趣和需要、潜能和特长也有所不同。也正是由于他们不同的个性，才使世界变得更加多彩、更加绚丽。“全面”的发展，可使学生在学习活动中形成更加完美的人格，增长认识自然、了解社会的本领，掌握搜集、处理和运用信息的能力，锻炼善于交往和协作的团队精神。学生的全面发展，既要做到全面性、协调性和可持续性，又要注意不是平均发展，应重视学有特长、个性鲜明的学生。

三、重视“个性”发展

教育的要义是自我教育与自主学习。教育的真正意义是发展人的个性。每个学生都具有自己的特点、个性，故要尊重学生，发展其个性，调动其积极性，激发其潜能，让每个学生都闪烁着个性的光芒。每个学生都是一个鲜活的个体，为使他们各自的人格特征、本质能力和精神面貌更加富有特色，应首先研究和掌握学生个性充分发展的规律和特征，为发展学生特长创造情境和舞台；同时，确立突出学生个性特长发展的人才培养目标；并应使教材呈现多样化、多元化格局；使尊重个性特长发挥的考试评价制度不断完善；使因材施教的原则和方法有效落实。为此，应推行走班制、选课制和弹性课时。所谓走班制，是指学科教室和教师固定，学生根据自己的学历、兴趣和愿望选择自身发展的层次班级上课。不同层次的班级，其教学内容和程度要求不同，作业和考试的难度也不同。这样将大幅度改变现有课堂教学模式，将学习主动选择权交给学生。教师用科学的态度去发现学生的个性和天赋，进行艺术的指导。同时，把学生当做艺术来鉴别与欣赏，而不把他们当做同一模型生产出来的零件。未来，无论哪所学校，都不必按部就班地学习各门课程，而是基于个人兴趣和问题解决需要而进行自主性学习。未来的教师应成为学生长期的伙伴。未来的教室可能是个讨论室或学习室。所谓弹性课时，是指打破传统的固定课时，转而采用长短不一的课时进行教学活动。可分为大、中、小课时，实行长短不一的上课时间，其实质是通过改变学程来影响学习的效果。弹性课时可贯穿具有学校特色的主题课程中，具体实施更注重多门学科的"穿插"，将不同学科的同一主题归为一个大课时，交叉进行，加深学生对主题的理解。但须十分谨慎。长短课相结合是个整体的设计，并非课堂时间的简单加减法。

四、倡导"持续"发展

世界一流的教育有许多内涵和条件，其中最重要的一条就是以人为本，以学生的发展为宗旨，能使学生获得全面、协调和可持续发展。

五、追求"终身"发展

终身发展，是一个重要课题。随着科技日新月异、经济快速发展和社会不断进步，阶段性学习已成为历史，终身性学习正在成为方向。人的发展不可能以某一学段的毕业而停滞，这已是不争之实。"活到老，学到老"这句极富哲理的名言，在日新月异的今天，更具有非常重要的意义。当前教学改革正在用生动的实践，体现着教育为人的终身发展服务的全新理念。无论是课程体系、教学内容，还是教学过程，都在极力追求让学生掌握终身学习所具备的基本观点、基本知识和基本方法。而且特别重视保护学生的学习兴趣，培养学生的学习品质，珍惜学生的学习成果。因为终身学习更需要积极的情感、有效的方法和求异的思维。只有打好终身发展的坚实基础，积蓄终身发展的充足后劲，才能为学生的就业能力、创业能力、创新能力提供不竭的源泉。

教育是一种"创新"型劳动。学习将突破时间和空间的限制；学习将成为一种主动探索的过程。现代教育理念，倡导"以人为本"和以学生为主体，把学生的发展放在首位，以学生自由、充分、全面、和谐的发展作为学校教育基本的价值取向。实现学生个体价值与社会价值的统一。把学生的健康成长放在真正首要位置，把学生放在"人"的位置上，改变过去无视学生的人格尊严及简单的错误做法，彻底改变观念，师与生处在平等、理解的情境下，让学生在心灵的沟通与碰撞的良好师生关系中，相互尊重，相互信任，愿意接受教师的教育和指导，从而提高凝聚力，改变精神风貌。学生发展，既要全面也要个性。因而要促进学生主动、充分、和谐、全面、多元、可持续的发展。为此，应坚持以人为本，树立全面、协调、可持续发展的思路，开展各项教育活动。以人为本的理念为我们找到了一条更加适合经济社会发展的教育改革之路，它对于未来中国能在世界重新跻身领跑行列，处于领跑地位，将产生巨大的能量，因这种能量就来自于人的全面发展与人的整体素质提升。

教育现代化的主要特征

教育现代化，从时间维度讲，是指从与传统封闭的农业社会相适应的教育向现代开放的工业社会及信息社会相适应的教育转化的过程；从价值维度讲，是指从传统教育向现代教育转变过程中所获得的时代精神和特征。基于此，教育现代化的内涵可概括为：一个国家教育适应现代社会发展要求所达到的一种新的教育形态，是包括教育思想、教育制度、教育内容、教育方法等在内的教育整体和全面进步的过程。教育现代化的核心是人的素质现代化。所以教育现代化也可界定为教育生产力（教育的物质基础和发展水平）、教育制度体系（教育的组织方式、组织机构、法律规章、结构系统和运行机制）、教育思想观念等因素的变化与逐步现代化的过程。可见教育现代化不是静态的，而是一个发展过程。概括地讲，教育现代化有如下主要特征。

一、人本化

现代化教育注重以人为本。学校教育以人为本，即以（学）生为本，关爱学生，承认学习者的主体地位和学习的自主性，其实质强调以下几点：①从伦理学角度来说，就是尊重人、理解人、关心人、爱护人；尊重学生的个性，满足学生的需求，培养学生的自信、自立、自强。②从管理学角度来说，就是一切为了学生，为了一切学生，为了学生一切；认为学校是为学生而存在的，一切活动要以保障学生权利为依据，以学生为主体来设计；让每个学生扬起希望的风帆，感受成功的喜悦，使每个学生快乐学习、喜欢学习，意在修身、重在做人。③从教育学角度来说，就是以学生发展为本，一切为了学生的发展，让每个学生都得到自由、和谐与全面的发展，重视学生的个性发展和终身发展；关注每一位学生的成长，并区别不同情况，为他们提供多样化学习和发展空间；挖掘学生的潜能，发现并发挥其优势，给每一个学生提供按照其特长去发挥的舞台，从而努力追求卓越的教育，提升学生“学会求知、学会做事、学会共处、学会做人”的能力和竞争能力。④从时空观角度来说，就是把以人为本的精神，毫不含糊地贯彻到教育教学的各个过程、各个环节及各个领域、各个角落。例如，考试环节，以人为本，就要让考试适应学生的需要，一切考试的有关制度、规定，都要方便考生，以利于最大限度激发他们的创造活力。以人为本的科学依据：一是在人与社会发展的关系中，人处于主体地位，人的发展是社会发展的最终决定力量，因而抓住人的发展，就是抓住了社会一切事物发展的动力；二是人类天生具有学习的内在潜能，任何一个正常的学习者都具有自己教育自己、发展自己的潜能，最终达到自我实现的目标。所以应不惜一切代价挖掘学生的发展潜力，提高学生的素质，发挥学生的潜能，始终把学生的发展作为教育的最高准则。

二、个性化

现代教育既注重人在各方面的全面协调，也强调每个人个性和天赋的充分发挥。传统教育忽略对学生个性的培养，把教育的重心置于社会工具价值上，因而产生了强求一致、千人一面、扼杀个性，致使创造力匮乏，主体性不强的弊端。个性化教育，就是注重学生的差异性，培养人的个性，发掘人的潜能，让每一个学生都有所提高，让每一个学生都得到发展，让每一个学生都体验成功，并为其进入现实社会开辟道路。个性化的主旨与核心是创造性，若无创造性，那学生的个性、爱好和特长也很难发挥或发展到更高水平。创造性表现在能独立思考，提出新见解。创造性是人的本性，不是少数人的专利，所有人都有创造的潜力。然而，倡导个性，不等于减弱集体性或团队性，不等于淡化必要的纪律性。

三、信息化

信息化，是指培养、发展以计算机为主的智能化工具为代表的新生产力，并使之造福于社会的历史过程。所谓教育的信息化，主要是运用信息技术优化教育教学过程。教育要信息化，不是简单的课堂搬家，而是通过信息技术手段，使教育资源（教师、学生、教材、方法）配置更优化，使教育教学过程更高效。

四、国际化

教育现代化的一个突出特点，是以世界的视野、未来的高度，瞄准现代化建设对人才的需求。教育本身就是国际化的事业，是互相学习借鉴的结果。事实已表明，一个国家教育改革的成功经验可很快传遍世界。当今，我国与世界各国的教育交流更广泛，联系更密切。其表现：一是注意培养学生国际知识、全球意识，重点培养具有国际化视野的各类专门人才；二是广泛开展国际交流与合作，吸纳各国优质教育资源；三是把教育融入国际教育市场。

五、生产性

如果说传统教育与生产劳动相脱离，那么现代教育则是与生产劳动紧密结合，与社会有广泛联系。教育与生产劳动相结合是现代教育最普遍的规律，最基本的特征。所以推进和实现教育现代化，要加强教育和生产劳动相结合，亦即教育要服务和服从于经济建设，与社会经济发展紧密结合。

六、终身性

教育现代化，要求教育不应只限于学校，也应包括学校以外的教育，包括人一生的教育，故而应建立一个终身教育体系。首先，在学校要给学生奠定一个终身教育的基础，有了一定基础，离校后，还要让学生继续进行学习。职业技术教育本身就具有终身教育的性质。

七、科学性

教育决策、教育行为均需有科学的依据。教育行为越来越应依靠科学研究成果，而不是单纯凭经验。现代教育教学实践是科学的行为、理性的行为。

八、多样性

社会发展越是现代化，就越需要多样化的人才，特别是职业技术教育本身就具有多样性。因而，教育要多层次、多种类、多规格地培养适应各行各业的人才。

九、一致性

教育的一致性和连贯性，即对学生的思想品德教育目标一致、步调一致，相互协调，前后一贯，坚持到底，以使学生思想品德按照统一的目标发展，从而保证良好的教育效果。

教育现代化的特征意味着教育已趋向良好的教育。良好的教育，是一种文化心理过程，是精神层面的活动；是一种生命的事业，是对人生命的滋润；是一种对学生潜能的开发、精神的唤醒、内心的敞亮；是一种“微风吹动琴弦”的灵魂感召！更值得注意的是价值观的培养——学校，学的是知识和技能，但知识与技能并不能构成人的精神世界里最终极的部分。知识，需要认知；价值需要认同。基本价值观是做人的底线，良知就是做人的底线。当今的教育都亟待“道德意识”、“价值观念”和“行为规范”。只有教师的价值观念不断完善，才能培养学生正确的价值观；只有教师产生价值观培养的正能量，做出为人处世的榜样，才能让学生在与家长教师相处中受到潜移默化感染。唯此，才有资格与学生谈论价值观；唯此，才有能力引导学生朝着正确的方向前进。

应转变的十大教育理念

教育水平的提高固然需要多种因素，但首要也是根本的还在于观念的更新。时代的发展，要求教育者必须树立新的、符合时代要求的教育理念。现代教育追求的是教与学的“双向互动”，以讲授引导思考，以教导激发兴趣，并赋予学生学习的自主性。“以人为本”的理念日益深入人心，教育为学习服务，为学生发展服务，正在成为广大教师的自觉实践。传统的教育观念主要是“传道授业解惑”，这种教育观念是以教为主，学生始终处于被动的学习环境中。因此，以下传统教育观念需尽快转变。

一、由“受教育权”转化为“学习权”

“受教育权”与“学习权”是既有内在联系，又有本质区别的两个概念。前者，是“计划经济”时期的产物，而那个时代的最大特征就是国家包办。国家才是主体，才是“铁打的营盘”；所有公民都是客体，都是“流水的兵”。表现在教育领域，就是国家包办教育，教育资源的支配、教育标准的制订、教育过程的实施，统统是国家支配，公民没有选择权。因为这样的教育只有一个指向，那就是国家的目的、国家的需要；学习者本身的需要——心灵的需要、身体的需要，往往是不重要、被忽略的。所以“受教育权”这个概念是当然的。建立在此逻辑基础之上的教育，往往是整齐划一、刻板生硬，甚至是僵死的；教育的全面安排，都是为了把学习者培养成国家这个庞大机器中的某个标准件，实际上是把人当成了物。当今，已跨进市场经济领域的中国，需要全新的教育。为此，应摈弃“计划经济”时代的产物；否则，就不能发生根本性变化，也就不能对未来抱有比较乐观的预期，就很难拥有一个崭新的明天。“学习权”是“以人为本”在教育领域的根本体现，以“学习权”取代“受教育权”可能是教育发生革命性变化的第一步。市场经济逻辑中最强大的逻辑，是人的需要决定一切。只有充分服务于人的需要，赢得人心，才会最终赢得市场；谁敢藐视人的需要，谁就必然被市场淘汰。这就最大程度地确立了人的主体地位。就此而言，可以说市场经济就是人性化经济。“学习权”的核心价值，正在于人性化——“学习权”是一种主权。只有学习者才是教育的主权者，而主权根本上是一种选择权。作为主权者，学习者有权决定自己在何时、何地，以何种成本，选择何种内容、何种类型的教育。学习者的自身需要，是教育的最高律令，任何人不能越俎代庖。由此可见，“学习权”与“受教育权”的本质区别是，它不把人当成物，不把人制造成服务于巨大机器的标准件。“学习权”既然承认学习者是教育的主权者，教育就必然以学习者的生命需要为核心出发点，必然以提高学习者的生命质量为核心目的。教育资源的支配、教育标准的制订、教育过程的实施等全部教育环节，必然围绕着学习者来展开。这样就通过还原“学习权”，最终还原了教育的本性。这就是说，“学习权”是解决教育问题的突破口。把准教育的这个脉搏，教育改革就不难高屋建瓴，势如破竹。教育的人性化时代，就不难破土而出。

二、由“工具理性”转变为“价值理性”

过去的几十年，在整个教育中偏重理科，在理科教育中偏重工科，在工科教育中又偏重专业课，在专业课中偏重狭小范围内的工艺操作；而校内外的自由交往、对话沟通和碰撞，社会思想、文化与传播的策源地等活动和功能，已不被社会所需要。须知，在社会转型时期，教育的职能不仅是培养“劳动者”，也不能满足于培养出“高科技人才”，而是要通过其目的性和交往性活动，提供各种新思想、新制度、新组织得以产生的温床，提供现代化所需要的政治、行政、人文、科技以及各行各业需求的各种人才。

三、由“知识垄断者”转变为“学习的促进者”

由教师是“知识的垄断者”转变为“学生学习的促进者、帮助者、指导者”。由“我教你学”转变为“师生共同学习，互相学习”。即把“教学是教师教学生的过程”转变为“教学是师生交往、互动和共同发展的过程”。

四、由“课程使用者”转变为“教材建设者”

教师由原来的“课程使用者”转变为现在的“教材建设”的运用者、开发者；由“以知识积累为教育教学的中心”转变为“按学生的心理成长历程来确定教育教学内容”的新型教育者。

五、由“教书匠”转变为“研究者”

教师由原来的“教书匠”转变为现在的研究者；由“单纯地教育学生读书”转变为“教学生读书、读人、读天地万物”。

六、由“知识培养”转变为“创新培养”

学校教育由“知识培养”转变为“创新精神和实践能力的同步培养”。由以“教师为中心”单媒体教学传递信息，在教室中向学生灌输知识的传统教学模式转变为以“学生为中心”多媒体教学交换信息，学生可以随时随地学习知识的现代化教学模式。

七、由“时刻准备着”转变为“时刻行动着”

由原来的“让学生时刻准备着”转变为“让他们时刻行动着和实现着”。由专业学科为本位转变为职业岗位和就业为本位；由传统的偏重知识的传授转变为注重培养就业能力。

八、由“做”好人转变为“做好”人

由“做”好人转变为“做好”人和由“恨铁不成钢”转变为“让铁成好钢”；由“批评就是教育”转变为“发现才是教育，赏识才是教育，激励才是教育”。

九、由“说教教育”转变为“艺术教育”

由原来的“说教教育”转变为“艺术教育”。应把教育上升为一种艺术，老师教育学生是艺术，只有把教育当成了艺术，而不是枯燥的说教，才会让学生产生浓厚的兴趣。

十、由“以教定学”转变为“以学定教”

传统教育以学制统一、班级授课、分科教学和认知优先为特征，专注于对受教育者的直接塑造或改变，是“以教定学”的教育，其目的在于批量生产和造就工业化所需要的大量规范化、标准化人才。而随着信息技术在教育领域的广泛应用，教育资源千倍万倍地膨胀起来，随之学校、教师作为知识垄断者的地位逐渐消失，人们对教育的自主性、选择性要求日益强烈，个性化、互动性、终身化的学习已成为必要和可能，这种“以学定教”的提倡学制多样化、教学个性化、课程信息化和学生自主和谐发展的教育，其本质是为学习服务，为学习者服务，这是每一位教育者应首先确立的主要理念。

任何教育理念，特别是真正独特的教育理念的产生，必须吸取传统教育思想的精华，并植根于现代教育实践的基础上；教育理论的突破和创新，需要“只问耕耘，不问收获”的长期积累，需要从容不迫、扎扎实实的“冷板凳”精神，需要平和、耐得住“寂寞”的心态。

教育观念的转变与发展

过去的教育，产生于工业化社会，是工业大生产模式的反映。这种同步化、标准化的教育模式，有先天性致命弱点，即忽视人的个性，使不少优秀人才得不到充分发展而被扼杀在摇篮中。其教育目标的狭隘性、教育对象的局限性、教育内容的陈旧性、教育方法的单调性、思维训练的定势性、教育过程的程式性、教育效果的片面性、教育评价的误导性等弊端愈加凸现，因此教育改革势在必行。当代经济学家把知识经济称之为“个性化经济”，从此意义上讲，观念转变的根本点就在于“教，是为了达到不教”，亦即要教学生会学——会独立学习、会探究学习、会终身学习。同时，还须看到当今世界和中国的教育都出现了一系列革命性改革，各国教育发展的差异性开始出现，先进与落后的差距愈加明显，究其主因，在于观念的转变。教育已发生几个根本性变革：学习宗旨由“学会”变为“会学”；学习主体由“师本”变为“生本”；学习方式由“单一”变为“多元”；学习功能由“重知”变为“重能”，“重理论”变为“重实践”；学习评价由“结果”变为“过程”，“重选拔”变为“重发展”。所谓观念转变，就是转变教育观中已不适应现代社会发展的旧观念，树立现代教育观。具体讲有以下几个方面。

一、明晰的目标观

现代教育要培养的是具备国际观念和全球意识、竞争观念和创新意识以及开拓精神的复合应用型人才。这就应使学生在德智体美诸方面生动活泼地主动发展，并使个性得到健康、充分的张扬。为此，应在教学目标上体现整体性，在教与学的关系上体现协调性，追求知情意行的和谐统一，实现学生素质水平的全面提高，特别要注重知识、能力、态度和情感的有机整合与全面和谐发展。要由传统教育下培养的唯书唯上、老实听话的继承模仿型人才转变为能独立思考、有鲜明个性的开拓创新型人才，特别是能适应国际竞争、富于开拓精神的高素质外向型复合人才。

二、全面的质量观

教育质量是一个动态概念。从近期看，教育质量是指受教育者的知识、技能、能力及情感、意志、性格等方面的发展水平达到国家教育方针与教学大纲（课程标准）所规定的目标程度，亦指学生的全面发展、整体发展和持续发展的程度。其教学质量的内涵既与基础教育密切相关又存在差异，在促进学生德智体美等全面发展方面是一致的，而在操作能力、综合职业能力和专业应用能力上，有其自己的要求。因为职业技术院校毕业生一旦走上社会，就将成为技术劳动者或基层管理人才，将是社会物质财富和精神财富的创造者、受益者和消费者。故其质量观强调：①坚持德、智、体、美全面和谐发展；②坚持每个学生都得到发展；③坚持传授知识、培养技能和发展能力，或理论知识与实践能力相统一，尤重适应能力、实践能力和创新能力。教学质量是一个整体结构概念：从学校内部说，是指所培养学生整体素质、知识、技能和能力所达到的水平，也指知识结构、技能结构和能力结构的合理程度；从学校外部论，是指所培养的学生胜任岗位职责的能力，对社会需求的适应能力、综合职业能力和创新创业能力的水平及社会认可度，即“企业满意度”或用人单位的欢迎与垂青程度；从长远观点讲，是指所培养的学生能够不断自我完善和持续发展的能力以及适应社会可持续发展需要的能力。现代意义上的教育质量观，既重“量”更重“质”，既重外在也重内在，既重眼前还重未来，注重的是对学科结构、知识理解和应用的全面把握以及综合学习与形成的合理的认知结构与知识、能力、态度、情感的全面和谐发展，更注重在此基础上的实践创新。教学质量，是一切教学活动的生命线，是教学工作的永恒主题，是学校工作的“第一要务”。古今中外的教育者无一不把提高教学质量作为追求的目标而置于学校教育活动的头等重要位置。

三、先进的教师观

传统教育下的教师是人类知识的代表者和课堂的权威。现代教育下的教师必须转变角色，成为学生学习的鼓动者、引导者、咨询者。教师是指导者，即知识上的领路人；是心理医生，即关爱学生身心健康，医好心灵创伤；是知心朋友，破译其内心的谜底，成为其倾吐的对象；是慈母，即学生永远的母亲，呵护他们茁壮成长；是欢乐的伙伴，即和学生一起欢乐、度过每一个日夜的朋友；是船只，载运学生安全驶向成功的彼岸。教师主导作用体现在设计：哪些东西可以不教给学生，而让学生自己去发现，怎么以最小的代价激发学生最多的思考。为此，教师应不断学习、不断进步、不断创新，成为学生心仪的一部“百科全书”；让学生在自己的扶持和点化下学会质疑、学会评判。教师与学生的关系应由过去的灌输知识、以教为主，转变为与学生互动、平等，引导学生自我学习、以学会方法为主，即主动参与、乐于探究、勤于动手地学习。要把思考、发现和评判的权利交给学生，而不是让学生简单接受自己的答案；要鼓励学生有超越教师之胆、之识、之智。教师应成为学生的导师、朋友、助手和楷模，以建立起真正意义上的平等、民主、和谐的新型师生关系。所以应转变教师观，实现主体观→主导观→导学观的跨越。

（一）教师在教学中地位的转变

新时期教师的角色应从知识的传授者向学生发展的指导者与促进者转变，由“师本”向“生本”转化。

（二）教师在教学中作用的转变

1. 引发兴趣　兴趣既是学习的内动力，又是创造性学习的驱动力。所以要善于“以趣激学”，使学生“乐而思学”。

2. 发掘潜能　每个学生都具备多种发展的潜在能力。发现和发掘这种潜能，使之变为现实。

3. 培育自信　自信的实质是鼓励学生自我完善和自我实现。帮助学生将自我实现的愿望变为现实。旧式教学使师生关系异化为学习的“对立物”，新型教学使师生关系还原于学习的“共同体”。

4. 激励创新　教师的作用与其说是“传道、授业、解惑”，不如说是培养创造性思维和创造性能力。创造力、创新力会产生特色。学生在学习中的特色会演化为未来人生的特色。

（三）教师在教学中的地位层次

教师在教学上可分为三个层次：一是把教学仅当一种职业，在自己岗位上勤勤恳恳、任劳任怨，认真备课、上课、批改作业、辅导学生；二是把教学当做一项事业，全身心投入，孜孜以求探索规律，努力奉献追求成功；三是把教学当做一门艺术，能贯通古今、博采众长、精心设计、不断创新。

四、立体的教学观

国人的聪明才智为世人所瞩目。然而，20 世纪的世界百项发明中，大到航天飞机、计算机，小到易拉罐、圆珠笔，却无一项属于我国。究其主因，主要是在教学上往往是目中无人（学生），不顾学生的接受能力，不管学生的感受与体验。故而，教学须由“目中无人”转为“目中有人”，直到“全心育人”；要从教育学基本原理出发，站在培养人才的高度来看待教学，要不断揭示学科教学培养现代人的规律，分析本学科在培养人的整体工作中的地位和作用，实现教学流程多元组合、教学信息多向传递。为此，教学必须实现四个转变：①教师角色的转变——由知识的传授者转为学生学习的引导者；②学生地位的转变——由被动的接受者转为主动参与的主体；③媒体作用的转变——由演示工具转为认知工具；④教学过程的转变——由传统的逻辑分析讲授过程转为学生通过发现问题、探究问题的过程来获得知识，培养能力。并应转变教学观，实现由知识本位→能力本位→人本位的跨越。

（一）知识本位的基本特征

知识本位的基本特征，是以学科知识体系为中心实施教学。在教学中往往把本学科知识的完整性和系统性推向极致；忽视各学科知识间互通、互补、互动关系，在一定程度上造成理论与实践相分离、教育目标与职业需要相脱节，甚至会形成教育冲突，使教育合力相互抵消。

（二）能力本位的基本特征

能力本位是从职业岗位（群）能力、素质结构分析入手，以职业需要为中心实施教学。重视各学科知识的内在关联、强调综合能力与素质培养，是与知识本位教学观相逆的一种教育观念。

（三）以人本位的基本特征

人本位是以人的求知需要、做事需要、共处需要、生存需要、学习需要为中心实施教学。承认并尊重人的客观差异和主观需求，既重视人的全面发展，也重视人的个性发展，主张创设开放、灵活、交叉的教育平台，培养复合型、个性化现代人才。

五、全新的学生观

这里的学生观，主要指如何看待学生发展的主动性、潜在性和差异性。应转变教学观，实现容器观→主体观→自主观的跨越。

（一）学生发展的主动性

学生是教学中不可替代的主体，是主动参与教学的重要一方，在学习中享有自主学习的主动权，而不是被动接受知识的容器。学生的主动性如若得到充分发挥，其能量是难以估量的。一旦这种能量释放出来，可做出惊人之举。所以应放手让学生自己去打开知识宝库的大门，让他们体验成功的喜悦，主动规划自己的发展，成为学习的主人，进而实现“本我”，这是教育的“本原”。

（二）学生发展的潜在性

教育者应对学生潜在的发展可能予以极大关注，使他们认识到人人都有出类拔萃的可能性。精诚所至，金石为开。人们所期盼的奇迹，只能萌生于潜能、胎动于发掘，最终诞生于激励之中。

（三）学生发展的差异性

人与人之间的差异性，往往表现为思维方式、学习方法、行为习惯、兴趣爱好等多方面的不同。人才又分为不同层次，这既是专业领域发展的规律，也是人才成长的规律。每个人的发展，只能在其原有基础上发展，沿着其专长的方向发展。试图将不同资质、不同禀赋、不同专长的学生打造成同一规格的“产品”是对教育规律的公然违背。承认个性发展并非不要全面发展。全面发展是个性发展的基础，个性发展是全面发展的条件。教育的终极目标是培养复合型、个性化人才。

六、时代的教育观

教育既是“有计划、有组织地传授知识”，又是“导致学习交流的活动”。教师是主导，学生是主体。教师成为学生的伙伴、向导、顾问。教师和学生要建立一种新型的关系，从“独奏者”角色过渡到“伴奏者”角色；不再主要是传授知识，而是帮助学生去发现、组织和管理知识，引导而非塑造他们。要尊重学生、爱护学生、保护学生。在教育理念上，要体现“教育人为本”，即“以学生为本”。从学校发展的角度体现为“以教师的发展为本”。同时，转变德育观：实现管教型→激励型→自律型跨越。学校还要建立“教书育人、管理育人、服务育人、环境育人”的机制。

七、科学的发展观

教育的本质就是使人得到发展。这里的发展有三个层面。

首先，是全体性，使每一个学生都得到发展。其二，是差异性，因每个学生都有自己独特的内心世界、精神生活和内在感受，所以要使每个学生都能在原有基础上发展。其三，是充分发展，使人人都得到充分全面的发展。要乐观估计学生的天性，其身心发展是有规律的，是发展进行时的人，有巨大的发展潜能。

教师必须把学生看作是完整的人，把发展学生个性作为重要目标，善于发现学生潜在素质的闪光点，认清每个学生的优势与发展方向，开发其潜能，培养其特长，给学生创造一个自主发展的空间。为每个学生创造成功的条件。因材施教也要赋予时代意义，使每个学生的个性与特长充分而自由地发展，使其至少具备一技之长，以便各自走上不同的成才之路。须着眼于可持续发展的理念，成为可持续发展教师，培养可持续发展学生，实施可持续发展教育。

八、现代的技术观

现代教育技术是现代教育必须抢占的制高点。它既是提高教育教学质量的重要手段，又是提高师资水平的有效途径。它可充分发挥学生主体作用，创设学生可参与的教学环境，把知识传授、技能提高与能力培养相结合，引导学生通过信息获取、加工处理、问题研究等途径获取知识。但若观念不转变，工具再好也无甚意义；过去如此，现在也如此。观念不变，电脑仅用来打字，多媒体仅用于投影。教学上虽使用现代媒体，陈旧的教育思想却只能由过去的“人灌”变为“电灌”。所以只有现代观念与现代媒体相结合，才能使教师从“灌输”的角色转为教学过程的支持者和引导者。未来的教育在一定程度上必定建立在多媒体优化组合的网络教学和网上学习这个丰富多彩的世界之上。

九、多维的评价观

评价的主要意图不是为证明，而是为改进。评价观，应实现学会型→会学型→会用型跨越。教育评价对教学过程起着导向作用，有效的评价必须与教学整合在一起，成为教学过程的一部分，成为一种整合性的高级学习形态。多维的评价观，是指多种观点、多种形态、多种评价标准。

首先，是目标的评价，当今社会是多元文化并存的社会，教育评价的目标应是比较自由的，例如网络教学的评价就绝不能延续以往的评价标准。

其次，是实行以真实任务为标准的评价，例如研究性学习与课堂教学整合之后，课题研究的过程包括结果在内都是教育评价的内容。

再者，是以知识建构为标准的评价，体现独特性，不是按知识再现情况的评价，要求评价知识建构的“过程”重于“结果”，学习评价应是知识获得的过程，而不只是结果，评价学生如何进行知识建构要比评价由此产生的结果更重要。

最后，是背景驱动的评价，评价发生于背景之中，评价背景应像教学背景一样丰富和复杂。教学要求主要进行形成性评价、诊断和发展性评价。前者是在学习过程中不断反馈学生学习成败的信息；后者，是在形成性评价中发现学生未达到教学要求的地方，过一段时间再次检测学生学习是否达到了教学要求。公平的评价必须有统一的标准和恰当的方法。

十、前瞻的创新观

求新，是人类永恒的追求；创新，是社会进步的动力。一个国家拥有创新人才的多少，将决定其科技进步的大小，也将决定其经济发展的快慢。当今，掌握知识的多少不再是衡量人才的唯一标准，重要的是看是否具有迅速学习掌握知识的本领和进行创新的能力。创造性思维是人类文明的源泉，它可从本质上激发人的自由创造本能。因此，要大力培养敢于突破常规，不迷信书本和权威，有创新胆识和勇气的人才。人类的本质在于创造，这是一个民族的灵魂。所以教育教学过程必须把现实性与超前性相结合，特别要在行为动力、目标导向、价值标准上具有创新意识。

观念，是一种看不见、摸不着，却时时能感受到的东西；人们的思想意识即观念。观念，虽有“决定行动”与“决定方法”的重要作用，但因其无形，难以量化，故十分容易被人忽视。表现在实际工作中，转变思想观念往往被视为口号，被当做软任务，其代价是牺牲教师的创造力，泯灭学生的个性。所以应真正重视更新教育观念，真正认识到更新教育观念就是不断解放思想，开拓创新，与时俱进，紧紧抓住“育人为本”这一教育核心，努力促进学生的全面发展，为可持续发展、终身发展奠定坚实的基础。

整体发展中的几个辩证关系

人的发展是社会发展的前提和基础，社会的发展则是人的发展之环境和条件，二者互相依存、互相促进、互为因果。教育促进社会发展是通过人的发展来实现的。“人的发展”主要包括以下几个方面：一是全面发展。这是“人的发展”的重要内容。注重人的全面发展是我国现代教育理论的鲜明特点之一。所谓全面发展不仅使受教育者的知识、技能及能力等得到发展，而且使受教育者在德、智、体诸方面均得到发展，成为体脑结合、德才兼备、身心健康的人。二是自由发展。这也是“人的发展”的重要组成部分。所谓自由发展，就是“外部世界对个人才能的实际发展所起的推动作用为个人本身所驾驭”而“不受阻碍地发展”。三是充分发展。全面发展指人的发展之广度，充分发展则指人的发展之程度。充分发展使人的“体力和智力获得充分的自由发展和运用”。四是个性发展。没有人的个性的全面、自由、充分的发展，就没有人的全面、自由、充分的发展。五是主动发展。人是具有主观能动性的。教育必须克服死板、被动的弊端，“让学生在德、智、体诸方面生动活泼主动地得到发展”。六是和谐发展。全面发展不是平均发展，也不是“齐步走”；个性发展不是畸形发展，也不是顾此失彼。和谐发展，注重人的发展的各个方面要协调、要和谐。若想培养出优秀人才，须根除“片面教学思想”的沉疴痼疾；着眼“全面”或整体发展，特别注意其中辩证关系。

一、知识与能力

从认知结构上看，整体发展是知识与能力的统一。知识和能力既有区别又有联系，二者相互制约、相互促进和相辅相成。知识，是就认识而言，是解决知与不知的问题；能力，是就实践而言，是解决会与不会的问题。知识是能力的基础，能力是知识的活化。没有知识之树，也难结智慧之果。

二、知识与情感

从心理结构上看，整体发展是认知和情感的统一。传统教学论简单移植哲学认识论原理于教学过程，将其视为纯认识过程，忽视情感的熏陶与养成。情感既是教学认识的手段，也是教学的目的，诸如人际感、理想感、审美感等社会性的情感是个体积极发展所不可或缺的品质。

三、生理与心理

从自然结构上看，整体发展是生理和心理的统一。生理的成熟是心理发展的物质基础和智力活动得以顺利进行的重要保障。学校体育是按人的生理发展规律科学组织的教学活动，它既有体育卫生知识的传授，又有身体素质的训练，因此它是自发锻炼和体力劳动不能比拟的。学生在校期间正是身体上迅速成熟发展的年龄阶段，所以体育在促进他们身心协调发展方面起着极为重要的作用。

四、个性与共性

从价值结构上看，整体发展是个性和共性的统一。过去人们把个性看成是共性的简单分解，个性为共性所淹没和“包容”，导致在教学实际中重共性轻个性，对个性压抑、抹杀，影响了人的正常发展。个性是独立的人格体现，是个体独特心理特点的总和。积极的个性品质是人才的本质内涵，没有个性就没有生机和活力。但个性的发展是受社会历史条件所制约的，它不是游离、独立的个体意识，不能离开人的社会性而空谈个性的发展。可见，教育要培养高素质人才，就应为每个学生的独特气质、才能、潜力的发展创设适宜的条件，采取个性化的教育方法。注意优化个性，促成个性与共性的统一。

五、理论与实践

从知识完备性上看，整体发展是理论和实践的统一：实践是理论的源泉，理论是实践的升华，理论既指导实践又受实践检验。现代书本知识中的许多内容比现实先进科学技术滞后，若仅学习书本知识，只能建立一座“陈旧”知识的仓库。因而，现代教育主张让学生掌握与专业学科有关的一些新思想、新观点、新知识、新技术。我国现行课程体系是以分科课程论为指导思想构建起来的。分科课程对系统的理论知识尤为重视，而对于演练、技能、工艺和实用知识则视为可有可无。所以应加强基础知识和前沿科技知识的教学，增加应用性知识和实践内容，以使培养的人才既懂理论又能实践。

六、课内与课外

从教学形式上看，整体发展是课内与课外的统一。传统观念把班级教学制奉为神明，教学活动仅局限于课堂的狭小天地，课外活动时有时无。其实，教学的完成和教学目标的实现，有赖于课内与课外、校内与校外各种活动的综合作用。不应把课外活动仅视作课堂教学的补充和延伸，而应当使之成为与课堂教学平行的不可替代的教学活动形式，即促使学生发展的“第二课堂”和培养人才的“第二渠道”。课外的各种科学技术活动、文化艺术活动、体育竞赛活动、公益劳动、社会实践等等，不仅有利于培养与发展学生的兴趣、爱好、特长，巩固课上所学知识，而且对学生的主体意识、道德情操，独立思考和操作能力的培养提高，都是极为重要的。

七、“博”与“专”

从知识结构上看，整体发展是博与专的统一。“博”是指知识结构宽厚，辐射面广；“专”是指知识结构扎实，在某一领域有独到之处。只博不专者，可能流于肤浅，形成“样样通，样样松”；只专不博者，会因条件变化而丧失其原有优势。在知识经济到来的当今，专业教育与职业技术教育也应培养学生具有广博的知识基础，宽厚的专业知识，即使是“定向”或“对口”培养针对性很强的专业，也要“窄中求宽”，以适应市场经济社会不断变化的需要。

八、德与才

从素质结构上看，整体发展是德与才的统一。“才者，德之资也；德者，才之帅也。”“德不优者，不能怀远；才不大者，不能博见。”品学兼优，德才兼备，是现代社会和现代化建设对人才素质的基本要求。人的智慧才干对社会发展的促进作用已为人们所认同。但智力因素只是提高劳动生产率的因素之一，而人的思想境界、道德水准在现代生产中愈发显得重要和突出。人的才能有助于良好品德的养成，人的道德素质也直接推动才能的形成和发展。

为使学生得到整体发展，还要克服“五育”中的片面性，即：德育中的“务虚不务实，重形式不重效果”；智育中的“务教不务学，重知识不重能力”；体育中的“务标不务本，重提高不重普及”；美育中的“务理不务情，重表象不重心灵”；劳动教育中的“务脑不务体，重理论不重实践”。

《学记》中的几个教学原则

《学记》是两千多年前战国末期的教育论著，也是我国教育史上最早的系统论述教育和教学法的专著。全篇仅1200多字，对教育目的和作用、学校设置和要求、教学原则和方法及教师作用和条件等都有很精辟的论述，是我国教育史上不可多得的珍贵遗产，值得我们很好地继承。

一、禁于未发原则

“禁于未发”，是指在教学中应事先预计到学生在学习某种知识时将要发生或可能发生的错误，提前指出或采取措施加以防止，使学生自学开始就步入正确的认知轨道，掌握正确的知识和方法，且使学生自觉防止发生错误，所以有人称之为预防性原则。它既从积极方面培养学生好的品质，也防患于未然，禁于未发。相反，如果是“发然后禁”，等坏毛病养成后才去教育、禁止，“则扞格而不胜”，使正确与错误相抵触，像打冻土一样艰难，正确的东西很难再深入到学生的头脑中去。俗话说：“先入为主”，就是这个道理。“禁于未发”确实是使学生掌握正确的知识、观点、方法，打下良好基础的重要原则。

二、掌握时机原则

“当其可之谓时”，即要抓住“当其可”的时机，及时进行教学。此时机就是学生接受能力最强的时候，也是教师最适当的施教时机。一般是知识上需前后联系的时候，或是难易深浅程度需斟酌的时候。比如，学生学习新知识遇到困难不好理解时，教师可及时运用旧知识给予点拨，使新旧知识联系起来；再如，当学生学习产生疲沓情绪时，给他一些难题，可激发其求知欲，促其进一步探索；又如，当学生记忆力最强时，让其熟读和背诵诗词、原理、公式……就会用时少、收效大，这就是抓住了“可”的时机进行教学。这个“时”，既包括教学方面的“时”，也含教育方面的“时”。对学生进行教育不能过早，也不能过迟。过早会影响学生身心健康，过迟则会事倍功半。唯有不先不后、不迟不早，看准时机才能事半功倍。如果错过了这两个时机，从宏观上讲就会“时过然后学，则勤苦而难成”，从微观讲就会“师勤而功半”。

三、循序渐进原则

《学记》在开头论及学制时，就规定了1~9年每一段的具体要求，由易到难、由低到高。在论述教学时，强调要“不陵节而施”，并视之为“教之所由兴”的原因之一。文中还用了三个生动的比喻：“良冶之子，必学为裘；良弓之子，必学为箕；始驾马者反之，车在马前。”就是说，好的铸造匠的孩子，先从补缀碎皮入手；好的弓匠的孩子，先从弯曲柔软的柳条做箕开始；开始学拉车的马和已能拉车的马相反，先跟在车子后面练习一段，再正式驾车。此教学原则要求按照知识系统，按照学生智力发展水平，由浅到深，由简到繁，由基础到综合，循序渐进。如果忽视了这些“序”，超越了知识系统和学生接受能力的限度，就是“陵节”，就会“杂施而不孙”，必然“坏乱而不修”。

四、互相观摩原则

“相观而善之谓摩”，指教学既是师生间的活动，也是师生间互相学习、互相启发、取长补短、共同提高的过程。此间，学生可加深理解教师所讲的内容，学到教师讲授以外的知识。人人皆有己长。只有善学人家的优点，克服自己的缺点，才能在进德修业上不断进取。此即“相观而善”。如果没有这种相互切磋，“独学而无友”“则孤陋而寡闻”。当然，不是任何人都可使他人得到“相观而善”之益。所以交友须慎，“择其善者而从之”。否则，即会“燕朋逆其师；燕辟废其学”，忘记老师的教训，以致荒废学业。

五、长善救失原则

所谓“失”是指学生在学习过程中的缺点或错误。《学记》中指出：“或失则多，或失则寡，或失则易，或失则止”。“多”即贪多而不化，“寡”即少学而寡闻，“易”即以为容易而不深思，“止”即畏难而止。这些现象在今天的教学中也是存在的，关键是如何正确对待。《学记》进而指出，“知其心，然后能救其失也”。这就要求教师善于洞察学生的内心世界，研究其心理状态，及时掌握其出现错误的原因，以扬其长，补其短。要使贪多者重于理解，融会贯通；对学的少者鼓励其博学进取，增加知识；对以为容易者促其深入思考，学得扎实；对有畏难情绪者强其信心，教以方法。

六、因材施教原则

因材施教主要解决教学中统一要求与个别差异的矛盾。忽视学生资质、性格、志趣等方面的差异，就无法达到统一要求。实现此原则的关键是对学生要有深刻、全面的了解，准确掌握其特点。《学记》认为学生是有差异的，所谓“心之莫同也”。要使教学获得成效，就要“知其心”“尽其材”，还要求教师“知至学之难易而知其美恶，然后能博喻”。“难易”是指知识的深浅，“美恶”是指资质的优差。据此两方面情况，用多种方法帮助学生了解知识，这确是比较科学的确定教学方法的重要原则。此原则的运用，还表现在对待学生提问方面。它指出“善待问者如撞钟，叩之以小者则小鸣，叩之以大者则大鸣，待其从容，然后尽其声，不善答问者反此。”这真是形象而又透彻的喻理方式。如果不根据叩之大小，随意答问，则不会解决问者的疑难，达不到教学目的。离开了此原则就是“教人不尽其材”，这是《学记》非常反对的。

七、教学相长原则

《学记》中揭示了教与学的辩证关系，提出教学相长的著名论断。文章用生动的比喻“虽有嘉肴，弗食，不知其旨也；虽有至道，弗学，不知其善也”，强调只有实践，才能有所感受与有所知。因此得出一个科学结论：“是故学然后知不足，教然后知困。知不足，然后能自反也；知困，然后能自强也，故曰：教学相长也。”学生通过学习，才知道知识领域的宽广，体会到自己的无知与不足；教师经过教学，才会感到有问题困惑不解。知道不足，才会反躬自省，加紧学习；感到困惑，才能奋发图强，不断进修。因此，在教学过程中，教师和学生彼此促进。教师一半在教，一半在学；学生一半靠教师教，一半靠自己学。把教与学的实践概括为“学学半”。准确表述了教学相长的科学规律，至今“教学相长”仍是教育格言。

八、启发诱导原则

启发诱导原则主要解决发挥教师主导作用与调动学生积极性的矛盾。《学记》提出了“君子之教，喻也”的启发式教学，认为好的教学方法就是启发诱导学生去思考、去学习。怎样启发诱导呢？文章进一步指出：“道而弗牵；强而弗抑；开而弗达。”要求教师引导学生而不牵着学生走；策励学生而不逼迫学生学；启发学生而不代替学生做。一句话，教师要引导学生去学习而不代替学生去学习。“道而弗牵则和，强而弗抑则易，开而弗达则思，和、易、以思，可谓善喻矣。”如果教师能引导学生，而不是硬拖着学生学习，师生关系必然和谐；如果能鼓励学生自己向前，而不是逼迫他们，学生会有勇气克服困难，从而会感到学习容易；如果能启发学生思考，而不代替他们思考，学生就会习惯于独立思考。《学记》在阐述启发教学上，既发挥了孔子“不愤（心求通而未得）不启、不悱（口欲声而未能）不发”的主张，还提出，不是等待而是促进学生思考的主张。《学记》承认学生思考是教学获得成功的关键，同时又指出教师的启发能推进学生思考。这既提出了启发的实质是促使学生思考，也强调了教师在教学中的主导作用。

总之，“禁于未发”注意学生学习上存在盲目性、缺乏经验、易入歧途的弱点和先入为主的现象。“掌握时机”注意学生求知欲旺盛和学龄期记忆力强的特点及知识的深浅程度和内在联系。“循序渐进”注意学生认识规律、智力发展过程与知识由简单到复杂的规律。“互相观摩”注意学生在学习上主观努力与相互帮助的关系，通过比较有所鉴别，从而取得经验的特点。“长善救失”注意在学习过程中同时存在正确与错误两种因素。教师要促其发扬优点，克服缺点。“因材施教”注意个性心理特征的差异，以进行相应的教育。“教学相长”注意教学固有的特征，对教师提出的要求和给予的鼓励。“启发诱导”是教学总的指导思想……这些教学原则是我国古代教育史上的宝贵遗产，至今仍光彩夺目，具有积极意义。

学校德育的特点

德育是教育者培养受教育者思想品德的活动。从内容上说，德育是思想教育、法纪教育、道德教育的总称；从性质上说，可分为思想教育、道德教育、法纪教育和心理品质教育；从形式上说，德育包括家庭德育、社会德育和学校德育。学校是专门的教育机构，是培养德育的重要场所。学校教育与家庭教育、社会教育相比，是一种有目的、有计划、有组织的，系统地对受教育者施加一定社会的思想品德影响，以使其养成教育者所期望的品德的活动。认识和把握德育的特性，有助于了解和把握德育过程的科学性、德育活动的正确性和德育成果的有效性。德育具有以下基本特点。

一、地位的首位性

历来教育都把德育放在首位。古代六艺之首是“礼”，现今“德、智、体、美”也把德育放在第一。在各种教育的具体实施上，如演艺、手艺等领域都是让学习者先学“做人”，再说“学艺”“做事”。

二、起点的多端性

德育内容的实施，无固定的开始点、起始处；它可根据各个时期和各类人员的具体情况，选择最急切需要解决又最能奏效的方面，从多处开端一一开始；应因时、因地、因人而异。既可从德育的一个方面入手，也可从几个方面同时进行，多种开端，相得益彰。

三、内容的广融性

德育内容适应社会实践的客观实际和要求，注重按照思想品德要求履行应尽的义务。即广泛包括各种社会关系或人与人各种关系中的思想道德要求。但不排除某时期或某次德育活动中，突出抓某一或几种思想品德的教育。即要适应社会实践的客观情况和要求，引导相关人员按照思想品德要求履行应尽的义务。

四、实施的同时性

同时性表现在：①在培养过程中，不像智育、体育等须由易到难、由简到繁、循序渐进，而是可同时并举；②道德认识、情感、意志、信念，从事职业的人们道德品质的几个基本要素，也是构成道德教育过程的几个基本环节。在道德教育中，必须同时兼顾个基本要素和基本环节，齐头并进、共同提高；③德育可同时受好与坏、积极与消极等多种因素的影响。

五、存在的广泛性

德育，无处不在，无处不有。既有对象的广泛性；也有时空的广泛性。德育受到来自校内、外，或实训或实习、社会风气及家庭等多方面影响。即德育，是在社会四面八方的环境影响之中，既有学校的积极影响，还有社会家庭的影响。只有建立“齐抓共管”的机制，让社会各方面都向学生施加积极影响，才能取得良好效果。

六、常见的反复性

德育过程不像智、体、美诸育随时间呈上升趋势，而是时增时减，或时上时下，或时进时退。企图毕其功于一役，轻而易举地使道德品质的各个要素得到巩固、完善和提高是不可能的。只有经过长期不懈的反复教育，才能取得到良好且稳定的效果。

七、进行的时机性

德育计划的预见性是有限的，因许多思想问题常常是偶然发生的。所以德育应抓住时机及时“会诊”。

注意教育时机：伊始初见端倪时、环境转换时、遇到挫折时、受到激励时、情绪愉快时、发生兴趣时、形成反差时、发生大事时等等，都是进行德育的良机。

八、陶冶的环境性

环境作为影响教育活动的外部条件，有校内和校外两大类，校内环境又有物质环境和心理环境。环境对学生的思想素质、道德水平、心理品质等起着重要的引导、陶冶、激励和约束作用。环境育人，包括校园文化、校风等寓德育于环境之中，“让学校的墙壁也说话”，此处无声胜有声：一幅名人画像也许会帮他确立志向；一句富有哲理的名言也许会使他深思；一张风趣图片也许会激起他对大自然的向往和对祖国的热爱；一幅内涵丰富的图表也许会引起他无限的兴趣；一个别致的大门、一排低垂的杨柳、一条幽静的曲径、一尊艺术的雕塑……均会发挥德育作用。

九、方式的隐蔽性

德育，有显性、隐性和潜在之分。显性，是借助于教材的语言文字所表达，“一目了然”；隐性，无显性的那么“直接”“明了”，但许多学科教材的字里行间都大量存在；潜在，是教科书中的一些材料和知识点，表面上不对学生直接起作用，但通过深入分析、深刻挖掘或背景材料却体现其功能。德育，除有目的、有计划进行外，大都是潜移默化的无意识影响。即在无意教育下收到的教育——隐性德育。是通过整体德育环境，自觉或不自觉地向受教育者传递德育信息的教育活动。主要存在于学校设施、制度和校园文化三大领域。其基本特点：①隐性的实施方式与明确的教育意图——它的一个重要特征在于实施方式是隐性的，受教育者并不知自己在接受哪方面的教育。其计划是一种远期的总体设想，是一种处于意向性、预期性状态的规划。②潜在的内容与丰富的载体——“潜在的内容”是指隐性德育的内容具有不确定性。隐性德育的载体多样而丰富。教育者的教育意向正是随着这些载体悄然流入受教育者的心灵，并不断沉积下来，使受教育者建构起相应的心理结构。③影响的长期性与不可测量性——各种学校道德环境因素构成的隐性德育主要依靠道德环境的精神作用来实现对学生的道德影响。它对学生道德形成和发展的影响主要体现在提升道德认识，陶冶道德情感，养成道德行为习惯。通常，隐性的德育主要有四个方面：一是人格感召，即通过教师的人格魅力影响学生，使之在无言中改进自己的言行，形成非权力性的崇拜效应；二是行为暗示，即利用易于受暗示的心理，开发学生无意识系统的心理潜力，实现高效能的道德形成；三是情感沟通，即通过与学生的情感交流，形成情感共振场，用一缕温情使之学会做人；四是环境熏陶，即创设富有教育价值的校园环境、班级环境，诱导和激发学生去追求真、善、美。

十、诸育的渗透性

学校教育使德、智、体、美诸育相互渗透，贯穿于教育的各个环节和阶段，且“你中有我，我中有你”。故要德育寓智育之中，德育寓体育之中，德育寓美育之中。同时，还要正确处理德育与其他诸育之间的相互关系，既充分发挥德育功能，又综合智、体、美的德育作用。其中，德育处于核心地位，对其他诸育的完成起着导向、动力和保证作用。反之，其他诸育也对学生思想、道德和心理的发展产生积极影响。

十一、侧重的时代性

德育的基本原则不变，而其具体内容和表现形式却随时代发展而发展。德育具有历史性：一是不同历史时代有不同德育，如中央苏区学校德育特点，现在网络时代德育特点等等；二是德育内涵和侧重点，如价值观，封建社会是土地，资本主义是金钱，现代社会是信息；再如爱国主义，不同时代具有不同的体现。

另外，还有环节的兼进性——在德育过程中，可根据不同时空、不同对象的实际情况，在侧重于某个环节的同时兼顾其他环节。效果的渐进性——德育效果，犹如积跬步而致千里，积小流而成江河，是受教育者通过日积月累而逐渐形成。还有多样性、动态性等。此外，各个国家、各个地区，各级各类学校皆有自己的德育特点。

趣味教学十艺

在非智力因素中，兴趣这个心理因素处于一个特殊位置，具有特殊作用。兴趣可激发一定情感，可唤起某种动机，可培养人的意志，可改变人的态度，可磨炼人的性格。可以说只有产生浓厚的兴趣，才能有积极的探索、敏锐的观察、牢固的记忆和丰富的想象；只有浓厚的兴趣，才能积极提出问题，研究问题，努力改进学习方法，创造性地运用知识。现代心理学研究发现，兴趣对开发智力起着诸多作用：开始时的前提始动作用、过程中的维持调节作用和发展中的补偿提高作用。如果把开发智力比作是操作系统，那么兴趣就可称之为动力系统。兴趣对开发智力具有如此特殊重要作用，这就为趣味教学展示了美好的前景。

一、培养情感使学生敞开接受教育的心扉

兴趣是人们力求认识某种事物和爱好某种活动的倾向，这种倾向是和一定的情感相联系的。差生主要不是差在智力因素上，而是差在非智力因素上，具体说就是对学习缺乏情感，无心向学。对这样的学生，教师要从情感教育入手，要有点“情感投资”，充分利用“感情效应”。当情感相近、相似或相通时，就会和差生心理相容，以情取信。教师要真正懂得，只有爱护学生，才能使学生乐于接受教育。所以在教学中应该“晓之以理，动之以情”，因为“通情”更便于“达理”，“顺情”更容易“入理”。

二、创设课堂环境要以愉快的氛围为基调

良好的课堂气氛是传递知识的无声媒介，是启迪智慧的无形钥匙，可使智力活动处于最佳状态。因此，教师进入教室之前，要驱散心中的不快和烦恼，带着愉快的心情进入课堂，要调控好自己的情绪，对于课堂上偶发的不愉快事件采取“息事宁人”的态度，或等待课后处理，并注意抓住转机，重新创造愉快的气氛。这样可保证学生在良好氛围中愉快地学习。

三、要善于发掘教材内容中的趣味性因素

“最好的学习动机是学生对所学材料有内在的兴趣”。教科书由于受系统性、行文、篇幅等方面的限制，往往是“有骨而无肉”。如果教师照本宣科把书教死了，学生当然会感到乏味。教学是一门艺术，需要有再创造，而发掘教材中的趣味性因素就是再创造的表现，教师讲解应比学生自己阅读更有趣味。因此，教学需根据教学目标，对教材内容有统筹安排，深入挖掘教材中的情趣因素和艺术魅力，并尽可能穿插一些具有启发性、思考性、趣味性的问题，以激发学生学习兴趣。

四、讲求导言艺术是创设良好的教学开端

导言引得好，即有一个新颖别致的开头，就能“先声夺人”，使学生产生极大的兴趣；开头开得好，就像一块磁铁，从一开始便把学生吸引住，使他们产生急欲一学的内动力。教师若对关键问题提得准，对学生心理抓得准，就会使学生思维开启，兴趣浓生，进而同教师一起步入有趣的境地去发现问题和努力解决问题。亦即，教师应抓住学生对新课程、新内容充满好奇心的心理特点，从开始就让学生感到新颖含蓄，耐人寻味，并使教学过程环环相扣，步步加温。这样不仅会使学生学有兴趣，而且能使他们在轻松愉快的情绪下，积极主动配合教师完成教学任务。所以导言（或称开场白）要以新颖有趣，能抓住学生心理，诱发学习动机为目的，根据所授内容选定：或抒情式，或激疑式，或观察式，或实验式。

五、将趣味性贯穿于教学全过程的诸环节

教师要在整个教学过程中，贯穿趣味性。读，要带着问题，激起动机；议，要新颖含蓄，耐人寻味；讲，要生动形象，妙趣横生；练，要灵活多样，津津有味。同时要做到学思交替、讲练结合，难易交错，深入浅出；使整个教学过程，既严谨缜密又风趣幽默，既道业结合又寓庄于谐，汇知识性与思想性于一

体，熔真理与情趣于一炉。这种亦庄亦谐、亦谨亦趣的教学过程，无疑需要上乘的教学艺术。

六、要善于用疑或与巧于诱导及妙于点拨

一堂课教学效果如何，在很大程度上取决于学生是否兴趣浓厚而处于积极的思考状态。思，由疑而起，疑必有思。没有“疑”作学习的先导，只能浮光掠影，不见真谛，只能循规蹈矩，不能创新。趣，由疑而生，疑应有趣。教师善于设疑、引疑、点疑，让学生能生疑、质疑、解疑，可使教学如同阵阵春风，荡起学生思维的涟漪，引起思考、争议和迷惘。在学生思考时，教师趁机启发诱导，点燃从已知到未知的“导火线”，在必要时，再次进行激疑、引疑和点疑。在学生不能生疑时要激疑，在学生不能质疑时要引疑，在学生不能解疑时要点疑，做到“不愤不启，不悱不发”。教师的引疑要适度，使学生“跳一跳，够得着”，或使学生产生欲说不能，欲罢不舍的心理状态，从而把他们的兴趣与情感、注意、想象、思维、意志等诸多心理因素融为一体，处于最佳学习状态。

七、注重鼓励并给学生以充分表现的机会

课堂上的每一个问题，不管是谁提出的都是面向大家的，要最大限度让学生来回答，并让学生进行补充、纠正和评价。这样才能使广大学生处于积极思考之中。只有在必要时，教师才进行讲解、示范和指导。特别是对中、下等生，在他们跃跃欲试时，不要放过能使他们得以表现的机会，并及时给以恰当的肯定和鼓励，以提高他们的学习兴趣和增强他们的进取心。

八、重视信息反馈并具有较强的应变能力

教学中也要“体察民情”，通过学生的眼神和表情，及时抓住并处理反馈信息。当学生听得全神贯注时，可以观察到他们有的频频点头，有的引颈侧目；当他们双眉紧锁，眼神呆滞，出现困惑不解的神情时，教师就得随机应变；在学生切磋琢磨中，可能提出一些不对路的问题或教师预料之外的问题，甚至是刁钻古怪的难题，这时教师要以较强的应变能力，速断速决，但要斟酌好贴切的语言。同时注意：一不要流露出厌恶和责备的情绪，莫使学生兴趣索然；二不要置之不理，要尽可能向正确方面引导或留着课后去讨论；三不要节外生枝，以利教学的正常进行和课堂气氛的活跃。

九、讲究教学语言艺术充分发挥表达技巧

教学作为一门艺术，在形式上是一种语言艺术。教学语言贯穿在教学的全过程，是教与学的桥梁，是传递信息的通道，对激发兴趣，增强吸引力至关重要。教师的学识再高，若不善辞令，学生虽钦佩他的学识，但不满他的讲解。所以要讲究教学语言的艺术性。

（一）清晰准确

清晰准确的教学语言是指：表达概念要有确切的内涵和外延；说明事理要言之有理，持之有据；叙述事件要讲清前因后果，来龙去脉；描述景物要绘声绘色，令人神往。

（二）形象生动

形象生动的教学语言可化抽象为具体，化深奥为通俗，化静为动，化虚为实，使被说明的事物更具有直观性、形象性、感染性，令人如临其境，如见其形，如闻其声。

（三）亲切和蔼

亲切和蔼的教学语言，能沁人心脾，扣人心弦，会使学生感到温暖可亲，达到心理相容，从而对教师的讲解产生好感而乐于接受。

（四）幽默风趣

饶有风趣的教学语言，会使学生听起来轻松愉快，想起来津津有味，不仅具有吸引力，减轻大脑疲劳，而且能使学生印象深刻，终生难忘。

（五）简洁明快

简洁明快的教学语言是指要言不烦，会给学生以明快之感。语言明快，易使学生思想集中，深入浅

出，会使学生余味隽永，巧比妙喻，能使学生深入联想。

（六）有节奏感

教学语言的节奏，表现为语气有轻重缓急，语调有抑扬顿挫，语意有跌宕起伏，使语言富有音乐诗词般的韵律变化，从而使语言表达和谐、动听，进而使课堂的气氛积极活跃，学生的情绪波澜起伏。

十、教学方法要灵活教学形式要多种多样

由于各个学科特点不同，每节（次）课的内容不一，所以激发学生学习兴趣的方法应灵活多样。如在语文、外语教学中，采用分角色朗读的方法，加深对课文的理解；采用换人接读的方法，集中注意力；采用竞争性复述比赛的方法，训练记忆力和敏捷性；采用一分钟演讲的方法，训练词汇和口才。在作文训练中，要为学生创造生动有趣的情境，激发写作情绪，也可以当堂出题，集全班学生语言之精华，进行口头作文，使学生在竞争中把自己本来模糊紊乱的意识转化为有条理的语言，并确切表达出来，训练思维的敏捷性，久而久之，可使学生达到出口成章、下笔千言的程度。在理科教学中，采用编口诀的方法，使学生对抽象乏味的公式、法则、定理产生兴趣，便于掌握和记忆；采用一题多解的方法，能激发兴趣和好奇心，还能使学生从思维定势中走出来，训练发散思维能力。在专业课教学中，要善于联系生产实际和社会实际，引用典型有趣的实例，并注意运用所学知识解决实际问题。以上这些方法，都能使课堂气氛活跃，同时也就引起了学生极大的学习兴趣。

总之，趣味教学的途径、方法、手段应根据教学目标、内容、对象及教师的教学风格，巧妙设计，充分发挥。由于教学对象的复杂性和教学内容的多样性，决定了教学的艺术性和创造性。教要有法而无定法，这就要求教师既要守常规，又要知变通，还要匠心独运，不断创新。

留给学生良好的第一印象

第一印象是指初次见面时所形成的对某个人的认识和看法。物体、现象、事件或一个人，在人们面前第一次出现时，令人感知最深，记忆最牢，甚至在脑海中铭刻一生。由于学生存在着新奇感，对新事物特别敏感，对新教师的一言一行都会引起他们的高度重视；亦即，教师在教育教学的序曲中，奏响的第一个音符——给学生留下的第一印象，也具有很强的深刻性（不易忘）、稳定性（不易变）和光环性（只要认为一方面好，往往认为其他方面都是好的；反之，亦然）。因为有时在几分钟或数十秒钟就可给别人留下自己的第一印象，而且一旦得出第一印象就不愿意轻易改变他们的看法，故第一印象起着十分重要的作用，通常称之为“首因效应”或“光环效应”。所以每位教师都必须高度重视第一次与学生见面，要善于在与学生初次交往中，给他们留下良好的印象。

一、把握好第一次见面

教师与学生第一次见面，要事先做好充分准备，不仅要注意师表应有的风度、形象，而且更要表现出对学生的热情、关心和体贴，与学生建立情感上的联系。力求一开始就提供给学生“似曾相识”的最佳信息，留给学生亲切、和蔼、关心和热爱他们的良好印象。亲切的目光、和蔼的笑容、甜甜的声音、清新的识见……留下的深刻印象，何止绕梁三日，甚至会使学生终生难忘。

二、讲好第一次课程

第一次讲课，也是教师第一次教学水平和教学态度的亮相，要格外注意使学生在听课时感到新颖、生动；要处理好预习与讲课的关系，能突出重点，化解难点；要处理好复习与讲课的关系，使知识系统化、网络化；要善于运用启发式，具有趣味性，并注意语言的表达艺术。力求留给学生热心教学、知识渊博、有高超教学艺术的良好印象。须知，每一节课也有“第一印象”问题，怎样引入新课，用什么方法激起学生学习新课的欲望，都是教师应当精心设计、巧妙构思的。

三、批改好第一次作业

学生对教师的第一次作业批改，往往极为重视，印象也十分深刻。因此，教师批改第一次作业时，应特别认真、仔细，不仅批语要写得规范、漂亮，而且在批改内容上不马虎敷衍，并讲究批改艺术。这样可在一开始就留给学生“要求严格，一丝不苟”的良好印象。

四、处理好第一次事件

教师在处理学生第一件事时，应表现出高度的教育机智，特别是对意外情况，要快速做出反应，采取恰当措施。力求留给学生沉着稳重、思维敏捷、公道正派、办法高超、善于机智处事的良好印象。

五、组织好第一次活动

组织第一次课外活动或召开第一次班会或带领学生进行第一次参观、访问、实习或举办其他活动，给学生的印象是难忘的。所以要精心安排和周密实施，要表现出教师有较高的素质修养和组织才能，力求留给学生思想水平高、组织才能强、活动能力佳、工作方法优的良好印象。

六、设计好第一次讲话

第一次向全班学生讲话，内容应简明扼要，语气应平静坚定，并满怀信心地激励学生在新的人生阶段、新的环境之中，要有新的开端。要积极热情地调动蕴藏在学生中的自立、自强、自治精神。讲话要做到语言精练，风趣幽默，形象生动，力求使每个学生听后思想受到鼓舞，在他们面前展现出美好的远景。

须知，每次讲话也都有个“第一句话”问题，第一句话说得新奇、幽默，具有吸引力，也会给学生留下良好的第一印象。

七、做好第一次谈心

对学生第一次单独谈话，事先要考虑周到。与优秀学生谈话，除恰如其分肯定优点、长处外，要热情、诚恳，并准确指出其美中不足，鼓励其全面发展，并促其发挥骨干带头作用，以留给他们关心学生，并能严格要求的深刻印象；与后进学生谈话，更要讲求教育艺术，因他们往往有强烈的防范心理，注意老师流露出的某种看法，揣度老师对自己的态度，所以要留给他们诚恳、热情、关怀、体贴的良好印象。

八、搞好第一次家访

教师初次家访应注意两个问题：一是要带着学生的优点和对学生的期望家访，即使是为学生的某一错误而去，也要对其全面分析、全面评价；二是与家长交谈时，最好允许学生在场，以清除其疑虑，也利于统一各方面的认识。这样，不仅能收到良好效果，而且会给学生和家长以良好印象。

怎样才能给学生良好的第一印象呢？概言之，一是目光运用，应从目光中显示对学生的热爱、关心的真情实意；二是语言运用，要注意充分运用真实、生动、亲切的语言艺术；三是姿态展现，需有良好的情感、风度、姿态。教师不但应留给学生一个良好的第一印象，让首因效应为教育教学营造一个良好开端，而且还应保持、巩固和发展这个良好的第一印象。另外，值得注意的是，就学生来说，最初的一些表现，也会引起教师心理上的首因效应。一般来说，学生都想借全新时机给老师留下一个良好的最初印象。对此，教师应倍加珍惜，万不可习惯于查档案、听介绍、看资料，只是了解学生的过去，来个“先入为主”。这样，极易毁灭学生在新时机心中燃起的新希望！因此，教师应尽可能多地发现学生身上的积极信息，并予以肯定、鼓励，使其巩固、发扬、光大。

教学常规流程中的再创造

沿着课堂教学实施流程，五种常见的行为自然进入视野：备课、上课、说课、听课、评课。这些是教师职业生存方式的主要体现，是教师区别于其他从业人员的主要标志。

一、备课——二次开发

所谓“二次开发”，就是教师将每次备课都看作是一次对课程进行开发的过程，是根据教学要求、学生特点、自身风格所进行的教学设计过程。如果说编写教材是专家根据学科结构、学生总体特征、经济社会发展要求所进行的一次开发的话，那么备课就是在此基础上进行的二次开发。要实现教学重心下移，要变传授、灌输为自主、合作、探究学习，要联系学生的生活经验和社会实际，要给学生创设自主支配的时间和空间，所有这一切，都不是现在的教材或教学参考书能够提供的，都需教师根据教学场景进行设计和开发。

二、上课——动态生成

课堂动，学生活，多互动、常对话成为课堂教学的常态，课堂上出现一系列变动不居的场景也就在情理之中了。以往的以不变应万变，课堂“千堂一面”的现象被打破了，教师看完教材看教参，看完教参写教案，拿着教案进课堂，课堂忠实反映教案的流程被消解了。在这种情况下，就需要教师根据课堂教学中生成的各种资源，形成后续的新的教学行为。动态成为常态，生成成为过程。这些教学新要求，是上课时教师需要加以灵活掌握的。

三、说课——反思探究

说课是课堂教学的延伸与扩展，是教师对自身教学进行的较为系统细致的梳理。每次的说课行为，都应成为一次教师反思自身行为、探究教学存在问题、明确教学努力方向、积聚教学实践智慧的良机。说课不再是照本宣科，不再仅限于教案撰写意图的简单说明，而是根据教育目标的要求、仔细分析课堂教学行为的得失，甄别教学设计与实际教学进程之间的差距，将说课看作是实施行动的研究、开展校本教研的重要手段。

四、听课——全息透视

听课，也叫观课或看课，或者说课堂观察，是教师常见的一种参与教学的行为。全息透视，就是全方位观察，多角度分析，将课堂教学中教师的教学行为和学生的学习行为均纳入到观察的视野中，将教师的课堂教学设计及设计意图的实现程度等都作为观察对象。既关注教师的教学理念，更关注这些理念转化为具体行为的方式；既运用定性观察的方法，也运用定量观察的方法；既观察学生整体学习情况，也观察学生不同个体的学习状态；借助各种各样的方式、手段记录课堂行为，还原课堂真相。

五、评课——评判分析

评课作为教师群体对课堂教学进行评判分析的重要手段，可通过评课者与讲课者的对话，激发教学智慧，积累教学经验，进一步提高教师教学水平，发现教育教学需要探讨的新问题。

上述五个教学行为是紧密相连的。没有备课中的“二次开发”，就难有上课的“动态生成”，开发的理念体现在课堂上，就是生成的理念；没有自身说课的“反思探究”，也就难有评价别人课堂时的“评判分析”，自身课堂的研究，反映在他人课堂上就是更具深度的分析；没有听课的“全息透视”，评课的“评判分析”就成了无本之木、无源之水。

加强自身修养“十诀”

人的修养，不在身外而在体内——五官四肢和五脏六腑。这些器官蕴藏着自身的无限潜力，开发这些潜力，主要以各自器官的本能为基础。

一、脑要冷而清

脑，是人的统帅部，人的一切思想和行为都是由脑来主宰的。冷，就是处事冷静，不急不躁，遇到困难挫折不发火，不慌张。只有头脑冷静，才能充分而周密地思考问题，并能分析透彻、判断准确。清，脑冷则清，清醒的头脑、清晰的思维、清明的情况、清楚的是非，就会取得最佳的效果。所以脑要冷而清，遇到问题，能分别轻重缓急，是非曲直，使其处理井井有条，全面周到。

二、眼要远而明

眼，是人的指路明灯，除了要全面观察周围的事物，更重要的是“向前看”，瞄准方向。远，就是“眼光远大”与“高瞻远瞩”；否则，“鼠目寸光”就会到处碰壁。明，就是眼观六路，洞察透彻，目光敏锐，善于捕捉“有用信号”，善于发现新鲜事物。同时，眼还要防止在功利面前近视，在困难面前远视；只看上，不看下。值得注意是“人目短于自见”。伸出自己的手，在一尺开外，手面的纹路可一目了然；若将手移近，就渐渐变成一片模糊。眼睛能看到百米之外的事物却看不到距离最近的睫毛，此事实，昭示着智力的永恒误区“目短于自见，智短于自知”。聪明的古人将“人睫不自见”引申到“智短于自知”，或自以为了解最多的，也许恰恰了解得最少。对别人的缺点和毛病，看得很清楚而苛刻，对自身毛病却视而不见。不仅看不到自身毛病，有时连自身优势和潜能都看不到，所以自知难得。人的智慧，所难的不在于看清别人，而在于看清自己。老子把自知看成很高的智慧，即所谓“自见之谓明”。

三、耳要聪而灵

耳，有两个，是为左右兼听，而不偏听。“耳听八方”就是：要听表扬，也听批评；要听赞成之语，也听反对的话；要闻多方之见，不听一面之词。兼听则明，偏听则暗。大事如此，小事亦然。工作如此，学习亦然；要善于倾听，避免因缺少必要的反馈而“失聪”。聪而灵，是说“消息灵通”，掌握各种信息，听取各方意见，然后去伪存真，做出正确判断。孟子说，眼睛耳朵这类器官不会思考，所以被外物所蒙蔽，一与外物相接触，便容易被引入迷途。

四、口要信而勤

口，其主要功能之一是讲话。信，是指要讲真话，且言必信。如果信口开河，出尔反尔，必为他人鄙视。古人说：“人无信不立。”勤，是说不仅要在学习上勤问、勤说，而且要勤于宣传国家的方针政策，勤于宣扬好人好事。

五、胸要虚而宽

胸要虚，就是要虚怀若谷。若胸襟开阔，就能接受他人的不同意见和批评，不断增加自己的见识，博采他人的智慧。胸要宽，指度量要宽，好话坏话都能听得进，“宰相肚里能撑船”，能容纳常人不能容纳之事。胸“虚”而“宽”，也像计算机有个大内存硬盘，装得下各种文件，转换迅速，运用自如；也是“健忘”和“丢三落四”的人，不记私仇，不记小账，拿得起更撂得下，撂下了就像计算机有个回收站，清除硬盘上没用的文件，也免得病毒找上门。胸“虚”而“宽”，说白了，排泄功能正常，使肚里没用的废物，早早地清除利索，自己不得病，别人也不会因此而“疑心生暗鬼”。所以与人为善，能团结众人。法国诗人雨果说：“世界上最宽阔的东西是海洋，比海洋更宽阔的是天空，比天空更宽阔的是人的胸怀。”做人做事，站得高，脚踏实地，有大胸襟、大气度，方能成功或做出成就。

六、心要正而诚

物，可瞬间无主；人，须时时有心。心要正，就是遵纪守法，不侵犯国家和他人利益，公正无私，光明磊落，不计私利。心要诚，即忠于祖国，忠于本职工作。同人谈心，与人共事，都要坦诚，不弄虚作假，不尔虞我诈，忠诚老实，当老实人，做老实事，说老实话。作为教师要有一颗爱心，因有求知的学生；要有一颗恒心，因教育中有许多艰难困苦；要有一颗痴心，因将终生从事教育事业；要有一颗雄心，因自然衰老不是偷懒的理由；要有一颗匠心，因育人不是一件易事；需有一颗信心，因学生的变化、进步是教师的欣慰。追溯任何名人的人生轨迹，得到的最大感悟，还是如何做人！究竟是否想做一个心正而诚实者。

七、胆要大而细

胆要大，“艺高人胆大”“无私则无畏”，即有本领、有见识、无私心，就会无所畏惧。胆要细，必须和智慧、智谋联系在一起，有胆识、有胆略。否则，则会盲目、蛮干，逞匹夫之勇。

八、肠要热而暖

肠要热，表现为有火一般的热情，热爱祖国、热爱人民、热爱集体、热爱事业，关心他人，所谓“热心肠”，就是这个意思。

九、手要勤而短

手要勤，是指爱劳动，勤锻炼，不懒惰；是指勤记录，勤操作，掌握技能技巧。手要短，是说不拿别人的东西，不伸手为自己抢名利，不伸手为个人捞好处。

十、骨要硬而坚

骨，是人的支撑物；人之所以能“顶天立地”，全靠一副骨骼。骨要硬而坚，是说要有骨气，要明大义，“富贵不能淫，贫贱不能移，威武不能屈”，就是有气节、为国为民，不怕粉身碎骨。还有人说：“瘦吾貌而肥天下。”

此外，还要做到心不贪、眼不斜、嘴不馋、耳不偏、手不长。要“五官端正”还需经常“整容整形”，并不断根据自己的“病情”，对症下刀，剔除腐肉，先痛而后快。常想两件事情：别人的好处，他人的难处。常吃两样食物：吃亏、吃苦。常穿两件外衣：大度、礼貌。常练两种技能：真诚、淡然。常积两种财富：慈爱、善良。常给两样礼物：理解、宽恕。常忌两种毒品：嗔傲、贪妒。常除两种病灶：自私、偏见。常备两剂良药：自我反省、悔过自新。并要学会储蓄：没有储存友谊，就无法支取帮助；没有储存学识，就无法支取能力；没有储存汗水，就无法支取成功。唯此，“五官”才会端正，四肢才会康健。进而还可做到“进，可穿岩破壁；退，能休养生息；动，如流韵不止；静，若独处幽居”之境界。自性的清明、智慧，才是一切意念的本源。人生如月，盈亏有间。人生在世，难免有忠奸善恶，是非情仇，成败得失，荣辱沉浮。世上无十全十美的选择，所有选项都要付出代价。不容同时拥有春花和秋月，也不容同时拥有硕果和繁花。人生必须学会权衡，学会取舍。财富是一种寄存，任何人不能将其带走；荣誉是一道亮光，无法将其留住；成功是一颗硕果，无法四季品尝；生命是一种过程，不能让其无终。《菜根谭》中说：“文章做到极处，无有他奇，只有恰好；人品做到极处，无有他奇，只有本然。”要做到有涵养，自己的优点不全都表露出来，就会使自己有更深的涵养。那么有才华或有钱，别人却不知道，这就是修养；长得那么美或帅气，自己却不知道，那就是气质。

历史名人教艺十二例

在我国历史上，许多有识之士都重视对学生或子女进行德育、智育……而且讲究教育艺术，寓教育于自身言行举止或寓教育于文化艺术之中。古往今来，有多少艺术高超的老师留下了多少令人叹服的动人教育教学故事，被传为佳话。

一、勤学则进——陶潜授学

晋朝大诗人陶渊明辞官回到故乡江西庐山之麓的栗村后，邻村有一少年慕名前来向他求教学习之妙法，陶渊明告诉他，学习无妙法，只有笨法：勤学则进，辍学则退。那少年听后，似懂非懂。陶渊明就把他拉到稻田旁，指着禾苗说："你蹲着全神贯注地看，现在它是不是在长高？"那少年凝视很久，不以为然地说："没见长啊！""果真没见长吗？那春起的禾苗又如何长成这尺把高的呢？"那少年怔住了。陶渊明因势利导说："禾苗每时每刻都在生长，可我们的眼睛看不到，学习也是点滴积累，有时连自己也察觉不到，但只要持之以恒，孜孜不倦，就会由知之甚少到知之甚多。'勤学如春起之苗，不见其增，日有所长'，便是这个道理。"说罢，他又带少年到溪畔，指着一大块磨石说："你说，那块磨石为何出现马鞍形的凹面呢？""那是磨损的。""对，这是农夫一天一天在它上面磨，日积月累，年复一年而磨成的。从中我们可以悟出一个道理'辍学如磨刀之石，不见其损，日有所亏'。学习一旦终止，知识就会渐渐淡忘。"少年听后恍然大悟，明白了"勤学则进，辍学则退"的道理。

二、功到艺成——十八缸水

东晋王献之的书法艺术和其父王羲之一样在我国历史上享誉盛名。然而，他的书法艺术除自己刻苦练习之外，其父的指点也很重要。一次，王献之自以为学得差不离了，便写了一个"大"字，送给父亲看。其父二话没说，拿笔加了一点，变成"太"字。他又拿去给母亲看。母亲指着"太"字说："吾儿研尽三缸水，只有一点像羲之。"献之听了很惭愧。想寻个捷径，便问其父亲的"书法秘诀"。王羲之指着家里的十八缸水说："写字的秘诀就在这些水缸里，你把这些水写完，自然就知道了。"献之听后，不敢再贪图什么捷径，从此更加苦练，真的写完十八缸水，终成一手好字。其父子书艺超人，被并称之为"二王"。

三、以送为留——薛谭学讴

据载，年轻的薛谭，拜当时一位著名歌唱家秦青为师，还未学到技艺的精华便"自谓尽之"自满起来，要辞别老师去"另立门户"。于是，秦青至郊外设宴为他送行，酒酣之际，秦青抚节引吭高歌，声情之激扬使附近的树林与之应和，音调之悲壮使天上的彩云产生共鸣。薛谭大惊顿悟，惭愧万分，恳请老师收留，继续授业。"去而复返，终身不敢言归"。秦青看到学生将要半途而废，没有规劝，却郑重地给他送行。这似乎不合常情！殊不知，妙就妙在"送是为留"。把握送别的时机，让薛谭见识见识"庐山真面目"，更能振聋发聩。可见，秦青教艺之高不落俗套，敢于突破常规，"以送为留"和"以艺服人"产生了预想效果。"艺高人胆大"，秦青所以敢采此法，正因他胸有成竹，坚信自己的绝技足以令薛谭折服，正是艺术造诣精深征服了对方的心灵，确保了预定目标的实现。

四、一字之师——贯休改诗

古来诗坛曾流传不少"一字师"的轶事，如唐代齐已作早梅诗云："前村深雪里，昨夜数枝开。"诗人郑谷指点："数枝"非早也，未若"一枝"。齐已闻后下拜郑谷为"一字师"。郑谷确实深谙写诗三昧，原作一经点改，意境更为清新有致。但细一思忖，又觉得作为"一字师"，其诲人不倦固然可敬，却惜无导人入门之方，使受教者所得过于省力，因而也就收获有限。值得称道的"一字师"是贯休。据载唐末诗人王贞白作《御沟诗》："一派御沟水，绿槐相荫青。此波涵帝泽，无处濯尘缨。鸟道来虽险，龙池到自平。

朝宗心本切，愿向急流倾。”诗成，求正于贯休。贯休看后并未多言，仅指出“剩一字”。贞白听罢亦不饶舌，“扬袂而去”。贯休深知贞白“思敏”，于是在手心写上一个“中”字等候。顷刻之间贞白复返，立定吟出已修改的一句：“此中涵帝泽。”贯休大喜，举手以“中”字示之，二者无异。王贞白《御沟诗》的优劣姑且不论。令人感兴趣的是，贯休为师很懂得启发式“教学法”，他不是简单地把诗病点破，更没有捉刀代笔，帮人斧削；而是指明修改的方向“剩一字”，即一个字用得不当。至于哪个字，如何改，则由作者自己去判断、思索，进而改正。在这里贯休又颇有点“因人施教”的味道，他了解贞白具有“思敏”的诗才，相信仅此提示足以奏效。贯休与郑谷等“一字师”相比，虽也是教人改一字，但其意义与作用迥然不同，堪称教人有方的“一字师”。

五、留有余味——深山藏寺

据说，一位画家出了个“深山藏古寺”的题目，让三个弟子作画。大弟子画了一座山，山中有一座庙；二弟子略加思索，画了一座大山，树林掩映下露出庙宇的屋顶、旗杆，远远望去颇有“藏”的味道；三弟子运思良久后，只画了一座山，一条小河，一个和尚挑着水向山里走。三者相比，自然后者高人一筹，别具心裁，含蓄地体现了“深山藏古寺”的主题，余味隽永，含不尽之意见于“画外”，于是得到了老师赞赏。此故事多人皆知，可仍难免犯与大弟子、二弟子的类似错误。有的教师在教学时，总怕学生听不懂、搞不清，把不很难的内容反复做烦琐的讲授，令人一览无余。其实，这样做的弊病至少有三：一是讲得太详尽，易使学生感到内容简单，无须深入研究；二是易使学生分不出内容的轻重，抓不住要领；三是易使学生产生依赖思想，而独立分析问题的能力得不到锻炼。

六、授人以法——点石成金

传说有一个穷困潦倒沿路乞讨的书生，遇到了一位仙翁，向仙翁祈求帮助，仙翁欣然答应，叫书生看着地上的石块；接着用手指轻轻一点，石块立即变成了黄金，仙翁示意书生拾起黄金变卖为生。书生俯身拾起了黄金，上前交还给仙翁，说：“这黄金我不要，我要您的手指头！”至于书生是否得到仙翁的“手指头”以及仙翁如何授予他“点石成金”之术，凭各人去想象吧。然而，显见这个书生有志气，有勇气，也有远见。他不图现成的一点黄金，而要掌握“点石成金”的本领。这对我们教学颇有启发。高明的教师都知道自己的任务主要是教给学生正确的思维方式，良好的学习方法，以利学生今后自学与发展。

七、欲扬故隐——苏洵教子

宋代苏洵当年为年幼的苏轼、苏辙这两个儿子读书良莠不分而焦虑万分。后来他心生妙计，用“逆反”举动，把准备让儿子读的书，先置于案头，待儿子如饥似渴地要读时，他却故意掩卷深藏。儿子以为父亲看的书不让自己看，里面定有什么“秘密”，便趁父亲不备偷来看。就这样苏轼、苏辙不知不觉地读了大量“禁书”，从中受到极大的教益。后来果成大业，和父亲一起享誉文坛，并称“三苏”，皆在“唐宋八大家”之列。

八、不教之教——苏轼投石

绘画，有不画之画；写诗，有不写之写。教学，也有不教之教。确切地说，不教之教，即不直接教，而是启发、引导、提示……相传，苏小妹在新婚之夜，出上联：“双手推出窗前月”让秦观作对。秦观抓耳挠腮百思不得其对。苏东坡见此情此景，拾起一小石子投入水池，顿时水中天光月影，纷纷摇乱。秦观观之，豁然开朗，即得下联：“一石击破水中天”。此故事的传说是否符合历史事实姑且不论，但苏东坡用一石子击水来提醒，正是“不教之教”。显然，这种方法较之直接越俎代庖的“教”，效果更好。

九、暂抑砥砺——让他落第

明朝湖北江陵秀才张居正十三岁那年到武昌投考。按察佥事陈束看了他的试卷，连声夸赞，当场就想录为举人。偏巧当朝著名才子、湖广巡抚顾磷到武昌巡游，于是陈束便高兴地将张居正的试卷呈上，顾磷看后抑制不住内心的喜悦和佩服，对陈束说："让他落第！"陈束莫明其妙，顾解释说："居正年少好学，是位将相之才。让他过早发达，易滋长其骄傲自满情绪，断送其上进心；让他落第，虽迟几年，可使他看到自己仍有不足，更能激励他奋发。明珠不怕磨，越磨越闪亮。"果然居正落第后，不丧失信心，不悲观失望，反而更加奋发努力。嘉靖二十六年，赴京会试后殿试，考取二甲进士。后居相位十年间，力挽明朝衰败之狂澜，使明朝转衰为兴。顾磷与张居正素不相识，也无任何瓜葛。他为给国家培养和造就栋梁之材，对才华横溢的张居正不溺爱，高标准，严要求，激发其志，砥砺其才的做法，不失为一种非常可取的妙方。

十、勤恳历练——功到自然成

张生十八岁时，决定走出大山，学一门手艺，以改变贫寒家境，扭转自身命运。他费尽周折，求教于赫赫有名的字画鉴赏大师。大师见张生为人忠厚，聪明伶俐，欣然答应收他为徒。大师对张生说："字画鉴赏作为博大精深的中国文化中的一门独特艺术，非一朝一夕就能掌握。你有思想准备吗？"张生回答："有！"每次上课前，大师总要交给张生一幅名字名画，让他一有空就仔细品味，琢磨把玩。第一课从学习中国历史开始，一学就是两年半。两年半后，大师说："学字画鉴赏，光了解中国历史还不够，还得了解中国书法。"于是，大师开始讲授中国书法，这一讲又是两年半。张生有点沉不住气了："恩师，您什么时候才教我字画鉴赏呀？"大师："耐心一些，讲完了中国书法，下面就是中国书画了。"大师又将中国书画足足讲了两年半。张生更沉不住气了："恩师，我跟您都快八年了，可您没有讲一点字画鉴赏的知识给我，到底这是为什么呀？"大师呵呵一笑："莫操之过急，从今天开始学习中国艺术。缺乏艺术素养，鉴赏从何谈起啊？"这样，又用了接近两年半的时间。一天，大师像往常一样，递给张生一幅画。张生接过画一看，马上告诉大师："恩师，这幅画不是真的！"大师拍拍张生的肩膀，捋着胡须，满意地笑了："这是一幅足以以假乱真的画，你能一眼识破，可见你已具备了相当高的字画鉴赏功力。你学艺有成了！"

十一、坦言失败——诚恳感人

1925 年，大作家沈从文被时任中国公学校长胡适聘为该校讲师。时年 26 岁的沈从文，只是小学毕业，闯入上海文坛虽时间不长，但颇有名气。在他第一次走上讲台时，除原班学生外，慕名而来听课者也很多。面对台下座无虚席渴望知识的学子，他竟然紧张得一句话也说不出来。过了好一会儿，他才慢慢平静下来，开始讲课。可原先准备好要讲授一课时的内容，被他三下五除二仅仅在十分钟内就讲完了。同学们自然纳闷：这离下课时间还早呢，剩下时间该怎么办？很有自知之明的沈从文，没有天南海北地信口开河来硬撑"面子"，而是拿起粉笔在黑板上工工整整地写道："今天是我第一次上课，人很多，我害怕了！"这句老实"坦言失败"的话刚刚写完，立刻赢得同学们善意和原谅的欢笑与掌声。胡适深知沈从文的学识、潜力和为人，在听说这次讲课的经过后，不仅没有批评，反而不无幽默地说："沈从文的第一次上课成功了！"坦言失败的真诚，当然不是随机应变的智慧，但它具有比智慧更加诱人的魅力。有些凭借随机应变的智慧难以收场的局面，坦言失败的真诚却能轻而易举将其画上都能接受的句号。

十二、撰联以导——名人家训

1924 年，冯玉祥将军的儿子冯洪国出外学习。临行前，冯玉祥将军给儿子撰写了一副对联：

欲除烦恼须无我，历经艰难好做人。

冯玉祥对儿子语重心长地说："你年纪尚小，不知道做人的难处。做一个好人必须经过磨炼，要有信心在艰难中把自己磨炼成一个完全无我的人。"

陶行知先生之子无正规学历，背着父亲向校长索要了一张毕业文凭。陶先生知道后，马上叫儿子将毕业文凭退回，并手写一联：宁为真白丁，不做假秀才。

吴玉章撰写一副对联教子：创业难，守业亦难，明知物力维艰，事事莫争虚体面；

居家易，治家不易，欲自我身作则，行行当立好模范。

近代学者王湘绮先生学识渊博，品格高尚，他为家人写有一副语浅意深的联语：戳破窗纸容易补，败坏道德最难修。

教学艺术知多少

画家作画，独画一枝，总要留点空白，让欣赏者去遐想；演员演戏，“二五步走遍天下，七八人雄兵百万”，不把什么都搬上舞台；诗人作诗，讲究含蓄，“言有尽而意无穷”；乐师奏乐，抑抑扬扬，“此时无声胜有声”。教学，应兼采绘画、演戏、作诗、奏乐之诀窍：言简意赅，给学生留下思考的余地；不越俎代庖，让学生有动手的机会；引而不发，启学生之创新思维；生动形象，使学生产生浓厚兴趣。

一、孔子求教老子道

从《史记》的某些篇章里可推测出大哲学家老子和大教育家孔子生活在同一个时代，而老子要长于孔子几十岁。老聃居周日久，学问日深，声名日响。春秋时称学识渊博者为“子”，以示尊敬。因此，称老聃为“老子”。孔子与老子是亦师亦友，几次专程向老子讨教，对孔子儒家学派思想的形成有极为深刻的影响。公元前230多年的一天，孔子来到老子住处，老子竟一言未发地用手指指自己的舌头，别人说“完好无损”，又指指牙齿，别人说“已经掉完”。而后，老子又闭上了眼。孔子欣然告别。出门后，孔子的学生问“还没有求教怎么就回去？”其实，老子通过几个简单的动作，意味深长地表示：“柔则长存，刚则易折；柔能克刚，为人或教育也当刚柔并济，软硬兼施，刚硬不会久用。”这是言教，身教，还是心教！是教知识，教能力，还是教做人！是教文化，教修养，还是教道理！是智教、德教，还是理教！

二、踏花归来马蹄香

宋代画院的考试，宋徽宗还亲自出题，留下“踏花归来马蹄香”的佳话。一日，赵佶踏春而归，雅兴正浓，便以“踏花归来马蹄香”为题，在御花园举行了别开生面的画考。这里“花”“归来”“马蹄”都好表现，唯有“香”是无形的东西，用画很难表现。许多应画考者，虽有丹青妙手之誉，却面面相觑，无从下笔。虽有的画是骑马人踏春归来，手捏一枝花；有的还在马蹄上面沾着几片花瓣，但都表现不出“香”字来。独有一青年画匠奇思杰构，欣然命笔。画构思很巧妙：几只蝴蝶飞舞在奔走的马蹄周围，形象地表现了踏花归来，马蹄还留有浓郁的馨香。宋徽宗俯身细览，抚掌大赞：“妙！妙！妙！”接着评道，“此画之妙，妙在立意妙而意境深。把无形的花‘香’，有形地跃然纸上，令人感到香气扑鼻！”众画师一听，莫不惊服，皆自愧不如。然而，这种艺术手法，在教育教学中，除美术类可效法外，其他课程的某些内容及作文中，未尝不可借鉴。只要坚持研究、精心设计，就能使某些课程的教学达到如此超人的艺术。

三、文似看山不喜平

传说，明代文学家徐渭（一说清代文学家纪文达）应邀参加一老太太的生日宴会，她的四个儿子请徐先生为其母题词。徐渭即席挥毫：

“这个婆婆不是人”，在场宾客大惊失色，议论纷纷。徐渭却不紧不慢地继续写下去：

“九天神女下凡尘”。让老太太的四个儿子和众宾客顿时眉开眼笑，齐声喝彩。谁知徐渭再写一句：

“生的儿子都是贼”，这一下，连老太太也愤怒了。徐渭还是不慌不忙，继续写道：

“偷来仙桃孝母亲”。立即引得主客无不叫好、称绝。

这则故事对教学颇有启发。传授知识和语言表达都不应平淡，应情随景迁，情以文异，时有气吞山河之慨，时有满面含春之雅，时有拔地而起之动，时有寒塘映月之静；应潮起潮落，有起有伏；既要有波峰，又要有浪谷；既要有“山雨欲来风满楼”之气势，又要有“无限风光在险峰”的境界。只有起伏跌宕，出语不凡，有潮起潮落之势，无平铺直叙之嫌，才能消除课堂里的“沉闷感”，而形成良好的课堂气氛。

四、横看成岭侧成峰

在教学中的语言节奏以怎样为适宜呢？应是“快而不乱，慢而不沓”。

所谓“快而不乱”是指要十分注意讲解速度的合宜，教师的授课思路，不要落在学生思维之后，以免使学生产生“烦闷感”。语言节奏控制得当，并形象生动，就能游刃有余。比如文学中的小说、戏剧的教学，当人物之间的矛盾冲突达到高潮时，施以“快节奏”的语言，用以充分展示人物之间联系的内涵，做到快而不乱，可把学生吸引到故事情节中去。所谓“慢而不沓”是指在讲授一些优美的诗词、歌赋或教学重点、要领、要诀和关键内容时，应注意适当放慢节奏，让学生细细品味诗文的意境或重点的含义。但“慢”是相对的，有一个分寸问题，体现“慢而不沓”。否则，过于缓慢，就易使学生产生困倦感。

五、草色遥看近却无

在教学中，对某些内容有意识的“马虎”也是一种教学技巧，运用得当，亦能提高教学实效。比如：

对简单易懂的知识要“马虎”，不大讲特讲，而简明扼要地“马虎”过去，让学生自己去获取知识；

对难度大的内容要“马虎”，对某些新而难的内容不必求细求深，即使学生感兴趣也可做略化处理；

对前面已精讲过的内容要“马虎”，无端重复，学生会味同嚼蜡，甚至产生逆反心理；

涉及后面精讲内容，也要“马虎”处理，待以后再行详解。

由此可见，这种“马虎”不是粗心、敷衍，而是一种有意识的略化，是处理教材的一种方法。“马虎”得当，亦可使教学事半功倍。

六、犹抱琵琶半遮面

教师向学生传授知识与技能时，必须详略适度。如果把教学内容中结论性、规律性的东西全给学生讲得一清二楚、明明白白，其效果往往是事倍功半。“开而弗达则思”。若把结论性、规律性的知识讲到学生将要明白而尚未全懂时，然后采取问答式、自习式、讨论式……让学生自己得出结论，找出规律，就能使他们更好地掌握所学知识。另外，越是有经验的教师，越应注意把握好讲解说细之“度”，因为他们对教材内容非常熟悉，结论性、规律性的知识容易脱口而出。所以，只有注意把握好“度”，哪些讲，哪些不讲，哪些似讲非讲，“犹抱琵琶半遮面”，才能诱发学生积极思维，才能提高教学质量。

七、大珠小珠落玉盘

在教学中，教学语言要“正确清楚，清凉圆润”。正确清楚，是指语言表达科学化；清凉圆润，是指语言表达艺术化。教师如能运用流利精湛的艺术化语言，不但能吸引学生，使之愉悦地学习，还可陶冶学生的情操和审美意识。在教学中，应根据不同的教学内容，使情感变化有浓有淡。比如：内容庄重，声音就严肃；内容平淡，声音就舒缓；情感悲痛，声音就沉重；情感兴奋，声音就高亢。情感急骤时，用短音；情感惬意时，用长音。这样，就能引起学生的情感共鸣，融洽课堂气氛。

八、画到生时是熟时

郑板桥在他 66 岁时，写了一首七绝，总结了平生画竹的甘苦：“四十年来画竹枝，日间挥写夜间思。冗繁削尽留清瘦，画到生时是熟时。”尤其最后一句充满哲理意味，颇是耐人寻思。此句生动表达了板桥画艺不断提高的过程：达到一个境界后，并不满足于此，而是再探新笔法，再钻新画艺，时时使自己处在一种新的创造性劳动之中，而这就是画艺日趋成熟的道路与标志。然而，他讲得不仅是画画之事！读书、教学、练艺，皆如此。“有不知则有知，无不知则无知”。凡认为无所不知者，凡是提不出新问题者，正说明他无长进，充其量不过费时于“平面徘徊”而已，而要更上一层楼，非“有所不如”“有所疑”“有所生”不可。这就给教学提出了一个问题：怎样使学生学到更多知识，成为某个方面的专门人才？那就是因材施教，使不同对象时时都感到“有所生”，然后再给其以具体指导。这由“生”到“熟”不断盘旋而上的循环，乃是教给学生增长知识的必由之路。

九、动人情处不堪描

明代文豪解缙去拜访一位朋友，见其墙壁上挂着一幅半身美人图，诗兴勃发，挥笔题写一首绝句：

“百般体态百般娇，不露全身露半腰；并非画工无见识，动人情处不堪描。”后来，这位朋友弄到一幅全身美人图，又请解缙题诗。解缙说：“兴尽了！”不肯执笔。为何“兴尽”？既是全身像，画工把“动人情处”已画了出来，欣赏者再也没有想象余地了，所以不能激发诗情。

明代画家唐伯虎曾有两首《题半身美人》诗，其一：“天姿袅娜十分娇，可惜风流半节腰。却恨画工无见识，动人情处不曾描。”美女楚楚动人，但动人处却不描画，为什么？这如同古典格律诗的绝句（也称“截句”），不将钟情美思说尽道绝，而给人留下一个憧憬幻想的余地。张大千画美人图常常也是画半身或是背影。画半身美人和画美人背影有异曲同工之妙，常常有人看到画上的美人背影，情不自禁思问：怎么不转过脸来？这便是其魅力所在、余味所在。从心理学分析，几乎人人都有一种逆反心理，愈是看不到或不让看的东西愈想看，愈是看不全的东西愈觉其美，更增魅力。有人说名诗中绝句的流传最多，是因其短而精炼，所谓“句中无余字，篇中无长语”。这正如唐伯虎第二首《题半身美人》诗：“谁将妙笔写风流，写到风流处便休；记得昔年曾识面，桃花深处短墙头。”“桃花深处”是何意？美人本来就是面若桃花，和桃花在一起，分不出谁是花谁是人。“短墙头”恰恰遮住了下半身，“写到风流处便休”，恰到好处，“妙笔写风流”给人以意味隽永之感。绝句的魅力在于不尽道情思逸美，或突然截断或由此引至彼，在有限的诗句中求无限，从而达到“小中见大”“断中求全”。这种“话到嘴边留半句”“指东打西”及“半路转向”的手法，同半身美人画像亦有异曲同工之妙。

透过上述这两则诗话故事，可悟出一点艺术规律——不管是写诗、绘画、教学，都可借鉴和讲究含蓄。若作者或师者把一切都端出来，使人一览无余，那只能令人感到索然无味。所以教师在教学中的讲解内容、回答问题、板书图解及批改作业、答疑解惑……不能不留有余味、讲究点含蓄艺术。

十、万山磅礴有主峰

法国巴黎艺术馆里，陈列着一座伟大的文学家巴尔扎克（1799~1850）的雕像，奇怪的是雕像没有手臂。他的手呢？在一个深夜里，雕塑家罗丹好不容易完成了巴尔扎克的雕像，非常满意，颇为兴奋，连夜叫醒了他的学生来欣赏。他的学生围绕雕像转了几圈，反复看了个够，后来目光渐渐集中在雕像的手上：那双手叠合起来，放在胸前，十分逼真。学生不禁连声地说：“好极了！好极了！老师，我从来没有看到过这样一双奇妙的手啊！”罗丹听后笑容顿失，立即拿来一把大斧砍掉了那“完美的双手”。此故事，直接告诉我们：雕像是要通过面部来表现其精神、气质的，现在双手（次要部分）突出了，人们看了雕像只欣赏双手的完美，而忽略了主要内容。所以罗丹砍掉双手，以突出雕像所要表现的意义。这个故事，对教学也颇有启示，那就是在进行教学时，要抓准主题或抓住主要矛盾大做文章，以做到详略得当、突出重点；亦即，不能让次要内容“喧宾夺主”，而应“点详面略”，体现“绿叶衬红花”的效应。

十一、金针还须度与人

古今中外的很多教育家都很重视教给学生学习方法。“善学者，师逸而功倍；不善学者，师勤而功半”。这就说明教学质量的高低，不仅决定于教师能否善教，还取决于学生是否善学。只有学生善学，教学工作才能卓有成效。因此，教师在研究和掌握教学规律改进教学的同时，还必须研究和掌握学习规律，加强对学生学习方法的指导，使其成为善学者。何谓“善学”，即有正确的学习目的，坚强的学习毅力，良好的学习习惯，科学的学习方法。亦即，让学生想学、爱学、会学；想钻、肯钻、善钻；学得活、会应用、有创见。为此，一是积极引导思维，既要以需引思、以疑促思、以趣诱思和以难激思，又要提高思维品质、点拨思维方向、优化思维过程、授以思维方法；亦即，在授之于人的过程中，着眼于培养学生的思维能力，使其思维具有广阔性、深刻性、敏捷性、灵活性。二是培养自学能力，叶圣陶先生提出：“教是为了达到用不着教，讲是为了达到用不着讲，教要向不教转化，讲要向不讲转化。”用此解释教学，就是教师指点、引导，学生思考、自学，使之“不需教师教”而进入“自求得之”的境界。这就需创造条件，使学生可能自学；激发兴趣，使其乐于自学；教给方法，使之善于自学；培养习惯，使学生坚持自学。三是教以学习方法。“得法者，事半功倍”。教师要善于依据教材，设计学法；结合教学，渗透学法；揭示规律，指点学法；示范引路，授之学法；抓准契机，点拨学法；利用教法，暗示学法。通过学习规律的提示、学习过程的指点、学习习惯的形成、学习能力的培养，使学生掌握学法。概言之，既教学生“学会”，又教他们“会学”；既要“鸳鸯绣出从君看”，又要“金针还须度与人”。

十二、此时无声胜有声

传授知识、技能有声有色，进行思想品德苦口婆心，自然会收到良好效果，但凡事不能绝对化，在某些情况下，无声却能胜有声。

1. 无声的眼神　如果发现课堂秩序混乱，教师使用凝重的目光环视学生，吵嚷者一同教师目光相对，就会意识到是向他亮“黄牌”、发警告，便会自觉“改邪归正”，课堂内顿时会变得鸦雀无声。

2. 无声的行动　自尊心是人格的顶峰，坚持无声的教育，往往能收到良好效果。比如，上课时发现黑板擦得不干净，教师自己拿起板擦，把黑板特别仔细地擦一遍。这种无声的批评，不但使当天的值日生了解“其中味”，也可使以后的值日生引以为戒。

3. 无声的忍让　教师天天和学生打交道，有时难免发生点小摩擦。有的学生即使错了，也常常是当众不认输或不愿认输，教师如果主动忍让，学生的火气自然会减小或熄灭，并能从教师的高姿态中受到感动，甚至会“负荆请罪”。

4. 无声的微笑　对经常做好事的学生总是大张旗鼓地表扬，往往会使其本人和其他同学不以为然，觉得一切“不过如此”，如果教师对其报之一笑，这种诚挚、和蔼而含意明显的情态，既是对他的嘉奖和赞许，也是对他的促进和鼓励。

5. 无声的手势　为了加强教学的直观性、形象性，巧妙运用手势、动作，有时不仅能表达语言难以描绘的意思，而且能使学生心领神会，比单纯说教效果更佳。

6. 无声的表率　身教重于言教。要求学生不穿奇装异服、不留怪发型，教师首先着装整洁、朴素；教育学生不计较个人得失，教师就须“一片冰心”，如此种种，学生就会仿效，从而会收到良好效果。

以上方法都是于无声处见成效。既能照顾到少数学生的情面，又会使多数学生有意无意受到教育，真正收到“此时无声胜有声”的效果。

十三、借分本假还分真

分数是什么？是衡量各种考试成绩、差异的标记！自古考与被考是对立的，难倒学生，方显教师权威本色。于是偏题怪题频出，学生战战兢兢；苦读勤学，祈求一个好分。有的仅差半分没及格，老师铁青面孔，面对一双泪眼毫不动心，结果未能毕业，捧着肄业证差点寻了短见。从此结怨终生，阴云笼罩几十载。如今，师生关系随着时代的脚步发生深刻裂变，老师从讲台上走下来，淡化了权威角色；师生是朋友，是伙伴。考，随之产生变化；分，随之也开始异化。前几年，听到一个感人的故事。一个学生考试得了 58 分，怕遭父母训斥，央求老师：“您能借给我两分吗？”老师听后十分惊讶，深入一了解，方知其父母一个月前离异，因想妈妈上课总是走神。老师的心被震撼了，学生在家境变故无奈之下，不是要分而是借分，这本身就体现了上进心和自信心，若拒绝则必然如冷水浇头，肯定会刺伤其心灵，于是决定“借”！学生阴云顿扫，拍着胸脯说：“老师太伟大了，我一定加倍偿还，还个 100 分！”后来，果真兑现。借分本是荒唐事，可老师出于爱，出于信任，出于理解和宽容，抓住了教育时机。在此，分数不再是卡学生的法宝，而成为师生信任的契约，成为点燃学生信心的火种。无独有偶，一个功课“满堂红”的学困生，下决心要扔掉落后帽子，成绩居然破天荒地升到 75 分。同学们为他欢呼，老师也异常兴奋地说：“进步就是 100 分！”那学生眼里闪着从未有过的亮光。若能激励进步，真的加到 100 分又有何妨！当然，这 100 分，不是那 100 分，这 100 分包含了无可估量的附加值！分数给进步加了油，成了催人奋进的鼓点，成了激励积极的嘉奖；分数，由冷雨凄风变成丽日春风，透着沁人心脾的温馨。当然，这不是否定分数固有的反映客观成绩的真实性、严肃性，而是赋予了人性化，增添了一层可贵的人文关怀、心灵激励、才智导向……

十四、心灵相通方为教

陶行知说：“真教育是心心相印的活动。唯独从心灵发出来，才能达到心灵的深处。”教育是植根于爱的，在心与心交流中，道德的力量具有不可忽视的作用。正如苏联教育家苏霍姆林斯基所言："教育者的崇高道德品质是教育获得成功的最重要前提。"师德是教师职业之魂，没有它，教育就失去了应有之义。

十五、家祭无忘告乃翁

宋代爱国诗人陆游晚年作诗："死去元知万事空，但悲不见九州同；王师北定中原日，家祭无忘告乃翁。"他一生撰写爱国诗篇无数，年近终点之时对恢复国土仍念念不忘，依然以诗词表达去世后的心怀，特别是最后一句，既表达了自己心情，也对子孙发出了自己的希望。这种期望也含有家教的深意！它以"诗词"形式出现，就必然显示了其教育艺术。该诗句已流传近千年，也说明它包含的教育艺术，将万古流芳！

十六、君明臣刚寓意丰

妙语赞扬蕴批评——唐朝贞观之治，是中国泱泱五千年历史最辉煌的鼎盛时期。开创贞观盛世的唐太宗，智慧超群；长孙皇后睿智贤惠，盛世明君与千古贤后，携手挥就缱绻情深的帝后传奇。李世民是中国历史上几百个皇帝中最英明者，可谓千古一帝，志在励精图治，成在善用人、常纳谏。尽管善于调整心态，听取意见，也难免有被冲撞之时，或反感于逆耳之言。魏征就是一位敢于冒犯龙颜正直谏臣。有一次，终于把李世民惹恼。太宗下朝回到后宫，十分气愤地说："找个机会定把这个乡巴佬除掉！"长孙皇后赶紧问："谁触忤陛下？"帝曰："魏征每廷争辱我。"长孙皇后面对盛怒的太宗，既没顺水推舟出言煽动，也不唯唯诺诺默不敢言。她立即退到内间，换上隆重朝服走到太宗面前正式行跪拜之礼。太宗忙问皇后为何行此大礼？皇后说："妾闻君明则臣刚，魏征敢于直言进谏是因陛下英明也，妾特此恭贺！"太宗听后转怒为喜，龙颜大悦。"君明则臣刚"之奇特高妙在于隐匿批评，彰显颂扬，既赞颂太宗的英明，又褒奖魏征的忠直；使怒气冲冲和杀气腾腾的气氛顿时烟消云散，转为乐意融融。"君明则臣刚"内涵奇妙之极，已成千古绝唱。"一言而全直臣于将死之际，立太宗于无过之地"。千古一帝，世无其二。李世民若无长孙皇后，这个千古一帝，可能就不会是"世无其二"。大唐第一后，是影响贞观之治清明政治的重要人物，仅以其柔而韧的背影，浮现于幽幽青史，独绝千古。千古第一后，不是最美丽的皇后，不是最有权力的皇后，却是名声最好的皇后！长孙皇后是皇帝的良佐，是后世皇后的标杆。勇于匡正丈夫的错误，而非毫无原则地顺从以邀宠。为后世称道，千载遗芳。

十七、高见或在不言中

钱学森这位杰出的科学家，在晚年不止一次谈起他的忧虑："现在中国没有完全发展起来，一个重要原因是没有一所大学能够按照培养科技发明创造型人才的模式去办学，没有自己独特创新的东西，老是'冒'不出杰出人才。"人们把钱老对教育的考问称为"钱学森之问"。难道这位具有真知灼见的高端科学家真的不知其因？若果真如此，恐怕他人就更难知晓！时下自然科学者有几个能高于钱公的水平？问题不在于"答否"而在于"如何回答"；更在于提醒多少人积极思考，期望自己能予以回答！钱学森之问的启发性之大，有撼天震地之效，令无数相关教育者和科学研究者在不断地启动与运用各种思维，寻究答案。"钱学森之问"是关于中国教育事业发展的一道艰深命题，需整个教育界甚至社会各界共同破解。

"红烛""春蚕"等词语所描述的是教师的道德形象，全面揭示这一职业的内在特质和从业标准。其实，自古以来，道德形象被视为教师的最基本形象。"师者，人之模范也"。教师作为成人世界的代表，其道德和行为对学生有着潜移默化的深刻影响；教书育人、为人师表的职业特点，决定其必须是学生的道德楷模。学为人师，行为世范。高尚师德至少有两种内涵：爱心和奉献。教师并非生活在象牙塔里，教育事业也并非世外桃源。社会革、名利诱惑、多元观念、浮躁心态给教师带来种种考验。同时，对教师的素质提出新的要求，并有刚性标准和硬性规定。但这环境和背景，并不意味着可弱化师德，淡漠爱心，不讲奉献。教育，因爱心和奉献而崇高；教师，因高尚品德而美丽。

教学艺术的方方面面

在教学中，讲解艺术的境界和良好教学的气氛，多表现为若干侧面。具有教学智慧的教师在教学中的许多巧妙做法，反应的机敏，鲜活的语言，处理课堂突发事件的勇气和恰到好处，经常喷薄而出的才思，都淋漓尽致地表现出他的教学智慧。

一、创设情境激发思维

在教学过程中，要创设问题情境，激发探索欲望，注意启发学生的积极思维，鼓励学生研究探索问题的解决方法。要把教师“设疑——鼓励质疑——引导解疑”的过程与学生“求疑——大胆质疑——创造解疑”的过程结合起来，抓住最佳契机，画龙点睛地点拨学习方法。

二、交互影响交互活动

在教学过程中，要把握好“启发、诱导、探索、讲评”四个环节来提高学生学习能力。“启发”，就是指导学生自学、给学生搭桥铺路；“诱导”，就是引导学生学会自己“走路”，充分发挥教师的主导作用；“探索”，就是在学生具备一定的自学能力后，放手让学生自己去探索新知识，以利于开拓学生的思路；“讲评”，就是收集反馈信息，教师通过耳闻目睹等多种途径，把学生在尝试过程中所了解的信息进行整理评估，发现问题及时矫正，使教师的精讲和学生的动脑、动手、动口得到最佳结合。

三、共享答疑学会旁听

教师在给一位同学答疑时，其他同学应学会共享教师的解惑与答疑，由问与答的“旁观者”转变为“旁听者”。一是学会“听问”——问，是一种水平，一种能力，一种学习态度。通过别人的提问，可以获悉别人的思维视觉、思维死角、思维热点与思维技巧。从别人提问中发现不足，也是在警示自己少走弯路。二是学会“听答”——校园里问答有四种：师问生答、生问师答、生问生答、师问师答。每次问答都是一次思维的交流、智慧的碰撞。认真倾听别人的答问，别人的智慧就涌入了自己的大脑。需要强调的是，应学会在课堂上积极参与问答，认真倾听问答。三是学会“听评”——对问与答阐发评论，是探讨问题的新角度、新高度。通常，评论往往阐述得更简洁，更深刻，更能揭示问题实质。所以更要学会“听评”。

四、肯定教育显人性化

“肯定教育”设置了一系列的人性化细节，如老师判题不再打令人难堪的红色“×”，做错的题目都被一个个不起眼的小红点和小横杠标记出来；开辟说话课，学生在课堂上无须举手，根据课堂主题随时站起来阐述自己的观点；考试成绩不满意可申请重考等。如此人性化的“肯定教育”，既显示关注学生的心理健康，也使教育闪现出人性化的灵光，更使“以人为本”理念在教学中较好地体现出更浓的人本色彩！

五、文道渗透柳暗花明

很多名师深爱自己的学生，常常以自己的人格力量、学识品格影响着学生。讲课没有浮词赘句，往往是通过娓娓道来，把丰富的心得、卓见的知识和中华民族的独特品德合而为一，讲到入神之处，或神色自若、或声色相随、或闭目而谈，使整个身心沉浸到所讲述的知识内容之中，诲语谆谆，使学生处于物我两忘的境界中。优秀教师的讲课方式，仿佛是带着学生走在山阴道上，盘旋曲折，山重水复，最终豁然开朗，把学生引上阳关大道，简直就是一种莫大的精神享受。

六、诗情画意引人入胜

教师的讲解，不时散发出的“见他人之未见”，常常建立在严密推理下的合理想象，不仅极具启发性，而且充满诗情画意，令学生陶醉于学习享受之中。有的教师上课达到了这种境界：知识早已烂熟于胸，例题信手拈来，讲课条理清晰、自成体系，加上一手俊秀的板书、洪亮的嗓音，书上那些原本晦涩难懂的公式、定理，经过他讲解，就变得非常简单明白，致使他的课，几乎场场爆满，座无虚席。

七、以书悦人以言醉人

以书悦人，即通过板书的整洁、美观、规范、布局的合理等魅力和艺术影像或投影画面来激发学生愉悦的情感。书写美观是指字迹清楚、匀称、好看；字体规范是指不写错字、别字、潦草难辨之字；布局合理是指课题、段落、公式位置适宜，字符、序号都符合要求；影像和画面艺术是指色彩协调、清晰悦目。教师除做到秀手于前，疾书于后，落笔无误，行随心至外，还要做到“笔画规范，结构严谨，大小匀称，布白合理”。要使板书以外部魅力引起学生愉悦感，获得学生赏识。以言醉人，即用优美的课堂语言去陶冶学生。在课堂教学中，如若无语言的支持，则科学的内容，难以讲清；深厚的感情，难以寄托；严密的推理，难以传授。故教学语言应做到词汇丰富、规范、连贯、得体。丰富，是指教师要掌握多种词汇，可信手拈来；规范，就是要符合语言习惯，符合现代汉语的语法规则，符合普通话的语言要求；连贯，是指句与句之间联系密切，语气贯通；得体，就是合乎语言交际的时机与环境。同时，要增加语言的文采魅力。

八、以技迷人以意喜人

课堂教学，是一种创造性劳动，不容只靠照本宣科，要讲求讲课技巧；否则，不仅不能给人以美感，还会破绽百出。以技迷人，不仅在理论教学中大有用武之地，在实践教学中更能一展风采。以电脑操作而言，正确的坐姿、基本的指法、准确的操作、快速的键入等操作技巧，能使学生折服，就会使之自觉不自觉地去模仿、去练习，长此以往，学生的技能水平就会蒸蒸日上，逐渐磨炼出键指如飞的速度。教师要以创新的意旨，巧妙的构思去激发学生的学习兴趣。意是课堂教学的灵魂，优质的课堂教学，必须有优质的意旨，巧妙的构思。课堂教学要留意开头，如若能在此时石破天惊，突出主题，那么整堂课就像高崖泻水。言简意明，设置悬念，催人思索，激发兴趣，给人以清楚明白而又不同凡响的印象，逼出学生强烈的听课欲望。既要使学生有新异刺激出现，在大脑皮层中产生出强烈的兴奋，吸引学生注意力，还要不断设置“悬念”或“空白”。教学犹如中国画，要留些许空白，展示极致的美丽和深邃的意境，给人遐想和思索，以不断引起学生的积极思考与探索……

九、得体探究有形无形

课堂气氛的若干界域：活跃要有深度，不是越活越好；活跃重在思维，不是肢体；要有安静的空间，不是热闹非凡；让每个学生得到发展，但不求一样的发展；让每个学生有所提高，但不是同步提高；让每个学生都合格，但不必有相同的规格。课堂的讨论与辩论要新颖的形式、鲜明的主题、宽松的氛围、务实的内容。思维和观点的碰撞激发学生打开思考的闸门，灵感的火花迭现不穷，则话题随之不断深入。下课铃声响了，学生仍感到意犹未尽，辩论和交流还在继续……优质课的“有形”与“无形”值得琢磨。学生喜欢老师的风趣幽默，上课轻松，平易近人，有亲和力。给学生留下难忘印象的好课，肯定是“有形”的，老师形象的优美或潇洒、声音的动听或委婉、言语的深刻或诙谐；可以是一段精彩的对话、一组出彩的画面、一个出奇的插曲，甚至是一次意外的失手。然而，真正的好课，又是无模式或套路的，从这个角度说，好课是“无形”的。“无形”，是指教无定法，学无划一，没有一种永恒的模式能复现。提出优质课标准，是为让老师有所“顾忌”，有所“顾忌”是“引路”，而非代替“走路”。有方向，但不必走同一条路。“无形”，还指教学是动态的，面对同一主题，因对象不同，所产生的课堂状态不一，即使同一类对象，因各班所处环境不一，所形成的课堂模样也不同。显然，“无形”，更能展现优质课的“动感”，以“无形”，去追求“神似”而不是“形似”才是理想的境界。

十、考题出法重记重能

近年有一则报道，关于同一历史题材，中美两国学生考试试卷各有不同出法。中国是：窝阔台哪一年死？最远打到哪里？美国则是：窝阔台当初如若未死，欧洲会发生什么变化？两相比较，前者的答案是唯一的，非对即错；后者的答案则是不确定的，可有多种多样，并无所谓固定答案，老师批改也没有对错，只有等级。管中窥豹，前者，教育有重识记的倾向；后者，教育重视启发学生的思考，培养他们的思维能力。知识可以死记硬背，但化为能力却需一番工夫。以小见大，也不难看出我国学生为何高分低能者多，而创造力缺乏。当今信息时代，知识、技术，日新月异，靠人脑记忆远远不够，培养能力尤创新能力，才是更加重要的目的。故应转变思维，鼓励创新，欣赏差异性，防止千篇一律，打破标准答案。

十一、神秘朦胧留下空白

“神秘”一词意味深长。神秘是什么？显然是一种奇妙的“隐藏”，而且正是由于“隐藏”才使人流连久久，回眸久久，期盼找到隐藏在神秘中的那份珍宝。比如，蒙娜丽莎的笑就特别神秘，这才使无数人驻足沉思；又如，雾中的黄山就特别神秘，这才使感到云蒸霞蔚飘飘欲仙；再如，到九寨沟走走，就会觉得在那一步一景，变化万千之梦幻般的画面后头，可能住着什么“高人”或“神仙”……“空白”，静观壁上刘止庸画的鱼。识者说，刘止庸画鱼决不多给，密密麻麻那不成了沙丁鱼罐头。果然，偌大画幅也就两条半若隐若现的鱼儿游动于波光草影中，绝大部分是空白。然而，却呈现出无限的灵动和生机。正是“画中之白，即画中之画，亦即画外之画也”。绘画，有不画之画，所谓“于无画处皆成妙境”；作诗，有不写之写，所谓“不着一字，尽得风流”。

十二、讲解逻辑　逻辑引入

金岳霖 1921 年获哥伦比亚大学政治学博士学位。随后去英、德、法等国游学和做研究工作。1925 年回国后，在清华大学哲学系任系主任，此系最初只有金岳霖一位老师，也只有沈有鼎一位学生，两人专攻逻辑学。中国的逻辑学这门崭新的学科，就是由金岳霖、沈有鼎确立起来的。后来金先生在联大开逻辑课，是文法学院一年级新生的公共必修课，这有三百来人的大班。上课伊始金先生引用一故事：孔融十岁时，随父亲到洛阳。当时李膺（字元礼）有盛名。凡访问他的都是一时俊杰或亲友。孔融去拜访李膺，自称和他有亲戚关系。李膺见他时问道：你和我有什么亲？孔融回答：我的先人孔子与你的先人老子有师生之谊，因此我和你是通家之好，怎么不是亲戚？一个十岁的孩子讲出这么个大道理，李膺和在座人一致称奇。太中大夫陈韪后至，别人把孔融如何应对的话告诉他。陈韪说：“小时了了，大未必佳。”孔融立即说：“想君小时，必当了了。”弄得陈韪十分尴尬。金先生问：从逻辑上说，孔融的话有无问题？大家七嘴八舌，大意是说，孔融的话不对！？陈韪说“大未必佳”，说的是或然而非必然。因此不能用“想君小时，必当了了”说明陈韪虽然是大人，但并不佳。如果陈韪说：“小时了了，大必不佳。”孔融再说“想君小时，必当了了”就合乎逻辑了。对这个答案，金先生还比较满意。这种引入新课方式至今仍有现实意义。说明金先生的教学方法很活，启发学生自己思考，这比让学生死记硬背老师的讲义要高明的多。

教学，作为一门艺术，亦有“不教之教”。叶圣陶有句名言：“教，是为了不需要教。”他主张教师少讲，旨在培养学生的相关能力，教师的主导作用应表现在启发和引导上。这种启发、引导，就是“不教之教”。确切地说，不教之教，就是不直接教，说到底它也是一种教。“不教之教”中的“不教”和一般的“教”是相反相成的。因此，相比之下，“不教之教”应属高层次的教学艺术，它需要教者运筹帷幄，而又别具匠心。所以不能只看教者会不会“教”，还要看他善不善“不教”；“看画，不但要看画之实处，还要看画之空白处”。教学亦然。

教学方法的主要特点

最重要的知识，是方法知识。“教学有方，而无定方，贵在得方”，说明了教学方法既要符合科学性，又要符合艺术性。通过长期的教学实践和对教学理论的深入研究，教育者总结出教学方法具有多样性、综合性、替代性、局限性、启发性和实践性等特点。

一、多样性

在各教学理论著作中，大都论及几种乃至几十种常用的教学方法。其实，在实践中运用的教学方法绝不限于此。因不同的教学目标、教学内容、教学对象、教学条件和教师个性，选用的教学方法必然有所不同。因而，在教学中应根据实际情况创造性地选用和开发多种教学方法，以便自如地应付复杂多变的教学要求。

二、综合性

在实际教学中，往往需综合运用多种教学方法以适应教学变数。其原因：一是每堂课所传授的内容常具有多种性质，故需选用不同方法，或是一法为主多法配合；二是各种方法皆有利弊，均有其运用条件，只有合理、恰当地运用，扬长避短、优化组合，才能取得最佳效果。亦即，教学内容的复杂性决定了教学方法的综合性。

三、替代性

一种教学方法可用另一种教学方法去代替或补偿。在教学中，并非面对某一课题或某一内容就必须使用某一特定教学方法。同样课题或内容，某教师可用此教学方法，另一位教师可用彼教学方法，均可取得良好的教学效果。因此，对教学方法的选用不宜绝对化，只要所用教学方法具有科学性、适应性或针对性，能取得良好的教学效果。同时，鼓励教师探索与开发适合自身特点、发挥自己特长的教学方法，以形成自己的教学风格。

四、局限性

所有教学方法同任何原理、法则和规律一样，皆有其独特的性能、适用范围及运用条件，不存在“放之四海而皆准”的教学方法，从来就没有一种或几种适用于一切范围和条件能“包治百病”的教学方法，任何教学方法超越其适用时空则不成立或失去意义。换言之，多种多样的教学方法，虽各有其千秋，各有其功能，但都有其缺陷，皆有其不足，均有其局限性。

五、启发性

所有的教学方法，都注意从学生的实际出发，通过启发充分调动他们的主动性、积极性和创造性，培养其发现、分析和解决问题的能力。其实，启发式早已不再是一种单一的、具体的教学方法，而是研究和运用各种教学方法，建立教学方法体系的指导思想。因此，无论是理论性教学，还是实践性教学，在教学方法的运用上均须含有启发性，符合启发式的要求。

六、艺术性

讲求艺术性是教学方法的重要特点。各科教材都蕴涵着大量审美因素，教师应以美学的、艺术的眼光去发现它、欣赏它、品味它、领略它，直到自己感觉身心都融入其中，甚至达到迷醉的程度，然后再引导学生去体验、分享这种美。经验表明，当学生对教学发出由衷的惊叹和赞美时，主要是由于教师按照“美的规律”设计教学方法进行创造劳动的结果。艺术化的教学方法有三种基本表现形态：①多样化。学生在审美心理上对多样性、新奇性有普遍的追求。采用灵活多样的教学方法，让学生在丰富多彩的形式美的感受中，诱发美感，激发兴趣，进而在接受新知识的同时，推动美的创造。②形象性。艺术离不开形象。教师要善于运用形象的教学方法，给学生以如临其境、如闻其声、如睹其状的美感。抽象知识一旦转化为活灵活现的形象和生动可感的模式，学生就会调动所有感官，情不自禁地去感受、思考、想象，进而在对教学内容的理性悟解中发生美感。③创造性。创造性最能显示教学艺术的生命力。创造性教学方法是诱发科学美感，训练创造性思维、培养开拓型人才的有效方法。教师应敢于突破因循守旧、墨守成规的教学框架，摆脱传统习惯造成的心理定式，永远好奇地实验新的方法，追求新的境界。

七、出奇性

美国历史学家、学术和小说家亨利·亚当斯说："一个教师的影响力是没有尽头的，连他自己都不知道自己产生的影响力有多大。" 每位优秀教师都知道，培养学生对整个世界拥有好奇心极为重要。好奇心是丰富学生生活最重要的因素。所以应努力为学生创造机会，让他们见识不同的文化和不同的生活，告诉他们不要把眼光局限在那些遍布世界各地的快餐连锁店，不要仅知道像贝克汉姆之类的足球明星和运动员，也不要仅知道一些流行时尚。要帮助他们去了解各种丰富的艺术、文学、音乐科技研究和发展。青少年富有活力，喜欢标新立异，既想被人当做成年人来看，同时却又追捧同一批歌星或者喜欢同一类书籍……年轻人对自我的探索和发展很大程度上取决于学校教师的奉献精神。因此，教师的能力主要表现为"温故而知新"，以使学生看到社会历史与他们的未来是如何联系在一起的。除好奇心之外，还要培养学生的韧性、毅力和决心。综观那些为人类带来幸福的伟大成就，很难发现哪一项事业"事出偶然"，伟大的发明也很少源于一时努力。学生们常常不能把一项爱好坚持到底，但学校如果教育得法，每个青少年都能将一项任务坚持到底，并从中体会到成功的满足感。

八、启智性

一个人最终能否成才，主要取决于是否善于运用智力乐趣和探索学习乐趣。在追求知识的过程中，最初的发端就是对未知事物探究的兴趣，也只有在运用智力的快感中获得享受，才会达到自主学习的良好境界。实践证明，发展智力是最重要的，而科学、技术、艺术等领域的一切成功都是思索处于活泼状态下心智充分开发的结果。可见，快乐地运用智力是第一位的。在新旧两种教育体制相互碰撞而教育意识初步觉醒的时期，应彻底扭转教育的实用主义倾向，把教育作为"人"的培养和发展这个大概念来考虑。在近年来各类教育如火如荼地强化应用性知识价值的大背景里，还要注重给学生增添一份真正的心智活动，应是每一位教育者的神圣天职，由此更加自觉地呵护学生好奇的探索心理，以及在这种探索中所获得的成功和喜悦。同时，生动有序地培养学生喜爱自由的天性，给他们提供一个更为宽松的空间和创造更多独立思考的机会。

九、多元性

霍华德·加德纳是哈佛大学研究生院的教育心理学教授。他将智力定义为：人类解决问题及创造出一种或几种文化价值的能力。加德纳认为人的智力可分为八类：语言、逻辑、空间思维、运动、音乐、人际交往、自我调节和自然需求。人们对智力的普遍看法是，他是与生俱来的，每个人都有一定的智力。加德纳的多元智力理论对这一看法提出质疑，他认为任何人都拥有多种智力。更令人关注的是，他指出一个人在其各个智力领域中有强有弱，而且人们的智力结构也各不相同。这一理论对教育具有重大意义。如果忽视人与人之间的差别，一律同样对待，那么就会只照顾到了智力的一个方面。这样一来，如果一个人拥有这方面的智力固然很好，然而对于绝大多数不具备这方面智力的人来说，就不那么好了。根据加德纳的观点，就必须帮助学生综合运用各种智力以获得良好的学习效果。

十、置疑性

一是教学既要使某些教学内容含而不露，又要使教学语言留有余香，以使学生思维绕梁三日、咀嚼回味无穷。二是教学语言多含“问号”、少用“句号”，多设“假设”，提示“求证”。三是教学内容应当是现实的、有意义的、富有挑战性的，以有利于学生主动地进行观察、实验、猜测、验证、推理与交流等活动。

概言之，“教无定法，教有定则”。教学方法的最大特点，就是教要有法与教无定法。教要有法，是指教学不是随意的，而是有规律的，它具有一定的法则，符合一定的原理；教无定法，是指具体教学方法不是一成不变的，而是灵活多样的。前者，着眼于科学性；后者，着眼于艺术性。教学既是科学，又是艺术。“越是前进，艺术越要科学化，同时科学也要艺术化。”要使教学进入佳境，收到最佳效果，必须使教学达到科学性与艺术性的高度有机统一。怎样根据具体情况，选择合理的教学方法，以达到最优化的教学效果呢？一是根据教材特点选用方法；二是根据学生年龄特征和个性差异选择方法；三是考虑教师自己的特点，“会使枪的使枪，会使棒的使棒”；四是依据学校设施和设备条件运用方法。总之，教师必须诸法皆备，运用自如；精深地理解和掌握各种技巧，并依不同具体情况恰当选用。教学方法的选择，要因文而异，因人而异，因师而异，不能千篇一律。须知，教学的任何一种方法，都不能认为是最佳的。因而，在实际教学中，常常是几种方法交替或综合使用，我们说的教学艺术高低，正是这些方法综合运用时所具有的准确性和灵活性。显而易见，教学的科学性取决于教师对科学知识的认识和掌握；教学的艺术性则主要取决于教师对科学方法的运用程度。人们对“教要有法”与“教无定法”的理解往往存在很大偏颇：一讲“教要有法”，便恪守成法不变，形成教条主义、公式化；一讲“教无定法”，又“运用之妙，存乎一心”，只可意会，不可言传。教学的程式化和主观随意性即是这种偏见的突出表现。其实，教学艺术的丰富多彩，并非就是“天马行空，独来独往”；教学科学的严谨性，也非刻板教条。教师在教学上，如若没有科学知识的理论武装，很难形成真正的教学艺术。同样，教学艺术的形成和发展，也只有在长期实践中经过反复锻炼才能得以实现。离开了教学艺术的实践活动，教学的科学性也将成为一纸空文、几条“死法”。人们往往担心提倡教学的科学性会妨碍和否定教学艺术性的发挥。正是这种片面的认识使我们的教学长期以来盲目地把主要精力用于对艺术性的追求上，而忽视对教育规律的探讨。事实上，“科学”常常表现为一定的“程序”或“规格”，用来判断是非标准，形态相对稳定；而任何艺术的成长历程，又总是经历由步步“入格”（掌握规格或程序）到步步“出格”（灵活运用规格或程序）的过程。因此，提倡教学的科学性非但不会妨碍与否定教学艺术性的发挥，恰恰相反，它能帮助和促进教学艺术的提高，缩短教学艺术形成所需要的时间；而教学艺术的形成和发展反过来又为确保教学的科学性提供丰富的“营养”，推动教学的科学性更上一层楼。所以两者并行不悖，互为因果，相辅相成，和谐共进。

要善用特殊效应

大千世界各种各样的“效应”数不胜数。比如，自然界有“黑洞效应”，艺术上出现一种“谎花效应”。何谓效应？它原指物理或化学作用所产生的效果，如光电效应、热效应、化学效应等等。后将“效应”一词也广泛地应用于其他领域，当然也包括教育领域。什么是特殊效应？在这里是指在长期的教育实践中确有效果，但又无确切的教育理论来表述的教育方法。多年来，由于我们忽视这方面的研究和总结，致使一些颇为有效的教育方法，难以得到大面积的推广。这里仅仅介绍几种，并用实例佐证，以供借鉴或参考。

一、手感效应

法国大作家雨果曾说过：“笑就是阳光，它能消除人们脸上的冬色。”一个教育者如能面带笑容地拍拍学生的肩膀或给予亲切的抚摸，再以一种诚挚的态度去跟他谈话，或许要比一本正经地通过讲大道理去做他的思想工作，其效果要好得多。实践证明，教师一个不经意的微笑或友好的抚摸动作，往往会使师生之间的感情得以沟通，甚至可以消除学生的疑虑和恐惧心理，而增强亲近感、感染力。

二、声感效应

维吾尔族有则谚语：“恶言恶语伤人骨肉，温言暖语说软石头。”为什么有些港台歌曲在大陆得以广泛且很快地风行？究其原因之一，是这些歌曲的演唱者选用了“气声”唱法。这种唱法如亲切的呼唤，如悄悄地耳语，如蒙蒙的细雨，如温柔的春风。我们教育工作者如能借鉴并发挥这种声感方法，联系学生家庭实际、社会生活实际和本人表现实际进行思想教育工作，往往能收到良好效果。

三、组场效应

1989 年 12 月 30 日《中国教育报》载；祁阳一中举办的“忆苦思甜报告会”，近两千名学生聆听两位老人做报告时，“台下早已唏嘘成一片”，会后“一大群同学揉着红红的眼睛，围着两位老人不肯离去”。究其原因，是这里有一种特殊的组场效应，即众多的人聚集在一起，就形成了一个强大的生物场，人们的情感、行为会产生一种强大的集体效应。引导得好，会形成高度的思想升华；引导不当，也容易出现重大的行为偏离。因此，学校领导、班主任或辅导员应多组织些让学生参加一些有益的集体活动，会大有裨益。

四、仪表效应

有过这样的情况，某教师对某学生歪戴着帽子、衣服无纽扣批评了几次，未见其效。但后来，这个学生改变了，是什么原因呢？他对教师说：“老师，您常说我不修边幅，这是我从小养成的习惯，难以改变，但后来发现您每次进教室，衣着总是很整洁，从不马虎，每当此时，我就下意识地整整帽子，摸摸纽扣，久而久之，又养成了习惯。”这就是教育者仪表所产生的效应。因此，为人师表的教师，要讲求职业道德，养成良好的生活习惯和工作作风，以在举止、着装、谈吐等方面起到好的仪表效应。

五、皮格马利翁效应

皮格马利翁是古希腊神话中的塞浦路斯国王，他在雕塑一座少女像时，竟钟情于她，最后使这位少女“复活”与他结为伴侣。心理学家罗森塔尔曾对一些儿童进行“预测未来发展”的测验，然后对他们的老师说：“这些孩子很有发展前途。”实际上，这些儿童都是随机抽取的。几个月后，教师发现这些儿童比测验前都有程度不同的进步。此实验结果表明，教师的期望对学生的行为会产生较大影响。这种现象称为“皮格马利翁效应”，心理学界也称“罗森塔尔效应”。该效应揭示了这样一个事实：每个学生的真正自我都是具有吸引力与感染力的。心理学家也认为“再造想象是依照词的描述或根据图形、模型、符号等描绘在人脑中产生新形象的心理过程。”因此，教师应善于为目标形象创设一个环境，使之在具体形象、概念的引导下使学生的想象思维被激活，并能按一定形式逻辑和情感线索大胆进行创造。我们生活在一个真实的世界，来不得虚拟与假设。然而，却经常以假设为前提进行思考。世界很大，人的视觉很小，因此思考问题，常常不是基于事实，而是基于假设。若假设趋近于事实，其观点就趋近于客观。实际上，教师也习惯于做假设，假设所教学生都是好学生，其好处：一是给老师带来好心境；二是给学生带来好前景；三是给认识带来好角度（“好学生”有其不好的一面，“不好的学生”有其好的一面，重要的是看问题的角度）；四是给教育带来好效果。看来，罗森塔尔并不是完成了一个经典的心理试验，而是改变了教师内心深处的一个教育假设。假设所教学生都是好学生，教育的收获将会更多。

六、瀑布心理效应

教师一句随便说出的话，却常常使学生掀起轩然大波，有点“一石激起千层浪”的意味。此现象被称为“瀑布心理效应”，即信息发出者的心理比较平静，但信息接受者的心理却不平静，导致行为态度变化。此现象正像大自然中的瀑布一样，上面平平静静，下面水花飞溅。为减少或避免学生产生消极的“瀑布心理效应”，教师应格外注意自己的一言一行，慎言慎行，注意使之对学生产生积极效应的影响。

七、崇拜效应

崇拜是人对人的尊重、钦佩、羡慕乃至“五体投地”的一种心理倾向。学生对教师的崇拜大体有几方面：一是人格崇拜，二是学识崇拜，三是能力崇拜，四是情感崇拜，五是实绩崇拜，六是权威崇拜。学生对教师的崇拜，是一种潜在的心理动力，是无形的力量。所以教师应不断完善自己，在学生中树立起崇高威望，提高自己在学生心目中的崇拜参数，从而更有效地对他们产生耳濡目染、潜移默化的影响。

八、替代效应

旧的习惯力量往往是非常顽固的。行政命令和舆论呼唤虽有一定作用，但如不以新习惯去代替旧习惯，比如禁“黄”、禁“烟”等，如果禁了以后学生感到“没有什么可替代”，那就不能算成功；如果禁了以后，有丰富多彩的娱乐活动和引人入胜的好书把学生吸引过去，那才是成功。一系列替代效应的实现，毕竟还要靠教育者对新事物、新习惯的长期提倡、辛勤培养和劳苦耕作。

九、低声效应

在学生面前低声调轻轻对话，不失为教育学生的良好方法。当教师低声调与学生讲话时，会使学生感到和教师处在平等地位上。只有在宽松、和谐的气氛中学生才能消除顾虑，畅所欲言和教师交流思想。此时，教师才能更好地掌握学生的思想情况，做到对症下药。低声调的教育能减缓学生的心理压力，获得心理上的宽慰；低声调的教育有利于减弱乃至消除学生的逆反心理；低声调的对话可缩短师生间的心理距离，增强彼此间的感情交流。低声调、亲昵的交谈像讲悄悄话一样，容易引起学生跟教师说话的兴趣，感受到教师的慈爱、平易近人，所讲的每句话都很重要。也只有此时，教师才真正成为学生的导师、益友和伙伴。

十、木桶理论

一只木桶盛水多少，并不取决于桶壁上最高的那块，而恰恰取决于最短的那块木板。只有所有的木板都足够高，木桶里才能盛满水；反之，只要有一块不够高度，木桶里的水就不可能是满的。所以高明的管理者都非常注意狠抓落后环节。作为身负培养学生思想品德重任的教师，也应找准其薄弱环节而使之强化。

在教育中，要善用具有积极意义的效应和某些效应中具有积极作用的方面，同时注意克服与避免具有消极意义的效应和某些效应中具有消极作用的方面。更需注意不轻易说学生笨——说人笨的“标定效应”与“期望效应”相似。在教学实验中，同一教师教甲、乙两班。虽两班学生智力水平相同，但实验者却故意告诉教师甲班学生聪明，乙班学生愚笨。经过一段时间后，结果发现甲班学生的学习成绩真的比乙班高，似乎真的甲班学生聪明，乙班学生愚笨。所以在教育教学中要谨防不良的“标定效应”的影响。

智商的概念与特点

智商，即“智力商数”（简称 IQ），指一个人的智力高低，表示人的智力发展水平，标志人的聪明或愚蠢之程度；可通过智商测验来做出评定。智力，也称智能，通常称作“智慧”，指人认识客观事物并运用知识解决实际问题的能力，指对事物能认识、辨析、判断和发明创造的能力。智力，随着年龄的增长而增长，在青年期达到高峰。它集中表现在反映客观事物深刻、正确、完全的程度和应用知识解决实际问题的速度和质量上，往往通过观察、记忆、想象、思考、判断等表现出来。它是先天素质、历史遗产和教育影响及个人努力几个因素相互作用的产物。智力一般被看作认知素质，它与情感或意志无关。它不是个别的具体能力或某一种能力的表现，而是影响人的行为与事业的总能力或多种能力的综合表现；是抽象的潜能，而非具体的操作技能。智力结构包括内智力和外智力。内智力含注意力、观察力、记忆力、思维力、判断力、想象力、应变力、推理力、内省力、创造力和实际活动能力等；外智力含知识、经验、技能等。智力越高，就越有某些过人的能力。智力由三种能力组成：记忆能力、推理能力和语言能力。尽管这三种能力之间存在相互作用，但由大脑中三个不同的神经“回路”所控制。真正的优秀人才，都有较高的智力；智力发展水平较高者，成才的可能性就较大。人的智力素质可用“智商”参量来描述，其大小取决于人的智力年龄与其实际年龄的比值。智商较高者能敏锐地感知自然现象和社会现象的某些细枝末节的变化，并迅速、准确、全面、深刻地认识和掌握其内在本质和规律，对于客观事物及其规律性有敏锐的观察力、全面的分析力、深刻的理解力和强大的记忆力。1935 年，亚历山大首次提出“非智力因素”这个概念。非智力因素，是指记忆力、注意力、观察力、想象力、思维力等智力因素之外的一切心理因素，主要包括动机、兴趣、情感、意志、性格等，这些都是直接影响和制约智力因素发展的意向性因素。智力与创造力。智力，一般多是先天具有的素质，但需要后天去开发它，锻炼它。创造力不同于智力，包含许多非智力因素，如人的个性和独立性等都是非智力因素。

一、来历与发展

关于智力的概念远在古希腊哲学家和中世纪经院学者的著作中皆曾述及。但智力的系统学说及通过实验对智力进行广泛的调查与研究，则在 1850 年后才开始展开。19 世纪后期，世界上一批科学家开始对智能进行研究，先后发表许多关于智能的论文和著作。1905 年，对智能的研究发展到高峰。

第一个智力测试是由比奈（1857~1911）和西蒙制定的“比奈 - 西蒙智力量表”，创造了智力测验理论，用来测量个体智力的高低。从 1900 年左右起，日益发展的心理测验引起人们通过实验对人类各种能力结构进行研究的兴趣。1916 年美国韦克斯勒编制了第一版“韦克斯勒成人智力量表（WAIS)”。1916 年，德国心理学家斯特思（W • Stern）首先提出“智商”的概念，用数值来表示智力水平高低。这种测试最早由斯坦福大学的心理学家刘易斯 • 特曼（Lewis Terman）发起，从而开启了长达数十年、被加德纳称为“智商的思维方式”的时代。后为比奈 - 西蒙智力测验的斯坦福修正方案予以采用。1960 年后，人们先在标准化的年龄分组中进行测验，并把这一年龄组的平均成绩定为 100；然后，再把每个人的测试结果同平均成绩相比较，这便是个人的商值。全部智商分数呈正态曲线分布，100 分上下的人数大致相等。于 1937、1960、1972 年曾先后三次修订斯坦福—比奈智力测验（1916 年前称为比奈西蒙智力测验)。智商测试理论在第一次世界大战前首先传入美国。美国用这种方法测试过百万新兵，取得很好效果。1922 年，智商测试理论传入我国，被广泛应用于政府机构、军队、医学、教育等领域。1949 年韦克斯勒发布第一版儿童智力量表（WISC)，1967 年韦克斯勒发布第一版韦氏幼儿智力量表（WPPSI)，韦氏量表于 1980 年代引入我国，1982 年经修订出版了中文版，主要适合测量小学生和初中生的智力。

应当承认，智商测试理论对教育的影响是巨大的。据此政府产生一种学校课程观，认为在学校里应当面向所有学生开设相同的课程。同时，学校和老师也形成一种评价观，就是用纸笔的考试方法来检测学生，用分数来评价学生。在教师的头脑中，还形成一种学生观，即智商高的学生才是最聪明和最有前途的；还形成一种智力观，认为智力就是一个人的语言能力和数理逻辑能力。大半个世纪以来，这种智力观支撑着学校的教育制度。这种智力观为我国近代和现代教育事业的发展做出卓越贡献。但也发现它的不足，甚至偏差。从常识上看——智商测试长期以来主要用于测试学生。这种测试的结果，与以纸笔方式进行的学校考试结果来检验，往往是吻合的，而以非纸笔的其他方式来检验，就未必一致。值得关注的是，成年后的成就与他学生时测定的智商相关性很小。从智力内涵上看——认为智力是由语言能力、推理能力、记忆能力等因素组成，以语言能力和数理逻辑能力为核心。而研究和实践证明，这些能力仅仅是智力范畴的一个组成部分，并非智力全部。从理论与实践的联系上看——智商测试可较好地预测学生的学业成就，检测学生解决课业学习问题的能力，但是很难检测个人在生活或事业上的发展，难以检测个人解决实际问题的能力。从关注的重点上看——它突出强调的是学生课业学习的智力。所以，学校的教育活动，就重视智力的开发，而忽视学生情感态度的培养。当前的课程理念之一，是教学要用三维目标来设计。三维目标的关系是落实知识和能力、关注过程和方法、凸显情感态度和价值观。在这个过程中，当然以学习知识为主，但也不能忽视学生情感态度价值观的培养。

二、智商的特点

现实生活中，高智商者凤毛麟角，中智商者比比皆是，低智商者也属少数。

（一）水平的可测性

智商的求得有严格的运作过程。凡未经这套特定程序测算者，不能谈论其“智商”如何，充其量只能一般、笼统地谈论其智力水平或聪明程度。

1. 智力测验　是用以测量人的智力水平的一种方法。主要用于鉴别学生的智力水平，以便因材施教。在英国心理学家高尔顿（1822—1911）创始的心理测验的基础上，于1905年由法国心理学家比奈和西蒙用语言、文字或图画、物品等编制出世界上第一套正规的智力测验量表。世界上最著名的智力测验是由美国心理学家韦克斯勒（1896—1981）编制的韦克斯勒智力“量表”，主要包括学前与学龄初期儿童量表、儿童智力量表和成人智力量表。测验时，要求受试者用文字（词汇、答问等）、数字和非文字的（图画、实物、动作、演示动作等）两类方式解答，然后依照公式，求出受试者的智龄和智商（或用其他方法计算成绩），从而确定其智力高低。

2. 测试分类　按测验内容分，有能力和学绩测验；按测验对象分，有个别和团体测验；按测验表现形式分，有文字和非文字测验；按测验目的分，有描述性、诊断性和预测性测验；按测验时间分，有速度和难度测验；按测验要求分，有最高作为和典型行为测验。

3. 计算公式　智力商数＝智龄（MA）÷实足年龄（CA）×100——如儿童智力年龄和实际年龄相等，依公式计算，智商等于100，标示其智力中等水平。智商在120以上者为“聪明”，在80以下的称“愚笨”。

注释：智龄，即“智力年龄”，亦称“心理年龄”。是智力测验创始人，法国心理学家、医生比奈首先采用的术语。比奈认为人的智力随年龄的增长而系统增长。某一年龄儿童的智龄，是用测验量表对一定数量的同年龄儿童进行测验，根据其平均成绩来确定的。如一个足龄5岁的儿童，在5岁组测验及格，其智龄便是5岁，即指其智力水平相当于实龄5岁的普通儿童水平。如在6岁组测验也能及格而在7岁组或以上组不及格，则其智龄便是6岁；如在5岁组测验不及格而在4岁组测验及格，其智龄便是4岁。智龄超出实龄越多，发展水平就越高；反之，不及实龄越下，则越低。测验量表编制者，断定十三四岁或十五六岁为智力成熟极限。

4. 智商测定法　智力测验问世后，区别智力的差异就变得容易。测定方法，因对象不同而异。3岁以内的婴幼儿，通过对动作能、应物能、言语能和应人能四大技能来测试。大一些的儿童则可用一些简单方式检查，如2岁半到8岁儿童，可采用一些图片回答形式或绘画试验等方式检查。需强调的是，智商只能表示该少儿或幼儿在检测年龄段内智能发育是否符合正常规律，并不能肯定被检查者一定智能高或低下，因存在智能发育有早有晚；更不能断言被检查者聪明或愚笨；且智商只有在全面了解小儿抚育、教育及健康情况，并在多次随访后测定才能确定相对正确的数值。我国采用的是美国心理学家韦克斯勒编制的智力量表，由我国修订、制定中国常模。智力测验包括常识、理解、算术、类同、记忆、字词、图像、积木、排列、拼图、符号等 11 个项目，分别测验，完成整个测验与汇总分析写出测验报告各约一小时。

（二）高低的等级性

每个人的智力是有差异的，通常分为超常、正常和低常三种类型。智商的测算幅度一般是从 46 到 160，多数人的智商水平为 100。不同的智商测量方法有不同衡量标准，一个人用不同的方法测量会得到不同的智商值，但测试出的智力等级应是一样的。下面有两种数值，是不同的测试题的衡量标准分等。

1. 国际标准智力水平分类

（1）在 140 以上者称为天才，接近极高才能。

（2）120~140 之间为最优秀，为很高才能。

（3）110~120 之间为优秀，为高才能。

（4）90~110 之间为常才，为正常才能。

（5）80~90 之间为次正常，为次正常才能。

（6）70~80 为临界正常，为临界正常才能。

（7）60~70 为轻度智力孱弱。

（8）50~60 为深度智力孱弱。

（9）60~25 为亚白痴。

（10）25 以下为白痴。

2. 心理测量学规定智力水平等级

（1）在 130 以上的是天才或近于天才，为绝顶聪明者。

（2）在 120~130 之间的智力非常优秀，为智力优越者。

（3）在 110~120 之间的智力优秀，为一般聪明者。

（4）在 90~110 之间的普通智力智力平常（大多数人）。

（5）在 80~90 之间的智力偏低。

（6）在 70~80 之间的智力有些缺陷。

（7）最后小于 70 的属于低能。

3. 各个等级的才能表现　国际通行的办法是将智力超常儿童的智商水平定在平均 130。按此标准，世界上大约一半人的智商在 90~110 之间，属于正常水平，25% 的智商低于这个水平，约 5% 的达到 125，达到 130 的约为 1%，而 100 万人中只有 1 个人的智商水平可达到 160。即智商极高（130 以上）和智商极低（70 以下）均为少数，智商的正常范围是 80~120，平均为 100，90~110 属于正常，110~120 属于中上，120~130 属于上等，80~90 属于中下，70~80 属于低下。智力中等或接近中等（IQ 在 80~120 之间）者约占全部人口的 80%，智力超过常态者，称之为智力超常，智力低于常态者，称之为智力低常。

100：正常，平均，可教也，理性判断的能力开始萌芽。

120：十里挑一的聪明人，大部分技能、知识都可以学会。

130：绝大部分技能都可自学。很多杰出军事家的智商范围。

140：百里挑一，是天才，独立抽象力开始萌芽，同时看到问题的多个角度，智力活动上追求自由，难以管理驾驭。很多杰出政治家、企业管理家、医生、律师、文学家的智商范围。

160：万里挑一，天才，智力自由和独立成为生活必需，无法进行一般意义上的领导，无法只看到任何问题的单独一个方面，很难与绝大部分人进行思想交流，经常拒绝融入社会或不为社会所容，有独立开创人类智力活动新领域的能力。很多杰出工程学家、科学家、音乐家的智商范围。

大于 180：超级天才，思维超前于时代，经常被社会当做疯子。划时代哲学家的智商范围。

4. 世界名人的智商　从人类历史宏观层面看，今天一切智力积累跟智商 120 以下者无任何关系。很多天才，如老子、孙子、亚里士多德、牛顿、爱因斯坦等，其智力活动永远改变、塑造了人类文明的进程。

古希腊哲学家亚里士多德：200

意大利文艺复兴时期艺术家达·芬奇：200 以上

英国物理学家牛顿：190

意大利物理学家伽利略：180 以上

奥地利音乐家莫扎特：165

德国科学家爱因斯坦：160 左右

德国诗人歌德：210

微软创始人比尔·盖茨：160 以上

英国理论物理学家斯蒂芬·霍金：160

2013 年 7 月媒体报道：英国 11 岁学童希芮丝的智商高达 162，超过了爱因斯坦、霍金等科学家。希芮丝目前的志向是当英格兰银行总裁或英国首相。2014 年 8 月媒体报道：英国 11 岁男孩威尔弗雷德被测智商高达 162。3 岁刚上学时就懂得阅读与写字。10 岁写下一篇论述公平的哲学论文。

（三）种别的分布性

为测出正常的智商分布情况，把平均智商规定为 100，标准偏差为 15，世界人口一半左右的智商分数在 90~110 之间。中等水平智商者约占 60%，聪明和愚蠢者各占 18%~19%。天才和低智各占 1%~2%。（另一说，68% 左右人口的智商在 85~115 之间，14% 的人口智商在 70~84 之间，还有 14% 的人口智商在 116~130 之间。智商高于 130 分与低于 70 分的人口各占总人口的 2%）。但在小团体中，如中小学一个班级的学生中，可能出现偏态分布。实际上，从大量抽样测验得出的智力分布情况并非如此。因为理论上设想的智力分布，其部分根据是这样的假定，即任何个人所达到智力水平是由遗传决定的。实际情况并不如此简单：一个人的学习状况、经验阅历对其智力发展起很大作用。具体讲，种族、文化、教育、卫生、营养、年龄、家庭环境、社会地位等都是影响智力发展与智力表现的因素。

1. 智力水平的理论分布大致比例

（1）极超常　≥ 130　　占 2.2 %

（2）超常　120~129　　占 6.7%

（3）高于平常　110~119　占 6.1%

（4）平常　90~109　　占 50%

（5）低于平常　80~89　　占 16.1 %

（6）边界　70~79　　占 6.7 %

（7）智力缺损　≤ 69　　占 2.2 %

2. 智力等级、智商范围、理论大致百分数

非常优秀　≥ 140　　占 1.6 %

优秀　120~139　　占 11.3 %

中上　110~119　　占 18.1 %

中等　90~109　　占 46.5 %

中下　80~89　　占 14.5 %

边缘状态　70~79　　占 5.6 %

智力缺陷　≤ 69　　占 2.9 %

现代智力测验表明一个人所具有的各种能力之间的高低区别同样很大。但所有测验的一致结果是：总智商高于 100 者其表达能力往往超过操作能力，总智商低于 100 者往往操作能力超过表达能力。

3. 各国或地区的智商　日本大和民族智商仅有 101，远低于犹太民族 125，以色列 119，德国 112。但日本近代国力发展飞快。非洲国家平均智商只有 70 左右。根据理查德·林恩教授在收集研究 130 个国家的智商测试数据后，2005 年公布一项研究成果，称“男性比女性的智商高 5 点”；随后，林恩还对世界各国大学生的平均智商进行比较，美国大学生智商为 110，居全球之首；英国大学生紧随其后，智商 109。2006 年林恩出版《种族智力的差异：一种进化分析》一书，总结出不同地区人种智商的差异排位及原因，

并据此绘制IQ世界地图。犹太人智商最高，平均达117以上，之后为德国109，荷兰107，波兰106，欧洲人、东亚人拥有全世界最高的平均智商，平均值为105。而之后排位是因纽特人91，东南亚人87，美洲本土印第安人87，太平洋诸岛土著居民85，南亚及北非人84，撒哈拉沙漠以南非洲人67，澳大利亚原住民62。智商最低地区是南非沙漠高原的丛林人和刚果（布）雨林地区俾格米人，平均智商为54。

（四）类型的多元性

人类个体在很多方面存在差异，在生产和社会实践中的才能也不相同。有心理学家认为，智力应分六种：语言智力、音乐智力、逻辑数学智力、空间关系智力、身体运动智力和自我认知智力。哈佛大学教育研究所心理学家霍华德·加德纳认为过去对智力的定义过于狭窄，未能正确反映一个人的真实能力。于是在1983年出版的《心境》（Frame of Mind）或《心智的架构》（Frames of Mind，Gardner）一书提出，人类智能至少可分成七个（后增至八个）范畴：言语智力、音乐智力、空间智力、身体动作智力、逻辑数理智力、人际智力和自省智力，1995年他补充"自然观察（探索）智力"。后又补充"生存智力"到9种。再后，甚至有人提出20种智力。如把人际智能细分为4种独特能力：领导力、培养人际关系和维持友谊的能力、解决冲突的能力及出色的社会分析能力。此外，还包括人际智能和内省智能。加德纳智能多元化的思想还在不断发展。再后来还提出，人际智能的核心包括"准确识别及回应他人情绪、气质、动机和欲望的能力"，而自我认识的关键内省智能还包括"正视及辨识自身感受，并以此引导行为的能力"。另外，还有其他学者从内省智能分拆出"灵性智能"。

（五）不同的变化性

过去脑科专家认为智商是与生俱来。客观事实一再证明，智商无绝对稳定性，并非一成不变：勤于学习和善于思考可使智商提高，懒惰和浮躁可使智商降低，并随知识多少而变化。

加德纳对传统智力理论只重静态因素，忽视智力发展，不能较好预测个人在现实生活中的成功，表示强烈不满。认为智力非单一和一成不变，是多元、全方位的。丹尼尔在发展情商概念时秉承此观点，并对加德纳的人际关系能力做了拓展。把加德纳关于"能洞察、辨析他人的情绪、气质、动机及欲望等，并能对此做适当反应""了解自我内在的情绪，有能力辨析这些感受，并以此引导自己的行为"是人际关系智能的核心这一观点加以转化，并认为它是情感智商的核心。研究表明，IQ高低与多种因素有关，不单是与遗传因素有关，还与环境因素有关，IQ水平的增长和发挥与社会环境及教育有密切关系，良好的教育有利于智能发育。研究显示，IQ的高低取决于脑细胞与脑细胞之间所建立的衔接桥梁的多寡。当一个人的脑细胞出现更多交流活动时，其IQ就会比一个脑细胞之间缺乏沟通的人要高。

英国在2013年上半年研究发现，人的智商并不像此前通常认为的那样稳定，而是很有可能大起大落，尤其在青少年时期。研究人员测试了33名健康青少年的智商，有高有低；四年后，再一次对他们进行测试，结果显示其中一些人的智商发生了变化：有低智商变高的，也有高智商变低的，起伏较大。再者，智商随着年龄的增长而提升，但上升至实际年龄达到25或近30时，才逐渐下降。

（六）先天的遗传性

当然，个人之间禀赋的差异是存在的，禀赋优越只是提供了发展优秀才能的基础，但不是成才的决定因素。智商的遗传性是肯定的，问题是遗传性所占比例多少，见解不一。当年人们一致认为，智商超群是卓越人生的衡量标准。不过对于智商是天生的还是后天习得仍存在争议。2013年3月，英国有媒体报道，一项新研究显示，儿童的智力有高达40%来自父母。这是有史以来规模最大的童年智力遗传研究，其成果对智力取决于先天还是后天的争论又添了一把薪。澳大利亚昆士兰大学研究人员发现，儿童期智商的不同有20%~40%可归结为遗传因素，低于过去研究提出的40%~50%。

（七）影响的环境性

智商的高低也取决于多种环境因素，特别是家庭、学校、社会环境的影响。智力分布情况在不同的社会阶层、经济状况，不同的社会集团、职业范畴、不同的民族、性别及年龄组之间，都不太一致。个人的学习状况、经验阅历对其智力发展都起到很大的作用。具体讲，种族、文化、教育、卫生、营养、年龄、家庭环境、社会地位等都是影响智力发展与表现的因素。智力迟钝的原因很多，轻微迟钝者大多与最初几年的环境有关，如贫困、孤独、失败等。智力的差异虽源于遗传基因，但环境对智力的发展也有很大影响。根据调查结果，有 70%~80% 的智力差异源于遗传基因，20~30% 的智力差异系受到不同环境的影响所致。20 世纪对美国黑人的研究似乎证明，优越的环境和机会对智商具有有利的影响。例如，生活在纽约州和伊利诺伊州的黑人，其平均智商高于生活在经济较贫困的密西西比州和佐治亚州的白人。此外，日常生活损害智商：①缺睡眠——科学实验证实，睡眠对促进大脑的发育和增进思维能力确有十分重要的作用，当人体处于卧位时，其供血量比站立状态供应更充足，使得脑细胞有更多的时间吸收营养。法国一家研究中心调查发现，学生的学习成绩明显与睡眠时间长短有关系，每天睡眠少于 8 小时者，61% 跟不上功课。39% 勉强达到平均分数，而其中更无一人能名列前茅。而那些每晚睡眠在 10 小时者，只有 13% 跟不上功课，76% 成绩中等，11% 成绩优良。②缺运动——缺少运动者的智商难以提高。③缺关爱——缺乏关爱者的智商亦不会提高。

（八）表现的显隐性

有人喜欢深藏不露，有人喜欢展现自我；有人反应快，有人反应慢。表面上根本看不出一个人是高智商的，只能通过接触方能了解或发现其逻辑思维能力远远超出常人。知识不能代表一个人的智商。因为在社会上寻求的是简单、直接、有效的解决问题的方案，但这与人生经历、实践经验及平时处理问题的习惯养成有很大关系，智商高只是有了较好的生理基础（指脑力劳动类，非体力类）。其实 98% 的人的智商相差不多，关键看你怎么去利用，这就关系到情商。智商高表现得很呆板，智商低表现得也很呆板，并且都会做一些常人不会做的事，这是他们的共同点。事实说明，千万不要鄙视一个看似傻的人。

（九）适用的范围性

“智商”及其测验过程只适合于人类，而一般只适用于儿童（主要检查少儿智能发育是否符合正常发育规律）。许多被认为智商高者，在步入成年后未必有建树，而那些被认为智商低者却取得很大成就，甚至是学术上的成就。智商测试长期以来主要用于测试学生。

（十）尚存的缺欠性

智商的缺陷：从智力的内涵上看——所谓能力仅仅是智力范畴的一个组成部分，并非智力的全部。因此，以这种智力理论为基础的教育，也必然会将学生智力的发展仅仅局限于课业学习智力的范畴，从而导致其内涵和结构存在明显的局限性。从理论与实践上看——很难检测个人在生活或事业上的发展，也难以检测个人解决实际问题的能力，所以从理论与实践的联系上存在不足。从关注的重点上看——突出强调的是学生课业学习的智力，所以学校教育比较重视智力的开发，忽视学生情感态度的培养。

三、高智商的基础条件

智商高就是反应敏捷，接受新事物快；反之，就是智商低。智商高低主要是看大脑的反应速度。智商需从几个方面衡量，包括反应速度、记忆力、概括力、想象力等。高智商的出现，大多有以下条件为基础。

（一）远血缘通婚的孩子

有资料显示，父母均是本地人的孩子平均智商为 102.45；父母是同省异地者平均智商 106.17；而异省婚配所生子女的智商则高达 109.35。表明异地通婚可提高子女的智商水平。

（二）适龄生育的孩子

一抽样结果表明，母亲在 23 岁以前所生子女平均智商为 103，而 24~28 岁间生育者则高达 109，但太晚生育（29 岁后）的子女又低于 105。故 24~29 岁为最佳生育期。至于男士，30 岁左右当爸爸为佳。

（三）母乳喂养的孩子

英国剑桥大学营养学家对 300 名 7~8 岁儿童进行智商测验，并与其食谱相对照，发现吃母乳长大者智商普遍较高，比吃代乳品长大的同龄儿高 10 分之多。因母乳中含有多种可促进儿童发育的活性物质。

（四）勤于活动的孩子

美国贝鲁奇学院纽索拉博士的一项研究发现，凡坚持每次持续 20 分钟跑步、健美操的学生，其学习成绩明显优于那些懒于活动者。因锻炼促进想象力，使大脑会变得更加机敏，更富于创造力。

另外，父母酗酒的孩子，智力受到损害而低下，如晋代大文豪陶渊明因酗酒而使几个儿子智力偏弱。

四、提高智力的策略

智商，确与遗传有较大关系，但并非完全由先天决定，后天的培养同样至关重要。以往脑科专家总认为智商是与生俱来。研究显示，人类的智商是可改变的，. 随着人类的进化，后人智商会越来越高。人在不同年龄段的智商是不同的。这即为何同一父母所生的孩子，有的智商低，有的智商高的原因。

（一）睡眠充足

清晨睡醒半小时后，是人一天中 IQ 最高的时候。当大脑工作 5 个小时，到中午 12 点时，已经疲劳，IQ 较低。到晚上 10 点时，大脑工作了一天，非常疲惫，此时 IQ 也非常低。充足的睡眠可让大脑休息，会恢复第二天的 IQ。中美专家用两年时间研究发现提高睡眠质量，可改善学习能力。

（二）控制情绪

因人在愉快高兴时，智商会提高；在疲劳、慌张、激动、悲伤、恐惧、害怕、郁闷、紧张、愤怒、烦躁、冲动、急躁时，智商会下降。故提高智商定要忘记痛苦的事情，多想一想快乐的事情。并要控制自己的情绪，不大发脾气，要做一个淡定、乐观、坚强、幽默的人。

（三）开发潜能

人的潜能是无限的，大多数人的大部分潜能未被开发出来。只有不断学习，才能开发潜能，获得成功。相信自己不是不聪明，只是潜能未被开发。多看些成功人的演讲和书籍，智商和情商就会提高。想成功就需向成功者学习，和聪明人在一起就会变得聪明。每个人的一生都会遇到无数困难，经历无数次失败，所以不要怕困难，不要怕失败，不管发生什么事，都要坚强，乐观，相信明天会更好。

（四）倡导五策

智商有遗传性智商和后天结晶性智商。这两种智商都可通过“五管”齐下而提升：一是改变不良的饮食习惯；二是营造具启发性和刺激感官的环境；三是增强情绪智商；四是引导制订一个目标，启发学生进行创意思考；五是不说学生笨，而要多鼓励和培养他们怎么做事、做人、说话，多鼓舞其信心。

（五）用进废退

身体不锻炼就会使自己的肌肉和骨骼慢慢萎缩，大脑不运用，亦然。享年 101 岁的杰出数学家苏步青说：“动则灵，不动则钝。健脑的办法是多看、多想、多写。”经常动脑的人，其智商会越来越高。

五、若干其他商数

除智力商数 IQ（Intelligence Quotient）与情绪商数 EQ（Emotion Quotient）外，还有如下商数。

（一）逆境商数 AQ（Adversity Quotient）

逆境商数，简称“逆商”，是美国职业培训师保罗 • 斯托茨提出的概念，是当个人或组织面对挫折，摆脱困境的反应能力。逆商包括信念、自信心、意志力、容挫力、乐观性，属于非智力因素，是一种心理素质。尤在智商、情商相近时，“逆商”对一个人的事业成功起着决定性作用。个人 AQ 愈高，愈能弹性地面对逆境，积极乐观，接受困难及挑战，愈挫愈勇，终究表现卓越。相反，AQ 低的人，则会感到沮丧、迷失，处处抱怨，逃避挑战缺乏创意，往往半途而废，终究一事无成。逆商虽有一定的先天遗传因素，但更重要的是靠后天培养。故提高逆商，先要树立信心，培养承受力、忍耐力、合作意识，以在艰难困苦的情况下，能看到未来的希望，越挫越勇。

（二）意志商数 WQ（Will Quotient）

意志素质可采用“意商”参量来描述。其高低取决于人对于实践关系的主观反应（设想、计划、方案、措施、毅力等）与实际情况相吻合的程度。意商较高者能够准确、严格控制自己各种活动的强度、稳定、灵活、发生频率或概率、牵涉范围、作用对象等，并准确估算、全面掌握、深刻了解可能产生的积极或消极作用，从而正确而果断做出相应的行为决策，有效实施。既能顽强奋斗又能激流勇进，既有原则性又有灵活性，既有创造性又有继承性；善于总结经验教训，不犯重复性错误；能保持行为规范与道德准则的连续性和稳定性，在为人处世上不亢不卑、以身作则、言行一致、信守诺言；办事利索、决策果断，有顽强的毅力和坚韧不拔的意志；心胸宽阔、严于律己，有强烈的社会责任感和牺牲精神等。

（三）创意商数 CQ（Creation Quotient）

与众不同皆创意，生活中的各种事务处理、工作中各种问题的解决，均有新方式、新点子，且处理的效果比旧有方式更佳。这种新点子、新方法产生的能力称为创意商数。

（四）精神商数 SQ（Spiritual Quotient）

精神商数，简称灵商。人除以肉体方式存在外，还有心理、情绪、社交、智性等，但最重要的是灵性的存在。人的快乐与否、成功与否、健康与否，跟 IQ 关系不大，跟 EQ 关系也未必密切，但跟 SQ 的关系最直接。SQ 高，生命最快乐、最成功、最健康。

（五）发展商数 DQ（Development Quotient）

发展代表开发与展现，是一种生成演变的能力，发展商数乃表示一个人促使物态或事态转变的能力，这种能力也是人类社会进步的源泉。事态物态不断转化与变化，可交织出新的社会环境，所以发展商数愈高的人愈有办法去改变环境进而创造环境。

（六）判断商数 JQ（Judgment Quotient）

好的分析将有好的判断，否则就变成妄断或赌注。因此要培养好的判断商数，则需从分析能力培养。如有好的判断，决策较不易出错。未来是与时间竞赛，因此要做出好的决策，就须依赖高的判断商数了。

（七）理财商数 FQ（Finance Quotient）

不同的人有不同追逐财富的方式，但如何衡量一个人的理财能力？理财商数提供了一个新的方向，来衡量一个人的理财能力和创造财富的智慧。它是指一个人在财务方面的智力，是理财的智慧。理财商数含两方面的能力：正确认识金钱及金钱规律的能力与正确使用金钱及金钱规律的能力。

（八）健康商数 HQ（Health Quotient）

健康商数，简称“健商”，是指健康智慧及对健康的态度。包括身心状态，对健康知识的了解与生活习惯的适当，要维持高的健康商数，则需时时检验身心状态，多吸收相关知识并维持良好的习惯。真正做到“知”与“行”的统一，其最重要是行动，即关键是有积极的态度和持之以恒的健康方式。

值得注意的是，在人们恒常关注智商与情商的同时，语商（LQ）即口才，由中国演讲家李易真于 2004 年提出，并于 2009 年推广。语商，是指语言商数，是个人语言运用能力的总和，是学习、认识和掌握、运用语言能力的商数，是语言的思辨能力、说话的表达能力和在语言交流中的应变能力，是在长期体验、训练，实践过程中形成的对语言文字的领会和感悟能力。语商是个人智商、情商、逆商、美商、德商、灵商的外在体现。①语商的来源——并非与生俱来，主要靠后天学习获得，虽有遗传或脑部构造异常而存在语能优势或残缺，但人的主客观条件、花费时间和学习需求不同，获得语商的快慢和高低也不尽同，这就需主要依赖后天的语言训练和交流得到强化和提升。②语商重要性——语言能力是每个人一生中极为重要的生存能力，语言交流水平的高低乃语商的高低。过去人们常用智商、情商来判断一个人聪明与否。其实“语商”对个人说话办事的成败也起着关键作用。其适用性和重要性不亚于智商和情商。随着现代社会经济迅猛发展，人际交往日益频繁，语商的重要性也日益增强，好口才、高语商越来越被认为是现代人的必备能力。作为现代人，既要有新的思想和见解，在别人面前很好地表达出来，还需用语言去感染、说服别人。③语商的层次——可分演讲能力、辩论能力、说服能力、魅力风采。④语商的提高——是有序渐进的，锤炼语商的过程是对每个人的全身心修炼，合理有效的提升必会达到内外兼修的效果：内修性格，外塑风采。为此，一是学校设置说话课或演讲课；二是开展演讲赛、辩论会等；三是掌握积累广泛的知识与经验，不管什么场合都能有主动权，得到别人的理解和欢迎；四是需长时间的练习，口才是练出来的。经历丰富者会有很多话题可聊。经历越多，话题就越多。⑤掌握语言技巧——语言高手都注意掌握语言表达技巧，临场发挥，展开联想的翅膀。总之，语商 LQ 与智商 IQ、情商 EQ、逆商 AQ、灵商 SQ 等等互为因果、互相促进。语商为诸商之门户，诸商为语商之根源。它们之间互为支持又彼此制约和影响。语商的提升必然会带来诸商的提升，反之亦然。其实，智商和情商是语商的内核，而语商正是此内核的物化和外化。把语商作为教育理念同智商、情商并列提出，以之为重点，视之为关键，付诸于实践，充分显示其必需性与重要性。这种理念的悟出与实践，对斑斓多彩的校园活动和生活展现出无尽的乐趣。

情商的概念和特征

情商，即“情绪智商”的简称，别称情绪智慧、情绪智力或情绪商数，是指人在情绪、情感、意志、耐受挫折等方面的品质，是测定和描述人们情感状况的一种指标，是认识情绪和管理情绪的能力。情商，是相对于智商而提出，两者相互独立，相辅相成，互为影响。情商，是监控自己及他人的情绪情感，包含自制、热忱、坚持及自我驱动、自我鞭策的能力，是人在情绪认知、情绪管理、挫折耐受、人际交往等方面的能力。是通过情绪控制来提高生活质量的才能。其实，情商与性格相似，主要表现为人的心理素质，也与人格、精神、道德、文化等素质有着密切的关系，主要靠后天培养而得。情商是一种能力，是一种基本生存能力，也是一种生存技巧。决定一生的走向与成就。情商是一种创造，只要多点勇气，多点机智，多点感情，就能营造一个有利于自己生存的宽松环境，创造一个更好发挥自己才能的空间。情商，属于非智力因素，是保证智力水平在实践中充分发挥和成功的关键。它用来描述、了解和控制自身情绪、揣摩以及驾驭他人的移情。情商高，就很擅长处理非智力型问题，遇到挫折困难时，会显得从容乐观，勇敢地去克服和面对。如今，令人耳目一新的情商，是走向卓越的新愿景，是改变人生及后代未来人生的必修课。

一、来源与发展

美国彼得·塞拉维和约翰·梅耶两位心理学家于1990年首次使用“情绪智力”术语，“情商”概念就此诞生。1995年，美国心理学家丹尼尔·戈尔曼（1946— ）出版的《情感智商》（或《情绪智力》）一书荣登世界各国畅销书的排行榜，在全球掀起一股强劲的EQ热潮，使得EQ一词走出心理学的学术圈，进入人的日常生活。同年，由时任《纽约时报》专栏作家丹尼尔·戈尔曼出版《情商：为什么情商比智商更重要》一书，引起全球性的EQ研究与讨论，使这一概念得到普及。由此，丹尼尔·戈尔曼被誉为“情商之父”。1997年《情商：为什么情商比智商更重要》一书引入我国，从而使“情商”成为耳熟能详的一个名词。1996年，我国开始情商概念的译介，2010年前后更加重视情商教育，2013年前后许多院校开始实施对学生情商教育和培养。然而，情商之父戈尔曼并未提出一个精确的概念，表明情商仍是代心理学中一个新名词，其定义仍在不断更新。情商也应像智商那样用测验分数较准确地表示出来，但暂时还无系统、权威和成熟的测试方案，只是依个人综合表现进行判断，或在综合测试中加入若干情商因素的考量。

二、情商的内容

情商包含着丰富的内容，简要可概括为五个方面：认识自身情绪、妥善管理情绪、自我激励、认知他人情绪和善于协调人际关系。

（一）了解自我（自知）

认识或了解自身的情绪，时时处处能清楚意识到自己的情绪状态，监视情绪的变化，察觉某种情绪的出现，观察和审视自己的内心世界体验，清楚自身的感觉和喜好，就能准确地识别、评价自己和他人的情绪情感，能及时察觉自己的情绪变化，归结情绪产生的原因，才能适当选择，使自己成功主宰生活。自知的特点：①准确识别情绪——包括情绪对象特征、情绪强度特征、情绪时间特征和情绪变化特征；②准确识别情绪主因——准确归因，包括能准确识别自己的需要特征、动机特征和自己的角色特征；③准确识别环境关系——包括自己与他人的关系，自己所处的任务目标特征和环境结构特征。

（二）管理自我（自控）

能调控自己，妥善管理自己的情绪。人人都有情绪，情绪随着境遇做相应的波动，是正常而合乎人性的。若情绪太极端化或长时间持续地僵化，便很易被情绪所困扰。情绪化的人，不但事业不能成功，连正常的生活和工作也会受影响。所以明白情绪之后，要懂得调理和妥善管理。在对情绪自我认知基础上，把情绪保持在适度、适时、适所的状态，即控制自己情绪的能力，适应性地调节、引导、控制、改善自己和他人的情绪，能使自己摆脱强烈的焦虑忧郁，积极应对危机，并能增进实现目标的情绪力量。自控，包括自我监督、自我管理、自我疏导、自我约束和尊重现实。

（三）激励自我（自励）

自我激励，能走出生命中的低潮。人在不如意时，往往比刹那间的快乐更令人刻骨铭心、消沉意志。在失意时保持积极向上的心态，在冲动时能克制、忍耐、沉着，有效分辨眼前享乐与长远成就。保持高度热忱，就会推动自己走向成功。无论遇到怎样的艰难，陷入何种困境，总能振作精神、奋发向上，始终保持高度乐观的驱动力。凡能自我激励者做任何事成功率都较高。即利用情绪信息，整顿情绪，增强注意力，调动自己的精力和活力，适应性地确立目标，创造性地实现目标。自励，即上进心、进取心，即确立奋斗目标，并为之积极努力。自励，意味“求实坚毅”，对情商高者面对困难能坚强自己的信念。

（四）识别他人（通情达理）

认知他人的情绪，是与他人正常交往、实现顺利沟通的基础。知己知彼，百战百胜。如果有一颗体贴别人的同情心，能从不同参与者的角度看事物及设计行为方式，目光必会更深入更远大，更容易找到合作伙伴。能从细微处觉察识别他人的情绪，善解人意，尤具有同情心，会提供良好的人际基础。能通过细微的社会信号、敏感地感受他人的需求与欲望，也就能设身处地考虑他人的情感感受和行为原因，具备换位思考的能力和习惯，能与自己观念不一致者和平相处，理解别人的感受，察觉别人的真正需要，具有同情心。准确理解他人就需换位思考和高位思考。只有如此，才能“己所不欲，勿施于人”；只有高位思考，才能达到“欲穷千里目，更上一层楼”的佳境。

（五）处理人际（和谐相处）

人际关系的管理，即领导和管理能力。人际关系就是管理他人情绪的艺术。可从人缘、领导能力及人际和谐度显示出来。能与其他人合作，取用他人的资源，成就自然无可限量。充分掌握这项能力者会有好人缘，在复杂的群体中能与人和谐相处，被人推崇，常可成为领导或管理者，有极强的组织沟通能力。即能妥善处理人际问题，与他人和谐相处。在专业分工越来越细的当今，相互协作变得越来越重要，时代呼唤团队合作精神，时代需要人人相互信赖、相互尊重和相互协作。协作的作用在于提高绩效，使团队的业绩超过成员个体业绩的简单之和，从而形成强大的团队凝聚力和整体战斗力，最终实现团队目标。只有真正融入团队，才能保证工作的效率和质量。如何与人相处？心理咨询学提出两个重要技术，一是“无条件积极关注”，二是“真诚”。前者，即无条件地关注他人的言语、行为和需要，不能视而不见，也不能过分厌恶他人；后者，即接纳他人，真诚与他人合作。

从上述几种能力可看出，情商是良好的道德情操，自我激励的品质，持之以恒的韧性，关心他人的善良，善于与人相处把握自己和他人情感的能力。人是情绪动物，如果滥用情绪，人际关系必然紧张。认识自己靠内省，认识别人靠移情。移情即感情移入，换位思考。

三、情商的特性

情商包括亲和性、乐群性、稳定性、兴奋性、有恒性、敢为性、敏感性、幻想性、忧虑性、独立性、自律性等特性。兴奋性，指容易进入状态；有恒性，指坚持一贯；敢为性，指敢作敢为，不瞻前顾后；敏感性，指对别人的情绪变化、需求敏感；幻想性，指喜欢想象；忧虑性，指知道、躲避自己的弱点；独立性，指有人陪伴开心，没人陪伴高兴；紧张性，指遇到急迫的事情能够紧张起来；自律性，指自我约束能力强，定力强，定而生慧……情商高者的特点：社交能力强，外向而愉快，不易陷入恐惧或伤感，对事业较投入，为人正直，富有同情心，情感生活较丰富但不逾矩，无论是独处还是与多人在一起都能怡然自得。低情商者三种典型表现：①抱怨——抱怨非明智之举，既徒劳无益，还分散对应关注事情的注意力和精力。不深入观察现实，不为改变现实做积极思考，而是一味地怨天尤人。②顺毛驴——经常听说“某某是顺毛驴，好好说怎么都行，逆着他怎么都不行”。这固然是人类渴望尊重的自然反应，但也是情商低下的一种表现。为何人们爱听谗言？都是“顺毛驴”的缘故。不依据事实和利益进行判断，而一味地“顺毛驴”，就很易被别人牵着鼻子走，为人所用，因小失大。③任性——总是宁愿付出很大的代价，也不愿委屈自己一点点，不能委曲求全、顾全大局，常因“小不忍”而“乱大谋”。因缺乏弹性，很难在复杂的得失中做出明确判断。因缺乏自制力，常常遭受不必要的打击进而受重创。概言之，低情商者有时很难控制自己的情绪，亢奋时易口不择言，冲动地做些决定；有时不经意间伤害了别人也不知道；有时情绪低落时又久久不能自拔，甚至长时间处于自怨自艾中；有时还会悲观厌世，情绪的反复让自己也很困惑或很痛苦。

四、情商的重要性

智能的情感部分是生活成功的必要成分。情商决定一个人的婚姻、事业和人际关系的成败。以往认为，一个人能否在一生中取得成就，智力是第一重要，即智商越高取得成就的可能性越大。但心理学家普遍认为，情商的高低对一个人能否取得成功也有重大影响，甚至有时要超过智商。戈尔曼指出："情商是影响工作绩效的重要变量，对管理人员工作有效性的贡献大于智商。"他还表示："情商是决定人生成功与否的关键。"可见，情商对人的成长是多么重要。对组织管理者而言，情商是领导力的重要构成部分。心理学家认为，在人成功的诸多主观因素中，智商因素大约占 20%，情商则占 80% 左右。所以 IQ 最重要的传统观念是不准确的，EQ 才是人类最重要的生存能力。心理学家说，学生学会做人比学会做学问更重要。许多实例证明，人的成功不在于智商，而在于情商。智商高者一般注重把事情做对，情商高者会考虑把事情做好。情商的价值，是无量的，伴随着社会人的一生，是后天培养与修炼而成。它需去勇敢面对自己厌恶的事情，勇敢面对自己所害怕之事。研究结果显示，人的成功商数可概括为智商、情商和逆商，英文分别为 IQ、EQ、AQ，合称 3Q，三者对成功的贡献率分别是 15%、80% 和 5%。智商使人发现机会，情商使人利用机会，逆商使人不轻易放弃机会。拥有高情商，有助于创造力的发挥。"成功的创业路，离不开高情商"。拥有较高的情商，可让学习、就业和生活之路更加顺畅，还能助力创业的实现。拥有高情商，可让生活更具幸福感，有望收获更成功的人生。情商教育是人才成长的重要动力，高情商是杰出领军人才的重要标志。

五、各国院校重视情商教育

当今，重视和强化情商培养，已在教育领域蔚然成风，不少学校安排了特殊的情商作业。国外一项研究显示，要预测孩子在学校的表现，不是看孩子积累了多少知识，而是看其情感与社会性的发展。如是否具有足够的自信心、好奇心，是否知道何种行为较恰当，并能克制不当行为的冲动等。"情商"几乎无处不在，甚至出现在最令人意想不到的地方。情商概念已传播到世界的每个角落。如今，情商受到教育者欢迎，他们发起"社交与情绪学习"（SEL）项目。当今，社交与情绪学习项目已覆盖全球几万所学校。美国很多地区把社交与情绪学习列为学校的必修课程。比如，伊利诺伊州覆盖从幼儿园到高中的各年级。从世界范围来看，新加坡很早就开展了社交与情绪学习项目，马来西亚、日本、韩国及中国香港地区的一些学校亦然。在欧洲，英国走在前列，另外十几个国家的学校也引进情商教育。澳大利亚、新西兰及拉美、非洲的一些国家紧随其后。2002 年联合国教科文组织向全球 140 个国家的教育部发布了实施社交与情绪学习的十大基本原则，开始在全球范围推广社交与情绪学习。1995 年，出现了更加科学的证明，即通过帮助儿童增强自我意识和自信心，调节困扰情绪和冲动，培养同理心，既能改善儿童的行为，还可明显提高学习成绩。该研究发现，学生成绩测验分数和平均学分绩点表明，社交与情绪学习项目对学习成绩起到很大促进作用。社交与情绪学习项目还使校园环境变得更安全，学生不良行为减少。社交与情绪学习的成效还在于它可塑造儿童发育中的神经回路，尤其是大脑前额叶皮层的执行功能。前额叶皮层负责管理工作记忆，学习时用到的记忆以及抑制破坏性的情绪冲动。华盛顿大学学者马克·格林伯格研究指出，针对小学生的社交与情绪学习项目能提高其学习成绩，这主要归功于注意力和工作记忆（前额叶皮层的主要功能）的改善。研究结果充分说明了神经可塑性，即通过反复经验塑造大脑，是社交与情绪学习的一大优势。

六、高情商的表现

情商的主旨在于把情绪这种说不清的东西说清楚。有责任心、外向、随和是情商的基础。情商不等于外向，外向未必高情商，但高情商者多为外向，或热情洋溢，或成熟内敛，或谨慎儒雅，或机敏过人。其典型表现是自动自发，目光远大，认识自我，对自己有清醒的认识，能承受压力。自信而不自满，人际关系良好，和朋友或同事能友好相处。善于处理学习、生活中遇到的各种问题。尊重他人的人权和人格尊严。乐于帮助别人，向有困难者伸出援助之手。善于读懂别人的面部表情。失败后能重新崛起，无论遇到何种逆境，都会坚持下去，迅速调整情绪，恢复活力，具有很强的心理韧性。情商高的学生自制力、自信心、好奇心、同情心都强，性格乐观开朗，能很好地处理人际关系。事实上，那些伟大人物和成功人士，大多和普通人一样智商平平，而其之所以与众不同，只是在情商方面有过人之处或超常之行。高情商者，在做出正常举动时综合运用了大脑的两个部分：情感部分和逻辑部分。并综合利用大脑中的各个部位，在大多情况下运用大脑皮层部分。其典型表现为：对自己有清醒的认识，能承受压力，应对多种问题，能站在别人角度想问题，善于处理遇到的各方面问题，做事不怕难，认真对待每一件事情。高情商者，具有明显的优势，拥有更好的人脉，比别人更少遭受情绪的破坏，更易适应环境和把握机遇。同时，既不做情绪的奴隶，又能转化自己的情绪，改变别人的情绪，使情绪控制人的时间远远少于理智。总的来讲，高情商者多具备如下表现。

（一）自信心强，渴望成功

自信心是成功的必要条件，也是情商的重要内容。自信心，意味着有足够的勇气面对可以克服的挑战、有足够的度量接受不可克服的挑战、有足够的智慧来分辨两者的不同。自信就可充满力量，自信是成功的前提。高情商者，多坚定而热烈地渴望成功，都喜欢迎接挑战来证明自己。正因拥有这样强烈的成就动机，在思维、情感、意志力等方面的潜力都会被最大限度地调动起来，事业因此而事半功倍，取得惊人成就。

（二）目标明确，自我激励

高情商者有明确的奋斗目标。知道能做到什么，不能做到什么，充分发挥自己的特长和潜力。还能够依据活动的某种目标，调动、指挥情绪；对于目标当中的每个阶段都有明确计划。自我激励，是为成功插上腾飞的翅膀。自我激励，能走出生命中的低潮，重新出发，再次兴起。

（三）肯定自我，了解自我

高情商者了解自身的优点，也接纳自身的不足，并能在实际生活中扬长避短。能够察觉某种情绪的出现，观察和审视自己的内心体验，监视情绪时时刻刻的变化。这是情感智商的核心。富有自觉心。自觉心就是国人常说的“有自知之明”，对自己的素质、潜能、特长、缺陷、经验等均有一个清醒的认识。只有如此，才能成为自己生活的主宰。

（四）自我管理，自控情绪

调节他人情绪的能力是处理人际关系艺术的核心，必须以自控为前提。自控，即调控自己的情绪，使之适时适度地表现出来。需释放情绪时可尽情表达，需冷静时能保持理智。高情商者对自我的欲望和需求，在外部条件不适合时，也能很好地忍耐，并面对困难，或复杂局面，能使自身通过反思改变，有所改观。能正确评价自己，从内到外全面认识自我。能清醒了解并把握自己的情感，能敏锐感受他人情绪并有效反馈他人情绪。自控，是减轻自身的愤怒与困扰、控制冲动与兴奋的能力，是善于控制和支配自己行动的能力。有时是善于迫使自己去完成应当完成的任务，有时是善于抑制自己不当行为的发生。不乱发脾气，显得有极强的耐心；不太发脾气，能自控情绪。做情绪的主人，掌控情绪的调节器；做好情绪的自我调控，调适和防止不良情绪；较少体验到焦虑、愤怒、抑郁等情绪，心里不装烦恼。能把握情绪，理智做事。

（五）善于交往，长于沟通

高情商者好交往、善应酬、会沟通、重交友，多属外向，长于语言。喜欢表达，能主动与他人交流，能影响和说服他人，具有组织领导才能。与人相处，诚恳谦和，襟怀宽广，坦然为人，富有爱心、同情心，使他人有亲近之感。既能听正言，又能听逆言，能很快让他人得以融合。人际关系良好，能与别人友好相处。能改善人际关系，动员和鼓舞他人，并容易劝服、影响和安慰别人。沟通能力或称人际关系智能，是指能够有效地理解别人及其关系、与人交往能力，包括如下要素：①组织能力，包括群体动员与协调能力；②协商能力，指仲裁与排解纷争能力；③分析能力，指能够敏锐察知他人的情感动向与想法，易与他人建立密切关系的能力；④人际联系，指对他人表现出关心，善体人意，适于团体合作的能力；⑤语言能力，善于谈吐，能引起别人的兴趣和注意，会获得人格魅力，能收获他人的好感。

（六）承受挫折，乐观开朗

高情商的人几乎都经得起失败与挫折，有自知之明，敢于承担责任，能认识或承认自己的不足或错误。即碰到困难和挫折时，能自我调控、自我解脱，百折不挠；控制冲动、延迟享受；不易烦恼，充满希望。不易冒犯，处事精明，伙伴多、朋友多，往往能在生活的各个层面，占尽天时、地利、人和。高情商者活泼而开朗，外向而愉快，善交朋友，有团结合作的精神……跟他在一起相处很融洽，表情丰富，眼睛灵动，言语风趣，经常保持愉快的心情；情感丰富但不逾矩，无论是独处还是与许多人在一起，都能怡然自得；能调控与他人的情绪，在处理人际关系方面相当成熟；擅长为人处世，对事情的处理也恰到好处。

（七）善解人意，乐于助人

高情商者大都能理解他人，乐于助人，有亲和力。善解人意，懂得理解和体贴别人，能融洽地与人沟通和相处，富有同情心，对他人关怀备至。有责任感、讲诚信，能通过细微的信号、敏感感受到他人的需求与欲望。所以高情商者都是经营人际关系的高手，从中平衡自己的内心，获得必要的帮助。

（八）懂得礼貌，讲求文明

情商高者几乎都很注重讲文明，有礼貌，对人热情，会说话，讲求言行举止均含礼貌因素。懂得礼仪，知晓怎样与不同的人打交道，人缘好、朋友多，扩大交际范围。在与人接触时，只有适当的声音和得体的举止，方显文雅、大方。笑容可掬，文质彬彬，令人钦羡、敬佩。会拉近双方心距，进而和谐相处，心依行随。待人接物的风度，往往产生令人无可抗拒的力量。人的优雅关键在于控制自己的情绪。和气浮于脸，义气施于人。问候不一定郑重其事，但一定要真诚感人。

（九）严于律己，宽以待人

高情商者对他人能做到宽容与忍让，具体表现为更能宽容和包容别人的缺点和不足。同时还能善于待人，能肯定人、欣赏人、赞许人、谅解人、宽容人，能让人佩服，感到可亲可敬。

（十）感情丰富，生活乐观

情商高者的明显特点，是感情丰富，生活乐观，充满好奇，总有乐趣，兴趣颇多，口味多样，爱好广泛，内心世界丰富，从不会有感觉无聊之时，哪怕是一个人。

情绪可分成若干种：愤怒——生气、愤恨、发怒、烦躁、敌意、暴力；恐惧——焦虑、惊恐、紧张、慌乱、忧心、警觉、疑虑；快乐——高兴、满足、幸福、愉悦、兴奋、狂喜；喜爱——认可、友善、信赖、和善、亲密、挚爱、宠爱、痴恋；惊讶——震惊、惊喜、叹为观止；厌恶——轻视、轻蔑、讥讽、排斥；羞耻——愧疚、尴尬、懊悔、耻辱。羡慕，向下发展会变成：羡慕→妒忌→憎恨→陷害；向上发展会变成：羡慕→亲近→学习→超越。能把自己的情绪向上发展的人是高情商者。

七、情商的培养与教育

虽情商不算知识，也不能划归技能技术；但它却切实是与社会与他人沟通的一个“润滑剂”。其实，情商是源于亲情的衍生，是情感无阻滞的流露，是处理事务灵活变通的能力，是激活融洽人际关系的本领。正如《红楼梦》所说“世事洞明皆学问，人情练达即文章”。此上下联的前几个字，即“情商”的注脚。情商从哪里来？大多来自家庭与周边环境。学校教育应让学生走进“社会大课堂”，在实践中锻炼，环境中培养。情商在人生中萌发很早，0 岁的婴儿开始感受，而在整个童年时期逐渐形成，0~5 岁是关键时期，其精密的演化速度则是一生中最快的阶段，此时段积累的情感经验对一生具有持久影响。近年来，各类院校更加重视对学生的情商教育和培养，并以多种方式为学生开出情商“药方”和咨询。

（一）幼年开始，注重家教

情商主要靠后天培养而得，开始于孩提，鼓励与其他童友在一起玩耍和互相帮助。既需引导，更要身教，并潜移默化地熏陶、感染。家长的情商可传递给子女，父母的温柔和浓浓情意，势必给子女带来积极影响。有位成功人士一生中印象最深的是小时候每次跌倒了母亲给他的一句话：“自己跌倒自己爬起来！”这个声音成了他人生中的一个警句。在以后无论遇到什么困难与挫折，这种心理逻辑都会起积极作用。这就表明，人在幼年特别容易接受简单逻辑、简单说法的暗示，进而会形成影响其终生的心理素质。所以家长的一个简单动作、一句简单的话语就能影响孩子一生。故家庭教育应重视非智力因素的开发与情商教育，对独生子女尤应如此。①帮助表达情感——帮助孩子了解和认识各种情绪表达，孩子多因不懂得如何控制情感才表现为愤怒。②帮助树立自信——自信的孩子面对别人恶意攻击能沉稳以对，并有良好抗挫及抗压能力。多鼓励和肯定孩子，以对自己有合适的自信。③教会独立自主——独立是情商的重要方面，应让孩子从小学会自己做主，以培养独立性格。④肯定其情绪——允许孩子说出自己的愤怒，以助他控制情绪。⑤培养乐观态度——乐观的重要表现就是懂得对事情做正面的思考。只要对自己持正面的看法，对未来就有乐观的态度。⑥培养交际能力——多安排机会，让孩子的玩伴来自家一起玩耍、学习。这可观察孩子在和别人的互动中，是主动和他人说话，还是害羞不开口。当别人跟他说话时，他是什么反应，当与他人发生矛盾时，又是如何回应，多引导与帮助孩子更好地与人交往。

（二）学校接续，关注情商

将情商培养贯穿于学校教育的各个学段，并潜移默化地对学生解之以困，施之以需。

1. 讲解指导，实践锻炼——前者，指通过讲座、设课，让学生知晓什么是情商，为何提升情商，如“如何学会有效沟通”，人际交往问题及调适，挫折及应对技巧等；后者，指通过演讲、辩论及开展社团活动和社会实践，让学生彼此扶持，增加感情等形式进行锻炼，并提高组织协调能力和强化协商精神。

2. 加入团体，社会活动——从儿童少年开始，尽量多加入适合自己的数量相当的社会团体，并根据自身情况尽量参与各种社会活动，喜聚会、多交友，以在实践中锻炼、养成与提升自己的情商。

3. 关注情商，富同情心——同情心强，是指教师能与学生在情感上发生共鸣，这是培养学生爱人、爱物的基础，从而使学生能体谅人，善待人，帮助人。

4. 加强训练，提升情商——通过心理教育、训练，开发学生的非智力因素，提高其自我觉察能力和认知水平，学会自我情绪控制，改善不适当情绪行为，学会“做自己情绪的主人”，增强心理适应能力，以积极的心态应对各种压力和挑战。

（三）讲求方法，提高情商

每人的情商无明显先天差别，情商高低更多与后天培养息息相关。为提高学生的情商，需掌握情商教育方法，以适时正确地对学生进行情商教育，亦需讲求有效方法。

1. 不抱怨不批评　一般不批评、指责、抱怨别人。

2. 能包容和宽容　心胸宽广，心有多大，眼界有多大。不斤斤计较，有一颗包容和宽容的心。

3. 善沟通与交流　善于沟通、交流，并以坦诚的心态来对待他人，真诚又有礼貌。

4. 欣赏赞美别人　高情商者善于欣赏与赞美别人，看到别人优点的人，才会进步得更快。

5. 必须善于聆听　善于聆听，是尊重他人的表现，是更好沟通的前提，是人与人之间最好的沟通。

6. 责任心敢担当　不推卸责任，遇到问题，分析与解决问题。正视优点或不足，是敢于担当的人。

7. 找鲜活的榜样　比如你的朋友，他精力充沛、年轻、大方、聪明、有趣，大可以他（她）为榜样。

8. 经常表达爱意　在对话、吃饭和交谈当中经常表达出爱意，可以培养健康情绪。

9. 善沟通与交流　常以坦诚的心态来对待他人，真诚又有礼貌。沟通与交流是一种技巧，需要学习。

10. 记住别人名字　记住别人的名字，别人就更愿亲近你，和你做朋友，你会有越来越多的朋友。

与别人进行语言交流时，需遵守四点：知道自己情绪，知道别人情绪，尊重别人情绪，控制自己情绪。

教育科学家描绘的情绪图对智力认识比较狭窄者提出了挑战，认为智商由基因决定，后天经验难以改变，命运基本由智商决定。此观点忽略更有挑战性问题：怎样让人生活更美好？比如在某些情况下，高智商者表现不佳，智商平平者却表现出色，到底是何因素在起作用？很大原因是被称为“情商”的系列能力，包括自控力、热情、坚韧品格及自我激励等。把情绪技能传授给学生，使之更好地发挥由先天基因决定的智力潜能。广义的智力模式把情商置于众多生存潜能的中心。情商的关键作用：如何维持人际关系，若低情商人际关系就会受到破坏；对事业成功起到关键作用的情商，正在受到前所未有的重视。人类基因遗传赋予每个个体一系列的情绪设定值，决定着个体的性格气质。不过人脑的神经回路具有很强的可塑性。童年时期在家庭和学校中获得的情绪经验塑造了情绪的神经回路，从正或负面影响着情绪智力。这说明影响人生活的最基本的情绪习惯是在童年和青少年时期确立的。亚里士多德在《伦理学》中对品德、性格和幸福人生进行了哲学思考。人的激情若运用得当将会充满智慧，激情可指引人的思想、价值观和生存，但激情又很易受到扭曲。他还认为，问题不在于情绪，而在于情绪的恰如其分以及情绪的表达。

情商与智商的异同

情商，是一个全新的概念。到目前为止，无人能准确说明情商对个体之间的差异会产生多大影响。以往认为，人能否在一生中取得成就，智力水平是第一重要的，即智商越高取得成就的可能性就越大。但心理学家普遍认为，情商水平的高低对一个人能否取得成功也有着重大作用，有时甚至超过智力水平。衡量人的聪明与蠢笨，不只靠智商高低，情商也占重要比例。通常，智商低情商低者，自以为智商高；智商低情商高者，很有自知之明；自称情商高者，一般不高。

一、智商和情商的性质不同

智商主要反映人的认知能力、思维能力、语言能力、观察能力、计算能力、律动能力等。亦即，它主要表现人的理性的能力。情商主要反映一个人感受、理解、运用、表达、控制和调节自己情感的能力，以及处理自己与他人之间情感关系的能力。情感常常走在理智的前面，是非理性的。

二、智商和情商的形成不同

情商和智商虽都与遗传因素、环境因素有关，但又有所区别。智商与遗传因素的关系远大于社会环境因素。据英国《简明不列颠百科全书·智力商数》词条载："根据调查结果，有 70%—80% 智力差异源于遗传基因，20%—30% 的智力差异系受到不同的环境影响所致。"情商的形成和发展，先天因素也是存在的。例如，"人类的基本表情通见于全人类，具有跨文化的一致性"（《情感智商》）。美国心理学家戈尔曼的研究表明，从未与外界接触过的新几内亚人能够正确判断其他民族照片上的表情。但情感又有很大的文化差异。民俗学研究表明，不同民族的情感表达方式有显著差异。儿童心理学研究表明，先天盲童由于社会交流的障碍导致社会化程度的影响，其情感能力相对薄弱。人类学研究表明，原始人类的情感与文明人的情感有极大差异。他们易怒易喜，喜怒无常，自控能力很差。人类学研究者认为，人类童年时代的情感控制能力很弱。从近代史研究中也看到，人的情感易受社会环境的影响，表现在根深蒂固的从众心理。

情商的遗传性少于智商的遗传性，这可能是两者最重要的区别。正因如此，父母便获得了一次绝版的机会，来弥补孩子性格中的不足，为他们日后的成功奠定基础。

三、心理素质基本结构不同

人的全部认识活动可分解为知、情、意三种相对独立的心理活动，人的综合心理素质也相应地分解为三种相对独立的心理素质：认知素质（或智力素质）、情感素质和意志素质，它们分别用以反映人对于事实关系、价值关系和实践关系的认识能力。认知素质或智力素质的高低取决于人对于事实关系的主观反应（感觉、知觉、表象、概念、判断和推理等）与实际情况相吻合的程度，它包括对事物的感觉、知觉和表象的能力，对概念进行判断、推理、分析、归纳等方面的思维能力。情感素质——情感素质的高低取决于人对于价值关系的主观反应（感情、欲望、情绪和价值观等）与实际情况相吻合的程度，它包括对价值的情感反应、情感记忆、情感应变、情感敏锐以及情感的理性思维等方面的能力等。意志素质——良好的意志品质是保证活动顺利进行、实现预定目的的重要条件。它包括独立性（自觉性）、果断性、坚持性（坚韧性）、自制性。

四、情商与智商的功能不同

逻辑数理能力是用来解决抽象问题的，但人生中更重要的实际生活问题则要运用情商去解决。智商独高无作为，情商相辅才出众；若无智商也无碍，情商在胸乐悠悠。智商的作用主要在于更好地认识事物。智商高的人，思维品质优，学习能力强，认识问题深，容易在某个专业领域做出杰出成就、成为名人，甚至成为相关领域的专家、学者、教授、法官、律师等，在自己的领域有较高造诣。智商不高而情商较高的人，学习效率虽不如高智商者，但有时比高智商者学得更好，成就更大；因其锲而不舍的精神使其勤能补拙——天道酬勤。

情商更体现为人处世的能力。不管智商有多高，若不会处事就很难有所作为。尤其中国的学生，接触社会太少，很多时候不是无处事的能力，而是缺乏正确的指导。所以说，情商比智商更难提高，它所面对的是涉世的一切，而智商更偏重于书本。

情商，甚至可决定人生的成败。与社会交往能力差、性格孤僻的高智商者相比，那些能够敏锐察觉他人情绪的人，更可能得到所需的工作，也更可能取得成功。情商，对于人的成功起着比智商更加重要的作用，特别在管理领域，更是如此。

情商主要与非理性因素有关，影响着认识和实践活动的驱动力。情商通过影响人的兴趣、意志、毅力，强化或弱化认识事物的驱动力。情商低的人人际关系紧张，协调能力不高；情商较高者，通常有较健康的情绪，有良好的人际关系，容易成为某个部门的领导者或管理者，具有较高的领导与管理能力。

智商高、情商也高者，春风得意；智商不高、情商高者，贵人相助；智商高、情商不高者，怀才不遇；智商不高、情商也不高者，一事无成。

五、情商与智商的重要程度

现代研究成果表明，成功不只靠高智商，高情商让人魅力无穷，并赋予成功更多的机会。情商不仅打破长久以来智商的天生决定论，更为心理学探讨已久的“情绪智慧”提出关键性的解释。当今社会在就业、求学、发展自我等方面更需沟通、交流及为人处世的能力。经过各种测验和考察，证明情商比智商对人更重要，它在更大程度上决定着一个人的婚姻、工作和人际关系的处理，甚至包括他的事业。一个智商一般，但情商高者，到哪里都有工作；一个高智商，低情商者，除非是待在大学或研究所里，否则在社会上多是失败者。研究表明，智商能预测个体可胜任哪个级别的岗位；但对于一群智力符合职业要求的储备人才，智商无法预测谁会成为最优秀的领导者。

智商决定学习自控等基础能力的潜能，而情绪竞争力代表人们掌握的这种潜能在多大程度上转化为职业能力。比如要熟练掌握客户服务或团队合作的情绪竞争力，必须具备情商的基础能力，尤其是社会意识和管理能力。美国一所很有名气的研究机构调查了 188 个公司，测试了每个公司高级主管的智商和情商与工作表现之间的关系。结果发现，情商的影响力是智商的 9 倍。智商略逊者若拥有更高的情商，也能成功。智商多用在分析，情商对与情感有关的都管辖。智商代表脑力能力，情商代表与人相处的能力。脑力强而不能与人正常相处，则不能很好地融入社会。当为他人排斥或是感到无法与他人深入交流时，会感到孤单，进而产生消极情绪。对此，情商往往比智商更有益于解决问题。其实，成功的影响因素非常广泛，除情商外，还包括财富、家庭教育、性格和机遇等。实际上，情商比智商重要的领域主要是智力与成功关联度相对较低的“软领域”，即在情绪自我调节和同心理能力比纯粹认知能力更为突出的领域。

严格地说，智商和情商都很重要。智商在科学、技术、专业研究、学习等“硬领域”都会发挥更大作用，如牛顿和爱因斯坦的智商远远高于其情商，在科学方面各自对全人类做出的贡献是任何人都难以比拟的。由此可判断，在“硬领域”内智商的作用更为重要。情商在待人处世、沟通和交往上，特别是管理方面影响更大。其实，很多方面都会用到智商和情商。智商决定人们某项技能能达到的高度，情商决定人们综合实力能达到的高度。但也并非绝对的，情商与智商两者相辅相成，才可渐进佳境。

六、智商与情商的极端类型

智商和情商不是相互对立的，而是相互独立、相辅相成的。每个人的智商和情商高低各不相同，所谓高智商、低情商（或低智商、高情商）者是较罕见的。加州大学伯克利分校的心理学家杰克·布莱克运用他称之为“自我复原”的测试方法（包含主要的社交和情绪竞争力，与情商的测试方法近似），对两种理论的纯粹类型——高智商者和高情商者——进行了对比研究。两者的差异非常显著。高智商的男性理性，做事能力强；高情商的男性感性，做人能力强。高智商的女性内向沉稳，高情商的女性外向开朗，生活充满情趣。

高智商纯粹类型（即不考虑其情商），在理性王国如鱼得水，在人际社会则四处碰壁。这种类型的男女只有微小的差别。高智商男性的典型是智力活动的兴趣和能力很广泛。他们野心勃勃，工作有效率，刻板乏味，顽强不屈；还喜欢批评，自视甚高，过分讲究和拘束，不善表达，感情超然，沉稳冷静。与之形成鲜明对比的是高情商男性热爱社交，外向乐观，不易受到恐惧和焦虑的困扰，他们乐于为他人或事业奉献，具有很强的责任感和道德感，富有同情心，对他人关怀备至。其情绪生活很丰富，但又恰如其分，他们对自身、他人以及所处的社会感到很自在。

纯粹的高智商女性理所当然地对智力很自信，能够流畅表达自己的思想，注重与智力有关的问题，对智力和审美拥有广泛的兴趣。她们往往比较内向，容易焦虑，凡事想得过多，容易产生内疚感，而且不愿公开表达她的愤怒。高情商女性则正好相反，总是过于自信，喜欢直接表达情感，自我感觉良好。和高情商男性一样，她们外向，热爱交际，并会恰当地表达自己的感受（不是突然爆发情绪，事后感到后悔），善于处理压力。她们热爱社交生活，很容易结交新朋友；对自身感到很自在，态度自然，而且毫不讳言。与纯粹高智商女性不同的是，很少感到焦虑或内疚，或者陷入沉思难以自拔。

以上描述显然都是极端例子，每人的智商和情商高低程度都有所不同。不过可据此清楚地观察到每个方面都会对个体素质产生独立的作用。每个人都不同程度的同时具有认知和情绪智力，两者融为一体。但相对而言，情商对个人全面发展所起作用更为显著。

七、智商、情商与意商的辩证关系

智商、情商与意商的辩证关系主要表现在如下几个方面。

（一）智商是情商的基础，情商是意商的基础

任何情商都须建立在一定智商的基础之上，没有基本的智商，就不可能存在任何情商；任何意商都须建立在一定情商的基础之上，没有基本的情商，就不可能存在任何意商。

（二）情商是一种特殊与相对独立的智商

情商是一种对自身利益、集体利益和社会利益的认识能力；智商是一种特殊的、相对独立的情商，它是一种对自身行为活动所产生的利益关系的认识能力。

（三）情商发展为智商发展确立基本方向

情商高者能充分有效地利用自我现有的智力资源，并使自我智力朝着能产生最大效益的方向发展，而不是盲目地凭一时兴致来发展自我智力；意商的发展又为情商的发展确立基本方向，意商高者能有效控制自己的情感和行为，不会盲目爱一个人或恨一个人，会使自己的情感朝着能产生最大效益的方向发展。

（四）智商、情商与意商的相互关系

三者既相互区别、相互独立，又相互促进、共同发展。一般来说，智商的提高有利于情商与意商的提高，情商的提高也有利于智商与意商的提高。不过，三者毕竟是相对独立的，智商较高者，其情商与意商未必较高；情商较高者，其智商与意商未必较高。

情商与智商不同，情商的水平不像智力水平可用测验分数较准确地表示出来，它只能根据个人的综合表现进行判断。正因情商具有的不可测性，所以也不存在情商等级、分布。目前对它只能含糊地称高低，至今尚无单独的、用纸笔答题的情商测试来给情商打分，这种情商测试也许永远都不会出现。

创新哲理与成败案例

有关“创新”颇有哲理意味的句子：如“日新之谓盛德”，每天都有新的变化才是大德。“苟日新，日日新，又日新”，如能每天除旧更新，就要不间断地更新又更新。“君子之学必日新，日新者日进也。不日新者必日退，未有不进而不退者”“为学须觉今是而昨非，日改月化，便是长进”。康有为说：“德贵日新。”钱学森说：“我是上个世纪 30 年代去美国，开始在麻省理工学院学习。后转到加州理工学院，就感觉到麻省理工学院很不一样，创新的学风弥漫在整个校园，可以说整个学校的一个精神就是创新。在这里，必须想别人没想到的东西，说别人没说过的话。这里的创新还不能是一般的，迈小步，很快就会被别人超过。你所想的、做的要比别人高出一大截才行。那里学术气氛非常浓厚，学术讨论会充分民主，活跃异常，大家相互启发，相互促进。”还说：“记得在一次学术讨论会上，我的老师冯·卡门讲了一个非常好的学术思想，美国人叫‘good　idea’（好想法），这在科学工作中很重要。有无创新，首先取决于有无一个‘good　idea’，所以马上就有人说‘卡门教授，你把这么好的思想都讲出来了，就不怕别人超过你？’卡门说‘我不怕，等他赶上我这个想法，我又跑到前面老远了。’所以我到加州理工学院立即脑筋就开了窍，以前从未想到的事，这里全讲到，且都是科学发展最前沿的，让我眼界大开。”可通过下面若干实例与典范，领悟创新的哲理与创新策略。

一、新水泥路上的脚印

1899 年，爱因斯坦在瑞士苏黎世联邦工业大学就读，导师是数学家明可夫斯基。爱因斯坦向导师请教：“一个人，怎么才能在科学领域和人生道路上留下自己的闪光足迹，做出杰出贡献？”明可夫斯基思索良久回答：“你提的问题很好。”接着，把爱因斯坦带到一处建筑工地，径直上了建筑工人刚铺的水泥地面。“看吧，只有这样才能留下足迹。只有新领域和尚未凝固处才能留下深深的脚印。那些凝固久的，被无数脚步涉足过处，很难踩出脚印。”一席话使爱因斯坦恍然大悟，一种强烈的创新、开拓意识，开始主导其思和行。不久便提出并建立狭义相对论，开创了物理学领域的新纪元，在科学史上留下了自己深深的足迹。

二、拥有梦想者才敢于创新

有些人因有梦想宏图，常使好梦成真。曾荣获首届国家科学重奖的袁隆平，小时就梦想当园艺家，如今已成为世界著名的“水稻之父”。袁隆平说：“我做过一个好梦，种的水稻像高粱那么高，穗子像扫把那么长，颗粒像花生那么大……”心多绮梦的著名美籍华裔生命科学家左天觉说他心有多梦。那些常人认为不可能的事却总出现在他的梦境。一日，他梦见地球上各国的边界没有了，一个全球农业组织主导着世界大家庭的农业生产、环境资源保护、乡村建设等；他梦想开发一种“安全型香烟叶”，让烟民不再因吸烟而丧失健康。他说：“拥有梦想的人，才敢于创新。梦想，引领人奔向希望的明天。”左天觉博士每次回来都要提出些富有见地的意见。在中国水资源分布不均的问题上，他有一个与众不同的大胆设想，能不能用爆破方法，劈开部分喜马拉雅山，让印度洋的湿润季风吹向中国西北，以解决西北水源不足。左天觉梦想着有那一天，新疆成为中亚和亚太经济圈的中心，成为沟通亚欧的桥梁，成为没有海洋的贸易港，成为中国的加州。“有水，新疆就是中国的至宝”。

三、错误和失败中含有创新

2002 年 10 月 10 日，日本一位既非科学界泰斗也非学术界精英的小职员荣获诺贝尔化学奖，他就是一家生命科学研究所的田中。获奖前，他找工作时未通过面试而被索尼公司拒之门外。当他接到获奖通知时，都不相信自己，还以为是谁在跟自己开玩笑。面对众多记者的追问，田中说：“说来惭愧，一次失败却创造了让世界震惊的发明。”事实的确如此。当时，田中的工作是利用各种材料测量蛋白质的质量。一次，他不小心把丙三醇倒入钴中，他没有立即推翻重来，而是将错就错对其进行观察，于是意外发现了可以异常吸收激光的物质，正是这次失败，为以后震惊世界的发明“对物质大分子的质谱分析法”奠定了成功的基础。人生道路上不管是学习、工作和生活，难免碰到困难、失败。在遇到失败时，应把注意力及时转到下一步该怎么办上去，及时改正错误，矫正目标，着手解决当务之急。既要有勇气争取成功，也要有勇气承认失败。失败并不可怕，可怕的是失败了找不到原因，从此一蹶不振。莎士比亚说：“聪明人永远不会坐在那里为他们的损失而哀叹，却情愿寻找办法来弥补他们的损失。”

四、培养学生有永争第一的理念

有位万教授曾问学生：“世界上第一高峰是哪峰？”学生立即回答：“珠穆朗玛峰。”万教授紧接着追问：“第二高峰呢？”学生都傻了，有人争辩道：“书上好像没见过。”教授不置一词，再问：“那么，第一个进入太空人是谁？”不料，此次无人敢回答，不是忘记加加林而是怕再问第二个是谁。万教授转身在黑板上飞快写出：屈居第二与默默无闻毫无区别。接着陈述他的一项实验结论——12年前，曾要求学生毫无顺序进入一个宽敞的大礼堂，并独自找座位坐下。几次后，发现有的学生总爱坐前排，有的则盲目随意，还有的似乎钟情于后面位置。教授记下他们的名字。十年后，对其调查结果显示，爱坐前排者，成功比例高出其他两类学生。最后，万教授语重心长地说：“不是说一定要做得最好、站在最前、永远第一，而是说这种积极向上的心态十分重要。在漫长的人生中，一定要永争第一！”

五、怀疑是产生问题的摇篮

怀疑是指对某些理论、结论或问题发生疑惑的思维，是极有价值的思维素质，是产生问题的摇篮。威廉•哈维（1578~1657）在创立血液循环理论以前，就对盖伦学说中关于人体血液只能做直线运动的观点产生了怀疑。怀疑首先集中在：人每次心跳时，心室排出的血液约为2英两（约为62.2克）。若每分钟心跳72次，那每小时排出的血量则为8640英两，此数字相当一般人体重的三倍。这么多血从哪里来，又输到哪里去？这是盖伦理论无法回答的。哈维最后得出结论：心脏的血液从动脉流出，又从静脉回到心脏。

六、总是模仿就会断送天才

一位天才书法家，九岁时参加日本青少年书法展，四幅作品全部被私人收藏，共卖得1400万日元，震惊书坛，传为佳话。当时，日本最著名书法家小田村夫预言：在日本未来书坛上，必将升起一颗璀璨的新星。二十年过去了，一些原本籍籍无名的人脱颖而出，而他却销声匿迹了。2004年九州岛樱花节，小田村夫专门拜访这位小时候名震四岛的天才，在看了那位天才书法家的作品后，却仰天长叹，说：“右军啊！你毁了多少神童？”右军是指王羲之，中国的大书法家，被后人尊为“书圣”。原来这位小神童临摹王羲之的书法成瘾。经过二十年的寒暑苦练，虽他的字与王羲之的字比较起来，几乎达到乱真的程度，但他自己的东西却一丝都找不到了，他的个性根本没有了！他的书法已成为令人厌恶的仿制品。一个天才因模仿另一个天才而成了庸才，这不是书法界独有的现象。如今，大师级的人物之所以寥若晨星，绝非天生的庸才太多，而是有太多的天才因只模仿而成为庸才。桎梏是发现的牢笼，羁绊是创新的天敌；欲有所发现，有所创新，必须打破一切清规戒律，斩断种种貌似强大的羁绊。发现，永远属于敢于创新的人。

七、“四大名著”各走自己的路

四大名著代表了小说的四大类型，各自走出自己的路。总是处于模仿别人的状态，就总也不会超过别人；踩着他人脚印前进，即使紧跟，也永远不会超越他人！路，在哪里？在脚下；路，如何走？走自己的路。“路，是人踏出来的”，只有走出新路，另辟蹊径，方会令人称道。希尔说：“前人留下的脚印，并不是要后人踩着脚印亦步亦趋，而是启示后人理当往哪个方向迈进。”科学的无人区却是大有可为之地，即所谓“学林探路贵涉远，无人迹处有奇观”。要达此境，须独辟蹊径。纵观几千年的科学史，哪一项重大发明是别人提出的课题？纵观几千年的文化史，哪一部文学名著是他人列出的主题？综观古今中外有成就的学者、大师，有几个不是善于时时、处处向一切人学习者？四大名著之所以在文学水准、艺术造诣和思想倾向上，都是古今小说中的佼佼者，主因是有各自的特色。

《西游记》属科幻小说——明代怀安人吴承恩所写，虽有真人真事的影子，但与玄奘的《大唐西域记》相去甚远，把现实写成神话，把活人写成了神。人、神、妖共舞。其艺术成就为神魔小说，想象非凡。塑造了一群人、神、兽三位一体的形象。所描写的幻想世界及神话人物、神话环境和神奇妖魔都显得和谐自然。其语言特色是天马行空，瑰丽奇异；诙谐风趣，活泼跳跃，诙谐幽默，妙趣横生。同时，富于个性化，较好地烘托了每个人的性格特点。

《三国演义》属纪实小说——元末明初杭州人罗贯中所作，是历史和军事题材小说，在民间影响最广。其文字半文半白，坚硬广瀚，在精确广阔的叙述中展开人类智慧交错的恢宏画卷。其艺术特色：根据表现人物和设计情节需要，充分发挥想象与艺术虚构，使历史真实与艺术真实得到有机统一。将人物置于现实矛盾的尖锐冲突中，通过其言行来展示性格，并注意细节描写，运用夸张、对比等艺术手段突出人物的不同特征。其语言特色是气势磅礴，恢宏大气。把纷繁复杂的历史事件，写得条理清晰，主次分别，有声有色。形成一种“文不甚深，言不甚俗”半文半白的风格，叙述描绘，简洁明快，雅俗共赏。

《水浒传》属改编小说——元末明初施耐庵所作，是农民起义题材小说，人物性格刻画最为世人称道。它改编了《大宋宣和遗事》内容中的十分之一，即把宋江等36人的故事，扩充为108将。其思想意义：从封建社会中诞生的一部反抗封建统治的小说巨著，这不啻是中国古代文坛中的一个奇迹。深刻揭示了“官逼民反”的事实。其艺术成就：最被人称道的是人物塑造成功。书中的主要人物形象都具有鲜明的个性，成为高度典型化的英雄形象。其成功之处，还在于充分展示英雄的本色，好汉的豪气，使读者产生对英雄的仰慕；以逼真的细节刻画，个性化的语言及人物间的映衬来表现人物性格。其语言特色：侠骨忠肠，语言传神。在运用当时口语的基础上，加以锤炼，使之具有准确、生动、通俗而又洗练的特色。

《红楼梦》属虚构小说——清代曹雪芹所作，是四大名著中艺术成就最高，人物形象饱满真实，在文学界影响最大最深远。气势恢宏，文字雍容华丽，人物命运与诗谶互证，让人体味封建大家庭腐败与没落。其思想意义：通过宝黛的爱情悲剧，展示一个贵族大家庭的盛衰，显现了封建社会没落时期多样性的生活画面和复杂的矛盾冲突；通过对“贾、史、王、薛”四大家族荣衰的描写，展示了广阔的社会生活视野，森罗万象，囊括了多姿多彩的世俗人情。世称《红楼梦》内蕴着一个时代的历史容量，是封建末世的百科全书。在深刻、典型地反映封建社会丑恶的同时，反映了一代青年尤其是青年女性的生活及其不幸命运。其艺术特色： 塑造了许多性格复杂和丰富多彩的艺术生命，是叙事艺术的集大成之作。其语言特色：典雅美丽，细腻婉转引人入胜。在叙事中，显示浓烈的诗词化。同时，使用“谐音寓意”的手法，如开篇的“贾雨村（谐音假语存）、甄士隐（真事隐）”；把贾家四姐妹命名为元春、迎春、探春、惜春，这是谐“原应叹息”的音；在贾宝玉神游太虚幻境时，警幻仙姑让他饮的茶“千红一窟”，是“千红一哭”的谐音，又让他饮“万艳同杯”的酒，是“万艳同悲”的谐音，这样的手法几乎贯穿全书。

综上所述，四大名著无论在思想、艺术和语言上，还是在人物刻画、情节结构上均各有特色。在活动空间上——《西游记》的活动范围是宇宙，天上地下；《三国演义》是在魏、蜀、吴三国之间；《水浒传》在梁山和水泊之中及周围地区；而《红楼梦》的活动范围最小，主要在荣宁二府或四大家族之间，但年代和地点是模糊的，都是独辟蹊径，走出了自己的路。在人物刻画上——《西游记》想象力非凡，所描述的是神仙和妖魔鬼怪，是幻想世界和神话人物；《三国演义》引人入胜的焦点是文才武略，战将如林，谋士如云，魏、蜀、吴三方各有千秋，难分高下，正是“千古风流人物，一时多少豪杰”；《水浒传》作者施耐庵认为《三国演义》虽人才济济，但未超出帝王将相，故而立志写一部“绿林英雄”，终于把一百单八将描绘得栩栩如生，性格各具特色。在写作手法上——历来有“七分真实三分假”之说的《三国演义》和史书《三国志》比较接近，也有演义（虚构）情节，增强可读性；《红楼梦》这部旷世奇书的作者曹雪芹，对施公钦佩万分，但也有点意见，不但未写出一个令人赞叹的女性，反而写了两个臭名昭著、丑声远扬的坏女人。于此，他誓为一群所见所闻的少女写一部传神之书。他从《水浒》得到启示，但思想与艺术却大大超过施公的水平与境界——含蓄蕴藉，虚幻玄妙，深远莫测。正是“满纸荒唐言，一把辛酸泪；都云作者痴，谁解其中味”。就是这样的一部未竟之作却成为惊世之书，并令后人竞相研究、评论，而终致成为一门新的学问——“红学”，至今研究风气盛而不衰。可见，独辟蹊径之深意、之威力。然而，《红楼梦》的撰写却是“批阅十载，增删五次”，正如曹云：“字字看来都是血，十年辛苦不寻常！”

获得教学信息反馈的方法

根据控制论的观点，没有反馈的过程是一个不完整的过程，且反馈速度越快，其效果越好；如果不及时得到反馈信息，则不能做到有效控制。教学本身带有程序性，所谓程序性是由控制、信息和反馈三个系统组成的。其中信息与控制是不可分的，而信息又是通过反馈来实现的。信息反馈是教学信息传输过程中的重要环节，没有信息反馈的教学难以取得良好效果。为实现教学的最佳控制，防止教学信息反馈中的失真现象，不断提高反馈信息的有效度，教师必须及时获得准确、可靠的信息，通过反馈回路对教学进行控制，以达到最优化的教学效果。获得教学信息反馈的主要方法可概括如下。

一、提问法

提问法是指教师向学生提出问题，了解教学效果的一种方法。提问是语言信息双向交流的基本形式，在教学过程中这种方法运用较多。为达到预期效果，提问一定要有计划性、针对性、科学性和普遍性。一是在课前检查上次课布置的作业之提问，主要了解学生对已学课程内容掌握和理解的程度，同时了解学生记忆、想象和运用知识的能力。二是在示范、讲解前后进行提问，在学习任何一种新的技术技能时，或多或少都与过去学过的知识有一定联系，通过提问可了解学生平时的学习情况及各类知识信息的相互衔接情况。三是在指导练习和纠正偏差时进行提问，针对学生在练习中存在的各种问题加以提问，可以进一步强化和巩固操作技能的正确形成，防止错误动作定型。四是总结与反馈时进行提问，在所授课题或一次课结束时，综合归纳出几个问题进行提问，以了解学生对本次课内容掌握的程度，为下次课教学提供必要的信息依据。

二、观察法

观察法是指教师运用视觉，通过观察了解学生学习效果的一种方法。在教学中，对绝大多数学生的了解，要靠教师敏锐的观察来实现，即主要从学生的眼神、表情及操作的质量等方面获得。加强目光扫描，能迅速捕捉学生各种动作性反馈，如有多少学生认真听课或认真动手操作或在积极思考；又有多少学生在溜号，在做与课题无关的事；其表情是轻松、愉悦、兴奋，还是呆板、冷漠、厌倦。一般来说，学生听得津津有味，看得定睛入神，情绪向上，跃跃欲试，则反映教学效果较好；相反，听而不闻，视而不见，情绪波动，表现急躁，则反映教学效果较差。教师须根据观察的具体情况，及时调整教学内容和教学方法。

三、提示法

提示法是指教师对学生练习效果随时进行估量的一种方法。在教学过程中教师应经常对学生完成操作质量做出评定性的提示，其形式可多样化，但提示的语言力求简单明了，以易于强化学生对正误动作的区分，直接反映学习效果。同时，从中得到信息，以扬长避短，明确努力方向，提高学习积极性和自觉性。

四、对比法

对比法是指教师通过比较来了解教学效果的一种方法。在教学中为了更好地强化学生对知识技能的掌握，教师可采用多层次对比方法，如正误对比、相似对比，以及学生与学生、小组与小组对比等。通过比较让学生来鉴别哪些是正确的，哪些是错误的，教师可从中对教学效果以及所实施的教学手段、方法等做出准确的了解和正确的评价。

五、征询法

征询法是指通过谈话、问卷、座谈等形式了解教学效果的一种方法。一个单元或一个章节教学结束后，教师应通过多渠道和多形式让学生有充分表达见解的机会，以便广泛搜集和征求他们对教学的意见或建议，如通过座谈会、指定性或非指定性问卷、检查教学日志等来获得较全面的信息反馈。这对改进教学内容和教法、加强薄弱环节起着积极作用。

六、作业法

作业法是指教师通过对学生作业情况的巡视、讲评及分析全面了解教学效果，并找出存在问题的方法。为提高作业性信息反馈的有效度，一是加强课内作业或练习，巡视作业情况，及时进行讲评，这是教学信息反馈较快的一种方式；二是利用电化教学设施，将教师在巡视过程中选出的具有一定代表性的答案，通过投影仪显示于屏幕上进行讲评；三是布置课外作业的数量和难度要适当，批改作业时要注意发现特殊情况（如某差生的作业突然特别好或不同学生的作业所解答的文字及步骤完全相同）来分析有无抄袭作业的现象，以便采取相应措施。

七、考核法

考核法是指通过考试或考查了解教学效果的一种方法。其他方式只能了解学生对部分知识、技能的理解和巩固程度，要想了解学生系统、整体或比较完整的知识、技能的掌握情况，就必须对学生进行总结性检查，即考试或考查。一般在讲授一个单元或一个章节或对一种操作技能训练后，进行一次较系统的考核，以便了解学生对这部分内容理解和掌握的程度，根据这些信息反馈再考虑下一步的教学安排。另外，一个学期全部课程结束后，必须对学生进行一次全面的考核。在考核中要严肃认真，确保信息反馈的可靠性和真实性，为修正本学期与制订下学期教学计划提供依据。

八、反思法

反思法是指教师对总体教学效果进行重现和估价的一种方法。课后小结、单元总结和学期总结等都是反思的主要形式。反思法是对上述各种方法所获得的信息进行综合、分析、归纳和整理，从中找出一次课、一个单元或一个学期之各个教学环节所存在的利与弊、得与失，从而使之起到检查、评定和补充、修正的作用。

另外，还要重视对学生的语言性反馈、动作性反馈和文字性反馈的了解和研究，以使教学系统自我评价、自我调节、自我控制的能力加强，有效克服教学信息传输过程中的失真现象。

古今中外名人的教育典例及趣事

《史记》中提供了几百个最出色人物一生的经历，其中所蕴含的人生经验，是任何一部历史著作都无法比拟的。《资治通鉴》里提到的不仅是面对人生抉择的处理方法，更重要的是学会大局观，学会用历史事件的完整过程来鉴别今天正在发生的事件。这里仅略述说的是，古今中外著名大师或泰斗，几乎皆有奇妙而动听的言语和惊人的作为，令后人津津乐道、刻骨铭心，且倍加敬慕。

一、给后人留什么

给子孙留下什么，有人喜财富，有人重名节。应做何种选择是历来为父母者无法回避之题，反映出不同的人生观、价值观及道德情操。名垂青史的东汉荆州刺史（涿郡太守、司徒、太尉）杨震，素有“四知太守”（对暮夜送金者说“天知、地知、你知、我知，何谓无知”）“关西孔子”美誉。他为官清廉，史称“性公廉，不受私谒。子孙常蔬食步行”，在教育子孙上也超凡脱俗，高人一筹。有人劝他多为子孙积点产业，他说：“使后世称为清白吏子孙，以此遗之，不亦厚乎！”他“清清白白做人”，以清白遗子孙，可谓卓尔不群，目光长远。他认为积财不如积德：精神财富，可代代相传，福泽绵长。南北朝徐勉说：“子孙若有能力，自己就会创造好生活；若无能力，给多少钱也保不住。”故他教育子孙勤于学习，增长才干。对此，伟大的爱国主义者林则徐的态度更为坚定、明朗：“子孙若如我，留钱有何用？贤而多财，则损其志；子孙不如我，留钱有何用？愚而多财，益增其过。给子孙留下什么，怎么留，古今先贤言之谆谆，以身示范。每人都需深思熟虑，做出明智的选择。

二、精彩开场白

清华国学四大导师之一的梁启超，上课的第一句话是：“兄弟我是没什么学问的。”然后，稍微顿了顿，等大家的议论声小了点，眼睛往天花板上看着，又慢悠悠地补充一句：“兄弟我还是有些学问的。”头一句话谦虚得很，后一句话又极自负，他用的是先抑后扬法。西南联大中文系教授刘文典与梁启超的开场白有同工异曲之妙，他是著名《庄子》研究专家，学问大，脾气也大，他上课的第一句话是：“《庄子》嘿，我是不懂的喽，也没有人懂。”其自负由此可见一斑。

架子最大的开场白非章太炎先生莫属。他的学问很大，想听他上课的人太多，无法满足要求，于是干脆上一次大课。他来上课，五六个弟子陪同，有马幼渔、钱玄同、刘半农等，都是一时俊杰，大师级人物。老先生国语不好，由刘半农任翻译，钱玄同写板书，马幼渔倒茶水，可谓盛况空前。老先生也不客气，开口就说：“你们来听我上课是你们的幸运，当然也是我的幸运。”幸亏有后一句铺垫，要光听前一句，那可真是狂到天上去了，不过，他的学问也真不是吹的，满腹经纶，学富五车，他有资格说这个话。

三、课也讲得精彩

闻一多不仅文学成就大，课也讲得精彩。他上课时，先抽上一口烟，然后用顿挫鲜明的语调说：“痛饮酒，熟读《离骚》，乃可以为名士。”他讲唐诗，把晚唐诗和后期印象派的画联系起来讲，别具特色，他口才又好，引经据典，信手拈来。所以，他讲课时，课堂上每次都人满为患，外校也有不少人来“蹭课”，有的人甚至跑上几十里路来听他上课。

四、在下所讲“全是胡言”

启功先生的开场白大多都是幽默风趣，平时爱开玩笑，上课第一句话常常是：“本人是满族，过去叫胡人，因此在下所讲，全是胡言。”引起笑声一片。他的老本家、著名作家、翻译家胡愈之先生，也偶尔到大学客串讲课，开场白就说：“我姓胡，虽然写过一些书，但都是胡写；出版过不少书，那是胡出；至于翻译的外国书，更是胡翻。”在看似轻松的玩笑中，介绍了自己的成就和职业，十分巧妙而贴切。

五、割心里的小辫子难

民国奇人辜鸿铭学贯中西，名扬四海，自称“生在南洋，学在西洋，婚在东洋，仕在北洋”，被外国人称“到北京可不看故宫，不可不看辜鸿铭”。他在辛亥革命后拒剪辫子，拖着一根焦黄小辫给学生上课，自是笑声一片，他习以为常待大家不笑了才慢吞吞说：“我头上的小辫子，只要一剪刀就解决问题，要割掉你们心里的小辫子那就难了。”顿时全场肃然，再听他讲课如行云流水，果然有学问，名不虚传。

六、自由思想与独立精神

陈寅恪执教于中山大学时，讲课时校内教授旁听者常多于学生，因此有“教授之教授”的称谓。1953年12月1日，汪钱和自己的老师陈寅恪做了一次长谈。陈寅恪说：“我的思想，我的主张完全见于我所写《王观堂先生纪念碑铭》中……我要请的人，要带的徒弟都要有自由思想，独立精神。不是这样，即不是我的学生。所以周一良也好，王永兴也好，从我之说即是我的学生，否则就不是。”陈寅恪说：“我侪虽事学问，而决不可倚学问以谋生，道德尤不济饥寒。要当于学问道德之外，另谋求生之地，经商最妙。”还说：没有自由思想，没有独立精神，即不能发扬真理，即不能研究学术。一切都是小事，唯此是大事。

七、看似玩笑的拜师

章太炎、刘师培、黄侃三人常在一起切磋学问。有一次，刘师培感叹自己生平没有资质优秀的弟子堪当传人，黄侃即朗声问道：“我来做你的关门弟子如何？”刘师培以为黄侃只是开玩笑，便说：“你自有名师，岂能相屈？”黄侃正色相告：“只要你不认为我有辱门墙，我就执弟子礼。”第二天，黄侃果然用红纸封了十块大洋，前往刘家磕头拜师。有人认为黄的学问更胜于刘，不必自轻身份，黄说：“《三礼》为刘氏家学，非如此不能继承绝学，此所谓道之所存，师之所存。”黄侃只比刘师培小两岁。

八、一个人打十个人怎么打

1912年创办的保定陆军军官学校，为当时全国成立最早、规模最大、设施最完备、学制最正规的最高军事学府。按当时规划，只有陆军小学、中学毕业后，才能报考保定军校。第一任校长是赵里泰。1912年12月15日，袁世凯任命蒋百里为该校第二任校长（1912年12月17日出任）。虽短短10个月，却为学校建设和发展作出了重要贡献。蒋百里在黑板上写出一个题目：“1个人打10个人怎么打？”让学生讨论。张治中、陈诚、傅作义、白崇禧、叶挺和蒋光鼎等都瞠目结舌，无言以对。半晌，百里将军从容讲：“1个人打10个人的法子，便是一个一个地打。”一句话，点出了处于劣势的部队在实践中团结一致，集中优势兵力，各个击破的精髓，令众人顿悟。

九、自律的校长

南开大学张伯苓尽管拿着大学校长中最低的薪金（每月大洋40元），却谢绝出任教育总长、天津市市长和考试院院长等职；梅贻琦的突出品格是“终生一职”，只做校长，决不“今天干教育，明天弄政治；干着校长，想着部长”。竺可桢任浙江大学校长前，已是有名的气象专家，且任浙大校长13年间，从未为自己专业捞一点好处。

十、胸怀大度的校长

竺可桢曾任浙江大学校长。在教务会上，政治学教授费巩公然讽刺道：“我们的竺校长是学气象的，只会看天，不会看人。”后来，竺可桢不计前嫌，亦不顾国民政府“只有党员才能担任训导长”之规定，以“资格极好，于学问、道德、才能为学生钦仰而能教课”为由，任命费巩为训导长。

十一、战士死于沙场，学者死于讲坛

梁启超说：“吾爱孔子，吾更爱真理。”1929年，梁启超身体状况渐趋恶化，学生谢国桢和萧龙友劝他停止工作，多多休息。梁说："战士死于沙场，学者死于讲坛。"不久不治而逝。1982年，谢国桢因病住院，犹坚持看书不已，萧龙友的儿子萧璋去看他，劝他养病期间不要看书，注意休息。谢说："战士死于沙场，学者死于讲坛，师训不可违！"

十二、指出老师讲错的艺术

胡适对母亲来说虽是"独生子"，但管教甚严，胡适勤奋好学加上天赋较高，几年私塾奠定学有所成的基础。少年胡适刚就读于上海中国公学时，被编入相对较低的一班，几天后，教师在讲到某句"名句"时，说是"出自四书"，胡适听后当即知晓讲错了！他等到老师把课讲完还未离开讲台时，走到老师面前行礼后，小声说："您讲的那句名言，是出自《易经》。"老师听后，顿时对这个来自乡村的少年有些惊讶，也有些关爱，随之就问："你学过《易经》？！"胡适恭恭敬敬地回答："在上私塾时学过……"老师当即站起来说："你跟我来！"老师带着胡适走至四班教室，见到教该班教师说："他学过《易经》，让他在你教的班学习吧。"从此胡适在学堂声名鹊起，也是他名满天下的开始。

十三、文凭究竟是什么

文凭究竟是什么？钱钟书在《围城》里为文凭的功用打了一个意味十分恰当的比喻"这一张文凭仿佛有亚当夏娃下身那片树叶的功用，可遮羞包丑；小小一张方纸能把一个人的空疏愚笨寡陋都掩盖起来。"

十四、年过百岁仍读书

钱锺书的夫人、著名作家、翻译家杨绛在104岁（虚岁105）时仍读书。钱锺书曾评价杨绛是"最贤的妻，最才的女"。杨绛最本初、最纯粹、最持久的信仰是读书。她自幼受父亲杨荫杭之启蒙引导，迷恋书的世界。一次父亲问："阿季，三天不让你看书，你怎么样？"她说："不好过。""一星期不让你看呢？"她答："一星期都白活了。"青年时期，她以读书为挚爱兴趣，读翟孟生的《欧洲文学史》、梁宗岱的《法国文学》、吴宓的《中西诗比较》、吴可读的《英国文学》等；与钱锺书共同读书结为连理、终生不弃，艰苦岁月时有书籍相伴而内心强大、苦中取乐，直至百岁也钟爱读书。她曾将读书比作"隐身"串门：要参见钦佩的老师或拜谒有名学者，不必事前打招呼求见，也不怕搅扰主人，翻开书面就闯进大门，翻过几页就登堂入室，且可经常去，时刻去，如果不得要领，还可不辞而别，另请高明，和它对质。

十五、顾颉刚的教学相长

当年，顾颉刚已名满天下，站在燕大与北大讲坛上，在讲《尧典》说："尧典所谓十二州，起源于汉武帝制度。"话音刚落，便有一学生拔座而起："老师，你讲错了！"顾公瞧去，原来是谭其骧向他发难了。此时，他和颜悦色向学生请益："为师的，错在哪里？"谭说"这里错了，那里也有点不对"！顾公连连点头说："这条，你是对的；那条，还说服不了我，你下课后，再查找些资料。"谭下课后又钻进故纸堆，深耕细作；顾为不在学生面前掉格，也得学术再出发。反复讨论后，顾在课堂上对所有学生说："谭其骧同学对我帮助很大，帮我纠正了很多错误，但他的有些意见，也是我不同意的，这些都让我非常感谢！"为此，师生你追我赶，在学术路上竞赛。顾公对待批评，也是无长无少，无贵无贱。他是大学教授，钱穆还在苏州当中学教师，位差甚大。但顾知钱与自己观点相左，专程去看望，叫钱多写文章，来批评他。钱穆那篇《刘向歆父子年谱》，不说是与顾唱反调，也是与其意不合的，顾却推荐发表在自己主编的《燕京学报》上，钱穆因此扬名学术界。此后，又对钱说："君似不宜长在中学教国文，宜去大学中教历史。"随即推荐钱穆到燕京大学，实现人生跨越式发展。钱穆是从未上过大学，能成为大学名教授，实在得益于顾公的超然识拔和大力玉成。钱晚年在《师友杂忆》中说，那篇文章"不啻与颉刚争议，他不介意，既刊余文，又特别推荐余至燕京大学读书任教。此种胸怀，尤为余所特赏。固非专为余私人之所感知遇而已"。

十六、梅贻琦女儿的落榜

号称"云南王"的龙云，主政云南17年。西南联大在昆明的8年中，得到龙云多方面关照。联大初期租用的院落比较狭小，随着大批师生相继抵昆，小院显得拥挤不堪。龙云知晓后，慷慨把自己公馆的东院借给西南联大。西南联大是一所战时学府，不少学生来自沦陷区，生活非常清苦。龙云很体谅这些同学的处境，饬令秘书处筹划资金，由富滇银行拿出 5 万元新滇币、财政厅又拨足 5000 元新滇币转送西南联大等高校。是年 5 月，龙云又设立了奖励清寒大学生的龙氏奖学金等。可见，龙云对联大做到了多方关照。可后来，龙云女儿报考联大附中却落榜。龙云遂令秘书找梅贻琦疏通，当秘书告知他梅校长的女儿梅祖芬（落榜的还有清华建筑系主任梁思成的女儿梁再冰、文学院长冯友兰的女儿冯钟璞，见证了当时中国教育界的公平和良心）也没被录取时，龙云愕然气消。

十七、关注偏科，名人的高考往事

多年来，教育领域流传着各种"零分考入北大清华"的传奇，为偏科怪才寻找进入高等学府之因。

1917 年，蔡元培出任北大校长，当年夏北大在上海组织了一场自主招生考试。刚刚从美国回来的年轻教授胡适也参与并负责国文阅卷。在招生录取会议上，只有胡适激动地说："我看到一篇作文，写得非常棒，给了满分，希望学校能够录取这位有才华的考生。"可一查成绩单，虽国文很厉害，可数学竟然是零分，其余各科成绩也并不出众。怎么办？胡适力主"破格录取"！主持会议的校长蔡元培亦明确表态支持胡适的意见。这位考生最终被北大外国语文学专业录取，他就是罗家伦。事实证明，蔡元培和胡适的决定是正确的。罗家伦不但成为"五四运动"的得力干将，而且还以北伐少将身份，被南京国民政府任命为改组后的国立清华大学首位校长；1930 年代，还做过南京中央大学（今南京大学的前身）的校长。

1929 年，清华大学外语系招生时爆出一新闻，一位数学只考了 15 分、本应被退回的考生却被破格录取，此人即钱锺书。在另外版本中，钱先生的数学成绩被说成是 0 分。他自己后来回忆，"我数学考得不及格，但国文及英文还可以。为此，当时校长罗家伦还特地召我至校长室谈话，蒙他特准而入学，我向罗校长弯腰鞠躬申谢。"钱锺书并未说明自己数学考了多少分，但他英文满分、国文特优。主管老师欲退不忍，欲取不敢，便报告了校长罗家伦。校长亲阅试卷后立即定夺：此为奇才，破格录取。这种实例或许会让人认为，破格录取是很随便的事，其实不然。民国时期政局不稳，无法保持大学的连续性，而那时的大学多处在"青春期"，录取工作也难以随意。

1930 年，臧克家在青岛国立大学的入学考试中，数学考了零分，国文考试两题选一：① 你为什么要报考青岛大学？ ② 杂感。臧克家选择第二题，全文也仅仅是三句诗歌："人生永远追逐着幻光，但谁把幻光看作幻光，谁便沉入无边的苦海。"此文，连标点在内，不过 30 个字。就凭这三句诗歌，主考文学院院长闻一多给了 98 分，并"破格录取"！使中国近现代文学史上，多了一位叱咤风云的诗人。

1933 年，沈从文与张充和的三姐张兆和在北京结婚时，周有光、张充和去参加婚礼，随后就一直居京。家人劝她考大学，她也想不妨一试，于是就到北大旁听。当时北大入学考试要考国文、史地、数学和英文，充和见到数学就怵头，她在 16 岁前根本就不知道什么叫几何、代数。她干脆放弃，把复习的精力全用在其他三科上。第二年临考那天，家人为她备好圆规、三角尺等作图工具。她说"没用"，因她连题目都看不懂。数学当然得零分。但她的国文却考了满分，尤其作文《我的中学生活》写得文采飞扬，受到阅卷老师的激赏。试务委员会资深评委胡适希望录取这名优异生。然录取规则明文规定，凡有一科为零分者不予录取。试务委员会向阅数学卷老师施压，希望"网开一面"给几分。那阅卷先生软硬不吃，复判后，仍给零分。试务委员会爱才心切，不得已"破格录取"了她。

十八、少年杨振宁震惊西南联大

杨振宁 16 岁时即震动西南联大。1937 年，日军发动全面侵华战争时，他还不到 15 岁，刚念完北京崇德中学的高一，其父杨武之带着全家回到合肥老家。1938 年，杨家七口在昆明租赁房子住下后，杨振宁进入昆华中学念高二。当时，辗转流离而来的中学生非常之多，教育部门在那年夏天公布一项措施，所有学生不需文凭，可凭同等学力报考大学，杨振宁在父亲鼓励下，读了半年高二就参加统一招生考试。他借了一本物理书在家里学习，一直不明白为何圆在旋转时"加速度"等于"速度的平方除以半径"，整整想了两天，搞懂了向量的重要性。最终在两万多考生中，以第二名考进西南联大。16 岁的杨振宁心怀探索大千世界莫测变幻奥秘的愿望，报考了联大化学系。物理系教授吴有训翻阅杨振宁的入学试卷时，发现他更适合学物理，便向杨振宁讲述了物理学对促进人类科技发展的重大作用，引导他入学后转到物理学系。物理学系由饶毓泰等名师执教，给杨振宁上普通物理课的是赵忠尧教授、上力学课的是周培源教授、上热学课的是叶企孙教授……杨振宁跟随这些大师，很快步入了物理学的殿堂。

十九、王云五的学历是“识字”

胡适不轻易夸人，但对王云五却是赞赏仰视：“他是一个完全自修成功的人才，读书最多，最博……此人的道德学问在今日可谓无双之选。”王云五确实了不起，发明了四角号码查字法和字典，编过多本辞典，还曾掌舵商务印书馆，主编过大名鼎鼎的“万有文库”。其实，他并没正式上过学，充其量是一年半私塾，莫说高小，初小都没读完。他家世代务农，其父王光斌扔掉锄头到上海滩闯荡，开了一家小店。王云五从小爱读书，其父却送他到一家五金店实习。他白天当店小二，晚上当夜校生，去读英语。他读书极痴，晚上熬夜读，白天在店里也捧着读。顾客来买五金工具，喊他半天没回应，账也常算错。五金店老板骂过几回，骂不醒，便将他炒了鱿鱼。其父训了一顿后，让他在自家店里帮忙。他提了一个条件：白天在店里打杂，晚上要去夜校。其父应允，便在那学校读了七个月。后来，转到守真书馆继续学英语，别人当学生，他当“教生”（边当学生边做助教），一面交学杂费，一面赚讲课费，两两相抵还有赚头。胡适说他“读书最博，最多”，不是虚夸。他不只当书橱，读书以思，读书以用，著作等身，出版著作二十多种，其中百万字以上的五部。他后来在台湾，率先倡导博士教育，“十三年间指导论文不计其数，硕士、博士出自门下者，不下百人”，被称为“博士之父”。民国时印名片，也有“学历”一项。他即使填“小学肄业”也不太够格。学林规定的文凭，让他既掩面，又无语。好在他有办法，另辟蹊径——姓名：王云五；学历：识字——把自己学历定为“识字”，透着真诚和自信。

学历再高，若不再努力，可能不学无术；相反，学历低者，因有信心与毅力，终有所作为。有学历未必有能力，有文凭未必有文化，反之亦然。蔡元培既主张学术自由等先进办学思想，又善于识人、用人，当他认准年轻的陈独秀是匹“千里马”时，即亲自登门去请为北大文科学长，遭拒后仍坚持天天去请，终于使陈独秀任职。陈独秀偶然看到一篇《文学改良刍议》后，立即推荐刚从美国回来26岁的胡适任北大教授，蔡元培欣然接受。而使蔡元培当“伯乐”最出神入化的是发现和启用梁漱溟，当时中学毕业的梁漱溟本想到北大当个旁听生，蔡元培看到其《穷元决疑论》后，即邀请梁漱溟为讲“印度哲学”的教授。钱穆既没留过洋，也未进过高等学府，所以能当教授，则因顾颉刚又把他推荐给胡适。作为清华园学院四大导师之一的陈寅恪在任教前，一无学术著作，二无学位职称，但校长曹云祥就敢用他。世界第一富比尔·盖茨，中途从哈佛（数学系三年级未学完）退学创业。世界第二富保尔·艾伦，根本就没上过大学。获得诺贝尔医学奖的屠呦呦是三无：无博士、无院士（曾几次申报院士都名落孙山）、无留洋背景。高尔基没上过学却成了大作家。获得诺贝尔文学奖的丘吉尔，上学考试曾得零分。爱迪生只上过三个月小学，却成为举世公认的天才与世界最伟大的发明家。

二十、在真知面前都似孩子

在西南联大发生的一件往事——华罗庚教授和几位年轻助教及学生推门进入一间教室，纷纷在离黑板较近的椅子上坐下。有一学生拿起粉笔在黑板上写下几个方程式，随即有一学生喊着“错了错了”，飞身上去，在黑板上飞快地演算。这时，华罗庚也站起来，边说“错了错了”，边拄拐杖来到黑板前演算。谁知，下面的学生又叫喊“错了错了”，他们认为华教授的答案也有问题。一时间，学生、助教、教授争论起来，吵成一团，谁也无法说服别人。最后，华罗庚说，十二点了，肚子饿了，先吃饭，我请客。之所以再提这件往事，因为深深被震撼：学生无丝毫的让步或顾忌，教授无半点恼怒和被冒犯的感觉。在真知面前大家都似孩子一样可爱。

二十一、周谷城在文革时批判周予同

周谷城在“文革”初，被作为“反动学术权威”打倒，此期间被勒令打扫厕所。他每天清早6点会准时出现在复旦大学100号。有人问他“为什么那么早来，还要戴上大口罩”？周谷城叹道：“还不是不让别人认出我周谷城在扫厕所呀！”有一次，传来在北京的姚文元的“指示”：“有些人现在还不老实，翘尾巴，比如上海的周谷城……”第二天，在100号里就开会批斗周谷城，不料他却说：“狗和猫有尾巴，会翘尾巴，我周某人既非狗也非猫，无尾巴可翘呀！”一时场面尴尬。有人知晓周谷城应对批斗，态度另类。某日，在登辉堂召开批斗周谷城、周予同等人大会，主持人要周谷城批判周予同。周谷城戴着墨镜走到台中，大声说：“周予同是研究经学的。我早就同他说过，你研究的是小六经，我研究的是大六经。你的小六经只是我的大六经里的一小部分……”话一开头，台下已在窃窃私语，讲到这里，终于忍不住爆发了哄堂大笑（周谷城戴着墨镜，无法看清他的表情。有人猜测“在镜片后面的眼睛里，一定隐含着讥刺与得意）……。

二十二、文章最忌是重复

《宋稗类钞》的掌故：王安石与刘贡甫十分要好。“一日贡甫访之，置其方饭。使吏延入书室中，见有稿草一幅在砚下。取视之，则论兵之文也。贡甫性强记，一过目辄不忘。既读复置故处”。接下来的事，让人出乎意料与惊叹　。“荆公饭毕而出，始复邀入。坐语久之，问贡甫近颇为文乎？贡甫曰，近作《兵论》一篇，草创未就。荆公问所闻大概如何？则以所见稿草为己意以对。荆公不悟其窥见己作也。默然良久，徐取砚下稿草裂之。”以为别人已写过相同的文章，王安石便把自己的文稿撕掉。为何如此？自然是不愿和别人重复。不应重复别人，也不应重复自己。

二十三、哲人的自知者明

有人悄悄地告诉苏格拉底，一个人正在演讲中诋毁你，说你是一个小人。苏格拉底微笑着说，他诋毁的肯定不是我，因为他说的那些丑陋的品质，我身上都没有——这段对话太精彩了！很多人听到有人非议自己，首先检查自己是否如人所言，有就改正，没有就一笑置之。同样，当我听到一些过高的赞美，我也自问，我真的可以拥有那些声誉了吗？

二十四、清醒的认识世界

苏格拉底拿着一个苹果问学生：“大家闻到了什么味道？”一个学生回答：“苹果味！”其他人便随声附和。苏格拉底看了看，学生之中只有一个人没说话。于是便问他：“你说呢？”那个人摇摇头：“我什么都没闻到！”苏格拉底笑了笑：“只有你是对的！因为这是个假苹果！”这个“与众不同”的学生，就是著名哲学家柏拉图。

二十五、教授甘当伯乐

1661年，19岁的牛顿进入剑桥大学三一学院，第一任教授伊萨克·巴罗是博学的科学家，独具慧眼，看出牛顿具有深邃观察力、敏锐理解力，于是把牛顿引向近代自然科学的研究领域。巴罗比牛顿大12岁，对牛顿的才华极为赞赏，认为其数学才华超过自己。如何让牛顿更快地脱颖而出，成了困扰巴罗的问题。时下没有教授的空缺，牛顿便不能很快展示其才华。巴罗为提携牛顿，毅然辞去自己的教授职务，让牛顿接任。真正的伯乐，不仅是指给一个方向，还会心甘情愿变成一架梯子，让你踩着它攀向成功。26岁的牛顿晋升为数学教授，巴罗为牛顿的科学生涯打通道路，若无巴罗帮助，牛顿这匹千里马可能就不会驰骋在科学的大道上。巴罗让贤，这在科学史上一直被传为佳话。

二十六、专注的力量

美国著名诗人惠特曼的《草叶集》是一本世界名著。然而，此本诗集出第一版时根本没人买，出第二版时也只有11个人买。但他从不灰心，而用毕生的精力来充实这部集子，几十年后，这部集子从第一版时的12首增加到396首，25年后，这本诗集再次出版，一上市便被抢购一空，且连续再版。由此表明，钉子之所以能钉入墙里，正是因为它的头是尖的，能把力量集中于一点。做事或做学问若是集中精力，专攻一点，取得成功的几率就更大一些。

二十七、高超艺术含义尽在不言中

1967 年 8 月 15 日，一贯自诩见多识广的芝加哥人聚集在市中心戴利广场，指着新建筑物交头接耳：“这是猎犬吗？”“不，肯定是一只狒狒。”当时，一尊出自大师毕加索之手的大型抽象公共艺术刚刚揭幕。这一瞬间可能谁也没想到，关于“它是什么”的争议竟延续了半个世纪。更想不到的是，这件初看颇为挑战底线的作品却惠泽芝加哥 50 年。当 1960 年代芝加哥面临传统产业下滑的威胁时，市政府希望邀请一位世界级艺术大师为空旷的市政广场创作一件艺术品，以此提升芝加哥的形象。当时名气如日中天的毕加索接受邀请，在未亲临该市情况下创作了 1.05 米高的作品模型并赠送给芝加哥。不得已，由建筑师根据戴利广场面积和周边建筑环境将尺度定在 50 英尺（15.2 米），以保证作品与环境的比例和谐。作为不断创新的现代艺术创始人，毕加索的绘画作品引发争议由来已久。根据毕加索创作的一贯风格及他流露出的只言片语，这件作品是毕加索将阿富汗猎犬与女人脸形象打散重构后得到的混合体。面对落成后的巨大争议以及拆除这件作品的强烈呼声，芝加哥市长呼吁应更成熟和长远地看待现代艺术：“这件雕塑今天对人们来说是陌生的，但明天就会熟悉它。”随着时间流逝，人们也渐渐发现这件作品虽第一眼看上去令人难以捉摸，但面和体之间的空间关系完全符合对称、均衡、对比、变化等形式美原则，在芝加哥风格多样的建筑群中不显突兀，巨大的钢板为来人提供荫凉，顽皮的孩子还会在上面嬉戏。久而久之，人们接受了它，并冠以“毕加索”之名，甚至视其为芝加哥的象征。曲终人未散，“毕加索”作品引起的争议，激发了美国民众对公共艺术的兴趣，极大促进了美国公共艺术的大繁荣，在公共艺术史上具有开创性意义。

二十八、答问惊世语寓奇

在人类探索未知世界、追寻勇敢梦想的过程中，登月第一人、美国前宇航员阿姆斯特朗为此建立了不朽功勋。1969 年 7 月 20 日，当阿姆斯特朗登月成功回到地球走出阿波罗 11 号宇宙飞船的瞬间——在沃帕科内塔这座仅有 9 万居民的小城，超过 5 万人欢迎他回家。在欢迎人群中有人问及“你的脚步可能在月球表面存留数千年有何感慨与想法”时，他以极具幽默、启迪和鼓舞地回答：“我希望某个人上到月球去把它擦掉。”此语惊震世人，绝妙的回答使其被世人铭记在心。

教育领域的典例、逸闻与趣事，虽从横向中外，区域同地并出鲜见；但从纵向古今，时日先后却层出不穷。令人感到与听到的是经验之谈，醒世之语，学者之音，德高之品。尤其是奇才的突现与奇事展露，确实令人感慨羡慕，仰视心仪，刻骨铭心，难以忘怀。

后　记

本专著《实用教学艺术》第一版印刷前，经教育部审阅近三个月后，时任司长杨金土作序。1995年10月第一版、1996年8月第二版、1998年8月第三版。

本版的增删修订，始于2012年1月9日，历时两年，于2013年12月26日杀青。然而，三校，历时三年。

本版在第三版的基础上，进行了修改和补充。从正文章目看，由原16章增为18章；从正文篇目看，由原213篇增至306篇；从正文字数看，由原61万增至161万，增数超倍。其中“第十七章　家教与教子”虽不属于学校教育范畴，但既是学校教育的基础，又与学校教育紧密结合，且为当今国人关注“热点”，故而列入本书。

几位编著者，在时间与空间的艰难中，对新增章与篇，大多未分章篇编修，而是合作完成。其中，属于“课件”等9篇（第一章6篇、第二章3篇）均系赵雪倩编写。周杨对全书的编排、校对及分散在17个章中的各个篇段的补写量也超5万字。几位主编基本按对本专著4版贡献排序。现与尚雪艳、周杨、赵雪倩三位作者约定于2027至2028年对本专著进行更为精炼的修订——第五版。

在本专著修订过程中，曾先后参与相关活动或研究者还有朱光东（院长）研究员、刘沂教授、李桂云教授、严嘉琪副教授、肖卫宁副教授、王慧先调研员等。更值得感谢的，是天津大学出版社总编王志勇和本专著责任编辑、经管与社科出版中心主任姚卫东对本专著的修撰和出版给予极大的支持与指导。

本书内容的侧重点是“实用”“教学”和“艺术”。其中“艺术”是重中之重。从整体上说，目的着眼于实践之升华，无意于学术之研究；内容偏重于应用之整理，不在于理论之探讨。为此，从再版到第四版，每版在前版的基础上都做了进一步的修改、补充。基本上“以知识性为主，兼顾学术性”。为追求知识的“多面性”与“准确性”，各位作者几乎对本专著均做出自己应有的贡献，甚至积极主动地参与研讨，不厌其烦地进行反复修改。尽管如此，还有许多问题需待进一步研究、探讨。限于水平，虽已成书，自感得意之点鲜见，不足之处多多，或冗长、或重复、或过时，甚至思路不对、观点有误，缺陷、疏漏、不当和谬误之处在所难免。诚望读者、同仁、专家多加指导，衷心恳请诸位学者、方家赐教，不胜感激。

王义智

2016年10月26日